INTRODUCTION À LA
MICROÉCONOMIE MODERNE

Michael Parkin Claude-Denys Fluet
Robin Bade

INTRODUCTION À LA MICROÉCONOMIE MODERNE

8925, Boul. Saint-Laurent, Montréal (Québec) H2N 1M5
Téléphone : (514) 384-2690 • Télécopieur : (514) 384-0955

CRÉDITS

LES AUTEURS

Coordination éditoriale :	Jacqueline Leroux
Traduction :	Catherine Ego
	Aline Mallard
Révision linguistique :	Jacques Constantin
	Johanne La Ferrière
	Jacqueline Leroux
Correction d'épreuves :	Johanne La Ferrière
	Pauline Coulombe-Côté
Infographie :	Dominique Gagnon
	Philippe Morin
Couverture :	Luc Parent Design Visuel Enr.
	Philippe Morin
Photographies :	Voir p. I–6

MICHAEL PARKIN a fait ses études à l'université de Leicester, en Angleterre. Il est maintenant rattaché au département de science économique de l'université Western Ontario. Le professeur Parkin a également occupé divers postes dans les universités de Sheffield, de Leicester, d'Essex et de Manchester. Il a écrit de nombreux articles en macroéconomie, notamment sur le monétarisme et l'économie internationale.

CLAUDE-DENYS FLUET est détenteur d'un doctorat en sciences économiques de la London School of Economics. Il est actuellement professeur au département de science économique de l'Université du Québec à Montréal et a été directeur de ce département de 1987 à 1991. Il a été professeur ou chercheur invité dans plusieurs universités européennes. Ses travaux récents portent sur l'économie publique, l'économie industrielle, l'économie de l'assurance et l'analyse économique du droit.

ROBIN BADE enseigne à l'université Western Ontario. Elle est diplômée en mathématiques et en science économique de l'université du Queensland et a obtenu son doctorat à l'Australian National University. Elle a occupé divers postes à l'école de commerce de l'université d'Édimbourg et aux départements de science économique des universités du Manitoba et de Toronto. Ses recherches ont porté principalement sur les flux de capitaux.

Cet ouvrage est une version française de *MICROECONOMICS – CANADA IN THE GLOBAL ENVIRONMENT* de Michael Parkin et Robin Bade, publiée et vendue à travers le monde avec l'autorisation d'Addison-Wesley Publishing Company, Inc.

Copyright © 1991 by Addison-Wesley Publishing Company, Inc. Tous droits réservés.

© Ottawa, Canada, 1992. Éditions du Renouveau Pédagogique Inc. Tous droits réservés.

On ne peut reproduire aucun extrait de ce livre sous quelque forme ou par quelque procédé que ce soit — sur machine électronique, mécanique, à photocopier ou à enregistrer, ou autrement — sans avoir obtenu, au préalable, la permission écrite des Éditions du Renouveau Pédagogique Inc.

Dépôt légal : 3e trimestre 1992
Bibliothèque nationale du Québec
Bibliothèque nationale du Canada
Imprimé au Canada

ISBN 2-7613-0673-2

1234567890 II 98765432
2318 ABCD

PRÉFACE

Dans l'histoire de la science économique, les ouvrages de *principes* ou d'*éléments* d'économie ont une longue tradition, qu'on peut facilement faire remonter, par exemple, jusqu'à Adam Smith, Jean-Baptiste Say ou David Ricardo. Par suite du développement et de la spécialisation de la discipline, les ouvrages de *principes* ne jouent plus évidemment qu'un rôle mineur dans la pratique de l'économiste professionnel. Aujourd'hui encore, ils conservent néanmoins deux fonctions essentielles : initier les étudiants aux principaux acquis de la discipline et communiquer à un public plus vaste la façon de voir, la méthodologie ou, pour tout dire, la «culture» de l'économiste. Ce rôle d'*interface* entre la communauté des économistes et la communauté au sens large est primordial. Même s'ils donnent souvent lieu à des désaccords, les débats entre économistes utilisent des mots codés, basés sur des conceptions communes. Les débats sur la place publique, entre économistes et non-économistes (tout comme les discussions entre un professeur d'économie et des étudiants néophytes), sont en un sens beaucoup plus difficiles, puisqu'il ne va pas de soi qu'on saura établir un langage commun ou que les mots auront exactement le même sens. Cependant, si tant est qu'on aura su établir un langage commun, il y de fortes chances que ce soit celui d'un manuel de *principes*.

C'est dans cette optique, c'est-à-dire à la fois comme outil d'initiation pour les étudiants et comme interface avec la collectivité en général, que nous avons rédigé ***Introduction à la microéconomie moderne***. À toutes les étapes de la rédaction et de l'élaboration de ce manuel, nous avons tenté de nous mettre à la place du lecteur. Souvent, nous nous sommes rappelé les difficultés que nous avons rencontrées au cours de nos propres études en économique. Nous avons également tenu compte des réactions des milliers d'étudiants à qui nous avons eu le plaisir d'enseigner par le passé.

Trois principes fondés sur la connaissance des besoins et des intérêts des étudiants nous ont guidés dans le choix du contenu et de l'organisation des chapitres, ainsi que dans la conception des divers éléments visuels. Selon le premier principe, les étudiants désirent apprendre, mais ils sont souvent dépassés par les exigences auxquelles ils doivent faire face. En conséquence, ils apprécient qu'on leur explique pourquoi on leur demande d'étudier certains sujets. On doit les convaincre de la pertinence des sujets abordés dans le cadre de leurs activités quotidiennes. Selon le deuxième principe, les étudiants veulent, une fois motivés, qu'on leur fournisse des explications claires, logiques et sensées, pour pouvoir saisir les notions enseignées et les mettre en application. Selon le troisième principe, les étudiants semblent s'intéresser davantage au présent et à l'avenir qu'au passé. En effet, ils désirent bien comprendre la science économique moderne et posséder parfaitement les outils les plus récents.

Contenu et organisation

Un manuel d'introduction doit satisfaire à quatre objectifs spécifiques : il doit familiariser le lecteur ou l'étudiant avec un certain nombre de faits économiques, en privilégiant évidemment les faits les plus significatifs dans le fonctionnement des économies modernes ; il doit initier le lecteur à une méthodologie et à des outils d'analyse, non seulement aux outils d'analyse traditionnels, mais aussi aux approches les plus récentes ; il doit démontrer la pertinence de ces outils analytiques (leur «productivité») dans l'explication des faits économiques ; enfin, il doit présenter une synthèse des divers champs ou domaines d'application de la discipline, c'est-à-dire fournir un survol de l'état des connaissances et des préoccupations des économistes relativement à un ensemble très vaste de questions.

Tout en restant d'une lecture facile, le présent manuel permettra à l'étudiant d'acquérir une bonne compréhension des points suivants : le rôle des anticipations dans la formation des prix ; les pratiques de discrimination de prix ; les conséquences des activités de recherche de rente ; la modélisation des comportements dans les situations d'interaction stratégique ; le rôle des asymétries d'information et les relations principal-agent ; la discrimination sur le marché du travail ; la question de la répartition des revenus et les notions de justice résultat et de justice procédurale ; l'analyse normative et positive des choix publics ; les effets externes et la gestion de l'environnement ; les théories dites de l'intérêt public et de la capture en matière de réglementation ; les problèmes de transition en Europe de l'Est.

Il est possible d'aborder ces questions de façon

simple, tout en fournissant les éléments d'analyse essentiels. C'est le pari que nous avons fait ici.

Polyvalence

Selon le niveau des étudiants auxquels il sera recommandé ou selon ce que cherche le lecteur non étudiant, il y aura plusieurs façons d'utiliser ce manuel. En ce qui concerne son utilisation pour un cours complet d'un trimestre, deux éléments assurent la polyvalence du manuel. D'une part, à l'intérieur des chapitres, certaines sections facultatives ont été prévues ; elles sont signalées dans la table des matières par un astérisque (*). On peut laisser de côté ces sections sans craindre de perdre le fil conducteur du chapitre. D'autre part, nous avons tenté de tenir compte de l'application éventuelle de méthodes d'enseignement différentes et avons rédigé certains chapitres de façon qu'ils puissent être étudiés dans l'ordre qui convient à chaque utilisateur. Dans certains cas, nous n'y sommes parvenus qu'au prix d'une certaine répétition ; par exemple, dans la théorie du producteur du chapitre 11 (où sont introduits les concepts d'isocoût, d'isoquant et de taux marginal de susbstitution entre facteurs), nous n'avons pas présumé que l'étudiant a déjà vu la théorie du consommateur développée au chapitre 8. Il va de soi que, une fois les outils analytiques de base assimilés, le professeur dispose d'une grande marge de manœuvre pour organiser comme il l'entend le reste de la matière qu'il désire couvrir.

Caractéristiques particulières

Les éléments visuels

Tout économiste digne de ce nom doit exceller dans l'analyse des graphiques ; ceux-ci comptent parmi ses outils les plus précieux. Cependant, bien des étudiants éprouvent des difficultés dans l'acquisition de cette technique élémentaire. Aussi, afin de les aider, avons-nous porté une attention particulière à la présentation des graphiques.

Nous faisons tout d'abord une distinction entre les graphiques qui illustrent des modèles et les graphiques qui exposent des données. Les premiers, présentés sur fond blanc, mettent l'accent sur l'analyse et l'abstraction ; les seconds, présentés sur fond ocre, soulignent les formes, les tendances et les liens visuels. Sur le plan pédagogique, ces caractéristiques sont essentielles et devraient amener les étudiants à différencier ces deux types de graphiques et, de là, à les comprendre.

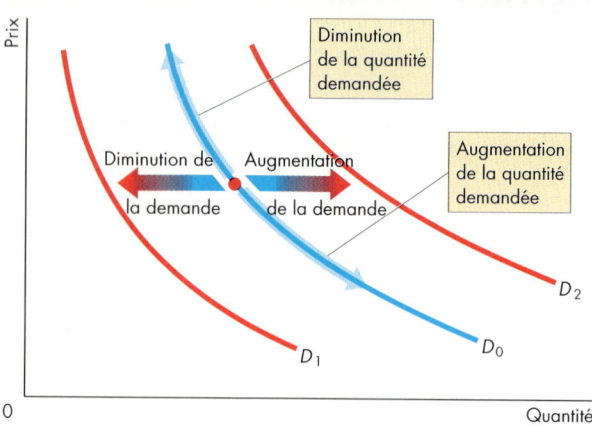

L'utilisation de certains éléments visuels (voir le graphique) nous permet d'indiquer clairement où se situe l'activité économique. À cette fin, nous avons suivi un code strict concernant le style, la notation et l'emploi de la couleur. Ce code comporte les éléments suivants :

- La couleur rouge désigne les points d'équilibre, les caractéristiques essentielles et les déplacements des courbes.
- Les flèches de couleur indiquent la direction d'un déplacement dans une représentation habituellement statique.
- Dans certaines figures, les graphiques et les tableaux de données qui ont servi à tracer les courbes sont regroupés.
- L'utilisation cohérente de la couleur permet de souligner le contenu des graphiques et de s'y référer dans le texte et les légendes.
- Dans les graphiques, les informations clés sont mises en valeur dans des encadrés.
- Le recours à l'informatique permet d'atteindre une précision maximale dans chaque graphique.

Nous avons élaboré la présentation visuelle en nous souciant continuellement des besoins des étudiants.

- Les figures et les tableaux les plus importants peuvent être facilement repérés puisqu'ils sont accompagnés d'un symbole rouge ; on retrouve une liste de ces figures et tableaux à la fin de chaque chapitre sous la rubrique *Figures et tableaux clés*.
- Les légendes sont très informatives et résument les données essentielles des graphiques ; les étudiants peuvent les parcourir pour avoir un aperçu du chapitre ou pour réviser celui-ci.

Les entrevues

Un des buts importants de ce manuel est de donner aux étudiants la capacité de penser comme des économistes. Pour atteindre ce but, nous avons inclus un ensemble d'entrevues avec des personnes qui ont apporté leur contribution au développement de la science économique ou qui ont participé à l'élaboration et à la mise en œuvre de politiques économiques. Ces entrevues sont insérées au début de chaque partie. Nous témoignons notre reconnaissance aux économistes qui nous ont fait part de leurs idées dans leur champ de spécialisation, qui ont parlé de leur contribution à la science économique et qui ont donné également leur opinion en général; leurs propos sauront certainement intéresser les étudiants qui s'initient à l'économique.

Étant donné que chaque entrevue porte sur des sujets qui sont présentés dans les chapitres constitutifs de la partie, les étudiants peuvent les considérer comme un survol des aspects qui seront abordés et les lire avant d'entamer l'étude des chapitres. Une lecture plus attentive permettra à l'étudiant de mieux apprécier la discussion. Finalement, l'ensemble des entrevues peut constituer un résumé des sujets économiques d'actualité.

La rubrique *Entre les lignes*

Ce manuel vise également à développer la capacité des étudiants à utiliser la science économique pour analyser les événements qui sont commentés dans les médias. Conscients de ce besoin, nous avons conçu une rubrique qui pourra, nous l'espérons, constituer un modèle efficace. Chaque rubrique *Entre les lignes* contient trois sections. La première section comprend un extrait d'un article tiré d'un journal ou d'une revue. La deuxième section est composée d'un résumé des principaux éléments contenus dans l'article. La troisième section expose l'analyse économique de l'article. Grâce à cette rubrique, les étudiants apprendront à maîtriser les habiletés suivantes: aller au-delà de la simple constatation de la pertinence de la science économique dans la vie moderne, poser des questions judicieuses, évaluer la qualité des informations publiées par les médias et utiliser des modèles économiques afin d'approfondir leur compréhension du monde économique actuel.

La rubrique *L'évolution de nos connaissances*

La rubrique *L'évolution de nos connaissances* a été conçue de manière à faire découvrir aux étudiants la naissance et le développement des idées en économique. Ces idées sont présentées non seulement comme des modèles théoriques, mais également comme des témoins de leur temps.

Les outils pédagogiques

Afin d'assurer que le manuel renforce les connaissances acquises en classe, nous avons prévu les éléments pédagogiques suivants:

- *Les objectifs*. Une liste des objectifs du chapitre permet à l'étudiant de se fixer des buts avant d'en entreprendre l'étude.

- *Les textes d'introduction aux chapitres*. Ces textes soulèvent des questions auxquelles on répond dans le chapitre; ils fournissent également des métaphores ou des illustrations qui incitent à l'analyse.

- *À retenir*. Il s'agit de courts résumés à la fin de chaque section principale.

- *Les mots clés*. Imprimés en caractères gras dans le texte, ces termes constituent la première partie d'une étude en trois volets du vocabulaire économique. Ces termes sont repris à la fin du chapitre avec les pages de référence; ils sont également rassemblés dans un glossaire à la fin du manuel.

- *Les figures et tableaux clés*. Ils sont faciles à repérer, car ils sont accompagnés d'un symbole rouge; une liste des figures et tableaux clés est, en outre, fournie à la fin de chacun des chapitres.

- *Les rubriques de fin de chapitre*. On y trouve un résumé des principales sections, une liste des mots clés avec les pages de référence, une liste des figures et tableaux clés avec les pages de référence, des questions de révision et des problèmes.

Matériel complémentaire

Afin qu'étudiants et enseignants tirent le maximum de profit du manuel, plusieurs documents complémentaires ont été élaborés.

Guide de l'étudiant   Ce document est soigneusement coordonné avec le manuel. Chaque chapitre comprend les rubriques suivantes: Survol du chapitre; Objectifs du chapitre; Rappels; Autoévaluation (révision des notions clés; vrai ou faux?; questions à choix multiples; questions à réponses brèves; problèmes) et Réponses à l'autoévaluation; Figures et tableaux clés; Solutionnaire des questions de révision et des problèmes présentés dans le manuel.

Recueil de tests   Ce recueil comprend plus de 2000 questions à choix multiples. Pour inciter l'étudiant à utiliser assidûment son guide, certaines des questions du guide ont été reprises dans le recueil de tests.

Ensemble de feuilles d'acétate Tous les graphiques et tableaux clés du manuel sont proposés sous la forme de feuilles d'acétate en couleur regroupées dans des classeurs.

Graphibloc Les graphiques et tableaux clés du manuel sont reproduits sur des blocs de papier quadrillé. N'ayant pas à recopier le contenu des feuilles d'acétate projetées par l'enseignant, l'étudiant peut se concentrer sur le cours.

L'économie dans l'actualité – Recueil de problèmes en microéconomie de Guy Lacroix, Paul Lanoie et Benoît Laplante   Les auteurs ont rassemblé des articles de journaux tirés pour la plupart de la presse québécoise. À partir de questions, les étudiants doivent effectuer l'analyse économique des articles. Le recueil de problèmes suit exactement la structure du manuel de base ; il est par ailleurs accompagné d'un solutionnaire.

Remerciements

La préparation d'un manuel comme celui-ci, même limitée au travail de traduction et d'adaptation, suppose la coopération d'un grand nombre de personnes et est à tous points de vue une affaire d'équipe. Parmi les personnes avec lesquelles j'ai eu l'occasion de collaborer directement, je tiens à remercier les traductrices Aline Mallard et Catherine Ego, ainsi que les réviseurs linguistiques Jacques Constantin et Johanne La Ferrière. Un travail d'équipe de cette qualité n'aurait pas été possible sans la très grande compétence professionnelle du personnel des Éditions du Renouveau Pédagogique. J'ai une dette particulière à cet égard envers l'éditrice en chef, Jacqueline Leroux, dont l'énergie et le souci constant de la perfection ont constitué, au fil des mois, à la fois un encouragement et un gage de la réussite finale de cette entreprise.

Plusieurs collègues de l'Université du Québec à Montréal, à qui j'ai soutiré des réflexions ou des commentaires sur des questions d'ordre terminologique ou conceptuel, ont également participé à cet ouvrage, souvent plus ou moins à leur insu. Ne sachant pas dans quelle mesure ils se reconnaîtront dans cet ouvrage, je me permets de les remercier chaleureusement tous ensemble. Je tiens également à exprimer ma gratitude envers mes collègues Jean-Thomas Bernard, de l'Université Laval, et Claude Montmarquette, de l'Université de Montréal, qui ont bien voulu se prêter au jeu des entrevues.

Claude-Denys Fluet
Université du Québec à Montréal

Consultants

Les Éditions du Renouveau Pédagogique Inc. tiennent à remercier de leurs commentaires judicieux les personnes suivantes:

Raymond Bienvenu, Cégep Édouard-Montpetit
Jean-Pierre Boudreault, Cégep Édouard-Montpetit
Jean-Marc Brunet, Cégep Édouard-Montpetit
Mohamed Dioury, Cégep François-Xavier-Garneau
Richard Lemieux, Cégep de Limoilou
Sylvie Lord, Cégep de Maisonneuve

À Anne
Michael Parkin

À Éloïse et à Nicolas
Claude-Denys Fluet

SOMMAIRE

1re PARTIE   **INTRODUCTION**   1
CHAPITRE 1   Qu'est-ce que l'économique ?   5
CHAPITRE 2   Les graphiques – construction et utilisation   27
CHAPITRE 3   La production, la spécialisation et l'échange   49
CHAPITRE 4   L'offre et la demande   69

2e PARTIE   **LE FONCTIONNEMENT DU MARCHÉ**   97
CHAPITRE 5   L'élasticité   101
CHAPITRE 6   Les marchés en action   125

3e PARTIE   **LES MÉNAGES**   153
CHAPITRE 7   L'utilité et la demande   157
CHAPITRE 8   Contraintes budgétaires, préférences et choix de consommation   179

4e PARTIE   **LES ENTREPRISES**   211
CHAPITRE 9   L'organisation de la production   217
CHAPITRE 10   La production et les coûts   239
CHAPITRE 11   Produire au moindre coût   269

5e PARTIE   **LES MARCHÉS DES BIENS ET SERVICES**   289
CHAPITRE 12   La concurrence parfaite   293
CHAPITRE 13   Le monopole   329
CHAPITRE 14   La concurrence monopolistique et l'oligopole   359

6e PARTIE   **LES MARCHÉS DES FACTEURS DE PRODUCTION**   391
CHAPITRE 15   La rémunération et l'allocation des facteurs de production   395
CHAPITRE 16   Le marché du travail   425
CHAPITRE 17   Les marchés des capitaux et les marchés des ressources naturelles   459
CHAPITRE 18   La répartition du revenu et de la richesse   489

7e PARTIE   **MARCHÉS ET GOUVERNEMENTS**   515
CHAPITRE 19   Les lacunes du marché   519
CHAPITRE 20   Les choix publics   539
CHAPITRE 21   La réglementation et la politique de la concurrence   565

8e PARTIE   **L'ÉCONOMIE MONDIALE**   591
CHAPITRE 22   Le commerce international   595
CHAPITRE 23   Les divers systèmes économiques   623

TABLE DES MATIÈRES

1re PARTIE INTRODUCTION
Entrevue : Assar Lindbeck 1

CHAPITRE 1 *Qu'est-ce que l'économique ?* 5

Sept questions fondamentales 6
   La production, la consommation et le progrès technique 6
   Les salaires et les revenus 7
   Le chômage 7
   L'inflation 7
   L'État 7
   Le commerce international 8
   La richesse et la pauvreté 8
   Sept questions complexes, aucune réponse simple 8

La rareté 9
   L'activité économique 9
   Les choix 10
   Le coût d'opportunité 10
   La concurrence et la coopération 10

L'économie 11
   Qu'est-ce qu'une économie ? 12
   Les composantes d'une économie 12
   Les mécanismes de coordination 13
   Les économies ouvertes et les économies fermées 16

La science économique 17
   Ce qui *est* et ce qui *devrait* être 17
   Observer, mesurer 17
   Les théories économiques 18
   Les modèles économiques 18
   Les modèles microéconomiques et les modèles macroéconomiques 20
   Les modèles, les théories et... la réalité 21

L'évolution de nos connaissances
   Adam Smith et la naissance de la science économique 22

Résumé* 24

Points de repère 25

Questions de révision 26

Problèmes 26

---

* Chaque chapitre se termine par les quatre rubriques suivantes : Résumé, Points de repère, Questions de révision et Problèmes.

CHAPITRE 2   *Les graphiques – construction et utilisation*   27

Trois formes de mensonges   28

La représentation graphique des données   29
    Les graphiques à une seule variable   29
    Les graphiques à deux variables   29
    Les graphiques de série chronologique   30
    Les diagrammes de dispersion   33

Les graphiques utilisés dans les modèles économiques   36
    Les variables qui évoluent ensemble dans le même sens   37
    Les variables qui évoluent en sens opposé   38
    Les relations qui ont un maximum ou un minimum   39
    Les variables indépendantes   40

La pente d'une relation   40
    Calcul d'une pente   41

La représentation graphique de relations entre plus de deux variables   43
    «Toutes choses étant égales par ailleurs»   43

Entre les lignes
    Les graphiques trompeurs   34

CHAPITRE 3   *La production, la spécialisation et l'échange*   49

Faire plus avec moins   50

La courbe des possibilités de production   51
    Un modèle économique   51
    La meilleure production possible se situe sur la courbe   52

Le coût d'opportunité   53
    L'avantage auquel on renonce   53
    Le calcul du coût d'opportunité   54
    L'augmentation du coût d'opportunité   55
    La forme de la courbe   55
    Le principe du coût d'opportunité croissant   55
    Les possibilités de production dans l'économie réelle   55

L'évolution des possibilités de production   56
    Les coûts de la croissance   56
    L'accumulation de capital et le progrès technique   57
    Retour à la réalité   58

Les gains à l'échange   59
    L'avantage comparatif   59
    Tirer profit de l'échange   60
    Productivité et avantage absolu   61

L'échange dans le monde réel   62
    Le droit de propriété   62
    La monnaie   63

Entre les lignes
    Les gains à l'échange   64

CHAPITRE 4 L'offre et la demande 69

Une ballade en montagnes russes 70

La demande 71
    Les facteurs qui influent sur la quantité demandée 71
    La loi de la demande 71
    Le barème de demande et la courbe de demande 71
    Ce que le consommateur est prêt à payer 72
    L'évolution de la demande 73
    Mouvement le long de la courbe de demande et déplacement de la courbe 74
    Modification de la demande et variation de la quantité demandée 74

L'offre 76
    Quels facteurs déterminent la quantité offerte ? 76
    La loi de l'offre 76
    Le barème d'offre et la courbe d'offre 76
    Le prix de vente minimal 77
    Modification de l'offre 77
    Mouvement le long de la courbe d'offre et déplacement de la courbe 78
    Modification de l'offre et variation de la quantité offerte 78

La détermination des prix 80
    Le rôle régulateur des prix 80
    L'équilibre 80

Les prédictions des variations dans les prix et les quantités échangées 82
    Modification de la demande 82
    Modification de l'offre 83
    Modifications simultanées de l'offre et de la demande 86
    Baladeurs, logements et... café 92

L'évolution de nos connaissances
    La loi de l'offre et de la demande : genèse d'une découverte 84

Entre les lignes
    L'effet d'une hausse temporaire de la demande 88

Entre les lignes
    La demande et l'offre en action 90

2ᵉ PARTIE LE FONCTIONNEMENT DU MARCHÉ
Entrevue : Milton Friedman 97

CHAPITRE 5 L'élasticité 101

Le dilemme de l'OPEP 102

L'élasticité-prix de la demande 103
    Deux scénarios possibles 103
    La pente de la courbe dépend des unités de mesure choisies 104
    Une mesure de la sensibilité de la demande indépendante des unités choisies 104
    Calcul de l'élasticité 104
    La demande élastique et la demande inélastique 106
    L'élasticité et la pente de la courbe de demande 107
    La valeur numérique des élasticités-prix 109

Deux horizons temporels pour l'analyse de la demande 110
    La demande à court terme 110
    La demande à long terme 111
    Les deux courbes de demande 111

Élasticité, recettes et dépenses 111

Autres types d'élasticités de la demande 113
    L'élasticité-revenu 113
    L'élasticité-prix croisée 114

L'élasticité de l'offre 116
    L'offre instantanée ou à très court terme 117
    L'offre à long terme 117
    L'offre à court terme 120
    Les trois courbes d'offre 120

Entre les lignes
    Prudence dans vos voyages 118

CHAPITRE 6 *Les marchés en action* 125

Une époque agitée   126

Le marché du logement et le contrôle des loyers   127
   La réponse du marché à un tremblement de terre   128
   Après le tremblement de terre   128
   Les ajustements à long terme   130
   La réglementation du marché du logement   130
   Les activités de prospection   131
   Les marchés noirs   131
   Le contrôle des loyers dans la pratique   132

Le marché du travail et les lois sur le salaire minimum   132
   Le salaire minimum   136
   Le salaire minimum dans la réalité   137

Les activités de prévision   137
   La formation des anticipations   138
   La demande anticipée et l'offre anticipée   139
   L'anticipation rationnelle du prix   139
   Les fluctuations de la demande   140
   Les fluctuations de l'offre   141

Les stocks   142
   Les fluctuations de la demande   142
   Les fluctuations de l'offre   143
   Le marché boursier   146
   La volatilité du prix des actions   147

Entre les lignes
   Réapparition de l'économie de marché en Europe de l'Est   134

Entre les lignes
   Un investissement spéculatif   144

3ᵉ PARTIE   LES MÉNAGES
Entrevue : Gary Becker   153

CHAPITRE 7   *L'utilité et la demande*   157

De l'eau, de l'eau, encore de l'eau...   158

La demande individuelle et la demande du marché   159

Les choix de consommation des ménages   160
   L'utilité   160
   Utilité totale et consommation   160
   L'utilité marginale   161
   La maximisation de l'utilité   162
   L'égalisation des utilités marginales par dollar dépensé   164

Les prédictions de la théorie de l'utilité marginale   165
   Les effets d'une variation de prix   165
   Les effets d'une augmentation de revenu   168

Les critiques de la théorie de l'utilité marginale   170
   On ne peut ni observer ni mesurer l'utilité   170
   La maximisation de l'utilité implique des calculs irréalistes   170

Quelques autres implications de la théorie de l'utilité marginale   171
   Surplus du consommateur et gains à l'échange   171
   Calcul du surplus du consommateur   171
   Le paradoxe de la valeur   174

Entre les lignes
   Prix de l'essence et surplus du consommateur   172

CHAPITRE 8 *Contraintes budgétaires, préférences et choix de consommation* 179

Les courants de fond 180

Les possibilités de consommation 181
    Les contraintes 181
    L'équation de budget 182
    Les variations des prix et du revenu 183

Les préférences 185
    La carte des préférences 186
    Les courbes d'indifférence et les préférences 187
    Le degré de substituabilité 189

Les choix de consommation 190
    Les caractéristiques de la meilleure combinaison accessible 191

Les prédictions du modèle du comportement du consommateur 192
    Ajustement à une variation de prix 192
    La courbe de demande 192
    Ajustement à une variation du revenu 193
    Décomposition de l'effet de prix : effet de revenu et effet de substitution 194

Le modèle, la théorie et la réalité 197
    Le modèle 197
    La théorie 197
    La réalité 202

Les autres choix des ménages 202
    La répartition du temps et l'offre de travail 202
    La consommation et l'épargne 203
    Les autres choix 203

Entre les lignes
    Quarante ans : la vie en rose ? 198

L'évolution de nos connaissances
    Mieux comprendre le comportement humain 200

ANNEXE : *L'utilité et les préférences* 207

L'utilité et les courbes d'indifférence 207
Maximisation de l'utilité et choix de la meilleure combinaison accessible 208
Les différences entre les théories 209

4ᵉ PARTIE LES ENTREPRISES
Entrevue : Jean-Thomas Bernard 211

CHAPITRE 9 *L'organisation de la production* 217

Des arbres, une forêt et… Apple 218

Les problèmes économiques de l'entreprise 219
    Qu'est-ce qu'une entreprise ? 219
    Les points communs des entreprises 219
    Les formes juridiques de l'entreprise 219
    Les avantages et les inconvénients des différentes formes juridiques de l'entreprise 221

Le financement des entreprises 222
    Les modes de financement 222
    La vente d'obligations 223
    L'actualisation et la valeur actuelle 224
    L'émission d'actions 226

Les coûts et les profits 228
    Coût historique égal au coût d'opportunité 228
    Coût historique différent du coût d'opportunité 229
    Le coût d'utilisation des biens de production 229
    Le coût d'utilisation des stocks 230
    Autres coûts 231
    Le coût d'opportunité et le profit économique 231

L'efficacité économique 232

Les entreprises et les marchés 234
    Pourquoi des entreprises ? 235

CHAPITRE 10   *La production et les coûts*   239

La survie des plus aptes   240

Les objectifs et les contraintes de l'entreprise   241
  Les objectifs   241
  Les contraintes   241
  Le court terme et long terme   242

* La fonction de production à court terme   242
  Les courbes de produits total, marginal et moyen   243
  La forme de la fonction de production à court terme   246

Le coût à court terme   247
  Le coût total, le coût marginal et le coût moyen   247
  Les courbes de coût à court terme   248
  Un exemple de coûts à court terme   250

La capacité de production   252
  Le choix de la capacité de production   253
  Le coût à court terme et le coût à long terme   253
  La fonction de production   253
  Les rendements décroissants   254
  Les rendements d'échelle   254

La taille des installations et le coût à court terme   255
  Le capital fixe et les coûts à court terme   257
  La courbe de coût moyen à long terme   258
  Le déplacement des courbes de coût   262

Les rendements d'échelle dans la réalité   262
  La capacité excédentaire   262
  Le coût marginal à court terme et à long terme   262

L'évolution de nos connaissances
  Les courbes de coût   260

CHAPITRE 11   *Produire au moindre coût*   269
(chapitre facultatif)

Un dollar par jour en Amazonie   270

Le principe de substitution   271
  Le taux marginal de substitution   272

Les isoquants   273
  L'isoquant et le taux marginal de substitution   273
  La carte d'isoquants   274

Les droites d'isocoût   275
  L'équation d'isocoût   276
  La variation des prix des facteurs de production   277
  La carte d'isocoûts   278

La technique de moindre coût   278
  L'égalité du taux marginal de substitution et du prix relatif des facteurs de production   279
  L'effet d'une variation des prix des facteurs de production   279

Quelques exemples de choix d'une technique   281
  Les variations sectorielles de l'intensité capitalistique   281
  Les différences entre pays   282

Le produit marginal et le coût marginal   283
  Le taux marginal de substitution et les productivités marginales des facteurs de production   283
  Le coût marginal   283

5e PARTIE LES MARCHÉS DES BIENS ET SERVICES

Entrevue : Curtis Eaton 289

CHAPITRE 12 *La concurrence parfaite* 293

Embouteillage chez les garagistes 294

La concurrence parfaite 295
 Les entreprises qui vendent au prix du marché 295
 L'élasticité de la demande – la demande à l'entreprise et la demande du marché 296
 La concurrence au quotidien 297

Les décisions des entreprises en situation de concurrence parfaite 297
 Profit et recette 297
 La maximisation du profit 299
 Coût marginal et recette marginale 299
 Le profit à court terme 302
 La cessation temporaire des activités 302
 La courbe d'offre de l'entreprise 304

L'équilibre à court terme 305
 La courbe d'offre du marché à court terme 305
 L'équilibre concurrentiel à court terme 307

L'équilibre à long terme 308
 Les entrées et sorties 308
 La modification de la capacité de production 310

Les prédictions du modèle de concurrence parfaite 311
 La baisse permanente de la demande 311
 L'augmentation permanente de la demande 313
 L'évolution technique 315
 Agriculteurs en péril 317

La concurrence et l'allocation efficace des ressources 319
 L'allocation efficace des ressources 319
 La main invisible 323
 Les entraves à l'efficacité dans l'allocation des ressources 323

Entre les lignes
 La concurrence parfaite : une illustration 320

CHAPITRE 13 *Le monopole* 329

Lucrative philantropie 330

Les causes des monopoles 331
 Les barrières à l'entrée 331

Le monopole non discriminant 333
 La demande et la recette 333
 La recette du monopoleur et l'élasticité de la demande 334
 La détermination du prix et du volume de production 336

La discrimination de prix 339
 La discrimination de prix et la recette totale 342
 La discrimination de prix et le surplus du consommateur 342
 L'effet de la discrimination de prix sur les décisions de production 344
 La discrimination de prix parfaite 345
 La discrimination entre groupes 346
 Les limites de la discrimination de prix 346

Comparaison entre le monopole et la concurrence 347
 Le prix et le volume de production 347
 L'efficacité dans l'allocation des ressources 349
 Les effets redistributifs 350
 La recherche de rente 350
 Les avantages associés au monopole 352

L'évolution de nos connaissances
 Le monopole 332

Entre les lignes
 Le monopole : une illustration 340

CHAPITRE 14   *La concurrence monopolistique et l'oligopole*   359

Publicité et guerres de prix   360

Les structures de marché   361

La concurrence monopolistique   363
Le prix et la production sur un marché de concurrence monopolistique   364
La concurrence monopolistique et l'efficacité dans l'allocation des ressources   365
L'innovation dans les produits   366
La publicité   366

L'oligopole   367
La théorie des jeux   367
Qu'est-ce qu'un jeu?   367
Les règles du jeu de l'oligopole   367
Les stratégies du jeu de l'oligopole   367
Les gains du jeu de l'oligopole   370

Le dilemme du prisonnier   370
La matrice de gains   370
L'équilibre du jeu   371
Les stratégies et les gains   371
Une issue insatisfaisante   374

Un jeu de duopole   374
Les coûts et la demande   374
La collusion comme instrument de maximisation du profit   375
L'incitation à tricher   376
La matrice de gains et l'équilibre du jeu   379
Les jeux répétés   379
Le jeu de duopole lorsque l'information est imparfaite   381
Autres modèles d'oligopoles   382

La théorie des jeux et les guerres des prix   382
La nécessité du secret   382

Autres variables stratégiques   382
Un jeu de recherche-développement dans le marché des couches jetables   383

Entre les lignes
La concurrence monopolistique: une illustration   358

L'évolution de nos connaissances
Les modèles d'oligopoles   372

Entre les lignes
L'oligopole: une illustration   384

6ᵉ PARTIE   LES MARCHÉS DES FACTEURS DE PRODUCTION

Entrevue: Morley Gunderson   391

CHAPITRE 15   *La rémunération et l'allocation des facteurs de production*   395

Pourquoi travailler?   396

Les prix des facteurs et les revenus   397
Aperçu général   397

La demande de facteurs de production   399
La maximisation du profit   400
La recette du produit marginal et le prix des facteurs de production   400
La demande de travail de l'entreprise   401
La demande du marché   406
L'élasticité de la demande de travail   408

L'offre de facteurs de production   409
L'offre de travail   409
L'offre de capital   412
L'offre de terrain   413

L'équilibre concurrentiel sur les marchés des facteurs   414
L'équilibre sur le marché du travail   414
L'équilibre sur le marché du capital   414
L'équilibre sur le marché foncier   417

La rente économique   418

CHAPITRE 16   *Le marché du travail*   425

À la sueur de son front   426

Les différences de qualification   427
   La demande de main-d'œuvre qualifiée et non qualifiée   427
   L'offre de main-d'œuvre qualifiée et non qualifiée   427
   Le taux de salaire des travailleurs qualifiés et non qualifiés   429
   Les études et la formation constituent-elles un bon investissement ?   429

Les écarts de salaire entre syndiqués et non-syndiqués   430
   Les objectifs et les contraintes des syndicats   432
   Les syndicats dans un marché du travail concurrentiel   433
   Le monopsone   433
   Monopsones, salaire minimum et syndicats   437
   La mesure de l'écart salarial entre syndiqués et non-syndiqués   438

Les écarts de salaire entre hommes et femmes   438
   La discrimination   439
   Les différences de capital humain   441
   Les différences dans le degré de spécialisation   441

Les lois sur l'équité en matière de rémunération   442

Les systèmes de rémunération   444
   La rémunération au temps de travail   444
   La rémunération au rendement   444
   La rémunération en fonction du rendement de l'équipe   444
   La rémunération au classement   444

La relation principal-agent   445
   Le contrôle de la production   445
   Le contrôle de l'effort   445
   L'impossibilité d'observer l'effort et la production   448

Les systèmes de rémunération efficaces   448
   Recettes, effort et chance   448
   La rémunération du travail d'équipe   450
   La rémunération au classement   451
   Les coûts de surveillance   453
   L'équilibre sur le marché du travail   453

Entre les lignes
   La syndicalisation : une décision utile ?   434

Entre les lignes
   La rémunération des cadres supérieurs   446

CHAPITRE 17   *Les marchés des capitaux et des ressources naturelles*   459

Débâcles et flambées boursières   460

Capital, investissement et épargne   461
   Les actifs financiers et les actifs réels   461
   Le capital et l'investissement   462
   L'épargne et les choix de portefeuille   462

Le marché des capitaux au Canada   464
   Le risque d'un portefeuille   465
   La structure des bilans par grandes catégories d'agents   465

La demande de capital   467
   La valeur actuelle nette d'un investissement   468
   La courbe de demande de capital   470
   La courbe de demande totale de capital   471
   Modifications de la demande de capital   471

L'offre de capital   472
   Le taux d'intérêt   472
   La courbe d'offre de capital   473
   Modifications de l'offre de capital   473
   Les choix de portefeuille   473

Les taux d'intérêt et les prix des actifs   474
   Deux aspects d'une même réalité   475
   Le taux d'intérêt d'équilibre   475
   La valeur boursière d'une entreprise   478
   Les anticipations rationnelles   478
   Le ratio cours-bénéfice   479
   Le volume de transactions et les cours des actions   479
   Les fusions et les prises de contrôle   480

Les marchés des ressources naturelles   480
   L'offre et la demande relativement au stock d'une ressource non renouvelable   481
   Le prix d'une ressource naturelle   482
   Les variations non anticipées du prix   484
   La conservation des ressources   485

Entre les lignes
   Économie et Bourse   476

CHAPITRE 18 *La répartition du revenu et de la richesse* 489

Opulence et indigence 490

La répartition du revenu et de la richesse au Canada 491
  La courbe de Lorenz 492
  Les caractéristiques socio-économiques des ménages vivant sous le seuil de pauvreté 493
  La redistribution du revenu 494
  Inégalités et redistribution entre pays 498

Des comparaisons pertinentes 500
  Patrimoine et revenu 500
  Le capital humain 500
  Capital humain et patrimoine 501
  Revenu annuel ou revenu durant le cycle de vie ? 501

Prix des facteurs et dotations en facteurs 503
  Marché du travail et salaires 504
  Les dotations en facteur travail 504

L'influence des comportements sur les disparités de revenu et de patrimoine 505
  Salaires et offre de travail 506
  L'épargne et la transmission des patrimoines 507

Différentes conceptions de l'équité 508
  Les critères de la justice résultat 509
  Le degré d'inégalité compatible avec les critères de la justice résultat 509
  Le dilemme équité-efficacité 509
  La justice procédurale 510

7ᵉ PARTIE MARCHÉS ET GOUVERNEMENTS
Entrevue : Claude Montmarquette 515

CHAPITRE 19 *Les lacunes du marché* 519

Les gouvernements : un mal ou un remède ? 520

Le secteur public 521
  Les administrations publiques au Canada 521
  La taille du secteur public 521
  Analyse positive et analyse normative 521
  La théorie économique du secteur public 522
  Intérêt général et choix publics 522

Les biens collectifs 523
  Biens privés et biens collectifs 523
  Le problème du resquilleur 524
  Une analyse avantages-coûts 524
  La fourniture privée de biens collectifs 526
  La fourniture publique de biens collectifs 526

Les externalités 528
  Externalités et intervention gouvernementale 529
  Externalités et droits de propriété privée 529
  La taxation des activités à externalités négatives 529
  L'octroi de subventions pour des activités à externalités positives 533
  La réglementation 534

Entre les lignes
  L'effet de serre 530

CHAPITRE 20 *Les choix publics* 539

Les discours et les actes 540

Le marché politique 541
    Les décisions des politiciens et des électeurs 542
    Les effets externes 543
    Les groupes de pression et les effets redistributifs 546
    La redistribution du revenu et le processus électoral 548
    Les modèles théoriques et la réalité 549
    Le modèle du bureaucrate-gestionnaire 550
    Les coûts d'information et les groupes de pression 551

Les taxes et les subventions 552
    Les droits d'accise 552
    Pourquoi différents biens sont-ils taxés à des taux différents ? 554
    La taxe sur les produits et services 556
    Les subventions 556
    Les subventions et les quotas 557

L'évolution de nos connaissances
La théorie des choix publics 544

Entre les lignes
Les subventions aux exploitations agricoles 558

CHAPITRE 21 *La réglementation et la politique de concurrence* 565

Intérêt général ou intérêts particuliers? 566

Les interventions gouvernementales sur les marchés 567
    La réglementation 567
    La nationalisation 567
    La législation 568
    Les surplus et leur répartition 568

La théorie économique de l'intervention gouvernementale 568
    La demande d'intervention 568
    L'offre d'intervention 569
    L'équilibre 569

La réglementation et la déréglementation 570
    La portée de la réglementation 570
    Le processus de réglementation 570
    Les monopoles naturels 571
    Intérêt général ou capture de la réglementation ? 574
    La réglementation des cartels 575
    La déréglementation 576

L'entreprise publique 577
    Une règle de gestion efficace 577
    La théorie de la bureaucratie et l'entreprise publique 578
    Résultats intermédiaires 578
    Les entreprises publiques dans la réalité 582
    La privatisation 582

La législation antimonopole 582
    Les lois antimonopoles canadiennes 582
    Jugements importants 584
    Intérêt général ou intérêts particuliers ? 586
    La politique de concurrence à l'échelle internationale 587

Entre les lignes
Restrictions imposées à VIA Rail 580

8ᵉ PARTIE L'ÉCONOMIE MONDIALE
Entrevue : Judith Maxwell 591

CHAPITRE 22 Le commerce international 595

Entre le libre-échange et le protectionnisme 596

La structure du commerce international 597
- Le commerce international du Canada 597
- La balance commerciale et les mouvements internationaux de capitaux 599

Coût d'opportunité et avantage comparatif 600
- Le coût d'opportunité en Cérésie 600
- Le coût d'opportunité en Vulcanie 601
- L'avantage comparatif 601

Les gains à l'échange 602
- La réalisation des gains à l'échange 602
- L'équilibre des échanges 603
- L'effet du commerce international sur la production et la consommation 603
- Les gains à l'échange 605
- Des échanges mutuellement avantageux 605
- L'avantage absolu 605
- Les termes de l'échange 606

Le commerce intra-industriel et les gains à l'échange 607
- Un casse-tête 607
- Les coûts d'ajustement 608

Les pratiques commerciales restrictives 609
- La politique tarifaire du Canada 609
- L'Accord de libre-échange entre le Canada et les États-Unis 609
- La protection tarifaire actuelle 610
- Les accords internationaux 610
- Les effets des tarifs douaniers 611
- Les barrières non tarifaires 615
- Les effets des quotas et des restrictions volontaires d'exportation 616
- Pourquoi certains pays jugent-ils les quotas et les restrictions volontaires préférables aux tarifs ? 617
- Le dumping et les droits de douane compensateurs 617
- Pourquoi freiner le commerce international ? 618
- Le dédommagement des perdants 618

Entre les lignes
Le libre-échange 612

CHAPITRE 23 Les divers systèmes économiques 623

Les bouleversements économiques 624

Le problème économique fondamental 625
- La rareté 625
- Se situer sur la frontière des possibilités de production 625
- Produire la bonne combinaison de biens et services 626
- La répartition du bien-être économique 626

Les divers systèmes économiques 626
- Le capitalisme 627
- Le socialisme 628
- Les avantages et les faiblesses du capitalisme 628

Les divers types de capitalisme 629
- Le Japon 629
- Le capitalisme de l'État-providence 630

Le modèle soviétique 631
- Histoire 631
- Le système de planification centralisée 632
- La *perestroïka* 636

La Chine 636
- Le Grand Bond en avant 636
- Les réformes de 1978 637

Capitalisme et socialisme : une analyse comparative 638
- Le capitalisme 638
- Le socialisme 638
- Le socialisme de marché 639
- La *perestroïka* 640
- Les faiblesses du capitalisme 640
- La croissance économique et le niveau de vie moyen 641
- La productivité 644
- L'égalité des revenus dans les deux régimes 644
- *Ceteris paribus* 645

Entre les lignes
Le capitalisme en Allemagne de l'Est 642

Glossaire G–1

Index I–1

1re PARTIE

Introduction

ENTREVUE
ASSAR LINDBECK

Assar Lindbeck est titulaire d'une chaire d'économie à l'Institut international d'études économiques, de l'université de Stockholm (Suède), et directeur de cet Institut. Aux États-Unis, il a été professeur invité aux universités Columbia et Yale et à l'université du Michigan. Il est, depuis 1981, président du jury qui choisit chaque année le ou les lauréats du prix Nobel de science économique. Nous avons interrogé le professeur Lindbeck sur la nature de l'économique, sur les perspectives économiques des années 90 et sur le travail des économistes.

« Je me demande parfois si nous ne freinons pas la créativité des jeunes en leur imposant des analyses techniques trop poussées. »

Professeur Lindbeck, qu'est-ce qui vous a incité à devenir économiste ?

Mon père étant homme politique dans le Nord de la Suède, je me suis intéressé dès le collège aux sciences politiques. Au bout du troisième semestre, j'ai décidé d'acquérir une formation de base en économique. Le problème, c'est que depuis lors je n'ai jamais cessé d'en apprendre sur l'économie !

Qu'est-ce que l'économique avait pour vous de si captivant ?

J'ai découvert que les sciences politiques traitaient principalement de la forme des événements politiques et du processus décisionnel, mais qu'elles escamotaient les conséquences des décisions. Or, c'est justement cela qu'analyse la science économique : les répercussions des décisions politiques sur les familles, sur les entreprises, sur la vie des pays.

Qu'est-ce qui distingue l'économique des sciences politiques ou des autres sciences sociales ?

Première particularité : l'économique pose des questions différentes. Elle s'interroge sur l'emploi, sur la production, sur l'allocation des ressources (y compris le travail), sur la répartition des revenus. Deuxièmement, l'économique est parvenue à élaborer un cadre d'analyse général. On n'a pas besoin de recourir à une économique particulière pour discuter de logement, d'agriculture ou d'éducation : les mêmes principes s'appliquent à tous les secteurs. Les autres sciences sociales, au contraire, ont tendance à élaborer une théorie particulière à chaque question ou à chaque domaine : la sociologie de la famille, par exemple, diffère de la sociologie criminelle. Troisièmement, enfin, l'économique peut se contenter d'hypothèses plus circonscrites pour formuler des prédictions relativement valables : si, par exemple, vous m'interrogez sur les facteurs qui déterminent la demande de beurre ou de margarine, je n'aurai pas à philosopher sur les motifs du comportement humain.

Les deux branches traditionnelles de l'économique – la microéconomie et la macroéconomie – partent-elles des mêmes principes ?

Il y a eu une discontinuité entre la microéconomie et la macroéconomie. La macroéconomie se fonde sur le principe suivant : dans les grands agrégats – production totale, croissance économique nationale, chômage ou inflation – il se produit des variations systématiques, à la hausse ou à la baisse. Pour simplifier l'analyse, on peut expliquer un agrégat par un autre. Pour rendre compte d'une récession, il n'est donc pas essentiel d'étudier les variations de tous les prix relatifs ou de comprendre dans tous ses détails l'allocation des ressources. Il importe cependant que la description qu'on donne du mouvement des agrégats soit en accord avec les hypothèses microéconomiques qu'on a adoptées quant au comportement des entreprises ou des consommateurs. Milton Friedman, Franco Modigliani, James Tobin et d'autres économistes ont développé cette méthode au cours des années 50 ; ils voulaient ainsi pallier le manque de fondements microéconomiques qu'ils reprochaient aux généralisations empiriques propres à la macroéconomie de l'époque.

Si vous voulez discuter de « l'économie », vous devez vous servir d'agrégats, car le cerveau humain n'arriverait pas à considérer toutes les variables en même temps. Pour tirer avantage de l'économique, vous devez être en mesure de réfléchir à partir d'un modèle : lire les nouvelles dans un journal ou les écouter à la télévision, puis les traiter mentalement. Pour mettre l'économique au service de la société, l'économiste doit pouvoir tout aussi bien discuter avec des journalistes ou des politiciens qu'expliquer un diagramme à ses étudiants devant un tableau noir. Autrement, faute d'étendre ses horizons, il ne communiquera jamais qu'avec des spécialistes.

Vous êtes président du comité du prix Nobel de science économique. Qu'est-ce qui, selon vous, fait un grand économiste ?

Les membres du comité du prix Nobel – et les économistes en général – reconnaissent la valeur de ceux et de celles qui ont influencé intellectuellement la discipline, qu'ils aient ou non formalisé leurs idées en des modèles complets ; ils savent aussi reconnaître la valeur des gens qui ont donné forme à des idées empruntées en partie à d'autres. Très rares, cependant, sont les économistes qui ont à la fois des idées innovatrices et le don (ou l'occasion) d'exprimer celles-ci dans une forme cohérente. Je crois qu'aujourd'hui l'on compte parmi les économistes plus de techniciens que de créateurs. J'ai toujours prôné une formation rigoureuse, mais je me demande parfois si nous ne freinons pas la créativité des jeunes en leur imposant des analyses techniques trop poussées.

Selon vous, quelle sera, en économie, la grande question des années 90 ?

Permettez-moi de passer d'abord en revue certains événements qui ont mené à la conjoncture actuelle. On considère comme un âge d'or les vingt-cinq années qui ont suivi la Deuxième Guerre mondiale : un commerce international en pleine expansion, un taux de chômage très bas, une croissance économique rapide – bref, une prospérité croissante. Des événements hors du commun ont contribué à cet état de choses : les travailleurs ont pu, notamment, abandonner l'agriculture pour l'industrie, la classe politique a tourné le dos au protectionnisme commercial d'avant-guerre et, après plusieurs années de stagnation, la technologie a fait des bonds en avant. Toutefois, au cours des années 60 et 70, la classe politique a commencé à croire que cette croissance et cette prospérité allaient de soi. Si bien que nous nous sommes mis à gruger la source même de ce succès, compromettant ainsi l'efficacité de nos économies de marché. Dans les années 70, l'Organisation des pays exportateurs de pétrole (l'OPEP) a provoqué la crise du pétrole, et les salaires, du moins en Europe, ont connu une véritable explosion. Pendant ce temps, on a consacré d'extraordinaires efforts à la lutte contre l'inflation, ce qui explique la gravité des récessions des années 70 et 80. Depuis la fin des années 80, nous travaillons à nous remettre des turbulences de la précédente décennie. Le taux de croissance a entrepris une remontée, et le chômage a régressé aux États-Unis et en Angleterre. Que se produit-il ? Il semble bien que nous redonnions enfin au marché la place qui lui revient dans une économie... de marché.

Et que nous réserve l'avenir ?

Selon moi, la question clé des années 90 sera de savoir jusqu'où la déréglementation pourra aller sans soulever les protestations des groupements d'intérêts. Bien des gens ressentent directement les effets de la déréglementation. Au sein d'organismes globaux comme la Communauté économique européenne, quel pouvoir tel gouvernement national acceptera-t-il de céder aux forces des marchés internationaux ? Un gouvernement admettra-t-il volontiers son impuissance face à un problème, après avoir en même temps déréglementé son économie intérieure et libéralisé ses relations économiques avec l'extérieur ? Un tel aveu ne le condamnerait-il pas à perdre le pouvoir dès l'élection suivante ?

« Selon moi, la question clé des années 90 sera de savoir jusqu'où la déréglementation pourra aller sans soulever les protestations des groupements d'intérêts. »

« Impossible de faire des prévisions économiques sans prévoir la politique économique. »

En réponse à des questions d'une telle complexité, les économistes peuvent-ils réellement se livrer à une analyse scientifique, dénuée de toute passion ?

Interrogé par exemple sur les effets d'une taxe à l'importation du pétrole, l'économiste doit faire une nette distinction entre son analyse objective d'une part et, d'autre part, les opinions qu'il professe sur les effets, bons ou mauvais, d'une telle taxe. Qu'ils soient de tendance libérale ou conservatrice, deux économistes doivent arriver aux mêmes conclusions, s'ils ont tous deux fondé leur analyse sur le même type de modèle économique. Or, ce n'est pas toujours le cas. Pourquoi ? Sans doute, dans leur choix, sont-ils inconsciemment influencés par leurs convictions politiques : chacun choisit un modèle qui tende à appuyer telle valeur politique ou telle vision du monde.

Comme toute science, l'économique doit discerner le modèle le plus propice à un jugement pertinent : démarche difficile, mais essentielle pour garder à l'économique son caractère de science positive.

Dans certains de vos écrits, vous avez tenté d'expliquer par une économique positive les choix politiques de certains hommes d'État – ce qu'on appelle la théorie des « choix publics ». Quelle importance reconnaissez-vous à ce champ de la recherche économique ? Et quels progrès avons-nous réalisés dans la compréhension des prises de décisions politiques ?

Il s'agit d'un champ vital de recherche. Impossible de faire des prévisions économiques sans prévoir la politique économique. Impossible, aussi, de prévoir la politique économique sans emprunter ou créer une théorie qui permette de prévoir la réaction des hommes politiques face aux événements économiques à venir. Or, à ce jour, les résultats de ces analyses ne sont guère probants, tant les hommes politiques adoptent naturellement des attitudes complexes, que nous n'arrivons pas encore à expliquer. Par exemple, les décisions qu'ils prennent par souci de garder le pouvoir contredisent souvent le programme politique qu'ils croient suivre. Ces recherches ont surtout permis jusqu'ici de sensibiliser les économistes au fait qu'il est extrêmement difficile de donner des conseils judicieux en matière de politique économique.

Quels principes directeurs vous ont guidé en tant qu'économiste et en tant que citoyen intéressé par la politique économique ?

J'aime m'inspirer des problèmes réels de ce monde. Je recherche les situations qui me laissent perplexe et que je ne comprends pas, et je tente d'y trouver une explication plausible. Puis je m'installe à mon bureau et j'essaie de mettre le problème sur papier. Je m'efforce de l'expliquer d'abord en mots de tous les jours, puis en termes techniques avec graphiques et équations à l'appui. Or, mes conclusions diffèrent souvent de mes perspectives initiales.

Quels conseils donneriez-vous à un étudiant, pour son premier cours de principes économiques ?

Essayez de comprendre les principes intuitivement, et non de façon machinale. Décortiquez à la lumière du sens commun les exemples que vous fournit le professeur et ceux du manuel. Si vous vous contentez de mémoriser les faits, vous aurez oublié ceux-ci dans deux ans. En revanche, si vous apportez à cette étude toute votre faculté d'intuition, vous en conserverez des connaissances précieuses.

CHAPITRE 1

Qu'est-ce que l'économique ?

Objectifs du chapitre :

- Cerner le type de questions auxquelles l'économique tente de répondre.

- Expliquer pourquoi ces questions, tout comme l'activité économique elle-même, découlent du phénomène de la rareté.

- Comprendre en quoi ce phénomène de la rareté oblige les gens à faire des choix.

- Définir la notion de coût d'opportunité.

- Définir les fonctions d'une économie et en décrire les composantes.

- Distinguer un énoncé positif d'un énoncé normatif.

- Expliquer ce qu'on entend par une théorie économique et montrer comment on élabore de telles théories par la conception de modèles économiques, qu'on confronte ensuite aux faits.

Sept questions fondamentales

Qu'EST-CE QUE L'ÉCONOMIQUE ? Le meilleur moyen de répondre à cette question consiste à... s'en poser d'autres. C'est pourquoi, d'entrée de jeu, nous vous proposons l'examen de sept questions fondamentales auxquelles l'économique tente de répondre.

La production, la consommation et le progrès technique

En 1975, pour regarder chez soi un film, il fallait louer un projecteur et un écran, en plus du long métrage. Cela coûtait presque aussi cher que de projeter celui-ci dans une salle de cinéma devant plusieurs centaines de spectateurs : c'était un luxe réservé aux riches. ■ En 1976, les magnétoscopes faisaient leur entrée sur le marché; mais ils coûtaient 2000 $ ou plus (l'équivalent aujourd'hui de 4000 $). Or, on se procure maintenant pour environ 200 $ un magnétoscope de bonne qualité; quant à la cassette-vidéo, on la loue moyennant quelques dollars par jour ou on l'achète pour moins de 30 $. De ce qui était hier un luxe, le progrès technique a fait un bien de consommation courante. ■ Les techniques de pointe transforment nos habitudes de *consommation*: ainsi, en abaissant le prix des magnétoscopes, elles nous permettent de regarder à la maison beaucoup plus de films que nous ne le faisions il y dix ans. ■ Le progrès technique a également une incidence sur nos modes de *production*. Chez les constructeurs d'automobiles, par exemple, on confie désormais aux robots des tâches qui, il y a dix ans encore, étaient réservées aux ouvriers. Dans la plupart des bureaux, l'équipement informatique de traitement de texte a détrôné la traditionnelle machine à écrire. ■ Et que dire de l'omniprésent laser ? C'est lui qui, au supermarché, lit sur les étiquettes les prix des marchandises. Il trace sur les cartes de crédit les hologrammes qui en empêchent la contrefaçon. Dans les salles d'opération, il devient, manié par les neurochirurgiens et les ophtalmologistes, un scalpel d'une extrême précision. ■ Tous ces exemples, qui illustrent l'incidence des progrès techniques sur les moyens de production de biens et de services, soulèvent la première de nos sept questions fondamentales :

Comment les individus choisissent-ils les biens et les services qu'ils consomment et les moyens de production qu'ils utilisent? En quoi ces choix sont-ils tributaires des nouvelles découvertes et des nouvelles techniques?

Les salaires et les revenus

Dans une station de sports d'hiver, au coeur des Laurentides, un moniteur explique à ses élèves la technique du chasse-neige. Ce jeune homme de vingt-trois ans, qui n'a même pas terminé ses études secondaires, est payé 14 $ l'heure pour ce travail en apparence agréable et peu stressant.

Dans un cabinet d'avocats de Montréal, une secrétaire du même âge assume de nombreuses responsabilités: traitement du courrier, classement des documents, gestion de l'agenda, comptes rendus des réunions; en général, elle rentre du travail complètement exténuée. Après l'obtention de son diplôme d'études collégiales, elle a suivi des cours du soir en informatique et en traitement de texte. Elle gagne 12 $ l'heure.

Le 9 juillet 1989, Steffi Graf et Martina Navratilova disputent un palpitant match de tennis, au cours d'une finale de Wimbledon. À l'issue d'une joute serrée, la gagnante, Graf, encaisse 33 278 $, et Navratilova ne touche que la moitié de cette somme. On retrouve une situation semblable au sein des grandes entreprises: les membres de la haute direction, qui ne travaillent pas nécessairement plus – souvent moins – que leurs subalternes, reçoivent un salaire beaucoup plus élevé que ceux-ci.

De telles situations soulèvent la deuxième de nos sept questions fondamentales:

Qu'est-ce qui détermine le revenu de chacun? Pourquoi certains individus sont-ils beaucoup mieux rémunérés que d'autres, qui travaillent autant et plus qu'eux?

Le chômage

Au plus creux de la crise économique des années 30, soit de 1929 à 1933, près de un cinquième de la population active était en chômage. Pendant des mois, voire des années, bien des familles n'ont eu de revenu que les maigres allocations du gouvernement ou que les dons d'institutions charitables. Pendant les années 50 et 60, au contraire, le taux de chômage est presque partout resté inférieur à 5 %; dans certains pays, comme le Japon et l'Angleterre, il est même tombé au-dessous des 2 %. Puis, au cours des années 70, on l'a vu augmenter progressivement jusqu'à toucher, au début des années 80, plus de 10 % de la main-d'œuvre canadienne. En 1989, cependant, il avait régressé à 7,7 % pour remonter à plus de 11 % en 1991.

Le chômage frappe inégalement les différentes couches de la population. Lorsque le taux moyen se situe à 5,5 % pour l'ensemble de la main-d'œuvre canadienne, il atteint presque 20 % chez les jeunes de 16 à 19 ans. On constate aussi de larges écarts entre les régions: le chômage est, par exemple, beaucoup plus élevé dans les provinces maritimes que dans le reste du pays.

Ces quelques données sur le chômage soulèvent une troisième question fondamentale de l'économique:

Quelles sont les causes du chômage, et pourquoi celui-ci frappe-t-il certains groupes plus que d'autres?

L'inflation

D'août 1945 à juillet 1946, la Hongrie a connu une hausse moyenne des prix de 20 000 % par mois. En juillet 1946, au sommet de cette inflation galopante, la hausse se chiffrait à 419 000 billions % – c'est-à-dire 419×10^{15} %.

En Bolivie, le coût de la vie a augmenté de 11 750 % en 1985. Cette année-là, à La Paz, le «hamburger» de chez McDonalds, qui coûtait 20 bolivianos le 1er janvier, en coûtait 2370 le 31 décembre. Au Canada, la même année, les prix n'ont augmenté que de 2,9 %. (Ils devaient cependant, à la fin des années 70, enregistrer une hausse annuelle de plus de 10 %.)

Ces données sur l'inflation soulèvent pour les économistes une quatrième question fondamentale:

Pourquoi les prix montent-ils? Pourquoi de telles flambées dans certains pays et à certaines époques, alors que les prix connaissent une relative stabilité en d'autres pays ou en d'autres temps?

L'État

L'État joue un rôle à plusieurs niveaux. Au Canada, le gouvernement fédéral verse des pensions aux personnes âgées et des allocations aux chômeurs. Il transfère d'importantes sommes aux provinces, pour atténuer entre les régions les écarts de niveau de vie. Il entretient également une armée. Le gouvernement fédéral, les gouvernements provinciaux et les autorités municipales se partagent l'administration des forces policières, de la justice, des soins de santé, de l'instruction publique ainsi que des régimes publics de santé. Divers organismes gouvernementaux réglementent la production alimentaire et pharmaceutique, l'énergie nucléaire et l'agriculture.

Les dépenses publiques ont monté en flèche au fil des ans. En 1867, année où fut créée la Confédération canadienne, le gouvernement central percevait, principalement au titre des droits de douane et d'accise, des revenus de 14 millions de dollars – ce qui, en dollars constants, représenterait aujourd'hui 66 $ par habitant, soit moins de 0,01 $ pour chaque dollar gagné. Cent vingt ans plus tard, en 1987, la famille canadienne moyenne versait au fisc l'équivalent de 0,34 $ par dollar gagné. Jusqu'à récemment, les gouvernements fédéral et provinciaux présentaient des budgets équilibrés. Mais, tout au long des années 80, le gouvernement fédéral a dépensé chaque année presque 30 milliards de dollars de plus que ce qu'il encaissait. Ce déficit représente plus de 1000 $ par habitant.

Ce fonctionnement de l'État soulève une cinquième question fondamentale :

Quelles sont, sur la vie économique du pays, les répercussions des impôts et des dépenses publiques ? Que se produit-il lorsque l'État est en déficit, comme c'est souvent le cas ?

Le commerce international

Dans les années 60, presque tous les véhicules qui sillonnaient les routes canadiennes et étatsuniennes sortaient des usines Ford, Chevrolet ou Chrysler. Dans les années 80, les sociétés Toyota, Honda, Volkswagen et BMW accaparaient une part considérable du marché nord-américain. Ainsi, 33 % des voitures neuves vendues en Amérique du Nord en 1985 étaient importées, par rapport à 1 % au milieu des années 50. Et l'on peut en dire autant des téléviseurs, des vêtements ou des ordinateurs.

L'État régit le commerce international des automobiles et de bien d'autres produits : il impose, sur les importations, des taxes appelées *tarifs douaniers* et il fixe des contingents, ou quotas, afin de limiter les quantités qui seront importées de certains produits. Il y a quelques années, le gouvernement fédéral a négocié avec les États-Unis une entente importante, qui élimine progressivement la plupart des restrictions sur les échanges entre les deux pays : c'est l'Accord de libre-échange entre les États Unis et le Canada. Notre pays a d'ailleurs entamé des négociations en vue d'un accord trilatéral Canada - États-Unis - Mexique, qui étendrait à toute l'Amérique du Nord le principe du libre-échange.

Voilà posée, par ces données sur le commerce international, une sixième question fondamentale de l'économique :

Quels sont les facteurs qui déterminent la structure et le volume des échanges entre pays ? Quels sont, sur le commerce international, les effets des tarifs douaniers et des contingentements ?

La richesse et la pauvreté

La baie de Canton, dans le sud-est de la Chine, abrite une petite péninsule rocheuse et un archipel, pratiquement dépourvus de richesses naturelles. Cette terre aride subvient pourtant aux besoins de plus de cinq millions d'habitants qui, sans être très riches, élèvent progressivement leur niveau de vie. On produit là une grande partie des articles de mode et des composants électroniques vendus à travers le monde. C'est Hong-kong.

Dans l'est de l'Afrique, sur la mer Rouge, une terre mille fois plus vaste parvient à peine à faire vivre ses 34 millions d'habitants, soit sept fois seulement la population de Hong-kong. Devant l'extrême misère de ce peuple, des musiciens rock d'Europe et d'Amérique ont organisé en 1985 une spectaculaire collecte de fonds. Ce pays périodiquement acculé à la famine, c'est l'Éthiopie.

Hong-kong et Éthiopie : ces deux exemples, extrêmes dans l'échelle des revenus et des richesses, ne sont pourtant pas exceptionnels. En fait, les deux tiers les plus pauvres de la population mondiale consomment moins du cinquième des biens et des services produits. Les pays à revenus moyens, qui regroupent près du cinquième de la population totale, consomment environ un cinquième de la production. Les autres habitants de la planète, soit moins du cinquième de la population, consomment près des deux tiers de la production et vivent dans des pays à revenus élevés – comme le Canada, les États-Unis, les pays d'Europe de l'Ouest, le Japon, l'Australie et la Nouvelle-Zélande.

Ce bref coup d'oeil sur la répartition des richesses à travers le monde suscite une septième interrogation :

À quoi attribuer les différences de niveau de vie entre les nations ? Pourquoi certains pays sont-ils riches, et d'autres pauvres ?

Sept questions complexes, aucune réponse simple

Voilà posées sept questions capitales, qui résument à elles seules toutes les préoccupations de la science économique. Elles sont doublement fondamentales : d'abord par leurs énormes répercussions sur les conditions de vie de l'humanité, puis par leur complexité même et par la difficulté d'y apporter quelque réponse simple. Ces questions suscitent de vifs débats, où chacun a son opinion et où foisonnent les soi-disant experts. Pour l'étudiant, débutant ou avancé, le plus difficile est de faire abstraction de ses sentiments et d'aborder l'analyse de ces problèmes avec la rigueur et l'objectivité d'un scientifique.

Au cours de ce chapitre, nous expliquerons comment les économistes tentent de résoudre les problèmes qui se posent à eux. Mais revenons pour l'instant à nos sept questions. Qu'ont-elles en commun ? Et en quoi sont-elles des questions proprement économiques ?

La rareté

Tout problème économique découle d'un fait simple et incontournable: l'impossibilité où nous sommes de satisfaire tous nos désirs. Nous vivons dans un monde de rareté. L'économiste définit la **rareté** comme une situation où les besoins et les désirs dépassent les ressources dont on dispose pour les satisfaire. Une fillette, qui désire se procurer une cannette de boisson gazeuse à 0,75 $ et une tablette de chocolat à 0,50 $, ne possède qu'un dollar: elle est confrontée à la rareté. Un étudiant est partagé entre le désir d'assister ce soir à une fête et la nécessité de combler son retard dans ses travaux scolaires: lui aussi fait face à la rareté, puisqu'il dispose d'un temps limité. Riche ou pauvre, on en est là. Le gouvernement canadien, malgré son budget de 120 milliards de dollars, n'échappe pas au dilemme de la rareté: le total des dépenses publiques affectées à la défense, à la santé, à l'éducation, à l'assistance sociale et aux autres services excède de beaucoup ses revenus fiscaux.

Nos besoins et nos désirs ne font pas que dépasser les ressources existantes: en fait, ils sont illimités, face à des ressources qui, elles, sont limitées ou finies. Tous, nous souhaitons vivre longtemps et en bonne santé, jouir de l'aisance, du confort et de la sécurité, nous délasser le corps et l'esprit, nous comprendre nous-mêmes, nous sentir en harmonie avec notre milieu naturel et humain.

Mais personne ne réussit à combler tous ces désirs et tous ces besoins; il subsiste toujours en chacun quelque insatisfaction. Même si bien des Canadiens possèdent tout le confort matériel qu'ils désirent, beaucoup d'autres en sont encore privés. À l'âge atomique, qui donc pourrait s'estimer en complète sécurité? Et qui donc est maître du temps? Même les plus riches ne trouvent pas le temps de voyager à leur goût, de prendre les vacances de leurs rêves, de savourer comme ils le voudraient la contemplation des œuvres d'art. Le philosophe le plus profond, le savant le plus érudit déplorent les limites de leur propre savoir.

On pourrait certes concevoir une société où seraient satisfaits tous les besoins de confort matériel et, même, de sécurité. Mais comment imaginer un monde où chacun disposerait du temps, de l'énergie et des ressources nécessaires pour apprécier pleinement les sports, les voyages, les vacances et les arts? Encore moins un monde où tous bénéficieraient de soins médicaux totalement gratuits et où tout serait mis en œuvre pour protéger les ressources vitales, tels l'atmosphère, les forêts, les rivières et les lacs. Les ressources naturelles et humaines – temps, force physique ou matière grise – et les ressources matérielles créées par l'homme – barrages et autoroutes, immeubles et machines, outillage et équipement – constituent certes un patrimoine immense. Mais il n'est pas sans limite. Or nos besoins et nos désirs, illimités, surpasseront toujours les ressources dont nous disposerons; ils sont donc destinés à toujours demeurer partiellement insatisfaits.

«*Je veux un biscuit. Tu veux un biscuit. Nous voulons <u>tous</u> un biscuit!*»

Dessin de Modell; © 1985, The New Yorker Magazine, Inc.

L'activité économique

C'est la confrontation entre des besoins illimités et des ressources limitées qui engendre l'activité économique. L'**activité économique** est l'ensemble des actions que nous entreprenons pour contrer la rareté. En ce sens, l'**économique** étudie la façon d'utiliser au mieux nos ressources limitées pour satisfaire des besoins illimités. Ainsi définie, elle a pour objet d'étude un très large éventail de problèmes, dont font partie, au premier chef, les sept questions fondamentales que nous avons relevées plus haut. Ces questions nous préoccuperaient-elles si nous disposions de ressources intarissables et si nous ne butions jamais sur le phénomène de la rareté? Non. Voyons pourquoi.

Nul, s'il disposait de ressources illimitées, ne verrait l'utilité de mettre au point des moyens de production plus efficaces. Il n'y aurait aucun intérêt à nous préoccuper de notre emploi du temps ou de l'utilisation des différentes sources d'énergie. Délestés de l'obligation de gagner notre vie, nous ne ferions que ce qui nous plairait. Les biens et les services nécessaires seraient à la portée de chacun, sans effort ni paiement. Plus question de chômage: personne ne travaillerait, si ce n'est par plaisir. La gratuité de tout pour tous abolirait la notion même d'inflation ou de hausse des prix. On ne débattrait plus de l'intervention ou de la non-intervention de l'État dans la vie économique, puisque plus personne n'aurait besoin du soutien de l'État et que celui-ci ne percevrait ni taxes ni impôts. Chacun prélèverait ce qui lui plaît dans le réservoir inépuisable des ressources collectives. L'abondance régnant partout dans le monde, le transport, l'importation ou l'exportation de biens deviendraient superflus, et il n'existerait plus aucun commerce international. L'écart serait enfin comblé entre pays riches et pays pauvres: les uns et les autres seraient infiniment riches et auraient tout ce qu'ils convoitent.

Dans cet univers de science-fiction, marqué par l'abondance, les problèmes économiques seraient inconnus. Car c'est le phénomène universel de la rareté qui est à la source de ces problèmes.

Les choix

Le problème de la rareté, en effet, force à faire des choix. Devant l'impossibilité d'obtenir tout ce qu'on désire, il faut choisir entre les possibilités qui s'offrent. C'est d'ailleurs pourquoi on appelle parfois l'économique la *science des choix* : elle explique les choix qu'on fait, elle prédit en quoi ces choix seront tributaires des circonstances.

Tout choix suppose la comparaison de deux termes : d'un côté, les avantages que présenterait la possession d'une quantité accrue de certains biens et, de l'autre côté, les inconvénients qu'entraînerait la diminution d'autres biens. Cette comparaison, suivie de la décision qui nous permet de tirer le meilleur parti possible des diverses possibilités qui nous sont offertes, s'appelle **optimisation**. Dans le langage de tous les jours, on prête d'ailleurs au verbe *économiser* une signification semblable : économiser, c'est faire le meilleur usage possible des ressources existantes. Ayant effectué un choix optimal, on ne pourra plus, simultanément, *tout* avoir en plus grande quantité. Pour augmenter la quantité qu'on possède d'un bien, il faudra renoncer à une certaine quantité d'un autre bien. En d'autres termes, tout choix comporte un prix à payer. Et quelque décision qu'on prenne, on sait qu'on aurait pu en prendre une autre.

Le coût d'opportunité

Les économistes appellent **coût d'opportunité** le prix à payer chaque fois que, face à des ressources limitées, on doit faire un choix. Le coût d'opportunité d'une décision représente la valeur de la meilleure possibilité à laquelle on renonce par cette décision. Ne pouvant obtenir tout ce qu'on désire, on choisit entre les possibilités qui s'offrent. La décision ainsi prise représente alors un coût : le sacrifice de l'option la plus avantageuse parmi celles qu'on écarte, la possibilité à laquelle on renonce. Le coût d'opportunité se mesure, justement, à cette «valeur de renonciation». Voyons comment apporter à cette mesure la plus grande précision possible ; nous recourrons pour cela à des situations de la vie quotidienne.

Supposons que vous deviez vous présenter à un cours à 8:30 lundi matin. Si vous n'y allez pas, vous avez le choix entre deux possibilités : rester au lit une heure de plus ou consacrer cette heure au jogging. Le coût d'opportunité du cours ne peut être à la fois la perte d'une heure de sommeil *et* les bienfaits d'une heure de jogging. Si vous n'envisagez que ces deux seules possibilités dans l'éventualité où vous «sécheriez» le cours, vous devrez déterminer laquelle est la plus pertinente. Pour un joggeur, le coût d'opportunité du cours correspond à une heure d'exercice ; pour un grand dormeur, à une heure de sommeil supplémentaire.

Supposons encore que vous ayez l'habitude de dépenser 1,50 $ pour un muffin et un café, au petit déjeuner que vous prenez à la cafétéria avant d'entrer en classe. Si vous ne dépensiez pas 1,50 $ tous les jours pour le petit déjeuner, vous pourriez vous payer chaque semaine une soirée de plus au cinéma. Ce film hebdomadaire auquel vous renoncez, c'est le coût d'opportunité de votre petit déjeuner quotidien. On ne peut cependant pas dire qu'il fait partie du coût d'opportunité de vos études ; car, que vous alliez ou non à votre cours, vous dépenseriez chaque jour 1,50 $ pour le petit déjeuner.

Les coûts d'opportunité que vous supportez ne résultent pas toujours de vos propres décisions. Ce sont parfois les décisions des autres qui vous imposent des coûts d'opportunité. Par exemple, incapable de trouver place à bord d'un autobus à l'heure de pointe, vous devez supporter un coût d'attente, imposé pour ainsi dire par ceux qui ont pris avant vous cet autobus.

Chaque choix occasionne un coût d'opportunité. En optant pour une activité, on considère que les avantages qu'elle présente, par comparaison aux autres activités auxquelles on renonce, en valent la peine.

La rareté a donc sur la vie humaine une première conséquence : le coût d'opportunité. Mais elle en entraîne aussi une autre, tout aussi fondamentale : c'est le phénomène de la concurrence.

La concurrence et la coopération

La concurrence Lorsque les besoins excèdent les ressources, il y a conflit entre les besoins, face à l'affectation des ressources disponibles. La **concurrence** est cette lutte pour obtenir la maîtrise de ressources devenues rares. Revenons à l'exemple de l'enfant qui, avec 1 $, veut se procurer une cannette de boisson gazeuse et une tablette de chocolat, d'une valeur totale de 1,25 $: ici, la boisson gazeuse et la tablette de chocolat sont en concurrence pour l'utilisation du même dollar. Il n'en va pas autrement pour l'étudiant dont les travaux scolaires accusent un certain retard : la fête et l'étude se disputent l'utilisation de sa soirée. Au sein du gouvernement, la défense et les services sociaux entrent en concurrence pour l'utilisation de recettes fiscales limitées.

La rareté entraîne également la concurrence entre les personnes et entre les groupes. Chacun, faute de pouvoir s'offrir tout ce qu'il désire, doit rivaliser avec les autres pour obtenir la plus grande part possible des ressources existantes. Pour organiser et restreindre ce type de rivalité, les sociétés humaines ont établi des règles dont l'origine et l'évolution découlent directement du problème de la rareté. Ces règles, d'ailleurs, ne sont pas nécessairement identiques dans toutes les sociétés, même les plus modernes. Par exemple, l'organisation de la vie économique au Canada diffère radicalement de celle que le communisme a fait prévaloir pendant trois quarts de siècle en Union soviétique. Dans le dernier chapitre de ce manuel, nous étudierons ces différences et nous comparerons entre eux divers régimes économiques. Pour le moment, examinons brièvement les règles qui, au Canada, encadrent la concurrence entre les personnes et entre les entreprises.

Dans un régime de libre entreprise, comme celui qui a cours au Canada, chacun possède ce qu'il a acquis par l'échange librement consenti. Les gens peuvent se faire concurrence entre eux, en offrant des échanges plus avantageux : en baissant, par exemple, le prix des produits qu'ils veulent vendre ou en consentant un prix plus élevé pour ceux qu'ils désirent acheter. Mais personne n'a le droit de s'approprier simplement le bien d'autrui.

La coopération   La rareté, direz-vous, n'engendre pas automatiquement la concurrence, et la coopération résoudrait de façon plus harmonieuse bien des problèmes économiques. On entend par **coopération** la réalisation d'un travail en commun en vue d'atteindre un même but. Ne pourrait-on pas résoudre les problèmes par la coopération plutôt que par la concurrence ? Suggestion intéressante, certes, car elle déboucherait sur des solutions rationnelles. L'histoire de l'économie offre d'ailleurs bon nombre d'exemples où la coopération a résolu bien des difficultés. Il y a coopération lorsqu'on s'entend sur des règles précises pour atténuer les rivalités et prévenir les conflits. La coopération a sa place dans la plupart des formes d'activité économique : les travailleurs collaborent entre eux sur les chaînes de fabrication ; les membres de la direction coopèrent entre eux dans la conception, la fabrication et la commercialisation de leurs produits ; et, dans une large mesure, les cadres et les travailleurs agissent de conserve.

La coopération, aussi répandue soit-elle, ne résout cependant pas tous les problèmes et n'élimine pas toute concurrence. Car toute coopération repose sur une certaine forme de concurrence préalable : il y a d'abord rivalité dans le recrutement et le choix des meilleurs partenaires. Le mariage – affaire de coopération s'il en est – illustre bien cette situation, puisque les célibataires rivalisent dans la recherche d'un conjoint. Au sein de toute entreprise, même si les travailleurs et la direction coopèrent, la concurrence conserve ses droits : les entreprises se disputent les meilleurs travailleurs, et les travailleurs se disputent les meilleurs emplois. De même, les membres des professions libérales, comme les avocats et les médecins, rivalisent pour s'adjoindre les associés les plus compétents ou les plus prestigieux.

La découverte d'un partenaire avec qui coopérer ne met d'ailleurs pas un terme à la concurrence. Car tel groupe de collaborateurs entre naturellement en concurrence avec d'autres groupes. Par exemple, des avocats travaillant ensemble au sein d'un même cabinet ont pour concurrents d'autres cabinets d'avocats.

À RETENIR

L'économique étudie les activités qui découlent du phénomène de la rareté. La rareté oblige les gens à faire des choix, que les économistes s'efforcent de comprendre. Faire des choix, c'est prendre des décisions optimales et donc évaluer le coût des différentes possibilités. C'est ce qu'on appelle le *coût d'opportunité,* soulignant ainsi le fait que, par telle décision, on renonce à certaines possibilités. La rareté, en plus de mettre les individus devant des choix, est également source de concurrence entre eux.

•••

Vous voilà mieux au fait du type de questions auxquelles tentent de répondre les économistes. Et vous savez désormais que, en matière économique, toutes les questions et toutes les activités découlent du phénomène de la rareté. Dans les chapitres qui suivent, nous étudierons l'activité économique en général, de façon à comprendre, en particulier, le fonctionnement d'une économie moderne comme celle du Canada. Mais il nous sera utile, au préalable, de prendre une vue d'ensemble. Au fait, qu'entend-on exactement par «économie»?

L'économie

Qu'est-ce que l'économie ? Comment fonctionne-t-elle ? Pour répondre à ces questions, considérons un sujet plus familier et plus concret : l'avion. Qu'est-ce qu'un avion ? Comment fonctionne-t-il ?

Sans entrer dans les détails à la façon d'un ingénieur en aéronautique, chacun de nous peut apporter quelque élément de réponse. L'un décrira l'avion comme un appareil volant qui transporte des passagers et une cargaison. Un autre, pour en expliquer le fonctionnement, décrira les principaux composants : le fuselage, les ailes et les moteurs, peut-être même les ailerons et le gouvernail, les systèmes de contrôle et de navigation. Un troisième expliquera que, au moment où les moteurs font avancer l'appareil, il se produit, entre les pressions de l'air de part et d'autre des ailes, un brusque écart qui soulève l'appareil. Cet exemple illustre bien quatre principes.

Premièrement, il est difficile de définir une chose sans en expliquer le rôle. Inutile, en effet, de savoir qu'un avion est un appareil, si l'on ne peut expliquer son utilité et son fonctionnement.

Deuxièmement, on arrive mal à expliquer le fonctionnement d'un appareil si l'on ne peut en énumérer les composants, avec descriptions à l'appui. Cela fait, on peut exposer le fonctionnement de chaque composant et les relations qu'il entretient avec les autres.

Troisièmement, il est difficile d'expliquer le fonctionnement d'une chose sans faire abstraction de certains de ses composants. Il faut simplifier, schématiser. Nous nous sommes bien gardés, par exemple, de décrire l'avion dans ses moindres détails : nous n'avons parlé ni du projecteur de films, ni des ceintures de sécurité, ni de la couleur des ailes, estimant ces détails superflus pour notre propos. Nous avons plutôt tenu compte des principaux composants, pour expliquer dans son ensemble le fonctionnement de l'appareil.

Enfin, *quatrièmement*, notre compréhension d'une chose peut se situer à différents niveaux. Sur le fonctionnement de l'avion, nous nous en sommes tenus à une explication superficielle, qui suffisait à notre objectif. Un ingénieur en aéronautique serait allé plus loin. Un spécialiste d'un des composants – moteur, système de navigation, système de contrôle, etc. – aurait, quant à lui, multiplié les détails et les précisions.

Forts de ces quatre constatations, revenons au sujet qui nous occupe : Qu'est-ce qu'une économie ? Comment cela fonctionne-t-il ?

Qu'est-ce qu'une économie ?

Fondamentalement, une **économie** est un mécanisme qui permet de répartir des ressources rares en vue d'utilisations concurrentes. Ce mécanisme doit résoudre trois questions essentielles, qu'on peut résumer en autant de mots :

- Quoi ?
- Comment ?
- Pour qui ?

1 *Quoi ?* Quels biens et quels services faut-il produire, et en quelles quantités ? Combien de magnétoscopes fabriquer ? Combien de salles de cinéma construire ? Vaut-il mieux aménager de petits appartements ou de grandes maisons ? Combien doit-on construire de voitures sport ? de familiales ? de camions ?

2 *Comment ?* Quelles méthodes appliquer dans la production des biens et des services ? Dans tel supermarché, vaut-il mieux installer trois caisses enregistreuses avec lecteurs au laser, ou six caisses traditionnelles à enregistrement manuel ? Dans une usine de montage automobile, à qui confier le soudage des pièces : à des ouvriers ou à des robots ? Les fermiers enregistreront-ils à la main les horaires d'alimentation du bétail, le relevé de la production et l'état des stocks ou procéderont-ils par ordinateur ? Comment le Québec doit-il produire l'électricité supplémentaire dont il a besoin : par la construction de barrages hydro-électriques, de centrales nucléaires ou de centrales thermiques classiques ?

3 *Pour qui ?* À l'intention de qui produit-on les biens et les services ? Leur répartition est fondée sur la répartition des revenus et de la richesse. Les travailleurs à salaire élevé et les personnes riches consomment plus de biens et de services que les petits salariés, les pauvres ou les chômeurs. Le niveau de consommation dépend donc des revenus et de la richesse de chacun. Pour reprendre les exemples évoqués plus haut, le moniteur de ski consomme plus que la secrétaire juridique, et les habitants de Hong-kong davantage que les Éthiopiens.

Les composantes d'une économie

Pour bien saisir le fonctionnement d'une économie, il convient d'en repérer les principales composantes et de comprendre les relations qui les unissent. C'est ce qu'illustre la figure 1.1. Les composantes d'une économie relèvent de deux catégories :

- **Les décideurs** : il s'agit de toute personne ou de tout groupe organisé, habilités à effectuer des choix et à prendre des décisions.
- **Les mécanismes de coordination** : ce sont tous les processus qui font en sorte que les choix décidés par une personne ou un groupe de personnes sont compatibles avec les choix des autres.

Les décideurs   Parmi les décideurs, on distingue trois groupes :

- Les ménages
- Les entreprises
- Les gouvernements

On appelle **ménage** toute personne vivant seule ou tout groupe de personnes vivant ensemble, et qui agit comme unité de prise de décision. Au sein d'une économie, chaque individu fait partie d'un ménage, ou en constitue un à lui seul. Car le ménage peut se composer d'une seule personne, d'une famille, ou même d'un groupe d'individus sans liens de parenté, comme deux ou trois étudiants partageant un logement.

Une **entreprise** est un organisme qui produit des biens ou des services. On considère comme entreprise tout producteur de biens ou de services, quels que soient sa spécialisation, la taille de son établissement ou le volume de sa production. Les fabricants de cigarettes ou les constructeurs d'automobiles, les établissements bancaires ou les compagnies d'assurance, les exploitations agricoles ou les garderies sont autant d'exemples d'entreprises.

Un **gouvernement** est un organisme qui remplit deux fonctions : d'une part, la fourniture de biens et de services aux ménages et aux entreprises ; d'autre part, la redistribution des revenus et de la richesse entre les citoyens. À titre d'exemples de biens et de services que fournissent les gouvernements, mentionnons le système public de santé, le réseau d'établissements scolaires, les services policiers qui font respecter la loi, les tribunaux qui administrent la justice, l'armée qui a pour mission de défendre le pays, etc.

La figure 1.1 présente les trois groupes de décideurs et montre l'articulation de leurs interventions respectives. Les ménages fournissent aux entreprises et aux gouvernements les **facteurs de production**. Ces facteurs représentent les ressources productives de l'économie. On distingue généralement trois catégories de facteurs :

- Le travail
- La terre
- Le capital

Le **travail** correspond aux activités intellectuelles et manuelles des êtres humains ; la **terre** englobe toutes les ressources naturelles ; le **capital** comprend l'équipement, les bâtiments, l'outillage ainsi que tous les biens destinés à produire de nouveaux biens.

Les ménages vendent ou louent des facteurs de production aux entreprises et aux gouvernements, en contrepartie de quoi ils reçoivent des revenus ; ils reçoivent aussi diverses allocations des gouvernements et payent à ceux-ci des impôts et des taxes. Avec ce qui reste de leurs revenus, les ménages achètent des biens et des services produits par les entreprises.

De leur côté, les entreprises ont recours aux facteurs de production que leur offrent les ménages ; elles déterminent elles-mêmes la nature et la quantité des biens et des services à produire ainsi que les méthodes à utiliser pour les produire. Les entreprises réalisent des recettes en vendant aux ménages et aux gouvernements les biens et les services qu'elles ont ainsi produits. À l'aide de ces recettes, elles payent les facteurs de production fournis par les ménages. Les entreprises entretiennent avec les gouvernements une double relation : elles paient des impôts aux gouvernements et elles obtiennent de ceux-ci diverses formes de subventions.

Les gouvernements décident de la quantité de facteurs de production qu'ils achètent des ménages et de la quantité de biens et de services qu'ils achètent des entreprises. En sens inverse, ils déterminent la quantité de biens et de services qu'ils fournissent aux ménages et aux entreprises, de même que les taux des allocations, subventions et impôts.

Les mécanismes de coordination

Nous voici donc en présence de trois types de décideurs : les ménages, les entreprises et les gouvernements. Or, la figure 1.1 nous rappelle une donnée capitale : les décisions de ces divers agents économiques se heurtent forcément les unes aux autres. Par exemple, les ménages décident de leur spécialisation dans un type de travail et des efforts qu'ils entendent y consacrer, alors que les entreprises déterminent la quantité de travail de divers types dont elles ont besoin pour produire tel ou tel bien ou service. En d'autres termes, les ménages choisissent le type et la quantité de travail qu'ils désirent *vendre*, et les entreprises déterminent le type et la quantité de travail qu'elles comptent *acheter*. De même, sur les marchés de biens et de services, les ménages décident du genre et de la quantité de biens et de services à *acheter*, alors que les entreprises déterminent le type et la quantité à *vendre*. Il faut également prendre en compte les décisions des gouvernements sur les impôts et les taxes, les allocations et les subventions, la fourniture de certains biens ou services. Car ces interventions des gouvernements déterminent les revenus dont les ménages et les entreprises disposent pour dépenser et épargner. Si, par exemple, le gouvernement entretient bien les autoroutes mais laisse à l'abandon le système ferroviaire, les ménages affecteront une plus grande part de leurs revenus à l'achat et à l'entretien de voitures particulières qu'à l'achat de billets de train.

Comment donner cohérence aux millions de décisions prises par les ménages, les entreprises et les gouvernements ? Qu'est-ce qui incite les ménages à offrir le type et la quantité de travail dont les entreprises ont besoin ? Que se produit-il, par exemple, lorsque le nombre de personnes désireuses d'enseigner l'économique excède la demande des universités pour ce poste ? Comment les entreprises déterminent-elles leur production pour offrir aux ménages les biens et les services que ceux-ci demandent ? Que se passe-t-il si les entreprises cherchent à vendre plus de téléviseurs que n'en demandent les ménages ?

Il existe, fondamentalement, deux moyens d'assurer la coordination entre les décisions économiques des individus ou des groupes :

Figure 1.1 Vue d'ensemble d'une économie

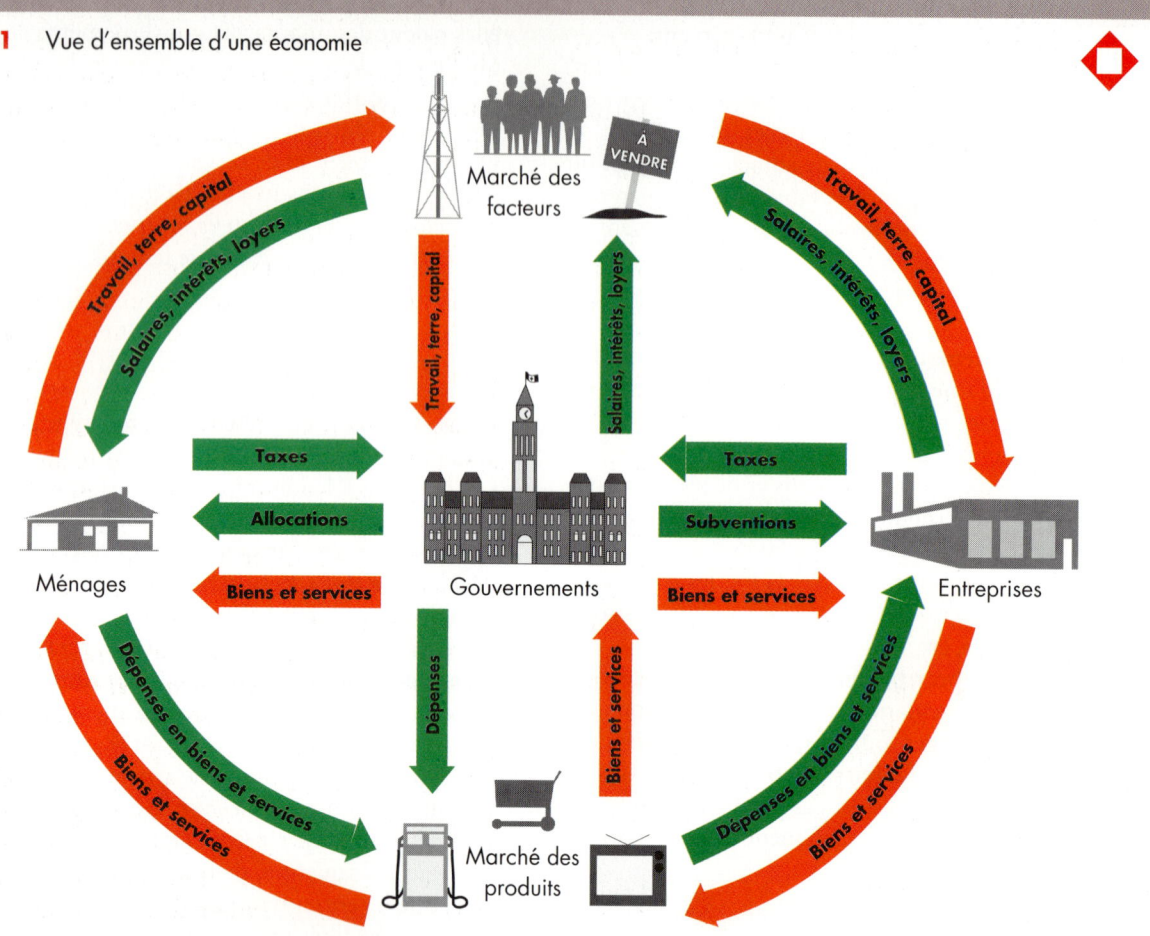

L'économie comprend trois catégories de décideurs : les ménages, les entreprises et les gouvernements. Elle comprend également deux types de marchés : le marché des facteurs et le marché des produits. Chacune des catégories de décideurs crée des flux de deux types : d'une part, elle agit comme fournisseur de capital, de biens ou de services *(flux rouges)* et, d'autre part, elle verse ou reçoit des paiements *(flux verts)*. Les *fournitures* constituent les flux rouges : les ménages offrent des facteurs de production aux entreprises et aux gouvernements, par le biais du marché des facteurs ; les entreprises offrent des biens et des services aux ménages et aux gouvernements, par le biais du marché des produits ; et les gouvernements fournissent des biens et des services directement aux ménages et aux entreprises. Les *paiements* constituent les flux verts : les entreprises et les gouvernements payent des salaires, des intérêts, des loyers et des profits aux ménages, en contrepartie des facteurs de production que ceux-ci fournissent ; les ménages et les gouvernements payent aux entreprises les biens et les services qu'ils achètent de ces dernières ; les ménages et les entreprises versent des impôts et des taxes aux gouvernements ; et les gouvernements versent aux ménages et aux entreprises des allocations et des subventions.

- La coordination par directives
- La coordination par le marché

La **coordination par directives** consiste à confier à une autorité centrale – gouvernement ou organisme nanti des pouvoirs voulus – le soin de déterminer, par des directives plus ou moins détaillées, la nature et le volume des biens et des services à produire, la façon de les produire et la clientèle à qui les offrir. Les économies de l'U.R.S.S. et d'autres pays d'Europe de l'Est, qui subissent actuellement de rapides et profonds changements, ont constitué des exemples de cette organisation «verticale» de l'économie, à base d'ordres chiffrés et de directives émanant d'organismes centraux de coordination. Sous de tels régimes, un comité central de planification décide dans une très large mesure *quoi* produire, *comment* le produire et *pour qui* le produire. Dans le dernier chapitre du présent manuel, nous étudierons plus en détail ce type d'économie et le comparerons avec d'autres régimes.

La **coordination par le marché** constitue un mode de coordination «horizontale», où la détermination du *quoi ?* du *comment ?* et du *pour qui ?* repose sur des transactions volontaires entre individus. Dans la langue courante, le mot **marché** désigne le lieu où l'on achète et vend des produits comme le poisson, la viande, les fruits et les légumes. En économique, ce terme prend une signification plus vaste : c'est l'ensemble des dispositions prises en vue de faciliter l'achat et la vente (c'est-à-dire le commerce) de biens, de services ou de facteurs de production.

Prenons par exemple la vente et l'achat de pétrole, c'est-à-dire le marché mondial du pétrole : il s'agit non pas d'un lieu matériel, mais plutôt de l'ensemble des organismes, des acheteurs et des vendeurs, des courtiers et autres agents qui achètent et vendent du pétrole. Le marché joue un rôle de coordination, en ce sens qu'il permet de confronter les plans d'action des différents décideurs, désireux d'acheter et de vendre un certain type de bien. Ce processus n'exige pas de rencontres personnelles entre décideurs : les télécommunications modernes ont remplacé ce contact direct, en permettant aux acheteurs et aux vendeurs de conclure des affaires à distance.

On classe les marchés selon l'objet des transactions qui s'y déroulent. Comme le rappelle la figure 1.1, on distingue deux grandes catégories : le marché des produits et le marché des facteurs. On appelle **marché des produits** le marché où s'échangent les biens et les services ; on appelle **marché des facteurs** le marché où s'échangent des facteurs de production – terre, travail ou capital. Ces marchés coordonnent entre eux les plans des trois types d'intervenants – ménages, entreprises et gouvernements – et assurent ainsi leur compatibilité.

L'économie canadienne s'en remet en grande partie aux mécanismes du marché pour coordonner les décisions des ménages avec celles des entreprises et, inversement, coordonner les décisions des entreprises avec celles des ménages. Elle n'en laisse pas moins, parfois, un rôle considérable aux directives centrales ; ainsi, la disparition graduelle de l'essence au plomb résulte d'une directive gouvernementale (en l'occurrence une réglementation antipollution), et non pas du libre jeu des mécanismes du marché. D'ailleurs, ce marché lui-même évolue à l'intérieur d'un cadre juridique défini par l'État. Dans la plupart des économies modernes, la coordination par directives et la coordination par le marché jouent simultanément un rôle important. On parle alors d'un système mixte : pour coordonner ses activités, une **économie mixte** combine aux mécanismes du marché une certaine forme de régulation centrale.

Certes, l'économie canadienne est mixte ; mais elle repose davantage sur les mécanismes du marché que sur les directives de l'État. Toutefois, les mesures que prend ce dernier influent sur l'allocation des ressources ; à ce titre, elles contribuent à déterminer *quels biens et services* seront produits, *comment* ils le seront et *à l'intention de qui*.

Le mécanisme de la coordination par le marché C'est par le biais des prix que, sur le marché, on coordonne les décisions des individus. Pour comprendre cette notion, pensez au marché des vidéo-clubs de votre quartier et imaginez à ce sujet trois scénarios différents. Supposez d'abord que la quantité de vidéocassettes de location offerte sur ce marché soit inférieure à la quantité demandée : certains consommateurs ne pourront pas louer les films qu'ils voulaient voir. Pour que les choix des vendeurs et ceux des consommateurs deviennent compatibles, il faudra de deux choses l'une : ou bien que les consommateurs louent moins de cassettes, ou bien que les vendeurs augmentent la quantité offerte soit par la création de nouveaux clubs, soit par l'élargissement du stock des clubs existants. C'est précisément ce qu'entraînera une augmentation du prix de location des cassettes (ou du prix de l'abonnement annuel à un club). Une hausse des prix modifiera en effet le comportement des gens : si le prix des cassettes augmente, ils en loueront moins et iront plus souvent au cinéma (ou ils regarderont plus volontiers la télévision) ; on verra s'élever en même temps la quantité offerte de cassettes de location.

Imaginez maintenant la situation inverse, où les quantités offertes dépassent les quantités demandées ; les prix sont donc trop élevés. Pour attirer de nouveaux clients, les clubs abaisseront le prix de location des cassettes et celui de l'abonnement annuel ; la multiplication des rabais et des soldes poussera également à l'achat les membres déjà inscrits. Cette baisse des prix entraînera à son tour une diminution de l'offre, car certains clubs, devant l'érosion de leur rentabilité, décideront de fermer boutique.

Parfois – troisième scénario – les prix sont bloqués ou gelés. Dans ce cas, il faut certains ajustements pour harmoniser les plans d'action des individus – acheteurs et vendeurs. Durant un gel des prix, ce sont les files d'attente de consommateurs et les ruptures de stock qui agissent comme soupapes de sûreté. Si la quantité demandée par les consommateurs dépasse celle qui est offerte par les entreprises, il se produira l'une des deux situations suivantes : ou bien les entreprises vendront plus qu'elles ne souhaitaient, et leurs stocks diminueront ; ou bien des files d'attente apparaîtront, et seuls pourront s'approvisionner les premiers clients arrivés. Plus la file est longue ou plus le déstockage est important, plus il faudra ajuster les prix pour équilibrer l'offre et la demande.

Nous venons de voir comment le marché lui-même détermine les *quantités* à produire d'un bien. Or, les choses se passent de semblable façon quand il s'agit de déterminer *comment* produire un bien. Par exemple, pour chauffer un immeuble de bureaux, on peut utiliser le gaz, le mazout ou l'électricité, selon la commodité des différents systèmes de chauffage et les prix relatifs des formes d'énergie qu'ils utilisent. Si le combustible utilisé devient très cher, comme ce fut le cas du mazout dans les années 70, on le remplacera par un autre moins coûteux. Ce changement de combustible, provoqué par

Figure 1.2 Les échanges internationaux

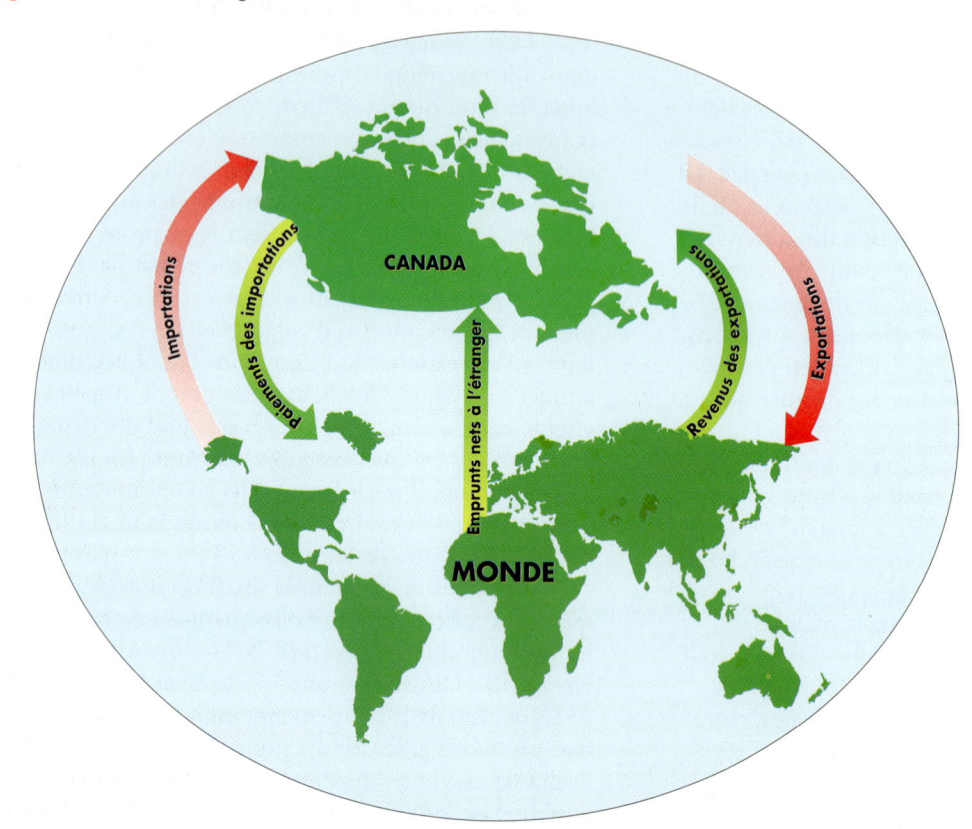

L'économie canadienne exporte des biens et des services, en même temps qu'elle en importe. Ses exportations lui procurent des revenus, tandis que ses importations exigent des déboursés. La différence entre ces deux flux équivaut au montant net des emprunts ou des prêts faits à l'étranger. À la fin des années 80, le Canada était devenu sur les marchés internationaux un emprunteur net plutôt qu'un prêteur net : en effet, ses dépenses annuelles pour l'importation de biens et de services excédaient de 10 milliards de dollars la valeur de ses exportations.

la variation de prix, devient la réponse du marché à la question : «*Comment* produire le plus efficacement ?»

Enfin, les forces du marché nous suggèrent la réponse à la troisième question : «*Pour qui* produit-on ?» La réponse est simple : les compétences, les aptitudes et les ressources rares ont une plus grande valeur de marché que celles qu'on trouve partout ; ceux qui les possèdent obtiendront donc une plus grande part du produit de l'économie que ceux dont les ressources ou les compétences sont plus communément répandues.

Les économies ouvertes et les économies fermées

L'économie représentée dans la figure 1.1 est une **économie fermée**. On appelle ainsi une économie qui n'entretient de liens avec aucune autre ; à la limite, la seule économie qui soit totalement fermée est l'économie mondiale. Le Canada fonctionne en **économie ouverte**, c'est-à-dire que des liens l'unissent à d'autres économies. Au sein d'une telle économie, les entreprises exportent une partie de leur production, plutôt que de se limiter à vendre aux ménages et aux entreprises de leur propre pays ; les entreprises, les ménages et les gouvernements achètent également à l'étranger certains biens et services. La figure 1.2 illustre ce double mouvement d'importation et d'exportation de biens et de services. La valeur totale des exportations d'un pays donné n'est pas nécessairement égale à celle de ses importations ; la différence entre les deux correspond au montant net des prêts ou des emprunts que ce pays fait à l'étranger.

À RETENIR

Une économie est un mécanisme qui permet l'allocation de ressources rares, de façon à déterminer quels biens et quels services produire, en quelles quantités et à l'intention de qui. Dans l'économie canadienne, de type mixte, les mécanismes du marché coordonnent les décisions que prennent les ménages, les entreprises et les gouvernements. Ces décisions subissent l'influence des lois ou des règlements que les gouvernements décrètent en matière d'impôts et de subventions. L'économie canadienne est une économie ouverte qui entretient des relations avec d'autres économies.

Nous venons de définir une économie comme nous l'aurions fait d'un avion, c'est-à-dire de façon globale et sans nous préoccuper de détails. Et nous nous apprêtons à approfondir nos connaissances, à la manière d'ingénieurs en aéronautique. De même que ceux-ci doivent d'abord pénétrer les secrets de l'aérodynamique, nous devons commencer par comprendre à fond les principes de fonctionnement de l'économie. À cette démarche, les économistes apportent toute la rigueur et l'objectivité de scientifiques : l'économique est une science.

La science économique

Tout comme les autres sciences humaines (telles la science politique, la sociologie ou la psychologie) et tout comme les sciences physiques ou naturelles (la chimie et la biologie, par exemple), la science économique tente de dégager un ensemble structuré de lois et de principes. À l'instar de toute science, elle se voit assigner une double tâche :

- L'observation et la mesure, rigoureuses et systématiques, des phénomènes
- La mise au point et la formulation de théories susceptibles d'orienter les observations et de les interpréter

Comme toute science, l'économique doit distinguer deux types d'énoncés :

- Les énoncés relatifs à ce qui *est*
- Les énoncés relatifs à ce qui *devrait* être

Ce qui *est* et ce qui *devrait* être

Les énoncés qui se rapportent à ce qui *est* constituent des **énoncés positifs**. Ceux qui se rapportent à ce qui *devrait* être sont des **énoncés normatifs**. Deux exemples fort simples illustreront la différence entre les uns et les autres.

Considérons successivement deux problèmes qui ont fait couler beaucoup d'encre : les pluies acides et l'Accord de libre-échange entre les États Unis et le Canada. Sur l'un et l'autre, on peut poser des questions positives et des questions normatives. Si nous disons «*Est-il possible* de construire et d'exploiter des usines qui ne polluent pas l'atmosphère par des produits chimiques générateurs de pluies acides?», nous formulons une question positive; tandis que la question «*Devrait-on* construire de telles usines?» est normative. De même, au sujet de l'Accord de libre-échange, on peut se demander «*Va-t-il* favoriser ou non le commerce international, *va-t-il* provoquer ou non une baisse des prix?» (questions positives), ou encore «*Devrions-nous* conclure un tel accord?» (question normative).

Les sciences – qu'il s'agisse de sciences naturelles ou de sciences humaines – tentent de découvrir, de formuler et de cataloguer des énoncés positifs qui puissent rendre compte des phénomènes observés. C'est pourquoi elles peuvent aplanir des divergences d'opinion sur des questions *positives*, grâce à une observation et à une mesure rigoureuses.

Mais les sciences, y compris la science économique, ne se prononcent pas sur les questions *normatives*, fût-ce sur des points fondamentaux. Cela ne signifie pas que les scientifiques ne reconnaissent pas l'importance de ces questions ou n'ont pas d'opinion à leur sujet; c'est tout simplement que la possession d'un savoir scientifique ne confère dans ces domaines aucun avantage particulier. La science ne permet en soi aucun jugement de valeur ni ne fournit de règle bien définie pour trancher un différend portant sur une question normative. Parfois, même des gens raisonnables finissent par se disputer et, lorsqu'ils n'arrivent pas à s'entendre, ce sont les institutions politiques ou les institutions judiciaires qui interviennent pour résoudre les conflits : le règlement des disputes normatives se fait à ces niveaux et non pas au niveau scientifique. Certes, les milieux scientifiques participent fréquemment, comme ils en ont le droit, aux débats normatifs dont la vie politique est le théâtre; mais leurs opinions ressortissent alors au domaine des jugements de valeur et non à la science.

Voyons maintenant comment les économistes tentent de découvrir et de cataloguer les énoncés positifs issus de leurs observations, pour répondre aux sept questions fondamentales que nous nous sommes posées plus haut, et à bien d'autres questions encore.

Observer, mesurer

Il est possible d'observer de façon détaillée les phénomènes économiques et de les mesurer avec précision. On peut, notamment, repérer les ressources humaines et naturelles disponibles et en dresser un inventaire minutieux. Pour chaque catégorie d'emploi, on peut établir une description des titres et qualités requis, le nombre d'heures travaillées et le niveau salarial. On peut encore dresser la liste des biens et des services produits dans une économie, avec le prix de chacun, les stocks qu'on en possède, le niveau de consommation. On peut relever les sommes prêtées ou empruntées, avec leurs taux d'intérêt. On peut répertorier les impôts et les taxes (avec leurs taux respectifs et les recettes qu'en tire chaque palier de gouvernement), ainsi que les divers programmes de subventions gouvernementales (leur nature, leur clientèle et leurs coûts respectifs).

Cette liste, qu'on pourrait allonger encore, donne un aperçu de la diversité des phénomènes qu'un économiste peut décrire grâce à l'observation et à la mesure rigoureuses de l'activité économique.

L'ordinateur permet aujourd'hui de traiter un énorme volume de données sur l'économie. Partout au monde, les organismes gouvernementaux, les services nationaux de statistique, les banques, les conseillers en économie ou en investissement, les chercheurs attachés à des universités recueillent, traitent et emmagasinent une étonnante masse de données sur le comportement de l'économie.

Cependant, le travail des économistes ne se limite pas à l'observation et à la mesure des activités économiques, aussi essentielles que soient ces deux tâches. Décrire un fait est une chose, le comprendre en est une autre. L'énumération des composants d'une montre à affichage numérique ne nous éclaire pas sur le fonctionnement de celle-ci. Pour comprendre le fonctionnement d'un phénomène, il faut en découvrir les lois. La tâche principale des économistes consiste justement à découvrir les lois qui régissent le comportement économique. Comment s'y prennent-ils?

Les théories économiques

Nous pouvons décrire avec force détails les hausses et les baisses du chômage. Mais pouvons-nous expliquer le *pourquoi* de ces fluctuations? Nous constatons bien la chute des prix des magnétoscopes (ou des calculatrices de poche) et la montée en flèche de leurs ventes; mais comment expliquer la modicité de leur prix et la vogue dont ils jouissent? Est-ce la chute des prix qui a relancé les ventes de la calculatrice de poche ou est-ce plutôt la vogue de cet appareil qui, en abaissant les coûts de production, a rendu possible la baisse des prix? À moins que la chute des prix et la hausse des ventes soient imputables à quelque autre facteur… mais lequel?

Pour répondre à de telles questions, il faut concevoir et formuler des théories économiques. Une **théorie économique** est un ensemble d'énoncés positifs qui permet de comprendre et de prévoir les décisions économiques des ménages, des entreprises et des gouvernements. Pour élaborer une théorie économique, on construit un modèle économique, dont on vérifie ensuite le bien-fondé. Mais qu'est-ce qu'un modèle économique?

Les modèles économiques

Nous avons nous-mêmes créé un modèle économique lorsque, tout à l'heure, nous avons voulu répondre à la question «Qu'est-ce qu'une économie, et comment fonctionne-t-elle?» Nous n'avons pas décrit par le menu détail chaque facette de l'économie canadienne. Nous avons schématisé, nous limitant à certaines caractéristiques essentielles qui nous permettaient de comprendre les choix économiques; nous avons délibérément fait abstraction d'une foule de détails. Pour comprendre mieux encore ce que nous entendons par «modèle économique», pensez à des modèles plus courants.

Vous avez certainement déjà vu des modèles réduits de trains, de voitures ou d'avions; même les animaux en peluche, qu'on n'appelle jamais «modèles», en sont pourtant à certains égards. De même, les architectes créent parfois un modèle (ou maquette) du bâtiment qu'ils ont conçu, et les biologistes construisent des modèles de l'ADN (support à double hélice du code génétique).

Un modèle est habituellement plus petit que l'objet qu'il représente. Tel n'est cependant pas toujours le cas: le modèle des composantes d'une cellule, par exemple, est beaucoup plus grand que nature. De toute façon, le modèle n'a pas pour seule caractéristique son échelle de représentation. On remarque par exemple que, tout en ressemblant à l'objet réel, il ne cherche pas à en reproduire tous les détails: il n'est généralement pas composé des mêmes substances et ne fonctionne pas de la même façon. Ainsi, la maquette d'un nouveau gratte-ciel est là pour illustrer l'aspect général de l'immeuble et son insertion dans la trame urbaine; mais chacun sait que ce modèle ne possède ni aménagement ni décoration intérieurs, ni plomberie ni électricité, ni ascenseurs ni climatiseurs.

Tous les modèles dont nous venons de parler (y compris ceux qui ont été conçus pour servir de jouets) évoquent une chose réelle, mais n'en reproduisent pas toutes les caractéristiques: ils font abstraction de beaucoup de détails inutiles ou superflus, retenant seulement ceux qui sont nécessaires au but proposé. Mais attention: le choix des éléments qu'on y a inclus n'a rien d'arbitraire; il découle de décisions conscientes et bien pesées.

Les modèles auxquels nous venons de faire allusion représentent tous des objets matériels, visibles: dans chaque cas, on peut comparer entre eux l'objet réel et le modèle. En fait, ces modèles nous aident à nous représenter concrètement l'objet véritable, ou certaines caractéristiques importantes de celui-ci. Mais il existe des modèles qui ne sont pas matériels; c'est le cas des modèles économiques. Comme les modèles matériels, ils constituent une abstraction, une transposition, une simplification de la réalité. Mais il est impossible, dans leur cas, de comparer l'objet réel au modèle pour décider si la représentation est fidèle.

Un **modèle économique** est en quelque sorte une économie artificielle ou imaginaire. Il constitue une représentation schématique de l'économie ou d'une partie de celle-ci. Un modèle économique comporte deux éléments :

- Des hypothèses
- Des implications

Les **hypothèses** constituent le fondement même du modèle. Elles permettent de faire le partage, parmi les données d'un phénomène, entre ce qui est important et ce dont on peut faire abstraction ; ce sont elles qui définissent les relations de cause à effet entre les phénomènes et nous autorisent ainsi à faire des prédictions.

Les **implications** sont les résultats d'un modèle, ce que celui-ci « produit ». La relation entre les hypothèses d'un modèle et ses implications repose sur un procédé de déduction logique.

Construisons, par exemple, un modèle sommaire du trajet qu'un écolier parcourt en se rendant chaque jour de la maison à l'école. Ce modèle comporte trois *hypothèses* :

1 Le cours commence à 08:30.

2 Le voyage en autobus dure trente minutes.

3 Le trajet à pied de l'autobus à l'école prend cinq minutes.

L'*implication* de ce modèle peut alors s'exprimer ainsi : pour arriver à l'école à l'heure, l'écolier doit se trouver à bord de l'autobus à 07:55.

Les hypothèses qu'on retient pour la construction d'un modèle dépendent des buts qu'on poursuit. Par les modèles économiques, on cherche à comprendre comment les individus prennent des décisions lorsqu'ils sont confrontés à la rareté. C'est pourquoi, dans la création d'un tel modèle, on fait abstraction d'une foule de détails de la vie des protagonistes, et l'on se concentre sur les comportements que ceux-ci adoptent face à la rareté ; on ne prend en compte aucun autre facteur. Certes, l'économiste sait fort bien que les gens deviennent amoureux, qu'ils créent entre eux de solides liens d'amitié, qu'ils éprouvent toute la gamme des sentiments : gaieté et sécurité, tristesse et anxiété. Mais l'économiste, dans son étude des comportements économiques, s'estime autorisé à créer des modèles qui laissent de côté bien des aspects de la vie. Il se concentre sur un seul de ces aspects : les besoins et les désirs des gens étant illimités et leurs ressources rares, chacun doit orienter ses choix en vue des meilleurs résultats possibles.

Les hypothèses d'un modèle économique Les modèles économiques se fondent sur quatre hypothèses de base :

1 *Les agents économiques ont des préférences.* Les économistes emploient le terme **préférences** pour désigner les goûts et les aversions des consommateurs ainsi que l'intensité de ces sentiments. On suppose chaque agent économique capable de déterminer pour lui-même si telle situation est meilleure ou pire qu'une autre, ou si elle n'est ni meilleure ni pire. Chacun, par exemple, peut juger si, pour lui, un petit logement au centre de Montréal est plus avantageux qu'un grand logement situé en banlieue – ou moins avantageux, ou équivalent.

2 *Les agents économiques ont à leur disposition une quantité donnée de ressources, ainsi qu'une technologie permettant la transformation de ces ressources en biens et en services.* Les économistes appellent **dotation** l'ensemble des ressources que les gens possèdent ; ils appellent **technologie** l'ensemble des méthodes dont les gens disposent pour transformer en biens et en services cette dotation.

3 *Les agents économiques optimisent.* Les économistes tiennent pour acquis que chaque agent économique a un comportement rationnel et qu'il utilise de façon optimale la dotation et la technologie dont il dispose. Faire un **choix rationnel**, c'est prendre la meilleure des décisions ou opter pour la meilleure des possibilités, parmi toutes celles qui sont offertes. Dans un modèle économique, on tient pour rationnelle toute décision des agents économiques, quelle que soit sa nature et quelque opinion qu'en ait un observateur extérieur.

En fait, chacun effectue ses choix à partir des renseignements qu'il possède. Avec un certain recul ou un supplément d'information, on se rend souvent compte qu'on a fait de mauvais choix ; mais il reste que ceux-ci étaient rationnels puisque, répétons-le, un choix rationnel constitue la meilleure décision qu'une personne puisse prendre en fonction de ses préférences et *des informations qu'elle possède au moment où elle choisit.*

4 *Les actions des divers agents doivent être coordonnées.* La décision d'une personne d'acheter un bien ou un service doit coïncider avec la décision d'une autre de vendre ce bien ou ce service. Le choix qu'un travailleur fait d'un emploi particulier doit correspondre à la décision d'une entreprise d'embaucher quelqu'un pour remplir cet emploi. Cette coordination se fait tantôt par des mécanismes de marché, tantôt par l'entremise de directives émanant d'une autorité supérieure.

Les implications d'un modèle économique Les implications d'un modèle économique constituent les valeurs d'équilibre des prix et des quantités de différents biens et services. On atteint une situation d'**équilibre** quand tous les individus ont optimisé leurs choix (c'est-à-dire que tous ont fait les meilleurs choix possible, compte tenu de leurs préférences et de leurs connaissances, des ressources et des techniques à leur disposition) et quand les décisions des uns sont coordonnées et compatibles avec celles des autres. L'équilibre représente la solution ou le résultat d'un modèle économique.

Le terme d'*équilibre* évoque l'égalité entre des forces opposées. On dira par exemple qu'une balance est en équilibre si l'un de ses plateaux porte exactement un kilogramme de fromage tandis que l'autre porte un poids d'un kilogramme: les deux mesures s'équivalent et se font contrepoids, ce qui a pour effet de maintenir à l'horizontale le fléau de la balance. Une bulle de savon nous offre un autre exemple de situation d'équilibre: la pellicule sphérique formée de savon se tient en suspension dans l'air, grâce à l'équilibre qui s'établit entre la pression de l'air à l'intérieur du globe et celle qui prévaut à l'extérieur de celui-ci.

Cette deuxième analogie tirée de l'univers physique évoque d'ailleurs une autre caractéristique importante de la notion d'équilibre. L'équilibre, en effet, n'est pas forcément statique; il peut être *dynamique*, c'est-à-dire en mouvement constant. En pressant la bulle ou en l'étirant, vous pouvez modifier sa forme. En fait, cette forme sera déterminée à chaque instant par l'équilibre des forces agissant sur la bulle: non seulement les forces de l'air intérieur et de l'air extérieur, mais aussi la force que vous exercez avec vos doigts.

L'équilibre économique a plusieurs points communs avec notre bulle de savon. D'abord, comme cette dernière, il est en transformation perpétuelle. Chaque individu fait, à tout moment, le meilleur choix possible: non seulement en fonction de ses propres ressources, mais aussi en fonction des actions des autres individus. Mais les circonstances changeantes modifient ces choix. Prenons comme exemple le problème du stationnement automobile aux heures de pointe, dans une ville comme Montréal. Il y a beaucoup plus d'automobilistes cherchant à garer leur véhicule qu'il n'y a de places disponibles. La valeur d'équilibre du nombre de places inoccupées est alors égale à zéro. Malgré tout, les automobilistes réussissent à trouver une place, et le temps qu'ils doivent y mettre est stable: une voiture occupe la place qu'une autre vient à peine de quitter. En reconnaissant dans cette situation un *équilibre*, nous n'affirmons pas que tous les automobilistes peuvent se garer en même temps; nous disons simplement qu'il y a une valeur d'équilibre pour le temps passé à chercher une place libre. Les automobilistes en quête d'une place ont beau être furieux, cette recherche de places demeure en équilibre.

Il en va un peu de même pour l'équilibre économique: celui-ci ne signifie pas que tous les individus soient satisfaits de leur sort. Néanmoins, chacun a fait le meilleur choix possible, compte tenu de ses préférences, des ressources et des techniques dont il disposait et des actions des autres agents économiques. Il y a équilibre, en ce sens que personne n'a intérêt à modifier ses actions ou son comportement.

Les modèles microéconomiques et les modèles macroéconomiques

Il existe deux types de modèles économiques: les modèles microéconomiques et les modèles macroéconomiques. La **micro**économie est une branche de l'économique qui s'intéresse aux décisions des ménages et des entreprises; elle étudie aussi le fonctionnement des différents marchés, de même que les répercussions que les impôts et les réglementations gouvernementales entraînent dans la répartition de la main-d'œuvre et dans la distribution des biens et des services.

La **macro**économie, au contraire, étudie les phénomènes économiques globaux. Elle s'intéresse aux résultats d'ensemble des décisions que prennent les ménages et les entreprises, et non aux décisions de chaque individu. La macroéconomie analyse en particulier la détermination du niveau global de l'activité économique, c'est-à-dire les problèmes du chômage, du revenu agrégé, des prix moyens et de l'inflation.

Des sept questions fondamentales que nous avons formulées au début du présent chapitre, il en est qui relèvent de la microéconomie; elles traitent des changements techniques, de la production et de la consommation, des salaires et des revenus. Les problèmes du

« Voici le dernier bulletin de notre service de circulation automobile. Une place de stationnement vient de se libérer rue Sainte-Catherine, entre la rue Drummond et la rue de la Montagne. Oh! Oh! Attention: ne quittez pas notre antenne! On me remet à l'instant un autre bulletin: cette place vient d'être prise. »

Dessin de H. Martin; © 1987, The New Yorker Magazine, Inc.

chômage, de l'inflation et des écarts de richesse entre pays ressortissent, au contraire, à la macroéconomie.

Les modèles, les théories et... la réalité

Certains théoriciens discutent de leur modèle comme s'il s'agissait de la *réalité*. Or, si utile que soit un modèle, on n'est, à aucun égard, autorisé à le confondre avec la réalité.

Un modèle, en effet, constitue une entité abstraite. Il représente une liste d'hypothèses et d'implications. Quand donc les économistes nous disent que les gens se sont tirés d'affaire en faisant les meilleurs choix possible, ils ne nous parlent pas de personnes en chair et en os, mais d'individus fictifs dont ils ont «modélisé» ou schématisé les comportements moyens. Nous ne devrons jamais perdre de vue, au long de notre étude, cet écart entre modèle et réalité.

La théorie économique définit la relation qui existe entre le modèle et le monde réel. Elle essaie d'expliquer et de prédire les comportements véritables des agents économiques, à l'aide de modèles qui prêtent aux individus des choix rationnels et qui représentent comme une situation d'équilibre le résultat de l'interaction entre les décisions de ces individus. Grâce à cette façon de concevoir ses modèles, l'économiste peut expliquer tous les aspects du comportement d'une économie. Mais il doit *vérifier* ses modèles, avant de tenir pour bonne sa théorie.

Pour vérifier un modèle économique, il faut comparer les implications de celui-ci avec les événements qu'on observe dans le monde réel. En d'autres termes, on a recours à un modèle pour prédire ce qui se passera dans la réalité ; or les faits, en confirmant ou en infirmant les prédictions issues du modèle, nous fournissent un moyen de vérifier la validité de ce dernier. La figure 1.3 résume le cheminement à suivre dans l'élaboration d'une théorie économique à partir d'un modèle. On conçoit d'abord un modèle ; on utilise ensuite les implications de celui-ci pour formuler des prédictions sur les événements réels ; puis on confronte ces prédictions avec la réalité. Ces prédictions constituent, avec leur vérification, le fondement même de la théorie. Si les faits contredisent les prédictions, on devra rejeter la théorie pour en adopter une qui soit plus conforme à la réalité, ou bien tenter d'améliorer le modèle en modifiant ses hypothèses. L'étude de l'économique nous aide à améliorer nos modèles, en nous forçant à déceler certains aspects des préférences, des ressources, des technologies ou des mécanismes de coordination que notre modèle initial n'avait pas pris en compte.

L'économique est une science jeune qui, pour l'essentiel, a vu le jour au 18ᵉ siècle avec la publication de *Recherche sur la nature et les causes de la richesse des nations*, d'Adam Smith ; on lira avec profit, dans le pré-

Figure 1.3 L'élaboration d'une théorie

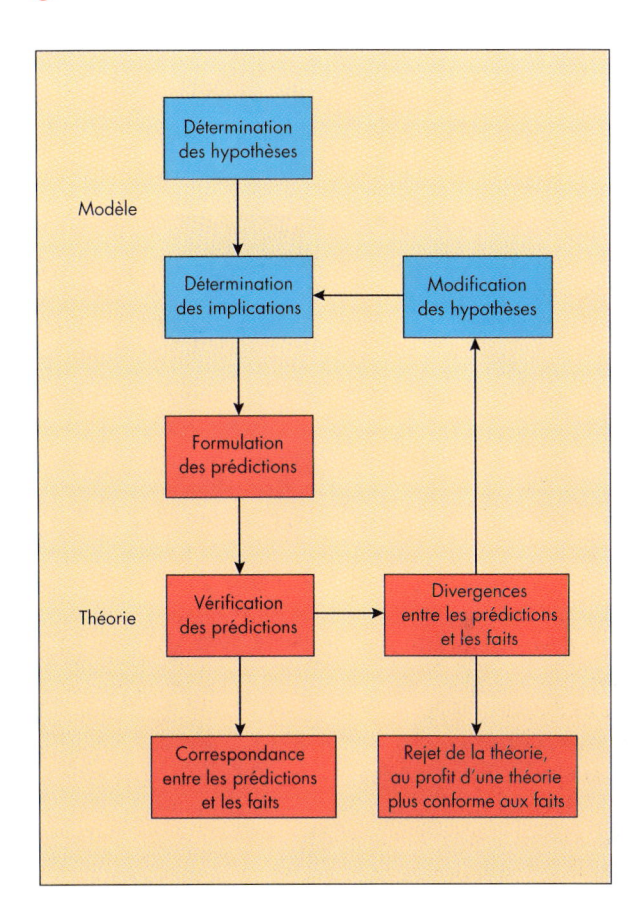

Pour élaborer une théorie économique, on conçoit d'abord un modèle, puis on le vérifie. Un modèle économique est formé d'un ensemble d'hypothèses, ainsi que d'un ensemble d'implications qu'on déduit de ces hypothèses. Les implications du modèle servent à formuler des prédictions sur les phénomènes économiques. Pour vérifier ces prédictions, on les compare aux faits. Si les prédictions ne correspondent pas aux faits, ou bien l'on rejette la théorie pour en élaborer une meilleure à partir d'un autre modèle, ou bien l'on tente d'améliorer le premier modèle par la modification de ses hypothèses. Lorsque les prédictions sont enfin corroborées par les faits, on considère la théorie comme satisfaisante.

sent chapitre, l'article consacré à cet illustre théoricien. (Voir la rubrique *L'évolution de nos connaissances*, pages 22 et 23.) De nos jours, l'économique est en mesure d'énoncer bon nombre de généralisations fort utiles. Dans plusieurs domaines, pourtant, elle tourne encore en rond à l'intérieur du processus qu'illustre la figure 1.3 : modification des hypothèses, nouvelles déductions logiques, nouvelles prédictions que contredisent les faits. On peut espérer que cette méthode, grâce à l'accumulation progressive de résultats confirmés par les faits, débouche un jour sur une meilleure compréhension des questions fondamentales.

Adam Smith et la naissance de la science économique

Adam Smith

L'année même où, dans la lointaine Amérique, les colonies britanniques se révoltaient contre la mère-patrie, un penseur écossais lançait une toute autre révolution. C'est en 1776, en effet, qu'Adam Smith publiait sa monumentale *Recherche sur la nature et les causes de la richesse des nations*, qui faisait accéder l'économique au rang de science. Aujourd'hui encore, après plus de deux siècles, cet ouvrage ne cesse d'être réédité, relu, et réinterprété.

Adam Smith naquit en 1723 à Kirkcaldy, petit village d'Écosse situé près d'Edimbourg; c'est là qu'il passa les quatorze premières années de sa vie. Il mena une existence rangée et studieuse. Dès l'âge de quatorze ans, il s'inscrivit à l'université de Glasgow, où il obtint son diplôme trois ans plus tard; puis il étudia encore six autres années à l'université d'Oxford. À l'âge de 28 ans, il devint professeur de logique à l'université de Glasgow et plus tard professeur de philosophie morale dans le même établissement. Après treize années passées dans cette ville, Adam Smith accepta, auprès d'un riche duc écossais vivant en France, une charge de précepteur qu'il remplit pendant deux ans. Après quoi il reçut du duc une pension annuelle de 300 livres sterling, qui lui assurait pour le reste de ses jours une confortable aisance. (Un tel revenu représentait une somme énorme au 18e siècle, où le salaire moyen était de 30 livres sterling par année.)

Sa subsistance ainsi assurée, Smith consacra les dix années suivantes, soit de 1766 à 1776, à la rédaction de son fameux traité. L'économie britannique vivait ce qu'on a plus tard appelé sa révolution industrielle: de nouvelles techniques faisaient leur apparition dans les fabriques de coton et de laine, dans la sidérurgie et les transports, dans l'agriculture. Le courant intellectuel dominant voulait que la Grande-Bretagne restreigne ses importations bon marché, pour mieux consolider sa réserve d'or et financer par là son industrialisation.

À rebours des thèses protectionnistes, Smith mena une vive lutte en faveur du «libre-échange». Dans *La Richesse des nations*, il soutient que, si chaque individu fait le meilleur choix économique possible, cela mène «comme par une main invisible» au meilleur résultat économique possible pour l'ensemble de la société, même si chacun vise alors l'amélioration de son propre sort sans se soucier des autres. «Pour avoir de quoi manger, écrit Smith, on ne doit compter ni sur la générosité du boucher, ni sur celle du brasseur, ni sur celle du boulanger, mais plutôt sur le souci que chacun d'eux a de ses intérêts personnels.»[1]

C'est dans cette poursuite rationnelle des intérêts de chacun que Smith trouve l'explication de tous les comportements économiques. *La Richesse des nations* s'ouvre donc sur le même thème que le présent manuel, mais Smith le traite beaucoup plus en profondeur, étant le premier à l'aborder de façon systématique. Il explique comment la division du travail, l'échange de biens et l'instauration du système monétaire ont permis une augmentation considérable dans la production des biens et des services. Il applique sa théorie de base à un survol de l'histoire de l'humanité depuis le déclin de l'Empire romain: il explique la naissance et la croissance des villes et des cités, il montre comment la ville et la campagne ont profité du commerce qu'elles entretenaient l'une avec l'autre, il dit pourquoi le commerce international hausse le niveau de vie des pays qui s'y adonnent. La même théorie des intérêts personnels explique, d'après lui, pourquoi l'organisation des universités du 18e siècle, loin de chercher à satisfaire les besoins des étudiants, visait «le bien-être des professeurs». Il recourt à la même théorie pour rendre compte de la prolifération de nouvelles religions.

Plusieurs penseurs, avant Adam Smith, avaient abordé dans leurs écrits certaines questions économiques. Mais l'auteur de *La Richesse des nations* fut le premier à ériger l'économie au rang d'une science.

«Adam Smith a été le premier à présenter sur la doctrine économique connue jusque-là un exposé d'une telle ampleur et d'une telle rigueur. Après lui, il n'était plus pensable d'avancer quelque théorie économique sans tenir compte de l'état général des connaissances sur la question. Toute science se construit à l'aide des échanges que font entre eux ses praticiens. Après Adam Smith, aucun économiste digne de ce nom ne pouvait faire abstraction de l'œuvre de ce pionnier – pas plus qu'on ne pouvait ignorer celles de Malthus, de Ricardo et de la pléiade d'économistes qui ont marqué la première moitié du 19e siècle.»[2]

C'est donc à Adam Smith que nous avons consacré le premier des articles qui, sous la rubrique *L'évolution de nos connaissances*, jalonnent le présent manuel; car il est le fondateur incontesté de cette science. Les autres articles de la série vous donneront un aperçu de l'évolution que les différentes branches de l'économique ont connue depuis la publication de *La Richesse des nations*. Puissent-ils vous aider à saisir le cheminement de cette science et – pourquoi pas? – à devenir un jour l'un de ceux qui enrichiront encore notre connaissance des phénomènes économiques.

---

[1] Adam Smith, *An Inquiry into the Nature and Causes of the Wealth of Nations*, édition préparée par Edwin Cannan, avec nouvelle préface de George J. Stigler (Chicago: Chicago University Press, 1976), p. 18.

[2] George J. Stigler, «Nobel Lecture: The Process and Progress of Economics», *Journal of Political Economy*, n° 91 (août 1983), pp. 529-545.

Au fur et à mesure que progresse notre cheminement théorique, de nombreux points s'éclaircissent, des liens s'établissent entre ces points, et nos connaissances s'approfondissent. En cela, la démarche de l'économique rejoint celle de toutes les disciplines scientifiques. Comme disait le grand physicien Albert Einstein: «La conception d'une théorie n'a rien de commun avec la démolition d'une vieille grange à la place de laquelle on érigerait un gratte-ciel. C'est plutôt, après l'ascension d'une montagne, la découverte d'horizons plus vastes, la création de nouveaux liens entre notre point de départ et le monde qui l'entoure. Mais notre point de départ est toujours là: il nous apparaît plus petit, perdu dans la perspective plus vaste qui s'offre à nous après les obstacles d'une aventureuse montée.»[1]

■ Dans le deuxième chapitre, nous étudierons quelques-uns des outils que les économistes utilisent pour concevoir des modèles économiques. Puis, dans le chapitre 3, nous créerons notre propre modèle, dont nous nous servirons pour comprendre les phénomènes économiques réels et amorcer une réponse aux questions fondamentales de l'économique.

---

[1] Dans une lettre adressée à *The Listener* (vol. 88, n° 2279, 30 novembre 1972, page 756), Oliver Sacks attribue à Einstein cette citation.

RÉSUMÉ

Sept questions fondamentales

L'économique tente de répondre aux questions complexes qui influent sur notre vie quotidienne. Ces questions portent sur une foule de sujets: (1) la production et la consommation de biens et de services, (2) les salaires et les revenus, (3) le chômage, (4) l'inflation, (5) les dépenses publiques, les impôts et la réglementation, (6) le commerce international et (7) la répartition de la richesse et de la pauvreté, au Canada et à travers le monde. Questions ardues qu'il faut aborder de façon scientifique. *(pp. 6-8)*

La rareté

Toutes les questions économiques découlent d'un fait fondamental: la rareté. La rareté vient de ce que les besoins dépassent les ressources existantes, car les besoins des êtres humains sont illimités, tandis que les ressources dont on dispose pour les satisfaire sont limitées.

L'activité économique est constituée de toutes les actions que les gens entreprennent pour contrer la rareté, car la rareté oblige à faire des choix. Prendre une décision optimale, c'est faire le meilleur choix parmi les différentes possibilités qui s'offrent. Pour faire le meilleur choix, on compare les coûts et les avantages des différentes possibilités.

Le coût d'opportunité d'une décision, c'est ce à quoi l'on a dû renoncer en prenant cette décision; le coût d'opportunité d'une action correspond à la plus avantageuse des actions qu'on a dû sacrifier en choisissant celle qu'on a retenue.

La rareté des ressources met en concurrence les uns contre les autres les individus qui veulent accéder à ces ressources. Certes, il peut y avoir entre eux une collaboration à certains niveaux, mais toute activité économique, en définitive, suscite la concurrence entre individus ou entre groupes. *(pp. 9-11)*

L'économie

Une économie est un mécanisme grâce auquel on peut répartir des ressources rares entre des fins concurrentes, en résolvant trois questions que pose la production de biens et de services: *lesquels* produire et en quelles quantités? *comment* les produire? et *à l'intention de qui*?

Les diverses composantes d'une économie relèvent de l'une ou l'autre des deux catégories suivantes: les décideurs et les mécanismes de coordination. Les décideurs économiques comprennent les ménages, les entreprises et les gouvernements. Les ménages décident quelles quantités de leurs facteurs de production ils veulent vendre aux entreprises et aux gouvernements et quels biens et services ils veulent acheter des entreprises. De leur côté, les entreprises décident quels facteurs de production engager et quels biens et services produire. Les gouvernements – fédéral, provinciaux – et les autorités municipales établissent la quantité de facteurs de production qu'ils achètent des ménages et la quantité de biens et de services qu'ils achètent des entreprises; ils déterminent également la quantité de biens et de services qu'ils fournissent aux ménages et aux entreprises, le taux des allocations et des subventions qu'ils versent aux uns et aux autres, et le taux des impôts et des taxes qu'ils en perçoivent.

Entre les décisions que prennent les divers agents d'une économie (ménages, entreprises et gouvernements), il existe deux modes de coordination: la coordination par directives et la coordination par le marché. La coordination de l'économie canadienne repose largement sur les mécanismes du marché; mais les mesures prises par l'État y modifient de façon certaine la répartition des ressources rares. À cet égard, donc, l'économie canadienne est mixte. *(pp. 11-17)*

La science économique

La science économique, tout comme les autres sciences sociales et tout comme les sciences naturelles, cherche à comprendre ce qui *est*, sans se prononcer sur ce qui *devrait* être. Elle cherche à dégager un ensemble de lois. À cette fin, les économistes formulent des théories économiques, à partir de modèles qu'ils conçoivent et qu'ils vérifient. Un modèle économique est une construction abstraite, basée sur des hypothèses dont on déduit des implications par le raisonnement logique. Tout modèle économique présuppose quatre hypothèses clés :

1. Les agents économiques ont des préférences.
2. Les agents économiques disposent d'une quantité donnée de ressources, ainsi que d'une technologie permettant la transformation de ces ressources en biens et services.
3. Les agents économiques optimisent.
4. Les actions des divers agents doivent être coordonnées soit au moyen de directives, soit par les mécanismes du marché.

Les implications d'un modèle économique sont les valeurs d'équilibre des prix et des quantités résultant de la confrontation des meilleurs choix possible de chaque individu, étant donné ses préférences et ses connaissances, les ressources et la technologie dont il disposait, et compte tenu des mécanismes assurant la coordination des décisions individuelles. *(pp. 17-24)*

POINTS DE REPÈRE

Mots clés

Activité économique, 9
Capital, 13
Choix rationnel, 19
Concurrence, 10
Coopération, 11
Coordination par directives, 14
Coordination par le marché, 14
Coût d'opportunité, 10
Décideur, 12
Dotation, 19
Économie, 12
Économie fermée, 16
Économie mixte, 15
Économie ouverte, 16
Économique, 9
Énoncé normatif, 17
Énoncé positif, 17
Entreprise, 13
Équilibre, 19
Facteur de production, 13
Gouvernement, 13
Hypothèse, 19
Implication, 19
Macroéconomie, 20
Main-d'œuvre (*Voir* Travail)
Marché, 14
Marché des facteurs, 15
Marché des produits, 15
Mécanisme de coordination, 12
Ménage, 12
Microéconomie, 20
Modèle économique, 18
Optimisation, 10
Préférence, 19
Rareté, 9
Technologie, 19
Terre, 13
Théorie économique, 18
Travail, 13

Figure clé

Figure 1.1   Vue d'ensemble d'une économie, 14

QUESTIONS DE RÉVISION

1. À l'aide de vos propres exemples, illustrez chacune des sept questions fondamentales de l'économique.
2. Pourquoi le phénomène de la rareté nous force-t-il à faire des choix?
3. Qu'entend-on par «choix rationnel»? Donnez des exemples de choix rationnels et de choix irrationnels.
4. Pourquoi la rareté nous oblige-t-elle à optimiser nos décisions?
5. Pourquoi l'optimisation d'une décision exige-t-elle qu'on en évalue les coûts?
6. Expliquez pourquoi la rareté entraîne la concurrence.
7. Pourquoi la coopération entre les individus ne suffit-elle pas à résoudre les problèmes économiques?
8. Quels sont les principaux décideurs économiques?
9. Dressez une liste des décisions économiques prises respectivement par les ménages, par les entreprises et par les gouvernements.
10. Quelle différence y a-t-il entre une coordination par directives et une coordination par le marché?
11. Faites la distinction entre un énoncé positif et un énoncé normatif, en donnant trois exemples pour chacun des deux types.
12. Quelles sont les quatre hypothèses clés de tout modèle économique?
13. Expliquez la différence entre un modèle et une théorie.

PROBLÈMES

1. Lesquels des éléments suivants font partie, pour vous, du coût d'opportunité qu'exige la poursuite de vos études? Si tel élément n'en fait pas partie, expliquez pourquoi.
   a) L'argent que vous dépensez pour une coupe de cheveux
   b) Les vacances que vous auriez prises si vous étiez sur le marché du travail plutôt qu'aux études
   c) Les cassettes et les disques compacts auxquels vous devriez renoncer pour payer vos manuels scolaires
   d) L'argent que vous consacrez chaque semaine au déjeuner pris à la cafétéria de l'établissement
   e) Le salaire annuel que vous auriez pu gagner en travaillant à plein temps

2. Donnez quelques exemples de coûts d'opportunité que vous avez supportés aujourd'hui.

3. Donnez des exemples de coûts d'opportunité que vous avez dû supporter à cause des actions d'une autre personne. Inversement, citez des exemples de coûts d'opportunité que vos propres actions ont imposés à quelqu'un d'autre.

4. Pour chacun des énoncés qui suivent, indiquez s'il est normatif ou positif:
   a) Des loyers peu élevés limitent l'offre de logements.
   b) Des taux d'intérêt élevés freinent la demande d'hypothèques et de nouvelles maisons.
   c) Les loyers sont trop élevés.
   d) Les propriétaires de logements devraient pouvoir fixer librement le taux de leurs loyers.
   e) Le gouvernement devrait plafonner les loyers qu'exigent les propriétaires.

5. Vous avez trouvé un emploi dans une entreprise qui fabrique et met en marché des cassettes, des disques ordinaires et des disques compacts. Votre employeur s'apprête à lancer ces produits sur un nouveau marché comptant une population de 20 millions d'habitants. Une enquête révèle que, dans ce marché, 40 % des consommateurs achètent de la musique populaire et 5 % de la musique classique; mais personne n'achète des deux à la fois. Les amateurs de musique populaire gagnent en moyenne 10 000 $ par année, alors que les amateurs de musique classique gagnent en moyenne 50 000 $. Cette enquête a également décelé la part de leurs revenus que les gens consacrent à l'achat des produits visés : 1 % chez les petits salariés, comparativement à 2 % chez les personnes à revenu élevé. Or, on vous a confié le soin de prévoir le volume annuel de ce marché, d'une part pour la musique populaire et d'autre part pour la musique classique.

   Pour répondre à cette question, construisez un modèle économique. Énumérez vos hypothèses et déduisez-en les implications. Portez une attention particulière aux risques d'erreurs que comportent les prédictions tirées de votre modèle. Expliquez l'origine de ces risques d'erreurs.

CHAPITRE 2

Les graphiques – construction et utilisation

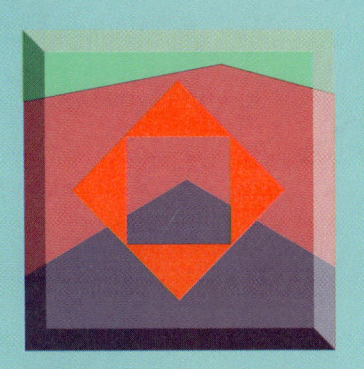

Objectifs du chapitre :

- Construire un graphique de série chronologique ainsi qu'un diagramme de dispersion, et les interpréter.

- Faire la distinction entre une relation linéaire et une relation non linéaire, de même qu'entre des relations qui ont un maximum ou un minimum.

- Définir la pente d'une droite, et la calculer.

- Exprimer graphiquement des relations entre plus de deux variables.

Trois formes de mensonges

BENJAMIN DISRAELI, premier ministre de Grande-Bretagne à la fin du 19e siècle, reconnaissait, dit-on, trois formes de mensonges : le mensonge ordinaire, le mensonge grave et... la statistique. Or, le graphique constitue l'un des moyens les plus féconds d'exprimer visuellement des données statistiques. Certes, mal construit, il peut induire en erreur. Mais, correctement tracé, il fournit – n'en déplaise à M. Disraeli – une mine de renseignements et il aide l'observateur à percevoir et à concevoir des relations qui autrement lui resteraient obscures. ■ Chose étonnante, le graphique est une invention plutôt récente : il n'a fait son apparition qu'à la fin du 18e siècle, longtemps après la formulation de concepts mathématiques comme les logarithmes ou le calcul différentiel et intégral. Or aujourd'hui, à l'ère de l'ordinateur personnel et de l'affichage sur écran cathodique, les graphiques ont presque supplanté les mots. Dans nombre de métiers ou de professions, l'aptitude à construire un graphique, et à l'utiliser, est aussi essentielle que la lecture ou l'écriture. ■ Quel usage les économistes font-ils des graphiques ? De quels types de graphiques se servent-ils ? Que révèlent ces graphiques, et que dissimulent-ils ? Quels sont les principaux pièges à éviter pour n'être pas induit en erreur ? ■ Vous avez pris connaissance des sept questions fondamentales exposées dans le chapitre 1. Vous voilà donc conscients de la complexité des problèmes que la science économique cherche à résoudre. Vous pensez avec raison qu'aucun phénomène économique ne tient à une cause unique. Les hauts et les bas de la consommation de crème glacée, par exemple, ne sont imputables ni aux seules variations de la température, ni à la seule instabilité du prix de la crème, mais à la conjonction de ces deux facteurs et, probablement, de plusieurs autres. Comment illustrer en graphiques les relations qui existent entre des variables évoluant simultanément ? Et comment interpréter pareilles relations ?

■ Dans ce chapitre, nous étudierons différents types de graphiques utilisés en économie. Nous apprendrons à les lire et à les construire. ■ Nous verrons des exemples de graphiques utiles et de graphiques trompeurs. Nous apprendrons également à mesurer l'effet d'une variable sur une autre.

Si vous êtes déjà familiarisé avec les diverses méthodes de représentation graphique des données, vous pouvez vous contenter de survoler le chapitre. Cependant, que vous l'approfondissiez ou que vous le parcouriez rapidement, il vous servira de guide pratique; vous pourrez le consulter à loisir pour comprendre les graphiques que vous rencontrerez au fil de vos études en science économique.

La représentation graphique des données

La technique du graphique permet de visualiser les tendances qui se dégagent des données. Les quantités y sont représentées sous la forme de distances, le long d'échelles. Dans sa forme la plus simple, que nous examinerons d'abord, le graphique comporte une seule variable.

Les graphiques à une seule variable

On trouvera à la figure 2.1 deux exemples de graphiques à une seule variable. Le graphique (a) exprime la température en degrés Celsius (°C) comme s'il s'agissait d'une distance sur une échelle. Sur un axe unique, horizontal, les déplacements de gauche à droite représentent les hausses de température, et les déplacements de droite à gauche représentent les baisses de température. Le point zéro correspond à 0 °C. À droite du zéro, la température est positive alors que, à gauche du zéro, elle est négative.

Dans le graphique (b), l'altitude est mesurée en milliers de mètres au-dessus du niveau de la mer. Le point zéro représente le niveau de la mer. Les chiffres à droite du zéro représentent, en mètres, des points situés au-dessus du niveau de la mer. Les chiffres à gauche du zéro mesurent des profondeurs sous le niveau de la mer. Il n'existe pas de règles précises quant au choix de l'échelle à utiliser: on détermine celle-ci selon l'ensemble des valeurs que peut prendre la variable et selon l'espace dont on dispose pour le faire.

Chacun des graphiques de la figure 2.1 comporte une seule variable, donc une seule échelle. Chaque point de cette échelle représente une température donnée ou une altitude donnée. Ainsi, le point *a* représente une température de 100 °C, soit le point d'ébullition de l'eau; le point *b* représente une altitude de 6194 m au-dessus du niveau de la mer, soit la hauteur du mont McKinley, la plus haute montagne d'Amérique du Nord.

Les graphiques à une seule variable comme ceux de la figure 2.1 ne sont pas très révélateurs. Un graphique est un outil beaucoup plus puissant lorsqu'il illustre comment deux variables sont reliées entre elles.

Figure 2.1 Graphiques à une seule variable

(a) Température

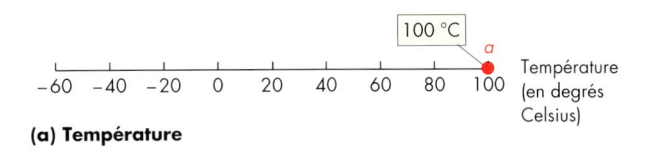

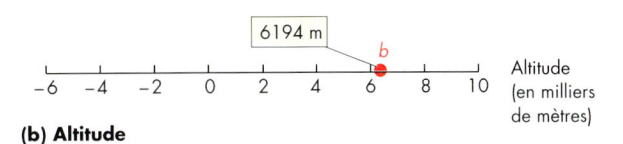

(b) Altitude

Tout graphique comporte une échelle, qui mesure la quantité comme s'il s'agissait d'une distance. Ici, les deux échelles mesurent respectivement la température et l'altitude. Les chiffres à droite du zéro sont positifs; les chiffres à gauche du zéro sont négatifs.

Les graphiques à deux variables

Pour construire un graphique à deux variables, on se sert de deux échelles perpendiculaires. Utilisons les deux mêmes variables que dans la figure 2.1. Nous mesurons la température comme avant, mais nous dressons en position verticale l'échelle de l'altitude. Ainsi, l'altitude est représentée par une échelle verticale, le long de laquelle les déplacements s'effectuent vers le haut ou vers le bas.

On appelle **axes** les deux échelles de la figure 2.2. La ligne verticale est l'**axe des ordonnées**; la ligne horizontale, l'**axe des abscisses**. La lettre *y* apparaît à l'extrémité de l'axe des ordonnées, et la lettre *x* apparaît à l'extrémité de l'axe des abscisses. Chaque axe a un point zéro, qui coïncide avec le point zéro de l'autre axe. Le point zéro commun aux deux axes s'appelle l'**origine**.

Pour construire un graphique à deux variables, nous avons besoin de deux éléments d'information. Par exemple, le mont McKinley culmine à 6194 m, et l'on enregistre à son sommet, un jour donné, une température de -20 °C. Nous pouvons inscrire dans la figure 2.2 cette double information: d'une part, l'altitude de la montagne (6194 m) en ordonnée, d'autre part, la température (-20 °C) en abscisse. Les valeurs des deux variables correspondent au point *c*.

À partir du point *c*, on peut tracer deux lignes pointillées, qu'on appelle les **coordonnées**. Ce sont deux lignes qui, partant d'un point, courent perpendiculairement aux axes d'un graphique. La ligne partant du point *c* vers l'axe horizontal s'appelle l'**ordonnée** (ou coordonnée verticale), parce que sa longueur correspond à la valeur marquée sur l'axe des ordonnées, ou axe vertical. De même, la ligne partant du point *c* vers

Figure 2.2 Graphiques à deux variables

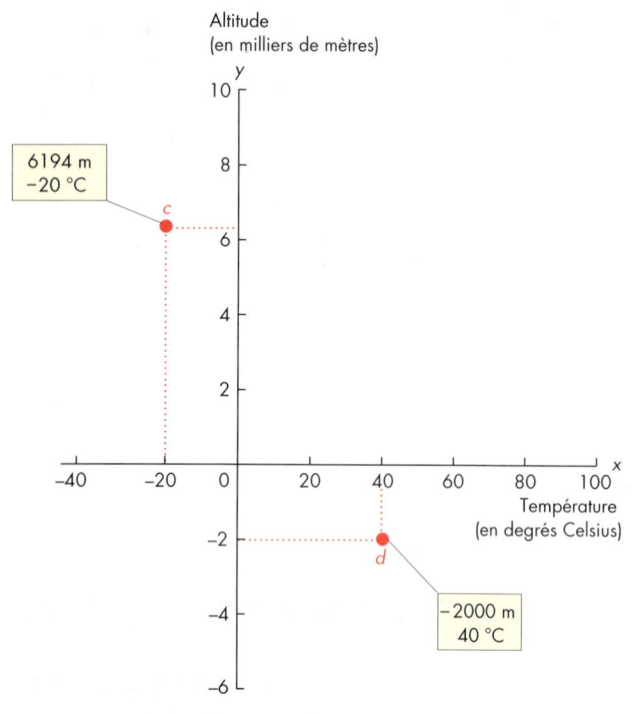

Pour représenter graphiquement la relation entre deux variables, on trace deux axes perpendiculaires. Dans cet exemple, l'altitude est mesurée sur l'axe des ordonnées (*y*), et la température sur l'axe des abscisses (*x*). Le point *c* représente le sommet du mont McKinley situé à 6194 m au-dessus du niveau de la mer (mesuré sur l'axe vertical) à une température de −20 °C (mesurée sur l'axe horizontal). Le point *d* représente la température de 40 °C, à l'intérieur d'un sous-marin qui explore les profondeurs de l'océan à 2000 m au-dessous du niveau de la mer.

l'axe vertical s'appelle l'**abscisse** (ou coordonnée horizontale), sa longueur correspondant à la valeur marquée sur l'axe des abscisses, ou axe horizontal.

Quittons maintenant le sommet du mont McKinley, avec ses 6194 m d'altitude et sa température de −20 °C. Embarquons-nous sur un sous-marin pour explorer l'océan à une profondeur de 2000 m, par une température accablante de 40 °C. Nous voici au point *d* du graphique : la coordonnée verticale est de −2000 m, et la coordonnée horizontale est de 40 °C. Les économistes utilisent de diverses façons ces graphiques. Voyons deux autres exemples.

Les graphiques de série chronologique

L'une des formes de graphiques les plus connues et les plus révélatrices qu'utilisent les économistes est le **graphique de série chronologique**, ou chronogramme. Il mesure sur l'axe des abscisses le temps (en mois ou en années, par exemple) et, sur l'axe des ordonnées, la ou les variables à étudier.

La figure 2.3 illustre un graphique de série chronologique. Le temps est mesuré en années sur l'axe des abscisses. La variable qui nous intéresse, soit le taux de chômage canadien (ou pourcentage de la main-d'œuvre sans emploi), se trouve sur l'axe des ordonnées. Ce graphique a l'avantage de fournir de façon simple et rapide beaucoup d'informations.

1. Il nous indique le *niveau* du taux de chômage : il nous dit si celui-ci est *élevé* ou *bas*. Lorsque la courbe s'écarte beaucoup de l'axe des abscisses, le taux de chômage est élevé ; lorsqu'elle s'en rapproche, le taux de chômage est bas.

2. Le graphique de série chronologique nous indique aussi le *sens de la variation* du taux de chômage : à la *hausse* ou à la *baisse*. Si la courbe monte, comme au début des années 30, c'est que le taux de chômage est en hausse. Si elle descend, comme au début des années 40, c'est que le taux de chômage est en baisse.

3. Le graphique de série chronologique nous indique enfin la *vitesse de changement* du taux de chômage : il nous dit si le taux de chômage change *rapidement* ou *lentement*. Si la courbe est à pic, le taux de chômage varie rapidement ; si la courbe est aplatie, le taux de chômage change lentement. De 1930 à 1932, par exemple, il s'est accru brusquement ; puis, en 1933, il a continué d'augmenter, mais plus lentement. De même, on l'a vu baisser au cours des années 60 : d'abord rapidement entre 1961 et 1962, puis plus lentement en 1963 et en 1964.

On peut également utiliser le graphique de série chronologique pour décrire une tendance. Une **tendance** est une orientation générale qui caractérise l'évolution d'une variable, dans le sens d'une hausse ou d'une baisse. Ainsi peut-on constater que, du milieu des années 40 au milieu des années 80, à travers les hausses et les baisses qu'a connues le taux de chômage, la tendance générale a été à la hausse.

Les graphiques permettent également de comparer rapidement différentes périodes. Par exemple, il est évident que les années 30 se sont démarquées de toute autre période du 20e siècle par un taux de chômage exceptionnellement élevé.

C'est ainsi que la figure 2.3 fournit une somme considérable d'informations, et cela en utilisant très peu d'espace.

Comment induire en erreur avec des graphiques de série chronologique Les graphiques de série chronologique, même s'ils fournissent beaucoup d'informations, peuvent parfois induire en erreur.

Figure 2.3 Graphique de série chronologique

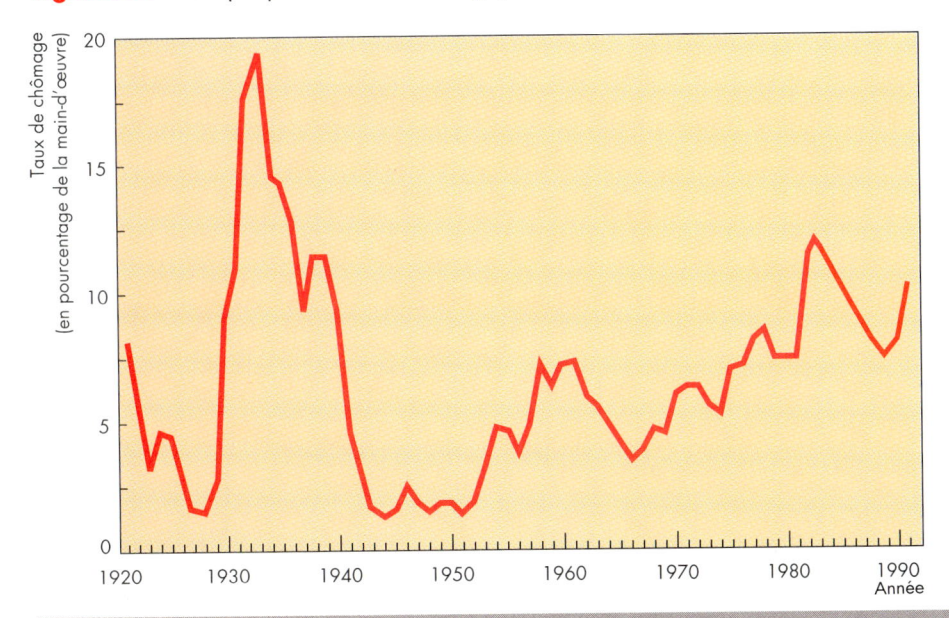

Un graphique de série chronologique indique sur l'axe des ordonnées (axe vertical) l'évolution du niveau d'une variable, par rapport au temps (exprimé en jours, semaines, mois ou années) sur l'axe des abscisses (axe horizontal). Le graphique retrace l'évolution du taux de chômage au Canada, de 1921 à 1991.

Un des pièges les plus courants consiste à placer côte à côte deux graphiques qui ont des échelles différentes. La figure 2.4 nous en offre un exemple. L'information contenue dans la figure 2.3 y est reprise sous une forme différente. Dans le graphique (a) de la figure 2.4, l'axe des ordonnées a été comprimé; dans le graphique (b), il a été étiré. L'examen simultané de ces deux graphiques donne l'impression que le taux de chômage est resté relativement stable de 1920 à 1955, mais qu'il a augmenté considérablement au cours des 36 dernières années.

Personne, pensez-vous, n'oserait tromper délibérément le lecteur de cette façon. Mais l'examen des graphiques publiés dans les journaux et les revues vous apprendra à quel point cette pratique est courante.

Figure 2.4 Graphiques trompeurs: compression et étirement des échelles

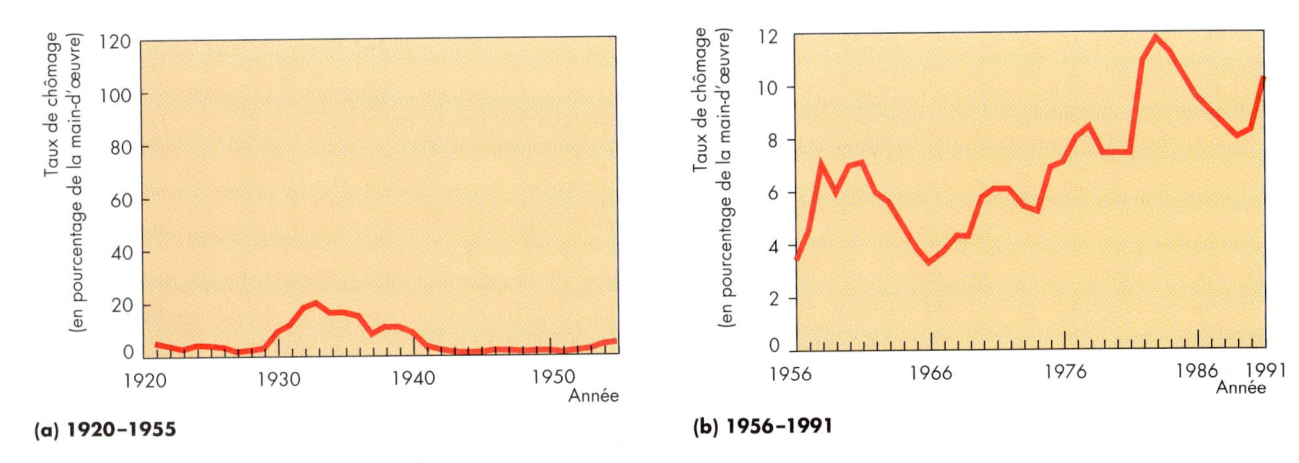

(a) 1920-1955

(b) 1956-1991

Les graphiques peuvent induire en erreur lorsque les échelles sont comprimées ou lorsqu'elles sont étirées. Ces deux graphiques contiennent les mêmes données que la figure 2.3, soit le taux de chômage canadien de 1921 à 1991. Dans le graphique (a), l'axe des ordonnées a été comprimé, tandis qu'il a été étiré dans le graphique (b). Pour cette raison, il semble que le taux de chômage ait été bas et stable avant 1955 et que, par la suite, il ait augmenté et ait été très variable. Comparez ces graphiques trompeurs avec la figure 2.3 qui, elle, décrit mieux la réalité.

Figure 2.5 L'omission de l'origine

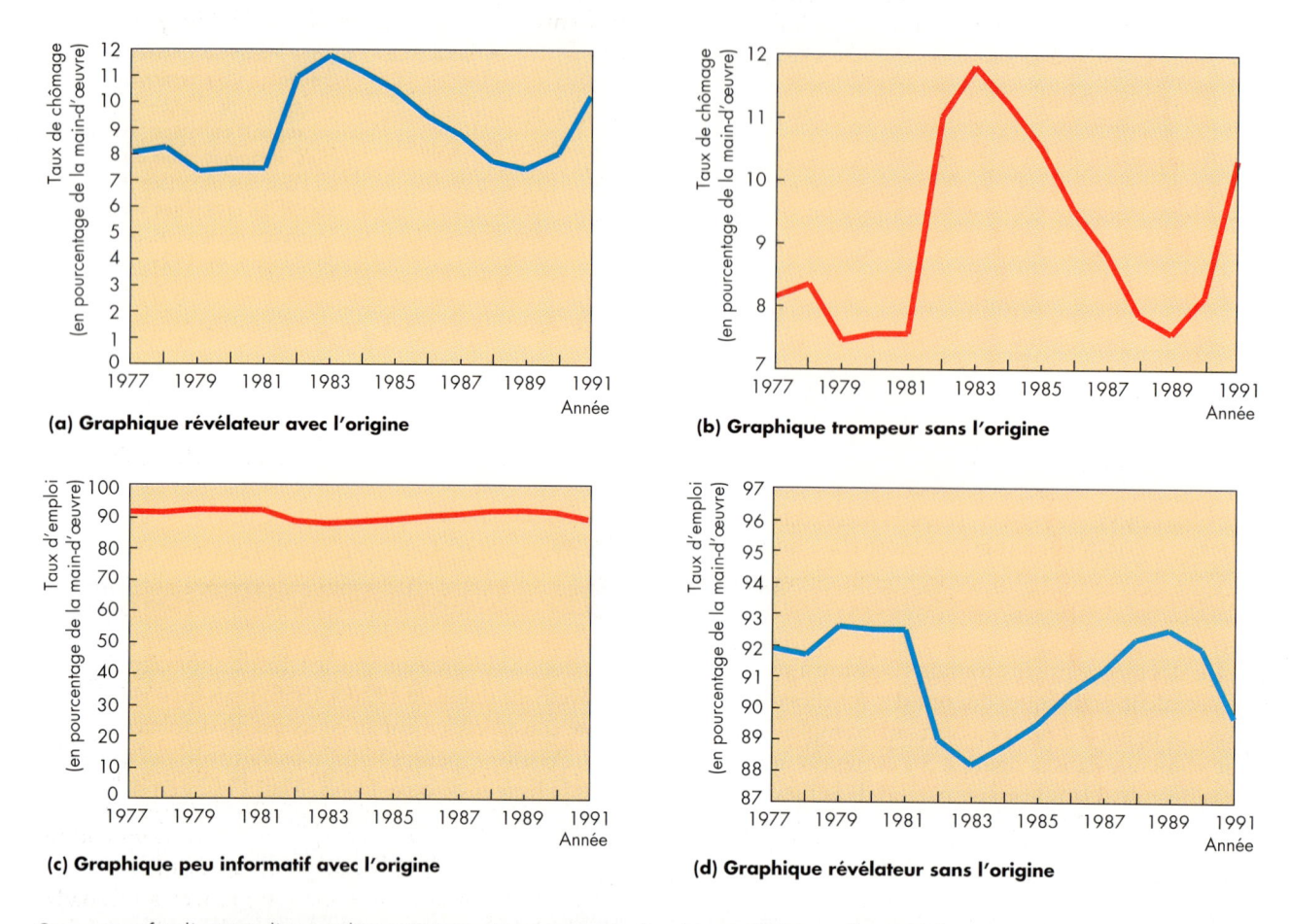

(a) Graphique révélateur avec l'origine

(b) Graphique trompeur sans l'origine

(c) Graphique peu informatif avec l'origine

(d) Graphique révélateur sans l'origine

On omet parfois l'origine d'un graphique. Cette pratique peut engendrer des graphiques révélateurs ou trompeurs, selon l'usage qu'on en fait. Les graphiques (a) et (b) montrent le taux de chômage au Canada entre 1977 et 1991; le premier inclut l'origine, contrairement au second. Le graphique (a) fournit beaucoup d'informations sur le niveau et les variations du taux de chômage au cours de cette période. Le graphique (b) exagère l'ampleur des hausses et des baisses et ne donne pas d'information visuelle directe sur le niveau du taux de chômage.

Les graphiques (c) et (d) montrent le taux d'emploi. Le premier possède une origine mais pas le second. Dans ce cas, le graphique avec une origine informe moins et laisse croire à la stabilité du taux d'emploi. Le graphique (d) fournit une meilleure image des fluctuations du taux d'emploi et informe plus que le graphique (c).

L'omission de l'origine Certains graphiques n'incluent pas l'origine. Cette omission est parfois la meilleure façon de faire, en ce sens qu'elle permet de mieux faire «parler» le graphique. Mais, en d'autres circonstances, elle a des effets trompeurs.

La figure 2.5 illustre les effets possibles de l'omission de l'origine. Les graphiques (a) et (b) de la figure montrent tous deux l'évolution du taux de chômage de la période allant de 1977 à 1991. Le graphique (a) inclut l'origine, contrairement au graphique (b). Le graphique (a) rend clairement compte de l'évolution du taux de chômage pendant la période visée. Il peut être utilisé de la même façon que le graphique illustré à la figure 2.3, pour décrire les caractéristiques du chômage entre 1977 et 1991. Le graphique (b) est beaucoup moins révélateur et va jusqu'à déformer la réalité. Il ne fournit aucune information sur le *niveau* du taux de chômage. Il met l'accent sur les hausses et les baisses du taux de chômage, dont il exagère d'ailleurs l'amplitude. En particulier, les hausses vers la fin des années 70 et au début des années 80 y paraissent énormes, comparées à l'image qu'en donne le graphique (a). L'omission de l'origine amplifie considérablement les variations du taux de chômage. Or, les organismes de presse ont souvent recours à cette pratique, dont on trouvera un exemple pages 34 et 35, sous la rubrique *Entre les lignes*.

Les graphiques (c) et (d) de la figure 2.5 illustrent l'évolution du taux d'emploi, c'est-à-dire l'évolution du pourcentage de la main-d'œuvre qui est effectivement employée. Le graphique (c) inclut l'origine, contrairement au graphique (d). Comme vous pouvez le voir, le graphique (c) en dit très peu sur les changements du taux d'emploi. Il laisse croire que le taux d'emploi était assez constant. La caractéristique principale de ce graphique est l'étendue de l'espace vide qu'il contient ou, si l'on veut, la mauvaise utilisation de l'espace disponible. Le graphique (d) regroupe les mêmes données mais sans l'origine. L'échelle débute à 87 %. Ce graphique montre clairement les hausses et les baisses du taux d'emploi, même s'il nous apprend peu de choses sur son *niveau*. Il procure donc essentiellement une bonne image des variations du taux d'emploi.

La décision d'indiquer ou d'omettre l'origine d'un graphique dépend de l'information qu'il doit révéler. Dans la figure 2.5, les graphiques (a) et (d) s'équivalent pour ce qui est de l'information qu'ils révèlent sur les niveaux des taux d'emploi et des taux de chômage, et sur leurs variations respectives. En comparaison, les graphiques (b) et (c) sont peu informatifs.

La comparaison de deux séries chronologiques Le graphique de série chronologique peut parfois servir à comparer deux variables. Supposons par exemple que vous vouliez savoir comment fluctue le solde budgétaire du gouvernement fédéral – son surplus ou son déficit – et comment les fluctuations de ce solde évoluent par rapport aux fluctuations du taux de chômage. Pour y arriver, vous pouvez construire un graphique pour chaque variable et fondre les deux graphiques en un seul, tel que l'illustre la figure 2.6(a). L'échelle du taux de chômage apparaît sur la gauche, et l'échelle du surplus du budget du gouvernement fédéral apparaît sur la droite. La ligne rouge représente le taux de chômage; la ligne bleue, le surplus du budget. Vous conviendrez facilement qu'il est difficile d'établir, à partir de la figure 2.6(a), la relation entre le taux de chômage et le budget. Le déficit budgétaire semble toutefois avoir tendance à augmenter (la ligne bleue descend) lorsque le taux de chômage augmente (la ligne rouge monte). En d'autres termes, ces deux variables semblent avoir tendance à évoluer dans des directions opposées.

Dans un tel cas, il est souvent plus révélateur de renverser l'échelle d'une des variables et de tracer le graphique de cette variable à l'envers. C'est ce qu'illustre le graphique (b) de la figure 2.6. Le taux de chômage y est représenté exactement comme dans le graphique (a) mais la courbe du budget du gouvernement fédéral y a été inversée. Maintenant, au lieu de mesurer de bas en haut le surplus du budget (un nombre positif) et de haut en bas le déficit (un nombre négatif), nous mesurons de haut en bas le surplus et de bas en haut le déficit. Vous pouvez alors voir clairement la relation qui existe entre ces deux variables. Le déficit du gouvernement fédéral a tendance à s'accroître avec le taux de chômage. Toutefois, il ne s'agit pas d'une relation exacte, et le graphique montre clairement qu'il y a eu des périodes suffisamment longues au cours desquelles le déficit et le taux de chômage ont évolué en sens inverse. On reconnaît ces périodes à l'élargissement de la distance entre les deux lignes.

Qu'ils soient simples (avec une seule variable) ou complexes (avec deux variables), les graphiques de série chronologique nous permettent de suivre l'évolution des variables dans le temps. Mais parfois nous nous intéressons davantage aux relations entre les variables qu'à leur évolution au cours du temps. Pour étudier ces relations, nous utilisons le diagramme de dispersion.

Les diagrammes de dispersion

Un **diagramme de dispersion** est un graphique qui montre les valeurs d'une variable économique associées à celles d'une autre variable. Il mesure l'une de ces variables sur l'axe des abscisses, et l'autre sur l'axe des ordonnées.

La figure 2.7 contient trois diagrammes de dispersion. Le diagramme (a) montre la relation entre la consommation et le revenu. Il mesure en abscisse le revenu familial moyen et en ordonnée la consommation moyenne par famille. Chaque point représente la consommation moyenne et le revenu moyen au Canada de 1968 à 1990. Par exemple, le point 71 indique qu'en 1971 la consommation moyenne était de 5800 $ et le revenu moyen de 10 800 $. La forme que prend l'ensemble des points du diagramme (a) permet de penser que la consommation s'accroît lorsque le revenu augmente.

Dans le diagramme (b), l'axe horizontal montre le pourcentage de ménages qui possèdent un magnétoscope, et l'axe vertical montre le prix moyen de cet appareil. Chaque point représente le prix d'un magnétoscope et le pourcentage de ménages qui en possèdent un au cours d'une année donnée. Par exemple, le point 81 indique qu'en 1981 le prix moyen du magnétoscope était de 600 $ et que 20 % des ménages en possédaient un. La forme qui se dégage de l'ensemble des points contenus dans le diagramme (b) nous apprend que, plus le prix des magnétoscopes baisse, plus le pourcentage des ménages qui en possèdent un est élevé.

Dans le diagramme (c), l'axe des abscisses mesure le taux de chômage au Canada, et l'axe des ordonnées rend compte du taux d'inflation. Chaque point représente le taux de chômage et le taux d'inflation au cours d'une année donnée. Ainsi, le point 82 indique que le

ENTRE LES LIGNES

Les graphiques trompeurs

L'industrie hôtelière frappée par le nombre décroissant de buveurs

« La baisse de la consommation d'alcool en Alberta nuit à l'industrie hôtelière, et ce particulièrement dans les régions rurales de la province », signalent des représentants inquiets de la profession.

Selon eux, la baisse des ventes d'alcool en Alberta résulte de divers facteurs, dont les suivants : la diminution du nombre de personnes consommant de l'alcool, le succès des campagnes condamnant l'usage de l'alcool au volant, les lourdes pénalités imposées aux conducteurs arrêtés pour conduite en état d'ébriété, etc.

« C'est accablant. Plusieurs hôtels sont au bord de la faillite », déclarait Randall Williams, président de l'Association des hôteliers de Calgary, lors d'une entrevue.

L'Association attribue également la baisse des ventes d'alcool à la prolifération des permis d'alcool accordés notamment à de petits cafés-restaurants et à des comptoirs à pizza.

Selon Mme Susan Costello, présidente de l'Association de l'industrie de la restauration et des services alimentaires de l'Alberta, les restaurants et les commerces d'alimentation sont ébranlés par l'effondrement des ventes.

« Nous avons observé une baisse constante des ventes au cours des deux dernières années. Ceux dont le chiffre d'affaires dépend principalement de la vente d'alcool ont subi les effets d'une baisse de la consommation variant entre 5 et 15 % », signalait Mme Costello.

« À cause de la chute vertigineuse des ventes d'alcool, jusqu'à 70 % des hôtels en Alberta, pour la plupart de petites entreprises familiales exploitées en régions rurales, font faillite ou parviennent tout juste à survivre », expliquait M. Williams.

Selon Jim Hansen, vice-président de l'Association des hôteliers de l'Alberta, 106 hôtels ont été placés sous séquestre entre 1983 et 1988 en raison de la chute des ventes d'alcool. Comptant plus de 400 membres, cette association représente 70 % de tous les hôtels de la province. Quant à lui, M. Williams estime que les ventes d'alcool, incluant la vente de spiritueux, de vin et de bière, comptent maintenant pour environ 25 % des revenus totaux des hôtels. Il y a 10 ou 15 ans, elles comptaient pour environ 35 ou 40 %.

Pour les petits hôtels de campagne, d'après M. Hansen, les revenus découlant de la consommation d'alcool représentent jusqu'à 75 % de leurs revenus totaux.

La régie des alcools de l'Alberta affirme que les ventes d'alcool se sont élevées à 213,5 millions de litres en 1988, soit le niveau le plus faible depuis 1984, année où les ventes se chiffraient à 221,5 millions de litres d'alcool. Ces statistiques comprennent les ventes relatives à toutes les marques de bières, de vins et de spiritueux.

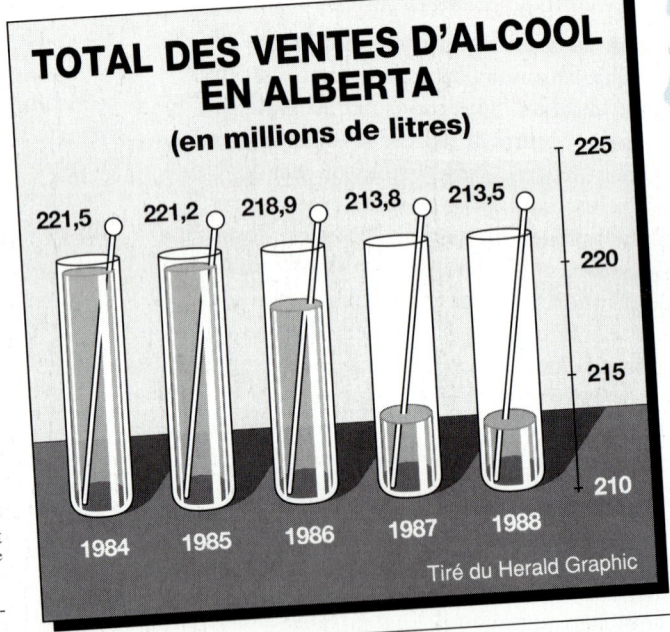

TOTAL DES VENTES D'ALCOOL EN ALBERTA
(en millions de litres)

1984	1985	1986	1987	1988
221,5	221,2	218,9	213,8	213,5

Tiré du Herald Graphic

The Calgary Herald
16 janvier 1990
Par Claudia Catteano
© The Calgary Herald
Traduction et reproduction autorisées

ENTRE LES LIGNES

Les faits en bref

- Entre 1984 et 1988, les ventes d'alcool en Alberta ont chuté de 221,5 à 213,5 millions de litres.

- Dans le graphique de la page 34, les ventes en 1984 sont représentées par un verre rempli à capacité, comparativement à un verre rempli au tiers en 1988.

- En raison de la chute des ventes d'alcool :

  • 106 hôtels de l'Alberta ont fermé leur porte entre 1983 et 1988 (selon Jim Hansen, Association des hôteliers de l'Alberta);

  • près de 70 % des hôtels de l'Alberta font faillite ou arrivent à peine à survivre (selon Randall Williams, Association des hôteliers de Calgary).

- La chute des ventes d'alcool est attribuable aux facteurs suivants :

  • Les gens consomment moins d'alcool.

  • Les campagnes contre l'alcool au volant portent fruit.

  • Les pénalités imposées aux conducteurs arrêtés pour conduite en état d'ébriété sont plus lourdes.

Analyse

- La figure (a) comprend deux graphiques qui illustrent deux façons de voir la chute des ventes d'alcool en Alberta.

- Dans le graphique (i), la chute des ventes est en apparence moins prononcée que dans le graphique (ii), lequel est semblable au graphique qui accompagne l'article de journal.

- En fait, les deux graphiques illustrent une chute des ventes de 3,6 %. Toutefois, l'omission de l'ordonnée à l'origine donne l'impression qu'il s'agit d'une baisse très importante.

- Le graphique (i) de la figure (b) montre que la valeur totale des ventes d'alcool (en dollars) a grimpé entre 1984 et 1988, mais les taxes ont augmenté encore plus.

- Si les ventes d'alcool n'ont chuté que de 3,6 %, pourquoi se montre-t-on inquiet ? Le graphique (ii) de la figure (b) renferme la réponse.

- Dans le graphique (ii), on a enlevé les effets de l'inflation, ce qui nous permet de comprendre pourquoi plusieurs perçoivent un problème. En raison de la hausse des taxes et de la dépréciation de la valeur de la monnaie, les détaillants d'alcool ont essuyé une baisse de la valeur de leurs ventes après taxes.

(a) Deux façons de voir la chute des ventes d'alcool en Alberta

Ventes totales d'alcool en Alberta (en millions de litres par année)

[Graphique (i) : barres avec valeurs 221,5 ; 221,2 ; 218,9 ; 213,8 ; 213,5 pour les années 1984 à 1988, échelle de 0 à 200]

Ventes totales d'alcool en Alberta (en millions de litres par année)

[Graphique (ii) : barres avec valeurs 221,5 ; 221,2 ; 218,9 ; 213,8 ; 213,5 pour les années 1984 à 1988, échelle de 210 à 220]

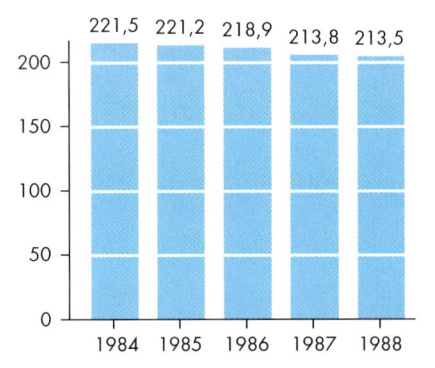

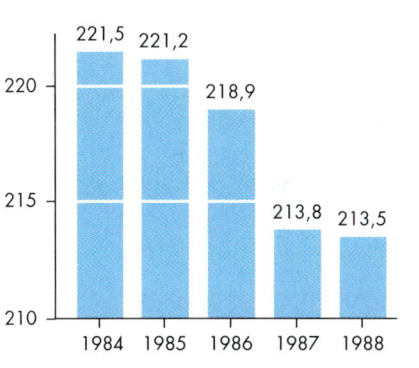

(i) Graphique avec ordonnée à l'origine   **(ii) Graphique sans ordonnée à l'origine**

(b) Autre point de vue sur les ventes d'alcool en Alberta

Variation en pourcentage entre 1984 et 1988

[Graphique (i) : Valeur, Taxes, Valeur après taxes ; échelle 0 à 20]

Variation en pourcentage entre 1984 et 1988

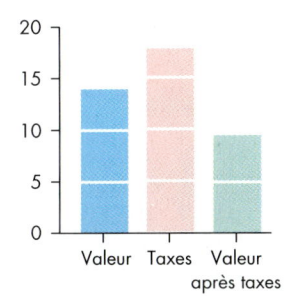

[Graphique (ii) : Valeur, Taxes, Valeur après taxes ; échelle -4 à 6]

(i) Montants en dollars   **(ii) Après annulation des effets de l'inflation**

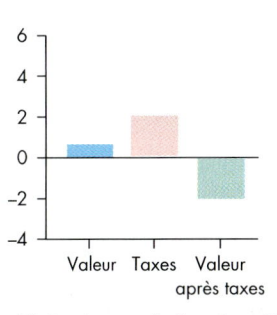

Figure 2.6 Graphiques de série chronologique et relations entre variables

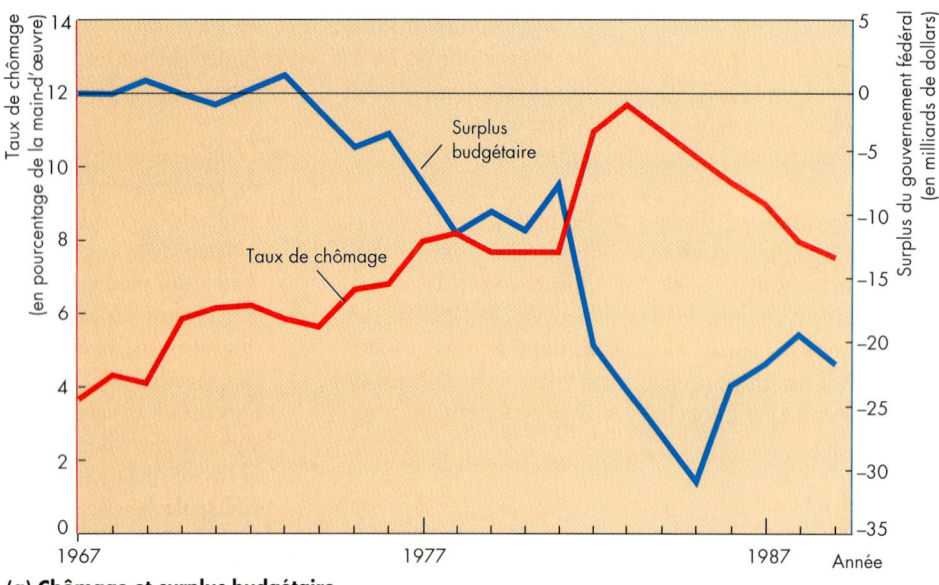

(a) Chômage et surplus budgétaire

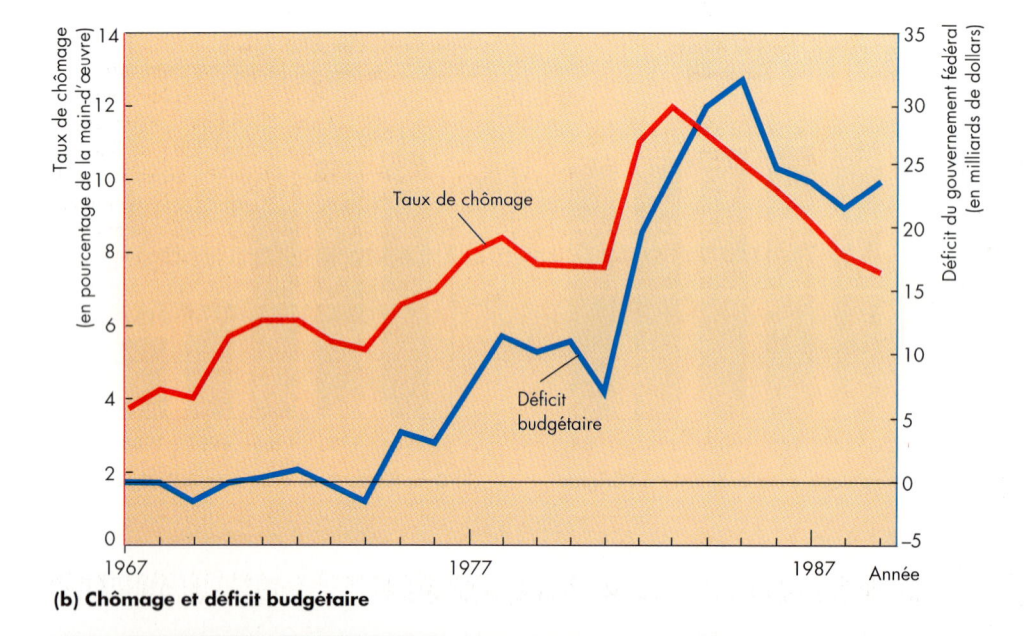

(b) Chômage et déficit budgétaire

On peut se servir d'un graphique de série chronologique pour révéler l'existence de relations entre deux variables. Les deux graphiques ci-contre reproduisent l'évolution du taux de chômage et du solde du budget du gouvernement fédéral depuis 1967. La courbe du taux de chômage est la même dans les deux graphiques. Dans le graphique (a), le surplus budgétaire est mesuré comme un nombre positif et le déficit budgétaire comme un nombre négatif le long de l'échelle verticale à droite. Il semble que le déficit s'accroît lorsque le taux de chômage augmente. Mais il est difficile d'en dire plus. Dans le graphique (b), l'échelle est inversée : le déficit budgétaire et le surplus budgétaire sont mesurés respectivement comme un nombre positif et comme un nombre négatif le long de l'échelle à droite. La relation entre le déficit budgétaire et le taux de chômage est maintenant plus claire. Le taux de chômage et le déficit budgétaire ont tendance à évoluer dans le même sens.

taux de chômage et le taux d'inflation atteignaient respectivement 11 % et 9 % en 1982. La forme de l'ensemble de points ne révèle aucune relation nette, ni positive ni négative, entre les deux variables.

Jusqu'à maintenant, nous avons appris à utiliser les graphiques pour représenter les données économiques et pour montrer les relations qui peuvent exister entre les variables. Voyons comment les économistes peuvent utiliser les graphiques d'une manière plus abstraite pour construire des modèles économiques et les analyser.

Les graphiques utilisés dans les modèles économiques

Bien qu'il existe plusieurs types de graphiques en économique, ces derniers comportent un certain nombre de points communs qui, lorsqu'on sait les reconnaître, révèlent tout de suite la signification d'un graphique. Il y a des graphiques pour chacune des situations suivantes :

LES GRAPHIQUES UTILISÉS DANS LES MODÈLES ÉCONOMIQUES 37

Figure 2.7 Diagrammes de dispersion

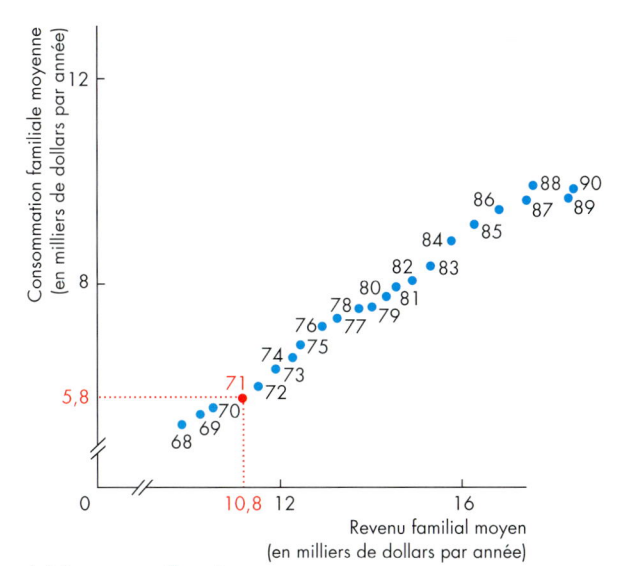

(a) Consommation et revenu

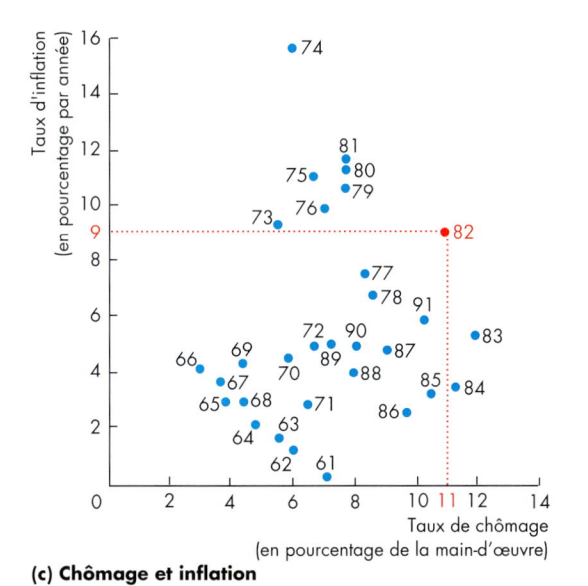

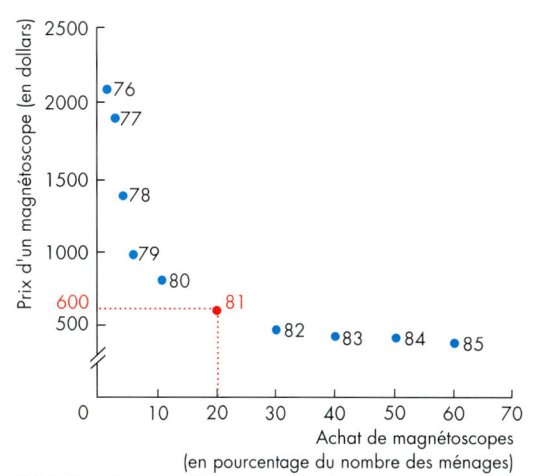

(b) Achat de magnétoscopes et prix

(c) Chômage et inflation

Le diagramme de dispersion montre la relation entre deux variables. Dans les diagrammes de la figure, chaque point représente une observation sur la valeur des deux variables pour une année donnée. Le diagramme (a) montre que la consommation familiale moyenne s'accroît avec le revenu familial moyen. Le diagramme (b) indique que le nombre de magnétoscopes achetés augmente au fur et à mesure que le prix des magnétoscopes baisse. Le diagramme (c) ne révèle pas de relation claire entre le chômage et l'inflation.

- Des variables qui évoluent ensemble dans le même sens.
- Des variables qui évoluent en sens opposé.
- Des relations qui ont un maximum ou un minimum.
- Des variables qui sont indépendantes.

Nous examinerons successivement chacun de ces quatre cas.

Les variables qui évoluent ensemble dans le même sens

Les trois graphiques de la figure 2.8 montrent des exemples de relations entre deux variables qui évoluent ensemble à la hausse comme à la baisse. On qualifie de **positive** la relation entre deux variables qui changent dans le même sens. Une telle relation prend la forme d'une ligne à pente positive.

La figure 2.8(a) illustre la relation entre le nombre de kilomètres parcourus en 5 heures et la vitesse. Le

Figure 2.8 Relations positives

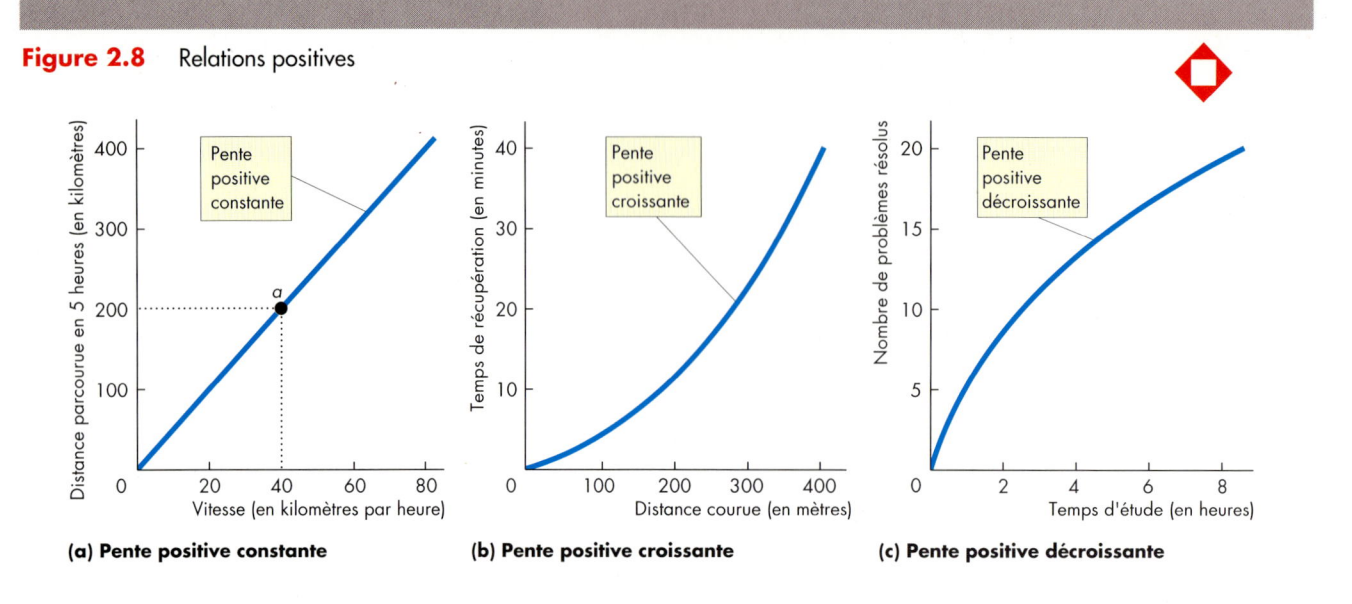

(a) Pente positive constante

(b) Pente positive croissante

(c) Pente positive décroissante

Chaque graphique de la figure montre une relation positive entre deux variables. Au fur et à mesure que s'accroît la valeur de la variable mesurée sur l'axe des abscisses, la valeur de la variable mesurée sur l'axe des ordonnées augmente aussi. Le graphique (a) illustre une relation linéaire – une relation dont la pente est constante le long de la courbe. Le graphique (b) montre une relation positive dont la pente devient plus raide comme on se déplace sur la courbe en s'éloignant de l'origine. Il s'agit d'une relation positive à pente croissante. Le graphique (c) montre une relation positive dont la pente s'aplatit comme on s'éloigne de l'origine. On parle alors d'une relation positive à pente décroissante.

point *a*, par exemple, indique que, pour parcourir 200 km en 5 heures, on doit rouler à une vitesse de 40 km/h. En doublant cette vitesse – c'est-à-dire en atteignant 80 km/h – on couvrira dans le même temps une distance de 400 km. La relation entre le nombre de kilomètres parcourus en 5 heures et la vitesse à laquelle on les parcourt est représentée par une ligne droite à pente positive. On qualifie de **linéaire** la relation représentée par une ligne droite. La pente d'une relation linéaire est constante.

La figure 2.8(b) décrit la relation entre la distance parcourue par un sprinter et l'épuisement (l'épuisement étant mesuré par le temps qu'il faut pour que le rythme cardiaque revienne à la normale). Il s'agit aussi d'une relation à pente positive représentée, cette fois, par une ligne courbe dont la pente devient graduellement plus raide.

La figure 2.8(c) présente la relation entre le nombre de problèmes de géométrie qu'un étudiant réussit à résoudre et le nombre d'heures qu'il y consacre. Cette relation prend également la forme d'une ligne courbe à pente positive. Cependant, la pente est d'abord raide avant de s'adoucir par la suite.

Nous venons de voir trois types de lignes à pente positive, une ligne droite et deux lignes courbes. Il est d'usage d'appeler toute ligne dans un graphique, qu'elle soit droite ou incurvée, une **courbe**.

Les variables qui évoluent en sens opposé

La figure 2.9 donne des exemples de relations entre des variables qui évoluent en sens opposé. On qualifie de **négative** la relation entre variables qui changent en sens opposé.

La figure 2.9(a) montre la relation entre le nombre d'heures consacrées au squash et le nombre d'heures consacrées au tennis sur un total de 5 heures disponibles. Le joueur qui consacre une heure de plus au tennis dispose d'une heure de moins pour jouer au squash, et vice versa. Il s'agit d'une relation qui est à la fois négative et linéaire.

La figure 2.9(b) illustre la relation entre le coût par kilomètre parcouru et la longueur d'un trajet. Plus le trajet est long, plus le coût par kilomètre est bas. Mais au fur et à mesure que le trajet s'allonge, le coût

Figure 2.9 Relations négatives

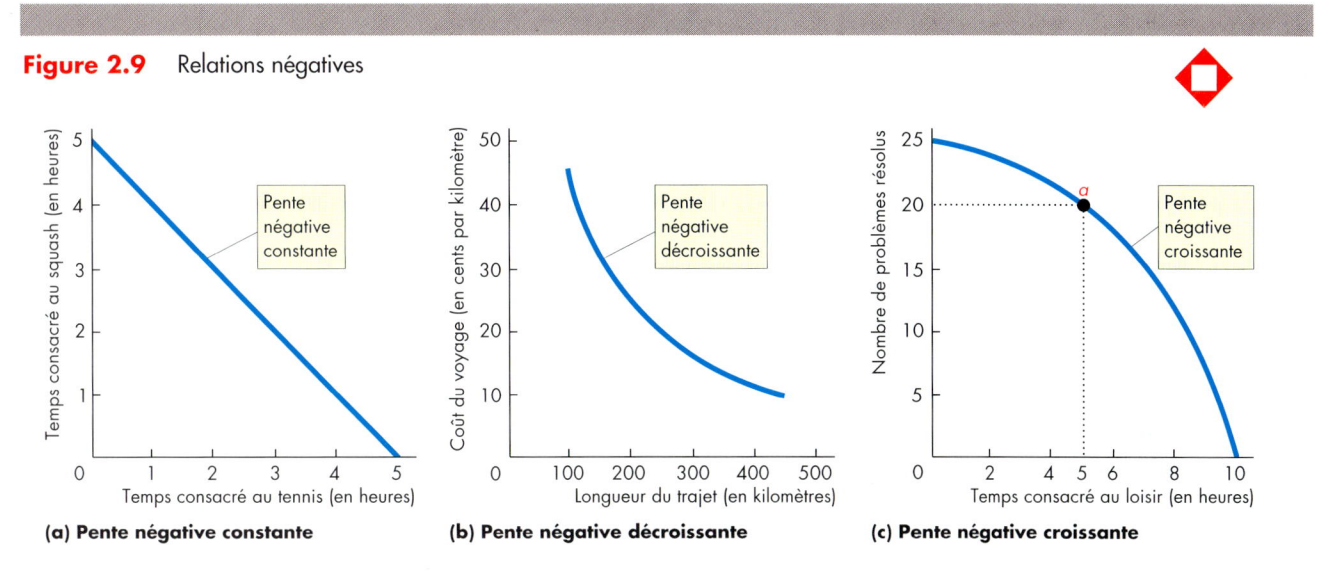

(a) Pente négative constante

(b) Pente négative décroissante

(c) Pente négative croissante

Chaque graphique de la figure fait ressortir une relation négative entre deux variables. Le graphique (a) montre une relation linéaire – une relation dont la pente est constante le long de la courbe. Le graphique (b) illustre une relation négative à pente décroissante. La pente de cette relation s'atténue à mesure qu'on se déplace de gauche à droite sur la courbe. Le graphique (c) présente une relation négative à pente croissante. La pente s'accentue à mesure qu'on se déplace de gauche à droite sur la courbe.

par kilomètre diminue à un taux décroissant. Cette relation est représentée par une courbe à pente négative qui est d'abord abrupte lorsque le trajet est court et qui s'aplatit au fur et à mesure que le trajet s'allonge.

La figure 2.9(c), quant à elle, montre la relation entre le nombre d'heures de loisir que prend un étudiant et le nombre de problèmes de géométrie qu'il parvient à résoudre. S'il ne s'accorde aucun loisir, l'étudiant peut résoudre 25 problèmes en 8 heures. S'il prend 5 heures de loisir, le nombre de problèmes résolus baisse à 20 (point *a*). Lorsque l'étudiant consacre plus de 5 heures au loisir, le nombre de problèmes qu'il réussit à résoudre chute beaucoup. Avec 10 heures de loisir par jour, il ne travaille plus du tout à résoudre des problèmes. Il s'agit donc d'une relation négative dont la pente est relativement aplatie tant que le nombre d'heures de loisir est restreint, mais qui s'accentue au fur et à mesure que le nombre d'heures de loisir augmente.

Les relations qui ont un maximum ou un minimum

L'économique analyse comment on peut tirer le meilleur parti de ressources limitées. Il peut s'agir, par exemple, de réaliser le profit le plus élevé possible en cherchant à produire au coût le plus faible possible.

Pour représenter ce processus d'optimisation, les économistes utilisent fréquemment des graphiques qui décrivent des relations ayant un maximum ou un minimum. La figure 2.10 fournit des exemples de relations de ce genre.

La figure 2.10(a) montre la relation qui existe entre le nombre de jours de pluie au cours d'un mois et la récolte de blé. Faute de pluie, le blé ne pousse pas et la récolte est nulle. Jusqu'à 10 jours de pluie par mois, la récolte de blé augmente graduellement. Avec exactement 10 jours de pluie par mois, la récolte atteint un maximum de 20 boisseaux par hectare (point *a*). Toutefois, s'il pleut pendant plus de 10 jours par mois, la production de blé commence à diminuer. À la limite, s'il pleut chaque jour, le blé souffre du manque de soleil et la récolte est pratiquement nulle. Cette relation est d'abord positive, atteint un maximum, puis devient négative.

La figure 2.10(b) illustre un cas inverse, où la relation est d'abord négative, atteint un minimum, et devient ensuite positive. Le coût de l'essence au kilomètre par rapport à la vitesse de parcours en est un bon exemple : à basse vitesse, comme dans un embouteillage, le nombre de kilomètres parcourus au litre est faible et la dépense d'essence au kilomètre est très élevée. À très grande vitesse, la voiture fonctionne au-delà de son taux de rendement optimal : le nombre de kilomè-

Figure 2.10 Points maximum et minimum

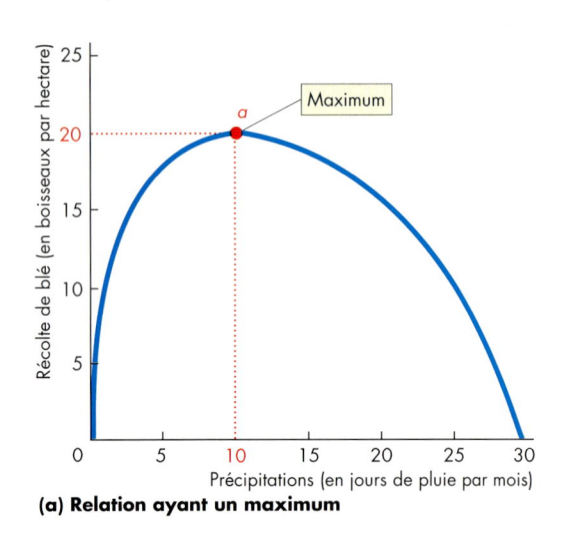

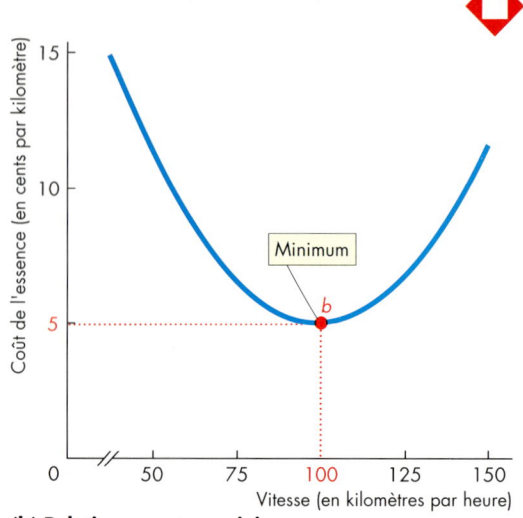

(a) Relation ayant un maximum

(b) Relation ayant un minimum

Le graphique (a) montre une relation ayant un point maximum, le point a. La courbe est d'abord croissante, atteint son sommet, puis décroît. Le graphique (b) montre une relation ayant un point minimum, le point b. La courbe décroît jusqu'à son minimum, puis elle croît.

tres parcourus au litre est faible, et la dépense d'essence au kilomètre est élevée. En fait, c'est à une vitesse de 100 km/h que la dépense d'essence au kilomètre est à son minimum (point b).

Les variables indépendantes

Il y a bien des situations où une variable est indépendante d'une autre. Quelle que soit la valeur de l'une, l'autre demeure constante. Il arrive parfois que l'on veuille représenter l'indépendance de deux variables à l'aide d'un graphique. La figure 2.11 montre deux façons de le faire. Dans le graphique (a), la note que vous avez obtenue en économique (exprimée ici sur l'axe vertical) est comparée au prix des bananes (sur l'axe horizontal). De toute évidence, votre note (75 % en l'occurrence) ne dépend aucunement du prix des bananes. La ligne droite horizontale confirme ici l'absence de toute relation entre les deux variables. Dans le graphique (b), la production de vin français (mesurée sur l'axe horizontal) est comparée au nombre de jours de pluie par mois (sur l'axe vertical) en Colombie-Britannique. Comme on peut s'y attendre, la production de vin français (15 milliards de litres par an, dans cet exemple) n'est pas touchée par le changement du taux de précipitations en Colombie-Britannique. L'absence de toute relation entre ces deux variables se traduit ici par une ligne droite verticale.

Les figures 2.8 à 2.11 illustrent, au total, dix formes différentes susceptibles de servir dans l'étude de modèles économiques. Lors de la description des graphiques, nous avons parlé de courbes à pente positive et à pente négative, de pentes aplaties et de pentes raides. La notion de pente est très importante. Examinons-la de plus près.

La pente d'une relation

La **pente** d'une relation correspond à la variation de la quantité mesurée sur l'axe des ordonnées (axe vertical), divisée par la variation de la quantité mesurée sur l'axe des abscisses (axe horizontal). On utilise la lettre grecque Δ (prononcer *delta*) pour signifier l'idée de «variation». Le symbole Δy représente alors la variation de la valeur de la variable inscrite sur l'axe des ordonnées, tandis que le symbole Δx représente la variation de la valeur de la variable inscrite sur l'axe des abscisses. La pente de la relation entre les variables x et y s'exprime donc comme suit:

$$\frac{\Delta y}{\Delta x}.$$

Lorsqu'une valeur élevée de Δy est associée à une valeur faible de Δx, le rapport Δy/Δx est élevé, la pente est forte et la courbe est à pic. Par contre, lorsqu'une valeur faible de Δy est associée à une valeur élevée de Δx,

Figure 2.11 Variables sans relation

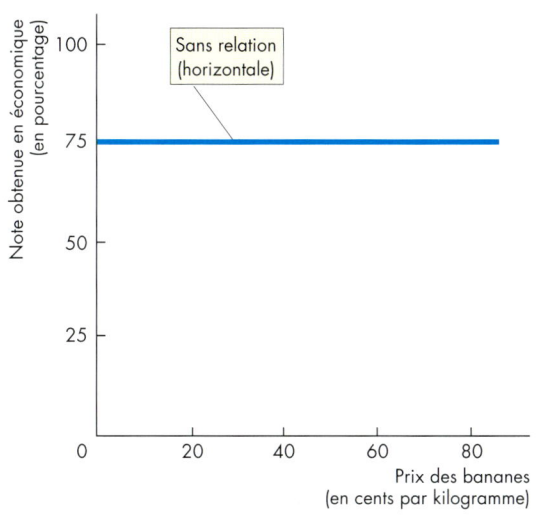

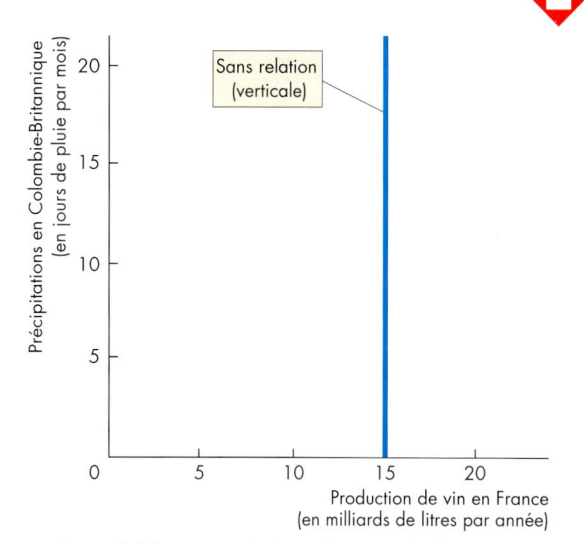

(a) Variables sans relation : ligne horizontale

(b) Variables sans relation : ligne verticale

Cette figure illustre la construction de graphiques comportant deux variables qui n'ont entre elles aucune relation. Dans le graphique (a), la note de 75 % qu'un étudiant obtient en science économique n'a aucun lien avec le prix des bananes, mesuré sur l'axe des abscisses. Dans le graphique (b), les précipitations en Colombie-Britannique n'ont pas d'incidence sur les 15 milliards de litres de vin produits par année en France.

le rapport $\Delta y/\Delta x$ est peu élevé, la pente est faible et la courbe est aplatie. Pour clarifier la notion de pente, livrons-nous à quelques calculs.

Calcul d'une pente

La pente d'une droite La pente d'une droite demeure la même, quel que soit l'endroit sur la ligne où on la calcule. En d'autres termes, la pente d'une droite est constante. Calculons, par exemple, les pentes des lignes contenues dans la figure 2.12. Dans le graphique (a), lorsque x passe de 2 à 6, y passe de 3 à 6. La variation de x est donc égale à +4 ($\Delta x = 4$). Quant à la variation de y, elle est égale à +3 ($\Delta y = 3$). La pente de cette droite est donc la suivante :

$$\frac{\Delta y}{\Delta x} = \frac{3}{4}.$$

Dans le graphique (b), lorsque x passe de 2 à 6, y passe de 6 à 3. La variation de x est égale à +4 ($\Delta x = 4$). La variation de y est égale à -3 ($\Delta y = -3$). La pente de cette droite est alors la suivante :

$$\frac{\Delta y}{\Delta x} = \frac{-3}{4}.$$

Remarquez que les pentes des deux droites sont d'importance égale en valeur absolue, soit ¾. Toutefois, dans le premier cas, la pente est positive tandis que, dans le deuxième, elle est négative.

La pente d'une courbe Le calcul de la pente d'une courbe est plus complexe, car la pente n'est pas constante. Tout dépend de l'endroit sur la ligne où on la calcule. Il y a deux façons de le faire : calculer la pente en un point sur la ligne ou calculer la pente le long d'un arc. Examinons ces deux possibilités.

La pente en un point sur la courbe Pour calculer la pente en un point précis d'une courbe, vous devez tracer une ligne droite ayant la même pente que la courbe en ce point. La figure 2.13 illustre comment effectuer ce calcul. Supposons que vous désiriez calculer la pente de la courbe au point a. Placez une règle sur le graphique pour qu'elle touche la courbe au point a seulement, puis tirez une ligne droite. Une telle droite porte le nom de *tangente*.

Si la règle touche la courbe au point a seulement, la pente de la courbe en ce point doit égaler la pente de la règle elle-même. Si la courbe et la règle n'ont pas la même pente, la ligne longeant la règle coupera la courbe plutôt que de seulement la toucher – ce ne sera pas une tangente.

Figure 2.12 La pente d'une droite

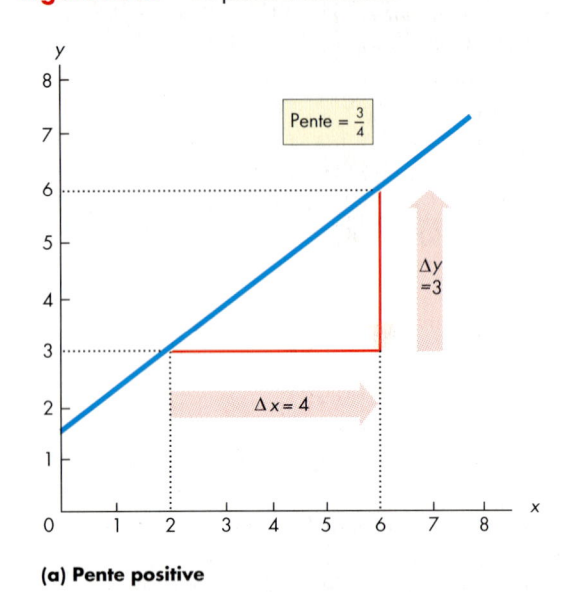

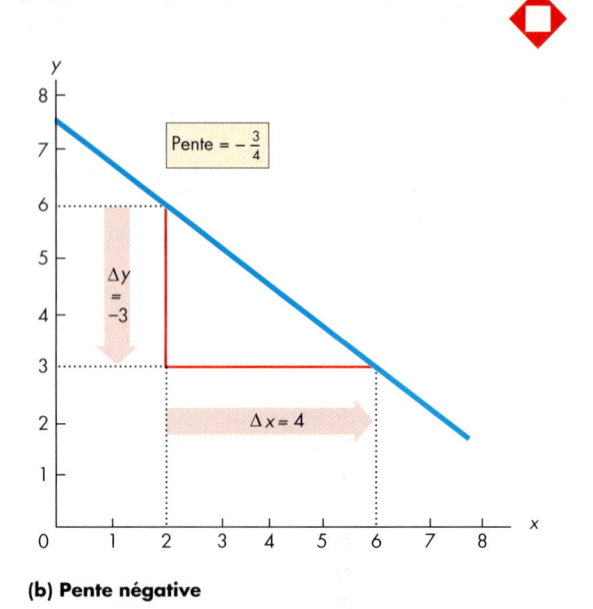

(a) Pente positive

Pente = $\frac{3}{4}$

$\Delta y = 3$

$\Delta x = 4$

(b) Pente négative

Pente = $-\frac{3}{4}$

$\Delta y = -3$

$\Delta x = 4$

Pour calculer la pente d'une droite, il suffit de diviser la variation de la valeur de *y* par la variation de la valeur de *x*. Le graphique (a) montre le calcul d'une pente positive. Les valeurs de *x* et de *y* augmentent simultanément. Lorsque *x* passe de 2 à 6, la variation de *x* est égale à 4 ($\Delta x = 4$). Ce changement de *x* est accompagné d'un changement de *y*, qui passe de 3 à 6 ($\Delta y = 3$). La pente ($\Delta y/\Delta x$) est alors égale à $3/4$. Le graphique (b) montre une pente négative. Quand la valeur de *x* augmente, la valeur de *y* diminue. Quand *x* passe de 2 à 6, Δx est égal à 4. Cette variation de *x* donne lieu à une diminution de *y*, qui passe de 6 à 3, de sorte que Δy est égal à -3. La pente ($\Delta y/\Delta x$) est donc égale à $-3/4$.

Lorsque vous avez trouvé la droite dont la pente est la même que celle de la courbe au point *a*, vous pouvez connaître la pente de la courbe au point *a* en calculant la pente de la droite. Nous avons vu un peu plus tôt comment calculer la pente d'une droite. Dans le cas présent, au fur et à mesure que *x* augmente, passant de 0 à 8 ($\Delta x = 8$), *y* diminue, passant de 6 à 0 ($\Delta y = -6$). La pente de la droite est donc égale à :

$$\frac{\Delta y}{\Delta x} = \frac{-6}{+8} = \frac{-3}{4}.$$

Ainsi, la pente de la courbe au point *a* est égale à $-\frac{3}{4}$.

La pente le long d'un arc Pour calculer la pente d'une courbe le long d'un arc, on trace d'abord une droite entre deux points de la courbe, puis on calcule la pente de la droite. La figure 2.13(b) illustre cette méthode.

Dans cette figure, la courbe est la même que dans la figure 2.13(a) mais, plutôt que de calculer la pente au point *a*, nous calculons la pente pour une variation de *x* de 3 à 5. Lorsque *x* augmente, passant de 3 à 5, *y* diminue, passant de 4 à 2 ½. La variation de *y* est égale à -1 ½ ($\Delta y = -1$ ½). La variation de *x* est égale à +2 ($\Delta x = 2$). Par conséquent, la pente de la droite est la suivante :

$$\frac{\Delta y}{\Delta x} = \frac{-1\ ½}{2} = \frac{-3}{4}.$$

Ce calcul nous donne la pente de la droite entre les points *b* et *c*. Dans cet exemple, la pente le long de l'arc *bc* est identique à la pente de la courbe de la figure 2.13(a) au point *a*. Ce ne sera, cependant, pas toujours le cas, comme vous pourrez le constater en construisant d'autres exemples.

Figure 2.13 La pente d'une courbe

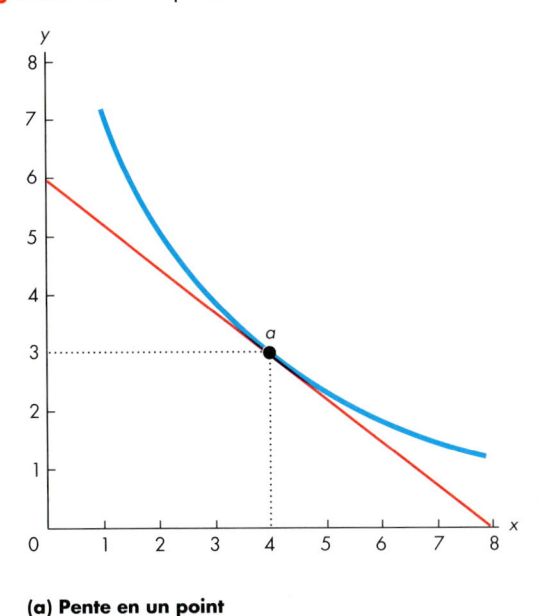

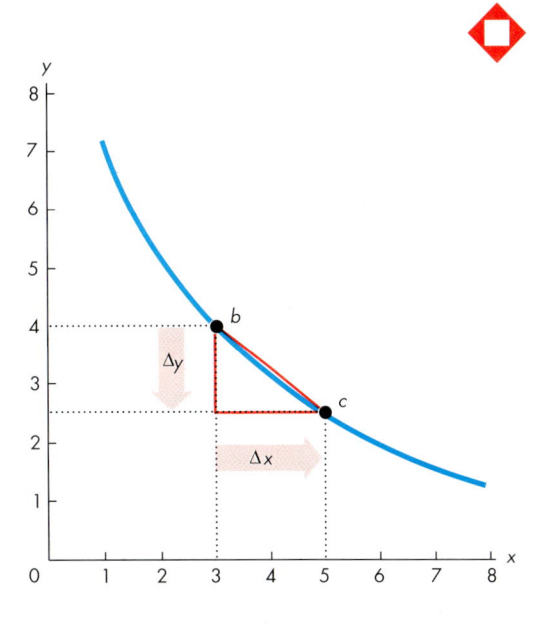

(a) Pente en un point

(b) Pente le long d'un arc

La pente d'une courbe peut être calculée soit en un point précis comme dans le graphique (a), soit le long d'un arc, comme dans le graphique (b). Pour calculer la pente en un point, on trouve la pente d'une droite qui touche la courbe en ce point (la tangente de la courbe en ce point). On voit la tangente au point a. La pente de cette tangente est obtenue en divisant la variation de y par la variation de x. Lorsque x passe de 0 à 8, Δx est égal à 8. Ce changement de x est accompagné d'une diminution de y, qui passe de 6 à 0, de sorte que Δy est égal à -6. Par conséquent, la pente de la droite est égale à $-6/8$, ou $-3/4$.

Pour calculer la pente le long d'un arc, il suffit de tracer une droite qui coupe la courbe en deux points et de calculer ensuite la pente de cette droite. Dans le graphique (b), la droite qui réunit les points b et c fournit un bon exemple. La pente de la droite bc est obtenue en divisant la variation de y par la variation de x. En se déplaçant de b à c, x augmente de 2 ($\Delta x = 2$) et y diminue de 1 1/2 ($\Delta y = -1$ 1/2). La pente de la droite bc est égale à -1 1/2 divisé par 2, soit $-3/4$.

La représentation graphique de relations entre plus de deux variables

Nous avons vu qu'on peut représenter graphiquement une seule variable par un point situé sur une ligne droite. Nous avons aussi appris à exprimer la relation entre deux variables par des points dans un graphique à deux dimensions. Mais vous pouvez deviner que, même si les graphiques à deux dimensions sont utiles, la plupart des phénomènes qui risquent de vous intéresser supposent des relations entre plus de deux variables.

On pourrait multiplier les exemples de relations entre plus de deux variables. Par exemple, réfléchissez à la relation entre le prix de la crème glacée, la température extérieure et la quantité consommée de crème glacée. Si la crème glacée coûte cher et qu'il fait froid, les gens en consomment beaucoup moins que si son prix est bas et qu'il fait chaud. Quel que soit le prix de la crème glacée, la quantité consommée varie en fonction de la température et, quelle que soit la température, la consommation varie en fonction du prix.

«Toutes choses étant égales par ailleurs»

La figure 2.14 illustre cette situation. Le tableau indique le nombre de litres de crème glacée qui sera consommée chaque jour, selon la température et le prix de la crème glacée. Comment utiliser tous ces chiffres dans un graphique? Pour exprimer graphiquement une relation entre plus de deux variables, nous étudions ce qui se produit quand toutes les variables sauf deux sont maintenues constantes. Il est d'usage d'appeler cette façon de faire ***ceteris paribus***. Cette locution latine signifie «toutes choses étant égales par ailleurs», ou «tous les autres facteurs étant maintenus constants». Par exemple, dans la figure 2.14(a), vous pouvez voir ce qu'il advient de la consommation de crème glacée lorsque le prix varie et que la température est maintenue constante. La courbe étiquetée *21 °C* exprime la relation entre la consommation de crème glacée et le prix lorsque la température demeure à 21 °C. Les chiffres

Figure 2.14 Représentation graphique d'une relation entre trois variables

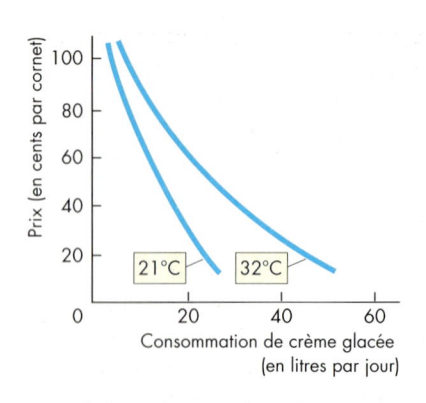

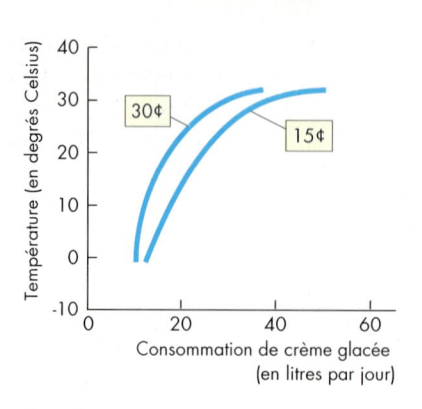

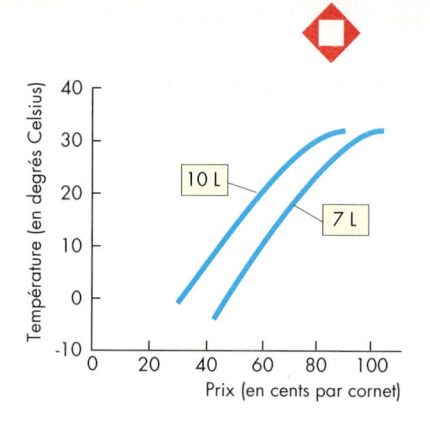

(a) Relation prix–consommation à température donnée

(b) Relation température–consommation à prix donné

(c) Relation température–prix à consommation donnée

Prix (en cents par cornet)	Consommation de crème glacée (en litres par jour)			
	−1 °C	10 °C	21 °C	32 °C
15	12	18	25	50
30	10	12	18	37
45	7	10	13	27
60	5	7	10	20
75	3	5	7	14
90	2	3	5	10
105	1	2	3	6

La quantité consommée de crème glacée dépend du prix et de la température. Le tableau à gauche contient des chiffres hypothétiques qui indiquent combien de litres de crème glacée sont consommés quotidiennement selon le prix et la température. Par exemple, si le prix de la crème glacée est de 45 ¢ et que la température est de 10 °C, la quantité consommée est de 10 L par jour. Pour représenter graphiquement la relation entre trois variables, il faut garder constante la valeur d'une des variables.

Le graphique (a) représente la relation entre le prix et la consommation de crème glacée lorsque la température est maintenue constante. Dans un cas, on suppose une température de 32 °C et dans l'autre une température de 21 °C.

Le graphique (b) montre la relation entre la température et la consommation de crème glacée, le prix de la crème glacée étant maintenu constant. Dans un cas, on suppose un prix constant de 30 ¢ et dans l'autre un prix de 15 ¢.

Le graphique (c) illustre la relation entre la température et le prix de la crème glacée, la consommation étant maintenue constante. Dans un cas, on suppose une consommation de 10 L et dans l'autre une consommation de 7 L.

qui ont servi à tracer cette courbe ont été tirés de la troisième colonne du tableau appartenant à la figure 2.14. Quant à la courbe étiquetée *32 °C*, elle indique la consommation de crème glacée lorsque le prix varie et que la température est maintenue à 32 °C.

Nous pouvons aussi examiner la relation entre la consommation de crème glacée et la température lorsque le prix de la crème glacée est maintenu constant. C'est ce qu'illustre la figure 2.14(b). La courbe étiquetée *30 ¢* montre comment la consommation de crème glacée varie selon la température lorsque le prix de la crème glacée est gardé constant à 30 ¢. La deuxième courbe de la même figure décrit la relation lorsque le prix de la crème glacée est fixe à 15 ¢. La figure 2.14(c) contient les diverses combinaisons de température et de prix qui produisent un niveau donné de consommation de crème glacée. Une première courbe illustre les combinaisons qui aboutissent à une consommation de 10 L par jour, et une deuxième, les combinaisons qui donnent une consommation de 7 L par jour. La consommation de crème glacée peut être la même si le prix est élevé et qu'il fait chaud que si le prix est bas et qu'il fait froid. Par exemple, 7 L seront consommés qu'il fasse −1 °C et que le cornet coûte 45 ¢ ou qu'il fasse 21 °C et que le cornet coûte 75 ¢.

■ Grâce aux connaissances que vous avez acquises sur les graphiques, vous pouvez aller de l'avant dans l'étude de l'économique. Il n'y a pas, dans la suite de ce manuel, de graphiques qui dépassent en complexité ceux que nous avons vus dans le présent chapitre.

RÉSUMÉ

La représentation graphique des données

On utilise principalement deux types de graphiques pour représenter les données économiques: les graphiques de série chronologique et les diagrammes de dispersion. Un graphique de série chronologique exprime la valeur d'une ou de plusieurs variables économiques sur l'axe vertical (axe des ordonnées), et le temps sur l'axe horizontal (axe des abscisses). Bien construit, le graphique de série chronologique révèle clairement le niveau d'une variable, le sens et la vitesse de ses variations. Il révèle également les tendances. Mais les graphiques peuvent aussi être trompeurs, notamment lorsqu'on étire ou comprime les échelles afin d'exagérer ou d'atténuer les variations.

Un diagramme de dispersion montre la valeur d'une variable économique associée à celle d'une autre. Il révèle s'il y a une relation entre deux variables ou non et, dans le cas où il y en a une, il indique la nature de cette relation. (*pp. 29-36*)

Les graphiques utilisés dans les modèles économiques

Dans les modèles économiques, on utilise les graphiques pour illustrer des relations positives et négatives entre variables, des relations ayant un minimum ou un maximum, et l'absence de relation entre variables. Le chapitre offre des exemples de ces divers types de relations dans les figures 2.8 à 2.11. (*pp. 36-40*)

La pente d'une relation

La pente d'une relation est obtenue en calculant la variation de la valeur de la variable inscrite sur l'axe des ordonnées (axe vertical), divisée par la variation de la valeur de la variable inscrite sur l'axe des abscisses (axe horizontal). La pente est donc donnée par le ratio $\Delta y/\Delta x$. La pente d'une ligne droite est constante, tandis que celle d'une courbe est variable. La pente d'une courbe peut être calculée en évaluant soit la pente de la courbe en un point précis, soit la pente le long d'un arc. (*pp. 40-42*)

La représentation graphique de relations entre plus de deux variables

Pour exprimer graphiquement une relation entre plus de deux variables, il faut maintenir constantes les valeurs de toutes les variables sauf deux. Il s'agit de l'hypothèse *ceteris paribus*, qui signifie «toutes choses étant égales par ailleurs». (*pp. 43-44*)

POINTS DE REPÈRE

Mots clés

Abscisse, 30
Axe des abscisses, 29
Axe des ordonnées, 29
Axes, 29
Ceteris paribus, 43
Coordonnée horizontale (*voir* Abscisse)
Coordonnée verticale (*voir* Ordonnée)
Coordonnées, 29
Courbe, 38
Diagramme de dispersion, 33
Graphique de série chronologique, 30
Ordonnée, 29
Origine, 29
Pente, 40
Relation linéaire, 38
Relation négative, 38
Relation positive, 38
Tendance, 30

Figures clés

Figure 2.8   Relations positives, 38
Figure 2.9   Relations négatives, 39
Figure 2.10 Points maximum et minimum, 40
Figure 2.11 Variables sans relation, 41
Figure 2.12 La pente d'une droite, 42
Figure 2.13 La pente d'une courbe, 43
Figure 2.14 Représentation graphique d'une relation entre trois variables, 44

QUESTIONS DE RÉVISION

1. À quoi servent les graphiques?
2. Comment appelle-t-on les deux échelles d'un graphique?
3. Qu'est-ce que l'origine d'un graphique?
4. Qu'est-ce que la coordonnée verticale et la coordonnée horizontale? Qu'est-ce que l'abscisse? Qu'est-ce que l'ordonnée?
5. Qu'est-ce qu'un graphique de série chronologique?
6. Énumérez trois éléments qu'un graphique de série chronologique révèle clairement.
7. Qu'est-ce qu'une tendance?
8. Qu'est-ce qu'un diagramme de dispersion?
9. Construisez des graphiques qui illustrent:
   a) Deux variables qui varient ensemble dans le même sens.
   b) Deux variables qui varient en sens opposé.
   c) Une relation entre deux variables ayant un maximum.
   d) Une relation entre deux variables ayant un minimum.
10. Dans la question 9, quelle est la relation positive et quelle est la relation négative?
11. Qu'est-ce que la pente d'une relation?
12. Quelles sont les deux façons de calculer la pente d'une courbe?
13. Comment représente-t-on graphiquement des relations entre plus de deux variables?

PROBLÈMES

1. Le taux d'inflation au Canada a évolué comme suit entre 1977 et 1991:

Année	Taux d'inflation
1977	6,2
1978	6,0
1979	10,0
1980	10,6
1981	10,8
1982	8,7
1983	5,0
1984	3,1
1985	2,9
1986	2,5
1987	4,3
1988	3,4
1989	5,0
1990	4,8
1991	5,6

À partir de ces données, construisez un graphique de série chronologique. Utilisez ensuite le graphique pour répondre aux questions suivantes:

a) En quelle année l'inflation a-t-elle été à son sommet?
b) En quelle année l'inflation a-t-elle été à son plus bas?
c) Au cours de quelles années l'inflation a-t-elle augmenté?
d) Au cours de quelles années l'inflation a-t-elle baissé?
e) En quelle année l'inflation a-t-elle monté le plus rapidement? En quelle année a-t-elle baissé le plus rapidement?
f) En quelle année l'inflation a-t-elle évolué le moins rapidement?
g) Quelles ont été les tendances principales de l'inflation?

2. De 1977 à 1991, les taux d'intérêt sur les bons du Trésor du gouvernement canadien ont évolué comme suit:

Année	Taux d'intérêt
1977	7,4
1978	8,6
1979	11,6
1980	12,8
1981	17,8
1982	13,8
1983	9,3
1984	11,1
1985	9,4
1986	9,0
1987	8,2
1988	9,3
1989	12,1
1990	12,8
1991	8,7

À partir de ces données et de celles du problème 1, construisez un diagramme de dispersion qui montre la relation entre l'inflation et le taux d'intérêt. Utilisez ensuite ce diagramme pour déterminer s'il existe une relation entre l'inflation et le taux d'intérêt et si cette relation est positive ou négative.

3 Utilisez l'information suivante pour construire un graphique qui montrera la relation entre x et y:

x	0	1	2	3	4	5	6	7	8
y	0	1	4	9	16	25	36	49	64

Puis répondez aux questions suivantes :

a) La relation entre x et y est-elle positive ou négative ?

b) La pente de la relation augmente-t-elle ou diminue-t-elle lorsque la valeur de x augmente ?

4 En utilisant les données du problème 3 :

a) Calculez la pente de la relation entre x et y quand x est égal à 4.

b) Calculez la pente le long de l'arc lorsque x passe de 3 à 4.

c) Calculez la pente le long de l'arc lorsque x passe de 4 à 5.

d) Calculez la pente le long de l'arc lorsque x passe de 3 à 5.

e) Que remarquez-vous d'intéressant au sujet des réponses (b), (c) et (d), comparées à la réponse (a) ?

5 Calculez la pente de la relation entre x et y, dans les deux cas suivants :

a)
x	0	2	4	6	8	10
y	20	16	12	8	4	0

b)
x	0	2	4	6	8	10
y	0	8	16	24	32	40

6 Construisez un graphique montrant la relation entre x et y :

x	0	1	2	3	4	5	6	7	8	9
y	0	2	4	6	8	10	8	6	4	2

a) La pente est-elle positive ou négative lorsque x est inférieur à 5 ?

b) La pente est-elle positive ou négative lorsque x est supérieur à 5 ?

c) Quelle est la pente de la relation lorsque x est égal à 5 ?

d) y est-il à un maximum ou à un minimum lorsque x est égal à 5 ?

7 Construisez un graphique montrant la relation entre x et y :

x	0	1	2	3	4	5	6	7	8	9	10
y	10	8	6	4	2	0	2	4	6	8	10

a) La pente est-elle négative ou positive lorsque x est inférieur à 5 ?

b) La pente est-elle positive ou négative lorsque x est supérieur à 5 ?

c) Quelle est la pente de la relation lorsque x est égal à 5 ?

d) y est-il à un maximum ou à un minimum lorsque x est égal à 5 ?

CHAPITRE 3

La production, la spécialisation et l'échange

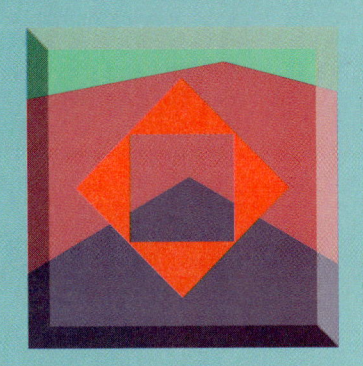

Objectifs du chapitre :

- Dire en quoi consiste une courbe des possibilités de production.

- Calculer le coût d'opportunité d'un produit ou d'un service.

- Expliquer les coûts de la croissance économique et du progrès technique.

- Définir la notion d'avantage comparatif.

- Comprendre les motifs qui poussent les individus à se spécialiser et les avantages qu'ils retirent de l'échange.

- Expliquer la fonction des droits de propriété et celle de la monnaie.

Faire plus avec moins

NOS GRANDS-PARENTS auraient peine à imaginer la vie que nous menons aujourd'hui. La médecine arrive à guérir des maladies qui autrefois semaient la terreur. Nous habitons en général des maisons plus confortables et plus spacieuses que celles de jadis. Notre alimentation est plus abondante et nous sommes plus grands de génération en génération. Nos parents s'étonnent de la facilité avec laquelle nous utilisons l'ordinateur. Les fours à micro-ondes, les raquettes de tennis en graphite ou les montres à affichage numérique font désormais partie de notre quotidien. Grâce à la croissance économique, notre richesse dépasse celle de nos parents et de nos grands-parents. ■ Pourtant, ni la croissance économique, ni le progrès technique, ni l'aisance qu'ils procurent n'ont éliminé la rareté. Pourquoi donc ? Pourquoi devons-nous encore faire face à des contraintes de coûts, malgré notre niveau de vie incroyablement élevé ? N'y a-t-il donc rien de gratuit ? ■ Nous vivons dans un monde où tout nous parle d'échange et de spécialisation. Chacun de nous choisit au moins une spécialité – comme le droit, un métier de la construction, le journalisme. Les pays, les provinces et même les villes se spécialisent : l'Alberta et la Saskatchewan dans la culture du blé, l'Île-du-Prince-Édouard dans celle de la pomme de terre, les villes d'Oshawa et de Windsor dans la construction automobile, Montréal et Toronto dans la banque et la finance, et Ottawa dans la fabrication de composants électroniques. La spécialisation a atteint un niveau tel que le travail d'un seul agriculteur suffit à nourrir cent personnes. Aujourd'hui, seulement un Canadien sur cinq travaille dans le secteur manufacturier. Plus de la moitié de la population canadienne est employée à la vente en gros ou au détail, dans les banques ou les autres établissements financiers, dans la fonction publique ou dans quelque autre entreprise de service. ■ Mais pourquoi se spécialiser ? En quoi profite-t-on de la spécialisation et de l'échange ? Comment le système monétaire et le système de la propriété privée facilitent-ils cette spécialisation et élèvent-ils le niveau de production ?

■ Dans le présent chapitre, nous apporterons une première réponse à ces questions, en précisant la notion de rareté et en montrant comment se calcule le coût d'opportunité. Nous verrons que la spécialisation et l'échange naissent des efforts que chacun déploie pour utiliser au mieux les ressources rares : chacun se spécialise dans le domaine où il excelle et où il échange ses produits avec d'autres spécialistes. Enfin, nous verrons en quoi certaines conventions sociales, comme la monnaie et la propriété privée, nous permettent d'utiliser au mieux nos ressources limitées.

La courbe des possibilités de production

Qu'est-ce que la **production**? C'est la transformation de la *terre*, du *travail* et du *capital* en biens et en services. Dans le premier chapitre, nous avons défini les facteurs de production que sont la terre, le travail et le capital. Rappelons brièvement ces notions.

La *terre* englobe tous les dons de la nature, comme l'air, l'eau, la croûte terrestre et les minéraux qu'elle contient. Le *travail* désigne l'activité intellectuelle ou manuelle des êtres humains. Entrent dans cette catégorie la voix du chanteur, la force de l'athlète et son sens de la coordination, l'audace de l'astronaute, l'habileté politique du diplomate. On parle aussi de travail au sujet de ces millions d'hommes et de femmes qui appliquent leurs aptitudes physiques et intellectuelles à la fabrication de produits de toutes sortes: automobiles, boissons gazeuses, colle, papiers peints, arrosoirs, etc. Le *capital* est l'ensemble des biens qu'on produit et qui peuvent servir à la production d'autres biens ou services. Ainsi entendu, le capital comprend, par exemple, l'autoroute Transcanadienne, le Stade olympique de Montréal, les barrages et autres aménagements hydro-électriques, les aéroports et les avions, les chaînes de montage automobile, les manufactures de chemises ou de biscuits. On parle, en particulier, de **capital humain** pour désigner l'ensemble des connaissances et des savoir-faire que les êtres humains ont accumulés à partir de l'instruction et de la formation qu'ils ont reçues.

Les **biens et services** représentent tout ce qu'une population produit. Les *biens* sont d'ordre matériel: une automobile, une cuillère, un magnétoscope ou un pain. Les *services*, au contraire, sont immatériels, en ce sens qu'ils ne constituent pas des objets physiques: une coupe de cheveux, un tour de manège, un appel téléphonique sont des services.

On distingue deux types de biens: les biens de production et les biens de consommation. Les biens de production ne sont pas désirés pour eux-mêmes, mais sont utiles indirectement parce qu'ils concourent à la production d'autres biens ou services; les matières premières et les biens d'équipement (ou biens capitaux) sont des biens de production. Les biens de consommation, comme les aliments et les vêtements, sont ceux qui contribuent directement à notre satisfaction. La nature d'un bien peut varier suivant le point de vue qu'on adopte; par exemple, une automobile peut être un bien de production pour un chauffeur de taxi et un bien de consommation durable pour un ménage. Dans certains contextes, il sera utile de considérer les biens de consommation durables comme des biens capitaux: en effet, comme les biens d'équipement en général, ces biens fournissent un service pendant une période plus ou moins longue et c'est le service en question qui contribue directement à notre satisfaction. Dans ce contexte, on appellera **consommation** le fait d'utiliser des biens et des services.

La somme des biens et services qu'on peut produire est limitée, d'une part, par la rareté des ressources et, d'autre part, par la technologie dont nous disposons pour transformer ces ressources en biens et en services. On mesure ces limitations à l'aide de la **courbe des possibilités de production** (CPP). Celle-ci trace la frontière entre les niveaux de production qu'on peut atteindre et ceux qui demeurent irréalisables. Il est important de bien comprendre les applications concrètes de cette notion. Pour y arriver, nous nous pencherons sur une économie beaucoup plus simple que celle où nous vivons.

Un modèle économique

Plutôt que d'analyser les caractéristiques et les rouages de l'économie réelle, nous concevrons un modèle économique. Ce modèle gardera les caractéristiques nécessaires à la compréhension de la réalité économique, mais il fera abstraction de l'immense complexité de cette réalité. Il simplifiera de trois façons principales la situation réelle:

1. Pour l'instant, nous supposerons que toute chose produite est consommée. Il n'y aura donc ni augmentation ni réduction du stock de capital. (Nous verrons plus loin ce qui se produit lorsque la consommation est inférieure à la production et qu'il y a accroissement de capital.)

2. Dans une économie réelle, on arrive à produire avec des ressources limitées une quantité incalculable de biens et de services; dans notre modèle, nous ne produirons que deux biens.

3. La population mondiale se chiffre à plus de cinq milliards d'habitants. Dans notre modèle économique, il n'y aura qu'un seul habitant au départ: une femme vivant sur une île déserte, sans contact avec le monde extérieur. Appelons-la Isabelle.

Supposons qu'Isabelle, à partir des ressources de son île, est en mesure de produire deux biens: du maïs et du tissu. Supposons de plus qu'elle n'a aucune réticence à travailler jusqu'à 10 heures par jour, mais qu'elle ne peut dépasser ce nombre d'heures. La quantité de maïs et de tissu qu'elle peut produire dépend du nombre d'heures qu'elle consacre à chacun de ces travaux; le tableau 3.1 illustre ces possibilités de production pour ce qui est du maïs et du tissu. Quand elle

Tableau 3.1 Les possibilités de production d'Isabelle

Durée du travail (en heures par jour)	Récolte de maïs (en kilogrammes par mois)		Fabrication de tissu (en mètres par mois)
0	0	ou	0
2	6	ou	1
4	11	ou	2
6	15	ou	3
8	18	ou	4
10	20	ou	5

Si elle ne travaille pas, Isabelle ne produira ni maïs ni tissu. Si elle travaille 2 heures par jour à la culture du maïs, elle récoltera 6 kg de maïs par mois. Si elle met le même temps à la fabrication de tissu, elle en produira 1 m mais ne récoltera pas de maïs. Les quatre dernières lignes du tableau montrent les quantités de maïs et de tissu qu'Isabelle peut produire mensuellement en travaillant chaque jour plus longtemps.

ne travaille pas, Isabelle ne produit rien. Moyennant 2 heures de travail par jour, elle récolte 6 kg de maïs par mois. Plus elle y consacre d'heures, plus sa production augmente. On voit cependant diminuer la quantité de maïs que produit chaque heure supplémentaire. Cette baisse de productivité s'explique par le fait qu'Isabelle doit utiliser un sol de moins en moins propice à la culture du maïs: au départ, elle ensemençait une terre fertile et plane; mais, une fois la surface arable exploitée, elle doit se contenter de collines rocailleuses. La deuxième colonne du tableau 3.1 montre la relation entre la récolte de maïs et les heures consacrées à cette culture.

Pour fabriquer du tissu, Isabelle tond la laine des moutons qui vivent sur l'île. Dans cette activité, toutes les heures de travail d'Isabelle sont également productives: sa production de tissu augmente proportionnellement au nombre d'heures qu'elle passe à tondre et à tisser.

En consacrant tout son temps à la culture du maïs, Isabelle arrive à en produire 20 kg par mois; mais elle ne produit alors aucun tissu. Inversement, si elle passe tout son temps à la fabrication de tissu, elle en produit 5 m par mois mais n'a plus de temps pour cultiver le maïs. Elle peut aussi partager son temps entre les deux activités, sans toutefois dépasser un total de 10 heures par jour: par exemple 2 heures au maïs et 8 heures au tissu, ou 6 heures à l'un et 4 à l'autre, ou toute autre combinaison qui n'excède pas 10 heures.

Nous avons déjà défini la courbe des possibilités de production comme la limite entre les niveaux de production réalisables et les niveaux non réalisables. À partir des données du tableau 3.1, vous pouvez calculer la courbe des possibilités de production d'Isabelle. À la figure 3.1, le tableau résume ce calcul, tandis que le graphique trace la courbe des possibilités de production. Pour comprendre le graphique, il faut d'abord observer le tableau.

Dans le cas *a*, Isabelle ne s'adonne aucunement à la fabrication de tissu et cultive le maïs 10 heures par jour; elle produit ainsi 20 kg de maïs par mois, mais pas un seul centimètre de tissu. Dans le cas *b*, elle consacre 2 heures par jour à la fabrication de tissu et 8 heures à la culture du maïs; au total elle produit mensuellement 18 kg de maïs et 1 m de tissu. On continue ainsi jusqu'au cas *f*, où Isabelle passe chaque jour tout son temps à la fabrication de tissu. Nous avons tracé à partir de ces chiffres la courbe du graphique. Les mètres de tissu apparaissent sur l'axe horizontal, et les kilogrammes de maïs sur l'axe vertical. Les points *a*, *b*, *c*, *d*, *e* et *f* représentent les nombres inscrits sur les lignes correspondantes du tableau.

En fait, Isabelle ne découpe pas forcément son temps en tranches de deux heures. Elle peut, par exemple, s'occuper du maïs pendant 1 heure et 10 minutes et consacrer au tissu le reste de ses heures ouvrables. Les différentes façons dont elle peut aménager ses 10 heures de travail donneront une série de possibilités de production, représentée ici par la ligne qui joint entre eux les points *a*, *b*, *c*, *d*, *e* et *f*. C'est cette ligne qui constitue la courbe des possibilités de production d'Isabelle. La quantité de biens que cette dernière peut produire se situe toujours en un point de la courbe ou à l'intérieur de celle-ci. Tous ces points correspondent à des niveaux de production réalisables. Par contre, tout point situé à l'extérieur de la courbe indique un niveau irréalisable. Pour augmenter sa production, Isabelle serait forcée de dépasser ses 10 heures quotidiennes de travail. Si elle travaille 10 heures par jour à produire du tissu et du maïs, elle peut choisir n'importe quel point de la courbe. Si elle travaille moins de 10 heures par jour, son niveau de production se situe à l'intérieur de la courbe.

La meilleure production possible se situe sur la courbe

Isabelle ne produit pas le maïs et le tissu pour son seul plaisir, mais bien pour se nourrir et se vêtir. Plus elle produit, plus elle peut consommer. Pour l'un et l'autre produit, elle préfère naturellement atteindre un haut niveau de consommation. Elle ne peut toutefois faire mieux que régler sa production (et sa consommation) sur l'un des points situés *sur* la courbe des possibilités de production. Voici pourquoi. Considérez un point *z*, situé à l'intérieur de la zone réalisable. Si sa production

LE COÛT D'OPPORTUNITÉ

Figure 3.1 La courbe des possibilités de production d'Isabelle

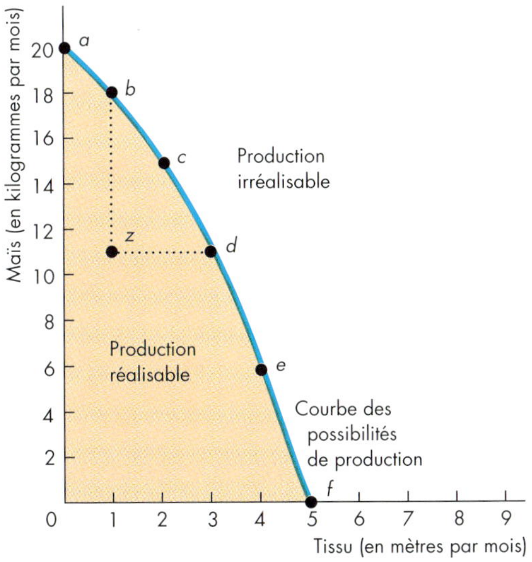

Possibilités	Maïs (en kilogrammes par mois)		Tissu (en mètres par mois)
a	20	et	0
b	18	et	1
c	15	et	2
d	11	et	3
e	6	et	4
f	0	et	5

Le tableau présente six points situés sur la courbe des possibilités de production d'Isabelle. On retrouve sur le graphique les six mêmes points a, b, c, d, e et f. La ligne qui passe par ces points est la courbe des possibilités de production d'Isabelle ; cette courbe sépare les niveaux de production réalisables et ceux qui ne le sont pas. La portion orangée du graphique renferme tous les points où la production est possible : Isabelle peut produire en n'importe quel point situé à l'intérieur de la courbe ou sur la courbe même. Les points situés à l'extérieur de la courbe indiquent, au contraire, un niveau de production irréalisable. Isabelle préfère les points situés sur la courbe à ceux qui sont à l'intérieur de celle-ci. Les points situés entre b et d (sur la courbe) sont plus avantageux pour elle que le point z (situé à l'intérieur de la courbe), car en ces points elle obtient une plus grande quantité des deux biens.

est au point z, Isabelle peut améliorer son rendement en atteignant b ou d ou n'importe quel point entre b et d : le point c, par exemple. Elle disposera de plus de biens si sa production atteint un point situé sur la courbe plutôt qu'à l'intérieur de celle-ci. En b, elle a plus de maïs qu'en z et autant de tissu. Inversement, en d elle dispose de plus de tissu qu'en z et consomme autant de maïs. Enfin, au point c, elle peut à la fois consommer plus de maïs qu'en z et disposer de plus de tissu. Isabelle ne choisira jamais un point comme z, puisque d'autres – comme b, c et d – sont plus avantageux. Autrement dit, un point situé *sur* la courbe correspond toujours à une plus grande production qu'un point situé *à l'intérieur de* la courbe.

Nous avons vu qu'Isabelle entend choisir une production en un certain point de sa courbe de possibilités ; mais elle ne sait toujours pas lequel est le plus avantageux. Dans son choix, elle se heurte au problème des coûts d'opportunité. En c, par exemple, elle obtiendra moins de tissu qu'en d, mais plus de maïs. Si elle opte pour d, c'est qu'elle préfère un supplément de tissu à un supplément de maïs. Explorons maintenant la notion de coût d'opportunité et tentons de calculer ce dernier.

Le coût d'opportunité

Le coût d'opportunité représente ce à quoi l'on doit renoncer lorsqu'on fait un choix. Aux yeux d'un dormeur impénitent, le coût d'opportunité d'un cours matinal représente une heure perdue pour le sommeil ; aux yeux d'un joggeur, c'est une heure perdue pour l'exercice. La courbe de possibilités de production de la figure 3.1 va nous aider à préciser la notion de coût d'opportunité. Que révèle cette courbe ?

L'avantage auquel on renonce

La courbe des possibilités de production qu'illustre la figure 3.1 indique la limite qui, en matière de production mixte maïs-tissu, sépare les combinaisons possibles et les combinaisons impossibles. Puisqu'il n'existe que deux biens, le choix n'est pas difficile. En cultivant plus de maïs, Isabelle produira moins de tissu ; en produisant moins de tissu, elle récoltera plus de maïs. Le coût

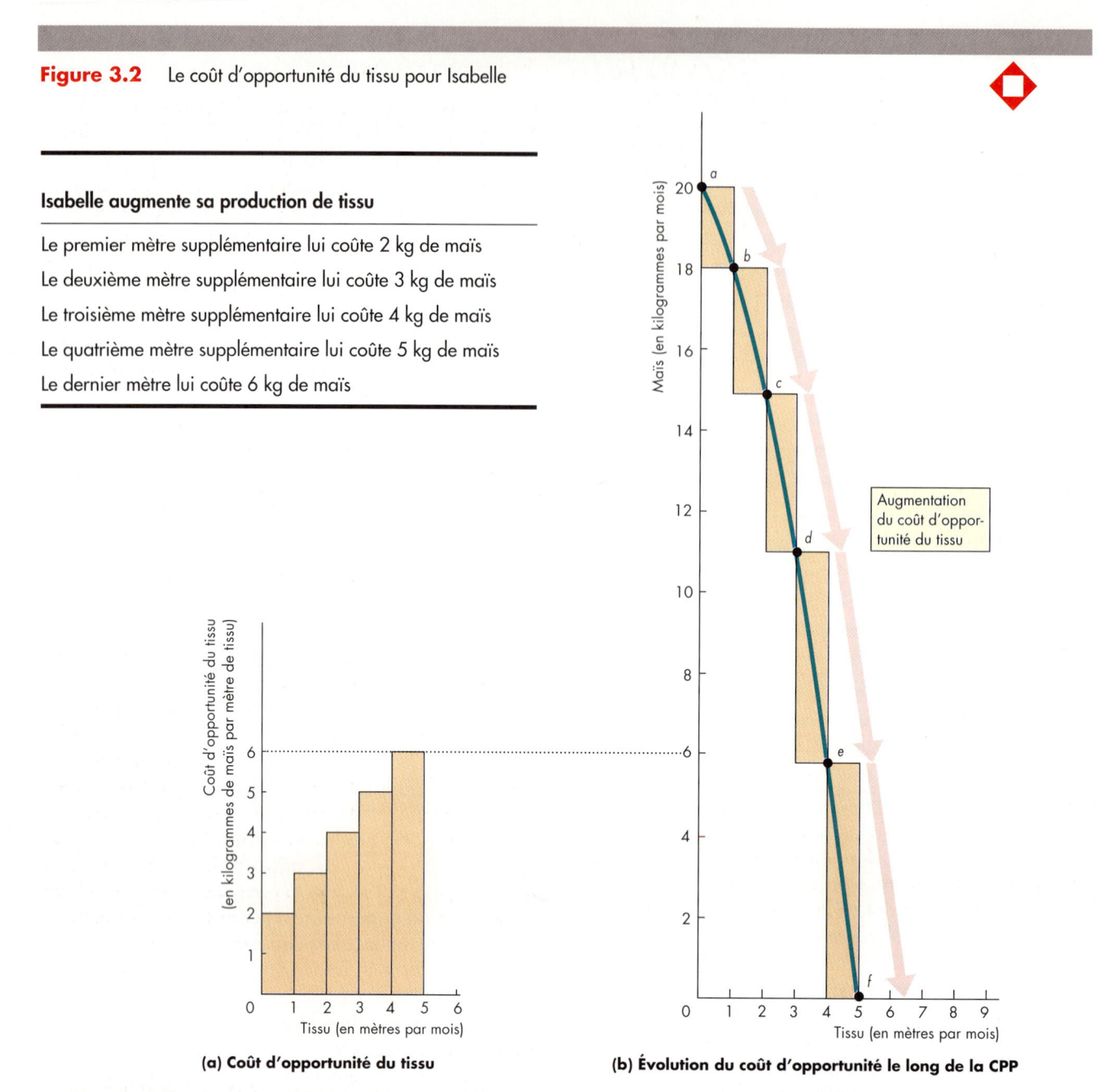

Figure 3.2 Le coût d'opportunité du tissu pour Isabelle

Isabelle augmente sa production de tissu

Le premier mètre supplémentaire lui coûte 2 kg de maïs
Le deuxième mètre supplémentaire lui coûte 3 kg de maïs
Le troisième mètre supplémentaire lui coûte 4 kg de maïs
Le quatrième mètre supplémentaire lui coûte 5 kg de maïs
Le dernier mètre lui coûte 6 kg de maïs

(a) Coût d'opportunité du tissu

(b) Évolution du coût d'opportunité le long de la CPP

Le tableau montre l'évolution du coût d'opportunité du tissu pour Isabelle. Le premier mètre qu'elle produit lui coûte 2 kg de maïs; le deuxième mètre lui coûte 3 kg de maïs, et ainsi de suite. Le coût d'opportunité du tissu augmente avec la production de tissu. Le dernier mètre de tissu produit lui coûte 6 kg de maïs. Le graphique (a) illustre l'augmentation du coût d'opportunité du tissu. Le graphique (b) illustre cette augmentation en la situant sur la courbe des possibilités de production (CPP) d'Isabelle. La courbe est concave par rapport à l'origine.

d'opportunité de la production d'un mètre additionnel de tissu est la quantité de maïs à laquelle Isabelle doit renoncer; de même, le coût d'opportunité de la production d'un kilogramme supplémentaire de maïs est la quantité de tissu qu'elle doit sacrifier. Essayons maintenant de chiffrer ces coûts d'opportunité.

Le calcul du coût d'opportunité

Nous allons calculer ces coûts d'opportunité à l'aide de la courbe des possibilités de production d'Isabelle. Déterminons d'abord la quantité de tissu à laquelle notre insulaire doit renoncer pour obtenir un supplément de maïs, ainsi que la quantité de maïs qu'elle doit sacrifier pour produire plus de tissu.

Quand elle consacre tout son temps à la culture du maïs, Isabelle en récolte 20 kg et ne produit aucun tissu. Si elle décide de produire 1 m de tissu, à quelle quantité de maïs devra-t-elle renoncer ? Vous trouverez la réponse dans le graphique (b) de la figure 3.2 : pour produire 1 m de tissu, Isabelle passe du point *a* au point *b* et sacrifie 2 kg de maïs ; le coût d'opportunité du premier mètre de tissu est donc de 2 kg de maïs. Si Isabelle décide de produire un autre mètre de tissu, de quelle quantité de maïs se privera-t-elle ? La réponse se trouve également à la figure 3.2 : cette fois, Isabelle quitte le point *b* pour le point *c* ; elle doit renoncer à 3 kg de maïs pour produire son deuxième mètre de tissu.

Dans la figure 3.2, le tableau situé en haut à gauche illustre le calcul du coût d'opportunité. Les deux premières lignes du tableau rappellent les coûts d'opportunité que nous venons de calculer. Le tableau présente également les coûts d'opportunité du déplacement entre les points *c* et *d*, *d* et *e*, *e* et *f* – tous situés sur la courbe des possibilités de production que nous avons vue dans la figure 3.1. Pour bien comprendre ce qui se passe, calculez vous-même le coût d'opportunité associé au déplacement de *e* à *f*.

L'augmentation du coût d'opportunité

Comme vous pouvez le constater, le coût d'opportunité varie en fonction de la production. Le premier mètre de tissu coûte 2 kg de maïs, le deuxième mètre coûte 3 kg de maïs, et le dernier mètre 6 kg de maïs. Autrement dit, le coût d'opportunité du tissu augmente de pair avec la production de tissu. Le graphique (a) de la figure 3.2 illustre ce phénomène.

La forme de la courbe

Examinez attentivement, dans la figure 3.1, la courbe des possibilités de production. Quand Isabelle produit beaucoup de maïs et peu de tissu (soit entre les points *a* et *b*), la pente de la courbe est légère. En revanche, lorsqu'Isabelle produit beaucoup de tissu et peu de maïs (soit entre les points *e* et *f*), la pente devient abrupte. L'ensemble de la courbe est arqué vers l'extérieur : elle est concave par rapport à l'origine. Ces caractéristiques reflètent l'augmentation du coût d'opportunité. On voit clairement apparaître, dans la figure 3.2(b), la relation entre l'accroissement du coût d'opportunité et la forme de la courbe des possibilités de production. Du point *a* au point *b*, il suffit de sacrifier un peu de maïs pour obtenir 1 m de tissu : le coût d'opportunité du tissu est bas. Du point *e* au point *f*, il faut sacrifier une grande quantité de maïs pour un mètre additionnel de tissu : dans cette zone, le coût d'opportunité du tissu est élevé.

Le principe du coût d'opportunité croissant

Nous venons de calculer le coût d'opportunité du tissu. Mais qu'en est-il de celui du maïs ? Augmente-t-il, lui aussi, parallèlement à la production ? La figure 3.2 répond à la question. En renonçant à 1 m de tissu pour produire plus de maïs, Isabelle passe du point *f* au point *e* et produit 6 kg de maïs. Par conséquent, le coût d'opportunité des six premiers kilogrammes de maïs est de 1 m de tissu. En vous déplaçant du point *e* au point *d*, vous constaterez que les cinq kilogrammes de maïs qui suivent coûtent 1 m de tissu. Il est donc vrai que le coût d'opportunité du maïs s'élève, lui aussi, au fur et à mesure que s'accroît la production.

L'accroissement du coût d'opportunité, qui correspond à la concavité de la courbe des possibilités de production, vient de ce que les ressources rares ne se prêtent pas également bien à toutes les activités. Par exemple, certaines terres de l'île d'Isabelle sont très fertiles, alors que d'autres sont rocailleuses et arides. En revanche, les moutons domestiqués préfèrent vivre sur ces terres pauvres.

Isabelle sème le maïs dans les terres fertiles, tandis qu'elle tond les moutons domestiqués qui paissent dans les régions arides. Elle n'essaie de cultiver ces dernières que si elle souhaite accroître sa production de maïs. Quand elle passe tout son temps à cultiver le maïs, il lui faut ensemencer des terres à faible rendement, peu propices à cette culture. En consacrant quelques heures à la fabrication de tissu et en réduisant d'autant les périodes réservées au maïs, elle ralentit légèrement la production du maïs et augmente considérablement celle du tissu. À l'inverse, si elle passe tout son temps à produire du tissu, un faible ralentissement de la tonte de laine fera monter en flèche la production de maïs.

Les possibilités de production dans l'économie réelle

Certes, l'île d'Isabelle n'a rien de commun avec le monde où nous vivons. Mais il s'en dégage une leçon fondamentale, applicable à nos sociétés actuelles. Dans toute société, en effet, il y a un nombre limité de producteurs, possédant un capital humain bien défini et disposant d'un temps limité pour produire des biens et des services. De même, les ressources naturelles et le capital sont disponibles en quantités limitées. Tout cela impose une limite à la production des biens et des services – une frontière entre les niveaux de production réalisables et ceux qui demeurent inaccessibles. C'est cette limite que représenterait la courbe des possibilités de production de l'économie mondiale. Lorsqu'on augmente la production d'un bien, on doit réduire celle d'un ou de plusieurs autres biens.

Prenons comme exemple le gouvernement fédéral. S'il veut développer un réseau de garderies à travers le pays, il devra réduire ses dépenses dans d'autres domaines, ou alourdir les impôts, ou augmenter ses emprunts. L'accroissement du fardeau fiscal ou de la dette publique forcera certains contribuables à sacrifier une partie de leurs vacances ou à acheter moins de biens ou de services; pour jouir de meilleurs services de garderie, ils devront renoncer à quelque autre chose. Sur un plan plus modeste, la location d'une cassette vidéo à même un revenu limité supposera, par exemple, que vous renonciez à l'achat d'une pizza, d'une revue ou de telle autre chose dont vous avez envie : une cassette vidéo en plus, c'est quelque chose en moins.

Nous avons vu que, sur l'île d'Isabelle, le coût d'opportunité d'un bien s'accroissait avec la production de ce bien. Il en va de même dans le monde réel : les coûts d'opportunité y augmentent, et pour les mêmes raisons. Songez, par exemple, à deux choses essentielles à notre bien-être : la nourriture et les soins de santé. Pour produire la nourriture avec des ressources limitées, on a recours aux terres les plus fertiles et aux fermiers les plus compétents; pour dispenser les soins de santé, on fait appel aux meilleurs médecins et l'on construit les hôpitaux sur les terres les moins fertiles. Déplacer les fermiers de leurs bonnes terres et les inviter à se faire infirmiers, ce serait réduire radicalement la production agricole, sans hausser vraiment la production des soins de santé; on verrait s'élever rapidement le coût d'opportunité de ces soins. Si, à l'inverse, on affectait à l'agriculture les ressources humaines et matérielles destinées aux soins de santé, il s'ensuivrait une grave diminution des soins de santé, parallèlement à une légère hausse de la production agricole. On verrait alors augmenter le coût d'opportunité de cette dernière.

Il s'agit certes là d'un exemple caricatural. Toutefois, les mêmes principes s'appliquent à tous les choix qu'on peut imaginer en économie : entre les fusils et le beurre, entre des refuges pour sans-abri et l'entretien du système routier, entre des émissions de télévision et l'approvisionnement en céréales. On ne peut éluder ni le phénomène de la rareté ni l'existence des coûts d'opportunité. Lorsqu'on veut obtenir en plus grande quantité tel bien ou tel service, on doit se contenter d'une moindre quantité d'un autre bien ou d'un autre service. Et plus on produit d'un bien ou d'un service, plus son coût d'opportunité s'élève.

À RETENIR

La courbe des possibilités de production représente la limite entre ce qui est réalisable et ce qui ne l'est pas. Il existe toujours, sur cette courbe, un point plus avantageux que tous les points situés à l'intérieur. Lorsqu'on passe d'un point à un autre sur la courbe, on sacrifie une quantité donnée d'un bien ou d'un service, pour obtenir une quantité accrue d'un autre bien ou d'un autre service. La courbe est concave par rapport à l'origine, ce qui indique que plus on augmente la production d'un bien, plus le coût d'opportunité de ce bien sera élevé.

L'évolution des possibilités de production

Bien sûr, la courbe des possibilités de production marque la limite entre le réalisable et le non-réalisable. Mais cette limite, loin d'être fixe, évolue constamment. Tantôt la courbe se déplace vers l'intérieur, par suite d'une réduction des possibilités de production; en agriculture, le cas survient lors d'une sécheresse ou dans des conditions climatiques extrêmes. Tantôt la courbe se déplace vers l'extérieur : c'est, par exemple, quand le temps est propice aux récoltes ou qu'on applique de nouvelles méthodes de culture. On découvre ainsi parfois, pour l'exécution d'un travail, un moyen d'une efficacité jamais vue auparavant : cela a pour effet d'accroître nos possibilités de production et, par conséquent, de déplacer la courbe vers l'extérieur.

Nos possibilités de production ont connu, au fil des ans, un développement considérable. Leur expansion soutenue s'appelle **croissance économique**. Grâce à elle, nous pouvons produire énormément plus qu'il y a un siècle – et même plus qu'il y a une décennie. Et, si l'économie maintient ce rythme de croissance, nos possibilités de production seront encore plus grandes à la fin du siècle. Cela signifie-t-il que nous pourrons surmonter le problème de la rareté?

Les coûts de la croissance

Ainsi donc, avec le temps, on arrive à déplacer vers l'extérieur la courbe des possibilités de production. Mais on ne peut accélérer le rythme de croissance sans en payer le prix. Plus la croissance est rapide, plus il faut se serrer la ceinture en ce qui concerne la consommation immédiate des biens produits. Pour mieux comprendre les coûts de la croissance économique, cherchons d'abord à élucider les facteurs qui permettent cette croissance.

Les deux moteurs de la croissance économique sont l'accumulation de capital et le progrès technique. Par **accumulation de capital**, on entend l'augmentation des quantités de biens d'équipement à notre disposition, c'est-à-dire l'augmentation des stocks de moyens de production. Le **progrès technique** consiste à mettre au point de nouvelles méthodes, plus efficaces, pour la production des biens et services. Grâce à l'accumulation de capital et au progrès technique, nous disposons, par exemple, d'un énorme stock d'automobiles et d'avions. Nous pouvons ainsi effectuer des déplacements qui auraient été impensables à l'époque où le cheval et la voiture étaient les seuls moyens de transport. De même, en remplaçant les câbles par les satellites, nous avons décuplé l'efficacité des communications transcontinentales. Toutefois, l'accumulation de capital et la mise au point de nouvelles techniques sont coûteuses. Pourquoi? Nous le comprendrons mieux si nous revenons à l'économie de la petite île d'Isabelle.

L'accumulation de capital et le progrès technique

Par la figure 3.1, nous savons qu'Isabelle, si elle consacre chaque jour 10 heures de travail à la production de maïs et de tissu, atteint un point donné sur la courbe des possibilités de production. Si sa production correspond à un point de la courbe, il ne lui reste pas de temps pour fabriquer des outils et de l'équipement utiles à la récolte de maïs ou à la confection de tissu. L'an prochain, ses possibilités de production seront les mêmes que cette année: elle ne disposera ni d'un capital accru, ni de techniques améliorées. Pour accroître sa production des années à venir, elle devra accepter de produire cette année moins de maïs et de tissu: elle devra affecter une part de ses ressources soit à la confection d'outils, soit à la mise au point de nouvelles techniques de culture ou de tissage. Le coût d'opportunité de l'accroissement de la production à venir se traduit par une diminution de la consommation immédiate.

La figure 3.3 nous en fournit un exemple plus concret. Le tableau montre les possibilités d'Isabelle, non seulement dans la production de maïs et de tissu, mais aussi dans la confection d'outils. Si notre insulaire consacre tout son temps au maïs et au tissu (ligne *e*), elle ne produit aucun outil. Si elle prend le temps de produire un outil par mois (ligne *d*), elle ne réalise que 90 % de sa capacité de production en maïs et en tissu. En consacrant encore plus de temps à la fabrication d'outils, elle voit décliner de façon encore plus marquée sa production de maïs et de tissu.

Nous donnons, dans la même figure 3.3, une représentation graphique de ce tableau. Chaque point, de *a* à *e*, correspond à une ligne du tableau. Les figures 3.1 et 3.3 présentent d'ailleurs plusieurs similitudes. Chacune de ces figures illustre une courbe de possibilités de production. À la figure 3.3, il s'agit de la limite entre la production d'outils et la production de biens de consommation courante (maïs et tissu). Quand Isabelle se situe au point *e* de la figure 3.3, c'est

Figure 3.3 Les possibilités de production d'Isabelle pour les biens d'équipement et les biens de consommation

Possibilités	Production d'outils (nombre)	Production de maïs et de tissu (en pourcentage)
a	4	0
b	3	40
c	2	70
d	1	90
e	0	100

Quand elle consacre tout son temps à la production de maïs et de tissu, Isabelle ne peut pas fabriquer d'outils (ligne *e* du tableau). Toutefois, au fur et à mesure qu'elle consacre plus de temps à la fabrication d'outils, sa production de maïs et de tissu décline. Si elle passe tout son temps à la fabrication d'outils (possibilité *a*), elle produit quatre outils, mais ne produit ni maïs ni tissu. Dans le graphique ci-dessus, la courbe *abcde* représente les possibilités de production d'Isabelle en matière d'outils, par rapport à ses possibilités de production de biens de consommation (maïs et tissu). Quand la production se situe au point *e* (aucune fabrication d'outils), la courbe des possibilités demeure stationnaire en *abcde*. Si Isabelle diminue sa production de maïs et de tissu pour fabriquer un outil (point *d*), sa courbe des possibilités de production se déplacera ultérieurement vers l'extérieur, comme le montre le graphique. Plus Isabelle augmente sa production d'outils et diminue celle de maïs et de tissu, plus la courbe des possibilités se déplacera vers l'extérieur. L'augmentation des possibilités de production pour l'avenir a un coût d'opportunité: c'est la baisse de la production actuelle de maïs et de tissu.

Figure 3.4 La croissance économique du Canada et du Japon

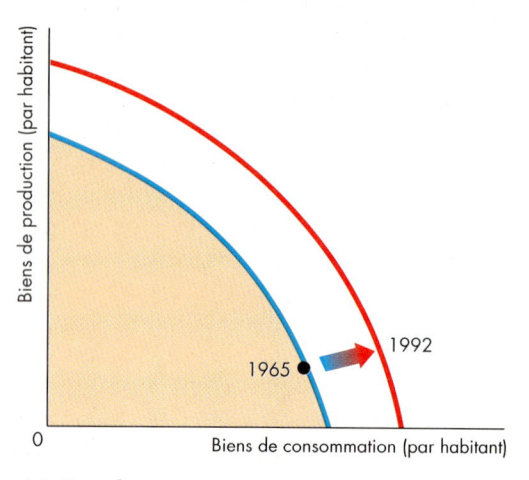

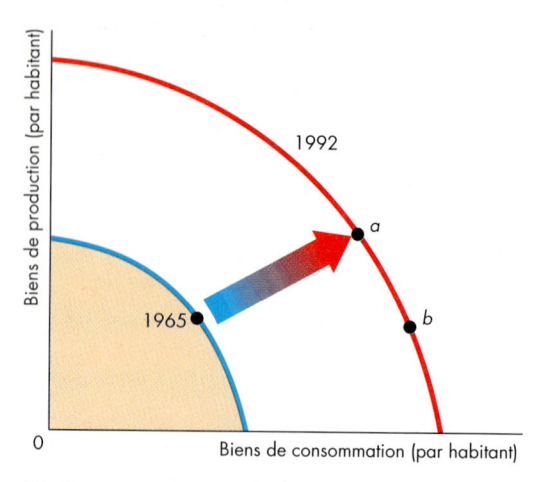

(a) Canada

(b) Japon

En 1965, les possibilités de production par habitant étaient plus élevées au Canada (graphique a) qu'au Japon (graphique b). Mais le Japon affectait un tiers de ses ressources à la production de biens d'équipement, tandis que le Canada n'y consacrait qu'un cinquième des siennes. L'augmentation plus rapide des biens d'équipement japonais a eu pour conséquence de déplacer plus rapidement pour le Japon que pour le Canada la courbe des possibilités de production. Donc la courbe du Japon aura rejoint celle du Canada. S'il se situe au point *a* de sa courbe de 1992, le Japon continuera de croître plus vite que le Canada. S'il augmente sa consommation et amène au point *b* sa production de biens de consommation, sa croissance économique ralentira au contraire, jusqu'à rejoindre celle du Canada.

qu'elle ne produit aucun outil; sa production est alors la même qu'à la figure 3.1. Si elle se déplace au point *d*, c'est qu'elle produit un outil par mois. Mais, pour y arriver, elle doit réduire de 10 % sa production de maïs et de tissu; celle-ci plafonne alors à 90 % du niveau normalement atteint pour la même quantité de travail.

En réduisant sa production de maïs et de tissu pour fabriquer des outils, Isabelle accroît ses moyens de production. Elle élargit son stock d'outils, qu'elle peut mettre à profit pour améliorer à l'avenir sa production de maïs et de tissu. Elle peut même se servir de ces outils pour en fabriquer d'autres, de qualité supérieure. On voit alors la courbe de ses possibilités de production se déplacer vers l'extérieur : Isabelle est en pleine croissance économique. Mais l'ampleur de cette évolution dépend du temps consacré à la fabrication d'outils : faute de cela, la courbe reste dans la position *abcde*, qui correspond aux possibilités de production initiales. S'il y a fléchissement de la production de maïs et de tissu au bénéfice de la fabrication d'un outil (point *d*), la courbe se déplace comme l'indique le graphique. Moins Isabelle consacre de temps à la production de maïs et de tissu pour s'adonner à la fabrication d'outils, plus la courbe se déplace vers l'extérieur. Cependant, cette croissance économique n'est pas un effet du hasard : pour la susciter, Isabelle doit fabriquer plus d'outils et renoncer à une partie du maïs et du tissu qu'elle produisait jusque-là. La croissance économique n'abolit pas comme par magie toutes les pénuries du monde !

Retour à la réalité

Les principes que nous avons discernés dans notre exploration de l'île d'Isabelle s'appliquent également à nos sociétés. Si nous employons toutes nos ressources à produire la nourriture, le vêtement, le logement, le loisir et tous les autres biens de consommation, sans en affecter aucune à la recherche, au développement ou à l'accumulation de capital, nous ne préparons pour l'avenir aucun capital nouveau ni aucune amélioration technique ; nos moyens de production resteront ce qu'ils sont aujourd'hui. Pour accroître notre potentiel de production, il nous faut freiner la production de biens de consommation immédiate. Les énergies et les ressources que nous dégageons aujourd'hui nous permettront d'accumuler du capital et de concevoir pour demain de nouvelles techniques de production des biens de consommation. En d'autres termes, le coût d'opportunité de la croissance économique est lié à la nécessité de réduire la production des biens de consommation immédiate.

L'expérience récente du Japon et du Canada illustre de façon frappante les conséquences de nos choix sur le rythme de la croissance économique. En 1965, la capacité de production par habitant était, au Canada, largement supérieure à celle du Japon, comme le rappelle la figure 3.4. Le Canada consacrait alors un cinquième de ses ressources à la production de biens d'équipement et les quatre cinquièmes à la production de biens de consommation. Dans le même temps, le Japon affectait un tiers de ses ressources à la production de biens d'équipement et seulement deux tiers à la production de biens de consommation. Or la croissance économique qui a suivi a été beaucoup plus rapide au Japon qu'au Canada. Parce qu'il investissait une plus grande part de ses ressources dans la production de biens d'équipement, le Japon a développé plus vite que le Canada son stock de ces biens; ses possibilités de production ont, par le fait même, connu une expansion plus rapide. Si bien qu'à l'heure actuelle le Japon a pratiquement rejoint le Canada en ce qui concerne les possibilités de production par habitant. S'il continue de consacrer le tiers de ses ressources à la production de biens d'équipement (jusqu'au point *a* qu'on voit sur sa courbe des possibilités de production pour 1992), le Japon va maintenir un rythme de croissance économique beaucoup plus rapide que le Canada; la courbe de ses possibilités va se déplacer vers l'extérieur, beaucoup plus que la courbe du Canada. Si, au contraire, le Japon augmente sa production de biens de consommation et réduit sa production de biens d'équipement, il passera au point *b* de sa courbe de possibilités pour 1992; son rythme de croissance économique ralentira, au risque de rejoindre celui du Canada.

À RETENIR

La croissance économique est la résultante de deux facteurs: l'accumulation du capital et le progrès technique. Pour faire croître l'économie, il faut réduire la production de biens et de services destinés à la consommation immédiate. On peut alors consacrer de plus amples ressources non seulement à l'accumulation de capital, mais aussi à la recherche et au développement. Ceux-ci débouchent à leur tour sur de nouvelles techniques, moteurs de la croissance économique. On voit que la croissance économique ne tombe pas du ciel; elle se paie. Son coût d'opportunité correspond à une baisse dans la production des biens de consommation immédiate.

Les gains à l'échange

Chaque individu producteur de biens ou de services fait face, dans le contexte qui lui est propre, à des coûts d'opportunité particuliers. De là découle la notion d'avantage comparatif. Une personne détient sur une autre un **avantage comparatif** dans la production d'un bien lorsqu'elle est en mesure de produire ce bien à un coût d'opportunité inférieur.

Chacun de nous peut, théoriquement, produire tous les biens qu'il consomme et se suffire ainsi à lui-même. Mais il peut aussi, au contraire, concentrer ses efforts sur la production d'un ou de quelques biens, puis échanger une partie de ceux-ci contre d'autres biens. Cette concentration s'appelle **spécialisation**. Nous allons voir quels avantages obtient le producteur qui se spécialise dans un produit ou dans un service où il possède un avantage comparatif et qui procède ensuite à des échanges avec d'autres producteurs.

L'avantage comparatif

Revenons à notre modèle d'une économie insulaire. Supposons qu'Isabelle découvre, à proximité de son île, une autre île qui ne compte elle aussi qu'un habitant. Appelons celui-ci Jean. Isabelle et Jean disposent chacun d'un petit bateau, qui leur permet de se déplacer d'une île à l'autre et de transporter leurs biens.

Comme l'île d'Isabelle, celle de Jean se prête à la production de maïs et de tissu. Toutefois, les deux îles diffèrent par la nature de leur sol: Isabelle dispose de plusieurs terres propices à la culture du maïs, mais possède une faible population de moutons; en revanche, l'île de Jean, peu fertile mais vallonnée, compte une forte population de moutons domestiqués. En raison de ces particularités, la courbe des possibilités de production diffère largement d'une île à l'autre. La figure 3.5 montre les deux courbes: la "CPP d'Isabelle" et la "CPP de Jean".

Chacun des deux insulaires peut assurer son propre approvisionnement en maïs et en tissu. On appelle **autarcie** cette situation où chaque individu ne consomme que ce qu'il produit et où il se suffit à lui-même. Supposons donc autarciques les économies respectives d'Isabelle et de Jean. Isabelle décide de produire et de consommer mensuellement 3 m de tissu et 11 kg de maïs; de son côté, Jean choisit de produire et de consommer chaque mois 2 m de tissu et 7 kg de maïs. Ces choix sont indiqués sur les deux courbes des possibilités de production, qu'on trouve à la figure 3.5. (Notons qu'Isabelle et Jean auraient pu choisir n'importe quel autre point sur ces courbes.) La production totale de maïs et de tissu est la somme des productions d'Isabelle et de Jean, soit chaque mois 18 kg de maïs et 5 m de tissu. Elle est représentée sur le graphique par le point *n*.

L'avantage comparatif d'Isabelle   Dans quelle production Isabelle possède-t-elle un avantage comparatif? L'avantage comparatif est, rappelons-le, la situation de quelqu'un qui peut produire un bien à un coût d'opportunité inférieur à celui auquel une autre personne peut le faire. Isabelle détient un avantage comparatif par rapport à Jean, puisqu'elle peut produire l'un de ses biens à un coût d'opportunité inférieur à celui que Jean doit subir. De quel bien s'agit-il: du maïs ou du tissu?

Nous trouvons la réponse dans les courbes des possibilités de production des deux insulaires, à la figure 3.5. Aux points qui représentent leur production et leur consommation respectives, la courbe d'Isabelle a une pente beaucoup plus accentuée que celle de Jean. Pour produire 1 kg de maïs additionnel, Isabelle sacrifie moins de tissu que Jean ne doit en sacrifier. Pour Isabelle, le coût d'opportunité de 1 kg de maïs est moins élevé que pour Jean. Autrement dit, Isabelle détient un avantage comparatif pour la production de maïs.

L'avantage comparatif de Jean   En revanche, Jean possède l'avantage comparatif pour la production de tissu. Au niveau de consommation où se situe Jean, sa courbe de possibilités de production a une pente moins abrupte que celle d'Isabelle. Par conséquent, Jean doit sacrifier moins de maïs qu'Isabelle pour produire un mètre additionnel de tissu. Le coût d'opportunité de Jean pour 1 m de tissu est inférieur à celui d'Isabelle. Jean détient donc un avantage comparatif pour cette production.

Tirer profit de l'échange

Serait-il plus profitable pour Isabelle et Jean de fonctionner autrement qu'en autarcie? Que se produirait-il si chacun d'eux se spécialisait dans la production où il détient l'avantage comparatif, pour ensuite échanger avec l'autre une part de son produit?

Isabelle possède un avantage comparatif pour la production de maïs; en consacrant tout son temps à cette culture, elle peut récolter jusqu'à 20 kg par mois. Jean, de son côté, a un avantage comparatif pour la production de tissu; en s'adonnant exclusivement au tissu, il en produit 9 m par mois. Isabelle et lui, en se spécialisant dans leurs productions respectives, produisent 20 kg de maïs et 9 m de tissu par mois. C'est ce que représente le point *s* de la figure 3.5: les 20 kg de maïs proviennent tous de l'île d'Isabelle, et les 9 m de tissu sont produits uniquement sur l'île de Jean. De toute évidence, la production de maïs et de tissu

Figure 3.5   Les gains à l'échange et à la spécialisation

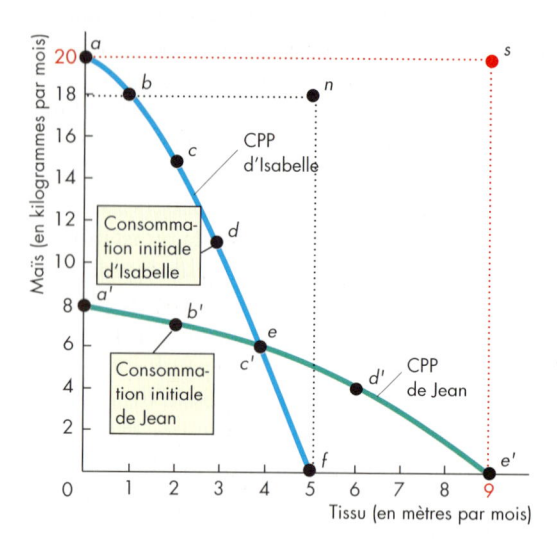

Cette figure illustre les possibilités de production respectives d'Isabelle et de Jean. La consommation initiale de Jean est de 7 kg de maïs et de 2 m de tissu (point *b'*); celle d'Isabelle est de 11 kg de maïs et de 3 m de tissu (point *d*). La somme de leurs productions est représentée par le point *n*. Mais Isabelle et Jean peuvent améliorer leur situation en se spécialisant et en effectuant entre eux des échanges. Pour la production de maïs, Isabelle jouit d'un coût d'opportunité inférieur à celui de Jean; en revanche, Jean bénéficie pour le tissu d'un coût d'opportunité inférieur à celui d'Isabelle. Isabelle jouit donc d'un avantage comparatif pour le maïs. En faisant du maïs sa spécialité, elle peut en produire jusqu'à 20 kg; mais alors elle ne peut plus produire de tissu. Jean, de son côté, détient un avantage comparatif pour le tissu. S'il se spécialise dans cette production, il peut fabriquer 9 m de tissu; mais il ne produira plus de maïs. La production réunie d'Isabelle et de Jean atteindra alors 20 kg de maïs et 9 m de tissu (point *s*). Si Isabelle échange une part de son maïs contre une part du tissu de Jean, et si Jean cède de son tissu contre du maïs d'Isabelle, l'un et l'autre auront plus de maïs et plus de tissu qu'ils n'en avaient quand chacun vivait en autarcie. En échangeant 8 kg de maïs contre 5 m de tissu, chacun disposera désormais d'un supplément des deux produits, soit 1 kg de maïs et 2 m de tissu. Les deux producteurs gagnent donc à se spécialiser et à effectuer des échanges.

représentée par le point *s* dépasse celle du point *n*, où chacun des deux producteurs était autosuffisant. Au point *s*, la production est globalement plus avantageuse qu'au point *n*, puisqu'Isabelle et Jean ont à la fois plus de maïs et plus de tissu.

Mais, pour profiter vraiment de la situation, Isabelle et Jean doivent faire plus que se spécialiser dans les domaines où ils détiennent respectivement un avantage comparatif: ils doivent échanger le fruit de leur labeur. Supposons qu'ils décident d'échanger 5 m de tissu contre 8 kg de maïs. Avant l'échange, Isabelle possédait 20 kg de maïs, et Jean 9 m de tissu. Une fois l'échange effectué, Jean possède pour consommation 8 kg de maïs et 4 m de tissu, tandis qu'Isabelle possède 12 kg de maïs et 5 m de tissu. Chacun d'eux, comparativement à la période où il vivait en autarcie, possède maintenant en plus 1 kg de maïs et 2 m de tissu. Chaque producteur a réalisé un gain évident puisque, pour chacun des deux produits, il a augmenté sa consommation.

Productivité et avantage absolu

La **productivité** est la somme des biens qu'une personne produit durant une unité de temps donnée. Par exemple, la productivité d'Isabelle dans la fabrication de tissu se mesure à la quantité de tissu qu'Isabelle fabrique en une heure de travail. Une personne détient un **avantage absolu** sur une autre lorsque sa productivité dépasse celle de l'autre. Dans notre exemple, ni Isabelle ni Jean ne détient un avantage absolu sur l'autre: Isabelle est plus productive que Jean dans la culture du maïs, tandis que Jean est plus productif qu'Isabelle dans la fabrication de tissu.

On donne souvent à entendre que les individus et les pays qui détiennent un avantage absolu dans la production d'un bien peuvent surpasser les autres dans la production de ce bien. Par exemple, on croit le Canada incapable de concurrencer le Japon parce que les Japonais sont plus productifs que les Canadiens. Mais nous verrons que cette affirmation est fausse. Pour mieux comprendre, revenons à notre modèle insulaire.

Supposons qu'un volcan fasse éruption sur l'île d'Isabelle et force cette dernière à quitter les lieux. Supposons, de plus, que ce désastre ait un heureux dénouement: Isabelle découvre une île beaucoup plus fertile que la première, et chaque heure de travail y produit deux fois plus de maïs et de tissu. Les nouvelles possibilités de production d'Isabelle apparaissent au tableau 3.2. Remarquez qu'Isabelle possède maintenant un avantage absolu dans la production de chaque bien.

Nous avons établi que l'échange devient avantageux pour autant que chaque producteur se spécialise dans la production du bien dont le coût d'opportunité est le plus bas. Or, les coûts d'opportunité de Jean n'ont pas changé. Mais qu'en est-il des coûts d'opportunité d'Isabelle, maintenant que celle-ci a doublé sa productivité?

Vous pouvez les calculer de la même façon que dans la figure 3.2. Trouvez d'abord le coût d'opportunité du maïs pour Isabelle. Les douze premiers kilogrammes de maïs qu'elle récolte lui coûtent 2 m de tissu; le coût d'opportunité d'un kilogramme équivaut donc à 1/6 de mètre de tissu, ce qui correspond à la situation du début. En calculant les coûts d'opportunité d'Isabelle pour chacune des possibilités de production, de *a* à *e*, vous découvrirez qu'ils sont restés inchangés. Quant au coût d'opportunité du tissu, on sait qu'il est l'inverse de celui du maïs. On en conclut que, pour Isabelle, les coûts d'opportunité du tissu demeurent eux aussi inchangés.

Isabelle étant devenue deux fois plus productive qu'auparavant, chaque heure de son travail produit plus. Mais le coût d'opportunité reste le même: pour produire une unité de maïs additionnelle, Isabelle doit renoncer à la même quantité de tissu qu'autrefois. Comme les coûts d'opportunité n'ont changé ni pour elle ni pour Jean, ce dernier conserve toujours un avantage comparatif dans la production de tissu. Si Isabelle se spécialise dans la culture du maïs et Jean dans la fabrication de tissu, l'un et l'autre continueront d'avoir à leur disposition une plus grande quantité de chaque bien.

L'important est de comprendre ceci: une personne qui possède un avantage absolu *ne peut pas* détenir un avantage comparatif dans tous les domaines.

Tableau 3.2 Les nouvelles possibilités de production d'Isabelle

Possibilités	Maïs (en kilogrammes par mois)		Tissu (en mètres par mois)
a	40	et	0
b	36	et	2
c	30	et	4
d	22	et	6
e	12	et	8
f	0	et	10

À RETENIR

L'échange entre deux producteurs est profitable dans la mesure où chacun possède un avantage comparatif. Or, à moins que les deux producteurs n'aient les mêmes coûts d'opportunité, chacun possède un avantage comparatif dans une activité donnée. Ce sont les différences entre les coûts d'opportunité qui déterminent l'avantage comparatif et, par conséquent, les gains qu'on peut tirer de l'échange et de la spécialisation. En fait, même une personne qui détient un avantage absolu tirera profit de la spécialisation et de l'échange.

L'échange dans le monde réel

Dans le monde réel, il ne s'agit plus seulement d'Isabelle et de Jean. Il y a plutôt des milliards d'individus, qui se spécialisent dans d'innombrables activités différentes et effectuent des échanges entre eux. Ils arrivent à tirer profit de cette spécialisation et de ces échanges, mais cela est plus laborieux que dans notre modèle insulaire. Il faut donc organiser les échanges. C'est pour cela que, avec le temps, on a mis au point des règles de conduite, assorties de mécanismes pour les faire respecter. Parmi ces mécanismes figurent la propriété privée et le système monétaire. Dans l'économie insulaire d'Isabelle et de Jean, il est toujours possible d'échanger directement un bien contre un autre. Dans une économie véritable, cependant, ce type d'échange direct serait extrêmement laborieux. C'est ce qui explique l'intérêt que peut présenter pour une société un moyen d'échange accepté par tous – en d'autres termes: la monnaie. La monnaie est l'intermédiaire grâce auquel on peut acquérir des biens (ou des services): on échange un bien contre la monnaie, et la monnaie contre un bien. Ces deux aspects de l'échange méritent qu'on s'y arrête plus longuement.

Le droit de propriété

Le **droit de propriété** est un ensemble de conventions sociales qui régissent la propriété, son utilisation et sa cession. Par **propriété**, on entend toute valeur qu'on possède. Cela comprend les terrains et les immeubles auxquels, d'ailleurs, le langage courant réserve d'habitude le terme de *propriété*. La notion de propriété englobe aussi les actions et les obligations, les biens durables, les usines et l'équipement. Elle comprend, enfin, la **propriété intellectuelle**, qui est le produit immatériel de l'activité créatrice. Ce type de propriété est protégé de diverses façons: par le droit d'auteur dans le cas des livres, de la musique ou des logiciels; par des brevets pour les inventions de toutes sortes.

Que se produirait-il si le droit de propriété n'existait pas? Comment le monde serait-il organisé?

Un monde sans droit de propriété Si le droit de propriété n'existait pas, n'importe qui pourrait, par la force, s'emparer de tout ce qu'il désire. Et chacun devrait consacrer une grande part de son temps, de ses énergies et de ses ressources à protéger sa production ou ses acquisitions.

Dans un tel monde, personne ne pourrait tirer profit de la spécialisation et de l'échange. On n'aurait même aucun intérêt à se spécialiser dans la production des biens pour lesquels on détient un avantage comparatif. À quoi servirait-il de se spécialiser dans une production et d'échanger son produit contre autre chose? Car n'importe qui pourrait s'approprier le bien des autres sans rien céder du sien. Plus votre production augmenterait, plus vous risqueriez de voir les autres s'en emparer.

C'est justement pour surmonter ces problèmes qu'on a instauré le droit de propriété. Voyons comment celui-ci régit aujourd'hui la vie économique au Canada.

Le droit de propriété dans un régime capitaliste de libre entreprise Le fonctionnement de l'économie canadienne est en grande partie basé sur les principes du capitalisme de libre entreprise. Un régime est dit de **libre entreprise** lorsqu'il permet aux individus de décider de leurs propres activités économiques. Dans le régime économique appelé **capitalisme**, les individus sont libres de posséder les ressources qu'ils utilisent pour la production.

Dans un tel régime, le droit de propriété permet à chacun de posséder ce qu'il a fabriqué, ce qu'il a acquis par l'échange ou ce qu'il a reçu d'autrui. Toute tentative pour s'emparer du bien d'autrui est considérée comme vol, et les punitions dont on frappe ce crime ont pour but d'en dissuader les gens.

Le fait qu'on ne puisse s'emparer du bien d'autrui favorise la recherche d'échanges profitables. Chaque citoyen a alors intérêt à se spécialiser dans la production des biens pour lesquels il a le plus bas coût d'opportunité. Chacun est porté à participer au processus d'échange: à offrir le bien pour lequel il détient un avantage comparatif, en échange des biens que produisent les autres. Et certains citoyens – comme les juges et les policiers – ont pour tâche d'appliquer et de faire respecter le droit de propriété.

Même dans un régime économique fondé, comme le nôtre, sur la propriété privée et l'échange librement consenti, le droit de propriété comporte ses limitations. Examinons deux d'entre elles: d'une part les impôts et les taxes; d'autre part les lois et les règlements.

Les impôts et les taxes De toutes les limitations apportées au droit de propriété, les diverses formes d'impôts et de taxes sont certes la plus importante et la plus répandue. Chacun de nous doit en verser aux gouvernements (fédéral et provincial) et aux autorités municipales. En imposant la propriété des individus ou leurs activités, on freine les efforts qu'ils pourraient déployer dans la production d'autres biens et l'on réduit les bénéfices qu'ils attendent de leur production spécialisée.

Les impôts et les taxes, même s'ils représentent une limitation du droit de propriété, ne sont pas arbitraires pour autant. Car les règlements sont les mêmes pour tous, et chacun peut calculer l'effet de sa propre activité sur les impôts qu'il aura à verser.

Les règlements et les lois D'autres limitations au droit de propriété privée interdisent certaines formes d'échange entre les personnes ou les entreprises. Par exemple, un fabricant de produits pharmaceutiques ne peut lancer un produit sur le marché sans approbation préalable d'un organisme gouvernemental. Le gouvernement contrôle ou interdit la vente de plusieurs produits chimiques. Il interdit également le commerce d'êtres humains ou de leurs organes : la vente d'esclaves ou d'enfants, le commerce d'organes aux fins de greffe, etc.

Toutes ces dispositions limitent certes le droit de propriété privée et la légitimité de l'échange librement consenti. Mais, en général, elles ne freinent gravement ni la spécialisation de la production ni la rentabilité des échanges. On estime le plus souvent que ces lois ou règlements – comme ceux qui interdisent la vente de médicaments dangereux – présentent pour le public des avantages qui dépassent de beaucoup les contraintes imposées aux distributeurs.

Nous venons d'examiner quelques questions relatives au droit de propriété privée. Ce droit constitue l'un des principaux mécanismes dont certaines sociétés se sont dotées pour faciliter non seulement la spécialisation dans la production, mais aussi les échanges entre citoyens. Voyons maintenant un deuxième de ces mécanismes : l'adoption d'un moyen d'échange.

La monnaie

Nous avons vu que, dans un régime économique où le droit de propriété est bien établi, l'échange librement consenti permet aux individus de se spécialiser dans une production donnée et d'échanger avec profit leurs produits contre ceux d'autres producteurs. Dans notre modèle d'économie insulaire, l'échange était très simple, puisqu'il n'y avait que deux producteurs et deux biens produits. Mais qu'en est-il dans le monde réel, où des milliards d'individus échangent entre eux une quantité innombrable de biens issus de leur production spécialisée ?

Le troc Il est possible d'échanger simplement un bien contre un autre : c'est ce qu'on appelle le **troc**. Cependant, ce système ne se prête pas à l'échange de grandes quantités de biens. Supposons que vous possédiez des coqs et que vous désiriez les troquer contre des roses. Vous devez d'abord trouver quelqu'un qui possède des roses et qui ait besoin de coqs. Les économistes appellent cette condition la **double coïncidence des besoins** : une personne (A) veut acheter ce qu'une autre (B) a à vendre, tandis que B veut acheter ce que A veut vendre. Or, une telle situation reste peu fréquente. Faute de trouver un rosiériste désireux de se procurer des coqs, vous devrez vous engager dans une suite de trocs : vous échangerez vos coqs contre des pommes, les pommes contre des oranges, les oranges contre des prunes, les prunes contre des grenades, les grenades contre des ananas et, enfin, les ananas contre des roses.

On recourt encore assez souvent au troc, malgré ce qu'il a de laborieux. Par exemple quand Rod Stewart, vedette britannique du rock, donna en 1986 un concert à Budapest, l'État lui versa une partie de son cachet de 30 000 $ sous forme d'équipement sonore et de câbles électriques, de fabrication hongroise. De même, des coiffeurs de Varsovie, obtiennent leur équipement auprès de perruquiers londoniens, en échange de mèches de cheveux.

Mais il reste que le troc a été supplanté, comme mode d'échange, par un système que nous utilisons maintenant dans la plupart de nos activités commerciales. Il s'agit de l'échange monétaire.

L'échange monétaire À la place du troc, on peut recourir à **l'échange monétaire**, un système dans lequel une marchandise en particulier ou encore des pièces ou des jetons servent d'instrument d'échange. Par **instrument d'échange**, on entend tout ce qui est généralement accepté en contrepartie d'un bien ou d'un service. La **monnaie** est l'instrument d'échange par excellence, puisqu'elle est toujours acceptée en contrepartie de la fourniture d'un bien ou d'un service. Dans un système d'échange monétaire, on échange de la monnaie contre un bien ou un service (le service pouvant être le travail fourni par l'autre), et l'on fournit un bien ou un service (ou son propre travail) en échange de la monnaie. Mais on n'échange directement aucun bien ni aucun service contre un autre bien ou un autre service – ce qui serait du troc. Des métaux comme l'or, l'argent ou le cuivre, généralement certifiés par la frappe de pièces, ont fait pendant longtemps office d'instruments d'échange. Avant cela, les sociétés primitives utilisaient des objets comme les coquillages. Durant la Deuxième Guerre mondiale, dans les camps de concentration allemands, les prisonniers se servaient de cigarettes ; on a d'ailleurs employé le même procédé, plus récemment encore, en Roumanie.

Notons ici qu'il ne faut pas confondre avec le troc cette utilisation de cigarettes comme instrument d'échange. Dans le troc, par exemple, un pomiculteur fournit des pommes en échange des services du mécanicien venu réparer son tracteur ; le mécanicien échange les pommes contre la viande d'un boucher ; le boucher échange les pommes contre un repas qu'il prend dans un restaurant chic ; le maître d'hôtel du restaurant utilise les pommes pour payer les services de son médecin ; et le médecin mange enfin les pommes – si elles sont encore bonnes après tout ce temps ! Dans l'exemple des cigarettes cité plus haut, il ne s'agit pas de troc, et l'on n'assiste pas à une cascade d'échanges de

ENTRE LES LIGNES

Les gains à l'échange

En Roumanie, fumer une cigarette Kent, c'est comme «griller» de l'argent

N'allez surtout pas croire que la Roumanie, pays communiste s'il en est un, ne fonctionne pas selon les principes de l'économie de marché. Vous vous tromperiez. On pourrait dire qu'elle applique le *principe de l'économie de marché des cultivateurs*. Voici son fonctionnement.

Dès l'aube, le chant d'un coq en vente au marché central signale le début d'une intense journée de troc. Des pommes peuvent être troquées contre des piments, des choux-fleurs contre des betteraves, des navets contre de l'ail et, finalement, des cigarettes Kent contre un peu n'importe quoi!

«Hé! Monsieur! D'accord pour les Kent», chuchote un jeune cultivateur sortant de son kiosque de fruits et légumes pour rattraper un passant qui venait d'exhiber un paquet de Kent. Il en oublie même la file de clients qui attendent à son kiosque. Qu'importe, ils peuvent bien attendre, ils n'ont que des lei, la monnaie roumaine officielle, alors que l'homme, lui, possède des Kent!

«Vous en vendez?» demande le cultivateur, aussitôt rejoint par quatre collègues. Il présente la paume de sa main gauche et y inscrit le chiffre 25, ce qui signifie 25 lei ou environ 2,20 $ le paquet de Kent. Le détenteur des Kent lui vend deux paquets pour 50 lei, puis s'informe sur le prix de vente des pommes.

«Vous voulez des pommes?» demande le cultivateur. Il sort alors un sac de pommes dissimulé sous une pile. Ce ne sont pas les pommes jaunes destinées aux clients qui payent avec des lei, mais des pommes rouges, spécialement réservées aux clients qui payent avec des Kent.

Selon le principe de l'économie de marché des cultivateurs, le producteur de fruits et légumes échangera peut-être ses Kent pour faire réparer son tracteur. Quant au mécanicien, il échangera peut-être ses Kent contre un morceau de viande chez le boucher. À son tour, le boucher pourra échanger les Kent contre une table dans un restaurant achalandé. Le maître d'hôtel pourra maintenant utiliser les Kent pour payer les services d'un médecin. Finalement, peut-être le médecin se rendra-t-il un jour au marché pour exhiber son paquet de Kent, dans l'espoir d'attirer l'attention. Peut-être qu'un cultivateur viendra alors vers lui en courant et inscrira un chiffre dans la paume de sa main. «L'utilisation des Kent en Roumanie illustre bien la théorie du marché», affirme un diplomate occidental en poste dans ce pays. «Vous connaissez l'étalon-or? Eh bien! voici l'étalon-Kent. Tout le monde ici veut des Kent, et rien que des Kent. Les Winston, Marlboro ou Pall Mall ne font pas l'affaire.»

Vous voulez être un personnage important en Roumanie? Exhibez vos Kent. Vous voulez prendre un taxi? Vous n'avez qu'à mettre votre paquet de Kent bien en vue (l'emballage européen des Kent est doré et on peut le voir de très loin). Vous cherchez à vous débarrasser d'un douanier particulièrement pointilleux? Deux paquets de Kent suffiront. Les Kent vous ouvriront la plupart des portes dans ce pays, y compris celles du monde extérieur.

The Wall Street Journal
3 janvier 1986
Par Roger Thurow
© Dow Jones & Company, Inc.
Traduction et reproduction autorisées

ENTRE LES LIGNES

Les faits en bref

- Les Roumains disposent de trois moyens pour acheter et vendre :

  • Le troc – échange de pommes contre des piments, de choux-fleurs contre des betteraves

  • La monnaie officielle – échange de lei contre des biens et services

  • Les cigarettes de marque Kent – échange de paquets de Kent contre des biens et services

- Les gens qui se procurent des biens et services avec des Kent font de meilleures affaires que ceux qui achètent avec des lei. Les cigarettes Kent servent donc d'instrument d'échange.

  • L'homme qui possède des Kent les troque contre les pommes du cultivateur.

  • Le cultivateur paie la réparation de son tracteur avec des Kent.

  • Le mécanicien paie son boucher avec des Kent.

  • Le boucher obtient une place au restaurant avec des Kent.

  • Le maître d'hôtel paie ses frais médicaux avec des Kent.

  • Le médecin échange les Kent contre des pommes, et ainsi de suite.

- Les cigarettes Kent permettent donc aux Roumains d'effectuer plusieurs échanges.

Analyse

- En 1986, la Roumanie est un des pays socialistes d'Europe de l'Est. Les droits de propriété privée sont limités et l'État dirige la vie économique en général. Voici quelques exemples des interventions du gouvernement.

  • Il décide de ce que les gens peuvent produire.

  • Il précise les quantités qui doivent être produites.

  • Il fixe les prix de vente des biens.

- Les Roumains se spécialisent dans la production de biens pour lesquels ils détiennent un avantage comparatif. En vendant leur production au prix fixé par l'État, ils touchent souvent moins que le coût d'opportunité de leur production.

  Pour cette raison, les Roumains tentent d'échapper à l'emprise gouvernementale en pratiquant le troc ou en utilisant des cigarettes Kent comme monnaie. Étant donné que la plupart des Roumains acceptent ces cigarettes comme moyen de paiement, les Kent sont devenues un instrument d'échange, au même titre que l'argent.

Conclusion

- Les Roumains ont créé leur propre contrat social en utilisant les cigarettes Kent comme monnaie. Ce faisant, ils ont atténué les limitations au droit de propriété et surmonté, du moins en partie, l'un des principaux obstacles à la réalisation des gains découlant de la spécialisation et de l'échange.

biens; les cigarettes servent simplement de monnaie, d'instrument d'échange.

Dans les sociétés modernes, ce sont les gouvernements qui émettent la monnaie, sous forme de papier-monnaie ou de pièces de métal. De son côté, le système bancaire facilite la circulation de la monnaie par le biais des comptes chèques. Grâce à un compte chèques, on peut payer une dette en rédigeant un simple ordre écrit : par cet ordre, ou chèque, le signataire demande à la banque de débiter son compte d'une certaine somme d'argent et de transférer cette somme au compte d'un bénéficiaire. L'expansion des communications électroniques entre les banques permet même, aujourd'hui, les virements de fonds entre deux comptes sans qu'il soit nécessaire d'émettre un chèque.

■ Vous savez maintenant un peu mieux comment les économistes tentent de répondre à certaines questions de base. Le simple fait de la rareté et la notion de coût d'opportunité qui lui est associée nous ont aidés à saisir l'origine de phénomènes économiques fondamentaux : la spécialisation, l'échange, certaines conventions sociales comme le droit de propriété et la monnaie. Voilà qu'une idée toute simple – la rareté et son corollaire, le coût d'opportunité – a fourni réponse à plusieurs de nos questions.

RÉSUMÉ

La courbe des possibilités de production

La courbe des possibilités de production marque la limite entre les niveaux de production réalisables et ceux qui ne le sont pas. Les combinaisons de production possibles sont représentées par tous les points situés *sur* la courbe des possibilités ou *à l'intérieur* de celle-ci; il est impossible, en revanche, de produire à l'extérieur de cette courbe. Un point sur la courbe offrira toujours de meilleures possibilités de production qu'un point situé à l'intérieur de celle-ci. *(pp. 51-53)*

Le coût d'opportunité

Le coût d'opportunité d'un choix ou d'un bien est ce à quoi l'on doit renoncer en faisant ce choix ou en acquérant ce bien; c'est le sacrifice que représente le fait de renoncer à l'option la plus avantageuse qui s'offre à nous par ailleurs. Le coût d'opportunité d'un bien augmente de pair avec la production de ce bien. *(pp. 53-56)*

L'évolution des possibilités de production

La courbe des possibilités de production, bien qu'elle marque la limite entre le réalisable et le non-réalisable, n'est pas nécessairement fixe. Elle se déplace tantôt par l'effet de causes naturelles ou de facteurs imprévus (changement de climat, découverte de nouvelles techniques de production, etc.) et tantôt en fonction des choix que nous faisons. Si nous consacrons aujourd'hui une part de nos ressources à la production de biens d'équipement, à la recherche et au développement, nous pourrons produire dans l'avenir plus de biens et de services. Notre économie croîtra. Mais cette croissance a son prix : c'est son coût d'opportunité. Pour avoir plus tard à notre disposition une plus grande quantité de biens et de services, il nous faut réduire aujourd'hui la consommation que nous en faisons. *(pp. 56-59)*

Les gains à l'échange

Des personnes qui n'ont pas toutes les mêmes coûts d'opportunité ont intérêt à se spécialiser dans des productions différentes et à échanger entre elles leurs produits. Chacune se spécialise dans la production du bien qui représente pour elle le plus bas coût d'opportunité : celui pour lequel elle détient un avantage comparatif. Ces personnes échangent entre elles une partie de leur production respective. Cet échange a pour effet d'augmenter pour chacune d'elles le niveau de consommation. *(pp. 59-61)*

L'échange dans le monde réel

Le droit de propriété et le système d'échange monétaire permettent aux individus de se spécialiser, d'échanger leur travail ou le fruit de leur travail contre de la monnaie, puis d'obtenir des biens en échange de cette monnaie. Ces deux conventions sociales facilitent ainsi la réalisation des gains à l'échange. *(pp. 62-63)*

POINTS DE REPÈRE

Mots clés

Accumulation de capital, 56
Autarcie, 59
Avantage comparatif, 59
Avantage absolu, 61
Biens de consommation, 51
Biens de production, 51
Biens et services, 51
Capital humain, 51
Capitalisme, 62
Consommation, 51
Courbe des possibilités de production, 51
Croissance économique, 56
Droit de propriété, 62
Échange monétaire, 63
Double coïncidence des besoins, 63
Instrument d'échange, 63
Libre entreprise, 62

Monnaie, 63
Production, 51
Productivité, 61
Progrès technique, 56
Propriété, 62
Propriété intellectuelle, 62
Spécialisation, 59
Troc, 63

Figures clés

Figure 3.1   La courbe des possibilités de production d'Isabelle, 53
Figure 3.2   Le coût d'opportunité du tissu pour Isabelle, 54
Figure 3.3   Les possibilités de production d'Isabelle pour les biens d'équipement et les biens de consommation, 57

QUESTIONS DE RÉVISION

1 Comment la courbe des possibilités de production reflète-t-elle la rareté?

2 Comment la courbe des possibilités de production reflète-t-elle le coût d'opportunité?

3 Quels facteurs provoquent le déplacement de la courbe des possibilités de production : vers l'extérieur ? vers l'intérieur ?

4 Expliquez les conséquences de nos choix sur la croissance économique. Quel est le prix de la croissance économique ?

5 Pourquoi a-t-on intérêt à se spécialiser et à échanger ses produits avec d'autres producteurs ?

6 Quels sont les gains à l'échange de produits ou de services entre individus ?

7 D'où vient la nécessité de conventions sociales comme le droit de propriété et la monnaie ?

8 Pourquoi l'échange monétaire est-il plus efficace que le troc ?

PROBLÈMES

1 Supposez que des changements climatiques provoquent sur l'île d'Isabelle une augmentation de la récolte de maïs. Cette récolte se chiffrera ainsi :

Durée du travail (en heures par jour)	Quantité de maïs (en kilogrammes par mois)
0	0
2	60
4	100
6	120
8	130
10	140

Les possibilités de production de tissu restent les mêmes qu'au tableau 3.1.

a) Indiquez cinq points sur la nouvelle courbe des possibilités de production d'Isabelle.

b) Quels sont, pour Isabelle, les coûts d'opportunité du tissu et du maïs? Dressez-en la liste pour les cinq niveaux de production que vous avez indiqués ci-dessus.

c) Comparez le coût d'opportunité du maïs avec celui du tableau de la figure 3.2.

d) Pour Isabelle, le coût d'opportunité du maïs a-t-il augmenté? a-t-il diminué? ou est-il demeuré le même? Expliquez pourquoi.

2. Supposez que les possibilités de production de Jean s'établissent comme suit :

Maïs (en kilogrammes par mois)		Tissu (en mètres par mois)
6	et	0,0
5	et	0,5
4	et	1,0
3	et	1,5
2	et	2,0
1	et	2,5
0	et	3,0

Supposez également que les possibilités d'Isabelle soient les suivantes :

Maïs (en kilogrammes par mois)		Tissu (en mètres par mois)
3,0	et	0
2,5	et	1
2,0	et	2
1,5	et	3
1,0	et	4
0,5	et	5
0,0	et	6

Trouvez la quantité maximale de maïs et de tissu qu'Isabelle et Jean peuvent produire si chacun d'eux se spécialise dans l'activité pour laquelle il a le coût d'opportunité le plus bas.

3. Supposez qu'Isabelle soit devenue deux fois plus productive qu'elle ne l'était d'après le problème 2. Elle peut maintenant produire les quantités suivantes :

Maïs (en kilogrammes par mois)		Tissu (en mètres par mois)
6	et	0
5	et	2
4	et	4
3	et	6
2	et	8
1	et	10
0	et	12

a) Montrez les effets que l'accroissement de la productivité d'Isabelle provoque sur sa courbe des possibilités de production.

b) Ayant doublé sa productivité, Isabelle poura-t-elle encore profiter de sa spécialisation et de ses échanges avec Jean? Expliquez votre réponse.

c) Jean aura-t-il encore intérêt à effectuer des échanges avec Isabelle? Expliquez votre réponse.

CHAPITRE 4

L'offre et la demande

Objectifs du chapitre :

- Expliquer le mécanisme de détermination des prix.

- Expliquer les changements des prix.

- Expliquer comment sont déterminées les quantités achetées et vendues.

- Construire un barème de demande et tracer une courbe de demande.

- Construire un barème d'offre et tracer une courbe d'offre.

- Prévoir les variations des prix à partir du schéma de l'offre et de la demande.

Une balade en montagnes russes

UNE MONTÉE VERTIGINEUSE, UNE CHUTE ABRUPTE, UNE COURSE CAHOTANTE. On croirait une balade en montagnes russes. Détrompez-vous, ce sont là des termes qui sont souvent employés pour décrire l'évolution des prix. ■ On pourrait multiplier les exemples de dégringolades des prix. Vous vous rappelez peut-être le cas de la société Sony en 1979. Ce fabricant mettait sur le marché son «baladeur» de poche : un lecteur de cassettes muni de minuscules écouteurs. Il le baptisait «Walkman» et en fixait le prix à environ 300 $, ce qui en représenterait aujourd'hui plus de 500. Depuis lors, de nombreux fabricants ont copié le Walkman de Sony, si bien qu'on peut aujourd'hui s'en procurer un d'une qualité supérieure à celle du prototype de 1979 pour moins de 10 % du prix initial. Depuis l'arrivée du baladeur sur le marché, les ventes n'ont cessé d'augmenter chaque année. À quoi donc peut-on attribuer la chute continue de son prix ? Pourquoi l'augmentation des ventes n'a-t-elle pas permis, au contraire, de maintenir un prix élevé ? ■ La montée en flèche des prix est un autre phénomène courant. Prenons un exemple récent et connu de tous : le loyer des maisons et des appartements, particulièrement dans le centre des grandes villes. L'augmentation considérable des loyers n'a pas dissuadé les gens d'habiter dans le centre des villes. Au contraire, le nombre de ceux qui y logent est légèrement plus élevé qu'avant. Pourquoi cherche-t-on encore à se loger dans le centre des villes, alors que les loyers ont tant augmenté ? ■ Les fluctuations de certains prix, de saison en saison ou d'année en année, rappellent les courbes des montagnes russes. C'est ainsi que se comportent, par exemple, le prix du café, celui des fraises et ceux de nombreux produits agricoles. Pourquoi le prix du café varie-t-il, alors que les préférences des consommateurs pour le café changent peu ? ■ Si les changements de certains prix sont à l'image des montagnes russes, bon nombre de produits que nous achetons affichent, en revanche, des prix remarquablement stables. Les cassettes audio que nous écoutons à l'aide de nos baladeurs constituent un exemple. Leur prix n'a presque pas varié depuis dix ans, malgré la constante augmentation du nombre de cassettes vendues. Pourquoi l'accroissement des ventes n'a-t-il pas permis aux entreprises de hausser leur prix ? Et comment expliquer que nous achetions de plus en plus de cassettes audio, alors que leur prix n'a pas baissé ?

■ Pour répondre à ces questions ainsi qu'à d'autres du même genre, nous utiliserons les notions de demande et d'offre. Nous préciserons d'abord les facteurs qui déterminent la demande et l'offre de divers biens et services. Nous découvrirons alors comment l'action conjuguée de l'offre et de la demande détermine le prix de vente. La connaissance de cet outil théorique nous permettra de comprendre plusieurs phénomènes économiques importants qui ont des répercussions sur nos vies. Elle nous aidera même à prévoir l'évolution des prix.

La demande

La **quantité demandée** d'un bien ou d'un service représente la quantité du bien ou du service que les consommateurs envisagent d'acheter à un prix déterminé au cours d'une période donnée. La demande ne correspond pas aux désirs des individus. Les désirs des individus pour les biens et services sont illimités. Combien de fois n'avez-vous pas eu envie de ceci ou de cela, tout en vous disant : « Si seulement je pouvais me le permettre » ou « Si seulement le prix était abordable » ? La rareté garantit à coup sûr que beaucoup de nos désirs ne seront jamais satisfaits. La demande, par contre, reflète les choix particuliers que nous avons faits à propos des désirs à satisfaire. Si vous *demandez* quelque chose, c'est que vous avez décidé de l'acheter.

En fait, la quantité demandée ne correspond pas nécessairement à la quantité qu'on achète. La quantité réellement achetée et vendue s'appelle **quantité échangée**. Parfois, la quantité demandée dépasse la quantité des biens disponibles sur le marché. La quantité échangée est alors inférieure à la quantité demandée.

La quantité demandée se calcule sur une période donnée. Par exemple, supposons qu'une personne boive une tasse de café par jour. La quantité de café demandée par cette personne peut être exprimée comme 1 tasse par jour, 7 tasses par semaine, ou encore 365 tasses par année. En l'absence de toute indication de durée, il est impossible de déterminer si la quantité demandée est forte ou faible.

Les facteurs qui influent sur la quantité demandée

La quantité que les consommateurs désirent acheter d'un bien ou d'un service varie selon plusieurs facteurs, dont les plus importants sont les suivants :

- Le prix du bien
- Les prix des autres biens
- Le revenu des consommateurs
- La population
- Les préférences des consommateurs

La théorie de l'offre et de la demande permet de formuler des prédictions relatives aux prix auxquels les biens sont échangés et aux quantités achetées et vendues. Nous étudierons donc en premier lieu la relation entre la quantité demandée d'un bien et son prix. Pour étudier cette relation, nous supposerons que, à l'exception du prix du bien, tous les facteurs susceptibles d'influer sur les intentions d'achat des consommateurs sont constants. Nous pourrons alors nous poser la question : « Comment la quantité demandée d'un bien varie-t-elle avec le prix de ce bien ? »

La loi de la demande

La loi de la demande s'exprime comme suit :

Toutes choses étant égales par ailleurs, la quantité demandée d'un bien diminue au fur et à mesure que son prix augmente.

Comment expliquer que l'augmentation du prix entraîne une diminution de la quantité demandée ? Cela tient au fait qu'on peut habituellement remplacer un bien par un autre. À mesure que le prix d'un bien augmente, les gens achètent moins de ce bien et se tournent davantage vers un substitut quelconque qui satisfait pratiquement le même besoin.

Prenons comme exemple les cassettes vierges pour magnétophone. Plusieurs autres produits remplissent d'une certaine façon la même fonction qu'elles : les microsillons, les disques compacts, les cassettes préenregistrées, les émissions de radio et de télévision, les concerts, etc. Une cassette est vendue, disons, à un prix de 3 $. Si ce prix passe à 6 $ et que les prix des biens substituts ne changent pas, la quantité demandée de cassettes vierges va diminuer. Les gens achèteront plus de microsillons et de cassettes préenregistrées, mais moins de cassettes vierges. Par contre, si le prix des cassettes vierges baisse à 1 $ alors que les prix des substituts demeurent inchangés, on verra la quantité demandée de cassettes vierges augmenter et la demande de microsillons, de disques compacts et de cassettes préenregistrées diminuer.

Le barème de demande et la courbe de demande

Le **barème de demande** est un tableau qui exprime la quantité demandée en fonction du prix exigé, tous les autres facteurs susceptibles d'influer sur les intentions d'achat des consommateurs (prix des autres biens, revenu, population et préférences) étant maintenus constants.

Le tableau de la figure 4.1 constitue un barème de demande pour les cassettes vierges. On y voit que, quand celles-ci se vendent 1 $ chacune, la quantité demandée est de 9 millions de cassettes par semaine. Si le prix passe à 5 $ l'unité, la quantité demandée tombe à 2 millions de cassettes par semaine. Les autres lignes du tableau montrent les quantités demandées lorsque le prix d'une cassette varie entre 2 $ et 4 $.

Un barème de demande peut être illustré graphiquement en traçant une courbe de demande. Une **courbe de demande** est un graphique qui montre la relation existant entre la quantité demandée d'un bien et son prix ; tous les autres facteurs qui ont un effet sur les intentions d'achat des consommateurs sont maintenus constants. Le graphique de la figure 4.1 représente donc la courbe de demande de cassettes vierges. Il est d'usage de mesurer la quantité demandée en abscisse (c'est-à-dire sur l'axe horizontal) et le prix en ordonnée (axe vertical). Les points *a* à *e*, situés sur la courbe de demande, représentent alors les données qui apparaissent dans le barème de demande. Par exemple, le point *a* montre que la quantité demandée est de 9 millions de cassettes par semaine lorsque le prix est de 1 $ l'unité.

Le terme **demande** évoque la relation globale qui existe entre la quantité demandée d'un bien et son prix. La demande de cassettes vierges est donc décrite à la fois par le barème de demande et par la courbe de demande présentés à la figure 4.1.

Ce que le consommateur est prêt à payer

Il est possible d'examiner la courbe de demande d'un bien d'une autre façon. Celle-ci permet de voir le prix le plus élevé que les consommateurs sont prêts à payer pour se procurer la dernière unité de ce bien. Si la quantité disponible du bien est élevée, son prix sera bas ; à l'inverse, si elle est faible, son prix sera élevé. Par exemple, si 9 millions de cassettes sont en vente chaque semaine, les consommateurs seront prêts à payer 1 $ l'unité. Par contre, s'il n'y a que 2 millions de cassettes offertes chaque semaine, les consommateurs seront disposés à débourser jusqu'à 5 $ pour chaque cassette.

Afin de mieux saisir la portée de la courbe de demande, pensez à votre propre consommation de cassettes vierges. Sur une liste des prix unitaires possibles, vous pourriez indiquer le nombre de cassettes que vous seriez prêt à acheter par semaine à chaque prix. Maintenant, si vous appreniez qu'une seule cassette était mise en vente chaque semaine, vous pourriez indiquer combien vous seriez prêt à payer pour l'obtenir. Puis, dans l'éventualité où une deuxième cassette était offerte chaque semaine, vous pourriez décider du prix le plus élevé que vous seriez prêt à payer, et ainsi de suite. De cette manière, vous auriez établi votre propre barème de demande.

Figure 4.1 Le barème de demande et la courbe de demande

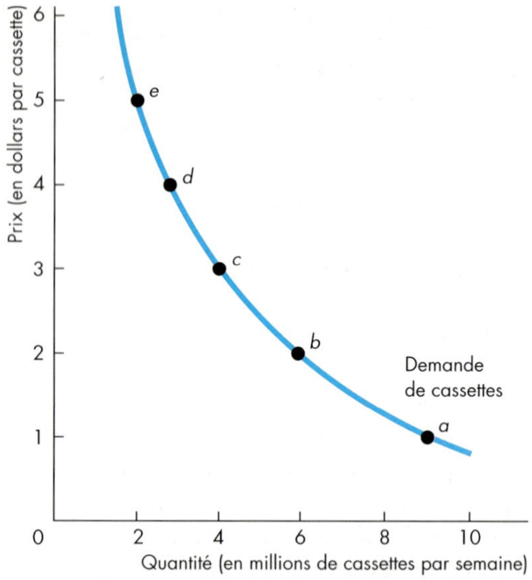

	Prix (en dollars par cassette)	Quantité (en millions de cassettes par semaine)
a	1	9
b	2	6
c	3	4
d	4	3
e	5	2

Le tableau montre un barème de demande. On y trouve la quantité demandée de cassettes pour chaque prix possible, tous les autres facteurs susceptibles d'influer sur les désirs des consommateurs étant maintenus constants. Quand le prix est de 1 $ la cassette, la quantité demandée est de 9 millions de cassettes par semaine ; quand le prix passe à 3 $, la quantité demandée chute à 4 millions par semaine. La courbe de demande illustre la relation entre la quantité demandée et le prix, tous les autres facteurs demeurant constants. Cette courbe est à pente négative : à mesure que le prix baisse, la quantité demandée augmente. On peut interpréter cette courbe de deux manières. Premièrement, elle indique la quantité que les gens ont l'intention d'acheter, à un prix donné. Par exemple, si le prix d'une cassette est de 3 $, la quantité demandée est de 4 millions de cassettes par semaine. Deuxièmement, la courbe de demande indique, pour une quantité donnée, le prix maximal que les consommateurs sont prêts à débourser pour la dernière cassette offerte sur le marché. Ainsi, le prix le plus élevé que le consommateur consent à payer pour la six millionième cassette sur le marché est de 2 $.

L'évolution de la demande

Pour construire un barème de demande et en tracer la courbe, nous avons supposé que, à l'exception du prix du bien, tous les autres facteurs susceptibles d'influer sur les intentions d'achat des consommateurs demeuraient constants. Voyons maintenant quels sont ces autres facteurs et quel effet chacun d'eux peut avoir sur le consommateur.

1. Les prix des autres biens. La quantité de cassettes que les consommateurs désirent acheter ne dépend pas uniquement du prix des cassettes. Elle dépend aussi du prix de certains autres biens. Ces autres biens appartiennent à deux catégories : les substituts et les compléments.

On appelle **substitut**, ou **bien substitut**, un bien qui peut être utilisé à la place d'un autre. Par exemple, vous pouvez prendre l'autobus plutôt que le train ; vous pouvez manger un hamburger plutôt qu'un hot-dog, ou encore une poire plutôt qu'une pomme. Comme nous l'avons vu, les cassettes audio peuvent avoir plusieurs substituts : les microsillons, les disques compacts, les reportages radiophoniques ou télévisés, les cassettes préenregistrées, les concerts, etc. Or, quand le prix d'un produit substitut augmente, les individus consomment moins de ce produit et achètent plus de cassettes. Ainsi, si le prix des microsillons double, on achètera moins de ceux-ci et la demande de cassettes augmentera. Inversement, si le prix d'un des substituts diminue, les gens en consommeront en plus grande quantité et ils achèteront moins de cassettes. Par exemple, en réponse à une baisse du prix des cassettes préenregistrées, on achètera davantage de ces dernières, et la demande de cassettes vierges fléchira.

Quel que soit le prix des cassettes vierges, toute variation du prix d'un des substituts aura des effets. Que le prix des cassettes vierges soit élevé ou bas, un changement du prix d'un des substituts entraînera les ajustements que nous venons de décrire. Cela aura pour effet de modifier l'ensemble du barème de demande des cassettes vierges et de déplacer la courbe de demande.

Un **complément**, ou **bien complémentaire**, est un bien qui est consommé avec un autre. Par exemple, les frites et les hamburgers sont des compléments. Il en va de même des spaghettis et de la sauce à la viande, des chaussures de course et des pantalons de jogging. Les cassettes ont, elles aussi, leurs compléments : les baladeurs, les magnétophones, les lecteurs de cassettes. Si le prix d'un de ces compléments augmente, les gens achèteront moins de cassettes. Si, par exemple, le prix des baladeurs double, les consommateurs en achèteront moins et, par conséquent, il se vendra moins de cassettes. Inversement, quand le prix d'un des biens complémentaires baisse, il se vend plus de cassettes. Par exemple, si le prix des baladeurs baisse de 50 %, il s'en vendra un plus grand nombre, ce qui fera augmenter le nombre de cassettes vendues. La demande de cassettes grimpera.

2. Le revenu des consommateurs. Le revenu des consommateurs a, lui aussi, une incidence sur la demande. Lorsque leurs revenus augmentent, les consommateurs augmentent leur demande de la plupart des biens. Par contre, quand leurs revenus diminuent, ils diminuent leur demande en conséquence.

Une hausse des revenus accroît la demande de la plupart des biens, mais non pas de tous. Les biens pour lesquels la demande s'accroît avec le revenu sont appelés **biens normaux**. Les repas au restaurant, les vêtements, le logement, les objets d'art, les vacances et les divertissements sont des exemples de biens normaux. Par contre, les biens pour lesquels la demande baisse lorsque le revenu augmente sont appelés **biens inférieurs**. On entend par là des produits qui, comme le riz et les pommes de terre, occupent une place importante dans l'alimentation des gens à faible revenu. À mesure que les revenus augmentent, la consommation de ces produits diminue parce qu'on les remplace par des produits plus coûteux comme la viande, les produits laitiers, etc.

3. La population. La demande dépend également de la taille de la population. Plus la population augmente et plus la demande de tous les biens et services s'accroît. Par contre, plus la population est faible et moins la demande de tous les biens et services est forte.

4. Les préférences des consommateurs. Enfin, la demande dépend des préférences des consommateurs. Les *préférences* désignent l'attitude ou les goûts des consommateurs pour les biens et services. Par exemple, un amateur de musique rock achètera davantage de cassettes audio qu'un bourreau de travail, aucunement porté sur la musique. À revenu égal, leur demande de cassettes sera très différente.

Il existe une différence fondamentale entre les préférences et les autres facteurs qui jouent sur la demande. Les préférences ne peuvent être observées directement. On peut toutefois observer le prix d'un bien, ou encore les prix de ses substituts et de ses compléments. On peut aussi observer la taille de la population et le revenu. Mais on ne peut connaître avec exactitude les préférences des individus. Les économistes tiennent pour acquis que les préférences changent lentement, ou pas du tout, et qu'elles sont indépendantes de tous les autres facteurs qui influent sur la demande.

Les divers facteurs qui influent sur la demande ainsi que la direction de leurs effets respectifs sont résumés au tableau 4.1.

Tableau 4.1 La demande de cassettes

Loi de la demande

La quantité de cassettes demandée...

diminue...
- si le prix des cassettes augmente.

augmente...
- si le prix des cassettes diminue.

Modification de la demande

La demande de cassettes...

diminue...
- Si le prix d'un substitut baisse.
- Si le prix d'un complément augmente.
- Si le revenu diminue.*
- Si la population diminue.

augmente...
- Si le prix d'un substitut augmente.
- Si le prix d'un complément diminue.
- Si le revenu augmente.*
- Si la population augmente.

* Une cassette est un bien normal.

Mouvement le long de la courbe de demande et déplacement de la courbe

Tout changement d'un des facteurs qui influe sur les intentions d'achat des consommateurs provoque soit un mouvement le long de la courbe de demande, soit un déplacement de la courbe. Examinons chacune de ces deux possibilités.

Mouvement le long de la courbe de demande Si le prix d'un bien varie alors que tous les autres facteurs demeurent constants, la quantité demandée du bien changera. Ce changement se traduit graphiquement par un mouvement le long de la courbe de demande. Par exemple, la figure 4.1 montre que, si le prix d'une cassette passe de 3 $ à 5 $, il y a mouvement le long de la courbe de demande, du point *c* au point *e*.

Déplacement de la courbe de demande Si le prix d'un bien demeure constant, alors qu'un des autres facteurs susceptibles d'influer sur les intentions d'achat des consommateurs varie, il y aura une modification de la demande du bien. Ce changement de la demande s'exprime graphiquement par un déplacement de la courbe de demande. Par exemple, une baisse prononcée du prix des baladeurs, qui constituent un complément aux cassettes, a pour effet d'accroître la demande de cassettes. Nous pouvons représenter cette hausse de la demande de cassettes par un nouveau barème et une nouvelle courbe de demande. À chaque niveau de prix, les consommateurs demandent maintenant une plus grande quantité de cassettes.

Le tableau de la figure 4.2 comprend des données fictives qui permettent d'illustrer le déplacement de la courbe. Ce tableau contient le barème de demande initial ainsi que le nouveau barème résultant de la baisse du prix des baladeurs. Quant au graphique de la figure 4.2, il illustre le déplacement de la courbe de demande. Avec la baisse du prix des baladeurs, la courbe de demande de cassettes se déplace vers la droite.

Modification de la demande et variation de la quantité demandée

À un prix donné, la quantité demandée est représentée par un point sur la courbe de demande. La courbe de demande entière représente la demande. Une **modification de la demande** se traduit par un déplacement de la courbe de demande, tandis qu'une **variation de la quantité demandée** se traduit par un mouvement le long de la courbe de demande.

La figure 4.3 illustre ces distinctions. Si le prix d'un bien baisse et qu'aucun autre facteur ne change, la quantité demandée de ce bien augmente, ce qui occasionne un mouvement vers le bas le long de la courbe de demande D_0. À l'inverse, si le prix augmente et que tous les autres facteurs demeurent constants, la quantité demandée diminue, et il y a un mouvement vers le haut le long de la courbe de demande D_0. Cependant, quand il y a un changement d'un ou de plusieurs des autres facteurs susceptibles d'influer sur les plans d'achat des consommateurs, la courbe de demande se déplace et il y a modification de la demande (à la hausse ou à la baisse). Dans le cas d'un bien normal, une hausse du revenu, de la taille de la population, du prix d'un substitut, ou une baisse du prix d'un complément susciteront un déplacement de la courbe de demande vers la droite (de D_0 en D_2). Il y aura alors hausse de la demande. Inversement, la courbe de demande se déplacera vers la gauche (de D_0 à D_1) s'il y a une diminution du revenu de la population, du prix d'un substitut ou une augmentation du prix d'un complément. Il y aura alors diminution de la demande.

À RETENIR

La quantité demandée d'un bien représente la quantité de ce bien que les consommateurs désirent acheter au cours d'une période donnée et à un prix déterminé. Toutes choses étant égales par ailleurs, la quantité demandée d'un bien augmente quand le prix de celui-ci diminue. On peut représenter la demande par un barème de demande ou par une courbe de demande qui

Figure 4.2 Modification du barème de demande et déplacement de la courbe de demande

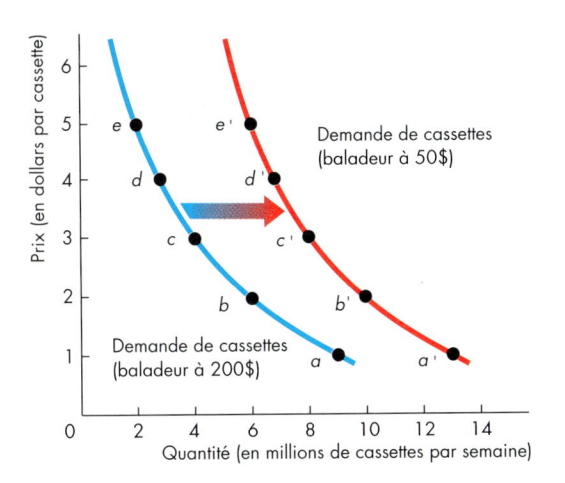

Toute variation d'un des facteurs autres que le prix d'un bien, susceptibles d'influencer les acheteurs, conduit à un nouveau barème de demande et provoque un déplacement de la courbe de demande du bien. Ici, une chute du prix du baladeur (un complément aux cassettes) fait augmenter la demande de cassettes. Ainsi, à 3 $ la cassette (ligne c du tableau), la quantité demandée de cassettes est de 4 millions par semaine si le baladeur coûte 200 $, et de 8 millions par semaine s'il coûte 50 $. La courbe de demande de cassettes se déplace vers la droite, suivant le sens de la flèche, et elle correspond alors à la nouvelle courbe rouge.

	Barème de demande initial (baladeur à 200 $)			Nouveau barème de demande (baladeur à 50 $)	
	Prix (en dollars par cassette)	Quantité (en millions de cassettes par semaine)		Prix (en dollars par cassette)	Quantité (en millions de cassettes par semaine)
a	1	9	a'	1	13
b	2	6	b'	2	10
c	3	4	c'	3	8
d	4	3	d'	4	7
e	5	2	e'	5	6

Figure 4.3 Modification de la demande et variation de la quantité demandée

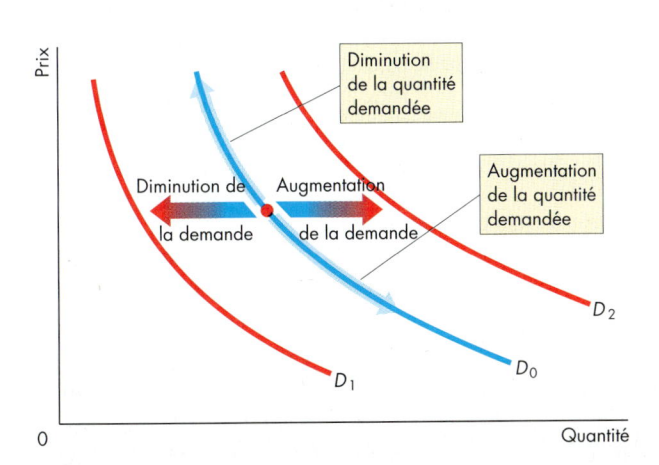

La variation du prix d'un bien entraîne un mouvement le long de la courbe de demande et une *variation de la quantité demandée*. Par exemple, sur la courbe de demande D_0, une hausse du prix provoque une diminution de la quantité demandée, tandis qu'une baisse du prix produit une augmentation de la quantité demandée. Les flèches qui apparaissent sur la courbe de demande D_0 indiquent des mouvements le long de la courbe de demande. Si l'un des autres facteurs susceptibles d'influer sur la demande varie de manière à faire augmenter la quantité que les consommateurs ont l'intention d'acheter, la courbe de demande se déplace vers la droite (de D_0 à D_2) et il y a *augmentation de la demande*. À l'inverse, si l'un de ces facteurs change la demande et a pour effet de réduire la quantité que les consommateurs ont l'intention d'acheter, il y aura déplacement de la courbe de demande vers la gauche (de D_0 à D_1) et *diminution de la demande*.

indique la quantité demandée à chaque niveau de prix. La demande désigne soit la quantité d'un bien que les consommateurs souhaitent acheter à chaque prix, soit le prix le plus élevé qu'ils sont prêts à payer pour se procurer la dernière unité du bien. La demande s'accroît lorsque s'élève le prix d'un substitut, que diminue le prix d'un complément ou qu'augmente la population. À l'inverse, la demande décroît si le prix d'un substitut diminue, si le prix d'un complément augmente ou si la population décroît.

Pour un bien normal, la demande s'accroît si le revenu augmente et décroît s'il baisse. Pour un bien inférieur, la demande diminue si le revenu augmente, et elle augmente si le revenu diminue.

Quand le prix d'un bien varie mais que tous les autres facteurs pouvant influer sur les intentions d'achat des consommateurs demeurent constants, la variation de la quantité demandée du bien est représentée par un mouvement le long de la courbe de demande. Tout changement d'un des autres facteurs provoque un déplacement de la courbe de demande.

L'offre

La **quantité offerte** d'un bien représente la quantité que les producteurs ont l'intention de vendre au cours d'une certaine période, compte tenu du prix qui prévaut sur le marché. La quantité offerte n'équivaut pas nécessairement à la quantité qui sera réellement vendue ou échangée. Les consommateurs peuvent contrecarrer les plans de vente des entreprises en achetant moins que la quantité planifiée par les entreprises. Tout comme la quantité demandée, la quantité offerte se calcule sur une période donnée.

Quels facteurs déterminent la quantité offerte?

La quantité offerte d'un bien dépend du nombre d'entreprises qui offrent ce bien et des plans de chacune d'elles. À son tour, la quantité qu'une entreprise inscrit dans ses plans de vente dépend de plusieurs facteurs, dont les suivants:

- Le prix du bien
- Les prix des autres biens
- Les prix des facteurs de production
- La technologie disponible

Puisque la théorie de l'offre et de la demande permet de formuler des prévisions relatives aux prix et aux quantités échangées, nous nous attarderons d'abord sur la relation entre le prix d'un bien et la quantité offerte de ce bien. Aux fins de cette étude, nous supposerons que tous les autres facteurs susceptibles d'influer sur la quantité offerte sont constants. Comment la quantité offerte d'un bien varie-t-elle avec le prix de ce bien? C'est la question à laquelle nous répondrons maintenant.

La loi de l'offre

La loi de l'offre s'exprime comme suit:

Toutes choses étant égales par ailleurs, plus le prix d'un bien est élevé, plus la quantité offerte de ce bien sera élevée.

Comment expliquer que l'augmentation du prix entraîne un accroissement de la quantité offerte? La réponse à cette question repose sur la notion de rentabilité. Dans un contexte où les prix des divers facteurs de production demeurent constants, la hausse du prix d'un bien se traduit par un profit plus élevé pour le producteur. Des profits plus élevés incitent les producteurs à accroître la quantité qu'ils offrent. De plus, ils attirent d'autres producteurs.

Le barème d'offre et la courbe d'offre

Le **barème d'offre** est une liste des quantités offertes selon différents prix, tout autre facteur ayant une incidence sur les plans de vente des entreprises demeurant par ailleurs constant. Préparons un barème d'offre. À cette fin, nous étudierons comment la quantité offerte d'un bien varie en fonction de son prix, en gardant constants les prix des autres biens, les prix des facteurs de production et le degré de développement de la technologie.

Le tableau de la figure 4.4 représente un barème d'offre de cassettes vierges. Nous y voyons la quantité de cassettes offertes à chaque prix. Par exemple, à 1 $ l'unité, aucune cassette n'est offerte. Si le prix unitaire est de 4 $, on constate que 5 millions de cassettes seront offertes chaque semaine.

Le barème d'offre peut être illustré graphiquement en traçant une courbe d'offre. Une **courbe d'offre** est un graphique qui montre la relation entre la quantité offerte d'un bien et le prix de ce bien, toutes choses étant égales par ailleurs. En utilisant les chiffres du tableau, nous pouvons tracer la courbe d'offre de cassettes. Le point *d*, par exemple, montre que la quantité offerte sera de 5 millions de cassettes par semaine si le prix s'établit à 4 $ l'unité.

L'OFFRE

Figure 4.4 Le barème d'offre et la courbe d'offre

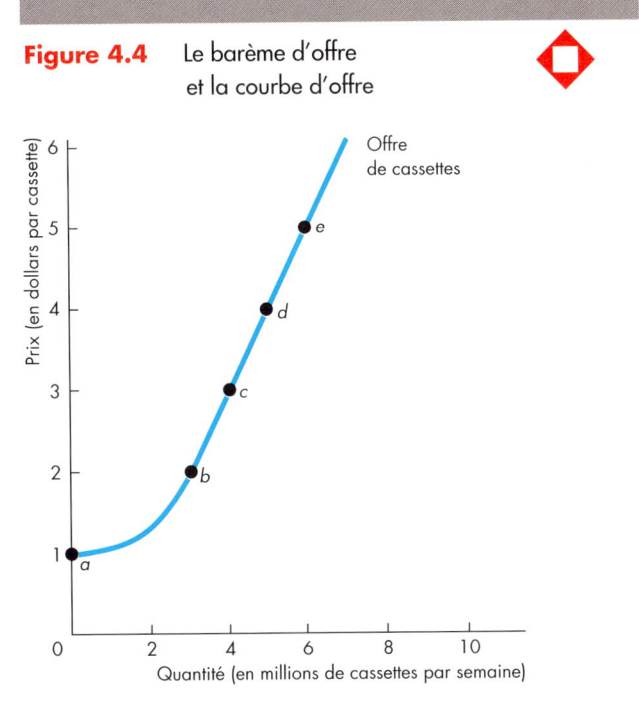

	Prix (en dollars par cassette)	Quantité (en millions de cassettes par semaine)
a	1	0
b	2	3
c	3	4
d	4	5
e	5	6

Ce tableau représente le barème d'offre de cassettes. On y voit par exemple que, quand le prix des cassettes est de 2 $ l'unité, la quantité offerte est de 3 millions par semaine; quand la cassette coûte 5 $, la quantité offerte est de 6 millions par semaine. La courbe d'offre illustre la relation entre la quantité offerte d'un bien et son prix, toutes choses étant égales par ailleurs. La courbe d'offre est généralement à pente positive : le prix et la quantité offerte du bien augmentent simultanément. La courbe d'offre se lit de deux façons. À un prix donné, elle indique d'abord la quantité que les producteurs souhaitent vendre. Ainsi, à 3 $ l'unité, les producteurs ont l'intention de vendre 4 millions de cassettes par semaine. La courbe d'offre donne aussi le prix le plus bas auquel une quantité donnée sera mise en vente. Par exemple, il faudra un prix minimal de 3 $ l'unité pour qu'il y ait une offre de 4 millions de cassettes par semaine.

Le prix de vente minimal

Tout comme la courbe de demande, la courbe d'offre peut s'interpréter de deux façons. Jusqu'ici, nous avons vu dans le barème d'offre et la courbe d'offre une façon de représenter la quantité d'un bien que les entreprises offrent en fonction du prix. Mais on peut aussi voir la courbe d'offre d'un bien comme un moyen d'indiquer le prix minimal auquel peut être offerte la dernière unité du bien. En considérant sous cet angle le barème d'offre, nous pouvons nous demander quel est le prix le plus bas auquel les entreprises sont disposées à offrir une quantité donnée d'un bien. Pour offrir chaque semaine 3 millions de cassettes, les entreprises doivent obtenir un prix de 2 $ l'unité au moins. Pour en offrir chaque semaine 5 millions, elles doivent obtenir au moins 4 $ l'unité.

Modification de l'offre

Le terme **offre** désigne l'ensemble de la relation qui existe entre la quantité offerte d'un bien et son prix. Dans la figure 4.4, nous avons illustré de deux façons l'offre de cassettes : par le barème d'offre et par la courbe d'offre. Pour les préparer, nous avons maintenu constants tous les autres facteurs qui peuvent avoir un effet sur les plans des offreurs. Penchons-nous maintenant sur ces autres facteurs.

1. Les prix des autres biens. Les prix des autres biens peuvent influer sur l'offre d'un bien. Si, par exemple, une même chaîne de montage peut produire des voitures sport ou des berlines, le nombre de berlines produites dépendra du prix de vente des voitures sport et, inversement, le nombre de voitures sport produites sera fonction du prix des berlines. Du point de vue de la production, ce sont des substituts. Toute augmentation du prix d'un *substitut de production* entraîne une diminution de l'offre.

Par ailleurs, du point de vue de la production, deux biens sont des compléments s'ils sont obligatoirement produits ensemble. Il y a plusieurs exemples de *compléments de production*, particulièrement dans l'industrie des produits chimiques. On peut penser aux produits chimiques obtenus à partir du charbon : coke, goudron, nylon et bon nombre d'autres produits de synthèse. Toute augmentation du prix d'un de ces sous-produits provoque un accroissement de l'offre des autres sous-produits.

Les cassettes vierges, si elles n'ont pas de compléments de production évidents, ont en revanche un substitut : les cassettes préenregistrées. Une augmentation du prix des cassettes préenregistrées provoque un fléchissement de l'offre de cassettes vierges.

2. Les prix des facteurs de production. Les prix des facteurs de production qui entrent dans la fabrication d'un bien auront aussi un effet important sur l'offre de ce bien. Ainsi, une hausse des prix de la main-d'œuvre et du capital utilisés dans la production des cassettes auront pour effet de diminuer l'offre de cassettes.

Tableau 4.2   L'offre de cassettes

Loi de l'offre

La quantité de cassettes offerte...

diminue...
- si le prix des cassettes diminue.

augmente...
- si le prix des cassettes augmente.

Modification de l'offre

L'offre de cassettes...

diminue...
- Si le prix d'un substitut de production augmente.
- Si le prix d'un complément de production diminue.
- Si le prix d'un facteur utilisé dans la fabrication des cassettes augmente.

augmente...
- Si le prix d'un substitut de production baisse.
- Si le prix d'un complément de production augmente.
- Si le prix d'un facteur utilisé dans la fabrication des cassettes diminue.
- Si des techniques de production plus efficaces sont découvertes.

3. La technologie disponible. En réduisant la quantité utilisée de facteurs de production ainsi que leurs prix, le progrès technique permet aux producteurs d'abaisser leurs coûts de production et d'augmenter leur offre. Par exemple, en mettant au point de nouvelles techniques de fabrication des cassettes, les sociétés Sony et 3M ont largement diminué leurs coûts de production, ce qui a contribué à augmenter l'offre de cassettes.

Les facteurs qui influent sur l'offre sont résumés au tableau 4.2.

Mouvement le long de la courbe d'offre et déplacement de la courbe

Toute variation d'un des facteurs qui influent sur les producteurs provoque soit un mouvement le long de la courbe d'offre, soit un déplacement de cette courbe.

Mouvement le long de la courbe d'offre   La variation du prix d'un bien, tous les autres facteurs qui ont une incidence sur les plans de vente des offreurs demeurant constants, produira un mouvement le long de la courbe d'offre. Par exemple, si le prix d'une cassette passe de 3 $ à 5 $, il y aura un mouvement le long de la courbe d'offre du point c (4 millions de cassettes par semaine) au point e (6 millions de cassettes par semaine), comme le montre la figure 4.4.

Déplacement de la courbe d'offre   Si le prix d'un bien reste inchangé mais qu'un autre facteur ayant une incidence sur les plans de vente des offreurs varie, il y aura modification de l'offre et déplacement de la courbe. Comme nous l'avons déjà mentionné, le progrès technique permet de réduire les coûts de production des cassettes et d'en augmenter l'offre, ce qui modifie le barème d'offre. Le tableau de la figure 4.5 contient des données fictives qui illustrent ce phénomène. On y voit deux barèmes d'offre : le barème initial, fondé sur l'«ancienne» technique, et le nouveau barème, issu de la «nouvelle» technique. Avec la nouvelle technique, la quantité de cassettes offerte augmente à chaque prix. Le graphique de la figure 4.5 illustre le déplacement de la courbe d'offre qui en résulte. Les techniques de production s'améliorant, la courbe d'offre de cassettes se déplace vers la droite.

Modification de l'offre et variation de la quantité offerte

Chaque point sur la courbe d'offre représente la quantité offerte à un prix donné. L'ensemble de la courbe d'offre représente l'offre. Une **modification de l'offre** se traduit par un déplacement de la courbe d'offre, tandis qu'une **variation de la quantité offerte** se traduit par un mouvement le long de la courbe d'offre.

La figure 4.6 illustre et résume ces distinctions. Quand le prix d'un bien baisse et qu'aucun autre facteur ne change, il y a diminution de la quantité offerte du bien, ce qui se traduit par un mouvement vers le bas le long de la courbe d'offre O_0. Quand le prix d'un bien augmente, toutes choses étant égales par ailleurs, il se produit une hausse de la quantité offerte, ce qui se traduit par un mouvement vers le haut le long de la courbe d'offre O_0. Si l'un des autres facteurs susceptibles d'influer sur les producteurs varie, la courbe d'offre se déplace et il y a modification de l'offre. Si la courbe d'offre initiale est O_0, un changement technique qui réduit la quantité de facteurs utilisés dans la production d'un bien fera augmenter l'offre et déplacer la courbe d'offre vers la droite (de O_0 à O_2). En revanche, si les coûts de production augmentent, l'offre fléchira et la courbe d'offre se déplacera vers la gauche (de O_0 à O_1).

Figure 4.5 Modifcation du barème d'offre et déplacement de la courbe d'offre

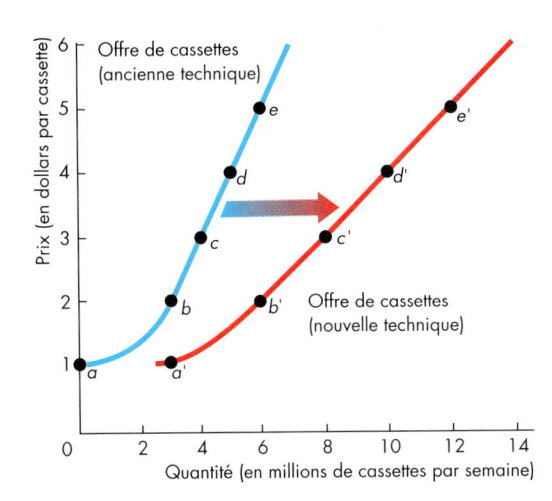

	Ancienne technique			**Nouvelle technique**	
	Prix (en dollars par cassette)	Quantité (en millions de cassettes par semaine)		Prix (en dollars par cassette)	Quantité (en millions de cassettes par semaine)
a	1	0	a'	1	3
b	2	3	b'	2	6
c	3	4	c'	3	8
d	4	5	d'	4	10
e	5	6	e'	5	12

Si le prix d'un bien demeure constant alors qu'un autre facteur susceptible d'influer sur l'offre varie, il y aura un nouveau barème d'offre et la courbe d'offre se déplacera. Par exemple, si Sony et 3M mettent au point une technique qui permet de produire les cassettes à des coûts plus bas, le barème d'offre change, comme le montre le tableau. À un prix de 3 $ l'unité, les producteurs planifiaient une vente hebdomadaire de 4 millions de cassettes avec l'ancienne technique; ils planifient maintenant une vente hebdomadaire de 8 millions de cassettes avec la nouvelle technique. Le progrès technique fait augmenter l'offre de cassettes et déplacer la courbe d'offre de cassettes vers la droite.

Figure 4.6 Modification de l'offre et variation de la quantité offerte

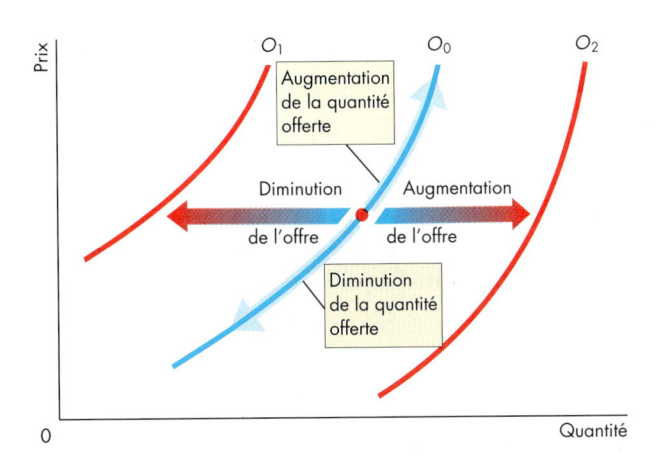

La variation du prix d'un bien entraîne un mouvement le long de la courbe d'offre et une variation de la quantité offerte. Par exemple, sur la courbe d'offre O_0, une hausse du prix provoque un accroissement de la quantité offerte, tandis qu'une baisse du prix provoque une diminution de la quantité offerte. C'est ce que signalent les flèches tracées sur la courbe O_0. Si un autre des facteurs susceptibles d'influer sur l'offre fait augmenter la quantité que les producteurs ont l'intention de vendre, la courbe d'offre se déplace alors vers la droite, de O_0 à O_2, et *l'offre augmente*. À l'inverse, si un de ces facteurs varie de manière à susciter une diminution de la quantité que les producteurs sont disposés à vendre, la courbe d'offre se déplace vers la gauche, de O_0 à O_1, et *l'offre diminue*.

À RETENIR

La quantité offerte d'un bien est la quantité que les producteurs ont l'intention de vendre au cours d'une période donnée à un prix déterminé. La quantité offerte s'accroît avec le prix, toutes choses étant égales par ailleurs. L'offre peut être représentée soit par un barème, soit par une courbe, qui décrivent la relation entre la quantité offerte d'un bien et son prix. L'offre représente la quantité qui sera offerte à chaque niveau de prix possible, ou encore le prix le plus bas auquel les producteurs offriront la dernière unité du bien. L'offre augmente si le prix d'un substitut de production baisse, si le prix d'un complément de production augmente, si le prix des facteurs de production diminue ou si le progrès technique réduit les coûts de production. Lorsque le prix d'un bien varie alors que tous les autres facteurs qui influent sur les plans des producteurs restent constants, il y a variation de la quantité offerte, qui est représentée par un mouvement le long de la courbe d'offre. Toute modification d'un des autres facteurs qui ont une incidence sur les plans des producteurs a pour effet de déplacer la courbe d'offre. Les variations des prix des substituts et des compléments de production, des prix des facteurs de production, ou les améliorations techniques font déplacer la courbe d'offre. On dit alors qu'il y a modification de l'offre.

■ ■ ■

Maintenant que nous sommes familiarisés avec la demande et l'offre, réunissons ces deux concepts et examinons de quelle façon les prix sont déterminés.

La détermination des prix

Nous avons vu que la hausse du prix d'un bien entraîne une réduction de la quantité demandée et une augmentation de la quantité offerte de ce bien. Nous verrons maintenant comment les prix s'ajustent de manière à ce que les quantités demandées et offertes soient égales.

Le rôle régulateur des prix

Le prix d'un bien détermine les quantités demandées et offertes de ce bien. Si le prix est trop élevé, la quantité offerte dépasse la quantité demandée. Inversement, si le prix est trop bas, la quantité demandée excède la quantité offerte. Il existe un seul prix pour lequel la quantité demandée est égale à la quantité offerte. Examinons de quelle façon ce prix est déterminé. Chemin faisant, nous découvrirons que les forces du marché poussent le prix vers le niveau où la quantité demandée est égale à la quantité offerte.

La figure 4.7 réunit le barème et la courbe de demande de la figure 4.1, de même que le barème et la courbe d'offre de la figure 4.4. Nous y remarquons que, si le prix d'une cassette est de 1 $, les consommateurs demandent chaque semaine 9 millions de cassettes, alors qu'aucune cassette n'est produite. La quantité de cassettes demandée par semaine dépasse de 9 millions la quantité offerte. Cette *demande excédentaire*, qui se traduit par une pénurie de cassettes sur le marché, est enregistrée dans la dernière colonne du tableau. Lorsque le prix d'une cassette s'établit à 2 $, l'excédent de demande subsiste toujours, mais celui-ci n'est plus que de 3 millions de cassettes par semaine. Par contre, quand le prix passe à 4 $ la cassette, la quantité offerte excède la quantité demandée. La quantité offerte est de 5 millions de cassettes par semaine et la quantité demandée est de 3 millions. Il y a donc chaque semaine une *offre excédentaire*, ou surplus, de 2 millions de cassettes. En réalité, il n'existe qu'un seul prix où il n'y a ni pénurie ni surplus. Ce prix est de 3 $ par cassette. À ce prix, la quantité demandée correspond exactement à la quantité offerte, soit 4 millions de cassettes par semaine. Ce nombre représente également la quantité échangée de cassettes.

Nous avons illustré, à l'aide du graphique de la figure 4.7, le fonctionnement du marché des cassettes vierges. Ce graphique contient à la fois la courbe de demande de la figure 4.1 et la courbe d'offre de la figure 4.4. Ces deux courbes se croisent en un point qui correspond à un prix de 3 $ par cassette. La quantité échangée est alors de 4 millions de cassettes par semaine. Pour tout prix supérieur à 3 $, la quantité offerte dépasse celle qui est demandée. Il y a donc un surplus de cassettes. Ainsi, lorsque le prix d'une cassette est de 4 $, il y a un surplus de 2 millions de cassettes par semaine, qui est indiqué par la flèche du haut. Par contre, si le prix d'une cassette est inférieur à 3 $, la quantité demandée dépasse la quantité offerte. Ainsi, pour un prix de 2 $ par cassette, on a une pénurie de 3 millions de cassettes par semaine, qui est indiqué par la flèche du bas.

L'équilibre

Dans le chapitre 1, nous avons défini un *équilibre* comme une situation où des forces opposées se compensent réciproquement. Il s'agit d'une situation où chaque personne effectue le meilleur choix possible compte tenu des ressources existantes et des décisions prises par les autres. Il y a donc équilibre lorsque, dans un système, le prix est tel que les forces opposées se compensent. Le **prix d'équilibre** est le prix auquel la quantité demandée est égale à la quantité offerte. Pour comprendre pourquoi il s'agit là d'un équilibre, il nous faut examiner de plus près le comportement des acheteurs et celui des vendeurs. Analysons d'abord celui des acheteurs.

La courbe de demande et la disposition des acheteurs à payer
Supposons que les cassettes vierges se vendent 2 $ chacune. À ce prix, les producteurs inscrivent 3 millions de cassettes par semaine dans leurs plans de vente. Comme les consommateurs ne peuvent obliger les producteurs à offrir plus de cassettes qu'ils ne veulent en vendre, la quantité vendue sera de 3 millions de cassettes. Quel prix maximal les consommateurs sont-ils disposés à payer chaque semaine pour obtenir la dernière cassette? La réponse se trouve sur la courbe de demande illustrée à la figure 4.7; ils seront prêts à payer 4 $.

LA DÉTERMINATION DES PRIX 81

Figure 4.7 L'équilibre

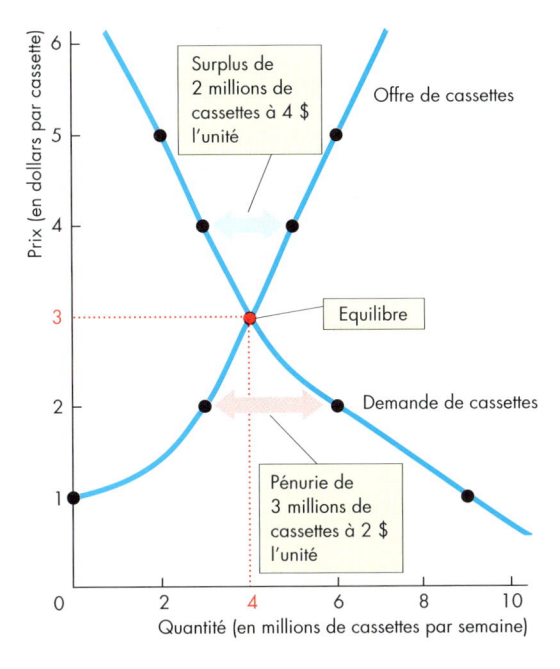

Le tableau contient les quantités demandées et les quantités offertes de cassettes en fonction de leur prix. La dernière colonne indique, pour chaque niveau de prix, s'il y a pénurie ou surplus. (Les quantités précédées du signe – expriment des pénuries, tandis que celles qui sont précédées du signe + représentent des surplus.) Quand le prix unitaire des cassettes est de 2 $, la quantité demandée est de 6 millions par semaine et la quantité offerte de 3 millions. Il y a donc pénurie de 3 millions de cassettes, ce qui exerce une pression à la hausse sur le prix. Quand la cassette se vend 4 $, la quantité demandée est de 3 millions par semaine et la quantité offerte de 5 millions. Il en résulte un surplus de 2 millions de cassettes par semaine, ce qui fait baisser le prix. Quand enfin le prix s'établit à 3 $, la quantité offerte et la quantité demandée sont toutes deux égales à 4 millions de cassettes par semaine : il n'y a ni surplus ni pénurie. Les consommateurs et les producteurs n'ont alors aucun avantage à faire varier le prix. Le prix auquel la quantité demandée est égale à la quantité offerte représente le prix d'équilibre.

Prix (en dollars par cassette)	Quantité demandée (en millions de cassettes par semaine)	Quantité offerte (en millions de cassettes par semaine)	Pénurie (-) ou surplus (+) (en millions de cassettes par semaine)
1	9	0	-9
2	6	3	-3
3	4	4	0
4	3	5	+2
5	2	6	+4

Si le prix est de 2 $ l'unité, la quantité de cassettes demandée sera de 6 millions par semaine, ce qui représente un excédent de 3 millions par rapport à l'offre. Dans une telle situation, le prix ne pourra se maintenir à 2 $. Les consommateurs désirent plus de cassettes que la quantité offerte à ce prix. Ils sont prêts à payer jusqu'à 4 $ la cassette, ce qui fera monter le prix. Si la quantité offerte demeure à 3 millions de cassettes par semaine, le prix grimpera jusqu'à 4 $ l'unité.

En fait, il ne sera pas nécessaire que le prix monte autant puisque la quantité offerte augmentera avec le prix. Le prix d'une cassette passera de 2 $ à 3 $, et la quantité offerte atteindra 4 millions de cassettes par semaine. À 3 $ la cassette, il y a équilibre puisque les acheteurs peuvent se procurer la quantité de cassettes qu'ils désirent et que les producteurs peuvent écouler la quantité inscrite dans leurs plans de vente. Personne, par conséquent, n'a intérêt à faire monter le prix.

La courbe d'offre et le prix de vente minimal Supposons que le prix d'une cassette soit de 4 $ l'unité. La quantité demandée est alors de 3 millions de cassettes par semaine. Comme les producteurs ne peuvent forcer les consommateurs à en acheter plus, la quantité de cassettes achetées chaque semaine est de 3 millions. Pour cette quantité, les producteurs sont disposés à accepter un prix inférieur à 4 $ l'unité. En fait, la courbe d'offre de la figure 4.7 montre que les offreurs sont prêts à céder chaque semaine, au prix de 2 $, la trois millionième cassette. À 4 $ la cassette, ils aimeraient en vendre 5 millions par semaine. Comme les producteurs désirent vendre plus de 3 millions de cassettes par semaine si le prix est de 4 $, et qu'ils sont disposés à céder au prix de 2 $ la trois millionième cassette, ils se disputeront la clientèle pour obtenir une plus grande part du marché. S'ils ne vendent que 3 millions de cassettes par semaine, ils réduiront leur prix jusqu'à 2 $.

En réalité, les producteurs n'ont pas besoin de baisser leur prix jusqu'à 2 $ l'unité, parce que toute réduction de prix entraîne une augmentation de la quantité demandée. Lorsque le prix baisse à 3 $ la cassette, la quantité demandée monte à 4 millions de cassettes par semaine, ce qui représente exactement la quantité que les producteurs souhaitent vendre à ce prix. Lorsque le prix atteint 3 $ la cassette, les producteurs n'ont plus intérêt à le baisser davantage.

La «meilleure affaire» possible pour les acheteurs et les vendeurs Les deux situations que nous venons d'examiner conduisent à des changements de prix. Dans le premier cas, il s'exerce une pression à la hausse sur le prix initial de 2 $. Dans le second cas, le prix initial est de 4 $ et les producteurs se disputent la clientèle, ce qui fait baisser le prix. Dans les deux cas, le prix varie jusqu'à ce qu'il en coûte 3 $ par cassette. À ce prix, la quantité demandée et la quantité offerte de cassettes sont égales, et il n'est avantageux pour personne de proposer un prix différent. Les consommateurs paient ce qu'ils sont disposés à payer pour les dernières unités achetées et les producteurs vendent au prix le plus bas qu'ils puissent accepter. Le prix ainsi atteint sur le marché est le prix d'équilibre : celui où la quantité demandée est égale à la quantité offerte.

À RETENIR

Lorsque les plans des acheteurs et des vendeurs correspondent exactement, c'est-à-dire lorsque la quantité demandée est égale à la quantité offerte, on dit que le prix proposé est un prix d'équilibre. *En dessous* de ce prix d'équilibre, la quantité demandée dépasse la quantité offerte : les acheteurs sont disposés à payer plus cher et les vendeurs exigent un prix plus élevé, de sorte que le prix monte. *Au-dessus* du prix d'équilibre, la quantité offerte excède la quantité demandée : les consommateurs ne consentent qu'à payer un prix plus bas et les producteurs sont eux-mêmes prêts à vendre moins cher, de sorte que le prix baisse. C'est seulement lorsque la quantité demandée et la quantité offerte seront égales qu'il n'y aura plus de pression sur le prix. Au prix d'équilibre, la quantité échangée est égale à la fois à la quantité demandée et à la quantité offerte.

∎ ∎ ∎

La théorie de l'offre et de la demande, que nous venons d'étudier sommairement, constitue l'un des principaux outils de l'analyse économique. Mais il n'en a pas toujours été ainsi. Il y a seulement un siècle, les meilleurs économistes ne maniaient pas bien ces notions qu'un débutant en économique saisit pourtant facilement aujourd'hui. (Voir la rubrique *L'évolution de nos connaissances*, pp. 84-85.)

Pour conclure ce chapitre, voyons comment la théorie de l'offre et de la demande peut nous aider à comprendre et même à prédire les variations de prix.

Les prédictions des variations dans les prix et les quantités échangées

La théorie de l'offre et de la demande nous permet d'analyser l'incidence de divers facteurs sur les prix et les quantités échangées. Selon cette théorie, toute variation d'un prix découle d'un changement de la demande ou de l'offre. Voyons d'abord les effets d'une modification de la demande.

Modification de la demande

Qu'arrive-t-il au prix et à la quantité échangée de cassettes, lorsque la demande de cassettes augmente ? Nous allons répondre à cette question à l'aide d'un exemple précis. Si le prix du baladeur, un complément des cassettes, passe de 200 $ à 50 $, la demande de cassettes augmente, comme nous pouvons le voir au tableau de la figure 4.8. Les trois premières colonnes expriment le barème de demande initial et le nouveau barème. Le tableau contient également le barème d'offre.

Le prix d'équilibre initial était de 3 $ par cassette. À ce prix, la quantité demandée et la quantité offerte étaient de 4 millions de cassettes par semaine. Quand la demande augmente, le prix d'équilibre passe à 5 $ l'unité. À ce prix, 6 millions de cassettes sont échangées chaque semaine. Donc, à la suite d'une hausse de la demande, le prix et la quantité échangée augmentent.

Nous illustrons ces variations à l'aide du graphique de la figure 4.8. On y voit d'abord la demande et l'offre initiales de cassettes. Le prix d'équilibre est alors de 3 $ l'unité, et la quantité échangée est de 4 millions de cassettes par semaine. Au fur et à mesure que la demande s'accroît, la courbe de demande se déplace vers la droite. On voit le prix d'équilibre passer à 5 $ l'unité et la quantité échangée s'élever à 6 millions de cassettes par semaine.

Examinons le cas inverse. À partir d'un prix de 5 $ l'unité et d'une quantité échangée de 6 millions de

Figure 4.8   Les effets d'une modification de la demande

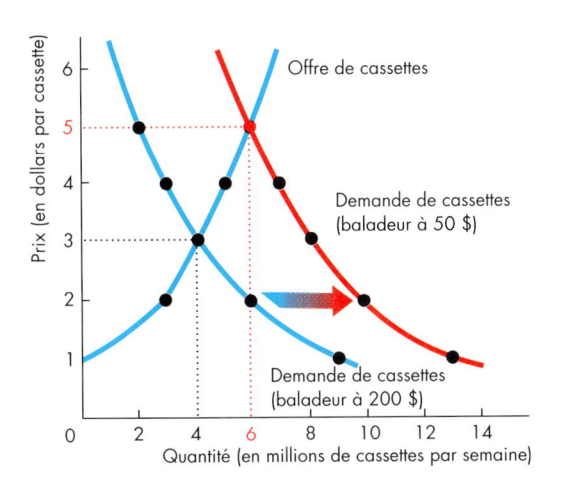

Lorsque le prix d'un baladeur est de 200 $, les quantités de cassettes demandées et échangées sont respectivement de 4 millions par semaine, au prix de 3 $ la cassette. Quand le prix du baladeur chute à 50 $, la quantité de cassettes demandée grimpe à 8 millions par semaine. Si le prix des cassettes se maintient à 3 $, il y aura une pénurie de 4 millions de cassettes par semaine. Les quantités de cassettes demandées et offertes sont égales lorsque le prix est de 5 $ la cassette ; la quantité échangée s'établit alors à 6 millions de cassettes par semaine. On voit que l'accroissement de la demande a fait grimper de 2 $ le prix d'équilibre et de 2 millions par semaine la quantité échangée.

Prix (en dollars par cassette)	Quantité demandée (en millions de cassettes par semaine) Baladeur à 200 $	Baladeur à 50 $	Quantité offerte (en millions de cassettes par semaine)
1	9	13	0
2	6	10	3
3	4	8	4
4	3	7	5
5	2	6	6

cassettes par semaine, on peut prévoir ce qui se produira si la demande fléchit jusqu'à rejoindre son niveau initial. Une diminution de la demande entraînera une baisse du prix et de la quantité échangée. Nous pouvons donc formuler comme suit nos deux premières propositions théoriques ou prédictions :

- Si la demande s'accroît, le prix et la quantité échangée augmentent.
- Si la demande baisse, le prix et la quantité échangée diminuent.

Reportez-vous aux articles de la rubrique *Entre les lignes*, pages 88 à 91. Ils illustrent le mécanisme de l'offre et de la demande.

Modification de l'offre

Voyons maintenant ce qui se produit lorsque l'offre change. Partons encore une fois d'un prix initial de 3 $ l'unité et d'une quantité échangée de 4 millions de cassettes par semaine. Supposons maintenant que les sociétés Sony et 3M viennent de mettre au point une nouvelle technique qui permet de réduire les coûts de production des cassettes. Cela a pour effet de modifier le barème d'offre et de faire déplacer la courbe d'offre. Le tableau de la figure 4.9 (p. 86) contient le nouveau barème d'offre (celui-là même que nous avions à la figure 4.5). Quel est le nouveau prix d'équilibre et la nouvelle quantité échangée ? La réponse apparaît en rouge dans le tableau de la figure : le prix tombe à 2 $ l'unité et la quantité échangée grimpe à 6 millions de cassettes par semaine. Pour mieux comprendre ce phénomène, on peut vérifier quelles étaient les quantités demandées et offertes à l'ancien prix de 3 $ la cassette, compte tenu du déplacement de l'offre. À ce prix, la quantité offerte serait de 8 millions de cassettes par semaine et il y aurait un surplus de cassettes exerçant une pression à la baisse sur le prix. C'est seulement au prix de 2 $ l'unité que la quantité demandée de cassettes est égale à la quantité offerte.

L'ÉVOLUTION DE NOS CONNAISSANCES

La loi de l'offre et de la demande : genèse d'une découverte

À partir de quoi fixe-t-on le prix d'un bien ou d'un service ? Pourquoi certaines ressources vitales, comme l'eau qu'on boit ou l'air qu'on respire, sont-elles gratuites alors qu'on paie si cher un produit de luxe tel que le diamant ? Pendant des siècles, on a cherché des réponses à ces questions. On les a finalement trouvées grâce à la découverte et à l'affinement des théories de l'offre, de la demande et du prix d'équilibre que nous étudions dans ce chapitre. C'est au cours des années 1890 que ces théories ont été mises au point.

Reportons-nous au début du 19e siècle. On envisage d'investir dans la construction de chemins de fer et, pour orienter les décisions, on fait appel à la théorie des prix qui a cours à l'époque. Les économistes croyaient alors que c'étaient les coûts de production qui déterminaient les prix. On prévoit donc que le prix du transport ferroviaire s'ajustera aux coûts de construction du nouveau réseau et qu'un rendement raisonnable découlera de l'investissement proposé. Ainsi donc, on investit massivement dans ce nouveau mode de transport. Hélas, les taux de rendement s'avèrent nettement inférieurs aux prévisions. Pourquoi ? Où était donc l'erreur ? Ignorant tout des lois de l'offre et de la demande, on ne s'est pas rendu compte qu'une forte augmentation de l'offre des services ferroviaires en ferait chuter les prix et réduirait par le fait même le rendement de la mise de fonds. Retraçons ici les grandes étapes qui ont mené à la théorie de l'offre et de la demande.

Tout commence avec l'ouvrage d'Antoine-Augustin Cournot. Cournot (1801-1877) naît à Dijon, en France. En 1834, il devient professeur de mathématiques à l'université de Lyon. Quatre ans plus tard, il publie un livre intitulé *Recherches sur les principes mathématiques de la théorie des richesses*, dans lequel il formule la loi de la demande. L'exposé de Cournot est remarquablement précis. Toutefois, parce qu'il est écrit dans un langage mathématique alors mal connu des économistes, il n'exercera que beaucoup plus tard une réelle influence.

Antoine-Augustin Cournot

Alfred Marshall

L'ÉVOLUTION DE NOS CONNAISSANCES

C'est Arsène-Jules-Émile Juvenal Dupuit (1804-1866) qui, le premier, trace une courbe de demande. Tout comme Cournot, Dupuit est de nationalité française. Il apporte à la science économique une solide contribution, à titre d'ingénieur et à titre de théoricien de l'économie. En 1844, dans un texte intitulé *De la mesure de l'utilité des travaux publics*, il conçoit une courbe de demande, qu'il appelle « courbe de consommation ».

Quelques années plus tard et indépendamment des travaux de Dupuit, l'Irlandais Dionysius Lardner (1793-1859) découvre la loi de la demande, dont il fait aussi la première application pratique. Professeur de philosophie à l'université de Londres, Lardner publie en 1850 un livre intitulé *Railway Economy*, dans lequel il trace et utilise une courbe de demande des services de transport.

Fleeming Jenkin (1833-1885), lui aussi professeur de philosophie à l'université de Londres, est le premier à tracer simultanément une courbe de demande et une courbe d'offre, et à appliquer la théorie de l'offre et de la demande pour déterminer un prix. Les deux courbes de Jenkin figurent dans un article de 1870, intitulé *The Graphic Representation of the Laws of Supply and Demand*. Jenkin est également le premier à utiliser les théories de l'offre et de la demande pour prévoir les effets des impôts, dans un article de 1872 intitulé *On the Principles Which Regulate the Incidence of Taxes*.

Bien d'autres chercheurs ont contribué à affiner la théorie de l'offre et de la demande. C'est cependant à Alfred Marshall (1842-1924) qu'on en doit la première formulation complète et approfondie, assez moderne pour être identifiée à celle que nous étudions dans ce chapitre. Professeur d'économie politique à l'université de Cambridge, Marshall publie en 1890 *Principles of Economics*, un monumental traité connu en français sous le titre *Principes d'économie politique*, qui fera autorité pendant presque un demi-siècle. Dans sa préface, l'auteur reconnaît sa dette envers Cournot et affirme que la théorie de l'offre et de la demande constitue un outil d'analyse général, applicable à tous les champs de l'économie.

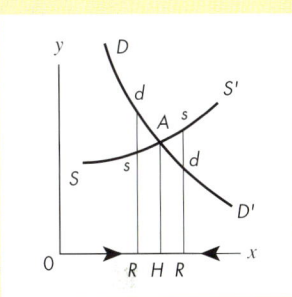

Dans son analyse, Marshall – pourtant très bon mathématicien – ne fait guère appel aux mathématiques ni même aux graphiques. Il relègue à une note en bas de page son exposé sur la détermination du prix d'équilibre et son diagramme de l'offre et de la demande. Nous reproduisons ici ce diagramme; même s'il est beaucoup moins éloquent que celui de la figure 4.7, vous remarquerez combien il s'en rapproche.[1]

---

[1] La courbe DD' est la courbe de demande. La courbe SS' est la courbe d'offre.

86 CHAPITRE 4 L'OFFRE ET LA DEMANDE

Figure 4.9 Les effets d'une modification de l'offre

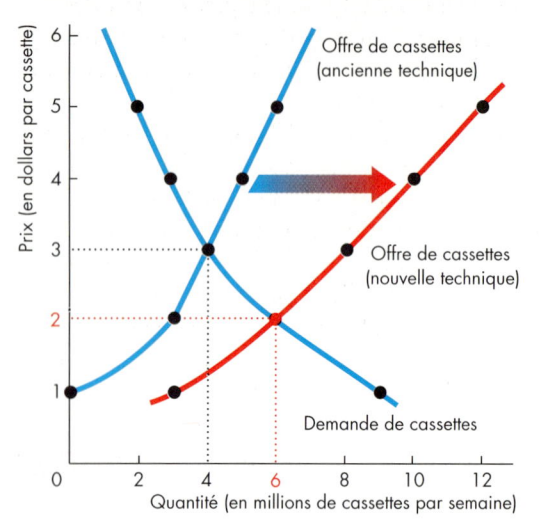

Prix (en dollars par cassette)	Quantité demandée (en millions de cassettes par semaine)	Quantité offerte (en millions de cassettes par semaine) Ancienne technique	Quantité offerte (en millions de cassettes par semaine) Nouvelle technique
1	9	0	3
2	6	3	6
3	4	4	8
4	3	5	10
5	2	6	12

Le recours à une nouvelle technique de production modifie le barème d'offre : à 3 $ la cassette, la quantité de cassettes offerte atteint 8 millions par semaine et dépasse la quantité demandée. Comme on le voit dans le tableau, quand le prix unitaire baisse à 2 $, la quantité demandée devient égale à la quantité offerte, soit 6 millions de cassettes par semaine. Avec l'ancienne technique, la courbe d'offre coupait la courbe de demande à un prix de 3 $ et à une quantité échangée de 4 millions de cassettes par semaine. Grâce à la nouvelle technique, la courbe d'offre se déplace vers la droite. Elle croise la courbe de demande au point qui correspond à un prix de 2 $ et à une quantité échangée de 6 millions de cassettes par semaine. L'augmentation de l'offre a entraîné une baisse de 1 $ du prix des cassettes et une augmentation de 2 millions du volume des ventes.

Le graphique de la figure 4.9 illustre l'effet d'un accroissement de l'offre. On y voit la courbe de demande et la courbe d'offre initiales ainsi que la nouvelle courbe d'offre. Au départ, le prix d'équilibre est de 3 $ l'unité, et la quantité échangée est de 4 millions de cassettes par semaine. L'accroissement de l'offre fait déplacer la courbe d'offre vers la droite. Le nouveau prix d'équilibre se situe maintenant à 2 $ et la quantité échangée à 6 millions de cassettes par semaine.

Encore une fois, on peut considérer l'exemple inverse. À partir d'un prix initial de 2 $ l'unité et d'une quantité échangée de 6 millions de cassettes par semaine, on peut examiner ce qui se produit lorsque la courbe d'offre revient à sa position de départ. On constate que la contraction de l'offre fait monter le prix d'équilibre à 3 $ l'unité et qu'elle fait tomber la quantité échangée à 4 millions de cassettes par semaine. Cette baisse de l'offre pourrait, par exemple, être causée par une augmentation du coût de la main-d'œuvre ou du prix des matières premières. Nous voici maintenant en mesure de formuler deux autres propositions théoriques ou prédictions :

- Si l'offre augmente, la quantité échangée s'accroît et le prix baisse.

- Si l'offre diminue, la quantité échangée baisse et le prix augmente.

On trouvera, sous la rubrique *Entre les lignes* (p. 90) un texte qui explique les effets de l'évolution de la demande et de l'offre sur le marché de l'avoine.

Modifications simultanées de l'offre et de la demande

Dans les exemples précédents, nous avons étudié séparément l'effet d'une modification de la demande et l'effet d'une modification de l'offre. Nous avons pu prévoir les répercussions sur le prix et la quantité échangée. Par contre, si la demande et l'offre varient simultanément, nous ne pourrons pas toujours prévoir les répercussions sur le prix et la quantité échangée. Par exemple, si la demande et l'offre s'accroissent simultanément, nous pouvons prévoir que la quantité échangée augmentera, mais nous ne pouvons savoir à l'avance si le prix baissera ou s'il augmentera. Pour y arriver, il nous faudra connaître l'importance relative des hausses de la demande et de l'offre. Par ailleurs, si la demande augmente alors que l'offre diminue, nous savons que le prix va monter, mais nous ne pouvons pas prévoir dans quel sens évoluera la quantité échangée. Ici encore, il nous faudra connaître l'ampleur relative des modifications de l'offre et de la demande.

Pour illustrer le changement simultané de la demande et de l'offre, reprenons l'exemple du marché des cassettes. Nous avons vu comment l'offre et la demande déterminent le prix et la quantité échangée de cassettes. Nous avons également examiné comment une baisse du prix des baladeurs entraîne une augmentation de la demande de cassettes et, par là, une hausse du prix et de la quantité échangée de cassettes. De la même façon, nous avons remarqué qu'une innovation dans les techniques de production des cassettes engendre une augmentation de l'offre et, par ricochet, une baisse du prix et un accroissement de la quantité échangée de cassettes. Voyons maintenant ce qui se passe lorsque l'offre et la demande varient simultanément — par exemple, lorsqu'il y a à la fois une baisse du prix des baladeurs (augmentation de la demande de cassettes) et une amélioration des techniques de production des cassettes (accroissement de l'offre de cassettes).

Le tableau de la figure 4.10 rassemble les données suivantes : d'une part, les quantités initialement offertes et demandées et, d'autre part, les nouvelles quantités offertes et demandées après la diminution du prix des baladeurs et l'amélioration des techniques de production. Le graphique 4.10 illustre ces mêmes données. Le point d'intersection des courbes d'offre et de demande initiales correspond à un prix de 3 $ par cassette et à une quantité échangée de 4 millions de cassettes par

Figure 4.10 Les effets de modifications simultanées de l'offre et de la demande

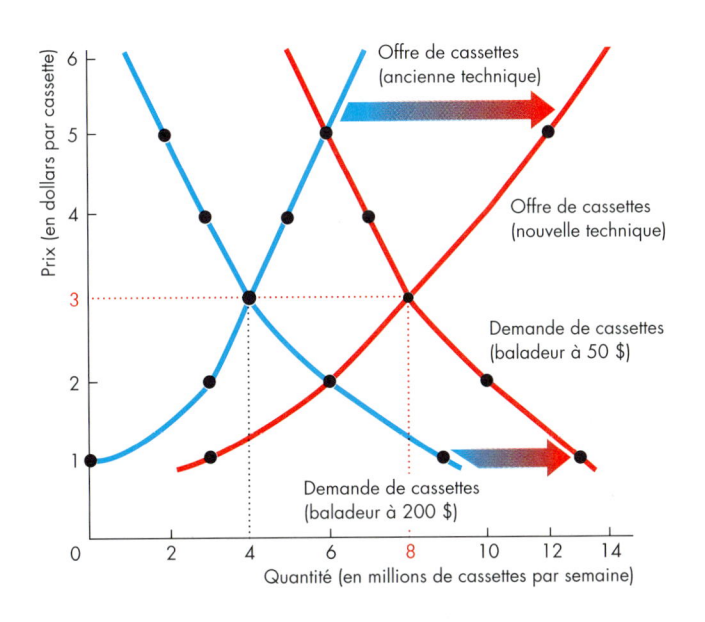

Lorsqu'un baladeur se vend 200 $, le prix d'une cassette est de 3 $ et la quantité échangée est de 4 millions de cassettes par semaine. Une baisse du prix du baladeur fait augmenter la demande de cassettes, tandis que le progrès fait augmenter leur offre. Avec la nouvelle technique, la courbe d'offre coupe la nouvelle courbe de demande à un prix de 3 $. Le prix d'équilibre est le même, mais la quantité échangée est passée à 8 millions de cassettes par semaine. Autrement dit, l'augmentation simultanée de l'offre et de la demande a eu pour effet d'accroître les ventes de cassettes, sans en modifier le prix.

Prix (en dollars par cassette)	Quantités initiales — Quantité demandée (baladeur à 200 $)	Quantités initiales — Quantité offerte (ancienne technique)	Nouvelles quantités — Quantité demandée (baladeur à 50 $)	Nouvelles quantités — Quantité offerte (nouvelle technique)
1	9	0	13	3
2	6	3	10	6
3	4	4	8	8
4	3	5	7	10
5	2	6	6	12

L'effet d'une hausse temporaire de la demande

Récession ou pas, les Québécois déménagent en grand nombre

Il semble que la récession n'ait pas d'effet important sur la «bougeotte» des Québécois qui, encore cette année, se déplaceront en grand nombre vers de nouveaux domiciles.

Bon an, mal an, environ 150 000 personnes dans le grand Montréal changent d'adresse, par choix ou par nécessité. La moitié de ces déménagements se font l'été, entre juin et juillet, la grande majorité des baux prenant fin le 30 juin.

Cet été, pour tout juin et juillet, période que Bell Canada qualifie de «période d'activités accrues», la société prévoit 158 788 débranchements téléphoniques dans la région du Montréal métropolitain, soit une légère baisse par rapport à l'année dernière (162 068 débranchements).

Sur l'île de Montréal, 101 299 personnes participeront à la valse des camions «bondés». Il s'agit d'une diminution puisqu'en 1990, 103 704 personnes étaient entrées dans la ronde.

Ce ralentissement se répercute également sur tout le territoire desservi par la compagnie de téléphone. Ainsi, 238 673 personnes changeront de foyer entre la mi-juin et la mi-juillet, alors qu'en 1990, la «bougeotte» s'était emparée de 245 571 personnes.

Cette période de pointe représente 37 à 38 p. cent (40 p. cent dans le Montréal métropolitain) de tout le volume annuel de débranchements.

Aussi occupé qu'en 90

À la Conférence des déménageurs de l'Association du camionnage du Québec, Mme Brigitte Lague ne dispose pas de statistiques précises, mais à première vue, dit-elle, «ça s'annonce aussi occupé que l'an dernier».

La valse des déménagements rapportera cette année aux compagnies de déménagement et de location de véhicules une somme d'environ 40 millions.

Tout comme les quelque 50 compagnies de déménagement que l'association représente, elle déplore le très grand nombre de déménageurs au noir qui offrent des taux horaires alléchants, mais rien d'autre... Les taux offerts par les «pirates» sont parfois deux à trois fois moins élevés que les tarifs réguliers d'un déménageur professionnel, qui vont de 85 $ à 120 $ l'heure avec trois hommes selon la date du déménagement.

La Presse
28 juin 1991
par Lisa Binsse
© La Presse, ltée
Reproduction autorisée

ENTRE LES LIGNES

Les faits en bref

- L'article illustre le phénomène bien connu des déménagements de la période de juin et juillet au Québec, la majorité des baux prenant fin le 30 juin. Dans la région de Montréal, près de 50 % des déménagements annuels se font en juin et juillet. Pendant cette période, les déménageurs professionnels majorent leurs prix courants.

Analyse

- En termes économiques, ce phénomène correspond à une hausse de la demande pour les services de déménagement pendant la période de pointe en juin-juillet. Le marché réagit à cette augmentation ponctuelle de la demande par une hausse temporaire des tarifs des déménageurs professionnels.

- Le graphique ci-contre décrit qualitativement la réaction du marché : en période normale (pendant les autres mois de l'année), le prix d'un déménagement standard est P_N et le nombre mensuel de déménagements est Q_N ; à cause de la hausse de la demande pendant la période de pointe de juin-juillet, le prix et la quantité d'équilibre augmentent, passant à P_J et à Q_J respectivement.

- L'article laisse entendre que les tarifs des déménageurs professionnels varient en fonction de la date du déménagement au cours de la période de pointe elle-même. Notre graphique aurait donc pu être plus détaillé et distinguer plusieurs courbes de demande ; par exemple, on aurait pu représenter séparément la demande pour les services de déménageurs pendant la troisième et la quatrième semaine de juin.

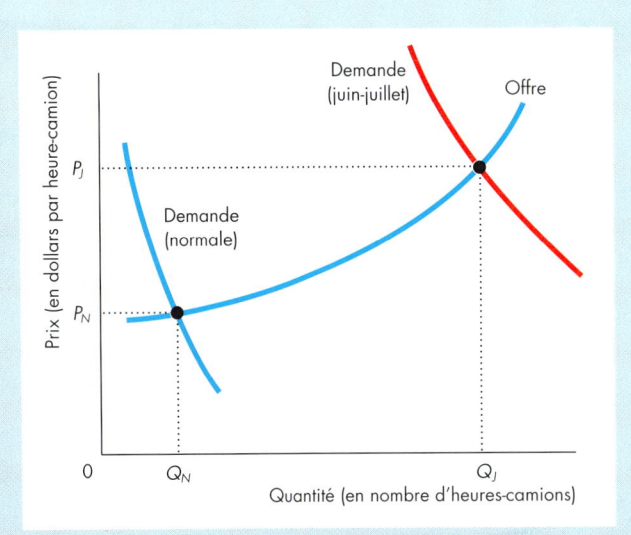

- Plus on s'approche du 30 juin, plus la demande est forte et, par conséquent, plus les tarifs de déménagement seront élevés. En 1992, les tarifs horaires dans la région de Montréal, pour un camion de 8 m avec une équipe de trois hommes, étaient les suivants :

  - jusqu'au 31 mai, 75 $ l'heure
  - du 1er au 21 juin, 90 $ l'heure
  - du 22 au 26 juin, 100 $ l'heure
  - du 27 au 30 juin, 125 $ l'heure
  - 1er juillet, 140 $ l'heure
  - du 2 au 6 juillet, 90 $ l'heure
  - après le 6 juillet, 75 $ l'heure

ENTRE LES LIGNES

La demande et l'offre en action

Des rapports sur la santé font monter en flèche la demande d'avoine

Tandis que les producteurs de céréales se réjouissent de la vogue du son d'avoine au petit déjeuner, les agriculteurs sont affligés par la surproduction et les prix trop bas.

À la suite de la parution de rapports révélant que le son d'avoine réduit le taux de cholestérol, lequel est associé aux maladies cardiaques, les ventes de céréales d'avoine et de leurs dérivés ont connu une croissance fulgurante au cours de la dernière année.

Le chiffre d'affaires des produits de l'avoine pour les quatre premiers mois de l'exercice 1990 a augmenté de 25 %. De plus, John Grant, président de Quaker Oats Co. of Canada Ltd., ne prévoit aucun ralentissement de la demande au cours des mois à venir. «Ce n'est pas un caprice de la part des consommateurs. Je crois tout simplement que les consommateurs s'efforcent de mieux se nourrir au petit déjeuner.»

Cal Kelly, chef du service de la commercialisation de l'avoine pour Can-Mar Grain Inc., une entreprise de Régina, estime que la préférence des consommateurs pour les produits de l'avoine deviendra sans doute permanente.

Toutefois, le prix de l'avoine a chuté considérablement en raison des sécheresses et des incendies de l'an dernier. Il est passé de 4 $US à 1,40 $US le boisseau à la chambre de commerce de Chicago. Le prix du boisseau a connu une légère hausse depuis quelques semaines, passant à 1,54 $US.

Il s'agit là d'un dur coup pour les agriculteurs qui, il y a un an, espéraient obtenir un bon prix pour leur récolte à la suite du soudain engouement des Américains pour le son d'avoine.

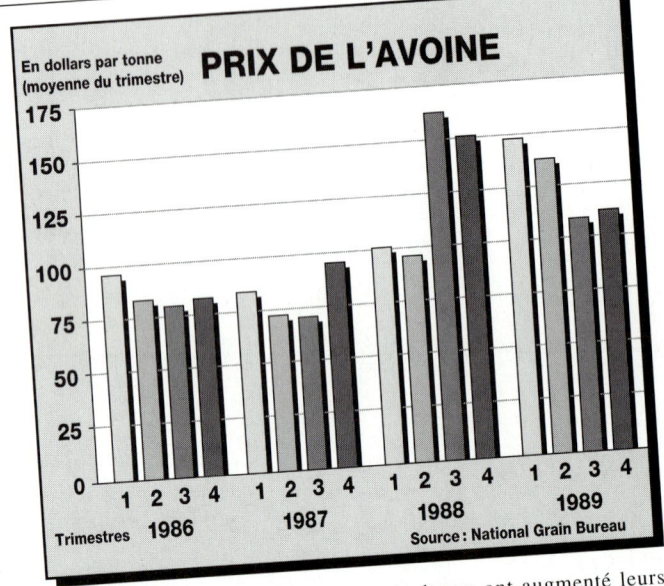

Les agriculteurs américains n'ont pu suffire à la demande excessive d'avoine, car ils ont dû consacrer une grande partie de leurs terres à d'autres types de culture afin de respecter les programmes gouvernementaux destinés à réduire les surplus de production de céréales, principale cause de la chute des prix au cours des années 80.

La situation a empiré en raison, d'une part, de la sécheresse qui a nui au reste de la production et, d'autre part, des mauvaises récoltes en Suède et en Finlande, principaux fournisseurs d'avoine aux États-Unis.

Cette situation critique a incité le Canada à s'emparer d'une large part du marché américain, et les agriculteurs ont augmenté leurs semailles de 14 % au printemps dernier pour répondre à la demande. La production devrait atteindre 3,7 millions de tonnes métriques cette année, comparativement à 3 millions en 1988. Toutefois, un été chaud et un temps pluvieux ont rendu la majorité de la récolte impropre à la mouture.

Entre temps, la Scandinavie a connu une excellente récolte, alors que l'Argentine de même que l'Australie ont fait leur entrée sur le marché américain. De plus, cette forte augmentation de la demande d'avoine n'est pas passée inaperçue auprès des agriculteurs. Ils ont augmenté leur production de 70 %, de sorte qu'elle représente 5,7 millions de tonnes métriques. Évidemment, les prix ont chuté.

The Financial Post
15 janvier 1990
Par John Fox
© The Financial Post
Traduction et reproduction autorisées

ENTRE LES LIGNES

Les faits en bref

- En 1989, la quantité d'avoine vendue a augmenté tandis que le prix de l'avoine a diminué.

- L'augmentation des ventes est attribuée à une hausse permanente de la demande, qui a fait suite à la publication de rapports révélant que le son d'avoine pouvait réduire les maladies cardiaques.

- En 1988, l'offre d'avoine a baissé à la suite de la mise en œuvre de programmes gouvernementaux incitant les agriculteurs à réduire leur production et des mauvaises récoltes aux États-Unis, en Suède et en Finlande.

- Le prix de l'avoine a augmenté en 1988 (voir la figure de la page précédente).

- En 1989, la production d'avoine a connu une hausse au Canada, en Scandinavie, en Argentine, en Australie et aux États-Unis.

- Au début de l'année 1989, les agriculteurs croyaient que le prix de l'avoine se maintiendrait au même niveau qu'en 1988. Toutefois, le prix a baissé, ce qui a causé une grande déception chez les agriculteurs.

Analyse

- Voici quelques données :

Année	Prix (en dollar par tonne métrique)	Quantité échangée (en millions de tonnes métriques)
1987	80	44
1988	150	38
1989	110	42

- L'article ne fait pas la distinction entre les déplacements des courbes d'offre et de demande et les mouvements le long de ces courbes. Toutefois, pour comprendre ce qui s'est produit, nous devons faire ces distinctions.

- Comme le montre le graphique (a), la courbe de demande d'avoine pour l'année 1987 correspond à la courbe $D_{initiale}$ et la courbe d'offre à la courbe O_{1987}. Le prix de l'avoine était évalué à 80 $ la tonne métrique et la quantité échangée à 44 millions de tonnes métriques.

- En 1988, la demande d'avoine a augmenté de façon *permanente* après la découverte de nouvelles propriétés bénéfiques du son d'avoine. Toutefois, seule une faible partie de la production totale d'avoine est transformée en son d'avoine et autres céréales d'avoine. La majeure partie de cette production sert à la préparation de nourriture pour animaux. De ce fait, l'augmentation de la demande d'avoine s'est révélée modeste. La courbe de demande s'est déplacée en $D_{nouvelle}$.

- En 1988, l'offre d'avoine a chuté. Il s'agissait d'une baisse de nature *temporaire*, qui résultait, d'une part, de la mise en œuvre de programmes gouvernementaux incitant les agriculteurs à réduire leur production et, d'autre part, de mauvaises récoltes dans de nombreuses régions productrices. La courbe d'offre s'est déplacée en O_{1988}.

- Les effets combinés de l'augmentation de la demande et de la diminution de l'offre, comme le montre le graphique (a), se sont traduits par une augmentation du prix de l'avoine qui est passé à 150 $ la tonne métrique et par une diminution de la quantité échangée qui est tombée à 38 millions de tonnes métriques.

- En 1989, la demande est demeurée stable, mais les conditions favorables à la culture et à la récolte ont eu pour effet d'augmenter l'offre. Comme le montre le graphique (b), la courbe d'offre s'est déplacée vers la droite et nous remarquons un mouvement sur la nouvelle courbe de demande : le prix de l'avoine a baissé à 110 $ la tonne métrique et la quantité échangée est passée à 42 millions de tonnes métriques.

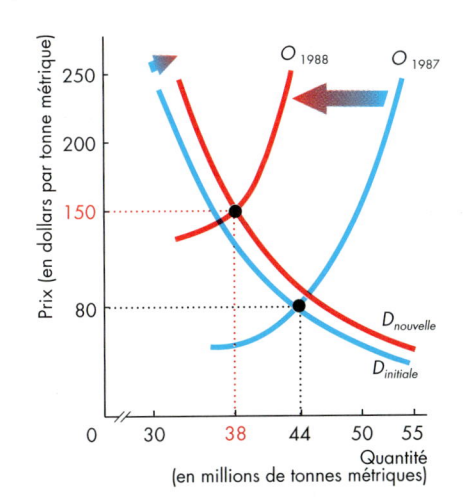

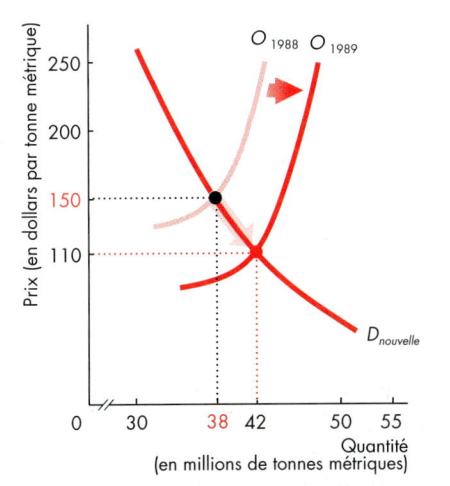

(a) Hausse du prix en 1988

(b) Baisse du prix en 1989

semaine. Les nouvelles courbes de demande et d'offre se croisent en un point qui correspond également à un prix de 3 $ la cassette, mais à une quantité échangée qui est maintenant égale à 8 millions de cassettes par semaine. Dans cet exemple, les augmentations simultanées de l'offre et de la demande sont telles que leurs effets s'annulent: la hausse de prix, provoquée par celle de la demande, contrebalance la baisse de prix, amorcée par l'augmentation de l'offre. Le prix reste le même. Cependant, une augmentation de l'offre *ou* de la demande se traduit par un accroissement de la quantité échangée. Par conséquent, quand l'offre et la demande augmentent simultanément, la quantité échangée s'accroît également. Remarquons toutefois que, si la demande avait augmenté un peu plus que dans l'exemple de la figure, le prix aurait monté. En revanche, si l'offre avait augmenté un peu plus, le prix aurait baissé.

Toutefois, la quantité échangée aurait augmenté dans les deux cas.

Baladeurs, logements et... café

Au début de ce chapitre, nous avons parlé des baladeurs, des logements et du café. Pour expliquer les changements qui surviennent dans les prix et les quantités échangées de ces biens, nous faisons encore une fois appel à la théorie de l'offre et de la demande. Voyons la figure 4.11 qui illustre cette analyse.

Considérons d'abord l'exemple des baladeurs, qui apparaît dans le graphique (a) de la figure 4.11. Supposons que la courbe O_0 représente l'offre de baladeurs en 1980, avec la technique de production initiale. La courbe D_0 représente la demande de baladeurs de la même année. La quantité demandée et la quantité

Figure 4.11 Autres exemples de modifications de l'offre et de la demande

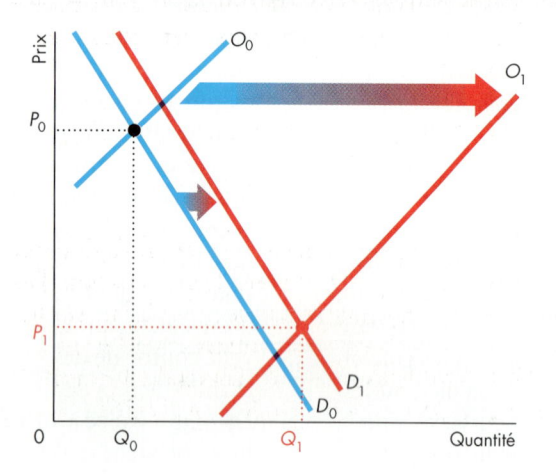

(a) **Baladeurs**

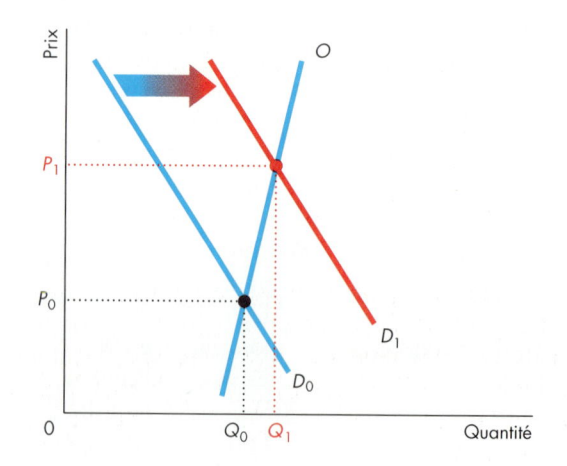

(b) **Logements**

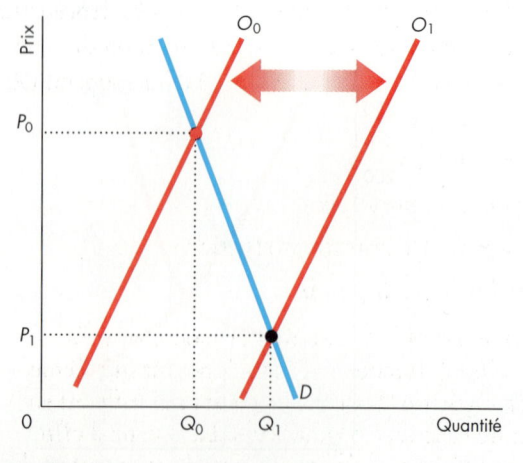

(c) **Café**

Graphique (a). Une augmentation importante de l'offre de baladeurs, de O_0 à O_1, combinée avec une faible augmentation de la demande, de D_0 à D_1, fait baisser le prix, de P_0 à P_1, et augmenter la quantité échangée, de Q_0 à Q_1.

Graphique (b). L'accroissement de la demande de logements entraîne une hausse considérable du prix, de P_0 à P_1, mais une faible augmentation de la quantité échangée, de Q_0 à Q_1.

Graphique (c). Les variations des conditions atmosphériques et des conditions de croissance font fluctuer l'offre du café, qui passe de O_0 à O_1. Par ricochet, le prix du café passe de P_0 à P_1, et la quantité échangée de Q_0 à Q_1.

offerte en 1980 étaient égales à Q_0, et le prix était de P_0. Le progrès technique et la construction de nouvelles usines ont fait augmenter l'offre, de sorte que la courbe d'offre s'est déplacée de O_0 à O_1. En même temps, la hausse des revenus a fait augmenter la demande des baladeurs, mais dans une proportion moindre que l'accroissement de l'offre. La courbe de demande s'est déplacée de D_0 à D_1. En présence de la nouvelle courbe de demande D_1 et de la nouvelle courbe d'offre O_1, le prix d'équilibre s'établit à P_1 et la quantité échangée à Q_1. La forte augmentation de l'offre, combinée avec la hausse plus faible de la demande, provoque un accroissement de la quantité échangée de baladeurs et une chute importante de leur prix.

Penchons-nous maintenant sur l'exemple, illustré par le graphique (b), des logements situés dans le centre des villes. L'offre de logements s'exprime par la courbe O. La courbe d'offre est à forte pente, ce qui révèle l'existence, dans cette zone urbaine, d'une surface limitée de terrain et d'un nombre limité de logements. À mesure que le nombre des jeunes exerçant des professions libérales et le nombre des familles à double revenu s'accroissent, la demande de logements dans le centre des villes augmente considérablement. La courbe de demande se déplace de D_0 à D_1. En conséquence, le prix passe de P_0 à P_1. Quant à la quantité échangée, elle augmente également, mais dans une proportion moindre que le prix.

Jetons enfin un coup d'oeil sur le marché du café, représenté par le graphique (c). La demande de café y est illustrée par la courbe D. La courbe d'offre de café fluctue entre O_0 et O_1. Elle correspond à O_1 si les conditions climatiques sont propices à une bonne récolte et à O_0 si elles ne sont pas favorables. Il découle des fluctuations de l'offre que le prix du café varie entre P_0 (prix supérieur) et P_1 (prix inférieur). Quant à la quantité échangée, elle fluctue entre Q_0 et Q_1.

■ La maîtrise de la théorie de l'offre et de la demande vous permettra non seulement d'expliquer les fluctuations du prix et de la quantité échangée d'un bien, mais aussi de prévoir les fluctuations à venir. Vous voudrez sans doute en faire plus : par exemple, prévoir l'ampleur des variations qui suivent les fluctuations de l'offre ou de la demande. Il faut pour cela pouvoir quantifier la relation qui existe entre le prix, la quantité demandée et la quantité offerte. C'est ce que nous verrons dans le prochain chapitre.

RÉSUMÉ

La demande

La quantité demandée d'un bien ou d'un service représente la quantité que les consommateurs envisagent d'acheter à un prix déterminé au cours d'une période donnée. On doit faire la distinction entre les demandes des individus et leurs désirs. Les désirs des individus sont illimités, alors que leurs demandes reflètent les désirs qu'ils ont choisi de satisfaire. La quantité d'un bien que les consommateurs ont l'intention d'acheter dépend de plusieurs facteurs :

- Le prix du bien
- Les prix des autres biens (les substituts et compléments)
- Le revenu des consommateurs
- La population
- Les préférences des consommateurs

Un barème de demande est un tableau montrant la quantité demandée d'un bien à chaque niveau de prix, lorsque demeurent constants tous les autres facteurs susceptibles d'influer sur les intentions d'achat des consommateurs.

Une courbe de demande est un graphique illustrant la relation entre la quantité demandée d'un bien et son prix, toutes choses étant égales par ailleurs. Toute variation du prix d'un bien provoque un mouvement le long de la courbe de demande de ce bien. Il s'agit d'une variation de la quantité demandée. Toute variation d'un facteur, à l'exception du prix du bien, qui influe sur les intentions d'achat des consommateurs se traduit par une modification de la courbe de demande. Il s'agit d'une modification de la demande. *(pp. 71-76)*

L'offre

La quantité offerte d'un bien ou d'un service représente la quantité que les producteurs ont l'intention de vendre au cours d'une période donnée. Elle dépend des facteurs suivants :

- Le prix du bien
- Les prix des autres biens
- Les prix des facteurs de production
- La technologie disponible

Un barème d'offre est une liste de quantités offertes selon différents prix, en supposant que demeurent inchangés tous les autres facteurs qui influent sur les plans de vente des producteurs. La courbe d'offre illustre graphiquement cette relation. Une variation du prix d'un bien entraîne un mouvement le long de la courbe d'offre. Il s'agit d'une variation de la quantité offerte. Les changements des variables autres que le prix ont pour effet de faire déplacer la courbe d'offre. C'est une modification de l'offre. *(pp. 76-80)*

La détermination des prix

Le prix détermine les quantités offertes et demandées. Plus le prix est élevé, plus la quantité offerte est grande et plus la quantité demandée est faible. Quand le prix est élevé, il y a surplus ou excédent de la quantité offerte sur la quantité demandée. Quand il est bas, il y a pénurie ou excédent de la quantité demandée sur la quantité offerte. Il existe un seul prix où la quantité demandée et la quantité offerte sont égales. C'est le prix d'équilibre. À ce prix, les consommateurs n'ont pas intérêt à payer plus cher, et les producteurs n'ont pas intérêt à vendre à un prix plus bas. *(pp. 80-82)*

Les prédictions des variations dans les prix et les quantités échangées

Les changements de l'offre et de la demande provoquent des variations du prix et de la quantité échangée. Ainsi, une augmentation de la demande entraîne une hausse du prix et un accroissement de la quantité échangée. Inversement, une baisse de la demande provoque une diminution du prix et de la quantité échangée. Une augmentation de l'offre donne lieu à un accroissement de la quantité échangée et à une baisse du prix. Une diminution de l'offre fait baisser la quantité échangée et augmenter le prix. *(pp. 82-93)*

POINTS DE REPÈRE

Mots clés

Barème de demande, 71
Barème d'offre, 76
Bien complémentaire (voir *Complément*)
Bien substitut (voir *Substitut*)
Biens inférieurs, 73
Biens normaux, 73
Complément, 73
Courbe de demande, 72
Courbe d'offre, 76
Demande, 72
Modification de la demande, 74
Modification de l'offre, 78
Offre, 77
Prix d'équilibre, 80
Quantité demandée, 71
Quantité échangée, 71

Quantité offerte, 76
Substitut, 73
Variation de la quantité demandée, 74
Variation de la quantité offerte, 78

Figures et tableaux clés

Figure 4.1   Le barème de demande et la courbe de demande, 72
Figure 4.3   Modification de la demande et variation de la quantité demandée, 75
Figure 4.4   Le barème d'offre et la courbe d'offre, 77
Figure 4.6   Modification de l'offre et variation de la quantité offerte, 79
Figure 4.7   L'équilibre, 81
Tableau 4.1   La demande de cassettes, 74
Tableau 4.2   L'offre de cassettes, 78

QUESTIONS DE RÉVISION

1. Qu'est-ce que la quantité demandée d'un bien ou d'un service ?
2. Qu'est-ce que la quantité offerte d'un bien ou d'un service ?
3. Qu'est-ce que la quantité échangée ? Faites la distinction entre la quantité offerte, la quantité demandée et la quantité échangée.
4. Qu'est-ce qui détermine la quantité demandée d'un bien ou d'un service ? Dressez la liste des principaux facteurs et expliquez, pour chacun d'eux, si une hausse fera augmenter ou diminuer la quantité que les consommateurs ont l'intention d'acheter.
5. Qu'est-ce qui détermine la quantité offerte d'un bien ou d'un service ? Dressez la liste des principaux facteurs et expliquez, pour chacun d'eux, si une hausse fera augmenter ou diminuer la quantité que les producteurs ont l'intention de vendre.
6. Énoncez la loi de l'offre et de la demande.
7. La courbe de demande illustre la quantité demandée d'un bien à chaque niveau de prix. Si la quan-

tité disponible d'un bien est constante, que nous révèle la courbe de demande sur le prix que les consommateurs sont prêts à payer pour obtenir cette quantité fixe du bien?

8. La courbe d'offre illustre la quantité offerte d'un bien à chaque niveau de prix. Si les consommateurs sont prêts à acheter seulement une quantité fixe de ce bien, que nous révèle la courbe d'offre sur le prix auquel les producteurs offriront cette quantité fixe du bien?

9. Quelle est la différence entre:
   a) une modification de la demande et une variation de la quantité demandée?
   b) une modification de l'offre et une variation de la quantité offerte?

10. Pourquoi le prix d'équilibre est-il celui où la quantité demandée est égale à la quantité offerte?

11. Qu'arrive-t-il au prix et à la quantité échangée d'un bien, si:
    a) la demande augmente?
    b) l'offre augmente?
    c) l'offre et la demande augmentent simultanément?
    d) la demande diminue?
    e) l'offre diminue?
    f) l'offre et la demande diminuent simultanément?

PROBLÈMES

1. Supposons que les événements suivants se produisent séparément:
   a) Le prix de l'essence est à la hausse.
   b) Le prix de l'essence est à la baisse.
   c) Les limites de vitesse sont abolies sur les autoroutes.
   d) Un moteur consommant du carburant peu coûteux est mis sur le marché.
   e) La population a doublé.
   f) Le coût de production des voitures a diminué, grâce à la robotisation.
   g) Une loi interdisant l'importation de voitures au Canada est promulguée.
   h) Les primes d'assurance-automobile augmentent de 100 %.
   i) Le réseau routier canadien est considérablement rénové.
   j) L'âge minimal pour obtenir un permis de conduire est porté à 19 ans.
   k) Une énorme réserve de pétrole de haute qualité est découverte au Mexique.
   l) Les pressions de groupes écologiques ont entraîné la fermeture de toutes les centrales nucléaires.
   m) Le prix des voitures est à la hausse.
   n) Le prix des voitures est à la baisse.
   o) La température moyenne en été a augmenté de 5 °C; la température moyenne en hiver a diminué de 5 °C.
   p) Toute la production de voitures dans les usines GM est arrêtée.

Indiquez, parmi les événements énumérés dans la colonne de gauche, ceux qui entraînent l'effet suivant:

1. Augmentation de la quantité demandée d'essence
2. Diminution de la quantité demandée d'essence
3. Augmentation de la quantité demandée d'automobiles
4. Diminution de la quantité demandée d'automobiles
5. Augmentation de la quantité offerte d'essence
6. Diminution de la quantité offerte d'essence
7. Augmentation de la quantité offerte de voitures
8. Diminution de la quantité offerte de voitures
9. Augmentation de la demande d'essence
10. Diminution de la demande d'essence
11. Augmentation de la demande de voitures
12. Baisse de la demande de voitures
13. Hausse de l'offre d'essence
14. Baisse de l'offre d'essence
15. Accroissement de l'offre de voitures
16. Baisse de l'offre de voitures
17. Hausse du prix de l'essence
18. Baisse du prix de l'essence
19. Hausse du prix des automobiles
20. Baisse du prix des automobiles
21. Augmentation de la quantité d'essence achetée
22. Diminution de la quantité d'essence achetée
23. Accroissement du nombre de voitures achetées
24. Baisse du nombre de voitures achetées

2. Pour les pastilles à la menthe, le barème d'offre et le barème de demande s'établissent comme suit :

Prix (en cents par paquet)	Quantité demandée	Quantité offerte
	(en millions de paquets par semaine)	
10	200	0
20	180	30
30	160	60
40	140	90
50	120	120
60	100	140
70	80	160
80	60	170
90	40	180

a) Quel est le prix d'équilibre du paquet de pastilles à la menthe ?

b) Combien de paquets de pastilles achète-t-on et vend-on chaque semaine ?

Supposons qu'un incendie détruise la moitié des fabriques de pastilles à la menthe, réduisant ainsi de moitié la quantité offerte selon le barème d'offre établi ci-contre.

c) Quel est le nouveau prix d'équilibre du paquet de pastilles ?

d) Quelle quantité achète-t-on et vend-on maintenant, chaque semaine ?

e) Y a-t-il mouvement le long de la courbe d'offre ou déplacement de la courbe d'offre ?

f) Y a-t-il mouvement le long de la courbe de demande ou déplacement de la courbe de demande ?

g) Supposons que les usines incendiées soient reconstruites et qu'elles reprennent progressivement la production de pastilles ; qu'arrivera-t-il :

(i) au prix du paquet de pastilles ?
(ii) à la quantité échangée ?
(iii) à la courbe de demande ?
(iv) à la courbe d'offre ?

2ᵉ PARTIE

Le fonctionnement du marché

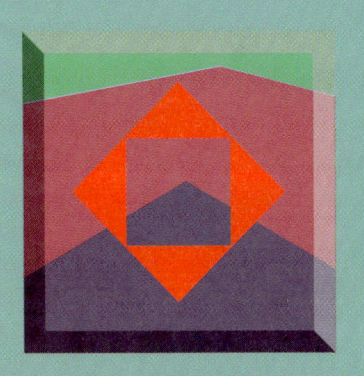

ENTREVUE
MILTON FRIEDMAN

Milton Friedman a passé presque toute sa carrière à l'université de Chicago, où il a été l'un des plus ardents promoteurs des théories économiques dites de l'«École de Chicago». Il est actuellement directeur de recherches à la Hoover Institution de l'université de Stanford. On lui doit d'importantes études sur la théorie de la consommation, la théorie de la monnaie, le fonctionnement des marchés, les systèmes économiques comparés et la méthodologie de la démarche scientifique. Milton Friedman a reçu le prix Nobel d'économie en 1977.

«Tout se réduit à l'analyse des forces de l'offre et de la demande.»

Professeur Friedman, qu'est-ce qui vous a amené à l'économie?

J'ai suivi mon premier cours d'économie en 1930-1931, au pire moment de la crise économique. Le choix s'est imposé de lui-même: le monde entier ne parlait que d'économie à l'époque!

Comment l'économie vous a-t-elle été enseignée au collège?

J'ai eu la chance d'étudier avec Homer Jones, ancien étudiant de Frank Knight, et avec Arthur Burns, qui est devenu président de la Banque fédérale. J'ai suivi un séminaire avec Arthur Burns, consacré exclusivement à une analyse, phrase par phrase, de sa thèse de doctorat sur les tendances de la production aux États-Unis. C'est probablement la meilleure formation à la recherche que j'aie eue de ma vie!

Vos recherches portent sur un nombre impressionnant de sujets. Ont-ils un point commun?

Pour moi, l'essentiel, c'est de prendre l'économique très au sérieux. Il y a deux façons d'aborder l'économique. La première consiste à la considérer comme un jeu, une sorte de divertissement mathématique qui brillerait surtout par son élégance; cette première approche, très sophistiquée sur le plan intellectuel, nous aide à l'occasion à mieux comprendre le monde qui nous entoure. Mais la seconde approche, qui nous vient d'Alfred Marshall, considère l'économique comme un outil pour analyser des problèmes concrets. En ce qui me concerne, c'est cette approche-là que je préfère. Dans la pratique, tout se réduit à l'analyse des forces de l'offre et de la demande, compte tenu du principe qu'on utilisera au mieux des ressources limitées pour atteindre différents objectifs. Tous les grands problèmes économiques, sans exception, se ramènent essentiellement à cela.

Pouvez-vous donner quelques exemples qui montrent que tous les problèmes économiques se ramènent à l'offre et à la demande?

Si les gens décident quelle part de leurs revenus consacrer à la consommation, c'est de toute évidence parce qu'ils disposent de ressources limitées, qu'ils veulent utiliser au mieux pour atteindre différents objectifs. En macroéconomie, quand on définit la politique monétaire, le papier sur lequel on imprime les billets de banque peut être illimité en quantité. Mais les ressources que ces mêmes billets permettent d'acheter sont, elles, limitées. Il faut décider comment ces ressources seront utilisées. C'était d'ailleurs le raisonnement de Gary Becker dans son étude sur la discrimination raciale. Les gens disposent de ressources limitées qu'ils peuvent utiliser pour exercer une discrimination contre d'autres personnes. C'est un objectif, une fin – elle peut ne pas nous plaire, mais cela, c'est autre chose. Je crois qu'on peut en principe étudier l'économie sans faire de jugement de valeur. La science économique, c'est une technique d'analyse; elle ne sert pas à se prononcer sur ce qui est bon ou mauvais.

On a souvent critiqué votre méthodologie: vous dites en particulier que les hypothèses n'ont pas d'importance...

Ce que j'ai dit, c'est que, pour savoir si une hypothèse est valable ou non, il faut voir si elle permet de faire de bonnes prédictions. Les postulats et les hypothèses n'ont pas d'importance en soi: c'est la qualité de la prédiction qui compte. Prenons un exemple en dehors de l'économie. J'affirme que, si je lance une balle dans le vide du haut d'un bâtiment, elle prendra tant de temps pour atteindre le sol, et que cette durée est définie par une certaine formule. Mais la formule ne me donne la durée exacte que si je jette la balle dans un vide absolu. Est-ce que je suis vraiment dans un vide absolu quand je lance la balle du haut du bâtiment? Non, évidemment. Je sais bien que je ne suis pas dans le vide. Mais je dis que cela n'a aucune importance. Pourquoi? Comment puis-je affirmer cela? C'est très simple: je vous dis que la balle va atteindre le sol dans tant de temps, et vous me définissez une marge d'erreur. Je jette la balle. Si elle touche le sol dans les limites que vous avez fixées, j'ai obtenu le résultat voulu, même si j'ai supposé de façon irréaliste que je lançais la balle dans le vide.

Autre utilité des hypothèses: elles permettent de faire l'économie de nombreuses propositions complexes. Par exemple, je peux déterminer la distribution des feuilles dans un arbre en disant que les feuilles poussent de préférence là où elles peuvent bénéficier d'un ensoleillement maximal. Cette «loi» me permet effectivement de déterminer la distribution des feuilles dans un arbre. Pourtant, je ne suis pas du tout convaincu que les feuilles choisissent délibérément leur emplacement... En économique, on part du principe que les entreprises connaissent sur le bout des doigts leur fonction de production et qu'elles agissent en conséquence. Ce n'est évidemment qu'un raccourci – mais s'il fonctionne, pourquoi pas?

En passant, cet article dans lequel je parlais des hypothèses est celui qui m'a valu le plus de commentaires et de critiques jusqu'ici. Je n'ai répondu à aucune d'entre elles: je préfère faire de l'économique plutôt que de discuter indéfiniment de méthodologie.

Vous avez étudié, entre autres, l'efficacité des marchés. Que savons-nous du fonctionnement des marchés?

Je dis souvent ceci: les économistes ne savent peut-être pas grand-chose, mais s'il y a une chose que nous savons, c'est comment provoquer des pénuries ou des surplus. Que préférez-vous: une pénurie ou un surplus? Il suffit de demander! Si vous voulez une pénurie, vous fixez un prix inférieur à celui du marché. Si c'est un surplus que vous voulez, il vous suffit de demander très cher.

L'exemple des taxis de New York et de Washington illustre bien ce principe. À Washington, les hauts fonctionnaires, qui ont une influence considérable dans la ville, veulent que les courses de taxi restent bon marché: l'entrée dans l'industrie du taxi est donc facile et ne coûte pas un sou. Les tarifs sont réglementés, mais on leur permet d'évoluer en fonction des besoins. À New York, par contre, il y a un cartel des taxis et le nombre de permis est limité. Les permis sont donc très chers – plus de 100 000 $. C'est pourquoi il est souvent difficile de se trouver un taxi à New York, alors qu'il y a presque toujours des taxis libres à Washington. Mais il y a plus important, à mon avis: la proportion des chauffeurs de taxis noirs ou latino-américains est élevée à Washington, mais très faible à New York. Pourquoi? Parce qu'en général les membres des minorités ne peuvent pas se permettre, financièrement, de payer les droits d'entrée dans ce secteur d'activité. Et cela, c'est très grave.

Quels ont été les événements marquants des 20 dernières années en économie?

Je pense qu'il faut établir une distinction entre la théorie de la science économique et la pratique de l'économie. En ce qui concerne la théorie, je dirais que les principaux faits nouveaux ont été l'hypothèse des anticipations rationnelles, l'approche dite des choix publics et le retour de la monnaie au nombre des grands facteurs macroéconomiques. En ce qui concerne la pratique de l'économie, je dirais que l'événement marquant des 20 dernières années est sans conteste

«Pour savoir si une hypothèse est valable ou non, il faut voir si elle permet de faire de bonnes prédictions. Les postulats et les hypothèses n'ont pas d'importance en soi: c'est la qualité de la prédiction qui compte.»

l'effondrement du socialisme sur le plan des idées. L'idéologie capitaliste a triomphé de l'idéologie socialiste même si, dans la pratique, les choses sont un peu différentes. En fait, la situation a encore bien peu évolué. L'énorme différence cependant, c'est que maintenant, contrairement à il y a 20 ans, plus personne ne croit vraiment que la planification et la centralisation de l'économie sont ce qu'il y a de mieux pour accéder à la prospérité.

Quel conseil donneriez-vous aux étudiants qui abordent l'économique?

Je leur conseillerais de bien étudier les principes fondamentaux de l'offre et de la demande, et les relations entre ces deux forces. Je leur recommanderais aussi de bien analyser le rôle des prix et le système de prix et de ne pas trop s'inquiéter de tous les détails du système bancaire ou des institutions qu'ils connaissent. Je dirais également que, en général, ce qui est vrai pour l'individu n'est pas vrai pour la société. À vous de découvrir pourquoi!

«En général, ce qui est vrai pour l'individu n'est pas vrai pour la société.»

CHAPITRE 5

L'élasticité

Objectifs du chapitre :

- Définir l'élasticité de la demande par rapport au prix.

- Identifier les facteurs déterminant l'élasticité de la demande.

- Distinguer la demande à court terme de la demande à long terme.

- Déterminer, d'après l'élasticité-prix de la demande, si une modification de prix fera augmenter ou baisser les recettes.

- Définir d'autres types d'élasticités de la demande et de l'offre.

- Distinguer l'offre instantanée de l'offre à long terme et de l'offre à court terme.

Le dilemme de l'OPEP

QUAND L'OFFRE DIMINUE, le prix augmente. Mais de combien ? Supposons qu'on vous ait chargé d'élaborer la stratégie économique de l'OPEP, l'Organisation des pays exportateurs de pétrole. Votre objectif est d'accroître les recettes de l'OPEP. Allez-vous restreindre l'offre pour faire augmenter les prix, ou accroître plutôt la production pétrolière ? ■ Si les prix augmentent, chaque baril vendu rapportera plus d'argent. Par contre, la diminution de la production va faire baisser les ventes. Les prix augmenteront-ils suffisamment pour compenser la diminution du nombre de barils vendus par l'Organisation ? ■ En tant que principal responsable de la stratégie économique de l'OPEP, vous vous devez de connaître avec précision la demande de pétrole. Vous devez notamment être en mesure de répondre aux questions suivantes : Quel est l'effet de la croissance économique mondiale sur la demande de pétrole ? Quels sont les produits de substitution possibles ? Les scientifiques découvriront-ils bientôt une technique bon marché de transformation du charbon et des sables bitumineux en carburant ? L'énergie nucléaire peut-elle devenir suffisamment sûre et bon marché pour concurrencer sérieusement le pétrole ?

■ Ce chapitre vous aidera à répondre à ces questions. En particulier, nous verrons comment mesurer l'effet des variations de prix ou l'effet de modifications touchant d'autres variables pertinentes sur les quantités achetées et vendues.

L'élasticité-prix de la demande

Analysons de plus près vos fonctions de responsable de la stratégie économique de l'OPEP. Vous devez décider s'il faut ou non réduire la production en déplaçant la courbe d'offre vers la gauche de façon à faire augmenter les prix. Pour prendre cette décision, vous devez mesurer l'effet des variations de prix sur les quantités vendues. Il vous faut une mesure de la sensibilité de la demande aux variations de prix.

Deux scénarios possibles

Pour voir en quoi il est important de connaître l'effet d'une modification de prix sur la demande, considérons deux scénarios possibles (voir la figure 5.1). Les courbes d'offre sont les mêmes dans les deux graphiques, mais les courbes de demande diffèrent.

Examinons d'abord la courbe d'offre initiale de pétrole O_0 de chacun des deux graphiques. Remarquez que, dans les deux cas, cette courbe d'offre initiale croise la courbe de demande au point représentant un prix de 10 $ le baril et une quantité de barils vendue de 40 millions par jour. Supposons maintenant que vous envisagiez de restreindre l'offre : la courbe d'offre passe alors de O_0 à O_1. Dans le graphique (a) de la figure 5.1, la nouvelle courbe d'offre croise la courbe de demande D_a en un point correspondant à un prix de 30 $ le baril et à une quantité vendue de 23 millions de barils par jour. Dans le graphique (b), la courbe d'offre a subi le même déplacement, mais O_1 croise D_b en un point correspondant à un prix de 15 $ le baril et à une quantité de 15 millions de barils par jour.

Dans le graphique (a), le prix augmente plus et la quantité vendue diminue moins que dans le graphique (b). Qu'advient-il des recettes totales des

Figure 5.1 L'offre, la demande et les recettes totales

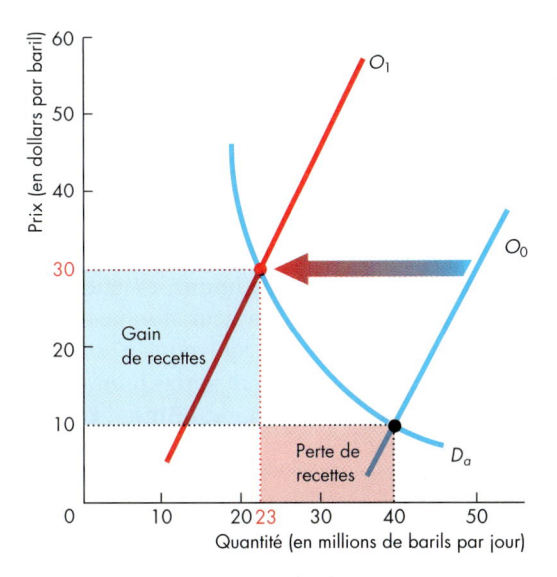

(a) Augmentation nette des recettes totales   **(b) Diminution nette des recettes totales**

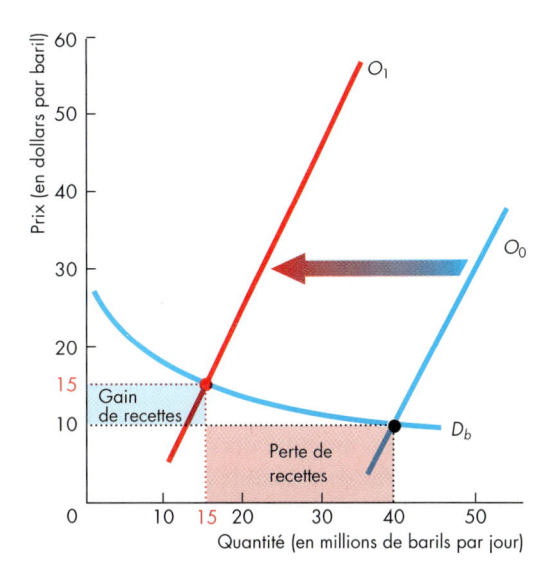

Si l'offre se déplace de O_0 à O_1, le prix augmente et les quantités vendues diminuent. Dans le graphique (a), les recettes totales – la quantité vendue multipliée par le prix – passent de 400 millions à 690 millions de dollars par jour. L'augmentation des recettes engendrée par la hausse de prix (le rectangle bleu sur le graphique) est supérieure à la diminution des recettes due au recul des quantités vendues (le rectangle rouge sur le graphique). Dans le graphique (b), les recettes totales passent de 400 millions à 225 millions de dollars par jour. L'augmentation des recettes engendrée par la hausse de prix (le rectangle bleu sur le graphique) est inférieure à la diminution des recettes due au recul des quantités vendues (le rectangle rouge sur le graphique). Cette différence dans l'évolution des recettes s'explique par le fait que les acheteurs ont réagi différemment à une même variation de prix. Sur les graphiques, les recettes totales nettes augmentent quand la courbe de demande est abrupte ; elles baissent quand la courbe de demande est plus horizontale. Cependant, pour comparer deux courbes de demande, il faut prendre soin d'utiliser la même échelle. Si on utilise des échelles ou des unités de mesure différentes pour les deux courbes, leurs pentes sont modifiées et on ne pourra plus, au seul examen des graphiques, tirer de conclusion correcte quant au degré relatif de sensibilité des demandes par rapport au prix.

producteurs de pétrole ? Les **recettes totales** résultant de la vente d'un bien donné sont égales au prix de ce bien multiplié par la quantité vendue.

Une augmentation de prix exerce toujours deux effets opposés sur les recettes. Quand le prix augmente, la recette par unité vendue augmente aussi (la surface en bleu sur le graphique); par contre, le nombre d'unités vendues baisse, ce qui fait baisser les recettes (la surface en rouge). Dans le graphique (a), le premier effet est plus important que le second (la surface bleue est plus grande que la rouge), de sorte que les recettes totales augmentent. Dans le graphique (b), par contre, le second effet est plus important que le premier (la surface rouge est plus grande que la bleue), de sorte que les recettes totales diminuent.

Une simple multiplication permet de vérifier ces résultats. Dans les deux cas, les recettes initiales étaient de 400 millions de dollars par jour (10 $ le baril × 40 millions de barils par jour). Quel est l'effet d'une réduction de l'offre sur les recettes totales ? Dans le premier cas – graphique (a) –, les recettes totales passent à 690 millions de dollars par jour (30 $ le baril × 23 millions de barils par jour). Dans le second cas – graphique (b) –, les recettes totales tombent à 225 millions de dollars par jour (15 $ le baril × 15 millions de barils par jour).

La pente de la courbe dépend des unités de mesure choisies

La différence entre les deux situations vient du fait que les acheteurs ne réagissent pas de la même façon à une modification du prix du pétrole. La courbe de demande D_a est bien plus abrupte que D_b. Pour un même déplacement de l'offre, une courbe de demande plus abrupte implique une augmentation plus importante du prix, et une diminution moindre des quantités vendues. La pente de la courbe de demande constitue une façon de mesurer l'effet du prix sur les quantités achetées. Plus la courbe de demande est abrupte, moins la quantité achetée dépend du prix. Plus la pente de la courbe de demande est faible, plus les quantités achetées sont sensibles au prix.

Il faut bien voir cependant que la pente de la courbe de demande dépend des unités choisies pour les axes du diagramme. Dans la figure 5.1, les unités des deux graphiques sont les mêmes. Nous pouvons donc comparer directement les deux courbes de demande, D_a et D_b. Il serait toutefois très facile de rendre la courbe D_b aussi abrupte que la courbe D_a, en changeant simplement les unités de mesure des axes. Ainsi, si la demande était exprimée en centaines de millions de barils par jour dans le graphique (b), la courbe D_b serait presque verticale. Elle serait donc bien plus abrupte que D_a, mais ce ne serait là qu'une illusion graphique, qui ne rendrait pas bien compte de la réalité.

Par ailleurs, si l'on exprimait les prix du graphique (b) en cents par baril, la courbe D_b serait aussi bien plus abrupte que D_a. Mais, une fois de plus, ce ne serait là qu'une apparence trompeuse.

Nous avons vu qu'on peut facilement changer la pente des courbes en modifiant les unités des axes de prix et de quantité. On ne peut donc pas compter uniquement sur les pentes des courbes de demande pour apprécier l'effet des variations de prix sur les recettes totales. Nous devons par conséquent nous doter d'une mesure du degré de sensibilité de la demande qui soit *indépendante* des unités de mesure du prix et des quantités : la mesure qu'il nous faut est l'élasticité-prix de la demande, ou élasticité de la demande par rapport au prix.

Une mesure de la sensibilité de la demande indépendante des unités choisies

L'**élasticité-prix de la demande** mesure le degré de dépendance des quantités achetées d'un bien par rapport aux variations de son prix. C'est le pourcentage de variation de la quantité achetée pour une variation de 1 % du prix du bien. Ce qui nous intéresse, c'est la *valeur absolue* de la variation en pourcentage de la quantité, pour une variation du prix égale à 1 %. Quand le prix du bien *augmente*, la quantité achetée *diminue*. Ainsi, si la variation en pourcentage du prix du produit est *positive*, celle de la quantité achetée est *négative*. L'élasticité-prix de la demande est donc toujours négative. Par conséquent, on élimine le signe «moins» pour ne considérer que la valeur absolue de l'élasticité. D'autre part, si aucune équivoque n'est possible, on laisse souvent tomber le mot «prix» pour parler simplement d'«élasticité de la demande». Ainsi, l'**élasticité de la demande** est la *valeur absolue* de l'élasticité-prix de la demande.

Voyons maintenant comment la calculer.

Calcul de l'élasticité

Pour calculer l'élasticité de la demande, il faut déterminer la quantité achetée à différents prix. Il faut également s'assurer, avec suffisamment de certitude, qu'aucun autre facteur susceptible d'influencer la décision de l'acheteur ne change quand le prix varie. Supposons que nous disposions de toutes les données nécessaires sur les prix et les quantités demandées de pétrole. Le tableau 5.1 résume nos calculs. Vous pouvez vous servir des formules de la dernière colonne pour reprendre les calculs avec les nombres de votre choix.

À 9,50 $ le baril, les ventes quotidiennes s'élèvent à 41 millions de barils. Si le prix passe à 10,50 $ le baril, la quantité tombe à 39 millions de barils par jour. Une hausse de 1 $ du prix du baril entraîne une

Tableau 5.1 Calcul de l'élasticité-prix de la demande

	Valeurs numériques	Symboles et formules*
Prix (en dollars par baril)		
Prix initial	9,50	P_0
Nouveau prix	10,50	P_1
Variation du prix	1,00	$\Delta P = P_1 - P_0$
Prix moyen	10,00	$P_{moy} = (P_0 + P_1) / 2$
Pourcentage de variation du prix	10 %	$(\Delta P / P_{moy}) \times 100$
Quantité demandée (en millions de barils par jour)		
Quantité initiale	41	Q_0
Nouvelle quantité	39	Q_1
Variation de la quantité	−2	$\Delta Q = Q_1 - Q_0$
Quantité moyenne	40	$Q_{moy} = (Q_0 + Q_1) / 2$
Pourcentage de variation de la quantité demandée	−5 %	$(\Delta Q / Q_{moy}) \times 100$
Pourcentage de variation de la quantité divisé par le pourcentage de variation du prix	−0,5	$(\Delta Q / Q_{moy}) / (\Delta P / P_{moy})$
Élasticité-prix de la demande	0,5	η

* La lettre grecque Δ (delta) dénote une variation, calculée comme la différence entre la nouvelle valeur et la valeur initiale.

diminution de la quantité demandée de 2 millions de barils par jour. Pour calculer l'élasticité de la demande, il faut exprimer les variations du prix et de la quantité en pourcentage. Mais nous disposons pour cela de deux prix et de deux quantités : la quantité et le prix initiaux, d'une part, et la nouvelle quantité et le nouveau prix, d'autre part. Quel prix et quelle quantité utiliser pour calculer les variations en pourcentage ? Par convention, on utilise le *prix moyen* et la *quantité moyenne*. La formule du calcul des variations en pourcentage (pour le prix ou la quantité) est la suivante :

$$\text{Pourcentage de variation} = \frac{\text{Variation}}{\text{Valeur moyenne}} \times 100.$$

Appliquons cette formule au calcul du pourcentage de variation du prix et de la quantité. Le prix initial était de 9,50 $ le baril et le nouveau prix est de 10,50 $ le baril ; le prix moyen est donc de 10 $ le baril. Une hausse du prix de 1 $ représente donc une augmentation de prix de 10 % par rapport au prix moyen. La quantité initiale était de 41 millions de barils par jour et la nouvelle quantité est de 39 millions de barils par jour ; la quantité moyenne est donc de 40 millions de barils par jour. Une diminution de la quantité de 2 millions de barils implique donc une diminution de 5 % par rapport à la quantité moyenne.

Le pourcentage de variation de la quantité divisé par le pourcentage de variation du prix est égal à :

$$-\frac{5\ \%}{10\ \%} = -0,5.$$

Rappelez-vous que l'élasticité de la demande (η) est la valeur absolue du ratio du pourcentage de variation de la quantité achetée sur le pourcentage de variation du prix. Par conséquent,

$$\eta = 0{,}5.$$

Deux remarques concernant le calcul de l'élasticité-prix de la demande:

1. Les variations du prix et de la quantité achetée sont exprimées en pourcentage du prix *moyen* et de la quantité *moyenne*. Cette convention permet d'éviter d'obtenir deux élasticités différentes suivant que le prix augmente (nouveau prix supérieur au prix initial) ou baisse (prix initial supérieur au nouveau prix). Les variations absolues du prix et de la quantité sont les mêmes dans les deux cas – dans notre exemple, le prix augmente de 1 $ et la quantité baisse de 2 millions de barils. En pourcentage, 1 $ représente 10,5 % de 9,50 $, mais seulement 9,5 % de 10,50 $; de la même façon, 2 millions de barils représentent 4,9 % de 41 millions de barils, mais 5,1 % de 39 millions de barils. En calculant l'élasticité avec ces nombres, nous obtenons 0,54 si le prix passe de 9,50 $ à 10,50 $, et 0,47 dans le cas contraire. Par contre, en utilisant les valeurs moyennes du prix et de la quantité, nous obtenons la même élasticité dans les deux cas (0,5), que le prix augmente ou baisse.

2. Comme nous l'avons vu, l'élasticité est le ratio du pourcentage de variation de la quantité sur le pourcentage de variation du prix. Elle correspond donc aussi à la *variation proportionnelle* de la quantité ($\Delta Q / Q_{moy}$) divisée par la *variation proportionnelle* du prix ($\Delta P / P_{moy}$). Comme le montre le tableau 5.1, il faut multiplier la variation du prix par rapport au prix moyen ($\Delta P / P_{moy}$) et la variation de la quantité par rapport à la quantité moyenne ($\Delta Q / Q_{moy}$) par 100 pour obtenir des pourcentages, mais ce facteur de 100 s'élimine lors de la division.

À RETENIR

L'élasticité est une mesure de la sensibilité de la demande indépendante des unités de mesure utilisées pour la quantité ou le prix. L'élasticité-prix de la demande ou, plus simplement, l'élasticité de la demande, est définie comme la valeur absolue du ratio obtenu en divisant le pourcentage de variation de la quantité par le pourcentage de variation du prix.

■■■

La demande élastique et la demande inélastique

Dans notre exemple, l'élasticité de la demande est de 0,5. Est-ce beaucoup ou peu? L'élasticité de la demande par rapport au prix est comprise entre zéro et l'infini. Elle est nulle si une variation du prix n'exerce aucune influence sur la quantité achetée. Dans ce cas, le pourcentage de variation de la quantité demandée est égal à zéro, quelle que soit l'ampleur de la variation de prix. L'élasticité est nulle puisque, quand on divise zéro par un nombre, quel qu'il soit, on obtient toujours zéro. Par exemple, l'élasticité-prix de l'insuline est très faible, peut-être nulle. L'insuline est si vitale pour les diabétiques qu'ils seraient prêts à payer n'importe quel prix, ou presque, pour obtenir les quantités nécessaires à leur santé.

Dès qu'une modification du prix provoque une variation de la quantité demandée, l'élasticité-prix de la demande est supérieure à zéro. Si le pourcentage de variation de la quantité est inférieur au pourcentage de variation du prix, l'élasticité est inférieure à l'unité, comme dans notre exemple du tableau 5.1. Si les pourcentages de variation de la quantité et le prix sont égaux, l'élasticité est égale à l'unité. Si le pourcentage de variation de la quantité est supérieur au pourcentage de variation du prix, l'élasticité est supérieure à l'unité.

À la limite, la demande peut être «infiniment sensible» au prix. Ce serait le cas pour un bien, se vendant à un prix donné, qui ne trouverait plus d'acheteurs dès que son prix augmenterait de seulement 1¢. Dans une telle situation, une infime variation en pourcentage du prix (proche de zéro) entraînerait une très grande variation en pourcentage de la quantité demandée. L'élasticité-prix de la demande serait par conséquent infinie. Par exemple, l'élasticité de la demande de lait Sealtest 2 % est très élevée, presque infinie. Si le prix du litre de lait Sealtest 2 % augmente légèrement alors que ceux des marques concurrentes restent constants, la demande de lait Sealtest 2 % va chuter à zéro. Les autres marques de lait 2 % sont en effet des substituts presque parfaits du Sealtest 2 %.

Si son élasticité est comprise entre zéro et 1, la demande est dite **inélastique**. Si son élasticité est supérieure à 1, elle est dite **élastique**. Une demande dont l'élasticité est égale à l'unité est dite d'**élasticité unitaire**. Si son élasticité est infinie, la demande est dite **parfaitement élastique**; si son élasticité est nulle, elle est dite **parfaitement (ou complètement) inélastique**.

Le tableau 5.2 indique les effets d'une variation de prix de 10 % sur la quantité demandée, dans le cas de demandes élastique, inélastique et d'élasticité unitaire. La première ligne reprend simplement les calculs du tableau 5.1. La deuxième illustre une demande dont l'élasticité est égale à l'unité. La quantité initiale s'élevait à 42 millions de barils par jour, et la nouvelle quantité demandée s'élève à 38 millions de barils par jour; la demande moyenne est par conséquent de 40 millions, et la variation de la demande quotidienne est de - 4 millions de barils. La variation de la quantité demandée est de - 10 %. Comme la variation du prix

Tableau 5.2 Demande élastique, demande inélastique et demande d'élasticité unitaire : effets d'une variation de prix de 10 %

	Quantité initiale demandée	Nouvelle quantité demandée	Quantité moyenne	Variation absolue de la quantité demandée	Pourcentage de variation de la quantité demandée	Élasticité de la demande
Demande inélastique	41	39	40	−2	−5	0,5
Demande d'élasticité unitaire	42	38	40	−4	−10	1
Demande élastique	50	30	40	−20	−50	5

est aussi de 10 %, l'élasticité de la demande est égale à 1. Dans notre troisième exemple, la quantité demandée initiale s'élevait à 50 millions de barils par jour, et la nouvelle quantité vendue est de 30 millions de barils par jour. La quantité moyenne est toujours de 40 millions de barils par jour, mais la quantité demandée a chuté de 20 millions de barils. Le pourcentage de variation de la quantité est donc de −50 % et l'élasticité de la demande est de 5.

Les économistes ne sont pas les seuls à s'intéresser au calcul de l'élasticité de la demande. Le fait que la demande soit ou ne soit pas élastique revêt même une importance capitale dans la vie quotidienne de chacun d'entre nous. Dans les années 70, quand l'OPEP a décidé de restreindre ses approvisionnements pétroliers, les Nord-Américains se sont aperçus que leur demande de pétrole était inélastique. Malgré la réduction de l'offre, nous avons continué à consommer d'importantes quantités d'essence et d'autres produits pétroliers, ce qui nous a obligés à réduire nos achats d'autres biens ou services : les gens se sont mis à prendre moins de vacances, à réduire le chauffage des maisons et à pratiquer le covoiturage entre voisins ; de grandes entreprises ont vécu de profonds bouleversements en tentant de s'adapter aux nouveaux prix de pétrole ; les gouvernements ont imposé des limitations de vitesse ; et plus d'un automobiliste aussi a dû se résoudre à se départir prématurément d'une voiture particulièrement gloutonne.

L'élasticité et la pente de la courbe de demande

L'élasticité et la pente de la courbe de demande sont deux choses distinctes, mais néanmoins reliées. Pour mieux comprendre la relation entre l'élasticité et la pente de la courbe de demande, considérons une courbe de demande à pente constante, c'est-à-dire une droite.

Calculons l'élasticité d'une telle demande (voir la figure 5.2). Nous devons d'abord déterminer des valeurs initiales pour le prix et la quantité. Nous ferons ensuite varier le prix et analyserons l'effet de ces variations sur la quantité demandée. Avec les nombres ainsi obtenus, nous calculerons l'élasticité de la demande au moyen de la formule définie précédemment.

Commençons à 50 $ le baril. Quelle est l'élasticité de la demande si nous abaissons le prix à 40 $? La diminution absolue du prix est de 10 $ et le prix moyen est de 45 $ (la moyenne de 40 $ et de 50 $). La diminution proportionnelle du prix par rapport au prix moyen est donc de :

$$\Delta P / P_{moy} = 10/45.$$

La quantité demandée initialement était nulle ; la nouvelle quantité demandée s'élève à 10 millions de barils par jour. La demande moyenne est donc de 5 millions de barils par jour (la moyenne de zéro et de 10 millions). L'augmentation proportionnelle de la quantité par rapport à la quantité moyenne s'élève donc à :

$$\Delta Q / Q_{moy} = 10/5.$$

Pour calculer l'élasticité de la demande, il faut diviser la variation proportionnelle de la quantité par la variation proportionnelle du prix :

$$\eta = (\Delta Q / Q_{moy}) / (\Delta P / P_{moy}) = (10/5) / (10/45) = 9.$$

De la même façon, toujours pour une baisse de prix de 10 $, on peut calculer l'élasticité de la demande lorsqu'on passe de 45 $ à 35 $, de 40 $ à 30 $, de 35 $ à 25 $, etc. Avec le même calcul, vous pouvez vérifier l'élasticité de la demande en différents points de la droite de demande représentée à la figure 5.2. Vous remarquerez que, si la demande est une droite, l'élasticité diminue quand le prix baisse.

Au milieu de la droite de demande, pour un prix de 25 $ le baril et une quantité de 25 millions de barils, l'élasticité de la demande est égale à l'unité. Au-dessus

Figure 5.2 Calcul des élasticités-prix sur une droite de demande

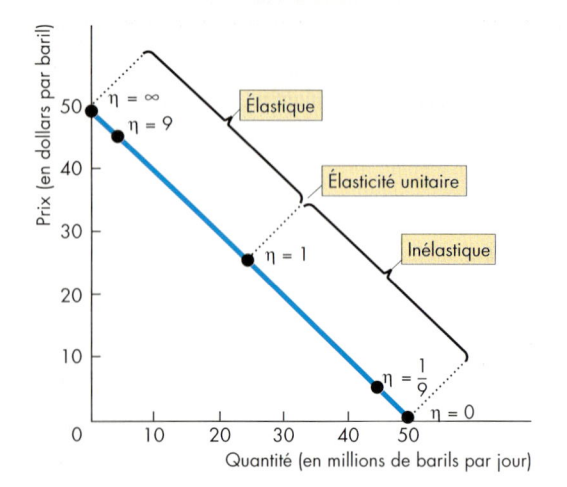

Le long d'une droite de demande, l'élasticité diminue quand le prix baisse et que la quantité augmente. L'élasticité de la demande est égale à l'unité au milieu de la droite de demande. Au-dessus de ce point, la demande est élastique (élasticité supérieure à 1) et, en dessous de ce point, elle est inélastique (élasticité inférieure à 1).

de ce point, l'élasticité devient supérieure à 1 et elle augmente avec le prix. Du milieu au bas de la droite, l'élasticité est inférieure à 1 et baisse avec le prix. Si le prix atteint 50 $ le baril, la demande tombe à zéro et l'élasticité est infinie. L'élasticité est nulle pour une demande de 50 millions de barils par jour et un prix égal à zéro. La formule de calcul de l'élasticité de la demande permet de vérifier ces valeurs numériques.

Mais pourquoi l'élasticité de la demande baisse-t-elle avec le prix quand la demande est une droite? Dans l'exemple de la figure 5.2, quels que soient la quantité et le prix moyens, la quantité demandée augmente de 10 millions de barils chaque fois que le prix du baril baisse de 10 $. Si le prix moyen est élevé, la quantité moyenne est faible, de sorte que le pourcentage de variation de la quantité est supérieur au pourcentage de variation du prix : l'élasticité de la demande est supérieure à 1. Par contre, si le prix moyen est bas, la demande moyenne est élevée ; le pourcentage de variation de la quantité est alors inférieur à celui du prix, et l'élasticité de la demande est inférieure à 1. Au milieu de la droite de demande, la quantité moyenne et le prix moyen sont tels que les pourcentages de variation de la quantité et du prix sont égaux : l'élasticité est alors égale à l'unité.

L'élasticité de la demande peut être constante. Par exemple, l'élasticité d'une demande parfaitement inélastique est constante et égale à zéro ($\eta = 0$); la courbe de demande est alors verticale. L'élasticité d'une demande parfaitement élastique est constante et de valeur infinie ($\eta = \infty$); la courbe de demande est dans ce cas horizontale. D'autres demandes aux élasticités constantes ont une forme *incurvée*. La figure 5.3 représente les courbes de trois demandes d'élasticité constante – nulle, égale à 1, et infinie.

Figure 5.3 Courbes de demande à élasticité constante

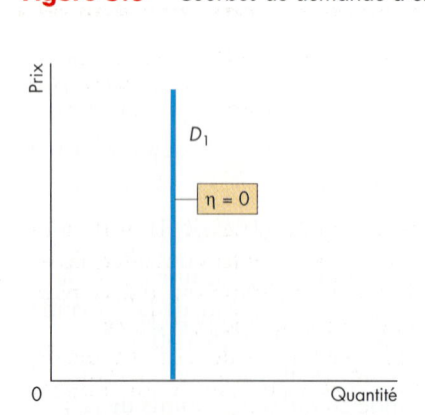

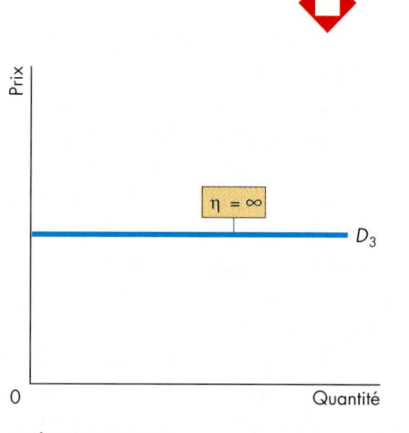

(a) Élasticité nulle

(b) Élasticité unitaire

(c) Élasticité infinie

Les trois courbes de demande présentées ici ont une élasticité constante: élasticité nulle dans le graphique (a), élasticité unitaire dans le graphique (b), et élasticité infinie dans le graphique (c).

Nous avons indiqué plus haut que la demande d'insuline est très peu élastique. Dans la figure 5.3, elle serait représentée par la courbe du graphique (a). Pour un tel produit, la demande reste constante quel que soit le prix. L'élasticité de la demande d'électricité est proche de l'unité : chaque fois que le prix de l'électricité augmente, la quantité demandée diminue dans la même proportion. La demande de lait Sealtest 2 % a une élasticité presque infinie ; elle correspondrait à la courbe du graphique (c) de la figure 5.3. Les acheteurs ne choisissent le lait Sealtest que si son prix est égal (ou inférieur) à celui des marques comparables. Dès que le prix du lait Sealtest devient supérieur à celui de ses concurrents, la demande tombe à zéro. Dès que le prix des laits concurrents dépasse celui du lait Sealtest, toute la demande se porte sur ce dernier, et seule la marque Sealtest se vend. Si différentes marques se vendent au même prix, la répartition de la demande entre elles est indéterminée.

Exemples réels d'élasticités de la demande Le tableau 5.3 donne les valeurs numériques des élasticités-prix obtenues à partir d'estimations des courbes de demande de certains produits.

La valeur numérique des élasticités-prix

Pourquoi la demande est-elle élastique pour certains biens et inélastique pour d'autres ? L'élasticité de la demande dépend de plusieurs facteurs :

- La relative facilité avec laquelle on peut trouver des substituts au produit en question.
- La part du revenu consacrée au produit.
- L'horizon temporel considéré.

La substituabilité des produits La possibilité pour le consommateur de remplacer un produit par un autre dépend de la nature même du produit. Par exemple, on connaît plusieurs substituts possibles au pétrole, mais il n'y a pas vraiment de substitut parfait dans l'état actuel des choses : on imagine difficilement des voitures propulsées par des moteurs à vapeur alimentés au charbon, ou des avions mûs par l'énergie nucléaire. Par contre, les plastiques peuvent très bien remplacer le métal pour certaines utilisations. La demande de métaux est par conséquent plus élastique que la demande de pétrole.

Les possibilités de substitution dépendent aussi de la façon dont on définit le produit. Par exemple, on ne connaît pas de proche substitut au pétrole ; par contre, les différents produits pétroliers peuvent se substituer les uns aux autres sans trop de problèmes. La densité et la composition chimique du pétrole diffèrent d'une région à l'autre du globe. Prenons l'exemple du brut

Tableau 5.3 Élasticités-prix de la demande : quelques valeurs numériques

Secteur	Élasticité
Demandes élastiques	
Métaux	1,52
Produits électriques	1,39
Produits mécaniques	1,30
Meubles	1,26
Véhicules à moteur	1,14
Instruments	1,10
Services professionnels	1,09
Services de transport	1,03
Demandes inélastiques	
Gaz, électricité et eau	0,92
Pétrole	0,91
Produits chimiques	0,89
Boissons (de toutes sortes)	0,78
Tabac	0,61
Produits alimentaires	0,58
Services bancaires et d'assurances	0,56
Logement	0,55
Vêtements	0,49
Produits de l'agriculture et de la pêche	0,42
Livres, magazines et journaux	0,34
Charbon	0,32

Source : Ahsan Mansur et John Whalley, « Numerical Specification of Applied General Equilibrium Models : Estimation, Calibration, and Data », dans *Applied General Equilibrium Analysis*, Herbert E. Scarf et John B. Shoven, éd., New York, Cambridge University Press, 1984, p. 109.

saoudien léger. L'élasticité de la demande de brut saoudien léger intéresse au premier chef les conseillers économiques de l'Arabie Saoudite. Supposons que ce pays songe à augmenter unilatéralement le prix de son pétrole – ce qui signifie que les prix des autres types de pétroles ne changeraient pas. Certes, le saoudien léger a certaines caractéristiques qui lui sont propres, mais les autres pétroles du monde lui sont néanmoins facilement substituables. Or, les acheteurs de produits pétroliers sont très sensibles au prix… Par conséquent, la demande de brut saoudien léger est très élastique.

Cette distinction entre « le pétrole en général » et

les différents types de pétroles peut s'appliquer à d'autres situations. Ainsi, la demande de viande («en général») est moins élastique que la demande de boeuf, d'agneau ou de porc. De la même façon, la demande d'ordinateurs personnels est moins élastique que celles des ordinateurs personnels de marque IBM, Toshiba ou Apple.

La part du revenu consacrée au produit L'élasticité de la demande est d'autant plus élevée, toutes choses étant égales par ailleurs, que la part du revenu consacrée au produit est importante. Si le consommateur ne consacre qu'une infime partie de son revenu à un produit, une variation du prix du produit n'aura qu'un faible effet sur le budget global du consommateur. Par contre, si le produit représente une part importante du budget du consommateur, une variation même minime du prix aura d'importantes répercussions et incitera l'acheteur à revoir ses dépenses.

Prenons l'exemple des manuels scolaires et de la gomme à mâcher. Si le prix des manuels scolaires double (une augmentation de 100 %), le nombre d'exemplaires achetés baisse considérablement : les étudiants se prêtent les livres ou les photocopient frauduleusement. Par contre, si le prix de la gomme à mâcher double, la consommation ne varie presque pas. Pourquoi ? Parce que les manuels scolaires représentent une part importante du budget des étudiants, alors que les gommes à mâcher n'en représentent qu'une infime partie. Certes, il n'est jamais agréable de voir les prix augmenter, qu'il s'agisse du prix des manuels scolaires ou de celui des gommes à mâcher. Mais alors qu'une augmentation de 100 % du prix de la gomme se remarque à peine dans le budget de l'étudiant, une augmentation de 100 % du prix des manuels risque bien de le mettre sur la paille !

L'horizon temporel de la courbe de demande L'élasticité de la demande dépend aussi de l'intervalle de temps considéré à partir de la modification du prix. D'une manière générale, plus la période considérée est longue, plus la demande est élastique. Cela s'explique par le fait que le degré de substituabilité des produits dépend de l'horizon temporel considéré. Avec le temps, on trouve plus facilement de nouveaux produits susceptibles de remplacer ceux dont le prix a augmenté. Au moment d'une hausse de prix, les consommateurs n'ont souvent d'autre choix que de continuer à consommer le produit dans les mêmes quantités. Mais, au fil du temps, ils découvrent d'autres façons de combler le même besoin ou apprennent à se procurer des produits de remplacement moins chers ; ils peuvent ainsi, graduellement, acheter en moins grande quantité le produit dont le prix a augmenté.

À RETENIR

L'élasticité de la demande est comprise entre zéro et l'infini. Pour les produits facilement substituables ou qui représentent une faible part du budget des consommateurs, la demande est plus élastique que pour ceux qui n'ont pas de proches substituts ou qui représentent une part importante du budget des consommateurs. L'élasticité de la demande est également d'autant plus grande que l'on considère des ajustements sur un intervalle de temps plus long.

• • •

Deux horizons temporels pour l'analyse de la demande

Pour tenir compte du fait que la valeur numérique de l'élasticité peut dépendre de l'intervalle de temps considéré, nous définirons deux horizons temporels : le court terme et le long terme.

La demande à court terme

La **courbe de demande à court terme** correspond à la réaction initiale des acheteurs à une variation de prix. Cette réaction initiale dépend de la perception qu'ont les consommateurs du changement de prix, selon qu'ils le considèrent comme *permanent* (ou du moins, de longue durée) ou seulement *temporaire*. S'ils pensent que la variation du prix est temporaire, leur demande pourra être très élastique : si le prix augmente, ils préfèrent attendre qu'il baisse de nouveau pour acheter et, inversement, si le prix baisse, ils achètent en grandes quantités, sachant qu'ils devront payer plus cher dans quelques jours.

Ce ne sont pas les exemples de variations temporaires de prix qui manquent. Ainsi, la minute de communication téléphonique coûte bien moins cher la nuit que le jour. Le tarif baisse à 18 h (et une autre fois à 23 h) pour remonter à 9 h le lendemain matin. Cela exerce une influence importante sur la demande ; en d'autres termes, la demande est à cet égard très élastique. De nombreux appels téléphoniques continuent évidemment d'avoir lieu pendant les heures normales de bureau. La modification des tarifs incite néanmoins une certaine catégorie de consommateurs à appeler le soir plutôt qu'en plein jour. Pour ces consommateurs, les appels en soirée et les appels en cours de journée sont de bons substituts ; leur demande est donc très sensible à la baisse des tarifs après 18 h. Certains prix, au lieu de changer en cours de journée comme les tarifs des communications téléphoniques, varient de façon saisonnière : par exemple notre consommation hebdomadaire de certains fruits frais en saison, lorsque les prix sont bas, est certainement plus élevée que si les mêmes prix avaient cours toute l'année.

Si la variation du prix semble permanente, la consommation tend à rester plutôt stable à court terme. La demande à court terme est alors moins élastique (ou plus inélastique) que dans le cas d'une variation temporaire du prix. La raison en est qu'on a souvent du mal à changer nos habitudes d'achat. Mais surtout, chaque fois qu'on délaisse un produit devenu trop cher pour un autre, on doit aussi modifier notre consommation de biens complémentaires, ce qui prend du temps et se révèle souvent très coûteux.

La hausse des prix du pétrole du début des années 70 était un cas de variation de prix permanente ou, à tout le moins, de longue durée. Le prix du pétrole a augmenté de 400 % entre la fin de l'année 1973 et le début de l'année 1974, ce qui a provoqué une augmentation importante des coûts du chauffage résidentiel et du carburant. Au début, les consommateurs n'ont eu d'autre choix que de se résigner à la hausse et de maintenir leur consommation au même niveau, ou à peu près. Leurs équipements de chauffage résidentiel et leurs voitures consommaient peut-être beaucoup d'énergie, mais c'était les seuls dont ils disposaient. Les automobilistes pouvaient évidemment rouler moins vite pour économiser l'essence. Les ménages pouvaient aussi baisser le thermostat, mais ils n'économisaient alors l'énergie qu'au prix d'une détérioration de leur confort et de leur qualité de vie. Ils avaient par conséquent le sentiment que la réduction de leur consommation d'essence ou de mazout n'en valait, somme toute, pas vraiment la peine. La demande à court terme des acheteurs de produits pétroliers était donc inélastique.

La demande à long terme

La **courbe de demande à long terme** représente aussi la réaction des acheteurs à une modification de prix, mais seulement une fois que tous les ajustements possibles ont été faits dans leurs plans d'achat. La demande à long terme est plus élastique que la demande à court terme. L'augmentation du prix du pétrole et du carburant de 1974 a clairement montré la différence entre demande à court terme et demande à long terme. Au début, les consommateurs ont réagi à l'augmentation en continuant d'utiliser les mêmes équipements énergivores, mais en tentant de consommer moins. Plus tard, ils ont commencé à acheter des équipements moins gourmands – des voitures plus petites, par exemple, et plus efficaces au chapitre de la consommation énergétique.

Les deux courbes de demande

La figure 5.4 représente les courbes de demande à court et à long terme pour les produits pétroliers, en prenant

Figure 5.4 La demande à court terme et la demande à long terme

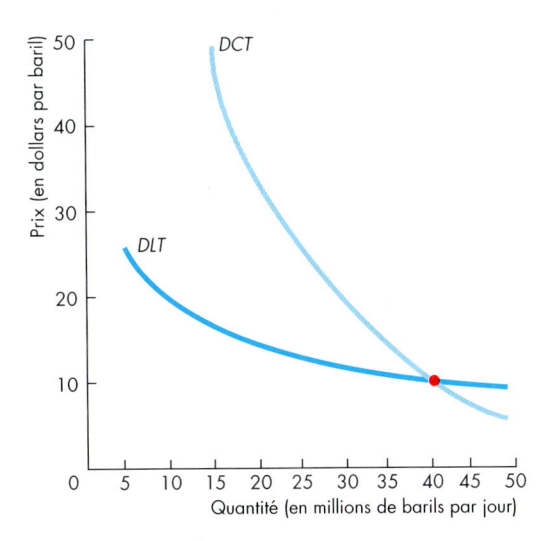

La courbe de demande à court terme (*DCT*) décrit la réaction initiale des acheteurs à une modification de prix, avant qu'ils n'aient eu le temps de changer leurs habitudes d'achat. La courbe de demande à long terme (*DLT*) montre comment la quantité demandée réagit à une modification de prix, une fois que les acheteurs ont procédé à tous les réaménagements possibles de leurs plans de consommation.

1974 comme année de référence. La courbe de demande à court terme (*DCT*) illustre la réaction initiale des acheteurs à la suite d'une modification permanente du prix. La courbe de demande à long terme (*DLT*) représente la demande après que les acheteurs ont procédé à tous les ajustements possibles de leurs plans de consommation.

Le baril de pétrole coûtait 10 $ en 1974, et il s'en vendait 40 millions par jour. Sur le graphique, les deux courbes de demande se croisent donc en ce point précis – 10 $ et 40 millions de barils. À ce point, la demande à long terme est plus élastique que la demande à court terme.

Au chapitre 6, nous reviendrons sur les courbes de demandes à court et à long terme pour étudier les effets d'une modification de l'offre sur le marché.

Élasticité, recettes et dépenses

Nous avons vu plus haut que les recettes totales s'obtiennent en multipliant le prix d'un bien par la quantité vendue. Les **dépenses totales** s'obtiennent, elles, en multipliant le prix d'un produit par la quantité *achetée*. Recettes et dépenses sont par conséquent les deux facettes d'une même réalité – les vendeurs encaissent les recettes et les acheteurs engagent les dépenses. Quand le prix d'un bien augmente, la quantité demandée diminue. L'effet de cette augmentation de prix sur les recettes (ou les dépenses) dépend de l'ampleur du recul des ventes. Si une hausse de prix de 1% cause une diminution de la quantité demandée inférieure à 1%, les recettes totales augmentent. Si, par contre, une hausse de prix de 1% se traduit par un recul de la quantité demandée supérieur à 1%, alors les recettes totales diminuent. Si une hausse de prix de 1% provoque un recul des ventes de 1%, la hausse de prix et la diminution de la quantité demandée s'annulent et les recettes totales restent constantes. Or, nous savons que l'élasticité de la demande permet de mesurer la relation entre le pourcentage de variation du prix et le pourcentage de variation de la quantité demandée. Quand le prix d'un produit augmente, c'est donc l'élasticité de la demande qui détermine si les recettes augmenteront ou diminueront. Le tableau 5.4 montre la variation des recettes totales pour les trois élasticités présentées au tableau 5.2.

Dans le cas *a*, l'élasticité de la demande est de 0,5. Quand le prix passe de 9,50 $ à 10,50 $, la demande passe de 41 millions à 39 millions de barils par jour. Les recettes totales – le prix multiplié par la quantité vendue – s'élevaient initialement à 389,50 millions de dollars par jour (9,50 $ × 41 millions). Après l'augmentation de prix, elles s'élèvent à 409,50 millions de dollars par jour. La hausse de prix a donc fait *augmenter* les recettes de 20 millions de dollars par jour.

Dans le cas *b*, l'élasticité de la demande est égale à l'unité. Quand le prix passe de 9,50 $ à 10,50 $, la demande passe de 42 millions à 38 millions de barils par jour. Les recettes sont les mêmes avant et après l'augmentation de prix – 399 millions de dollars par jour. Cet exemple illustre le fait qu'une élasticité unitaire implique des recettes totales *constantes*, quelle que soit l'augmentation de prix.

Dans le cas *c*, l'élasticité de la demande est de 5. Quand le prix augmente de 1 $, la quantité vendue chute, passant de 50 millions à 30 millions de barils par jour. Les recettes initiales s'élevaient à 475 millions de dollars par jour, mais l'augmentation de prix les fait tomber à 315 millions de dollars par jour. Dans ce cas, l'augmentation de prix fait donc *baisser* les recettes totales, de 160 millions de dollars par jour.

Élasticité et recettes totales sont étroitement reliées. Si l'élasticité de la demande est supérieure à 1, la diminution en pourcentage de la quantité demandée est supérieure à l'augmentation en pourcentage du prix. Dans ce cas, une augmentation du prix se traduit par une chute des recettes totales. Par contre, si l'élasticité de la demande est inférieure à 1, la diminution en pourcentage de la quantité est inférieure à l'augmentation en pourcentage du prix. Une hausse de prix entraîne alors un accroissement des recettes totales. Enfin, si l'élasticité de la demande est égale à l'unité, la diminution en pourcentage de la quantité demandée est égale à l'augmentation en pourcentage du prix. Dans ce cas, la hausse de prix n'a aucun effet sur les recettes totales. Le surplus de recettes produit par l'augmentation de prix est parfaitement compensé par la réduction de recettes due au recul des ventes.

Nous avons vu que la demande à long terme est plus élastique que la demande à court terme. Il n'est donc pas impossible qu'une augmentation de prix se traduise par une augmentation des recettes totales à court terme, mais non à long terme. C'est ce qui se produit si l'élasticité de la demande à court terme est inférieure à l'unité et celle de la demande à long terme est supérieure à l'unité.

De toutes les élasticités, celle que nous venons d'étudier – l'élasticité-prix de la demande – est la plus importante. Quand les économistes parlent de l'«élasticité de la demande» sans plus de précisions, c'est généralement de celle-là qu'il s'agit. Il existe cependant d'autres types d'élasticités de la demande, comme nous allons le voir maintenant.

Tableau 5.4 Élasticité de la demande, recettes totales et dépenses totales

	Élasticité	Prix (en dollars par baril) Initial	Nouveau	Quantité (en millions de barils par jour) Initial	Nouveau	Recettes totales/ Dépenses totales (en millions de dollars par jour) Initial	Nouveau	Variation
a	0,5	9,50	10,50	41	39	389,50	409,50	+ 20
b	1	9,50	10,50	42	38	399	399	0
c	5	9,50	10,50	50	30	475	315	- 160

Figure 5.5 L'élasticité-revenu de la demande

(a) Élasticité-revenu supérieure à 1 — Demande élastique par rapport au revenu $\eta_y > 1$

(b) Élasticité-revenu comprise entre zéro et 1 — Demande inélastique par rapport au revenu $0 < \eta_y < 1$

(c) Élasticité-revenu inférieure à 1 puis négative — Demande inélastique par rapport au revenu $0 < \eta_y < 1$; Élasticité-revenu négative $\eta_y < 0$

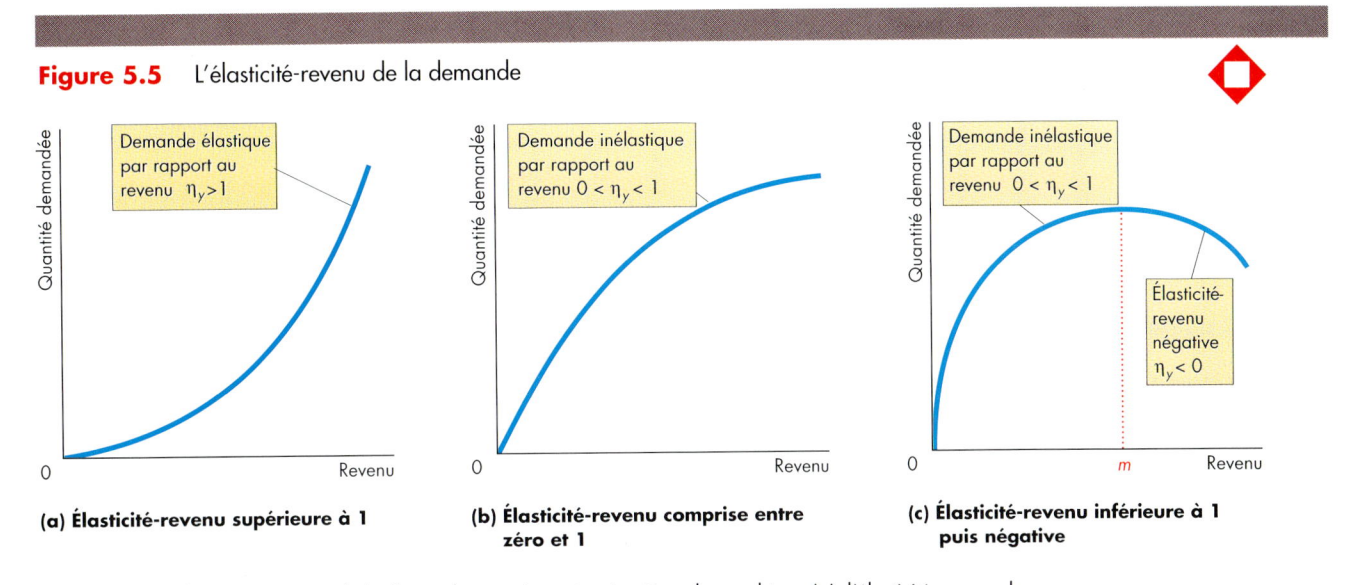

On répartit les élasticités-revenus de la demande en trois catégories. Dans le graphique (a), l'élasticité-revenu de la demande est supérieure à 1. Dans ce cas, la quantité demandée augmente avec le revenu et elle augmente plus rapidement que celui-ci. Dans le graphique (b), l'élasticité-revenu de la demande est comprise entre zéro et 1. La quantité demandée augmente aussi avec le revenu mais moins que celui-ci en pourcentage. Dans le graphique (c), l'élasticité-revenu de la demande est positive pour les faibles revenus, mais devient négative dès que le revenu excède le seuil m. À ce niveau de revenu, la quantité demandée a atteint un maximum.

Autres types d'élasticités de la demande

La quantité demandée d'un produit dépend d'autres variables que du prix. Elle dépend notamment des revenus et du prix des autres biens. On peut par conséquent calculer l'élasticité de la demande par rapport à ces autres variables et obtenir ainsi d'autres types d'élasticités de la demande.

L'élasticité-revenu

Pour un produit donné, comment la quantité demandée évolue-t-elle en fonction des revenus? Cela dépend de l'élasticité-revenu de la demande du produit considéré. L'**élasticité-revenu de la demande** est le pourcentage de variation de la quantité demandée divisé par le pourcentage de variation du revenu :

$$\eta_y = \frac{\text{Pourcentage de variation de la quantité demandée}}{\text{Pourcentage de variation du revenu}}.$$

L'élasticité-revenu de la demande peut être positive ou négative. On distingue trois cas, selon que l'élasticité est :

- Supérieure à 1 (demande élastique par rapport au revenu)
- Comprise entre zéro et 1 (demande inélastique par rapport au revenu)
- Inférieure à zéro (élasticité-revenu négative)

La figure 5.5 illustre les trois cas en question. Le graphique (a) représente une élasticité-revenu de la demande supérieure à 1. Dans ce cas, la demande augmente avec le revenu, et plus rapidement que celui-ci. La courbe a une pente positive et cette pente s'accentue. Les croisières, les vêtements sur mesure, les voyages à l'étranger, les bijoux et les œuvres d'art se situent dans cette première catégorie.

Le graphique (b) illustre une élasticité-revenu de la demande comprise entre zéro et 1. Ici, la demande augmente avec le revenu, mais moins rapidement que celui-ci. La courbe a une pente positive, mais cette pente est de moins en moins accentuée au fur et à mesure que le revenu augmente. Les produits alimentaires de base, les vêtements, le logement et les transports en commun comptent au nombre des produits pour lesquels l'élasticité-revenu est comprise entre zéro et 1.

À la frontière des courbes des graphiques (a) et (b), on a une courbe partant de l'origine et de pente constante. Dans ce cas, il y a une relation linéaire entre la quantité demandée et le revenu, et l'élasticité-revenu de la demande est égale à 1.

Le graphique (c) illustre une troisième possibilité plus complexe que les deux précédentes. Ici, la quantité demandée augmente avec le revenu jusqu'à ce que ce dernier atteigne un certain seuil (m). Au-delà de cette limite, la quantité demandée décroît avec l'augmentation du revenu. L'élasticité-revenu de la demande est

Tableau 5.5 Élasticité-revenu de la demande : quelques valeurs numériques

Demandes élastiques

Transports aériens	5,82
Cinéma	3,41
Voyages à l'étranger	3,08
Médicaments	3,04
Logement	2,45
Jouets	2,01
Électricité	1,94
Autobus interurbains	1,89
Papeterie	1,83
Restaurants	1,61
Livres et cartes	1,42
Trains et autobus urbains	1,38
Pétrole et carburant	1,36
Coiffure	1,36
Assurance-automobile	1,26
Appareils électroménagers	1,18
Taxis	1,15
Voitures	1,07

Demande d'élasticité unitaire

Soins dentaires	1

Demandes inélastiques

Chaussures	0,94
Réparations automobiles	0,90
Tabac	0,86
Vaisselle et coutellerie	0,77
Cordonnerie	0,72
Boissons alcoolisées	0,62
Eau	0,59
Meubles	0,53
Vêtements	0,51
Journaux et magazines	0,38
Téléphone	0,32

Source : H. S. Houthakker et Lester D. Taylor, *Consumer Demand in the United States*, Cambridge (Mass.), Harvard University Press, 1970.

positive mais inférieure à l'unité jusqu'au niveau de revenu m, et négative au-delà. Dans cette troisième catégorie de biens, on trouve notamment les bicyclettes à une seule vitesse, les petites motocyclettes, les pommes de terre et le riz. Les consommateurs à faible revenu achètent la plupart de ces biens. En dessous d'un certain seuil de revenu, la quantité demandée de ces produits augmente avec le revenu. Mais à un certain stade, quand le revenu atteint le seuil m, les consommateurs préfèrent se tourner vers d'autres produits, plus chers : la voiture remplace la motocyclette, et les fruits, les légumes et la viande se substituent aux pommes de terre et au riz.

Les produits et services pour lesquels l'élasticité-revenu de la demande est positive sont dits *normaux* – lorsque l'élasticité est supérieure à 1, on les qualifie souvent de *biens de luxe*; lorsqu'elle est inférieure à 1, on les qualifie souvent de *biens de première nécessité*. Ceux dont l'élasticité-revenu est négative sont dits *inférieurs*; ils le sont dans la mesure où, au-delà d'un certain niveau de revenu, les consommateurs préfèrent les remplacer par d'autres produits ou services plus chers, mais considérés comme «supérieurs».

Examinons maintenant quelques exemples concrets d'élasticités-revenus de la demande (voir le tableau 5.5). Les produits et services de cette liste sont regroupés en trois catégories. Dans la première, l'élasticité-revenu de la demande est supérieure à 1; dans la deuxième (un seul exemple ici), elle est égale à 1; dans la troisième catégorie, l'élasticité-revenu de la demande est inférieure à 1, et la demande est alors inélastique par rapport au revenu.

L'élasticité-revenu de la demande permet de prévoir la variation de la quantité demandée en fonction de l'évolution du revenu des ménages. Par exemple, si le revenu moyen augmente de 3 % par an, la demande de pétrole et de carburant augmentera de 4 % chaque année (c'est-à-dire : 3 % × 1,36, puisque l'élasticité-revenu de la demande de pétrole et de carburant est de 1,36, comme l'indique le tableau 5.5).

L'élasticité-prix croisée

Pour un produit donné, la demande dépend aussi du prix des produits substituts ou complémentaires.

Tableau 5.6 Mini-glossaire des élasticités de la demande

Élasticités-prix (η)

Valeur numérique de η	Nature de la demande	Interprétation
Infinie	Parfaitement élastique ou infiniment élastique	La plus petite hausse (baisse) de prix provoque une très grande diminution (augmentation) de la quantité demandée
Supérieure à 1 mais non infinie	Élastique	La diminution (l'augmentation) en pourcentage de la quantité demandée est supérieure à la hausse (baisse) en pourcentage du prix
1	Élasticité unitaire	La diminution (l'augmentation) en pourcentage de la quantité demandée est égale à la hausse (baisse) en pourcentage du prix
Supérieure à zéro mais inférieure à 1	Inélastique	La diminution (l'augmentation) en pourcentage de la quantité demandée est inférieure à la hausse (baisse) en pourcentage du prix
Zéro	Parfaitement (ou complètement) inélastique	La quantité demandée reste constante, quel que soit le prix

Élasticités-revenus (η_y)

Valeur numérique de η_y	Nature de la demande	Interprétation
Supérieure à 1	Élastique par rapport au revenu (biens normaux, notamment les biens de luxe)	L'augmentation (la diminution) en pourcentage de la quantité demandée est supérieure à la hausse (baisse) en pourcentage du revenu
Inférieure à 1 mais supérieure à zéro	Inélastique par rapport au revenu (biens normaux, notamment les biens de première nécessité)	L'augmentation (la diminution) en pourcentage de la quantité demandée est inférieure à la hausse (baisse) en pourcentage du revenu
Inférieure à zéro (négative)	Élasticité-revenu négative (biens inférieurs)	La quantité diminue quand le revenu augmente

Élasticités-prix croisées (η_x)

Valeur numérique de η_x	Nature de la demande	Interprétation
Infinie	Substituts parfaits	La plus petite hausse (baisse) du prix d'un bien provoque une très grande augmentation (diminution) de la quantité demandée de l'autre bien
Positive mais non infinie	Biens substituts	Quand le prix de l'un des biens augmente (baisse), la quantité demandée de l'autre bien augmente (diminue)
Zéro	Biens indépendants	La quantité demandée du bien reste constante, quel que soit le prix de l'autre bien
Inférieure à zéro (négative)	Biens complémentaires	La quantité demandée du bien diminue (augmente) quand le prix de l'autre bien augmente (baisse)

L'**élasticité-prix croisée de la demande**, que nous dénoterons par η_x, mesure la sensibilité de la demande aux variations du prix des produits complémentaires ou substituts. Pour calculer une élasticité-prix croisée de la demande, on divise le pourcentage de variation de la quantité demandée du bien considéré par le pourcentage de variation du prix du bien complémentaire ou substitut. On a donc:

$$\eta_x = \frac{\text{Pourcentage de variation de la quantité demandée du bien considéré}}{\text{Pourcentage de variation du prix de l'autre bien}}.$$

L'élasticité croisée de la demande par rapport au prix d'un bien substitut est *positive*; par contre, l'élasticité croisée de la demande par rapport au prix d'un bien complémentaire est *négative* (voir la figure 5.6). Par exemple, dans une ville comme Montréal, les déplacements en transports en commun ou en voitures particulières sont des *substituts*. Une hausse des tarifs du transport en commun augmentera la proportion des déplacements effectués en automobile, ce qui se traduit par une augmentation de la quantité d'essence demandée par les particuliers. Par contre, si le prix des voitures augmente, certains renonceront à faire l'acquisition d'une voiture (et moins de ménages posséderont une seconde voiture), de sorte qu'un plus grand nombre de déplacements se feront par les transports en commun; comme les voitures et l'essence sont des biens complémentaires, la quantité d'essence demandée par les particuliers diminuera. La valeur numérique de l'élasticité-prix croisée dépend du degré de complémentarité ou de substituabilité entre les biens. La consommation d'essence par les particuliers sera plus sensible aux tarifs des transports en commun si ceux-ci constituent un bon substitut à l'utilisation de l'automobile; et plus les voitures et l'essence sont complémentaires (c'est-à-dire plus les voitures consomment), plus la valeur absolue de l'élasticité de la demande d'essence par rapport au prix des voitures sera grande.

Le tableau 5.6 résume les différents types d'élasticités de la demande que nous venons d'étudier. Vous trouverez également des exemples d'applications pratiques de ces formules d'élasticité dans la rubrique *Entre les lignes* des pages 118 et 119.

Nous allons maintenant analyser la courbe d'offre et la notion de l'élasticité de l'offre.

L'élasticité de l'offre

Nous avons vu que l'élasticité de la demande peut servir à déterminer l'effet d'une modification de l'offre sur le prix et sur les quantités échangées. Mais, inversement, peut-on prévoir l'effet

Figure 5.6 Élasticités-prix croisées: biens substituts et complémentaires

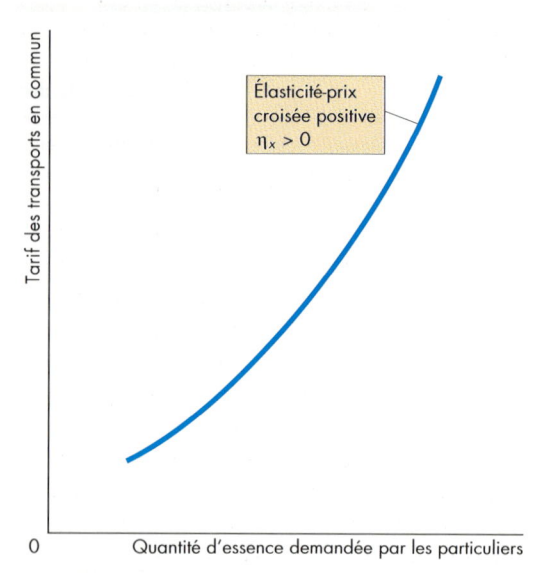

(a) Biens substituts

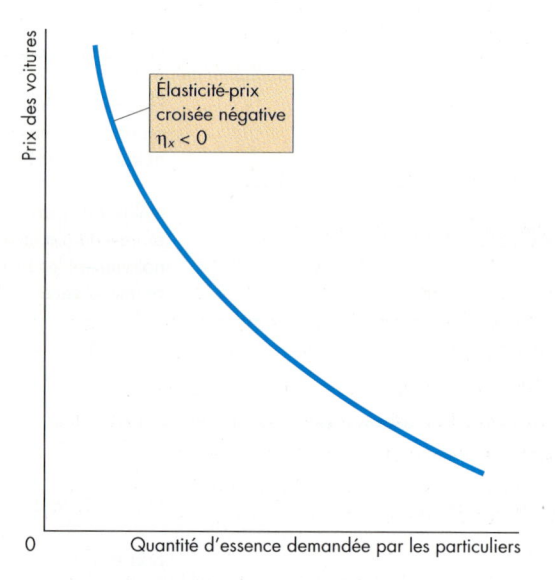

Élasticité-prix croisée positive $\eta_x > 0$

(b) Biens complémentaires

Élasticité-prix croisée négative $\eta_x < 0$

Le graphique (a) illustre l'élasticité croisée de la demande par rapport au prix d'un substitut. Quand les tarifs du tranport en commun augmentent, la quantité d'essence demandée par les particuliers augmente – l'élasticité croisée est positive. Le graphique (b) illustre l'élasticité croisée de la demande par rapport au prix d'un bien complémentaire. Quand le prix des voitures augmente, la quantité d'essence demandée par les particuliers diminue – l'élasticité croisée est négative.

d'une modification de la demande sur le prix et les quantités ? Cela est possible si on connaît la sensibilité de l'offre aux variations de prix. Autrement dit, il nous faut définir l'élasticité de l'offre par rapport au prix. L'**élasticité de l'offre** s'obtient en divisant le pourcentage de variation de la quantité offerte par le pourcentage de variation du prix :

$$\eta_o = \frac{\text{Pourcentage de variation de la quantité offerte}}{\text{Pourcentage de variation du prix}}.$$

Les courbes d'offre que nous étudierons dans ce chapitre, de même que celles du chapitre 4, sont toutes à pente positive : quand le prix augmente, la quantité offerte augmente aussi. Des courbes d'offre croissantes ont nécessairement une élasticité positive.

On distingue cependant deux cas particuliers. Si la quantité offerte reste constante quel que soit le prix, la courbe est verticale. Dans ce cas, l'élasticité de l'offre est nulle, ce qui signifie qu'aucune augmentation de prix ne peut faire augmenter la quantité offerte. À l'inverse, si le prix reste fixe quelle que soit la quantité offerte, la courbe est horizontale. Cela signifie que, à partir d'un certain prix, les fournisseurs sont disposés à produire et à vendre n'importe quelle quantité, aussi grande soit-elle, mais qu'en deçà de ce prix ils cessent les approvisionnements. L'élasticité de l'offre est alors infinie : la plus petite diminution de prix réduit à zéro la quantité offerte.

La valeur de l'élasticité de l'offre dépend de deux facteurs :

- L'état des techniques de production
- L'intervalle de temps considéré

Deux exemples extrêmes nous aideront à bien comprendre l'effet des techniques de production sur l'élasticité de l'offre. Certains biens, comme un tableau d'Alfred Pellan, sont uniques ; on ne les trouve qu'à un seul exemplaire. Par conséquent, la courbe d'offre de chacun des tableaux est verticale et l'élasticité de l'offre est nulle. À l'inverse, le sable utilisé pour produire les puces de silicone est disponible en quantités très importantes, presque infinies, et à un prix de revient quasi constant. La courbe d'offre de ce sable est donc horizontale et son élasticité est infinie.

En ce qui concerne l'horizon temporel considéré pour le calcul de l'élasticité de l'offre, on fait généralement une distinction entre l'offre instantanée, ou à très court terme, l'offre à court terme et l'offre à long terme.

L'offre instantanée ou à très court terme

La **courbe d'offre instantanée** décrit l'effet initial d'une augmentation ou d'une baisse du prix sur la quantité offerte.

Pour la plupart des produits, l'offre instantanée est parfaitement inélastique ; la courbe d'offre instantanée est donc verticale. Prenons l'exemple des fruits et légumes périssables. Les quantités produites dépendent de décisions prises plusieurs mois avant la récolte ; dans certains cas, comme pour les pommes, ces décisions sont même prises plusieurs années avant la mise en marché effective. Ces produits présentent donc des délais de production (c'est-à-dire de mise en culture) assez longs, ce qui explique que, une fois la récolte effectuée, leur offre instantanée soit parfaitement inélastique.

Pour certains produits ou services, par contre, l'offre instantanée est élastique. C'est le cas de l'électricité, par exemple. Imaginons que, à certaines heures de la journée, tout le monde veuille allumer son téléviseur et son climatiseur en même temps : la demande d'électricité va augmenter brusquement. Si l'offre était inélastique, cette demande additionnelle devrait soit rester insatisfaite, soit se traduire par une augmentation importante du prix qui ramènerait la quantité demandée à la normale ; dans les deux cas, les quantités vendues resteraient au même niveau. Or, ce n'est pas ainsi que les choses se passent généralement. Certes, il n'est pas rare que la demande augmente brusquement, mais, dans ce cas, les ventes augmentent et le prix reste le même. En effet, les producteurs d'électricité peuvent dans une certaine mesure prévoir les fluctuations de la demande et maintenir une capacité de production en conséquence. Ainsi, pour les périodes de pointe de consommation prévisibles, on fera appel à une réserve de capacité de production inutilisée en temps normal de façon à fournir toute l'électricité demandée sans augmenter les prix. On ne pourra évidemment pas produire des quantités infinies d'électricité, mais la mise en service des équipements supplémentaires dont on dispose permet généralement de répondre aux fluctuations de la demande. Pour l'électricité, l'offre instantanée est donc parfaitement élastique, du moins jusqu'à une certaine limite. Pour la plupart des produits cependant, l'offre instantanée est plutôt inélastique, voire complètement inélastique.

Voyons maintenant l'autre extrême : le long terme.

L'offre à long terme

La **courbe d'offre à long terme** décrit l'effet d'une variation de prix sur la quantité offerte une fois que les producteurs ont procédé à tous les ajustements techniquement possibles de leurs méthodes de production. Il faut environ huit ans pour amener un jeune pommier à maturité ; nous sommes donc bien dans le long terme ici. Dans certains cas, l'ajustement à une nouvelle configuration de prix exige que l'on construise une nouvelle usine et que l'on forme les travailleurs à de nouvelles méthodes ou à de nouvelles machines, ce qui

ENTRE LES LIGNES

Prudence dans vos voyages

Le terrorisme hors frontières incite les touristes des États-Unis à redécouvrir les charmes de leur propre pays

Pâques à Rome, avril à Paris, Pâque juive à Jérusalem : soudain, pour des millions de touristes américains, le temps est à la plus extrême prudence. En 1986, contrairement aux années précédentes marquées par une augmentation en flèche du tourisme étasunien hors frontières, les Américains et leurs billets verts tant convoités se font rares dans certaines régions d'Europe de l'Ouest et du bassin méditerranéen. Les téléphones des agences de voyages sonnent toujours autant mais les clients demandent à modifier leurs plans de voyage. Certains vont jusqu'à annuler toutes leurs réservations à l'étranger ; d'autres, pour se rendre à destination, préfèrent choisir des parcours détournés plutôt que de passer par les aéroports de Rome, d'Athènes ou d'autres villes méditerranéennes. Aux États-Unis, la peur du terrorisme joue maintenant un rôle important dans l'industrie du tourisme, qui représente un chiffre d'affaires de 250 milliards de dollars.

Nombre d'agences de voyages organisent en toute hâte des vacances d'été plus sûres, comme des croisières dans les Caraïbes, ou même des visites guidées de Moscou. Mais surtout, la tendance de cette année est aux vacances aux États-Unis mêmes. Balade en autocaravane jusqu'à Disney World, camping dans les parcs nationaux ou vacances de surf à Hawaï : les Américains redécouvrent les splendeurs de leur propre pays. Les voyagistes prévoient une augmentation de 10 % des réservations au pays pour cette année. Harold Van Sumeren, président de la Chambre de commerce de Traverse City (Michigan), lieu de rendez-vous bien connu des amateurs de bateau et de camping, est optimiste : « Cette année, la saison estivale devrait être l'une des meilleures que nous ayons jamais connues. »

Cette désaffection pour les voyages en Europe ou dans le bassin méditerranéen s'explique par les récentes attaques sanglantes dirigées contre des citoyens des États-Unis en Italie et en Allemagne de l'Ouest, les émeutes en Égypte et les attentats à la bombe sans cible précise en France. Les propos aigres et les gestes belliqueux que se sont échangés les États-Unis et la Libye la semaine dernière n'ont fait qu'ajouter à l'inquiétude des touristes. À la peur du terrorisme s'ajoutent la baisse du dollar à l'étranger et la baisse du prix de l'essence aux États-Unis. Mais surtout, comme l'explique Sam Massell, agent de voyages d'Atlanta : « Il faut être de bonne humeur quand on part en vacances. Si c'est pour être tendu et avoir peur pendant tout le voyage, autant rester chez soi. »

Les effets de cette modification des habitudes de voyage des Américains commencent à se faire sentir. Jusqu'à l'année dernière, en partie grâce à la force du dollar, le nombre des touristes étasuniens qui prenaient chaque année la route de l'Europe ou des pays méditerranéens a battu des records : 6,4 millions d'Américains ont visité l'Europe en 1985, comparés à 5,8 millions l'année précédente. Le magazine d'affaires *Travel Industry Monthly* estime que leur nombre devrait baisser de 25 % en 1986.

Time
21 avril 1986
Par Stephen Koepp
© Time Inc.
Traduction et reproduction autorisées

Les faits en bref

- En 1984, 5,8 millions d'Américains ont visité l'Europe.

- En 1985, 6,4 millions d'Américains ont visité l'Europe, soit une augmentation de 10 % par rapport à l'année précédente.

- En avril 1986, des spécialistes prévoyaient que le nombre d'Américains qui se rendraient en Europe cette année-là chuterait de 25 % par rapport à l'année précédente.

- En avril 1986, les voyagistes des États-Unis prévoyaient une augmentation de 10 % de leurs ventes pour des vacances au pays.

- La valeur du dollar a baissé en 1986 : avec 1 $ US, on pouvait donc acheter moins à l'étranger en 1986 qu'en 1985.

- Le prix de l'essence a baissé en 1986.

- À l'hiver 1985 et au printemps 1986, une vague de terrorisme dirigé contre des citoyens des États-Unis s'est abattue sur l'Europe et les pays du bassin méditerranéen.

Explication proposée

- Si les Américains ont préféré passer leurs vacances dans leur pays plutôt que de partir pour l'Europe, c'est surtout à cause de la vague de terrorisme anti-américain et aussi, dans une certaine mesure, à cause de la chute du dollar et de la baisse du prix de l'essence aux États-Unis.

Analyse

Les prix

- Une baisse du prix d'un bien fait augmenter la quantité demandée.

- La demande d'un bien augmente également avec la hausse du prix d'un bien substitut.

- En 1985, le prix des voyages en Europe a baissé de 1,8 % : le prix de ces voyages en dollars américains a augmenté de 1,7 % mais, comme les prix aux États-Unis augmentaient au même moment de 3,5 %, le prix relatif des voyages en Europe – c'est-à-dire leur coût d'opportunité – a en fait baissé de 1,8 % (3,5 – 1,7).

- En 1986, le prix des voyages en Europe a augmenté de 18,2 % : par suite de la baisse du cours du dollar sur le marché des changes, le prix en dollars des voyages en Europe a augmenté de 21,3 % ; la hausse des prix aux États-Unis étant de 3,1 %, le prix relatif des voyages en Europe – c'est-à-dire leur coût d'opportunité – a augmenté de la différence, soit 18,2 %.

Les revenus

- En 1985, le revenu disponible par habitant a augmenté de 1 %.

- En 1986, le revenu disponible par habitant a augmenté de 2 %.

Les élasticités

- On estime que l'élasticité-revenu de la demande étasunienne de voyages vers l'étranger est égale à 3 (voir le tableau 5.5 de la page 114).

- On ne connaît pas l'élasticité-prix de la demande étasunienne de voyages vers l'Europe. Cependant, elle est vraisemblablement de beaucoup supérieure à 1 car les vacances en Europe, en Asie, en Amérique du Sud, au Canada et aux États-Unis sont de proches substituts.

- Voici la formule de calcul du pourcentage prévu de variation de la quantité demandée d'un bien :

  Augmentation de la quantité demandée =
  Élasticité-prix
  × Pourcentage de baisse du prix
  + Élasticité-revenu
  × Pourcentage d'augmentation du revenu.

- Le tableau indique les pourcentages de variation prévus du nombre de voyages en Europe demandés par les Américains pour trois valeurs de l'élasticité-prix de la demande et pour une élasticité-revenu de la demande égale à 3.

- Pour une élasticité-prix égale à 2, les variations observées dans les prix et le revenu en 1985 et en 1986 prédisent assez bien les variations de la demande de voyages en Europe.

- En 1985, l'augmentation de la quantité demandée est légèrement supérieure à la valeur prédite ; par contre, en 1986, la baisse de la quantité demandée est plus forte que la valeur prédite.

- Ce qui étonne dans ces chiffres, ce n'est pas que le nombre d'Américains qui ont visité l'Europe en 1986 ait baissé, mais plutôt qu'il ait baissé de si peu ! Cela laisse à penser que le terrorisme n'a eu aucun effet sur le tourisme étasunien en Europe.

- Mais pourquoi le nombre de voyages vers l'Europe n'a-t-il baissé que de 25 % alors que leur prix relatif a augmenté de 18 % ? C'est sans doute parce qu'un autre facteur est intervenu dans les décisions des Américains.

Élasticité-prix	En 1985	En 1986
1	+ 4,8 %	– 12,2 %
2	+ 6,6 %	– 30,4 %
3	+ 8,4 %	– 48,6 %
Variation observée	+ 10 %	– 25 %

- Comme les voyages au Japon et en Extrême-Orient sont des substituts aux vacances en Europe, toute augmentation du prix des voyages en Asie entraîne nécessairement une hausse (ou une baisse moindre) de la demande de voyages vers l'Europe.

- Les prix au Japon ont augmenté de 1,6 % et la valeur du dollar américain a baissé de 26,3 % par rapport au yen japonais. Pour les Américains, le prix des voyages au Japon a donc augmenté, en réalité, de 27,9 %.

- Comme le prix en dollars américains des vacances en Europe n'a augmenté que de 18,2 %, il a en fait *baissé* de près de 10 % par rapport à celui des vacances au Japon.

- L'augmentation du prix relatif des vacances au Japon par rapport à celui des vacances en Europe a donc atténué la baisse de la quantité demandée de voyages vers l'Europe.

Conclusion

- Le journaliste qui a écrit cet article a probablement surestimé l'effet du terrorisme et sous-estimé celui de l'évolution des prix et des revenus sur les vacances des Américains.

prend souvent plusieurs années.

Entre les deux extrêmes du très court terme et du long terme se trouve une variété d'horizons temporels possibles, que l'on regroupe sous l'appellation *court terme*.

L'offre à court terme

La **courbe d'offre à court terme** représente l'effet d'une variation de prix sur la quantité offerte après que les producteurs ont procédé à certains des ajustements techniquement possibles. Un premier type d'ajustement auquel on procède consiste généralement à faire varier la quantité de travail utilisée. Pour augmenter la production à court terme, les entreprises demandent généralement à leurs employés de faire des heures supplémentaires ou embauchent de nouveaux travailleurs. À l'inverse, pour réduire leur production à court terme, elles licencient des employés ou réduisent leurs heures de travail. Sur une période un peu plus longue, elles peuvent procéder à d'autres ajustements : formation de nouveaux employés ou achats de nouveaux équipements, par exemple. Face à une modification de prix, les réactions à court terme correspondent à une séquence de mesures d'ajustement possibles, plutôt qu'à une réponse unique comme dans le cas des réactions instantanées ou à long terme.

Les trois courbes d'offre

Le graphique de la figure 5.7 illustre les trois types de courbes d'offre que nous venons de distinguer. Il représente l'offre mondiale de charbon en prenant comme point de référence un prix de 70 $ la tonne et une production de 3 milliards de tonnes par année. Les trois courbes passent toutes par ce point, car on suppose au départ que les producteurs ont eu tout le temps requis pour s'adapter à un prix de 70 $ la tonne. L'offre instantanée (*OI*), qui représente la réaction initiale à une modification imprévue du prix du charbon, est parfaitement inélastique à 3 milliards de tonnes. L'offre à long terme (*OLT*) est la plus élastique des trois. La courbe d'offre à court terme (*OCT*) se situe entre les deux premières. Dans la réalité, les deux extrêmes que sont la courbe d'offre instantanée et la courbe d'offre à long terme sont reliés par une succession de courbes d'offre à court terme, de plus en plus élastiques selon l'intervalle de temps pris en compte. En effet, plus le temps passe, plus les producteurs sont en mesure d'adapter leur production à une modification de prix. La courbe d'offre à court terme (*OCT*) illustrée sur le graphique de la figure 5.7 n'est, par conséquent, que l'une des nombreuses courbes d'offre à court terme

Figure 5.7 L'offre instantanée, l'offre à court terme et l'offre à long terme

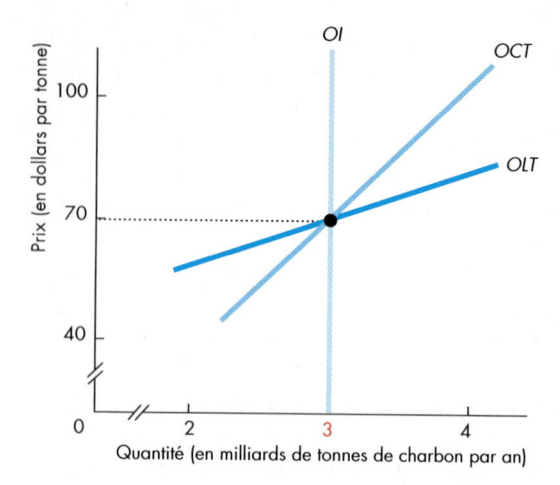

La courbe d'offre instantanée (*OI*, en bleu pâle) indique la réaction initiale des producteurs au moment où le prix change. On constate que l'offre instantanée est ici complètement inélastique. La courbe d'offre à court terme (*OCT*, en bleu moyen) indique la quantité offerte après que les fournisseurs ont apporté certains ajustements à leurs procédés de production, en réponse au changement de prix. La courbe d'offre à long terme (*OLT*, en bleu foncé) représente la quantité offerte une fois que les producteurs ont procédé à tous les ajustements techniquement possibles.

entre la courbe d'offre instantanée et la courbe d'offre à long terme.

La courbe d'offre instantanée (*OI*) est verticale car, au moment du changement de prix, les producteurs ne sont pas en mesure de faire varier leur production : ils disposent d'une certaine quantité de main-d'œuvre et d'équipements, avec laquelle ils ont prévu de produire une certaine quantité de charbon. Avec le temps, les entreprises peuvent accroître leur capacité de production en embauchant et en formant des mineurs supplémentaires et en achetant de nouveaux équipements. À plus long terme, elles peuvent ouvrir de nouveaux puits ou exploiter d'autres mines ; elles accroissent ainsi leurs sources d'approvisionnement, de façon à répondre adéquatement à une hausse donnée du prix du charbon.

■ Vous connaissez maintenant la théorie de l'offre et de la demande, et vous savez mesurer l'effet des variations du prix ou du revenu sur la demande et sur l'offre. Dans les chapitres suivants, nous verrons quelques applications de ces principes théoriques à travers des cas réels.

RÉSUMÉ

L'élasticité-prix de la demande

Pour un produit ou service donné, l'élasticité-prix de la demande mesure la sensibilité de la demande par rapport au prix. Elle permet d'évaluer l'effet d'une modification de l'offre sur le prix, sur les quantités échangées et sur les recettes totales. L'élasticité-prix de la demande (η) est la valeur absolue du rapport de la variation en pourcentage de la quantité demandée d'un bien à la variation en pourcentage de son prix :

$$\eta = \frac{\text{Pourcentage de variation de la quantité demandée}}{\text{Pourcentage de variation du prix}}.$$

Une *hausse* de prix entraîne nécessairement une *diminution* de la quantité demandée ; c'est pourquoi on définit l'élasticité-prix de la demande comme la valeur absolue du ratio ci-dessus. L'élasticité-prix est comprise entre zéro et l'infini. Si elle est supérieure à zéro mais inférieure à l'unité, la demande est inélastique. Si elle est égale à l'unité, on dit que la demande a une élasticité unitaire. Si l'élasticité est supérieure à l'unité, la demande est élastique.

Si la demande est une droite, l'élasticité varie en tout point de la droite de demande ; elle diminue quand le prix baisse et que la quantité augmente.

La valeur de l'élasticité dépend des possibilités de substitution, de la part du revenu consacrée au produit et de l'horizon temporel considéré pour l'ajustement de la quantité demandée. *(pp. 103-110)*

Deux horizons temporels pour l'analyse de la demande

On distingue deux horizons temporels pour l'analyse de la demande : le court terme et le long terme. La demande à court terme décrit la réaction immédiate des acheteurs à une variation de prix. La demande à long terme représente la réaction des acheteurs à la suite d'une modification du prix après qu'ils ont apporté tous les ajustements possibles à leurs intentions d'achat. La demande à court terme est généralement moins élastique que la demande à long terme. *(pp. 110-111)*

Élasticité, recettes et dépenses

Si l'élasticité de la demande est inférieure à l'unité, une diminution de l'offre se traduit par un accroissement des recettes totales, puisque le pourcentage d'augmentation du prix est supérieur au pourcentage de diminution des quantités vendues. Si l'élasticité de la demande est supérieure à l'unité, une diminution de l'offre se traduit par une baisse des recettes totales, car le pourcentage d'augmentation du prix est inférieur au pourcentage de diminution des quantités vendues. *(pp. 111-112)*

Autres types d'élasticités de la demande

L'élasticité-revenu de la demande mesure la sensibilité de la demande aux variations du revenu. Elle s'obtient en divisant le pourcentage de variation de la quantité demandée par le pourcentage de variation du revenu. L'élasticité-revenu peut être soit supérieure à l'unité (demande élastique par rapport au revenu), soit comprise entre zéro et 1 (demande inélastique par rapport au revenu), soit inférieure à zéro (élasticité-revenu négative). Les produits que consomment plutôt les personnes à hauts revenus ont une élasticité supérieure à l'unité. L'élasticité est positive mais inférieure à l'unité pour les produits et services de consommation courante. Elle est négative pour les biens inférieurs, c'est-à-dire ceux que seuls les ménages à faibles revenus consomment, et qu'ils préfèrent remplacer par d'autres, plus chers, dès que leur budget le leur permet.

L'élasticité-prix croisée de la demande mesure la sensibilité de la demande d'un bien par rapport aux variations de prix d'un autre bien. Elle s'obtient en divisant le pourcentage de variation de la quantité demandée du bien considéré par le pourcentage de variation du prix de l'autre bien (un bien substitut ou complémentaire). L'élasticité croisée de la demande par rapport au prix d'un bien substitut est positive ; l'élasticité croisée de la demande par rapport au prix d'un bien complémentaire est négative. *(pp. 113-116)*

L'élasticité de l'offre

L'élasticité de l'offre mesure la sensibilité de l'offre aux variations de prix. Elle s'obtient en divisant le pourcentage de variation de la quantité offerte par le pourcentage de variation du prix. L'élasticité de l'offre est généralement positive et est comprise entre zéro (courbe d'offre verticale) et l'infini (courbe d'offre horizontale).

On distingue trois horizons temporels pour l'analyse de l'offre : le très court terme, le court terme et le long terme. L'offre instantanée ou à très court terme s'observe immédiatement après une variation de prix. L'offre à long terme décrit la réaction des producteurs à une variation de prix, une fois qu'ils ont procédé à tous les ajustements techniquement possibles de leurs procédés de production. L'offre à court terme rend compte de l'offre après que les fournisseurs ont apporté certaines modifications à leurs procédés de production.

Pour la plupart des biens, l'offre instantanée est complètement inélastique. Cependant, au fur et à mesure que le temps passe et que les fournisseurs procèdent aux ajustements requis pour répondre à la variation de prix, l'offre devient de plus en plus élastique. *(pp. 116-120)*

POINTS DE REPÈRE

Mots clés

Courbe de demande à court terme, 110
Courbe de demande à long terme, 111
Courbe d'offre à court terme, 120
Courbe d'offre à long terme, 117
Courbe d'offre instantanée, 117
Demande d'élasticité unitaire, 106
Demande élastique, 106
Demande inélastique, 106
Demande parfaitement élastique, 106
Demande parfaitement inélastique (complètement inélastique), 106
Dépenses totales, 111
Élasticité de la demande, 104
Élasticité de l'offre, 117
Élasticité-prix croisée de la demande, 116
Élasticité-prix de la demande, 104
Élasticité-revenu de la demande, 113
Recettes totales, 104

Figures et tableaux clés

Figure 5.2   Calcul des élasticités-prix sur une droite de demande, 108
Figure 5.3   Courbes de demande à élasticité constante, 108
Figure 5.5   L'élasticité-revenu de la demande, 113
Tableau 5.1   Calcul de l'élasticité-prix de la demande, 105
Tableau 5.6   Mini-glossaire des élasticités de la demande, 115

QUESTIONS DE RÉVISION

1 Qu'est-ce que l'élasticité-prix de la demande ?

2 Pourquoi l'élasticité nous informe-t-elle mieux que la pente de la courbe sur la sensibilité de la demande par rapport au prix ?

3 Tracez ou décrivez la courbe d'une demande dont l'élasticité est toujours :
   a) Infinie
   b) Égale à zéro
   c) Égale à l'unité

4 Quels sont les trois facteurs déterminant la valeur numérique de l'élasticité de la demande ?

5 Qu'entend-on par demande à court terme et demande à long terme ?

6 Pourquoi la demande à court terme est-elle généralement moins élastique que la demande à long terme ?

7 Quel rapport y a-t-il entre l'élasticité et les recettes totales ? Si l'élasticité de la demande est égale à l'unité et que le prix augmente de 10%, de combien les recettes totales varieront-elles ?

8 Qu'est-ce que l'élasticité-revenu de la demande ?

9 Donner un exemple de produit ou service pour lequel la demande a une élasticité-revenu :
   a) Infinie
   b) Positive mais inférieure à 1
   c) Inférieure à zéro

10 Qu'est-ce que l'élasticité-prix croisée de la demande ? Est-elle positive ou négative ?

11 Qu'est-ce que l'élasticité de l'offre ? Est-elle positive ou négative ?

12 Donnez un exemple de produit ou service dont l'offre a une élasticité :
   a) Nulle
   b) Positive mais non infinie
   c) Infinie

13 Qu'est-ce que l'offre instantanée ? L'offre à court terme ? L'offre à long terme ?

14 Pourquoi l'offre instantanée est-elle complètement inélastique pour la plupart des produits et services ?

15 Pourquoi l'offre à long terme est-elle plus élastique que l'offre à court terme ?

PROBLÈMES

1. La location de vidéocassettes répond aux caractéristiques suivantes :

Prix (en dollars)	Quantité demandée par jour
0	120
1	100
2	80
3	60
4	40
5	20
6	0

    a) À quel prix l'élasticité de la demande est-elle :
       (i) Égale à un ?
       (ii) Infinie ?
       (iii) Égale à zéro ?
    b) À quel prix les recettes quotidiennes sont-elles le plus élevé ?
    c) Calculez l'élasticité de la demande si le prix passe de 3 $ à 4 $.

2. La demande de vidéocassettes du problème 1 augmente de 10 %.
    a) Tracez la courbe de demande initiale et la nouvelle courbe de demande.
    b) Calculez l'élasticité de la demande si le tarif de location passe de 3 $ à 4 $ par cassette. Comparez votre réponse avec celle que vous avez obtenue au problème 1 (c).

3. Pour chacune des questions ci-dessous, indiquez le produit qui a la plus grande élasticité de la demande :
    a) Les journaux quotidiens ou *Le Devoir* ?
    b) Les appareils d'entraînement ou les machines à ramer ?
    c) Les boissons gazeuses ou le Pepsi diète ?

4. Vous êtes conseiller économique auprès de l'OPEP. Voici le barème de la demande mondiale de pétrole en fonction du prix du baril :

Prix (en dollars par baril)	Quantité demandée (en millions de barils par jour)
10	35 000
20	30 000
30	25 000
40	20 000
50	15 000

    On vous demande de vous prononcer sur les questions suivantes :

    a) Si les producteurs de pétrole réduisent leurs approvisionnements de telle sorte que le prix passe de 10 $ à 20 $ le baril, leurs recettes totales vont-elles augmenter ou diminuer ?
    b) Et si les approvisionnements sont réduits encore plus et que le prix passe à 30 $ le baril ?
    c) Et si la diminution des approvisionnements est telle que le prix passe à 40 $ le baril ?
    d) À quel prix les recettes totales des producteurs sont-elles maximales ?
    e) Au prix défini en (d), quelle sera la quantité de pétrole vendue ?
    f) Calculez l'élasticité-prix de la demande pour une variation de prix de 10 $ pour des prix moyens de 15, 25, 35 et 45 $ le baril.
    g) Quelle est l'élasticité de la demande au prix trouvé en (d) ?

5. Indiquez si les élasticités suivantes sont négatives ou positives et, si possible, précisez s'il s'agit d'une élasticité supérieure, égale ou inférieure à 1.
    a) L'élasticité-prix de la demande de charbon au prix maximisant les recettes totales des producteurs
    b) L'élasticité croisée de la demande de charbon par rapport au prix du pétrole
    c) L'élasticité-revenu de la demande de diamants
    d) L'élasticité-revenu de la demande de dentifrice
    e) L'élasticité de l'offre de saumon de la Colombie-Britannique
    f) L'élasticité croisée de la demande de disquettes par rapport au prix des ordinateurs personnels

6   Le tableau ci-dessous donne le barème de demande de biscuits au chocolat :

Prix (en cents par biscuit)	Quantité demandée (en milliers de biscuits par jour) À court terme	À long terme
10	700	1000
20	500	500
30	200	0

Calculez les élasticités suivantes pour un prix moyen de 20 ¢ le biscuit et une demande moyenne de 500 000 biscuits par jour :

a)   Élasticité de la demande à court terme

b)   Élasticité de la demande à long terme

7   Le tableau ci-dessous donne l'offre de biscuits au chocolat :

Prix (en cents par biscuit)	Quantité offerte (en milliers de biscuits par jour) Offre instantanée	Offre à court terme	Offre à long terme
10	500	200	0
20	500	500	500
30	500	700	10 000

Calculez les élasticités suivantes pour un prix moyen de 20 ¢ le biscuit et une offre moyenne de 500 000 biscuits par jour :

a)   Élasticité de l'offre instantanée

b)   Élasticité de l'offre à court terme

c)   Élasticité de l'offre à long terme

CHAPITRE 6

Les marchés en action

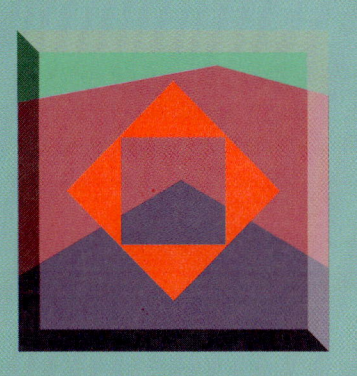

Objectifs du chapitre :

- Expliquer les effets à court terme et à long terme d'une variation de l'offre sur les prix et les quantités échangées.

- Expliquer les effets à court terme et à long terme d'une variation de la demande sur les prix et les quantités échangées.

- Expliquer les effets d'un contrôle des prix.

- Expliquer pourquoi un contrôle des prix peut entraîner l'apparition d'un marché noir.

- Expliquer comment les individus font face à l'incertitude et comment ils prennent leurs décisions compte tenu des fluctuations imprévisibles de la demande et de l'offre.

- Expliquer comment la détention de stocks et la spéculation limitent les variations de prix.

Une époque agitée

LE 18 AVRIL 1906, SAN FRANCISCO a été ravagée par un tremblement de terre. Du 18 au 20 avril, d'énormes incendies ont détruit un très grand nombre d'édifices sur une surface de 6800 hectares au coeur de la ville. Malgré cette destruction massive, il y eut moins de 1000 victimes. Les survivants durent tant bien que mal se loger dans un nombre très restreint de maisons et d'appartements. Comment le marché du logement de San Francisco a-t-il réagi à cette catastrophe? Comment les loyers et la quantité de logements disponibles se sont-ils ajustés à cette nouvelle situation? ■ Pratiquement tous les jours, de nouvelles machines et de nouvelles techniques sont mises au point afin d'économiser de la main-d'œuvre et d'augmenter la productivité. Mais l'adoption de nouvelles techniques ne réduit pas pour autant la demande de main-d'œuvre. Elle modifie sa composition. Les tâches les plus simples, exécutées par les travailleurs les moins qualifiés, sont celles qui se prêtent le mieux à la mécanisation. Ainsi, l'évolution technique entraîne une baisse constante de la demande de main-d'œuvre la moins qualifiée. Mais l'apparition d'équipements de plus en plus sophistiqués exige que les cadres et le personnel d'entretien soient de plus en plus spécialisés, ce qui entraîne une croissance régulière de la demande de main-d'œuvre extrêmement spécialisée. Comment les marchés du travail s'adaptent-ils à la modification de la demande de main-d'œuvre et quel est l'effet de cette modification sur les salaires des travailleurs non qualifiés? La baisse de la demande entraîne-t-elle une baisse régulière des salaires de ces travailleurs? ■ Le salaire et le logement sont les postes les plus importants du budget de chaque ménage. C'est pourquoi les politiciens s'intéressent particulièrement aux marchés du logement et du travail. Si les loyers sont trop élevés, on introduit souvent des mesures de contrôle des loyers. Si les salaires sont trop bas, on impose un salaire minimum. Quels sont les effets des lois sur le contrôle des loyers et sur le salaire minimum? Quel est l'effet du contrôle des loyers sur le montant des loyers payés par les individus et sur la quantité de logements disponibles? Comment le salaire minimum influe-t-il sur l'emploi et sur les perspectives d'évolution des salaires? ■ Lorsque l'hiver est rigoureux et l'été chaud et humide, le nombre de jours où l'on utilise le chauffage ou l'air climatisé augmente, ce qui a des répercussions importantes sur la demande d'électricité et de combustible utilisé pour le chauffage ou la production d'électricité. Comme l'expérience nous l'a montré, il est impossible de prévoir les variations de température avec exactitude, du moins pour une saison complète. Nous connaissons l'éventail des possibilités, mais il n'y a aucun moyen de savoir si l'hiver sera doux ou rigoureux. Les producteurs d'électricité et de combustible doivent trouver des moyens de faire face au caractère imprévisible inhérent à la demande de leurs produits. Comment font-ils face à cette incertitude? Quels sont les effets des fluctuations imprévisibles de la demande sur les prix et les quantités échangées? ■ Le climat provoque également des fluctuations imprévisibles de l'offre. La production de tous les produits agricoles, ou presque, est soumise aux variations imprévisibles des conditions climatiques: nombre d'heures d'ensoleillement, précipitations et moyenne de la température. En 1982 par exemple, les conditions climatiques étaient très propices et les récoltes de blé ont été excellentes. Par contre, en 1988, la sécheresse a dévasté les champs et la récolte a été mauvaise.

Les fluctuations de la demande et de l'offre entraînent des variations du prix d'un bien et de la quantité échangée. Dans certains cas, le prix enregistre de grandes variations alors que les quantités échangées restent pratiquement constantes. Dans d'autres cas, les quantités échangées enregistrent d'importantes fluctuations, mais le prix ne varie que très peu. Quels sont les éléments qui déterminent l'amplitude des fluctuations subies par les prix et les quantités échangées?

Chaque jour, qu'il s'agisse de votre quotidien local ou du *Financial Post*, la presse fait état des dernières tendances du marché boursier et suit l'évolution de divers indices, notamment le TSE 300, moyenne des prix de 300 actions cotées à la Bourse de Toronto. Le 19 octobre 1987, la moyenne du TSE 300 a chuté de plus de 30 % par rapport au sommet qu'il avait atteint. Une variation de cette amplitude est tout à fait inhabituelle. Néanmoins, le prix des actions connaît des hausses et des baisses bien plus fortes que celui de la plupart des biens et services que nous achetons. Pourquoi le prix des actions est-il si volatile? La spéculation est-elle la cause de l'amplitude des variations qu'enregistre le marché boursier?

■ Pour répondre aux questions qui viennent d'être posées, nous utiliserons dans ce chapitre la théorie de l'offre et de la demande (voir les chapitres 4 et 5). Nous allons étudier le fonctionnement des marchés libres ainsi que les effets des interventions gouvernementales visant à réglementer les prix. Nous verrons comment ces interventions peuvent entraîner l'apparition des files d'attente, du marché noir et du chômage. Nous allons élargir le modèle de l'offre et de la demande afin de tenir compte du fait que les décisions de production prises aujourd'hui n'ont de répercussions sur les quantités produites que bien plus tard. Par exemple, si un producteur décide aujourd'hui d'augmenter sa récolte de pommes, l'offre de pommes n'augmentera que lorsque les nouveaux pommiers arriveront à maturité, soit dans un délai d'environ huit ans. Dans une situation de ce genre, les fournisseurs doivent prendre des décisions de production à partir de prévisions qui concernent les prix futurs. Nous verrons comment ces prévisions sont établies. Nous élargirons également le modèle de l'offre et de la demande afin de tenir compte du fait que de nombreux biens peuvent être stockés. Nous étudierons la façon dont les stocks et leur variation se répercutent sur le prix des biens et les quantités échangées. Ainsi, à la fin de ce chapitre, nous aurons enrichi le modèle de l'offre et de la demande, ce qui nous permettra d'expliquer de nombreux phénomènes réels.

Mais commençons dès maintenant par étudier la façon dont un marché réagit, à court terme et à long terme, à une modification radicale de l'offre. Nous allons voir également comment le marché réagit lorsque les pouvoirs publics interviennent pour limiter les variations de prix.

Le marché du logement et le contrôle des loyers

Pour étudier comment un marché libre réagit à une modification radicale de l'offre, remontons le temps et retournons à San Francisco en avril 1906, au moment où la ville doit faire face aux effets d'un gigantesque tremblement de terre et de multiples incendies. La lecture de quelques titres du *New York Times*, publiés dès les premiers jours qui ont suivi la catastrophe, vous donnera un aperçu du problème monumental auquel San Francisco doit faire face.

19 avril 1906:

> *Tremblement de terre à San Francisco: plus de 500 morts et 200 millions de dollars de dégâts*

> *La moitié de la ville est en ruine et 50 000 personnes sont sans abri*

20 avril 1906:

> *Une armée de sans-abri fuit la ville dévastée*

> *200 000 sans-abri risquent la famine*

21 avril 1906:

> *Nouveau drame à San Francisco: le vent pousse les flammes vers l'embarcadère*

> *Les 200 000 réfugiés luttent contre la famine et la maladie*

San Francisco: des foules entières sans abri et dans le plus grand besoin s'installent dans des campements de fortune

Le commandant des troupes fédérales chargé de faire face à cette situation d'urgence décrit ainsi l'ampleur de la catastrophe:

> Aucun hôtel, petit ou grand, n'est resté debout. Les grandes maisons ont disparu... deux cent vingt-cinq mille personnes sont sans abri.[1]

En l'espace d'une nuit ou presque, plus de la moitié d'une ville de 400 000 habitants n'avait plus de toit. Des abris et des camps provisoires ont permis de résoudre temporairement certains problèmes, mais il fallait également utiliser les immeubles et les maisons qui n'avaient pas été touchés. Les édifices intacts devaient abriter 40 % de personnes de plus qu'avant le tremblement de terre.

À la suite du tremblement de terre, le *San Francisco Chronicle* n'a pas été publié pendant un mois. Lorsque le journal reparaît, le 24 mai 1906, il ne fait aucune mention de la pénurie de logements, qui restait certainement encore un sérieux problème et qui constituait, de ce fait, une information digne d'être publiée. Milton Friedman et George Stigler décrivent ainsi la situation:

> *Aucune mention n'est faite de la pénurie de logements!* Les petites annonces font état de soixante-quatre offres d'appartements ou de maisons à louer et de dix-neuf maisons à vendre, et ne mentionnent que cinq demandes d'appartements ou de maisons. Par la suite, un nombre considérable de logements de toute sorte, à l'exception de chambres d'hôtel, étaient à louer.[2]

Comment la ville de San Francisco a-t-elle fait face à une réduction aussi radicale de l'offre de logements?

La réponse du marché à un tremblement de terre

Nous pouvons étudier la façon dont le marché du logement de San Francisco a réagi au tremblement de terre de 1906 en utilisant le modèle de l'offre et de la demande que nous avons étudié aux chapitres 4 et 5.

La figure 6.1 permet d'analyser ce marché. Le graphique (a) décrit la situation avant le tremblement de terre; les graphiques (b) et (c), après le tremblement de terre. Sur chaque graphique, l'abscisse mesure la quantité de logements, et l'ordonnée donne le loyer mensuel d'un logement.

Commençons par la situation avant le tremblement de terre, illustrée dans le graphique (a). La courbe de demande de logements est représentée par *D*. Il y a deux courbes d'offre: la courbe d'offre à court terme, soit *OCT*, et la courbe d'offre à long terme, soit *OLT*. La courbe d'offre à court terme indique comment la quantité de logements offerte varie en fonction du loyer, alors que le nombre de maisons et d'immeubles résidentiels reste constant. La réponse de l'offre résulte de la variation du taux d'occupation des édifices existants. La quantité de logements offerte augmente lorsque les familles louent des chambres ou des parties de leur maison ou de leur appartement. Par contre, cette quantité diminue lorsque les familles occupent un plus grand nombre de pièces.

La courbe d'offre à long terme indique la variation des quantités offertes après l'écoulement d'un laps de temps suffisant pour permettre la construction de nouveaux immeubles résidentiels et de nouvelles maisons et la destruction d'anciens édifices. Dans cet exemple, la courbe d'offre à long terme est parfaitement élastique. En réalité, nous ne savons pas si cette courbe est parfaitement élastique, mais c'est une hypothèse raisonnable. Elle suppose que le coût de construction d'un logement est relativement constant, qu'il y ait 50 000, 100 000 ou 150 000 logements disponibles.

Le prix et la quantité échangée d'équilibre sont déterminés par le point d'intersection de la courbe d'offre à court terme et de la courbe de demande. Avant le tremblement de terre, le loyer d'équilibre est de 110 $ par mois et il y a 100 000 logements disponibles. En outre (mais uniquement parce que nous supposons qu'il en est ainsi), le marché du logement se situe sur sa courbe d'offre à long terme, soit *OLT*. Examinons maintenant la situation immédiatement après le tremblement de terre.

Après le tremblement de terre

Après le tremblement de terre et les incendies qui ont suivi, 56 % des logements disponibles sont détruits. La figure 6.1(b) rend compte de la nouvelle situation: la courbe d'offre à court terme *OCT* se déplace vers la gauche de 56 000 unités et devient la courbe d'offre à court terme *OCT$_A$* (*A* signifie «Après le tremblement de terre»). Si le taux d'occupation des logements restants reste inchangé et si le loyer se maintient à 110 $ par mois, alors seulement 44 000 logements sont disponibles.

---

[1] Tiré de Milton Friedman et George J. Stigler, "Roofs or Ceilings? The Current Housing Problem, dans *Popular Essays on Current Problems* 1,2, New York, Foundation for Economic Education, 1946, 3-15,3.

[2] *Ibid.*, 3.

Figure 6.1 Le marché du logement à San Francisco en 1906

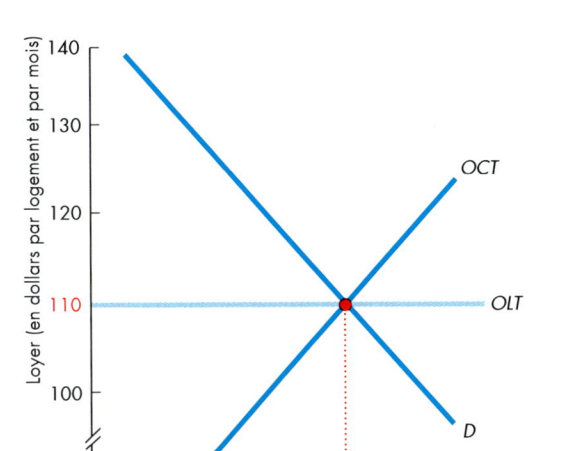

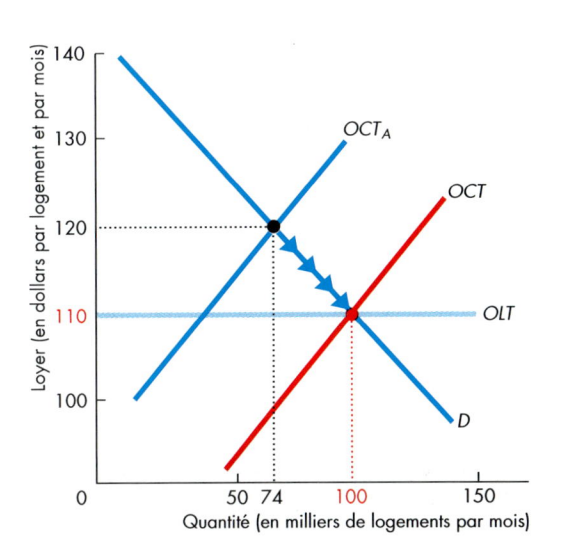

(a) Avant le tremblement de terre

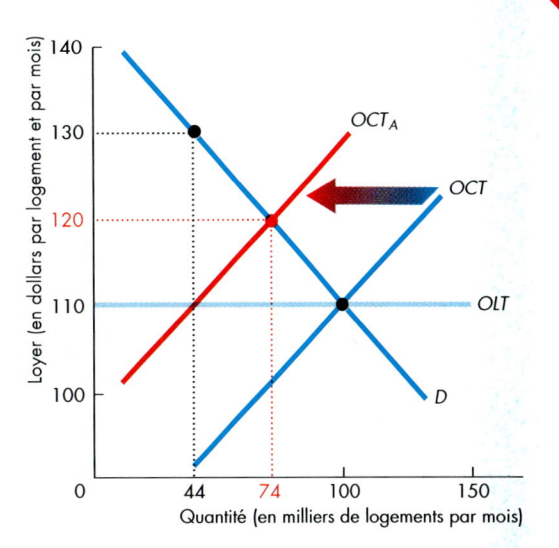

(b) Après le tremblement de terre

(c) Ajustement à long terme

Avant le tremblement de terre, le marché du logement de San Francisco est en équilibre avec 100 000 logements disponibles pour un loyer de 110 $ par mois. Le point d'équilibre se trouve à l'intersection de la courbe de demande *D*, de la courbe d'offre à court terme *OCT* et de la courbe d'offre à long terme *OLT*. Après le tremblement de terre, la courbe d'offre à court terme se déplace de *OCT* à *OCT$_A$* (graphique b). Le loyer d'équilibre augmente à 120 $ par mois et le nombre de logements disponibles tombe à 74 000 par mois. Le loyer augmente car 44 000 logements seulement seraient offerts à l'ancien loyer de 110 $ par mois, alors que le prix que les demandeurs sont prêts à payer pour le quarante-quatre millième logement est de 130 $ par mois. Avec des loyers de 120 $ par mois, il y a des profits importants à faire dans la construction domiciliaire. Au fur et à mesure que de nouveaux logements sont construits, la courbe d'offre à court terme se déplace vers la droite. Parallèlement (graphique c), les loyers baissent graduellement pour atteindre à nouveau 110 $ par mois et le nombre de logements disponibles augmente progressivement pour atteindre le chiffre de 100 000. Vous remarquerez que nous utilisons une droite fléchée pour indiquer les mouvements le long d'une courbe.

Mais les loyers ne sont plus de 110 $ par mois. Avec seulement 44 000 logements disponibles, le loyer maximal que les gens sont prêts à payer pour le dernier appartement disponible est de 130 $ par mois. Les logements étant plus rares, on sera prêt à payer des loyers plus élevés qu'auparavant. De ce fait, ceux qui disposent d'un logement utiliseront moins d'espace et mettront ainsi les pièces inutilisées, les greniers et les sous-sols à la disposition des autres. Ainsi, le nombre d'unités de logement mises sur le marché augmente. Le marché atteint un nouvel équilibre à court terme à un loyer de 120 $ par mois, avec 74 000 logements disponibles. Dans ce nouvel équilibre à court terme, environ 20 % de la population a quitté la ville et 6 % de la population est logée dans des campements provisoires.

Nous venons de voir comment le marché du logement a réagi, en très peu de temps, à une véritable catastrophe. Lorsque l'offre diminue, le point d'intersection de la nouvelle courbe d'offre à court terme et de la courbe de demande détermine le prix et la quantité échangée. Le prix augmente; ceux qui sont prêts à payer un prix plus élevé trouvent un logement et ceux qui ont un logement sont prêts à utiliser moins d'espace. Ceux qui ne veulent pas ou ne peuvent pas payer un loyer plus élevé quittent la ville ou sont hébergés dans des abris provisoires.[3]

Les ajustements à long terme

Le nouvel équilibre décrit à la figure 6.1(b) n'est qu'une étape. La courbe d'offre à long terme nous indique que, après un laps de temps suffisant pour permettre la construction de nouveaux immeubles résidentiels et de nouvelles maisons, les logements seront offerts pour un loyer de 110 $ par mois. Puisque le loyer actuel de 120 $ par mois est plus élevé que le prix de l'offre de logements à long terme, la construction de nouveaux appartements et de nouvelles maisons est un investissement particulièrement rentable. Avec le temps, on construira un plus grand nombre d'appartements et de maisons et la courbe d'offre à court terme se déplacera à nouveau graduellement vers la droite.

La figure 6.1(c) illustre cet ajustement à long terme. Au fur et à mesure que la courbe d'offre à court terme se déplace à nouveau vers la droite, elle coupera la courbe de demande en un point qui correspond à un loyer moins élevé et à des quantités plus grandes. Le marché suit les flèches qui descendent le long de la courbe de demande. Le processus s'arrête au moment où la construction de nouveaux logements n'engendre plus aucun superprofit, ce qui se produit lorsqu'on revient au loyer initial, soit 110 $ par mois, et à la quantité de logements initiale, soit 100 000 unités.

À RETENIR

Un tremblement de terre a pour effet de réduire l'offre de logements à court terme, d'augmenter les loyers et de réduire la quantité échangée. Des loyers plus élevés entraînent immédiatement une augmentation du nombre d'unités de logement offertes du fait que les individus réduisent l'espace qu'ils occupent afin de pouvoir louer des chambres. Des loyers plus élevés se traduisent également par un essor de la construction domiciliaire qui a pour effet de ramener graduellement la courbe d'offre à court terme vers la droite. Au cours de ce processus, le prix des logements diminue et les quantités échangées augmentent. L'équilibre initial (c'est-à-dire, avant le tremblement de terre) est finalement à nouveau atteint, car dans l'intervalle aucun événement n'a modifié ni la courbe d'offre à long terme, ni la courbe de demande.

■ ■ ■

La réglementation du marché du logement

Nous venons de voir comment le marché du logement de San Francisco avait réagi à une modification brutale de l'offre. Entre autres réactions, les loyers ont subi une forte hausse. Supposons maintenant que les autorités municipales de la ville de San Francisco aient imposé un contrôle des loyers. Le **contrôle des loyers** est un règlement en vertu duquel il est illégal d'exiger un loyer supérieur au niveau imposé. Que serait-il arrivé si le plafond des loyers permis avait été fixé à 110 $ par mois, soit le niveau des loyers avant le tremblement de terre ? La figure 6.2 permet de répondre à cette question.

Examinons, dans un premier temps, ce qu'il advient des quantités offertes et demandées. Lorsque le loyer réglementé est de 110 $ par mois, la quantité offerte est de 44 000 logements et la quantité demandée est de 100 000 logements. Lorsque la quantité demandée est supérieure à la quantité offerte, qu'est-ce qui détermine les quantités effectivement achetées et vendues ? Réponse : la plus petite des quantités demandées ou offertes. Pour un loyer mensuel de 110 $, les fournisseurs de logements ne veulent offrir que 44 000 logements. On ne peut les forcer à augmenter leur offre. À ce prix, les demandeurs voudraient louer 100 000 unités mais ils ne peuvent le faire. La différence entre la quantité demandée et la quantité offerte est appelée la *demande excédentaire*.

Si le plafond imposé par le contrôle des loyers est de 110 $ par mois, la quantité de logements disponibles tombe à 44 000 unités, mais la quantité demandée reste constante et se maintient à 100 000 unités. L'excédent de la demande est de 56 000 unités. Pensez-vous que nous allons nous arrêter là ? Est-ce une situation d'équilibre ? Pour répondre à cette question, nous devons examiner d'un peu plus près ce que font les demandeurs.

Si le loyer est réglementé à 110 $ par mois, de nombreuses personnes qui auraient pu louer à d'autres plus d'espace ne seront pas désireuses de le faire. D'autre part, certaines seront prêtes à payer bien plus que 110 $ par mois pour obtenir un appartement. Pour voir pourquoi, rappelez-vous qu'il y a deux façons d'interpréter une courbe de demande. La courbe nous indique les quantités demandées pour chacun des prix. Mais la courbe de demande illustre également le prix le plus élevé que les demandeurs sont prêts à payer pour le dernier logement disponible. Quel est le loyer le plus élevé que les individus sont prêts à payer pour le dernier logement disponible ? La courbe de demande nous indique que ce loyer est de 130 $ par mois. Puisque ceux qui ne trouvent pas de logement sont prêts à payer un montant supérieur au plafond imposé par le contrôle des loyers, la situation que nous venons de décrire n'est pas une situation d'équilibre. Dans une telle situation,

---

[3] *Ibid.*, 3.

deux mécanismes interviennent pour rétablir l'équilibre : les activités de prospection et le marché noir.

Les activités de prospection

Même lorsque globalement la quantité demandée est supérieure à la quantité offerte sur un marché, certains fournisseurs ont encore des biens disponibles. Cela ne sera vrai évidemment que pour une minorité de fournisseurs. Dans ces circonstances, les acheteurs ont intérêt à rechercher un fournisseur avec lequel ils peuvent faire affaire. On appelle **activité de prospection** le temps et les efforts consacrés à la recherche d'une personne avec qui conclure un marché. Les activités de prospection ont lieu même dans un marché où les prix s'ajustent pour réaliser l'équilibre entre les quantités demandées et offertes. Mais, lorsque les prix sont réglementés, elles prennent encore plus d'importance.

Le temps consacré à la prospection de biens disponibles impose des coûts à l'acheteur. Ce sont justement les ajustements liés au temps consacré à la prospection qui permettent de réaliser un équilibre sur le marché. Cela se comprend facilement si on considère le montant total que le demandeur est prêt à payer pour le dernier logement disponible. Avec seulement 44 000 unités de logement disponibles, les demandeurs sont prêts à payer 130 $ par mois. Mais les loyers sont réglementés à 110 $. Comment l'acheteur va-t-il dépenser les 20 $ de différence? En consacrant un temps équivalent à 20 $ à la recherche d'un appartement libre. En d'autres termes, le montant total véritable du loyer, c'est-à-dire le prix effectivement payé pour le logement acquis, sera égal au loyer payé au propriétaire plus le coût d'opportunité en temps consacré à la recherche d'un appartement.

Les marchés noirs

Le coût d'opportunité (la meilleure option dont on s'est privé) nous permet de prévoir *qui* va chercher un logement libre. Certaines personnes ont des salaires élevés, d'autres de faibles salaires. S'il faut une heure pour trouver un appartement, le prix total payé est plus élevé pour quelqu'un dont le taux de salaire est élevé que pour quelqu'un dont le taux de salaire est faible. Ainsi, ceux dont les revenus sont les plus faibles vont consacrer plus de temps à la recherche de biens disponibles. Par contre, ceux dont les revenus sont élevés ne consacreront du temps aux activités de prospection que s'ils accordent une plus grande valeur au bien en question que ceux dont les revenus sont peu élevés.

Une personne dont le coût d'opportunité en temps est élevé a par ailleurs d'autres moyens d'obtenir le bien : l'acheter à quelqu'un dont le coût d'opportunité en temps est plus faible. La personne dont les revenus sont faibles peut consacrer du temps à la recherche de biens disponibles et ensuite les revendre à quelqu'un dont le coût d'opportunité lié à la prospection est plus élevé. L'achat de biens dans ces conditions est généralement illégal. C'est ce que l'on appelle *marché noir*. Un **marché noir** est un contrat illégal d'échange dans lequel l'acheteur et le vendeur concluent une affaire à un prix supérieur au prix plafond imposé par la loi. Un marché noir du logement peut aussi comprendre des «dépôts de location» ou des pots-de-vin, des sous-locations illégales et la reprise «obligatoire» et non souhaitée par le locataire de meubles et de rideaux.

Le fonctionnement d'un marché noir dépend de la rigueur avec laquelle le gouvernement contrôle les prix, des risques d'être pris en flagrant délit d'infraction au contrôle de prix et des peines encourues. Les risques d'être pris en flagrant délit d'infraction d'une loi sur le contrôle des loyers peuvent être très minces. Dans ce cas, le marché noir fonctionnera d'une façon similaire à un marché libre. Les loyers et les quantités échangées seront proches de l'équilibre, comme s'il s'agissait d'un marché libre. Par contre, lorsque le contrôle est très

Figure 6.2 Le contrôle des loyers

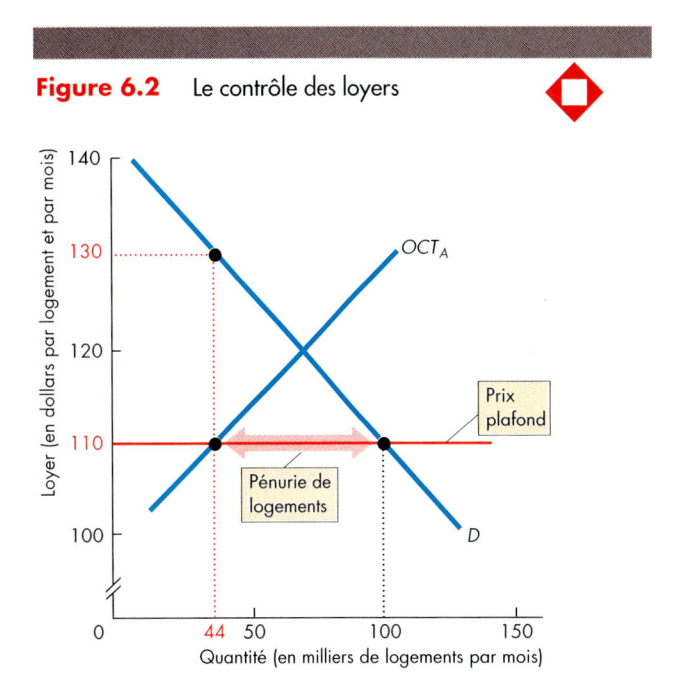

Si, après le tremblement de terre, un contrôle des loyers avait été imposé à 110 $ par mois, la quantité de logements offerte serait restée constante à 44 000 unités. Les gens auraient souhaité payer 130 $ par mois pour le quarante-quatre millième logement. La différence entre le prix imposé et le prix maximal que les demandeurs sont prêts à payer correspond à la valeur du temps que l'on sera prêt à consacrer à la recherche d'un appartement vacant. Les individus qui consacrent du temps aux activités de prospection sont ceux dont le coût d'opportunité en temps est le plus faible. Ceux dont le temps est précieux évitent les coûts de prospection en louant un appartement illégalement sur le marché noir.

efficace et que de lourdes peines sont imposées aux contrevenants, le contrôle des loyers restreindra les quantités échangées à 44 000 unités. Le petit nombre d'intervenants sur le marché noir achèteront au loyer réglementé de 110 $ par mois et revendront à 130 $ par mois. Le gouvernement essaiera constamment de repérer et de punir ces contrevenants. L'équilibre sur le marché noir permettra à quiconque d'obtenir un appartement pour 130 $ par mois. Les bénéfices qu'en retire le contrevenant représentent la compensation du risque d'être arrêté et puni.

Il existe de nombreux autres marchés réglementés dans lesquels les forces économiques donnent naissance au marché noir. Un exemple typique est le marché noir du pain en Roumanie et dans d'autres pays d'Europe de l'Est (voir la rubrique *Entres les lignes*, pp. 134-135).

Nous venons d'examiner ce qui serait arrivé dans la situation hypothétique où un contrôle des loyers aurait été imposé à la suite du tremblement de terre de San Francisco. Or, 45 ans plus tard, après la Deuxième Guerre mondiale, la ville de San Francisco a effectivement imposé un contrôle des loyers, ce qui va nous permettre d'étudier, dans la pratique, le fonctionnement du contrôle des loyers. Passons donc maintenant à cet autre épisode de l'histoire du marché du logement à San Francisco.

Le contrôle des loyers dans la pratique

En 1940, soit un an avant que les États-Unis entrent en guerre, la population de San Francisco avait atteint 635 000 habitants. À cette époque, seulement 93 % des maisons et des appartements de la ville étaient occupés. Le taux de vacance était donc de 7 %. La situation est restée pratiquement inchangée pendant toute la durée de la Deuxième Guerre mondiale. Après la guerre, la population augmente rapidement et connaît un accroissement de 30 %. Mais le nombre de maisons et d'appartements n'augmente que de 20 %. Ainsi, en 1946, chaque unité de logement doit abriter 3 % de personnes de plus que l'année précédente, soit une augmentation de 30 % de la quantité demandée, moins 20 % d'augmentation de la quantité offerte, moins le taux de vacance initial de 7 %. Les problèmes de logement auxquels San Francisco doit faire face en 1946 sont d'une ampleur qui atteint moins du dixième de ceux qui ont suivi le tremblement de terre de 1906. Malgré tout, la pénurie de logements de 1946 est devenue l'un des principaux problèmes politiques de l'époque.

> Le 8 janvier [1946], le parlement de l'État de Californie s'est réuni et le gouverneur a décrit la pénurie de logements comme étant «le problème le plus grave auquel la Californie doit faire face». Au cours des cinq premiers jours de l'année, il y eut, en tout et pour tout, quatre annonces proposant des maisons ou des appartements à louer... [mais]... il y avait trente annonces par jour demandant des maisons ou des appartements à louer.[4]

La principale différence par rapport à 1906 est la façon dont le logement, qui était déjà une denrée rare, est rationné. En 1906, les rares logements libres étaient attribués dans le cadre d'un marché libre. L'augmentation des loyers permit d'atteindre un équilibre entre la quantité de logements offerte et la quantité demandée et se traduisit par une augmentation régulière de la quantité de logements sur le marché. En 1946, un contrôle des loyers est imposé. Les rares logements disponibles sont attribués à ceux qui sont prêts à consacrer temps et efforts à la recherche d'un logement et à la publication de petites annonces. Le coût réel du logement, si l'on tient compte de la frustration et des efforts consacrés à la prospection, dépasse non seulement le montant fixé par le contrôle des loyers, mais également le montant des loyers qui aurait prévalu sur un marché libre.

Nous venons d'étudier la façon dont un marché répond, à court et à long terme, à une modification de l'offre et la façon dont un marché réglementé fonctionne compte tenu d'une modification aussi radicale de l'offre. Examinons maintenant comment un marché réagit, à court et à long terme, à une variation de la demande. Nous verrons comment un marché libre amortit un tel choc ainsi que les effets de l'intervention gouvernementale pour limiter les variations de prix.

Le marché du travail et les lois sur le salaire minimum

Comme on ne cesse d'inventer de nouvelles techniques permettant d'économiser la main-d'œuvre, certaines catégories d'emplois – celles qui regroupent les emplois les moins qualifiés – sont en diminution constante. Comment le marché du travail réagit-il à cette baisse constante de la demande de travailleurs non qualifiés ? Cela ne signifie-t-il pas que les salaires des travailleurs non qualifiés ne cessent de diminuer ? Afin d'étudier cette question, examinons le marché de la main-d'œuvre non qualifiée.

La figure 6.3(a) représente le marché de la main-d'œuvre non qualifiée. L'abscisse mesure la quantité de travail (en millions d'heures par an). L'ordonnée mesure le taux de salaire (en dollars par heure). La courbe de demande de travail est représentée par *D*. Il y a deux courbes d'offre de travail : la courbe d'offre à court

---
[4] *Ibid.*, 4.

terme (*OCT*) et la courbe d'offre à long terme (*OLT*). Sur le marché du travail illustré ici, la courbe d'offre à long terme, c'est-à-dire la courbe horizontale, est parfaitement élastique. Sur certains marchés du travail, la courbe d'offre à long terme a une pente positive mais reste néanmoins plus élastique que la courbe d'offre à court terme.

La courbe d'offre à court terme montre le lien existant entre les variations du nombre d'heures de travail offertes par un nombre donné de travailleurs et les variations du taux de salaire. Pour que les travailleurs offrent un plus grand nombre d'heures, les entreprises doivent proposer des salaires plus élevés. La courbe d'offre à long terme montre le lien entre la quantité de travail offerte et le taux de salaire lorsque le nombre de travailleurs sur le marché change. Le nombre de personnes sur le marché de l'emploi non qualifié dépend des salaires qu'offre ce marché par rapport à d'autres possibilités. Si les salaires sont assez élevés, ces personnes entreront sur le marché. Si les salaires sont trop bas, elles quitteront le marché du travail non qualifié et chercheront à acquérir une formation pour accéder à un autre marché, offrant des emplois plus qualifiés. La courbe d'offre à long terme nous indique les conditions dans lesquelles les travailleurs offrent du travail sur le marché de la main-d'œuvre non qualifiée après un laps

Figure 6.3 Le marché de la main-d'œuvre non qualifiée

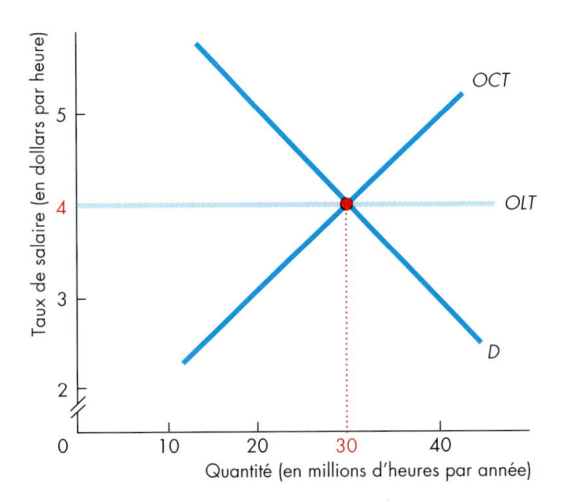

(a) Avant l'innovation

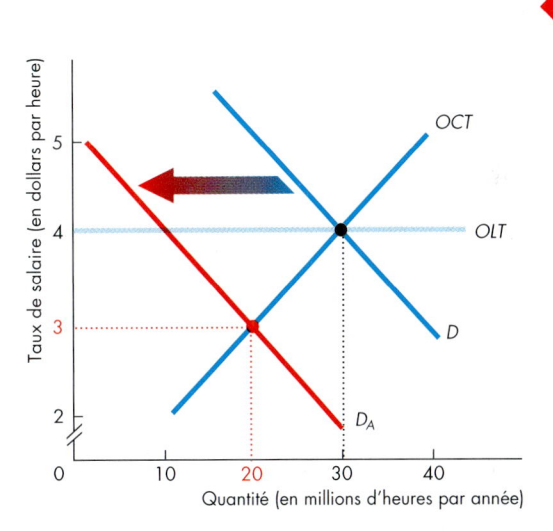

(b) Après l'innovation

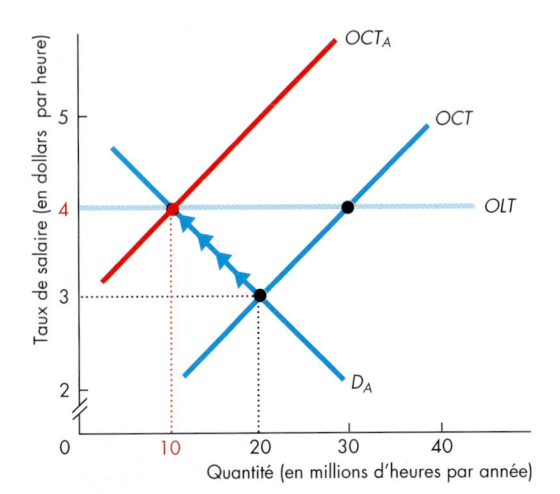

(c) Ajustement à long terme

Ce marché de la main-d'œuvre non qualifiée est en équilibre (graphique a) à un taux de salaire de 4 $ l'heure, pour 30 millions d'heures de travail par année. La courbe d'offre à court terme (*OCT*) a une pente positive car les employeurs doivent verser un salaire plus élevé pour obtenir un plus grand nombre d'heures d'un nombre donné de travailleurs. La courbe d'offre à long terme (*OLT*) est parfaitement élastique car des travailleurs entreront sur ce marché si le salaire est supérieur à 4 $ l'heure ou le quitteront si le salaire est inférieur à 4 $ l'heure. L'introduction d'une machine économisant la main-d'œuvre se traduit par un déplacement de la courbe de demande de *D* à *D*$_A$ (graphique b). Le taux de salaire tombe à 3 $ l'heure et la quantité de travail à 20 millions d'heures par an. Au salaire de 3 $ l'heure, certains travailleurs commencent à quitter ce marché pour acquérir une formation leur permettant d'accéder à d'autres emplois. Graduellement, la courbe d'offre à court terme se déplace jusqu'en *OCT*$_A$ (graphique c). Au fur et à mesure que la courbe d'offre se déplace, le taux de salaire augmente et le nombre d'heures de travail non qualifié baisse. Finalement, le salaire atteint à nouveau 4 $ l'heure et le marché se stabilise à 10 millions d'heures par an.

ENTRE LES LIGNES

Réapparition de l'économie de marché en Europe de l'Est

Les faits en bref

- En décembre 1989, le peuple roumain renversait la dictature de Nicolae Ceaucescu.

- Sous le régime Ceaucescu, c'était le gouvernement qui réglait presque tous les aspects de la vie économique – jusqu'à la quantité que les gens pouvaient consommer d'électricité, de pain ou de viande.

- À peine un mois après le renversement de Ceaucescu, la loi de l'offre et de la demande était restaurée en Roumanie.

- Ainsi, la boulangerie de Sachie Lazar, qui desservait un village de 1900 habitants appelé Buciumi, a eu vite fait de doubler sa production. Et Sachie lui-même a dû doubler ses heures de travail.

En Roumanie, l'offre et la demande sont au rendez-vous

Sachie Lazar introduit sa longue pelle plate au fond du four à charbon. Il en retire cinq pains à la croûte dorée, dont chacun pèse bien 2 kg. Il les badigeonne en quelques coups d'un pinceau expert et les fait basculer dans de grands bacs en plastique, qui bientôt débordent. Lazar s'attaque ensuite à une nouvelle masse de pâte, qu'il pétrit sur une table saupoudrée de farine. Sous le bonnet d'un blanc immaculé, son front ruisselle de sueur.

Tout en s'épongeant, Lazar nous confie que, depuis le renversement du dictateur Nicolae Ceaucescu, ses heures de travail ont doublé dans la boulangerie qui dessert les 1900 habitants du village de Buciumi. Pourtant, Sachie Lazar ne se plaint pas; son visage étroit s'éclaire d'un large sourire. «Maintenant, dit-il, je travaille avec mon coeur autant qu'avec mes mains.» Jusqu'à la chute du dictateur, le pain était rationné: chacun avait droit à environ 200 g par jour. Mais, avant même que les combats n'aient pris fin dans Bucarest, le village de Buciumi tournait le dos au «système». La production de la petite boulangerie doubla, pour atteindre bientôt 4000 pains par semaine. Si on lui demande qui a donné l'ordre d'augmenter la production, Lazar sourit à nouveau: «La révolution !» répond-il. «Je produis la quantité que les gens veulent acheter.»

D'aussi loin qu'on se souvienne, la loi de l'offre et de la demande n'avait plus cours à Buciumi et dans le reste de la Roumanie. L'économie était gouvernée par des décrets impitoyables qui régissaient tout, depuis la consommation d'électricité jusqu'aux approvisionnements locaux de pain et de viande. «Ce que nous avons souffert sous le régime Ceaucescu, c'est à peine croyable», se lamente Gheorghe Moldovan, qui est électricien à Buciumi. «C'était mieux ici que dans les grandes villes; mais on se serait cru au Moyen Âge.»

Time
15 janvier 1990
Par John Borrell
© The Time Inc. Magazine Company
Traduction et reproduction autorisées

ENTRE LES LIGNES

Analyse

- Jusqu'en décembre 1989, la Roumanie vivait en économie socialiste. Les quantités de biens et services à produire de même que leurs prix de vente étaient déterminés par des décrets gouvernementaux, et non par les forces de l'offre et de la demande.

- Mais, en réalité, on ne peut faire disparaître les pressions de l'offre et de la demande. Même sous une dictature socialiste, la courbe d'offre nous dit la quantité qui sera offerte pour chaque niveau des prix d'un produit, ainsi que le prix minimal nécessaire pour produire une quantité donnée. De même, la courbe de demande nous indique la quantité qui sera demandée pour chaque niveau des prix, ainsi que le prix maximal que les gens sont prêts à payer pour une quantité donnée.

- Le graphique ci-contre illustre le marché du pain dans le village de Buciumi, en Roumanie. La courbe de demande D montre la quantité de pain que les gens sont prêts à acheter, en fonction du prix auquel ce produit est offert.

- Au prix P, Sachie Lazar peut produire tout le pain que demande la population de Buciumi. Mais, s'il augmente son prix au-delà de P, un autre boulanger peut s'installer dans le village, pratiquer un prix inférieur à celui de Lazar et s'emparer ainsi du marché. Il y a toujours quelqu'un qui est prêt à fournir du pain au prix P. Dans ce marché, la courbe d'offre O est horizontale: on peut fournir n'importe quelle quantité au prix P, et ce prix est le prix minimal auquel on peut produire le pain et le vendre.

- En régime socialiste, le gouvernement limitait à 2000 par semaine la quantité de pain produite à Buciumi. Sans doute, pour imposer un tel rationnement, contingentait-il la quantité de farine et d'autres ingrédients mise à la disposition de la boulangerie du village.

- Le gouvernement socialiste fixait également le prix du pain, mais l'article du *Time* ne nous dit rien à ce sujet. Ce prix pouvait se situer entre P et P_{max}: P est le prix le plus bas auquel on peut produire le pain, et P_{max} est le prix le plus élevé auquel on pourrait écouler la totalité des 2000 pains produits chaque semaine.

- Au prix P_{max}, la quantité demandée serait égale à la quantité produite, et les clients n'auraient jamais à faire la queue devant la boulangerie. À un prix inférieur à P_{max}, la quantité demandée dépasserait la quantité produite; on verrait les clients faire la queue et le marché noir se développerait.

- Le gouvernement socialiste devait payer au boulanger un prix P pour assurer une offre minimale sur le marché du pain. La différence entre ce prix et celui qui est réclamé aux consommateurs constitue une taxe sur le pain et un profit pour le gouvernement.

- Quand la dictature socialiste s'est écroulée, les forces de l'offre et de la demande se sont remises en marche. L'équilibre du marché correspond à une production de 4000 pains par semaine vendus au prix P. Pour produire cette quantité, le boulanger a dû prolonger ses heures de travail.

- Le retour aux forces du marché a éliminé les files d'attente ainsi que le marché noir du pain.

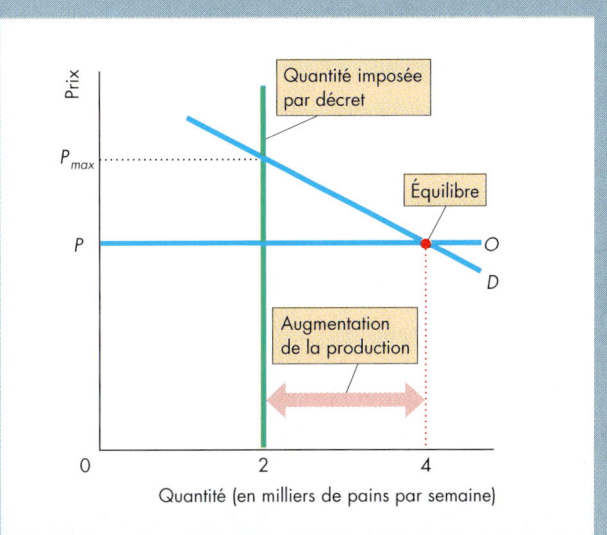

de temps suffisant pour leur permettre d'acquérir de nouvelles compétences et d'obtenir de nouveaux types d'emplois.

Le marché du travail est initialement en équilibre lorsque le taux de salaire est de 4 $ l'heure et que 30 millions d'heures de travail sont offertes. Nous allons maintenant analyser ce qui se passe sur le marché du travail si la demande de ce type de main-d'œuvre diminue par suite de l'apparition de techniques de pointe permettant d'économiser la main-d'œuvre. La figure 6.3(b) indique les effets à court terme de cette modification. La courbe de demande avant l'apparition de la nouvelle technique est représentée par D. Après l'apparition de la nouvelle technique, la courbe de demande se déplace vers la gauche, en D_A. Le taux de salaire tombe à 3 $ l'heure et l'emploi tombe à 20 millions d'heures. Mais cet effet à court terme sur les salaires et l'emploi n'est qu'une étape.

Les personnes qui ne gagnent désormais que 3 $ l'heure recherchent d'autres possibilités. Elles constatent, par exemple, que le nouvel équipement économisant la main-d'œuvre ne fonctionne pas toujours correctement. Lorsqu'il tombe en panne, il est réparé par des travailleurs mieux payés et plus qualifiés. Il y a de nombreux autres emplois (sur des marchés concernant d'autres types de compétences) pour lesquels le salaire est supérieur à 3 $ l'heure. Certains travailleurs décident donc de quitter le marché de la main-d'œuvre non qualifiée. Ils retournent à l'école ou occupent des emplois moins bien rémunérés mais qui offrent des possibilités de formation en milieu de travail. Ainsi, la courbe d'offre à court terme commencera à se déplacer vers la gauche, au fur et à mesure que des travailleurs quitteront le marché du travail non qualifié.

La figure 6.3(c) représente l'ajustement à long terme. La courbe d'offre à court terme se déplaçant vers la gauche, elle coupe la courbe de demande D_A en un point qui correspond à des taux de salaire plus élevés et à des niveaux d'emploi plus bas. À long terme, la courbe d'offre à court terme se sera déplacée jusqu'en OCT_A. À ce stade, le salaire est à nouveau de 4 $ l'heure et le niveau d'emploi est tombé à 10 millions d'heures.

Il arrive parfois que le processus d'ajustement que nous venons de décrire prenne place rapidement. Mais il arrive aussi qu'il traîne en longueur. Si tel est le cas et si les salaires restent bas pendant une longue période, le gouvernement peut être tenté d'intervenir sur le marché et d'imposer un salaire minimum afin de protéger les revenus des travailleurs les moins bien rémunérés. Quels sont les effets de l'imposition d'un salaire minimum ?

Le salaire minimum

Imaginons que, lorsque les salaires tombent à 3 $ l'heure, par suite de la diminution de la demande de travail qui est passée de D à D_A (graphique (b) de la figure 6.3), le gouvernement adopte une loi sur le salaire minimum. Dans le cadre d'une **loi sur le salaire minimum**, il est illégal d'embaucher quelqu'un à un salaire inférieur au minimum fixé. Supposons que le gouvernement fixe le salaire minimum à 4 $ l'heure. Quels vont être les effets de cette loi ?

La réponse nous est fournie par l'étude de la figure 6.4. Ici, la ligne rouge horizontale représente le salaire minimum. Au salaire minimum, uniquement 10 millions d'heures de travail sont demandées (point a), mais 30 millions d'heures de travail sont disponibles (point b). Du fait que le nombre d'heures demandées est inférieur au nombre d'heures offertes, 20 millions d'heures de travail disponibles restent inutilisées. En d'autres termes, cette offre excédentaire de travail correspond à du chômage.

Que font les travailleurs de leurs heures de chômage ? Ils cherchent du travail. Il est d'ailleurs rentable de passer beaucoup de temps à chercher du travail. Avec seulement 10 millions d'heures de travail utilisées, nombreux sont ceux qui souhaitent offrir leur travail pour un salaire inférieur au salaire minimum. En fait, la dix millionième heure de travail sera offerte pour 2 $

Figure 6.4 Le salaire minimum et le chômage

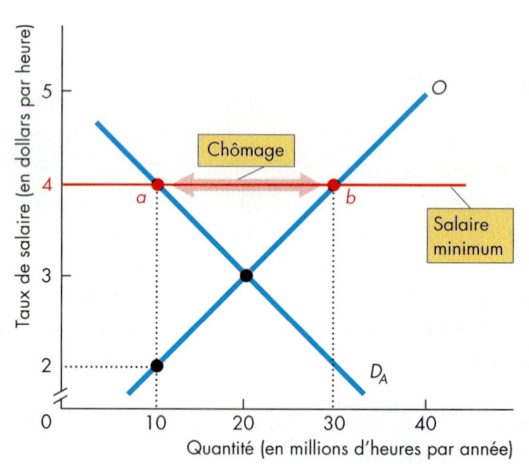

La courbe de demande de travail est représentée par D_A et la courbe d'offre par O. Sur un marché libre, le taux de salaire est de 3 $ l'heure et l'emploi correspond à 20 millions d'heures par an. Si l'on impose un salaire minimum de 4 $ l'heure, l'emploi ne correspond plus qu'à 10 millions d'heures alors que 30 millions d'heures sont disponibles, ce qui se traduit par du chômage, c'est-à-dire par une offre excédentaire égale à 20 millions d'heures de travail par an. Avec une demande de 10 millions d'heures de travail seulement, les travailleurs sont prêts à offrir la dix millionième heure pour 2 $. Pour ces travailleurs, il est donc tout à fait rentable, pour chercher un emploi, de consacrer, en temps et en efforts, l'équivalent de la différence entre le salaire minimum et le salaire pour lequel ils sont prêts à travailler (soit 2 $ l'heure).

seulement. Comment savons-nous qu'il y a des gens prêts à travailler pour 2 $ l'heure seulement?

Reportons-nous à la figure 6.4. Lorsqu'il n'y a que 10 millions d'heures de travail disponibles, le salaire le plus bas pour lequel les travailleurs sont prêts à offrir cette dix millionième heure est de 2 $, comme nous l'indique la courbe d'offre. La personne qui réussit à trouver un emploi gagnera 4 $ l'heure, soit 2 $ l'heure de plus que le salaire le plus bas pour lequel elle est prête à travailler. C'est pourquoi il est rentable pour les chômeurs de consacrer beaucoup de temps et d'efforts à chercher du travail. Même si les travailleurs ne trouvent que 10 millions d'heures de travail, chacun consacrera temps et efforts à la recherche de l'un de ces emplois si rares.

L'ampleur du chômage engendré par le salaire minimum dépend de la demande et de l'offre de travail. Vous pouvez constater que, si la courbe d'offre se trouvait plus à gauche, le chômage serait moindre. En fait, si la courbe d'offre coupait la courbe de demande au point *a*, le salaire minimum serait identique au salaire sur un marché libre. Dans cette situation, il n'y aurait pas de chômage. Vous pouvez également constater que, si la courbe de demande de travail se situait plus à droite, le chômage serait moins élevé. Si la courbe de demande coupait la courbe d'offre au point *b*, le salaire minimum serait identique au salaire sur un marché libre et il n'y aurait pas de chômage.

Le salaire minimum dans la réalité

Les règlements et les lois qui régissent les marchés du travail sont du ressort des provinces. Chaque province a sa propre loi sur le salaire minimum, en vertu de laquelle il est illégal d'embaucher un travailleur à un salaire inférieur au taux horaire fixé. Les économistes ne sont pas unanimes sur les effets du salaire minimum et l'ampleur du chômage qu'il engendre. Cependant, ils sont tous d'accord sur un point : les conséquences négatives des lois sur le salaire minimum frappent surtout la main-d'œuvre non qualifiée. Puisqu'il y a une prépondérance de main-d'œuvre non qualifiée parmi les jeunes – les jeunes ont moins de possibilités d'avoir déjà acquis une expérience professionnelle et des compétences –, nous pouvons nous attendre à ce que le salaire minimum provoque un taux de chômage plus élevé parmi les jeunes travailleurs que parmi les travailleurs plus âgés. Et c'est exactement ce qui se passe. Le taux de chômage des adolescents est plus de deux fois supérieur à la moyenne. De nombreux facteurs, autres que le salaire minimum, influent sur le taux de chômage des jeunes. Néanmoins, on peut affirmer qu'une partie du taux de chômage plus élevé chez les jeunes est la conséquence directe des lois sur le salaire minimum.

À RETENIR

Les gouvernements imposent des salaires minimums afin de protéger ceux qui gagnent les revenus les plus faibles. Mais le salaire minimum a pour effet de réduire la quantité de main-d'œuvre demandée et embauchée. Certains veulent travailler, mais ils sont au chômage et cherchent du travail. Les jeunes et les travailleurs non qualifiés sont les plus durement frappés par les conséquences négatives des lois sur le salaire minimum.

•••

Nous avons étudié la façon dont les modifications de l'offre ou de la demande entraînent des variations, à court terme et à long terme, des prix et des quantités échangées. Les exemples que nous avons choisis correspondaient à des situations de crise résultant de circonstances imprévues : un tremblement de terre réduit l'offre de logements ou une innovation technique a pour effet de diminuer la demande de main-d'œuvre non qualifiée. Mais de nombreuses modifications de la demande et de l'offre sont dans une large mesure prévisibles. Quels sont les effets de ces modifications prévisibles de la demande et de l'offre sur les prix et les quantités échangées ? Comment fait-on des prévisions ? C'est ce que nous allons voir maintenant.

Les activités de prévision

Deux sources d'incertitude inquiètent particulièrement les producteurs : le prix auquel ils pourront vendre leurs produits et les conditions qui influent sur les quantités produites. L'agriculture illustre parfaitement l'importance de ces deux incertitudes. Premièrement, lorsqu'un agriculteur décide du nombre d'hectares de maïs qu'il va planter, il ne sait pas à quel prix il va vendre son maïs. Le fait de connaître le prix actuel du maïs ne l'aide en rien pour savoir combien de plants il devrait semer. Les semences d'aujourd'hui seront les récoltes de demain. C'est donc le prix de demain qui déterminera les revenus que l'agriculteur va retirer de ses semences d'aujourd'hui. Deuxièmement, lorsqu'un agriculteur plante du maïs, il n'a aucune idée des conditions dans lesquelles le maïs va pousser. Elles peuvent être excellentes et permettre ainsi un rendement élevé et une récolte exceptionnelle. Mais la terre peut aussi souffrir d'une sécheresse ou d'un ensoleillement insuffisant qui se traduiront par un faible rendement, voire un désastre.

L'incertitude quant au prix futur d'un bien est le résultat de l'incertitude relative à la demande ou à l'offre futures. Nous venons d'aborder les incertitudes relatives à l'offre. Mais il y a également de nombreuses incertitudes concernant la demande. Nous savons que la demande d'un bien dépend du prix des produits substituts et complémentaires, du revenu, de la population et des préférences. Les fluctuations de la demande sont le résultat des variations de tous ces facteurs et de l'influence qu'ils exercent sur les décisions des acheteurs. Puisque ces facteurs évoluent et sont impossibles à prévoir avec exactitude, le niveau de la demande future est toujours incertain.

La connaissance imparfaite des conditions d'offre et de demande futures rend donc les prix futurs incertains. Mais les producteurs doivent prendre leurs décisions aujourd'hui, même s'ils ne savent pas à quel prix ils vendront leur production. Ils n'ont par conséquent pas d'autres choix que de se fier aux prévisions concernant les prix futurs.

Plus le prix anticipé est élevé, plus la quantité offerte par chaque producteur est grande. Comme l'offre totale du marché est la somme des offres de tous les producteurs, elle dépendra du prix futur anticipé. Dans la figure 6.5, la courbe d'offre du marché (OA) indique comment la quantité qui sera offerte dans un an correspond aux attentes ou prévisions actuelles des producteurs relativement au prix qui prévaudra l'an prochain, et non pas au prix auquel le produit sera en fait vendu l'année prochaine. Pour déterminer les mesures à prendre aujourd'hui afin d'influencer la quantité mise sur le marché dans un an, les producteurs doivent, dans un premier temps, prévoir quel sera le prix dans un an. Comment font-ils ?

La formation des anticipations

Le temps et les efforts consacrés à la prévision varient grandement d'un individu à l'autre. La plupart des gens ne consacrent guère de temps à cette activité. Ils préfèrent s'en remettre à des extrapolations plus ou moins grossières qui semblent souvent couronnées de succès. Mais, lorsque leurs revenus sont directement touchés, les gens essaient de faire un peu mieux. L'une des façons de mieux faire consiste à imiter ceux qui ont toujours réussi. On peut aussi acheter des prévisions réalisées par des spécialistes. Il existe un grand nombre de prévisionnistes : conseillers en placements, courtiers en valeurs mobilières et en marchandises, organismes professionnels de prévisions économiques. Ces organismes ont tout intérêt à faire en sorte que leurs prévisions soient exactes, du moins en moyenne.

Il existe, bien sûr, des méthodes de prévision très diversifiées et notre objectif n'est pas de les passer en revue, mais plutôt de construire un modèle de l'activité de prévision. Pour ce faire, nous utiliserons l'hypothèse de base en économie, selon laquelle les individus cherchent à optimiser l'emploi de leurs ressources, lesquelles sont limitées. Compte tenu de cet objectif que poursuivent les individus, leurs prévisions seront en moyenne exactes et leur marge d'erreur aussi faible que possible. Toute donnée susceptible d'améliorer ces prévisions sera utilisée. Une prévision qui utilise toute l'information disponible sur les événements passés et présents et dont la marge d'erreur est aussi faible que possible est ce que nous appelons une **anticipation rationnelle**.

Comment un économiste s'y prendrait-il pour établir une anticipation rationnelle ? La réponse est simple : en utilisant un modèle économique. Le modèle économique qui permet d'expliquer les prix est le modèle de l'offre et de la demande. C'est pourquoi nous utilisons ce modèle pour prévoir les prix, c'est-à-dire pour établir l'anticipation rationnelle d'un prix futur. Nous savons que le point d'intersection de la courbe de demande et de la courbe d'offre de l'année prochaine déterminera le prix pour l'année prochaine. Mais, jusque-là, nous ne savons pas où se situeront les courbes d'offre et de demande. Par contre, nous connaissons les facteurs qui déterminent la position de ces courbes ; en prévoyant l'évolution de ces facteurs, nous serons en mesure de prévoir les courbes d'offre et de demande de l'année prochaine et, par conséquent, leur point d'intersection qui correspondra au prix de l'année prochaine. Dans l'exemple qui suit, nous montrons comment établir une anticipation rationnelle du prix futur du maïs.

Figure 6.5 L'offre et le prix anticipés

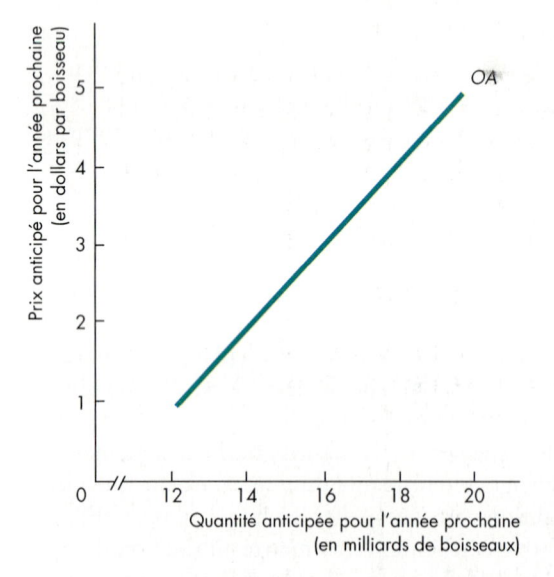

Puisque la quantité offerte dépend des décisions de production prises dans le passé, elle dépend aussi du prix anticipé au moment où la décision de production est prise plutôt que du prix qui s'établira réellement l'année suivante. L'offre anticipée est représentée par la courbe d'offre OA. La quantité offerte anticipée augmente avec le prix anticipé.

La demande anticipée et l'offre anticipée

Afin de prévoir le prix du maïs pour les prochaines années, nous devons prévoir les positions des courbes de demande et d'offre du maïs pour l'année prochaine. Nous avons vu plus haut que la position de la courbe de demande d'un bien dépend du prix des biens substituts et complémentaires, du revenu, de la population et des préférences. Ainsi, la position anticipée d'une courbe de demande dépend de la valeur anticipée de ces facteurs. Afin de prévoir la position de la courbe de demande de maïs, nous devons commencer par prévoir le prix des produits substituts et complémentaires, le revenu, la population et les tendances actuelles qui peuvent influencer les préférences. En tenant compte de toutes les données qui permettent de prévoir l'évolution de ces variables, les agriculteurs, ou les spécialistes auxquels les agriculteurs achètent les prévisions, peuvent établir une anticipation rationnelle de la demande de maïs pour l'année prochaine.

Nous avons également vu que la position de la courbe d'offre d'un bien dépend du prix des produits substituts et complémentaires dans la production, du prix des ressources utilisées pour produire ce bien et de la technologie. Le processus biologique par lequel les semences se transforment en récoltes constitue une partie importante de la technique agricole. Il va de soi que ce processus dépend de la température, de l'ensoleillement et des précipitations. L'offre anticipée dépend des valeurs anticipées de toutes ces variables. Afin de prévoir l'offre de maïs, nous devons d'abord prévoir le prix des produits substituts et complémentaires dans la production de maïs, le prix des ressources utilisées pour produire le maïs (salaire des travailleurs agricoles et prix des semences et des engrais) ainsi que les tendances climatiques qui influeront sur les conditions de maturation de la récolte. En tenant compte de toutes les données qui permettent de prévoir l'évolution de ces variables, il est possible d'établir une anticipation rationnelle de l'offre de maïs pour l'année prochaine.

L'anticipation rationnelle du prix

La figure 6.6 illustre la façon d'établir une anticipation rationnelle du prix du maïs pour l'année prochaine. Les valeurs mesurées en abscisse et en ordonnée sont la quantité et le prix anticipés pour l'année prochaine. La courbe DA est la meilleure prévision possible de la demande de maïs pour l'année prochaine. La courbe OA est la meilleure prévision possible de l'offre de maïs pour l'année prochaine.

Quel sera le prix du maïs l'année prochaine? Selon notre meilleure prévision, il devrait être de 3 $ le boisseau, soit le prix auquel les quantités demandées anticipées sont égales aux quantités offertes anticipées.

Il est également possible de prévoir les quantités qui seront échangées au cours de l'année prochaine, soit 16 milliards de boisseaux. Le prix de 3 $ le boisseau est une anticipation rationnelle du prix du maïs pour l'année prochaine. C'est une prévision qui s'appuie sur toute l'information actuellement disponible. Cette prévision du prix permet aux producteurs de décider du nombre d'hectares de maïs à planter.

À RETENIR

L'anticipation rationnelle d'un prix est la meilleure prévision qu'il soit possible d'établir à l'aide de toutes les données disponibles. C'est le prix auquel les quantités demandées anticipées sont égales aux quantités offertes anticipées. La demande et l'offre anticipées sont, elles-mêmes, les meilleures prévisions disponibles de la position des courbes de demande et d'offre.

■■■

Nous venons de voir comment établir une anticipation rationnelle d'un prix. Mais le prix qui se réalisera effectivement l'an prochain sera-t-il nécessairement égal au prix anticipé?

Figure 6.6 L'anticipation rationnelle du prix

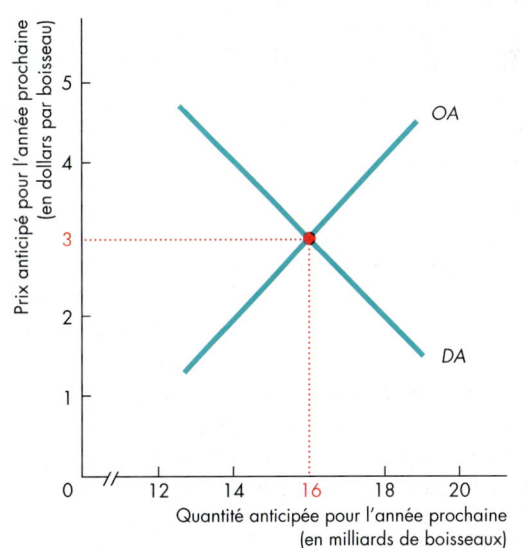

Puisque le prix qui s'établira sur le marché est déterminé par l'offre et la demande, le prix anticipé sera déterminé par l'offre et la demande anticipées. Le point d'intersection de la demande anticipée (DA) et de l'offre anticipée (OA) définit l'anticipation rationnelle du prix (3 $ le boisseau) et de la quantité échangée (16 milliards de boisseaux).

Figure 6.7 Les effets des fluctuations temporaires de la demande

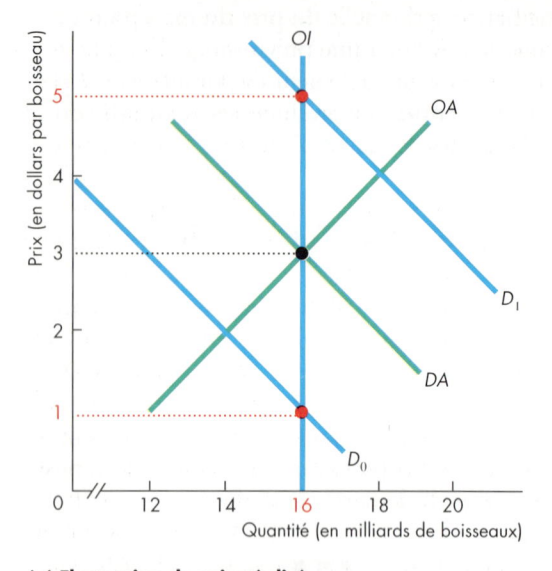

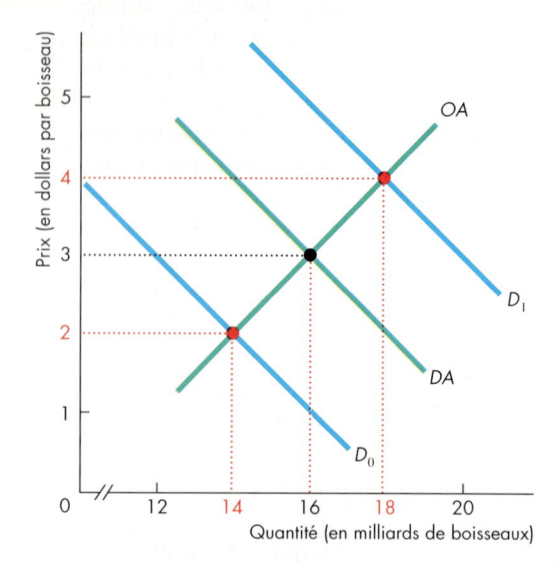

(a) Fluctuation du prix réalisé

(b) Prévisions parfaites

La demande fluctue entre D_0 et D_1 mais, en moyenne, elle est égale à la demande anticipée DA. L'offre anticipée est représentée par OA. L'anticipation rationnelle du prix est de 3 $ le boisseau. Les agriculteurs prévoient produire 16 milliards de boisseaux. La quantité réellement offerte correspond aux prévisions et la courbe d'offre instantanée se situe en OI. Les prix fluctuent en fonction des fluctuations de la demande. Dans le graphique (a), lorsque la demande se situe en D_0, le prix tombe à 1 $ le boisseau. Lorsque la demande se situe en D_1, le prix augmente pour atteindre 5 $ le boisseau. Dans le graphique (b), si les fournisseurs avaient été en mesure d'anticiper les fluctuations de la demande avec exactitude, la quantité offerte aurait fluctué le long de la courbe OA et les variations de prix auraient une amplitude moindre que dans la réalité. Mais du fait que l'avenir est incertain, les fournisseurs ne pouvaient faire mieux que de produire 16 milliards de boisseaux et de se satisfaire des variations de prix qui en résultent.

Les fluctuations de la demande

Les producteurs établissent la meilleure prévision possible de la demande future et du prix futur mais, presque à coup sûr, leur prévision se révélera fausse. L'avenir est rarement tel qu'on l'avait prévu. Supposons que la demande de maïs varie entre un niveau élevé et un niveau faible mais, qu'*en moyenne*, elle se situe en DA, soit la demande anticipée. La figure 6.7(a) illustre ces courbes de demande. Supposons également que les fluctuations de la demande soient impossibles à prévoir, en ce sens que la meilleure prévision possible consiste à supposer que la demande s'établira à son niveau moyen. La courbe DA représente l'anticipation rationnelle de la demande de maïs de cette année, telle qu'on pensait l'établir l'année dernière. Les courbes D_0 et D_1 sont des réalisations possibles de la courbe de demande pour l'année en cours.

On sera mieux en mesure de comprendre les effets des fluctuations de la demande en supposant que celles-ci constituent la seule source d'incertitude quant aux prix futurs. Pour simplifier, supposons donc pour le moment que l'offre ne présente aucune incertitude. Les agriculteurs prévoient que le prix du boisseau sera de 3 $ l'année prochaine et plantent ainsi suffisamment d'hectares de maïs pour que la production anticipée soit égale à 16 milliards de boisseaux. Comme les conditions climatiques correspondront exactement aux prévisions, les agriculteurs réaliseront leurs plans de production et la quantité de maïs effectivement produite sera de 16 milliards de boisseaux. Cette production détermine donc la courbe d'offre instantanée de maïs OI.

Détermination du prix Si la demande correspond exactement aux anticipations, le prix courant du maïs sera égal au prix anticipé un an auparavant. En d'autres termes, la demande de cette année s'établissant en DA et la courbe d'offre instantanée de cette année s'établissant en OI, la quantité demandée sera égale à la quantité offerte quand le prix est égal à 3 $ le boisseau, soit exactement le prix qui avait été anticipé il y a un an (figure 6.6).

Examinons maintenant les deux autres cas où la demande est soit plus élevée, soit plus basse que prévu (graphique (a) de la figure 6.7). Supposons, premièrement, que la demande se situe en D_1. Dans ce cas, la courbe de demande et la courbe d'offre instantanée se coupent au prix de 5 $ le boisseau. Lorsque la demande est plus élevée que prévu, le prix est également plus élevé que prévu. Si la demande s'établit en D_0, la courbe de demande et la courbe d'offre instantanée se coupent au prix de 1 $ le boisseau. Lorsque la demande est moins élevée que prévu, le prix est également moins élevé que prévu.

Il est intéressant de noter que les fournisseurs sont toujours déçus lorsque la demande ne correspond pas aux prévisions. Si la demande est représentée par la courbe D_1, les fournisseurs vont regretter de ne pas avoir ensemencé une surface plus grande afin de produire des quantités plus importantes. Dans ce cas, ils auraient voulu produire 18 milliards de boisseaux et les vendre 4 $ le boisseau, comme le montre la figure 6.7(b), 4 $ le boisseau correspondant au point d'intersection de la courbe de demande D_1 et de la courbe d'offre anticipée OA. En d'autres termes, s'ils avaient pu prévoir correctement la demande en D_1, ils auraient anticipé un prix de 4 $ le boisseau et produit 18 milliards de boisseaux. Au prix de 5 $ le boisseau, les agriculteurs ont produit une quantité inférieure à ce qu'ils auraient voulu produire. Mais le passé est le passé. Ils ne pouvaient faire mieux que de prévoir la demande en DA. Ainsi, on peut considérer qu'au moment où ils l'ont fait ils ont pris les bonnes décisions relatives à l'ensemencement.

Si la demande se situe en D_0, les fournisseurs regretteront de ne pas avoir ensemencé une surface plus petite, de façon à produire 14 milliards de boisseaux de maïs au prix de 2 $ le boisseau (graphique (b) de la figure 6.7). Cette quantité et ce prix correspondent au point d'intersection de la courbe de demande D_0 et de la courbe d'offre anticipée OA. En d'autres termes, si les agriculteurs avaient pu prévoir que la demande se situerait en D_0, ils auraient anticipé un prix de 2 $ le boisseau et auraient ensemencé une surface suffisante pour récolter 14 milliards de boisseaux. À 1 $ le boisseau, les agriculteurs auraient aimé produire une quantité plus faible. Mais, une fois encore, le passé est le passé. Ils ont fait de leur mieux au moment où ils devaient prendre leur décision.

Les fluctuations de l'offre

Étudions maintenant les effets des fluctuations de l'offre sur les prix et les quantités échangées. Nous comprendrons mieux ces effets si nous considérons que seule l'offre est incertaine. Supposons donc maintenant que les prévisions concernant la demande soient exactes. La courbe de demande effective correspond à la courbe prévue. La seule incertitude concerne l'ampleur de la récolte.

Trois possibilités peuvent s'appliquer aux conditions climatiques. Premièrement, elles sont excellentes et se traduisent par une récolte exceptionnelle. Bien que les conditions climatiques soient parfois idéales, il est néanmoins impossible pour les agriculteurs de les prévoir. Mais, si tel est le cas, ils vont récolter une quantité de maïs plus importante que ce qu'ils avaient prévu. Deuxièmement, les conditions climatiques peuvent s'avérer exceptionnellement mauvaises, se traduisant par un rendement beaucoup plus faible que prévu. Troisièmement, les conditions climatiques sont normales et la récolte réelle correspond aux prévisions.

La figure 6.8 illustre les effets de chacune de ces situations sur les prix. La courbe de demande D est la même que celle qui avait été anticipée il y a un an. La figure contient trois courbes d'offre instantanée : la courbe OIA correspond à des conditions climatiques normales, la courbe OI_0 correspond à une sécheresse et à un rendement faible et la courbe OI_1 décrit une situation où les conditions climatiques sont excellentes et la récolte exceptionnelle.

Figure 6.8 Les effets des fluctuations temporaires de l'offre

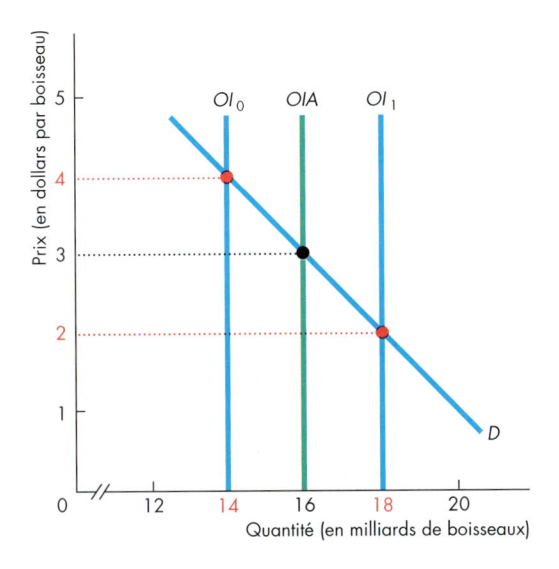

Les conditions climatiques sont variables et l'offre instantanée fluctue entre OI_0 et OI_1. L'offre instantanée anticipée est représentée par OIA. La demande anticipée se situe en D et on suppose que cette anticipation est confirmée. L'anticipation rationnelle du prix est de 3 $ le boisseau. Lorsque les conditions climatiques sont mauvaises et que la production correspond à 14 milliards de boisseaux, l'offre est faible (OI_0) et le prix augmente pour atteindre 4 $ le boisseau. Lorsque les conditions climatiques sont excellentes et que la production s'élève à 18 milliards de boisseaux, l'offre est élevée (OI_1) et le prix tombe à 2 $ le boisseau.

Détermination du prix Le prix est donné par le point d'intersection de la courbe d'offre instantanée et de la courbe de demande. Dans le cas d'une sécheresse, le prix s'établira à 4 $ le boisseau ; dans le cas d'une récolte exceptionnelle, à 2 $ le boisseau ; et dans le cas de conditions normales, c'est-à-dire lorsque les anticipations sont confirmées, le prix sera de 3 $ le boisseau.

Vous remarquerez que, lorsque les prévisions des quantités produites sont exactes, le prix réel correspond au prix prévu. Si la quantité produite est inférieure aux anticipations, le prix réel est plus élevé que ce qui avait été prévu. Si la quantité produite est supérieure aux anticipations, le prix réel est moins élevé que ce qui avait été prévu.

Dans les exemples que nous venons d'étudier, l'offre instantanée est complètement inélastique. C'est donc grâce aux variations de prix que l'équilibre est atteint. Mais qu'advient-il des variations de prix si le maïs peut être stocké ? Nous allons maintenant examiner cette situation.

Les stocks

Nombreux sont les biens, notamment une vaste gamme de produits agricoles, qui peuvent être stockés. Ces stocks constituent une marge de sécurité entre la production et la consommation. Si la demande augmente ou si la production baisse, les biens sont déstockés. Si la demande diminue ou si la production augmente, les biens peuvent être stockés.

Les détenteurs de stocks spéculent : ils essaient d'acheter à des prix peu élevés et de vendre à des prix élevés. En d'autres termes, ils essaient d'acheter des biens, de les stocker lorsque les prix sont bas et de les revendre lorsque les prix sont élevés. Leur objectif est de bénéficier de la différence entre le prix d'achat et le prix de vente, moins le coût de stockage.[5] Mais comment les détenteurs de stocks font-ils pour savoir quand acheter et quand vendre ? Comment savent-ils si le prix est élevé ou bas ? Pour savoir si un prix est élevé ou bas et pour prendre leurs décisions d'achat et de vente, les détenteurs de stocks doivent prévoir les prix futurs. En d'autres termes, ils doivent établir une anticipation rationnelle du prix futur. Si le prix courant est supérieur au prix futur anticipé, ils déstockent. Si, au contraire, le prix est inférieur au prix futur anticipé, ils achètent des biens et les stockent.

Sur un marché où il y a des stocks, il est nécessaire de faire la distinction entre l'offre des producteurs et l'offre du marché. La quantité mise sur le marché est la somme des quantités offertes par les producteurs et par les détenteurs de stocks. Le fait de vendre des biens stockés revient à augmenter la quantité offerte par rapport à la production courante. Le fait d'acheter des biens pour les stocker revient à réduire la quantité offerte. Si le prix courant est supérieur aux anticipations rationnelles des détenteurs de stocks, les biens vont être déstockés. Si ce prix est inférieur aux anticipations rationnelles des détenteurs de stocks, la quantité mise sur le marché sera réduite puisque les détenteurs de stocks vont stocker. Ce comportement des détenteurs de stocks rend la courbe d'offre du marché parfaitement élastique au point qui correspond aux anticipations rationnelles du prix futur établies par les détenteurs de stocks.

Examinons maintenant ce que deviennent les prix et les quantités échangées lorsque, sur un marché où il y a des stocks, la demande courante et l'offre courante des producteurs connaissent des fluctuations imprévisibles. Nous commencerons par les fluctuations de la demande.

Les fluctuations de la demande

La figure 6.9(a) illustre l'analyse des fluctuations de la demande. Nous supposons, pour le moment, que l'offre de maïs des producteurs est complètement inélastique et qu'elle est donnée par la courbe d'offre instantanée OI, soit une production de 16 milliards de boisseaux. La courbe d'offre du marché est déterminée par le comportement des détenteurs de stocks. Leur offre est parfaitement élastique au point qui correspond à l'anticipation rationnelle du prix futur. Dans la figure 6.9, nous avons établi l'anticipation rationnelle du prix à 3 $ le boisseau. À ce prix, la courbe d'offre du marché est parfaitement élastique, comme le montre la courbe d'offre O.

La demande varie entre D_0 et D_1. En l'absence de stocks, les quantités échangées resteraient constantes à 16 milliards de boisseaux et les prix fluctueraient pour maintenir l'équilibre entre la quantité demandée et la quantité produite. Par exemple, si la demande est faible (courbe D_0), le prix tombe à 2 $ le boisseau. Mais les choses sont bien différentes en présence de détenteurs de stocks. Dans ce cas, si la demande est faible (D_0), la quantité que les consommateurs vont acheter tombe à 14 milliards de boisseaux. L'offre des producteurs est toujours de 16 milliards de boisseaux. La différence entre la quantité offerte par les producteurs et la quantité achetée par les consommateurs est retirée du marché et stockée. Ainsi, les stocks augmentent de 2 milliards de boisseaux. Si la demande est élevée (D_1), les consommateurs achètent 18 milliards de boisseaux. Les agriculteurs produisent 16 milliards de boisseaux. Les 2 milliards de boisseaux supplémentaires proviennent des stocks. Les fluctuations de la demande entraînent des variations de la quantité achetée et de la taille des stocks, mais le prix reste constant au niveau du prix

---

[5] Nous supposons ici que le coût de stockage est tellement faible qu'il est raisonnable de ne pas en tenir compte. Cette hypothèse, bien qu'elle ne soit pas essentielle, nous permet de mettre en évidence les effets des décisions des détenteurs de stocks sur les prix.

Figure 6.9 La stabilisation des prix par la variation des stocks

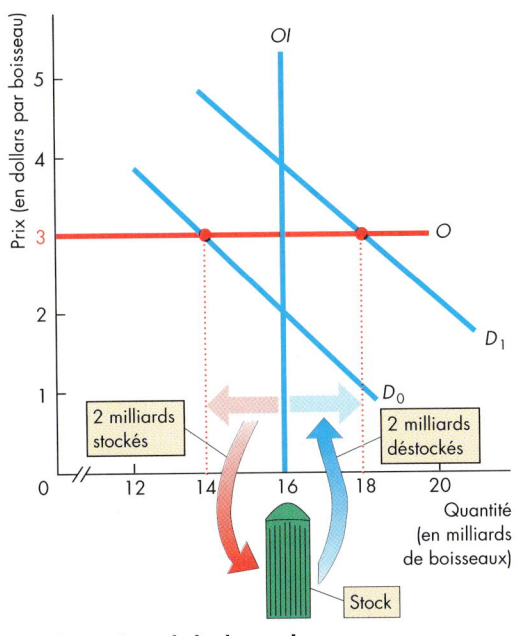

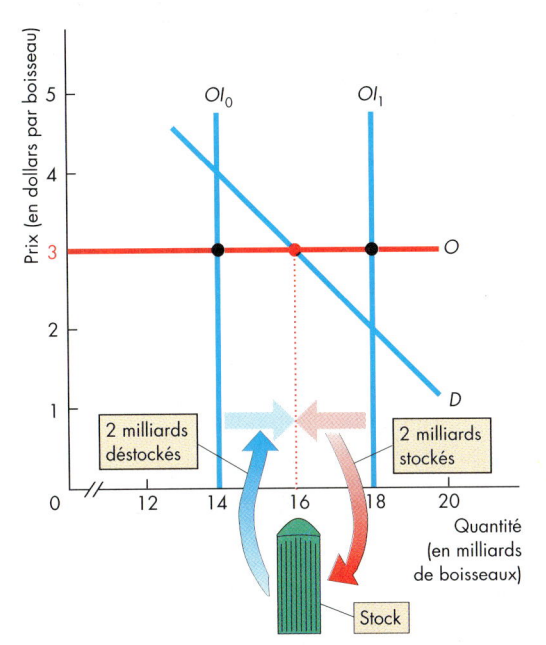

(a) Fluctuations de la demande

(b) Fluctuations de l'offre

L'anticipation rationnelle du prix est de 3 $ le boisseau. Les détenteurs de stocks déstockent si le prix est supérieur à 3 $ le boisseau et, au contraire, stockent si le prix est inférieur à 3 $ le boisseau. La courbe d'offre du marché, O, est parfaitement élastique pour une anticipation rationnelle du prix futur qui correspond à 3 $ le boisseau. Lorsque la demande varie entre D_0 et D_1, le prix courant reste constant à 3 $ le boisseau, comme le montre le graphique (a). Lorsque la demande est faible (D_0), la production est supérieure de 2 milliards de boisseaux aux quantités achetées par les consommateurs, et cet excédent est alors stocké. Lorsque la demande est élevée (D_1), les consommateurs achètent plus que les producteurs ne peuvent fournir. La différence est déstockée. Dans le graphique (b), les variations de l'offre se traduisent par le déplacement de la courbe d'offre instantanée des producteurs entre OI_0 et OI_1. Le prix reste constant à 3 $ le boisseau et les consommateurs achètent une quantité constante de 16 milliards de boisseaux. Lorsque l'offre tombe à 14 milliards de boisseaux, 2 milliards de boisseaux sont déstockés. Lorsque l'offre augmente et atteint 18 milliards de boisseaux, 2 milliards de boisseaux sont stockés.

futur donné par l'anticipation rationnelle des détenteurs de stocks. La prévision du prix futur détermine donc le prix effectif sur le marché courant.

Examinons maintenant les fluctuations de l'offre.

Les fluctuations de l'offre

Les fluctuations de l'offre sont analysées à la figure 6.9(b). La courbe de demande anticipée se situe en D et on suppose que c'est justement cette demande qui se réalise. L'anticipation rationnelle du prix est de 3 $ le boisseau. À ce prix, la courbe d'offre du marché (O) est parfaitement élastique. La courbe d'offre instantanée des producteurs varie maintenant entre OI_0 et OI_1. N'oubliez pas que, lorsque l'offre des producteurs fluctue et qu'il n'y a pas de stocks, les prix et les quantités échangées fluctuent également ; les prix baissent lorsque l'offre augmente, et ils augmentent lorsque l'offre diminue. Par exemple, si la quantité produite est de 14 milliards de boisseaux, le prix augmente pour atteindre 4 $ le boisseau.

Lorsqu'il y a des stocks, les prix ne connaissent aucune variation. Lorsque l'offre des producteurs est faible (OI_0), les producteurs vendent 14 milliards de boisseaux. La quantité achetée se maintient à 16 milliards de boisseaux et les détenteurs de stocks offrent les 2 milliards de boisseaux de différence. Lorsque l'offre des producteurs est élevée (OI_1), les producteurs vendent 18 milliards de boisseaux. Les consommateurs continuent d'acheter 16 milliards de boisseaux et 2 milliards de boisseaux sont stockés. Une fois encore, le prix réel correspond aux anticipations du prix futur établies par les détenteurs de stocks.

Le modèle du marché où il y a des stocks, c'est-à-dire celui que nous venons d'étudier, est simple. Il nous permet de montrer comment les stocks et les anticipations que les détenteurs de stocks font des prix futurs réduisent les fluctuations de prix. Dans l'exemple ci-dessus, il n'y a aucune fluctuation de prix. Lorsqu'il y a des coûts de stockage et lorsque les stocks sont pratiquement épuisés, les prix pourront varier, mais ces

Un investissement spéculatif...

Du gaz naturel en abondance dans la vallée du St-Laurent ?

Au moment où l'avenir du projet hydro-électrique de Grande-Baleine paraît pour le moins incertain, on a appris hier que le sous-sol du Québec pourrait regorger de gaz naturel.

C'est du moins ce que semblent indiquer des forages d'exploration dans les basses terres du Saint-Laurent.

Le forage d'un puits à une profondeur de 4108 mètres près de Saint-Simon-de-Bagot, à une soixantaine de kilomètres de Montréal, a permis la cueillette d'indices qui laissent croire à la présence de gaz naturel.

M. Gilbert Beaudoin, le président d'Exploration Intermont, une des sociétés engagées dans ces travaux d'exploration, a tenu à préciser que cette découverte reste toutefois à être confirmée. Des tests seront effectués au cours du week-end pour tenter notamment de mesurer l'ampleur des réserves gazières. [...]

À ce jour, plus de 10 millions de dollars ont été investis dans le programme d'exploration qui a débuté à l'automne et M. Beaudoin prévoit que 30 autres millions seront dépensés au Québec pour l'exploration du gaz naturel, au cours des prochaines années.

Bow Valley Industries, de Calgary, dirige le consortium chargé des travaux de forage. Elle détient 79 p. cent des actions du consortium. [...]

Les partenaires de Bow Valley dans le puits de Saint-Simon-de-Bagot sont Amerada Hess Canada (12,5 p. cent) et Exploration Intermont (8,4 p. cent). [...]

Ce n'est pas la première fois que des prospecteurs s'intéressent aux basses terres du Saint-Laurent. La Société québécoise d'initiatives pétrolières (SOQUIP) a exploré le sous-sol de cette région pendant 20 ans afin de mesurer son potentiel géologique. Elle a abandonné ses travaux au début des années 80, n'étant pas convaincue du potentiel de commercialisation des réserves gazières.

Jusqu'à ce jour, aucune société d'exploration n'avait fait des forages aussi profonds. [...]

La découverte du week-end dernier a suscité l'intérêt des marchés financiers qui raffolent de ce genre de nouvelles. Le titre de Bow Valley a terminé la séance d'hier en hausse de 1,13 $ à 11,75 $.

À Montréal, Exploration Intermont faisait de même. Plus d'un million d'actions ont changé de mains hier soir alors que seulement sept millions d'actions sont en circulation. L'action a clôturé en hausse de 42 cents à 1,32 $. Elle ne cotait qu'à 75 cents en début de semaine.

Des courtiers ont donné leur appui au projet d'exploration. Les maisons Wood Gundy et Deacon Barclays de Zoete Wedd recommandent toutes deux l'achat du titre Intermont tout en précisant que cet investissement demeure spéculatif. Intermont détient une participation dans quatre des cinq propriétés gazières au Québec. [...]

La Presse
4 avril 1992
Par Valérie Beauregard
© La Presse
Reproduction autorisée

ENTRE LES LIGNES

Les faits en bref

- Des forages d'exploration dans les basses terres du Saint-Laurent ont permis de recueillir des indices qui laissent croire à la présence de gaz naturel. Les indices ont été recueillis au cours de la fin de semaine des 29 et 30 mars 1992, et la nouvelle a été officiellement rendue publique le vendredi 3 avril. Des tests ultérieurs permettront de confirmer l'importance réelle de cette découverte.

- La société Bow Valley Industries, de Calgary, dirige le consortium chargé des travaux d'exploration, dans lesquels plus de 10 millions de dollars ont été investis depuis l'automne 1992; plus de 30 millions additionnels doivent être investis dans l'exploration de gaz naturel au cours des prochaines années. Bow Valley détient 79 % des actions du consortium. Ses partenaires sont Amerada Hess Canada (12,5 % des actions) et la Société québécoise Exploration Intermont (8,4 % des actions).

- La découverte s'est traduite par une hausse du cours des actions des membres du consortium. Le vendredi 3 avril, l'action d'Exploration Intermont a clôturé en hausse de 42 ¢ par rapport à la veille, passant de 90 ¢ à 1,32 $. Par rapport au début de la semaine, l'action est passée de 75 ¢ à 1,32 $, soit une augmentation de 76 %.

- Les sociétés de courtage recommandent l'achat du titre d'Intermont, tout en précisant que cet investissement demeure très spéculatif.

Analyse

- L'article illustre le phénomène de la révision des anticipations en fonction de l'apparition de nouvelles données sur le marché boursier. L'activité d'exploration est une des plus risquées qui soient, de sorte que le cours des petites sociétés d'exploration, comme Intermont, est particulièrement volatil.

- En début de semaine, avant que les indices recueillis pendant la fin de semaine aient pu être analysés, l'action d'Intermont valait 75 ¢; ce cours constituait, à ce moment, la meilleure prévision de ce que vaudrait le titre dans les jours suivants. Le jeudi de la même semaine, l'action valait 90 ¢ (une augmentation de 20 %), de sorte que le marché avait déjà pris en compte la possibilité qu'une découverte potentiellement intéressante ait été faite. À l'annonce officielle du résultat des analyses, le titre a bondi de presque 50 % en l'espace d'une journée.

- Cette hausse du cours de l'action d'Intermont s'est produite même si l'importance réelle de la découverte ne pouvait encore être confirmée: si la présence de gaz devait être confirmée, la demande future du titre d'Intermont serait très forte et ce titre pourrait atteindre un cours très élevé; par contre, si le programme d'exploration devait se révéler un échec, la demande future de l'action d'Intermont et la valeur de cette action pourraient chuter à zéro. Le cours actuel de 1,32 $ tient compte de ces deux possibilités: il constitue l'anticipation rationnelle de ce que vaudra l'action d'Intermont dans les semaines qui suivent.

- Lorsqu'elles soulignent que l'achat du titre d'Intermont demeure un investissement «spéculatif», les sociétés de courtage ne font pas référence au fait que le cours de l'action peut aussi bien monter que baisser, puisque cela est vrai du cours de toute action. Elles cherchent plutôt à souligner le fait que l'amplitude prévisible de la hausse ou de la baisse est particulièrement importante, étant donné l'incertitude sur la présence réelle de gaz naturel et l'importance de l'effet qu'aura la confirmation ou la non-confirmation de la découverte de gaz sur la demande future du titre d'Intermont.

variations seront bien moindres que celles qui se produiraient sur un marché où il n'y aurait pas de stocks.

La détention d'actions est assez semblable à la détention de stocks. Elle constitue un bon exemple d'un stock dont, en fait, le coût de détention est nul, ou pratiquement nul. Vous pouvez stocker des actions de Northern Telecom ou de Bell Canada pour un coût pratiquement nul. Mais les stocks d'actions, comme les stocks de maïs, permettent-ils de réduire les variations de prix ? Si tel est le cas, pourquoi, alors, les prix du marché boursier connaissent-ils de si grandes fluctuations ?

Le marché boursier

Le marché boursier est le marché où s'échangent les actions des sociétés. La figure 6.10 illustre la façon dont le prix d'une action est déterminé. L'abscisse mesure la quantité future anticipée et l'ordonnée mesure le prix futur anticipé ainsi que le prix observé durant la période courante. Les anticipations de la demande et de l'offre établies au cours de la période courante sont représentées par les courbes DA et OA. Le point d'intersection de ces courbes détermine l'anticipation rationnelle du cours futur de l'action, soit PA. Si le cours actuel augmente par rapport au cours anticipé, chacun aura intérêt à vendre les actions qu'il détient. Si le cours actuel est inférieur au cours prévu, chacun aura, au contraire, intérêt à acheter de ces actions dans l'espoir de réaliser un gain de capital. Ainsi, l'offre d'actions sur le marché, compte tenu de la détention de stocks d'actions, est représentée par la courbe O, parfaitement élastique au prix qui correspond à la prévision rationnelle du cours futur de l'action. Le prix courant P est par conséquent égal au prix anticipé (PA). Indépendamment de la façon dont les courbes de demande et d'offre fluctueront véritablement, si les courbes de demande et d'offre anticipées correspondent à celles indiquées dans la figure, les porteurs déstockeront ou stockeront leurs actions en fonction du prix d'équilibre anticipé. Cela aura pour effet de maintenir le cours actuel de l'action au niveau du cours anticipé.

Nous avons vu qu'une anticipation rationnelle est une anticipation qui fait appel à toutes les données pertinentes qui sont disponibles pour prévoir un prix futur. Puisque le cours actuel d'une action correspond à l'anticipation rationnelle de son cours futur, le prix courant de l'action incorpore toute l'information qui est actuellement disponible. Un marché où le prix courant incorpore toute l'information actuellement disponible est appelé **marché efficient**. Dans un marché efficient, il est impossible de prévoir les variations de prix. Pourquoi ? Prenons un exemple. Si vous prévoyez que le prix va augmenter au cours de la période ultérieure, vous allez acheter dès maintenant (puisque, par rapport à vos prévisions, le prix actuel est bas). Le fait d'acheter aujourd'hui entraîne une augmentation de la demande sur le marché courant. Il est vrai que votre action, qui est celle d'un seul échangiste, ne va pas faire une énorme différence sur un marché aussi vaste que celui de Toronto ou de New York. Mais si tous les opérateurs prévoient que le prix sera plus élevé à une date ultérieure et qu'ils agissent tous, aujourd'hui, sur la base de cette anticipation, alors le prix d'aujourd'hui va augmenter jusqu'à atteindre le prix futur anticipé ; en effet, c'est seulement à ce point que les opérateurs ne feront plus aucun bénéfice en achetant des actions aujourd'hui.

Les marchés efficients présentent un paradoxe. Les marchés sont efficients parce que les opérateurs sur le marché essaient de réaliser des gains spéculatifs. Ils recherchent un profit en achetant à un prix faible et en vendant à un prix élevé. Mais le fait même d'acheter et de vendre pour réaliser ces gains signifie que le prix du marché variera jusqu'à ce qu'il atteigne sa valeur future anticipée. Lorsque le prix courant du marché a atteint sa valeur future anticipée, personne ne peut, *de manière prévisible*, réaliser de gains spéculatifs. Chaque possibilité de profit entrevue par un opérateur se traduit donc par une décision d'achat ou de vente qui provoque une

Figure 6.10 Le marché boursier

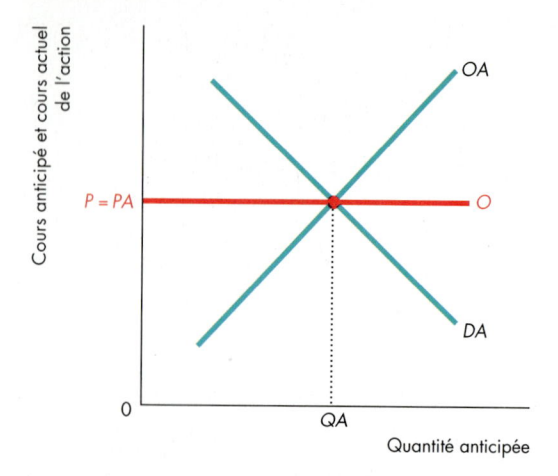

Les porteurs d'actions se comportent exactement comme des détenteurs de stocks. Ils forment une anticipation rationnelle du cours futur d'une action (PA) qui est donné par le point d'intersection de la courbe de demande anticipée (DA) et de la courbe d'offre anticipée (OA). Si le cours actuel de l'action est supérieur au cours anticipé, les détenteurs d'actions vendent. Si le cours actuel est inférieur au cours anticipé, ils achètent. Ces opérations permettent de maintenir le cours d'équilibre (P) au même niveau que le cours futur anticipé. Un tel marché est qualifié de *marché efficient*. Dans un marché efficient, il est impossible de prévoir les écarts du prix futur par rapport au prix courant et les gains spéculatifs qui en résulteraient. Une variation prévue du prix futur entraînera une rectification immédiate du prix courant, celui-ci s'ajustant pour éliminer les possibilités de gains spéculatifs.

« Pensez-vous vraiment que le marché avait également anticipé ceci ? »

Dessin de Lorenz ; © 1986 The New Yorker Magazine, Inc.

variation de prix et qui, de ce fait, fait disparaître les possibilités de profit pour les autres.

Aussi, un marché efficient se caractérise-t-il par deux propriétés essentielles :

- Le prix courant correspond au prix futur anticipé et ce prix incorpore toute l'information actuellement disponible.
- Toutes les possibilités de gains spéculatifs ont été épuisées, en ce sens qu'il est impossible de réaliser de tels gains de façon prévisible.

L'élément clé pour comprendre un marché efficient comme le marché boursier est le suivant : si une tendance peut être prévue, elle le sera et les opérateurs prendront leurs décisions d'achat ou de vente en conséquence.

La volatilité du prix des actions

Si le cours d'une action est toujours égal au cours futur anticipé, pourquoi alors le marché boursier est-il si volatile ? Cela doit s'expliquer par le fait que les anticipations elles-mêmes sont soumises à des fluctuations. Les anticipations dépendent de l'information disponible. Au fur et à mesure que de nouvelles données apparaissent, les opérateurs révisent leurs anticipations sur la conjoncture économique et sur le prix futur des actions. Les anticipations sur la conjoncture économique sont d'une importance capitale. L'économie va-t-elle connaître une croissance rapide et soutenue ? Ou, au contraire, va-t-elle entrer en récession ? Les événements macroéconomiques qui influent sur le prix des actions sont décrits au chapitre 5 de *Introduction à la macroéconomie moderne*.[6] À un niveau microéconomique, le cours des actions individuelles dépend de multiples facteurs, dont par exemple l'évolution technique qui influe sur l'offre et la demande des divers biens et services. Puisque de nouvelles données sont recueillies chaque jour sur tous ces éléments, les anticipations quant au cours futur d'une action sont constamment révisées. C'est ce mécanisme de révision qui provoque la grande volatilité des marchés boursiers. Si les anticipations optimistes deviennent pessimistes, le marché boursier peut s'effondrer de plusieurs points, comme ce fut le cas de façon spectaculaire le 19 octobre 1987. Par contre, des anticipations qui restent optimistes sur une longue période peuvent provoquer une amélioration notable des cours. La période de cinq ans qui s'étend de 1982 à 1987 en est un exemple frappant.[7]

■ Nous venons de terminer notre étude de la demande et de l'offre ainsi que de leurs applications. Vous avez vu comment ces modèles nous permettent d'expliquer les prix et les quantités échangées, et d'analyser un vaste éventail de marchés et de situations.

Nous allons maintenant analyser d'un peu plus près les choix économiques des individus. Nous commencerons, dans la partie qui suit, par les choix économiques des ménages.

---

[6] L. Phaneuf, M. Parkin et R. Bade, *Introduction à la macroéconomie moderne*, Montréal, Éditions du Renouveau Pédagogique, 1992.

[7] Nous étudierons le marché boursier de façon plus détaillée au chapitre 17.

RÉSUMÉ

Le marché du logement et le contrôle des loyers

Une baisse subite de l'offre de logements se traduit par le déplacement vers la gauche de la courbe d'offre à court terme. Les loyers augmentent. À court terme, cette hausse entraîne une augmentation du nombre d'unités de logement offertes (à partir des maisons et des appartements existants), du fait que les gens utilisent moins d'espace. À long terme, la hausse des loyers stimule la construction domiciliaire et se traduit par un déplacement vers la droite de la courbe d'offre à court terme. Ainsi, les loyers diminuent progressivement et la quantité de logements disponibles augmente, elle aussi, progressivement.

Si un contrôle des loyers empêche les loyers d'augmenter, aussi bien à court terme qu'à long terme, la quantité de logements offerte sera moins élevée que sur un marché libre. À court terme, les gens ne sont pas encouragés à restreindre les superficies qu'ils occupent et, à long terme, la construction domiciliaire n'est pas stimulée. Lorsqu'il y a demande excédentaire de logements, les gens consacrent beaucoup de temps à la recherche d'un logement. L'équilibre sur le marché se réalisera par une augmentation du temps consacré à la recherche d'un logement. À long terme, le coût total du logement, lorsqu'on y inclut la valeur du temps consacré à la prospection, sera plus élevé que le coût sur un marché libre. (*pp. 127-132*)

La marché du travail et les lois sur le salaire minimum

Une diminution de la demande de main-d'œuvre non qualifiée se traduit, à court terme, par une baisse des salaires et de l'emploi. Des salaires peu élevés encouragent les travailleurs à quitter ce marché particulier afin d'acquérir des compétences et de chercher sur un autre marché un emploi différent et mieux payé. Ainsi, la courbe d'offre à court terme de main-d'œuvre non qualifiée se déplacera graduellement vers la gauche et coupera la courbe de demande de main-d'œuvre non qualifiée en un point correspondant à des salaires plus élevés et à des niveaux d'emploi plus bas. Finalement, les salaires retrouveront leur niveau précédent mais à un niveau d'emploi beaucoup plus faible.

Si le gouvernement impose un salaire minimum, une diminution de la demande de travail se traduit par une augmentation du chômage et du temps consacré à la recherche d'un emploi. Les lois sur le salaire minimum touchent particulièrement les travailleurs qui ont le moins de compétences. C'est le cas notamment des jeunes, dont le taux de chômage est plus de deux fois supérieur à la moyenne. (*pp. 132-137*)

Les activités de prévision

Les producteurs doivent prendre des décisions relatives à la quantité de biens qu'ils seront en mesure d'offrir avant de connaître le prix auquel ils pourront véritablement vendre ces biens. Afin de prendre ces décisions de production, ils doivent prévoir les prix dans un contexte d'incertitude quant à l'offre et à la demande qui prévaudront sur le marché.

Les producteurs font des anticipations rationnelles des prix à partir des prévisions de la demande et de l'offre. Le prix qui se réalisera fluctuera autour de son niveau anticipé. Une demande plus forte que prévu se traduit par un prix plus élevé que prévu. Une offre plus élevée que prévu se traduit par un prix moins élevé que prévu. (*pp. 137-142*)

Les stocks

Les prix des produits stockables enregistrent de moindres fluctuations que les prix de ceux qui ne le sont pas. Si la demande ou l'offre fluctue, ces biens peuvent être stockés ou déstockés. Lorsque les biens sont stockés, l'offre du marché est réduite par rapport à la production courante ; lorsque les biens sont déstockés, l'offre du marché augmente. Les détenteurs de stocks cherchent à acheter à des prix bas et à revendre à des prix élevés. Pour ce faire, ils doivent prévoir le prix ; autrement dit, ils forment une anticipation rationnelle du prix. Ils vendent lorsque le prix courant est supérieur à cette anticipation et achètent lorsque le prix courant est inférieur à cette anticipation. La courbe d'offre des détenteurs de stocks est parfaitement élastique au niveau du prix anticipé (si l'on fait abstraction des coûts de stockage).

Les prix courants sont déterminés par les anticipations rationnelles des détenteurs de stocks. Les stocks fluctuent pour répondre aux variations de la demande courante, d'une part, et de l'offre courante des producteurs, d'autre part.

Une anticipation rationnelle incorpore toute l'information pertinente disponible. Sur un marché où le prix courant correspond à l'anticipation rationnelle du prix, le prix courant reflète donc toute l'information pertinente. C'est ce qu'on appelle un *marché efficient*. Puisque le prix observé correspond au prix anticipé, il est impossible de réaliser des gains spéculatifs systématiques dans un tel marché. Le prix d'équilibre dans un marché efficient peut néanmoins fluctuer en fonction de l'apparition d'information nouvelle entraînant une révision de l'anticipation rationnelle du prix. (*pp. 142-147*)

POINTS DE REPÈRE

Mots clés

Activité de prospection, 131
Anticipation rationnelle, 138
Contrôle des loyers, 130
Loi sur le salaire minimum, 136
Marché efficient, 146
Marché noir, 131

Figures clés

Figure 6.1	Le marché du logement à San Francisco en 1906, 129
Figure 6.2	Le contrôle des loyers, 131
Figure 6.3	Le marché de la main-d'œuvre non qualifiée, 133
Figure 6.4	Le salaire minimum et le chômage, 136
Figure 6.6	L'anticipation rationnelle du prix, 139

QUESTIONS DE RÉVISION

1. Décrivez la façon dont vont réagir les loyers et la quantité de logements vacants si un tremblement de terre réduit subitement l'offre de logements. Reconstituez l'évolution des loyers et des quantités échangées.

2. Si l'on reprend la situation décrite à la question 1, dans quelle mesure les choses seraient-elles différentes si un contrôle des loyers était imposé?

3. Décrivez la façon dont réagissent les prix et les quantités échangées sur un marché où l'offre augmente brusquement. Reconstituez l'évolution des prix et des quantités échangées.

4. Décrivez la façon dont réagissent les prix et les quantités échangées sur un marché où la demande augmente brusquement. Reconstituez l'évolution des prix et des quantités échangées.

5. Décrivez la façon dont réagissent le taux de salaire et la quantité de main-d'œuvre employée lorsque la demande de travail diminue subitement. Reconstituez l'évolution des taux de salaire et de l'emploi.

6. Si l'on reprend la situation décrite à la question 5, dans quelle mesure les choses seraient-elles différentes s'il y avait une loi sur le salaire minimum?

7. Lorsqu'un règlement gouvernemental fixe les prix, quelles sont les forces qui interviennent pour permettre que se réalise une situation d'équilibre?

8. Quelles sont les principales incertitudes auxquelles les producteurs doivent faire face?

9. Qu'est-ce qu'une anticipation rationnelle?

10. Comment les prix et les quantités échangées sont-ils déterminés sur un marché où les anticipations sont rationnelles et où le bien ne peut être stocké?

11. Comment les prix et les quantités échangées d'un bien sont-ils déterminés sur un marché où les anticipations sont rationnelles et où le bien peut être stocké?

12. Qu'est-ce qui détermine le prix des actions d'une société? Pourquoi le prix actuel correspond-il toujours au prix anticipé?

13. Pourquoi le marché boursier est-il si volatile?

PROBLÈMES

Il vous sera peut-être plus facile de résoudre certains de ces problèmes en traçant les courbes d'offre et de demande sur du papier millimétré.

1. Vous disposez des données suivantes sur le marché des logements locatifs de votre ville :

Loyer (en dollars par mois)	Quantité demandée (par mois)	Quantité offerte (par mois)
100	20 000	0
200	15 000	5 000
300	10 000	10 000
400	5 000	15 000
500	2 500	20 000
600	1 500	25 000

   a) Quel est le loyer qui permet d'atteindre une situation d'équilibre?

   b) Quel est le nombre d'unités de logement mises en location à l'équilibre?

2. Supposons maintenant qu'on impose un loyer plafond de 200 $ par mois sur le marché du logement décrit dans le problème 1.

   a) Quel est le nombre d'unités de logement demandées?

   b) Quel est le nombre d'unités de logement offertes?

   c) Quel est l'excédent de la demande de logements?

   d) Quel est le prix maximal que les demandeurs sont prêts à payer pour le dernier logement disponible?

   e) Supposons que le salaire moyen soit de 10 $ l'heure. Combien d'heures par mois une personne passera-t-elle à chercher un logement?

3. Pourquoi l'imposition d'un salaire minimum entraîne-t-elle du chômage?

4. La demande et l'offre de main-d'œuvre adolescente sont les suivantes :

Taux de salaire (en dollars par heure)	Heures demandées (par mois)	Heures offertes (par mois)
1	3000	1000
2	2500	1500
3	2000	2000
4	1500	2500
5	1000	3000

a) Quel est le salaire qui permet d'atteindre une situation d'équilibre ?

b) Quel est le niveau de l'emploi ?

c) Quel est le niveau de chômage ?

d) Si le gouvernement impose un salaire minimum de 2,50 $ l'heure pour les adolescents, combien d'heures les adolescents vont-ils travailler ?

e) Si le gouvernement impose un salaire minimum de 3,50 $ l'heure pour les adolescents, quels vont être les niveaux d'emploi et de chômage ?

f) Si le salaire minimum est de 3,50 $ l'heure et que la demande augmente de 500 heures, quel va être le niveau de chômage ?

5 Le tableau suivant contient trois barèmes d'offre pour le transport ferroviaire de voyageurs :

Prix (en cents par kilomètre-voyageur)	Quantité offerte (en milliards de kilomètres-voyageurs)		
	Instantanée	À court terme	À long terme
10	500	300	100
20	500	350	200
30	500	400	300
40	500	450	400
50	500	500	500
60	500	550	600
70	500	600	700
80	500	650	800
90	500	700	900
100	500	750	1000

a) Si le prix est de 50 ¢ par kilomètre-voyageur, quelle sera la quantité offerte :

(i) à long terme ?

(ii) à court terme ?

b) Supposons que le prix initial soit de 50 ¢ mais qu'il y ait une augmentation et qu'il passe à 70 ¢. Quelle sera la quantité offerte :

(i) immédiatement après l'augmentation ?

(ii) à court terme ?

(iii) à long terme ?

6 Supposons que l'offre de transport ferroviaire de voyageurs soit la même que dans le problème 5. Le tableau suivant contient deux barèmes de demande, soit la demande initiale et la nouvelle demande :

Prix (en cents par kilomètre-voyageur)	Quantité demandée (en milliards de kilomètres-voyageurs)	
	Demande initiale	Nouvelle demande
10	10 000	10 300
20	5 000	5 300
30	2 000	2 300
40	1 000	1 300
50	500	800
60	400	700
70	300	600
80	200	500
90	100	400
100	0	300

a) Quels sont le prix et la quantité d'équilibre dans la situation initiale ?

b) Après l'augmentation de la demande, quels sont :

(i) le prix et la quantité d'équilibre instantanés ?

(ii) le prix et la quantité d'équilibre à court terme ?

(iii) le prix et la quantité d'équilibre à long terme ?

7 La demande à court terme et à long terme de transport ferroviaire de voyageurs est la suivante :

Prix (en cents par kilomètre-voyageur)	Quantité demandée (en milliards de kilomètres-voyageurs)	
	À court terme	À long terme
10	700	10 000
20	650	5 000
30	600	2 000
40	550	1 000
50	500	500
60	450	400
70	400	300
80	350	200
90	300	100
100	250	0

L'offre de transport ferroviaire de voyageurs est la même que dans le problème 5.

a) Calculez le prix et la quantité d'équilibre à long terme.

b) De graves inondations détruisent un cinquième des voies ferrées et du matériel roulant. L'offre diminue de 100 milliards de kilomètres-voyageurs. Quels seront les effets sur le prix et la quantité d'équilibre :

  (i) à court terme ?

  (ii) à long terme ?

8 Supposons que le blé ne soit pas stocké. Les anticipations de la demande et de l'offre de blé sont les suivantes :

Prix (en dollars)	Quantité demandée anticipée (par mois)	Quantité offerte anticipée (par mois)
1	700	100
2	600	200
3	500	300
4	400	400
5	300	500
6	200	600
7	100	700

a) On s'attend à ce que les niveaux moyens de l'offre et de la demande restent constants. Les agriculteurs ne prévoient aucune catastrophe naturelle. Quelle est leur anticipation rationnelle du prix du blé ?

b) Une sécheresse survient et la production de blé est de 100 unités de moins que prévu.

  (i) Quelle est la quantité de blé échangée ?

  (ii) À quel niveau le prix du blé s'établira-t-il ?

  (iii) Quelle quantité de blé les producteurs auraient-ils voulu produire s'ils avaient été en mesure de prévoir la sécheresse avec exactitude ?

c) Les conditions climatiques et la quantité réellement produite correspondent exactement aux prévisions. Parallèlement, une sécheresse en Ukraine augmente de 100 unités la demande ukrainienne de blé canadien.

  (i) Quel sera le prix du blé ?

  (ii) Quelle sera la quantité de blé échangée ?

  (iii) Quelle est la quantité de blé que les agriculteurs canadiens auraient souhaité produire s'ils avaient été en mesure de prévoir l'augmentation de la demande ukrainienne ?

9 Supposons que le blé *soit* stocké et que la demande et l'offre moyennes décrites au problème 8 s'appliquent à notre problème.

a) Si les agriculteurs prévoient le niveau moyen de la demande et de l'offre dans des conditions climatiques normales, quelle sera leur anticipation rationnelle du prix du blé ?

b) Une sécheresse survient et la production de blé est inférieure de 100 unités à la production prévue.

  (i) Quel est le prix du blé ?

  (ii) Quelle est la quantité de blé échangée ?

  (iii) Quelle quantité de blé les agriculteurs auraient-ils voulu offrir s'ils avaient été en mesure de prévoir la sécheresse avec exactitude ?

  (iv) Le blé est-il stocké ou déstocké ? De combien le niveau des stocks va-t-il changer ?

c) Les conditions climatiques et la production réelle correspondent exactement aux prévisions. Parallèlement, une sécheresse en Ukraine augmente de 100 unités la demande ukrainienne de blé canadien.

  (i) Quel est le prix du blé ?

  (ii) Quelle est la quantité de blé échangée ?

  (iii) Quelle quantité de blé les agriculteurs canadiens auraient-ils voulu produire s'ils avaient été en mesure de prévoir l'augmentation de la demande ukrainienne ?

  (iv) Le blé est-il stocké ou déstocké ? De combien le niveau des stocks va-t-il changer ?

3ᵉ PARTIE

Les ménages

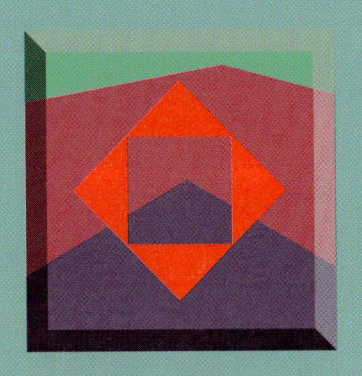

ENTREVUE
GARY BECKER

Dans ses travaux, Gary Becker s'est efforcé d'appliquer le mode de pensée économique à des problèmes ordinairement traités par les sociologues. Le professeur Becker enseigne aux départements d'économie et de sociologie de l'université de Chicago. Nous nous sommes entretenus avec le professeur Becker de l'apport de l'analyse économique des comportements à la compréhension des phénomènes sociaux.

«Je ne pars pas du postulat que les individus font des choix parfois rationnels et parfois irrationnels.»

Professeur Becker, pourrons-nous jamais expliquer tous les choix de l'être humain grâce aux modèles qui ont été conçus pour expliquer et pour prévoir les choix relatifs à l'affectation du revenu entre différents biens de consommation?

Toutes les décisions de l'être humain reposent sur la rareté. Je regarde la télévision ou je lis un livre? Vais-je à ce rendez-vous galant ou vais-je plutôt prendre une bière avec des amis? Est-il préférable que je me marie dès maintenant ou que je reste célibataire? Dans tous les cas, je décide de la façon dont je vais répartir mon argent, mon temps, mes efforts et mon affection entre différentes possibilités. Nous vivons dans une société d'abondance, ce qui ne veut pas dire que nous soyons riches en temps et en énergie. Même l'argent nous est compté. Il est tout à fait naturel de se demander comment les gens font leurs choix. Font-ils le même genre de choix lorsqu'ils sélectionnent une émission de télévision et lorsqu'ils préparent leur budget d'épicerie? Leurs choix sont-ils différents lorsqu'ils décident de divorcer et lorsqu'ils se demandent quel emploi occuper? Lorsque j'essaie de comprendre les comportements, je ne pars pas du postulat que les individus font des choix parfois rationnels et parfois irrationnels. Il est beaucoup plus naturel de supposer que toutes leurs décisions s'appuient sur les mêmes critères. C'est en cela que réside l'approche économique de la notion de choix, ou ce que l'on appelle l'*hypothèse de la rationalité*.

D'autres sciences humaines étudient également les faits sociaux. En quoi sont-elles différentes de l'économie?

Il me semble que l'économie est simplement une façon particulière d'analyser les phénomènes sociaux. Il me paraît juste d'affirmer que la grande force de l'économie par rapport aux autres sciences humaines est sa capacité d'offrir un cadre global d'analyse. Sur certains points, elle est loin derrière les autres sciences humaines. Les sociologues font preuve d'une plus grande ingéniosité pour organiser des enquêtes. Les anthropologues sont de merveilleux observateurs et ils consignent des données précieuses. Les psychologues excellent dans l'art de l'expérimentation. Ainsi, toutes les sciences humaines apportent leur pierre à l'édifice, mais la principale contribution de l'économie est son cadre analytique.

Dans ce cadre analytique que fournit l'économique, quels principes se sont avérés les plus utiles à votre travail?

J'aime mettre l'accent sur quatre principes. Premièrement, les individus optimisent l'emploi de leurs ressources, ce que les économistes associent généralement à un comportement rationnel. Les gens essaient de faire de leur mieux, compte tenu des revenus ou du temps dont ils disposent, qui sont tous deux limités. Ils veulent utiliser leur temps et leurs ressources de façon efficace. Deuxièmement, leurs objectifs sont stables. S'ils se modifiaient constamment, il nous serait très difficile d'étudier le comportement humain. Troisièmement, les individus essaient de prévoir les conséquences néfastes de leur comportement. Si je fume, que va-t-il m'arriver? Cela ne veut pas dire que je vais arrêter pour autant, mais j'essaie de prévoir les conséquences de mon geste. Enfin, quatrièmement, sur le plan du groupe, les interactions entre les individus déterminent une situation d'ensemble – que nous appelons *situation d'équilibre* – dont il est possible d'analyser les propriétés. Voilà donc les principes de base. Ils peuvent paraître très simples. Mais il est un peu plus compliqué d'étudier l'ensemble de leurs conséquences.

Quels résultats l'analyse économique du comportement humain nous a-t-elle permis d'atteindre? Disposons-nous de réponses convaincantes?

Nous avons des réponses à de nombreuses questions! Par exemple, nous savons que si les taxes sur les cigarettes augmentent la consommation de cigarettes va baisser, et nous pouvons également prévoir dans quelle proportion elle va baisser. Si les prix augmentent, la consommation baisse. Même les irréductibles consommeront moins de cigarettes. Nous pouvons prévoir ce qui va se passer sur le marché du travail et dire, par exemple, que, si les entreprises doivent offrir des services de garderie gratuits, cela risque de créer une pression à la baisse sur les salaires qui seront offerts aux femmes. Il se peut aussi que les entreprises soient portées à limiter l'embauche des femmes.

Nous en savons également beaucoup sur des domaines moins courants. Par exemple, si la probabilité d'arrêter des criminels augmente et si leurs peines s'alourdissent, la criminalité va diminuer. De nombreuses études récentes démontrent ce phénomène. Nous savons également qu'en situation de chômage la criminalité augmente.

Lorsque vous avez évoqué pour la première fois l'idée que les enfants pouvaient être considérés comme des biens de consommation durables, vous avez fait sourire. Trente ans plus tard, quels sont les résultats concrets de cette hypothèse?

Trente ans plus tard, les économistes sont de plus en plus nombreux à partager ce point de vue. Et il est accepté non seulement par des économistes, mais également par beaucoup de ceux qui le refusaient à l'époque, par exemple des sociologues, des démographes, etc. Je vais vous donner un exemple du succès que cette idée a remporté. Sur quel aspect un économiste mettrait-il l'accent s'il examinait le désir d'avoir des enfants? Il s'intéresserait naturellement aux avantages que procurent les enfants et aux coûts qu'ils occasionnent; il prendrait notamment en considération la valeur du temps de la mère. Grâce à l'analyse économique, nous pourrions prévoir que, si la valeur du temps dont la mère dispose augmentait, le coût engendré par le fait d'avoir des enfants augmenterait aussi et, de ce fait, les femmes auraient moins d'enfants. Certaines personnes diront que cette vision des choses est particulièrement matérialiste. Les gens ont des enfants parce qu'ils les aiment, ce qui va de soi. Il est bien évident que, compte tenu de la difficulté d'élever des enfants, nous n'en n'aurions pas si nous ne les aimions pas. Mais l'amour a également un prix.

Si vous êtes sceptique, vous voudrez confronter cette approche aux faits. Les données empiriques montrent bien que, plus la valeur du temps dont les femmes disposent augmente, moins elles ont d'enfants, et ce dans tous les pays que je connais. Selon la théorie, il est également possible d'agir par substitution. Quand les gens ont moins d'enfants, ils leur donnent une éducation plus poussée et passent plus de temps avec chacun d'eux. Prenons un exemple. En matière de limitation des naissances, la Chine a adopté une politique officielle d'enfant unique. De nombreux débats se livrent actuellement dans la presse chinoise sur le soi-disant «Enfant roi», l'enfant qui a beaucoup de jouets et que les parents stimulent intellectuellement pour qu'il entre dans la meilleure maternelle. C'est ce que la théorie prévoit, c'est-à-dire la substitution de la qualité à la quantité.

> «Plus la valeur du temps dont les femmes disposent augmente, moins elles ont d'enfants.»

> «Les tenants de l'approche économique n'affirment pas que tout tourne autour de l'argent. Ils disent simplement que les individus optimisent.»

Certaines personnes pensent qu'il est immoral de réduire des choix très personnels à de purs calculs économiques. Que répondez-vous à cette objection?

Tout d'abord, lorsque nous utilisons une approche économique, nous ne nous attachons pas uniquement à l'argent. Je n'ai jamais affirmé que les gens se mariaient uniquement en fonction de ce que cela allait leur rapporter ou que, lorsqu'ils ont des enfants, ils calculaient le gain ou la perte que l'enfant allait entraîner. C'est ridicule. L'argent n'est qu'un aspect du problème. Certes, l'argent est sûrement la cause de nombreuses querelles de ménage, mais il ne constitue pas le pivot du comportement humain. Les tenants de l'approche économique n'affirment pas que tout tourne autour de l'argent. Ils disent simplement que les individus optimisent. Il est certain que nous pouvons aussi optimiser dans l'amour que nous ressentons pour nos enfants ou notre conjoint. Et, puisque la vie est courte et difficile, il me semble que c'est une excellente chose que d'essayer d'en tirer le meilleur parti.

Nombre de personnes qui ne sont pas économistes pensent qu'on ne peut pas prendre au sérieux «l'hypothèse de la rationalité». Ils s'analysent, examinent leur propre comportement et ne le trouvent pas rationnel. Comment pouvez-vous, dès lors, supposer que d'autres personnes se comportent rationnellement?

Je ne suis pas d'accord avec la prémisse de cette question. Je pense que, après mûre réflexion, nombreux sont ceux qui reconnaîtront que leurs faits et gestes sont tout à fait rationnels. Permettez que je pose une question simple. Vous êtes étudiant sur un campus américain et vous avez envie d'aller voir un film et d'aller prendre un verre ensuite. Vous vous demandez combien va vous coûter votre soirée. Supposez qu'il n'y ait pas de réduction pour étudiants et que le film vous coûte 6 $. Est-ce que cela influencera votre décision? Si vous pensez que vous ne pouvez vous permettre de dépenser 6 $, il se peut que vous regardiez la télévision. Vous comportez-vous de façon rationnelle? Pensez-vous aux conséquences de votre geste? Oui. C'est ça la rationalité.

Mais, même si vous n'analysez pas vos actes en ces termes, cela ne veut pas dire que vous agissiez de façon irrationnelle. Prenons un autre exemple. Orel Hershiser est l'un des meilleurs joueurs de baseball. Il connaît tout sur la coordination de l'œil et de la main, la vitesse du bâton et de la balle, etc. En fait, il résout un problème très compliqué de physique lorsqu'il se prépare à lancer la balle. Mais il n'a pas pour autant besoin de connaître la physique. Ainsi, je prétends que, lorsque les gens résolvent des problèmes de façon rationnelle, ils ne disséquent pas pour autant le problème en fonction du budget dont ils disposent, de leur utilité marginale ou de leur courbe d'indifférence. Cela ne veut pas dire qu'ils n'agissent pas de façon rationnelle. Il est tout aussi erroné de croire qu'ils sont irrationnels que de prendre Orel Hershiser pour Einstein.

CHAPITRE 7

L'utilité et la demande

Objectifs du chapitre:

- Expliquer la relation entre la demande individuelle et la demande du marché.

- Définir l'utilité totale et l'utilité marginale.

- Expliquer la théorie de l'utilité marginale et montrer comment elle permet d'analyser les choix de consommation.

- Utiliser la théorie de l'utilité marginale pour prédire les effets des variations des prix.

- Utiliser la théorie de l'utilité marginale pour prédire les effets des variations du revenu.

- Définir la notion de surplus du consommateur.

- Expliquer le paradoxe de la valeur.

De l'eau, de l'eau, encore de l'eau…

L'EAU EST INDISPENSABLE À LA VIE. Les diamants ne nous servent guère qu'à des fins décoratives. Si les avantages de l'eau dépassent de loin ceux des diamants, comment se fait-il que l'eau ne coûte presque rien alors que les diamants sont terriblement chers ? ■ Lorsque l'OPEP a réduit ses ventes de pétrole en 1973, elle a provoqué une hausse spectaculaire des prix, mais la consommation de pétrole est demeurée quasi stable. Notre demande de pétrole n'est pas élastique. Pourquoi en est-il ainsi ? ■ Lorsque, en 1979, Sony a lancé le Walkman sur le marché, il coûtait environ 300 $. À ce prix, les ventes n'étaient guère florissantes. Depuis lors, les prix ont chuté de façon vertigineuse et les baladeurs se vendent en grand nombre. Notre demande de baladeurs est élastique. Pourquoi ? Comment se fait-il que la demande soit élastique pour certains biens et services et pas pour d'autres ? ■ La façon dont nous dépensons nos revenus a changé radicalement au cours des quarante dernières années. Les dépenses liées à l'automobile, qui représentaient 6,8 % des dépenses totales des ménages en 1948, sont passées à presque 16 % aujourd'hui. Les dépenses en nourriture sont passées de 31 % en 1948 à moins de 20 % aujourd'hui. Pourquoi, au fur et à mesure que le revenu s'accroît, la part du revenu consacrée à certains biens augmente-t-elle, alors que celle qui est consacrée à d'autres biens diminue ?

■ Dans les trois derniers chapitres, nous avons vu que la demande a un effet important sur le prix d'un bien. Mais nous n'avons pas analysé en détail les éléments qui déterminent la demande d'une personne. Ce chapitre montre pourquoi la demande est élastique pour certains biens et pas pour d'autres. On y explique également pourquoi le prix de certains biens, comme les diamants et l'eau, est tellement disproportionné par rapport aux avantages procurés.

La demande individuelle et la demande du marché

Lorsque nous avons étudié la façon dont la demande et l'offre déterminent le prix et les quantités achetées et vendues, nous avons utilisé le concept de **demande du marché**, c'est-à-dire la relation entre la quantité totale demandée d'un bien et son prix, en supposant que toutes les autres variables sont constantes. Mais ce sont les personnes qui achètent les biens et services. La relation entre la quantité demandée par une personne et le prix d'un bien, en supposant que toutes les autres variables sont constantes, s'appelle **demande individuelle**.

Bien entendu, il y a un rapport entre la demande du marché et la demande individuelle. En fait, la demande du marché est la somme de toutes les demandes individuelles. Le tableau de la figure 7.1 illustre la relation entre la demande individuelle et la demande du marché. Dans cet exemple, Carole et Sylvain sont les seules personnes dans le marché, de sorte que la demande totale de Carole et de Sylvain constitue la demande du marché. À 3 $ la place de cinéma, les quantités demandées par Carole et Sylvain sont respectivement de 5 films et de 2 films. À 3 $ la place de cinéma, la quantité totale demandée par le marché est donc de 7 films.

La figure 7.1 illustre la relation entre la demande individuelle et la demande du marché. Le graphique (a) représente la courbe de demande de films de Carole et le graphique (b) celle de Sylvain. Le graphique (c) représente la courbe de demande du marché, laquelle correspond à la somme «horizontale» de la quantité demandée par Sylvain et de la quantité demandée par Carole pour chacun des prix indiqués.

La courbe de demande du marché est la somme des quantités demandées par chaque personne à chaque niveau des prix.

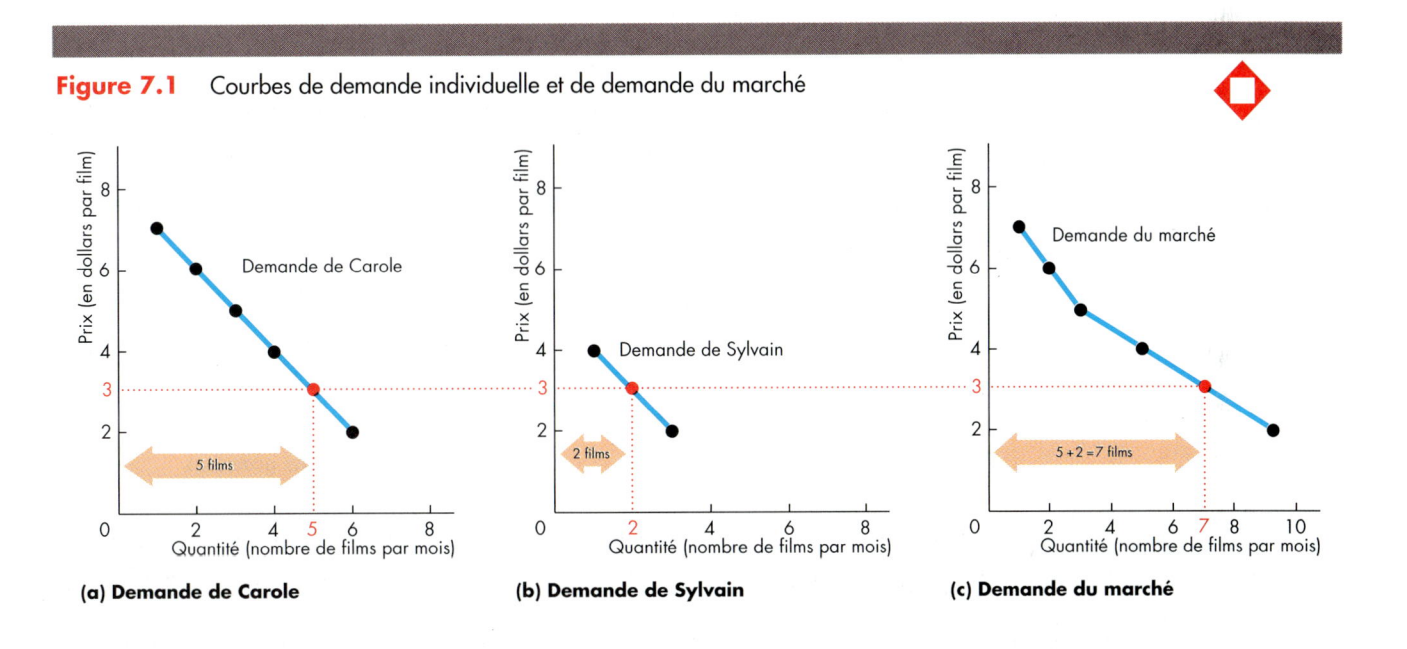

Figure 7.1 Courbes de demande individuelle et de demande du marché

(a) Demande de Carole

(b) Demande de Sylvain

(c) Demande du marché

Le tableau et les graphiques illustrent la relation entre la demande de films et le prix des places de cinéma. Carole et Sylvain sont les seuls consommateurs dans cette économie. La demande du marché est la somme des demandes de Carole et de Sylvain. Par exemple, lorsqu'une place de cinéma coûte 3 $, la quantité demandée par Carole est de 5 films par mois et celle de Sylvain de 2 films par mois. La quantité totale demandée dans le marché est de 7 films par mois.

Prix (en dollars par film)	Quantité demandée (nombre de films par mois)		
	Carole	Sylvain	Marché
7	1	0	1
6	2	0	2
5	3	0	3
4	4	1	5
3	5	2	7
2	6	3	9

Examinons maintenant une courbe de demande individuelle en étudiant la façon dont un ménage détermine ses choix de consommation.

Les choix de consommation des ménages

Imaginez qu'un ménage dispose d'une certaine somme d'argent à dépenser et qu'il ne puisse influer sur le prix des biens et services qu'il achète. Comment le ménage va-t-il choisir les biens de consommation qu'il va acquérir? Pour répondre à cette question, nous étudierons la théorie de l'utilité marginale. Cette théorie a été élaborée il y a presque un siècle par Alfred Marshall (voir la rubrique *L'évolution de nos connaissances*, pp. 84-85).

Avant d'aborder formellement la théorie de l'utilité marginale, analysons les choix de consommation de Carole. Carole dispose d'un revenu mensuel de 30 $ qu'elle consacre intégralement à l'achat de deux biens: des films et des boissons gazeuses. Une place de cinéma coûte 6 $ et une cannette de boisson gazeuse 0,50 $, ou 3 $ en paquet de six. Comment Carole répartit-elle ses 30 $ mensuels entre ces deux biens? La réponse dépend de ce qu'elle aime et de ce qu'elle n'aime pas, c'est-à-dire de ce que les économistes appellent les *préférences*. La théorie de l'utilité marginale explique les choix de consommation à partir d'une façon particulière de décrire les préférences: elle utilise le concept d'utilité.

L'utilité

L'**utilité** est l'avantage ou la satisfaction qu'une personne retire de la consommation d'un bien ou d'un service. Mais qu'est-ce exactement que l'utilité et comment peut-on la mesurer? L'utilité est un concept théorique abstrait et les unités d'utilité sont choisies arbitrairement, tout comme les unités qui nous permettent de mesurer la température.

La température – Une analogie La température est un concept que vous connaissez bien. Vous savez à quel moment vous avez chaud ou froid. Mais vous ne pouvez *observer* la température. Vous pouvez observer l'eau se transformer en vapeur si la chaleur est suffisante, ou en glace s'il fait suffisamment froid. Vous pouvez construire un instrument, appelé *thermomètre*, qui vous permettra de prévoir le moment auquel ces changements surviendront. Les graduations du thermomètre représentent ce que nous appelons la *température*. Mais les unités qui nous permettent de mesurer la température sont arbitraires. Par exemple, nous pouvons prévoir avec précision que, lorsque le thermomètre gradué en degrés Celsius indique 0 °C, l'eau va se transformer en glace. Mais les unités de mesure importent peu, car le même phénomène va se produire lorsqu'un thermomètre gradué en degrés Fahrenheit indique 32 °F.

Le concept d'utilité permet de faire des prédictions relativement aux choix de consommation de la même façon que le concept de température nous aide à prévoir des phénomènes physiques. La théorie de l'utilité marginale est cependant loin d'être aussi précise que la théorie qui nous permet de savoir à quel moment l'eau se transforme en glace ou en vapeur.

Voyons comment on utilise le concept d'utilité pour décrire les préférences.

Utilité totale et consommation

L'**utilité totale** est l'avantage total ou la satisfaction totale qu'une personne retire de la consommation de biens et services. Le niveau d'utilité totale dépend des quantités consommées: plus la consommation est élevée, plus l'utilité totale est grande. Le tableau 7.1 donne un exemple de l'utilité que Carole retire de la consommation de différentes quantités de films et de boissons gazeuses. Si elle ne voit aucun film, elle n'en retire aucune utilité. Si elle voit un film par mois, elle obtient 50 unités d'utilité. Au fur et à mesure que le nombre de films qu'elle voit par mois augmente, l'utilité totale augmente également. Si, par exemple, elle

Tableau 7.1 Utilité totale que Carole retire de la consommation de films et de boissons gazeuses

Films		Boissons gazeuses	
Quantité par mois	Utilité totale	Paquets de six cannettes par mois	Utilité totale
0	0	0	0
1	50	1	75
2	88	2	117
3	121	3	153
4	150	4	181
5	175	5	206
6	196	6	225
7	214	7	243
8	229	8	260
9	241	9	276
10	250	10	291

Figure 7.2 Utilité totale et utilité marginale

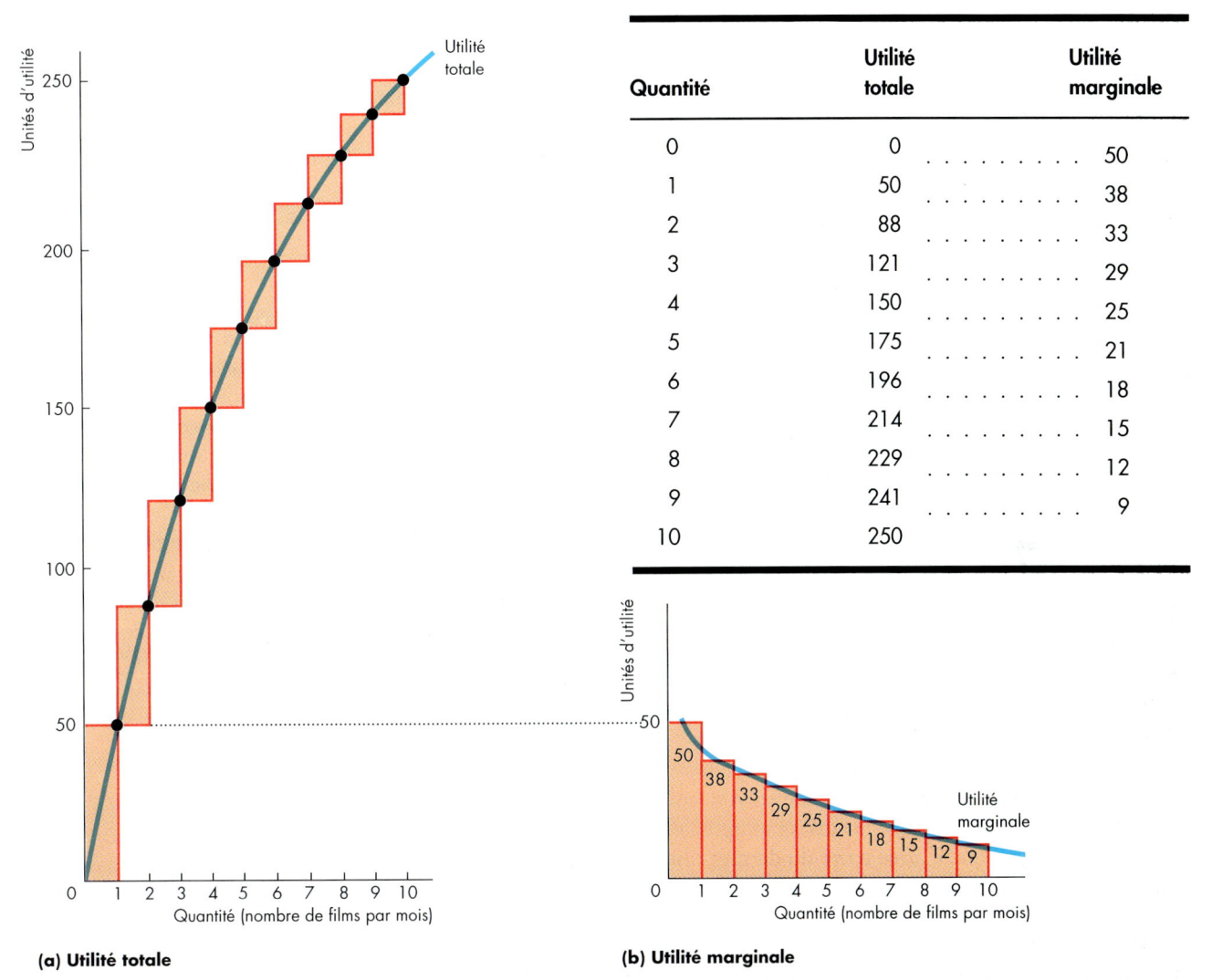

Quantité	Utilité totale	Utilité marginale
0	0	
		50
1	50	
		38
2	88	
		33
3	121	
		29
4	150	
		25
5	175	
		21
6	196	
		18
7	214	
		15
8	229	
		12
9	241	
		9
10	250	

(a) Utilité totale

(b) Utilité marginale

Le tableau montre que, au fur et à mesure que la consommation de films de Carole augmente, l'utilité totale qu'elle retire des sorties au cinéma augmente également. Par exemple, 4 films lui procurent 150 unités d'utilité alors que 5 films lui en procurent 175. Le tableau indique également l'utilité marginale, c'est-à-dire le supplément d'utilité totale résultant du dernier film que Carole a vu. L'utilité marginale décroît à mesure que la consommation augmente. Ainsi, l'utilité marginale du quatrième film est de 29 unités alors que celle du cinquième film est de 25 unités. Les graphiques représentent l'utilité totale et l'utilité marginale que Carole retire des films. Dans le graphique (a), les rectangles indiquent la variation de l'utilité totale pour chaque film supplémentaire. Ces rectangles sont reproduits dans le graphique (b) qui indique l'utilité marginale de chaque film supplémentaire.

voit 10 films par mois, elle obtient 250 unités d'utilité. L'autre partie du tableau indique l'utilité totale que Carole retire de sa consommation de boissons gazeuses. Si elle ne consomme aucune boisson gazeuse, elle n'en retire aucune utilité. Au fur et à mesure que sa consommation de boissons gazeuses augmente, l'utilité totale qu'elle en retire augmente également.

L'utilité marginale

L'**utilité marginale** est le supplément d'utilité totale que procure la dernière unité consommée. Autrement dit, l'utilité marginale est la variation de l'utilité totale que l'on obtient lorsqu'une unité supplémentaire d'un bien donné est consommée. Le tableau de la figure 7.2 montre comment on calcule l'utilité marginale. Lorsque la consommation de Carole passe de 4 à 5 films par mois, l'utilité totale des sorties au cinéma passe de 150 à 175 unités. L'utilité marginale d'un cinquième film mensuel est par conséquent de 25 unités. Le tableau indique les calculs de l'utilité marginale pour chaque niveau de consommation de films. Vous remarquerez que les unités d'utilité marginale apparaissent à mi-chemin entre les quantités consommées. C'est la *modification* de la consommation, c'est-à-dire le passage de 4 à 5 films, qui produit une utilité *marginale* de 25 unités.

L'utilité totale et l'utilité marginale des sorties au cinéma peuvent être illustrées par un graphique. Le graphique (a) de la figure 7.2 montre l'utilité totale que Carole retire de la consommation de films. Comme vous pouvez le constater, plus le nombre de films que Carole voit par mois est élevé, plus l'utilité totale est grande. Le graphique (b) illustre l'utilité marginale. Il nous indique que, plus le nombre de films que Carole voit par mois est élevé, plus l'utilité marginale d'un film supplémentaire est faible. Par exemple, l'utilité marginale du premier film est de 50 unités. Elle est de 38 unités pour le deuxième et de 33 unités pour le troisième. Cette diminution de l'utilité marginale au fur et à mesure que la consommation d'un bien donné augmente est ce que nous appelons le principe de l'**utilité marginale décroissante**.

L'utilité marginale est positive mais diminue au fur et à mesure que la consommation du bien augmente. Pourquoi en est-il ainsi? Prenons le cas de Carole. Carole aime les films et, plus elle en voit, mieux c'est. C'est la raison pour laquelle l'utilité marginale est positive. L'avantage que Carole retire du dernier film qu'elle a vu constitue l'utilité marginale. Afin de comprendre pourquoi l'utilité marginale diminue, imaginez ce que vous ressentiriez dans les deux situations suivantes. Dans la première situation, vous venez de passer 29 soirées consécutives à étudier. L'occasion de voir un film se présente. L'utilité que vous retirez de ce film correspond à l'utilité marginale d'un film par mois. Dans la deuxième situation, vous vous êtes gavé de cinéma en y passant toutes vos soirées. Voilà 29 soirs que vous n'avez travaillé sur aucun devoir ni examen. Vous êtes cinéphile et tout à fait désireux de voir un film supplémentaire. Mais le plaisir que vous retirerez du trentième film que vous verriez en l'espace de trente jours ne serait pas énorme. Cela correspond à l'utilité marginale du trentième film en l'espace d'un mois.

À RETENIR

Carole répartit son revenu mensuel de 30 $ entre des films qui coûtent 6 $ chacun et des boissons gazeuses qui coûtent 3 $ le paquet de six cannettes. Le concept d'utilité permet de décrire les préférences de Carole : plus Carole voit de films en l'espace d'un mois, plus l'utilité totale qu'elle en retire est grande ; plus elle consomme de boissons gazeuses en un mois, plus l'utilité totale qu'elle en retire est grande. L'augmentation de l'utilité totale attribuable à la dernière unité consommée est ce que l'on appelle l'*utilité marginale*. Lorsque la consommation d'un bien augmente, l'utilité marginale de ce bien diminue.

∎∎∎

La maximisation de l'utilité

La **maximisation de l'utilité** consiste à obtenir la plus grande utilité totale possible. Mais le revenu du ménage et les prix qu'il doit payer limitent le niveau d'utilité totale qu'il peut atteindre. Nous supposons que le ménage fait ses choix de consommation de façon à maximiser son utilité totale, en tenant compte de son revenu et des prix qu'il doit payer. Dans le cas de Carole, nous examinerons comment elle répartit ses dépenses entre les films et les boissons gazeuses pour maximiser l'utilité totale de ses dépenses de consommation, en supposant que chaque place de cinéma coûte 6 $, que les boissons gazeuses coûtent 3 $ en paquet de six et que le revenu de Carole est de 30 $ par mois. Nous verrons qu'il existe une règle simple permettant à coup sûr d'obtenir la plus grande utilité totale.

Choix maximisant l'utilité À partir du tableau 7.2, nous allons calculer comment Carole dépense son revenu de façon à en maximiser l'utilité. Ce tableau se divise en deux parties. La partie (a) indique les dépenses de Carole et la partie (b) l'utilité totale. La partie (a) montre six possibilités dont dispose Carole pour répartir son revenu de 30 $ entre les films et les boissons gazeuses. Par exemple, elle peut voir 2 films pour 12 $. Dans ce cas, elle pourra acheter 6 paquets de six cannettes de boisson gazeuse pour 18 $. La partie (a) montre les combinaisons de films et de boissons gazeuses qui sont compatibles avec le revenu de Carole.

La partie (b) reprend les mêmes combinaisons de films et de boissons gazeuses qui permettent à Carole de dépenser la totalité de son revenu. Cette partie présente trois éléments d'information : premièrement, le nombre de films vus par Carole et l'utilité qui en découle (partie gauche du tableau); deuxièmement, le nombre de paquets de six cannettes consommés et l'utilité qui en résulte (partie droite du tableau); troisièmement, l'utilité totale découlant de la consommation des films et des boissons gazeuses (colonne du milieu).

Prenez, par exemple, la première ligne. Carole ne va voir aucun film et n'en retire donc aucune utilité, mais elle obtient 291 unités d'utilité en consommant

Tableau 7.2 Combinaison de films et de boissons gazeuses maximisant l'utilité de Carole

(a) Dépenses

Films			Boissons gazeuses	
Quantité	Dépenses (en dollars)	Dépenses totales (en dollars)	Dépenses (en dollars)	Paquets de six cannettes
0	0	30	30	10
1	6	30	24	8
2	12	30	18	6
3	18	30	12	4
4	24	30	6	2
5	30	30	0	0

(b) Utilité totale

Films			Boissons gazeuses	
Quantité	Utilité totale	Utilité totale (films et boissons gazeuses)	Utilité totale	Paquets de six cannettes
0	0	291	291	10
1	50	310	260	8
2	88	313	225	6
3	121	302	181	4
4	150	267	117	2
5	175	175	0	0

10 paquets de six cannettes de boisson gazeuse. Dans ce cas, l'utilité totale qu'elle retire des films et des boissons gazeuses est de 291 unités.

Examinons maintenant la deuxième ligne. Carole va voir un film et en retire 50 unités d'utilité. Elle consomme 8 paquets de six cannettes de boisson gazeuse et obtient 260 unités d'utilité. Dans ce cas, l'utilité que Carole retire des films et des boissons gazeuses est respectivement de 50 unités et de 260 unités, soit au total 310 unités. La suite de la partie (b) est obtenue exactement de la même façon.

Vous remarquerez que le tableau 7.2 ne présente pas de cas où Carole achète un nombre impair de paquets de six cannettes de boisson gazeuse (1, 3, 5, 7 et 9). La raison en est simple : elle ne peut acheter la moitié d'une place de cinéma. Elle doit voir des nombres entiers de films ; puisqu'une place de cinéma coûte 6 $, soit le double d'un paquet de six cannettes de boisson gazeuse, elle ne peut consommer que 0, 2, 4, 6, 8

ou 10 paquets de six cannettes de boisson gazeuse si elle répartit tout son revenu entre ces deux biens.

Le tableau 7.2(b) indique la consommation de films et de boissons gazeuses qui maximise l'utilité totale. Lorsque Carole va voir 2 films et consomme 6 paquets de six cannettes de boisson gazeuse, elle retire 313 unités d'utilité totale. Carole ne peut faire mieux compte tenu, d'une part, de son revenu qui ne s'élève qu'à 30 $ et, d'autre part, du prix des places de cinéma et des paquets de six cannettes de boisson gazeuse. Si elle achète 8 paquets de six cannettes de boisson gazeuse, elle ne peut voir qu'un seul film et en retire 310 unités d'utilité totale, soit 3 unités de moins que le maximum possible. Si elle voit 3 films et consomme 4 paquets de six cannettes de boisson gazeuse seulement, elle en retire 302 unités d'utilité, soit 11 unités de moins que le maximum possible. Ainsi, la meilleure combinaison pour Carole consiste à voir 2 films et à consommer 6 paquets de six cannettes de boisson gazeuse. Compte tenu du prix des places de cinéma et des boissons gazeuses, cette affectation de ses 30 $ maximise son utilité totale.

Nous venons de décrire un **équilibre du consommateur**, c'est-à-dire une situation dans laquelle le consommateur a dépensé son revenu de façon à maximiser son utilité totale. En calculant cet équilibre dans le cas de Carole, nous avons mesuré l'utilité totale qu'elle retire de sa consommation de films et de boissons gazeuses. Pour déterminer l'équilibre du consommateur, il existe une autre méthode, qui n'exige pas le recours au calcul de l'utilité totale. Examinons-la.

L'égalisation des utilités marginales par dollar dépensé

Pour obtenir l'affectation du revenu maximisant l'utilité du consommateur, il suffit que l'utilité marginale par dollar dépensé soit égale pour tous les biens. L'**utilité marginale par dollar dépensé** correspond à l'utilité marginale de la dernière unité consommée, divisée par le prix du bien en question. Par exemple, l'utilité marginale associée à la consommation du premier film est de 50 unités. Une place de cinéma coûte 6 $. Cela signifie que, lorsque Carole ne voit qu'un film par mois, l'utilité marginale par dollar dépensé pour les films est de 50 unités divisé par 6 $, soit 8,33 unités d'utilité par dollar.

Carole maximise l'utilité lorsqu'elle dépense tout son revenu et qu'elle va voir des films et consomme des boissons gazeuses de façon à satisfaire l'équation suivante :

$$\frac{\text{Utilité marginale des films}}{\text{Prix des films}} = \frac{\text{Utilité marginale des boissons gazeuses}}{\text{Prix des boissons gazeuses}}.$$

Faisons quelques calculs pour voir comment cette formule permet de maximiser l'utilité.

Le tableau 7.3 présente les utilités marginales de Carole par dollar dépensé pour les films et les boissons gazeuses. Chaque ligne du tableau indique une affectation de son revenu qui lui permet de dépenser les 30 $ dont elle dispose. Vous pouvez constater que, pour chaque bien, l'utilité marginale par dollar dépensé diminue (tout comme l'utilité marginale du bien lui-même) au fur et à mesure que la consommation du bien en question augmente. L'utilité marginale par dollar dépensé pour les films passe de 8,33 pour le premier film à 6,33 pour le deuxième et à 4,16 pour le cinquième. L'utilité marginale par dollar dépensé pour les boissons gazeuses est de 14,00 pour 2 paquets de six cannettes de boisson gazeuse, de 9,33 pour 4 paquets et de 5,00 pour 10 paquets.

Vous remarquerez que, lorsque Carole va voir 2 films et consomme 6 paquets de six cannettes de boisson gazeuse, elle retire la même utilité marginale par dollar dépensé de la consommation de films et de boissons gazeuses. Cette affectation du revenu maximise l'utilité totale et elle conduit à l'équilibre du consommateur que nous avions déjà calculé dans le tableau 7.2.

L'utilité est maximisée lorsque l'utilité marginale par dollar dépensé est la même pour tous les biens.

Tableau 7.3 Maximisation de l'utilité totale : égalisation des utilités marginales par dollar dépensé

Films (6 $ chacun)			Boissons gazeuses (3 $ le paquet de six cannettes)		
Quantité	Utilité marginale	Utilité marginale par dollar dépensé	Paquets de six cannettes	Utilité marginale	Utilité marginale par dollar dépensé
0	0		10	15	5,00
1	50	8,33	8	17	5,67
2	38	6,33	6	19	6,33
3	33	5,50	4	28	9,33
4	29	4,83	2	42	14,00
5	25	4,16	0	0	

Pour obtenir l'équilibre du consommateur dans le tableau 7.3, nous n'avons pas du tout fait appel au concept d'utilité totale. Tous les calculs sont basés sur l'utilité marginale et le prix. En égalisant l'utilité marginale par dollar dépensé pour les deux biens, nous savons que Carole a optimisé ses dépenses de consommation mais nous n'avons pas calculé le niveau maximal de l'utilité totale. En fait, nous n'avons pas besoin de connaître le niveau de l'utilité totale. Nous avons juste besoin de savoir que notre méthode permet de maximiser l'utilité totale. Cette façon de voir le processus d'optimisation du consommateur est importante; elle montre que les unités qui servent à mesurer le niveau absolu d'utilité importent peu. Nous pourrions tout aussi bien multiplier ou diviser par deux tous les chiffres qui mesurent l'utilité, ou les multiplier par tout autre nombre positif. Aucune de ces modifications des unités de mesure de l'utilité ne changerait l'affectation du revenu maximisant l'utilité du consommateur. L'utilité totale est maximisée lorsque l'utilité marginale par dollar dépensé est la même pour tous les biens. C'est en ce sens qu'il y a analogie entre l'utilité et la température. Nos prévisions sur le gel de l'eau ne dépendent pas du thermomètre; nos prévisions sur la maximisation de l'utilité ne dépendent pas des unités de mesure de l'utilité.

On peut vérifier la justesse de la règle de l'égalisation des utilités marginales par dollar dépensé en examinant les cas où cette règle n'est pas respectée. Prenons un exemple. Au lieu de voir 2 films et de consommer 6 paquets de six cannettes de boisson gazeuse, Carole ne va voir qu'un seul film et consomme 8 paquets de six cannettes de boisson gazeuse (deuxième ligne du tableau 7.3). Elle retire alors 8,33 unités d'utilité du dernier dollar dépensé pour les films et 5,67 unités d'utilité du dernier dollar dépensé pour les boissons gazeuses. Il serait plus avantageux pour Carole de réduire ses dépenses en boissons gazeuses et d'aller plus souvent au cinéma. Si elle dépense un dollar de moins pour les boissons gazeuses et un dollar de plus pour les films, l'utilité totale qu'elle retire des boissons gazeuses diminuera de 5,67 unités et l'utilité totale qu'elle retire des films augmentera de 8,33 unités. Il s'ensuit que l'utilité totale de l'ensemble de ses dépenses augmentera si elle achète moins de boissons gazeuses et si elle va voir plus de films.

Prenons un autre exemple. Carole va voir 3 films et ne consomme que 4 paquets de six cannettes de boisson gazeuse (quatrième ligne du tableau). Dans cette situation, elle retire 5,50 unités d'utilité du dernier dollar dépensé pour les films et 9,33 unités d'utilité du dernier dollar dépensé pour les boissons gazeuses. Carole peut donc obtenir une plus grande utilité totale en allant voir moins de films – ce qui lui fait perdre 5,50 unités d'utilité par dollar de réduction de dépense – et en augmentant sa consommation de boissons gazeuses – ce qui lui procure 9,33 unités d'utilité par dollar de dépense supplémentaire consacré à ce bien. Lorsque l'utilité marginale que Carole retire par dollar dépensé est égale pour les deux biens, elle ne peut obtenir une plus grande utilité totale en dépensant son revenu de façon différente. L'utilité est alors *maximisée*.

À RETENIR

Le consommateur maximise son utilité. Il dépense son revenu de façon que l'utilité marginale par dollar dépensé soit égale pour chaque bien consommé. Une fois que l'utilité marginale par dollar dépensé est égale pour tous les biens, le consommateur ne peut répartir son revenu différemment de façon à obtenir une plus grande utilité totale. Les unités qui servent à mesurer le niveau absolu d'utilité n'ont pas d'importance; ce qui compte, c'est que l'on maximise l'utilité en égalisant l'utilité marginale par dollar dépensé pour tous les biens.

■ ■ ■

Les prédictions de la théorie de l'utilité marginale

Voyons maintenant quelles prédictions on peut déduire de la théorie de l'utilité marginale relativement au comportement du consommateur. Nous examinerons comment la consommation de films et de boissons gazeuses de Carole réagit à une modification des prix et du revenu.

Les effets d'une variation de prix

Dans un premier temps, nous examinerons comment varie la consommation de Carole lorsque le prix d'une place de cinéma diminue de 50 %, de sorte qu'un film coûte maintenant 3 $, le prix des boissons gazeuses restant inchangé. Ensuite, nous examinerons ce qui se passe lorsque le prix d'une place de cinéma est de 3 $ et que le prix des boissons gazeuses augmente de 100 %, passant donc à 6 $ le paquet de six cannettes.

Baisse du prix des places de cinéma Le tableau 7.4 indique différentes combinaisons de consommation pour lesquelles les prix d'une place de cinéma et d'un paquet de six cannettes de boisson gazeuse sont respectivement de 3 $. Une fois encore, le tableau indique les quantités consommées qui permettent d'utiliser le total des 30 $ de revenu disponible. L'utilité marginale par dollar dépensé correspond à l'utilité marginale du bien divisée par son prix. Les utilités marginales, qui sont les mêmes que dans le tableau de la figure 7.2, décrivent

Tableau 7.4 — Les effets d'une modification du prix des films sur les choix de Carole

Prix des films : 3 $ chacun
Prix des boissons gazeuses : 3 $ le paquet de six cannettes

Films Quantité	Utilité marginale par dollar dépensé	Boissons gazeuses Paquets de six cannettes	Utilité marginale par dollar dépensé
0		10	5,00
1	16,67	9	5,33
2	12,67	8	5,67
3	11,00	7	6,00
4	9,67	6	6,33
5	8,33	5	8,33
6	7,00	4	9,33
7	6,00	3	12,00
8	5,00	2	14,00
9	4,00	1	25,00
10	3,00	0	

les préférences de Carole. Lorsque les prix changent, ses préférences ne changent pas. Le barème des utilités marginales est donc le même que celui de la figure 7.2. Mais maintenant, nous divisons l'utilité marginale que Carole retire des films par 3 $ — le nouveau prix d'un film — pour obtenir l'utilité marginale par dollar dépensé pour les films. Vous pouvez constater que l'utilité marginale par dollar dépensé que Carole retire des films varie désormais de 16,67 pour 1 film à 3,00 pour 10 films.

L'utilité marginale par dollar dépensé que Carole retire des boissons gazeuses varie de 25,00 pour 1 paquet de six cannettes à 5,00 pour 10 paquets. Lorsque Carole va voir 5 films et qu'elle consomme 5 paquets de six cannettes de boisson gazeuse, l'utilité marginale par dollar dépensé est respectivement de 8,33 pour les films et les boissons gazeuses ; elle est donc égale pour les deux biens.

Quel a été l'effet de la baisse du prix des places de cinéma sur la consommation de Carole ? Vous trouverez la réponse en comparant l'équilibre du consommateur au tableau 7.4 avec celui que l'on avait au tableau 7.3. La baisse du prix d'une place de cinéma a l'effet suivant : Carole va voir un plus grand nombre de films (sa consommation passe de 2 à 5 films par mois) et elle consomme moins de boissons gazeuses (sa consommation passe de 6 à 5 paquets de six cannettes). En d'autres termes, Carole substitue les films aux boissons gazeuses lorsque le prix des places de cinéma baisse.

Les effets que nous venons d'analyser sont illustrés à la figure 7.3. Dans le graphique (a), l'effet de la baisse du prix des places est donné par le mouvement le long de la courbe de demande de films de Carole. Dans le graphique (b), l'effet de cette baisse de prix se traduit par un déplacement vers la gauche de la courbe de demande de boissons gazeuses.

La détermination des effets d'une variation de prix sur la consommation s'obtient en trois étapes. Premièrement, nous devons déterminer les combinaisons de films et de boissons gazeuses qui peuvent être achetées aux nouveaux prix. Deuxièmement, nous devons calculer les nouvelles utilités marginales par dollar dépensé. Troisièmement, nous devons déterminer le niveau de consommation de chacun des biens permettant d'égaliser les utilités marginales par dollar dépensé, tout en nous assurant que le total du revenu disponible est dépensé.

Augmentation du prix des boissons gazeuses Analysons maintenant la consommation de Carole lorsque le prix d'une place de cinéma est de 3 $ et que le prix des boissons gazeuses est multiplié par deux, passant ainsi à 6 $ le paquet de six cannettes. Le tableau 7.5 indique les combinaisons de consommation de boissons gazeuses et de films aux nouveaux prix. Les boissons gazeuses coûtent désormais 6 $. Carole ne peut en consommer plus de 5 paquets. Cinq paquets de six cannettes de boisson gazeuse coûtent 30 $, soit le montant exact dont dis-

Tableau 7.5 — Les effets d'une modification du prix des boissons gazeuses sur les choix de Carole

Prix des films : 3 $ chacun
Prix des boissons gazeuses : 6 $ le paquet de six cannettes

Films Quantité	Utilité marginale par dollar dépensé	Boissons gazeuses Paquets de six cannettes	Utilité marginale par dollar dépensé
0		5	4,17
2	12,67	4	4,67
4	9,67	3	6,00
6	7,00	2	7,00
8	5,00	1	12,50
10	3,00	0	

Figure 7.3   Baisse du prix des places de cinéma

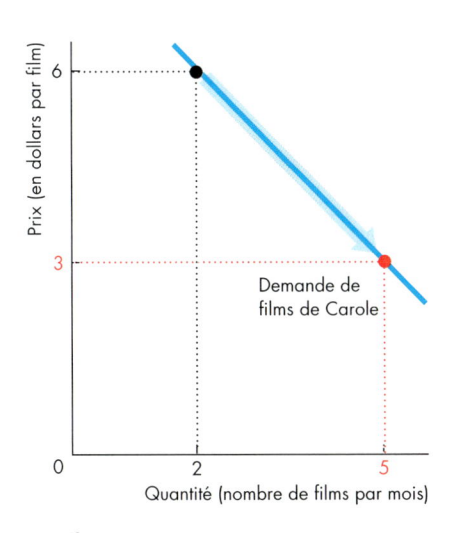

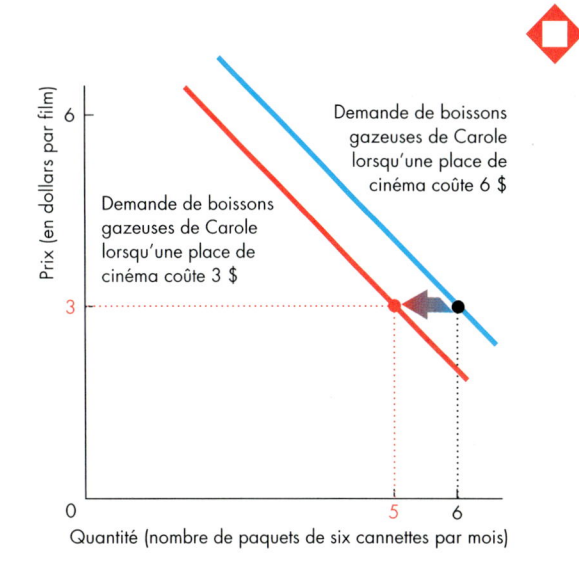

(a) Films

(b) Boissons gazeuses

Lorsque le prix des places de cinéma baisse et que le prix des boissons gazeuses reste constant, la modification de la consommation de biens est représentée par un mouvement le long de la courbe de demande de films (graphique a); la modification de la consommation de boissons gazeuses est représentée par un déplacement vers la gauche de la courbe de demande de boissons gazeuses (graphique b).

---

pose Carole. Puisque nous supposons que les cannettes ne peuvent être vendues à l'unité, Carole ne peut aller voir que 0, 2, 4, 6, 8 ou 10 films. Le prix des places de cinéma est le même qu'au tableau 7.4. Ainsi, l'utilité marginale par dollar dépensé pour les films reste la même. Vous pouvez constater que, si Carole voit 2 films, l'utilité marginale par dollar dépensé est de 12,67 dans les deux cas. Si Carole voit 10 films, l'utilité marginale par dollar dépensé est de 3,00.

L'utilité marginale par dollar dépensé pour les boissons gazeuses est l'utilité marginale des boissons gazeuses, divisée par leur nouveau prix, soit 6 $. Ces utilités marginales par dollar dépensé sont indiquées au tableau 7.5. Comme vous pouvez le constater, il y a égalité des utilités marginales par dollar dépensé pour les films et les boissons gazeuses lorsque Carole va voir 6 films et qu'elle consomme 2 paquets de six cannettes de boisson gazeuse par mois. Vous pouvez calculer les effets de l'augmentation du prix des boissons gazeuses sur la consommation de Carole en comparant les choix indiqués au tableau 7.5 avec ceux du tableau 7.4. La consommation de boissons gazeuses de Carole a baissé. Elle est passée de 5 à 2 paquets de six cannettes. Quant à sa consommation de films, elle a augmenté et est passée de 5 à 6 films par mois. Pour Carole, les boissons gazeuses et les films sont des biens substituts. Lorsque le prix des boissons gazeuses augmente, Carole substitue des sorties au cinéma à la consommation de boissons gazeuses. Elle va voir plus de films et con-

somme moins de boissons gazeuses.

Les effets que nous venons d'analyser sont illustrés à la figure 7.4. Dans le graphique (a), l'effet de la hausse du prix des boissons gazeuses est donné par le mouvement le long de la courbe de demande de boissons gazeuses. Dans le graphique (b), l'effet de cette hausse de prix se traduit par un déplacement vers la droite de la courbe de demande de films.

À RETENIR

Lorsque le prix d'une place de cinéma baisse et que le prix des boissons gazeuses reste constant, Carole va voir un plus grand nombre de films et réduit sa consommation de boissons gazeuses. Cela correspond à un mouvement le long de la courbe de demande de films et à un déplacement de la courbe de demande de boissons gazeuses. Lorsque le prix d'une place de cinéma est constant et que le prix des boissons gazeuses augmente, Carole réduit sa consommation de boissons gazeuses et va voir plus de films. Cela se traduit par un mouvement le long de la courbe de demande de boissons gazeuses et par un déplacement de la courbe de demande de films.

■ ■ ■

Dans notre analyse des choix de consommation de Carole, la hausse du prix d'un bien entraînait une

Figure 7.4 Augmentation du prix des boissons gazeuses

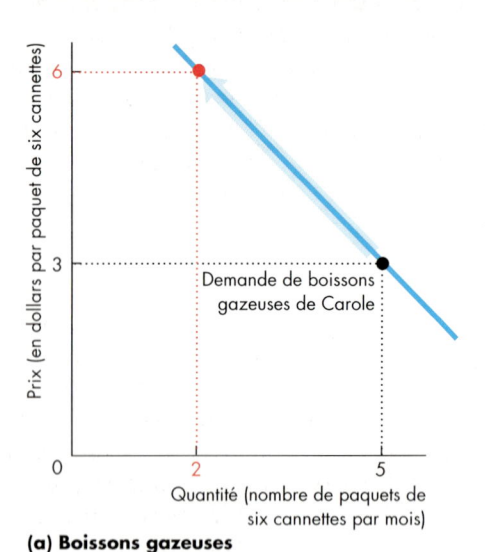

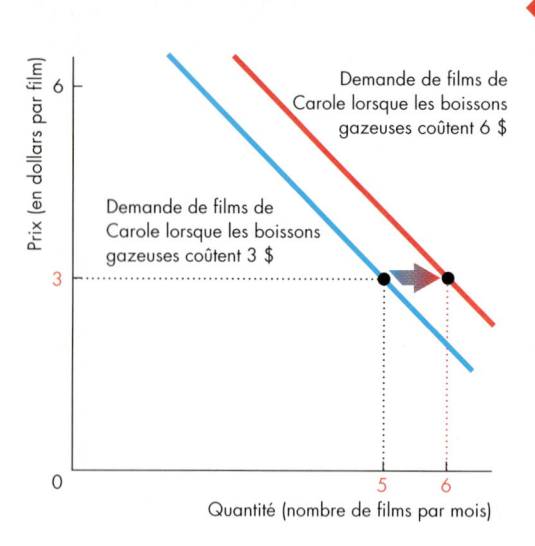

(a) Boissons gazeuses

(b) Films

Une augmentation du prix des boissons gazeuses, en supposant que le prix des places de cinéma reste constant, se traduit par un mouvement le long de la courbe de demande de boissons gazeuses et entraîne un déplacement vers la droite de la courbe de demande de films.

---

diminution de la quantité demandée du bien. Il s'agit là, en fait, d'une *prédiction* de la théorie de l'utilité marginale : si le prix d'un bien augmente, la quantité demandée de ce bien diminue. Le raisonnement suivant vous démontrera facilement que cette prédiction ne dépend pas des particularités de l'exemple que nous avons analysé. Supposons, en effet, que la quantité demandée d'un bien *augmente* lorsque son prix augmente ; pour ce bien, l'utilité marginale par dollar dépensé devra alors nécessairement diminuer, puisque l'utilité marginale (le numérateur) décroît avec la consommation et que le prix du bien (le dénominateur) a augmenté. Mais, dans ce cas, pour maintenir l'égalité entre les utilités marginales par dollar dépensé sur les deux biens, il faudrait augmenter aussi la consommation du bien dont le prix est resté constant. Or, c'est manifestement impossible : si son revenu est fixe, un consommateur ne peut acheter plus *des deux biens* lorsque le prix de l'un d'eux augmente. On en conclut donc qu'une hausse de prix doit bel et bien avoir pour effet de diminuer la quantité demandée.

Dans l'analyse des décisions de consommation de Carole, nous avons montré également que la théorie de l'utilité marginale était compatible avec des situations où la quantité demandée d'un bien augmentait, lorsque le prix d'un *autre* bien augmentait. Cela vous rappelle-t-il quelque chose de connu ? Au chapitre 4, dans l'analyse des propriétés de la demande, nous avions *émis l'hypothèse* que la courbe de demande d'un bien était négative ; c'est ce que nous avions appelé la *loi de la demande*. Nous avions aussi *supposé* que des biens pouvaient être des substituts, en ce sens que la hausse du prix d'un des biens entraînerait une augmentation de la demande de l'autre bien. La théorie de l'utilité marginale permet de prévoir les réactions aux variations de prix. Cependant, cette théorie ne prédit pas que les biens doivent nécessairement être des substituts : il pourrait en être autrement et cela dépendra, en général, de la façon dont l'utilité marginale des biens décroît avec leur consommation.

La loi de la demande découle donc de l'hypothèse de l'utilité marginale décroissante. Mais ce n'est pas la seule implication de cette hypothèse. Celle-ci déterminera également la façon dont la consommation s'ajuste à une modification du revenu. Examinons maintenant les effets d'une variation du revenu de Carole sur sa consommation.

Les effets d'une augmentation de revenu

Supposons que le revenu de Carole augmente de 12 $ par mois. Autrement dit, elle dispose maintenant d'un revenu mensuel de 42 $ pour voir des films et consommer des boissons gazeuses. Imaginons également que le prix d'un film et celui d'un paquet de six cannettes de boisson gazeuse soient respectivement de 3 $ (comme dans le tableau 7.4). Nous voulons comparer le nombre de films que Carole va décider de voir et la quantité de boissons gazeuses qu'elle va consommer lorsqu'elle dispose d'un revenu de 30 $ et de 42 $. Vous trouverez les calculs au tableau 7.6. Le cas n° 1 (qui est identique à celui du tableau 7.4) indique la consommation de films et de boissons gazeuses qui permet à Carole de maximiser son utilité lorsque son revenu est de 30 $. Le cas n° 2 montre ce qui se passe lorsque Carole dispose d'un revenu de 42 $. Avec 42 $, Carole peut aller voir 14 films par mois et ne consommer aucune boisson gazeuse. Elle peut aussi consommer 14 paquets de six cannettes de boisson gazeuse mais ne voir aucun film. Elle peut enfin combiner ces deux biens de la façon indiquée au tableau 7.6.

Nous pouvons calculer l'utilité marginale par dollar dépensé pour les films et les boissons gazeuses comme nous l'avons fait auparavant. Du fait qu'elle dispose d'un revenu plus élevé, Carole peut maintenant consommer plus de boissons gazeuses pour un nombre donné de films ou elle peut voir un plus grand nombre de films pour une quantité donnée de boissons gazeuses. Par exemple, avec un revenu de 42 $, Carole peut voir 1 film et consommer 13 paquets de six cannettes de boisson gazeuse. Par contre, lorsque son revenu s'élevait à 30 $ seulement, elle ne pouvait consommer que 9 paquets de six cannettes de boisson gazeuse si elle voyait 1 film. Carole maximise son utilité totale lorsque les utilités marginales par dollar dépensé pour les films et les boissons gazeuses sont égales. Avec un revenu de 42 $, on se trouve dans cette situation lorsque l'utilité marginale par dollar dépensé pour chacun des deux biens est égale à 6. Carole voit 7 films par mois et consomme 7 paquets de six cannettes de boisson gazeuse.

En comparant le cas n° 2 avec le cas n° 1, nous obtenons la seconde *prédiction* qui peut être déduite de la théorie de l'utilité marginale : lorsque le revenu de Carole augmente, sa consommation de chacun des *deux* biens augmente. Dans cet exemple, Carole augmente sa consommation des deux biens dans la même proportion, soit 2 paquets de six cannettes de boisson gazeuse de plus et 2 films de plus. Ce résultat tient aux préférences de Carole, telles qu'elles sont représentées

Tableau 7.6 Les effets d'une modification du revenu sur les choix de Carole

Cas n° 1: Revenu de 30 $				*Cas n° 2*: Revenu de 42 $			
Films (3 $ chacun)		Boissons gazeuses (3 $ le paquet de six cannettes)		Films (3 $ chacun)		Boissons gazeuses (3 $ le paquet de six cannettes)	
Quantité	Utilité marginale par dollar dépensé	Paquets de six cannettes	Utilité marginale par dollar dépensé	Quantité	Utilité marginale par dollar dépensé	Paquets de six cannettes	Utilité marginale par dollar dépensé
0		10	5,00	0		14	
1	16,67	9	5,33	1	16,67	13	
2	12,67	8	5,67	2	12,67	12	
3	11,00	7	6,00	3	11,00	11	
4	9,67	6	6,33	4	9,67	10	5,00
5	8,33	5	8,33	5	8,33	9	5,33
6	7,00	4	9,33	6	7,00	8	5,67
7	6,00	3	12,00	7	6,00	7	6,00
8	5,00	2	14,00	8	5,00	6	6,33
9	4,00	1	25,00	9	4,00	5	8,33
10	3,00	0		10	3,00	4	9,33
				11		3	12,00
				12		2	14,00
				13		1	25,00
				14		0	

par les utilités marginales. Des préférences différentes entraîneraient des réactions quantitatives différentes, mais un revenu plus élevé se traduirait toujours par une plus grande consommation des deux biens.

Les boissons gazeuses et les films sont donc ici des biens normaux. Lorsque son revenu augmente, Carole achète une plus grande quantité de chacun des deux biens. Cette prédiction de la théorie de l'utilité marginale correspond à une autre hypothèse que nous avions émise lors de l'étude de la théorie de la demande, au chapitre 4. Nous avions alors émis *l'hypothèse* que la demande d'un bien augmente avec le revenu, du moins pour les biens que nous avions qualifiés de *normaux*. Ici, ce résultat constitue une prédiction de la théorie de l'utilité marginale.

Le tableau 7.7 résume la théorie de l'utilité marginale de la consommation. Nous pouvons utiliser cette théorie du comportement du consommateur pour expliquer certains phénomènes décrits au début de ce chapitre. Par exemple, elle nous permet d'expliquer pourquoi la demande de certains biens, comme les baladeurs, est élastique et pourquoi elle ne l'est pas pour d'autres biens, comme le pétrole. Elle nous permet aussi d'expliquer pourquoi, au fur et à mesure que le revenu augmente, la part du revenu consacrée à certains biens, comme l'automobile, augmente alors que la part allouée à d'autres biens, comme la nourriture, diminue. Ces effets sont le résultat de nos préférences. La vitesse à laquelle l'utilité marginale des différents biens diminue en fonction de l'augmentation de notre consommation de ces biens détermine, d'une part, la façon dont nous réaffectons notre revenu en réponse à une variation de prix et, d'autre part, la façon dont nos dépenses s'ajustent à une variation de notre revenu. Ces effets sont illustrés par les calculs auxquels nous nous sommes livrés dans le cas de Carole.

Les critiques de la théorie de l'utilité marginale

La théorie de l'utilité marginale nous aide à comprendre les choix des consommateurs. Néanmoins, elle fait l'objet d'un certain nombre de critiques que nous allons maintenant examiner.

On ne peut ni observer ni mesurer l'utilité

C'est un fait, on ne peut observer l'utilité. Mais nous n'avons pas besoin de l'observer pour pouvoir l'utiliser. Nous observons les quantités de biens et services que les individus consomment, les prix de ces biens et services et les revenus des consommateurs. Notre objectif consiste à

Tableau 7.7   Théorie de l'utilité marginale

Hypothèses

(a) Le consommateur retire de l'utilité des biens qu'il consomme et se comporte de façon à maximiser son utilité totale.

(b) Chaque unité additionnelle d'un bien augmente l'utilité totale (l'utilité marginale est positive), mais l'utilité que l'on retire d'unités additionnelles du bien diminue à mesure que la consommation totale de ce bien augmente (l'utilité marginale décroît avec la consommation).

Implication

Le consommateur maximise son utilité totale lorsque l'utilité marginale par dollar dépensé est égale pour tous les biens.

Prédictions

(a) Toutes choses étant égales par ailleurs, une hausse du prix d'un bien a pour effet d'en diminuer la quantité demandée (loi de la demande).

(b) Toutes choses étant égales par ailleurs, la consommation des biens augmente avec le revenu (les biens sont normaux).

comprendre les choix de consommation des individus et à prévoir les effets que les variations de prix et de revenus auront sur ces choix. Pour faire des prédictions relativement à ces choix, nous *émettons l'hypothèse* que les individus retirent une utilité de leur consommation, qu'une augmentation de la consommation entraîne une augmentation de l'utilité totale et que l'utilité marginale diminue avec le niveau de consommation. Compte tenu de ces hypothèses, nous pouvons prévoir les modifications dans la consommation des individus lorsque les prix et le revenu changent. Comme nous l'avons déjà dit, les nombres que nous utilisons pour exprimer l'utilité importent peu. Les consommateurs maximisent l'utilité totale en égalisant l'utilité marginale par dollar dépensé pour chaque bien consommé. Dans la mesure où nous utilisons la même échelle pour exprimer l'utilité de différents biens, nous obtiendrons des résultats identiques, quelles que soient les unités de notre échelle. C'est pourquoi il est possible de comparer l'utilité à la température : l'eau gèle quand il fait suffisamment froid, et ce quel que soit le thermomètre utilisé.

La maximisation de l'utilité implique des calculs irréalistes

Selon certaines critiques, la théorie de l'utilité marginale prend les individus pour des superordinateurs. Ils doivent examiner l'utilité marginale de chaque

QUELQUES AUTRES IMPLICATIONS DE LA THÉORIE DE L'UTILITÉ MARGINALE 171

bien en fonction des différentes quantités qu'ils pensent acheter, diviser les valeurs obtenues par le prix de ces biens et calculer les quantités de façon que l'utilité marginale divisée par le prix des biens soit égale pour tous les biens en question.

Ces critiques de l'utilité marginale confondent réalité et modèle économique. Un modèle économique est à l'économie réelle ce qu'un modèle réduit de train est à un train véritable. Dans un modèle économique, les agents effectuent les calculs que nous venons de décrire. Dans une économie réelle, les acteurs se contentent de consommer. Nous observons leurs choix de consommation et non pas la gymnastique mentale à laquelle ils se livrent. La théorie de l'utilité marginale part du postulat que les comportements de consommation que nous observons dans la réalité sont analogues à ceux du modèle économique dans lequel les individus calculent les quantités de biens qui leur permettent de maximiser l'utilité totale. Ensuite, nous examinons dans quelle mesure le modèle de l'utilité marginale se rapproche de la réalité en confrontant les prédictions que produit ce modèle avec les choix de consommation que nous observons.

La théorie de l'utilité marginale a également d'autres implications dignes d'intérêt. Nous allons en examiner deux.

Quelques autres implications de la théorie de l'utilité marginale

Nous aimons tous les bonnes affaires, c'est-à-dire payer un article moins cher que son prix habituel. Selon la théorie de l'utilité marginale, nous faisons presque *toujours* une bonne affaire lorsque nous achetons un article. Cela tient au fait que nous attribuons aux biens que nous achetons une valeur totale supérieure à ce qu'ils nous coûtent. Examinons pourquoi.

Surplus du consommateur et gains à l'échange

Nous avons vu, au chapitre 3, que les individus ont intérêt à se spécialiser dans la production de biens pour lesquels ils ont un avantage comparatif et, ensuite, à échanger les biens en question. Grâce à la théorie de l'utilité marginale, nous disposons d'un moyen précis pour mesurer les gains à l'échange.

Lorsque Carole va voir un film ou qu'elle achète des boissons gazeuses, elle échange son revenu contre ces biens. Carole tire-t-elle un bénéfice de cet échange? Les dollars qu'elle échange valent-ils plus ou moins que

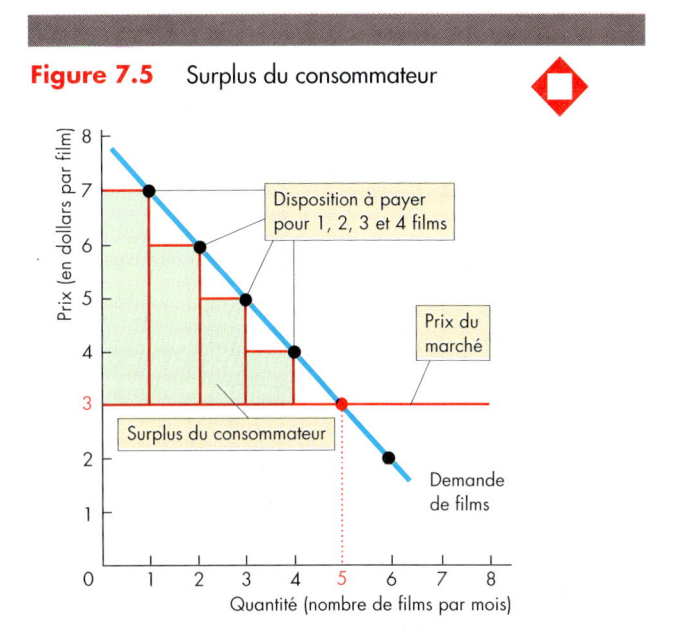

Figure 7.5 Surplus du consommateur

Carole est disposée à payer 7 $ pour voir le premier film, 6 $ pour le deuxième, 5 $ pour le troisième et 4 $ pour le quatrième. En fait, elle ne doit payer que 3 $ pour chaque film. À ce prix, elle voit 5 films. Le surplus du consommateur qu'elle retire des quatre premiers films est l'équivalent de 10 $, soit la différence entre ce qu'elle serait disposée à payer et ce qu'elle paie effectivement (4 $ + 3 $ + 2 $ + 1 $).

la valeur qu'elle accorde aux films et aux boissons gazeuses? Selon le principe de l'utilité marginale décroissante, comme nous allons le voir, Carole obtiendra, pour les biens qu'elle achète, une valeur supérieure au montant d'argent qu'elle verse en contrepartie de ces biens.

Calcul du surplus du consommateur

Pour un consommateur, la **valeur** d'un bien est le montant maximal qu'il est prêt à payer pour obtenir ce bien. En d'autres termes, la valeur d'un bien correspond à la **disposition à payer** du consommateur. Le prix est le montant effectivement payé pour le bien en question. Le **surplus du consommateur** est la différence entre la valeur d'un bien et son prix. Étant donné le principe de l'utilité marginale décroissante, il y a toujours un surplus du consommateur. Pour voir pourquoi, revenons aux choix de consommation de Carole.

Supposons, comme auparavant, que Carole dispose d'un revenu mensuel de 30 $, qu'une place de cinéma coûte 3 $ et qu'elle aille voir 5 films par mois. Examinons la courbe de demande de films de Carole (figure 7.5). Cette courbe nous indique que, si Carole ne pouvait voir qu'un seul film par mois, elle serait disposée à payer jusqu'à 7 $ pour cette sortie au cinéma.

ENTRE LES LIGNES

Prix de l'essence et surplus du consommateur

Les faits en bref

- Le coût annuel d'utilisation d'une automobile inclut des frais variables, qui dépendent du nombre de kilomètres parcourus, et des frais fixes. Pour un automobiliste moyen, les frais fixes sont supérieurs aux frais variables.

- Le tableau indique la ventilation du coût annuel pour une voiture neuve. Les frais variables au kilomètre dépendent de la consommation d'essence et des frais d'entretien. Par exemple, pour une sous-compacte, ces frais sont de 10,09 ¢ / km. Les frais fixes comprennent les assurances et le permis, la dépréciation sur la base de la valeur moyenne de revente après un an et les frais de financement. La dépréciation peut être considérée comme un poste fixe car elle variera peu avec le kilométrage, sauf si celui-ci s'écarte beaucoup de la moyenne. Pour une sous-compacte, les frais fixes s'élèvent à 3782 $.

- Au total, pour un automobiliste parcourant 22 500 km dans l'année, les frais d'utilisation sont de 6052 $ pour une sous-compacte, soit la somme des frais fixes de 3782 $ et des frais variables de 2270 $ (10,09 ¢ / km multiplié par 22 500 km). Notez que la journaliste se trompe en écrivant que

Utiliser une voiture ? À quel prix ?

Rouler en voiture neuve implique des frais d'utilisation qui s'ajoutent au prix d'achat. Lorsque vous établissez votre budget auto, ne les oubliez pas! Ces frais sont fixes ou variables.
Le tableau qui suit, produit par la CAA en 1991, donne un aperçu de ce que débourse le propriétaire d'une voiture neuve qui parcourt 22 500 km par année.
Certaines personnes devront ajouter les frais de stationnement aux frais fixes, et d'autres, les montants des contraventions aux frais variables!

Catégorie Consommation d'essence moyenne	Sous-compacte 6,7 L/100 km	Compacte 9,3 L/100 km	Intermédiaire 9,7 L/100 km	Minifourgonnette 11,3 L/100 km
FRAIS VARIABLES (AU KILOMÈTRE)				
Essence (65,9 ¢/L, février 1991)	4,44 ¢	6,13 ¢	6,40 ¢	7,47 ¢
Entretien (lubrification du moteur et du châssis, pneus)	5,65 ¢	5,89 ¢	5,89 ¢	6,04 ¢
Sous-total	10,09 ¢	12,02 ¢	12,29 ¢	13,51 ¢
FRAIS FIXES (PAR ANNÉE)				
Assurances et permis	573 $	622 $	586 $	608 $
• Collision*	193 $	193 $	193 $	193 $
• Immatriculation	47 $	47 $	47 $	47 $
• Permis de conduire				
Dépréciation** (Valeur moyenne de remplacement)	2 379 $	3 292 $	4 063 $	3 595 $
Financement (montant moyen des intérêts)	590 $	816 $	1 007 $	891 $
Sous-total	3 782 $	4 970 $	5 896 $	5 334 $
SOMMAIRE				
Total annuel	6 052 $	7 674 $	8 661 $	8 374 $
Par kilomètre	26,9 ¢	34,1 ¢	38,5 ¢	37,2 ¢

* Franchise de 250 $; responsabilité civile de 1 000 000 $; feu, vol, vandalisme: franchise de 50 $.
** La dépréciation varie selon le kilométrage parcouru.
Ces données représentent des moyennes calculées d'après les recherches de la CAA et de Runzheimmer, une firme indépendante de recherche.
Source: CAA-Québec, 1991.

Protégez-vous
Avril 1992
Par Monique Plourde
© CAA Québec
Reproduction autorisée

ENTRE LES LIGNES

ces frais d'utilisation *s'ajoutent* au prix d'achat, puisque le coût d'achat proprement dit est *annualisé* ici et pris en compte explicitement dans les postes Dépréciation et Financement.

Analyse

- Le tableau illustre le coût de consommation d'un bien durable. Pour beaucoup de ces biens (voiture, lave-vaisselle, etc.), une variation de la quantité consommée prend la forme non pas d'une variation du nombre d'unités achetées, mais d'une variation dans l'intensité d'utilisation. En d'autres termes, on disposera d'une seule voiture, mais on l'utilisera plus ou moins souvent.

- Le consommateur doit prendre deux décisions interdépendantes : il doit décider d'acheter ou non une voiture et il doit décider de l'intensité d'utilisation. L'intensité d'utilisation dépend des frais variables. La décision d'achat dépend de la disposition à payer du consommateur pour les services que lui procurera une voiture.

- Le calcul que fait le consommateur peut s'analyser à l'aide de la notion de *surplus du consommateur* étudiée dans ce chapitre. Le graphique (a) illustre la demande de services que peut rendre une voiture : la quantité de services est mesurée en nombre de kilomètres par année. Pour simplifier, nous ne considérons que le cas des sous-compactes et nous supposons que la demande est linéaire. À un *prix* de 10,09 ¢/km (les frais variables), le consommateur représenté ici parcourt 22 500 km dans l'année. Le total des frais variables (2270 $) correspond au rectangle bleu.

- La surface en vert sous la courbe de demande représente le surplus du consommateur (comparez avec la figure 7.5), c'est-à-dire la différence entre ce que le consommateur est disposé à payer pour une intensité d'utilisation de 22 500 km par année et ce qu'il doit effectivement débourser en frais variables. Pour mesurer ce surplus, on utilise la formule du calcul de l'aire d'un triangle rectangle : ½ × Base × Hauteur. La base est égale à 22 500 km ; la hauteur, à 40 ¢ (50,09 ¢ – 10,09 ¢). La surface en vert est donc égale à 4500 $.

- Le consommateur s'achètera une voiture si le surplus du consommateur est supérieur aux frais fixes qu'il devra supporter. Cette condition est satisfaite ici, puisque les frais fixes sont de 3782 $ et que le surplus du consommateur est égal à 4500 $.

- Il y a une façon équivalente d'obtenir le même résultat. Pour une intensité d'utilisation de 22 500 km par année, la *disposition totale à payer* du consommateur peut se mesurer en prenant toute la surface sous la courbe de demande ; c'est donc la somme du triangle vert (4500 $) et du rectangle bleu (2270 $), soit au total 6770 $. La disposition totale à payer est donc supérieure au coût annuel total d'un tel kilométrage (6052 $, soit la somme des frais fixes de 3782 $ et des frais variables de 2270 $).

- Une hausse du prix de l'essence fait augmenter les frais variables au kilomètre, ce qui se traduit par une diminution de l'intensité d'utilisation de la voiture. Dans le graphique (b), on a supposé que le prix de l'essence avait triplé (de 4,44 ¢ / km à 13,32 ¢ / km); en incluant les frais d'entretien de 5,65 ¢ / km, les frais variables par kilomètre passent donc de 10,09 ¢ / km à 18,97 ¢ / km. L'intensité d'utilisation de la voiture chute alors à 17 505 km par année. Pour ce kilométrage, les frais variables totaux sont de 3321 $. La baisse du kilométrage annuel, par suite de la hausse du prix de l'essence, se traduit également par une diminution de la disposition à payer pour une voiture. Le triangle en vert du graphique (b) ne vaut plus que 2724 $, ce qui est inférieur aux frais fixes annuels d'une voiture. Dans ce cas, le consommateur représenté ici renoncera donc à l'achat d'une voiture (à supposer qu'il ne l'ait pas déjà achetée) : l'utilisation qu'il en ferait, étant donné le prix de l'essence, ne justifierait pas la somme des coûts qu'il devrait supporter.

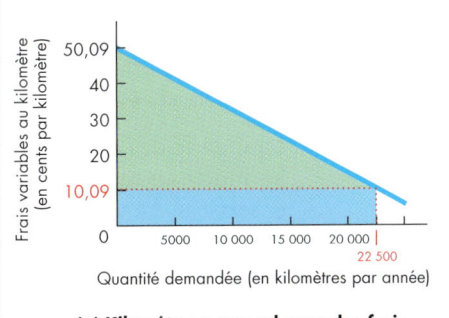

(a) Kilométrage annuel pour des frais variables de 10,09¢/km

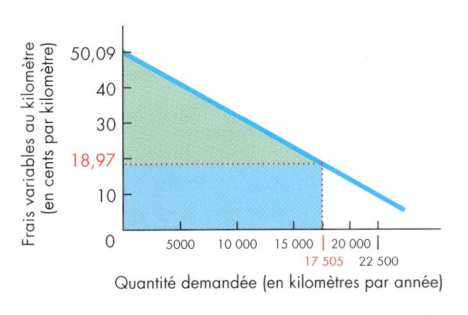

(b) Kilométrage annuel pour des frais variables de 18,97¢/km

173

Sa disposition à payer serait de 6 $ pour un deuxième film, de 5 $ pour un troisième, etc.

Heureusement, Carole ne doit payer que 3 $ pour chaque film qu'elle voit, soit le prix du marché. Bien qu'elle évalue le premier film qu'elle voit dans le mois à 7 $, elle ne paie que 3 $, ce qui représente 4 $ de moins que ce qu'elle est disposée à payer. Le deuxième film qu'elle voit a une valeur de 6 $. La différence entre la valeur que Carole attribue à ce film et ce qu'elle paie est de 3 $. Le troisième film qu'elle voit au cours du mois a une valeur de 5 $, ce qui représente 2 $ de plus que ce qu'elle paie. Elle attribue au quatrième film une valeur de 4 $, ce qui représente 1 $ de plus que ce qu'elle paie. La figure 7.5 vous montre cette progression : il y a une différence entre le prix de 3 $ que paie Carole et la valeur qu'elle attribue au premier, au deuxième, au troisième et au quatrième film. Ces différences se traduisent par un gain pour Carole. Calculons maintenant son gain total.

Le montant total que Carole est disposée à payer pour les 5 films qu'elle verra est de 25 $ (soit la somme de 7 $, de 6 $, de 5 $, de 4 $ et de 3 $). Elle ne paiera en réalité que 15 $ (5 films à 3 $ le film). La différence entre ce qu'elle est disposée à payer et ce qu'elle doit payer est donc de 10 $. Ce montant représente le surplus du consommateur. En allant voir 5 films par mois, Carole obtient, selon elle, 10 $ de plus que ce qu'elle doit réellement dépenser pour voir les films.

Passons maintenant à une autre implication de la théorie de l'utilité marginale.

Le paradoxe de la valeur

Il y a plus de deux siècles, Adam Smith énonçait le paradoxe que nous avons soulevé au début de ce chapitre. L'eau, sans laquelle nous ne pouvons vivre, coûte très peu alors que les diamants, dont l'utilité est bien faible par rapport à l'eau, sont très chers. Pourquoi ? Adam Smith n'a pu résoudre ce paradoxe. Jusqu'à la découverte de la théorie de l'utilité marginale, personne n'a été en mesure d'apporter une réponse satisfaisante.

Il est possible de résoudre le casse-tête d'Adam Smith en faisant une distinction entre utilité totale et utilité marginale. L'utilité totale que nous retirons de l'eau est énorme. Mais n'oubliez pas que, plus notre consommation d'un bien augmente, plus l'utilité marginale diminue. Nous utilisons tellement d'eau que son utilité marginale, c'est-à-dire l'avantage que nous retirerions d'un litre d'eau supplémentaire, a une valeur très faible. Par contre, l'utilité totale des diamants est très faible par rapport à celle de l'eau ; mais justement, parce que nous achetons peu de diamants, leur utilité marginale est très élevée.

Notre théorie nous indique aussi que les consommateurs dépensent de façon que l'utilité marginale qu'ils retirent de chaque bien consommé, divisée par le prix du bien, soit égale pour tous les biens. Cela s'avère également exact pour les dépenses en diamants et en eau : l'utilité marginale des diamants est élevée et se divise par un prix élevé alors que l'utilité marginale de l'eau est faible et se divise par un prix peu élevé. Dans les deux cas, l'utilité marginale par dollar dépensé est la même.

■ Nous avons terminé notre étude de la théorie de l'utilité marginale. Elle nous a servi à analyser comment Carole répartissait son revenu entre deux biens : les films et les boissons gazeuses. Nous avons également examiné comment cette théorie pouvait résoudre le paradoxe de la valeur. En outre, nous avons vu comment utiliser cette même théorie pour expliquer nos choix de consommation dans la réalité.

Dans le chapitre suivant, nous allons étudier une autre théorie du comportement des ménages. Pour vous aider à faire le lien entre la théorie de l'utilité marginale de ce chapitre et la théorie plus moderne du comportement des ménages que nous allons voir au chapitre suivant, nous reprendrons les mêmes exemples. Nous retrouverons Carole et découvrirons une autre façon de comprendre comment elle peut tirer le maximum de ses 30 $ de revenu mensuel.

RÉSUMÉ

La demande individuelle et la demande du marché

La demande individuelle représente la relation entre le prix d'un bien et la quantité demandée par une personne, toutes choses étant égales par ailleurs. La demande du marché est la somme de toutes les demandes individuelles. (*pp. 159-160*)

Les choix de consommation des ménages

La théorie de l'utilité marginale explique la façon dont les individus répartissent leurs dépenses entre les biens et services. La théorie s'appuie sur un modèle simplifié du comportement du consommateur défini par les hypothèses suivantes : 1) le consommateur retire de l'utilité des biens qu'il consomme ; 2) l'utilité totale qu'il obtient d'un bien augmente à mesure que la consommation du bien en question augmente ; 3) l'utilité marginale – définie comme le supplément d'utilité totale résultant de la consommation d'une unité additionnelle d'un bien – diminue à mesure que la consommation du bien augmente ; 4) l'objectif du consommateur est de maximiser l'utilité totale de ses dépenses, ce qui se produit lorsqu'il y a égalité des utilités marginales par dollar dépensé pour tous les biens. (*pp. 160-165*)

Les prédictions de la théorie de l'utilité marginale

La théorie de l'utilité marginale fait des prédictions quant aux effets d'une modification des prix ou du revenu sur les quantités de biens consommées. Premièrement, on peut en déduire la loi de la demande : toutes choses étant égales par ailleurs, plus le prix d'un bien est élevé, plus la quantité qui en est demandée est faible. Deuxièmement, la théorie en question prédit aussi que, toutes choses étant égales par ailleurs, la consommation de biens croît avec le revenu du consommateur. (*pp. 165-170*)

Les critiques de la théorie de l'utilité marginale

On a reproché à la théorie de l'utilité marginale le fait que l'utilité ne peut être ni observée ni mesurée. Cependant, les unités de mesure de l'utilité ne sont pas importantes. Ce qui compte, c'est que le ratio de l'utilité marginale de chaque bien par rapport à son prix soit le même pour tous les biens. En effet, peu importe l'unité de mesure si elle est appliquée de façon systématique. Le concept d'utilité est analogue au concept de température : il ne correspond à aucune observation directe, mais on peut l'utiliser pour prévoir des événements qui, eux, sont observables.

Selon une autre critique de la théorie de l'utilité marginale, celle-ci entraînerait des calculs tout à fait irréalistes. En fait, la théorie ne fait aucune prédiction quant aux processus de pensée des consommateurs. Elle se contente de prévoir leurs actions à partir de l'hypothèse que les individus dépensent leur revenu de la meilleure façon possible à leurs yeux. (*pp. 170-171*)

Quelques autres implications de la théorie de l'utilité marginale

La théorie de l'utilité marginale implique le phénomène suivant : chaque fois que nous achetons des biens et services, nous obtenons, à nos yeux, une valeur supérieure à l'argent que nous dépensons. Nous bénéficions d'un surplus du consommateur, défini comme la différence entre notre disposition à payer pour obtenir un bien et le prix que nous payons effectivement.

La théorie de l'utilité marginale permet de résoudre le paradoxe de la valeur. L'eau a beaucoup de valeur et est très bon marché, alors que les diamants ont moins de valeur mais sont très chers. Dans la vie de tous les jours, lorsque nous parlons de la valeur d'un bien, nous pensons à son utilité totale et nous savons que l'utilité totale de l'eau est supérieure à celle des diamants. Cependant, son utilité marginale est plus faible. Comme les individus choisissent une quantité d'eau et de diamants qui maximise leur utilité totale, il s'ensuit que l'utilité totale par dollar dépensé est la même pour l'eau et les diamants. (*pp. 171-174*)

POINTS DE REPÈRE

Mots clés

Demande du marché, 159
Demande individuelle, 159
Disposition à payer, 171
Équilibre du consommateur, 164
Maximisation de l'utilité, 162
Surplus du consommateur, 171
Utilité, 160
Utilité marginale, 161
Utilité marginale décroissante, 162
Utilité marginale par dollar dépensé, 164
Utilité totale, 160
Valeur, 171

Figures et tableau clés

Figure 7.1 Courbes de demande individuelle et de demande du marché, 159
Figure 7.2 Utilité totale et utilité marginale, 161
Figure 7.3 Baisse du prix des places de cinéma, 167
Figure 7.4 Augmentation du prix des boissons gazeuses, 168
Figure 7.5 Surplus du consommateur, 171
Tableau 7.7 Théorie de l'utilité marginale, 170

QUESTIONS DE RÉVISION

1. Quelle est la relation entre la demande individuelle et la demande du marché?

2. Comment construit-on une courbe de demande du marché à partir des courbes de demande individuelle?

3. Que voulons-nous dire par utilité totale?

4. Qu'est-ce que l'utilité marginale?

5. Comment l'utilité marginale varie-t-elle en fonction du niveau de consommation d'un bien?

6. Suzanne est une consommatrice. L'utilité marginale de Suzanne est-elle maximisée:

   a) quand elle a dépensé tout son revenu?

   b) quand elle a dépensé tout son revenu et que l'utilité marginale est égale pour tous les biens?

   c) quand elle a dépensé tout son revenu et que l'utilité marginale par dollar dépensé est égale pour tous les biens?

   Expliquez vos réponses.

7. Quelles prédictions la théorie de l'utilité marginale permet-elle quant aux effets d'une variation de prix sur la consommation?

8. Quelles prédictions la théorie de l'utilité marginale permet-elle quant aux effets d'une variation de revenu sur la consommation?

9. Que répondriez-vous si l'on vous affirmait que la théorie de l'utilité marginale ne sert à rien car l'utilité ne peut être observée?

10. Que répondriez-vous si l'on vous affirmait que la théorie de l'utilité marginale ne sert à rien car les gens ne sont pas suffisamment intelligents pour calculer l'équilibre du consommateur, c'est-à-dire la situation dans laquelle l'utilité marginale par dollar dépensé est égale pour tous les biens?

11. Qu'est-ce que le surplus du consommateur? Comment le calcule-t-on?

12. Qu'est-ce que le paradoxe de la valeur? Comment la théorie de l'utilité marginale permet-elle de le résoudre?

13. Calculez l'utilité marginale que Carole associe à la consommation de boissons gazeuses, d'après les données du tableau 7.1. Faites deux graphiques, représentant respectivement l'utilité totale et l'utilité marginale des boissons gazeuses. Vos graphiques doivent ressembler à ceux des films (figure 7.2).

PROBLÈMES

1. Les données suivantes représentent la demande de yoghourt de Sylvie:

Prix (en dollars par pot)	Quantité (nombre de pots par semaine)
1	9
2	7
3	5
4	3
5	2

   a) Faites un graphique de la demande de yoghourt de Sylvie.

   Alain aussi aime le yoghourt. Sa demande de yoghourt est donnée par le barème suivant:

Prix (en dollars par pot)	Quantité (nombre de pots par semaine)
1	5
2	4
3	3
4	2
5	1

   b) Faites un graphique de la courbe de demande d'Alain.

   c) Sylvie et Alain forment, à eux seuls, le marché. Déterminez la demande de yoghourt du marché.

   d) Faites un graphique de la demande de yoghourt du marché.

   e) Faites un graphique montrant que la courbe de demande du marché est la somme horizontale de la courbe de demande de Sylvie et de la courbe de demande d'Alain.

2. Max aime faire de la planche à voile et de la plongée en apnée. Il retire l'utilité totale suivante de chacun de ces deux sports :

Demi-heures par mois	Utilité totale Planche à voile	Utilité totale Plongée en apnée
1	60	20
2	110	38
3	150	53
4	180	64
5	200	70
6	210	70

a) Faites un graphique indiquant l'utilité totale que Max retire de la planche à voile et de la plongée.

b) Comparez les deux graphiques. Que pouvez-vous dire des préférences de Max ?

c) Faites des graphiques indiquant l'utilité marginale que Max retire de la planche à voile et de la plongée.

d) Comparez les deux graphiques. Que pouvez-vous dire des préférences de Max ?

3. Max dispose de 35 $. La location de l'équipement pour faire de la planche à voile coûte 10 $ la demi-heure alors que la location de l'équipement pour faire de la plongée en apnée coûte 5 $ la demi-heure. Utilisez ces données ainsi que celles du problème 2 pour répondre aux questions suivantes :

a) Quelle est l'utilité marginale par dollar dépensé pour la plongée en apnée si Max plonge pendant :
   (i) une demi-heure ?
   (ii) une heure et demie ?

b) Quelle est l'utilité marginale par dollar dépensé pour la planche à voile si Max fait de la planche à voile pendant :
   (i) une demi-heure ?
   (ii) une heure ?

c) Combien de temps Max peut-il consacrer à la plongée s'il fait de la planche à voile pendant :
   (i) une demi-heure ?
   (ii) une heure ?
   (iii) une heure et demie ?

d) Pendant combien de temps Max va-t-il faire de la planche à voile et de la plongée ?

4. Max reçoit de sa soeur 20 $ pour ses dépenses en loisir. Il dispose désormais de 55 $. Pendant combien de temps Max va-t-il faire de la planche à voile et de la plongée ?

5. Si Max n'a que 35 $ à dépenser et que la location d'équipement pour faire de la planche à voile double, passant à 20 $ la demi-heure, combien de temps Max passera-t-il à faire de la planche à voile et de la plongée ?

6. La courbe de demande de Max pour la planche à voile est-elle positive ou négative ?

7. Max prend des vacances au Club Med. Les activités sportives sont illimitées, notamment planche à voile, plongée en apnée et tennis. Aucuns frais supplémentaires ne sont exigés pour l'équipement. Max décide de passer trois heures par jour à faire de la planche à voile et de la plongée. Pendant combien de temps va-t-il faire de la planche à voile ? Pendant combien de temps va-t-il faire de la plongée ?

8. Louise aussi aime faire de la planche à voile. Il lui en coûte 10 $ la demi-heure. Les chiffres suivants représentent sa demande de planche à voile :

Prix (en dollars par demi-heure)	Temps passé à faire de la planche à voile (en demi-heures par mois)
2,50	8
5,00	7
7,50	6
10,00	5
12,50	4
15,00	3
17,50	2
20,00	1

a) Si Louise fait de la planche à voile pendant une demi-heure, quel est son surplus du consommateur ?

b) Si Louise fait de la planche à voile pendant deux heures et demie, quel est son surplus du consommateur ?

c) Quel est le surplus du consommateur pour la cinquième demi-heure ?

CHAPITRE 8

Contraintes budgétaires, préférences et choix de consommation

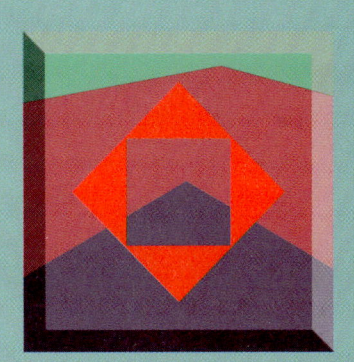

Objectifs du chapitre:

- Tracer la droite de budget d'un ménage.

- Déterminer les déplacements de la droite de budget lorsque les prix et le revenu varient.

- Établir une carte des préférences à partir de courbes d'indifférence.

- Déterminer l'équilibre du consommateur.

- Analyser les effets des variations de prix et de revenu sur la structure de la consommation.

- Expliquer pourquoi l'augmentation des salaires se traduit par une réduction de la semaine de travail.

- Expliquer comment l'on peut utiliser les droites de budget et les courbes d'indifférence pour analyser de façon générale les choix des ménages.

Les courants de fond

AU COURS DES QUARANTE DERNIÈRES ANNÉES, la façon dont nous dépensons notre revenu a radicalement changé. Certains produits comme les magnétoscopes ou le maïs éclaté au four à micro-ondes n'existaient pas auparavant. D'autres biens, comme les disques 78 tours et les blocs de glace pour les «glacières», ont pratiquement disparu. Par contre, certains biens, comme les mini-jupes, apparaissent, disparaissent et réapparaissent en fonction de la mode. ■ Mais l'aspect rutilant de notre consommation masque des modifications plus profondes et plus lentes de la structure de nos dépenses. Au cours des dernières années, nous avons pu constater une prolifération de boutiques d'épicerie fine et de haute couture. Néanmoins, nous consacrons un pourcentage plus faible de notre revenu à l'alimentation et à l'habillement qu'il y a quarante ans. Parallèlement, nos dépenses relatives au logement, aux transports et aux loisirs augmentent régulièrement. Tout comme les continents à la dérive, la structure de nos dépenses se modifie progressivement avec le temps. Les empires commerciaux sont soumis à des courants de fond. Pourquoi la structure des dépenses se modifie-elle avec le temps? Comment les individus réagissent-ils aux variations de revenu et du prix des biens qu'ils achètent? ■ Des courants de fond similaires régissent la plupart des aspects du comportement des ménages. Ainsi, la moyenne d'heures consacrées au travail par semaine a diminué progressivement: de 70 heures au 19e siècle la semaine de travail est passée à 35 heures aujourd'hui. Pourquoi en est-il ainsi? De même, des tendances régulières apparaissent en matière de natalité, de mariage, d'éducation, de criminalité et d'interactions sociales. Pourquoi les habitudes et les mœurs d'une génération deviennent-elles surannées pour une autre?

■ Nous allons étudier un modèle du comportement des ménages qui nous permettra de prévoir une vaste gamme de choix. Dans un premier temps, nous utiliserons le modèle pour étudier les choix de consommation. Nous apprendrons à prévoir la façon dont les gens dépensent leur revenu et nous étudierons comment les variations de revenu et de prix se répercutent sur les dépenses. Nous verrons ensuite comment ce modèle peut nous aider à comprendre, par exemple, la façon dont les individus répartissent leur temps entre travail et loisirs et ce qui détermine leurs décisions d'emprunter ou de prêter. Ce modèle nous permettra également d'aborder certaines questions d'ordre sociologique, comme la natalité et l'incidence de la criminalité.

Les possibilités de consommation

Comment un ménage va-t-il répartir son revenu entre les biens et services disponibles ? Nous allons étudier un modèle du comportement des ménages qui nous permettra de répondre à cette question et de prévoir la façon dont les variations de revenu et de prix se répercutent sur la structure de la consommation. Nous commencerons par examiner les contraintes qui pèsent sur les choix possibles des ménages.

Les contraintes

Les choix de consommation d'un ménage sont limités par le revenu dont il dispose et par le prix des biens et services offerts. Nous allons prendre le cas d'un ménage qui dispose d'un niveau de revenu donné à dépenser et qui n'a aucun pouvoir de modifier les prix des biens et services qu'il achète.

La **droite de budget** décrit les limites des choix de consommation d'un ménage. Pour rendre le concept de droite de budget aussi clair que possible, nous prendrons l'exemple de Carole qui dispose d'un revenu de 30 $ par mois.[1] Carole n'achète que deux biens : des places de cinéma et des boissons gazeuses. La place de cinéma coûte 6 $ et les boissons gazeuses 3 $ le paquet de six cannettes. Si Carole dépense la totalité de son revenu, elle atteindra les limites de sa consommation possible de films et de boissons gazeuses.

Chaque ligne du tableau de la figure 8.1 représente l'une des possibilités de consommation de films et de boissons gazeuses accessibles à Carole. La ligne *a* du tableau indique que Carole peut acheter 10 paquets de six cannettes de boisson gazeuse, si elle ne voit aucun film. Cette combinaison lui permet de dépenser la totalité de son revenu mensuel de 30 $. Passons maintenant à la ligne *f*, qui présente une autre combinaison permettant à Carole de dépenser la totalité des 30 $ dont elle dispose : elle peut voir 5 films mais ne consommer aucune boisson gazeuse. Chacune de ces deux possibilités permet à Carole de dépenser la totalité de son revenu. (Vérifiez si le total de chacune des autres lignes correspond bien à 30 $.) Les nombres du tableau définissent les possibilités de consommation de Carole. Nous pouvons tracer le graphique de ces possibilités, des points *a* à *f*, comme le montre la figure 8.1.

---

[1] Si vous avez lu le chapitre précédent sur la théorie de l'utilité marginale, vous connaissez déjà Carole. Dans ce chapitre, nous utiliserons une méthode différente de représentation des préférences, une méthode qui ne fait pas appel à la notion d'utilité. L'annexe de ce chapitre montre les différences et les points communs entre l'approche de l'utilité marginale et l'approche adoptée dans ce chapitre.

Figure 8.1 La droite de budget

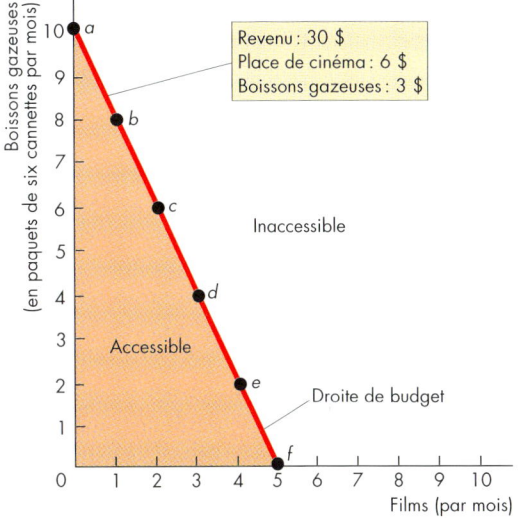

Revenu : 30 $
Place de cinéma : 6 $
Boissons gazeuses : 3 $

Possibilités de consommation	Films (par mois)	Boissons gazeuses (en paquets de six cannettes par mois)
a	0	10
b	1	8
c	2	6
d	3	4
e	4	2
f	5	0

La droite de budget de Carole indique la limite entre ce qui lui est accessible et ce qui lui est inaccessible. Le tableau dresse la liste des combinaisons de films et de boissons gazeuses accessibles à Carole dans la situation suivante : son revenu est de 30 $, un paquet de six cannettes de boisson gazeuse coûte 3 $ et une place de cinéma coûte 6 $. Par exemple, la ligne *a* nous indique que Carole peut acheter 10 paquets de six cannettes de boisson gazeuse et ne voir aucun film. Cette combinaison lui permet de dépenser la totalité de son revenu. Le graphique représente la droite de budget de Carole. Les points *a* à *f* représentent les différentes lignes du tableau. Pour les biens divisibles, la droite continue *af* représente la droite de budget.

Biens divisibles et biens indivisibles Certains biens peuvent être achetés en fonction de la quantité souhaitée. Ce sont des biens *divisibles*. L'essence et l'électricité sont des biens divisibles. D'autres biens, appelés *indivisibles*, ne peuvent être achetés qu'en unités entières, comme les films. Vous pouvez ne voir qu'une partie d'un film (comme vous l'avez certainement déjà fait pour de très mauvais films). Mais vous ne pouvez acheter votre place de cinéma que sous la forme d'une unité entière.

Carole ne peut consommer que selon l'une des six possibilités représentées dans le tableau donné en exemple. Néanmoins, nous allons construire un modèle de façon à pouvoir faire face aux situations plus générales où les biens peuvent être divisés en un nombre quelconque d'unités. En d'autres termes, *nous supposerons que les biens et services sont parfaitement divisibles.* Compte tenu de cette hypothèse, les possibilités de consommation ne sont plus uniquement limitées aux points allant de *a* à *f*, qui sont représentés à la figure 8.1. Elles se composent de ces points et de tous les points intermédiaires qui forment une ligne droite continue partant de *a* pour arriver à *f*. C'est ce que nous appelons une *droite de budget*. Ainsi, si Carole pouvait acheter des places de cinéma à la minute et des boissons gazeuses à la cuillère, elle pourrait se situer sur n'importe quel point de la droite et consommer n'importe quelle partie d'un film ou d'un paquet de six cannettes.

La droite de budget de Carole est une contrainte imposée à ses choix. Elle détermine la limite entre ce qui lui est accessible et ce qui lui est inaccessible. Tous les points qui se trouvent sur la droite et sous la droite lui sont accessibles. Par contre, les points qui se trouvent à l'extérieur du triangle délimité par la droite et les deux axes lui sont inaccessibles. Les contraintes imposées à la consommation de Carole dépendent des prix et de son revenu. Les contraintes changent lorsque les prix et le revenu de Carole changent.

L'équation de budget

Pour découvrir pourquoi la contrainte imposée à la consommation se modifie lorsque les prix et le revenu varient, nous devons exprimer la droite de budget sous la forme d'une équation : l'équation de budget. L'**équation de budget** décrit la relation entre les quantités maximales de biens et services qui peuvent être consommées avec un revenu donné à des prix donnés. Nous allons résoudre cette équation et résumer nos calculs au tableau 8.1.

Dans la partie gauche du tableau, on présente l'équation de budget en utilisant des symboles qui s'appliquent à tous les consommateurs ; dans la partie droite, on le fait en utilisant des nombres qui décrivent la situation particulière de Carole. La première section du tableau comprend les variables qui se répercutent sur le budget d'un ménage, à savoir le revenu, les prix des biens consommés et les quantités consommées. Pour que nos calculs soient clairs, chacune de ces variables est assortie d'un symbole. Prenons le cas de Carole. Elle dispose d'un revenu de 30 $. Une place de cinéma coûte 6 $ et les boissons gazeuses 3 $. Carole doit choisir les quantités de films et de boissons gazeuses qu'elle va consommer.

La contrainte budgétaire du consommateur apparaît dans la deuxième section du tableau : les dépenses (membre gauche de l'équation) sont égales au revenu (membre droit de l'équation). Examinons les éléments qui composent les dépenses. Les dépenses sont égales à la somme des dépenses effectuées pour chacun des biens. Les dépenses de n'importe quel bien sont égales au prix du bien, multiplié par la quantité consommée. Dans le cas de Carole, le revenu (membre droit de l'équation) est égal à 30 $ et ce qu'elle dépense (membre gauche de l'équation) est égal à la quantité de boissons gazeuses consommée (Q_c), multipliée par le prix des boissons gazeuses (3 $) plus le nombre de films qu'elle voit (Q_f), multiplié par le prix d'une place de cinéma (6 $).

La troisième section du tableau vous indique comment établir l'équation de budget à partir de la contrainte budgétaire du consommateur. Il n'y a que deux étapes. Premièrement, on divise les deux termes de l'équation par le prix des boissons gazeuses, P_c. Deuxièmement, on soustrait $(P_f/P_c)Q_f$ des deux membres de l'équation obtenue. Le résultat est l'équation de budget qui apparaît à la dernière ligne du tableau. Cette équation nous indique comment la variation de la consommation d'un bien se répercute sur le niveau de consommation de l'autre bien.

Pour interpréter cette équation, reprenons la droite de budget de la figure 8.1. Vérifions tout d'abord si l'équation de budget que nous venons d'établir au tableau 8.1 rend compte de la droite de budget de la figure 8.1. Supposons, dans un premier temps, que Q_f soit égale à zéro. Dans ce cas, l'équation de budget nous indique que Q_c est égale à 10. La combinaison de Q_c et de Q_f est la même que celle indiquée à la ligne *a* du tableau de la figure 8.1. Si Q_f est égale à 5, alors Q_c est égale à zéro (ligne *f* du tableau de la figure 8.1). Répétez l'opération pour les autres lignes du tableau de la figure 8.1.

L'équation de budget contient deux variables que l'individu contrôle (Q_f et Q_c) et deux autres nombres sur lesquels il n'a aucun pouvoir (y/P_c et P_f/P_c). Examinons de plus près ces deux termes sur lesquels l'individu n'a aucun pouvoir.

Le premier, y/P_c, qui a une valeur égale à 10 dans le cas de Carole, correspond au nombre maximal de paquets de six cannettes de boisson gazeuse qu'elle peut acheter. C'est le revenu réel exprimé en boissons gazeuses. Le **revenu réel** est le revenu exprimé en unités de biens et services. Le revenu réel exprimé en fonction d'un bien particulier correspond au revenu divisé par le prix de ce bien. Dans le cas de Carole, son revenu réel exprimé en boissons gazeuses est de 10 fois six cannettes. Dans la figure 8.1, la droite de budget coupe l'ordonnée au point qui correspond au revenu réel de Carole exprimé en boissons gazeuses. C'est-à-dire que, si Carole dépense tout son revenu pour acheter des boissons gazeuses, elle peut acheter 10 paquets de six cannettes.

Examinons maintenant le deuxième terme de

LES POSSIBILITÉS DE CONSOMMATION 183

Tableau 8.1 Calcul de l'équation de budget

En général		Dans le cas de Carole
1. Variables		
Revenu	= y	y = 30 \$
Prix d'une place de cinéma	= P_f	P_f = 6 \$
Prix des boissons gazeuses	= P_c	P_c = 3 \$
Quantité de films	= Q_f	Q_f = Choix de Carole
Quantité de boissons gazeuses	= Q_c	Q_c = Choix de Carole
2. Budget		
$P_c Q_c + P_f Q_f = y$		3 \$ Q_c + 6 \$ Q_f = 30 \$
3. Calcul		
• Diviser par P_c pour obtenir		• Diviser par 3 \$ pour obtenir
$Q_c + \dfrac{P_f}{P_c} Q_f = \dfrac{y}{P_c}$		$Q_c + 2Q_f = 10$
• Soustraire $(P_f/P_c)Q_f$ des deux membres pour obtenir		• Soustraire $2Q_f$ des deux membres pour obtenir
$Q_c = \dfrac{y}{P_c} - \dfrac{P_f}{P_c} Q_f$		$Q_c = 10 - 2Q_f$

l'équation de budget sur lequel l'individu n'a aucun pouvoir, c'est-à-dire P_f/P_c, ou 2 dans le cas de Carole. Ce nombre exprime le prix relatif des deux biens. Le **prix relatif** est le prix d'un bien divisé par le prix d'un autre bien. Dans l'équation, P_f/P_c est le prix relatif des films exprimé en boissons gazeuses. Pour Carole, ce prix relatif est égal à 2. Ainsi, afin de voir un film supplémentaire, elle doit réduire sa consommation de boissons gazeuses de 2 paquets de six cannettes.

Dans la figure 8.1, la valeur de la pente de la droite de budget indique le prix relatif des films exprimé en boissons gazeuses. Pour calculer la pente de la droite de budget, il suffit de reprendre la formule du calcul d'une pente que nous avons vue au chapitre 2 : la pente d'une droite est égale à la variation de la variable mesurée sur l'axe vertical, divisée par la variation de la variable mesurée sur l'axe horizontal au fur et à mesure que l'on se déplace le long de la droite. Dans le cas présent, la variable mesurée en ordonnée est la quantité de boissons gazeuses et la variable mesurée en abscisse est la quantité de films. Le long de la droite de budget de Carole, au fur et à mesure que la quantité de boissons gazeuses diminue, passant de 10 à 0, la quantité de films augmente, passant de 0 à 5. C'est pourquoi la pente de la droite de budget a une valeur de -10/5 ou -2. Plus la pente de la droite de budget est faible, moins le bien mesuré en abscisse est cher par rapport au bien mesuré en ordonnée. Plus la pente de la droite est abrupte, plus le bien mesuré en abscisse est cher par rapport au bien mesuré en ordonnée. En d'autres termes, la pente de la droite de budget correspond au prix relatif du bien dont les quantités apparaissent en abscisse.

Le prix relatif d'un bien par rapport à un autre bien constitue le coût d'opportunité du premier bien exprimé en fonction du second. Dans le cas de Carole, le coût d'opportunité d'un film correspond à 2 paquets de six cannettes de boisson gazeuse. De même, le coût d'opportunité de 2 paquets de six cannettes de boisson gazeuse correspond à un film.

Les variations des prix et du revenu

Examinons maintenant les modifications de la droite de budget lorsque les prix et le revenu varient. Nous commencerons par la variation du prix d'un produit.

Variation du prix d'une place de cinéma Supposons que le prix d'une place de cinéma diminue. Qu'advient-il alors de la droite de budget de Carole ? Pour préciser les choses, supposons que l'on divise le prix d'une place de cinéma par deux et qu'il ne soit plus que de 3 \$. En reprenant les calculs du tableau 8.1, vous pouvez déterminer la droite de budget de Carole en fonction du nouveau prix d'une place de cinéma. N'oubliez pas que l'équation de budget est donnée par :

$$Q_c = \dfrac{y}{P_c} - \dfrac{P_f}{P_c} Q_f.$$

Le revenu (y) et le prix des boissons gazeuses (P_c) restent constants. Le revenu réel de Carole exprimé en boissons gazeuses est toujours égal à 10. Mais le prix d'une place de cinéma a diminué et il est désormais le même que celui des boissons gazeuses. C'est pourquoi le prix relatif d'une place de cinéma, P_f/P_c, a diminué et qu'il est maintenant égal à 1. La nouvelle équation de budget de Carole est donc :

$$Q_c = 10 - Q_f.$$

Vérifions si cette nouvelle équation de budget est juste. La place de cinéma coûtant 3 \$, Carole peut voir 10 films avec le revenu dont elle dispose. En utilisant la nouvelle équation de budget de Carole, vous pouvez constater que, si l'on remplace Q_f par 10, Q_c est égale à zéro. Vous savez que cette réponse est juste car, si Carole voit 10 films, elle consacre la totalité de son revenu à l'achat de places de cinéma et il ne lui reste rien pour acheter des boissons gazeuses.

La figure 8.2(a) illustre les effets d'une baisse de prix sur la droite de budget. Du fait que le prix d'une place de cinéma a diminué, la nouvelle droite de budget est moins abrupte que la droite de budget *af*. Mais vous constaterez que le point *a* n'a subi aucune modification. Si Carole consacre la totalité de son budget aux boissons gazeuses, elle peut toujours acheter 10 paquets de six cannettes. Le revenu réel de Carole exprimé en boissons gazeuses n'a pas changé, seul le prix d'une place de cinéma l'a été. Exprimés en boissons gazeuses, les films coûtent moins cher. Auparavant, 1 film correspondait à 2 paquets de six cannettes. Dans la nouvelle situation, le prix relatif ou coût d'opportunité d'un film correspond à 1 paquet de six cannettes.

Examinons maintenant le déplacement de la droite de budget par suite d'une variation du prix des boissons gazeuses.

Variation du prix des boissons gazeuses Revenons à la situation initiale dans laquelle une place de cinéma coûte 6 $ et un paquet de six cannettes de boisson gazeuse coûte 3 $. Qu'advient-il de la droite de budget de Carole si le prix d'un paquet de six cannettes augmente? Supposons que le prix passe de 3 $ à 6 $. Si Carole consacre la totalité de son revenu à l'achat de boissons gazeuses, elle peut acheter 5 paquets de six cannettes. Son revenu réel exprimé en boissons gazeuses a diminué. Puisqu'une place de cinéma coûte 6 $ et qu'un paquet de six cannettes de boisson gazeuse coûte également 6 $, le prix relatif d'un film est égal à 1, c'est-à-dire la même valeur que dans l'exemple précédent. Le coût d'opportunité d'un film est égal à un paquet de six cannettes de boisson gazeuse. Nous pouvons déterminer la nouvelle droite de budget en utilisant l'équation de budget :

$$Q_c = \frac{y}{P_c} - \frac{P_f}{P_c} Q_f.$$

Le prix des boissons gazeuses est désormais de 6 $. Le revenu de Carole est toujours de 30 $ et le prix d'une place de cinéma est toujours de 6 $. Ainsi, l'équation de budget de Carole est la suivante :

$$Q_c = \frac{30}{6} - \frac{6}{6} Q_f,$$

ou $\qquad Q_c = 5 - Q_f.$

La figure 8.2(b) représente la nouvelle droite de budget. Vous remarquerez que, cette fois-ci, le point *f* n'a pas bougé. Si Carole consacre la totalité de son revenu à l'achat de places de cinéma, elle peut toujours voir 5 films. Son revenu réel exprimé en fonction des places de cinéma n'a pas changé.

Examinons les nouvelles droites de budget des graphiques (a) et (b). Dans le graphique (a), après la baisse de prix, les places de cinéma et les boissons gazeuses coûtent respectivement 3 $; dans le graphique (b), après la hausse des prix, les deux biens coûtent respectivement 6 $. Dans les deux cas, le revenu de Carole est de 30 $. Ainsi, dans le graphique (b), elle ne peut consommer qu'une plus petite quantité de chacun des deux biens par rapport au graphique (a). Vous remarquerez que la pente de la nouvelle droite de budget du graphique (b) est identique à celle de la nouvelle droite de budget du graphique (a). Cela signifie que les films ont le même coût d'opportunité dans les deux cas : pour voir un film supplémentaire, Carole doit consommer un paquet de six cannettes de boisson gazeuse de moins.

Examinons maintenant l'effet d'une variation de revenu sur la droite de budget.

Variation du revenu Si les prix restent constants et que le revenu augmente, une personne peut consommer une plus grande quantité de tous les biens. Revenons à la situation initiale : le revenu de Carole est de 30 $, une place de cinéma coûte 6 $ et un paquet de six cannettes de boisson gazeuse coûte 3 $. Le prix des deux biens étant constant, examinons ce qui va se passer si le revenu de Carole passe de 30 $ à 42 $. Rappelons que l'équation de budget est la suivante :

$$Q_c = \frac{y}{P_c} - \frac{P_f}{P_c} Q_f.$$

Déterminons maintenant la nouvelle équation de budget de Carole. Le prix des boissons gazeuses (P_c) est de 3 $ et le prix d'une place de cinéma (P_f) est de 6 $. Le revenu ($y$) est de 42 $. En substituant ces nombres aux variables correspondantes de l'équation de budget, on obtient :

$$Q_c = \frac{42}{3} - \frac{6}{3} Q_f,$$

ou $\qquad Q_c = 14 - 2 Q_f.$

Le revenu réel de Carole a augmenté du fait que son revenu a augmenté et que les prix d'une place de cinéma et des boissons gazeuses n'ont pas changé. Son revenu réel exprimé en boissons gazeuses a augmenté et il est passé de 10 à 14. Autrement dit, si elle consacre la totalité de son revenu à l'achat de boissons gazeuses, elle peut désormais acheter 14 paquets de six cannettes. Son revenu réel exprimé en nombre de films a également augmenté. Si elle consacre la totalité de son revenu à l'achat de places de cinéma, elle peut voir 7 films.

Le graphique (c) de la figure 8.2 illustre le déplacement de la droite de budget de Carole. La droite

Figure 8.2 Prix, revenu et droite de budget

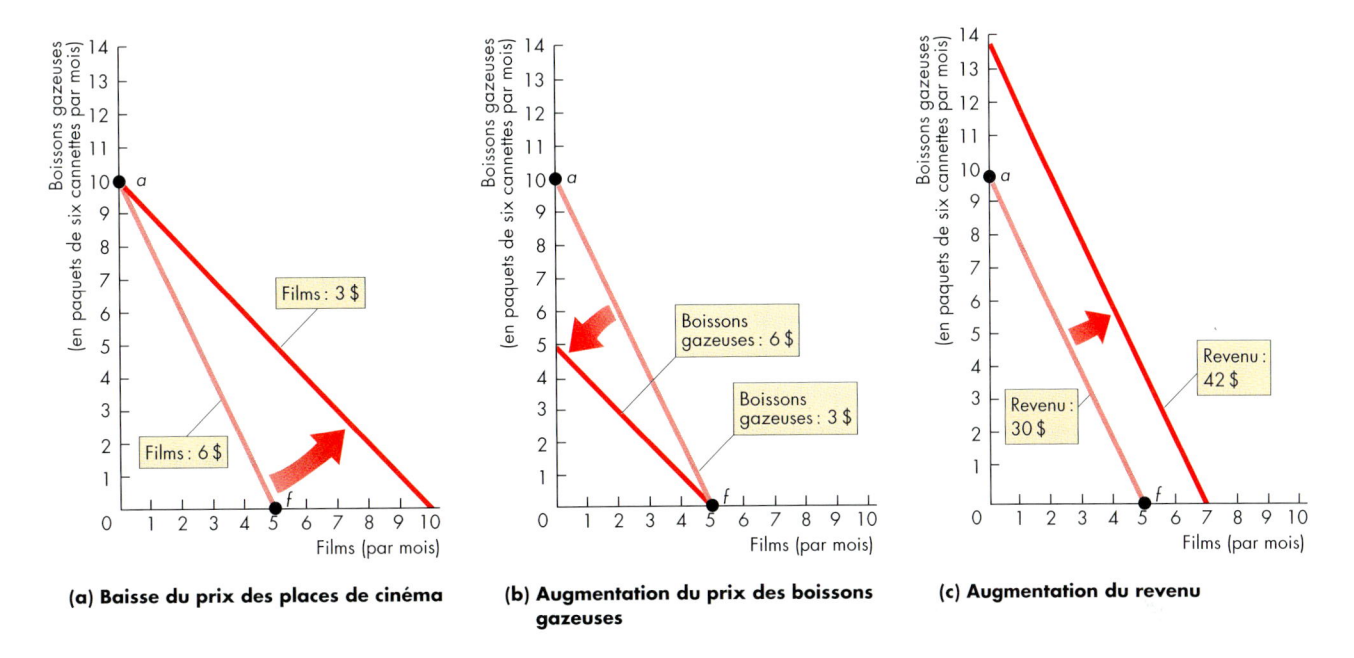

(a) Baisse du prix des places de cinéma

(b) Augmentation du prix des boissons gazeuses

(c) Augmentation du revenu

Dans le graphique (a), le prix d'une place de cinéma baisse et passe de 6 $ à 3 $. Dans le graphique (b), le prix d'un paquet de six cannettes de boisson gazeuse augmente et passe de 3 $ à 6 $. Dans le graphique (c), le revenu augmente et passe de 30 $ à 42 $, mais les prix restent constants. Dans chacun des graphiques, la flèche indique le déplacement de la droite de budget.

---

de budget initiale est la même que celles des graphiques (a) et (b), lorsque le revenu de Carole était de 30 $. La nouvelle droite de budget indique que Carole est en mesure de consommer une plus grande quantité de chacun des deux biens. La nouvelle droite est parallèle à l'ancienne mais située plus à l'extérieur. Les deux droites de budget ont la même pente, du fait que le prix relatif des places de cinéma exprimé en boissons gazeuses est le même dans les deux cas. Si une place de cinéma coûte 6 $ et un paquet de six cannettes de boisson gazeuse coûte 3 $, Carole doit consommer 2 paquets de six cannettes de moins pour voir un film supplémentaire. La nouvelle droite de budget est située plus à l'extérieur que la droite initiale car le revenu réel de Carole a augmenté.

À RETENIR

La droite de budget décrit les quantités maximales de biens et services de consommation qu'un ménage peut se procurer, compte tenu de son revenu et des prix des biens qu'il achète. Une variation du prix de l'un des biens entraîne une modification de la pente de la droite de budget. Si le prix d'un bien mesuré en abscisse augmente, la droite de budget est plus abrupte. Une variation du revenu se traduit par un déplacement parallèle de la droite de budget, sans que la pente change. Si le revenu augmente, la droite de budget se déplace vers la droite ; si le revenu diminue, la droite de budget se déplace vers la gauche.

■ ■ ■

Laissons de côté la droite de budget pour nous intéresser au deuxième élément dans le modèle des choix des consommateurs : les préférences.

Les préférences

Les préférences sont ce que les gens aiment et n'aiment pas. Elles font l'objet de trois hypothèses fondamentales :

- Les préférences ne dépendent pas du prix des produits.
- Les préférences ne dépendent pas du revenu.
- Une plus grande quantité d'un bien est préférée à une quantité moindre.

Figure 8.3 La représentation graphique des préférences

(a) Combinaison de consommation

(b) Relations de préférences

(c) Courbe d'indifférence

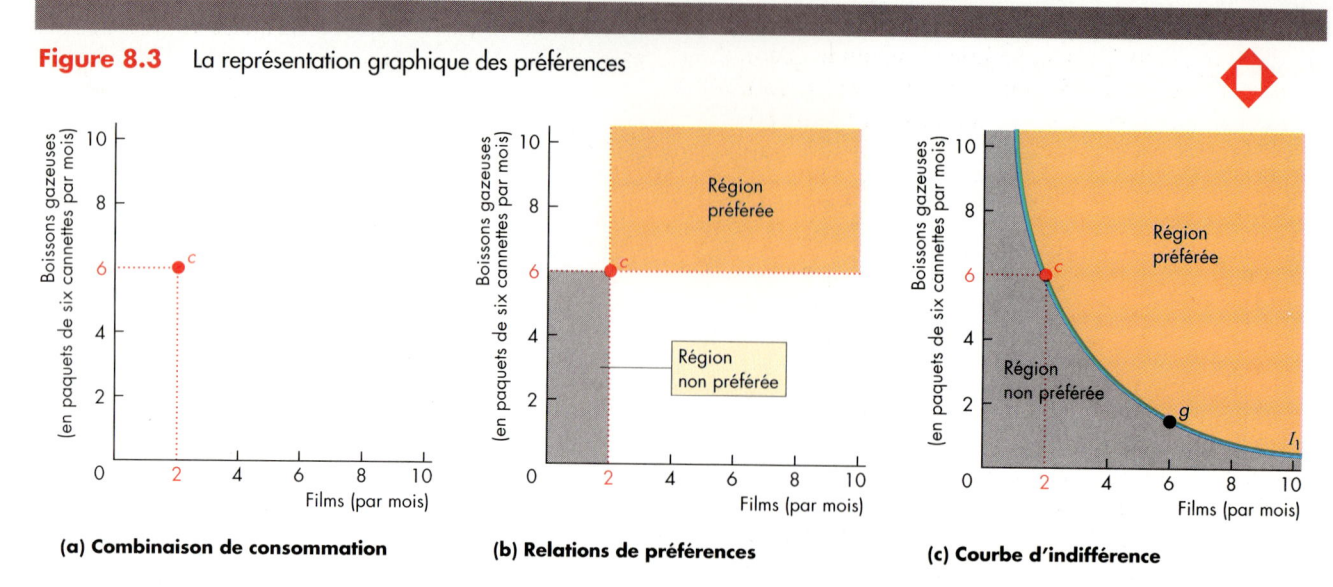

Si Carole consomme 6 paquets de six cannettes de boisson gazeuse et qu'elle va voir 2 films, sa combinaison de consommation se situe au point *c* dans le graphique (a). Carole préfère une plus grande quantité de biens à une quantité moindre, situation qui est illustrée dans le graphique (b). Elle préfère n'importe quel point qui lui permet de consommer une plus grande quantité de boissons gazeuses et de films au point *c* (tous ces points se trouvent dans la région orange). Elle préfère le point *c* à tous les autres points qui ne lui permettent de consommer qu'une quantité moindre de films et de paquets de six cannettes de boisson gazeuse (tous ces points se trouvent dans la région grise). Le fait que Carole préfère ou non voir un plus grand nombre de films et consommer moins de boissons gazeuses qu'au point *c* dépend de la quantité supplémentaire de films et de la réduction de la quantité de boissons gazeuses. De même, si elle consomme une plus grande quantité de boissons gazeuses et voit moins de films qu'au point *c*, le fait qu'elle préfère ou non cette situation au point *c* dépend de l'augmentation de la quantité de boissons gazeuses et de la réduction du nombre de films. La limite entre les points qu'elle préfère au point *c* et auxquels le point *c* est préféré est illustrée dans le graphique (c). Cette limite s'appelle *courbe d'indifférence*. Carole est indifférente entre des points tels que *g* et *c* qui se situent sur la courbe d'indifférence. Elle préfère n'importe quel point situé au-dessus de la courbe d'indifférence (région orange) aux points situés sur la courbe. De même, elle préfère n'importe quel point situé sur la courbe d'indifférence aux points situés au-dessous de la courbe (région grise).

Les deux premières hypothèses reviennent à dire que ce que les gens aiment et n'aiment pas ne dépend pas de ce qu'ils peuvent se permettre d'acheter. Cette hypothèse ne signifie pas que les préférences des individus ne se modifient pas avec le temps. Elle ne signifie pas non plus que leurs préférences ne sont pas influencées par les biens qu'ils ont déjà consommés et par leurs expériences antérieures. Elle *signifie* que les individus ne décident pas subitement qu'ils aiment un bien donné plus que par le passé *simplement parce que* leur revenu augmente ou que le prix du bien en question baisse.

La troisième hypothèse, selon laquelle une plus grande quantité d'un bien est préférée à une quantité moindre, est simplement une autre façon de dire que les besoins sont illimités. Il va de soi que, dans la réalité, vous pouvez très bien imaginer posséder une quantité suffisante d'un bien pour ne pas en vouloir plus, mais il y aura toujours quelque autre bien dont vous souhaiteriez avoir plus.

Dans cette partie, nous allons découvrir une méthode ingénieuse de représentation graphique des préférences.

La carte des préférences

Examinons comment il est possible de représenter graphiquement les préférences d'un individu en traçant la carte des préférences de Carole pour les films et les boissons gazeuses. Dans le plan de la figure 8.3, nous représentons en abscisse le nombre de films et en ordonnée le nombre de paquets de six cannettes de boisson gazeuse. Commençons par le graphique (a) et arrêtons-nous au point *c* qui correspond à 2 films et à 6 paquets de six cannettes de boisson gazeuse. Ce point nous servira de référence et nous permettra de savoir dans quelle mesure Carole aime les autres points par rapport au point *c*.

Le graphique (b) nous amène à l'étape suivante. On a divisé le plan en quatre régions. Chaque point de la région orange représente un plus grand nombre de films et de boissons gazeuses que le point *c*. Carole préfère tous les points de cette région au point *c*. Chaque point de la région en gris représente une moindre quantité de films et de boissons gazeuses que le point *c*. Carole préfère le point *c* à tous les autres points de la région en gris. Les points des deux régions en blanc correspondent soit à une plus grande quantité de films et à une moindre quantité de boissons gazeuses que le point c, soit à une plus grande quantité de boissons gazeuses et à une moindre quantité de films que le point c. Comment Carole évalue-t-elle les points qui se trouvent dans ces régions par rapport au point c? Pour répondre à cette question, nous devons passer à la dernière étape de l'élaboration de la carte des préférences de Carole.

Le graphique (c) correspond à cette dernière étape. Il contient une courbe qui passe par le point c et par les deux régions en blanc du graphique (b). Cette courbe représente la limite entre les points que Carole préfère au point c et les points qu'elle trouve moins intéressants que le point c. Entre le point c et les autres points de la courbe I_1, le point g par exemple, Carole est indifférente. La courbe en tant que telle s'appelle *courbe d'indifférence*. Une **courbe d'indifférence** est une courbe qui indique toutes les combinaisons de deux biens entre lesquelles le consommateur est indifférent. La courbe d'indifférence représentée à la figure 8.3(c) indique toutes les combinaisons de films et de boissons gazeuses qui sont ni plus ni moins désirables que la combinaison que représente le point c.

Cette courbe d'indifférence n'est que l'une des courbes possibles. Elle est de nouveau représentée à la figure 8.4. La courbe I_1 passe par les points c et g. Les courbes I_0 et I_2 sont deux autres courbes d'indifférence. Carole préfère n'importe quel point situé sur la courbe d'indifférence I_2 à ceux de la courbe d'indifférence I_1. En outre, elle préfère n'importe quel point de la courbe I_1 à ceux de la courbe I_0. Nous dirons que I_2 est une courbe d'indifférence plus élevée que I_1, et que cette dernière est une courbe d'indifférence plus élevée que I_0.

Les courbes d'indifférence ne se coupent jamais. Pour comprendre pourquoi, prenons par exemple les courbes I_1 et I_2 de la figure 8.4. Nous savons que le point j est préféré au point c, parce qu'au point j Carole consomme plus de chaque bien qu'au point c. Comme le point j est sur la courbe I_2 et que le point c est sur la courbe I_1, tous les points de la courbe d'indifférence I_2 sont donc préférés aux points qui se trouvent sur la courbe d'indifférence I_1. Si ces courbes en venaient à se couper, le consommateur devrait être indifférent entre la combinaison de biens correspondant au point d'intersection en question et les combinaisons c et j. Or, nous savons justement que le point j est préféré au point c, de sorte qu'un point d'intersection ne peut exister. Par conséquent, des courbes d'indifférence ne se coupent pas.

Une carte des préférences est constituée d'une série de courbes d'indifférence. Les courbes d'indifférence représentées à la figure 8.4 ne constituent qu'une partie de la carte des préférences de Carole. Sa carte complète se compose d'un nombre infini de courbes d'indifférence. Une courbe d'indifférence relie des points représentant des combinaisons de biens qui laissent le consommateur indifférent, à peu près de la même façon que la courbe de niveau d'une carte topographique relie les points de même altitude. En examinant le profil des courbes de niveau d'une carte, nous pouvons en déduire le relief du terrain. De même, en examinant le profil des courbes d'indifférence d'un individu, nous pouvons en déduire ses préférences. Mais l'interprétation d'une carte des préférences demande un peu plus de travail. Pour cela, nous devons également être en mesure de décrire un peu plus précisément la forme des courbes d'indifférence. Dans les deux sections qui suivent, nous allons apprendre à «lire» une carte des préférences.

Figure 8.4 La carte des préférences

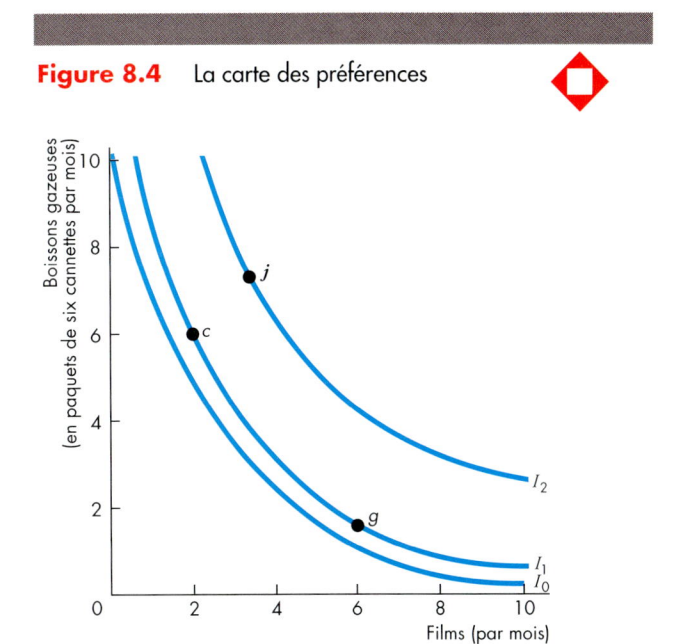

Une carte des préférences se compose d'un nombre infini de courbes d'indifférence. Ici, seules trois courbes sont représentées, soit I_0, I_1 et I_2, qui font partie de la carte des préférences de Carole. Chaque courbe d'indifférence contient des points qui représentent des situations entre lesquelles Carole est indifférente. Par exemple, elle est indifférente entre les points c et g qui se trouvent sur la courbe d'indifférence I_1. Mais elle préfère les points qui se trouvent sur une courbe d'indifférence plus élevée aux points qui se trouvent sur une courbe inférieure. Par exemple, Carole préfère tous les points qui se trouvent sur la courbe d'indifférence I_2 à ceux qui se trouvent sur la courbe I_1; elle préfère le point j aux points c ou g.

Les courbes d'indifférence et les préférences

Pour décrire la forme d'une courbe d'indifférence, nous utilisons le concept de taux marginal de substitution. Le **taux marginal de substitution** ou TmS est le taux

Figure 8.5 Le taux marginal de substitution

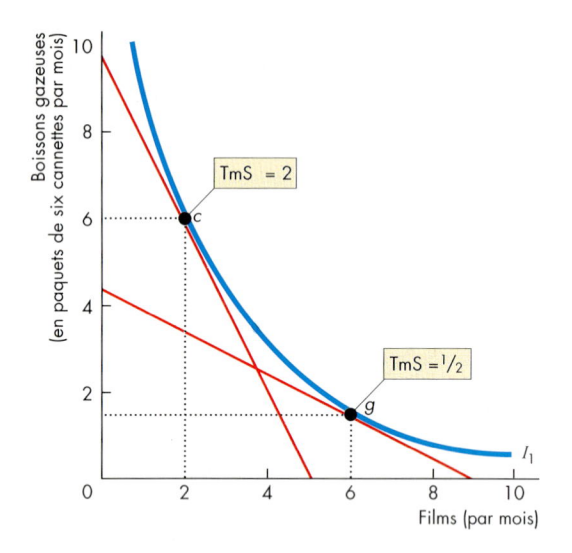

La pente de la courbe d'indifférence permet de mesurer le taux marginal de substitution, ou TmS. Le taux marginal de substitution nous indique dans quelle proportion une personne est prête à renoncer à un bien pour obtenir une plus grande quantité d'un autre bien, tout en restant indifférente entre ces deux situations. Au point c, le taux marginal de substitution est égal à 2; au point g, il est égal à 1/2.

auquel une personne acceptera de renoncer à un bien pour obtenir une plus grande quantité d'un autre bien tout en restant indifférente. La valeur du taux marginal de substitution est donné par la pente de la courbe d'indifférence. Si la courbe d'indifférence est abrupte, le taux marginal de substitution est élevé. La personne est prête à renoncer à une grande quantité du bien mesuré en ordonnée en échange d'une petite quantité du bien mesuré en abscisse tout en restant indifférente. Si la pente de la courbe d'indifférence est faible, alors le taux marginal de substitution est peu élevé. Pour rester indifférente, la personne n'est prête à renoncer qu'à une petite quantité du bien mesuré en ordonnée en échange d'une grande quantité du bien mesuré en abscisse.

Étudions maintenant le taux marginal de substitution dans deux cas précis, illustrés à la figure 8.5. La courbe appelée I_1 représente l'une des courbes d'indifférence de Carole. Supposons que Carole consomme 6 paquets de six cannettes de boisson gazeuse et aille voir 2 films (point c). Quel est son taux marginal de substitution à ce point? On le calcule en mesurant la pente de la courbe d'indifférence au point c. Pour ce faire, il suffit de tracer la droite tangente à la courbe d'indifférence au point c. La pente de cette droite est égale à la variation de la quantité de boissons gazeuses divisée par la variation de la quantité de films au fur et à mesure que nous nous déplaçons le long de la droite.

Par exemple, si l'on passe d'une situation où Carole consomme 10 paquets de six cannettes de boisson gazeuse et ne va voir aucun film à une situation où elle va voir 5 films et ne consomme aucune boisson gazeuse, sa consommation de boissons gazeuses baisse de 10 paquets et sa consommation de films augmente de 5. La pente de la droite tangente est donc égale à -2. Lorsque Carole va voir 2 films et consomme 6 paquets de six cannettes de boisson gazeuse, son taux marginal de substitution est par conséquent égal à 2.

Supposons maintenant que Carole aille voir 6 films et qu'elle consomme 1,5 paquet de six cannettes de boisson gazeuse (point g de la figure 8.5). Quel est son taux marginal de substitution à ce point? Il suffit de calculer la pente de la courbe d'indifférence à ce point, la valeur de cette pente étant identique à celle de la tangente à la courbe d'indifférence au point en question. Ici, lorsqu'on passe d'une situation où Carole consomme 4,5 paquets de six cannettes de boisson gazeuse et ne voit aucun film à une situation où elle va voir 9 films et ne consomme pas de boissons gazeuses, la consommation de boissons gazeuses diminue de 4,5 paquets de six cannettes et la consommation de films augmente de 9 unités. Par conséquent, la pente de la tangente est égale à -½ et le taux marginal de substitution de Carole est égal à ½. Ainsi, lorsque Carole voit 6 films et consomme 1,5 paquet de six cannettes de boisson gazeuse par mois, elle est prête à remplacer les films par des boissons gazeuses au taux de 0,5 paquet de six cannettes par film tout en restant indifférente.

Vous remarquerez que, si Carole consomme une grande quantité de boissons gazeuses et ne voit que peu de films, son taux marginal de substitution est élevé. Si, par contre, elle va souvent au cinéma et ne consomme que peu de boissons gazeuses, son taux marginal de substitution est faible. Cette caractéristique du taux marginal de substitution constitue une hypothèse fondamentale de la théorie du comportement du consommateur. C'est ce qu'on appelle le *taux marginal de substitution décroissant*. Le principe du **taux marginal de substitution décroissant** correspond à la tendance générale du taux marginal de substitution à décroître au fur et à mesure que le consommateur se déplace le long d'une courbe d'indifférence, augmentant sa consommation du bien mesuré sur l'axe des x et réduisant sa consommation du bien mesuré sur l'axe des y.

Vous serez peut-être mieux en mesure de comprendre pourquoi nous faisons l'hypothèse d'un taux marginal de substitution décroissant en vous référant à vos propres préférences. Imaginez deux situations entre lesquelles vous êtes indifférent. Dans la première situation, vous allez voir 3 films au cours de la même soirée mais vous ne consommez aucune boisson gazeuse. Dans la deuxième situation, vous consommez 6 paquets de six cannettes de boisson gazeuse mais vous n'allez pas au cinéma. Dans le premier cas, vous renonceriez

Figure 8.6 Le degré de substituabilité

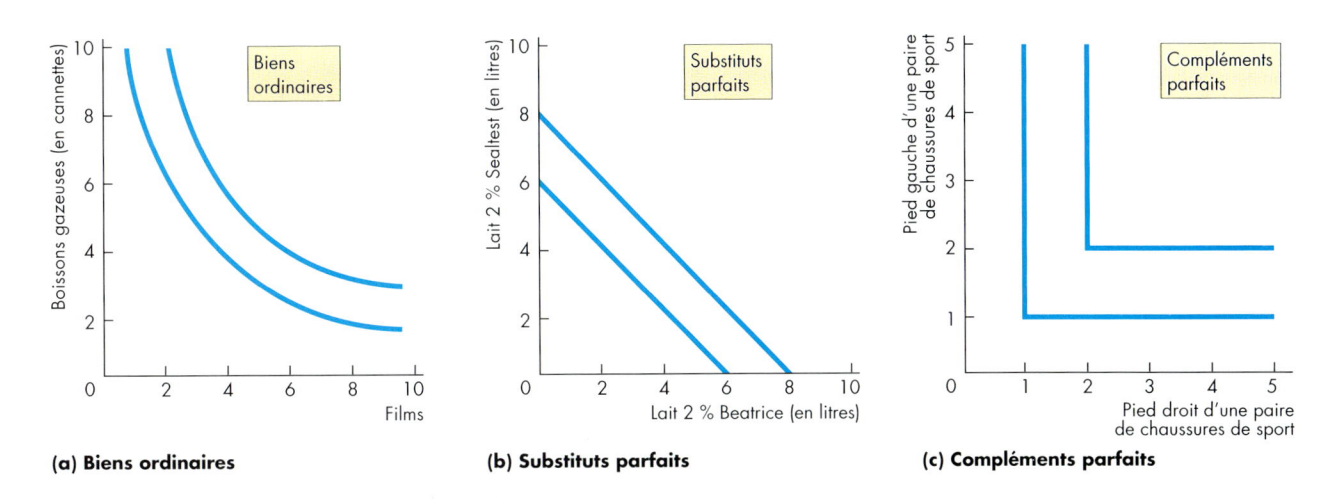

(a) Biens ordinaires

(b) Substituts parfaits

(c) Compléments parfaits

La forme d'une courbe d'indifférence révèle le degré de substituabilité entre les biens. Le graphique (a) représente les courbes d'indifférence de deux biens ordinaires: les films et les boissons gazeuses. Pour qu'un individu reste indifférent en consommant moins de boissons gazeuses, il doit voir un plus grand nombre de films. Le nombre de films qui compense la baisse de la consommation de boissons gazeuses augmente avec la réduction de la consommation de boissons gazeuses. Le graphique (b) représente les courbes d'indifférence de deux substituts parfaits. Pour que le consommateur reste indifférent, un litre de moins de lait 2 % Sealtest doit être remplacé par un litre supplémentaire de lait 2 % Beatrice. Le graphique (c) représente deux compléments parfaits, c'est-à-dire des biens qui ne sont pas du tout substituables. Le consommateur est indifférent entre une situation où il y a deux pieds gauches d'une paire de chaussures de sport et un pied droit, d'une part, et une situation où il y a un pied gauche et un pied droit, d'autre part. Mais deux pieds gauches et deux pieds droits sont préférés à une situation où il n'y aurait qu'un pied gauche et qu'un pied droit.

certainement à 1 film en échange d'une petite quantité de boissons gazeuses. Dans le second cas, vous n'hésiteriez certainement pas à renoncer à une certaine quantité de boissons gazeuses pour voir ne serait-ce qu'un film. En d'autres termes, plus vous allez au cinéma et moins vous consommez de boissons gazeuses, moins vous serez prêt à renoncer aux boissons gazeuses pour voir un film supplémentaire. Vos préférences obéissent au principe du taux marginal de substitution décroissant.

La forme que nous avons donnée aux courbes d'indifférence implique un taux marginal de substitution décroissant car les courbes sont convexes par rapport à l'origine. Le degré de convexité d'une courbe d'indifférence nous renseigne sur la mesure dans laquelle une personne est prête à substituer un bien à un autre, tout en restant indifférente. Pour éclaircir ce point, prenons quelques exemples.

Le degré de substituabilité

Pour la plupart d'entre nous, les films et les boissons gazeuses ne sont pas considérés comme de proches substituts. Nous avons une idée assez précise du nombre de films que nous voulons voir chaque mois et du nombre de cannettes de boisson gazeuse que nous voulons consommer. Mais, dans une certaine mesure, nous sommes prêts à remplacer l'un de ces deux biens par l'autre. Même si vous êtes un amateur de boissons gazeuses, une certaine augmentation du nombre de films que vous allez voir compenserait certainement le fait de renoncer à une cannette de boisson gazeuse. Parallèlement, même si vous êtes un passionné de cinéma, un certain nombre de cannettes de boisson gazeuse compenserait vraisemblablement le fait de renoncer à un film. Les courbes d'indifférence d'un individu pour les films et les boissons gazeuses peuvent ressembler à celles de Carole, qui sont représentées à la figure 8.6(a).

Proches substituts Certains biens peuvent si facilement être remplacés par d'autres que nous ne remarquons même pas lequel des deux biens nous consommons. Les différentes marques d'ordinateurs personnels en sont un bon exemple. Zenith, Compaq et Tandy sont tous des clones des IBM PC. Mais nous sommes en général incapables de faire la différence entre les clones et l'ordinateur IBM lui-même. Même chose pour le lait

« Avec le porc, je vous suggère de boire un vin blanc d'Alsace ou un Coke. »

Dessin de Weber; © 1988 The New Yorker Magazine, Inc.

2 %. À l'exception de quelques connaisseurs, peu nous importe en général de boire du lait 2 % Sealtest ou Beatrice. Lorsque deux biens sont des substituts parfaits, leurs courbes d'indifférence sont représentées par des droites à pente négative, comme le montre la figure 8.6(b). Le taux marginal de substitution entre deux substituts parfaits est constant, quelles que soient les quantités consommées de l'un ou l'autre bien.

Compléments Certains biens ne peuvent absolument pas se substituer à d'autres, mais sont plutôt des compléments. Les biens complémentaires de la figure 8.6(c) sont le pied gauche et le pied droit d'une paire de chaussures de sport. Les courbes d'indifférence de biens parfaitement complémentaires ont la forme d'un L. Le pied gauche et le pied droit d'une paire de chaussures de sport constituent une combinaison tout aussi appréciable qu'un pied gauche et deux pieds droits. Deux pieds gauches et deux pieds droits sont évidemment préférables à un seul pied gauche et à un seul pied droit. Mais la combinaison dans laquelle il y a deux chaussures du même pied et une seule de l'autre n'est pas meilleure que celle dans laquelle il y a un pied gauche et un pied droit.

Les cas extrêmes choisis pour illustrer les substituts parfaits et les compléments parfaits ne se rencontrent que rarement dans la réalité. Néanmoins, ils nous permettent d'illustrer le fait que la forme d'une courbe d'indifférence indique le degré de substituabilité entre deux biens. Plus deux biens sont substituables, plus leurs courbes d'indifférence sont proches de la ligne droite et plus le taux marginal de substitution tendra à être constant. Les courbes d'indifférence des produits qui ne se substituent que difficilement ont une forme coudée proche de celle des courbes du graphique (c) de la figure 8.6. Dans ce qui suit, nous ferons abstraction des substituts ou des compléments parfaits et nous supposerons que nous avons toujours affaire à des biens ordinaires, qui satisfont le principe du taux marginal de substitution décroissant.

À RETENIR

Les préférences d'une personne peuvent être représentées graphiquement sur une carte des préférences. Une telle carte est constituée d'une famille de courbes d'indifférence. Les courbes d'indifférence ont une pente négative, elles sont convexes par rapport à l'origine et ne se coupent jamais. La pente d'une courbe d'indifférence représente le taux marginal de substitution. Ce taux diminue au fur et à mesure qu'une personne consomme une plus petite quantité du bien mesuré sur l'axe des y et une plus grande quantité du bien mesuré sur l'axe des x. La courbure de la courbe d'indifférence nous renseigne sur le degré de substituabilité des biens. Des courbes d'indifférence qui sont presque des droites indiquent que les biens sont des substituts très proches. Les courbes d'indifférence coudées ou qui ont presque la forme d'un L nous indiquent que les deux biens sont des compléments.

■ ■ ■

Nous venons de voir les deux éléments de base du modèle du comportement du consommateur : la droite de budget et la carte des préférences. Nous allons maintenant utiliser ces concepts pour analyser les choix du consommateur.

Les choix de consommation

Vous vous souvenez que Carole dispose d'un revenu de 30 $ et qu'elle n'achète que deux biens : des places de cinéma (6 $ chacune) et des boissons gazeuses (3 $ le paquet de six cannettes). Nous avons appris à tracer la droite de budget de Carole, droite qui résume ce qu'elle peut acheter compte tenu de son revenu et du prix des places de cinéma et des boissons gazeuses (figure 8.1). Nous avons également appris à représenter graphiquement les préférences de Carole par ses courbes d'indifférence (figure 8.4). Nous allons maintenant réunir la droite de budget et les courbes d'indifférence de Carole pour déterminer la meilleure combinaison de films et de boissons gazeuses parmi celles qui lui sont accessibles.

L'analyse, qui combine la droite de budget de la figure 8.1 et les courbes d'indifférence de la figure 8.4, est résumée à la figure 8.7. Examinons tout d'abord le point h qui se trouve sur la courbe d'indifférence I_0. Ce point est situé sur la droite de budget de Carole.

Nous savons donc qu'il représente une combinaison accessible. Mais préfère-t-elle cette combinaison de films et de boissons gazeuses à toutes les autres combinaisons qui lui sont accessibles? La réponse est non. Pour comprendre pourquoi, examinons le point *c* qui correspond à 2 films et à 6 paquets de six cannettes de boisson gazeuse. Le point *c* se trouve sur la droite de budget de Carole, ce qui nous permet de dire que cette combinaison lui est également accessible. Mais le point *c* se situe sur la courbe d'indifférence I_1 qui est plus élevée que la courbe d'indifférence I_0. Par conséquent, nous savons que Carole préfère le point *c* au point *h*.

Y a-t-il d'autres points accessibles que Carole préfère? La réponse est non. Tous les autres points qui lui sont accessibles, c'est-à-dire tous les autres points qui se trouvent sur sa droite de budget ou sous cette droite, se situent sur des courbes d'indifférence qui sont inférieures à I_1. La courbe d'indifférence I_1 est la courbe d'indifférence la plus élevée dans l'ensemble des combinaisons qui sont accessibles à Carole. Examinons plus précisément le meilleur choix accessible à Carole.

Les caractéristiques de la meilleure combinaison accessible

La meilleure combinaison accessible, en l'occurrence le point *c*, a deux caractéristiques. Elle est située à la fois:

- *sur* la droite de budget;
- *sur* la courbe d'indifférence accessible la plus élevée.

Sur la droite de budget La meilleure combinaison accessible se situe *sur* la droite de budget. Si Carole choisit un point à l'intérieur de la droite de budget, il y aura des combinaisons accessibles sur la droite de budget qui correspondraient à une plus grande quantité des deux biens. Carole préférerait ces combinaisons au point qui se trouve à l'intérieur de la droite de budget. Par ailleurs, la meilleure combinaison accessible ne peut se situer au-delà de la droite de budget car elle ne serait alors pas accessible à Carole.

Sur la courbe d'indifférence accessible la plus élevée La combinaison choisie se trouve sur la courbe d'indifférence accessible la plus élevée, au point où cette courbe est tangente à la droite de budget. Le taux marginal de substitution entre les deux biens (la valeur absolue de la pente de la courbe d'indifférence) est alors égal à leur prix relatif (la valeur absolue de la pente de la droite de budget).

Afin de comprendre pourquoi cette situation décrit la meilleure combinaison accessible, arrêtons-nous au point *h* qui, pour Carole, est moins désirable que le point *c*. Au point *h*, le taux marginal de substitution de Carole est inférieur au prix relatif: la pente de la courbe d'indifférence I_0 est plus faible que la pente

Figure 8.7 La meilleure combinaison accessible

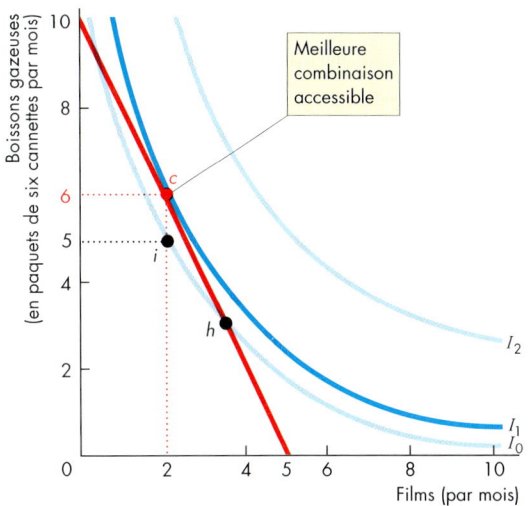

La meilleure combinaison accessible à Carole se trouve au point *c*. À ce point, elle se trouve sur sa droite de budget et dépense la totalité de son revenu. Elle se situe également sur la courbe d'indifférence accessible la plus élevée, soit I_1. Les courbes d'indifférence plus élevées (comme I_2) ne touchent pas sa droite de budget. C'est pourquoi les points qu'elles contiennent ne sont pas accessibles à Carole. Au point *c*, le taux marginal de substitution (la valeur de la pente de la courbe d'indifférence) est égal au prix relatif des films (la valeur de la pente de la droite de budget). Le point *h*, par exemple, qui se trouve sur la droite de budget, n'est pas la meilleure combinaison accessible à Carole car, à ce point, elle est prête à renoncer à un nombre de films plus grand que nécessaire en échange de boissons gazeuses. Elle peut se déplacer jusqu'au point *i*, qu'elle considère tout aussi désirable que le point *h*, bien qu'il corresponde à une dépense moindre. À partir du point *i*, elle peut accroître sa consommation de boissons gazeuses, tout en respectant sa contrainte budgétaire, de façon à atteindre le point *c*, qui est manifestement préférable au point *i*.

de la droite de budget de Carole. Si, à partir du point *h*, Carole substitue des boissons gazeuses à sa consommation de films et qu'ainsi elle monte le long de la courbe d'indifférence I_0, elle se déplacera à l'intérieur de sa droite de budget et ne dépensera pas tout son revenu. Elle peut se déplacer jusqu'au point *i*, par exemple, point qui correspond à 2 films et à 5 paquets de six cannettes de boisson gazeuse et faire des économies de 3 $. Les combinaisons représentées par les points *i* et *h* laissent Carole indifférente. Par contre, elle préfère le point *c* au point *i* puisqu'au point *c* elle peut consommer une plus grande quantité de boissons gazeuses qu'au point *i* et voir le même nombre de films.

En se déplaçant le long de sa droite de budget du point *h* vers le point *c*, Carole passe par toute une série de courbes d'indifférence (qui ne sont pas représentées ici) situées entre les courbes d'indifférence I_0 et I_1. Toutes ces courbes d'indifférence sont plus élevées que I_0 et, par conséquent, tous les points qu'elles contiennent sont préférés au point *h*. Une fois arrivée au point *c*, Carole a atteint la courbe d'indifférence accessible la plus élevée. Si elle continue à se déplacer le long de la droite de budget, elle rencontrera des courbes d'indifférence qui sont inférieures à I_1.

À RETENIR

Le consommateur dispose d'un revenu donné et les prix des produits qu'il achète sont fixes. Le problème du consommateur consiste à affecter ce revenu fixe de la meilleure façon possible. La droite de budget du consommateur décrit les combinaisons de biens qui lui sont accessibles. Les courbes d'indifférence représentent les préférences du consommateur. Le consommateur affecte son revenu de la meilleure façon possible lorsque la totalité de son revenu est dépensée (il se situe sur sa droite de budget) et que le taux marginal de substitution (la pente de la courbe d'indifférence) est égal au prix relatif des biens (la pente de la droite de budget).

■ ■ ■

Nous allons maintenant utiliser ce modèle des choix du consommateur pour prédire les modifications de la structure de la consommation lorsque le revenu et les prix varient.

Les prédictions du modèle du comportement du consommateur

Examinons comment le consommateur réagit à une variation des prix et du revenu. Nous commencerons par étudier les effets d'une variation de prix, ce qui nous permettra, en supposant que le revenu et tous les autres prix sont constants, de tracer la courbe de demande du consommateur.

Ajustement à une variation de prix

L'effet d'une variation de prix sur la quantité consommée d'un bien s'appelle l'**effet de prix**. Nous utiliserons la figure 8.8 pour analyser l'effet de prix d'une baisse du prix des places de cinéma. La situation initiale est la suivante : une place de cinéma coûte 6 $, les boissons gazeuses coûtent 3 $ le paquet de six cannettes et Carole dispose d'un revenu mensuel de 30 $. Dans ce cas, sa consommation est représentée par le point *c*, point où sa droite de budget est tangente à sa courbe d'indifférence accessible la plus élevée, I_1. Carole consomme 6 paquets de six cannettes de boisson gazeuse et voit 2 films par mois.

Supposons maintenant que le prix d'une place de cinéma baisse à 3 $. Nous avons déjà vu, à la figure 8.2(a), les effets d'une variation des prix sur la droite de budget. Si le prix d'une place de cinéma est moins élevé, la droite de budget se déplace vers l'extérieur et devient moins abrupte. La nouvelle droite de budget correspond à la droite rouge vif représentée à la figure 8.8(a). Dans cette nouvelle situation, la meilleure combinaison accessible à Carole est représentée par le point *j*. À ce point, elle voit 5 films et consomme 5 paquets de six cannettes de boisson gazeuse. Comme vous pouvez le constater, Carole consomme moins de boissons gazeuses et va voir un plus grand nombre de films puisque le prix d'une place de cinéma a diminué. Sa consommation de boissons gazeuses passe de 6 à 5 paquets de six cannettes et, au lieu de voir 2 films, elle en voit 5. Carole remplace les boissons gazeuses par des films lorsque le prix des places de cinéma diminue et que le prix des boissons gazeuses et son revenu restent constants.

La courbe de demande

Cette analyse des effets d'une variation du prix des places de cinéma nous permet de tracer la courbe de demande de films de Carole. Vous vous rappelez certainement que la courbe de demande décrit la relation entre la quantité demandée d'un bien et son prix, en supposant constants tous les autres facteurs susceptibles d'influer sur la quantité demandée. Nous pouvons établir la courbe de demande de Carole en abaissant progressivement le prix d'une place de cinéma et en déterminant la meilleure combinaison qui lui est accessible pour chacun des prix. La figure 8.8(b) ne présente que deux prix et deux points qui se trouvent sur la courbe de demande de films de Carole. Lorsque le prix d'une place de cinéma est de 6 $, Carole va voir deux films par mois, ce qui correspond au point *a*. Lorsque le prix diminue et n'est plus que de 3 $, elle va voir 5 films par mois, ce qui correspond au point *b*. La courbe de demande est constituée de ces deux points et de tous les autres points qui nous indiquent la meilleure combinaison de films accessible à Carole pour chacun des prix possibles (plus de 6 $, entre 6 $ et 3 $ ou moins de 3 $), en fonction du prix des boissons gazeuses et du revenu de Carole. Comme vous pouvez le constater, la pente de la courbe de demande de films de Carole est négative : plus le prix d'une place de cinéma est bas, plus elle va voir de films par mois. C'est ce que nous avons appelé la *loi de la demande*.

Examinons maintenant ce qui se passe lorsque le revenu de Carole varie.

LES PRÉDICTIONS DU MODÈLE DU COMPORTEMENT DU CONSOMMATEUR 193

Figure 8.8 L'effet de prix et la courbe de demande

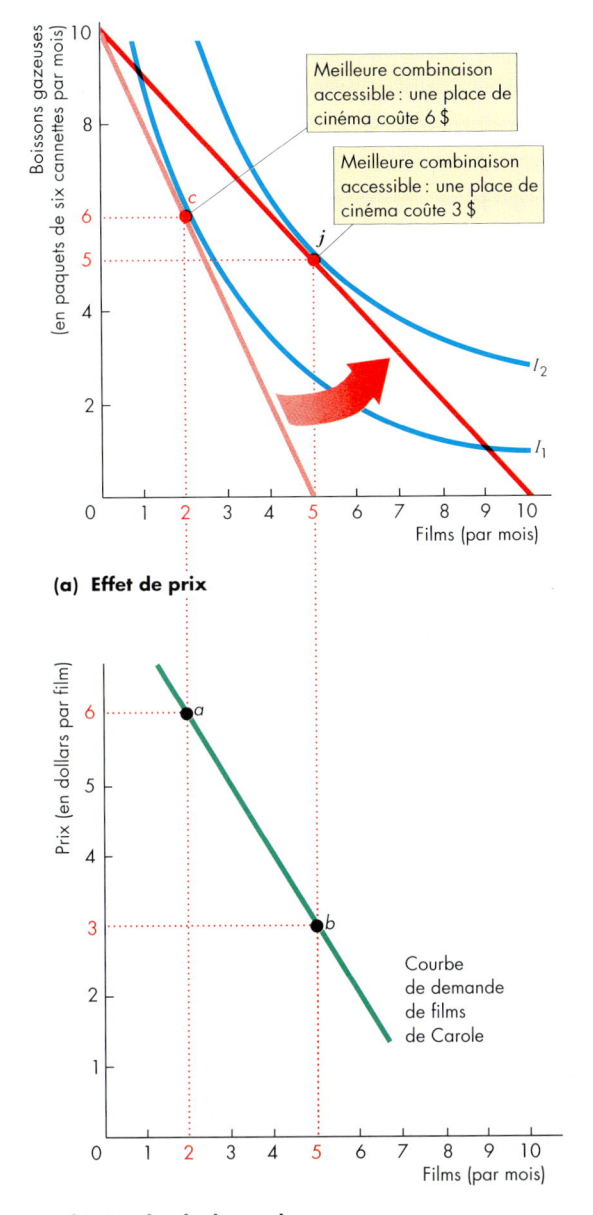

(a) Effet de prix

(b) Courbe de demande

La consommation initiale de Carole est représentée par le point *c* (graphique a). Si le prix d'une place de cinéma diminue et passe de 6 $ à 3 $, la consommation de Carole s'établit au point *j*. L'augmentation de la consommation de films par mois, qui passe de 2 à 5, représente l'effet de prix. Lorsque le prix d'une place de cinéma diminue, Carole va voir un plus grand nombre de films. La courbe de demande de films de Carole est représentée dans le graphique (b). Lorsque le prix d'une place de cinéma est de 6 $, elle va voir 2 films par mois (point *a*). Lorsque le prix d'une place de cinéma est de 3 $, Carole va voir 5 films par mois (point *b*). On obtient la courbe de demande en faisant varier le prix des biens et en déterminant les meilleures combinaisons accessibles pour chacun des prix.

Ajustement à une variation du revenu

L'effet d'une variation du revenu sur la consommation, en supposant que tous les prix restent constants, s'appelle l'**effet de revenu**. Voyons comment une variation de revenu se répercute sur la consommation. Nous avons déjà vu dans ce chapitre qu'une variation du revenu entraîne un déplacement de la droite de budget. Nous avons montré à la figure 8.2(c) qu'une augmentation du revenu se traduit par un déplacement parallèle de la droite de budget vers l'extérieur.

Il est évident que lorsque le revenu d'une personne augmente elle peut consommer une plus grande quantité de tous les biens ; cela ne signifie pas pour autant qu'il va en être ainsi. Les biens se regroupent en deux catégories : les biens normaux et les biens inférieurs. Les *biens normaux* sont ceux dont l'effet de revenu est positif : leur consommation augmente avec le revenu. Les *biens inférieurs* sont ceux dont l'effet de revenu est négatif : leur consommation diminue avec l'augmentation du revenu.

Comme cette terminologie le laisse entendre, la plupart des biens sont des biens normaux. Cependant, il existe quelques exemples de biens inférieurs. Le riz et les pommes de terre en sont de bons exemples. Les personnes qui disposent de faibles revenus consomment beaucoup de riz et de pommes de terre. Au fur et à mesure que le revenu augmente, la consommation de poulet et de boeuf, qui sont des biens normaux, augmente et la consommation de riz et de pommes de terre, qui sont des biens inférieurs, diminue. Dans le cas de Carole, on peut supposer que les films et les boissons gazeuses sont des biens normaux : si son revenu augmente, Carole ira voir un plus grand nombre de films et consommera davantage de boissons gazeuses.

La figure 8.9 illustre les deux types d'effet de revenu. Le graphique (a) représente l'effet de revenu pour des biens normaux et prend comme exemple la consommation de Carole. Dans une situation où son revenu est de 30 $, le prix d'une place de cinéma 6 $ et celui des boissons gazeuses 3 $ le paquet de six cannettes, Carole consomme au point *c*, c'est-à-dire qu'elle va voir 2 films et achète 6 paquets de six cannettes de boisson gazeuse. Si son revenu augmente et qu'elle dispose de 42 $, elle consommera au point *k* (elle ira voir 3 films et achètera 8 paquets de six cannettes de boisson gazeuse). Avec un revenu plus élevé, Carole consomme une plus grande quantité des deux biens. Ces effets de revenu sont indiqués sur les axes de la figure 8.9(a). Comme vous pouvez le constater, les deux effets de revenu sont positifs. La figure 8.9(b) illustre l'effet de revenu pour un bien inférieur, le riz. Au niveau de revenu initial, le ménage consomme au point *a*, soit 60 grammes de poulet et 180 grammes de riz par jour. Lorsque le revenu augmente, la consommation de poulet augmente aussi et passe à 180 grammes par jour,

Figure 8.9 L'effet de revenu

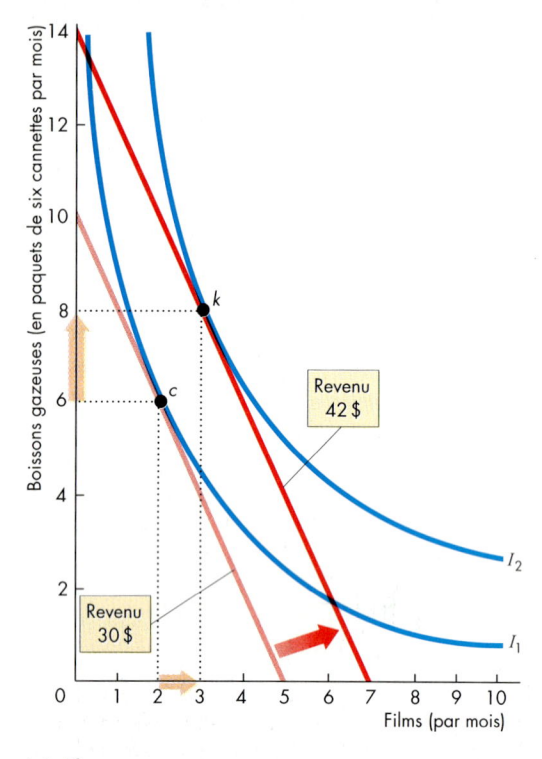

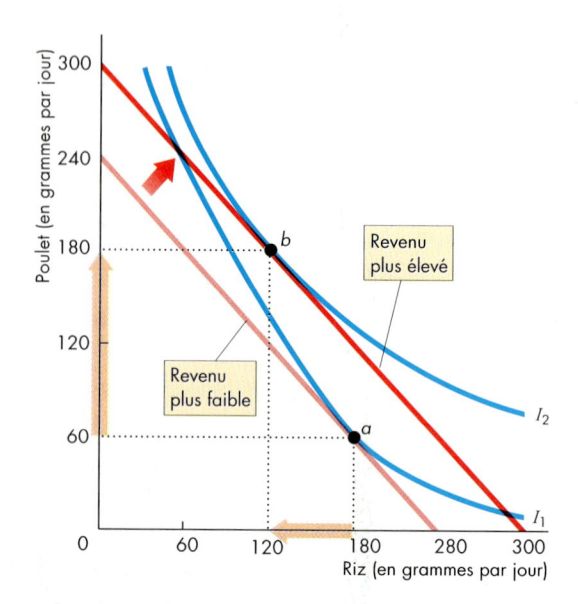

(a) Biens normaux

(b) Biens inférieurs

Une augmentation du revenu se traduit par une augmentation de la consommation de la plupart des biens. Ces biens sont dits normaux. Dans le graphique (a), Carole consomme une plus grande quantité de boissons gazeuses et de films (comme le montre la flèche orange) au fur et à mesure que son revenu augmente. Les boissons gazeuses et les films sont des biens normaux. Certains biens sont des biens inférieurs. Une augmentation du revenu se traduit par une réduction de la consommation des biens inférieurs. Dans le graphique (b), l'augmentation du revenu se traduit par une baisse de la consommation de riz et une augmentation de la consommation de poulet (indiquées par les flèches orange). Dans ce cas, le riz est considéré comme un bien inférieur.

mais la consommation de riz diminue à 120 grammes par jour (au point *b*). L'effet de revenu pour un bien inférieur est négatif.

Décomposition de l'effet de prix : effet de revenu et effet de substitution

Nous venons d'examiner les effets d'une variation du prix des places de cinéma et du revenu de Carole sur sa consommation de films et de boissons gazeuses. Nous avons découvert que, lorsque le revenu de Carole augmente, sa consommation des deux biens augmente. En effet, les films et les boissons gazeuses sont des biens normaux. Cette propriété est importante lorsqu'on analyse l'effet d'une variation de prix : la baisse du prix d'un bien normal entraîne une augmentation de la consommation de ce bien. C'est ce que représentait la figure 8.8 dans le cas d'une baisse du prix des places de cinéma. En fait, dans l'exemple que nous avons choisi, une baisse du prix des places de cinéma entraîne non seulement une augmentation de la consommation de films, mais aussi une baisse de la consommation de boissons gazeuses. Pour mieux comprendre comment ces modifications de la structure des dépenses découlent d'une variation du prix, nous avons décomposé en deux parties les effets de cette variation. La première partie s'appelle l'*effet de substitution*; la seconde, l'*effet de revenu*. L'effet de prix et sa décomposition en effet de substitution et en effet de revenu sont illustrés à la figure 8.10. Le graphique (a) reproduit l'effet de prix que nous avons déjà vu à la figure 8.8. Voyons maintenant comment on peut analyser cet effet de prix, en commençant par isoler l'effet de substitution.

Effet de substitution L'**effet de substitution** est l'effet d'une variation du prix d'un bien sur les quantités

LES PRÉDICTIONS DU MODÈLE DU COMPORTEMENT DU CONSOMMATEUR 195

Figure 8.10 L'effet de prix, l'effet de substitution et l'effet de revenu

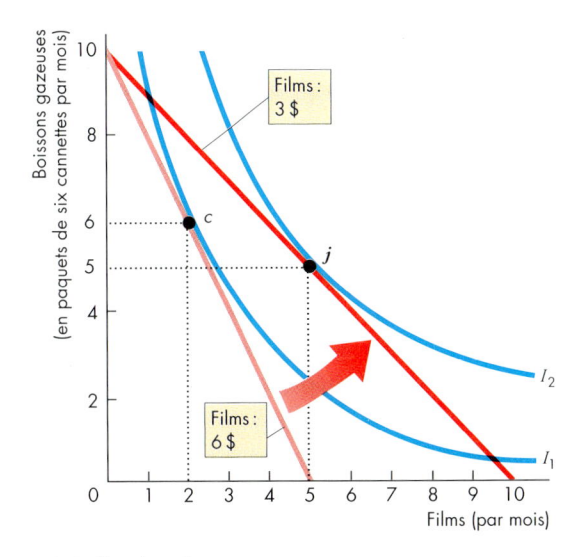

(a) Effet de prix

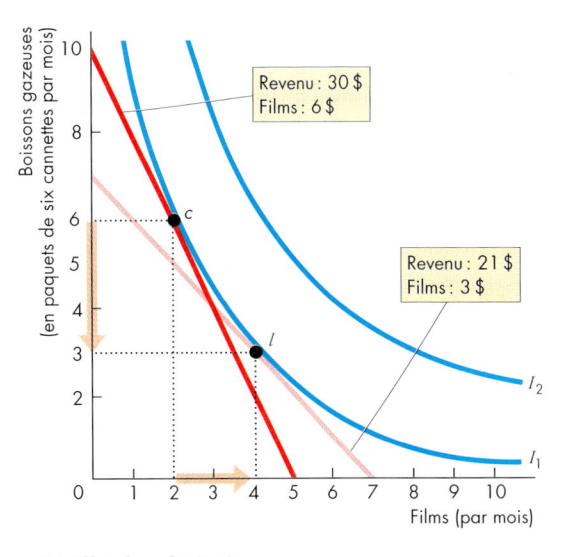

(b) Effet de substitution

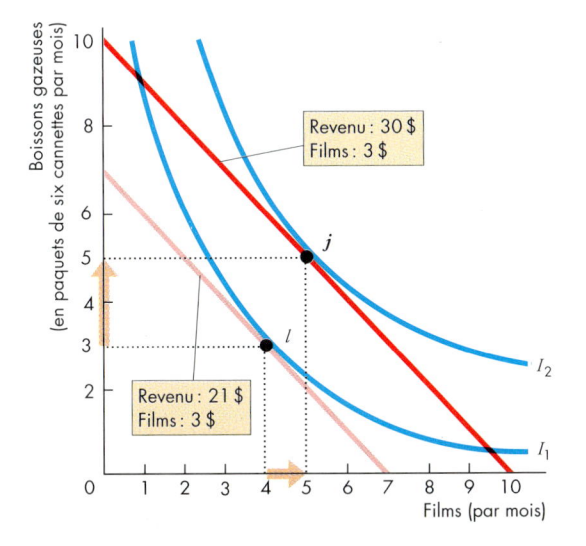

(c) Effet de revenu

L'effet de substitution du graphique (b) est calculé de la façon suivante: il suffit d'imaginer que le revenu de Carole diminue en même temps que le prix d'une place de cinéma, de sorte que, lorsque Carole choisit sa meilleure combinaison accessible, elle est indifférente entre ce point et le point initial. Le déplacement de c à l représente l'effet de substitution. L'effet de substitution d'une variation de prix se traduit toujours par une augmentation de la consommation du bien dont le prix a baissé. Les flèches orange indiquent les variations de la consommation.

On calcule l'effet de revenu (graphique c) en inversant la situation que nous venons d'imaginer. On rétablit le revenu à son niveau initial, les prix restant constants à leur nouveau niveau. La droite de budget se déplace vers l'extérieur et la consommation des deux biens augmente, comme le montrent les flèches orange. L'effet de revenu se traduit par le déplacement du point l au point j.

consommées lorsque, de façon hypothétique, le consommateur demeure indifférent entre la combinaison initiale des biens consommés et la nouvelle combinaison. Pour isoler l'effet de substitution, imaginons que, lorsque le prix des places de cinéma diminue, le revenu de Carole baisse également d'un montant juste suffisant pour maintenir sa meilleure combinaison accessible sur la même courbe d'indifférence qu'auparavant. La figure 8.10(b) illustre l'effet de substitution. Lorsque le prix des places de cinéma diminue et passe de 6 $ à 3 $, on peut supposer que le revenu de Carole n'est plus que de 21 $. Pourquoi 21 $? Parce que ce niveau de revenu

est juste suffisant, compte tenu du nouveau prix d'une place de cinéma, pour maintenir la meilleure combinaison accessible sur la même courbe d'indifférence que le point initial c. Dans ce cas, la droite de budget modifiée de Carole correspond à la droite rouge clair de la figure 8.10(b). Compte tenu du nouveau prix d'une place de cinéma et du nouveau revenu qui est moins élevé, la meilleure combinaison de consommation accessible à Carole se trouve au point l sur la courbe d'indifférence I_1. Le déplacement de c à l est l'effet de substitution d'une variation de prix. L'effet de substitution d'une baisse du prix d'une place de cinéma se traduit par une augmentation de la consommation de films, qui passe de 2 à 4, et par une baisse de la consommation de boissons gazeuses. L'effet de substitution va toujours dans le même sens : lorsque le prix relatif d'un bien diminue et que le revenu est modifié de façon à isoler l'effet de substitution, le consommateur augmente sa consommation du bien dont le prix relatif a baissé et diminue sa consommation de l'autre bien.

Effet de revenu Afin de pouvoir calculer l'effet de substitution, nous avons réduit le revenu de Carole de 9 $. Rendons-lui maintenant ce que nous lui avons enlevé. Cette augmentation du revenu se traduit par un déplacement de la droite de budget de Carole, comme le montre la figure 8.10(c). Comme les prix restent constants, la droite de budget se déplace vers l'extérieur, mais la pente reste la même. Cette modification de la droite de budget est semblable à celle de la figure 8.9, lorsque nous avons étudié l'effet d'une variation de revenu sur la consommation. Lorsque la droite de budget de Carole se déplace vers l'extérieur, ses possibilités de consommation augmentent et sa meilleure combinaison accessible se trouve désormais au point j sur la courbe d'indifférence I_2. Le déplacement du point l au point j est l'effet de revenu de la variation de prix. Dans cet exemple, l'augmentation du revenu se traduit par une augmentation de la consommation de films et de boissons gazeuses, puisque ce sont des biens normaux.

Effet de prix Comme le montre la figure 8.10, nous avons décomposé l'effet d'une variation de prix (graphique (a) de la figure) en deux effets : dans le graphique (b), le consommateur est indifférent entre la situation initiale et celle qui résulte de la baisse de prix, puisque nous avons, de façon hypothétique, diminué son revenu de manière à «compenser» la baisse de prix. Le graphique (b) illustre donc l'effet de substitution de la variation de prix. Dans le graphique (c), les prix sont constants et on examine ce qui se produit si, de façon hypothétique, le revenu est rétabli à son niveau initial. Ce graphique illustre l'effet de revenu. L'effet de substitution va toujours dans la même direction : le consommateur achète une plus grande quantité du bien dont le prix a baissé. Par contre, la direction de l'effet de revenu sera différente selon qu'il s'agit d'un bien normal ou d'un bien inférieur. Par définition, les biens normaux sont ceux dont la consommation augmente lorsque le revenu augmente. Dans notre exemple, les films et les boissons gazeuses sont des biens normaux car la consommation de chacun d'entre eux augmente avec le revenu.

Les effets de substitution et de revenu d'une variation de prix sont indiqués sur les axes des graphiques (b) et (c) de la figure 8.10. Le déplacement du point c au point l représente l'effet de substitution et le déplacement du point l au point j l'effet de revenu. La somme des effets de substitution et de revenu est donc bien égale à l'effet de prix représenté dans le graphique (a) de la figure, c'est-à-dire au déplacement de c à j. Dans le cas des films (le bien dont le prix a baissé), l'effet de revenu renforce l'effet de substitution et se traduit par une augmentation de la consommation de films. Dans le cas des boissons gazeuses (le bien dont le prix est resté constant), l'effet de substitution et l'effet de revenu vont dans des directions opposées ; nous avons supposé ici que la somme des deux effets se traduisait par une baisse de la consommation de boissons gazeuses, de sorte que nos deux biens sont ici des substituts au sens de la définition donnée à ce terme au chapitre 4.

L'exemple que nous venons d'étudier a trait à la variation du prix d'un bien normal. L'effet de la variation du prix d'un bien inférieur est différent. Vous vous rappelez certainement qu'un bien inférieur est un bien dont la consommation baisse lorsque le revenu augmente. Dans le cas d'un bien inférieur, l'effet de revenu est donc négatif. Ainsi, la baisse du prix d'un bien inférieur n'entraîne pas nécessairement une augmentation de la quantité demandée. Un prix moins élevé a un effet de substitution qui fait augmenter la quantité demandée, mais il y aura également un effet de revenu négatif entraînant une baisse de la consommation. Pour un bien inférieur, l'effet de revenu compense donc, dans une certaine mesure, l'effet de substitution.[2]

La rubrique *Entre les lignes* (pp. 198-199) comprend certains exemples récents de variations de prix et de revenu ainsi que leurs effets sur la structure de la consommation.

---

[2] On a suggéré que pour certains biens l'effet de revenu négatif est d'une telle ampleur qu'il domine l'effet de substitution. Une baisse du prix d'un bien de ce genre entraînerait une baisse de la quantité demandée. Ces biens sont appelés *biens de Giffen*, du nom de l'économiste irlandais Sir Robert Giffen. Au cours d'une grave pénurie de pommes de terre dans l'Irlande du 19e siècle, Giffen avait remarqué que la hausse du prix des pommes de terre était accompagnée d'une augmentation de la quantité de pommes de terre consommée. Les pommes de terre constituaient une part si importante du régime alimentaire de la population pauvre de cette époque que, lorsque leur prix augmentait, les consommateurs ne pouvaient se permettre d'acheter de la viande ou un autre substitut, dont les prix étaient en fait plus élevés.

Il existe certainement de nombreux biens inférieurs. Toutefois, les biens de Giffen sont très rares. Ainsi, même si certains biens ont un effet de revenu négatif, cet effet n'est en général pas suffisant pour compenser l'effet de substitution. La loi de la demande continue donc de s'appliquer : lorsque le prix d'un bien baisse, la quantité consommée augmente.

Le modèle, la théorie et la réalité

Nous avons construit un modèle du comportement des ménages nous permettant de comprendre leurs choix de consommation et de prédire l'effet des variations de revenu et de prix sur ces choix. Ce modèle conduit à une théorie du comportement du consommateur qui nous aide à comprendre l'évolution passée de la structure des dépenses des ménages et à faire des prévisions quant à son évolution future. Résumons ce modèle.

Le modèle

Tous les modèles reposent sur des hypothèses. Les implications des modèles sont obtenues par déduction logique à partir des hypothèses. Examinons les hypothèses et les implications du modèle des choix du consommateur.

Hypothèses Les hypothèses relatives au comportement des ménages sont les suivantes :

- Un ménage dispose d'un revenu fixe qu'il doit répartir entre différents biens.
- Le ménage n'a aucune influence sur le prix des biens.
- Le ménage a des préférences et peut comparer différentes combinaisons de biens, selon qu'il préfère une combinaison à une autre ou qu'il est indifférent entre deux combinaisons.
- Les préférences peuvent être représentées graphiquement par des courbes d'indifférence ; le consommateur préfère les points situés au-dessus d'une courbe d'indifférence à ceux qui se trouvent sur la courbe ; il préfère les points sur la courbe à ceux qui se trouvent en dessous.
- Les courbes d'indifférence sont convexes par rapport à l'origine : le taux marginal de substitution décroît avec l'augmentation de la consommation du bien mesuré sur l'axe des x et la diminution de la consommation du bien mesuré sur l'axe des y.
- Parmi les combinaisons de biens qui lui sont accessibles, le consommateur choisit celle qu'il préfère.
- Les préférences ne changent pas par suite d'une variation de prix ou de revenu. Les *choix* se modifient, mais les nouveaux choix sont le résultat de préférences données et de contraintes qui sont différentes.

Implications du modèle Les implications du modèle du comportement des ménages sont les suivantes :

- La combinaison de consommation choisie est accessible et se situe *sur* la droite de budget.
- La combinaison de consommation choisie se trouve sur la courbe d'indifférence accessible la plus élevée.
- Au point qui correspond à la combinaison de consommation choisie, la pente de la courbe d'indifférence est égale à la pente de la droite de budget. En d'autres termes, le taux marginal de substitution est égal au prix relatif des deux biens.
- Dans le cas des biens normaux, une augmentation du revenu se traduit par une augmentation de la quantité demandée.
- Dans le cas des biens inférieurs, une augmentation du revenu se traduit par une baisse de la quantité demandée.
- Une augmentation du prix d'un bien a un effet de substitution qui se traduit par une baisse de la quantité demandée. Cela s'applique à tous les biens.
- L'augmentation du prix d'un bien normal se traduit par une baisse de la quantité demandée : les effets de revenu et de substitution vont dans le même sens. Cela correspond à la « loi de la demande ».
- L'augmentation du prix d'un bien inférieur peut entraîner une augmentation de la quantité demandée si l'effet de revenu est plus important que l'effet de substitution.

Ce qui précède est un résumé du modèle des choix du consommateur étudié dans ce chapitre. Ce modèle sert de fondement à une théorie explicative des structures de la consommation.

La théorie

La théorie des choix du consommateur peut se résumer comme suit :

- Les choix faits par les gens dans la réalité ressemblent aux choix des agents hypothétiques décrits dans le modèle économique.
- Les modifications observées dans les structures de consommation peuvent s'expliquer par les effets de prix et de revenu.

Ce que la théorie n'est pas La théorie des choix du consommateur n'affirme *pas* que les gens prennent leurs décisions d'achat en calculant effectivement les taux marginaux de substitution. Les économistes n'ont pas élaboré de théorie sur les processus mentaux par lesquels les individus arrêtent leurs choix.

ENTRE LES LIGNES

Quarante ans : la vie en rose ?

Parvenus à l'âge mûr, les *baby-boomers* voudraient tout avoir

Durant les années 1946 à 1964, le taux de natalité a été particulièrement élevé aux États-Unis : 76 millions d'Américains sont nés au cours de cette période, qu'on a justement appelée le *baby boom*. Or, la génération des *baby-boomers*, qui voulait rester éternellement jeune, est arrivée à l'âge mûr : le peloton de tête aborde la quarantaine en 1986. En font partie, par exemple, David Stockman (l'enfant prodige de la Maison-Blanche), l'acteur Sylvester Stallone (qui a incarné au cinéma *Rocky* et *Rambo*), l'ex-mousquetaire Carl «Cubby» O'Brien, Kenneth Adelman (directeur de la Commission de contrôle des armements), ainsi que le magnat de l'immobilier Donald Trump.

Le monde de la publicité a porté aux nues cette génération, dont il a étalé la forte musculature et la prodigalité. Mais les *baby-boomers* découvrent aujourd'hui avec tristesse que, malgré les promesses de la «pub», on ne peut pas tout avoir. Écoutons là-dessus Merv Wildcat, lui-même âgé de trente ans : «Les gens veulent une maison, deux autos, le magnétoscope à cassettes et tous les autres trucs. Mais comment se payer tout ça ?»

Le *baby boom*, d'après Richard C. Michel du Urban Institute, a été victime de quatre fléaux : l'inflation, la féroce concurrence dans la recherche d'emplois, le coût exorbitant des logements, et les récessions des années 70 et du début des années 80. «Cette génération, dit-il, a grandi avec l'assurance d'obtenir, quoi qu'elle fasse, un niveau de vie supérieur à celui de la génération précédente. Or, les années 70 ont mis fin à ce rêve; elles ont été pour bien des gens une période de terrible désillusion sur le plan économique.» Entre 1973 et 1983, la jeune famille type ayant pour chef une personne de 25 à 34 ans a vu baisser de 11,5 % son revenu médian réel.

La psychologue Shelly Taylor, âgée de 39 ans, observe que «ceux qui ne peuvent pas se payer une maison se rabattent sur l'achat de la meilleure machine à café *espresso*». Julianne Hastings, elle aussi âgée de 39 ans, dirige une agence publicitaire. Elle porte des vêtements sortis d'un atelier de haute couture et prend l'avion pour aller passer ses vacances aux Caraïbes. Mais elle vit dans un appartement «pas plus grand que la chambre où elle a grandi».

Time
19 mai 1986
Par Evan Thomas
© Time Warner Inc.
Traduction et reproduction autorisées

Les faits en bref

- Quelles que soient nos aspirations, il y a des limites à ce que nous pouvons consommer. Pour chacun de nous, la rareté est un fait de la vie courante.

- Au cours des dernières décennies, quatre facteurs sont venus réduire nos possibilités de consommation. Ce sont l'inflation, la concurrence sur le marché du travail, les coûts élevés du logement et la récession.

- Ces quatre facteurs conjugués ont réduit de 11,5 % le revenu réel médian des familles dont le chef est une personne âgée de 25 à 34 ans.

- Chez les gens dont le revenu réel a augmenté, la demande de logements s'est à peu près maintenue, alors que la demande des autres biens a fortement progressé : vêtements haute couture, vacances sous les tropiques, magnétoscopes à cassettes, machines à café *espresso*.

ENTRE LES LIGNES

Analyse

- Pour analyser l'article qu'on vient de lire, on peut recourir à la théorie du choix du consommateur. La droite qui représente le budget d'un ménage trace la limite des possibilités de consommation de ce ménage. Les points situés au-delà de la droite de budget ne sont pas à la portée de ce ménage.

- Entre 1973 et 1983, la droite de budget de la famille médiane a subi deux transformations importantes : elle s'est déplacée vers l'intérieur, et le prix relatif du logement a augmenté.

- On trouvera deux graphiques sur cette page. Celui du haut illustre les changements qu'a subis la droite de budget du ménage médian. L'axe horizontal mesure la consommation de logement ; l'axe vertical, la consommation des autres biens ou services : vêtements haute couture, vacances sous les tropiques, magnétoscopes, machines à café *espresso*, etc.

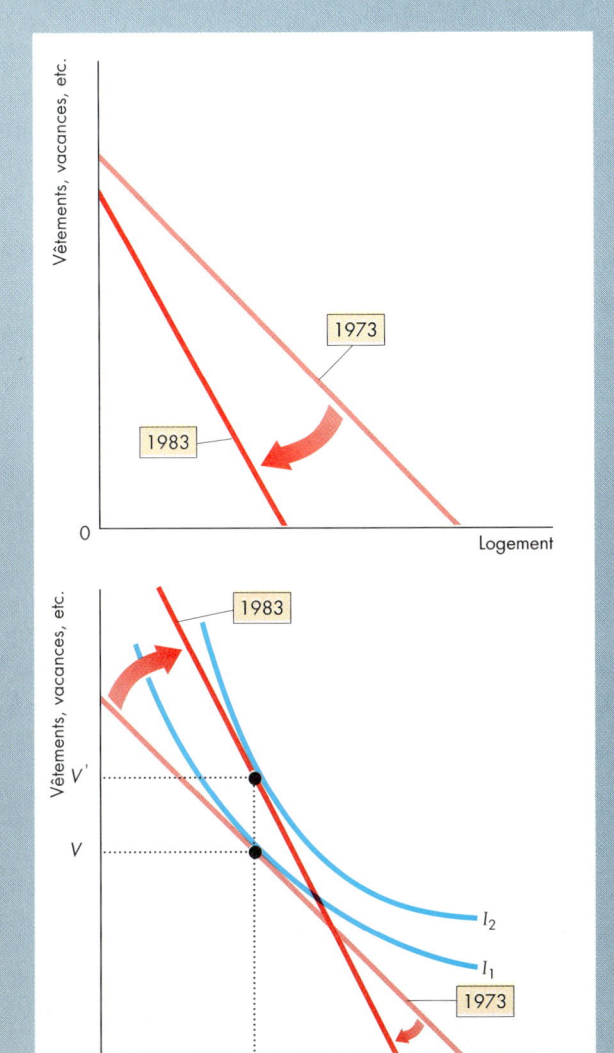

- Entre 1973 et 1983, le ménage médian s'est appauvri en termes réels : la droite de budget de 1983 est en deçà de la droite de budget de 1973.

- Certains consommateurs ont vu croître leur revenu entre 1973 et 1983 ; mais ils devaient faire face, en même temps, à l'augmentation des coûts du logement. Le graphique du bas illustre la situation de ces personnes – par exemple, celle de Julianne Hastings dont il est fait mention dans l'article.

- En 1973, la droite de budget correspondait à la droite rouge pâle ; en 1983, elle correspondait à la droite rouge foncé.

- En 1973, la consommation de logements se situait en L et celle des autres biens et services en V.

- Une hausse du revenu moyen entraîne une hausse de la demande de tous les biens et services.

- Une hausse du prix des logements produit un effet de substitution : on accorde moins d'importance au logement, et l'on en accorde plus aux autres biens et services.

- Le graphique du bas illustre le comportement de certaines personnes devant la hausse simultanée de leur revenu et du prix du logement. Elles ne modifient pas leur consommation en matière de logement, mais elles réagissent en augmentant de façon importante leur demande concernant les autres biens et services, qui passe de V à V'.

Conclusion

- L'article que l'on vient d'analyser illustre bien le problème de la rareté. Il nous montre aussi comment, à l'aide d'un modèle économique basé sur la théorie du choix du consommateur, on peut prévoir le comportement des *baby-boomers* à l'approche de la quarantaine.

199

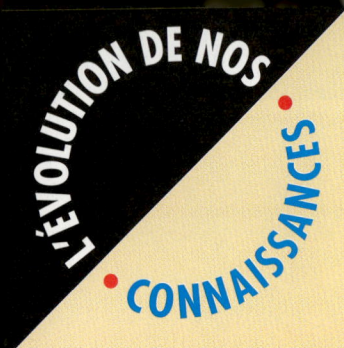

Mieux comprendre le comportement humain

Au cours des 35 dernières années, l'application de l'analyse économique à des aspects très divers du comportement humain, qui n'étaient pas traditionnellement du ressort de l'économie, s'est considérablement étendue. La contribution de Gary Becker, de l'université de Chicago, à l'évolution de nos connaissances dans ce domaine a été particulièrement marquante (voir la rubrique *Entrevue avec Gary Becker*, pp. 153-156).

Dans ses premiers travaux, parus durant les années 50, Becker a proposé une analyse avant-gardiste des causes et des effets de la discrimination en fonction de la race ou du sexe. Depuis, il a appliqué cette approche économique à de nombreux domaines: systèmes politiques, criminalité, répartition du temps au sein des ménages, natalité, mariage, etc. Il a également proposé une explication économique de l'altruisme; cette explication s'appuie sur la valeur accordée par l'individu aux interactions sociales et va à l'encontre des thèses génétiques ou sociobiologiques.

Mais l'application de l'approche économique à l'étude des comportements est bien antérieure à Becker. Adam Smith (voir la rubrique *L'évolution de nos connaissances*, pp. 22-23) y avait déjà eu recours pour comprendre les choix politiques, la religion, ainsi que la paresse ou le manque d'intérêt des professeurs du 18e siècle envers leurs étudiants! C'est également cette approche qu'a adoptée Jeremy Bentham (1748-1832), un philosophe anglais, dans son *Introduction aux principes de morale et de législation*. Dans cet ouvrage, Bentham proposait une réforme du droit, de la morale et de la politique basée sur une «arithmétique des plaisirs et des peines» susceptible de s'appliquer à tous les aspects du comportement.

Près de deux siècles se sont écoulés entre les écrits de Bentham et de Becker sans que des faits vraiment nouveaux aient été ajoutés à l'analyse économique des comportements. Becker a apporté sa contribution, directe ou indirecte, à trois domaines, que nous allons maintenant examiner.

L'économie de la famille et les choix de fécondité

Cette question a suscité beaucoup d'intérêt et soulevé aussi de vives controverses. Selon l'école de Chicago (dont Becker était le chef de file), l'explication du comportement de la famille doit reposer sur la confrontation de préférences stables et de modifications dans les contraintes auxquelles sont soumis les ménages. Robert Michael et Robert J. Willis (tous deux du University of Chicago's National Opinion Research Center) ont utilisé cette approche pour analyser les comportements de fécondité afin de comprendre l'explosion démographique d'après-guerre (et la chute de la natalité qui a suivi). Selon un courant de pensée concurrent, appelé parfois *école de Pennsylvanie*, et dont l'instigateur a été Richard Easterlin, l'évolution du taux de natalité dans la période d'après-guerre est plutôt due à des changements systématiques dans les préférences, entre générations successives.

Les économistes canadiens ont effectué des recherches importantes dans ce domaine. Ainsi, Geoffrey Carliner, Chris Robinson et Nigel Tomes de l'université Western Ontario ont étudié la relation entre la fécon-

Jeremy Bentham

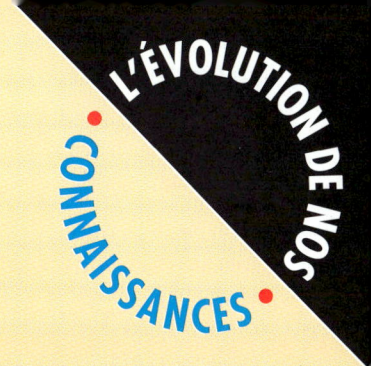

dité et la participation des femmes au marché du travail ; ils ont montré que les femmes dont le taux de salaire est élevé, c'est-à-dire celles dont le coût d'opportunité en temps est élevé, ont des enfants plus tard et en ont en moyenne moins que les femmes dont le taux de salaire est plus faible ; Pierre Lefebvre et ses collaborateurs (Université du Québec à Montréal) ont étudié la relation entre la fiscalité personnelle et les transferts aux familles avec enfants, les décisions de participation au marché du travail et les choix de fécondité des ménages au cours du cycle de vie.

Criminalité, travail au noir... et sécurité routière

Dans un texte considéré maintenant comme un classique, Becker avait proposé une analyse économique de la criminalité : les individus décident de participer ou non à des activités criminelles en fonction des gains qu'ils espèrent en tirer, comparativement aux gains que procurent les activités légales ; les gains anticipés des activités criminelles incluent non seulement les profits proprement dits qu'elles permettent, mais aussi la probabilité d'être arrêté et la sanction à laquelle on s'expose dans ce cas. Devant cette «offre de délits», la société doit chercher une combinaison de lois et de mesures policières qui mette en balance les avantages d'un faible taux de criminalité et les coûts engagés pour réduire la criminalité.

Cette approche de base peut être utilisée dans des domaines très divers. Par exemple, comment faire respecter la réglementation du stationnement dans le centre des villes? Doit-on miser sur un contrôle serré des contrevenants (ce qui nécessitera une surveillance coûteuse) ou plutôt sur l'effet dissuasif d'amendes élevées (ce qui risque de pénaliser indûment l'individu que des circonstances imprévues empêcheraient de revenir à temps à son parcomètre). Cette question a été étudiée notamment par Mitchell A. Polinsky (Stanford Law School) et Steven Shavell (Harvard Law School), deux des chercheurs les plus actifs dans le domaine de l'*analyse économique du droit*.

Dans un domaine très différent, mais avec la même approche de base, Bernard Fortin et ses collaborateurs (Université Laval) ont montré dans quelle mesure des taux d'imposition élevés sur les revenus de travail peuvent inciter des personnes à travailler au noir, compte tenu de l'effort fait par le fisc pour les dépister et de la pénalité à laquelle elles s'exposent. Toujours avec la même approche, Marcel Boyer et Georges Dionne (Université de Montréal) ont montré comment on pouvait, de façon efficace, inciter les automobilistes à la prudence en utilisant une combinaison d'amendes et de hausses de primes d'assurance en fonction du dossier d'accidents de l'automobiliste et de son dossier d'infractions au Code de la sécurité routière.

Choix linguistiques, langue maternelle et discrimination

Quelle valeur accorder à la connaissance d'une deuxième langue? Dans une société, quels sont les groupes qui investiront le plus dans l'apprentissage d'une deuxième langue? Quels sont les facteurs qui déterminent les choix linguistiques (ce que les démographes appellent les *transferts linguistiques*)? La langue maternelle constitue-t-elle une source de discrimination sur le marché du travail? Plusieurs économistes, dont Albert Breton (Université de Toronto) et François Vaillancourt (Université de Montréal), ont contribué à l'étude de ces questions particulièrement importantes dans le contexte canadien.

La discrimination peut avoir des conséquences inattendues. Par exemple, Marc Lavoie, Gilles Grenier et Serge Coulombe (Université d'Ottawa) ont montré que les joueurs de hockey francophones de la Ligue nationale de hockey (LNH) avaient en moyenne une meilleure performance que leurs homologues canadiens-anglais ou américains. Comme il n'y a aucune raison de penser que les francophones sont par nature meilleurs hockeyeurs, cela s'explique par le processus de sélection des joueurs dans la LNH : entre deux jeunes joueurs qui semblent présenter le même potentiel, les responsables de la sélection (en majorité anglophones ici) préféreront sélectionner celui qui est issu du même groupe culturel qu'eux ; il s'ensuit qu'un joueur d'un autre groupe culturel ne sera choisi que s'il semble présenter un meilleur potentiel, suffisant pour compenser les «préférences» des responsables de la sélection.

La réalité

Nous avons commencé ce chapitre en précisant que les structures de consommation avaient évolué au cours du temps. La théorie des choix de consommation que nous venons d'étudier peut nous servir à expliquer cette évolution. Les structures de dépenses représentent les meilleurs choix que les consommateurs peuvent faire, compte tenu de leurs préférences, de leur revenu et du prix des biens qu'ils consomment. Les variations de prix et de revenu se traduisent par des modifications du meilleur choix possible, c'est-à-dire par des modifications de la structure de la consommation.

Des modèles s'appuyant sur les mêmes concepts que ceux que nous avons étudiés sont utilisés pour expliquer les modifications qui se sont produites dans les structures de consommation et pour mesurer la sensibilité de la consommation aux variations de prix et de revenu, c'est-à-dire pour mesurer l'élasticité-prix et l'élasticité-revenu de la demande. Le chapitre 5 a permis de vous familiariser avec certaines de ces élasticités. La plupart de ces élasticités ont été estimées à l'aide de modèles du même type que ceux que nous venons d'étudier, à cela près que ces modèles mettent en présence plus de deux biens.

Le modèle des choix du consommateur ne sert pas uniquement à expliquer les choix de consommation, loin de là. Il nous permet aussi d'interpréter plusieurs autres aspects du comportement des ménages. Examinons certains d'entre eux.

Les autres choix des ménages

Les ménages font de nombreux autres choix qui ne concernent pas uniquement la façon de répartir leur revenu entre les différents biens et services disponibles. Les ménages doivent en particulier faire deux autres choix d'une importance capitale. Ces choix concernent :

- le type d'emploi que l'on occupera et la quantité de travail à fournir ;
- les décisions d'épargne et de consommation.

La répartition du temps et l'offre de travail

Chaque jour, nous devons répartir les 24 heures dont nous disposons entre notre temps de loisirs, le temps que nous consacrons à notre entretien ou à celui de notre famille et le temps que nous consacrons à notre employeur. Lorsque nous travaillons pour un employeur, nous offrons du travail.

Nous comprendrons mieux nos décisions relatives à notre offre de travail en utilisant la théorie des choix des ménages. Le fait d'augmenter notre offre de travail revient à diminuer le temps consacré aux loisirs. Les loisirs sont un bien, au même titre que les films et les boissons gazeuses. Toutes choses étant égales par ailleurs, on préférera une situation dans laquelle les loisirs occupent une plus grande place à une situation dans laquelle les loisirs sont plus limités. Nos courbes d'indifférence pour les loisirs et les biens de consommation sont semblables à celles que nous venons d'étudier. Par exemple, dans la figure 8.4, nous pouvons remplacer, en ordonnée, les boissons gazeuses par des biens de consommation et, en abscisse, les films par les loisirs.

Nous ne pouvons avoir autant de loisirs et de biens de consommation que nous le souhaiterions. Nos choix sont limités par notre revenu. À un taux de salaire horaire donné, nous ne pouvons augmenter notre consommation de biens et services qu'à la condition de réduire notre temps de loisirs et d'augmenter notre offre de travail. Notre taux de salaire détermine le taux auquel nous pouvons augmenter notre consommation en renonçant à une heure supplémentaire de loisirs. La pente de notre courbe d'indifférence nous indique le taux marginal de substitution entre les loisirs et les biens de consommation, c'est-à-dire le taux auquel nous sommes prêts à renoncer à la consommation de certains biens et services pour obtenir une heure de loisirs supplémentaire tout en restant indifférent entre les deux situations. Notre meilleur choix de consommation et de loisirs possède exactement les mêmes propriétés que notre meilleur choix de films et de boissons gazeuses. En faisant en sorte que le taux marginal de substitution entre la consommation de biens et les loisirs soit égal à notre taux de salaire relativement aux prix des biens de consommation, nous nous situons sur notre courbe d'indifférence la plus élevée possible.

L'effet d'une variation de salaire sur le choix entre consommation et loisirs est de même nature que celui d'une variation du prix des places de cinéma sur la consommation de films et de boissons gazeuses. Un taux de salaire plus élevé rend les loisirs plus onéreux, puisque leur coût d'opportunité en biens de consommation aura augmenté. L'effet de substitution encourage ainsi l'individu à réduire son temps de loisirs et à travailler plus longtemps, ce qui se traduit par la consommation d'une plus grande quantité de biens et services. Mais un taux de salaire plus élevé a également un effet de revenu : il implique un revenu plus élevé et, avec un revenu plus élevé, nous voudrons consommer une plus grande quantité de tous les biens normaux. Les loisirs sont un bien normal. Toutes choses étant égales par ailleurs, plus le revenu d'une personne est élevé, plus elle voudra donc consacrer du temps à ses loisirs. L'effet de substitution et l'effet de revenu d'une hausse du taux de salaire horaire vont donc en sens opposé.

L'effet d'une augmentation de notre taux de salaire horaire sera donc différent, selon que notre taux de salaire initial est plutôt faible ou plutôt élevé. Lorsque leur taux de salaire augmente, l'effet de substitution encourage les individus à faible taux de salaire à diminuer leur temps de loisirs (ou à bricoler moins dans la maison, etc.) et à offrir plus de travail sur le marché. Avec l'augmentation continue du taux de salaire, l'effet de revenu finit toutefois par l'emporter sur l'effet de substitution. Un salaire plus élevé se traduit alors par une plus grande consommation de biens et services, ainsi que par des loisirs supplémentaires, c'est-à-dire par une réduction du temps consacré au travail. Lorsque l'on considère l'évolution du temps de travail au cours du dernier siècle, on peut dire que c'est le rôle dominant de l'effet de revenu qui a entraîné la réduction de la semaine de travail, au fur et à mesure que les taux de salaire ont augmenté.

La consommation et l'épargne

Il va de soi que nous ne sommes pas tenus de dépenser immédiatement la totalité de notre revenu, pas plus que nous sommes obligés de limiter notre consommation au montant de notre revenu. Nous pouvons consommer moins que notre revenu et épargner la différence pour consommer ultérieurement. Nous pouvons également consommer plus que notre revenu courant et emprunter la différence en sachant que, plus tard, nous devrons réduire notre consommation afin de rembourser notre emprunt. La théorie des choix des ménages qui nous a permis d'expliquer la façon dont Carole répartissait son revenu entre les films et les boissons gazeuses nous permettra également d'expliquer à quel moment nous choisissons de consommer ainsi que les montants que nous décidons d'épargner ou d'emprunter.

Toutes choses étant égales par ailleurs, nous préférons consommer plus que moins, aussi bien dans le présent que dans le futur. Ainsi, nos courbes d'indifférence relatives à notre consommation présente et future sont semblables à nos courbes d'indifférence pour n'importe quelle combinaison de deux biens. Il va de soi que, dans le présent comme dans le futur, nous ne sommes et ne serons pas en mesure de consommer autant que nous le voudrions. Nos choix sont limités par notre revenu et les taux d'intérêt de notre épargne ou des emprunts que nous avons contractés. Le taux d'intérêt est un prix relatif, le prix relatif de notre consommation d'aujourd'hui par rapport à notre consommation future. Nous choisissons le moment où nous désirons consommer (et le montant de notre épargne ou de nos emprunts) en faisant en sorte que le taux marginal de substitution entre notre consommation présente et notre consommation future soit égal au taux d'intérêt. Ainsi, pour un ménage qui projetait d'emprunter, une hausse des taux d'intérêt découragera l'emprunt ou incitera à en réduire le montant, ce qui se traduira par une réduction de la consommation présente.

Les autres choix

La théorie du comportement des ménages nous permet également de comprendre de nombreux autres choix : vais-je ou non me marier, et si oui, quand ? Combien d'enfants vais-je avoir et quand ? Vais-je travailler de façon légale ou illégale, au noir ou dans un emploi déclaré ? L'analyse économique de certains de ces choix est abordée à la rubrique *L'évolution de nos connaissances* (pp. 200-201).

■ Nous venons de terminer l'étude des choix des ménages. Nous avons vu comment déduire la loi de la demande à partir du modèle des choix de consommation des ménages. Nous avons également examiné la façon dont le même modèle peut s'appliquer à une variété d'autres choix, notamment la demande de loisirs et l'offre de travail.

Dans la 4ᵉ partie, nous étudierons les choix des entreprises. Nous verrons comment, dans le but de faire des bénéfices, les entreprises font des choix régissant l'offre de biens et services et la demande de facteurs de production.

Après avoir terminé l'étude de ces chapitres, nous intégrerons l'analyse des ménages et des entreprises et nous étudierons les interactions entre ces deux catégories d'agents sur les marchés des biens et services et sur les marchés des facteurs de production.

RÉSUMÉ

Les possibilités de consommation

La droite de budget d'un ménage indique les contraintes imposées à la consommation du ménage, compte tenu de son budget et du prix des biens. Une variation des prix et du revenu modifie la droite de budget, qui représente la limite entre ce qui est accessible et ce qui est inaccessible au consommateur. La pente de la droite de budget est égale au prix relatif des deux biens. Le point d'intersection de la droite de budget avec les deux axes indique le revenu réel du consommateur exprimé en fonction du bien mesuré sur cet axe. (*pp. 181-185*)

Les préférences

Les préférences du consommateur sont représentées par des courbes d'indifférence. Une courbe d'indifférence relie toutes les combinaisons de biens entre lesquelles le consommateur est indifférent. Le consommateur préfère les points situés au-dessus d'une courbe d'indifférence donnée aux points qui se trouvent sur la courbe en question ; il préfère les points qui se trouvent sur la courbe d'indifférence aux points qui se trouvent en dessous. Les courbes d'indifférence sont convexes par rapport à l'origine.

On désigne par taux marginal de substitution la valeur absolue de la pente d'une courbe d'indifférence. On fait l'hypothèse que le taux marginal de substitution est décroissant. Autrement dit, le taux marginal de substitution décroît au fur et à mesure que la consommation du bien mesuré en ordonnée diminue et que la consommation du bien mesuré en abscisse augmente. Plus deux biens sont de proches substituts, plus la courbe d'indifférence se rapproche d'une droite. Moins les biens sont substituables, plus la courbe d'indifférence aura une courbure prononcée. Des biens qui sont toujours consommés ensemble sont complémentaires. Leur courbe d'indifférence a la forme d'un L. (*pp. 185-190*)

Les choix de consommation

Un ménage consomme au point qui correspond à la meilleure combinaison accessible. Ce point se trouve sur la droite de budget et sur la courbe d'indifférence accessible la plus élevée. À ce point, les pentes de la droite de budget et de la courbe d'indifférence ont la même valeur : le taux marginal de substitution est égal au prix relatif. (*pp. 190-192*)

Les prédictions du modèle du comportement du consommateur

Les biens se répartissent en deux catégories : les biens normaux et les biens inférieurs. La plupart des biens sont normaux. Lorsque le revenu augmente, le consommateur achète une plus grande quantité de biens normaux et une quantité moindre de biens inférieurs. Si les prix sont constants, la modification de la consommation qui résulte d'une variation du revenu s'appelle l'*effet de revenu*.

La modification de la consommation qui résulte d'une variation de prix s'appelle l'*effet de prix*. L'effet de prix se décompose en un effet de substitution et un effet de revenu. L'effet de substitution correspond à la modification de la consommation qui résulte d'une variation de prix et d'une variation hypothétique du revenu laissant le consommateur indifférent entre la situation initiale et la nouvelle situation. L'effet de substitution d'une variation de prix se traduit toujours par une augmentation de la consommation du bien dont le prix a baissé. L'effet de revenu d'une variation de prix s'obtient en rétablissant, de façon hypothétique, le revenu à son niveau initial tout en maintenant le prix du bien à son nouveau niveau. Dans le cas d'un bien normal, l'effet de revenu renforce l'effet de substitution. Dans le cas d'un bien inférieur, l'effet de revenu va dans une direction opposée à celle de l'effet de substitution. (*pp. 192-196*)

Le modèle, la théorie et la réalité

Le modèle du comportement des ménages repose sur l'hypothèse que les préférences d'un ménage peuvent être représentées par des courbes d'indifférence convexes par rapport à l'origine (c'est-à-dire que le taux marginal de substitution est décroissant). Ce modèle suppose que le ménage choisira de consommer au point de sa droite de budget pour lequel le taux marginal de substitution est égal au prix relatif. Sauf dans le cas exceptionnel des «biens de Giffen», une variation du prix se traduit par un nouveau choix conforme à la «loi de la demande» : lorsque le prix d'un bien diminue, la quantité consommée augmente.

La théorie du comportement du consommateur qui dérive de ce modèle part du postulat que les choix effectués dans la réalité sont semblables à ceux du modèle économique. Ce modèle nous permet de mesurer la façon dont la consommation s'ajuste aux variations de prix et de revenu, c'est-à-dire de mesurer l'élasticité-prix et l'élasticité-revenu de la demande qui ont été traitées au chapitre 5. (*pp. 197-202*)

Les autres choix des ménages

Le modèle du comportement des ménages nous permet également de comprendre d'autres choix qu'ont à faire les ménages, tels que la répartition du temps entre loisirs et travail, et la répartition de la consommation dans le temps par le biais des décisions relatives à l'emprunt et à l'épargne. (*pp. 202-203*)

POINTS DE REPÈRE

Mots clés

Courbe d'indifférence, 187
Droite de budget, 181
Effet de prix, 192
Effet de revenu, 193
Effet de substitution, 194
Équation de budget, 182
Prix relatif, 183
Revenu réel, 182
Taux marginal de substitution, 187
Taux marginal de substitution décroissant, 188

Figures et tableau clés

Figure 8.1   La droite de budget, 181
Figure 8.3   La représentation graphique des préférences, 186
Figure 8.4   La carte des préférences, 187
Figure 8.7   La meilleure combinaison accessible, 191
Tableau 8.1   Calcul de l'équation de budget, 183

QUESTIONS DE RÉVISION

1 Quels sont les facteurs qui limitent les choix de consommation d'un ménage?

2 Qu'est-ce qu'une droite de budget?

3 Quels sont les facteurs qui déterminent le point d'intersection de la droite de budget avec l'ordonnée?

4 Quels sont les facteurs qui déterminent le point d'intersection de la droite de budget avec l'abscisse?

5 Quels sont les facteurs qui déterminent la pente de la droite de budget?

6 Quel est l'élément commun à tous les points se trouvant sur une même courbe d'indifférence?

7 Qu'est-ce que le taux marginal de substitution?

8 Comment l'examen des courbes d'indifférence d'un consommateur nous permet-il de déterminer le degré de substituabilité de deux biens aux yeux du consommateur?

9 Quelles sont les deux conditions qui sont remplies lorsqu'un consommateur effectue le meilleur choix de consommation possible?

10 Quel est l'effet d'une variation de revenu sur la consommation?

11 Quel est l'effet d'une variation de prix sur la consommation?

12 Définissez l'effet de revenu et l'effet de substitution d'une variation de prix et précisez ce qui les différencie.

PROBLÈMES

1 Marc dispose d'un revenu de 20 $. Une cannette de bière coûte 1 $ et un sachet de croustilles 0,50 $.

   a) Quel est le revenu réel de Marc exprimé en cannettes de bière?

   b) Quel est son revenu réel exprimé en sachets de croustilles?

   c) Quel est le prix relatif de la bière exprimé en sachets de croustilles?

   d) Quel est le coût d'opportunité d'une cannette de bière?

   e) Quelle est l'équation de budget de Marc?

   f) Calculez l'équation de budget de Marc (les cannettes de bière doivent figurer à gauche).

   g) Représentez la droite de budget de Marc sur un graphique en plaçant les croustilles en abscisse.

2 Supposons que Marc dispose du même revenu que dans le problème 1 et que les prix soient identiques. Marc décide de consommer 10 cannettes de bière et 20 sachets de croustilles par mois.

   a) Marc se trouve-t-il sur sa droite de budget?

   b) Quel est, pour la combinaison indiquée, le taux marginal de substitution de la bière pour les croustilles?

3. Supposons maintenant que le prix de la bière augmente et passe à 1,50 $ la cannette et que le prix des croustilles diminue et passe à 0,25 $ le sachet.

   a) S'il le souhaite, Marc peut-il continuer à acheter les mêmes quantités de bière et de croustilles qu'auparavant ?

   b) Le souhaitera-t-il ?

   c) S'il modifie sa consommation, quel est le bien qu'il va acheter en plus grandes quantités et quel est celui dont il va réduire sa consommation ?

   d) Quelle situation Marc préfère-t-il : celle où la bière coûte 1 $ la cannette et les croustilles 0,50 $, ou celle où la bière coûte 1,50 $ la cannette et les croustilles 0,25 $ le sachet ?

   e) Lorsque Marc modifie sa consommation afin de s'adapter aux nouveaux prix (augmentation de la bière qui passe à 1,50 $ la cannette et baisse du prix des croustilles qui coûtent maintenant 0,25 $), y a-t-il un effet de revenu et un effet de substitution, ou seulement l'un des deux (lequel) ?

4. Supposons que les prix de la bière et des croustilles reviennent à leur niveau initial, soit 1 $ la cannette de bière et 0,50 $ le sachet de croustilles. Le salaire de Marc augmente de 5 $. Marc achète désormais 16 cannettes de bière et 18 sachets de croustilles. Lequel des deux biens est un bien normal ? Lequel est un bien inférieur ?

Annexe du chapitre 8

L'utilité et les préférences

Les chapitres 7 et 8, vous l'avez noté, portent tous deux sur les choix de consommation des individus. Chaque chapitre a trait à un modèle différent des choix du consommateur, mais ils ont le même objectif et contiennent les mêmes exemples : la consommation de films et de boissons gazeuses de Carole. Le but de cette annexe est de faire le lien entre ces deux modèles.

L'utilité et les courbes d'indifférence

La façon dont chacune des deux théories décrit les préférences du consommateur est un élément clé. La théorie de l'utilité marginale, qui a été vue au chapitre 7, décrit les préférences en fonction de l'utilité que procure la consommation de chaque bien. Les courbes d'indifférence du chapitre 8 se bornent à représenter les préférences. Vous pouvez faire le lien entre les deux modèles en imaginant qu'une courbe d'indifférence relie des points correspondant à un même niveau d'utilité totale. Imaginons que Carole soit indifférente entre les deux situations suivantes : dans la première, elle va voir 3 films et consomme 4 paquets de six cannettes de boisson gazeuse ; dans la seconde, elle va voir 2 films et consomme 6 paquets de six cannettes de boisson gazeuse. On pourrait interpréter l'indifférence entre les deux combinaisons de biens en disant que l'utilité totale que Carole retire des deux situations est identique.

Les deux graphiques de la figure A8.1 vous permettront de faire le lien entre l'utilité totale et les courbes d'indifférence. Le graphique (a) est représenté en trois dimensions : la quantité de boissons gazeuses consommée, le nombre de films vus et le niveau d'utilité. Le graphique (b) n'est représenté qu'en deux dimensions : les quantités consommées de boissons gazeuses et de films.

Dans le graphique (a), l'utilité que Carole retire de la consommation de boissons gazeuses uniquement (sans consommation de films) est représentée par la courbe jaune de gauche : lorsque la consommation de boissons gazeuses de Carole augmente, l'utilité totale qu'elle en retire augmente également. L'utilité totale que Carole retire des films (représentée à la figure 7.2) correspond ici à la courbe jaune de droite. Elle indique que, lorsque Carole va voir un plus grand nombre de films, l'utilité qu'elle en retire augmente. La courbe d'indifférence de Carole pour les films et les boissons gazeuses apparaît dans les deux graphiques de la figure. C'est la courbe bleue du graphique (b). Dans le graphique (a), elle apparaît sous la forme d'une courbe de niveau, un peu comme lorsqu'on indique l'altitude d'un terrain. Cela montre qu'une courbe d'indifférence peut être interprétée comme une courbe de niveau mesurant des niveaux égaux d'utilité totale.

En procédant de la même façon, mais pour d'autres niveaux d'utilité totale, on obtiendrait les autres courbes d'indifférence de l'individu et on pourrait produire toute sa carte de préférence. On pourrait alors appliquer les techniques du chapitre 8 à l'analyse des effets d'une variation des prix ou du revenu. Néanmoins, il y a quelques différences intéressantes entre les deux théories. Mais, commençons par analyser plus en détail comment on peut réinterpréter le modèle de l'utilité marginale en fonction de ce que nous avons vu au chapitre 8.

Figure A8.1 L'utilité et les courbes d'indifférence

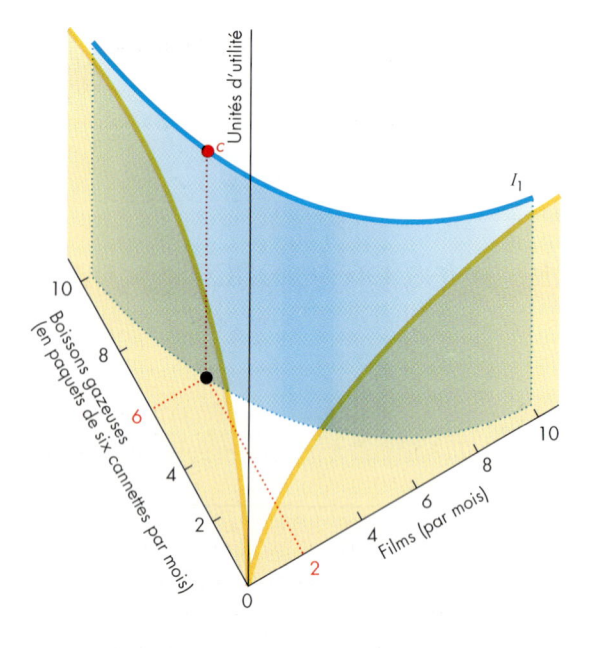

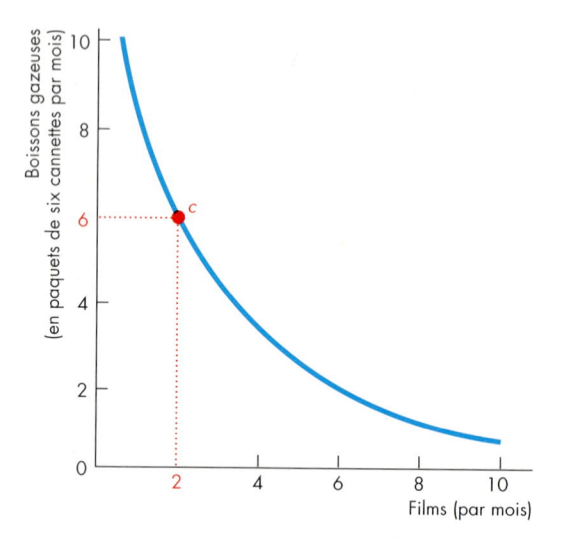

(a) Utilité totale retirée de la consommation des boissons gazeuses et des films

(b) Courbe d'indifférence pour les boissons gazeuses et les films

La figure montre comment on peut passer d'une représentation des préférences basée sur la théorie de l'utilité marginale à une représentation par des courbes d'indifférence. Le graphique (a) représente l'utilité totale retirée de la consommation de boissons gazeuses lorsque Carole ne va voir aucun film (courbe jaune de gauche) et l'utilité totale retirée des films lorsque Carole ne consomme pas de boissons gazeuses (courbe jaune de droite). Il présente également une courbe d'indifférence qui nous indique les combinaisons de boissons gazeuses et de films procurant un niveau donné d'utilité totale, soit la courbe bleue.

Le graphique (b) représente la courbe d'indifférence correspondante pour les films et les boissons gazeuses. Vous pouvez constater que c'est la même courbe que la courbe d'indifférence représentée dans le graphique (a). Le point c du graphique (a) est exactement le même que le point c du graphique (b). En fait, on peut obtenir la courbe d'indifférence du graphique (b) en projetant sur le plan horizontal des biens la courbe d'utilité totale constante du graphique (a).

Maximisation de l'utilité et choix de la meilleure combinaison accessible

Selon la théorie de l'utilité marginale, le consommateur maximise son utilité en répartissant le revenu dont il dispose entre différents biens et services, de façon que l'utilité marginale par dollar dépensé soit égale pour chacun des biens. Carole maximise son utilité en faisant en sorte que l'utilité marginale d'un dollar dépensé pour les films soit égale à l'utilité marginale d'un dollar dépensé pour les boissons gazeuses. Le choix qu'elle fait entre les films et les boissons gazeuses correspond donc à l'équation suivante :

$$\frac{\text{Utilité marginale des films}}{\text{Prix des films}} = \frac{\text{Utilité marginale des boissons gazeuses}}{\text{Prix des boissons gazeuses}}.$$

Selon la théorie des courbes d'indifférence, la meilleure combinaison accessible correspond à une situation où le taux marginal de substitution entre les deux biens est égal à leur prix relatif. Dans notre exemple, le taux marginal de substitution des films pour les boissons gazeuses est égal au prix relatif des films par rapport aux boissons gazeuses. Ainsi, le choix de films et de boissons gazeuses de Carole correspond à l'équation suivante :

$$\text{Taux marginal de substitution} = \frac{\text{Prix des films}}{\text{Prix des boissons gazeuses}}.$$

Au chapitre 8, nous avons appris à calculer le taux marginal de substitution : il est donné par la valeur absolue de la pente de la courbe d'indifférence. Le taux marginal de substitution correspond donc à la valeur absolue du rapport des variations de quantité des deux biens qui font que Carole reste indifférente. Le terme « indifférence », dans la théorie de la courbe d'indifférence, est interprété comme « l'utilité totale constante » dans la théorie de l'utilité marginale. Deux situations dont on retire la même utilité totale sont deux situations entre lesquelles on est indifférent. Il s'ensuit que le taux marginal de substitution correspond à la valeur absolue du rapport suivant : variation de la consommation de boissons gazeuses divisée par la variation de la consommation de films, en supposant que l'utilité totale reste constante. Mais selon la théorie de l'utilité, lorsque les niveaux de consommation varient, l'utilité totale varie également. En fait, l'utilité totale varie conformément à l'équation suivante :

$$\text{Variation de l'utilité totale} = \text{Utilité marginale des films} \times \Delta Q_f + \text{Utilité marginale des boissons gazeuses} \times \Delta Q_c,$$

où le symbole Δ signifie « variation de ». Si Carole est indifférente, la variation de l'utilité marginale doit être nulle, ce qui implique :

$$\text{Utilité marginale des boissons gazeuses} \times \Delta Q_c = -\text{Utilité marginale des films} \times \Delta Q_f.$$

Si nous divisons les deux membres de l'équation ci-dessus par ΔQ_f, ainsi que par l'utilité marginale des boissons gazeuses, nous obtenons ce qui suit :

$$\frac{\Delta Q_c}{\Delta Q_f} = \frac{-\text{Utilité marginale des films}}{\text{Utilité marginale des boissons gazeuses}}.$$

Nous venons de calculer un ratio de variations des quantités consommées, en supposant que l'utilité totale reste constante. De façon équivalente, nous avons calculé un ratio des variations de consommation en nous situant sur une courbe d'indifférence. La valeur absolue de ce ratio n'est par conséquent rien d'autre que le taux marginal de substitution, ce qui revient à l'équation suivante :

$$\text{Taux marginal de substitution} = \frac{\text{Utilité marginale des films}}{\text{Utilité marginale des boissons gazeuses}}.$$

Vous êtes désormais en mesure de constater qu'il existe un lien entre les deux théories. Selon la théorie de l'utilité, Carole choisit sa consommation de films et de boissons gazeuses pour arriver à l'équation suivante :

$$\frac{\text{Utilité marginale des films}}{\text{Prix des films}} = \frac{\text{Utilité marginale des boissons gazeuses}}{\text{Prix des boissons gazeuses}}.$$

Selon la théorie de la courbe d'indifférence, Carole choisit sa consommation de films et de boissons gazeuses pour arriver à l'équation suivante :

$$\text{Taux marginal de substitution} = \frac{\text{Prix des films}}{\text{Prix des boissons gazeuses}}.$$

Si nous remplaçons le taux marginal de substitution par les utilités marginales, nous obtenons l'équation suivante :

$$\frac{\text{Utilité marginale des films}}{\text{Utilité marginale des boissons gazeuses}} = \frac{\text{Prix des films}}{\text{Prix des boissons gazeuses}}.$$

Il est donc possible de manipuler les conditions d'équilibre de la théorie de l'utilité marginale de façon à obtenir exactement la même équation que celle qu'utilise la théorie de la courbe d'indifférence pour définir le meilleur choix accessible au consommateur.

Les différences entre les théories

Peut-on faire le chemin inverse, c'est-à-dire passer de la théorie des courbes d'indifférence à la théorie de l'utilité marginale ? En fait, cela n'est pas possible avec la théorie de l'utilité marginale que nous avons développée au chapitre 7. Vous aurez sans doute remarqué qu'il y avait une différence importante entre les prédictions de ces deux théories : dans le modèle de l'utilité marginale, tous les biens étaient normaux et la loi de la demande était nécessairement respectée ; dans le modèle des courbes d'indifférence, un bien peut être inférieur et, par conséquent, la loi de la demande pourrait ne pas être respectée pour ce bien, s'il arrivait que l'effet de revenu associé à une baisse de prix était plus important que l'effet de substitution.

En d'autres termes, notre représentation des préférences à l'aide de courbes d'indifférence est plus générale que celle que permettait la théorie de l'utilité marginale vue au chapitre 7. Cette dernière théorie est moins générale pour la raison suivante : au chapitre 7, nous avons supposé que l'utilité marginale d'un bien dépendait uniquement de la quantité consommée du bien en question (indépendamment des quantités consommées des autres biens), et nous obtenions l'utilité totale de l'individu en additionnant les utilités que lui procuraient les différents biens. Ces hypothèses sont restrictives, puisqu'elles impliquent que tous les biens sont normaux.

Cependant, la théorie des courbes d'indifférence n'exclut pas le recours à la notion d'utilité. Ainsi, on peut parfaitement assigner à chaque courbe d'indifférence une valeur numérique représentant l'utilité totale des combinaisons de consommation sur la courbe d'indifférence en question; des courbes d'indifférence plus élevées se verraient évidemment attribuer une valeur d'utilité plus élevée. Dans ce cas, l'utilité marginale d'un bien (le supplément d'utilité totale attribuable à la consommation d'une unité supplémentaire du bien en question) dépendra à la fois de la quantité consommée du bien et, en général, de la quantité consommée des autres biens. Bien qu'il ait recours à la notion d'utilité, ce modèle permettrait les mêmes prédictions qu'un modèle faisant uniquement appel aux courbes d'indifférence.

4ᵉ PARTIE

Les entreprises

ENTREVUE
JEAN-THOMAS BERNARD

Jean-Thomas Bernard a obtenu son doctorat à l'université de Pennsylvanie. Il a commencé sa carrière à l'université Queen's et est actuellement professeur au Département d'économique de l'Université Laval. Jean-Thomas Bernard est un spécialiste reconnu en économie de l'énergie. Il est directeur du GREEN (Groupe de recherche en économie de l'énergie et des ressources naturelles), un laboratoire de recherche mis sur pied à l'Université Laval au début des années 70.

«En face d'un problème, l'attitude de l'économiste consistera plutôt à examiner différentes options et aussi à tenir compte du fait que, très souvent, une bonne partie du problème peut être résolue si on utilise adéquatement le mécanisme des prix.»

Professeur Bernard, vous êtes un des spécialistes les plus connus au Canada dans le domaine de l'économie de l'électricité. Qu'est-ce qui vous a amené à vous intéresser à ces questions?

Je me suis très tôt intéressé à l'économie des ressources naturelles. Alors que j'étais encore étudiant au premier cycle, j'ai eu la chance d'obtenir un emploi à l'Office national de l'énergie et j'ai eu l'occasion de travailler sur des problèmes touchant à l'économie de l'électricité: la demande d'électricité, la production, les échanges entre les provinces, la réglementation, etc. Comme étudiant de doctorat, je me suis intéressé également à l'économétrie appliquée, c'est-à-dire aux techniques permettant d'estimer empiriquement des modèles économiques. En combinant ces deux centres d'intérêt, j'ai décidé d'écrire une thèse sur la demande d'électricité. J'aurais voulu estimer la demande d'électricité au Québec mais, au début des années 70, les données statistiques dans ce domaine au Québec étaient de piètre qualité. Mes premiers travaux ont donc porté sur la demande et la production d'électricité aux États-Unis. Ce qui m'intéressait en particulier, c'était de vérifier si la réglementation des tarifs d'électricité en fonction du taux de rendement du capital investi avait un effet sur le choix des techniques de production. Cette recherche portait sur ce que les spécialistes appellent l'*effet Averch-Johnson*: la réglementation des tarifs des producteurs privés en fonction du taux de rendement inciterait les entreprises à la surcapitalisation, par comparaison avec la technique de production qui minimise les coûts. Comme l'importance de cet effet dépend de l'élasticité de la demande et des possibilités de substitution entre les facteurs, je devais donc à la fois disposer d'une estimation de la demande d'électricité et d'une estimation de la fonction de production des entreprises. J'avais constaté que la surcapitalisation des entreprises était la cause d'une hausse des coûts de production de l'ordre de 5 à 7%.

Les problèmes d'énergie sont souvent perçus comme relevant surtout de considérations techniques. Quelle est la contribution de l'économiste dans ce domaine, par opposition à celle de l'ingénieur par exemple?

J'ai souvent collaboré avec des ingénieurs. Leur vision est très différente de celle de l'économiste. L'économiste met évidemment l'accent sur les coûts de production, c'est-à-dire sur la façon la plus *économique* de répondre aux besoins des consommateurs. Appelé à résoudre un problème, l'ingénieur proposera une solution techniquement valable, mais cela ne signifie pas nécessairement que c'est la meilleure solution, puisqu'elle peut nécessiter l'utilisation d'un matériel trop coûteux ou trop durable par rapport aux besoins. En face d'un problème, l'attitude de l'économiste consistera plutôt à examiner différentes options et aussi à tenir compte du fait que, très souvent, une bonne partie du problème peut être résolue si on utilise adéquatement le mécanisme des prix. Par exemple, si les bons signaux de prix concernant le coût de l'électricité étaient envoyés aux consommateurs, Hydro-Québec n'aurait peut-être pas besoin de s'équiper de turbines à gaz superperformantes, ne fonctionnant que 250 heures pendant l'année. Pour satisfaire la demande de pointe, l'ingénieur vous répondra qu'il faut des machines susceptibles de n'être utilisées que 250 heures dans l'année et que les turbines à gaz sont, à cet égard, les machines les plus performantes. L'économiste se demandera si on ne pourrait pas aussi penser à autre chose et s'il ne serait pas moins coûteux, par exemple, de réglementer la demande par une politique de prix appropriée.

Les économistes mettent constamment l'accent sur les possibilités de substitution entre facteurs de production. Ils supposent aussi que les agents économiques mettent à profit ces possibilités de substitution pour minimiser leurs coûts de production. Comment ces principes s'appliquent-ils dans le domaine de l'énergie?

De ce point de vue, le secteur de l'énergie est un terrain d'observation privilégié. En tant qu'économistes, nous nous intéressons à la manière dont les agents réagissent aux changements de prix. Depuis 1973, il y a eu des variations importantes dans les prix relatifs des différentes sources d'énergie. Il est clair que les utilisateurs, qu'il s'agisse de ménages ou d'entreprises commerciales ou industrielles, ont procédé à des ajustements importants par suite de la variation des prix relatifs du pétrole, du gaz et de l'électricité. Dans le secteur résidentiel québécois, 80 % des ménages se chauffaient au mazout au début des années 70; aujourd'hui, le mazout n'est utilisé que par 15 % des ménages et près de 100 % des nouveaux logements sont munis de systèmes de chauffage à l'électricité. Cette évolution s'explique bien sûr par la baisse considérable du prix relatif de l'électricité au début des années 80. On a observé aussi des ajustements importants dans les entreprises. Par exemple, au Québec, il y a beaucoup de chaudières industrielles, destinées à produire de la vapeur. Les papetières (il y a 55 usines de pâtes et papiers au Québec) les utilisent beaucoup. Jusqu'au début des années 70, toutes les chaudières industrielles fonctionnaient au mazout lourd. Avec la hausse du prix du pétrole, beaucoup de producteurs se sont convertis à l'électricité ou à des systèmes multiénergie gaz-électricité-mazout, ce qui leur permet de s'adapter rapidement aux variations des prix relatifs. Actuellement, le prix du pétrole est plutôt bas et on peut, par ailleurs, anticiper à moyen terme une hausse du prix de l'électricité, de sorte qu'on observe justement un retour au mazout dans le secteur industriel au Québec.

La minimisation des coûts s'applique évidemment aussi à la production d'électricité elle-même. On sait que le Québec est la terre de prédilection de l'hydroélectricité, qui représente plus de 95 % de la production, ce qui est exceptionnel si l'on compare avec ce qui se fait ailleurs en général. Seulement 20 % de la production mondiale d'électricité est d'origine hydraulique. Plus près de nous, 60 % de la production de l'Ontario est assurée par des centrales nucléaires; en Nouvelle-Angleterre et dans l'État de New York, l'essentiel de la production est assuré par le nucléaire et le charbon. Il est intéressant de noter que notre seule grosse centrale au mazout, celle de Tracy, a été construite dans les années 50. À l'époque, le prix du mazout était tellement bas qu'on croyait que l'hydro-électricité n'aurait plus d'avenir au Québec.

«[...] Notre seule grosse centrale au mazout, celle de Tracy, a été construite dans les années 50. À l'époque, le prix du mazout était tellement bas qu'on croyait que l'hydro-électricité n'aurait plus d'avenir au Québec.»

«Le problème, c'est que les utilisateurs, à l'exception du secteur commercial, paient l'électricité à un prix inférieur au coût marginal à long terme.»

L'aménagement de sites hydro-électriques suppose des délais considérables. Cela signifie vraisemblablement que la capacité de production du réseau n'est jamais parfaitement adaptée aux conditions courantes de la demande. Quelles sont les répercussions de ces délais sur la planification à long terme du réseau?

Les tarifs d'électricité au Québec sont établis selon le coût historique moyen des installations. Compte tenu de cette formule de tarification, Hydro-Québec fait une prévision de l'évolution de la demande d'électricité, étant donné la croissance économique prévue, les projections démographiques, etc. On construit donc toujours par anticipation, en se réservant par ailleurs une certaine marge de sécurité pour faire face aux changements imprévus de la demande et aussi aux variations aléatoires de la capacité de production, dues aux fluctuations de l'hydraulicité ou aux pannes. La nécessité de construire par anticipation et la taille des installations hydro-électriques ont fait que nous nous sommes retrouvés, à quelques occasions, avec des surplus de capacité importants, notamment dans la première moitié des années 80. Avec l'aménagement de la Baie-James, Hydro-Québec venait de presque doubler sa capacité de production. Même au début des travaux, étant donné l'importance de l'augmentation de la capacité, on anticipait une capacité excédentaire pendant sept ou huit ans. Ce qu'on n'avait pas anticipé cependant, ce sont les quatre années de croissance nulle de la demande à la suite de la récession de 1981-1982. On s'est donc retrouvé avec d'énormes surplus de capacité. Hydro-Québec a réagi à cette situation d'une façon qui pouvait sembler raisonnable à l'époque : avec de tels surplus, le coût marginal de production à court terme était très faible ; il semblait donc rentable de développer de nouveaux marchés en proposant des prix très bas. Ces marchés allaient de l'exportation aux chaudières industrielles, en passant par le chauffage résidentiel.

On avait cependant omis de prendre en compte que les appareils électriques ont une durée de vie utile beaucoup plus longue que la période pendant laquelle Hydro-Québec disposerait de surplus importants. Avec le recul, il apparaît maintenant que certains de ces débouchés ne sont pas rentables, si on considère le coût marginal à long terme de la production d'électricité. Mais on se retrouve pour ainsi dire prisonnier de la demande d'électricité engendrée par les appareils que les utilisateurs ont installés au moment où Hydro-Québec tentait d'écouler ses surplus. Cette situation est particulièrement évidente dans le cas du chauffage résidentiel et dans le cas de certains utilisateurs industriels ayant profité de contrats à long terme avantageux. Le problème, c'est que les utilisateurs, à l'exception du secteur commercial, paient l'électricité à un prix inférieur au coût marginal à long terme. Celui-ci est de l'ordre de 4,5 ¢ le kilowattheure, si l'on considère par exemple le projet de Grande-Baleine ; par comparaison, le tarif industriel moyen est de l'ordre de 3,5 ¢ le kilowattheure.

Est-ce que cela signifie que l'avantage comparatif du Québec relativement au prix de l'électricité est uniquement dû à une formule de tarification déficiente?

Pas vraiment. Même si les prix reflétaient le coût marginal de production à long terme, ils seraient encore inférieurs à ceux que l'on trouve dans la plupart des pays. C'est actuellement le Manitoba qui a les tarifs les plus bas au Canada, mais sa capacité de production, installée ou potentielle, est sans commune mesure avec celle du Québec. Comparés à ceux de l'Ontario, les coûts marginaux de production au Québec devraient se maintenir à environ 25 % de moins. Les tarifs dans le Nord-Est américain sont actuellement deux à trois fois supérieurs à ce qu'ils sont au Québec. C'est ce qui explique évidemment que notre potentiel d'exportation soit élevé à long terme, malgré la concurrence qui existe actuellement entre l'électricité et le gaz naturel.

Pourtant, l'aménagement de nouveaux sites – notamment Grande-Baleine – est fortement contesté à l'heure actuelle, pour diverses raisons. On a souvent accusé Hydro-Québec de négliger les économies d'énergie possibles et de surestimer la croissance de la demande.

Comme beaucoup de producteurs d'énergie, Hydro-Québec s'ajuste lentement. L'entreprise a mis du temps à s'adapter à la croissance plus lente de la demande dans les années 80 et a mis du temps à réviser ses prévisions de demande. J'ai l'impression que ses prévisions actuelles, qui supposent un taux de croissance de l'ordre de 2 % par année, pêchent par excès contraire et qu'elles sous-estiment en fait la croissance future de la demande. En ce qui concerne les économies d'énergie, il est évident qu'il y a maintenant une préoccupation accrue à l'égard de l'environnement. Je ne crois pas qu'il s'agisse là d'une mode temporaire. J'attribue cette préoccupation accrue pour l'environnement à un effet de revenu : la qualité de l'environnement est un bien pour lequel il y a une demande et il s'agit de plus d'un bien *supérieur*, de sorte que ce que l'on est disposé à payer pour préserver ou améliorer la qualité de l'environnement augmente encore plus rapidement que les revenus. Il est certain que la production hydro-électrique entraîne des modifications importantes du territoire. Pour donner un ordre de grandeur, dans la phase I de l'aménagement de la Baie-James, on a créé l'équivalent de dix lacs Saint-Jean. Aujourd'hui, de tels travaux ne sont plus jugés acceptables, sans un examen approfondi des conséquences environnementales. Cela signifie que les délais de mise en service en sont considérablement allongés. On peut donc penser que la préoccupation pour l'environnement accentuera le problème, dont nous avons déjà parlé, de l'adaptation de la capacité à la demande. Par contre, il est possible que cela favorise aussi le recours à des techniques moins capitalistiques, comme les petits barrages ou la cogénération. Le Québec a aussi, à cet égard, un très bon potentiel.

On a parlé récemment du potentiel du Québec relativement à la production éolienne d'électricité, ce qui a aussi des conséquences environnementales complètement différentes. Qu'est-ce que vous en pensez?

Quand on se préoccupe de l'environnement, on pense évidemment aux économies d'énergie et aux formes de production d'électricité les moins dommageables pour l'environnement. En ce qui concerne la réduction possible de la demande, il faut bien constater que le prix de l'électricité au Québec est parmi les plus bas au monde. Il ne faut donc pas s'attendre à ce que les Québécois cherchent à économiser l'électricité. Des économies d'énergie qui sont rentables ailleurs, là où le prix de l'électricité y est plus de trois fois supérieur, ne présentent pas nécessairement beaucoup d'intérêt ici. Il ne faut donc pas s'attendre que les programmes d'efficacité énergétique

> «Le prix de l'électricité au Québec est parmi les plus bas au monde. Il ne faut donc pas s'attendre à ce que les Québécois cherchent à économiser l'électricité.»

«Aujourd'hui, le coût du kilowattheure avec des éoliennes est de l'ordre de 6 à 7 ¢, ce qui n'est pas très éloigné des 4 à 5 ¢ le kilowattheure auquel revient l'aménagement de nouveaux sites hydro-électriques [...]»

connaissent ici le succès qu'ils peuvent avoir, par exemple, en Nouvelle-Angleterre.

Cela dit, il est possible que le Québec ait intérêt à examiner de plus près son potentiel de production à partir de ce qu'on appelle les *énergies douces*. Il y a déjà eu au Québec des tentatives de production éolienne, mais le coût s'est toutefois avéré exorbitant. La technologie a évolué depuis et on trouve ailleurs, à un prix de revient acceptable, une production à partir de parcs de petites éoliennes. Cela est très différent de l'énorme centrale éolienne, d'une capacité d'environ 5 mégawatts, que l'on avait construite autrefois en Gaspésie. Aujourd'hui, le coût du kilowattheure avec des éoliennes est de l'ordre de 6 à 7 ¢, ce qui n'est pas très éloigné des 4 à 5 ¢ le kilowattheure auquel revient l'aménagement de nouveaux sites hydro-électriques, sans compter que ce coût marginal de l'hydro-électricité n'intègre que de façon imparfaite les retombées environnementales. Comme on peut anticiper encore de nouveaux progrès techniques dans le domaine de l'énergie éolienne, il n'est pas impensable, compte tenu du potentiel éolien au Québec et des préoccupations environnementales, que cette source d'énergie puisse dans un proche avenir concurrencer l'hydro-électricité. Le Québec dispose de beaucoup de régions côtières, et ce sont évidemment ces sites qui constituent les endroits venteux. Les régions côtières ont aussi l'avantage d'être à proximité de régions habitées, ce qui diminuera le coût de transport de l'électricité par rapport aux mégaprojets hydro-électriques. Par exemple, dans le projet de Grande-Baleine, le tiers du coût de mise en valeur de ce site a trait aux coûts du transport de l'électricité vers les marchés de consommation. Dans un cas comme dans l'autre, que l'on ait recours à la production hydraulique ou éolienne, les atouts du Québec pour la production d'électricité sont considérables, et ces sources d'énergie sont certainement les moins polluantes à l'heure actuelle.

CHAPITRE 9

L'organisation de la production

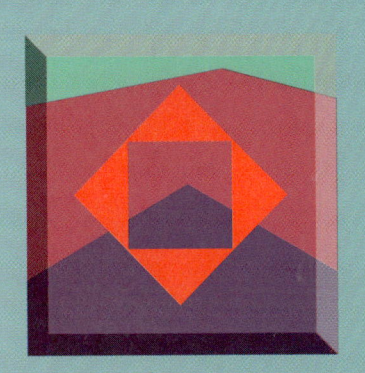

Objectifs du chapitre:

- Expliquer ce qu'est une entreprise et décrire les problèmes économiques auxquels toute entreprise doit faire face.

- Définir les différentes formes juridiques de l'entreprise en précisant ce qui les différencie.

- Expliquer comment les entreprises mobilisent des capitaux pour financer leurs activités.

- Définir le concept de valeur actuelle et expliquer le rôle qu'il joue dans les décisions de financement des entreprises.

- Distinguer le coût historique du coût d'opportunité.

- Définir les concepts d'efficacité technique et d'efficacité économique.

- Expliquer pourquoi on peut s'en remettre aux marchés pour résoudre certains problèmes économiques, alors que d'autres problèmes sont traités plus efficacement par le biais de l'activité organisatrice des entreprises.

Des arbres, une forêt et... Apple

CHAQUE JOUR, DES DIZAINES DE MILLIERS d'arbres sont coupés et de nouveaux plants sont mis en terre. La forêt dans son ensemble ne se modifie que graduellement, mais chaque jour des arbres naissent et d'autres meurent. C'est à peu près la même chose pour les entreprises. Chaque jour, des milliers de nouvelles entreprises sont créées, alors que des milliers d'autres disparaissent. Les secteurs industriels qui produisent les biens et services que nous consommons semblent changer à peine d'une année à l'autre, même si chaque entreprise est en évolution constante. ■ Au cours de l'été 1971, Greig Clark, étudiant à l'université Western Ontario, se rend compte qu'il aura besoin de 3000 $ pour payer sa prochaine année universitaire. Il a alors l'idée d'engager d'autres étudiants pour repeindre les maisons de Thunder Bay, sa ville natale. Clark fait preuve d'un grand professionnalisme et son initiative a beaucoup de succès. C'est ainsi que College Pro Painters voit le jour. Minuscule au départ, College Pro a depuis lors beaucoup grandi. Elle rapporte des bénéfices substantiels à ses propriétaires et offre travail et revenus à des milliers d'étudiants. En 1987, College Pro Painters avait à son actif 500 points de vente en Amérique du Nord et réalisait un chiffre d'affaires de 35 millions de dollars. ■ La réussite d'Apple Computer est tout aussi spectaculaire. Tout a commencé lorsque Steven Jobs et Stephen Wozniak, tous deux alors étudiants à l'université Stanford, réussissent à mettre au point le premier ordinateur personnel appelé à connaître un succès commercial dans le monde entier. L'Apple était né. Ce départ modeste a donné naissance à un géant industriel dont le chiffre d'affaires totalisait 2,7 milliards de dollars en 1987. Les deux fondateurs d'Apple ont depuis lors quitté la société pour fonder d'autres entreprises. ■ La croissance de College Pro et d'Apple s'est faite par étapes. Pour croître, une entreprise a besoin d'apports de fonds. Comment une entreprise obtient-elle les fonds dont elle a besoin pour construire des usines et mener à bien des activités de recherche ? Qu'attendent les investisseurs en échange des placements qu'ils font dans une entreprise ? ■ D'autres entreprises se sont développées parallèlement à College Pro et à Apple. Nombre d'entre elles ont dû fermer leurs portes. Il arrive parfois qu'un désastre succède à une brillante réussite. En 1986, Worlds of Wonder, un fabricant de jouets ayant mis au point un ours parlant, a connu l'une des croissances les plus rapides de l'histoire. En 1987, il a fait faillite. Comment un économiste évalue-t-il la santé d'une entreprise ? Qu'arrive-t-il aux propriétaires et aux investisseurs d'une entreprise qui fait faillite ? ■ Quelque 2 millions d'entreprises exercent leurs activités au Canada, sous un nombre surprenant de formes, qui vont des multinationales géantes, comme IBM, Exxon et Sony, aux petites entreprises familiales dans des secteurs comme la peinture en bâtiment, le jardinage ou la restauration. Certaines activités peuvent prendre différentes formes : une librairie peut n'avoir qu'un seul propriétaire ou appartenir à une société par actions. Les trois quarts des entreprises sont dirigées par leur propriétaire, tout comme College Pro et Apple à leurs débuts. Mais les sociétés par actions (comme College Pro et Apple aujourd'hui) représentent 90 % du chiffre d'affaires total des entreprises. Pourquoi les entreprises gérées par leur propriétaire sont-elles majoritaires alors que la plus grande partie du chiffre d'affaires est réalisée par les sociétés par actions ?

■ Nous avons vu que le marché est un instrument sans pareil pour coordonner les actions de millions d'individus. Les entreprises constituent une autre façon de coordonner l'activité économique individuelle. Pourquoi avons-nous besoin des entreprises pour organiser et coordonner nos activités ? Pourquoi les consommateurs ne se contentent-ils pas d'acheter tout ce dont ils ont besoin à d'autres individus dans les différents marchés ?

■ Ce chapitre va nous permettre de répondre aux questions que nous venons de poser. Nous allons examiner les différentes formes juridiques de l'entreprise. Nous tenterons aussi d'analyser le comportement de toutes les entreprises en dégageant ce qu'elles ont en commun.

Les problèmes économiques de l'entreprise

Le Canada compte presque 2 millions d'entreprises dont la taille, les activités et le potentiel de survie diffèrent énormément. Qu'ont-elles donc en commun ? Quelles sont aussi les différentes formes juridiques de l'entreprise et pourquoi existe-t-il différentes structures d'organisation ?

Qu'est-ce qu'une entreprise ?

Une **entreprise** est une organisation qui achète ou qui loue des facteurs de production et qui *gère* ces ressources pour produire et vendre des biens et services. Le verbe «gère» est le mot clé de cette définition. Un individu ou un groupe de dirigeants a pour tâche de gérer l'activité de l'entreprise.

Les points communs des entreprises

La rareté est la raison d'être des entreprises. Les entreprises sont un moyen parmi d'autres pour tirer le maximum de nos ressources rares. En effet, chaque entreprise doit résoudre son propre problème économique, en ce sens qu'elle doit tirer le maximum de ressources dont elle ne dispose qu'en quantités limitées. Pour ce faire, elle doit décider des questions suivantes :

- Le type de produits et les quantités à produire
- Les techniques de production à utiliser
- Les quantités de chaque facteur de production à employer
- L'organisation et la structure de gestion
- Le mode de rémunération des facteurs de production

Les revenus qu'une entreprise tire de la vente des biens et services qu'elle produit constituent sa *recette totale*. Le total des dépenses que l'entreprise effectue en échange des facteurs de production qu'elle utilise constitue son **coût total**. La différence entre la recette totale et le coût total constitue le **profit** de l'entreprise (si la recette excède le coût) ou sa **perte** (si le coût excède la recette). Bien entendu, les choix que fait l'entreprise pour résoudre son problème économique se répercutent sur sa recette totale, son coût total et son profit (ou ses pertes). Toutes les entreprises font face aux mêmes types de problèmes. Néanmoins, elles n'y apportent pas toutes la même solution. Les structures de gestion et le mode de rémunération des facteurs de production sont très différents d'une entreprise à l'autre, ce qui nous permet de distinguer différentes formes juridiques.

Les formes juridiques de l'entreprise

Il existe principalement trois types d'entreprise :

- Les entreprises individuelles
- Les sociétés de personnes
- Les sociétés par actions

La forme juridique d'une entreprise a une incidence sur sa structure organisationnelle et sur la façon dont elle rémunère les facteurs de production. La forme juridique détermine également le montant des impôts que l'entreprise et ses propriétaires auront à payer. Enfin, elle détermine qui percevra les bénéfices et qui sera responsable des dettes au cas où l'entreprise devrait mettre fin à ses activités.

L'entreprise individuelle La plupart des entreprises sont de ce type. Les dépanneurs, les programmeurs à leur compte ainsi que les rédacteurs indépendants et les artistes sont autant d'exemples de ce type d'organisation. Une **entreprise individuelle** est une entreprise qui appartient à un seul propriétaire, dont la responsabilité est illimitée. Par **responsabilité illimitée**, on désigne la responsabilité légale qu'a le propriétaire de régler toutes les dettes de l'entreprise jusqu'à concurrence du montant total de ses avoirs. Si le propriétaire d'une entreprise individuelle est dans l'impossibilité de régler ses dettes, ses créanciers peuvent exiger d'être payés à même les biens personnels du propriétaire.

La structure de gestion d'une entreprise individuelle est très simple. Son propriétaire prend toutes les décisions relatives à la gestion : le type de produits et les quantités à produire, les techniques à utiliser ; le matériel à acheter et le nombre d'employés à engager ; les montants à investir dans l'entreprise et les montants à emprunter. Le propriétaire de l'entreprise individuelle est également l'unique ayant droit résiduel. L'**ayant droit résiduel** est l'agent (ou le groupe d'agents) qui perçoit les bénéfices de l'entreprise et qui est responsable de ses pertes.

Les bénéfices du propriétaire d'une entreprise individuelle sont considérés comme le revenu du propriétaire. On les ajoute simplement à toutes ses autres sources de revenus et ils sont imposés à titre de revenus personnels. L'entreprise individuelle ne paie pas directement d'impôts sur les bénéfices.

La société de personnes La société de personnes est l'autre forme d'entreprise la plus courante. La plupart des cabinets d'avocats et de comptables sont des sociétés de personnes. Une **société de personnes** est une entreprise qui appartient à deux propriétaires ou plus, dont la responsabilité est illimitée. Sa structure de gestion est un peu plus complexe que celle de l'entreprise individuelle. Les associés doivent s'entendre sur la structure appropriée, sur la façon de gérer l'entreprise et sur la répartition des bénéfices. Comme pour l'entreprise individuelle, les bénéfices sont imposés à titre de revenus personnels des propriétaires. Mais chaque associé est légalement responsable de toutes les dettes de l'entreprise (à concurrence de la totalité de ses avoirs personnels). On dit dans ce cas que chaque associé a l'**entière responsabilité** des dettes de la société.

La société par actions La société par actions est la forme juridique la plus connue, même si elle n'est pas la plus courante. Bombardier et Bell Canada en sont deux exemples. De nombreuses sociétés par actions, comme IBM, Exxon et Sony, sont des multinationales géantes.

Une **société par actions** est une entité juridique appartenant à un ou plusieurs actionnaires dont la responsabilité est limitée. La **responsabilité limitée** signifie que les propriétaires ne sont légalement responsables des dettes de l'entreprise que jusqu'à concurrence du montant de leur mise financière dans la société. Le capital de la société par actions est réparti en actions. Une **action** est une part du capital social de l'entreprise. Certaines sociétés émettent des actions à diffusion restreinte qui ne peuvent s'acheter et se vendre qu'après accord mutuel entre les actionnaires. Les actions des autres sociétés s'achètent et se vendent sur les marchés boursiers (Bourse de Toronto ou de Montréal, par exemple). Toutefois, seules les actions des plus grandes sociétés s'échangent dans le cadre des principales Bourses des valeurs mobilières. Les actions des sociétés plus petites sont négociées par des courtiers indépendants sur ce que l'on appelle le *marché hors cote*.

Les structures de gestion des sociétés par actions diffèrent grandement d'une société à l'autre. Certaines sociétés ne sont guère plus grandes qu'une entreprise individuelle et n'appartiennent qu'à un seul propriétaire. Ces sociétés sont gérées exactement de la même façon qu'une entreprise individuelle. Les structures de gestion des grandes sociétés sont beaucoup plus complexes. Habituellement, elles ont à leur tête un directeur général qui chapeaute la structure organisationnelle. À l'échelon juste au-dessous se trouvent des vice-présidents directeurs, responsables, par exemple, de la production, des finances, de la commercialisation et parfois de la recherche. Des équipes de spécialistes relèvent de chacun de ces cadres supérieurs. Chaque échelon de la structure de gestion en sait suffisamment sur ce qui se passe à l'échelon inférieur pour exercer un contrôle sur celui-ci, mais l'ensemble de la structure se compose essentiellement de spécialistes qui se consacrent à une partie restreinte des activités de la société.

Les propriétaires, ou actionnaires, procurent à la société une bonne partie des fonds dont elle a besoin. La rémunération des actionnaires repose sur les dividendes versés par la société, d'une part, et sur l'appréciation de la valeur des actions sur le marché, d'autre part. Les sociétés mobilisent également des capitaux en émettant des obligations. Les détenteurs d'obligations sont rémunérés par un taux d'intérêt fixe.

Dans la mesure où une société par actions enregistre des bénéfices, les actionnaires sont les ayants droit résiduels à qui reviennent ces bénéfices. Si une société enregistre des pertes dans une proportion telle qu'elle est acculée à la faillite, la perte résiduelle est absorbée par les banques et les autres créanciers de l'entreprise. Les actionnaires eux-mêmes, en vertu de leur responsabilité limitée, ne sont responsables des dettes de la société que jusqu'à concurrence du montant de leur placement.

Le gouvernement impose les bénéfices de la société par actions indépendamment du revenu des actionnaires. Ainsi, les bénéfices des sociétés sont imposés deux fois. La société paie des impôts sur les bénéfices ; les actionnaires paient de plus des impôts sur le montant de leurs dividendes en fonction du total de leurs revenus personnels.

Autres formes juridiques La plupart des entreprises sont des entreprises individuelles, des sociétés de personnes ou des sociétés par actions. Il y a toutefois d'autres formes possibles d'entreprises. Il s'agit des organismes sans but lucratif, des coopératives et des sociétés d'État.

Un **organisme sans but lucratif** est un organisme dont les coûts totaux sont égaux à son revenu total, soit par choix, soit par obligation légale. C'est le cas des universités et des collèges, des églises et de certaines compagnies d'assurances, comme les sociétés d'assurance mutuelle. Une **coopérative** est une entreprise appartenant à un groupe de personnes qui partagent un objectif commun, qui assument collectivement les risques et qui partagent les bénéfices. Les coopératives sont plus répandues dans les pays d'Europe occidentale qu'au Canada. Au 19e siècle et au début du 20e siècle, elles comptaient pour la plus grande partie du commerce de détail. Les coopératives les plus courantes et celles qui connaissent le plus de succès au Canada sont les caisses populaires et les banques d'épargne. Comme les membres entretiennent souvent des liens étroits, ces coopératives sont parfois en mesure d'emprunter et de prêter aux petites entreprises et aux ménages de façon plus efficace que les grands établissements financiers publics. Une **société d'État** est une entreprise publique appartenant à un gouvernement. Radio-Canada et Hydro-Québec en sont deux exemples.

Quels sont les avantages et les inconvénients des différentes formes juridiques de l'entreprise?

Les avantages et les inconvénients des différentes formes juridiques de l'entreprise

Chacune des trois formes d'entreprise est largement représentée. Nous pouvons donc en conclure qu'elles présentent toutes trois des avantages. Mais elles présentent également des inconvénients. C'est pourquoi aucune d'elles n'a pris le pas sur les deux autres. Le tableau 9.1 résume les avantages et les inconvénients de ces trois types d'organisation. Examinons, dans chacun des cas, comment les avantages compensent les inconvénients.

L'entreprise individuelle L'entreprise individuelle est appropriée pour une exploitation de petite taille dont le

Tableau 9.1 Avantages et inconvénients des différentes formes juridiques de l'entreprise

Forme juridique	Avantages	Inconvénients
Entreprise individuelle	• Les formalités de constitution sont simples • Le processus décisionnel est simple • Les bénéfices ne sont imposés qu'une seule fois au titre de l'impôt sur le revenu des particuliers	• Aucun mécanisme n'est prévu pour neutraliser les mauvaises décisions • Le propriétaire est responsable de tous ses biens personnels • L'entreprise disparaît avec son propriétaire • Le capital a un coût élevé • La main-d'œuvre a un coût élevé
Société de personnes	• Les formalités de constitution sont simples • Le processus décisionnel est diversifié • Le retrait de l'un des associés n'empêche pas le fonctionnement de la société • Les bénéfices ne sont imposés qu'une seule fois au titre de l'impôt sur le revenu des particuliers	• La nécessité d'arriver à un consensus peut impliquer un processus lent et coûteux • Chacun des associés est responsable de la totalité de ses biens personnels • Le retrait de l'un des associés peut entraîner une pénurie de capitaux • Le capital a un coût élevé
Société par actions	• La responsabilité des propriétaires est limitée car la société constitue une personne morale • Il est possible de lever des volumes importants de capitaux à de faibles coûts • La qualité de la gestion ne dépend pas des compétences des propriétaires • Les structures sont permanentes • Les contrats de travail à long terme réduisent les coûts de la main-d'œuvre	• La complexité de la structure de gestion ralentit parfois le processus décisionnel et le rend coûteux • La société doit acquitter des impôts sur les bénéfices; les dividendes sont également imposés au titre de l'impôt sur le revenu des particuliers

propriétaire est un expert en son domaine. La compétence du propriétaire réduit le risque de prendre de mauvaises décisions. Ainsi, les programmeurs expérimentés qui connaissent bien leur domaine forment souvent leur propre entreprise individuelle. L'entreprise individuelle est également propice aux activités qui exigent une main-d'œuvre relativement peu qualifiée et dont le taux de rotation élevé n'a pas d'incidence sur l'efficacité. La plupart des exploitations agricoles, auxquelles la compétence des propriétaires est indispensable mais qui ont recours à une main-d'œuvre non qualifiée, sont organisées en entreprise individuelle.

L'entreprise individuelle est souvent l'étape préalable à la constitution en société par actions. C'est la première étape de l'évolution d'une entreprise. Néanmoins, l'entreprise individuelle présente des risques élevés. Certaines, parce qu'elles reposent sur un concept innovateur ou parce qu'elles sont en mesure de fournir des services d'experts, peuvent gagner des revenus importants. Par contre, d'autres disparaîtront rapidement. Les survivants, grâce aux gains accumulés, créent et gèrent parfois des sociétés par actions.

Prenons un exemple : Hallmark Cards, la plus grosse entreprise de cartes de vœux en Amérique du Nord, a fait ses débuts en tant qu'entreprise individuelle. Son fondateur, Hoyce Hall, stockait ses premières cartes de vœux sous son lit dans la chambre qu'il occupait au YMCA de Kansas City. Aujourd'hui, Hallmark est une société par actions dont le chiffre d'affaires annuel s'élève à plus d'un milliard de dollars.

La société de personnes   La société de personnes répond aux besoins de personnes compétentes qui exercent une profession libérale et qui partagent des connaissances communes dans un domaine spécifique comme la comptabilité, l'architecture, le droit ou la médecine. La concordance de vue et la formation commune d'un groupe d'avocats, par exemple, signifient en général qu'ils sont susceptibles d'arriver à un consensus assez facilement. Les sociétés de personnes sont florissantes parmi les professions libérales et très répandues dans le domaine de la finance, de l'assurance, de l'immobilier et des services en général.

La société par actions   La société par actions jouit de nombreux avantages inhérents à sa nature, notamment pour la production de produits et services à grande échelle et dans des domaines où une équipe de gestion professionnelle et les compétences acquises sur le terrain sont des éléments primordiaux. En raison de sa responsabilité limitée et, du moins en principe, de sa permanence, la société par actions peut mobiliser des capitaux importants pour acquérir de vastes usines et former des gestionnaires et d'autres professionnels en leur offrant des perspectives de carrière à long terme.

Les grandes entreprises doivent se doter d'une structure de gestion complexe, ce qui a pour effet de ralentir le processus décisionnel. Cependant, les coûts de cette structure restent rentables. C'est pourquoi la société par actions est devenue la principale forme d'organisation dans les économies modernes.

À RETENIR

Une entreprise est une organisation qui achète ou qui loue des facteurs de production et les gère afin de produire des biens et services. Les formes juridiques d'entreprises sont pour l'essentiel les entreprises individuelles, les sociétés de personnes et les sociétés par actions. Chaque type d'organisation présente des avantages et a un rôle à jouer dans les différents secteurs de l'économie. Le tableau 9.1 résume les avantages et les inconvénients de chacune de ces formes d'entreprise.

∎∎∎

Le financement des entreprises

Examinons maintenant les aspects financiers de l'entreprise. Nous commencerons par la façon dont les entreprises mobilisent des capitaux. Nous verrons ensuite comment calculer les coûts de production en comparant la méthode comptable de calcul des coûts à la mesure économique de coût d'opportunité.

Les modes de financement

Toutes les entreprises obtiennent une partie des fonds dont elles ont besoin de leurs propriétaires. Les **capitaux propres** sont les sommes que le propriétaire investit dans son entreprise. Les entreprises individuelles et les sociétés de personnes se financent aussi en empruntant aux banques ou à des amis ; les fonds auxquels on peut avoir accès de cette façon sont évidemment limités. Les sociétés par actions mobilisent des capitaux bien plus importants. Une compagnie de transport aérien, par exemple, peut obtenir des centaines de millions de dollars pour agrandir son parc d'avions. Un producteur d'acier peut se procurer des centaines de millions de dollars pour construire une nouvelle usine. Le caractère plus permanent de leur organisation permet aux sociétés par actions de lever des capitaux importants par des moyens qui ne sont généralement pas à la portée des ménages et des entreprises sans

LE FINANCEMENT DES ENTREPRISES 223

Figure 9.1 Émission d'obligations

```
La présente annonce ne doit pas être interprétée comme une offre publique dans aucune
province du Canada des titres qui y sont mentionnés. Une telle offre est faite pas voie de
prospectus seulement dans les provinces où le dépôt d'un tel prospectus a été accepté par une
commission des valeurs mobilières ou un organisme similaire.
```

Nouvelle émission   Décembre 1989

150 000 000 $
Bell Canada

Débentures à 10,35 %, série EC, échéant en 2009

Date d'émission : le 15 décembre 1989   Date d'échéance : le 15 décembre 2009

Prix : 100

Les soussignés ont convenu d'acheter en totalité ces
débentures à titre de preneurs fermes.

Burns Fry Limitée   RBC Dominion   Wood Gundy Inc.
                      valeurs mobilières Inc.

Richardson Greenshields   Lévesque Beaubien
du Canada Limitée   Geoffrion Inc.

L'obligation est l'engagement de payer un coupon et de rembourser la valeur nominale. En 1989, Bell Canada a émis des obligations d'une valeur nominale de 100 $ arrivant à échéance en 2009, assorties d'un coupon annuel de 10,35 %.

personnalité morale. Ces moyens sont principalement les suivants :
- La vente d'obligations
- L'émission d'actions

Voyons comment ces modes de financement permettent de mobiliser des milliards de dollars chaque année.

La vente d'obligations

Une **obligation** est une reconnaissance de dette en vertu de laquelle l'entreprise s'engage à verser des sommes d'argent convenues à des dates déterminées. En règle générale, l'obligation d'une société spécifie qu'un certain montant, la **valeur nominale** de l'obligation, sera remboursée à une **date d'échéance** convenue. En outre, un montant, appelé **coupon**, est versé chaque année entre la date d'émission de l'obligation et son échéance.

À la figure 9.1, nous avons reproduit l'annonce d'une émission d'obligations. Le 15 décembre 1989,

Bell Canada a fait une nouvelle émission d'obligations totalisant 150 millions de dollars. La série d'obligations en question de Bell Canada promettait de verser, à l'échéance du 15 décembre 2009, les 150 millions de dollars empruntés plus l'intérêt dû à cette date. Elle comprenait aussi l'engagement de payer un coupon de 10,35 % le 15 décembre de chaque année.

Le tableau 9.2 indique les mouvements de trésorerie entre Bell Canada et ses obligataires. On constate que, le 15 décembre 1989, Bell a reçu 150 millions de dollars et devra ensuite payer annuellement des coupons totalisant 15 525 000 $ (10,35 % de 150 millions de dollars) tous les 15 décembre jusqu'en 2008. En 2009, elle remboursera la valeur nominale des obligations, soit 150 millions de dollars, et paiera le dernier coupon pour la dernière année ; à l'échéance, Bell déboursera donc un total de 165,525 millions de dollars. Pour l'ensemble de la période, elle aura payé 310,5 millions de dollars de plus que ce qu'elle aura reçu des détenteurs d'obligations. En d'autres termes, Bell Canada a reçu 150 millions de dollars en 1989 et s'est engagée à rembourser cette somme plus 310,5 millions de dollars au cours des 20 prochaines années.

Pourquoi Bell Canada a-t-elle considéré que cette décision pouvait être rentable ? La réponse à cette question repose sur un principe fondamental du financement des entreprises (et aussi des ménages).

Tableau 9.2 Obligations de Bell Canada : mouvements de trésorerie

Année	Rentrées de fonds (en millions de dollars)	Sorties de fonds (en millions de dollars)
1989	150	
1990		15,525
1991		15,525
.		.
.		.
.		.
2008		15,525
2009		165,525
Total	150	460,500
Sorties de fonds nettes		310,500

L'actualisation et la valeur actuelle

Nous venons de voir qu'en vendant une obligation l'entreprise s'engage à effectuer une série de paiements dans l'avenir. La vente d'une obligation procure cependant une rentrée de fonds dans le présent. Bell touche de l'argent en 1989 et devra en débourser de 1990 à 2009.

Si vous pouviez choisir entre un dollar aujourd'hui et un dollar à percevoir dans un an, vous choisiriez le dollar d'aujourd'hui. Bell Canada fait de même. Pour Bell Canada, un dollar en 1989 a plus de valeur que ce même dollar en 1990 et, *a fortiori*, en 2009. Un dollar a plus de valeur aujourd'hui que dans l'avenir car le dollar d'aujourd'hui peut être investi de façon à rapporter un revenu.

Les deux premiers points traités dans cette section contiennent plusieurs calculs. Vous verrez que ces calculs peuvent vous aider à prendre la décision qui s'impose dans bon nombre de situations, notamment pour savoir si vous devez louer ou acheter une cassette vidéo ou un magnétoscope, si vous devez acheter comptant ou à crédit, si vous devez acheter de grandes quantités d'un produit ou, au contraire, de plus petites quantités mais plus souvent. Tout calcul qui permet de comparer une somme d'argent aujourd'hui avec une somme différente à percevoir ou à verser ultérieurement nécessite le calcul d'une valeur actuelle. Voyons comment il faut procéder.

Calcul de la valeur actuelle Supposons que le taux d'intérêt annuel soit de 10 %. Si vous investissez 100 $ cette année, vous disposerez de 110 $ l'année prochaine. De façon équivalente, on peut dire que 110 $ à percevoir dans un an valent 100 $ aujourd'hui. La **valeur actuelle** d'une somme d'argent à recevoir ou à payer dans l'avenir est le montant qui, s'il est investi aujourd'hui, atteindra la valeur de cette somme future, compte tenu de l'intérêt perçu. Traduisons ce concept par une équation :

$$\text{Somme future} = \text{Valeur actuelle} \times (1 + r).$$

Si vous disposez de 100 $ aujourd'hui et que le taux d'intérêt (r) est de 10 % par année ($r = 0{,}1$), vous récupérerez 110 $ dans un an. Vérifions si l'équation ci-dessus nous permet d'arriver au même résultat : 100 $ multiplié par 1,1 égale 110 $.

Nous nous sommes contentés ici d'utiliser la formule pour calculer le montant d'une somme future à partir de la valeur actuelle et du taux d'intérêt. Nous pouvons calculer la valeur actuelle d'une somme future en inversant l'équation. Au lieu de multiplier la valeur actuelle par $(1 + r)$, il suffit alors de diviser la somme future par $(1 + r)$. Cela donne :

$$\text{Valeur actuelle} = \frac{\text{Somme future}}{(1 + r)}.$$

Le calcul de la valeur actuelle au moyen de cette formule constitue ce que l'on appelle l'*actualisation*. L'**actualisation** consiste à convertir une somme d'argent future dans sa valeur actuelle. Calculons la valeur actuelle de 110 $ à percevoir dans un an, en supposant que le taux d'intérêt annuel soit de 10 %. Vous vous doutez évidemment que la réponse est 100 $, car nous avons vu que, si vous investissiez 100 $ aujourd'hui à un taux d'intérêt annuel de 10 %, vous disposeriez de 110 $ dans un an. En appliquant la formule, on obtient :

$$\text{Valeur actuelle} = \frac{110\ \$}{(1 + 0{,}1)}$$

$$= \frac{110\ \$}{1{,}1}$$

$$= 100\ \$.$$

Le calcul de la valeur actuelle d'une somme d'argent à percevoir dans un an est le cas le plus simple. Mais nous pouvons également calculer la valeur actuelle d'une somme d'argent à percevoir dans un certain nombre d'années. Voyons, par exemple, comment il faut calculer la valeur actuelle d'une somme d'argent qui sera disponible dans deux ans.

Imaginons que vous investissiez 100 $ aujourd'hui pendant deux ans à un taux d'intérêt de 10 % par année. Votre placement vous rapportera 10 $ la première année. Ainsi, à la fin de la première année, vous disposerez de 110 $. Si vous réinvestissez l'intérêt de 10 $, le taux d'intérêt vous rapportera 10 $ supplémentaires la deuxième année sur les 100 $ investis au départ, plus 1 $ sur les 10 $ d'intérêt, ce qui correspond à la notion d'*intérêts composés*. Ainsi, l'intérêt vous rapportera 11 $ au cours de la deuxième année et 21 $ au total pour les deux années (10 $ la première année et 11 $ la deuxième année). Au bout de deux ans, vous récupérerez donc 121 $. À partir de la définition de la valeur actuelle, avec un taux d'intérêt de 10 %, la valeur actuelle des 121 $ à percevoir dans deux ans est, par conséquent, de 100 $. En d'autres termes, si vous disposez actuellement de 100 $ et que vous les investissiez à un taux de 10 %, vous aurez 121 $ dans deux ans.

Pour calculer la valeur actuelle d'une somme d'argent à percevoir dans deux ans, nous utilisons la formule suivante :

$$\text{Valeur actuelle} = \frac{\text{Somme d'argent à percevoir dans deux ans}}{(1 + r)^2}.$$

Avec les chiffres de notre exemple, la formule donne :

$$\text{Valeur actuelle} = \frac{121\ \$}{(1 + 0{,}1)^2}$$

$$= \frac{121\ \$}{(1{,}1)^2}$$

$$= \frac{121\ \$}{1{,}21}$$

$$= 100\ \$.$$

On peut calculer la valeur actuelle d'une somme d'argent à percevoir dans un nombre quelconque d'années en appliquant la formule générale suivante, construite à partir de la formule que nous venons d'utiliser.

$$\text{Valeur actuelle} = \frac{\text{Montant disponible dans } n \text{ années}}{(1 + r)^n}.$$

Prenons un exemple. Si le taux d'intérêt est de 10 % par année, les 100 $ que vous recevrez dans 10 ans ont une valeur actuelle de 38,55 $. Cela veut dire que, si vous investissez 38,55 $ aujourd'hui à un taux d'intérêt de 10 %, vous récupérerez 100 $ dans 10 ans. (Vous pouvez vérifier ces calculs avec votre calculatrice de poche.)

Maintenant que vous avez compris ce qu'est la valeur actuelle et que vous êtes en mesure de la calculer, nous pouvons reprendre la question que nous nous étions posée, à savoir pourquoi est-il rentable pour Bell d'emprunter 150 millions de dollars en 1989 et de rembourser 460,5 millions de dollars au cours des 20 prochaines années ?

La valeur actuelle d'une obligation Il est certain que Bell ne va pas décider de rembourser 460,5 millions de dollars pour un emprunt de 150 millions de dollars sans y avoir préalablement réfléchi. Son objectif est d'utiliser ces fonds de façon productive. Supposons que Bell Canada prévoie installer un réseau informatisé de communication téléphonique et des câbles pour une valeur de 150 millions de dollars. Elle ne dispose pas de cette somme. Elle peut faire un emprunt bancaire au taux d'intérêt de 11 %. Elle peut également vendre les obligations dont nous venons de parler. Supposons que Bell choisisse cette deuxième solution.

Vous savez désormais, après ce que nous venons de voir sur l'actualisation, qu'une somme d'argent qui sera versée dans deux, cinq ou dix ans a une valeur inférieure aujourd'hui. Selon le principe de l'actualisation, les sommes que remboursera Bell Canada à ses obligataires dans les années à venir ont une valeur moindre aujourd'hui. Mais dans quelle proportion ? Pour le savoir, calculons la valeur actuelle du paiement des obligations.

Nous allons utiliser les formules que nous venons de voir. Pour commencer, faisons la liste des sommes que Bell recevra, d'une part, et des sommes qu'elle va devoir payer, d'autre part. Vous trouverez cette liste au tableau 9.3, dans la colonne intitulée « Mouvements de trésorerie ». Un signe *plus* signifie que Bell encaisse la somme indiquée ; un signe *moins* signifie que Bell débourse la somme en question. En 1989, Bell Canada a reçu 150 millions de dollars. De 1990 à 2009, l'entreprise va devoir payer les coupons pour un montant total de 15,525 millions de dollars chaque année. En 2009, Bell va payer le dernier coupon, soit 15,525 millions de dollars, et rembourser les obligations pour une valeur de 150 millions de dollars, soit un total de 165,525 millions de dollars. Pour calculer la valeur actuelle des rentrées et des paiements, nous devons diviser chacune des sommes par $(1 + r)^n$. Vous vous rappelez certainement que n représente le nombre d'années au terme desquelles un montant d'argent sera payé et que r est le taux d'intérêt. Puisque Bell Canada aurait pu souscrire à un emprunt bancaire au taux de 11 %, c'est le taux d'intérêt que nous allons utiliser pour calculer la valeur actuelle d'une obligation ; autrement dit, $r = 0{,}11$.

La colonne « Valeur actuelle » du tableau 9.3 contient les résultats de nos calculs. Dans le cas de Bell Canada, le 15 décembre 1989 est la date utilisée pour le calcul de la valeur actuelle. À cette date, la valeur actuelle des rentrées courantes en 1989 est de 150 millions de dollars. La valeur actuelle des 15,525 millions de dollars en 1990, soit une année

Tableau 9.3 Valeur actuelle des obligations de Bell Canada

Année	Mouvements de trésorerie (en millions de dollars)	Valeur actuelle au taux de 11 % par année (en millions de dollars)
1989	+ 150,000	+ 150,000
1990	− 15,525	− 13,986
1991	− 15,525	− 12,600
.	.	.
.	.	.
.	.	.
2008	− 15,525	− 2,137
2009	− 165,525	− 20,531
Net	− 310,500	+ 7,763

plus tard, correspond à 13,986 millions de dollars. Comment en sommes-nous arrivés là ? Nous avons utilisé la formule suivante :

$$\text{Valeur actuelle} = \frac{15,525}{1 + 0,11}$$

$$= \frac{15,525}{1,11}$$

$$= 13,986.$$

Plus nous allons loin dans le temps, plus les valeurs actuelles sont faibles. Ainsi, la valeur actuelle des 15,525 millions de dollars deux ans plus tard (en 1991) est de 12,6 millions de dollars :

$$\text{Valeur actuelle} = \frac{15,525}{(1,11)^2}$$

$$= 12,600.$$

La valeur actuelle dans 19 ans (en 2008) n'est que de 2,137 millions de dollars, soit :

$$\text{Valeur actuelle} = \frac{15,525}{(1,11)^{19}}$$

$$= 2,137.$$

Au cours de la dernière année, lorsque Bell Canada versera 165,525 millions de dollars pour rembourser les obligations et payer le dernier coupon, la valeur actuelle de ce paiement sera de 20,531 millions de dollars.

La somme des valeurs actuelles est la valeur actuelle nette de l'opération. La **valeur actuelle nette** d'un flux de paiements est la somme des valeurs actuelles des paiements faits chaque année. Comme vous pouvez le constater, la valeur actuelle nette de cette opération de financement, lorsque le taux d'intérêt est de 11 %, est égale à 7,763 millions de dollars. En d'autres termes, la valeur actuelle des paiements futurs de Bell Canada est légèrement inférieure aux 150 millions de dollars qu'elle a empruntés en 1989.

L'idée d'emprunter sous forme d'obligations 150 millions de dollars en 1989 et de rembourser 460,5 millions de dollars au cours des 20 années suivantes n'est donc pas sans justification. La valeur actuelle des paiements futurs est de loin inférieure à 460,5 millions de dollars. Dans notre exemple, nous avons choisi un taux d'intérêt de 11 % pour calculer la valeur actuelle. Des taux d'intérêt différents produiront des résultats différents. Mais il reste qu'à un taux d'intérêt de 11 % il est plus judicieux d'émettre des obligations que de souscrire à un emprunt bancaire. Évidemment, la pertinence de l'emprunt dépendra en fin de compte des bénéfices que procureront les nouvelles installations téléphoniques. Bell souhaite que les installations engendrent suffisamment de bénéfices pour pouvoir effectuer les paiements auxquels elle s'est engagée par son émission d'obligations.

Les avantages des obligations Les obligations constituent un mode de financement à long terme dont le coût est facilement prévisible. En règle générale, une grande société vend des obligations chaque année ou tous les deux ans et en rembourse d'autres entre-temps, de sorte que la structure des échéances des obligations en circulation est relativement constante. L'**échéancier de la dette** obligataire d'une entreprise est l'ensemble des dates auxquelles les obligations en circulation doivent être remboursées. Les obligations présentent l'avantage de la sécurité pour les acheteurs. Elles garantissent à la société des frais d'intérêt prévisibles et à l'acheteur des revenus d'intérêt prévisibles.

Les obligations présentent malgré tout des risques : si une société fait faillite, elle ne sera peut-être pas en mesure de rembourser les obligataires. Toutefois, les obligataires devront être remboursés avant tout paiement fait aux actionnaires. Bien que les obligataires aient une créance prioritaire sur la valeur résiduelle de la société en cas de faillite, ils ont moins de pouvoir sur l'entreprise que les actionnaires. Ils ne sont pas habilités à choisir les administrateurs responsables de la gestion ni à choisir la direction de la société.

L'émission d'actions

L'émission d'actions est l'autre mode de financement auquel les sociétés ont le plus souvent recours. Les capitaux mobilisés de cette façon constituent les *capitaux propres* de l'entreprise car les actionnaires d'une société en sont les propriétaires : ils ont acheté une participation au capital de l'entreprise.

Il y a trois catégories d'actions :

- Les actions ordinaires
- Les actions privilégiées
- Les actions convertibles

Une **action ordinaire** confère à son détenteur le droit de voter à l'assemblée des actionnaires et le droit de participer à l'élection des administrateurs. Le porteur d'une action ordinaire ne recevra un dividende que si les administrateurs votent en ce sens. Le taux de ce dividende est variable et déterminé par les administrateurs en fonction des bénéfices faits par la société.

Une **action privilégiée** n'est assortie d'aucun droit de vote mais elle confère à son détenteur un dividende prioritaire à taux fixe, quels que soient les bénéfices de la société. Les détenteurs d'actions privilégiées ont un droit de priorité par rapport aux détenteurs d'actions ordinaires, mais ils passent après les obligataires lorsque la société ne peut faire face à toutes ses obligations.

Une **action convertible** n'est ni vraiment une obligation, ni vraiment une action. Son détenteur perçoit un coupon fixe, tout comme un obligataire, mais il a la possibilité d'échanger l'obligation contre un nombre déterminé d'actions ordinaires.

La **Bourse** est un marché organisé où s'échangent les valeurs mobilières. Le Canada compte quatre Bourses qui se trouvent à Montréal, à Toronto, à Vancouver et à Calgary. Grâce à l'informatique et aux systèmes de communication électronique, de nombreux Canadiens négocient également des valeurs mobilières sur les principales places boursières du monde, comme celles de New York, de Londres ou de Tōkyō.

Le cours d'une action En août 1989, le Trust Royal a émis 11 millions d'actions ordinaires au prix de 18,50 $ l'action (voir la figure 9.2). Quels sont les facteurs qui ont déterminé le prix des actions ordinaires du Trust Royal ? Pourquoi ne pas avoir fixé le prix à 20 $ l'action ? Pourquoi les acheteurs étaient-ils prêts à payer plus de 17 $ l'action ?

Pour répondre à ces questions, nous devons analyser le type de placement que constitue une action ordinaire. Chaque année, le porteur d'une action reçoit un dividende. À l'occasion, ce dividende peut être nul. Si tel est le cas et si cette situation semble devoir se prolonger, l'action n'aura aucune valeur. Prenons l'exemple d'une société qui est censée verser un dividende de 110 $ l'action au terme d'une année et plus rien par la suite. Quelle sera la valeur de l'action ? Vous l'avez probablement deviné : la valeur de l'action sera égale à la valeur actualisée de 110 $ payable dans un an. À un taux d'intérêt de 10 % par année, la valeur actuelle des 110 $ à percevoir dans un an est de 100 $, et c'est ce que les acheteurs seront prêts à payer pour une action aujourd'hui. Si le cours de l'action était inférieur à 100 $, la demande serait très forte puisque le rendement serait supérieur à 10 %, le taux d'intérêt en vigueur. Par exemple, si vous pouviez acheter cette action pour 90 $, en prévoyant recevoir 110 $ l'année suivante, votre placement aurait un rendement anticipé de 20 $, ce qui représente un taux de rendement de 22 % sur votre mise de fonds. Dans le cas contraire, si les actions étaient vendues à plus de 100 $ l'unité, elles ne trouveraient pas acheteur. Personne ne paiera plus de 100 $ pour obtenir 110 $ seulement l'année suivante si le taux d'intérêt est de 10 %. En effet, il serait alors bien plus rentable de placer les 100 $ à la banque et de récupérer 110 $ l'année suivante.

Le cours d'une action doit donc correspondre à la valeur actuelle des dividendes anticipés. Prenons un autre exemple. Supposons que les investisseurs prévoient qu'une société versera indéfiniment un dividende annuel de 10 $ l'action. Imaginons également que le taux d'intérêt soit de 10 % par année. Quelle sera la valeur de cette action ? La réponse est 100 $. Un placement de 100 $ sous forme d'actions rapportera 10 $ par année, soit un rendement annuel de 10 %, ce qui représente un taux d'intérêt équivalent à celui qu'offrent d'autres placements. La valeur actuelle nette d'un flux de dividendes de 10 $ par an versés indéfiniment, actualisée à un taux d'intérêt de 10 %, est de 100 $.[1]

Les investisseurs peuvent, dans une certaine mesure, prévoir les dividendes, mais ils n'ont évidemment aucun moyen d'en être certains, de sorte que leurs prévisions seront souvent révisées en fonction de données nouvelles sur l'entreprise ou la conjoncture en général. La révision de ces prévisions peut se traduire par des fluctuations importantes du cours des actions. Par exemple, étant donné que les sociétés versent les dividendes en fonction de leurs bénéfices, la publication de nouvelles données sur la rentabilité d'une entreprise pourra modifier les prévisions des investisseurs quant aux dividendes futurs que la société sera en mesure de payer.

---

[1] Si l'algèbre vous est familière, la démonstration suivante vous sera utile. La formule donnant la valeur actuelle de A \$ par année versés indéfiniment, à un taux d'intérêt annuel de r, est la suivante :

$$VA = \frac{A\$}{1+r} + \frac{A\$}{(1+r)^2} + \cdots\cdots \frac{A\$}{(1+r)^n} + \cdots\cdots .$$

Les pointillés représentent les paiements entre l'année 2 et l'année n et ceux qui sont postérieurs à l'année n. En divisant cette équation par $(1+r)$, on obtient :

$$\frac{VA}{(1+r)} = \frac{A\$}{(1+r)^2} + \frac{A\$}{(1+r)^3} + \cdots\cdots \frac{A\$}{(1+r)^{n+1}} + \cdots\cdots .$$

Soustrayons maintenant la deuxième équation de la première, pour obtenir :

$$VA - \frac{VA}{(1+r)} = \frac{A\$}{(1+r)} .$$

Si on multiplie les deux membres de la dernière équation par $(1+r)$, on a :

$$(1+r)VA - VA = A\$.$$

Après développement et simplification du membre de gauche, l'équation devient :

$$rVA = A\$.$$

Enfin, en divisant les deux membres par r, on obtient :

$$VA = \frac{A\$}{r} .$$

Par exemple, si $A\$ = 10\$$ et $r = 0{,}1$ (ce qui correspond à un taux d'intérêt annuel de 10 %), on a :

$$VA = \frac{10\$}{0{,}1} = 100\$.$$

Ainsi, la valeur actuelle de 10 $ par an pour toujours, à un taux d'intérêt de 10 %, est de 100 $.

Figure 9.2 Émission d'actions

Ces valeurs ont été vendues.
La présente annonce ne paraît qu'à titre informatif.

Nouvelle émission

203 500 000 $

TRUST ROYAL

Trustco Royal Limitée

11 000 000 d'actions ordinaires

Prix : 18,50 $ par action

Août 1989

Corporation Gordon Capital	RBC Dominion valeurs mobilières Inc.
Burns Fry Limited	Merrill Lynch du Canada Ltée	Nesbitt Thomson Deacon Inc.
Scotia McLeod Inc.		Wood Gundy Inc.

Trilon Securities Corporation

La Société de Valeurs First Marathon Ltée	Lévesque Beaubien Geoffrion Inc.
Prudential-Bashe Capital Funding Canada	Richardson Greenshields du Canada Limitée
Les Valeurs Mobilières Toronto Dominion Inc.	Walwyn Stodgell Cochran Murray Limited

En 1989, le Trust Royal a émis 11 millions d'actions au prix de 18,50 $ l'action. Le prix d'une action correspond à la valeur actuelle des dividendes anticipés, calculée à partir des bénéfices que l'entreprise est susceptible de réaliser.

Les investisseurs accordent une attention toute particulière au ratio cours-bénéfice. Le **ratio cours-bénéfice** est le prix de marché d'une action, divisé par le bénéfice courant par action. Un ratio cours-bénéfice élevé signifie que les investisseurs sont prêts à payer l'action à un prix élevé par rapport aux bénéfices que l'entreprise engendre actuellement ; cela se produit lorsqu'on prévoit que les bénéfices de l'entreprise seront élevés par rapport à ses bénéfices actuels. Si, au contraire, le ratio cours-bénéfice est peu élevé, les investisseurs ne veulent débourser qu'une faible somme pour l'achat d'une action par rapport au revenu qu'elle engendre. C'est le cas lorsqu'on prévoit que les bénéfices seront inférieurs à ce qu'ils sont actuellement.

Nous venons d'examiner la façon dont s'établit le cours d'une action ordinaire. Le prix des actions privilégiées et convertibles se détermine à peu près de la même façon et dépend des paiements que l'on prévoit faire aux détenteurs de ces actions.

Les coûts et les profits

Qu'est-ce qu'un coût de production ? On le définit généralement comme le total des déboursés qu'effectue une entreprise en échange des facteurs de production qu'elle emploie. On verra que le concept de coût auquel se réfère l'économiste est différent de la mesure comptable des coûts de production. Les comptables mesurent le coût historique. Le **coût historique** permet d'évaluer les facteurs de production employés au prix qui a effectivement été payé pour les obtenir. Les économistes évaluent le coût d'opportunité. Le coût d'opportunité est ce à quoi on a renoncé. Par exemple, le coût d'opportunité d'une heure passée dans une salle de classe peut correspondre à une heure de natation, si c'est ce à quoi on aurait souhaité consacrer l'heure en question au lieu d'assister au cours.

Un coût d'opportunité correspond à un sacrifice réel. Lorsqu'on analyse les coûts des entreprises, il est utile cependant de se référer à l'équivalent en dollars du coût d'opportunité. On se posera ainsi la question suivante : quelle est la somme, en dollars, qui aurait été disponible pour l'achat de biens et services en général si l'on n'avait pas produit une certaine quantité d'un bien déterminé ? Cette somme représente le coût d'opportunité en dollars du bien en question. Un tel calcul ne se justifie que parce qu'il est utile. Lorsque nous calculons le coût d'opportunité de la fabrication d'un bien, nous nous posons en fait la question suivante : à quoi avons-nous renoncé pour produire ce bien ? Les dollars ne sont qu'une unité de mesure pratique à utiliser.

Dans certains cas, le calcul du coût d'opportunité et du coût historique donne les mêmes résultats. Dans d'autres, des différences importantes apparaissent. Commençons par examiner le cas où les résultats sont identiques.

Coût historique égal au coût d'opportunité

Le coût historique est égal au coût d'opportunité lorsqu'une entreprise utilise un facteur de production très peu de temps après l'avoir acheté. Le coût historique correspond aux sommes versées pour acquérir ce facteur de production. Le coût d'opportunité (exprimé en dollars) est égal au coût historique car ces sommes auraient pu servir à acheter d'autres facteurs pour produire un autre article ou à acheter des produits directement à un autre producteur. La main-d'œuvre employée par l'entreprise est le facteur de production le plus important dont le coût historique est généralement égal au coût d'opportunité.

Coût historique différent du coût d'opportunité

Deux raisons peuvent essentiellement expliquer l'existence d'un écart entre coût historique et coût d'opportunité :

- Le coût des facteurs de production durables
- Le coût des facteurs de production qui n'ont pas été directement achetés

Les **facteurs de production durables** sont des facteurs de production qui ne sont pas intégralement utilisés au cours d'une seule et même période de production. Ils sont achetés de façon ponctuelle pour être ensuite utilisés progressivement sur une période prolongée. Une entreprise peut investir au cours d'une année de très grosses sommes d'argent dans des bâtiments, des usines ou des machines et ne plus rien investir au cours des cinq années suivantes. De même, une entreprise peut avoir des stocks importants de matières premières et de produits semi-finis qu'elle n'épuise pas complètement dans l'année. Au cours de son processus de production, l'entreprise peut, par conséquent, utiliser des facteurs qu'elle a acquis un an ou deux ans auparavant. Quel est le coût d'opportunité des biens d'équipement achetés plusieurs années auparavant ? Quel est le coût d'opportunité des produits intermédiaires qui sont prélevés à même les stocks ?

Le coût historique ne correspond pas non plus au coût d'opportunité lorsqu'une entreprise fait appel à des facteurs qu'elle ne paie pas directement, comme le temps que le propriétaire consacre à son entreprise et la réputation de fiabilité de ses produits.

Analysons maintenant les différences entre ces deux concepts de coût en commençant par le coût des bâtiments, des usines et du matériel. Nous passerons ensuite au coût des stocks pour finir par le coût des facteurs de production qui ne sont pas directement achetés.

Le coût d'utilisation des biens de production

Le coût d'utilisation d'un bien de production durable se compose de deux éléments :

- L'amortissement
- L'intérêt

Nous examinerons en premier lieu les méthodes comptables de calcul du coût historique.

L'amortissement et la dépréciation L'**amortissement** est une imputation reflétant la perte de valeur au cours du temps, ou *dépréciation*, d'un bien de production durable. Les comptables évaluent cette perte de valeur en appliquant un taux d'amortissement conventionnel au prix d'achat. Par exemple, pour les bâtiments, ce taux est de 5 % par année. Si une entreprise construit un édifice d'une valeur de 100 000 $, le comptable va évaluer le coût de ce facteur pour la première année de production à 5 % du coût historique de construction, soit 5000 $. À la fin de la première année, le comptable considère que la valeur de l'édifice est de 95 000 $ (soit le coût de construction moins les 5 % d'amortissement). L'année suivante, le comptable va évaluer la contribution du facteur au coût de production à 4750 $ (soit 5 % des 95 000 $ restants), etc. Le comptable utilise des taux d'amortissement différents pour les différents biens de production durables. Pour les usines et le matériel, le taux est habituellement de 15 %.

L'intérêt Si une entreprise emprunte pour construire une usine ou pour acheter du matériel, le comptable comptera aussi l'intérêt de l'emprunt comme faisant partie du coût de production. Par conséquent, si une entreprise emprunte 100 000 $ à un taux d'intérêt annuel de 10 %, le comptable considérera les 10 000 $ d'intérêt comme un coût de production. Si l'entreprise n'a eu recours à aucun emprunt pour construire son usine mais qu'elle a utilisé ses bénéfices accumulés pour en défrayer la construction, le comptable va considérer que les frais d'intérêt pour ce poste de dépenses sont nuls.

Voyons maintenant comment les économistes déterminent ces coûts. Comme les comptables, les économistes tiennent compte de la dépréciation et de l'intérêt pour évaluer le coût des édifices, des usines et du matériel. Mais, pour un économiste, ce sont les coûts d'opportunité qui déterminent ce qu'il faut imputer en charges d'amortissement et d'intérêt.

L'amortissement économique L'**amortissement économique** est la variation au cours du temps de la valeur de marché d'un bien de production durable. Par exemple, l'amortissement économique sur un an est égal au prix de marché du facteur de production au début de l'année, moins le prix de marché du même facteur à la fin de l'année. Le coût historique du bien d'équipement n'est pas indispensable pour ce calcul. Même s'il a été acquis plusieurs années auparavant, le bien d'équipement aurait pu être vendu au début de l'année au prix de marché alors en vigueur. Le coût d'opportunité que représente le fait de conserver le bien en question correspond donc au montant qui a été perdu en ne le vendant pas. Si l'entreprise a conservé le bien d'équipement pendant un an et qu'elle l'a utilisé, la différence entre son prix de marché au début de l'année et à la fin de l'année nous indique la proportion de la valeur qui a été utilisée au cours du processus de production.

Les coûts irrécupérables Il arrive parfois qu'une entreprise achète un bien d'équipement, que ce bien soit installé et en parfait état de fonctionnement mais qu'il n'ait aucune valeur de revente. Le coût historique d'achat est un coût irrécupérable. Un **coût irrécupérable** est le coût historique d'achat d'un bien d'équipement qui n'a aucune valeur actuelle de revente. Le coût d'opportunité courant relatif à l'utilisation de ce facteur de production est nul.

Les frais d'intérêt L'intérêt représente le deuxième élément du coût d'utilisation d'un bien de production durable. Que l'entreprise emprunte pour acheter des édifices, des usines ou du matériel, ou qu'elle ait recours aux bénéfices accumulés pour financer ces achats n'a aucune incidence sur le coût d'opportunité des fonds immobilisés dans ces actifs de production. Si l'entreprise a emprunté, elle doit payer des intérêts (somme que le comptable va utiliser dans sa méthode de calcul des coûts). Si l'entreprise s'autofinance, le coût d'opportunité correspond au montant qu'elle aurait pu gagner si elle avait utilisé autrement les fonds en question. L'entreprise aurait pu vendre le bien d'équipement au début de l'année et consacrer le produit de la vente à une autre activité. Elle aurait pu aussi placer la somme en question à la banque et percevoir un intérêt. L'intérêt auquel l'entreprise a renoncé est le coût d'opportunité des fonds immobilisés dans le bien d'équipement, que les fonds aient été empruntés ou non. La mesure économique des frais d'intérêt imputables à l'utilisation d'un bien durable, c'est-à-dire son coût d'opportunité, est ainsi égale à la valeur de marché du facteur de production au début de l'année, multipliée par le taux d'intérêt de l'année en cours.

L'inflation L'inflation complique le calcul des coûts d'opportunité. Une variation des prix imputable uniquement à l'inflation, c'est-à-dire à une augmentation générale de tous les prix, n'a pas d'incidence sur le coût d'opportunité. Pour que l'inflation ne fausse pas nos calculs, il faut évaluer les coûts d'opportunité en fonction des prix en vigueur au cours d'une même année. En raison des taux d'inflation élevés qui prévalaient durant les années 70 et au début des années 80, les comptables ont commencé à s'intéresser aux distorsions engendrées par l'inflation dans la comparaison des coûts d'une année à l'autre lorsqu'on utilisait les coûts historiques.

Le loyer implicite Pour évaluer le coût d'opportunité lié à l'utilisation d'édifices, d'usines et de biens d'équipement, nous devons calculer la somme de l'amortissement économique et des frais d'intérêt. On peut également interpréter ce coût d'opportunité comme le revenu auquel l'entreprise renonce lorsqu'elle ne loue pas ses actifs à une autre entreprise, mais qu'elle se les loue pour ainsi dire à elle-même. Lorsqu'une entreprise utilise elle-même les biens de production durables qu'elle possède, elle paie un **loyer implicite**. La location est une opération qui vous est familière. Nous louons tous des maisons, des appartements, des voitures, des téléviseurs, des magnétoscopes et des cassettes vidéo; les entreprises louent du matériel de terrassement, des services de lancement de satellites, etc. Lorsqu'une entreprise loue du matériel, elle paie un loyer *explicite*. Lorsque le propriétaire d'un bien d'équipement l'utilise lui-même plutôt que de le louer à une tierce personne, l'économiste tient compte du manque à gagner subi par le propriétaire. En agissant de la sorte, le propriétaire se loue *implicitement* le bien d'équipement en question. On utilise aussi l'expression «coût imputé» ou encore «coût d'utilisation du capital» pour désigner le coût ou loyer implicite. Un **coût imputé** est un coût d'opportunité qui ne correspond à aucun débours dans la période considérée.

Examinons maintenant le coût relatif aux stocks.

Le coût d'utilisation des stocks

Les **stocks** sont constitués des matières premières, des produits semi-finis ou finis qui appartiennent à l'entreprise. Certaines entreprises ont des stocks de faible importance ou dont le taux de rotation est très élevé. Dans ce cas, le coût historique du comptable et le coût d'opportunité de l'économiste sont identiques. Lorsque le processus de production fait appel à des stocks qui doivent être conservés pendant une longue période, l'écart entre ces deux mesures du coût de l'utilisation des stocks est parfois important.

Le coût historique Pour évaluer le coût de l'utilisation des stocks, les comptables utilisent souvent une approche fondée sur le coût historique et connue sous le nom de méthode du «premier entré, premier sorti» (ou *FIFO*, pour *First in, first out*). Selon cette méthode, le premier article stocké sera aussi le premier à être déstocké. Une autre méthode utilisée par les comptables est celle du «dernier entré, premier sorti» (ou *LIFO*, pour *Last in, first out*). Cette méthode est assez proche de la méthode de calcul du coût d'opportunité, puisqu'elle permet d'évaluer le coût d'un article déstocké à son prix le plus récent. Si les prix ne changent que graduellement, le prix le plus récent est vraisemblablement le même que le prix qui devrait être payé pour remplacer les articles utilisés, ce qui revient exactement au coût d'opportunité.

Le coût d'opportunité Le coût d'opportunité des stocks correspond à leur coût de remplacement. Si un article est déstocké, il devra être remplacé. Le coût auquel il peut être remplacé est le coût d'opportunité de l'article en stock. Nous devons une fois encore veiller à ce que l'inflation ne vienne pas fausser nos calculs. Si le coût de certains produits stockés a augmenté uniquement parce que tous les autres prix ont augmenté, alors un coût en dollars plus élevé ne correspond pas à un coût d'opportunité réel plus élevé.

Autres coûts

Le salaire du propriétaire Le propriétaire d'une entreprise consacre souvent beaucoup de temps et d'efforts à son entreprise mais reçoit rarement un salaire explicite. Il se contente de faire des prélèvements sur les recettes de l'entreprise pour couvrir ses dépenses quotidiennes. Pour les comptables, ces retraits effectués par le propriétaire sont faits à même les bénéfices engendrés par l'entreprise. Ils ne reflètent pas, par exemple, le coût du temps consacré par le propriétaire à son entreprise. Pourtant, le propriétaire aurait pu s'adonner à d'autres activités rémunérées. Le coût d'opportunité du temps que le propriétaire consacre à son entreprise correspond au revenu auquel il a renoncé en ne choisissant pas l'emploi le plus rémunérateur auquel il aurait pu avoir accès par ailleurs.

Les brevets, les marques de commerce et la réputation Bon nombre d'entreprises détiennent des brevets, des marques de commerce ou plus généralement encore une image de marque qui sont synonymes de fiabilité, de qualité de service ou de tout autre qualificatif avantageux. Dans certains cas, ces actifs sont le fruit des efforts passés de l'entreprise. Dans d'autres cas, des brevets, des marques de commerce ou un nom commercial ont été achetés. Une entreprise a toujours le choix de vendre les actifs en question.

La méthode de calcul du coût historique ne tient pas compte de ces éléments d'actif sauf si l'entreprise les a achetés. Mais ils ont un coût d'opportunité, qu'ils aient ou non été achetés. Sur une période d'une année, le coût d'opportunité des brevets, des marques de commerce ou du nom commercial d'une entreprise correspond à la variation de leur valeur sur le marché, c'est-à-dire à la variation du meilleur prix auquel ils pourraient être vendus. Si leur valeur baisse au fil du temps, cette baisse doit s'ajouter au coût d'opportunité total des activités de production de l'entreprise. Si au contraire leur valeur augmente, cela vient réduire le coût d'opportunité total de l'entreprise.

Le coût d'opportunité et le profit économique

Que donnent, en fin de compte, tous ces calculs? Le coût historique est-il plus ou moins élevé que le coût d'opportunité? Et qu'en est-il du bénéfice net, c'est-à-dire des bénéfices ou des pertes de l'entreprise? Le comptable obtient-il la même réponse que l'économiste ou y a-t-il également une différence dans le calcul du profit?

Le profit est la différence entre la recette totale et le coût total. Il n'y a pas vraiment de différence entre les méthodes de calcul comptables et économiques des recettes ou du revenu total de l'entreprise. Comme on vient de le voir, le calcul des coûts est toutefois généralement différent. En règle générale, la notion de coût d'opportunité fait appel à un plus grand nombre d'éléments que le calcul du coût historique. Il est fréquent que ce dernier sous-évalue le coût d'opportunité d'une activité de production. C'est pourquoi le profit calculé par les économistes est généralement inférieur à celui qu'obtiendraient les comptables.

Prenons un exemple. Jean est propriétaire d'un magasin et vend des bicyclettes de montagne. Le tableau 9.4 présente sa recette totale, le total de ses coûts et son profit. La colonne de gauche présente le calcul comptable en fonction du coût historique; celle de droite, le calcul économique.

Au cours de l'année, Jean a vendu des bicyclettes pour un total de 300 000 $. Aux prix de gros, la valeur des bicyclettes vendues est de 150 000 $. Jean a par ailleurs acheté pour 20 000 $ de services et fournitures divers et il a versé 50 000 $ de salaires à ses mécaniciens et à l'employé préposé aux ventes. Jean a également payé 12 000 $ d'intérêt à la banque. Tous les postes que nous venons de mentionner apparaissent dans les deux versions de l'état des résultats: celle du comptable et celle de l'économiste. Pour les autres postes, il existe des différences entre les deux versions. Les notes au bas du tableau expliquent ces différences. Le seul autre élément de coût dont le comptable a tenu compte est l'amortissement, lequel est calculé sur la base d'un taux fixe par rapport aux actifs de Jean. L'économiste impute un coût au temps de Jean et aux sommes investies dans l'entreprise et il calcule également l'amortissement économique. Selon la méthode du coût historique, les coûts totaux de l'entreprise s'élèvent à 254 000 $ et son profit est égal à 46 000 $. Par contre, l'économiste évalue le coût d'opportunité total de la première année d'exploitation à 293 000 $ et obtient un *profit économique* de 6500 $.

À RETENIR

Le profit économique d'une entreprise est la différence entre sa recette totale et le coût d'opportunité de sa production. Le coût d'opportunité diffère du coût historique. Le coût historique calcule le coût de production sur la base des dollars déboursés pour l'achat de facteurs de production. Le coût d'opportunité mesure ce coût en considérant la valeur de ce à quoi l'entreprise renonce en utilisant l'ensemble des facteurs de production auxquels elle a recours. Les différences les plus marquantes entre ces deux méthodes ont trait au coût des biens de production durables et à celui des facteurs de production que l'entreprise n'achète pas directement, comme le travail du propriétaire.

■ ■ ■

Tableau 9.4 Vente de bicyclettes de montagne de Jean: recette, coûts et profit

Approche comptable		Approche économique	
Poste	Montant	Poste	Montant
Recette totale	300 000 $	Recette totale	300 000 $
Coûts:		Coûts:	
Valeur de gros des bicyclettes	150 000	Valeur de gros des bicyclettes	150 000
Fournitures et services divers	20 000	Fournitures et services divers	20 000
Salaires	50 000	Salaires	50 000
		Salaire de Jean (imputé)[a]	40 000
Amortissement[b]	22 000	Amortissement économique[c]	10 000
Intérêts bancaires	12 000	Intérêts bancaires	12 000
		Intérêts sur les sommes que Jean a investies dans l'entreprise (imputés)[d]	11 500
Total des coûts	254 000 $	Total des coûts	293 500 $
Profit comptable	46 000 $	Profit économique	6 500 $

Notes

(a) Jean a consacré 1000 heures de travail à son entreprise. Il aurait pu occuper un autre emploi à 40 $ l'heure. En d'autres termes, le coût d'opportunité de son temps est de 40 000 $ pour l'année.

(b) Pourcentage conventionnel du prix d'achat de l'actif de l'entreprise. Dans cet exemple, le taux est de 10 %.

(c) L'amortissement économique correspond à la baisse de la valeur du marché de l'actif de l'entreprise. Il s'agit du coût d'opportunité lié au fait de ne pas avoir vendu l'actif un an auparavant.

(d) Jean a investi 115 000 $ dans l'entreprise. Si le taux d'intérêt en vigueur est de 10 % par année, le coût d'opportunité de ces fonds est de 11 500 $.

Le calcul du coût d'opportunité de la production nous intéresse dans la mesure où il nous permet de comparer l'efficacité de différentes méthodes de production. Mais qu'entend-on par efficacité?

L'efficacité économique

Les entreprises doivent décider *de la façon* dont elles vont organiser leur production. Il existe presque toujours plusieurs manières de fabriquer un produit. Par exemple, les voitures peuvent être assemblées sur une chaîne de montage qui utilise de nombreux robots mais très peu de main-d'œuvre. On pourrait cependant réaliser la même production en n'utilisant que de la main-d'œuvre, sans aucun robot industriel. Dans le premier cas, on utilise davantage de capital mais moins de travail.

Comment l'entreprise arrête-t-elle son choix entre différentes méthodes de production? Quelle est la méthode la plus efficace? Il existe deux concepts d'efficacité: l'efficacité technique et l'efficacité économique. L'**efficacité technique** correspond à l'impossibilité d'augmenter la production sans augmenter la quantité des facteurs de production utilisés; de façon équivalente, pour un niveau donné de production, il est impossible de réduire la quantité utilisée d'un facteur de production sans augmenter le degré d'utilisation d'un autre facteur. Il y a généralement plusieurs méthodes de production techniquement efficaces. Certaines utilisent beaucoup de capital et peu de main-d'œuvre. D'autres ont recours à plus de main-d'œuvre et à une plus faible proportion de capital. Une méthode de production efficace sur le plan technique ne le sera pas nécessairement sur le plan économique. On parle d'**efficacité économique** lorsque le coût de production est aussi faible que possible.

L'efficacité technique est du ressort de l'ingénieur. Compte tenu de ce qui est techniquement possible, il est ou il n'est pas possible de faire telle ou telle chose.

L'efficacité économique va plus loin que l'efficacité technique en ce qu'elle tient compte du prix des facteurs de production. Une méthode techniquement efficace ne sera pas nécessairement économiquement efficace. Mais une méthode qui est économiquement efficace le sera forcément sur le plan technique.

Examinons les différences et les points communs entre l'efficacité technique et l'efficacité économique à partir d'un exemple.

Imaginons que l'on puisse produire des téléviseurs de quatre façons différentes :

- Méthode *a*: Chaîne de montage robotisée. Une seule personne surveille tout le processus d'assemblage qui est commandé par ordinateur.

- Méthode *b*: Chaîne de montage traditionnelle. Chaque personne est spécialisée dans une tâche précise qu'elle accomplit au fur et à mesure que les téléviseurs en cours d'assemblage passent devant elle.

- Méthode *c*: Chaîne de montage traditionnelle. Chaque personne suit le téléviseur le long de la chaîne et accomplit l'ensemble des tâches requises en utilisant les outils appropriés disposés le long de la chaîne.

- Méthode *d:* Montage manuel. Chaque téléviseur est intégralement assemblé par une seule personne qui n'utilise qu'un nombre d'outils restreint.

Le tableau 9.5 indique les quantités de travail et de capital nécessaires à la production de 10 téléviseurs par jour en fonction des quatre méthodes décrites ci-dessus. Ces méthodes sont-elles toutes techniquement efficaces ? Le tableau nous indique que la méthode *c* ne l'est pas. Pour produire 10 téléviseurs, elle utilise 100 travailleurs et 10 unités de capital. Avec la méthode *b*, les 10 téléviseurs peuvent être produits avec 10 unités de capital mais avec seulement 10 travailleurs. La méthode *c* n'est pas techniquement efficace puisqu'elle utilise 90 unités de travail de plus et les mêmes 10 unités de capital que la méthode *b* pour produire 10 téléviseurs.

Que peut-on dire des autres méthodes ? D'après le tableau, chacune des trois autres méthodes est techniquement efficace. Par rapport à la méthode *b*, la méthode *a* utilise moins de main-d'œuvre et plus de capital, alors que la méthode *d* utilise plus de main-d'œuvre et moins de capital. On ne peut donc pas dire qu'aucune de ces méthodes soit techniquement plus efficace que la méthode *b*.

Qu'en est-il de l'efficacité économique ? Les trois méthodes sont-elles économiquement efficaces ? On ne peut répondre à cette question sans connaître les coûts de la main-d'œuvre et du capital. Supposons que les coûts de la main-d'œuvre soient de 75 $ par personne-jour et les coûts du capital de 250 $ par machine-jour. Rappelons que l'efficacité économique est réalisée lorsque le coût de production est le plus faible possible. Vous trouverez les coûts d'utilisation des quatre méthodes de production au tableau 9.6. Comme vous pouvez le constater, la méthode *b* est la moins onéreuse. La méthode *a* utilise moins de main-d'œuvre mais plus de capital. La combinaison de main-d'œuvre et de capital de la méthode *a* se traduit par des coûts plus élevés qu'avec la méthode *b*. La méthode *d*, c'est-à-dire l'autre méthode techniquement efficace, utilise beaucoup plus

Tableau 9.5 Quatre méthodes de production de dix téléviseurs par jour

Méthode	Quantités de facteurs de production	
	Main-d'œuvre	Capital
a Chaîne de montage robotisée	1	1000
b Chaîne de montage traditionnelle	10	10
c Chaîne de montage traditionnelle	100	10
d Montage manuel	1000	1

Tableau 9.6 Coûts de quatre méthodes de production de dix téléviseurs par jour

Méthode	Coût de la main-d'œuvre (75 $ par jour)		Coût du capital (250 $ par jour)		Coût total	Coût par téléviseur
a	75 $	+	250 000 $	=	250 075 $	25 007,50 $
b	750	+	2 500	=	3 250	325,00
c	7 500	+	2 500	=	10 000	1 000,00
d	75 000	+	250	=	75 250	7 525,00

Tableau 9.7 Coûts de trois méthodes de production de dix téléviseurs par jour : coût de main-d'œuvre élevé

Méthode	Coût de la main-d'œuvre (150 $ par jour)		Coût du capital (1 $ par jour)		Coût total	Coût par téléviseur
a	150 $	+	1 000 $	=	1 150 $	115,00 $
b	1500	+	10	=	1 510	151,00
d	150 000	+	1	=	150 001	15 000,10

de main-d'œuvre et pratiquement pas de capital. Tout comme pour la méthode *a*, les coûts de la méthode *d* sont bien plus élevés que ceux de la méthode *b*.

La méthode *c* est techniquement inefficace. Elle utilise la même quantité de capital que la méthode *b* mais 10 fois plus de main-d'œuvre. Il est intéressant de remarquer que, même si la méthode *c* n'est pas efficace techniquement, ses coûts de production sont inférieurs à ceux des méthodes *a* et *d*. Du fait que la méthode *c* n'est pas techniquement efficace, il y a néanmoins toujours une autre méthode (la méthode *b* ici) dont les coûts sont moindres. En d'autres termes, un procédé de production qui n'est pas techniquement efficace ne peut être économiquement efficace.

Dans notre exemple, la méthode *b* est économiquement efficace. Cependant, les méthodes *a* ou *d* pourraient s'avérer efficaces dans d'autres circonstances. Dans un premier temps, supposons que le coût de la main-d'œuvre soit de 150 $ par personne-jour et le coût du capital de 1 $ par machine-jour. Le tableau 9.7 donne la liste des coûts de production d'un téléviseur. Dans ce cas, c'est la méthode *a* qui est économiquement efficace. Le capital est bon marché par rapport à la main-d'œuvre, de sorte que la méthode la plus capitalistique est la plus efficace économiquement. Supposons maintenant que la main-d'œuvre ne coûte que 1 $ par jour et le capital 1000 $ par jour. Les coûts de cet exemple sont donnés au tableau 9.8. Comme vous pouvez le constater, c'est maintenant la méthode *d*, où l'on a recours à une plus forte proportion de main-d'œuvre, qui est économiquement efficace.

Une entreprise qui n'utilise pas la méthode de production économiquement efficace fait des bénéfices inférieurs à ce qu'elle pourrait obtenir, puisque ses coûts de production sont plus élevés que nécessaire. La concurrence entre entreprises se fait au profit de celles qui produisent au moindre coût et au détriment des autres. Dans les cas extrêmes, une entreprise inefficace fera faillite ou sera rachetée par un concurrent qui entrevoit des possibilités de réduire les coûts et de faire des bénéfices plus importants.

Les entreprises et les marchés

Au début de ce chapitre, nous avons défini une entreprise comme une organisation qui achète ou qui loue des facteurs de production et qui gère ces ressources pour produire et vendre des biens et services. Dans l'organisation de leur production, les entreprises coordonnent les activités économiques de nombreux individus. Mais les entreprises ne sont pas la seule institution à coordonner l'activité économique. Le marché constitue également un instrument de coor-

Tableau 9.8 Coûts de trois méthodes de production de dix téléviseurs par jour : coût de capital élevé

Méthode	Coût de la main-d'œuvre (1 $ par jour)		Coût du capital (1000 $ par jour)		Coût total	Coût par téléviseur
a	1 $	+	1 000 000 $	=	1 000 001 $	100 000,00 $
b	10	+	10 000	=	10 010	1 001,00
d	1 000	+	1 000	=	2 000	200,00

dination. Au chapitre 1, nous avons défini le marché comme un mécanisme de coordination des intentions d'achat et de vente des individus. En achetant des facteurs de production et des services sur différents marchés, chacun d'entre nous gère la production des biens et services qu'il consomme. Imaginons, par exemple, deux moyens qui pourraient vous permettre de faire réparer votre voiture.

- *Coordination par les entreprises*: Vous laissez votre voiture au garage. Le propriétaire du garage va coordonner l'utilisation des pièces, des outils ainsi que le nombre d'heures de travail du mécanicien de façon que votre voiture soit à nouveau en état de rouler. Vous ne payez qu'une seule facture pour toutes ces activités.

- *Coordination par les marchés*: Vous faites appel à un mécanicien pour diagnostiquer le problème et dresser une liste des pièces et des outils dont vous allez avoir besoin. Vous allez acheter les pièces chez le ferrailleur du coin et louer les outils chez Quiloutout. Vous faites à nouveau appel aux services du mécanicien pour réparer votre voiture. Vous ramenez les outils et payez vos factures, c'est-à-dire le salaire du mécanicien, les frais de location à Quiloutout et le ferrailleur.

Qu'est-ce qui détermine la méthode que vous allez utiliser ? La réponse est le coût. En tenant compte du coût d'opportunité de votre temps ainsi que des coûts des autres facteurs de production que vous allez devoir acheter, vous utiliserez la méthode dont le coût est le plus faible. En d'autres termes, vous allez utiliser la méthode qui est économiquement efficace.

Ce sont les entreprises qui coordonneront l'activité économique lorsqu'elles peuvent accomplir une tâche de façon plus efficace que le marché. Dans ces conditions, il sera rentable de créer une entreprise. Par contre, si le marché peut accomplir une tâche de façon plus efficace qu'une entreprise, on aura recours au marché et il ne sera pas rentable de créer une entreprise pour suppléer à la coordination par les marchés.

Pourquoi des entreprises ?

Il y a trois raisons principales pour lesquelles les entreprises sont souvent plus efficaces que les marchés pour coordonner l'activité économique :
- Les coûts de transaction
- Les économies d'échelle
- Les économies de production par équipe

Les coûts de transaction Ronald Coase de l'université de Chicago a été le premier à postuler que les entreprises existaient parce qu'il y avait des activités qu'elles accomplissaient de façon plus efficace que le marché.[2] Ronald Coase s'est penché sur la capacité des entreprises à réduire ou à éliminer les coûts de transaction. Les **coûts de transaction** sont les coûts qui accompagnent généralement une transaction de marché. Ces coûts résultent en particulier du fait que l'on doive rechercher un partenaire commercial, parvenir à une entente sur les prix ainsi que sur d'autres aspects de la transaction et s'assurer que les modalités du contrat seront respectées. Dans le cadre de transactions de marché, les acheteurs et les vendeurs doivent se rencontrer et négocier les conditions de leur entente. Il faut parfois avoir recours à un avocat pour rédiger un contrat détaillé. Le cas échéant, une rupture de contrat entraînera des dépenses supplémentaires qu'il faudra assumer. Une entreprise peut faire l'économie de bon nombre de ces coûts de transaction en réduisant le nombre de transactions distinctes.

Reprenons notre exemple sur les deux façons de faire réparer votre voiture. Si vous utilisez la première méthode, vous ne menez qu'une seule transaction avec une seule entreprise. Il est vrai, par contre, que l'entreprise doit mener plusieurs transactions : embaucher la main-d'œuvre et acheter les pièces et les outils nécessaires à la réparation. Mais l'entreprise ne doit pas entreprendre ces transactions uniquement pour réparer votre voiture. Un nombre limité de transactions de ce genre lui permet de réparer des centaines de voitures. Le nombre de transactions distinctes est ainsi fortement réduit si les gens font réparer leur voiture au garage plutôt que de procéder eux-mêmes à toutes les transactions de marché que nous avons décrites plus haut.

Les économies d'échelle Lorsque le prix de revient d'un produit baisse au fur et à mesure que le volume de production augmente, on dit que l'entreprise fait des **économies d'échelle**. De nombreux secteurs industriels font des économies d'échelle importantes. Les producteurs d'automobiles et de téléviseurs en sont deux exemples. Seule une grande entreprise peut bénéficier d'économies d'échelle ; cela favorise la coordination par l'intermédiaire des entreprises plutôt que par les marchés.

La production par équipe La **production par équipe** correspond à un processus de production dans lequel un groupe de personnes se spécialise dans des tâches complémentaires. Le sport est le meilleur exemple du travail par équipe. Certains lancent la balle, d'autres la frappent. Certains jouent en défense, d'autres sont attaquants. La production de biens et services offre également de nombreux exemples de travail en équipe. Ainsi, les chaînes de production d'automobiles et de téléviseurs sont plus efficaces lorsque les individus travaillent en équipe et se spécialisent dans certaines tâches. Nous pouvons également considérer une entreprise comme une équipe. L'équipe se compose d'acheteurs de matières premières et d'autres facteurs de production,

---

[2] Ronald Coase s'est vu décerner le prix Nobel de sciences économiques en 1991.

de travailleurs affectés à la production et de vendeurs. Chacun de ces groupes se compose de spécialistes. Chaque membre d'une équipe est spécialisé mais la valeur de la production de l'équipe et les bénéfices qu'elle engendre dépendent de la coordination des activités de chacun des membres de l'équipe.

Du fait que les entreprises peuvent faire des économies sur les coûts de transaction ainsi que des économies d'échelle et organiser un travail d'équipe efficace, ce sont les entreprises plutôt que les marchés qui coordonnent une bonne partie de nos activités économiques. Il existe toutefois des limites à l'efficacité économique des entreprises. Si leur taille est trop importante ou si leurs activités sont trop diversifiées, le coût de gestion et de contrôle par unité de production augmente et, à un moment donné, le marché devient plus efficace pour coordonner l'utilisation des ressources.

■ Les deux chapitres qui suivent sont consacrés à l'étude des choix des entreprises. Nous examinerons les décisions relatives à la production, la façon dont les entreprises réduisent leurs coûts au minimum et dont elles déterminent les quantités des différents facteurs de production qu'elles vont utiliser.

RÉSUMÉ

Les problèmes économiques de l'entreprise

Une entreprise est une organisation qui gère la production de biens et services. Les entreprises et les marchés sont tous deux des mécanismes de coordination de l'activité économique. Toutes les entreprises doivent prendre des décisions relatives au type de produit et aux quantités à produire, aux techniques de production qu'elles vont utiliser, aux quantités de chaque facteur de production qu'elles vont employer, à leur structure organisationnelle et de gestion et, enfin, à la rémunération des facteurs de production.

Il existe principalement trois formes juridiques de l'entreprise : l'entreprise individuelle, la société de personnes et la société par actions. Chaque type d'organisation présente des avantages et des inconvénients. Une entreprise individuelle se caractérise par la simplicité de sa structure. Elle est en outre avantagée d'un point de vue fiscal par rapport à la société par actions. Mais elle comporte plus de risques et doit assumer des coûts de main-d'œuvre et de capital plus élevés. La société de personnes peut regrouper des compétences diversifiées, mais elle peut faire face aussi à des désaccords sur les décisions à prendre. La société par actions est fondée sur la responsabilité limitée des actionnaires, de sorte qu'elle peut mobiliser de grandes quantités de capitaux à des coûts relativement peu élevés. Elle peut avoir recours aux services de gestionnaires professionnels. Par contre, des structures de gestion complexes ralentissent parfois la prise de décisions. La société par actions paie des impôts sur les bénéfices et ses actionnaires paient des impôts sur les dividendes. L'entreprise individuelle est la forme d'entreprise la plus courante, mais la société par actions compte pour la plus grande partie de la production dans l'économie. (*pp. 219-222*)

Le financement des entreprises

Les entreprises financent leurs immobilisations (bâtiments, machines et outillage, etc.) en émettant des obligations ou des actions. Lorsqu'une entreprise émet des obligations, elle s'engage à verser à leurs détenteurs un paiement fixe dont le montant est indépendant de la rentabilité de ses activités. Comme ils ont droit à un revenu d'intérêt annuel garanti, les obligataires font un placement moins risqué que les actionnaires et sont moins touchés par les fluctuations des bénéfices et les risques de faillite. Lorsqu'une entreprise émet des actions, elle offre au public la possibilité d'acquérir une participation dans l'entreprise. Les actionnaires d'une entreprise en sont donc les propriétaires. Les porteurs d'actions ordinaires votent aux assemblées et élisent les administrateurs. Leur responsabilité est limitée à la valeur de leur mise de fonds initiale, en ce sens qu'ils ne sont pas personnellement responsables des dettes de l'entreprise. Ils ne peuvent recevoir de dividendes que dans la mesure où les administrateurs ont voté en ce sens.

Pour décider d'un mode de financement, une entreprise calculera la valeur actuelle des paiements qu'elle devrait s'engager à verser aux obligataires et comparera cette valeur actuelle à celles d'autres modes de financement. Le cours des actions d'une entreprise sur le marché boursier dépend de la valeur actuelle du flux de dividendes que l'entreprise est susceptible de verser, compte tenu des bénéfices qu'elle fera. Le cours des actions d'une entreprise n'est *pas* déterminé par ses *bénéfices courants*, même si ceux-ci constituent un élément pertinent dans la mesure où les bénéfices actuels sont une indication des bénéfices futurs. C'est pourquoi le ratio cours-bénéfice peut varier considérablement d'une entreprise à l'autre. (*pp. 222-228*)

Les coûts et les profits

Le profit d'une entreprise est la différence entre sa recette totale et le total de ses coûts. Les comptables et les économistes calculent les coûts de façon différente. Les comptables calculent le coût historique, alors que les économistes mesurent le coût d'opportunité. Le coût d'opportunité est généralement supérieur au coût historique car il comprend des coûts imputés dont le coût historique ne tient pas compte. Les différentes mesures de coûts se traduisent par des différences de calcul des bénéfices. Le profit économique correspond à la recette totale moins le coût d'opportunité. (*pp. 228-232*)

L'efficacité économique

On distingue deux concepts d'efficacité : l'efficacité technique et l'efficacité économique. Une méthode de production est techniquement efficace lorsque, pour un volume de production donné, il est impossible d'utiliser une moindre quantité d'un facteur de production sans, parallèlement, utiliser une plus grande quantité d'un autre facteur. Une méthode de production est économiquement efficace lorsque le coût d'un volume de production donné est aussi faible que possible. L'efficacité économique suppose l'efficacité technique, mais elle tient également compte du prix relatif des facteurs de production. Les entreprises économiquement efficaces ont de plus grandes chances de survie que les entreprises inefficaces. (*pp. 232-234*)

Les entreprises et les marchés

La coordination des activités économiques se fait au sein des entreprises lorsque cette pratique permet des coûts inférieurs à ce que permettrait une coordination par les marchés. Les entreprises peuvent faire des économies sur les coûts de transaction et bénéficier des avantages liés aux économies d'échelle et à la production par équipe. (*pp. 234-236*)

POINTS DE REPÈRE

Mots clés

Action, 220
Action convertible, 227
Action ordinaire, 226
Action privilégiée, 226
Actualisation, 224
Amortissement, 229
Amortissement économique, 229
Ayant droit résiduel, 220
Bourse, 227
Capitaux propres, 222
Coopérative, 221
Coupon, 223
Coût historique, 228
Coût imputé, 230
Coût irrécupérable, 229
Coût total, 219
Coûts de transaction, 235
Date d'échéance, 223
Échéancier de la dette, 226
Économies d'échelle, 235
Efficacité économique, 232
Efficacité technique, 232
Entière responsabilité, 220
Entreprise, 219
Entreprise individuelle, 219

Facteurs de production durables, 229
Loyer implicite, 230
Obligation, 223
Organisme sans but lucratif, 221
Perte, 219
Production par équipe, 235
Profit, 219
Ratio cours-bénéfice, 228
Responsabilité illimitée, 219
Responsabilité limitée, 220
Société de personnes, 220
Société d'État, 221
Société par actions, 220
Stocks, 230
Valeur actuelle, 224
Valeur actuelle nette, 226
Valeur nominale, 223

Tableaux clés

Tableau 9.1 Avantages et inconvénients des différentes formes juridiques de l'entreprise, 221
Tableau 9.4 Vente de bicyclettes de montagne de Jean : recette, coûts et profit, 232
Tableau 9.6 Coûts de quatre méthodes de production de dix téléviseurs par jour, 233

QUESTIONS DE RÉVISION

1. Qu'est-ce qu'une entreprise ?
2. Quels sont les problèmes économiques auxquels toutes les entreprises doivent faire face ? Énumérez les principales formes juridiques de l'entreprise ainsi que les avantages et les inconvénients de chacune d'entre elles.
3. Quels sont les principaux modes de financement des entreprises ?

4 Qu'est-ce qu'une obligation ?

5 Qu'est-ce qu'une action ?

6 Qu'entendons-nous par valeur actuelle nette ?

7 Quels sont les facteurs qui déterminent le prix d'une obligation ?

8 Quels sont les facteurs qui déterminent le prix d'une action ?

9 Expliquez ce qui différencie le coût historique du coût d'opportunité. Quels sont les principaux éléments qui entrent dans le calcul du coût d'opportunité et dont le coût historique ne tient pas compte ?

10 Définissez l'efficacité économique.

11 Expliquez ce qui différencie l'efficacité économique de l'efficacité technique.

12 Pourquoi les entreprises, plutôt que les marchés, coordonnent-elles une si grande proportion de l'activité économique ?

PROBLÈMES

1 L'entreprise Bulles de savon inc. a souscrit à un emprunt bancaire de 1 million de dollars à un taux d'intérêt de 10 % par année. Le conseiller financier de l'entreprise lui suggère de rembourser son emprunt en émettant des obligations. Pour mobiliser 1 million de dollars, Bulles de savon inc. devra émettre des obligations dont la valeur à l'échéance sera de 1 050 000 $ deux ans plus tard, assorties d'un coupon de 9 %.

   a) Est-il rentable pour Bulles de savon inc. de vendre des obligations pour rembourser son emprunt ?

   b) Quelle est la valeur actuelle des bénéfices ou des pertes qui résulterait du remboursement de l'emprunt bancaire et de la vente des obligations ?

2 Il y a un an, Georges et Louise ont créé une entreprise d'embouteillage de vinaigre appelée GLEV.

   - Georges et Louise ont investi 50 000 $ qui leur appartenaient dans l'entreprise.
   - Ils ont acheté du matériel pour une valeur de 30 000 $ et un stock de bouteilles et de vinaigre pour une valeur de 15 000 $.
   - Ils ont engagé un employé et lui versent un salaire de 20 000 $ par an.
   - Le chiffre d'affaires de GLEV est de 100 000 $ pour l'année.
   - Georges a quitté l'emploi qu'il occupait, pour lequel il recevait un salaire de 30 000 $, et consacre tout son temps à GLEV.
   - Louise a conservé son emploi, qui lui permet de gagner un salaire de 30 $ l'heure, mais renonce à 10 heures de loisirs chaque semaine (et ce pendant 50 semaines) pour travailler pour GLEV.
   - Les déboursés de GLEV (sans compter le salaire versé à l'employé) ont été de 10 000 $ pour l'année.
   - À la fin de l'année, la valeur des stocks était de 20 000 $.
   - À la fin de l'année, la valeur de marché du matériel était de 28 000 $.
   - Le comptable de GLEV a amorti le matériel au taux de 20 % par année.

   a) Reconstituez l'état des résultats de GLEV tel qu'il a été établi par le comptable.

   b) Reconstituez l'état des résultats de GLEV à partir du coût d'opportunité et non pas en fonction du coût historique.

3 Vous pouvez établir votre déclaration d'impôts de trois façons différentes : à l'aide d'un ordinateur personnel, d'une calculatrice de poche ou d'une feuille de papier et d'un crayon. L'ordinateur vous permet de terminer votre travail en 1 heure, la calculatrice en 12 heures et la feuille de papier et le crayon en 2 jours. L'ordinateur personnel et le logiciel coûtent 1000 $, la calculatrice de poche vaut 10 $, la feuille de papier et le crayon coûtent 1 $.

   a) Laquelle de ces méthodes est techniquement efficace ?

   b) Imaginons que votre salaire horaire soit de 5 $. Laquelle des méthodes ci-dessus est économiquement efficace ?

   c) Supposons que votre salaire horaire soit de 50 $. Laquelle des méthodes ci-dessus est économiquement efficace ?

   d) Supposons maintenant que votre salaire horaire soit de 500 $. Laquelle des méthodes ci-dessus est économiquement efficace ?

CHAPITRE 10

La production et les coûts

Objectifs du chapitre:

- Définir l'objectif commun aux différentes formes d'entreprises.

- Déterminer les contraintes qui limitent les profits que peuvent faire les entreprises.

- Expliquer la relation entre la production et les coûts d'une entreprise.

- Construire les courbes de coût à court terme d'une entreprise.

- Montrer comment les coûts varient en fonction de la taille des installations de production.

- Expliquer le concept de coût à long terme et construire la courbe de coût moyen à long terme d'une entreprise.

- Expliquer pourquoi la capacité de production est excédentaire dans certaines entreprises, alors qu'elle est surutilisée dans d'autres.

La survie des plus aptes

GRANDE TAILLE NE RIME PAS TOUJOURS AVEC RÉUSSITE, en affaires. Si la Compagnie de la baie d'Hudson, créée il y a longtemps, est devenue une grande entreprise, la plupart des géants des années 40 ont néanmoins disparu aujourd'hui. Vous souvenez-vous des voitures Studebaker? Des radios Marconi? ■ Quel était l'objectif de ces entreprises? Portait-il uniquement sur la taille de l'entreprise? Si tel était le cas, cela ne leur a pas permis d'assurer leur survie. Quels sont les objectifs que se fixent leurs successeurs aujourd'hui? Comment déterminent-ils leur mode de production et les ressources qu'ils vont utiliser? Une entreprise du secteur pharmaceutique prend-elle ses décisions de la même façon qu'une chaîne de magasins d'escompte ou qu'une librairie de quartier? Ou, au contraire, ces entreprises n'ont-elles rien en commun, sauf de vouloir faire des profits? ■ Toute entreprise essaie de limiter ses coûts. On pourrait donc penser qu'une entreprise va faire en sorte d'utiliser au maximum ses unités de production. Mais la capacité de production de la plupart des fabricants d'automobiles canadiens est bien supérieure aux ventes qu'ils réalisent. Pourquoi n'utilisent-ils pas au maximum leurs biens d'équipement, qui sont souvent très coûteux? Dans d'autres secteurs industriels – comme la production d'électricité –, la capacité de production n'est pas toujours suffisante pour répondre à la demande. Les sociétés de production d'électricité doivent souvent acheter de l'électricité à d'autres producteurs. Pourquoi ces entreprises ne se dotent-elles pas d'installations de production plus importantes afin de pouvoir alimenter elles-mêmes le marché?

■ Ce chapitre nous permettra de répondre à ces questions ainsi qu'à d'autres questions du même genre. Pour ce faire, nous allons étudier comment les coûts de production varient en fonction du niveau de production. Dans notre étude, nous pourrions prendre le cas d'une grande entreprise – il en existe de nombreuses –, mais il nous sera plus facile d'étudier le cas d'une petite entreprise fictive, Maille d'or inc., spécialisée dans la production de chandails. Sylvain possède et exploite cette entreprise. En étudiant les problèmes économiques de Maille d'or et la façon dont son propriétaire les résout, nous serons mieux à même de cerner les principaux problèmes auxquels les entreprises doivent faire face. Les petites, tout comme les grandes.

Les objectifs et les contraintes de l'entreprise

Pour comprendre le comportement des entreprises et être en mesure de le prédire, il faut pouvoir décrire leurs objectifs, c'est-à-dire ce qui sous-tend leurs activités, de même que les contraintes auxquelles elles doivent faire face.

Les objectifs

Il va de soi que la recherche du profit constitue l'une des principales raisons d'être des entreprises industrielles et commerciales. Dans ce qui suit, nous allons supposer, pour simplifier, que l'entreprise que nous allons étudier n'a qu'un seul objectif, la **maximisation du profit**. Cela signifie que toutes les actions de l'entreprise sont orientées de façon à faire le maximum de profits possible. Comme vous le savez déjà, la rareté constitue le problème fondamental d'où découlent toutes les activités économiques. La maximisation du profit est une conséquence directe de la rareté. Dans le contexte de l'entreprise, chercher à utiliser au mieux des ressources rares revient au même que de chercher à faire le maximum de profits. En fait, dans un environnement concurrentiel, une entreprise qui ne maximise pas son profit n'a aucune chance de survie. Les taux de natalité et de mortalité sont très élevés parmi les entreprises. Celles qui ne cherchent pas à maximiser leur profit se feront distancer ou seront absorbées par des concurrentes plus combatives.

Dans le cas de Maille d'or, nous supposerons que les décisions de Sylvain sont dictées par la recherche du profit maximal. Toutefois, les profits qu'une entreprise peut faire sont limités par certaines contraintes. Quelles sont ces contraintes?

Les contraintes

Dans la recherche d'un profit maximal, les entreprises font face à deux types de contraintes: les contraintes de marché et les contraintes techniques.

Les contraintes de marché Les conditions auxquelles l'entreprise peut acheter des facteurs de production et vendre sa production constituent les **contraintes de marché** qu'elle doit affronter. En ce qui concerne les ventes de l'entreprise, la demande de tous les produits et services est limitée et les consommateurs n'achèteront des quantités supplémentaires qu'à des prix moins élevés. Quelle que soit l'entreprise, elle fait face à des contraintes concernant le marché de son produit. Une petite entreprise en concurrence avec de nombreuses autres entreprises sur un marché étendu doit vendre sa production au même prix que ses concurrents. Elle n'est pas en mesure d'influer sur les prix du marché. Une grande entreprise qui domine le marché pour un bien donné peut manipuler les prix à son propre avantage. Mais, ce faisant, elle doit accepter le fait qu'en augmentant ses prix elle vendra moins.

Passons maintenant aux facteurs de production. Les individus disposent de facteurs de production dans des quantités limitées. Ils offriront des quantités supplémentaires uniquement si les prix sont plus élevés. La plupart des entreprises, même les plus grandes, sont en concurrence avec beaucoup d'autres entreprises sur le marché des facteurs de production et n'ont pas d'autre choix que d'acheter leurs intrants au même prix que leurs concurrentes. Sauf dans de très rares circonstances, les entreprises ne peuvent manipuler les prix des facteurs de production qu'elles utilisent.

Nous étudierons plus en détail les contraintes que les entreprises doivent affronter à la fois sur le marché de leur produit (chapitres 12, 13 et 14) et sur le marché des facteurs de production (chapitres 15, 16 et 17). Maille d'or, l'entreprise que nous prenons comme exemple, est une petite entreprise. Elle ne peut influer ni sur les prix auxquels elle vend ses chandails, ni sur les prix auxquels elle achète ses facteurs de production.

Les contraintes techniques Pour réaliser leur production, les entreprises doivent faire appel à des facteurs de production. Tout procédé qui permet d'obtenir une production donnée à partir de facteurs de production s'appelle une **technique**. On appelle *technologie* l'ensemble de toutes les techniques connues. Le problème pour une entreprise est de choisir une technique particulière parmi toutes celles qui lui sont accessibles. Par exemple, pour produire des chandails, Maille d'or pourrait fournir des aiguilles à tricoter à ses employés. Elle pourrait aussi équiper sa main-d'œuvre de machines à tricoter. Une troisième technique consisterait à utiliser des machines à tricoter automatisées qui ne nécessitent que peu de main-d'œuvre. Les employés se contenteraient alors de mettre les machines en marche et de les ajuster en fonction de la taille et du style des chandails à produire. Une quatrième technique consisterait à utiliser des robots qui ajustent automatiquement la taille, le type et la couleur du chandail, le travailleur n'intervenant qu'au stade de la programmation. Ces techniques supposent l'utilisation de différentes quantités de travail et de capital. Mais elles permettent toutes de produire la même quantité totale.

Certaines techniques sont à forte proportion de capital, alors que d'autres ont recours à une forte proportion de main-d'œuvre. Une **technique à forte proportion de capital** utilise une quantité relativement importante de capital et une quantité relativement faible de travail. C'est le cas des machines à tricoter automatisées et contrôlées par ordinateur. Une **technique à forte proportion de travail** suppose l'utilisation d'une quantité relativement grande de main-d'œuvre et d'une quantité relativement faible de capital. La technique qui consiste à tricoter des chandails à la main est considérée comme une technique à forte proportion de travail. En effet, le matériel se réduit aux aiguilles à tricoter.

Afin de maximiser son profit, une entreprise doit choisir une méthode de production *techniquement efficace*. Vous vous rappelez qu'au chapitre 9 nous avons défini l'efficacité technique en précisant qu'un plus grand niveau de production ne pouvait être obtenu qu'à condition d'utiliser une plus grande quantité de facteurs de production. L'efficacité technique ne passe pas forcément par l'utilisation d'un matériel sophistiqué ou à la fine pointe de la technologie. Si l'organisation du travail est adéquate, même si on utilise des aiguilles à tricoter, les chandails seront produits selon une méthode techniquement efficace. Pour produire une plus grande quantité de chandails, il faudra plus d'aiguilles et plus de travailleurs. Aucune ressource n'est gaspillée. De même, lorsqu'une usine de chandails automatisée et informatisée fonctionne à plein rendement, les chandails sont également produits de façon techniquement efficace.

Une entreprise ne peut cependant se contenter d'être efficace techniquement. Elle doit aussi choisir la technique qu'elle va utiliser, car toutes les méthodes de production techniquement efficaces ne sont pas nécessairement économiquement efficaces. En outre, les diverses possibilités qui s'offrent à l'entreprise vont dépendre de l'horizon temporel en fonction duquel des décisions doivent être prises. Une entreprise qui veut modifier son niveau de production en un laps de temps très court dispose d'un nombre de possibilités bien plus réduit qu'une entreprise qui planifie la modification de son niveau de production sur plusieurs mois, voire plusieurs années. Afin d'étudier les contraintes qu'entraîne le choix d'une technique, nous distinguerons deux périodes de planification : le court terme et le long terme.

Le court terme et le long terme

Le **court terme** est l'horizon temporel au cours duquel les quantités de certains facteurs de production sont fixes et d'autres sont variables. Le **long terme** est l'horizon temporel au cours duquel les quantités de tous les facteurs de production sont variables. Les facteurs de production dont les quantités sont variables à court terme sont appelés **facteurs de production variables**. Ceux dont les quantités ne varient pas sont les **facteurs de production fixes**.

On ne peut spécifier de façon générale à quels laps de temps correspondent concrètement le court terme et le long terme. Cela varie d'un secteur industriel à l'autre. Par exemple, si une société de production d'électricité décide qu'elle a besoin d'une centrale hydro-électrique supplémentaire, il lui faudra plusieurs années pour concrétiser la décision qu'elle vient de prendre. Pour une telle entreprise, le court terme s'étend sur plusieurs années car il lui est impossible de mettre en service une centrale dans des délais plus courts. À l'autre extrême, pour un blanchisseur ou un service de photocopie, le court terme peut signifier un mois ou deux, car il leur est possible de s'agrandir et d'acheter de nouvelles machines très rapidement.

Les machines à tricoter de Maille d'or sont des facteurs de production fixes. Pour modifier sa production à court terme, Maille d'or doit modifier la quantité de travail à laquelle elle a recours. Pour Maille d'or, le travail représente donc le facteur variable. À court terme, le nombre de machines à tricoter est fixe et celles-ci constituent par conséquent les facteurs de production fixes. À long terme, Maille d'or peut modifier à la fois le nombre de machines à tricoter et la quantité de travail.

Examinons d'un peu plus près comment Sylvain prend les décisions relatives à la production à court terme.

La fonction de production à court terme[1]

La **fonction de production à court terme** d'une entreprise décrit la façon dont le niveau de production qui peut être techniquement obtenu varie avec la quantité des facteurs de production variables. En règle générale, comme dans les exemples que nous allons étudier dans ce chapitre, la main-d'œuvre représente le facteur de production variable ; et le capital, le facteur fixe. Dans notre exemple, Maille d'or produit un plus grand nombre de chandails avec un nombre donné de machines à tricoter si elle emploie plus de main-d'œuvre. La fonction de production à court terme indique comment le niveau de production d'un nombre fixe de machines à tricoter varie en fonction de la main-d'œuvre employée. La fonction de production à court terme peut se représenter de trois façons :

- La courbe de produit total
- La courbe de produit marginal
- La courbe de produit moyen

---

[1] Le lecteur impatient d'étudier les coûts peut omettre cette section et passer directement à la section intitulée *Le coût à court terme*, page 247.

LA FONCTION DE PRODUCTION À COURT TERME 243

Les courbes de produits total, marginal et moyen

La figure 10.1 présente la fonction de production à court terme de Maille d'or. Le tableau nous indique comment la quantité totale produite par l'entreprise, soit le nombre de chandails qui peuvent être tricotés en l'espace d'une journée, varie avec la main-d'œuvre employée. Comme vous pouvez le constater, lorsque la quantité de main-d'œuvre est nulle, aucun chandail n'est tricoté. Le nombre de chandails tricotés augmente avec la quantité de main-d'œuvre. La quantité totale produite constitue le **produit total**.

La **courbe de produit total** représente graphiquement la production techniquement possible pour chaque quantité du facteur de production variable (en général, la main-d'œuvre). La courbe de produit total de Maille d'or (*PT*) est représentée à la figure 10.1. Les points *a* à *f* de la courbe correspondent aux lignes du tableau. La courbe de produit total sépare les niveaux de production accessibles de ceux qui ne le sont pas. Tous les points qui se situent au-dessus de la courbe sont inaccessibles. Les points qui se trouvent au-dessous de la courbe, dans la zone orange, sont accessibles mais inefficaces.

Le **produit marginal** (ou **productivité marginale**) d'un facteur de production est l'augmentation du produit total attribuable à l'emploi d'une unité additionnelle du facteur en question. La **productivité marginale du travail** correspond donc à la variation du produit total qui résulte d'une unité supplémentaire de main-d'œuvre, la quantité de capital étant constante. Dans le cas de Maille d'or, la productivité marginale du travail correspond au nombre supplémentaire de chandails produits chaque jour par suite de l'embauche d'un travailleur supplémentaire. La valeur du produit marginal dépend du nombre total de travailleurs qu'emploie déjà Maille d'or. La productivité marginale du travail de Maille d'or est calculée à la figure 10.2. Les deux premières colonnes du tableau sont identiques à celles du tableau de la figure 10.1. La dernière colonne indique les calculs du produit marginal. Par exemple, lorsque la quantité de main-d'œuvre passe de 1 à 2 travailleurs, le produit total augmente et passe de 4 à 10 chandails. La variation du produit total, soit 6 chandails, correspond au produit marginal du deuxième travailleur.

Les deux graphiques de la figure 10.2 illustrent la productivité marginale du travail de Maille d'or. Le graphique (a) reproduit la courbe de produit total de la figure 10.1. Le graphique (b) représente la courbe de produit marginal (*Pm*). Dans le graphique (a), la hauteur de chaque rectangle mesure le produit marginal d'un travailleur supplémentaire. Toujours dans le même graphique, la pente de la courbe de produit total mesure également le produit marginal. Vous vous rappelez sans doute que la pente d'une courbe est le ratio de la variation de la quantité mesurée en ordonnée (la production) sur la variation de la quantité mesurée en abscisse (la main-d'œuvre). Une unité supplémentaire de main-d'œuvre, soit la transition de 1 à 2 travailleurs, se traduit par une augmentation de la production, de 4 à 10 chandails. Ainsi, la pente le long de l'arc *bc* est égale à 6, soit une valeur identique à celle du produit marginal que nous avions calculée précédemment.

Remarquez la relation entre les courbes de produits total et marginal. Plus la pente de la courbe de produit total est forte, plus le niveau de la courbe de produit marginal est élevé. La courbe de produit total du graphique (a) indique que, lorsque la quantité de main-d'œuvre passe de 1 à 2 travailleurs, la production passe de 4 à 10 chandails, soit une augmentation de 6 unités. L'augmentation de 6 chandails apparaît en ordonnée dans le graphique (b) et correspond au

Figure 10.1 Le produit total

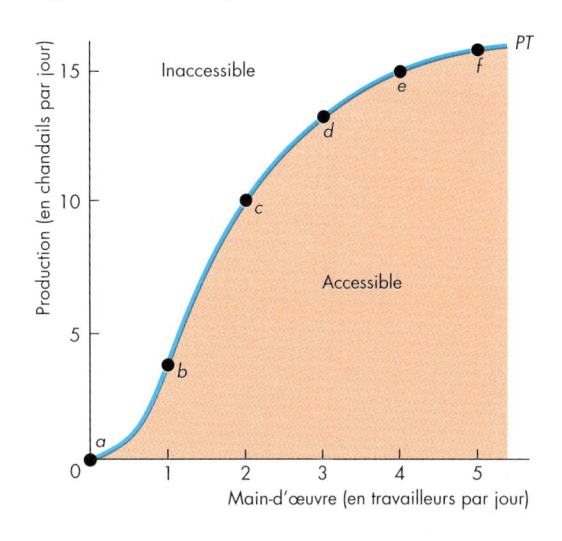

	Main-d'œuvre (en travailleurs par jour)	Production (en chandails par jour)
a	0	0
b	1	4
c	2	10
d	3	13
e	4	15
f	5	16

Le tableau indique comment, avec une machine à tricoter, Maille d'or peut faire varier la production totale de chandails en modifiant la quantité de travail. Par exemple, 1 travailleur (ligne *b*) produit 4 chandails par jour ; 2 travailleurs (ligne *c*) en produisent 10. Sur le graphique, la courbe de produit total (*PT*) représente la fonction de production à court terme. Les points *a* à *f* de la courbe correspondent aux lignes du tableau. La courbe de produit total sépare les niveaux de production accessibles de ceux qui ne le sont pas.

Figure 10.2 Le produit total et le produit marginal

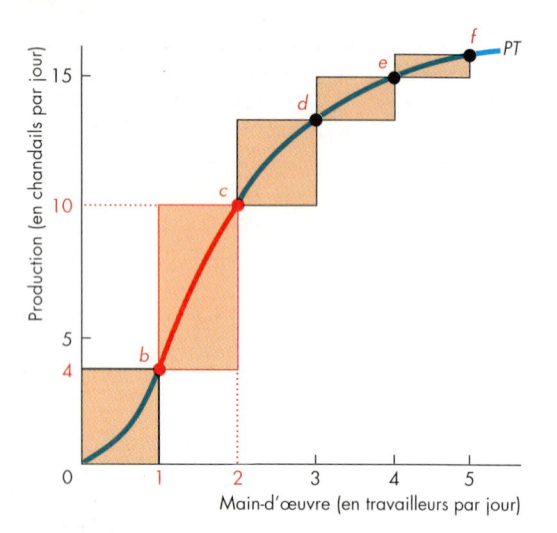

(a) Produit total

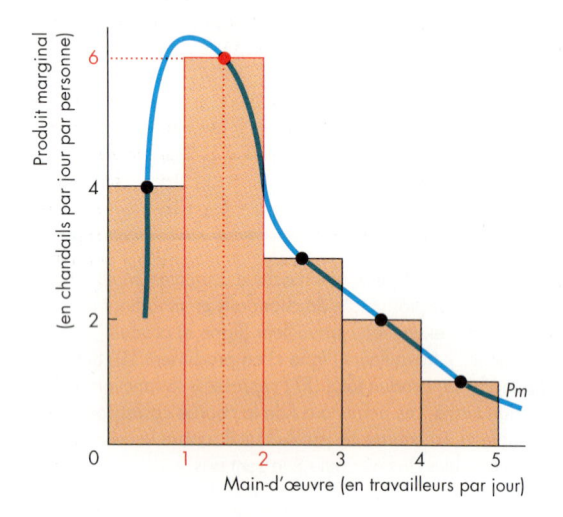

(b) Produit marginal

	Main-d'œuvre (en travailleurs par jour)	Production (en chandails par jour)	Produit marginal (en chandails par travailleur)
a	0	0	
			 4
b	1	4	
			 6
c	2	10	
			 3
d	3	13	
			 2
e	4	15	
			 1
f	5	16	

Le produit marginal est la variation du produit total attribuable à une unité supplémentaire de main-d'œuvre. Par exemple, lorsque la quantité de main-d'œuvre passe de 1 à 2 travailleurs (entre les lignes *b* et *c*), le produit total augmente et passe de 4 à 10 chandails par jour, soit une augmentation de 6. Le produit marginal d'un travailleur supplémentaire est alors de 6 chandails. (Le produit marginal est indiqué entre deux lignes pour montrer qu'il est le résultat d'une *variation* des facteurs de production.)

Les deux graphiques montrent comment varie le produit marginal. La hauteur des rectangles correspond à la valeur du produit marginal. Par exemple, lorsque la quantité de main-d'œuvre passe de 1 à 2 travailleurs, le produit marginal est représenté par le rectangle orange délimité par des filets rouges, dont la hauteur est égale à 6 chandails (ce rectangle est reproduit dans les deux graphiques). Plus la courbe de produit total (*PT*) est abrupte dans le graphique (a), plus le produit marginal (*Pm*) est élevé dans le graphique (b). Le produit marginal augmente jusqu'à un certain niveau d'emploi du facteur variable (dans cet exemple, lorsqu'un seul travailleur est employé) et décline par la suite. On dit alors que le produit marginal est décroissant.

---

produit marginal du deuxième travailleur. Nous avons inscrit ce produit marginal au milieu de l'intervalle entre 1 et 2 travailleurs par jour. Vous remarquerez que le produit marginal indiqué dans ce graphique atteint son maximum pour 1 unité de main-d'œuvre, et qu'à ce point le produit marginal est supérieur à 6. Ce maximum est atteint pour 1 unité de main-d'œuvre car la courbe de produit total a sa pente la plus abrupte au point qui correspond à 1 unité de main-d'œuvre.

Le **produit moyen** (ou **productivité moyenne**) d'un facteur de production est tout simplement le produit total par unité de facteur de production. Dans le cas de Maille d'or, le produit moyen est le nombre total de chandails produits quotidiennement, divisé par le nombre de travailleurs employés. Le produit moyen de

Maille d'or est calculé dans le tableau de la figure 10.3. Par exemple, 3 travailleurs peuvent produire 13 chandails par jour. Ainsi, le produit moyen est de 13 divisé par 3, soit 4,33 chandails par travailleur.

Les deux graphiques de la figure 10.3 illustrent le produit moyen. Dans le graphique (a), le produit moyen est donné par la pente d'une droite reliant l'origine au point considéré sur la courbe de produit total. Par exemple, au point *d*, 3 travailleurs produisent 13 chandails. La pente de la droite passant par l'origine et le point *d* est égale à la production (13 chandails) divisée par la quantité de main-d'œuvre employée (3 travailleurs). Cela donne un produit moyen de 4,33 chandails par travailleur, lorsqu'on emploie 3 travailleurs. En procédant de la même façon, vous

Figure 10.3 Produit total, produit marginal et produit moyen

(a) Produit total

(b) Produit marginal et produit moyen

	Main-d'œuvre (en travailleurs par jour)	Production (en chandails par jour)	Produit moyen (en chandails par jour)
b	1	4	4,00
c	2	10	5,00
d	3	13	4,33
e	4	15	3,75
f	5	16	3,20

On obtient le produit moyen, c'est-à-dire le produit total par unité de main-d'œuvre, en divisant le produit total par le nombre de travailleurs employés. Par exemple, si 3 travailleurs produisent 13 chandails par jour, le produit moyen de 3 travailleurs sera de 4,33 chandails par jour. Les deux graphiques indiquent deux façons de représenter le produit moyen. Dans le graphique (a), le produit moyen correspond à la pente d'une droite reliant l'origine à un point de la courbe de produit total, comme la droite qui relie l'origine au point d. La pente de cette droite est égale à 4,33 (soit 13 chandails par jour divisé par 3 travailleurs). Le graphique (b) contient la courbe de produit moyen (PM). Les points b à f sur la courbe de produit moyen correspondent aux lignes du tableau.

Le graphique (b) indique également la relation entre les courbes de produit moyen et de produit marginal. Lorsque le produit marginal est supérieur au produit moyen, le produit moyen augmente ; lorsque le produit marginal est inférieur au produit moyen, ce dernier diminue. Lorsque le produit moyen atteint son maximum, le produit moyen et le produit marginal sont égaux. Ce graphique indique aussi que le produit marginal augmente quand on passe de 0 à 1 travailleur et qu'il diminue par la suite ; le produit moyen augmente quand on passe de 0 à 2 travailleurs et diminue par la suite.

---

pouvez constater qu'au point c le produit moyen atteint son maximum. La droite la plus abrupte, tracée de l'origine jusqu'à un point sur la courbe de produit total, sera tangente à cette courbe au point c. Puisque la pente de la droite reliant l'origine à un point de la courbe permet de mesurer le produit moyen, et que cette pente atteint un maximum lorsque 2 travailleurs sont employés, le produit moyen atteint son maximum à ce point.

Le graphique (b) représente la courbe de produit moyen (PM) et indique également la relation entre le produit moyen et le produit marginal. Les points b à f qui se trouvent sur la courbe de produit moyen correspondent aux lignes du tableau. Le produit moyen augmente initialement lorsqu'on passe de 1 à 2 travailleurs (son maximum est au point c), mais il chute par la suite au fur et à mesure qu'un plus grand nombre de travailleurs est employé. Vous remarquerez également que le produit moyen atteint son maximum lorsqu'il est égal au produit marginal. En d'autres termes, la courbe de produit marginal passe par le maximum de la courbe de produit moyen. Lorsque le produit marginal est plus élevé que le produit moyen, le produit moyen augmente. Lorsque le produit marginal est inférieur au produit moyen, le produit moyen diminue.

Pourquoi l'entreprise doit-elle savoir à quel niveau d'emploi du facteur variable le produit marginal et le produit moyen seront décroissants ? Parce que cela indique comment les coûts varient avec le niveau de production. Nous examinerons ces questions un peu plus loin. Mais approfondissons au préalable la relation entre le produit marginal et le produit moyen. Vous aurez souvent l'occasion de rencontrer ce type de relations au cours de vos études en économique ainsi que dans la vie quotidienne.

La relation entre les valeurs marginale et moyenne À la figure 10.3, nous avons vu que, lorsque le produit marginal est supérieur au produit moyen, le produit moyen augmente ; inversement, lorsque le produit marginal est inférieur au produit moyen, le produit moyen diminue. Nous avons également vu que, lorsque le produit marginal est égal au produit moyen, le produit moyen atteint son maximum ; à ce point, le produit moyen est stationnaire, sans tendance à la hausse ni à la baisse. Cette relation entre le produit moyen et le produit marginal caractérise la relation entre les valeurs moyenne et marginale de toute variable. Prenons un exemple qui nous est familier.

Sylvain, le propriétaire de Maille d'or, suit un cours d'introduction à l'économique avec ses amis Jean et Alain. Au cours du premier trimestre, ils obtiennent tous les trois une note totale de 70 %, mais chacun d'entre eux l'a obtenue de façon différente, comme l'indique le tableau 10.1. Ils ont passé quatre examens comptant chacun pour un quart de la note finale. Sylvain, préoccupé par la gestion de Maille d'or, a d'abord obtenu une note catastrophique de 55 % mais s'est amélioré régulièrement par la suite. Jean a commencé brillamment mais s'est ensuite laissé aller, alors qu'Alain a obtenu 70 % à tous les examens.

Nous pouvons calculer l'évolution des notes moyenne et marginale de ces trois étudiants. La note moyenne correspond simplement au total des notes obtenues, divisé par le nombre d'examens passés. Après deux examens, Sylvain a obtenu 55 % et 65 %, soit une moyenne de 60 %. La note marginale d'un étudiant correspond à la dernière note obtenue. Après deux examens, la note marginale de Sylvain est de 65 %.

Au cours du trimestre, la note marginale de Sylvain augmente, celle de Jean baisse et celle d'Alain est constante. Mais examinons de plus près les notes moyennes. Dans le cas de Sylvain, la moyenne augmente. Sa note marginale est toujours plus élevée que sa note moyenne, de sorte que sa moyenne augmente. Pour Jean, la note marginale baisse. Il en va de même pour sa moyenne. La note marginale de Jean est toujours inférieure à sa moyenne, ce qui fait baisser sa note moyenne. La note marginale d'Alain est égale à sa moyenne. Ainsi, sa note moyenne reste constante.

Ces exemples illustrent la propriété générale qui explique également la relation entre le produit marginal et le produit moyen. Le produit moyen augmente

Tableau 10.1 Les notes moyennes et marginales

Examen	Notes obtenues aux examens	Note totale	Note moyenne	Note marginale
Sylvain				
1	55	55	55	
				65
2	65	120	60	
				75
3	75	195	65	
				85
4	85	280	70	
Jean				
1	85	85	85	
				75
2	75	160	80	
				65
3	65	225	75	
				55
4	55	280	70	
Alain				
1	70	70	70	
				70
2	70	140	70	
				70
3	70	210	70	
				70
4	70	280	70	

Lors du deuxième examen, Sylvain a obtenu 65 %. À l'issue des deux premiers examens, sa note moyenne est de 60 %. Au troisième examen, il obtient 75 %. Sa note marginale correspond à la modification de sa note totale par suite du troisième examen. La note marginale après le troisième examen est de 75 % (cette note se situe entre les lignes correspondant au résultat du deuxième et du troisième examen, afin de souligner qu'elle est liée au fait d'avoir passé un troisième examen). Comme sa note marginale est supérieure à sa moyenne précédente (60 %), cette moyenne augmente avec le troisième examen (65 %). La note marginale de Jean est inférieure à sa note moyenne, de sorte que sa moyenne baisse. La note marginale d'Alain est égale à sa note moyenne, et sa moyenne reste constante.

lorsqu'il est inférieur au produit marginal et diminue lorsqu'il est supérieur à celui-ci. Le produit moyen est à son maximum et il est stationnaire (il n'augmente ni ne baisse) lorsqu'il est égal au produit marginal.

La forme de la fonction de production à court terme

Revenons maintenant à l'étude de la production. La fonction de production à court terme, comme la décrivent les courbes de produits total, marginal et moyen, varie d'une entreprise à l'autre et d'un produit à l'autre. La fonction de production de Laura Secord est différente de celle de l'usine de chandails de Sylvain.

Mais la forme générale de leurs courbes de produit est similaire, car presque tous les processus de production se caractérisent par les éléments suivants :

- Une phase initiale de rendements marginaux croissants
- Des rendements marginaux décroissants à des niveaux élevés de production

Les rendements marginaux croissants Lorsque le produit marginal d'un travailleur supplémentaire dépasse le produit marginal du travailleur précédent, on parle de **rendements marginaux croissants**. Si Sylvain n'embauche qu'un seul travailleur, cette personne devra tout apprendre sur la production des chandails : fonctionnement et réparation des machines à tricoter, emballage, expédition, achat, vérification de la qualité et de la couleur de la laine. Cet unique travailleur doit accomplir toutes ces tâches. Si Sylvain embauche un deuxième travailleur, chacun des deux travailleurs pourra se spécialiser dans différents aspects du processus de production. Résultat : la production de deux travailleurs est plus de deux fois supérieure à la production d'un seul travailleur. Cela correspond au segment de la courbe de produit total qui se caractérise par des rendements marginaux croissants.

Les rendements marginaux décroissants Lorsque le produit marginal d'un travailleur supplémentaire est inférieur à celui du travailleur précédent, on parle de **rendements marginaux décroissants**. Si Sylvain embauche un troisième travailleur, la production augmente, mais dans une proportion moindre que lorsqu'il a embauché le deuxième travailleur. Avec un troisième travailleur, l'usine produit une plus grande quantité de chandails, mais les machines sont exploitées aux limites de leur capacité, ou presque. En outre, il arrive souvent au troisième travailleur de ne pas être occupé, car les machines disponibles fonctionnent par moments sans qu'une présence supplémentaire soit nécessaire. Plus le nombre de travailleurs augmente, plus la production augmente mais dans de moindres proportions. À ces niveaux d'utilisation du facteur variable, les rendements marginaux sont décroissants. Il s'agit là d'un phénomène tellement général qu'on l'appelle la *loi des rendements décroissants*. Selon la **loi des rendements décroissants** :

Lorsqu'une entreprise augmente la quantité d'un facteur variable, la quantité de facteurs fixes étant constante, le produit marginal du facteur variable finit par diminuer.

Du fait que le produit marginal finit par diminuer, le produit moyen diminue également. Vous vous rappelez certainement que le produit moyen diminue lorsqu'il est supérieur au produit marginal. Si le produit marginal diminue, il finira par être inférieur au produit moyen, ce qui se traduira par la décroissance du produit moyen.

À RETENIR

La fonction de production à court terme montre comment le niveau de production d'une installation de production donnée varie avec la quantité de main-d'œuvre. On peut représenter la fonction de production à court terme par trois courbes : la courbe de produit total, la courbe de produit marginal et la courbe de produit moyen. Si la quantité de main-d'œuvre employée est peu élevée, le produit moyen et le produit marginal de la main-d'œuvre augmentent lorsqu'on augmente l'emploi de ce facteur. Si la quantité de main-d'œuvre est importante, le produit moyen et le produit marginal de la main-d'œuvre diminuent quand l'emploi de ce facteur augmente. Le produit moyen augmente lorsqu'il est inférieur au produit marginal et diminue lorsqu'il lui est supérieur. Le produit marginal et le produit moyen sont égaux lorsque le produit moyen atteint son maximum.

...

Le coût à court terme

Nous venons de voir comment le niveau de production varie en fonction de la quantité de facteur variable utilisée. À partir de cette relation, on peut déduire l'effet d'une variation de la production sur les coûts. Maille d'or n'a aucune influence sur le prix de ses facteurs de production ; elle doit payer le prix du marché. Étant donné le prix des facteurs de production, le coût de production le plus bas possible pour chaque niveau de production sera déterminé par la fonction de production à court terme.

Le coût total, le coût marginal et le coût moyen

Le **coût total** est la somme des coûts de tous les facteurs utilisés dans le processus de production. À court terme, le coût total est la somme du coût fixe total et du coût variable total. Un **coût fixe** est un coût qui ne dépend pas du niveau de production. Un **coût variable**, au contraire, varie avec le niveau de production. Le **coût fixe total** est le coût des facteurs de production fixes. Le **coût variable total** est le coût des facteurs de production variables. Nous dénoterons par CT le coût total, par CFT le coût fixe total, et par CVT le coût variable total.

Les coûts de Maille d'or paraissent dans le tableau de la figure 10.4. Les deux premières colonnes reprennent les données qui ont servi à tracer la fonction de production de la figure 10.1. Les machines à tricoter et le terrain qu'occupe l'usine constituent les facteurs de production fixes de Maille d'or. Supposons que le prix de ces facteurs fixes (c'est-à-dire le coût fixe total) soit de 25 $ par jour. Supposons également qu'un travailleur coûte 25 $ par jour (son taux de salaire quotidien). Le coût variable total augmente lorsque le nombre de travailleurs augmente. Par exemple, lorsque Maille d'or emploie 3 travailleurs, le coût variable total est de 75 $ (3 × 25 $). Le coût total est la somme du coût fixe total et du coût variable total. Ainsi, quand Maille d'or emploie 3 travailleurs, le coût variable total est de 75 $, le coût fixe total est de 25 $ et le coût total est de 100 $.

Le **coût marginal** est l'augmentation du coût total résultant de la production d'une unité supplémentaire. Pour calculer le coût marginal, on divise la variation du coût total par l'accroissement de la production. Par exemple, lorsque la production augmente et passe de 4 à 10 chandails, il faut embaucher un travailleur supplémentaire, de sorte que le coût total passe de 50 $ à 75 $. La variation de la production est de 6 chandails et la variation du coût total de 25 $. Le coût marginal de chacun de ces 6 chandails est donc de 4,17 $ (soit 25 $ ÷ 6).

Le coût moyen est le coût par unité de production. Comme pour le coût total, on distingue trois types de coût moyen :

- Le coût fixe moyen
- Le coût variable moyen
- Le coût total moyen

Le **coût fixe moyen** est le coût fixe total par unité de production. Le **coût variable moyen** est le coût variable total par unité de production. Le **coût total moyen** est le coût total par unité de production. Ce coût est donc égal à la somme du coût fixe moyen et du coût variable moyen. Prenons par exemple le tableau de la figure 10.4. Lorsque la production est de 10 chandails par jour, le coût fixe moyen est de 2,50 $ (25 $ ÷ 10), le coût variable moyen est de 5 $ (50 $ ÷ 10) et le coût total moyen est de 7,50 $ (75 $ ÷ 10), ce qui revient à additionner le coût fixe moyen et le coût variable moyen (soit 2,50 $ + 5 $).

Les courbes de coût à court terme

Le graphique (a) de la figure 10.4 présente les courbes de coût à court terme de Maille d'or. Le coût fixe total de 25 $ est représenté par la droite horizontale *CFT*. Le coût variable total et le coût total augmentent tous deux avec la production. Ils sont représentés par la courbe de coût variable total (*CVT*) et la courbe de coût total (*CT*). La distance verticale qui sépare ces deux courbes est égale au coût fixe total, comme le montrent les flèches.

Il y a une relation étroite entre la courbe de coût variable total de la figure 10.4(a) et la courbe de produit total de la figure 10.1. Ces deux courbes ont une pente positive mais, plus la pente de la courbe de produit total est faible, plus celle de la courbe de coût variable total est forte. Lorsque la pente de la courbe de produit total est faible, la production augmente peu lorsqu'on accroît la quantité de main-d'œuvre. Or, à un taux de salaire donné, le coût total de main-d'œuvre (le coût variable total) est proportionnel au nombre de travailleurs embauchés. Lorsque la productivité marginale du travail est faible (la pente de la courbe de produit total est faible), il faut embaucher beaucoup de travailleurs pour satisfaire à un accroissement donné du volume de production. Il s'ensuit que, dans ce cas, le coût variable total augmente rapidement avec le volume de production et la pente de la courbe de coût variable total est forte ; autrement dit, le coût marginal de production sera dans ce cas élevé.

Le graphique (b) de la figure 10.4 présente les courbes de coût moyen et de coût marginal. La pente de la courbe de coût fixe moyen (*CFM*) est toujours négative. Lorsque la production augmente, le coût fixe reste constant et se répartit sur une production plus importante : lorsque Maille d'or ne produit que 4 chandails, le coût fixe moyen est de 6,25 $; lorsqu'elle produit 16 chandails, le coût fixe moyen est de 1,56 $.

La courbe de coût total moyen (*CTM*) et la courbe de coût variable moyen (*CVM*) sont en forme de U. La distance verticale qui sépare ces courbes est égale au coût fixe moyen, comme le montrent les flèches. Cette distance est réduite lorsqu'il y a augmentation de la production, du fait que le coût fixe moyen diminue lorsque la production augmente.

La courbe de coût marginal (*Cm*) est également en forme de U. Elle passe à la fois par le minimum de la courbe de coût variable moyen et par le minimum de la courbe de coût total moyen. En d'autres termes, lorsque le coût marginal est inférieur au coût moyen, le coût moyen diminue ; lorsque le coût marginal est supérieur au coût moyen, le coût moyen augmente. Cette relation se vérifie à la fois pour la courbe *CTM* et pour la courbe *CVM*. On peut se demander pourquoi il en est ainsi. La raison est simple : la variation du coût variable est nécessairement identique à la variation du coût total, et c'est cette variation qui nous sert à calculer le coût marginal. Pour que le coût variable moyen baisse, le coût marginal doit être inférieur au coût variable moyen et, pour que le coût variable moyen augmente, le coût marginal doit être supérieur au coût variable moyen. De même, pour que le coût total moyen diminue, le coût marginal doit être inférieur au coût total

Figure 10.4   Les coûts à court terme

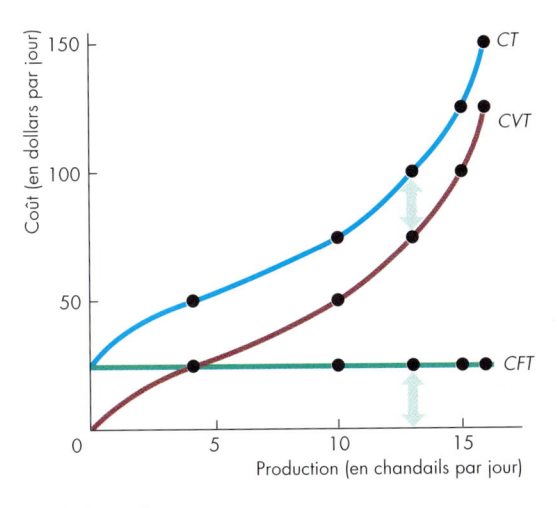

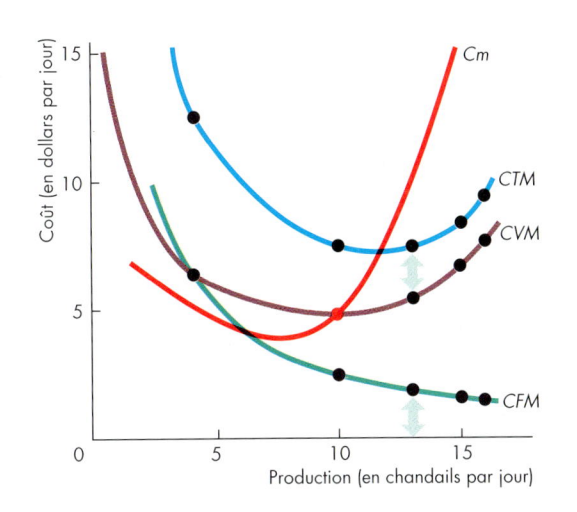

(a) Coût total

(b) Coût marginal et coût moyen

Main-d'œuvre (en travailleurs par jour)	Production (en chandails par jour)	Coût fixe total (CFT)	Coût variable total (CVT)	Coût total (CT)	Coût marginal (Cm) (variation en dollars) par unité de variation de la production	Coût fixe moyen (CFM)	Coût variable moyen (CVM)	Coût total moyen (CTM)
		(en dollars par jour)				(en dollars par chandail)		
0	0	25	0	25		—	—	—
					 6,25			
1	4	25	25	50		6,25	6,25	12,50
					 4,17			
2	10	25	50	75		2,50	5,00	7,50
					 8,33			
3	13	25	75	100		1,92	5,77	7,69
					 12,50			
4	15	25	100	125		1,67	6,67	8,33
					 25,00			
5	16	25	125	150		1,56	7,81	9,38

Les coûts à court terme sont calculés dans le tableau et représentés sur les graphiques. On obtient le coût total (CT) en additionnant le coût variable total (CVT) et le coût fixe total (CFT) pour chaque niveau de production et d'emploi. La variation du coût total par unité de variation de la production donne le coût marginal (Cm). On obtient le coût moyen en divisant le coût total par la production.

Le graphique (a) présente les courbes de coût total de l'entreprise. Le coût total (CT) augmente lorsque la production augmente. Le coût fixe total (CFT) est constant (il est représenté sur le graphique par une droite horizontale), et le coût variable total (CVT) augmente de façon analogue au coût total. La distance verticale qui sépare la courbe CT de la courbe CVT est égale au coût fixe total CFT, comme le montrent les flèches.

Les courbes de coût moyen et de coût marginal sont présentées dans le graphique (b). Le coût fixe moyen (CFM) décroît avec l'augmentation du niveau de production. Les courbes de coût total moyen (CTM) et de coût variable moyen (CVM) sont en forme de U. La distance verticale qui sépare ces deux courbes est égale au coût fixe moyen, qui diminue lorsque la production augmente. La courbe de coût marginal (Cm) est également en forme de U. Elle coupe la courbe de coût variable moyen et la courbe de coût total moyen aux points où ces courbes atteignent leur minimum.

moyen et, pour que le coût total moyen augmente, le coût marginal doit être supérieur au coût total moyen. Nous avons constaté la même relation lors de l'étude des notes des étudiants, au tableau 10.1.

Il existe une relation importante entre les courbes de produit moyen et de produit marginal, illustrées à la figure 10.3(b), et les courbes de coût moyen et de coût marginal, illustrées à la figure 10.4(b). À un facteur d'échelle près, la relation entre les courbes de coût moyen et de coût marginal est symétrique de la relation entre les courbes de produit moyen et de produit marginal. Le coût variable moyen atteint son minimum au niveau de production pour lequel le produit moyen est à son maximum, soit 10 chandails. Les niveaux de production pour lesquels le coût variable moyen diminue sont les mêmes que ceux pour lesquels le produit moyen augmente. De même, le coût variable moyen augmente quand le produit moyen diminue.

Les concepts de production et de coût que nous venons d'étudier sont résumés au tableau 10.2.

Un exemple de coûts à court terme

Les coûts de Maille d'or ne sont pas très différents de ceux d'une entreprise réelle. À titre d'exemple, nous examinerons les coûts à court terme d'Hydro-Québec.

Tableau 10.2 Production et coût: glossaire

Terme	Symbole	Équation	Définition
Facteur de production fixe			Facteur de production dont la quantité ne peut être modifiée à court terme.
Facteur de production variable	L		Facteur de production (la main-d'œuvre dans nos exemples) dont la quantité peut être modifiée à court terme.
Produit total	PT		Quantité produite.
Produit marginal ou productivité marginale	Pm	$Pm = \Delta PT \div \Delta L$	Variation du produit total résultant de l'augmentation d'une unité des facteurs de production variables (variation du produit total divisée par la variation des facteurs de production variables).
Produit moyen ou productivité moyenne	PM	$PM = PT \div L$	Produit total par unité de facteur de production variable (produit total divisé par le nombre d'unités de facteur variable).
Coût fixe			Coût indépendant du niveau de production.
Coût variable			Coût variant avec le niveau de production.
Coût fixe total	CFT		Coût des facteurs de production fixes (égal à leur quantité multipliée par leur prix unitaire).
Coût variable total	CVT		Coût des facteurs de production variables (égal à leur quantité multipliée par leur prix unitaire).
Coût total	CT	$CT = CFT + CVT$	Coût de tous les facteurs de production (égal à la somme des coûts fixes et des coûts variables).
Coût marginal	Cm	$Cm = \Delta CT \div \Delta PT$	Variation du coût total lorsque la production augmente d'une unité (coût égal à la variation du coût total divisée par la variation du produit total).
Coût fixe moyen	CFM	$CFM = CFT \div PT$	Coût fixe total par unité de production (égal au coût fixe total divisé par le produit total).
Coût variable moyen	CVM	$CVM = CVT \div PT$	Coût variable total par unité de production (égal au coût variable total divisé par le produit total).
Coût total moyen	CTM	$CTM = CFM + CVM$	Coût total par unité de production (égal à la somme du coût fixe moyen et du coût variable moyen).

La production d'électricité est un exemple intéressant, parce que la demande d'électricité (ce que les spécialistes du domaine appellent les *besoins de puissance*) fluctue considérablement en cours d'année. Hydro-Québec dispose actuellement d'une puissance d'environ 30 000 mégawatts, en incluant à la fois son parc de production propre et ce qu'elle obtient sur une base contractuelle des installations de Churchill Falls au Labrador.

La production effective est toutefois généralement très en deçà des limites physiques de la puissance installée. Selon la saison, la température et le moment de la journée, la production fluctue entre 15 000 et 30 000 mégawattheures. À cause de la variabilité de la demande, certaines installations ne seront donc utilisées que quelques heures dans l'année. Le tableau 10.3 présente la répartition des besoins de puissance en cours d'année utilisée par Hydro-Québec pour planifier son parc de production. Dans des conditions normales, les installations destinées à satisfaire la demande de *base* fonctionnent de façon continue toute l'année, soit au total 8760 heures. Les installations devant servir à répondre à la demande *intermédiaire* sont utilisées de novembre à avril, pour un total de 4344 heures. Enfin, les installations fournissant la puissance de *pointe* ne serviront qu'aux moments où la demande atteint ses plus hauts sommets – du début de décembre à la fin de février, entre 16 h et 20 h essentiellement –, ce qui représente 330 heures dans l'année. Hydro-Québec définit la période de pointe comme une situation où la demande est supérieure à 80 % de la puissance installée. Cela signifie, par conséquent, que 20 % de la puissance installée servira pendant moins de 330 heures dans l'année. En fait, pour l'ensemble du parc de production, il y a moins de la moitié de toute la puissance installée qui servira pendant toute l'année.

Un peu plus de 95 % de la production annuelle totale d'Hydro-Québec est d'origine hydraulique. Les 5 % d'origine thermique proviennent, pour l'essentiel, de la centrale nucléaire de Gentilly, de la centrale thermique classique (au mazout) de Tracy et des centrales à turbines à gaz (utilisant comme combustible le diesel) de La Citière et de Cadillac. Il y a une très grande variété de centrales hydro-électriques. Par rapport à la production thermique, toutes les centrales hydro-électriques ont néanmoins en commun de comporter des coûts fixes élevés, liés à l'importance des immobilisations requises, et des coûts variables d'exploitation très faibles ; si on fait abstraction des frais généraux d'entretien, le coût marginal de production d'un kilowattheure additionnel dans ces centrales peut être considéré comme proche de zéro. Dans les centrales thermiques, le coût marginal de production dépendra du combustible utilisé et du type de centrale. Par exemple, sur la base des *coûts de combustible*, le coût marginal du mégawattheure est actuellement d'environ

Tableau 10.3 La répartition des besoins de puissance pendant l'année

Période	Description	Nombre d'heures
Pointe	Décembre, janvier, février, de 16 h à 20 h	330
Intermédiaire	Novembre à avril inclusivement	4344
Base	Toute l'année	8760

Source : Hydro-Québec.

5,50 $ dans la centrale nucléaire de Gentilly, d'environ 25 $ dans la centrale au mazout de Tracy, de 65 $ dans la centrale à turbines à gaz de La Citière et de 75 $ dans celle de Cadillac.

Même si les coûts marginaux des centrales à turbines à gaz sont particulièrement élevés, en raison de leur forte consommation de combustible, ces centrales sont néanmoins très avantageuses pour satisfaire les besoins de puissance de pointe. Leur coût d'installation est relativement faible et on peut les faire démarrer ou les arrêter en quelques minutes et à peu de frais. Dans le réseau d'Hydro-Québec, ces centrales ne sont utilisées que pour un total d'environ 200 heures dans l'année, à raison de 3 heures par jour en moyenne de la mi-décembre à la fin février.

La figure 10.5 présente la courbe de coût marginal d'Hydro-Québec sur la base des coûts de combustible. Pour l'énergie d'origine hydraulique, le « coût de combustible » indiqué ici est le prix contractuel (3,30 $ le mégawattheure) de l'énergie fournie par les installations de Churchill Falls (vous remarquerez que le graphique est tronqué et qu'il n'indique le coût marginal qu'à partir d'une production d'environ 26 000 mégawattheures). Cette courbe de coût marginal est un des éléments clés dont doit tenir compte le centre de conduite du réseau d'Hydro-Québec, situé au complexe Desjardins à Montréal, dans ses décisions de mise en marche ou d'arrêt des installations fournissant la puissance de pointe pour assurer à tout moment l'équilibre entre la consommation et la production. Pour répondre à la demande, on fera d'abord appel aux centrales dont le coût de combustible est le plus faible. Autrement dit, c'est l'ordre logique de mise en marche des centrales qui engendre la courbe de coût marginal représentée à la figure 10.5. Par exemple, au cours de la

Figure 10.5 La courbe de coût marginal d'Hydro-Québec

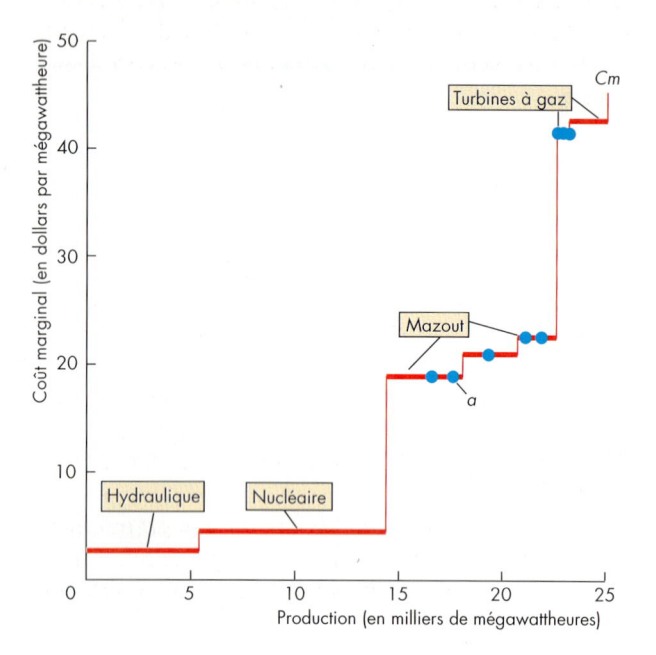

La figure présente la courbe de coût marginal d'Hydro-Québec lorsqu'on se situe près des limites physiques de production du réseau, tel qu'il se présentait durant l'hiver 1992. La forme en escalier de la courbe de coût marginal s'explique par le fait qu'on a recours à différents types de centrales pour répondre à la demande au cours de périodes où l'on se rapproche des limites du parc de production actuel.

Source : Hydro-Québec et calculs des auteurs.

période de pointe de l'hiver 1991-1992, qui a atteint un sommet le 16 janvier à 17 h 46, les besoins de puissance satisfaits ont été de 29 357 mégawatts, ce qui est près des limites physiques du réseau. Les centrales au coût de combustible le plus élevé ont dû entrer en fonction. Le coût marginal de production du réseau était alors de l'ordre de 75 $ le mégawattheure, ce qui correspond au coût de combustible de la centrale à turbines à gaz de La Citière.

La courbe de coût marginal d'Hydro-Québec et celle de Maille d'or ont une caractéristique commune importante: leurs pentes sont positives. Mais le coût marginal de Maille d'or augmente de façon graduelle, alors que celui d'Hydro-Québec augmente par paliers. Pourquoi la courbe de coût marginal d'Hydro-Québec a-t-elle cette forme? Cela tient aux écarts importants des coûts de combustible résultant de l'utilisation de différentes sources d'énergie et de différents types de centrales.

Malgré les différences évidentes entre Hydro-Québec et Maille d'or, tous les processus de production se caractérisent par des courbes de coût marginal semblables à celles de ces deux entreprises : le coût marginal de production augmente lorsque la production augmente à court terme, du moins à partir d'un certain niveau de production.

À court terme, Maille d'or peut faire varier son niveau de production de chandails en modifiant la quantité de main-d'œuvre employée et en jouant sur l'intensité d'utilisation du nombre fixe de machines à tricoter dont elle dispose. Hydro-Québec s'adapte aux fluctuations de la demande en utilisant plus ou moins intensément ses installations et en faisant varier la quantité de combustible utilisée. À long terme, si la demande de chandails augmente de façon permanente, Maille d'or décidera peut-être d'augmenter sa production en achetant des machines à tricoter supplémentaires. De même, au fur et à mesure que la demande d'électricité augmente, Hydro-Québec devra envisager de construire de nouvelles centrales. À quel moment est-il rentable pour Maille d'or d'installer de nouvelles machines à tricoter et pour Hydro-Québec de mettre en service de nouvelles centrales? C'est ce que nous allons examiner maintenant.

La capacité de production

Nous avons étudié la façon dont le coût de production d'une usine de chandails varie lorsque différentes quantités de main-d'œuvre sont utilisées. La **capacité de production** d'un établissement est le niveau de production correspondant au minimum du coût total moyen. Si la production est inférieure à celle qui permet de minimiser le coût total moyen, c'est-à-dire si elle est inférieure à la capacité, on dira qu'il y a **capacité excédentaire**. Si, au contraire, la production excède le niveau correspondant au minimum du coût total moyen, c'est-à-dire si elle est supérieure à la capacité, on dira qu'il y a **surutilisation de la capacité**.

L'économiste n'utilise pas le terme «capacité» dans le sens courant. Il semble plus naturel de dire qu'un établissement de production a atteint sa pleine capacité lorsqu'il est impossible de produire plus. Cependant, lorsque nous voudrons faire référence à la production maximale d'un établissement, nous parlerons des **limites physiques** des installations de production.

Les courbes de coût représentées à la figure 10.4 s'appliquent à un établissement dont les installations se limitent à une machine à tricoter et dont le coût fixe est de 25 $. À chaque taille d'établissement, on peut associer un ensemble de courbes de coût à court terme, comme celles qui sont présentées à la figure 10.4. À court terme, une entreprise est efficace économiquement lorsqu'elle se situe sur sa courbe de coût total moyen à court terme. À long terme, l'entreprise peut obtenir de meilleurs résultats : elle peut choisir la taille de ses installations et, de ce fait, déterminer quelle sera sa courbe de coût total moyen à court terme.

Le choix de la capacité de production

Il arrive parfois qu'Hydro-Québec exploite ses installations au-delà de leur capacité, à des niveaux qui atteignent presque leurs limites physiques. Cette situation n'a rien d'exceptionnel. Les jardiniers, plombiers, électriciens, peintres et autres individus ou entreprises qui offrent des services consacrent parfois un nombre d'heures si élevé à leurs activités que le coût total moyen de leur production dépasse le minimum de leur coût moyen. Aux périodes de forte demande, pour que le travail se fasse, ils doivent embaucher plus de salariés, payer des heures supplémentaires, et travailler eux-mêmes le soir et la fin de semaine, ce qui engendre des coûts marginaux de production élevés.

Il peut paraître peu économique d'exploiter une entreprise à un niveau où le coût total moyen est croissant. Pourquoi ces entreprises n'achètent-elles pas plus de biens d'équipement et n'augmentent-elles pas la taille de leurs installations afin de répondre à la demande très élevée de leurs produits ? Y a-t-il une raison économique à cette situation ?

On observe aussi, par contre, que de nombreuses entreprises fonctionnent presque constamment avec une capacité excédentaire, comme les producteurs d'acier. C'est également le cas du secteur automobile, des mines et de nombreux autres secteurs. Ces producteurs pourraient augmenter leur production si la demande était plus élevée et, de ce fait, produire à un coût total moyen plus bas.

Apparemment, ces entreprises ont investi dans des installations trop grandes. Autrement dit, les producteurs d'acier et d'automobiles seraient dans une meilleure situation financière s'ils avaient des usines plus petites, permettant d'atteindre un niveau de production auquel le coût se rapprocherait du minimum du coût total moyen. Est-ce vraiment le cas ? Ou, au contraire, y a-t-il une explication économique au fait que les entreprises de ces secteurs ont constamment une capacité excédentaire ? La présente section va nous permettre de répondre à ces questions.

Vous avez déjà étudié la façon dont les coûts d'une entreprise varient lorsque l'entreprise modifie la quantité de main-d'œuvre employée, en supposant que la taille de ses installations de production reste inchangée. Cette relation entre la production et les coûts est décrite par les courbes de coût à court terme de l'entreprise. Nous allons maintenant étudier la façon dont les coûts d'une entreprise varient lorsque tous les facteurs de production varient, c'est-à-dire la main-d'œuvre et la taille des installations fixes. Dans ce cas-ci, ce sont les courbes de coût à long terme qui décriront la relation entre la production et les coûts.

Nous cherchons avant tout à comprendre le comportement des entreprises dans le monde réel. Néanmoins, comme dans le cas précédent, nous étudierons les coûts à long terme de notre entreprise fictive, Maille d'or inc., et nous appliquerons les données obtenues à partir de l'étude de l'usine de chandails de Sylvain au comportement des entreprises dans la réalité.

Le coût à court terme et le coût à long terme

Le coût à court terme se compose du coût fixe associé au capital fixe et du coût variable associé à la main-d'œuvre. La forme de la courbe de coût à court terme dépend de la fonction de production à court terme. Le **coût à long terme** est le coût de production lorsque la taille des installations est parfaitement adaptée au niveau de production de l'entreprise. La forme de la courbe de coût à long terme dépend de la fonction de production de l'entreprise. La **fonction de production** est la relation entre la production maximale que l'on peut atteindre et les quantités de facteurs de production utilisées.

La fonction de production

La figure 10.6 montre la fonction de production de Maille d'or. Le tableau de la figure présente des données concernant quatre établissements de tailles différentes et cinq quantités de main-d'œuvre différentes. Vous reconnaîtrez peut-être les données de la colonne qui correspond à une seule machine à tricoter. Il s'agit des données concernant l'usine de chandails dont nous avons étudié la production à court terme et les courbes de coût. Avec une seule machine à tricoter, la production varie avec la main-d'œuvre, comme l'indiquent les données de la colonne en question. Le tableau présente également trois autres établissements qui sont respectivement deux fois, trois fois et quatre fois plus grands que l'établissement initial. Si Sylvain augmente de 100 % la taille de ses installations (deux machines à tricoter), les différentes quantités de main-d'œuvre se traduisent par les niveaux de production indiqués dans la deuxième colonne du tableau. Les deux autres colonnes indiquent les niveaux de production d'installations encore plus grandes. Chacune des colonnes du tableau représente une fonction de production à court terme. La fonction de production en tant que telle correspond à l'ensemble de toutes les fonctions de production à court terme.

Les courbes de produit total de ces quatre établissements sont représentées à la figure 10.6. Comme vous pouvez le constater, chaque courbe de produit total a la même forme, mais le nombre de chandails tricotés quotidiennement par un nombre donné de travailleurs augmente avec la taille de l'établissement. La loi des

Figure 10.6 La fonction de production

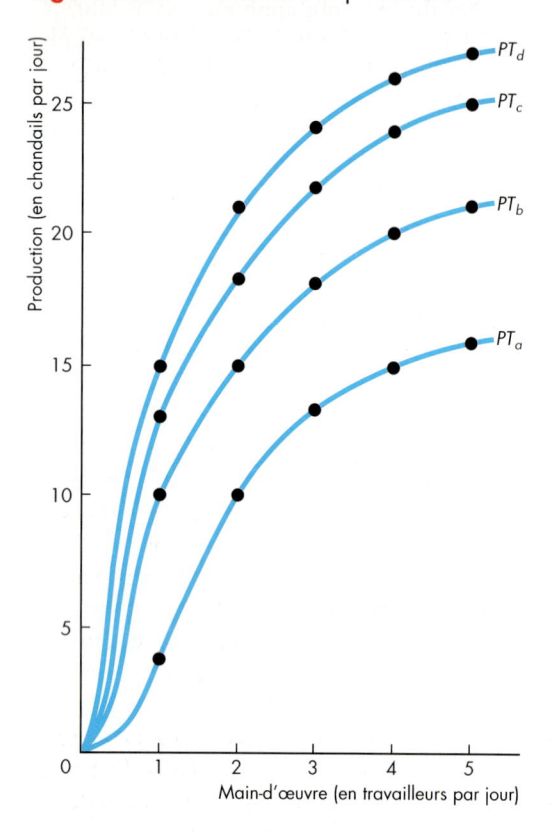

Main-d'œuvre (en travailleurs par jour)	Taille de l'établissement (en machines à tricoter)			
	1	2	3	4
1	4	10	13	15
2	10	15	18	21
3	13	18	22	24
4	15	20	24	26
5	16	21	25	27

Le tableau montre la fonction de production à court terme de quatre établissements de tailles différentes. Ces fonctions de production sont reproduites sur le graphique et sont appelées PT_a (1 machine à tricoter), PT_b (2 machines à tricoter), PT_c (3 machines à tricoter) et PT_d (4 machines à tricoter). Chaque courbe de produit total présente des rendements marginaux décroissants : pour chaque quantité de capital fixe, le produit marginal en vient à diminuer lorsque la quantité de main-d'œuvre augmente. Quelle que soit la quantité de main-d'œuvre, le produit total augmente avec la quantité de capital fixe. Les valeurs mises en relief dans le tableau montrent l'évolution de la production lorsque l'entreprise modifie son échelle de production. Lorsqu'elle augmente de 100 % la quantité de main-d'œuvre et de capital, passant de 1 travailleur et 1 machine à 2 travailleurs et 2 machines, la production augmente de plus de 100 %. Il s'agit de rendements d'échelle croissants. Si l'entreprise augmente encore son échelle et passe de 2 à 3 travailleurs et de 2 à 3 machines, et ensuite de 3 à 4 travailleurs et de 3 à 4 machines, la production augmente dans une proportion moindre que les facteurs de production. Les rendements d'échelle sont alors décroissants.

---

rendements décroissants constitue évidemment la caractéristique technique commune à toutes ces courbes de produit total.

Les rendements décroissants

Dans les quatre établissements, l'augmentation de la quantité de travail se traduit par des rendements décroissants. Vous pouvez vérifier cette affirmation en effectuant, pour chacun des établissements, des calculs semblables à ceux de la figure 10.2. Quelle que soit la taille des installations, il vient un point où l'augmentation de la quantité de main-d'œuvre se traduit par une baisse du produit marginal.

Tout comme nous pouvons calculer la productivité marginale du travail pour chacune des installations de production, nous pouvons également calculer la productivité marginale du capital pour chaque quantité de travail. La **productivité marginale du capital** est le supplément de produit total résultant de l'augmentation d'une unité de la quantité de capital utilisée, la quantité de main-d'œuvre demeurant constante. Les calculs sont analogues à ceux de la productivité marginale du travail. En outre, la productivité marginale du capital a essentiellement les mêmes caractéristiques que la productivité marginale du travail. En d'autres termes, si la quantité de main-d'œuvre est constante et que la quantité de capital augmente, la productivité marginale du capital diminue.

La loi des rendements décroissants indique comment la production évolue lorsqu'une entreprise modifie l'un des facteurs de production, qu'il s'agisse de la main-d'œuvre ou du capital, alors que les autres facteurs restent constants. Mais qu'advient-il de la production lorsqu'une entreprise décide de modifier à la fois la main-d'œuvre et le capital ?

Les rendements d'échelle

L'échelle de production varie lorsque l'entreprise modifie dans la même proportion la quantité de tous les facteurs de production. Par exemple, imaginons que Maille d'or emploie 1 travailleur et 1 machine à tricoter et qu'elle décide de doubler la quantité de chaque facteur, passant ainsi à 2 travailleurs et à 2 machines à tricoter. Dans ce cas, l'échelle de l'entreprise est multipliée par deux. Les **rendements d'échelle** correspondent à la variation relative de la production lorsque tous les facteurs de production augmentent dans une proportion identique. Il y a trois situations possibles :

- Rendements d'échelle constants
- Rendements d'échelle croissants
- Rendements d'échelle décroissants

Les rendements d'échelle constants Lorsque la production augmente dans la même proportion que les facteurs de production, on parle de **rendements d'échelle constants**. Si les rendements d'échelle sont constants, une augmentation de 100 % de tous les facteurs de production se traduira par une augmentation de 100 % de la production. Il y a rendements d'échelle constants lorsqu'on peut reproduire exactement le processus de production initial. Par exemple, General Motors peut doubler sa production de modèles Cavalier en doublant le nombre de ses usines. Elle peut construire des chaînes de production identiques et embaucher un nombre identique de travailleurs. Avec deux fois plus de chaînes de production, GM produira exactement deux fois plus de voitures.

Les rendements d'échelle croissants Lorsque le pourcentage d'augmentation de la production est supérieur au pourcentage d'augmentation des facteurs de production, on parle de **rendements d'échelle croissants** ou d'**économies d'échelle**. Si le fait de doubler les facteurs de production permet à la production d'augmenter dans une plus grande proportion, on dit que l'entreprise fait des économies d'échelle. Cela se produit lorsque l'augmentation du volume de facteurs de production permet d'utiliser une technologie plus productive. Reprenons l'exemple de General Motors. Si GM ne produisait que 100 voitures par semaine, elle n'investirait pas dans une chaîne de montage automatisée. En effet, il serait moins coûteux dans ce cas de faire appel à des travailleurs spécialisés, dont les salaires sont élevés, mais qui n'utilisent que des outils peu coûteux. Mais si le niveau de production est de plusieurs milliers de voitures par semaine, il est tout à fait rentable pour GM d'investir dans une chaîne de montage automatisée. Chaque travailleur peut alors se spécialiser dans un petit nombre de tâches qu'il maîtrisera parfaitement. General Motors peut utiliser cent fois plus de capital et de main-d'œuvre, mais sa production de voitures sera de plus de cent fois supérieure. Elle enregistrera des rendements d'échelle croissants.

Les rendements d'échelle décroissants Lorsque le pourcentage d'augmentation de la production est inférieur au pourcentage d'augmentation des facteurs de production, on parle de **rendements d'échelle décroissants** ou de **déséconomies d'échelle**. Par exemple, si les facteurs de production augmentent de 100 % mais que la production n'augmente que de 50 %, l'entreprise enregistre des déséconomies d'échelle. Les déséconomies d'échelle interviennent dans tous les processus de production, du moins au-delà d'un certain niveau de production. La gestion et la structure organisationnelle de plus en plus complexes qui sont nécessaires pour diriger une grande entreprise sont la principale cause des déséconomies d'échelle. Au-delà d'un certain niveau de production, l'accroissement de la taille de l'entreprise se traduit par une augmentation plus que proportionnelle du personnel d'encadrement et des coûts de contrôle des processus de production et de commercialisation.

Les économies d'échelle chez Maille d'or Les possibilités de production de Maille d'or, qui sont représentées à la figure 10.6, font état d'économies et de déséconomies d'échelle. Si Sylvain utilise 1 seule machine à tricoter et emploie 1 seul travailleur, son usine produit 4 chandails par jour. S'il multiplie par deux ses facteurs de production, passant ainsi à 2 machines à tricoter et à 2 travailleurs, sa production est pratiquement multipliée par quatre et passe à 15 chandails par jour. S'il augmente encore de 50 % ses facteurs de production, passant à 3 machines à tricoter et à 3 travailleurs, la production est de 22 chandails par jour, soit une augmentation inférieure à 50 %. Lorsque l'échelle de production double et passe de 1 à 2 unités de chacun des facteurs de production, Maille d'or fait des économies d'échelle. Mais l'augmentation d'une unité supplémentaire, de 2 à 3 unités de chacun des facteurs de production, se traduit par des déséconomies d'échelle.

Les rendements constants, croissants et décroissants ont une incidence sur les coûts à long terme, comme nous allons le voir maintenant.

La taille des installations et le coût à court terme

Nous avons étudié, un peu plus tôt dans ce chapitre, les coûts à court terme de Maille d'or lorsqu'elle disposait d'un volume fixe de capital, c'est-à-dire d'une seule machine à tricoter, et d'une quantité variable de main-d'œuvre. Nous pouvons également étudier les coûts à court terme d'installations de différentes tailles. Bien entendu, les délais nécessaires pour modifier la taille d'une usine sont plus longs que le temps requis pour faire varier la quantité de main-d'œuvre. C'est pourquoi nous parlons de court terme lorsque seule la quantité de main-d'œuvre varie. Mais Sylvain peut acheter des machines à tricoter supplémentaires et les exploiter dans les locaux qu'il possède. La taille de ses installations sera alors différente. Il peut également modifier la quantité de main-d'œuvre employée, de sorte que nous pouvons tracer les courbes de coût à court terme associées à chaque installation de production.

CHAPITRE 10 LA PRODUCTION ET LES COÛTS

Figure 10.7 Les coûts à court terme et à long terme

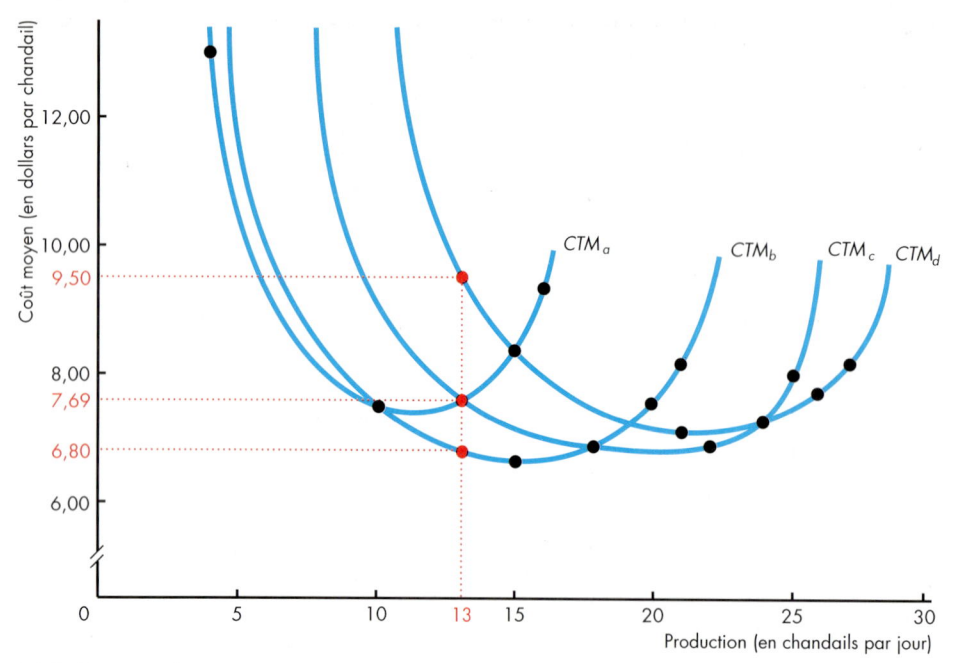

(a) Coût moyen à court terme

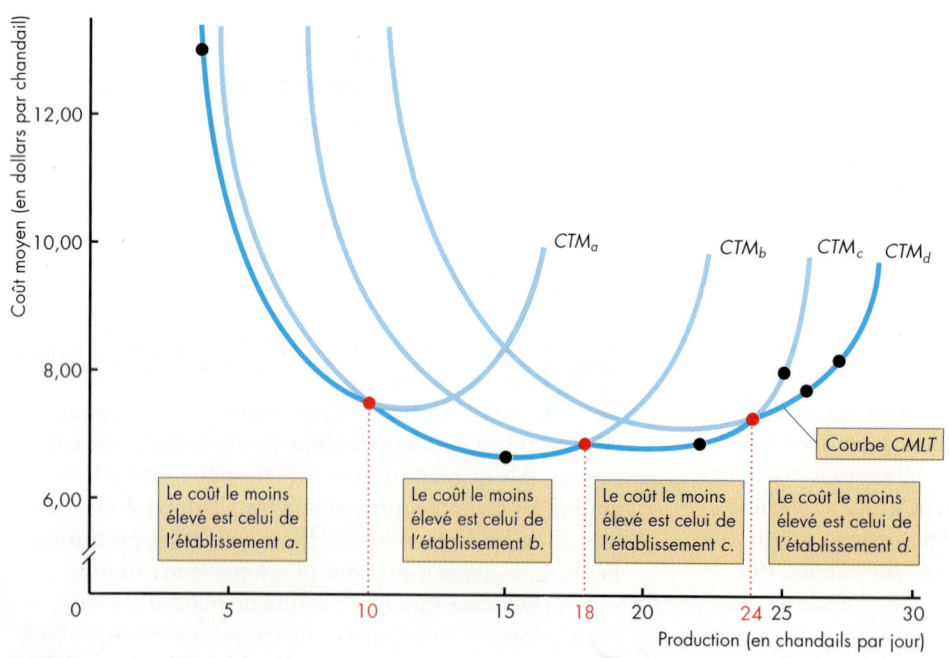

(b) Coût moyen à long terme

Le tableau ci-contre indique les coûts de quatre établissements se distinguant par des niveaux de coûts fixes différents. L'établissement *a* possède 1 machine à tricoter et son coût fixe s'élève à 25 $. L'établissement *b* possède 2 machines à tricoter et son coût fixe est de 50 $. L'établissement *c* a 3 machines à tricoter et son coût fixe est de 75 $. Enfin, l'établissement *d* a 4 machines à tricoter et son coût fixe s'élève à 100 $. La courbe de coût total moyen à court terme de chaque établissement est représentée dans le graphique (a). Le graphique (b) montre comment on construit la courbe de coût moyen à long terme. Cette courbe indique le coût de production minimal associé à chaque niveau de production, lorsque le capital et la main-d'œuvre sont variables. Sur la courbe de coût moyen à long terme, Maille d'or utilise l'établissement *a* pour produire jusqu'à 10 chandails par jour; l'établissement *b*, pour produire de 11 à 18 chandails par jour; l'établissement *c*, pour produire de 19 à 24 chandails par jour; et l'établissement *d*, pour produire plus de 24 chandails par jour.

Figure 10.7 (Suite)

Main-d'œuvre (en travailleurs par jour)	Production (en chandails par jour)	Coût fixe total	Coût variable total	Coût total	Coût total moyen (en dollars par chandail)
		(en dollars par jour)			

Établissement *a* : 1 unité de capital — coût total du capital = 25 $

1	4	25	25	50	12,50
2	10	25	50	75	7,50
3	13	25	75	100	7,69
4	15	25	100	125	8,33
5	16	25	125	150	9,38

Établissement *b* : 2 unités de capital — coût total du capital = 50 $

1	10	50	25	75	7,50
2	15	50	50	100	6,67
3	18	50	75	125	6,94
4	20	50	100	150	7,50
5	21	50	125	175	8,33

Établissement *c* : 3 unités de capital — coût total du capital = 75 $

1	13	75	25	100	7,69
2	18	75	50	125	6,94
3	22	75	75	150	6,82
4	24	75	100	175	7,29
5	25	75	125	200	8,00

Établissement *d* : 4 unités de capital — coût total du capital = 100 $

1	15	100	25	125	8,33
2	21	100	50	150	7,14
3	24	100	75	175	7,29
4	26	100	100	200	7,69
5	27	100	125	225	8,33

Le capital fixe et les coûts à court terme

Nous avons étudié les coûts d'un établissement ne contenant qu'une seule machine à tricoter. Nous l'appellerons l'établissement *a*. Le tableau de la figure 10.7 donne les coûts de l'établissement *a* ainsi que de trois établissements plus grands, que nous désignerons par les lettres *b*, *c* et *d*, et qui ont respectivement 2, 3 et 4 machines à tricoter.

Le graphique (a) de la figure 10.7 présente les courbes de coût total moyen pour chacun des quatre établissements. Chaque courbe de coût total moyen est en forme de U. Parmi ces courbes, une seule caractérisera les coûts à court terme de Maille d'or, selon le nombre de machines qu'elle aura choisi d'installer. Par exemple, si Maille d'or possède l'établissement *a*, sa courbe de coût total moyen est CTM_a et la production de 13 chandails par jour revient à 7,69 $ le chandail. Mais Maille d'or peut produire 13 chandails par jour avec n'importe lequel des quatre établissements. Si elle utilise l'établissement *b*, sa courbe de coût total moyen est alors CTM_b et le coût total moyen d'un chandail est de 6,80 $. Si, par contre, Maille d'or a recours à l'établissement *d*, le coût total moyen d'un chandail est de 9,50 $. Pour produire 13 chandails par jour, l'entreprise a tout intérêt à choisir l'établissement *b*, dont la taille est économiquement efficace, en ce sens qu'il permet à l'entreprise d'atteindre le niveau de production en question au coût total moyen le plus bas.

La courbe de coût moyen à long terme

La **courbe de coût moyen à long terme** indique, pour chaque niveau de production, le coût total moyen le plus bas auquel cette production peut être obtenue, lorsqu'on peut modifier à la fois le capital et la main-d'œuvre. Cette courbe, appelée *CMLT*, est représentée dans le graphique (b) de la figure 10.7. Elle a été construite à partir des quatre courbes de coût total moyen à court terme du graphique (a) de la même figure. Comme vous pouvez le constater, c'est l'établissement *a* qui présente le coût total moyen le plus faible pour tous les niveaux de production inférieurs à 10 chandails par jour, et ce aussi bien dans le graphique (a) que dans le graphique (b) de la figure. L'établissement *b*, pour sa part, présente le coût total moyen le plus faible pour les niveaux de production qui se situent entre 10 et 18 chandails par jour. Pour des niveaux de production variant entre 18 et 24 chandails par jour, c'est l'établissement *c* qui présente le coût total moyen de production le plus faible. Enfin, pour des niveaux de production supérieurs à 24 chandails par jour, c'est l'établissement *d* qui présente le coût total moyen le plus faible. Les segments des quatre courbes de coût total moyen qui représentent le coût total moyen le plus faible sur chaque intervalle de production sont indiqués dans le graphique (b). La courbe bleu foncé, reconstituée à partir de ces quatre segments, est la courbe de coût moyen à long terme.

Pour se situer sur sa courbe de coût moyen à long terme, Maille d'or doit soit utiliser 1 machine pour produire 10 chandails par jour ou moins, soit utiliser 2 machines pour produire de 11 à 18 chandails par jour, soit utiliser 3 machines pour produire de 19 à 24 chandails par jour, soit utiliser 4 machines pour produire plus de 24 chandails par jour. Pour chacun des quatre établissements, Maille d'or modifiera sa production en faisant varier la quantité de main-d'œuvre employée.

Le coût à long terme et les rendements d'échelle La figure 10.8 indique la relation entre la courbe de coût moyen à long terme et les rendements d'échelle. Lorsque le coût moyen à long terme diminue, les rendements d'échelle sont croissants (l'entreprise fait des économies d'échelle). Lorsque le coût moyen à long terme augmente, les rendements d'échelle sont décroissants (il y a des déséconomies d'échelle). Jusqu'à 15 chandails par jour, Maille d'or fait des économies d'échelle ; lorsque sa production est de 15 chandails par jour, son coût moyen à long terme atteint son mini-

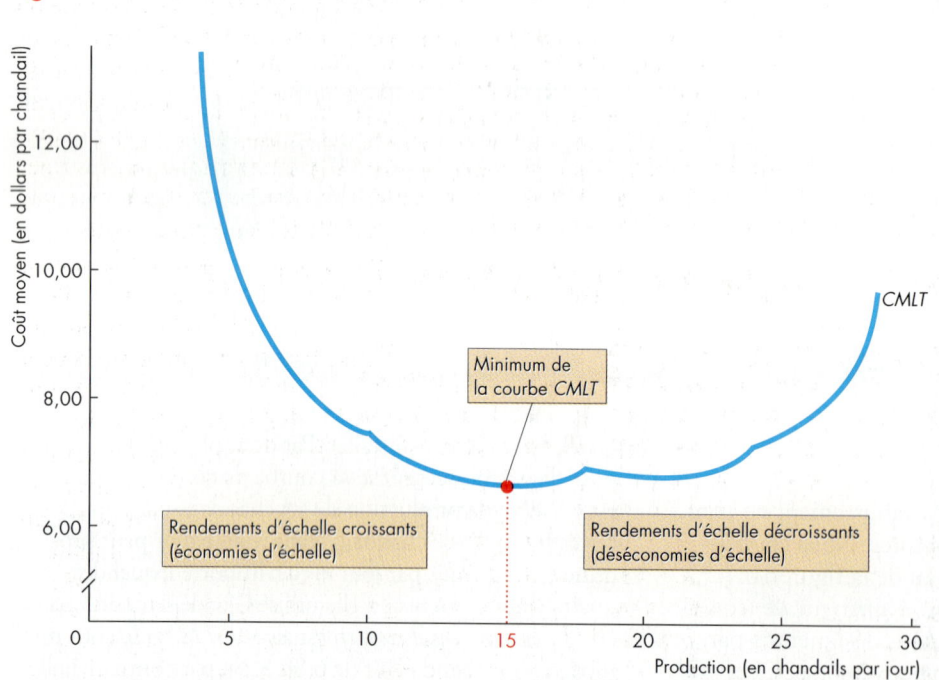

Figure 10.8 Les rendements d'échelle

Lorsque la courbe de coût moyen à long terme (*CMLT*) est décroissante, les rendements d'échelle sont croissants (économies d'échelle). Lorsque la courbe de coût moyen à long terme est croissante, les rendements d'échelle sont décroissants (déséconomies d'échelle).

Figure 10.9 Les coûts moyens à court terme et à long terme

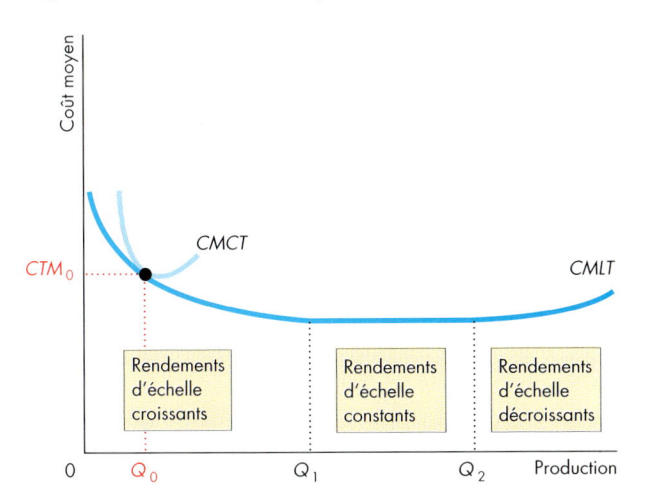

Si le capital peut être modifié par petites unités, nous n'avons plus seulement quatre établissements de tailles différentes comme à la figure 10.7, mais un nombre infini d'échelles de production; il y a donc également un nombre infini de courbes de coût total moyen à court terme. Chacune de ces courbes n'a qu'un point commun avec la courbe de coût moyen à long terme. Par exemple, la courbe de coût total moyen à court terme (CMCT) est tangente à la courbe de coût moyen à long terme (CMLT) au niveau de production Q_0 et à un coût total moyen égal à CTM_0. Cette courbe de coût total moyen à court terme est représentative d'une infinité d'autres courbes qui n'ont qu'un seul point commun avec la courbe de coût moyen à long terme. La courbe de coût moyen à long terme présentée ici illustre également la possibilité de rendements d'échelle constants. Pour les niveaux de production jusqu'à Q_1, les rendements d'échelle sont croissants; pour les niveaux de production qui se situent entre Q_1 et Q_2, les rendements d'échelle sont constants; au-delà de Q_2, les rendements d'échelle sont décroissants. Q_1 est l'échelle efficace minimale, car c'est le niveau de production à partir duquel toutes les possibilités d'économies d'échelle ont été exploitées.

---

mum. Lorsque la production est supérieure à 15 chandails par jour, Maille d'or enregistre des déséconomies d'échelle.

Afin de comprendre la relation entre les coûts à long terme et les rendements d'échelle, revenons à la définition des rendements d'échelle croissants. Il y a rendements d'échelle croissants lorsque le pourcentage d'augmentation de la production est supérieur au pourcentage d'augmentation de la quantité de facteurs. Le prix des facteurs étant fixe, le pourcentage d'augmentation du coût total est égal au pourcentage d'augmentation de la quantité de facteurs. Par conséquent, si la production augmente plus rapidement que la quantité de facteurs, elle augmentera également plus rapidement que le coût total. Autrement dit, le coût moyen diminuera. Lorsque les rendements d'échelle sont décroissants, le même raisonnement nous permet de conclure que le coût moyen augmentera avec la production.

La courbe de coût moyen à long terme que nous avons construite dans le cas de Maille d'or a deux caractéristiques que l'on ne retrouve pas systématiquement dans la courbe de coût à long terme de toutes les entreprises. Premièrement, Maille d'or ne peut modifier la taille de ses installations que de façon discontinue. Il est possible d'imaginer, par contre, que l'on puisse faire varier de façon continue la taille des installations fixes, de sorte qu'il y ait un nombre infini de tailles différentes d'établissements. Dans une situation de ce genre, il y a autant de courbes de coût total moyen à court terme que de tailles d'établissements. Deuxièmement, alors que la courbe de coût moyen à long terme de Maille d'or présente soit des économies d'échelle, soit des déséconomies d'échelle, les rendements d'échelle de nombreux processus de production restent constants sur un intervalle assez large de niveaux de production intermédiaires.

La figure 10.9 illustre la situation dans laquelle on retrouve un nombre infini de tailles d'établissements, et où il y a des régions de rendements d'échelle croissants (jusqu'à Q_1), constants (entre Q_1 et Q_2) et décroissants (au-dessus de Q_2). À chaque taille d'établissement correspond une courbe de coût total moyen à court terme; cette courbe est tangente à la courbe de coût moyen à long terme (CMLT) en un seul point. Ainsi, pour chaque niveau de production, il existe une seule taille d'établissement économiquement efficace. C'est celle qui permet d'atteindre un niveau de production au coût moyen le plus bas. Pour faciliter la compréhension de la figure, nous n'avons représenté qu'une seule des courbes de coût total moyen à court terme, soit CMCT. La courbe CMCT de la figure 10.9 correspond à la courbe de l'établissement qui s'est le mieux adapté au niveau de production Q_0 : à ce niveau de production, toute modification de la taille des installations fixes se traduirait, en effet, par un coût total moyen supérieur à CTM_0.

Le niveau de production Q_1 de la figure 10.9 a une propriété intéressante : à ce niveau de production, l'entreprise a épuisé toutes ses possibilités d'économies d'échelle et elle a atteint le minimum de son coût total moyen à long terme. On dit de Q_1 qu'il constitue l'*échelle efficace minimale* de l'entreprise. L'**échelle efficace minimale** est le niveau de production à partir duquel toutes les possibilités d'économies d'échelle ont été exploitées. Autrement dit, Q_1 est l'échelle de

L'ÉVOLUTION DE NOS CONNAISSANCES

Les courbes de coût

Jacob Viner a publié nombre d'ouvrages et d'articles importants, surtout en matière d'économie internationale, mais c'est surtout par son article sur les courbes de coût qu'il s'est particulièrement distingué. Tout étudiant qui débute en économique étudie son analyse des coûts et des courbes de coût.

Les courbes de coût à court terme

L'analyse que fait Viner du coût à court terme est tellement claire qu'elle nous donne une excellente occasion de réviser ce que nous venons de voir dans ce chapitre. Ce qui suit représente l'essentiel de l'exposé de Viner :

- Le court terme est une période assez longue pour que soient atteints tous les niveaux de production qui sont techniquement possibles, sans modification de l'échelle des installations, mais pas assez longue pour permettre un ajustement de l'échelle des installations.

- Les facteurs de production se répartissent en deux groupes : ceux dont la quantité est fixe à court terme et ceux qui sont variables.

- L'échelle de l'établissement est déterminée par la quantité des facteurs de production qui sont fixes à court terme.

- L'échelle de l'établissement se mesure par le niveau de production correspondant au minimum du coût total moyen.

- Les coûts associés aux facteurs fixes sont les coûts fixes.

- Les coûts associés aux facteurs variables sont les coûts variables.[2]

Jacob Viner

Dans un article publié en 1931, Jacob Viner a été le premier à représenter les courbes de coût que nous venons d'étudier dans ce chapitre.[1] Issu d'une famille pauvre venue d'Europe de l'Est, Jacob Viner est né à Montréal en 1892. Il a fait ses études de premier cycle à l'Université McGill et a suivi des cours en science économique donnés par Stephen Leacock, qui est peut-être mieux connu aujourd'hui comme humoriste. Viner a poursuivi ses études à Harvard, où il a obtenu un doctorat en 1922. À 32 ans, il est devenu professeur à l'université de Chicago. En 1946, il a quitté Chicago pour Princeton, où il est demeuré jusqu'à sa mort en 1970.

Le graphique de Viner représentant les courbes de coût à court terme est reproduit ci-contre.[3]

Viner a mis en évidence les caractéristiques suivantes des courbes de coût :

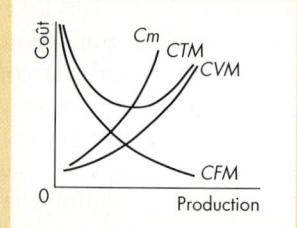

- Le coût fixe moyen (*CFM*) diminue avec l'augmentation de la production.

- Le coût variable moyen (*CVM*) croît avec la production.

260

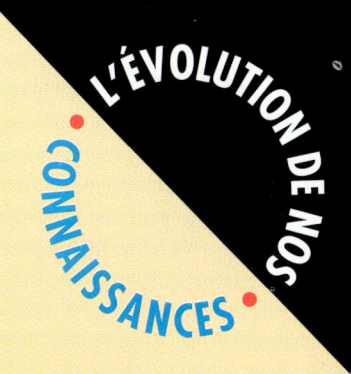

- Le coût marginal (Cm) est également croissant et passe par le minimum de la courbe de coût total moyen (CTM).
- Le coût total moyen est la somme verticale du coût fixe moyen et du coût variable moyen, et sa courbe est nécessairement en forme de U «pour toutes les industries dont les coûts fixes sont non négligeables».

Les courbes de coût à long terme

Viner a également analysé la relation entre les courbes de coût à court terme et les courbes de coût à long terme. Dans cette analyse, il a commis une erreur qui est devenue célèbre et qui peut vous permettre de mieux comprendre la courbe de coût moyen à long terme. Le graphique (a) ci-dessous montre la relation entre la courbe de coût moyen à long terme ($CMLT$) et la courbe de coût total moyen à court terme ($CMCT$). Le graphique (b) indique la version de Viner.

Lorsqu'il a donné ses instructions à son assistant, un brillant mathématicien chinois de l'université de Chicago, Viner lui a demandé de représenter la courbe de coût moyen à long terme de telle sorte :

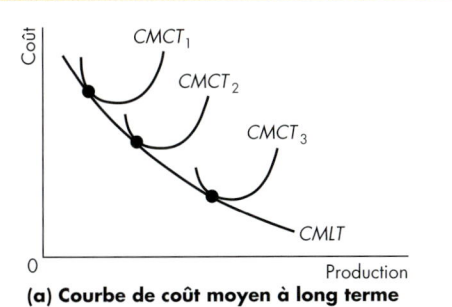

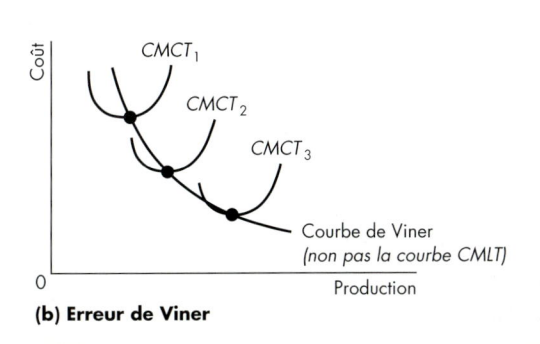

- qu'elle soit tangente au minimum de chaque courbe $CMCT$;
- qu'elle ne soit supérieure à aucun des points d'une courbe $CMCT$.

Vous remarquerez que, dans le graphique (a), les courbes $CMCT$ ne sont jamais inférieures à la courbe $CMLT$. Le graphique (a) était donc conforme à la seconde instruction de Viner, selon laquelle la courbe $CMLT$ ne doit pas être supérieure à aucun des points d'une courbe $CMCT$. Mais il n'obéit pas à la première instruction de Viner, selon laquelle la courbe $CMLT$ doit être tangente au minimum de chaque courbe $CMCT$.

Dans le graphique (b), vous pouvez constater ce que donnerait une courbe de coût moyen à long terme passant par le minimum de chacune des courbes $CMCT$. Cette courbe $CMLT$ satisfait à la première condition de Viner, mais pas à la seconde.

Viner avait donné à son assistant ce qu'il a appelé par la suite *une instruction techniquement impossible et économiquement absurde*. Il est possible de représenter une courbe qui ne soit jamais supérieure à une courbe $CMCT$ et qui ne passe pas par les minimums des courbes de coût moyen à court terme (graphique a), ou bien une courbe qui passe par les minimums des courbes de coût moyen à court terme et qui est parfois supérieure à la courbe $CMCT$ (graphique b). Mais il est impossible de représenter une courbe qui ait ces deux caractéristiques en même temps. C'est le graphique (a), et non le graphique (b), qui représente correctement la courbe de coût moyen à long terme.

Tels sont les aléas de l'évolution des connaissances. Un économiste de renom, comme Jacob Viner, commet une erreur flagrante en explorant une idée nouvelle. De nos jours, on ne permettrait pas à un étudiant suivant un cours d'introduction à l'économique de commettre une telle erreur.

---

[1] «Cost Curves and Supply Curves», *Zeitschrift für Nationalökonomie*, 3, 1931, pp. 23-46. L'article de Viner a été reproduit dans Kenneth E. Boulding et George J. Stigler, *Readings in Price Theory*, Chicago, Richard D. Irwin, 1952, pp. 198-232. Nos citations de l'article ont été tirées de cet ouvrage.

[2] Viner utilisait les termes *coûts directs* pour désigner les coûts variables.

[3] Le graphique reproduit ici est une version simplifiée de celui qui a été publié dans l'article original.

production que l'entreprise devrait atteindre à long terme pour minimiser son coût total moyen.

La première fois que l'on a tracé des courbes de coût moyen à long terme, on a commis une erreur intéressante, comme en fait mention la rubrique *L'évolution de nos connaissances* (pp. 260-261). La lecture de cette rubrique vous permettra de mieux comprendre la relation entre les courbes de coût moyen à court terme et à long terme.

Les coûts à long terme et le coût total Lorsque nous analysons les coûts à court terme, nous distinguons le coût fixe du coût variable et du coût total. On ne fait pas cette distinction pour les coûts à long terme, puisque tous les facteurs de production sont variables à long terme. Comme il n'y a pas de coûts fixes à long terme, il n'y a pas non plus de différence entre le coût total à long terme et le coût variable à long terme.

On peut associer à la courbe de coût moyen à long terme une courbe de coût marginal à long terme. La relation entre ces deux courbes est analogue à la relation entre les courbes de coût moyen à court terme et de coût marginal à court terme. Lorsque le coût moyen à long terme diminue, le coût marginal à long terme est inférieur au coût moyen à long terme. Lorsque le coût moyen à long terme augmente, le coût marginal à long terme est supérieur au coût moyen à long terme et, lorsque le coût moyen à long terme est constant, le coût marginal à long terme est égal au coût moyen à long terme.

Le déplacement des courbes de coût

Les courbes de coût à court terme et à long terme dépendent toutes deux de la fonction de production et du prix des facteurs de production. Une amélioration des techniques a pour effet de modifier la fonction de production, ce qui se traduit par un déplacement des courbes de coût. Comme les progrès techniques permettent d'augmenter la quantité produite à partir d'un volume donné de facteurs de production, ils correspondent à un déplacement vers le haut des courbes de produit total, de produit moyen et de produit marginal, et à un déplacement vers le bas des courbes de coût. Par exemple, les progrès de l'ingénierie génétique permettent d'augmenter le rendement des vaches laitières sans avoir à augmenter la quantité de nourriture dont elles ont besoin. Il s'agit d'un progrès technique qui permet d'abaisser le coût de la production laitière.

Le prix des facteurs de production influe également sur les courbes de coût. La hausse du prix d'un facteur de production a pour effet de faire augmenter les coûts et de provoquer un déplacement vers le haut des courbes de coût.

Les rendements d'échelle dans la réalité

Pour clore ce chapitre, examinons certains exemples réels et voyons pourquoi certaines industries ont une capacité nettement excédentaire alors que d'autres surutilisent leur capacité.

La capacité excédentaire

On a estimé qu'une seule usine d'aspirateurs pourrait produire plus d'aspirateurs que n'en achète la totalité du marché américain, tout en se maintenant sur le segment décroissant de sa courbe de coût moyen à long terme.[2] Mais l'Amérique du Nord possède plusieurs usines d'aspirateurs, de sorte que le volume de production de chacune d'entre elles est inférieur à l'échelle efficace minimale. La situation est identique pour la production de tubes cathodiques, d'acier, d'automobiles, de pétrole raffiné, de cigarettes, de semiconducteurs et d'allumettes. Le fait que les entreprises dans ces secteurs n'atteignent pas le minimum de leur coût total moyen à long terme ne signifie pas cependant qu'elles produisent de façon inefficace.

La figure 10.10 illustre la situation qui prévaut dans les secteurs industriels qui pourraient abaisser leur coût de production moyen si les marchés étaient assez grands pour leur permettre d'atteindre l'échelle la plus efficace. La production, limitée par l'étendue du marché, est représentée par Q_0. L'entreprise produit de façon efficace à un coût total moyen de CTM_0. Mais la capacité de l'entreprise est excédentaire. Elle pourrait abaisser ses coûts jusqu'à CTM_{min}, même avec l'usine existante, si elle pouvait augmenter sa production jusqu'à Q_c; en acquérant une usine plus grande, elle pourrait abaisser ses coûts encore bien plus. Mais l'entreprise ne peut vendre au-delà de Q_0. Ainsi, même lorsque son exploitation est aussi efficace que possible, sa capacité reste excédentaire. La production d'aspirateurs, de tubes cathodiques, d'acier, d'automobiles et des autres produits énumérés précédemment sont des exemples de secteurs industriels qui se trouvent dans la même situation que celle qui est illustrée à la figure 10.10.

Le coût marginal à court terme et à long terme

L'étude du coût marginal à court terme d'Hydro-Québec nous a permis de découvrir que, lorsque la production d'électricité augmente, le coût marginal augmente également. Comme nous l'avons constaté à la figure 10.5, le coût marginal d'Hydro-Québec est extrêmement

---

[2] James V. Koch, *Industrial Organization and Prices*, 2ᵉ éd., Englewood Cliffs, N. J., Prentice-Hall, 1980, pp. 123-134.

Figure 10.10 La capacité excédentaire

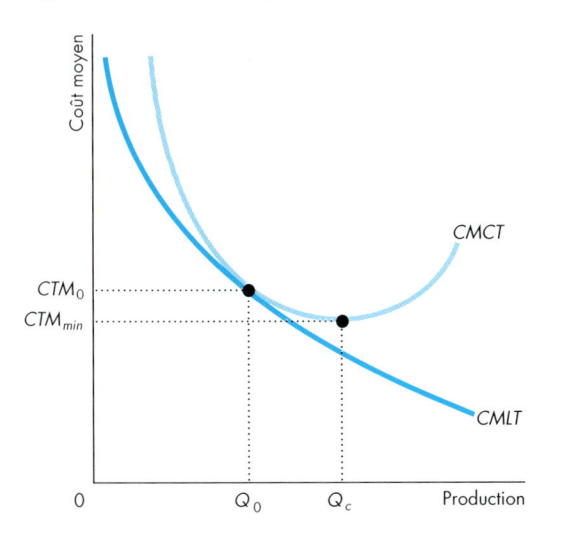

L'étendue du marché limite la production de l'entreprise à Q_0. À ce point, la courbe de coût moyen à long terme est décroissante : l'entreprise fait des économies d'échelle. Pour minimiser son coût moyen au niveau de production Q_0, l'entreprise installe une usine dont la capacité est Q_c, mais ne l'exploite pas de façon optimale. Cette situation caractérise de nombreux secteurs industriels, notamment la production d'aspirateurs, de tubes cathodiques, d'acier, d'automobiles, de pétrole raffiné, de machines à écrire, de cigarettes, de semiconducteurs et d'allumettes.

élevé lorsque le niveau de production se rapproche de 30 000 mégawattheures. Pourquoi, alors, Hydro-Québec ne construit-elle pas de centrales supplémentaires ? On peut répondre à cette question en appliquant les leçons que nous venons de tirer de la relation entre les coûts à court terme et les coûts à long terme.

La figure 10.11 reproduit la courbe de coût marginal à court terme ($CmCT$) d'Hydro-Québec avec le parc de centrales existant. Le point L sur l'abscisse indique les limites physiques de production des installations actuelles. La courbe de coût marginal à court terme devient très abrupte lorsque la production se rapproche des limites physiques : les centrales utilisant le combustible le plus coûteux sont alors mises en marche. Comme ces centrales ne fournissent qu'une infime proportion de la production annuelle, le prix de revient élevé du kilowattheure dans ces centrales a peu d'incidence sur le coût moyen de la production annuelle.

À long terme, cependant, l'augmentation de la demande nécessitera la mise en service de nouvelles centrales. Si l'augmentation de la demande prenait uniquement la forme d'une augmentation de la demande de *pointe*, il pourrait être avantageux de satisfaire à cette demande par l'addition d'une nouvelle centrale à turbines à gaz : même si elles fonctionnent à un coût de combustible élevé, ces centrales permettent d'économiser sur les frais fixes d'installation, ce qui est rentable si la centrale ne doit servir qu'un nombre limité d'heures dans l'année. Hydro-Québec prévoit d'ailleurs qu'une nouvelle centrale à turbines à gaz sera opérationnelle au cours de l'hiver 1992-1993.

Pour satisfaire à l'augmentation de la demande de *base* (ou de la demande *intermédiaire*), il est cependant beaucoup plus économique d'aménager de nouveaux sites hydro-électriques. Le segment dénoté $CmLT$ indique l'ordre de grandeur (environ 45 $ le mégawattheure) du coût marginal à long terme d'Hydro-Québec, sur la base des meilleurs sites hydro-électriques actuellement aménageables. Même si le coût marginal à long terme $CmLT$ inclut les coûts d'immobilisation des nouvelles installations, il est de beaucoup inférieur au coût marginal à court terme, basé uniquement sur le coût de combustible, lorsqu'on se situe près des limites physiques des installations actuelles. Comme elles supposent des coûts d'immobilisation élevés, de nouvelles installations hydro-électriques ne se justifient évidemment que si on prévoit les utiliser pendant une partie importante de l'année. En d'autres termes, les coûts fixes que représentent ces installations seront répartis sur une production beaucoup plus importante que la seule production de pointe. Si les nouvelles installations en question ne devaient servir qu'un petit nombre d'heures dans l'année, le prix de revient des kilo-

Figure 10.11 Le coût marginal à court terme et à long terme

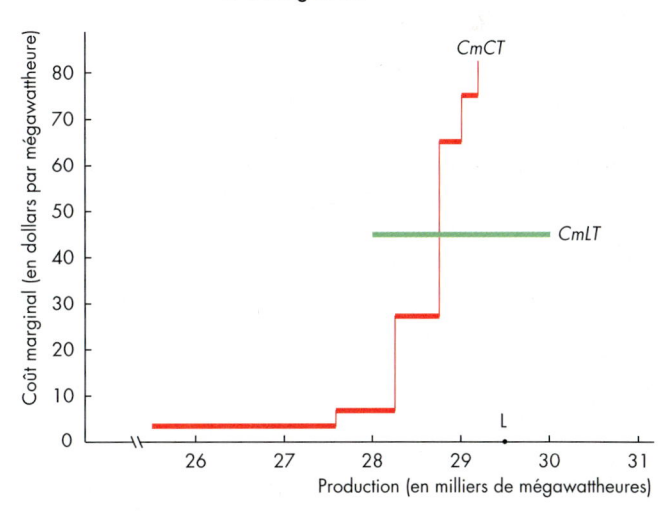

La courbe $CmCT$ est la même que la courbe de coût marginal de la figure 10.5. Le segment horizontal dénoté $CmLT$ indique le niveau du coût marginal à long terme d'Hydro-Québec, pour une expansion de sa capacité de production au-delà de ce qui est actuellement disponible.

wattheures qu'elles fourniraient serait beaucoup plus élevé que le seul coût de combustible des centrales à turbines à gaz.

■ Nous venons d'étudier la façon dont les coûts varient avec les quantités de facteurs et les niveaux de production. Nous avons vu comment la décroissance du produit marginal se traduit à court terme par un coût moyen et un coût marginal croissants, du moins au-delà d'un certain niveau de production. Nous avons vu également que c'est la présence d'économies ou de déséconomies d'échelle qui détermine la forme des courbes de coût à long terme : le coût moyen à long terme décroît en présence d'économies d'échelle, alors qu'il est croissant en présence de déséconomies d'échelle.

Dans le prochain chapitre, nous allons explorer plus en détail ce qui détermine les coûts d'une entreprise en analysant sa demande de facteurs de production en fonction du prix des facteurs, et compte tenu du volume de production qu'elle cherche à atteindre. Ce modèle nous permettra de comprendre pourquoi on n'utilise pas partout les mêmes techniques de production, et pourquoi certaines industries sont plus capitalistiques que d'autres.

RÉSUMÉ

Les objectifs et les contraintes de l'entreprise

L'objectif de l'entreprise est de maximiser son profit. Dans un environnement concurrentiel, la recherche du profit maximal est une condition de survie pour l'entreprise.

Le marché et la technologie limitent les profits qui peuvent être faits. Certaines entreprises exercent leurs activités dans des marchés extrêmement concurrentiels. De ce fait, elle n'ont pas d'autres choix que de vendre leur production au prix du marché. Dans d'autres cas, l'entreprise peut fixer le prix de vente de son produit, mais une augmentation de prix se traduira par une diminution des ventes. La plupart des entreprises ne sont pas en mesure d'influer sur les marchés des facteurs de production et doivent donc acheter ces derniers aux prix en vigueur. La technologie disponible détermine les processus de production auxquels peuvent recourir les entreprises. Si une entreprise est techniquement efficace, elle ne peut augmenter sa production qu'en utilisant une plus grande quantité de facteurs de production.

À court terme, il est impossible de modifier certains facteurs de production. Dans la plupart des cas, c'est le capital qui est fixe à court terme, alors que la main-d'œuvre est variable. (*pp. 241-242*)

La fonction de production à court terme

La fonction de production à court terme indique le niveau de production maximal qu'une entreprise peut obtenir en modifiant la quantité de ses facteurs de production variables (comme la main-d'œuvre). Les courbes de produit total, de produit marginal et de produit moyen sont diverses façons de décrire la même fonction de production à court terme. Le produit total est la quantité produite au cours d'une période donnée.

Le produit moyen est le produit total par unité de facteur de production variable. Le produit marginal est l'augmentation du produit total résultant de l'utilisation d'une unité additionnelle de facteurs de production variables. Lorsque les facteurs de production variables augmentent, le produit marginal et le produit moyen peuvent augmenter dans un premier temps jusqu'à un certain niveau de production. Au-delà de ce niveau, les rendements marginaux sont décroissants. Lorsque le produit moyen est croissant, le produit marginal est supérieur au produit moyen. Lorsque le produit moyen est décroissant, le produit marginal est inférieur au produit moyen. Lorsque le produit moyen atteint son maximum, il y a égalité entre le produit marginal et le produit moyen. (*pp. 242-247*)

Le coût à court terme

Le coût total se compose du coût fixe total et du coût variable total. Lorsque la production augmente, le coût total augmente du fait qu'il y a augmentation du coût variable total. Le coût marginal est le coût supplémentaire résultant de la production d'une unité additionnelle. Le coût total moyen est le coût total par unité de production.

Les coûts dépendent de la quantité produite par l'entreprise. Lorsque la production augmente, le coût fixe moyen diminue. Les courbes de coût variable moyen et de coût total moyen sont généralement en forme de U, tout comme la courbe de coût marginal. Lorsque le coût moyen est décroissant, le coût marginal est inférieur au coût moyen. Lorsque le coût moyen est croissant, le coût marginal est supérieur au coût moyen. Le coût variable moyen atteint son minimum lorsque le produit moyen est à son maximum. Lorsque le produit moyen augmente, le coût variable moyen diminue ; lorsque le produit moyen diminue, le coût variable moyen augmente. (*pp. 247-252*)

La capacité de production

La capacité de production est le niveau de production correspondant au minimum du coût total moyen à court terme. Les entreprises qui produisent une quantité inférieure à leur capacité ont une capacité excédentaire. On dit que la capacité est surutilisée lorsque la production est supérieure à la capacité.

Le coût à long terme est le coût de production lorsque tous les facteurs de production (c'est-à-dire la main-d'œuvre, l'usine et le matériel) sont parfaitement adaptés au niveau de production désiré. La variation du coût à long terme dépend de la fonction de production de l'entreprise. Lorsque l'entreprise augmente la quantité de main-d'œuvre, et que le capital reste constant, elle finira par enregistrer des rendements marginaux décroissants. De même, lorsqu'elle utilise plus de capital et que la quantité de main-d'œuvre reste la même, elle enregistrera également des rendements marginaux décroissants. Lorsqu'elle modifie la quantité de tous ses facteurs de production dans des proportions identiques, elle enregistre des rendements d'échelle qui peuvent être constants, croissants ou décroissants. (*pp. 252-255*)

La taille des installations et le coût à court terme

Pour chaque taille d'établissement, il y a une courbe de coût total à court terme. À chaque niveau de production correspond une taille d'établissement économiquement efficace, c'est-à-dire qui permet d'atteindre un niveau de production au minimum du coût total. Plus la production est élevée, plus la taille de l'établissement qui permet de minimiser le coût total moyen sera grande.

La courbe de coût moyen à long terme indique, pour chaque niveau de production, le coût total moyen le plus avantageux, lorsque le capital et la main-d'œuvre sont variables. Lorsque les rendements d'échelle sont croissants, le coût moyen à long terme décroît. Lorsque les rendements d'échelle sont décroissants, le coût moyen à long terme est croissant.

À long terme, il n'y a pas de coût fixe car tous les facteurs de production sont variables. Tous les coûts sont donc variables.

Les courbes de coût se déplacent lorsque le prix des facteurs de production ou la technologie changent. Les progrès techniques permettent d'augmenter la production pour un volume donné de facteurs et se traduisent par un déplacement vers le bas des courbes de coût. L'augmentation du prix des facteurs de production entraîne un déplacement vers le haut des courbes de coût. (*pp. 255-262*)

Les rendements d'échelle dans la réalité

Pour beaucoup d'entreprises, dont celles qui produisent des aspirateurs, des tubes cathodiques et des automobiles, les niveaux de production atteints sont inférieurs à l'échelle efficace minimale. En général, les entreprises se trouvent dans cette situation lorsque le marché n'est pas assez grand pour leur permettre d'exploiter toutes les possibilités d'économies d'échelle. Dans les secteurs industriels en question, les entreprises ont une capacité de production excédentaire.

Dans d'autres entreprises, il arrive que la production excède la capacité. Hydro-Québec en est un bon exemple. Aux périodes de pointe de la demande, Hydro-Québec est amenée à produire sur la partie croissante de sa courbe de coût total moyen à court terme. Il n'est toutefois rentable pour une entreprise d'augmenter la taille de ses installations fixes que si elle se trouve constamment sur la partie croissante de sa courbe de coût total moyen à court terme. (*pp. 262-264*)

POINTS DE REPÈRE

Mots clés

Capacité de production, 252
Capacité excédentaire, 252
Contraintes de marché, 241
Courbe de coût moyen à long terme, 258
Courbe de produit total, 243
Court terme, 242
Coût à long terme, 253
Coût fixe, 247
Coût fixe moyen, 248
Coût fixe total, 247
Coût marginal, 248
Coût total, 247

Coût total moyen, 248
Coût variable, 247
Coût variable moyen, 248
Coût variable total, 247
Échelle efficace minimale, 259
Facteurs de production fixes, 242
Facteurs de production variables, 242
Fonction de production, 253
Fonction de production à court terme, 242
Limites physiques, 252
Loi des rendements décroissants, 247
Long terme, 242
Maximisation du profit, 241

Productivité marginale du capital, 254
Productivité marginale du travail, 243
Produit marginal (ou productivité marginale), 243
Produit moyen (ou productivité moyenne), 244
Produit total, 243
Rendements d'échelle, 254
Rendements d'échelle constants, 255
Rendements d'échelle croissants (économies d'échelle), 255
Rendements d'échelle décroissants (déséconomies d'échelle), 255
Rendements marginaux croissants, 247
Rendements marginaux décroissants, 247
Surutilisation de la capacité, 252
Technique, 241
Technique à forte proportion de capital, 241
Technique à forte proportion de travail, 241

Figures et tableau clés

Figure 10.2	Le produit total et le produit marginal, 244
Figure 10.3	Produit total, produit marginal et produit moyen, 245
Figure 10.4	Les coûts à court terme, 249
Figure 10.7	Les coûts à court terme et à long terme, 256-257
Figure 10.8	Les rendements d'échelle, 258
Tableau 10.2	Production et coût : glossaire, 250

QUESTIONS DE RÉVISION

1. Pourquoi suppose-t-on que les entreprises maximisent leur profit ?

2. Quelles sont les principales contraintes auxquelles doit faire face une entreprise dans sa recherche du profit maximal ?

3. Qu'est-ce qui distingue le court terme du long terme ?

4. Définissez le produit total, le produit moyen et le produit marginal. Quelle est la relation entre la courbe de produit total, la courbe de produit moyen et la courbe de produit marginal ?

5. Énoncez la loi des rendements décroissants. Qu'est-ce que ce principe implique relativement à la forme des courbes de produit total, de produit marginal et de produit moyen ?

6. Définissez le coût total, le coût fixe total, le coût variable total, le coût total moyen, le coût fixe moyen, le coût variable moyen et le coût marginal.

7. Quelles sont les relations entre la courbe de coût total moyen, la courbe de coût variable moyen et la courbe de coût marginal ?

8. Définissez la courbe de coût moyen à long terme. Quelle est la relation entre la courbe de coût moyen à long terme et la courbe de coût total moyen à court terme ?

9. Que nous indique la courbe de coût moyen à long terme ?

10. Définissez les économies d'échelle. Quelle est leur incidence sur la forme de la courbe de coût moyen à long terme ?

11. À quoi correspond le point où la courbe de coût moyen à long terme est tangente à la courbe de coût total à court terme ?

12. Dans quelles circonstances le point de tangence entre la courbe de coût moyen à long terme et la courbe de coût total moyen à court terme se trouve-t-il à gauche du point où la courbe de coût moyen à court terme est à son minimum ?

13. Dans quelles circonstances le point de tangence se trouve-t-il à droite du point où la courbe de coût total moyen à court terme atteint son minimum ?

14. Quels sont les facteurs qui expliquent la décroissance du coût moyen à long terme ? Quels sont les facteurs qui expliquent la croissance du coût moyen à long terme ?

15. Quels sont les facteurs qui provoquent un déplacement des courbes de coût :
    a) vers le haut ?
    b) vers le bas ?

PROBLÈMES

1. La fonction de production de Flots bleus inc., entreprise qui fabrique des bateaux en caoutchouc, est la suivante :

Main-d'œuvre (en travailleurs par semaine)	Production (en bateaux en caoutchouc par semaine)
1	1
2	2
3	4
4	7
5	11
6	14
7	16
8	17
9	18
10	18

   a) Tracez la courbe de produit total.

   b) Calculez le produit moyen et tracez sa courbe.

   c) Calculez le produit marginal et tracez sa courbe.

   d) Quelle est la relation entre le produit total et le produit marginal lorsque le niveau de production est inférieur à 16 bateaux par semaine? Pourquoi?

   e) Quelle est la relation entre les produits moyen et marginal lorsque le niveau de production est supérieur à 16 bateaux par semaine? Pourquoi?

2. Supposons que le prix du travail soit de 400 $ par semaine, que le coût fixe total soit de 10 000 $ par semaine et que les possibilités de production soient les mêmes qu'au problème 1.

   a) Calculez le coût total, le coût variable total et le coût fixe total de l'entreprise pour chacun des niveaux de production.

   b) Tracez les courbes de coût total, de coût variable total et de coût fixe total.

   c) Calculez le coût total moyen, le coût fixe moyen, le coût variable moyen et le coût marginal de l'entreprise pour chacun des niveaux de production.

   d) Tracez les courbes de coût suivantes : coût total moyen, coût variable moyen, coût fixe moyen et coût marginal.

3. Supposons que le coût fixe total de Flots bleus augmente et passe à 11 000 $ par semaine. Quel sera l'effet de cette augmentation sur les courbes de coût total moyen, de coût fixe moyen, de coût variable moyen et de coût marginal de l'entreprise tracées au problème 2?

4. Supposons que le coût fixe total de Flots bleus soit de 11 000 $ par semaine mais que le prix de la main-d'œuvre augmente et passe à 450 $ par semaine. À partir de ces nouveaux coûts, reprenez les problèmes 2(a) et 2(b) et tracez les nouvelles courbes.

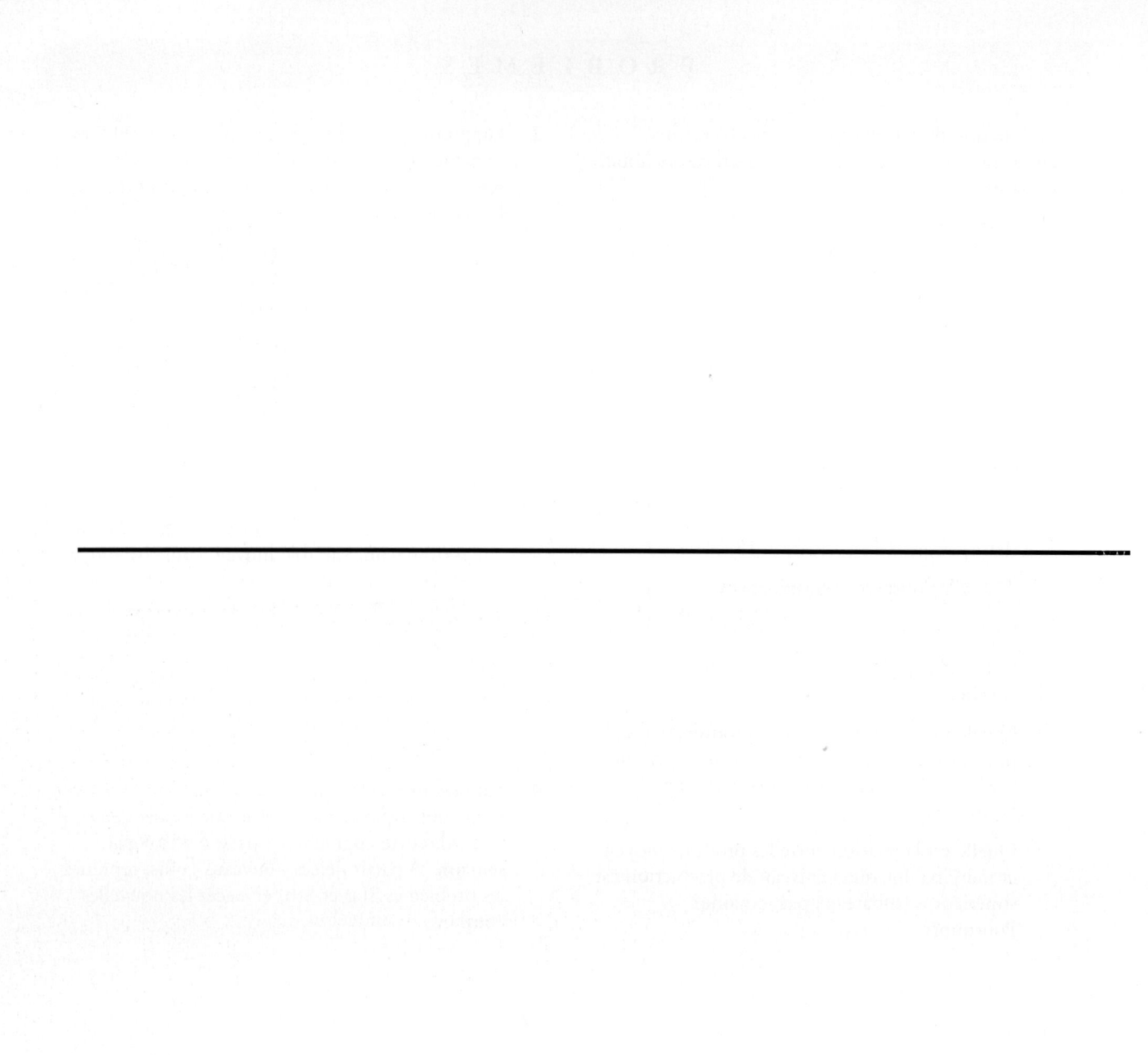

CHAPITRE 11

Produire au moindre coût

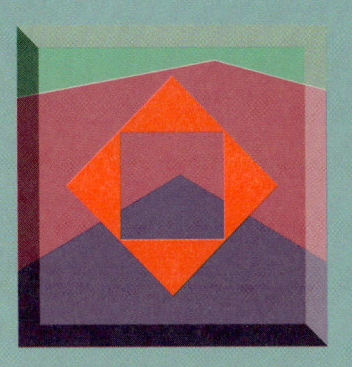

Objectifs du chapitre:

- Définir le concept de taux marginal de substitution entre facteurs de production.

- Expliquer ce que représente un isoquant.

- Expliquer ce que représente une droite d'isocoût.

- Déterminer la technique de production qui permet de minimiser les coûts.

- Prédire l'effet d'une variation du prix des facteurs de production sur la technique de moindre coût.

- Expliquer les différences d'intensité capitalistique entre secteurs industriels et entre pays.

Un dollar par jour en Amazonie

AU BRÉSIL, dans la partie occidentale de l'Amazonie, les techniques d'exploitation des mines d'or sont particulièrement rudimentaires. En survolant une de ces mines en hélicoptère, on peut voir un énorme cratère de plusieurs dizaines de mètres de diamètre ; sur des échelles en bois appuyées contre ses parois en terrasses montent les ouvriers, portant chacun un sac de terre sur le dos. Ces gigantesques mines d'or sont en grande partie creusées à la main par des travailleurs qui gagnent à peine plus d'un dollar par jour. ■ Le spectacle est bien différent dans une mine canadienne à ciel ouvert : la main-d'œuvre y est bien moins nombreuse et bien mieux payée, et on y utilise des engins de terrassement énormes à côté desquels voitures et camions ont l'air de jouets. ■ Pourquoi existe-t-il de telles différences ? Pourquoi les mines d'or amazoniennes emploient-elles un si grand nombre de travailleurs qui risquent leur vie tous les jours ? Pourquoi les mines brésiliennes ne sont-elles pas dotées, comme les mines canadiennes, d'installations efficaces permettant d'économiser la main-d'œuvre ? ■ La valeur totale du capital fixe de toutes les entreprises au Canada approche le trillion de dollars, soit en moyenne 76 000 $ par personne employée. Dans le secteur de la transformation alimentaire, qui produit de la viande emballée ainsi que des fruits et des légumes surgelés, le stock de capital par travailleur est à peu près égal à la moyenne canadienne. Dans l'industrie chimique, surtout dans la production de matières plastiques et de gaz industriels, le capital par travailleur atteint jusqu'à huit fois la moyenne canadienne, alors qu'il ne représente qu'un dixième de cette moyenne dans l'industrie du vêtement. Pourquoi les fabricants de vêtements n'utilisent-ils pas plus de machines et pourquoi les fabricants de plastique en utilisent-ils une si grande quantité ? ■ Le capital par personne employée varie entre secteurs industriels et entre pays parce que les techniques de production utilisées sont différentes. Le choix de la technique de production est une décision capitale pour une entreprise.

■ Nous étudierons dans ce chapitre la façon dont les entreprises prennent ces décisions. Il vous sera possible de vous familiariser avec des outils d'analyse efficaces qui permettent de comprendre comment les prix relatifs des facteurs de production déterminent le choix d'une méthode de production.

Le principe de substitution

Il est à peu près impossible d'imaginer un produit qui ne pourrait être fabriqué que d'une seule façon. Presque tous les biens et services peuvent être produits en utilisant une grande quantité de travail et une faible quantité de capital ou, au contraire, une grande quantité de capital et une faible quantité de travail. Prenons l'exemple des automobiles. Elles peuvent être produites par des chaînes de montage robotisées et contrôlées par ordinateur, ce qui représente d'énormes quantités de capital et relativement peu de main-d'œuvre, ou encore par des travailleurs spécialisés qui n'utilisent que des outils rudimentaires. Il en va de même des autoroutes et des barrages : pour les construire, on utilise soit une faible quantité de main-d'œuvre équipée de matériel de terrassement, soit, au contraire, de très nombreux travailleurs, armés de pioches, de pelles et de brouettes. Une technique de production qui utilise une grande quantité de capital par travailleur est dite *capitalistique* ou à forte proportion de capital. Par opposition, une *technique à forte proportion de travail* n'utilise qu'une faible quantité de capital par travailleur.

La fonction de production décrit la gamme des techniques de production possibles. La figure 11.1 donne un exemple de fonction de production. Il s'agit ici de la fonction de production de Maille d'or, l'entreprise que nous avons étudiée au chapitre 10. La figure montre la production maximale de chandails par jour qui résulte de différentes combinaisons de travail et de capital. Par exemple, si Maille d'or emploie 3 machines à tricoter et 1 travailleur, elle peut produire 13 chandails par jour. Avec 3 machines à tricoter et 5 travailleurs, elle peut produire 25 chandails par jour.

Les données de la figure 11.1 indiquent trois façons différentes de produire 15 chandails par jour. Elles indiquent également deux méthodes pour produire 10, 13, 16, 18, 21, 22, 24, 25 et 27 chandails par jour.

La fonction de production de la figure 11.1 peut servir à calculer la productivité marginale du travail et du capital. La *productivité marginale du travail* est l'augmentation du produit total attribuable à une unité additionnelle de travail, lorsque la quantité de capital reste constante. La *productivité marginale du capital* est le supplément de produit total résultant d'une unité additionnelle de capital, lorsque la quantité de travail reste constante. La loi des rendements décroissants s'applique au travail comme au capital. En d'autres termes, si la quantité de capital reste constante, la productivité marginale de chaque unité supplémentaire de travail diminue lorsque la quantité de travail augmente. De même, si la quantité de travail reste constante, la productivité marginale de chaque unité supplémentaire de capital diminue lorsque la quantité de capital augmente.

Figure 11.1 La fonction de production de Maille d'or

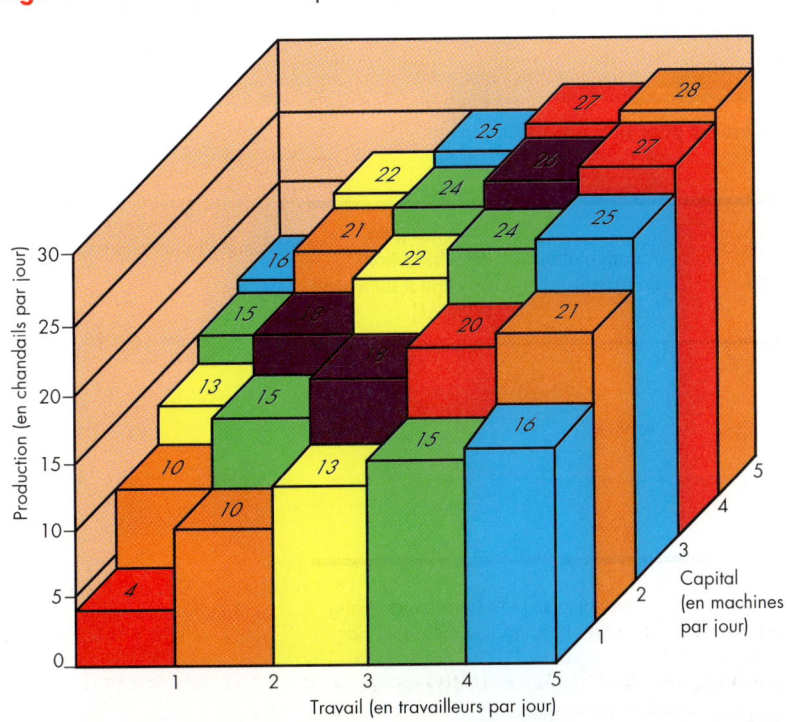

La figure indique différents niveaux de production de chandails par jour en fonction de différentes combinaisons de travail et de capital. Par exemple, avec 4 travailleurs et 2 machines à tricoter, Maille d'or peut produire 20 chandails par jour.

L'exemple de Maille d'or permettra de mieux comprendre comment la loi des rendements décroissants s'applique au capital. Supposons que l'usine utilise 1 machine à tricoter et emploie 1 travailleur. La production (comme l'indique la figure 11.1) est de 4 chandails par jour. Si Maille d'or achète une machine supplémentaire, l'unique travailleur peut très facilement s'occuper des deux machines et la production va augmenter. Par exemple, une machine peut être réglée pour tricoter des chandails bleus et l'autre des chandails rouges. Il n'est pas nécessaire d'arrêter les machines pour changer la couleur de la laine. La production est multipliée par plus de deux et atteint 10 chandails par jour. Mais, si Maille d'or acquiert une troisième machine, il devient difficile pour le travailleur de s'occuper à lui seul des trois machines. Il risque d'y avoir trois fois plus de pannes qu'il n'y en avait lorsque Maille d'or ne possédait qu'une seule machine. Le travailleur doit passer de plus en plus de temps à résoudre les problèmes qui surviennent. Et la production n'augmente que de trois unités pour atteindre 13 chandails par jour.

S'il est vrai que l'on peut avoir recours à des méthodes très diverses pour produire les biens et services, le degré de substituabilité du capital et du travail varie néanmoins d'un secteur industriel à l'autre. La fonction de production reflète la facilité avec laquelle les facteurs de production peuvent se substituer l'un à l'autre. Elle peut ainsi servir à calculer le degré de substituabilité des facteurs de production. Ce calcul fait intervenir un nouveau concept: le taux marginal de substitution du capital au travail.

Le taux marginal de substitution

Le **taux marginal de substitution du capital au travail** est le taux auquel on peut remplacer le travail par le capital tout en maintenant la production à un niveau constant. Le calcul du taux marginal de substitution est présenté au tableau 11.1. Comme nous l'avons vu à la figure 11.1, il existe trois méthodes différentes pour produire 15 chandails par jour. Nous les appellerons *a*, *b* et *c*. Ces méthodes figurent au tableau 11.1. Pour obtenir 15 chandails par jour, Maille d'or peut utiliser l'une des techniques suivantes: 4 machines à tricoter et 1 travailleur, 2 unités de chacun des facteurs de production ou 1 machine à tricoter et 4 travailleurs.

Le passage de la méthode de production *a* à la méthode *b* se traduit par une réduction de la quantité de capital de 2 machines et par une augmentation de la quantité de travail de 1 travailleur. Le taux marginal de substitution est le ratio de la diminution de la quantité de capital sur l'augmentation de la quantité de travail. Ce ratio est de 2 lorsque l'on passe de la technique *a* à la technique *b*; le ratio est évidemment le même si on passe de la technique *b* à la technique *a*: si la quantité de travail diminue de 1 unité, il faut compenser par 2 unités de capital supplémentaires pour maintenir la production constante. Le passage de la méthode *b* à la méthode *c* réduit la quantité de capital de 1 machine et augmente la quantité de travail de 2 travailleurs. Dans ce cas, le taux marginal de substitution (le ratio de la variation de capital sur l'augmentation du travail) est de ½.

Tableau 11.1 La substitution entre le capital et le travail pour une production de 15 chandails par jour

Méthode	Capital (K)	Travail (L)	Baisse du capital (−ΔK)	Augmentation du travail (ΔL)	Taux marginal de substitution du capital au travail (−ΔK/ΔL)
a	4	1			
			2	1	2
b	2	2			
			1	2	½
c	1	4			

Si l'on passe de la méthode *a* à la méthode *b*, il faut réduire la quantité de capital (−ΔK) de 2 machines et augmenter la quantité de travail (ΔL) d'une unité. Le taux marginal de substitution du capital au travail, défini par le ratio de la diminution du capital (−ΔK) sur l'augmentation du travail (ΔL), est égal à 2. Si l'on passe de la méthode *b* à la méthode *c*, il faut réduire la quantité de capital d'une machine et augmenter la quantité de travail de 2 travailleurs. Le taux marginal de substitution du capital au travail est alors égal à ½.

Les taux marginaux de substitution que nous venons de voir obéissent à la **loi du taux marginal de substitution décroissant**:

Le taux marginal de substitution du capital au travail décroît lorsque la quantité de capital diminue et que la quantité de travail augmente.

Pour mieux comprendre la logique de la loi du taux marginal de substitution décroissant, nous allons l'appliquer à l'usine de chandails Maille d'or. Supposons qu'il n'y ait qu'un seul travailleur pour 4 machines à tricoter; ce travailleur aura la tâche ardue d'alimenter 4 machines à la fois, en évitant que la laine ne s'emmêle, et il devra réparer lui-même, le cas échéant, les machines en panne. Maille d'or peut maintenir la production à un niveau constant si elle se débarrasse d'une machine et qu'elle emploie de la main-d'œuvre supplémentaire (peut-être à temps partiel). Le taux marginal de substitution est alors élevé. À l'autre extrême, 4 travailleurs se marcheront littéralement sur les pieds s'ils doivent se partager une seule et unique machine. Dans ce cas, Maille d'or peut maintenir la production à un niveau constant si elle licencie 2 travailleurs et achète 1 machine supplémentaire. Le taux marginal de substitution est alors faible. La loi du taux marginal de substitution décroissant s'applique à tous les processus de production, ou presque.

Les isoquants

Supposons que nous voulions représenter sur un graphique toutes les combinaisons de travail et de capital qui permettront de produire 15 chandails par jour. Cette représentation graphique s'appelle un *isoquant*. Un **isoquant** est une courbe qui représente les différentes combinaisons de travail et de capital compatibles avec un niveau donné de production (le terme « isoquant » signifie *quantité égale* – de *iso-*, « égal », et *quant*, « quantité »). La figure 11.2 représente un isoquant. Chaque point (*a*, *b* et *c*) correspond à une technique de production, c'est-à-dire à une combinaison de travailleurs et de machines à tricoter qui permet de produire 15 chandails par jour. Ces trois techniques sont les mêmes que celles du tableau 11.1 (elles sont tirées de la figure 11.1).

L'isoquant de la figure 11.2 ne représente pas seulement les trois techniques de production du tableau 11.1. Il représente *toutes* les combinaisons de capital et de travail qui permettent de produire 15 chandails par jour. Par exemple, la technique *a'*, qui se trouve entre *a* et *b*, représente la combinaison de 3,2 machines à tricoter et de 1,2 travailleur. Entre les techniques *b* et *c*, on trouve *b'* qui permet de produire 15 chandails par jour avec 1,4 unité de capital et 2,8 unités de travail. (S'il

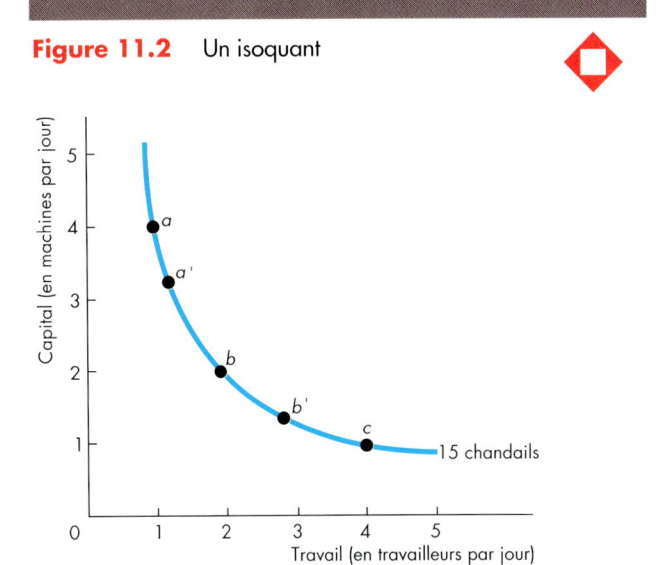

Figure 11.2   Un isoquant

Cet isoquant représente les différentes techniques de production ou combinaisons de travail et de capital permettant de produire 15 chandails par jour. Par exemple, le point *a* nous indique que, pour produire 15 chandails par jour, 4 machines et 1 travailleur sont nécessaires. Le même niveau de production peut être atteint avec 2 machines et 2 travailleurs (point *b*) ou 1 machine et 4 travailleurs (point *c*). Chacun de ces points apparaît à la figure 11.1. Cet isoquant représente également des combinaisons que la figure 11.1 n'indique pas, comme les points *a'* et *b'*.

vous semble étrange de parler de fractions de machines à tricoter et de travailleurs, imaginez que Maille d'or utilise trois machines à temps plein et la quatrième pendant un cinquième du temps, soit 0,2, de sorte que, au total, Maille d'or utilise 3,2 machines. De même, on peut imaginer que Maille d'or embauche un travailleur à temps plein et l'autre à temps partiel.)

L'isoquant et le taux marginal de substitution

Le taux marginal de substitution est égal à la pente de l'isoquant. La figure 11.3 illustre cette relation. Elle représente l'isoquant de 13 chandails par jour. Prenons un point au hasard sur cet isoquant, augmentons le travail d'une très petite quantité et réduisons la quantité de capital de sorte que le niveau de production soit maintenu à 13 chandails par jour. En réduisant le capital et en augmentant le travail, nous nous déplaçons le long de l'isoquant. Si la pente de l'isoquant est abrupte (comme c'est le cas au point *a*), le capital diminue d'une grande quantité par rapport à l'augmentation du travail: le taux marginal de substitution est élevé. Mais, si la pente de l'isoquant est faible (comme c'est le cas au point *b*), la baisse du capital est faible par rapport à

Figure 11.3 Le taux marginal de substitution

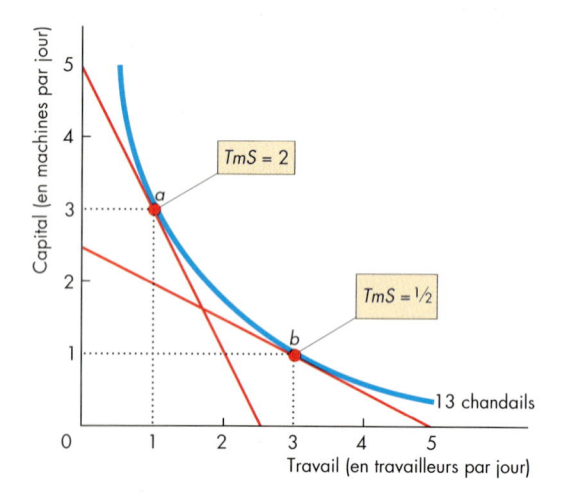

La pente de l'isoquant permet de mesurer le taux marginal de substitution. Pour calculer le taux marginal de substitution au point *a*, on a tracé en rouge une droite tangente à l'isoquant au point *a*. La pente de cette droite vous donnera la valeur de la pente de l'isoquant au point *a*, soit 2. Au point *a*, le taux marginal de substitution du capital au travail est donc égal à 2. La pente de la tangente à l'isoquant au point *b* permet d'obtenir le taux marginal de substitution à ce point. Au point *b*, le taux marginal de substitution du capital au travail est égal à ½.

---

l'augmentation du travail et le taux marginal de substitution du capital au travail est peu élevé.

Le taux marginal de substitution au point *a* correspond à la pente de la droite rouge qui est tangente à l'isoquant au point *a*. La pente de l'isoquant au point *a* est égale à la pente de la droite. Pour calculer cette pente, déplaçons-nous sur la droite rouge. Passons de la combinaison qui compte 5 machines à tricoter et aucun travailleur à la combinaison qui compte 2,5 travailleurs et aucune machine à tricoter. Le capital baisse de 5 machines à tricoter et le travail augmente de 2,5 travailleurs. La pente est donc égale à 5 divisé par 2,5, soit 2. Ainsi, lorsqu'on utilise la technique *a* pour produire 13 chandails par jour, le taux marginal de substitution du capital au travail est de 2.

Le taux marginal de substitution au point *b* est donné par la pente de la droite rouge qui est tangente à l'isoquant au point *b*. Le long de cette droite, lorsque le capital diminue de 2,5 machines à tricoter, le travail augmente de 5 travailleurs. La pente est donc égale à 2,5 divisé par 5, ce qui fait ½. Ainsi, lorsqu'on utilise la technique *b* pour produire 13 chandails par jour, le taux marginal de substitution du capital au travail est de ½.

Vous êtes désormais à même de constater que la forme de l'isoquant reflète le principe du taux marginal de substitution décroissant. Lorsque la quantité de capital est importante et que la quantité de travail est faible, la pente de l'isoquant est abrupte. Avec la diminution de la quantité de capital et l'augmentation de la quantité de travail, la valeur absolue de la pente de l'isoquant diminue. Seules les courbes qui sont *convexes* par rapport à l'origine ont cette caractéristique. C'est pourquoi les isoquants sont toujours convexes par rapport à l'origine.

La carte d'isoquants

Une **carte d'isoquants** représente une famille d'isoquants, chaque isoquant correspondant à un niveau de production différent. Les figures 11.2 et 11.3 vous ont déjà permis d'étudier deux isoquants différents (pour des niveaux de production de 15 et de 13 chandails par jour). La figure 11.4(a) représente une carte qui contient trois isoquants pour les niveaux de production suivants : 10 chandails, 15 chandails (isoquant représenté à la figure 11.2) et 21 chandails. Les isoquants associés aux niveaux de production les plus élevés sont les plus éloignés de l'origine. En d'autres termes, pour que le niveau de production soit plus élevé avec une quantité donnée de capital, la quantité de travail doit être plus importante. De même, pour que le niveau de production soit plus élevé avec une quantité donnée de travail, la quantité de capital doit être plus importante. Si vous vous déplacez vers la droite (plus de travail) ou vers le haut (plus de capital) ou dans ces deux directions à la fois (c'est-à-dire plus de travail et plus de capital), vous obtenez un niveau de production plus élevé. Chacun des isoquants de la figure 11.4(a) est construit à partir de la fonction de production de la figure 11.1. Mais tous les isoquants concevables ne sont évidemment pas représentés à la figure 11.4(a).

Prenons le temps d'approfondir la relation entre la carte d'isoquants de la figure 11.4(a) et la fonction de production représentée à la figure 11.1. La figure 11.4(b) nous sera utile. Les trois niveaux de production représentés par les isoquants de la figure 11.4(a) sont tirés de la figure 11.1. Chaque niveau de production identifié par un nombre à la figure 11.4(b) correspond au point d'un isoquant particulier, et les différentes combinaisons de facteurs permettant d'atteindre le niveau de production en question sont reliées par une courbe bleu pâle (l'isoquant de ce même niveau de production). Prenons deux points sur la carte d'isoquants et essayons de les retrouver sur la figure 11.4(b). Commençons par le point *a* qui se trouve sur l'isoquant pour un niveau de production de 10 chandails par jour. Au point *a*, 2 machines à tricoter et 1 travailleur permettent de produire 10 chandails par jour. Ces combinaisons apparaissent également à la figure 11.4(b). Prenons ensuite le point *b* qui se trouve sur l'isoquant de 21 chandails par jour. Au point *b*, 4 machines à tricoter et 2 travailleurs permettent de produire 21 chandails par jour. Ces données se retrouvent aussi à la figure 11.4(b).

Figure 11.4 Une carte d'isoquants

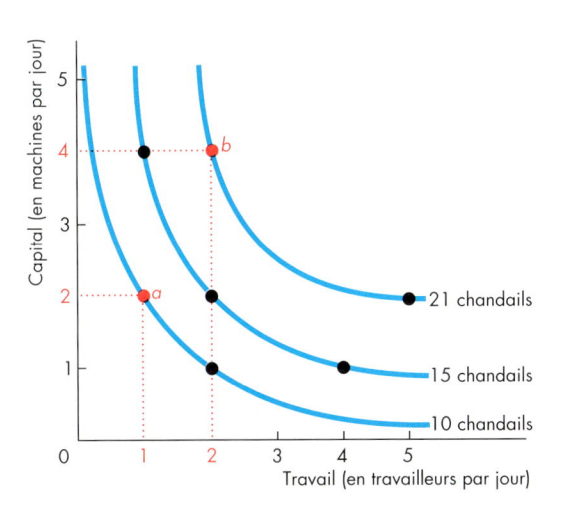

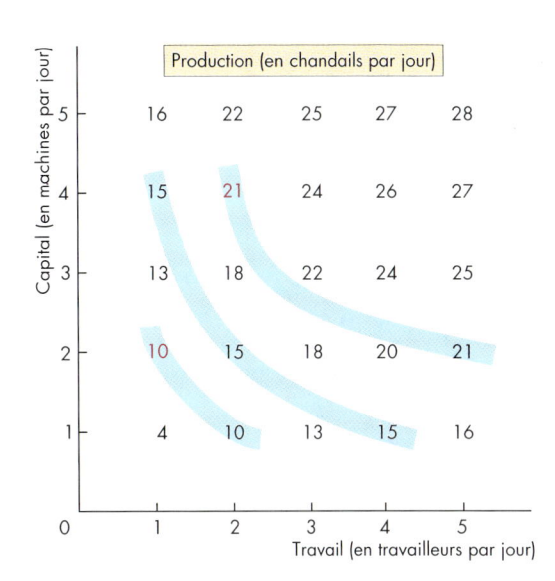

(a) Isoquants

(b) Tableau de la fonction de production

Le graphique (a) est une carte d'isoquants. La carte reproduite ici ne représente que 3 isoquants, correspondant respectivement à une production de 10, 15 et 21 chandails par jour. Le graphique (b), qui est construit à partir de la figure 11.1, indique les différentes combinaisons de facteurs associés à différents niveaux de production. Les courbes bleu pâle du graphique (b) relient les combinaisons de facteurs associés respectivement à la production de 10, 15 et 21 chandails. Ces courbes correspondent aux isoquants du graphique (a). Tous les points des isoquants se retrouvent sur le graphique (b). Par exemple, au point *a*, il faut 2 machines et 1 travailleur pour produire 10 chandails. Au point *b*, il faut 4 machines et 2 travailleurs pour produire 21 chandails.

À RETENIR

La fonction de production d'une entreprise peut être représentée sur une carte d'isoquants. Un isoquant représente toutes les combinaisons possibles de capital et de travail compatibles avec un niveau de production donné. Chaque niveau de production est représenté par un isoquant distinct. La pente d'un isoquant mesure le taux marginal de substitution. Le taux marginal de substitution du capital au travail décroît lorsque le capital diminue et que le travail augmente. C'est pourquoi les isoquants sont convexes par rapport à l'origine.

■ ■ ■

Les isoquants ne servent pas seulement à représenter la fonction de production. Ils nous serviront à déterminer la technique de production de moindre coût. Pour cela, nous devons d'abord trouver le moyen de représenter les coûts de l'entreprise sur le même type de graphique que celui qui représente les isoquants.

Les droites d'isocoût

Une **droite d'isocoût** représente toutes les combinaisons de capital et de travail que peut se procurer l'entreprise pour une même dépense totale, étant donné les prix des facteurs de production. Supposons, par exemple, que Maille d'or dépense 100 $ par jour pour la production de chandails. Le salaire des employés responsables des machines à tricoter est de 25 $ par jour. Les machines à tricoter se louent 25 $ par jour. (Nous verrons plus tard l'effet d'une variation du prix de ces facteurs de production.) Le tableau de la figure 11.5 comprend une liste de cinq combinaisons possibles de travail et de capital coûtant 100 $ par jour. Par exemple, la ligne *b* indique que Maille d'or emploie 3 machines (au coût de 75 $) et 1 travailleur (au coût de 25 $). Les valeurs du tableau sont représentées sur le graphique. Les points *a* à *e* correspondent aux lignes du tableau. Si Maille d'or peut fractionner le temps d'utilisation du travail et du capital au cours de la journée, chacune des combinaisons sur la droite *ae* est possible. Cette droite est la droite d'isocoût de Maille d'or correspondant à un coût total de 100 $ par jour.

276 CHAPITRE 11 PRODUIRE AU MOINDRE COÛT

Figure 11.5 Une droite d'isocoût

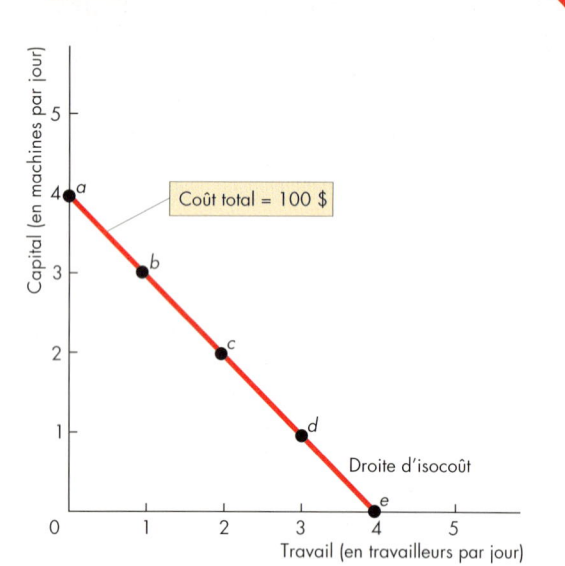

	Capital (en machines par jour)	Travail (en travailleurs par jour)
a	4	0
b	3	1
c	2	2
d	1	3
e	0	4

Pour une dépense totale donnée, les combinaisons possibles de facteurs de production dépendent du prix des facteurs. Si le travail et le capital coûtent respectivement 25 $ par jour, Maille d'or peut se procurer n'importe laquelle des combinaisons de travail et de capital présentées dans le tableau pour une dépense totale de 100 $ par jour. Ces combinaisons sont représentées sur le graphique. La droite qui relie les points a et e est la droite d'isocoût correspondant à un coût total de 100 $ par jour.

L'équation d'isocoût

La droite d'isocoût s'exprime également sous forme d'équation. L'**équation d'isocoût** est l'expression mathématique de la relation entre les quantités de facteurs de production qui peuvent être obtenus pour une même dépense totale, étant donné les prix des facteurs. Le tableau 11.2 montre comment on établit l'équation d'isocoût en général, ainsi que pour les valeurs qui décrivent la situation de Maille d'or.

La première partie du tableau indique les variables qui entrent en jeu dans la détermination de l'équation d'isocoût : le coût total lui-même ainsi que le prix et la quantité de chacun des facteurs de production.

Chacune de ces variables est représentée par un symbole. Dans le cas de Maille d'or, nous allons examiner les quantités de travail et de capital qui peuvent être employées lorsqu'une unité de chacun des deux facteurs coûte 25 $ par jour et que le coût total s'élève à 100 $ par jour.

La deuxième partie du tableau indique le coût total de l'entreprise en fonction des quantités de facteurs utilisées :

$$P_L L + P_K K = CT.$$

En d'autres termes, le prix du travail (P_L) multiplié par la quantité de travail employée (L) plus le prix du capital (P_K) multiplié par la quantité de capital employée (K) égale le coût total (CT). Dans le cas de Maille d'or, CT est égal à 100 $ et le prix de chacun des facteurs de production est de 25 $.

La troisième partie du tableau vous indique comment calculer l'équation d'isocoût : on divise le coût

Tableau 11.2 L'équation d'isocoût

En général	Dans le cas de Maille d'or
1. Variables	
Coût total = CT	CT = 100 $
Prix du travail (taux de salaire par jour) = P_L	P_L = 25 $
Prix du capital (tarif de location des machines par jour) = P_K	P_K = 25 $
Quantité de travail (nombre d'opérateurs de machines à tricoter) = L	L = Choix de Maille d'or
Quantité de capital (nombre de machines à tricoter) = K	K = Choix de Maille d'or
2. Coût total de l'entreprise	
$P_L L + P_K K = CT$	25 $ × L + 25 $ × K = 100 $
3. Calcul	
■ Diviser par P_K, pour obtenir $(P_L / P_K) L + K = CT / P_K$	■ Diviser par P_K, pour obtenir $L + K = 4$
■ Soustraire $(P_L / P_K) L$ des deux membres pour obtenir $K = CT / P_K - (P_L / P_K) L$	■ Soustraire L des deux membres pour obtenir $K = 4 - L$

total par le prix du capital et on soustrait $(P_L/P_K)L$ des deux membres de l'équation ainsi obtenue. Le résultat correspond à l'équation d'isocoût :

$$K = CT/P_K - (P_L/P_K)L.$$

Cette équation nous indique comment le capital doit varier en fonction du travail, si le coût total reste constant. Vous pouvez vérifier si l'équation d'isocoût de Maille d'or correspond bien à la droite d'isocoût représentée sur le graphique de la figure 11.5. Si L a la valeur 0, K a la valeur 4, ce qui correspond au point a de la figure. Si L a la valeur 1, K a la valeur 3, ce qui correspond au point b de la figure, et ainsi de suite.

La variation des prix des facteurs de production

Le long de la droite d'isocoût que nous venons de construire, le capital et le travail coûtent respectivement 25 $ par jour. Comme les prix des deux facteurs sont égaux, il faut, pour augmenter le travail d'une unité, que la quantité de capital soit réduite d'une unité si l'on veut que le coût total reste constant à 100 $. La pente de la droite d'isocoût de la figure 11.5 est égale à 1. Cette pente nous indique que l'augmentation d'une unité de la quantité de travail coûte 1 unité de capital.

Examinons maintenant différents prix, indiqués dans le tableau de la figure 11.6. Si le taux de salaire est de 50 $ par jour et que le tarif de location des machines à tricoter est maintenu à 25 $ par jour, 1 travailleur coûte alors l'équivalent de 2 machines. Pour que le coût total soit constant à 100 $, l'emploi d'un travailleur supplémentaire se traduit par la suppression de 2 machines. Lorsque le taux de salaire correspond à deux fois le tarif de location des machines, la droite d'isocoût est représentée par la droite B de la figure 11.6(a). La pente est maintenant égale à 2. En d'autres termes, pour embaucher un travailleur supplémentaire tout en maintenant le coût total à un niveau constant, Maille d'or doit se débarrasser de 2 machines à tricoter.

Figure 11.6 Le prix des facteurs de production et la droite d'isocoût

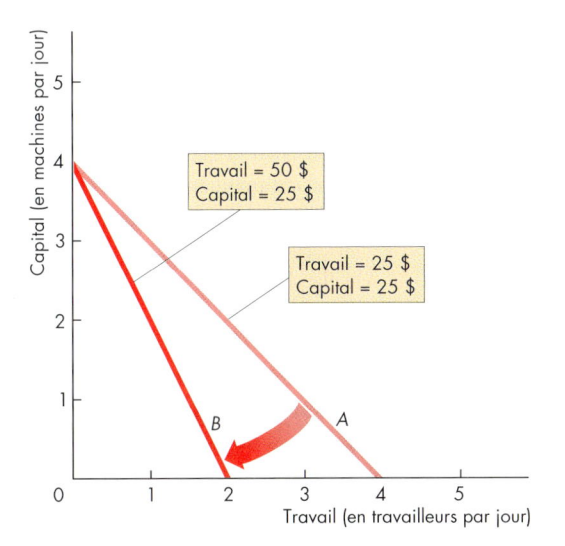

(a) Augmentation du prix du travail

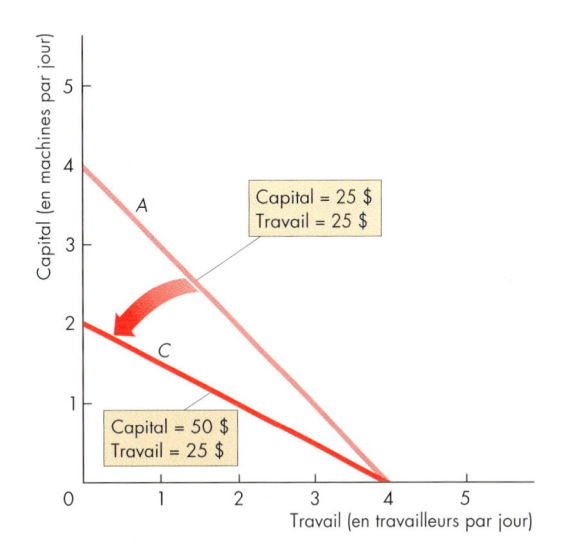

(b) Augmentation du prix du capital

Droite d'isocoût	Prix du capital (tarif de location par jour)	Prix du travail (salaire par jour)	Équation d'isocoût
A	25 $	25 $	$K = 4 - L$
B	25 $	50 $	$K = 4 - 2L$
C	50 $	25 $	$K = 2 - (1/2)L$

La pente de la droite d'isocoût dépend du prix relatif des facteurs de production. Lorsque le prix de tous les facteurs de production est le même, la pente de la droite d'isocoût est égale à 1. La droite d'isocoût A correspond à un coût total de 100 $ par jour, lorsque le capital et le travail coûtent respectivement 25 $ par jour. Si le prix du travail double et passe à 50 $ et que le prix du capital reste constant à 25 $, la droite d'isocoût pour une dépense totale de 100 $ par jour correspond à la droite B du graphique (a). La pente de la droite d'isocoût B vaut le double de celle de la droite d'isocoût A. Si le prix du capital double et passe à 50 $ par jour et que le prix du travail reste constant à 25 $ par jour, la droite d'isocoût pour une dépense totale de 100 $ correspond alors à la droite C du graphique (b).

Si le taux de salaire est maintenu à 25 $ par jour et que le tarif de location des machines à tricoter augmente et passe à 50 $ par jour, 2 travailleurs coûtent alors l'équivalent d'une machine. Dans ce cas, afin de pouvoir employer un travailleur supplémentaire et de maintenir le coût total à un niveau constant, Maille d'or ne doit plus se débarrasser que de la moitié d'une machine à tricoter. Comme le montre la droite *C* de la figure 11.6(b), la pente de la droite d'isocoût est égale à ½.

Plus le prix relatif du travail est élevé, plus la droite d'isocoût est abrupte. La pente de la droite d'isocoût mesure donc le prix relatif du travail par rapport au capital, c'est-à-dire le prix du travail divisé par le prix du capital.

La carte d'isocoûts

Une **carte d'isocoûts** représente une famille de droites d'isocoût, chaque droite correspondant à une dépense totale différente. Il va de soi que les quantités de tous les facteurs de production pouvant être employées sont d'autant plus grandes que le coût total est élevé. La figure 11.7 représente une carte d'isocoûts. La droite d'isocoût du milieu est celle de la figure 11.5. Elle correspond à un coût total de 100 $ lorsque le travail et le capital coûtent respectivement 25 $ par jour. Les deux autres droites d'isocoût de la figure 11.7 correspondent à un coût total de 125 $ et de 75 $, le prix des facteurs de production étant constant (25 $ chacun).

À RETENIR

Une droite d'isocoût représente toutes les combinaisons de capital et de travail qui peuvent être obtenues pour une même dépense totale, étant donné les prix des facteurs. La pente d'une droite d'isocoût est égale au prix relatif des facteurs de production (le prix du travail divisé par le prix du capital). Une carte d'isocoûts est une famille de droites d'isocoût, chacune correspondant à un coût total différent.

■ ■ ■

Nous disposons maintenant de tous les outils nécessaires pour déterminer la technique de production de moindre coût de l'entreprise.

La technique de moindre coût

La **technique de moindre coût** correspond à la combinaison de facteurs de production qui permet de réduire au minimum le coût total d'un volume donné de production, compte tenu du prix des facteurs. Supposons que Maille d'or veuille produire 15 chandails par jour. Quelle est la technique de moindre coût pour ce niveau de production? La réponse se trouve à la figure 11.8, qui représente l'isoquant de 15 chandails. Les trois points sur l'isoquant (*a*, *b* et *c*) correspondent aux trois techniques de production de 15 chandails qui apparaissent à la figure 11.1. La figure 11.8 comprend également deux droites d'isocoût, qui supposent toutes deux un prix du capital et un prix du travail de 25 $. L'une des droites d'isocoût correspond à un coût total de 125 $ par jour; l'autre, à un coût total de 100 $ par jour.

Commençons par le point *a*, qui se trouve à la fois sur l'isoquant de 15 chandails par jour et sur la droite d'isocoût qui correspond à un coût de 125 $ par jour. Maille d'or peut produire 15 chandails au point *a* en utilisant 1 travailleur et 4 machines. Avec cette technique de production, le coût total est de 125 $. Le point *c*, qui correspond à 4 travailleurs et à 1 machine à tricoter, est semblable au point *a*, sauf qu'il correspond à une autre technique permettant également de produire 15 chandails à un coût total de 125 $.

Prenons maintenant le point *b*. Maille d'or

Figure 11.7 Une carte d'isocoûts ◆

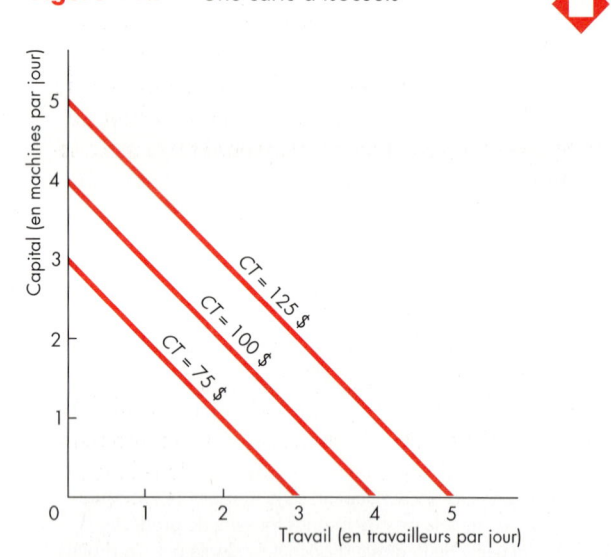

Il existe une droite d'isocoût pour chaque niveau de coût total. À titre d'exemples, les trois droites du graphique correspondent respectivement à un coût total de 75 $, de 100 $ et de 125 $ par jour. Pour chacune de ces droites d'isocoût, les prix du capital et du travail sont respectivement de 25 $ par jour. La pente de chaque droite est égale au prix relatif des facteurs de production (soit le prix du travail divisé par le prix du capital). Plus le coût total en facteurs est élevé, plus la droite d'isocoût est éloignée de l'origine.

Figure 11.8 La technique de moindre coût

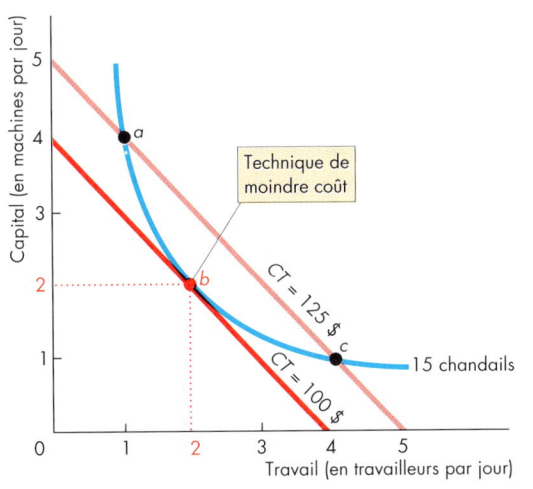

La technique de moindre coût pour produire 15 chandails par jour suppose l'utilisation de 2 machines et de 2 travailleurs ; elle est représentée par le point *b*. La technique illustrée par le point *a* (4 machines et 1 travailleur) permet également de produire 15 chandails, ainsi que celle illustrée par le point *c* (1 machine et 4 travailleurs). Le coût total de chacune des techniques *a* et *c* est de 125 $ par jour, soit un coût supérieur au coût de la technique *b*, qui n'est que de 100 $ par jour. Au point *b*, l'isoquant de 15 chandails est tangent à la droite d'isocoût qui correspond à un coût total de 100 $. La pente de la droite d'isocoût est égale à celle de l'isoquant. Si l'isoquant coupe la droite d'isocoût, comme c'est le cas aux points *a* et *c*, cela signifie que l'entreprise n'utilise pas la technique de moindre coût. Avec la technique de moindre coût, le taux marginal de substitution (la valeur de la pente de l'isoquant) est égal au prix relatif des facteurs de production (la valeur de la pente de la droite d'isocoût).

peut produire 15 chandails en utilisant 2 machines et 2 travailleurs. Le coût total de cette technique s'élève à 100 $. Lorsque les machines à tricoter et les travailleurs coûtent respectivement 25 $ par jour, Maille d'or n'a aucun moyen d'assurer sa production à un coût inférieur à 100 $. Le point *b* représente la *technique de moindre coût*, c'est-à-dire la *technique économiquement efficace* pour produire 15 chandails compte tenu du prix des facteurs de production.

La technique de moindre coût, représentée par le point *b*, a une propriété importante. À ce point, la droite d'isocoût (pour un coût total de 100 $) est tangente à l'isoquant (pour 15 chandails). La pente de l'isoquant associé au niveau de production désiré a la même valeur que la pente de la droite d'isocoût.

Vous remarquerez que, même si Maille d'or ne dispose que d'une seule méthode pour produire 15 chandails à un coût total de 100 $, il existe de nombreux autres moyens de produire 15 chandails à des coûts *supérieurs* à 100 $. Les techniques que représentent les points *a* et *c* en sont deux exemples. Tous les points entre *a* et *b* et tous les points entre *b* et *c* représentent autant de méthodes qui permettent de produire 15 chandails à un coût supérieur à 100 $ mais inférieur à 125 $. Aucune de ces techniques n'est toutefois économiquement efficace.

Vous pouvez constater que Maille d'or ne peut produire 15 chandails à un coût *inférieur* à 100 $. Par exemple, imaginez la droite d'isocoût correspondant à 99 $. Cette droite ne touchera pas l'isoquant de 15 chandails, de sorte que l'entreprise ne peut produire 15 chandails à un coût de 99 $. En d'autres termes, le coût de 100 $ constitue bel et bien le coût total *minimal* de production de 15 chandails par jour.

L'égalité du taux marginal de substitution et du prix relatif des facteurs de production

Lorsqu'une entreprise utilise la technique qui permet de minimiser le coût de production, le taux marginal de substitution des facteurs de production est égal à leur prix relatif. Le taux marginal de substitution correspond à la valeur de la pente de l'isoquant, alors que le prix relatif des facteurs de production est donné par la pente de la droite d'isocoût. Nous venons de voir que l'utilisation de la technique de production de moindre coût revient à produire au point où la droite d'isocoût est tangente à l'isoquant. Puisque les deux courbes sont tangentes, leurs pentes ont la même valeur. Ainsi, le taux marginal de substitution (la valeur de la pente de l'isoquant) est égal au prix relatif des facteurs de production (la valeur de la pente de la droite d'isocoût).

Vous percevrez peut-être mieux l'importance du prix relatif des facteurs dans le choix de la technique économiquement efficace en analysant l'effet de variations du prix des facteurs.

L'effet d'une variation des prix des facteurs de production

La technique de moindre coût dépend du prix relatif des facteurs de production. Dans le cas que nous venons d'étudier, les prix du capital et du travail s'élevaient respectivement à 25 $. Examinons maintenant deux autres situations. Dans la première, le prix du capital est deux fois plus élevé que le prix du travail. Dans la seconde, c'est le prix du travail qui est deux fois plus élevé que celui du capital.

Si les machines à tricoter coûtent 25 $ par jour et que les salaires s'élèvent à 50 $ par jour, la pente de la droite d'isocoût sera deux fois plus forte que celle de la figure 11.8. En d'autres termes, pour employer un travailleur supplémentaire tout en maintenant le coût total à un niveau constant, Maille d'or doit se débarrasser de deux machines à tricoter. Examinons comment cette modification du prix relatif des facteurs de production se répercute sur la technique de moindre

280 CHAPITRE 11 PRODUIRE AU MOINDRE COÛT

Figure 11.9 Variation du prix des facteurs de production

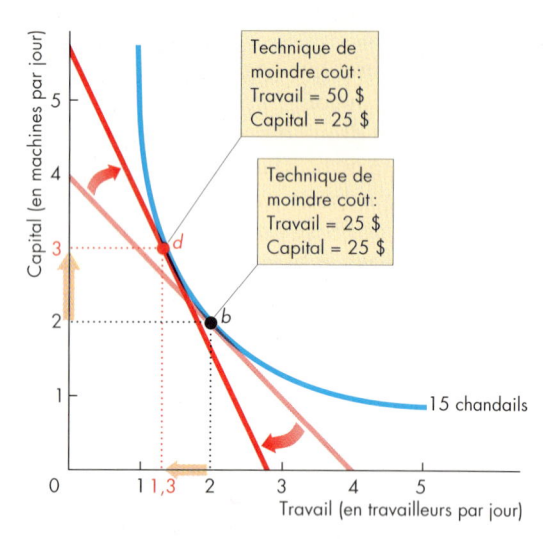

(a) Augmentation des salaires

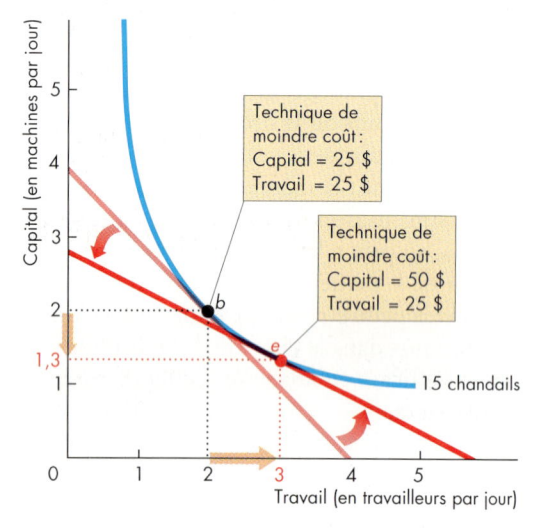

Technique de moindre coût :
Travail = 50 $
Capital = 25 $

Technique de moindre coût :
Travail = 25 $
Capital = 25 $

15 chandails

(b) Augmentation du prix du capital

Technique de moindre coût :
Capital = 25 $
Travail = 25 $

Technique de moindre coût :
Capital = 50 $
Travail = 25 $

15 chandails

Si le prix du travail double et que le prix du capital reste constant, la pente de la droite d'isocoût double (graphique a). La technique de moindre coût qui permet de produire 15 chandails par jour se déplace du point *b* au point *d* : on utilise une machine supplémentaire et 0,7 travailleur de moins par jour. Si le prix du capital double et que le prix du travail reste constant, la pente de la droite d'isocoût diminue de moitié (graphique b). La technique de moindre coût se déplace alors du point *b* au point *e* : un travailleur supplémentaire est embauché et on emploie 0,7 machine de moins.

coût. La figure 11.9(a) montre à la fois l'isoquant correspondant à 15 chandails par jour et la technique de moindre coût initiale, soit 2 machines à tricoter et 2 travailleurs. Lorsque les salaires sont de 50 $ par jour et que le prix des machines à tricoter est de 25 $ par jour, la droite d'isocoût est plus abrupte. La technique de moindre coût pour une production de 15 chandails par jour se situe désormais au point *d*; Maille d'or emploie alors 3 machines et 1,3 travailleur par jour. Comme le prix d'un des facteurs de production a augmenté, il n'est pas étonnant que le coût de production de 15 chandails par jour augmente, même si l'entreprise cherche à réduire ses coûts au minimum. En d'autres termes, le coût total minimal de production de 15 chandails est désormais plus élevé qu'il ne l'était avant la hausse des salaires. La nouvelle droite d'isocoût, dont la pente est plus abrupte, indique le coût total minimal de production de 15 chandails, compte tenu du nouveau prix des facteurs de production. Sur la nouvelle droite d'isocoût, le coût total est de 140 $ (3 machines × 25 $ = 75 $ et 1,3 travailleur × 50 $ = 65 $, d'où un coût total égal à 75 $ + 65 $ = 140 $).

Voyons maintenant ce qui arrive si les salaires restent constants et si le prix de location des machines augmente. Supposons que les machines à tricoter coûtent maintenant 50 $ par jour alors que les salaires se maintiennent à 25 $ par jour. Dans ce cas, la pente de la droite d'isocoût est plus faible que celle de la figure 11.8. Maille d'or ne doit plus renoncer qu'à la moitié d'une machine pour embaucher un travailleur supplémentaire. La figure 11.9(b) illustre l'effet de cette variation sur la technique de moindre coût. Lorsque le coût du capital augmente, la pente de la droite d'isocoût diminue. La méthode de moindre coût qui permet de produire 15 chandails par jour compte désormais 1,3 machine et 3 travailleurs par jour. Cette combinaison coûte 140 $ par jour à Maille d'or, mais c'est la technique économiquement efficace lorsque les machines et le travail coûtent respectivement 50 $ et 25 $ par jour.

Une variation du prix des facteurs de production se traduit donc par une substitution de facteurs. Pour produire une quantité donnée, les entreprises utiliseront une moindre quantité du facteur de production dont le prix a augmenté et une plus grande quantité de l'autre facteur. L'ampleur de la substitution dépend de la technologie. Si les facteurs de production sont de proches substituts, les isoquants auront la forme de courbes presque droites et il sera facile de substituer les facteurs l'un à l'autre. Si, au contraire, les facteurs de production ne sont pas de proches substituts, les isoquants auront une forme très incurvée et même une variation importante du prix des facteurs aura peu d'influence sur la combinaison de facteurs utilisée.

À RETENIR

La technique de moindre coût est la combinaison de facteurs de production qui permet de minimiser le coût total d'un volume donné de production. La technique de moindre coût a les caractéristiques suivantes :

- La pente de l'isoquant est égale à la pente de la droite d'isocoût.
- Le taux marginal de substitution du capital au travail est égal au ratio du prix du travail sur le prix du capital.
- À un niveau de production donné, l'augmentation du prix d'un facteur de production se traduit par une moindre utilisation de ce facteur.

■ ■ ■

Reprenons maintenant certaines des questions que nous nous sommes posées au début de ce chapitre et examinons comment nous pouvons y répondre en utilisant les concepts que nous venons de voir.

Quelques exemples de choix d'une technique

Le ratio capital-travail, c'est-à-dire l'intensité capitalistique, varie énormément d'un secteur industriel à l'autre. Avec les outils dont nous disposons désormais, nous allons pouvoir interpréter ces variations.

Les variations sectorielles de l'intensité capitalistique

Les différences qui apparaissent dans les fonctions de production se traduisent par une variation de l'intensité capitalistique d'un secteur industriel à l'autre au sein d'un même pays. Toutes les entreprises achètent leurs facteurs de production sur le même marché. Elles doivent donc payer des prix semblables, de sorte que leurs droites d'isocoût ont essentiellement la même pente. Mais les fonctions de production, et par conséquent les isoquants qui décrivent les différentes techniques possibles, varient d'un secteur à l'autre. La figure 11.10 illustre différents profils d'isoquants dans trois secteurs industriels : les matières plastiques, les aliments surgelés et les chemises. La droite d'isocoût de chaque secteur est la même. Néanmoins, la technique de moindre coût choisie varie considérablement d'un secteur à l'autre. Dans le cas des matières plastiques, le point choisi correspond à la technique *a* dont le ratio capital-travail est très élevé. Avec les mêmes prix de facteurs, le secteur des aliments surgelés choisit la technique *b* dont le ratio capital-travail est moyen. Enfin, toujours avec les mêmes prix de facteurs, les producteurs de chemises ont choisi la technique *c*, dont le ratio capital-travail est faible.

Une variation du prix des facteurs de production entraîne une modification de la technique de moindre

Figure 11.10 Les différences intersectorielles du ratio capital-travail

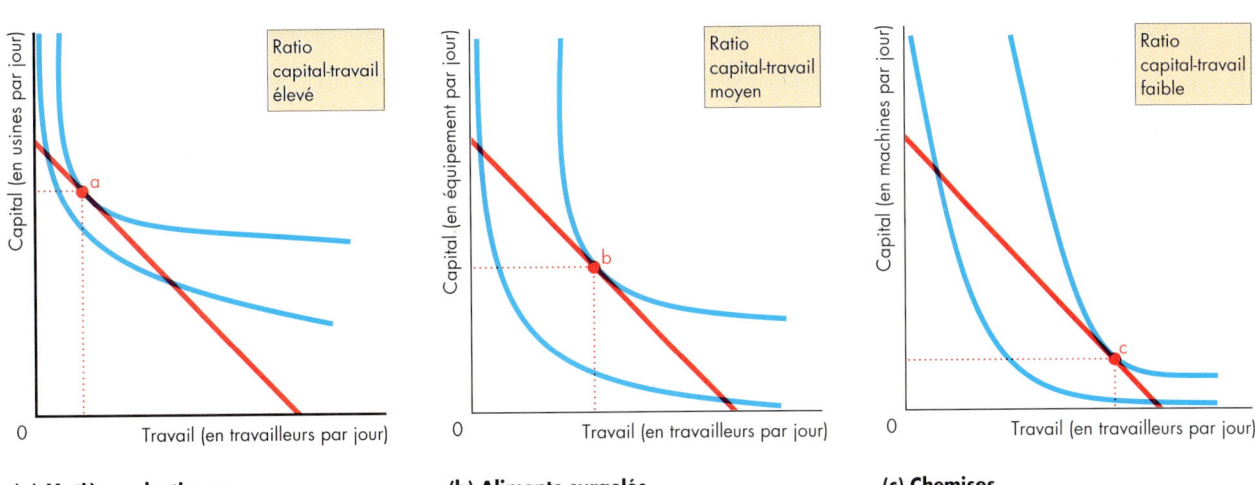

(a) Matières plastiques

(b) Aliments surgelés

(c) Chemises

Les différences intersectorielles dans les proportions de capital et de travail sont attribuables aux caractéristiques des technologies de chaque secteur. Le prix relatif des facteurs de production est le même pour les différentes industries d'un même pays (leurs droites d'isocoût ont la même pente), mais la forme des isoquants est différente. Les graphiques illustrent les isoquants de l'industrie des matières plastiques (graphique a), des aliments surgelés (graphique b) et de la fabrication de chemises (graphique c). La technique de moindre coût pour le secteur des matières plastiques (point *a*) correspond à un ratio capital-travail élevé ; le ratio capital-travail du secteur des aliments surgelés (point *b*) est moyen ; celui du secteur de la fabrication de chemises (point *c*) est faible.

coût. L'augmentation graduelle du prix relatif du travail est un des phénomènes les plus caractéristiques du développement économique sur une longue période. Du fait que les salaires n'ont cessé d'augmenter, la pente des droites d'isocoût est devenue plus abrupte. En conséquence, les entreprises ont substitué le capital au travail. Elles ont choisi des techniques plus capitalistiques. Cette tendance à l'augmentation de l'intensité capitalistique ne s'est pas produite uniquement dans le secteur des matières plastiques. Elle touche tous les secteurs industriels.

Les différences entre pays

Les différences d'intensité capitalistique entre pays s'expliquent surtout par des différences dans les taux de salaire. Dans les pays à salaires élevés, les droites d'isocoût sont abruptes; dans les pays à bas salaires, la pente des droites d'isocoût est plus faible. Deux droites d'isocoût sont représentées à la figure 11.11, l'une pour un pays où les salaires sont élevés, l'autre pour un pays où les salaires sont peu élevés.

Les isoquants des deux pays sont similaires, étant donné que toutes les entreprises, qu'importe l'endroit où elles se trouvent, ont accès aux mêmes techniques (cela est vrai dans la plupart des cas, sauf lorsque certains procédés sont protégés par des brevets). En règle générale, les isoquants d'un secteur industriel donné sont donc les mêmes dans les pays à salaires élevés que dans les pays à bas salaires. Une telle situation est représentée à la figure 11.11. Pour le pays où les salaires sont élevés, le point *a* correspond à la technique de moindre coût; pour le pays où les salaires sont peu élevés, la technique de moindre coût est donnée par le point *b*. Dans les pays où le coût de la main-d'œuvre est peu élevé, les entreprises utilisent des techniques demandant une plus forte proportion de travail que les entreprises situées dans les pays à salaires élevés. À mesure que les salaires augmentent dans les pays pauvres, les entreprises se déplacent progressivement le long de leurs isoquants et utilisent des techniques de production plus capitalistiques. Si les salaires augmentent dans les pays où ils sont déjà élevés par rapport au coût du capital, les entreprises utiliseront des techniques de production à intensité capitalistique encore plus forte.

Vous êtes désormais à même de comprendre pourquoi les mines d'or amazoniennes sont si différentes des mines canadiennes à ciel ouvert. Les salaires étant faibles et le coût du capital élevé, les propriétaires de mines d'or brésiliens ont intérêt à utiliser une technique de production à très forte proportion de travail. Par contre, comme les salaires au Canada sont élevés par rapport au coût du capital, il est plus rentable pour les exploitations minières canadiennes d'utiliser une technique de production très capitalistique. Au fur et à mesure que les salaires au Brésil augmenteront, le facteur travail sera remplacé par une plus grande quantité de capital et les mines d'or amazoniennes commenceront à ressembler aux mines canadiennes à ciel ouvert.

Figure 11.11 Les différences internationales dans le ratio capital-travail

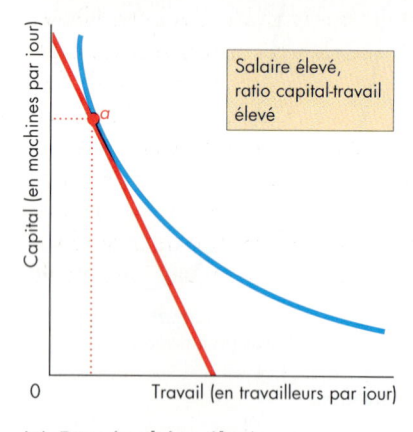

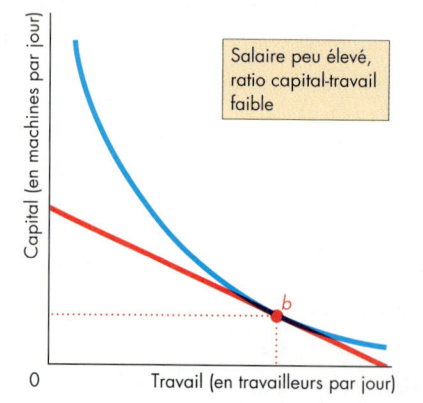

(a) Pays à salaires élevés

(b) Pays à faibles salaires

Dans les pays à salaires élevés, la droite d'isocoût est abrupte (graphique a). À l'inverse, dans les pays à faibles salaires, la pente de la droite d'isocoût est beaucoup plus faible (graphique b). Tous les pays ont accès aux mêmes techniques. Ainsi, les deux pays qui nous servent d'exemple ont le même isoquant. Le ratio capital-travail de la technique de moindre coût est élevé dans le pays où les salaires sont élevés (point *a*). Le ratio capital-travail de la technique de moindre coût est faible dans les pays où les salaires sont faibles (point *b*).

Le produit marginal et le coût marginal

Lorsque nous avons étudié les coûts à court terme au chapitre 10, nous avons vu qu'il y avait une relation entre la courbe du produit marginal d'un facteur de production variable et la courbe de coût marginal. Lorsque le produit marginal augmente, le coût marginal diminue ; lorsque le produit marginal diminue, le coût marginal augmente. Nous avons également vu au chapitre 10 qu'une entreprise a intérêt à modifier la taille de son usine si cela lui permet de produire la quantité souhaitée à un coût total à court terme qui sera moindre. Dans ce chapitre, nous avons appris à calculer la combinaison de capital (par exemple, la taille de l'usine) et de travail qui permet de minimiser le coût de production. Bien que la même question soit abordée sous un angle différent, il y a une relation entre les courbes de produit et de coût du chapitre 10, et les droites d'isocoût, les isoquants et les techniques de moindre coût que nous venons d'analyser. C'est cette relation que nous allons maintenant examiner.

Dans un premier temps, nous étudierons la relation entre le taux marginal de substitution et les productivités marginales des facteurs.

Le taux marginal de substitution et les productivités marginales des facteurs de production

Une formule simple décrit la relation entre le taux marginal de substitution et les productivités marginales :

Le taux marginal de substitution du capital au travail est égal au ratio de la productivité marginale du travail sur la productivité marginale du capital.

Mathématiquement, cela se traduit par :

$$TmS = Pm_L / Pm_K.$$

Le raisonnement qui sous-tend cette équation se décompose en plusieurs étapes. Premièrement, nous savons que le niveau de production varie lorsqu'une entreprise modifie les quantités de travail et de capital utilisées. En outre, nous savons que l'effet qu'aura sur la production la variation de l'un des facteurs est déterminé par la productivité marginale de ce facteur : la variation de production est égale à la variation de la quantité du facteur en question multipliée par sa productivité marginale. Si la quantité de travail et la quantité de capital sont toutes deux modifiées, la variation de la production s'exprime donc par la formule suivante :

Variation de la production = Productivité marginale du travail × ΔL
+ Productivité marginale du capital × ΔK.

Supposons maintenant que l'entreprise veuille se maintenir sur un isoquant donné, autrement dit que Maille d'or veuille continuer à produire la même quantité de chandails tout en modifiant les quantités de travail et de capital. Pour que l'entreprise reste sur le même isoquant, la variation de la production doit être nulle. Si, dans l'équation ci-dessus, la variation de la production est nulle, on obtient :

$$\text{Productivité marginale du travail} \times \Delta L = - \text{Productivité marginale du capital} \times \Delta K.$$

Cette équation nous indique les variations de capital et de travail le long d'un isoquant donné. Si la quantité de travail augmente, la quantité de capital doit diminuer. De même, si la quantité de travail diminue, la quantité de capital doit augmenter. Cela nous permet d'écrire la même relation d'une façon un peu différente :

$$\text{Productivité marginale du travail} \times \text{Augmentation de la quantité de travail} = \text{Productivité marginale du capital} \times \text{Baisse de la quantité de capital}.$$

Si nous divisons les deux membres de l'équation ci-dessus par l'augmentation de la quantité de travail et par la productivité marginale du capital, nous obtenons :

$$\frac{\text{Baisse de la quantité de capital}}{\text{Augmentation de la quantité de travail}} = \frac{\text{Productivité marginale du travail}}{\text{Productivité marginale du capital}}.$$

Cette équation nous indique que, lorsque Maille d'or se maintient sur un isoquant donné, la baisse de la quantité de capital divisée par l'augmentation de la quantité de travail est égale à la productivité marginale du travail divisée par la productivité marginale du capital. Or, nous avons justement défini le taux marginal de substitution du capital au travail comme la baisse de la quantité de capital divisée par l'augmentation de la quantité de travail lorsque l'entreprise se maintient sur un isoquant donné. On peut donc conclure que le taux marginal de substitution est égal au ratio de la productivité marginale du travail sur la productivité marginale du capital.

Le coût marginal

Le résultat précédent (à savoir l'égalité entre le taux marginal de substitution et le rapport des productivités marginales du travail et du capital) permet de déduire une propriété importante de la minimisation des coûts. Nous devons néanmoins procéder par étapes et le tableau 11.3 va nous guider.

La partie (a) du tableau définit les symboles utilisés. La partie (b) nous rappelle que le taux marginal de substitution du capital au travail correspond à la pente

Tableau 11.3 La technique de moindre coût

(a) Symboles

Taux marginal de substitution du capital au travail	TmS
Productivité marginale du travail	Pm_L
Productivité marginale du capital	Pm_K
Prix du travail	P_L
Prix du capital	P_K

(b) Définitions

Valeur de la pente de l'isoquant (TmS)	Pm_L/Pm_K
Valeur de la pente de la droite d'isocoût	P_L/P_K

(c) Technique de moindre coût

Pente de l'isoquant = Pente de la droite d'isocoût, donc :

$$Pm_L/Pm_K = P_L/P_K.$$

De même :

$$Pm_L/P_L = Pm_K/P_K.$$

En d'autres termes,

on minimise le coût total lorsque la productivité marginale par dollar dépensé pour le travail est égale à la productivité marginale par dollar dépensé pour le capital.

Nous pouvons inverser les membres de la dernière équation :

$$P_L/Pm_L = P_K/Pm_K.$$

Autrement dit,

le coût marginal est le même, que l'augmentation de production soit obtenue par une augmentation de la quantité de travail (le capital étant constant) ou par une augmentation de la quantité de capital (le travail étant constant).

---

de l'isoquant et que celle-ci, à son tour, est égale au ratio de la productivité marginale du travail (Pm_L) sur la productivité marginale du capital (Pm_K). Elle nous rappelle également que la pente de la droite d'isocoût est égale au ratio du prix du travail (P_L) sur le prix du capital (P_K). La partie (c) du tableau résume trois propositions qui caractérisent la technique de production de moindre coût.

Selon la première de ces trois propositions, lorsque l'entreprise utilise la technique de moindre coût, l'isoquant et la droite d'isocoût ont la même pente. Cela se traduit par l'équation suivante :

$$Pm_L/Pm_K = P_L/P_K.$$

Selon la deuxième proposition, on minimise le coût total lorsque le produit marginal par dollar dépensé est le même pour chaque facteur de production. Pour voir pourquoi, il suffit de modifier l'équation ci-dessus de la façon suivante : multiplions d'abord les deux membres par la productivité marginale du capital et divisons-les ensuite par le prix du travail. Nous obtenons alors :

$$Pm_L/P_L = Pm_K/P_K.$$

Cette équation nous indique que la productivité marginale du travail par dollar dépensé pour le travail est égale à la productivité marginale du capital par dollar dépensé pour le capital. En d'autres termes, la production supplémentaire résultant du dernier dollar dépensé est la même pour chaque facteur de production. Cela est tout à fait logique. Si la production supplémentaire attribuable au dernier dollar dépensé pour le facteur travail était supérieure à la production supplémentaire attribuable au dernier dollar dépensé pour le facteur capital, l'entreprise aurait tout intérêt à utiliser moins de capital et plus de travail. En effet, cela lui permettrait de produire la même quantité à un coût moindre. Inversement, si la production supplémentaire résultant du dernier dollar dépensé pour le capital était supérieure à la production supplémentaire résultant du dernier dollar dépensé pour le travail, l'entreprise aurait tout intérêt à utiliser moins de travail et plus de capital. Elle pourrait dans ce cas réduire le coût d'une quantité donnée de produit. La technique de moindre coût n'est donc atteinte que lorsque la production supplémentaire résultant du dernier dollar dépensé est la même pour tous les facteurs de production.

La troisième proposition porte sur la relation entre le coût marginal et les productivités marginales des facteurs. Selon cette proposition, le coût d'un supplément de production (c'est-à-dire le coût marginal) est le même, que ce supplément de production soit obtenu en augmentant la quantité de travail et en maintenant constante la quantité de capital, ou qu'il soit obtenu en faisant varier le capital et en maintenant constante la quantité de travail utilisée. Pour vérifier cette proposition, il vous suffit d'inverser la dernière équation, ce qui donne :

$$P_L/Pm_L = P_K/Pm_K.$$

Cette équation nous indique que le prix du travail divisé par la productivité marginale du travail doit être égal au prix du capital divisé par la productivité marginale du capital. Mais que représente le prix d'un facteur de production divisé par sa productivité marginale ? Le prix du travail divisé par la productivité marginale du travail correspond au coût marginal lorsque le capital est maintenu constant. Rappelons la définition du *coût marginal* : le coût marginal est la variation du coût total qui résulte d'une unité additionnelle de produit. Si la production augmente par suite de l'utilisation d'une unité supplémentaire de travail, le coût de cette unité supplémentaire de travail s'ajoute au coût de production total et le produit marginal du travail s'ajoute au volume de production initial. Le coût marginal de production correspond donc au prix du travail divisé par la productivité marginale de ce facteur. Prenons un exemple. Si le travail coûte 25 $ par jour et que la productivité marginale du travail est de 2 chandails, alors le coût marginal d'un chandail sera de 12,50 $ (25 $ ÷ 2).

Le prix du capital divisé par la productivité marginale du capital s'interprète de la même façon. Le prix du capital divisé par la productivité marginale du capital correspond au coût marginal lorsqu'on augmente la production en maintenant le travail constant. Lorsqu'on utilise la technique de moindre coût, le coût marginal est le même, quelle que soit la façon dont le supplément de production est obtenu : ou bien le capital est constant et une plus grande quantité de travail est utilisée, ou bien le travail est constant et une plus grande quantité de capital est utilisée.

En analysant la détermination de la technique de moindre coût, nous avons évidemment supposé que les deux facteurs de production étaient variables. Par conséquent, lorsqu'une entreprise utilise la technique de moindre coût pour un niveau de production donné, elle se situe sur sa courbe de coût moyen *à long terme*. Le coût marginal à long terme de l'entreprise est donc égal soit à P_L/Pm_L, soit à P_K/Pm_K, puisque ces deux expressions sont toujours égales lorsque l'entreprise emploie la technique de moindre coût. Par contre, cette égalité ne sera pas toujours nécessairement satisfaite *à court terme* : en effet, le capital étant fixe à court terme, l'entreprise ne pourra modifier sa production à court terme qu'en modifiant la quantité de travail employée. Comme cela perturbera l'égalité entre P_L/Pm_L et P_K/Pm_K, le coût total moyen ne sera plus minimisé. Autrement dit, le coût total moyen *à court terme* sera alors supérieur au coût total moyen *à long terme*. Cela correspond à ce que nous avons vu au chapitre 10 : la courbe de coût total moyen à court terme (pour un stock de capital donné) est partout supérieure à la courbe de coût total moyen à long terme, sauf au point de tangence entre les deux courbes (voir la figure 10.10). À ce point, les quantités des deux facteurs de production sont parfaitement adaptées au niveau de production courant. Autrement dit, au point de tangence des deux courbes, l'entreprise utilise la technique de moindre coût pour le niveau de production en question.

À RETENIR

Une entreprise dispose de diverses méthodes pour augmenter son niveau de production. Si l'une des méthodes permettant d'augmenter la production est moins coûteuse que les autres, l'entreprise a tout intérêt à utiliser la méthode en question. Même si l'entreprise ne souhaite pas augmenter sa production, si le coût marginal à partir d'un facteur de production est supérieur au coût marginal à partir de l'autre facteur, elle aurait intérêt à réduire l'utilisation du facteur dont la contribution au coût marginal est la plus élevée et à augmenter l'utilisation du facteur dont la contribution au coût marginal est la plus faible. L'entreprise a trouvé la technique de moindre coût lorsque tous les facteurs de production ont la même incidence sur le coût marginal.

■ Nous venons de voir comment les entreprises minimisent leurs coûts. Il nous reste à étudier les interactions entre les entreprises et les ménages sur les marchés des biens et services et à analyser la détermination des prix, des niveaux de production et des profits.

RÉSUMÉ

Le principe de substitution

On peut obtenir un volume de production donné en utilisant une faible quantité de capital et une grande quantité de travail (technique à forte proportion de travail) ou, au contraire, une faible quantité de travail et une forte quantité de capital (technique à forte proportion de capital). La fonction de production décrit la quantité produite grâce à différentes combinaisons de capital et de travail.

Le taux marginal de substitution du capital au travail est le taux auquel on peut remplacer le travail par le capital tout en maintenant la production à un niveau constant. Le taux marginal de substitution diminue lorsque la quantité de travail employée à un niveau de production donné augmente et que la quantité de capital utilisée diminue. Cette tendance générale s'appelle la *loi du taux marginal de substitution décroissant*. (*pp. 271-273*)

Les isoquants

Un isoquant est une courbe qui représente les différentes combinaisons de facteurs de production compatibles avec un niveau de production donné. La pente de l'isoquant mesure le taux marginal de substitution. Une carte d'isoquants représente une famille d'isoquants, chaque isoquant correspondant à un niveau de production différent. L'isoquant est d'autant plus éloigné de l'origine que le niveau de production est élevé. (*pp. 273-275*)

Les droites d'isocoût

Une droite d'isocoût représente les combinaisons de capital et de travail que l'on peut se procurer pour une même dépense totale, étant donné les prix des facteurs de production. Une carte d'isocoûts représente une famille de droites d'isocoût, chaque droite correspondant à un coût total différent. La pente d'une droite d'isocoût est égale au ratio du prix du travail sur le prix du capital, c'est-à-dire au prix relatif du travail. (*pp. 275-278*)

La technique de moindre coût

La technique de moindre coût correspond à la combinaison de facteurs de production qui permet de réduire au minimum le coût total d'un volume donné de production, compte tenu du prix des facteurs. L'entreprise produit au moindre coût lorsque le taux marginal de substitution du capital au travail est égal au ratio du prix du travail sur le prix du capital. Graphiquement, la technique de moindre coût correspond à la combinaison de facteurs pour laquelle la droite d'isocoût est tangente à l'isoquant au niveau de production considéré.

Une variation du prix des facteurs de production modifie la technique de production de moindre coût. Plus le prix d'un facteur est élevé, moins on utilisera ce facteur dans la technique de production de moindre coût. (*pp. 278-281*)

Quelques exemples de choix d'une technique

Les différences intersectorielles dans les fonctions de production se traduisent par des variations de l'intensité capitalistique entre secteurs industriels. Compte tenu de la forme des isoquants, la technique de moindre coût sera très capitalistique dans certains secteurs. D'autres secteurs auront une technique de moindre coût à forte proportion de travail.

L'intensité capitalistique varie entre pays à cause des différences de salaire. Dans les pays à salaires élevés, la pente des droites d'isocoût est relativement forte; dans les pays à bas salaires, la pente des droites d'isocoût est plus faible. Ainsi, les entreprises des pays à salaires élevés utilisent des techniques à forte proportion de capital, alors que celles des pays à bas salaires utilisent des techniques à forte proportion de travail. (*pp. 281-282*)

Le produit marginal et le coût marginal

Le taux marginal de substitution du capital au travail est égal au ratio de la productivité marginale du travail sur la productivité marginale du capital. Lorsque le coût total est minimisé, le ratio de la productivité marginale du travail sur la productivité marginale du capital est égal au ratio du prix du travail sur le prix du capital. Ainsi, lorsqu'une entreprise utilise la technique de moindre coût, la productivité marginale par dollar dépensé est la même pour chaque facteur de production. En outre, le coût marginal est le même, quel que soit le facteur que l'on fait varier pour obtenir un supplément de produit. (*pp. 283-285*)

POINTS DE REPÈRE

Mots clés

Carte d'isocoûts, 278
Carte d'isoquants, 274
Droite d'isocoût, 275
Équation d'isocoût, 276
Isoquant, 273
Loi du taux marginal de substitution décroissant, 273
Taux marginal de substitution du capital au travail, 272
Technique de moindre coût, 278

Figures et tableaux clés

Figure 11.1	La fonction de production de Maille d'or, 271
Figure 11.2	Un isoquant, 273
Figure 11.4	Une carte d'isoquants, 275
Figure 11.5	Une droite d'isocoût, 276
Figure 11.7	Une carte d'isocoûts, 278
Figure 11.8	La technique de moindre coût, 279
Tableau 11.2	L'équation d'isocoût, 276
Tableau 11.3	La technique de moindre coût, 284

QUESTIONS DE RÉVISION

1. Qu'est-ce qu'une fonction de production?
2. Donnez la définition du taux marginal de substitution.
3. Comment calcule-t-on le taux marginal de substitution?
4. Qu'est-ce qu'un isoquant?
5. Que mesure la pente d'un isoquant?
6. Qu'est-ce qu'une droite d'isocoût?
7. Que mesure la pente d'une droite d'isocoût?
8. Quelles conditions doivent être satisfaites lorsqu'une entreprise a choisi la technique de moindre coût pour atteindre un niveau de production donné?
9. Quel est l'effet d'une variation du prix des facteurs de production sur la technique de moindre coût?
10. Pourquoi l'intensité capitalistique varie-t-elle d'un secteur industriel à l'autre au sein d'un même pays?
11. Pourquoi dans un même secteur de production l'intensité capitalistique varie-t-elle d'un pays à l'autre?
12. Quelle est la relation entre le taux marginal de substitution et les productivités marginales du travail et du capital?
13. Lorsque les coûts sont minimisés, quelle est la relation entre le coût marginal d'une augmentation de la production à partir d'une plus grande quantité de capital et à partir d'une plus grande quantité de travail?

PROBLÈMES

1. Le tableau suivant indique la production horaire de croissants chez un pâtissier en fonction de différentes combinaisons de capital et de travail :

Unités de capital	Unités de travail		
	1	2	3
3	280	430	490
2	190	280	320
1	100	160	190

   Tracez les isoquants pour une production horaire de 190 et de 280 croissants et déterminez deux points sur chacun des isoquants.

2. En utilisant les données du problème 1, calculez le taux marginal de substitution du capital au travail si l'entreprise modifie sa méthode de production en passant :
   a) de 1 unité de travail et 3 unités de capital à 2 unités de chacun de ces deux facteurs;
   b) de 1 unité de travail et 2 unités de capital à 3 unités de travail et 1 unité de capital.

3. Supposons que, chez le pâtissier du problème 1, le travail coûte 10 $ l'heure et le capital 15 $ l'heure. Écrivez l'équation d'isocoût.

4. Compte tenu des données des problèmes 1 et 3, quelle est la technique de moindre coût pour la production de :
   a) 190 croissants l'heure?
   b) 280 croissants l'heure?

   (N'utilisez que des unités entières et non pas des fractions d'unités, tant pour le travail que pour le capital.)

5. Lorsque la technique de moindre coût est utilisée au problème 4, quel est le coût marginal de production?

6. Supposons que le travail coûte 15 $ l'heure au producteur de croissants et que le capital ne lui coûte plus que 10 $ l'heure. Écrivez l'équation d'isocoût.

7. Compte tenu des données du problème 6, quelle est la technique de moindre coût du pâtissier pour :
   a) 190 croissants l'heure?
   b) 280 croissants l'heure?

   (N'utilisez que des unités entières pour le travail et le capital.)

8. Lorsque la technique de moindre coût est utilisée au problème 7, quel est le coût marginal de production?

9. Comparez vos réponses aux problèmes 3 et 6. Que vous indiquent-elles sur l'incidence du prix relatif des facteurs de production sur la pente de la droite d'isocoût?

10. Comparez vos réponses aux problèmes 4 et 7. Que vous indiquent-elles sur l'incidence du prix relatif des facteurs de production sur la technique de production de moindre coût?

11. Comparez le coût marginal associé au travail et au capital dans le problème 5. Faites la même chose pour le problème 8. Quelles conclusions tirez-vous à propos de ces coûts marginaux et de la technique de production de moindre coût?

5ᵉ PARTIE

Les marchés des biens et services

ENTREVUE
CURTIS EATON

Curtis Eaton est titulaire d'un baccalauréat et d'un doctorat de l'université du Colorado. Il a enseigné à l'université de Colombie-Britannique, à l'université de Toronto et à l'université Simon Fraser. Théoricien de la microéconomie, il a notamment beaucoup travaillé, en collaboration avec Richard Lipsey, sur le fonctionnement des marchés dans lesquels la différenciation des produits introduit un élément de monopole – en d'autres termes, la concurrence monopolistique. Il est, avec sa femme, Diane Eaton, coauteur de *Microeconomics* (W. H. Freeman and Company), manuel de niveau intermédiaire.

Nous nous entretenons ici avec Curtis Eaton sur ses recherches et sur la place de la théorie et des mathématiques en économie.

Professeur Eaton, quand avez-vous commencé à vous intéresser à l'économie, et pourquoi ?

Dans ma dernière année de secondaire, j'ai eu la chance d'avoir une enseignante très enthousiaste, spécialiste des sciences humaines. Elle m'a donné l'envie de me lancer, moi aussi, dans les sciences humaines ; je crois que je n'avais jamais entendu parler d'économie à l'époque ! À l'université, je me suis intéressé un peu à tous les domaines des sciences humaines. Si j'ai choisi l'économie, c'est parce qu'elle repose entièrement sur un principe simple, qui établit un cadre d'analyse global commun à toute explication des

> «Si j'ai choisi l'économie, c'est parce qu'elle repose entièrement sur un principe simple, qui établit un cadre d'analyse global commun à toute explication des comportements économiques, à savoir que les individus agissent toujours en fonction de leur propre intérêt.»

comportements économiques, à savoir que les individus agissent toujours en fonction de leur propre intérêt; c'est aussi parce qu'elle m'a semblé donner les outils nécessaires pour intervenir efficacement dans les décisions politiques. Si je suis devenu économiste, je crois que c'était surtout pour m'attaquer aux *trusts*. Les lois antitrusts ont été pour moi les premières mesures gouvernementales vraiment fondamentales. En première année d'université, j'ai même écrit tout un rapport sur les dangers des monopoles et sur la meilleure façon de faciliter la vie des consommateurs!

Votre travail est marqué par les mathématiques; vous avez même démontré des théorèmes sur les relations économiques, exactement comme les mathématiciens démontrent des théorèmes sur des relations plus abstraites. L'économie est-elle inéluctablement mathématique?

Il faut absolument avoir une solide base en mathématiques pour faire sérieusement de l'économie car c'est le langage commun à tous les économistes, celui qu'ils utilisent pour communiquer entre eux. Cela dit, je ne pense pas que l'économie soit essentiellement mathématique: la plupart des grands principes économiques sont simples et non mathématiques.

Prenons le cas de George Akerlof, c'est un bon exemple. Akerlof se demande ceci: «Comment se fait-il que les voitures neuves perdent de leur valeur marchande dès qu'elles sortent de chez le concessionnaire?» Pour répondre à cette question, il s'en pose une autre: «Qu'est-ce qui peut inciter l'acheteur d'une voiture neuve à revendre son véhicule sitôt après l'avoir acheté?» À cela, il répond: «Peut-être qu'entre le moment où il l'a acheté et le moment où il a décidé de le revendre, il s'est aperçu qu'il avait fait une très mauvaise affaire.» Il ne reste plus à George Akerlof qu'à généraliser son observation, en soulignant que, si lui a pu aboutir à cette conclusion simple, l'acheteur de voiture d'occasion moyen peut certainement en faire autant. Ainsi, si cet acheteur moyen trouve une voiture d'un modèle récent à vendre sur le marché de l'occasion, il en conclut qu'il s'agit probablement d'une mauvaise voiture, qui ne vaut certainement pas le prix d'une voiture neuve apparemment identique. De cette simple observation est née toute l'économie des asymétries d'information.

Vous êtes un théoricien de l'économie. En quoi consiste le travail d'un théoricien de l'économie?

La théorie économique est un ensemble de connaissances qui nous aident à mieux comprendre la réalité économique. Elle repose sur le postulat suivant: les gens agissent en fonction de ce qu'ils pensent être leur intérêt. Le rôle du théoricien de l'économie consiste à repérer les anomalies — pourquoi les voitures neuves se déprécient-elles dès qu'elles sortent de chez le concessionnaire? — et à trouver des explications cohérentes par rapport au postulat de base, à savoir que tout le monde se comporte au mieux de son propre intérêt.

**Quelle est la place des hypothèses dans la théorie économique? Les économistes se plaisent à raconter cette histoire drôle, qui ne semble pourtant pas à leur avantage... Un ingénieur, un physicien et un économiste se retrouvent sur une île déserte. Ils ont une boîte de haricots, mais pas d'ouvre-boîte. «Pas de problème, dit l'ingénieur, je vais grimper au sommet de cet arbre et jeter la boîte sur un rocher; les haricots vont se répandre un peu partout mais, au moins, nous aurons à manger.» «J'ai une meilleure proposition, rétorque le physicien. Je vais concentrer les rayons du soleil avec un morceau de verre, et percer un trou dans la boîte. Non seulement nous pourrons récupérer tous les haricots mais, en plus, ils seront cuits à point quand nous les sortirons de la boîte!» L'économiste, stupéfait d'entendre de telles balivernes, intervient : «J'ai une bien meilleure solution, dit-il. *Supposons* que nous ayons un ouvre-boîte...» Curtis Eaton, quel est le rôle des hypothèses en économie? Sont-elles toujours aussi irréalistes que l'ouvre-boîte de l'histoire?

Je ne pense pas que l'on puisse blâmer les économistes d'aimer les hypothèses irréalistes. Les hypothèses font partie intégrante de toute théorie, dans quelque domaine scientifique que ce soit. Deux très bons économistes qui travaillent actuellement au Canada, Mukesh Eswaran et Russell Davidson, ont commencé leur carrière comme physiciens; les deux s'accordent à dire qu'il est aussi difficile d'établir des théories économiques que des théories physiques, et que les spécialistes des deux disciplines font largement appel à des hypothèses irréalistes.

Si nous utilisons tant d'hypothèses qui ne rendent compte que d'un aspect de la réalité, c'est tout simplement parce que l'économie n'est pas une science expérimentale. Nous faisons face à une réalité que nous voulons comprendre, et nous ne pouvons pas la triturer dans tous les sens pour vérifier quelles hypothèses sont justes, et lesquelles ne le sont pas. L'idéal serait de définir une série d'hypothèses conformes à la réalité, puis d'étudier leurs limites. Mais, quand on étudie les limites de quelque chose, il arrive souvent que notre réflexion nous entraîne hors de ces limites, pour étudier les conséquences de quelque chose qui n'existe pas vraiment dans la réalité; nous tombons alors dans un domaine qui n'est plus conforme à la réalité qu'on voulait comprendre, qui est irréaliste.

Examinons, si vous le voulez bien, deux des grands modèles économiques de marché, le monopole pur et la concurrence parfaite. Les hypothèses qui sous-tendent ces deux modèles sont extrêmes; elles vont au-delà de tous les systèmes économiques que nous connaissons ou, du moins, elles se situent à leur extrême limite. Dans la réalité, la plupart des marchés sont monopolistiques par certains aspects et concurrentiels par d'autres. Les modèles du monopole pur et de la concurrence parfaite servent-ils quand même à quelque chose?

Ce sont les plus utiles de tous, au moins sur le plan pédagogique. Ils sont très simples et contiennent tous les fondements de l'économie; à eux deux, ils nous aident grandement à déterminer comment répartir au mieux les ressources dont nous disposons. Nous ne disposons pas des outils nécessaires pour construire des modèles simples autres que les modèles monopolistiques et concurrentiels.

Vous avez tenté d'élaborer des modèles qui tiendraient à la fois du monopole et de la concurrence. Quelles anomalies cherchiez-vous à expliquer?

Allez dans un grand magasin et cherchez deux produits identiques, mais fabriqués par des entreprises différentes. Vous n'en trouverez pas; les entreprises préfèrent fabriquer des produits différents. Pourquoi? C'est une anomalie.

Imaginons maintenant que des étudiants amènent tous leurs vêtements en classe pour voir s'ils en possèdent d'identiques. Commençons par voir s'il existe deux garde-robes parfaitement identiques : il n'y en a pas. Voyons si les

«Je ne pense pas que l'on puisse blâmer les économistes d'aimer les hypothèses irréalistes. Les hypothèses font partie intégrante de toute théorie, dans quelque domaine scientifique que ce soit.»

« Si je repartais de zéro aujourd'hui, [...] j'essayerais de bâtir une théorie évolutionniste de l'économie. »

mêmes vêtements se retrouvent dans plusieurs garde-robes : certains étudiants ont en effet quelques vêtements identiques, mais ils sont quand même rares. Les gens ont tous des goûts très différents les uns des autres. N'est-ce pas étrange ?

Autre constatation : la variété des produits disponibles est telle que nous pouvons presque toujours en trouver un qui nous convient ; par contre, il est bien rare que nous trouvions *exactement* ce que nous cherchons. Néanmoins, nous achetons très couramment des vêtements de prêt-à-porter, des voitures sans options, des maisons de série. Cela prouve à mon avis que la différenciation des produits est en définitive minime par rapport à la diversité des goûts.

Cela m'amène à poser cette question : qu'est-ce qui nous empêche de satisfaire parfaitement toutes nos envies et tous nos goûts, aussi divers soient-ils ?

Quelle est la réponse ? Et quelles en sont les conséquences ?

Les coûts de conception des produits et de recherche-développement sont certainement la cause principale : ils empêchent les entreprises d'étendre leurs gammes à l'infini et ce sont donc eux qui, au premier chef, sont la cause des rendements d'échelle croissants. Dans le secteur des micropuces électroniques, par exemple, on estime que les ressources consacrées uniquement à la conception d'une nouvelle génération de puces sont comparables à la somme des ressources consacrées à la fabrication de ces mêmes micropuces.

Donc, les gens ont des goûts très divers et les rendements d'échelle sont croissants. En conséquence, les producteurs disposeront d'un certain pouvoir de marché. Il n'y a pas ici de main invisible à l'œuvre comme chez Adam Smith, et aucune institution ne peut vraiment nous garantir l'allocation efficace des ressources – à supposer encore que nous puissions définir l'efficacité. Mais, à mon avis, notre rôle ne consiste pas, de toute façon, à manipuler les structures sociales – mon point de vue a bien changé depuis mes premières années d'université ! Je crois maintenant que notre rôle consiste plutôt à comprendre le monde.

Si vous vous trouviez aujourd'hui à l'aube de votre carrière de théoricien de l'économie, que choisiriez-vous d'étudier, et pourquoi ?

J'ai l'impression qu'aux frontières de la théorie économique nous nous heurtons aux limites mêmes de l'hypothèse selon laquelle les êtres humains chercheraient toujours à satisfaire leur propre intérêt, et ce de façon rationnelle et prévoyante. Deux écueils nous attendent si nous poussons trop loin l'hypothèse d'un choix éclairé, informé, fondé sur l'intérêt personnel. Cette hypothèse n'est pas assez contraignante, en ce sens qu'elle est compatible avec un trop grand nombre de possibilités ; par contre, si les possibilités sont trop restreintes, il nous sera très difficile de comprendre les situations économiques. Nous devons par conséquent étudier d'autres hypothèses. L'hypothèse de la théorie évolutionniste me semble être la plus prometteuse. Si je repartais de zéro aujourd'hui, j'étudierais les théories mathématiques de l'évolution. J'étudierais notamment les aspects mathématiques des processus stochastiques et les algorithmes permettant de faire des simulations. J'essayerais de bâtir une théorie évolutionniste de l'économie.

CHAPITRE 12

La concurrence parfaite

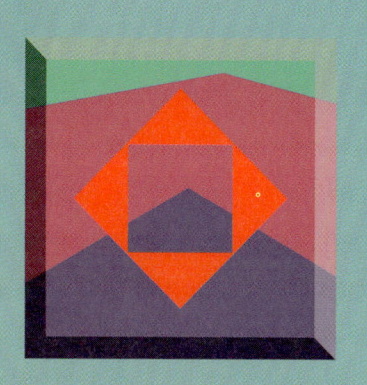

Objectifs du chapitre:

- Définir la concurrence parfaite.

- Expliquer pourquoi une entreprise en situation de concurrence parfaite ne peut exercer aucune influence sur le prix du marché.

- Montrer l'effet des variations de prix sur la production totale d'une industrie concurrentielle.

- Expliquer pourquoi les entreprises ferment parfois temporairement leurs portes et licencient leurs employés.

- Expliquer pourquoi les entreprises entrent dans un secteur ou en sortent.

- Montrer les effets possibles d'une variation de la demande ou d'une innovation technique sur un secteur donné et sur une entreprise représentative de ce secteur.

- Expliquer pourquoi ces dernières années ont été si difficiles pour les agriculteurs.

- Montrer pourquoi la concurrence parfaite conduit à une allocation efficace des ressources.

Embouteillage chez les garagistes

IL EST HUIT HEURES ET DEMIE DU MATIN. Un carambolage de six véhicules paralyse la circulation sur le tronçon autoroutier le plus fréquenté de la province. Fort heureusement, l'accident n'a pas fait de blessés graves, mais le bilan matériel est lourd. Deux voies sont jonchées de morceaux de carrosserie, d'enjoliveurs cabossés, de pneus déchirés et de pots d'échappement écrasés. La course au déblayage commence! ■ À moins de quinze minutes du lieu de l'accident, pas moins de cinquante entreprises de dépannage se font concurrence pour l'obtention du contrat de déblaiement d'urgence. Plusieurs centaines de carrossiers sont fin prêts à redresser les ailes tordues, à remplacer la tôle froissée, et à repeindre le tout. Les automobilistes malchanceux ont en outre le choix entre plus de vingt marques de pneus, que de très grandes entreprises comme Canadian Tire vendent à de petits détaillants comme Pneus Tremblay inc. par l'intermédiaire d'innombrables grossistes. Enfin, Speedy Muffler, Midas, Monsieur Muffler et autres «pros du pot» (d'échappement) comme Georges Désilets sont déjà sur les lignes pour... remplacer les pots cassés. ■ La réparation automobile n'est pas la seule branche d'activité concurrentielle, tant s'en faut. Que vous vouliez faire réparer votre voiture, changer votre serrure, arranger votre téléviseur ou déménager vos meubles, que vous ayez besoin de nouvelles lunettes ou envie d'une pizza végétarienne à domicile, vous avez toujours le choix entre des douzaines, voire des centaines de fournisseurs ou prestataires de services: il suffit de consulter les Pages Jaunes! Ces entreprises – et combien d'autres! – s'opposent les unes aux autres dans une féroce concurrence. Dans ces secteurs, plusieurs entreprises disparaissent chaque jour, acculées à la fermeture par leurs concurrentes, tandis que d'autres viennent presque immédiatement prendre leur place pour tenter leur chance à leur tour. ■ Quel est l'effet de la concurrence sur les prix et sur les profits? Pourquoi certaines entreprises quittent-elles un marché, pendant que d'autres s'y installent? Comment ces entrées et sorties influent-elles sur les prix et sur les profits? ■ En 1982 et 1983, plus d'un million de personnes étaient au chômage, dont plus de la moitié à la suite d'un licenciement. Dans certains cas, l'entreprise avait purement et simplement fermé ses portes; mais, le plus souvent, l'employeur avait dû licencier pour réduire ses coûts de fonctionnement et éviter la faillite. Des constructeurs automobiles, des producteurs de crème glacée, des fabricants d'ordinateurs, des entreprises de presque toutes les branches d'activité ont ainsi licencié massivement en 1982 et 1983. Ces deux années ont été particulièrement difficiles, il est vrai.

Mais, même en temps «ordinaire», les entreprises doivent souvent alléger leurs effectifs, et plus d'un quart de million de personnes se retrouvent sans emploi chaque année. Pourquoi les entreprises licencient-elles leur personnel? Pourquoi décident-elles parfois de cesser temporairement leurs activités et de mettre leurs employés à pied? ■ Nous avons assisté, ces dernières années, à un véritable effondrement des prix de nombreux biens manufacturés comme les magnétoscopes, les baladeurs, les calculatrices de poche, les ordinateurs personnels. Quelles sont les conséquences de ces baisses de prix pour les entreprises productrices? Pourquoi les prix baissent-ils? Comment ces diminutions de prix influent-elles sur les profits des entreprises? ■ Les Canadiens ont beaucoup entendu parler d'agriculture ces dernières années. La plupart des agriculteurs ont connu des années très difficiles, et beaucoup ont cessé leurs activités. Que s'est-il passé dans cette industrie pour que des problèmes aussi graves surgissent?

■ Le présent chapitre nous aidera à répondre à ces questions. Pour ce faire, plutôt que de considérer l'entreprise comme une entité isolée, nous allons voir comment les entreprises agissent les unes sur les autres. Il n'est pas rare que plusieurs fournisseurs proposent des biens ou services identiques; ils sont alors en situation de concurrence. Chacun essaie de surpasser les autres et d'accroître son profit en vendant plus et en produisant à moindre coût. Nous verrons dans ce chapitre que certains marchés sont si concurrentiels que le mieux que les entreprises puissent faire est simplement d'égaler leurs concurrentes sur les plans du prix et de la qualité. Nous verrons d'autres types de marchés dans les deux chapitres suivants mais, d'ici là, le présent chapitre nous fournira les outils nécessaires pour comprendre et interpréter une multitude de situations diverses.

La concurrence parfaite

Nous allons étudier les marchés concurrentiels à l'aide d'un modèle de marché caractérisé par une concurrence extrêmement féroce, plus encore que dans nos exemples précédents: la concurrence parfaite. Un marché est en situation de **concurrence parfaite** lorsque les conditions suivantes sont réunies:

- De nombreuses entreprises vendent le même bien.
- Les acheteurs sont nombreux.
- Il n'y a pas de barrière à l'entrée dans l'industrie.
- Les entreprises en place ne bénéficient d'aucun avantage particulier par rapport aux entrants potentiels.
- Les entreprises et les acheteurs sont parfaitement informés des prix pratiqués par chacune des entreprises du secteur.

Dans ces conditions de concurrence parfaite, aucune entreprise ne peut exercer d'influence significative sur les prix. On dit alors que les producteurs vendent au prix du marché ou qu'ils *subissent* les prix.

La concurrence parfaite est très rare en réalité. Par contre, certaines branches connaissent une concurrence extrêmement vive, proche de la concurrence parfaite, et le modèle de concurrence parfaite que nous allons étudier maintenant permet de prévoir le comportement des entreprises de ces branches. Le remorquage automobile, le redressement des carrosseries, la réparation et la pose des pots d'échappement, l'agriculture, la pêche, la fabrication de pâte à papier, la production de tasses en carton et de sacs en plastique, la vente de produits d'épicerie au détail, le développement photographique, l'entretien des pelouses, la plomberie, la peinture, le nettoyage à sec et les services de buanderie sont autant de marchés très concurrentiels, proches de la concurrence parfaite.

Les entreprises qui vendent au prix du marché

La concurrence parfaite, situation dans laquelle les entreprises ne peuvent influer sur les prix, caractérise donc les industries où chaque entreprise ne vend qu'une petite partie de la production totale, c'est-à-dire où chacune ne détient qu'une faible part du marché. Imaginons que vous êtes un producteur de blé de la Saskatchewan. Vous cultivez cinq cents hectares, ce qui, à première vue, peut sembler considérable. Prenons maintenant votre voiture, si vous le permettez, et... en route vers l'ouest! Certes, le paysage change et prend un peu de relief au fur et à mesure que nous approchons des Rocheuses; mais, où que vous portiez le regard, vous ne voyez que du blé, du blé et encore du blé, à perte de vue. Le soleil se couche maintenant, à l'ouest, sur ces millions d'épis blonds... et se lève quelques heures plus tard à l'est, sur d'autres millions d'épis blonds, tout à fait semblables. Le Manitoba, à l'est, et les deux Dakota, au sud, regorgent, eux aussi, de blé... sans compter que d'autres régions des États-Unis, l'Argentine, l'Australie et l'Union soviétique y vont aussi de leur production. Vos cinq cents magnifiques hectares ne sont plus maintenant qu'une goutte d'eau dans l'océan ou, plutôt, un minuscule grain dans une montagne de blé.

Et c'est ainsi que vous ne pouvez exercer aucune influence sur le prix. Rien ne rend votre blé plus appétissant ou plus attrayant que celui de vos innombrables concurrents. Et si vous demandez 3,10 $ le boisseau alors qu'eux le vendent 3 $ seulement, vous risquez fort de vous retrouver avec votre blé sur les bras! Vos clients potentiels s'adresseront d'abord à votre voisin immédiat, puis au suivant, etc., jusqu'à ce qu'ils aient comblé tous leurs besoins en blé, à 3 $ le boisseau. À 3,10 $, ou à tout autre prix supérieur à 3 $, vous ne trouverez pas preneur. Ainsi, en situation de concurrence parfaite, le producteur qui demande un prix supérieur à celui du marché ne vend strictement rien. Par contre, pour reprendre notre exemple, si vous proposez un prix *inférieur* à 3 $, alors les acheteurs se précipiteront chez vous et vous achèteront jusqu'au dernier grain. Mais, sachant que vous pouvez vendre toute votre production 3 $ le boisseau, pourquoi demanderiez-vous moins?

L'élasticité de la demande — la demande à l'entreprise et la demande du marché

Si l'entreprise n'exerce aucune influence sur le prix du marché, c'est que la demande à l'entreprise est parfaitement élastique. Pourquoi? Prenons un exemple. Supposons que mille entreprises de même taille produisent le même bien. Même si l'une d'elles double sa production – ce qui serait vraiment tout à fait extraordinaire –, la production totale du secteur n'augmenterait que de 0,1 %, soit 1 ‰. Supposons maintenant que l'élasticité de la demande totale (c'est-à-dire du marché) de ce bien est de 0,5. Alors, cette augmentation de production entraînerait une diminution de prix de... 0,2 %, soit une baisse de 1 $ sur un téléviseur de 500 $, de 10 ¢ sur une robe de 50 $, ou encore de 1 ¢ sur un billet de cinéma de 5 $. Et ces diminutions de prix, déjà fort modestes, sont encore largement supérieures à celles qu'une entreprise réelle serait en mesure de provoquer en augmentant sa production, car il est bien rare qu'un fabricant double sa production du jour au lendemain comme dans notre hypothèse. Par conséquent, quand une entreprise en situation de concurrence parfaite modifie son volume de production, cela n'a qu'un effet négligeable sur le prix du marché. L'entreprise doit donc agir comme si elle ne pouvait absolument pas influer sur le prix du marché.

Le tableau 12.1 présente un cas réel, celui de l'industrie de la pêche, et montre la relation entre l'élasticité de la demande à une entreprise et celle du marché dans son ensemble. Nous voyons que l'élasticité de la demande de poisson est de 0,42 pour l'ensemble de l'industrie; par contre, pour une pêcherie prise isolément, elle s'élève à un peu plus de 40 000.

Quand nous avons étudié la notion d'élasticité au chapitre 5, nous avons vu que l'élasticité d'une demande dont la courbe est horizontale est infinie. Une élasticité de 40 000 n'est certes pas infinie, mais elle est quand même très grande et on peut par, conséquent, considérer une telle demande comme parfaitement élastique.

Tableau 12.1 L'élasticité de la demande relative à une pêcherie

(a) Données

- Production mondiale annuelle de poisson : 76,8 milliards de kilogrammes.
- Production annuelle moyenne par pêcherie : 0,8 million de kilogrammes.
- Prix moyen du poisson : 82,5 ¢/kg.
- Élasticité de la demande totale de poisson et des produits dérivés : $\eta_m = 0,42$.

(b) Effets sur le prix mondial

- Si une pêcherie moyenne augmente sa production de 100 %, elle fait augmenter la production mondiale de 0,8 million de kilogrammes, soit 0,00104 %.
- Calcul de la variation du prix mondial :

$$\eta_m = \frac{\text{Variation en pourcentage de la quantité demandée}}{\text{Variation en pourcentage du prix}}.$$

- En situation d'équilibre, la variation de la quantité demandée est égale à la variation de la quantité offerte. C'est-à-dire :

$$\text{Variation en pourcentage du prix} = \frac{\text{Variation en pourcentage de la quantité}}{\eta_m}.$$

- La baisse du prix est donc égale à :

Variation en pourcentage du prix = 0,00104 / 0,42
= 0,00248 %.

- Une baisse de prix de 0,00248 % équivaut à une baisse de 0,002 ¢/kg.
- Quand une pêcherie double sa production, le prix mondial ne baisse donc que de 0,002 ¢/kg.

(c) Élasticité de la demande pour une pêcherie

- Calcul de l'élasticité de la demande à une entreprise (η_e) :

$$\eta_e = \frac{\text{Variation en pourcentage des ventes de l'entreprise}}{\text{Variation en pourcentage du prix}}.$$

= 100 / 0,00248
= 40 322.

La partie (a) donne quelques données générales sur le marché du poisson. La plus grande part de la production est vendue congelée et le marché est mondial. Dans la partie (b), on voit comment le marché réagit si une pêcherie double sa production : la production mondiale augmente de 0,8 million de kilogrammes, soit environ 0,001 %, et le prix mondial baisse de 0,00248 %, soit 0,002 ¢/kg. La partie (c) montre le calcul de l'élasticité de la demande d'une entreprise individuelle (η_e); cette élasticité s'élève ici à un peu plus de 40 000!

Remarque: Les statistiques de quantité et de prix et, par conséquent, les élasticités calculées, datent de 1982 et ont été tirées de *Statistical Abstract of the United States*, 106e édition, U.S. Bureau of the Census, 1986 (Washington DC, 1985), pp. 681-689. Les données exprimées en unités anglo-saxonnes dans le document de référence ont été converties en unités du système international (SI).

La courbe de demande de notre pêcherie est donc horizontale, et l'entreprise doit considérer le prix du marché comme donné.

La concurrence au quotidien

Nous avons vu que les entreprises en situation de concurrence parfaite n'ont aucune influence sur les prix du marché : en effet, si l'entreprise exige un prix plus élevé que celui de ses concurrentes, ses clients s'adresseront ailleurs ; si elle propose un prix inférieur à celui du marché, elle vendra toute sa production, mais s'infligera elle-même un manque à gagner car elle aurait aussi vendu toute sa production si elle s'en était tenue au prix du marché.

Comme les entreprises ne sont pas portées à vendre moins cher que leurs concurrentes, on peut avoir l'impression que le marché n'est pas, en fait, très concurrentiel. Car si la concurrence ne joue pas sur les prix, sur quoi peut-elle bien jouer ?

La concurrence des entreprises ressemble fort aux compétitions entre athlètes ou équipes sportives. Ainsi, à l'instar des sportifs, les entreprises cherchent constamment à acquérir un avantage qui leur permettra de l'emporter sur leurs «adversaires». Mais dans certains cas, quand la concurrence est très vive, leur marge de manœuvre est bien mince. C'est d'ailleurs aussi ce qui se produit dans les sports. Prenons l'exemple de deux coureurs de force égale dans une compétition : chacun n'a d'autre choix que de talonner son adversaire, d'éviter de commettre des erreurs, et de se résoudre à l'inéluctable : un score très serré, voire deux places *ex æquo*. Comme ces athlètes de même niveau, les entreprises des marchés parfaitement concurrentiels se talonnent de si près qu'elles n'ont d'autre choix que de s'imiter les unes les autres – fabriquer des biens comparables à un prix comparable –, et de s'accommoder de résultats analogues aux matchs nuls du monde des sports.

Voyons maintenant de plus près le fonctionnement des marchés de concurrence parfaite ; nous commencerons pour ce faire par étudier les décisions d'une entreprise représentative dans un tel marché.

Les décisions des entreprises en situation de concurrence parfaite

Les entreprises des marchés parfaitement concurrentiels ont trois grandes décisions à prendre :

- Rester dans le marché ou le quitter.
- Si l'entreprise choisit de rester, continuer à produire ou cesser temporairement la production.
- Si l'entreprise choisit de continuer à produire, fixer le niveau de production.

Nous supposons ici que notre entreprise n'a qu'un seul objectif : maximiser ses profits. Voyons d'abord ce qui se passe si elle décide de produire. Nous étudierons ensuite les deux autres possibilités : l'entreprise décide de cesser temporairement ses activités, ou de quitter l'industrie.

Profit et recette

Le *profit* est la différence entre la recette totale d'une entreprise et son coût total. Nous avons analysé le comportement du coût total dans les deux chapitres précédents. Mais qu'est-ce que la recette totale ?

La *recette totale* est la valeur totale des ventes de l'entreprise. Elle s'obtient en multipliant le prix unitaire du bien ou service par la quantité d'unités vendue (prix × quantité vendue). La **recette moyenne** s'obtient en divisant la recette totale par la quantité vendue ; c'est donc la recette obtenue pour chaque unité produite. Or, la recette totale est égale au prix unitaire multiplié par la quantité totale vendue ; la recette moyenne, qui est la recette totale divisée par la quantité vendue, est donc égale au prix unitaire. La **recette marginale** est la variation de la recette totale pour chaque unité supplémentaire vendue. Or, en situation de concurrence parfaite, le prix reste constant quelle que soit la quantité vendue par l'entreprise ; la variation de la recette totale s'obtient donc en multipliant le prix (constant) par la variation de la quantité vendue. En situation de concurrence parfaite, chaque vente d'une unité supplémentaire entraîne une variation de la recette totale exactement égale au prix unitaire. La recette marginale est donc égale au prix (toujours dans l'hypothèse d'un marché parfaitement concurrentiel).

La figure 12.1 illustre le cas de Maille d'or. Le tableau indique les chiffres obtenus pour trois niveaux de ventes. Comme l'entreprise ne peut exercer aucune influence sur le prix du marché, son prix de vente reste constant ; dans le cas de Maille d'or, il est toujours de 25 $. Nous savons que la recette totale est égale au prix multiplié par la quantité vendue. Dans ce cas, si Maille d'or vend 8 chandails, sa recette totale est de 200 $ (8 × 25 $ = 200 $). Nous savons aussi que la recette moyenne s'obtient en divisant la recette totale par la quantité vendue ; elle s'élève ici à 25 $ (200 $ / 8 = 25 $). Enfin, la recette marginale est la variation de la recette totale pour chaque unité supplémentaire vendue. Par exemple, quand le nombre de chandails vendus passe de 7 à 8, la recette totale de Maille d'or passe de 175 à 200 $; la recette marginale est donc de 25 $. Remarquons que le tableau indique la recette marginale *entre* les lignes correspondant aux quantités vendues ; cette présentation permet de souligner que la recette marginale résulte d'une *variation* de la quantité vendue.

Figure 12.1 Demande, prix et recette en situation de concurrence parfaite

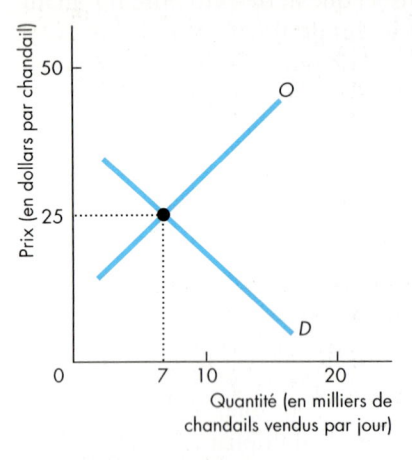

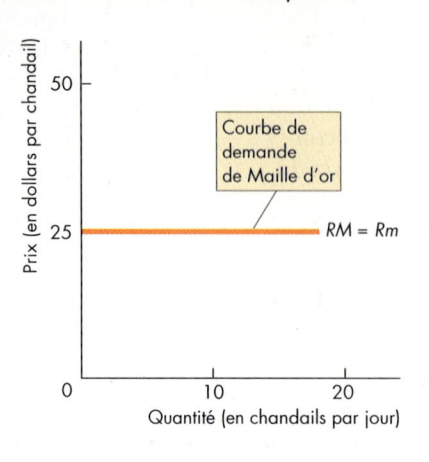

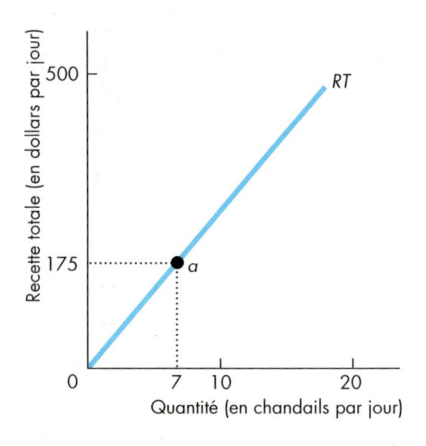

(a) Marché des chandails

(b) Demande de Maille d'or, recette moyenne et recette marginale

(c) Recette totale de Maille d'or

Quantité vendue (Q) (en chandails par jour)	Prix (P) (en dollars par chandail)	Recette totale (RT = P x Q) (en dollars par jour)	Recette moyenne (RM = RT / Q) (en dollars par jour)	Recette marginale (Rm = ΔRT / ΔQ) (en dollars par chandail)
7	25	175	25	
				25
8	25	200	25	
				25
9	25	225	25	

En concurrence parfaite, le prix est déterminé au point d'intersection des courbes d'offre et de demande du marché. Le graphique (a) illustre la détermination de l'équilibre : le prix unitaire est de 25 $, et la quantité de chandails vendue chaque jour est de 7000. Maille d'or doit considérer le prix unitaire (en l'occurrence, 25 $) comme une donnée indépendante de son volume de production. Le tableau indique les recettes totale, moyenne et marginale de Maille d'or pour différents niveaux de ventes : si l'entreprise vend 7 chandails, sa recette totale s'élève à 175 $ et sa recette moyenne est de 25 $; si ses ventes passent de 7 à 8 chandails par jour, la recette marginale est de 25 $. La demande de l'entreprise est parfaitement élastique, comme l'indique le graphique (b); en d'autres termes, pour l'entreprise, la courbe est horizontale au niveau du prix d'équilibre du marché. Comme ce prix est fixe aux yeux de l'entreprise, la courbe de demande correspond aussi à la courbe de recette moyenne et à la courbe de recette marginale (RM = Rm). La courbe de recette totale (RT) de Maille d'or est représentée dans le graphique (c). Le point *a* de la courbe de recette totale correspond à la première ligne du tableau.

Supposons que Maille d'or n'est que l'un des 1000 petits fabricants, tous identiques, de chandails sur le marché. Toujours à la figure 12.1, le graphique (a) reproduit les courbes d'offre et de demande totales (c'est-à-dire du marché dans son ensemble). La courbe de demande *D* croise la courbe d'offre *O* au point correspondant à un prix de 25 $ le chandail et à une quantité de 7000 chandails par jour. Le graphique (b) décrit la courbe de demande de Maille d'or. L'entreprise ne pouvant exercer aucune influence sur le prix du marché, la demande à laquelle elle fait face est parfaitement élastique ; cette demande est représentée par la droite horizontale tracée au niveau du point qui, sur l'ordonnée, correspond à un prix unitaire de 25 $. Le graphique illustre également les recettes totale, moyenne et marginale de Maille d'or. La courbe de recette moyenne et la courbe de recette marginale se confondent toutes deux avec la courbe de demande à l'entreprise. En d'autres termes, la courbe de demande à l'entreprise nous indique la recette obtenue pour chaque chandail vendu (recette moyenne) et l'augmentation de recette résultant de la vente d'un chandail supplémentaire (recette marginale). La courbe de recette totale de Maille d'or, illustrée dans le graphique (c), décrit la recette totale en fonction de la quantité vendue. Par exemple, si Maille d'or vend 7 chandails par jour, sa recette totale s'élève à 175 $ (point *a*). Comme chaque nouveau chandail vendu rapporte le même montant — en l'occurrence, 25 $ —, la courbe de recette totale est une droite.

À RETENIR

Les entreprises en situation de concurrence parfaite n'ont aucune influence sur les prix du marché. La demande à laquelle chaque entreprise fait face est parfaitement élastique au prix du marché. Pour chaque entreprise, la recette moyenne et la recette marginale sont égales au prix du marché; ainsi, les courbes de recette moyenne, de recette marginale et de demande sont confondues. La recette totale augmente linéairement avec les ventes.

•••

La maximisation du profit

Le profit est la différence entre la recette totale d'une entreprise et son coût total. Pour une entreprise, maximiser le profit équivaut donc à maximiser l'écart entre le total des recettes et le total des coûts. Bien que les entreprises placées en situation de concurrence parfaite ne puissent exercer aucune influence sur leurs prix de vente, elles peuvent néanmoins faire varier leur profit en modifiant leur volume de production. Nous savons que la recette totale d'une entreprise en situation de concurrence parfaite dépend de son volume de production. Or, comme nous l'avons vu au chapitre 10, le coût total dépend, lui aussi, du volume de production. L'entreprise peut donc faire varier son coût total et sa recette totale en jouant sur son volume de production. *À court terme*, l'entreprise peut modifier son volume de production en modifiant l'emploi des facteurs variables et en modulant le degré d'utilisation de ses facteurs fixes. *À long terme*, elle peut faire varier tous les facteurs de production, variables et fixes. Voyons maintenant comment l'entreprise peut maximiser son profit à court terme.

Recette totale, coût total et profit La figure 12.2 donne la recette totale, le coût total et le profit de Maille d'or. Le graphique (a) reproduit la courbe de recette totale et la courbe de coût total de Maille d'or. Ces courbes illustrent simplement les chiffres des trois premières colonnes du tableau. La courbe de recette totale (*RT*) est la même que celle du graphique (c) de la figure précédente. La courbe de coût total (*CT*) est semblable à celle que nous avons vue au chapitre 10. Remarquez que, si la production tombe à zéro, le coût total de Maille d'or s'élève quand même à 25 $, ce qui représente les coûts fixes de l'entreprise, ceux qu'elle doit inévitablement supporter, même si elle ne produit rien. Le coût total augmente avec le volume de production.

La différence entre la recette totale et le coût total est le profit. Comme on le voit dans le graphique (b) de la figure 12.2, Maille d'or fait un profit si elle produit entre 4 et 12 chandails. En deçà de 4 et au-delà de 12, l'entreprise perd de l'argent. Si elle produit exactement 4 ou 12 chandails, sa recette est égale à son coût total. On appelle **seuil de rentabilité** (ou **point mort**) un niveau de production pour lequel l'entreprise ne fait pas de profit ni n'essuie de perte économique.

Le graphique (b) de la figure 12.2 illustre le profit de l'entreprise Maille d'or, qui est calculé dans la dernière colonne du tableau. Remarquez la relation entre les courbes de recette totale, de coût total et de profit. Le profit pour un niveau donné de production se mesure à l'écart vertical entre la courbe de recette totale et la courbe de coût total. Quand la recette totale est supérieure au coût total, c'est-à-dire quand l'entreprise fabrique entre 4 et 12 chandails (graphique a), Maille d'or fait un profit, et sa courbe de profit est au-dessus de l'axe des abscisses (graphique b). Aux seuils de rentabilité (ou points morts), la courbe de recette totale et la courbe de coût total se croisent et la courbe de profit croise l'axe des abscisses. La courbe de profit est à son maximum lorsque l'écart vertical entre la courbe de recette totale et la courbe de coût total est maximal. Dans cet exemple, le profit est maximal quand le niveau de production est de 9 chandails par jour; il s'élève alors à 40 $.

Coût marginal et recette marginale

Nous avons donc déterminé le niveau de production optimal de Maille d'or en comparant sa recette totale et son coût total pour différents niveaux de production. Mais il existe une méthode plus simple : il suffit de comparer le coût marginal et la recette marginale. Si la recette marginale est supérieure au coût marginal, l'entreprise a intérêt à augmenter sa production. Par contre, si sa recette marginale est inférieure à son coût marginal, elle ferait mieux de produire moins. Enfin, si la recette marginale et le coût marginal sont égaux, c'est que l'entreprise se trouve au niveau de production qui permet de maximiser le profit.

Voyons maintenant le fonctionnement de ce principe. La figure 12.3 reproduit la recette marginale et le coût marginal de Maille d'or. Rappelons que le coût marginal est égal à la variation du coût total résultant de la production d'une unité supplémentaire. Par exemple, quand la production passe de 7 à 8 chandails par jour, le coût total passe de 144 $ à 163 $; le coût marginal est alors de 19 $. De la même façon, la recette marginale est la variation de la recette totale qui résulte de la vente d'une unité supplémentaire. Dans les industries parfaitement concurrentielles, la recette marginale est égale au prix unitaire; dans le cas présent, elle s'élève à 25 $.

Analysons maintenant les nombres inscrits en rouge du tableau de la figure 12.3. Quand la production journalière passe de 8 à 9 chandails, le coût

Figure 12.2   Recette totale, coût total et profit

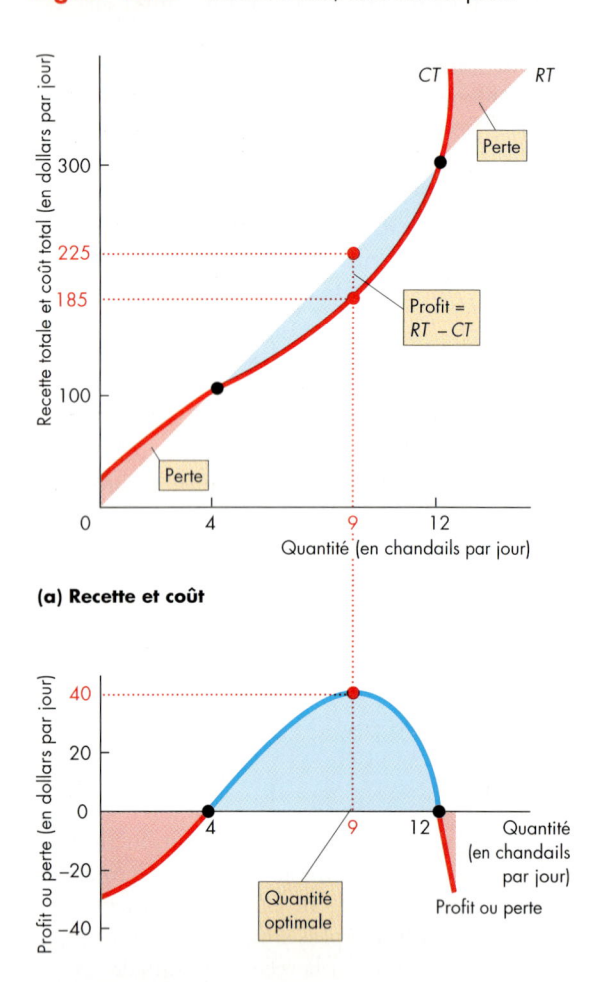

Quantité vendue (Q) (en chandails par jour)	Recette totale (RT)	Coût total (CT)	Profit (RT - CT)
	(en dollars par jour)		
0	0	25	-25
1	25	49	-24
2	50	69	-19
3	75	86	-11
4	100	100	0
5	125	114	11
6	150	128	22
7	175	144	31
8	200	163	37
9	225	185	40
10	250	212	38
11	275	246	29
12	300	300	0
13	325	360	-35

(a) Recette et coût

(b) Profit et perte

Le tableau indique la recette totale, le coût total et le profit de Maille d'or pour différents niveaux de production. Le graphique (a) décrit les courbes de recette totale et de coût total; le profit correspond à l'écart vertical entre ces deux courbes. Si l'entreprise produit entre 4 et 12 chandails par jour, elle fait un profit. Le profit maximal, de 40 $ par jour, correspond à une production journalière de 9 chandails; c'est à ce niveau de production que l'écart vertical entre la courbe de recette totale et la courbe de coût total est maximal. Si l'entreprise produit 4 ou 12 chandails par jour, son profit est nul; ce sont ses seuils de rentabilité. Si elle produit moins de 4 chandails ou plus de 12 chandails par jour, elle perd de l'argent. Le graphique (b) décrit la courbe de profit de Maille d'or. Cette courbe atteint son maximum quand le profit est maximal et elle coupe l'axe des abscisses aux seuils de rentabilité.

---

marginal est de 22 $ et la recette marginale de 25 $; l'augmentation de la recette totale est donc supérieure à l'augmentation du coût total, et le profit augmente de 3 $. La dernière colonne du tableau confirme cette hausse. La recette marginale étant supérieure au coût marginal, l'entreprise a intérêt à faire passer sa production de 8 à 9 chandails: le profit s'élève à 37 $ pour 8 chandails et à 40 $ pour 9 chandails – soit une différence de 3 $.

Supposons maintenant que l'entreprise décide d'augmenter encore sa production, la faisant passer de 9 à 10 chandails par jour. La recette marginale est toujours de 25 $, mais le coût marginal est passé, lui, à 27 $. La recette marginale est supérieure de 2 $ au coût marginal. Lorsque la production passe de 9 à 10 chandails, le coût total s'accroît donc de 2 $ de plus que la recette totale, et le profit baisse du même montant.

Si Maille d'or veut maximiser son profit, il lui suffit donc de comparer sa recette marginale avec son coût marginal pour différents niveaux de production: tant que la recette marginale est supérieure au coût marginal, l'entreprise a intérêt à produire plus. Maille d'or peut ainsi augmenter sa production jusqu'à ce que

LES DÉCISIONS DES ENTREPRISES EN SITUATION DE CONCURRENCE PARFAITE 301

Figure 12.3 Recette marginale, coût marginal et maximisation du profit

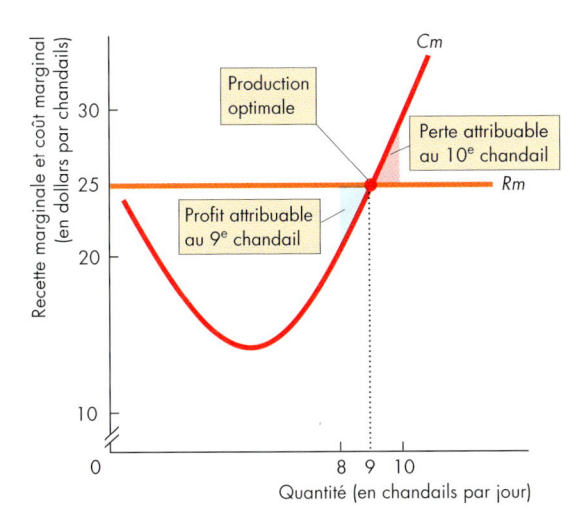

Le niveau de production qui permet de maximiser le profit est celui pour lequel la recette marginale et le coût marginal sont égaux. Lorsque la production passe de 8 à 9 chandails, le coût marginal est de 22 $, ce qui est inférieur à la recette marginale, qui est de 25 $. Par contre, si l'entreprise augmente encore sa production d'une unité, la faisant passer de 9 à 10 chandails, le coût marginal passe à 27 $, ce qui est supérieur à la recette marginale, qui est toujours de 25 $. La courbe montre que la recette marginale et le coût marginal sont égaux quand la production est de 9 chandails par jour. Tant que la recette marginale est supérieure au coût marginal, tout accroissement de la production entraîne une hausse du profit. Par contre, dès que la recette marginale devient inférieure au coût marginal, tout accroissement de la production fait baisser le profit. Le niveau de production est optimal lorsque recette marginale et coût marginal sont égaux.

Quantité vendue (Q) (en chandails par jour)	Recette totale (RT) (en dollars par jour)	Recette marginale (Rm) (en dollars par chandail)	Coût total (CT) (en dollars par jour)	Coût marginal (Cm) (en dollars par chandail)	Profit (RT - CT) (en dollars par jour)
0	0		25		- 25
		25		24	
1	25		49		24
		25		20	
2	50		69		- 19
		25		17	
3	75		86		- 11
		25		14	
4	100		100		0
		25		14	
5	125		114		11
		25		14	
6	150		128		22
		25		16	
7	175		144		31
		25		19	
8	200		163		37
		25		22	
9	225		185		40
		25		27	
10	250		212		38
		25		34	
11	275		246		29
		25		54	
12	300		300		0
		25		60	
13	325		360		- 35

le coût de production du dernier chandail soit égal au prix de vente de ce même chandail, c'est-à-dire jusqu'au point où le dernier chandail produit ne rapporte pas plus que ce qu'il coûte à fabriquer. C'est à ce point que le profit est maximal : si l'entreprise produit une unité de plus, cette unité lui coûtera plus qu'elle ne lui rapportera ; l'entreprise a donc intérêt à limiter sa production au niveau de production précédent.

Figure 12.4 Le profit : illustration de trois cas

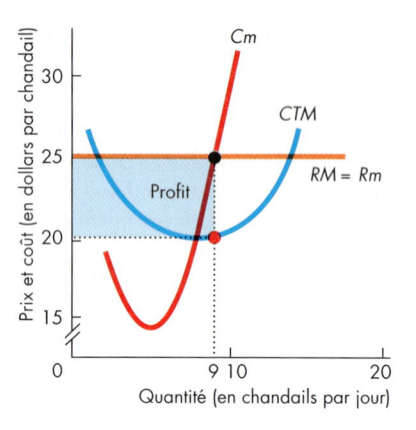

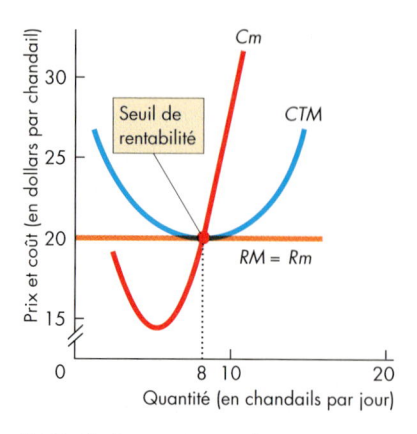

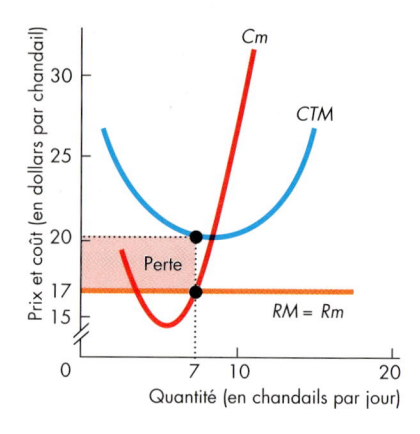

(a) Profit économique positif

(b) Profit économique nul

(c) Perte économique

À court terme, le profit économique d'une entreprise peut être positif, nul ou négatif. Si le prix du marché est supérieur au minimum du coût total moyen, l'entreprise fait un profit positif (graphique a). Si le prix du marché est égal au minimum du coût total moyen, l'entreprise produira à son seuil de rentabilité et fera un profit économique nul (graphique b). Si le prix est inférieur au minimum du coût total moyen, l'entreprise perd de l'argent (graphique c). Le rectangle bleu du graphique (a) représente le profit de l'entreprise et le rectangle rouge du graphique (c), représente sa perte.

Le profit à court terme

Nous savons maintenant que l'on peut calculer le profit maximal d'une entreprise en comparant la recette marginale avec le coût marginal. Mais maximiser le profit ne signifie pas nécessairement *faire un profit*. Dans certains cas, la maximisation du profit n'est rien de plus qu'une limitation des pertes. La comparaison de la recette marginale avec le coût marginal ne permet pas de déterminer si l'entreprise fait un profit positif. Pour le savoir, il faut comparer la recette totale avec le coût total, comme nous l'avons fait précédemment, ou le coût total moyen avec le prix. Tant que son coût total moyen reste inférieur à son prix de vente, l'entreprise fait un profit positif. Dès qu'il lui devient supérieur, elle perd de l'argent. Enfin, si le coût total moyen et le prix sont égaux, l'entreprise se trouve à son seuil de rentabilité.

La figure 12.4 illustre ces trois cas. Dans le graphique (a), l'entreprise fait un profit économique. Le prix de vente est de 25 $, comme la recette moyenne et la recette marginale, et le profit est maximal quand l'entreprise fabrique 9 chandails par jour. Le coût total moyen est inférieur au prix du marché ; le rectangle bleu représente le profit économique de l'entreprise. La hauteur de ce rectangle est égale à l'écart entre le prix de vente et le coût total moyen ; elle représente donc le profit économique par chandail. La longueur du rectangle représente la quantité de chandails produite. Par conséquent, l'aire du rectangle mesure le profit économique total de l'entreprise : le profit économique unitaire (soit 4,44 $ par chandail) multiplié par la quantité de chandails produite (soit 9 chandails) égale le profit total (soit 40 $).

Le graphique (b) représente une situation où l'entreprise ne peut faire mieux que de produire à son seuil de rentabilité. Le prix du marché, de 20 $, est égal au minimum du coût total moyen, et l'entreprise ne peut faire mieux qu'un profit économique nul.

Dans le graphique (c), Maille d'or subit une perte économique. À un prix du marché de 17 $, le niveau de production optimal est de 7 chandails par jour. À ce niveau, le coût total moyen est supérieur au prix du marché puisqu'il s'élève à 20,57 $. L'entreprise perd alors 3,57 $ par chandail soit, au total pour les 7 chandails, 25 $ par jour.

La cessation temporaire des activités

Il arrive que l'entreprise, pour maximiser son profit, préfère fermer temporairement ses portes et licencier ses employés plutôt que de continuer à produire. C'est le cas notamment si le prix de vente est si bas que la recette totale ne couvre même pas les coûts variables de production. L'entreprise ne peut éviter ses coûts fixes : même si elle ne produit rien, ses coûts fixes restent toujours les mêmes. Ainsi, l'entreprise qui interrompt ses activités subit une perte économique égale au total de ses coûts fixes ; mais elle ne peut pas perdre plus que

Tableau 12.2 Le seuil de fermeture

(a) Maille d'or continue à produire.

Production (en chandails par jour)	Coût fixe total (en dollars par jour)	Coût variable total (en dollars par jour)	Coût total (en dollars par jour)	Coût variable moyen (en dollars par chandail)	Coût marginal (en dollars par chandail)	Prix (en dollars par chandail)	Recette totale (en dollars par jour)	Recette marginale (en dollars par chandail)	Profit (+) ou perte (–) (en dollars par jour)
6	25	103	128	17,17		17	102		–26
					16			17	
7	25	119	144	17,00		17	119		–25
					19			17	
8	25	138	163	17,25		17	136		–27

(b) Maille d'or cesse de produire.

Production (en chandails par jour)	Coût fixe total (en dollars par jour)	Coût variable total (en dollars par jour)	Coût total (en dollars par jour)	Coût variable moyen (en dollars par chandail)	Coût marginal (en dollars par chandail)	Prix (en dollars par chandail)	Recette totale (en dollars par jour)	Recette marginale (en dollars par chandail)	Profit (+) ou perte (–) (en dollars par jour)
6	25	103	128	17,17		16,99	101,94		–26,06
					16			16,99	
7	25	119	144	17,00		16,99	118,93		–25,07
					19			16,99	
8	25	138	163	17,25		16,99	135,92		–27,08

L'entreprise est à son seuil de fermeture quand le prix est égal au minimum du coût variable moyen. À ce prix, Maille d'or peut aussi bien continuer sa production (au niveau optimal) que l'interrompre; le profit sera le même dans les deux cas. Si le prix baisse au-dessous du minimum du coût variable moyen, Maille d'or aura par contre intérêt à cesser la production. Le minimum du coût variable moyen de l'entreprise est, dans cet exemple, de 17 $ par chandail, et correspond à une production journalière de 7 chandails. Si le prix unitaire est de 17 $ et que Maille d'or fabrique 7 chandails par jour, sa perte sera égale à son coût fixe total, soit 25 $ par jour (partie (a) du tableau). Si le prix chute à seulement 16,99 $, le montant de la perte dépassera le coût fixe total, même au niveau de production optimal; l'entreprise préférera alors fermer ses portes (partie (b) du tableau).

cela. De même, si elle continue à produire et vend à un prix égal au coût variable moyen de production, sa recette totale sera égale à son coût variable total, de sorte que sa perte équivaudra encore au coût fixe total. Par contre, si l'entreprise continue à produire et vend à un prix inférieur à son coût variable moyen, alors sa recette totale ne couvrira même plus son coût variable total, et le montant de ses pertes sera supérieur à son coût fixe total. Dans ce dernier cas, l'entreprise peut minimiser ses pertes en arrêtant la production, ce qui ramène ses pertes au niveau du coût fixe total.

Le **seuil de fermeture** correspond au point où le profit maximal de l'entreprise est le même qu'elle produise ou non, c'est-à-dire qu'elle maintienne ou qu'elle cesse temporairement ses activités. L'entreprise atteint son seuil de fermeture quand le prix du marché baisse au point de devenir égal au minimum de son coût variable moyen. Dans le tableau 12.2, la partie (a) illustre un cas où l'entreprise a intérêt à poursuivre la production; la partie (b), une situation où il serait préférable pour elle de cesser ses activités. Le tableau indique le coût fixe de l'entreprise, son coût variable et son coût total pour une production journalière de 6, 7 ou 8 chandails. Il indique en outre le coût variable moyen et le coût marginal. Les coûts sont les mêmes pour les deux parties du tableau.

Examinons maintenant la recette de Maille d'or. Dans la partie (a) du tableau 12.2, les chandails se vendent 17 $ pièce. Pour déterminer la recette totale, nous avons simplement multiplié le prix de vente par la quantité vendue. Pour calculer le profit ou la perte économique – et dans ce cas, c'est une perte –, nous avons soustrait le coût total de la recette totale. Par exemple, si Maille d'or vend 7 chandails à 17 $ pièce, sa recette totale s'élève à 119 $; son coût total étant de 144 $, ses pertes se chiffrent à 25 $ (144 $ – 119 $). Le calcul est le même pour la perte correspondant à une production journalière de 6 ou 8 chandails.

L'entreprise doit produire 7 chandails par jour pour minimiser sa perte économique. C'est ce qu'indique la dernière colonne (profit-perte) du tableau. Mais on peut également calculer cette perte minimale à l'aide du coût marginal et de la recette marginale. Ainsi, si la production passe de 6 à 7 chandails par jour, le coût marginal est de 16 $ et la recette marginale de 17 $: la recette totale augmente donc plus que le coût total, et le profit augmente (ou la perte diminue). Par contre, si la production augmente encore et passe de 7 à 8 chandails par jour, le coût marginal passe à 19 $ et excède alors la recette marginale ; le profit diminue (ou la perte augmente).

Avec une production journalière de 7 chandails, la perte de Maille d'or est égale à son coût fixe total, soit 25 $. Si l'entreprise cesse la production, elle perd aussi 25 $ par jour — le montant des frais fixes. Donc, si le prix unitaire est de 17 $, Maille d'or peut choisir de continuer ou de cesser sa production : quelle que soit sa décision, elle perdra le montant de ses frais fixes.

Dans la partie (b) du tableau 12.2, le prix tombe à 16,99 $, soit 1 ¢ de moins seulement qu'à la partie (a). Les coûts restent les mêmes, et les méthodes de calcul de la recette totale et du profit sont également inchangées par rapport à la partie (a). Le niveau de production optimal (qui permet de maximiser le profit ou de minimiser la perte) est toujours de 7 chandails par jour. Mais cette fois, la perte minimale s'élève à 25,07 $: en produisant, Maille d'or perd 7 ¢ de plus que si elle cessait ses activités. Il est préférable d'interrompre la production, puisque le coût variable moyen minimal est supérieur au prix de vente. Donc, si les chandails se vendent 17 $ pièce, la production permet juste de couvrir les coûts variables, et l'entreprise peut continuer à produire ; par contre, elle a intérêt à fermer dès que le prix tombe à moins de 17 $ – par exemple, 16,99 $. Maille d'or doit fabriquer au moins 7 chandails par jour si elle veut continuer à produire sans perdre plus d'argent que si elle fermait.

Les fermetures d'entreprises Dans la réalité, les entreprises ferment soit parce que les prix tombent trop bas, soit parce que les coûts deviennent trop élevés. C'est dans le secteur de la production des matières premières que les fermetures imputables aux fluctuations de prix sont les plus fréquentes. Par exemple, si le prix de l'or baisse, les mines d'or ferment temporairement ; si le prix du nickel s'effondre, les compagnies d'extraction interrompent immédiatement leurs activités, jusqu'à ce que le prix remonte à un niveau suffisant. Il arrive aussi que des entreprises manufacturières ferment, comme des constructeurs automobiles ou des fabricants d'outils agricoles, mais aussi des exploitations agricoles, des entreprises de sylviculture ou des pêcheries.

Récemment, les journaux ont beaucoup parlé des fermetures dans le secteur des pêches de Terre-Neuve. Ces fermetures étaient dues à une pénurie de poissons dans l'Atlantique Nord. En termes économiques, cela signifie que le coût de la pêche était devenu trop élevé par rapport au prix de vente du poisson sur le marché. Autre exemple récent de fermeture : VIA Rail, la compagnie canadienne de transport de passagers par chemin de fer. Près de la moitié des voies ont été fermées : leurs coûts d'exploitation excédaient largement les recettes possibles.

À RETENIR

En situation de concurrence parfaite, la recette marginale des entreprises est égale au prix du marché. Pour maximiser son profit, chaque entreprise produira à un niveau tel que son coût marginal est égal à sa recette marginale, qui est elle-même égale au prix. Le plus bas niveau de production possible pour l'entreprise est le niveau pour lequel le coût variable moyen est à son minimum. Si le prix tombe en deçà du minimum du coût variable moyen, l'entreprise a intérêt à fermer ses portes ; elle subira alors une perte égale à son coût fixe total. Pour une entreprise, maximiser le profit ne signifie pas forcément faire un profit positif. À court terme, l'entreprise peut soit dégager un profit économique positif, soit se situer à son seuil de rentabilité, soit perdre de l'argent. Le coût fixe total est la perte maximale qu'une entreprise puisse subir à court terme.

∎∎∎

La courbe d'offre de l'entreprise

La **courbe d'offre d'une entreprise en situation de concurrence parfaite** indique comment le niveau de production optimal varie avec le prix du marché. Nous avons déjà calculé trois points de la courbe d'offre de Maille d'or. Nous savons en effet que, à 25 $ le chandail, Maille d'or en fabrique 9 par jour ; à 20 $, elle en fabrique 8, et à 17 $, l'entreprise peut soit en fabriquer 7, soit cesser la production. Pouvons-nous en déduire toute la courbe d'offre de Maille d'or ? Le graphique (a) de la figure 12.5 indique la courbe de coût marginal et la courbe de coût variable moyen de Maille d'or ; le graphique (b) représente sa courbe d'offre. Il existe une relation directe entre les courbes de coût marginal et de coût variable moyen, d'une part, et la courbe d'offre, d'autre part. Quelle est-elle ?

Le seuil de fermeture est le niveau en deçà duquel Maille d'or aurait plus intérêt à cesser ses activités qu'à continuer à produire. C'est donc son niveau de production minimal si elle entend produire. Si le prix du marché est égal au minimum du coût variable moyen de l'entreprise, la courbe de recette marginale est Rm_0 et

Figure 12.5 La courbe d'offre de Maille d'or

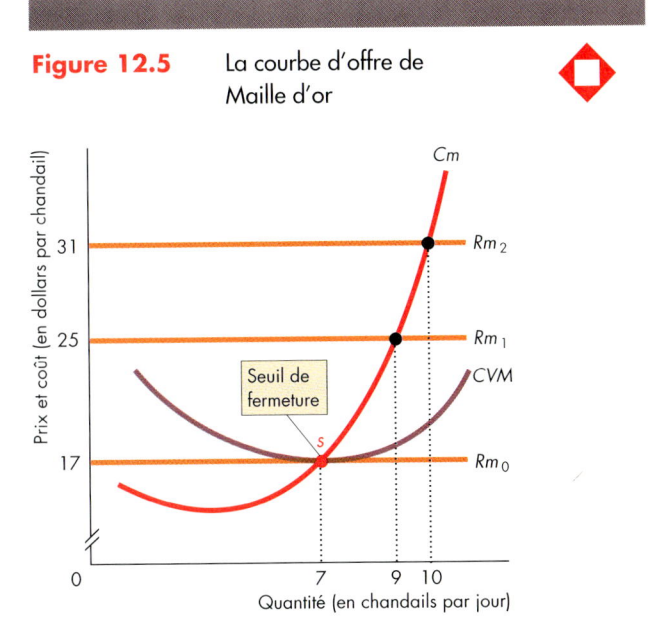

(a) Coût marginal et coût variable moyen

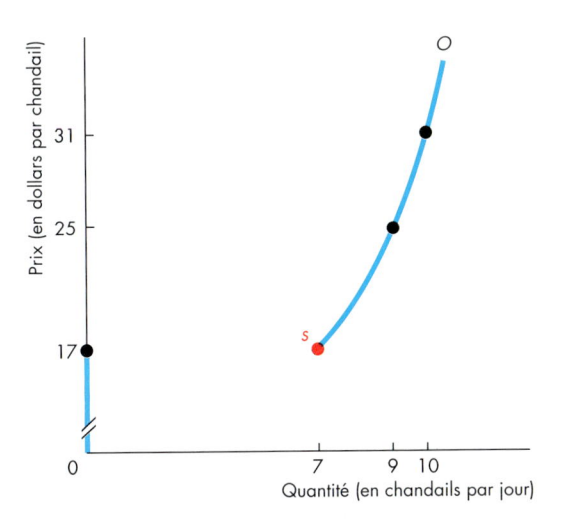

(b) Courbe d'offre de l'entreprise

Le graphique (a) indique la production optimale pour différents prix. Ainsi, à 25 $ le chandail, Maille d'or en fabrique 9 par jour. À 17 $, elle en produit 7. Si le prix baisse à moins de 17 $, elle cesse la production. Le point s est le seuil de fermeture de l'entreprise Maille d'or. Le graphique (b) donne la courbe d'offre de Maille d'or, c'est-à-dire la relation entre le niveau de production qui permet de maximiser le profit et le prix du marché. La courbe d'offre de l'entreprise se confond avec sa courbe de coût marginal — comparez les graphiques (a) et (b) — pour tous les points situés au-dessus du minimum du coût variable moyen; la courbe d'offre se confond avec l'axe des ordonnées pour tous les prix inférieurs au minimum du coût variable moyen.

la production de l'entreprise se situe juste à son seuil de fermeture — le point s du graphique. Si le prix tombe au-dessous du minimum du coût variable moyen, Maille d'or préférera interrompre la production. Par contre, si le prix augmente et redevient supérieur au minimum du coût variable moyen, l'entreprise reprendra la production. Nous savons que le profit sera maximisé quand le coût marginal sera égal au prix; à partir de la courbe du coût marginal, nous pouvons par conséquent calculer le volume de production optimal pour différents prix. Rm_1 est la recette marginale pour un prix unitaire de 25 $. Pour maximiser son profit, Maille d'or doit alors fabriquer 9 chandails par jour. Rm_2 est la recette marginale pour un prix de 31 $ le chandail; à ce prix, Maille d'or en fabrique 10 par jour. La courbe d'offre, reproduite dans le graphique (b), se compose de deux parties : pour les prix supérieurs au minimum du coût variable moyen de Maille d'or, la courbe d'offre de l'entreprise se confond avec celle du coût marginal; mais dès que le prix est inférieur au minimum de son coût variable moyen, Maille d'or préfère fermer ses portes et cesser la production, de sorte que sa courbe d'offre est alors une droite qui se confond avec l'axe des ordonnées.

Jusqu'à présent, nous avons étudié une entreprise en faisant abstraction de ses concurrentes. Nous avons vu que sa stratégie de maximisation du profit était définie en fonction du prix du marché, sur lequel l'entreprise n'a pas d'influence. Plus ce prix est élevé, plus l'entreprise produit : la courbe d'offre de l'entreprise est à pente positive. Mais comment le prix du marché est-il déterminé? Pour répondre à cette question, nous ne pouvons plus étudier une entreprise indépendamment de ses concurrentes; nous devons au contraire analyser le marché dans son ensemble.

L'équilibre à court terme

Le prix du marché dépend de l'offre et de la demande totales dans l'industrie, puisque c'est le prix pour lequel la quantité demandée est exactement égale à la quantité offerte. Mais l'offre dépend des décisions de production des entreprises de l'industrie... décisions qui, en retour, dépendent du prix du marché.

Un marché de concurrence parfaite est en équilibre à court terme quand chacune des entreprises qui le composent se situe à son niveau optimal de production — celui qui lui permet de maximiser son profit —, et que la quantité totale produite est égale à la quantité totale demandée. Pour déterminer l'équilibre à court terme, nous devons d'abord tracer la courbe d'offre du marché à court terme.

La courbe d'offre du marché à court terme

La **courbe d'offre du marché à court terme**, c'est-à-dire la courbe d'offre à court terme de l'industrie dans son

Figure 12.6 La courbe d'offre d'une entreprise et la courbe d'offre du marché

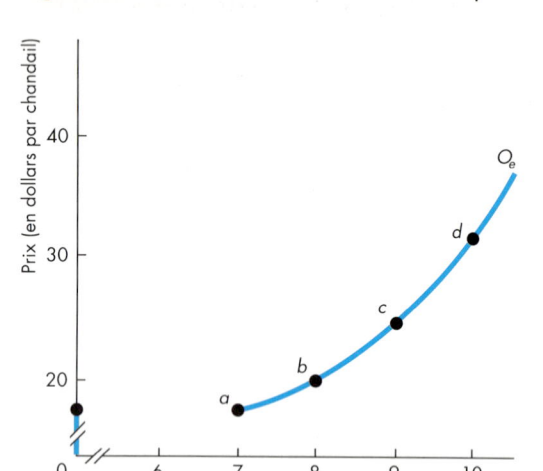

(a) Maille d'or

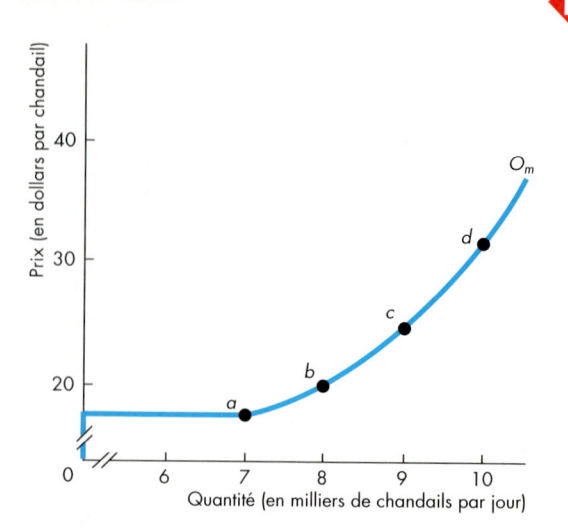

(b) Marché des chandails

	Prix (en dollars par chandail)	Quantité produite par Maille d'or (en chandails par jour)	Quantité produite par l'industrie (en chandails par jour)
a	17	0 ou 7	entre 0 et 7 000
b	20	8	8 000
c	25	9	9 000
d	31	10	10 000

Le barème d'offre de l'industrie est la somme des barèmes d'offre des entreprises dans l'industrie. Ainsi, le barème d'offre d'une industrie composée de 1000 entreprises identiques est similaire à celui de n'importe laquelle de ces 1000 entreprises, à cela près que les quantités sont 1000 fois supérieures (voir le tableau). Au seuil de fermeture, chaque entreprise produit soit zéro, soit 7 chandails par jour. L'offre du marché à court terme est parfaitement élastique au prix de fermeture. Le graphique (a) contient la courbe d'offre O_e de l'entreprise Maille d'or (ou de n'importe quelle entreprise de l'industrie) et le graphique (b) présente la courbe d'offre totale O_m (celle du marché dans son ensemble). Les points a, b, c et d correspondent aux lignes du tableau. Remarquez que l'unité de mesure de l'axe des abscisses de la courbe d'offre totale est 1000 fois plus grande que celle de la courbe d'offre de Maille d'or.

ensemble, indique comment la quantité totale produite à court terme par toutes les entreprises de l'industrie varie en fonction du prix. À un prix donné, la quantité produite par l'industrie est la somme des quantités produites par toutes les entreprises dans l'industrie. Pour obtenir la courbe d'offre totale, il faut donc «additionner horizontalement» toutes les courbes d'offre des entreprises qui composent l'industrie.

Supposons que le marché des chandails se compose de 1000 entreprises exactement semblables à Maille d'or. La figure 12.6 illustre la relation entre la courbe d'offre de n'importe laquelle de ces entreprises et la courbe d'offre totale du marché. Le barème d'offre de chacune des entreprises est exactement semblable à celui de Maille d'or (voir le tableau de la figure 12.6). Si le prix du chandail est inférieur à 17 $, toutes les entreprises du marché fermeront leurs portes et cesseront leur production; ainsi, l'industrie ne produira plus aucun chandail. Si le prix est de 17 $ exactement, les entreprises auront le choix entre deux options – soit fermer leurs portes, soit fabriquer 7 chandails par jour – options qui amènent un résultat analogue. Certaines préféreront interrompre leurs activités; d'autres préféreront poursuivre la production, à 7 chandails par jour. L'offre totale se situera alors entre zéro (si toutes les entreprises décident de cesser leurs activités) et 7000 chandails par jour (si les 1000 entreprises décident de maintenir une production journalière de 7 chandails). Par conséquent, à 17 $ le chandail, la courbe d'offre totale est horizontale; l'offre est parfaitement élastique. Si le prix unitaire augmente et passe la barre des 17 $, toutes les entreprises augmenteront leur production en conséquence, et l'augmentation de la production totale sera 1000 fois supérieure à celle de chaque entreprise.

La figure 12.6 présente un barème d'offre sous forme de tableau et en donne une représentation graphique. Le courbe O_e du graphique (a) est la courbe d'offre de Maille d'or (ou de n'importe quelle autre entreprise); la courbe O_m du graphique (b) est la courbe d'offre totale du marché. Examinons de plus près les nombres inscrits en abscisse. Dans le graphique (a), ils représentent la quantité de chandails produite par Maille d'or alors que, dans le graphique (b), ils représentent la quantité de chandails produite par les 1000 entreprises de l'industrie. Les graphiques (a) et (b) présentent deux différences majeures. Premièrement, pour chaque prix, la quantité produite par l'industrie dans son ensemble est 1000 fois supérieure à la quantité produite par une seule entreprise, quelle qu'elle soit. Deuxièmement, nous avons vu que, si le prix unitaire est de 17 $, chaque entreprise produit soit zéro, soit 7 chandails par jour. Aucune entreprise n'a sa courbe d'offre comprise entre ces deux extrêmes ; par contre, comme la production totale peut se situer n'importe où entre zéro et 7000 chandails par jour, l'offre totale est parfaitement élastique entre ces deux extrêmes (et la courbe d'offre totale est horizontale entre ces deux points).

L'équilibre concurrentiel à court terme

Dans une industrie donnée, le prix du marché et le volume de production dépendent de l'offre et de la demande qui prévalent dans l'industrie en question. La figure 12.7 illustre trois situations d'équilibre à court terme possibles. La courbe d'offre O est identique à la courbe O_m de la figure 12.6. Si la demande est en D_1, le prix d'équilibre est de 25 $ le chandail et l'industrie produit 9000 chandails par jour. Si la demande est en D_2, le prix unitaire d'équilibre est de 20 $ et la production journalière totale de l'industrie s'élève à 8000 chandails. Si la courbe de demande correspond à D_3, le prix unitaire d'équilibre est de 17 $ et l'industrie produit 7000 chandails par jour.

Pour connaître la situation de chaque entreprise dans ces trois cas et pour calculer son profit, reportez-vous à la figure 12.4. Si la demande correspond à D_1, chaque entreprise fabrique 9 chandails par jour et son profit est indiqué dans le graphique (a). Si la demande correspond à la courbe D_2, chaque entreprise produit 8 chandails par jour mais son profit est nul comme on le voit dans le graphique (b). Enfin, si la demande est en D_3, chaque entreprise a le choix entre deux options : soit maintenir la production journalière à 7 unités, soit cesser la production ; dans un cas comme dans l'autre, l'entreprise subit une perte égale à son coût fixe total comme le montre le graphique (c). Si la courbe de demande se situe à gauche de D_3, la courbe d'offre totale est horizontale et le prix reste égal à 17 $. Certaines entreprises continueront à produire 7 chandails par jour, tandis que les autres préféreront fermer leurs portes. Le nombre d'entreprises qui continueront à produire sera suffisant pour répondre à la demande correspondant à un prix unitaire de 17 $.

Figure 12.7 Trois situations d'équilibre à court terme possibles dans un marché de concurrence parfaite

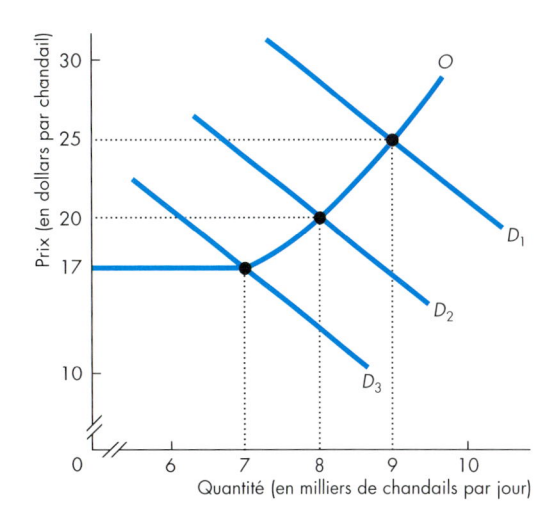

La courbe O représente l'offre du marché. Si la demande est en D_1, le prix d'équilibre s'élève à 25 $ le chandail et l'industrie produit 9000 chandails par jour. Si la demande est en D_2, le prix d'équilibre est de 20 $ et la production totale est de 8000 chandails. Si la demande est en D_3, le prix est de 17 $ le chandail et l'industrie produit 7000 chandails par jour. La figure 12.4 rendait compte de la situation des entreprises considérées individuellement. À 25 $ le chandail, les entreprises dégagent un profit ; à 20 $, elles font un profit nul ; à 17 $, elles subissent une perte. Cependant, même si elles subissent une perte, elles maximisent toujours leur profit (en minimisant leur perte).

À RETENIR

Trois conditions définissent l'équilibre à court terme :

- Le prix et la quantité totale échangée correspondent au point d'intersection de la courbe d'offre totale et de la courbe de demande totale.
- Le nombre d'entreprises qui composent l'industrie est fixe et la taille des installations de production de chacune de ces entreprises est fixe.
- Les entreprises maximisent leur profit en choisissant le niveau de production pour lequel leur coût marginal est égal à leur recette marginale, qui est elle-même égale au prix du marché.

L'équilibre à long terme

Nous avons vu que, en situation d'*équilibre à court terme*, l'entreprise peut soit faire un profit économique positif, soit subir une perte, soit faire un profit nul. Mais de ces trois possibilités, une seule est compatible avec un équilibre à long terme. Pourquoi? Pour répondre à cette question, analysons les forces à l'œuvre dans un marché concurrentiel. Les industries évoluent de deux façons: soit que le nombre d'entreprises qui se partagent le marché change (par le jeu des entrées et des sorties), soit que les entreprises de l'industrie modifient la taille de leurs installations de production, ce qui a une influence directe sur leurs coûts à court terme. Voyons les effets de ces deux forces dynamiques sur les secteurs concurrentiels.

Les entrées et sorties

L'**entrée** correspond à l'établissement d'une nouvelle entreprise dans l'industrie; et la **sortie**, à la fermeture d'une entreprise qui cesse ses activités et quitte l'industrie. Pourquoi les entreprises décident-elles de s'établir dans une industrie ou de quitter celle-ci? Quels effets ces entrées et sorties exercent-elles sur le prix du marché, sur le profit et sur le volume de production de l'industrie? Examinons d'abord les causes des entrées et des sorties.

Les perspectives de profits et la décision d'entrée ou de sortie
Qu'est-ce qui incite les entreprises à investir dans une industrie ou à en sortir? La réponse est simple: ce qui les incite à y entrer, ce sont les perspectives de profits, et ce qui les incite à en sortir, c'est la crainte de subir des pertes trop longtemps. Les profits et les pertes temporaires, dus au seul hasard – comparables aux gains et pertes enregistrés au casino – ne suscitent ni entrées ni sorties; ce sont au contraire les perspectives de profits ou de pertes à long terme qui poussent les entreprises à agir. Les industries qui présentent de bonnes perspectives de profits économiques attirent naturellement les entreprises; celles qui sont marquées par des perspectives de pertes durables voient leurs entreprises fermer leurs portes ou se tourner vers d'autres activités; enfin, les industries où les entreprises ne font ni profits ni pertes économiques ne suscitent ni nouvelles entrées ni sorties d'entreprises.

Comment les prix et les profits réagissent-ils à ces entrées et sorties?

Les effets des entrées et des sorties sur les prix et sur les profits
Toute entrée ou sortie modifie la courbe d'offre totale à court terme. Plus précisément, les entrées la déplacent vers la droite, ce qui signifie un accroissement de l'offre, tandis que les sorties la déplacent vers la gauche, ce qui correspond à une diminution de l'offre. La figure 12.8 montre l'effet des entrées et des sorties sur le prix et sur le volume de production du marché des chandails.

Les entrées Que se passe-t-il quand une nouvelle entreprise s'établit dans l'industrie? Dans le graphique (a), D_1 est la courbe de demande du marché des chandails et O_1 la courbe d'offre totale à court terme initiale: 9000 chandails se vendent chaque jour à 25 $ pièce. Supposons maintenant que quelques nouvelles entreprises se lancent dans la fabrication de chandails, c'est-à-dire qu'elles prennent la décision d'entrer dans l'industrie. Leur production vient s'ajouter à celle des entreprises déjà en place et provoque un déplacement vers la droite de la courbe d'offre totale, qui passe en O_2. L'offre augmente mais la demande reste stable: le prix baisse, passant de 25 à 20 $ dans notre exemple, et le total des ventes augmente, passant ici de 9000 à 10 000 chandails par jour.

Cette baisse du prix incite Maille d'or et ses concurrentes à diminuer leur volume de production, car le niveau de production optimal des entreprises, celui qui permet de maximiser le profit, baisse avec le prix. Comme le prix baisse et que chaque entreprise produit moins, leur profit diminue. Reportons-nous au graphique (a) de la figure 12.4. Initialement, à 25 $ le chandail, les entreprises faisaient des profits élevés; ces profits ont diminué quand le prix est tombé à 20 $ par suite de l'entrée de nouvelles entreprises dans l'industrie.

Nous pouvons donc tirer la conclusion suivante:

L'entrée de nouvelles entreprises dans une industrie provoque une baisse des profits des entreprises en place.

Une évolution de ce genre s'est produite récemment dans l'industrie des ordinateurs personnels. Quand IBM a lancé ses premiers ordinateurs personnels, au début des années 80, elle en tirait des profits substantiels. Cela n'allait cependant pas durer: très rapidement, d'autres entreprises, comme Compaq, Zenith, Leading Edge et beaucoup d'autres, se lancèrent dans la fabrication d'ordinateurs techniquement identiques à ceux d'IBM... si identiques même qu'il fallut bien se résoudre à les qualifier de *clones*. Ces entrées massives dans le marché des ordinateurs personnels ont naturellement provoqué le déplacement de la courbe d'offre totale vers la droite, et suscité une baisse des prix et des profits de tous les fabricants.

Les sorties Que se passe-t-il quand une entreprise quitte une industrie? La courbe d'offre totale à court terme se déplace, comme dans le cas des entrées, mais vers la gauche, cette fois – comme l'illustre le graphique (b) de la figure 12.8. La courbe D_3 représente la

Figure 12.8 Les entrées et sorties d'entreprises

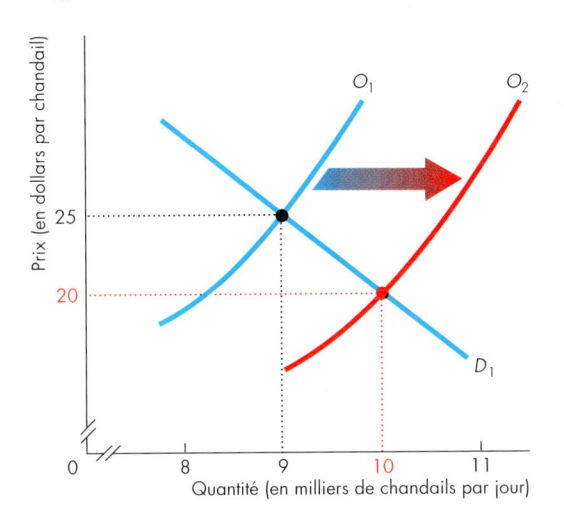

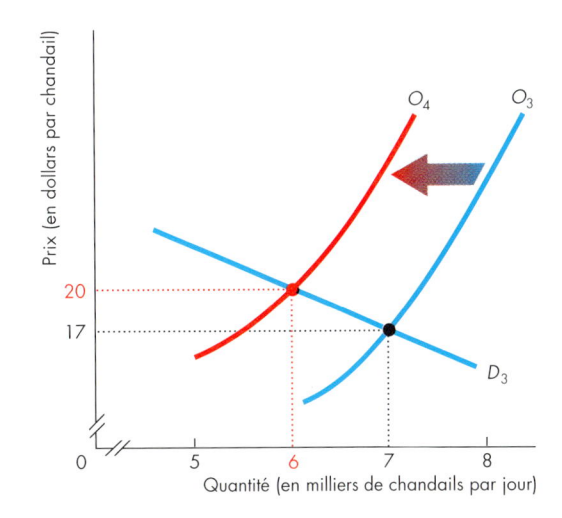

(a) Effet des entrées

(b) Effet des sorties

Quand une nouvelle entreprise entre dans l'industrie des chandails, la courbe d'offre totale à court terme se déplace vers la droite, de O_1 à O_2 (graphique a). Le prix d'équilibre passe de 25 à 20 $ le chandail et les ventes augmentent, passant de 9000 à 10 000 unités par jour. À l'inverse, quand une entreprise quitte l'industrie, la courbe d'offre totale à court terme se déplace vers la gauche, de O_3 à O_4 (graphique b). Le prix d'équilibre passe de 17 à 20 $ le chandail et les ventes baissent, passant de 7000 à 6000 unités par jour.

---

demande et la courbe O_3 l'offre totale à court terme initiale : le prix d'équilibre s'élève à 17 $ et 7000 chandails sont vendus chaque jour. Lorsque des entreprises quittent l'industrie, la courbe d'offre totale à court terme se déplace vers la gauche et passe en O_4. La production totale de l'industrie baisse, passant de 7000 à 6000 chandails par jour, et le prix d'équilibre augmente, passant de 17 à 20 $.

Qu'advient-il de Maille d'or ? Reportons-nous à la figure 12.4. Le graphique (c) illustre la situation de l'entreprise quand la demande est en D_3 et le prix à 17 $ le chandail. Le prix de vente est inférieur au coût total moyen, et l'entreprise, comme toutes ses concurrentes, subit une perte. Certaines décident alors de quitter l'industrie, tandis que d'autres, comme Maille d'or, choisissent d'y rester. Les sorties suscitent une augmentation du prix, qui passe de 17 à 20 $ dans notre exemple, ce qui permet aux entreprises restantes d'accroître leur production et de diminuer (ou d'éliminer) leurs pertes. Elles reviennent alors à la situation illustrée dans le graphique (b) de la figure 12.4.

Nous pouvons en tirer la conclusion suivante :

Quand des entreprises quittent leur industrie, le profit des entreprises qui y restent augmente.

La contraction de l'industrie des machines agricoles, qui s'est produite il y a quelques années, constitue un bon exemple du processus de sorties d'entreprises. Massey-Ferguson, dont le principal centre d'exploitation se trouvait à Branford, en Ontario, a abandonné cette branche d'activités qui avait pourtant fait sa réputation ; l'International Harvester a également quitté l'industrie des machines agricoles. Pendant des dizaines d'années, tout le monde associait ces deux noms aux tracteurs et aux moissonneuses-batteuses. Mais l'industrie est graduellement devenue extrêmement concurrentielle, et plusieurs entreprises, dont celles que nous venons de nommer, ont commencé à subir des pertes importantes. Après quelques années de ce régime, ces entreprises déficitaires se sont résolues à quitter l'industrie, laissant John Deere, plusieurs petits fabricants comme AgriMetal, Butler et Houle et diverses entreprises japonaises et européennes se partager le marché. La sortie de Massey-Ferguson et d'International Harvester a fait baisser la capacité totale de production de l'industrie, ce qui a permis aux entreprises restantes d'atteindre leur seuil de rentabilité.

L'équilibre Nous avons vu que la perspective d'y faire des profits attirait les entreprises dans une industrie, tandis que la crainte de subir des pertes de longue durée en incitait d'autres à quitter la leur. Nous avons également vu que les entrées de nouvelles entreprises dans une industrie donnée font baisser les profits des entreprises qui y sont déjà établies, alors que les sorties font augmenter les profits des entreprises qui restent. Grâce au jeu des entrées et des sorties, suscitées par les signaux que constituent les pertes ou les profits des entreprises de l'industrie, et du fait des conséquences de ces mouvements sur les pertes ou profits, le marché finit par atteindre un état d'équilibre à long terme.

Les marchés concurrentiels sont en situation d'équilibre à long terme quand les profits économiques sont nuls. En effet, lorsque les entreprises d'une industrie font des profits, de nouvelles entreprises sont incitées à entrer dans l'industrie, ce qui provoque le déplacement de la courbe d'offre totale vers la droite ; le prix du marché baisse, et les profits des entreprises aussi. De nouvelles entrées se produiront tant qu'il sera possible de faire un profit économique positif.

La situation est inversée dans les industries qui subissent des pertes économiques : certaines entreprises quittent l'industrie, ce qui provoque le déplacement de la courbe d'offre totale vers la gauche, fait augmenter le prix du marché, et réduit les pertes des entreprises restantes. Ce processus de sorties d'entreprises ne cessera que lorsque les pertes économiques seront ramenées à zéro (c'est-à-dire quand les profits économiques seront nuls).

Examinons maintenant le deuxième type d'ajustement possible à long terme dans une industrie concurrentielle : la modification de la capacité de production des entreprises en place.

La modification de la capacité de production

Si les entreprises modifient parfois la taille de leurs installations de production, c'est-à-dire leur capacité de production, c'est pour augmenter leurs profits. La figure 12.9 illustre une situation dans laquelle l'entreprise a intérêt à accroître la taille de son usine. Dans cet exemple, le prix (et donc, la recette marginale) s'élève à 20 $. Les courbes *CmCT* et *CTMCT* représentent, respectivement, le coût marginal à court terme et le coût total moyen à court terme de Maille d'or. À court terme, le niveau de production optimal de l'entreprise est de 8 chandails par jour ; à ce niveau de production, le profit économique est nul.

La courbe *CMLT* représente le coût moyen à long terme de Maille d'or. En se dotant de machines à tricoter supplémentaires – c'est-à-dire en accroissant sa capacité de production –, l'entreprise fait baisser ses coûts, ce qui lui permet de faire un profit économique positif. Par exemple, si Maille d'or accroît sa capacité de production jusqu'au point *m*, elle fait passer le minimum de son coût moyen de 20 à 14 $, de sorte que chaque chandail lui rapporte alors un profit de 6 $. Nous savons que l'entreprise Maille d'or ne peut exercer aucune influence sur le prix du marché : le fait que sa production journalière passe de 8 à 12 chandails n'aura donc aucun effet sur le prix. L'opération semble donc tout à l'avantage de Maille d'or. Mais un

Figure 12.9 La modification de la taille des entreprises

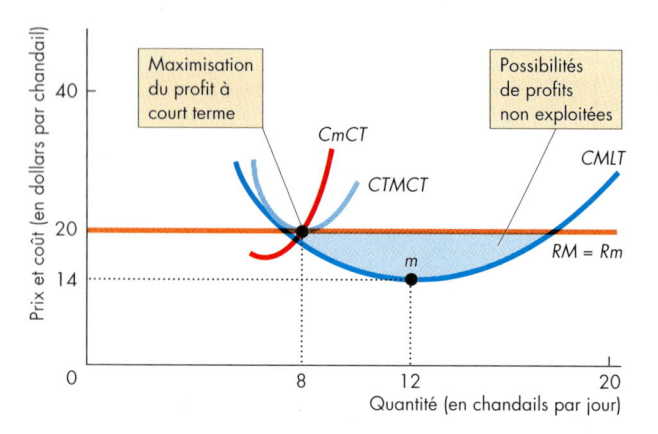

Les courbes *CTMCT* et *CmCT* représentent les coûts à court terme de l'usine actuelle de Maille d'or. Les chandails se vendent 20 $ pièce ; la recette moyenne (*RM*) et la recette marginale (*Rm*) sont de 20 $. Le niveau de production optimal à court terme, celui qui permet de maximiser le profit à court terme, est de 8 chandails par jour. La courbe de coût moyen à long terme, *CMLT*, représente les coûts à long terme de l'entreprise Maille d'or. En augmentant la taille de ses installations de production, l'entreprise se déplacera le long de la courbe de coût moyen à long terme, ce qui fera augmenter son profit par suite de la diminution du coût total moyen de production.

accroissement de capacité ne se fait pas en un jour, et c'est donc l'équilibre à court terme qui continue de prévaloir pendant un certain temps. L'entreprise en viendra néanmoins, graduellement, à augmenter sa capacité de production.

La courbe d'offre totale à court terme se déplace vers la droite au fur et à mesure que Maille d'or et ses concurrentes accroissent leur capacité. (Rappelez-vous que la courbe d'offre totale d'un marché est la somme des courbes d'offre de toutes les entreprises qui composent le marché en question.) La demande totale reste la même mais l'offre totale augmente : le prix d'équilibre va donc baisser. L'augmentation de l'offre totale fait donc baisser les profits. Les entreprises ont cependant intérêt à continuer d'accroître leur capacité de production, du moins tant que cet accroissement leur permettra d'abaisser leurs coûts par le biais des économies d'échelle. Les entreprises ne cesseront d'augmenter leur capacité de production que lorsqu'elles ne pourront plus abaisser davantage leur coût total moyen. Ainsi, dans les marchés concurrentiels, une seule capacité de production permet d'atteindre l'équilibre à long terme : c'est celle qui correspond au minimum du coût moyen à long terme, le point *m* de la figure 12.9.

La figure 12.10 illustre l'équilibre concurrentiel à long terme de l'entreprise. Cet équilibre est atteint quand le prix d'équilibre sur le marché s'élève à 14 $ et que le niveau de production de l'entreprise est de

Figure 12.10 L'équilibre à long terme d'une entreprise

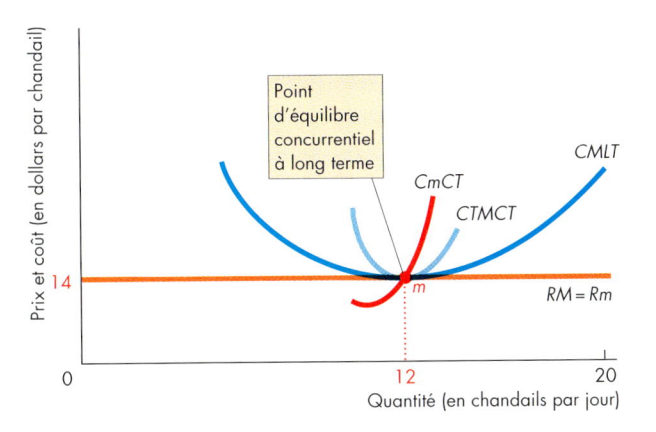

Avec l'expansion de la capacité de production de chaque entreprise, l'offre totale sur le marché augmente et le prix d'équilibre baisse. L'industrie est en situation d'équilibre à long terme quand le prix est de 14 $ et que chaque entreprise se situe au niveau de production pour lequel son coût moyen à long terme est à son minimum (point m).

12 chandails par jour. Cette quantité représente l'*échelle efficace* de production à long terme. Dans toutes les entreprises de l'industrie, la capacité de production est maintenant telle que les courbes de coût marginal et de coût total moyen à court terme se confondent avec les courbes $CmCT$ et $CTMCT$ de la figure. Chaque entreprise se situe au niveau de production pour lequel son coût marginal est égal au prix. Aucune entreprise ne peut alors augmenter son profit à court terme par une modification de son volume de production. Comme elles ont toutes atteint le niveau de production pour lequel leur coût moyen à long terme est à son minimum (le point m sur la courbe $CMLT$), aucune n'a intérêt à accroître ou à réduire la taille de ses installations : une augmentation ou une compression de la capacité de production entraînerait inévitablement une augmentation du coût moyen, donc une perte. Dans cette situation, aucune entreprise n'a de plus intérêt ni à entrer dans l'industrie ni à en sortir.

À RETENIR

Trois conditions définissent l'équilibre concurrentiel à long terme :

- Les entreprises maximisent leur profit en produisant au niveau pour lequel leur coût marginal est égal à leur recette marginale (le prix du marché).
- Le profit économique est nul – aucune entreprise n'a donc intérêt ni à entrer dans l'industrie ni à en sortir.
- Le coût moyen à long terme des entreprises est à son minimum – aucune n'a donc intérêt ni à augmenter ni à diminuer sa capacité de production.

Les prédictions du modèle de concurrence parfaite

La théorie de la concurrence parfaite permet de formuler des prédictions sur la façon dont une industrie s'adaptera à des changements dans la demande ou dans les coûts de production.

La baisse permanente de la demande

On connaît de nombreux cas de baisse permanente de la demande. Par exemple, la demande de cigarettes a beaucoup baissé depuis que le public est mieux informé des dangers du tabac pour la santé ; l'arrivée sur le marché de voitures bon marché et l'essor des transports aériens ont provoqué une forte diminution de la demande de services de transport interurbain par train ou par autobus ; l'apparition des transistors a provoqué une importante baisse de la demande des services de réparation de téléviseurs et de postes de radio ; la demande de voitures nord-américaines a beaucoup baissé depuis que le Japon, entre autres pays, fabrique à bon marché des véhicules d'excellente qualité. Que se passe-t-il quand la demande à laquelle fait face une industrie concurrentielle baisse de façon permanente ?

Supposons que l'industrie se trouve initialement au point d'équilibre concurrentiel à long terme représenté dans le graphique (a) de la figure 12.11. La courbe de demande D_0 et la courbe d'offre à court terme O_0 représentent respectivement la demande et l'offre initiales du marché ; le prix initial est P_0 et la production totale de l'industrie est de Q_0. Comme le montre le graphique (b), chaque entreprise de l'industrie produit initialement la quantité q_0, et son profit économique est nul. L'industrie est en situation d'équilibre à long terme.

Supposons maintenant que la demande baisse, ce qui entraîne un déplacement de la courbe de demande en D_1 (graphique (a) de la figure 12.11). Cette baisse de la demande a pour effet de faire diminuer le prix de vente, qui passe à P_1. À ce prix, chaque entreprise diminue un peu sa production (la quantité produite par chacune passe de q_0 à q_1). Il en résulte une baisse de la quantité totale offerte qui, de Q_0, passe à Q_1 (la baisse

Figure 12.11 Baisse permanente de la demande

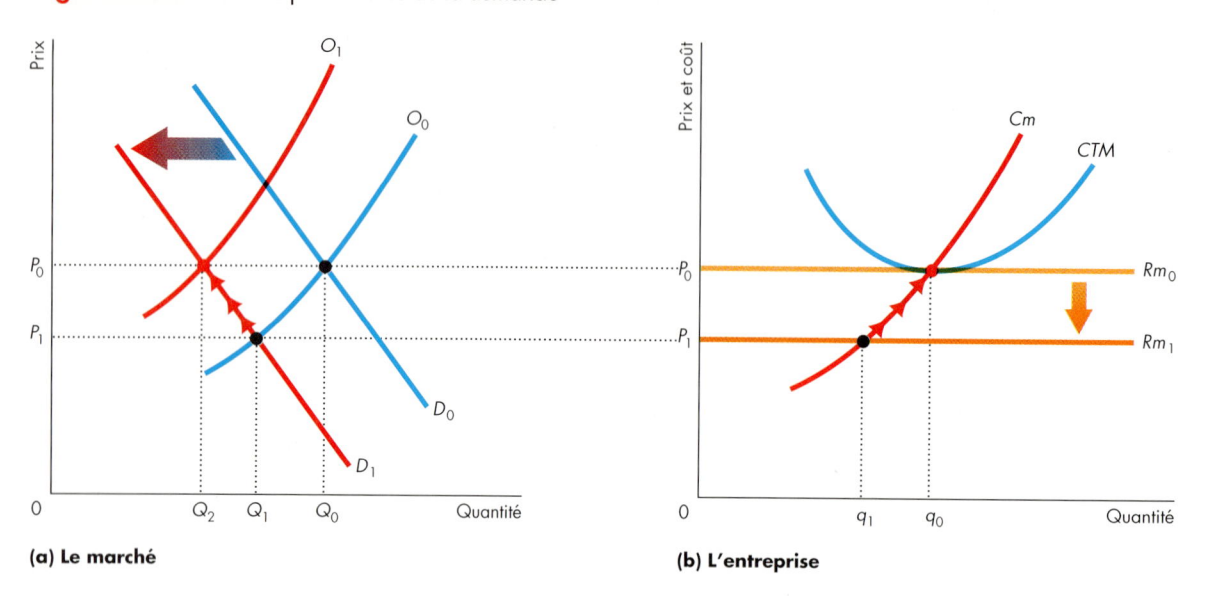

(a) Le marché

(b) L'entreprise

L'industrie est initialement en situation d'équilibre à long terme. Dans le graphique (a), D_0 est la courbe de demande totale initiale et O_0 la courbe d'offre totale à court terme initiale; Q_0 est la production d'équilibre et le prix s'élève à P_0. Le graphique (b) montre que toutes les entreprises vendent au prix P_0; leur courbe de recette marginale est donc Rm_0. Chaque entreprise produit la quantité q_0, et son profit est nul. On suppose maintenant que la demande baisse, passant de D_0 à D_1 (graphique a). Le prix d'équilibre chute à P_1, et toutes les entreprises de l'industrie diminuent leur production, qui tombe à q_1 (graphique b), de sorte que la production totale passe à Q_1. Dans cette situation, toutes les entreprises de l'industrie subissent des pertes; certaines décident de quitter le marché. Au fur et à mesure que des entreprises quittent l'industrie, la courbe d'offre totale à court terme se déplace vers la gauche, passant de O_0 à O_1. Il en résulte une augmentation du prix d'équilibre, qui remonte de P_1 à P_0. Quand le prix revient à son niveau initial P_0, les entreprises qui sont restées dans l'industrie font un profit nul. La somme de leurs courbes d'offre est maintenant égale à la courbe d'offre totale à court terme O_1. Les entreprises n'ont plus intérêt ni à entrer dans l'industrie ni à la quitter. Chacune produit de nouveau la quantité q_0, et la production totale de l'industrie s'élève à Q_2.

de la production totale correspond à un mouvement le long de la courbe d'offre O_0). L'industrie se trouve maintenant en situation d'équilibre à court terme : en effet, elle se compose d'un nombre donné d'entreprises, disposant chacune d'un stock donné de capital fixe, et chaque entreprise maximise son profit. Mais l'industrie ne se trouve pas en situation d'équilibre à long terme, car les entreprises qui la composent subissent une perte économique, leur coût total moyen étant supérieur au prix. Comme la baisse de la demande est permanente, elles auront donc intérêt à quitter l'industrie.

C'est ce que certaines vont faire. Au fur et à mesure qu'elles sortent, la courbe d'offre totale à court terme se déplace vers la gauche – donc l'offre totale baisse – et le prix remonte. Au fur et à mesure que le prix monte, le niveau de production optimal, celui qui permet de maximiser le profit, augmente aussi; chacune des entreprises qui restent dans l'industrie produit plus. Autrement dit, chacune d'entre elles «remonte» sur sa courbe d'offre (sa courbe de coût marginal), comme l'indique le graphique (b) de la figure 12.11.

Au bout d'un certain temps, quand un nombre suffisant d'entreprises ont quitté l'industrie, la courbe d'offre totale se trouve en O_1 (graphique (a) de la figure 12.11). Le prix se stabilise alors à P_0, son niveau initial, et chaque entreprise de l'industrie produit de nouveau la quantité q_0, comme avant la baisse de la demande. Dans cette situation, aucune entreprise ne tient plus ni à entrer dans l'industrie ni à en sortir car le profit économique des entreprises est redevenu nul. La courbe d'offre totale se fixe alors en O_1, la production totale étant de Q_2. L'industrie a retrouvé une situation d'équilibre à long terme.

La différence entre l'équilibre à long terme initial et le nouvel équilibre à long terme réside dans le nombre d'entreprises qui composent l'industrie. La baisse de la demande et l'adaptation de l'industrie qui s'en est suivie se sont soldées par une diminution du nombre des entreprises œuvrant dans ce marché. Une fois le nouvel équilibre à long terme atteint, toutes les entreprises qui sont restées dans l'industrie ont retrouvé leur niveau de production initial. Certes, elles ont subi des

Figure 12.12 Augmentation permanente de la demande

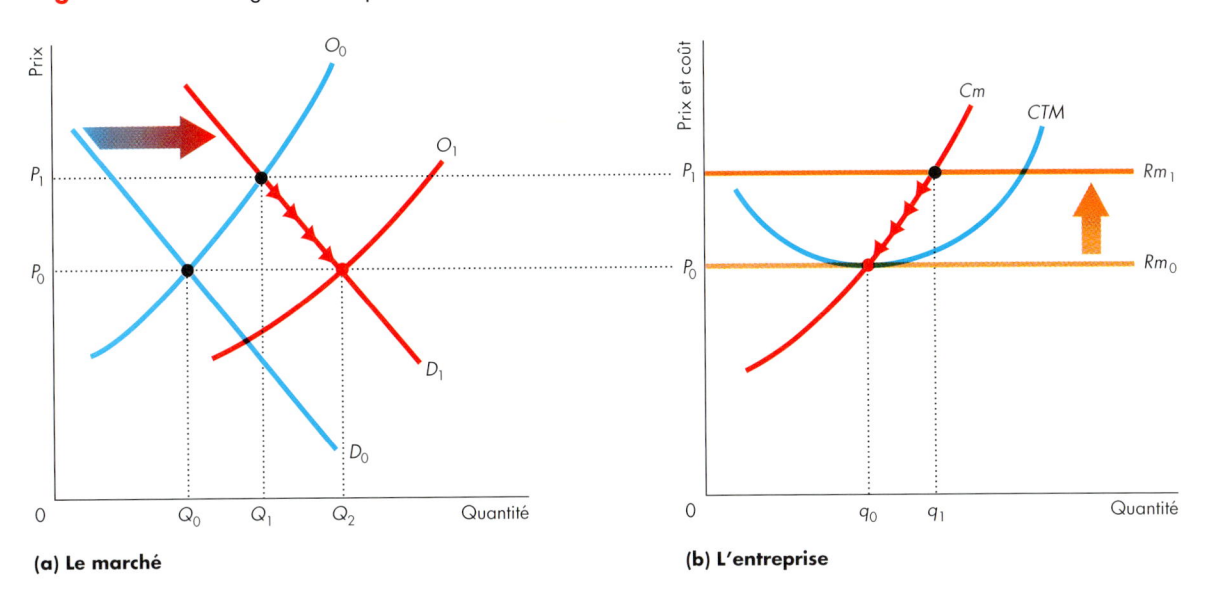

(a) Le marché

(b) L'entreprise

Le graphique (a) illustre une industrie en situation d'équilibre à long terme. La courbe de demande est en D_0 et la courbe d'offre en O_0. La quantité d'équilibre correspond à Q_0 et le prix d'équilibre s'élève à P_0. Le graphique (b) représente la courbe de recette marginale des entreprises (Rm_0); celles-ci maximisent leur profit en produisant la quantité q_0. On suppose maintenant que la demande augmente, passant de D_0 à D_1. Le prix d'équilibre augmente aussi, passant de P_0 à P_1, et la production totale passe à Q_1 car toutes les entreprises de l'industrie augmentent leur production, de q_0 à q_1. Les entreprises font un profit car le prix de vente est supérieur à leur coût total moyen. De nouvelles entreprises seront donc incitées à entrer dans l'industrie. La courbe d'offre totale se déplace vers la droite au fur et à mesure que de nouvelles entreprises s'installent; le prix baisse et les entreprises, peu à peu, diminuent leur production; de q_1, elles finissent par revenir à q_0. Avec l'arrivée de nouvelles entreprises, la production totale augmente, même si chaque entreprise produit moins. Un nouvel équilibre est obtenu quand le nombre d'entreprises est tel que la courbe d'offre totale est en O_1 et que le prix est revenu à son niveau initial de P_0. La production totale de l'industrie est alors de Q_2 et les entreprises font un profit nul. Comme il n'y a plus alors aucune incitation à entrer dans l'industrie ou à la quitter, la courbe d'offre totale se stabilise en O_1.

pertes lors du passage de l'ancien au nouvel équilibre, mais elles ont su les minimiser en modifiant leur volume de production de sorte que leur coût marginal reste égal au prix de vente.

L'augmentation permanente de la demande

Les cas les plus spectaculaires d'augmentation permanente de la demande sont imputables au progrès technique. Par exemple, la multiplication des fours à micro-ondes a suscité une très forte augmentation de la demande d'ustensiles de cuisine de papier, de plastique et de verre, et de pellicule plastique pour les aliments. L'essor démographique et l'augmentation du revenu moyen ont contribué aussi depuis plusieurs années à faire augmenter de façon constante la demande de la plupart des biens et services.

Comment les industries concurrentielles réagissent-elles à une augmentation permanente de la demande? Comme dans le cas précédent, supposons que l'industrie se trouve initialement en situation d'équilibre à long terme, comme l'indique le graphique (a) de la figure 12.12. La courbe de demande initiale est en D_0; et la courbe d'offre, en O_0. Le prix du marché s'élève à P_0 et l'industrie produit une quantité totale Q_0. Le graphique (b) de la figure 12.12 indique que, au prix P_0, les entreprises produisent chacune la quantité q_0 et font un profit économique nul. Supposons maintenant que la demande augmente, passant de D_0 à D_1 (graphique (a) de la figure 12.12). Cet accroissement de la demande fait augmenter le prix de vente, qui passe à P_1; toutes les entreprises de l'industrie augmentent leur production, la faisant passer de q_0 à q_1 (voir le graphique (b) de la figure), ce qui fait augmenter la production totale, qui passe de Q_0 à Q_1. Quand le prix de vente est de P_1 et que la production totale s'élève à Q_1, l'industrie est en équilibre à court terme, mais pas en équilibre à long terme. En effet, toutes les entreprises font des profits, ce qui incitent naturellement de nouvelles entreprises à entrer dans l'industrie.

Avec l'entrée de nouvelles entreprises, la courbe d'offre totale à court terme se déplace vers la droite ; son point d'intersection avec la courbe de demande baisse sur l'axe des prix mais monte sur celui des quantités produites. Les entreprises de l'industrie réagissent à cette baisse du prix en comprimant leur production : chaque fois que le prix baisse, elles «descendent» sur leur courbe de coût marginal (graphique (b) de la figure) pour maximiser leur profit. Au bout d'un certain temps, quand un nombre suffisant d'entreprises sont entrées dans l'industrie, la courbe d'offre totale se trouve en O_1. Le prix du marché s'élève alors de nouveau à P_0 et les entreprises sont toutes revenues à leur niveau initial de production q_0. Leur profit économique est alors nul, et aucune entreprise n'a plus intérêt ni à entrer dans l'industrie ni à en sortir. L'industrie se retrouve en situation d'équilibre à long terme. Notons que, contrairement au cas précédent (baisse de la demande), toutes les entreprises de l'industrie, celles qui s'y trouvaient déjà aussi bien que celles qui s'y sont jointes, ont engrangé des profits économiques positifs lors du passage de l'ancien au nouvel équilibre.

Économies et déséconomies d'échelle relatives à l'industrie

Les principes que nous venons d'expliquer peuvent sembler contestables sur un point : à long terme, le prix finit toujours par retourner à son niveau initial, que la demande augmente ou diminue. Est-ce inéluctable ? Non. En fait, le prix d'équilibre à long terme peut être inférieur, égal ou supérieur au prix initial. La figure 12.13 illustre ces trois possibilités. Dans le graphique (a), la courbe d'offre à long terme (OLT_A) est parfaitement élastique ; quand la demande augmente, passant de D_0 à D_1 (ou diminue, passant de D_1 à D_0), les quantités vendues changent mais le prix reste le même ; c'est ce que nous avons vu précédemment. Dans le graphique (b), la courbe d'offre à long terme (OLT_B) a une pente positive ; quand la demande augmente, passant de D_0 à D_1, le prix augmente aussi, et quand elle baisse, passant de D_1 à D_0, le prix baisse aussi. Enfin, dans le graphique (c), la courbe d'offre à long terme (OLT_C) a une pente négative ; l'augmentation de la demande (qui passe de D_0 à D_1) fait baisser le prix et, inversement, la diminution de la demande (de D_1 à D_0) le fait augmenter.

Au chapitre 10, nous avons introduit la notion d'*économies* ou de *déséconomies d'échelle* : une entreprise bénéficie d'économies d'échelle lorsque l'augmentation de son échelle de production permet de diminuer son coût total moyen de production à long terme ; inversement, des déséconomies d'échelle signifient que le coût total moyen de production augmente avec l'échelle des activités. Ces économies ou déséconomies d'échelle sont *internes* à l'entreprise et résultent des propriétés de la technologie dont elle dispose. Par analogie, on peut également parler d'économies ou de déséconomies d'échelle *relatives à l'industrie*. Les **économies d'échelle relatives à l'industrie** sont des réductions du coût de production des entreprises résultant d'un accroissement des dimensions de l'industrie. Inversement, les **déséconomies d'échelle relatives à l'industrie** sont des augmentations du coût de production des entreprises de l'industrie par suite de l'accroissement du volume d'activité de l'industrie. Ces augmentations ou réductions de coût ne dépendent pas du niveau de production de chaque entreprise considérée individuellement, mais résultent de l'expansion de l'industrie dans son ensemble. Deux raisons peuvent expliquer l'existence d'économies ou de déséconomies d'échelle relatives à l'industrie : la variation du prix des facteurs de production utilisés par les entreprises par suite de l'accroissement du volume d'activité de l'industrie et le fait que les fonctions de production des entreprises individuelles peuvent elles-mêmes dépendre du volume d'activité de l'industrie.

L'expansion de l'agriculture dans l'Ouest canadien à la fin du 19e siècle constitue un bon exemple d'économies d'échelle relatives à l'industrie attribuables à la baisse du prix de certains facteurs de production. La production des exploitations agricoles de l'Ouest canadien a beaucoup augmenté à la fin du 19e siècle et au début du 20e siècle. L'expansion du secteur agricole a justifié la construction d'infrastructures importantes pour le transport et l'entreposage des produits, ce qui s'est traduit par une diminution des coûts de transport et d'entreposage pour les agriculteurs. L'expansion du secteur a aussi permis de profiter d'économies d'échelle (au sens habituel) dans la production d'engrais et de machines agricoles et donc de baisses de prix pour ces facteurs de production, ce qui a réduit d'autant les coûts d'exploitation des agriculteurs. L'augmentation de la demande de produits agricoles s'est ainsi traduite par une baisse des prix (graphique (c) de la figure 12.13) : les agriculteurs ont bénéficié d'économies d'échelle relatives à l'industrie qui ont abaissé leurs coûts de production.

Les problèmes d'encombrement dans les transports aériens constituent un bon exemple de déséconomies d'échelle relatives à l'industrie liées au fait que l'expansion de l'échelle d'activité d'une industrie exerce une influence négative sur les fonctions de production des entreprises. L'expansion des transports aériens entraîne une congestion de plus en plus grande, tant des aéroports que de l'espace aérien lui-même : les retards s'allongent, les passagers et les avions doivent patienter de plus en plus longtemps. Cela se traduit par une diminution de la productivité des facteurs de production des entreprises, en ce sens que des temps d'attente plus longs signifient une diminution du volume de passagers que les compagnies peuvent transporter par unité de temps, avec le même nombre d'appareils et le même personnel. Même si le prix des

Figure 12.13 La variation du prix et des quantités à long terme

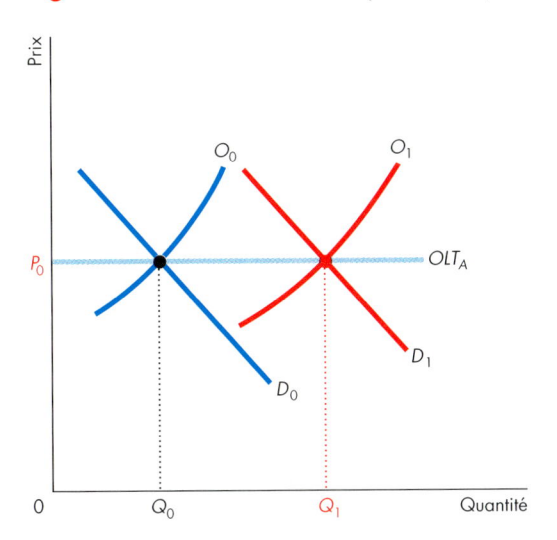

(a) Industrie à coût constant

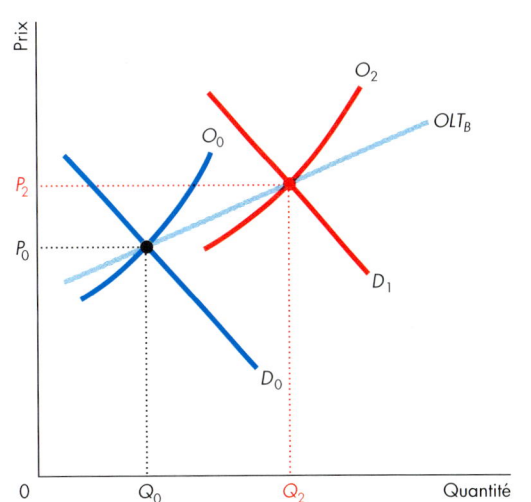

(b) Industrie à coût croissant

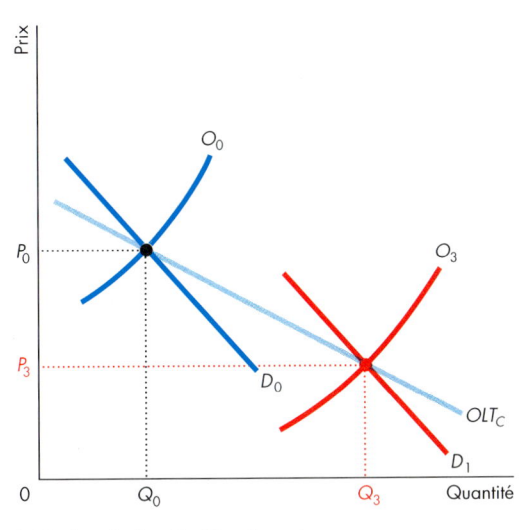

(c) Industrie à coût décroissant

Cette figure illustre les trois possibilités de variation à long terme du prix et de la quantité produite. Quand la demande augmente, passant de D_0 à D_1, de nouvelles entreprises entrent dans l'industrie et la courbe d'offre totale à court terme passe de O_0 à O_1. Dans le graphique (a), la courbe d'offre totale à long terme, OLT_A, est horizontale; la quantité produite augmente, passant de Q_0 à Q_1, mais le prix reste constant, égal à P_0. Dans le graphique (b), l'offre totale à long terme correspond à la courbe OLT_B; le prix augmente et passe en P_2 et la quantité en Q_2. La pente positive de la courbe d'offre à long terme résulte de déséconomies d'échelle relatives à l'industrie. Dans le graphique (c), l'offre totale à long terme correspond à la courbe OLT_C; le prix baisse en P_3, alors que la production augmente et passe en Q_3. Les coûts de production sont décroissants pas suite d'économies d'échelle relatives à l'industrie.

facteurs de production est inchangé, il en découle donc une augmentation des coûts de production des entreprises. Ainsi, en l'absence de progrès technique, les prix du transport aérien augmenteront avec l'accroissement de la demande de services de transport aérien, comme à la partie (b) de la figure 12.13.

L'évolution technique

Les entreprises découvrent sans cesse de nouvelles techniques de production, moins onéreuses. Mais l'application de la plupart de ces méthodes nouvelles exige des investissements importants (nouvelles usines, nouveau matériel, etc.). Il faut donc du temps avant que ces innovations soient adoptées par l'ensemble d'une industrie. Les entreprises dont les usines et le matériel commencent à être désuets adoptent très vite la nouvelle technologie; par contre, les entreprises qui viennent tout juste de renouveler leurs installations continueront à travailler avec l'ancienne technologie, jusqu'à ce que l'évolution des conditions du marché ne leur permette plus de couvrir leurs coûts variables. À ce moment-là, l'entreprise devra se défaire de ses installations, même si elles ne sont pas encore très anciennes, pour investir dans la nouvelle technologie.

Quels sont les effets d'une innovation technique sur la production et les profits des entreprises? Le graphique (a) de la figure 12.14 indique la courbe de

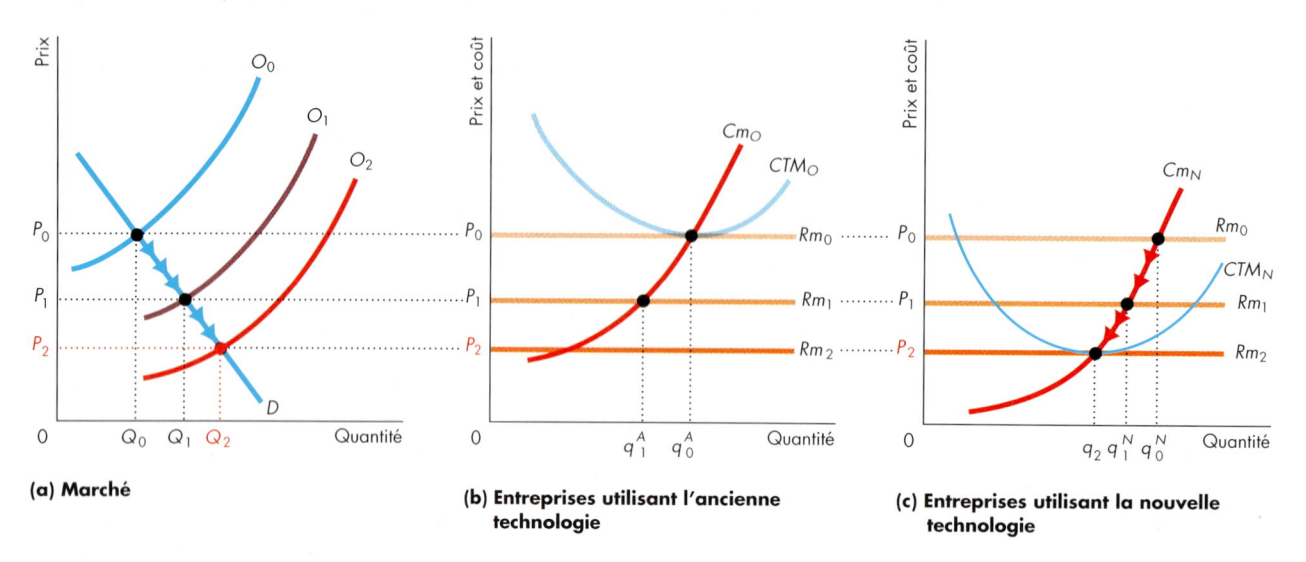

Figure 12.14 Les effets d'une innovation technique dans un marché parfaitement concurrentiel

(a) Marché

(b) Entreprises utilisant l'ancienne technologie

(c) Entreprises utilisant la nouvelle technologie

Dans le graphique (a), la courbe d'offre totale initiale est en O_0 et la courbe de demande est en D; le prix d'équilibre est donc de P_0 et la production totale de Q_0. Comme l'indique le graphique (b), les entreprises produisent une quantité q_0^A et leur profit est nul. Survient une innovation technique. Les coûts de production avec la nouvelle technologie (CTM_N et Cm_N) sont inférieurs à ceux de l'ancienne technologie, comme on peut le voir dans le graphique (c). Au prix P_0, les entreprises qui utilisent la nouvelle technologie produisent une quantité optimale q_1^N et font un profit positif. La nouvelle technologie étant rentable, de plus en plus d'entreprises l'adoptent, et la courbe d'offre totale se déplace vers la droite, passant de O_0 à O_1, comme l'illustre le graphique (a). La production totale augmente, passant de Q_0 à Q_1, mais le prix du marché tombe en P_1. Par conséquent, les entreprises qui utilisent la nouvelle technologie diminuent leur production, de q_0^N à q_1^N, mais elles continuent de faire un profit. Les entreprises qui utilisent encore l'ancienne technologie diminuent aussi leur production, la faisant passer de q_0^A à q_1^A, mais elles subissent une perte. De plus en plus d'entreprises utilisant l'ancienne technologie ferment ou acquièrent la nouvelle technologie; de plus, des entreprises dotées de la nouvelle technologie sont incitées à entrer dans l'industrie. La courbe d'offre continue donc à se déplacer vers la droite, passant de O_1 à O_2. Le prix tombe alors à P_2 et la production totale de l'industrie se stabilise à Q_2. Les entreprises équipées de la nouvelle technologie produisent chacune q_2 et leur profit est nul; il ne subsiste plus aucune entreprise utilisant l'ancienne technologie.

L'innovation technique a donc eu pour effet de faire augmenter la production totale en faisant baisser le prix. Les entreprises qui ont rapidement adopté la nouvelle technologie ont fait des profits, alors que celles qui ont gardé l'ancienne trop longtemps ont subi des pertes.

demande totale (D) et la courbe d'offre à court terme initiale (O_0); le prix s'élève à P_0 et la production totale est de Q_0. Les entreprises qui travaillent avec l'ancienne technologie ont toutes la même courbe de coût marginal Cm_0 et la même courbe de coût total moyen CTM_0. Au prix du marché P_0, toutes les entreprises ont la même courbe de recette marginale Rm_0, chacune produit la même quantité q_0^A (A pour *Ancienne* technologie) et fait un profit économique nul (graphique b de la figure). L'industrie se trouve donc en situation d'équilibre à long terme.

La nouvelle technologie permet aux entreprises d'abaisser substantiellement leurs coûts de production. Le graphique (c) de la figure 12.14 indique les courbes de coût des entreprises qui ont adopté la nouvelle technologie. Supposons qu'une entreprise utilisant la nouvelle technologie s'établisse dans l'industrie. Nous savons que cette industrie est concurrentielle: la nouvelle entreprise ne joue donc qu'un rôle minime dans le marché et n'exerce pas grande influence sur la production totale; la courbe d'offre totale reste donc en O_0 et le prix se maintient à P_0. Cependant, l'entreprise qui utilise la nouvelle technologie produit à son niveau de production optimal q_0^N (N pour *Nouvelle* technologie) et fait un profit économique positif. Peu à peu, d'autres entreprises converties à la nouvelle technologie vont entrer dans l'industrie. Après un certain temps, quand un nombre suffisant de ces nouvelles entreprises se seront jointes à l'industrie, la courbe d'offre totale passera en O_1. À ce moment-là, le prix sera de P_1, inférieur à P_0, et la production totale aura augmenté, passant de Q_0 à Q_1. Toutes les entreprises vendront alors au prix P_1 et maximiseront leur profit : les entreprises ayant adopté la nouvelle technologie produiront la quantité q_1^N et continueront à faire un profit économique, tandis que les entreprises ayant conservé l'ancienne technologie produiront la quantité q_1^A, pour minimiser leurs pertes.

La nouvelle technologie s'avérant rentable, d'autres entreprises continueront de se joindre à l'industrie. L'ancienne technologie sera devenue tout à fait désuète, puisqu'elle ne sera plus rentable étant donné les nouvelles conditions du marché ; les entreprises qui l'utiliseront encore devront par conséquent soit sortir de l'industrie, soit se moderniser. Au bout d'un certain temps, toutes les entreprises de l'industrie utiliseront donc la nouvelle technologie. La courbe d'offre totale (la somme des courbes de coût marginal des entreprises) sera alors en O_2. (Précisons que la courbe d'offre O_0 est la somme des courbes de coût marginal des entreprises travaillant avec l'ancienne technologie et que la courbe d'offre O_1 est la somme des courbes de coût marginal des entreprises fidèles à l'ancienne technologie et des entreprises converties à la nouvelle.) Avec la courbe d'offre en O_2, le prix s'établit à P_2 et l'industrie dans son ensemble produit Q_2. Au prix P_2, chacune des entreprises appliquant la nouvelle technologie se situe à son niveau de production optimal q_2 et son profit économique est nul. Par conséquent, P_2 est le prix d'équilibre à long terme de l'industrie.

Dans le processus que nous venons d'étudier, certaines entreprises ont fait à court terme des profits économiques, tandis que d'autres subissaient des pertes économiques. Il s'agissait donc d'une période de transition pour l'ensemble de l'industrie : certaines de ses entreprises allaient bien, d'autres allaient mal. Souvent, la diffusion d'une nouvelle technologie se produit dans un cadre géographique précis : par exemple, les entreprises utilisant la nouvelle technologie peuvent toutes se trouver dans une région industrielle en développement, tandis que celles qui s'en tiennent à l'ancienne technologie sont concentrées dans une région industrielle traditionnelle ; ou encore, ce sont des entreprises situées à l'étranger qui adoptent une nouvelle technologie, tandis que toute l'économie nationale repose sur des entreprises qui s'en tiennent encore à l'ancienne technologie. Dans l'industrie du textile, les entreprises canadiennes qui luttent pour faire face à la concurrence de Hong-kong et de Taïwan constituent un excellent exemple de ce phénomène.

De nombreux secteurs de l'économie canadienne connaissent une concurrence très vive ; mais l'un des plus concurrentiels est sans nul doute celui de l'agriculture. Le modèle de la concurrence parfaite convient donc bien à l'étude du secteur agricole. Nous allons maintenant analyser les événements qui ont marqué ce secteur dans les années 80, événements qui ont été souvent difficiles à vivre pour les agriculteurs.

Agriculteurs en péril

En 1981, on comptait environ 320 000 fermes au Canada, avec une moyenne de 210 hectares par exploitation. Depuis, leur nombre n'a cessé de baisser au fil des ans, tandis que la taille moyenne des exploitations ne cessait d'augmenter. Cette évolution a été particulièrement rapide entre 1981 et 1986 : au cours de ces cinq années, le nombre d'exploitations a baissé de près de 10 %, tandis que la taille moyenne des fermes augmentait dans la même proportion. Les années 80 ont été marquées par une multiplication des difficultés financières dans le secteur. Les taux d'intérêt étant très élevés, les agriculteurs n'arrivaient plus à rembourser leurs emprunts, et la plupart avaient atteint leur plafond d'endettement. Un grand nombre ont donc cessé leurs activités, certains après avoir déclaré faillite. Pourquoi la situation financière des agriculteurs canadiens est-elle soudainement devenue si précaire ? Pourquoi tant d'entre eux ont-ils dû cesser leurs activités ? Et pourquoi ces perturbations se sont-elles en définitive soldées par un accroissement de la taille moyenne des exploitations ?

Le problème des exploitations agricoles est très complexe. En fait, il n'y a pas un problème agricole unique, mais une multitude de problèmes, qui diffèrent selon les régions, les rendements des différentes cultures et de nombreux autres facteurs. Néanmoins, au début des années 80, un problème commun se posait à tous les agriculteurs canadiens, quoique à divers degrés.

Certains agriculteurs sont riches ; la majorité, cependant, ne le sont pas. Ils doivent emprunter à la banque pour acheter des terres, des bâtiments et des machines. Au début des années 80, le coût des emprunts bancaires a atteint un niveau sans précédent : les taux d'emprunt, qui étaient en moyenne de 7 à 8 % dans les années 70, ont augmenté en 1980, se situant autour de 13 % ; les taux d'intérêt ont même atteint un niveau record de 20 % en 1981 et sont restés à 15 % tout au long de l'année 1982. Cette augmentation massive du coût des emprunts s'est naturellement traduite par un alourdissement considérable des coûts fixes que doivent supporter les exploitations. (Rappelons que les coûts fixes sont les coûts que l'entreprise doit débourser, quel que soit son volume de production : ainsi, même une ferme qui ne produit rien doit payer des intérêts sur les prêts bancaires qu'elle a contractés.)

Appliquons le modèle de la concurrence parfaite au secteur agricole pour mesurer les effets d'une augmentation des coûts fixes sur les exploitations. La figure 12.15 illustre la situation. Le graphique (a) contient la courbe de coût total moyen (CTM) d'une exploitation, la courbe de coût marginal (Cm), et les courbes de recette moyenne et de recette marginale (en concurrence parfaite, $RM = Rm$). Le prix du marché

318 CHAPITRE 12 LA CONCURRENCE PARFAITE

Figure 12.15 Les effets de taux d'intérêt élevés sur les profits des exploitations agricoles et sur les prix

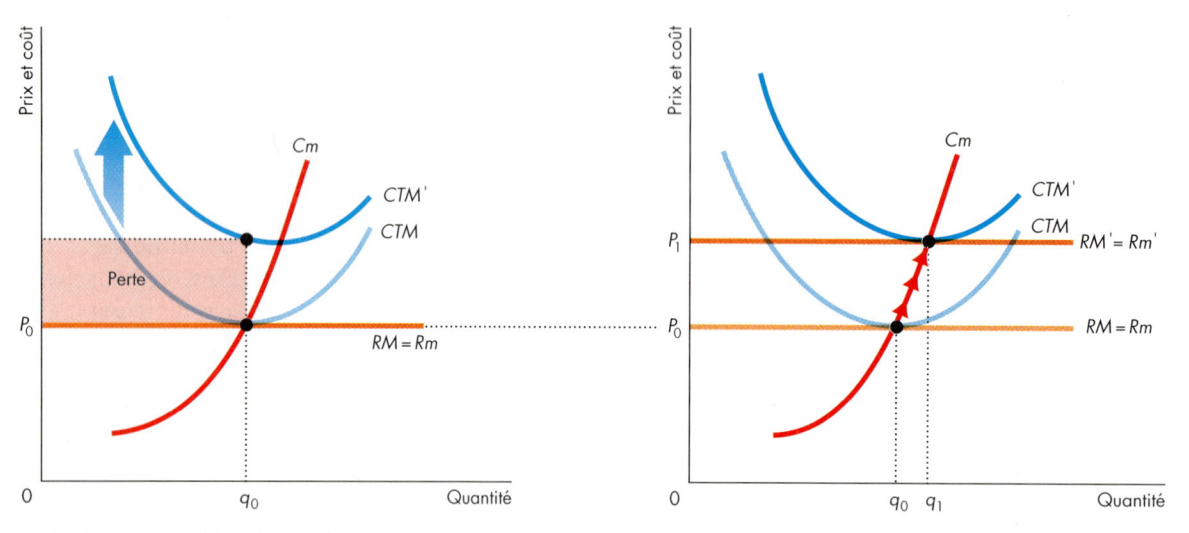

(a) Les hauts taux d'intérêt entraînent des pertes.

(b) Les sorties finissent par faire monter les prix.

Au début, la courbe de coût total moyen des fermes se situe en *CTM*. Au prix P_0, la production optimale correspond à q_0, comme on peut le constater dans le graphique (a). Comme les coûts fixes augmentent, la courbe de coût total moyen monte jusqu'en *CTM'*. Le coût marginal et le prix restent constants et le niveau de production optimal est le même. Les exploitations subissent maintenant des pertes, représentées par le rectangle rouge. Certaines fermes cessent leurs activités (quittent le secteur); la courbe d'offre totale se déplace donc vers la gauche, le prix augmente, passant de P_0 à P_1, et le niveau de production optimal monte également, de q_0 à q_1, comme l'illustre le graphique (b). Les exploitations agricoles feront des pertes tant que ce processus d'ajustement durera.

s'établit à P_0, et la production optimale des exploitations — celle qui permet de maximiser le profit — est égale à q_0. Au début, le secteur est en équilibre à long terme, puisque le profit des exploitations est nul quand la courbe de coût total moyen se situe en *CTM*.

Si le coût fixe augmente, la courbe de coût total moyen change mais la courbe de coût marginal reste la même. (Rappelons que le coût marginal est le coût qu'entraîne la production d'une unité supplémentaire. L'augmentation des taux d'intérêt fait augmenter le coût fixe total mais non le coût variable total; le coût marginal reste donc le même.) Supposons que l'augmentation du coût fixe provoque le déplacement de la courbe de coût total moyen en *CTM'* (graphique (a) de la figure 12.15). Si le prix reste constant, égal à P_0, la production optimale des exploitations reste constante, égale à q_0. Mais maintenant, les agriculteurs perdent de l'argent; le rectangle rouge représente cette perte.

L'ampleur des pertes subies par les agriculteurs dépend de leur situation financière particulière: les exploitations les plus lourdement endettées subissent les pertes les plus importantes. Pour certaines d'entre elles, le montant des emprunts atteint presque la valeur des terres et des bâtiments; ce sont ces fermiers-là, les plus lourdement endettés, qui souffrent le plus de la situation et qui abandonnent le secteur les premiers. La courbe d'offre totale de produits agricoles se déplace vers la gauche avec la disparition des exploitations les plus endettées, ce qui exerce une pression à la hausse sur le prix du marché. Le graphique (b) de la figure 12.15 illustre une évolution possible à long terme pour le secteur: une fois qu'un nombre suffisant d'exploitations ont fermé leurs portes, le prix augmente, passant de P_0 à P_1, et la production de chaque exploitation augmente aussi, de q_0 à q_1; les agriculteurs ne perdent plus d'argent. Si la production par exploitation est alors supérieure à ce qu'elle était, c'est que chaque ferme emploie une plus grande quantité de facteurs — elle a besoin de plus de main-d'œuvre, de machines supplémentaires et évidemment de terres plus vastes.

Mais la situation représentée dans le graphique (b) ne peut se réaliser en un jour. Le prix ne passe pas brusquement de P_0 à P_1 car, pour la plupart des produits, l'agriculture canadienne ne représentera jamais qu'une faible part de la production mondiale. Les agriculteurs (de même que leurs créanciers) perdront donc de l'argent tant que les conditions du marché mondial maintiendront un prix inférieur à P_1.

Vous connaissez maintenant le fonctionnement d'un marché concurrentiel et vous savez utiliser le modèle de la concurrence parfaite. La rubrique *Entre les lignes* des pages 320 et 321 propose d'autres applications du modèle de la concurrence parfaite. Nous allons conclure ce chapitre par une analyse des propriétés d'efficacité de la concurrence parfaite.

La concurrence et l'allocation efficace des ressources

En concurrence parfaite, comme il n'y a pas de barrières à l'entrée dans l'industrie, toutes les entreprises produisent au plus bas coût possible. Et comme aucune ne peut exercer d'influence sur le prix du marché, chaque entreprise produira au niveau de production pour lequel son coût marginal est égal au prix du marché. Ces caractéristiques des marchés parfaitement concurrentiels ont des conséquences importantes en ce qui concerne l'efficacité de l'allocation des ressources dans l'économie.

L'allocation efficace des ressources

Dans le chapitre 1, nous avons insisté sur le fait qu'un système économique était un mécanisme d'allocation permettant de répondre à trois questions fondamentales : *quoi* produire, *comment* produire et *pour qui* produire ? Une réponse à ces trois questions constitue une *allocation des ressources*. Plus précisément, une **allocation des ressources** correspond à une description exhaustive des quantités de facteurs de production utilisés par chaque entreprise, des quantités de biens et services produits par chaque entreprise et des quantités des divers biens et services consommés par chaque ménage dans l'économie. On dit qu'il y a **allocation efficace des ressources** s'il n'est pas possible de faire mieux, dans l'état actuel des techniques de production, avec les facteurs de production disponibles : en d'autres termes, une allocation est efficace si personne ne peut améliorer sa situation compte tenu de ses préférences, sans que cela se fasse au détriment de quelqu'un d'autre. Si l'on peut améliorer la situation d'un individu sans qu'aucun autre ne soit pénalisé, c'est qu'il est alors possible de mieux répartir les ressources dans l'économie.

Une allocation est efficace si elle satisfait aux trois conditions suivantes :

- L'efficacité dans la production
- L'efficacité dans la consommation
- L'efficacité de la combinaison des biens et services produits et consommés

L'*efficacité dans la production* renvoie à la question suivante : étant donné l'état des techniques et les quantités de facteurs de production disponibles, est-il possible d'augmenter la production d'un bien ou service sans diminuer celle d'aucun autre bien ou service ? Une allocation des ressources n'est efficace que si on peut répondre par la négative à cette question. Nous avons vu au chapitre 9 que, pour maximiser leur profit, les entreprises se devaient aussi de minimiser leurs coûts de production : la minimisation des coûts nécessitait l'efficacité *technique* et, en outre, le choix de la méthode de production la moins coûteuse parmi toutes les méthodes techniquement efficaces – ce que nous avons appelé l'efficacité *économique*. Dans le présent chapitre, nous avons vu également que, dans un marché parfaitement concurrentiel, le coût marginal de production est le même, à l'équilibre, dans toutes les entreprises produisant un même bien ou service ; cela résulte du fait que toutes les entreprises d'une même industrie vendent au même prix et que chacune d'elles choisit le niveau de production qui assure l'égalité entre son coût marginal et le prix du marché. L'efficacité dans la production résulte de la combinaison de ces deux propriétés que satisfont les marchés de concurrence parfaite : la minimisation des coûts de production (l'efficacité économique) au sein de chaque entreprise, quel que soit le bien ou service produit, et l'égalisation du coût marginal de production entre toutes les entreprises produisant le même bien ou service. Lorsque ces conditions sont satisfaites, il est impossible d'amener quelque entreprise que ce soit à produire plus, compte tenu des facteurs de production qu'elle consomme, et il est impossible également de répartir autrement entre les entreprises le stock de facteurs de production disponibles de façon à augmenter la quantité d'un bien ou service, sans sacrifier celle d'un autre bien ou service.

L'*efficacité dans la consommation* renvoie à la question suivante : étant donné les quantités produites des divers biens et services, est-il possible de répartir les quantités en question entre les consommateurs, de façon à augmenter le bien-être d'au moins un consommateur sans diminuer le bien-être d'un autre consommateur quel qu'il soit ? Ici encore, une allocation des ressources n'est efficace que si on peut répondre par la négative à cette question. Or, nous savons que les demandes d'un consommateur représentent la meilleure affectation possible de son budget : les courbes de demande individuelles nous indiquent en effet les quantités que le consommateur désire acheter, aux prix donnés, quand il optimise ses dépenses pour un budget donné. Dans un marché concurrentiel, pour un bien donné, tous les consommateurs font face au même prix ; il s'ensuit que la disposition à payer d'un consommateur pour la dernière unité achetée d'un bien est la même que celle de tous les autres consommateurs. L'efficacité dans la consommation résulte du fait que

ENTRE LES LIGNES

La concurrence parfaite : une illustration

Les faits en bref

Peut-on comparer la crise de la pêche dans l'Est et les sécheresses dans l'Ouest ?

Les politiciens et les partisans d'une aide aux quelque 3000 travailleurs du secteur de la pêche menacés de perdre leur emploi comparent souvent le déclin des stocks de poissons aux sécheresses qui frappent parfois l'Ouest du pays.

Le Premier Ministre Brian Mulroney a par ailleurs déclaré que le gouvernement fédéral accorderait aux travailleurs du secteur de la pêche la même attention qu'aux agriculteurs de l'Ouest canadien. À la suite des trois récentes sécheresses qui ont frappé leur région, ces agriculteurs ont reçu une aide de plus d'un milliard de dollars.

Mais, pour les experts de la pêche atlantique, les problèmes de la pêche et de l'agriculture ne sont guère comparables.

D'une part, alors que les sécheresses sont le plus souvent des calamités naturelles, le déclin des stocks de poissons de l'Atlantique est imputable à l'exploitation humaine, et notamment à la pêche excessive qui se pratique depuis une dizaine d'années et à la gestion déficiente des stocks de poissons.

D'autre part, les agriculteurs de l'Ouest qui sont victimes d'une sécheresse une année donnée peuvent souvent recommencer à planter dès l'année suivante. Par contre, les scientifiques estiment que les pêcheurs de l'Atlantique doivent absolument restreindre leurs prises pendant au moins une dizaine d'années, sous peine de détruire complètement les populations de poissons.

Le gouvernement fédéral fait donc face à un dilemme difficile : soit dépenser des milliards de dollars pour soutenir les villes qui vivent de la pêche, soit envoyer des milliers d'employés des pêcheries travailler dans d'autres provinces, sachant que leur niveau d'instruction et de formation dans des domaines autres que la pêche est en général très bas.

Le gouvernement fédéral a réduit les quotas de pêche de morues du Nord pour la deuxième année consécutive cette année, et la National Sea Products Ltd. de même que la Fishery Products International Ltd. ont d'ores et déjà annoncé le licenciement de plus de 3000 travailleurs.

Leslie Harris, qui est président de la Memorial University de Saint-Jean et président d'un comité d'étude sur les bancs de morues du Nord mis sur pied par le gouvernement fédéral, considère cependant que cette réduction de près de 26 % des prises de morues du Nord sur deux ans n'a pas encore suffi à accélérer la croissance, actuellement très lente, du stock de morues.

Certains scientifiques fédéraux recommandent que les prises de morues de 1990 soient limitées à la moitié de ce qu'elles étaient en 1989, année durant laquelle elles ont totalisé 235 000 tonnes.

Jusqu'à l'année dernière, les scientifiques pensaient que les populations de morues du Nord étaient en voie de reconstitution depuis 1977, soit depuis que le Canada a interdit aux bateaux de pêche étrangers de jeter leurs filets à moins de 200 milles du littoral atlantique.

Mais, en février de l'année dernière, les Terre-Neuviens ont appris avec stupéfaction du ministère fédéral des Pêches et des Océans que le stock de morues ne s'accroissait que très lentement, et que les poissons pêchés actuellement ne mesuraient souvent que la moitié de ceux qui étaient pris une dizaine d'années auparavant.

L'augmentation de la demande de poisson a suscité l'ouverture de nouvelles usines de traitement du poisson dans les Provinces atlantiques, usines dont le nombre est passé de 500 en 1977 à 876 en 1988.

Les pêcheurs se plaignent de ce que le ministère fédéral des Pêches et des Océans a autorisé l'établissement de ces entreprises et a laissé les pêcheurs investir dans de nouvelles techniques d'exploitation du produit de la pêche sans les informer des conséquences probables.

The Globe and Mail
15 janvier 1990
Par Kevin Cox
©The Globe and Mail
Traduction et reproduction autorisées

- Dans les années 80, l'augmentation de la demande de poisson a suscité l'établissement de nouvelles usines de traitement du produit de la pêche dans les Provinces atlantiques : leur nombre est passé de 500 en 1977 à 876 en 1988.

- À la fin des années 80, la réduction des stocks de poissons, en particulier la morue du Nord, a infligé aux pêcheurs de l'Atlantique des difficultés sévères, que certains comparent aux difficultés que connaissent les agriculteurs en période de sécheresse.

- Mais les sécheresses sont des phénomènes imprévisibles et temporaires, tandis qu'il faut parfois plusieurs décennies pour reconstituer un stock de poissons.

- En 1988, les autorités ont imposé des quotas de pêche, et 3000 travailleurs du secteur de la pêche ont perdu leur emploi.

- Le Premier Ministre du Canada a promis que le gouvernement fédéral accorderait aux pêcheurs une aide comparable à celle dont bénéficient les fermiers de l'Ouest en cas de sécheresse.

ENTRE LES LIGNES

Analyse

- Le secteur de la pêche dans l'Atlantique est concurrentiel. Les pêcheurs se livrent concurrence entre eux, d'une part, mais ils livrent également concurrence aux pêcheurs des États-Unis et des autres pays. Par conséquent, la demande à laquelle font face chaque entreprise de pêche et le secteur canadien de la pêche dans son ensemble est parfaitement élastique.

- La figure (a) illustre un équilibre à long terme du secteur de la pêche dans l'Atlantique. Au graphique (i), la demande est parfaitement élastique au prix P_M, qui est le prix du marché mondial. La courbe d'offre des pêcheurs de l'Atlantique correspond à O_A et la quantité produite totale à Q_A. Le graphique (ii) illustre la production d'une entreprise isolée. Cette entreprise produit q_A, la quantité pour laquelle le coût marginal est égal à la recette marginale et pour laquelle le coût total moyen est minimal. Dans ces conditions, le profit économique de l'entreprise est nul.

- Pour que cet équilibre à long terme se maintienne, il faut que les stocks de poissons restent constants : le taux de prise totale doit donc être égal au taux de reproduction des poissons.

- Mais les taux de prise sont supérieurs au taux de renouvellement de la population de poissons : les stocks sont donc à la baisse. Toutes choses étant égales par ailleurs, le déclin des populations de poissons déplacerait la courbe de coût des entreprises vers le haut et la courbe d'offre vers la gauche. Mais les conditions ont changé : le progrès des techniques de pêche fait baisser les coûts et contrebalance les effets du déclin des stocks.

- Le déclin des populations de poissons va finir par entraîner une augmentation des coûts supérieure à la baisse engendrée par l'amélioration des techniques de pêche : cette augmentation des coûts entraînera alors des pertes économiques qui obligeront certaines entreprises à fermer leurs portes.

- Pour contrer le déclin des stocks de poissons, le gouvernement fédéral impose des quotas de pêche. Ces quotas limitent la production (c'est-à-dire la prise) totale et celle de chaque entreprise. La figure (b) illustre les effets à court terme de ces quotas. Le graphique (i) indique que la production totale des pétoncles de l'Atlantique baisse, passant à Q_Q (Q comme quotas); le graphique (ii) indique que la production de chaque entreprise baisse, passant à q_Q. À ce niveau de production, le coût total moyen est supérieur au prix, de sorte que les entreprises subissent des pertes. Elles continuent cependant de fonctionner jusqu'à ce que leur équipement ait atteint sa limite de vie utile et doive être remplacé. C'est à ce moment qu'elles ferment leurs portes.

- En obligeant les entreprises à limiter leur production, les quotas suscitent immédiatement une vague de licenciements. À plus long terme, cette baisse de l'emploi dans le secteur s'accentue à mesure que les entreprises ferment.

- Le gouvernement fédéral peut éponger les pertes des entreprises et éviter qu'elles ferment en leur accordant des aides financières semblables à celles qu'il accorde aux agriculteurs les années de sécheresse. Cette aide gouvernementale ne saurait cependant éviter complètement les pertes d'emplois, car il faut absolument réduire la production pour permettre aux populations de poissons de se stabiliser.

- Si certaines entreprises ferment leurs portes, les pertes d'emplois seront plus nombreuses que si toutes les entreprises continuent de fonctionner, mais le coût total moyen du secteur sera plus faible.

- Pour déterminer le montant de son aide aux pêcheurs, le gouvernement doit comparer le coût de cette aide au coût de l'accroissement du taux de chômage dans les Provinces atlantiques.

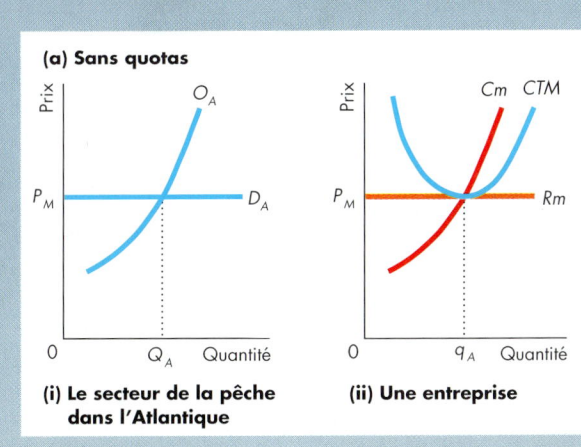

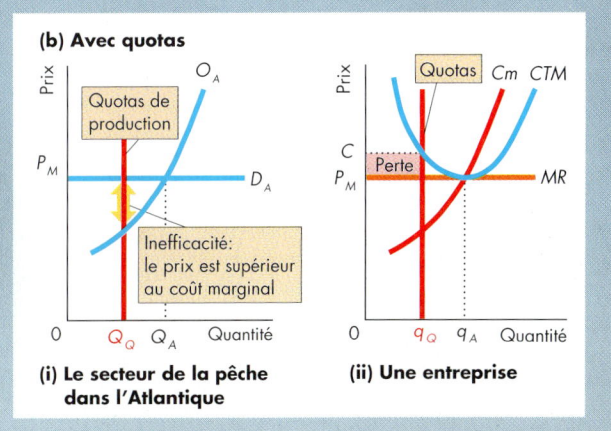

(a) Sans quotas

(i) Le secteur de la pêche dans l'Atlantique

(ii) Une entreprise

(b) Avec quotas

(i) Le secteur de la pêche dans l'Atlantique

(ii) Une entreprise

chaque consommateur optimise ses dépenses, compte tenu de son budget, et que, dans les marchés parfaitement concurrentiels, tous les consommateurs font face aux mêmes prix. En d'autres termes, une fois que les biens produits ont été répartis entre les consommateurs sur la base de leurs courbes de demande (chaque bien étant acheté au même prix par tous les consommateurs), il sera impossible aux consommateurs d'améliorer leur situation en procédant à des échanges mutuellement avantageux.

La troisième condition, *l'efficacité de la combinaison des biens et services produits et consommés*, a trait à l'adéquation entre la désirabilité relative des différents biens et services aux yeux des consommateurs et les coûts d'opportunité des biens et services dans le système de production. Cette condition est satisfaite en concurrence parfaite s'il n'y a pas d'**effets externes**. Les effets externes *négatifs* sont des coûts afférents à la production d'un bien, mais qui sont subis par d'autres agents que le producteur du bien en question : par exemple, les coûts de pollution et les coûts d'encombrement. Les effets externes *positifs* sont les avantages dont bénéficient d'autres personnes que les acheteurs d'un bien : par exemple, le plaisir que nous avons à admirer de beaux bâtiments – ce n'est pas forcément nous qui les avons fait construire, mais ils constituent pour nous une source de satisfaction.

Le **coût marginal social** d'un bien est le coût de production d'une unité supplémentaire, en incluant les coûts associés aux effets externes négatifs. L'**avantage marginal social** est ce que l'on est disposé à payer pour la consommation d'une unité supplémentaire d'un bien, en incluant les avantages associés aux effets externes positifs. L'allocation des ressources est efficace quand le coût marginal social est égal à l'avantage marginal social, comme l'illustre la figure 12.16. La courbe rouge, *CmS*, est la courbe de coût marginal social et la courbe bleue, *AmS*, est la courbe d'avantage marginal social. Le niveau de production et de consommation du bien est optimal quand on produit une quantité Q^* et que celle-ci se vend au prix P^*. Dans ce cas, aucune ressource n'est gaspillée ; personne ne peut améliorer son bien-être sans diminuer le bien-être de quelqu'un d'autre. Si la production dépassait Q^*, le coût marginal social serait supérieur à l'avantage marginal social ; en d'autres termes, le coût de production de la dernière unité serait supérieur à l'avantage retiré de cette même unité. À l'inverse, si la quantité était inférieure à Q^*, l'avantage marginal social serait supérieur au coût marginal social : la production d'une unité supplémentaire rapporterait alors un avantage supérieur au coût.

La figure 12.16 montre dans quelles circonstances la concurrence parfaite se traduira par une allocation efficace des ressources : il faut pour cela qu'il n'existe ni coûts externes ni avantages externes. Les acheteurs du

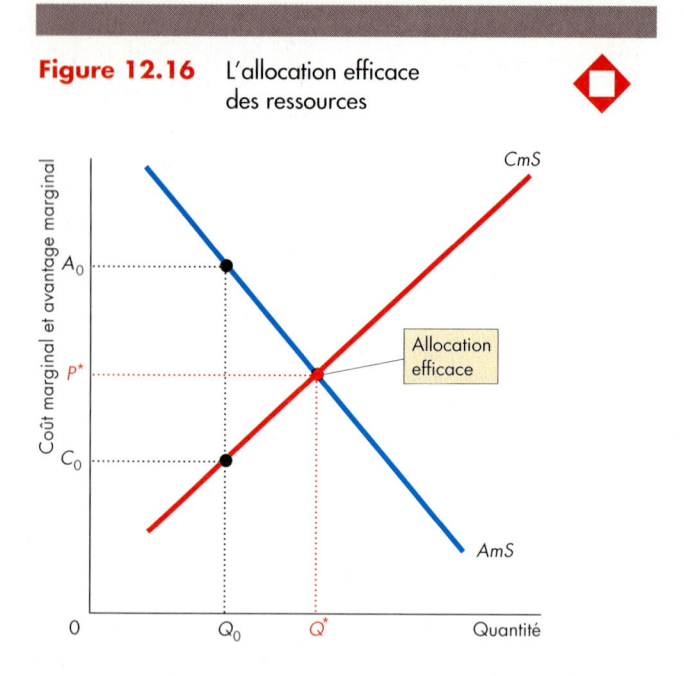

Figure 12.16 L'allocation efficace des ressources

Pour que les ressources soient réparties de façon efficace, il faut que le coût marginal social (*CmS*) et l'avantage marginal social (*AmS*) soient égaux. Cela se produit ici pour une quantité Q^*. Si la production se situait en Q_0, le coût marginal social (C_0) serait inférieur à l'avantage marginal social (A_0). L'avantage retiré de la production d'une unité supplémentaire excède son coût de production. Des marchés parfaitement concurrentiels réaliseront une allocation efficace des ressources en l'absence d'effets externes. Dans ce cas, la courbe de coût marginal social se confond avec celle de la courbe d'offre totale, et la courbe d'avantage marginal social se confond avec la courbe de demande totale ; la quantité Q^* s'échange au prix P^*.

bien bénéficient de tous les avantages que le bien procure, tandis que les producteurs en assument tous les coûts. La courbe d'avantage marginal social se confond alors avec la courbe de demande du marché, et la courbe de coût marginal social se confond avec la courbe d'offre totale. Dans les industries parfaitement concurrentielles, le prix et la quantité échangée sont déterminés au point d'intersection des courbes d'offre et de demande. Par conséquent, des marchés parfaitement concurrentiels produiront la quantité Q^* au prix P^*. En l'absence de coûts et d'avantages externes, la concurrence parfaite se traduit donc par une allocation efficace des ressources.

Pour vérifier si Q^* correspond à une allocation efficace, personne ne peut améliorer sa situation sans que se détériore celle de quelqu'un d'autre, voyons ce qui se passe si la production tombe à Q_0. Le coût marginal social passe à C_0, tandis que l'avantage marginal social passe à A_0. Un accroissement de la production sera alors avantageux pour tout le monde. Les producteurs seraient bien disposés à produire plus, s'ils pouvaient vendre à un prix supérieur à C_0, et les consommateurs accepteraient volontiers d'acheter plus, s'ils pouvaient acheter à un prix inférieur à A_0. Producteurs et consommateurs bénéficieraient donc d'un accroissement des quantités échangées. Mais, quand la quantité échangée aura atteint Q^*, il n'y aura plus de gain à espérer d'aucune augmentation de production. L'avantage que le consommateur retirera de la dernière unité produite sera alors exactement égal à ce qu'il en coûtera au fabricant pour la produire.

La main invisible

Adam Smith, l'un des fondateurs de la science économique, a soutenu que les marchés concurrentiels agissent à la manière d'une main invisible, qui pousserait les acheteurs et les vendeurs à atteindre le meilleur résultat possible pour la société. Par cette métaphore, Adam Smith voulait souligner le fait que dans un marché concurrentiel chaque individu, en poursuivant son intérêt personnel, contribue inconsciemment à la réalisation d'une situation d'équilibre conforme à l'intérêt général. La bande dessinée ci-contre illustre cette fameuse main invisible. Adam Smith n'a pas pu analyser les conditions de réalisation d'une allocation efficace des ressources aussi précisément et aussi clairement que nous pouvons le faire aujourd'hui. Nous devons à Léon Walras, à Vilfredo Pareto et, plus récemment, aux économistes Kenneth Arrow et Gérard Debreu, tous deux Prix Nobel de science économique, d'avoir formulé de façon précise les conditions dans lesquelles la concurrence parfaite réalise une allocation efficace des ressources.

Les entraves à l'efficacité dans l'allocation des ressources

Deux obstacles majeurs peuvent empêcher une allocation efficace des ressources :

- Les effets externes
- Les monopoles

L'existence d'effets externes fait en sorte que de nombreux biens ne peuvent être produits de façon efficace, même dans les marchés de concurrence parfaite. Des services comme la défense nationale, la police et la justice, les approvisionnements en eau potable et l'enlèvement des ordures entraînent des avantages externes considérables. S'ils étaient confiés à un marché parfaitement concurrentiel, le niveau de production de ces biens ou services serait insuffisant. À l'inverse, la production de certains biens suscite d'importants coûts externes. Ainsi, la sidérurgie et les industries chimiques polluent l'air et l'eau de tout le monde (et pas seulement l'environnement des producteurs). En concurrence parfaite, ces biens seraient produits en trop grandes quantités. L'un des rôles importants des gou-

Dessin de M. Twohy; © 1988, The New Yorker Magazine, Inc.

vernements consiste justement à intervenir dans la production des marchés concurrentiels dans des cas comme ceux-ci. Comme nous le verrons aux chapitres 19 à 21, l'existence même des gouvernements peut s'expliquer en partie par la nécessité de résoudre les problèmes liés aux effets externes.

Les monopoles représentent un autre obstacle possible à l'allocation efficace des ressources. Les monopoles, que nous étudierons dans le prochain chapitre, réduisent leur production en deçà du niveau concurrentiel pour faire monter les prix et accroître leur profit.

■ Notre analyse de la concurrence parfaite est maintenant terminée. Nous avons vu comment les entreprises en situation de concurrence parfaite déterminent leur niveau de production. Nous avons appris à tracer la courbe d'offre du marché à partir des courbes d'offre individuelles de toutes les entreprises qui se partagent le marché. Nous avons vu comment l'offre et la demande totales déterminent le prix et la quantité échangée.

Nous avons expliqué le fonctionnement à court terme des industries concurrentielles et les forces dynamiques qui les amènent à une situation d'équilibre à long terme. Le modèle de la concurrence parfaite nous a aussi aidés à comprendre le fonctionnement des marchés. Enfin, nous avons vu que, dans certaines conditions, la concurrence parfaite se traduit par une allocation efficace des ressources.

Certains marchés se rapprochent beaucoup de la concurrence parfaite. Mais tous ne sont pas dans ce cas ; c'est ce que nous verrons aux chapitres 13 et 14. Ainsi, nous analyserons dans le prochain chapitre une structure de marché qui est l'antithèse même de la concurrence parfaite : le monopole pur. Au chapitre 14, nous étudierons des situations intermédiaires : la concurrence monopolistique et l'oligopole (concurrence entre quelques producteurs). Nous disposerons ainsi d'un ensemble complet de modèles, grâce auxquels nous serons en mesure d'étudier tous les marchés qui existent dans la réalité.

RÉSUMÉ

La concurrence parfaite

Dans un marché, la concurrence est parfaite si un nombre élevé d'entreprises fabriquent le même produit, si les acheteurs sont nombreux, si de nouvelles entreprises peuvent entrer dans l'industrie et faire concurrence à celles qui s'y trouvent déjà, et si producteurs et acheteurs sont parfaitement informés des prix pratiqués dans le marché. En situation de concurrence parfaite, toutes les entreprises du secteur vendent au même prix, et aucune d'entre elles ne peut exercer une quelconque influence sur ce prix. Même si l'une d'elles double sa production, la production totale de l'industrie change si peu en pourcentage que les effets sur le prix du marché sont négligeables. (*pp. 295-297*)

Les décisions des entreprises en situation de concurrence parfaite

Les entreprises en situation de concurrence parfaite doivent vendre au prix du marché. Compte tenu de ce prix, elles déterminent leur volume de production et décident du moment où elles cesseront temporairement leurs activités et du moment où elles quitteront définitivement l'industrie. Tant qu'il est plus avantageux de produire que de fermer boutique, l'entreprise maximise son profit en produisant au niveau de production pour lequel son coût marginal et sa recette marginale (c'est-à-dire le prix du marché) sont égaux.

Le profit maximal de l'entreprise n'est pas forcément positif. Quand le prix est supérieur au coût total moyen, l'entreprise fait un profit économique positif. Quand ils sont égaux, l'entreprise est tout juste rentable. Quand le prix est inférieur au coût total moyen, l'entreprise subit une perte économique. Quand le prix est très bas, l'entreprise peut être contrainte de fermer temporairement ses portes et de mettre ses employés à pied pour maximiser son profit ; c'est ce qui se produit quand le prix du marché est inférieur au minimum du coût variable moyen. Si le prix est égal au minimum du coût variable moyen, l'entreprise subit une perte égale au total de ses coûts fixes ; si elle cesse la production, ses pertes sont alors aussi égales au montant de ses coûts fixes totaux.

La courbe d'offre d'une entreprise correspond à la partie croissante de sa courbe de coût marginal pour tous les points situés au-dessus du minimum du coût variable moyen. (*pp. 297-305*)

L'équilibre à court terme

La courbe d'offre du marché à court terme montre les variations de la quantité totale fournie à court terme par toutes les entreprises de l'industrie en fonction du prix du marché.

Le prix du marché est le prix auquel les quantités offerte et demandée sont égales. Chaque entreprise doit vendre au prix du marché et détermine son volume de production de façon à maximiser son profit. En situation d'équilibre à court terme, les entreprises peuvent soit faire un profit économique, soit subir une perte économique, soit faire un profit économique nul. (*pp. 305-307*)

L'équilibre à long terme

Quand les entreprises d'une industrie donnée font des profits économiques positifs, elles sont portées à augmenter leur capacité de production, en même temps que de nouvelles entreprises entrent dans l'industrie. À l'inverse, quand les entreprises d'une industrie donnée subissent des pertes économiques, certaines d'entre elles préfèrent quitter l'industrie, en même temps que celles qui restent produisent moins. Ces entrées et sorties modifient la courbe d'offre totale à court terme : les entrées la déplacent vers la droite ; et les sorties, vers la gauche. Les entrées font baisser le profit des entreprises déjà établies dans l'industrie, tandis que les sorties les font augmenter (ou diminuent leurs pertes). En situation d'équilibre à long terme, le profit économique de toutes les entreprises de l'industrie est nul. Aucune entreprise n'a donc intérêt ni à entrer dans l'industrie ni à en sortir, et aucune ne cherche à accroître ni à restreindre sa production. Une industrie atteint l'équilibre à long terme quand toutes les entreprises qui la constituent maximisent leur profit à court terme, que leur profit économique est nul – de sorte qu'aucune ne veuille ni entrer dans l'industrie ni en sortir –, et que le niveau de production de toutes les entreprises de l'industrie correspond au niveau pour lequel leur coût moyen à long terme est à son minimum, de sorte qu'elles n'ont aucun intérêt à modifier leur capacité de production. (*pp. 308-311*)

Les prédictions du modèle de concurrence parfaite

Dans les industries parfaitement concurrentielles, une baisse permanente de la demande se traduit par une baisse de la production totale et une réduction du nombre des entreprises qui se partagent le marché. À l'inverse, une augmentation permanente de la demande entraîne une augmentation de la production totale et une augmentation du nombre des entreprises dans l'industrie. S'il n'y a ni économies ni déséconomies externes d'échelle relatives à l'industrie, les modifications de la demande n'exercent aucune influence sur le prix du marché à long terme. Par contre, les économies d'échelle relatives à l'industrie font baisser le prix quand la demande augmente, et les déséconomies d'échelle relatives à l'industrie font augmenter le prix quand la demande augmente.

Les innovations techniques provoquent un accroissement de l'offre totale à court terme; à long terme, le prix du marché baisse et la quantité produite augmente. Les entreprises qui n'adoptent pas assez vite la nouvelle technologie subissent des pertes et finissent par cesser leurs activités. Celles qui se convertissent rapidement à la nouvelle technologie commencent par faire des profits économiques; à long terme, ces profits économiques retombent à zéro.

L'une des principales causes de la crise agricole qui a marqué les années 80 peut être analysée à la lumière du modèle de la concurrence parfaite. Une augmentation importante des taux d'intérêt a fait grimper les coûts fixes des exploitations agricoles; en conséquence, leurs courbes de coût total moyen se sont déplacées vers le haut, et les pertes ont acculé de nombreux producteurs à la faillite. Comme le nombre des exploitations diminuait, la courbe d'offre totale de produits agricoles s'est déplacée vers la gauche, ce qui a exercé une pression à la hausse sur les prix. Mais un tel processus d'ajustement prend du temps de sorte que beaucoup d'exploitations agricoles continuent de perdre de l'argent. Une fois qu'il sera restructuré, le secteur se composera d'un plus petit nombre d'exploitations, se situant toutes à leur seuil de rentabilité. (*pp. 311-319*)

La concurrence et l'allocation efficace des ressources

L'allocation des ressources est efficace quand personne ne peut améliorer sa situation sans désavantager quelqu'un d'autre. En situation de concurrence parfaite, les trois conditions d'une allocation efficace des ressources – l'efficacité dans la production, l'efficacité dans la consommation et l'égalité du coût marginal social et de l'avantage marginal social – seront satisfaites en l'absence d'effets externes. C'est ce type de situation que décrivait Adam Smith, par sa parabole de la «main invisible».

Deux obstacles majeurs peuvent s'opposer à l'efficacité dans l'allocation des ressources: les effets externes, d'une part, et les monopoles, d'autre part. (*pp. 319-324*)

POINTS DE REPÈRE

Mots clés

Allocation des ressources, 319
Allocation efficace des ressources, 319
Avantage marginal social, 322
Concurrence parfaite, 295
Courbe d'offre du marché à court terme, 305
Courbe d'offre d'une entreprise en situation de concurrence parfaite, 304
Coût marginal social, 322
Déséconomies d'échelle relatives à l'industrie, 314
Économies d'échelle relatives à l'industrie, 314
Effets externes, 322
Entrée, 308
Recette marginale, 297
Recette moyenne, 297
Seuil de fermeture, 303
Seuil de rentabilité (point mort), 299
Sortie, 308

Figures clés

Figure 12.2   Recette totale, coût total et profit, 300
Figure 12.3   Recette marginale, coût marginal et maximisation du profit, 301
Figure 12.5   La courbe d'offre de Maille d'or, 305
Figure 12.6   La courbe d'offre d'une entreprise et la courbe d'offre du marché, 306
Figure 12.13 La variation du prix et des quantités à long terme, 315
Figure 12.16 L'allocation efficace des ressources, 322

QUESTIONS DE RÉVISION

1. Quelles sont les principales caractéristiques d'une industrie en situation de concurrence parfaite?

2. Pourquoi une entreprise en situation de concurrence parfaite ne peut-elle exercer aucune influence sur le prix du marché?

3. Quelles sont les trois grandes décisions qu'une entreprise en situation de concurrence parfaite doit prendre pour maximiser son profit?

4. Pourquoi la recette marginale de l'entreprise est-elle égale au prix du marché dans les industries parfaitement concurrentielles?

5. Quand les entreprises placées en situation de concurrence parfaite décident-elles de cesser temporairement leurs activités?

6. Quelle est la relation entre la courbe d'offre et la courbe de coût marginal d'une entreprise en situation de concurrence parfaite?

7. Quelle relation y a-t-il entre la courbe d'offre d'une entreprise et la courbe d'offre totale à court terme dans un marché parfaitement concurrentiel?

8. Quand les entreprises décident-elles d'entrer dans une industrie? D'en sortir?

9. En situation de concurrence parfaite, quel est l'effet des entrées sur la courbe d'offre totale à court terme?

10. Quel est l'effet des entrées sur le prix et sur la quantité produite?

11. Quel est l'effet des entrées sur le profit?

12. Représentez graphiquement les effets d'une augmentation permanente de la demande sur le prix, la quantité, le nombre d'entreprises dans l'industrie et leur profit.

13. Représentez graphiquement les effets d'une baisse permanente de la demande sur le prix, la quantité, le nombre d'entreprises dans l'industrie et leur profit.

14. Dans quelles circonstances les marchés parfaitement concurrentiels présentent-ils les caractéristiques suivantes?

    a) Une offre à long terme parfaitement élastique

    b) Une courbe d'offre à long terme à pente positive

    c) Une courbe d'offre à long terme à pente négative

15. À l'aide du modèle de la concurrence parfaite, expliquez pourquoi tant d'exploitations agricoles ont fait faillite dans les années 80.

16. Qu'entend-on par l'*allocation efficace des ressources*? À quelles conditions est-elle réalisée?

PROBLÈMES

1. Une entreprise fabrique un millième de la production totale dans un marché donné. L'élasticité de la demande du marché est égale à 3. Quelle est l'élasticité de la demande de l'entreprise?

2. L'entreprise Pizza Vito est de celles qui ne peuvent exercer aucune influence sur les prix de leur marché. Ses coûts sont les suivants :

Production (en pizzas par heure)	Coût total (en dollars par heure)
0	10
1	12
2	16
3	22
4	30
5	40

    a) Sachant que les pizzas se vendent 9 $ pièce, quelle est la production horaire optimale qui permet à Pizza Vito de maximiser son profit?

    b) Quel est le seuil de fermeture de l'entreprise Pizza Vito?

    c) Tracez la courbe d'offre de l'entreprise.

    d) À quel prix l'entreprise Pizza Vito devrait-elle fermer boutique?

    e) À quel prix de nouvelles entreprises, aux coûts identiques à ceux de Pizza Vito, commenceront-elles à entrer dans un marché?

    f) Quel est le prix d'équilibre à long terme des pizzas?

3. Pourquoi les prix des calculatrices de poche et des magnétoscopes ont-ils tant baissé?

4. Quelles ont été les conséquences de la croissance démographique mondiale pour le marché du blé et pour chaque producteur?

5. Quels ont été les effets de la diminution du nombre des naissances au Canada et de l'apparition des couches jetables sur l'industrie des services de buanderie auxquels recourent les utilisateurs de couches en coton?

6. Le barème de demande du marché des disques de vinyle est le suivant :

Prix (en dollars par disque)	Demande (en disques par semaine)
0,75	440 000
1,75	430 000
2,75	420 000
3,75	410 000
4,75	400 000
5,75	390 000
6,75	380 000
7,75	370 000
8,75	360 000
9,75	350 000
10,75	340 000
11,75	330 000
12,75	320 000

Ce marché est parfaitement concurrentiel et les entreprises qui le composent ont toutes la même structure de coûts, définie au tableau suivant :

Production (en disques par semaine)	Coût marginal	Coût variable moyen	Coût total moyen
	(en dollars par disque)		
150	4,82	8,80	15,47
200	4,09	7,69	12,69
250	4,63	7,00	11,00
300	6,75	6,75	10,07
350	9,75	6,91	9,75
400	13,95	7,50	10,00
450	19,62	8,52	10,74
500	26,57	9,97	11,97

L'industrie compte 1000 entreprises.

a) Quel est le prix du marché?
b) Quelle est la quantité totale vendue?
c) Quelle est la production de chaque entreprise?
d) Quel est le profit économique de chaque entreprise?
e) Quel est le seuil de fermeture?

7. La demande est la même qu'au problème précédent mais le total des coûts fixes a augmenté de 500 $.

a) À quel niveau de production les entreprises maximisent-elles leur profit à court terme?
b) S'attend-on à observer des entrées dans l'industrie ou des sorties?
c) Quel sera le nouveau prix d'équilibre à long terme?
d) En situation d'équilibre à long terme, combien l'industrie compte-t-elle d'entreprises?

8. Les données sont les mêmes qu'au problème précédent, mais la baisse du prix des disques compacts fait baisser la demande de disques de vinyle. Le nouveau barème de demande de disques de vinyle est le suivant :

Prix (en dollars par disque)	Demande (en disques par semaine)
0,75	360 000
1,75	350 000
2,75	340 000
3,75	330 000
4,75	320 000
5,75	310 000
6,75	300 000
7,75	290 000
8,75	280 000
9,75	270 000
10,75	260 000
11,75	250 000
12,75	240 000

a) À quel niveau de production les entreprises maximisent-elles leur profit à court terme?
b) S'attend-on à observer des entrées dans l'industrie ou des sorties?
c) Quel est le nouveau prix d'équilibre à long terme?
d) En situation d'équilibre à long terme, combien l'industrie compte-t-elle d'entreprises?

CHAPITRE 13

Le monopole

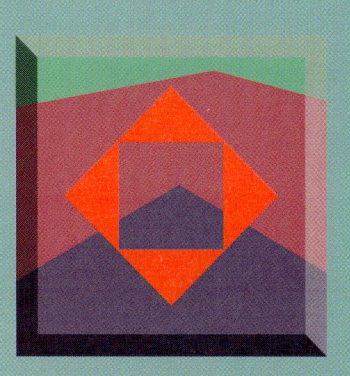

Objectifs du chapitre:

- Définir ce qu'on entend par *monopole*.

- Décrire les facteurs qui expliquent l'apparition de monopoles.

- Faire la distinction entre un monopole légal et un monopole naturel.

- Expliquer la détermination des prix et des quantités dans une situation de monopole.

- Définir ce qu'on entend par *discrimination de prix*.

- Expliquer pourquoi la discrimination de prix fait augmenter le profit.

- Comparer le monopole et la concurrence parfaite du point de vue de l'allocation efficace des ressources.

- Définir ce qu'on entend par *activités de recherche de rente* et montrer comment elles sont associées aux restrictions à la concurrence.

- Énumérer les conditions nécessaires pour qu'un monopole donne lieu à des gains d'efficacité par rapport à la concurrence parfaite.

Lucrative philanthropie

NOUS AVONS SOUVENT DIT QUE l'objectif des entreprises est de maximiser leur profit. Mais regardez autour de vous : plusieurs des commerces avec lesquels vous faites affaire ne semblent guère s'acharner à gagner le plus d'argent possible. Les salons de coiffure offrent souvent des réductions aux étudiants ; les musées et les théâtres leur proposent des billets à prix réduits ; les compagnies de transport aérien offrent des billets moins chers aux voyageurs qui réservent longtemps à l'avance. Les coiffeurs, les directeurs de musée et de théâtre et les compagnies de transport aérien seraient-ils des philanthropes, insensibles à l'attrait du profit ? Pourquoi se privent-ils de rentrées d'argent substantielles en abaissant ainsi leurs prix ? ■ Quand vous désirez vous faire installer une ligne téléphonique, vous ne pouvez vous adresser qu'à une seule entreprise de télécommunication. Pour capter les émissions télévisées par câbles, vous n'avez d'autre choix que de recourir aux services de câblodistribution de votre région. Il en est de même pour l'eau, le gaz, l'électricité : vous n'avez jamais à vous demander quel fournisseur choisir, car un seul dessert votre région. Quand vous postez une lettre, c'est toujours à la Société canadienne des postes que vous la confiez (à moins de vous adresser à un service de messagerie, bien plus onéreux). Toutes ces entreprises sont les seules sur leur marché et régissent entièrement l'offre. Nous sommes bien loin de la concurrence parfaite du chapitre précédent ! Les fournisseurs de services postaux, de gaz ou d'électricité ne sont pas astreints à vendre au prix du marché : ils fixent eux-mêmes leurs tarifs. Comment déterminent-ils leur volume de production et leurs prix de vente ? Imposent-ils des prix trop élevés à leurs clients ? Font-ils des bénéfices ?

■ Ce chapitre est consacré aux marchés dans lesquels une entreprise peut exercer une influence sur l'offre totale et, par conséquent, sur le prix. Ces entreprises sont les seules dans leur secteur, comme la Société canadienne des postes, ou les seules dans une région donnée, comme les entreprises de distribution de gaz et d'électricité. Dans les deux cas, elles n'ont pas à s'en tenir au prix du marché ; au contraire, elles fixent elles-mêmes leurs prix de vente. Nous verrons d'abord pourquoi certains marchés relèvent d'un fournisseur unique. Nous étudierons ensuite comment ces entreprises déterminent leur niveau de production et leur prix quand elles imposent un seul tarif à tous leurs clients. Nous verrons aussi comment elles déterminent leur volume de production et leurs prix quand elles vendent plus cher à certains clients qu'à d'autres. Enfin, nous nous demanderons si, du point de vue de l'allocation des ressources, les marchés entièrement dominés par une seule entreprise peuvent être aussi efficaces que les marchés de concurrence parfaite.

Les causes des monopoles

Un **monopole** est un marché où un seul producteur est maître de la totalité de l'offre d'un produit ou d'un service pour lequel il n'existe pas de proche substitut. Le service téléphonique et l'approvisionnement en gaz, en électricité et en eau sont des monopoles locaux, c'est-à-dire limités à une région. La Société canadienne des postes constitue un monopole national, car elle est en fait la seule à offrir des services postaux au Canada.

Les barrières à l'entrée

La principale caractéristique du monopole est l'existence de **barrières à l'entrée** dans l'industrie. Les barrières à l'entrée sont des obstacles légaux ou naturels qui protègent le monopoleur de la concurrence en empêchant d'autres entreprises de s'établir sur le marché.

Les barrières légales à l'entrée Les barrières légales à l'entrée entraînent la création de ce qu'on appelle les *monopoles légaux ou réglementaires*. Un **monopole légal** est créé quand une loi, un permis ou un brevet restreint la concurrence en empêchant l'entrée de concurrents potentiels. Il y a plusieurs types de barrières légales à l'entrée.

Les concessions constituent un type de barrières légales. Une **concession** est une autorisation donnant à une entreprise le droit exclusif de fournir un bien ou un service. À titre d'exemple de concession, on peut citer la Société canadienne des postes qui est la seule entreprise au Canada à pouvoir légalement distribuer le courrier de première classe. Il y a aussi des concessions privées parmi lesquelles on compte les entreprises qui vendent des repas ou offrent des services bancaires sur les campus universitaires et collégiaux ; il est courant que de telles entreprises détiennent une concession exclusive.

On peut aussi considérer les licences comme des barrières légales à l'entrée. Une **licence** restreint l'accès à certaines activités ou à certains secteurs, et notamment à certaines professions. Ainsi, il faut être titulaire d'un permis pour exercer la médecine, le droit, l'architecture et nombre d'autres professions. Certaines entreprises doivent obtenir un permis pour exercer leur activité : par exemple, les stations de télévision ou de radio ne peuvent émettre sans avoir obtenu préalablement une licence du Conseil de la radiodiffusion et des télécommunications canadiennes (CRTC). La délivrance de permis gouvernementaux n'entraîne pas systématiquement la création de monopoles, mais elle restreint toujours la concurrence.

Les brevets constituent également des barrières légales à l'entrée. Un **brevet** est un droit exclusif qu'accorde le gouvernement à l'inventeur d'un bien ou d'un procédé de production. Ce droit d'exploitation exclusive est valable pour une durée limitée, qui varie selon les pays. Au Canada, les brevets déposés avant le 1er octobre 1989 sont valables pour une durée de 17 ans ; ceux qui ont été déposés après cette date sont valables pour une durée de 20 ans. Comme les brevets protègent les inventeurs, ils visent à favoriser le progrès des connaissances et des techniques en empêchant que les inventions ne soient copiées avant que l'inventeur n'ait eu le temps de rentabiliser sa découverte.

Les barrières naturelles à l'entrée On est en présence d'un **monopole naturel** lorsqu'il n'y a qu'une seule source d'approvisionnement pour une matière première donnée ou lorsque les économies d'échelle sont telles qu'une entreprise unique peut satisfaire toute la demande à un prix inférieur à celui que pourraient proposer plusieurs entreprises concurrentes. Deux types possibles de barrières à l'entrée peuvent donc donner lieu à des monopoles naturels. Dans le premier cas, il y a un seul offreur sur le marché parce que celui-ci s'est approprié la totalité des sources d'approvisionnement d'un minerai ou d'une ressource naturelle. Ainsi, la production d'une eau minérale dont il n'existe qu'une seule source ou l'extraction de certains minerais donnent lieu à des monopoles naturels. Par exemple, l'entreprise sud-africaine De Beers possède et exploite les quatre cinquièmes des mines de diamants du monde. De même, la production mondiale de minerai de chrome, dont la plupart des mines se trouvent aussi en Afrique du Sud, est concentrée entre les mains d'un nombre très restreint d'entreprises.

Dans le second cas, ce sont les *économies d'échelle* qui peuvent donner lieu à des monopoles naturels. Il arrive qu'un fournisseur puisse à lui seul satisfaire toute la demande à un coût total moyen inférieur à celui que permettrait la coexistence de plusieurs entreprises concurrentes. Il n'y a de place que pour un seul producteur dans ce type de marché. Les services publics, comme ceux qui sont chargés de la distribution de l'électricité, du gaz naturel et de l'eau, sont des exemples de monopoles naturels qui découlent des économies d'échelle.

La plupart des monopoles, légaux ou naturels, sont plus ou moins réglementés par les gouvernements ou par des organismes gouvernementaux. Nous étudierons ces réglementations au chapitre 21. Dans le présent chapitre, nous supposons qu'aucune réglementation particulière ne s'applique aux monopoles.

L'ÉVOLUTION DE NOS CONNAISSANCES

Le monopole

Qu'est-ce qui détermine les prix de vente des entreprises monopolistiques ? Des générations entières d'économistes se sont penchés sur cette question. Adam Smith (voir la rubrique *L'évolution de nos connaissances*, pp. 22-23) affirmait que les monopoleurs imposaient toujours le prix le plus élevé possible ; nous verrons dans ce chapitre qu'il se trompait. C'est Antoine-Augustin Cournot qui, le premier, a résolu le problème dans les années 1830, mais sa théorie n'a été reconnue que près d'un siècle plus tard (voir la rubrique *L'évolution de nos connaissances*, pp. 84-85).

Nous devons à Joan Robinson (1903-1983), de l'université de Cambridge, d'avoir jeté les bases de la théorie moderne des monopoles, dans les années 30.

À l'âge de trente ans, Joan Robinson publia *The Economics of Imperfect Competition* (paru en français sous le titre *L'économie de la concurrence imparfaite*), un ouvrage brillant dans lequel elle remettait en cause les enseignements de son professeur Alfred Marshall (voir la rubrique *L'évolution de nos connaissances*, pp. 84-85) et abordait de façon résolument nouvelle l'étude de l'économie industrielle. C'est Joan Robinson qui a inventé le terme «recette marginale» et a établi la représentation graphique moderne de la détermination du prix, de la production et du profit des monopoles. Nous reproduisons ce graphique ci-dessous ; notez sa ressemblance avec le graphique (c) de la figure 13.3.

Joan Robinson n'a pas hésité à pratiquer elle-même le monopole... avec beaucoup d'aplomb ! Au printemps 1960, lors de son premier voyage aux États-Unis, elle donna une conférence sur la théorie du capital au Massachusetts Institute of Technology (MIT). Son intervention souleva les passions et suscita même une controverse acerbe avec le célèbre économiste Paul Samuelson, du MIT. Celui-ci demanda à Joan Robinson de lui prêter la craie pour tracer quelque équation ou diagramme au tableau, et expliquer graphiquement son point de vue. C'est alors que, monopolisant la craie et le tableau, Joan Robinson lui lança : «Expliquez-vous en utilisant des mots, mon cher !»

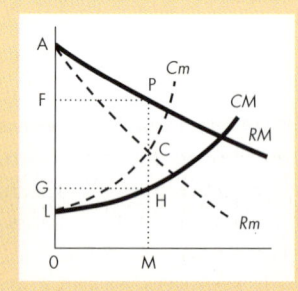

Cette anecdote illustre le principe du monopole, mais aussi la méthode de travail de Joan Robinson : elle considérait que, s'il faut utiliser les outils logiques les plus poussés pour analyser une situation économique, il faut ensuite être en mesure d'expliquer au moyen de mots les théories ainsi établies. En d'autres termes, il ne faut pas se contenter d'utiliser des raisonnements formels, il faut aussi les *comprendre*.

Joan Robinson

En nous interrogeant ainsi sur le comportement qu'adopteraient des monopoles non réglementés, nous comprendrons mieux les raisons qui incitent les gouvernements à réglementer ce type d'entreprises. D'autre part, beaucoup d'entreprises – même dans les marchés où plusieurs producteurs se livrent concurrence – bénéficient d'un certain pouvoir de monopole, du fait par exemple de leur situation géographique ou de certaines caractéristiques de leur produit protégées par des brevets. La théorie du monopole nous éclairera également sur le comportement de ces entreprises.

Nous analyserons d'abord le comportement d'un **monopoleur non discriminant**, c'est-à-dire d'une entreprise qui écoule toute sa production au même prix. Nous verrons comment une telle entreprise fixe son volume de production et son prix de vente.

Le monopole non discriminant

Pour bien comprendre comment le monopoleur détermine son prix de vente et son niveau de production, il faut d'abord établir la relation entre la demande du bien ou service produit par l'entreprise et la recette de l'entreprise.

La demande et la recette

Un marché monopolistique se compose d'une seule entreprise. La courbe de demande de cette entreprise unique se confond donc avec la courbe de demande du marché. Prenons un exemple fictif : Coiffure Rébecca est l'unique salon de coiffure de la petite ville de Rivière-à-la-Truite. Le tableau 13.1 montre le barème de demande de cette entreprise. À 20 $ la coupe de cheveux, Rébecca n'a pas un seul client. Mais, plus elle baisse ses prix, plus elle vend de coupes de cheveux : à 12 $ la coupe, Rébecca coiffe quatre personnes par heure (ligne *e*) et, au prix unitaire de 4 $, la demande s'élève à huit coupes par heure (ligne *i*).

La recette totale (*RT*) est égale au prix (*P*) multiplié par la quantité vendue (*Q*). Par exemple, la ligne *d* indique qu'à 14 $ la coupe Rébecca coiffe trois clients par heure, ce qui lui rapporte une recette horaire totale de 42 $. La recette marginale (*Rm*) est la variation de la recette totale qui résulte de la vente d'une coupe supplémentaire. Ainsi, si le prix passe de 18 $ (ligne *b*) à 16 $ (ligne *c*), la quantité vendue augmente, passant de une à deux coupes à l'heure, de sorte que la recette totale augmente aussi, passant de 18 $ à 32 $ par heure. Comme la recette marginale correspond à la variation de la recette totale attribuable à la production d'une unité additionnelle, elle est donc égale à 14 $.

Tableau 13.1 La recette totale et marginale d'un monopole non discriminant

	Prix (P) (en dollars par coupe de cheveux)	Quantité demandée (Q) (en coupes de cheveux à l'heure)	Recette totale (RT = P x Q) (en dollars par heure)	Recette marginale (Rm = ΔRT / ΔQ) (en dollars par coupe de cheveux)
a	20	0	0	
b	18	1	18	18
c	16	2	32	14
d	14	3	42	10
e	12	4	48	6
f	10	5	50	2
g	8	6	48	-2
h	6	7	42	-6
i	4	8	32	-10
j	2	9	18	-14
k	0	10	0	-18

Ce tableau montre le barème de demande de Coiffure Rébecca, qui indique le nombre de coupes de cheveux effectuées par heure, selon différents prix. La recette totale (*RT*) est égale au prix unitaire multiplié par la quantité vendue. Ainsi, la ligne *c* indique que, au prix unitaire de 16 $, Rébecca vend deux coupes à l'heure, de sorte que la recette horaire totale se chiffre à 32 $. La recette marginale (*Rm*) est la variation de la recette totale qui résulte de la vente d'une unité supplémentaire. Par exemple, si le prix passe de 16 $ à 14 $ la coupe, la quantité vendue passe de deux à trois coupes à l'heure, et la recette totale augmente de 10 $. La recette marginale de la troisième coupe est donc de 10 $. La recette totale augmente jusqu'à la ligne *f*, qui correspond à cinq coupes à l'heure au prix de 10 $ chacune, et décroît par la suite. Quand le volume de production est tel que la recette totale augmente, la recette marginale est positive; quand la recette totale baisse, la recette marginale est négative.

La figure 13.1 montre la courbe de demande (*D*) de Coiffure Rébecca. Chaque point sur la courbe de demande de l'entreprise correspond à une ligne du tableau 13.1. Par exemple, la ligne *d* du tableau et le point *d* de la courbe indiquent tous deux qu'au prix unitaire de 14 $ Rébecca vend trois coupes à l'heure. La figure comprend aussi la courbe de recette marginale (*Rm*) de Rébecca. Remarquez que la courbe de recette marginale est située au-dessous de la courbe de demande, ce qui signifie que la recette marginale est toujours inférieure au prix, quel que soit le volume de production de l'entreprise. Pourquoi la recette marginale est-elle inférieure au prix? Quand une entreprise baisse son prix pour vendre une unité de plus, cette baisse de prix exerce deux effets opposés sur sa recette totale : la baisse du prix se traduit par une perte de recette sur les unités qu'elle vendait déjà, tandis que l'augmentation de la quantité vendue entraîne un gain de recette. Par exemple, au prix unitaire de 16 $, Rébecca vend deux coupes à l'heure (point c). Si elle baisse son prix à 14 $, elle vend trois coupes à l'heure et parvient à accroître sa recette d'un montant égal aux 14 $ de la troisième coupe; par contre, ses deux premières coupes ne lui rapportent plus que 14 $ chacune (et non plus 16 $), soit 2 $ de moins qu'avant; la perte de recette sur les deux premières coupes s'élève donc à 4 $. Il faut déduire ces 4 $ des 14 $ gagnés sur la troisième coupe pour connaître la variation de la recette totale. La recette marginale est par conséquent de 10 $.

Figure 13.1 La demande et la recette marginale d'un monopole non discriminant

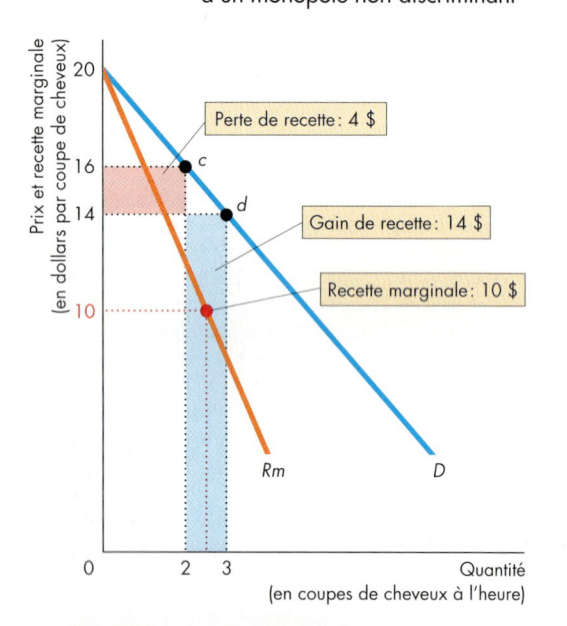

La courbe de demande D a été tracée à partir des données du tableau 13.1. À 16 $ la coupe, Rébecca vend deux coupes à l'heure. Si elle baisse son prix à 14 $, ses ventes passent à trois coupes à l'heure. La vente de cette troisième coupe lui rapporte un gain de recette de 14 $ (le prix de vente de la troisième coupe). Mais elle entraîne aussi une perte de recette : Rébecca perd 4 $ sur les deux premières coupes (2 × 2 $), qu'elle aurait pu vendre 16 $ chacune. La recette marginale (c'est-à-dire l'augmentation de la recette totale) associée à la troisième coupe est la différence entre ce gain et cette perte de recette, soit 10 $ dans notre exemple (14 $ − 4 $). La courbe de recette marginale (Rm) indique la recette marginale correspondant à différents niveaux de ventes. La recette marginale est inférieure au prix.

La figure 13.2 montre la courbe de demande (D), la courbe de recette marginale (Rm) et la courbe de recette totale (RT) de Coiffure Rébecca, et illustre les relations entre ces trois courbes. Chaque point sur les courbes des graphiques de la figure 13.2 correspond à une ligne du tableau 13.1. Ainsi, la ligne d du tableau et les points d des courbes indiquent que, si Rébecca vend trois coupes à 14 $ chacune (graphique a), sa recette totale s'élèvera à 42 $ (graphique b). Remarquez que la recette totale augmente avec la quantité vendue jusqu'à un maximum de 50 $ (point f), et qu'elle décroît par la suite. L'analyse de la recette marginale aux différents niveaux de production nous aidera à comprendre l'évolution de la recette totale : entre zéro et cinq coupes à l'heure, la recette marginale est positive; au-delà de cinq, elle devient négative. Quand la recette marginale est positive, la recette totale augmente; quand la recette marginale est négative, la recette totale diminue. La recette totale est à son maximum au niveau de production correspondant à une recette marginale nulle.

La recette du monopoleur et l'élasticité de la demande

Au chapitre 5, nous avons vu que l'effet d'une variation du prix du marché sur la dépense totale des consommateurs (ou sur la recette totale des producteurs) dépendait de la valeur numérique de l'élasticité de la demande.

Nous savons que l'élasticité de la demande est égale à la variation en pourcentage de la quantité demandée divisée par la variation en pourcentage du prix. Si l'élasticité de la demande est supérieure à 1, une baisse de prix de 1 % entraînera une augmentation de la quantité demandée qui sera supérieure à 1 %. Si l'élasticité de la demande est inférieure à 1, une baisse de prix de 1 % entraînera une augmentation de la quantité demandée qui sera inférieure à 1 %.

C'est la sensibilité de la demande aux variations de prix qui détermine l'effet qu'aura une variation de prix sur la recette totale. Si une baisse de prix de 1 % se traduit par une augmentation de la quantité demandée supérieure à 1 % (élasticité de la demande supérieure à 1), la recette totale augmente. Or, si la recette totale augmente quand le prix baisse, c'est donc que la recette marginale est positive. Par conséquent, les niveaux de production qui permettent de réaliser une recette marginale positive sont aussi ceux pour lesquels l'élasticité de la demande est supérieure à 1. Inversement, les niveaux de production pour lesquels la recette totale diminue quand le prix baisse (élasticité de la demande inférieure à 1) doivent être associés à des recettes marginales négatives.

Nous savons maintenant que la recette marginale est positive ou négative, c'est-à-dire que la recette totale augmente ou diminue selon que l'élasticité de la

LE MONOPOLE NON DISCRIMINANT 335

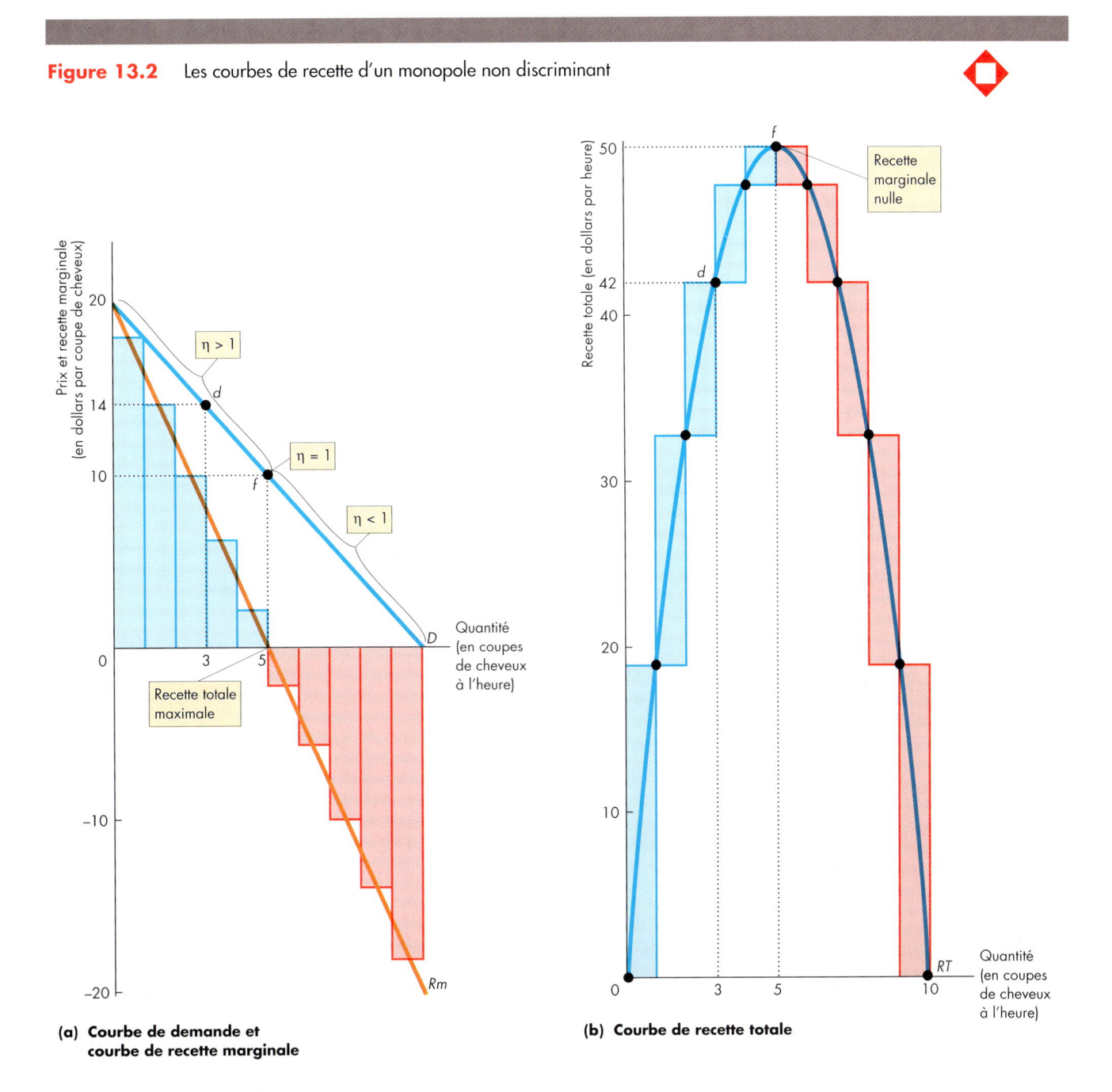

Figure 13.2 Les courbes de recette d'un monopole non discriminant

(a) Courbe de demande et courbe de recette marginale

(b) Courbe de recette totale

Le graphique (a) montre la courbe de demande (D) et la courbe de recette marginale (Rm) de Coiffure Rébecca; le graphique (b), sa courbe de recette totale (RT). Ces courbes sont tracées à partir des données du tableau 13.1. Par exemple, à 14 $ la coupe, Rébecca en vend trois à l'heure (point d du graphique a), de sorte que la recette totale se chiffre à 42 $ (point d du graphique b). Entre 0 et 5 coupes à l'heure, comme l'indiquent les rectangles bleus, la recette totale augmente et la recette marginale est positive. Entre 5 et 10 coupes à l'heure, comme l'indiquent les rectangles rouges, la recette totale diminue et la recette marginale est négative. Quand le niveau de production est tel que la recette marginale est positive, c'est que l'élasticité de la demande est supérieure à 1 (la demande est élastique). Quand la recette marginale est négative, c'est que l'élasticité de la demande est inférieure à 1 (la demande est inélastique). Quand la production est telle que la recette marginale est nulle, la recette totale est maximale et l'élasticité de la demande est égale à 1 (point f des courbes).

demande est inférieure ou supérieure à 1. Mais que se passe-t-il quand l'élasticité de la demande est égale à l'unité ? Dans ce cas, la variation en pourcentage du prix est égale à la variation en pourcentage de la quantité vendue ; une variation de prix n'influe donc aucunement sur le montant de la recette totale, de sorte que la recette marginale est nulle. Par conséquent, quand l'élasticité de la demande est égale à l'unité, la recette totale est maximale et la recette marginale est nulle.

Cette relation entre les variations de prix, la recette totale, la recette marginale et l'élasticité de la demande nous amène à formuler la conclusion suivante : pour maximiser son profit, un monopoleur se situera toujours en deçà du seuil de production auquel la demande devient inélastique. En effet, si la demande est inélastique, la recette marginale est négative et chaque vente supplémentaire fait baisser la recette totale ; dans ce cas, il vaut alors mieux augmenter les prix et vendre moins. Mais quel sera justement le prix imposé par le monopoleur ?

La détermination du prix et du volume de production

Nous savons que le profit représente la différence entre la recette totale et le coût total. Par conséquent, pour déterminer le prix et le volume de production qui maximiseront le profit du monopoleur, il faut tenir compte de l'effet qu'exerce le niveau de production à la fois sur la recette totale et sur le coût total.

Les entreprises en situation de monopole font face à des contraintes de même nature, en ce qui concerne la technologie et les conditions de coût, que les entreprises en concurrence parfaite. Ainsi, leur fonction de production sera caractérisée à court terme par des rendements marginaux décroissants. Sur le marché des facteurs, elles sont en concurrence avec d'autres entreprises et doivent considérer les prix de facteurs comme donnés. Ce sont les contraintes auxquelles elles font face sur le marché des produits qui distinguent les monopoleurs des entreprises en concurrence parfaite. Nous avons vu qu'une entreprise dans un marché parfaitement concurrentiel ne peut exercer aucune influence sur le prix de vente et qu'elle doit donc vendre au prix du marché. Par contre, comme le monopoleur approvisionne à lui seul l'ensemble du marché, toute diminution ou augmentation de son volume de production a nécessairement une incidence sur le prix auquel il peut écouler sa production. C'est donc au niveau de l'incidence des décisions de production sur le prix de vente que réside la différence entre le monopoleur et l'entreprise en concurrence parfaite.

Nous connaissons déjà le contenu du tableau 13.1 qui se compose des recettes de Coiffure Rébecca aux différents niveaux de production. La figure 13.3

Figure 13.3 Le prix et la production à l'équilibre d'un monopole non discriminant

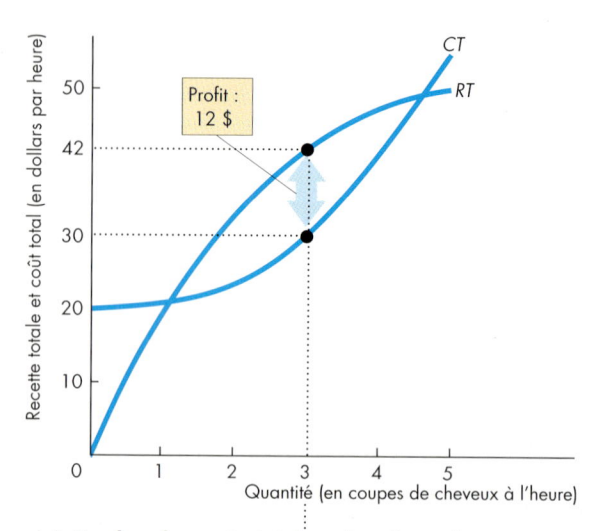

(a) Courbes de recette totale et de coût total

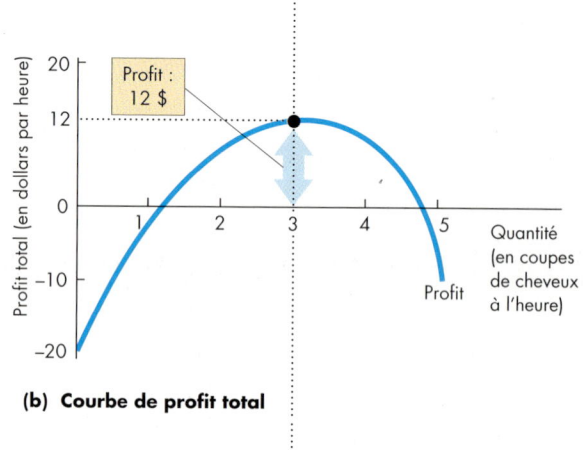

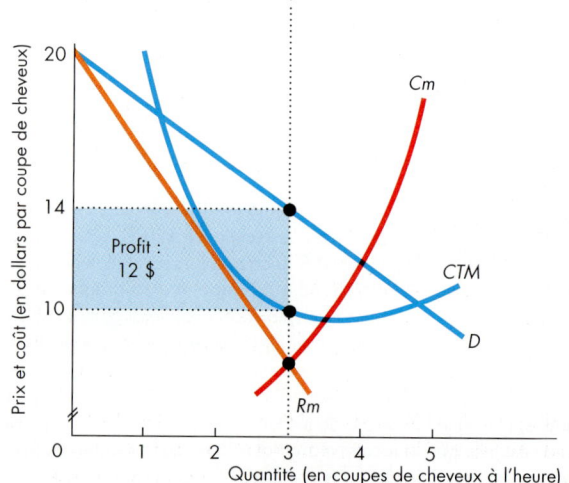

(b) Courbe de profit total

(c) Courbes de demande, de recette marginale et de coût

LE MONOPOLE NON DISCRIMINANT   337

Figure 13.3 (Suite)

Prix (P) (en dollars par coupe de cheveux)	Quantité demandée (Q) (en coupes de cheveux à l'heure)	Recette totale (RT = P × Q) (en dollars par heure)	Recette marginale (Rm = ΔRT/ΔQ) (en dollars par coupe de cheveux)	Coût total (CT) (en dollars par heure)	Coût marginal (Cm = ΔCT/ΔQ) (en dollars par coupe de cheveux)	Profit (RT − CT) (en dollars par heure)
20	0	0		20		− 20
			18		1	
18	1	18		21		− 3
			14		3	
16	2	32		24		+ 8
			10		6	
14	3	42		30		+ 12
			6		10	
12	4	48		40		+ 8
			2		15	
10	5	50		55		− 5

Ce tableau complète le tableau 13.1 sur la demande et la recette. Il indique, aux niveaux de prix retenus, le coût total (CT), le coût marginal (Cm) et le profit (RT − CT). Ainsi, à 16 $ la coupe, Rébecca vend deux coupes à l'heure et réalise une recette horaire totale de 32 $. Le coût total de production de ces deux coupes s'élève à 24 $. Le profit est donc de 8 $ (32 $ − 24 $). La ligne en rouge correspond au profit maximal.

Les graphiques (a), (b) et (c) reprennent les valeurs indiquées dans ce tableau. Le graphique (a) regroupe la courbe de coût total (CT) et la courbe de recette totale (RT) de l'entreprise; l'écart vertical entre les deux représente le profit. Celui-ci est à son maximum quand Rébecca vend trois coupes à l'heure. Le graphique (b) indique la courbe de profit total, qui atteint son maximum lorsque la production est de trois coupes à l'heure. La courbe de profit total du graphique (b) atteint son maximum quand l'écart vertical entre les courbes de coût total et de recette totale du graphique (a) est aussi à son maximum. La courbe de profit total coupe l'abscisse (graphique b) quand la recette totale et le coût total sont égaux (graphique a). Le graphique (c) indique que le profit est maximisé au niveau de production (trois coupes à l'heure) assurant l'égalité entre le coût marginal (Cm) et la recette marginale (Rm). La courbe de demande indique le prix de vente maximal pour chaque niveau de production considéré. À l'équilibre du monopoleur, le prix s'élève à 14 $. Le rectangle bleu du graphique (c) indique le profit du monopoleur, soit 12 $, c'est-à-dire le profit unitaire (4 $) multiplié par le volume de production (trois coupes).

reprend les mêmes données, mais comprend également les coûts et le profit de l'entreprise. Le coût total et la recette totale augmentent avec le volume de production. Le profit représente la différence entre la recette totale et le coût total. Comme le tableau l'indique, Rébecca maximise son profit quand elle vend trois coupes à 14 $ chacune. Si elle vend deux coupes à 16 $ ou quatre coupes à 12 $, son profit n'est plus que de 8 $, au lieu de 12 $.

Les colonnes intitulées « Recette marginale » et « Coût marginal » du tableau de la figure 13.3 montrent pourquoi la production optimale de Coiffure Rébecca est de trois coupes à l'heure. Quand le niveau de production passe de deux à trois coupes à l'heure, la recette marginale s'élève à 10 $ et le coût marginal à 6 $; le profit augmente de la différence, soit de 4 $. Mais si Rébecca augmente encore sa production horaire, la faisant passer ainsi de trois à quatre coupes, sa recette marginale n'est plus que de 6 $ et son coût marginal s'élève à 10 $. Comme le coût marginal est supérieur de 4 $ à la recette marginale, le profit baisse de 4 $. Nous savons que toute entreprise a intérêt à augmenter sa production tant que sa recette marginale reste supérieure à son coût marginal, et à produire moins dès que sa recette marginale est inférieure à son coût marginal. L'entreprise a donc intérêt à se maintenir au niveau de production pour lequel la recette marginale est égale au coût marginal. Le niveau de production qui permet de maximiser le profit correspond donc au niveau où il y a égalité entre la recette marginale et le coût marginal.

Les trois graphiques de la figure 13.3 reproduisent les données du tableau. Le graphique (a) comprend la courbe de recette totale (RT) et la courbe de coût total (CT) de Rébecca. L'écart vertical entre RT et CT représente le profit. Celui-ci est à son maximum quand Rébecca vend trois coupes à l'heure; il s'élève alors à 42 $ − 30 $ = 12 $. Le graphique (b) indique le profit de Rébecca en fonction du nombre de coupes de cheveux qu'elle vend à l'heure.

Dans le graphique (c), on a reproduit la courbe de demande (D), la courbe de recette marginale (Rm), la courbe de coût marginal (Cm) et la courbe de coût total moyen (CTM) de Coiffure Rébecca. Le profit est à son maximum lorsque Rébecca vend trois coupes de

Figure 13.4 Les coûts, la demande et le profit à court terme

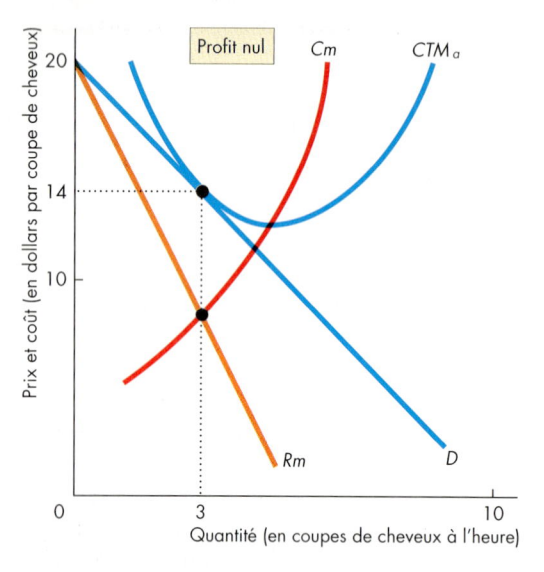

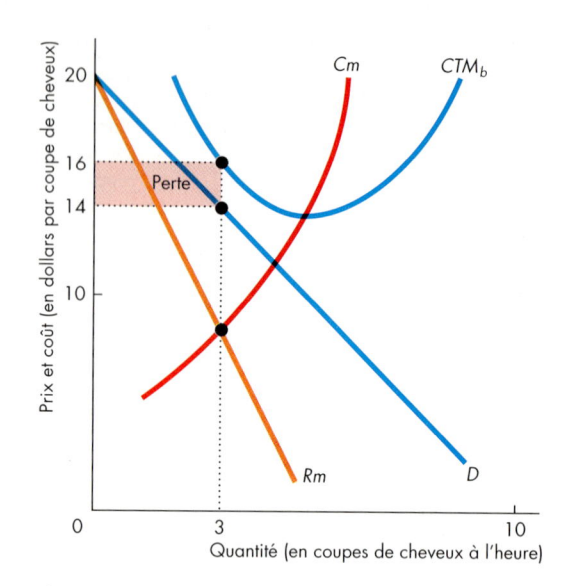

(a) Profit économique nul

(b) Perte économique

À court terme, un monopoleur peut ne faire aucun profit économique ou peut même avoir à subir une perte économique. Le graphique (a) illustre le cas d'un monopoleur dont le profit économique est nul. Au niveau de production d'équilibre, qui est de trois coupes à l'heure, le coût total moyen et le prix sont tous deux de 14 $. Le graphique (b) illustre le cas d'un monopoleur qui subit une perte économique à court terme. Au niveau de production d'équilibre, qui est toujours de trois coupes à l'heure, le prix est encore de 14 $ par coupe, mais le coût total moyen s'élève maintenant à 16 $. L'entreprise perd donc 6 $ au total. Le rectangle rouge représente cette perte économique.

---

cheveux à l'heure; à ce niveau de production, le coût marginal et la recette marginale sont égaux. La courbe de demande indique le prix de vente associé à trois coupes de cheveux : ce prix est de 14 $. Or, quand Rébecca vend trois coupes à l'heure, son coût total moyen s'élève à 10 $, comme l'indique la courbe CTM. Son profit par coupe de cheveux est alors de 4 $ (14 $ − 10 $ = 4 $). Le rectangle bleu représente le profit total de Rébecca, c'est-à-dire le profit unitaire multiplié par le nombre de coupes : 3 coupes × 4 $ = 12 $. Le prix est toujours supérieur à la recette marginale. Or, le profit est à son maximum quand le coût marginal et la recette marginale sont égaux. Par conséquent, le prix de vente d'un monopoleur est toujours supérieur à son coût marginal.

Rébecca fait donc un profit économique positif. Ce n'est cependant pas le cas de tous les monopoles : le profit de certains est nul et, parfois, il est même négatif. La figure 13.4 illustre ces deux possibilités.

Si la courbe de coût total moyen de Rébecca est en CTM_a, son niveau de production optimal est de trois coupes à l'heure (graphique a). À ce niveau de production, le coût moyen est égal au prix, de sorte que le profit moyen et le profit total sont nuls. Si la courbe de coût total moyen de Rébecca est en CTM_b (graphique b), son coût marginal et sa recette marginale sont égaux quand la production s'élève à trois coupes à l'heure. Les trois coupes ne se vendent toujours que 14 $ chacune, mais le coût total moyen s'élève maintenant à 16 $. Rébecca subit donc une perte économique de 2 $ par coupe. Aucune entreprise n'acceptera de perdre de l'argent, sauf à court terme; si la situation illustrée dans le graphique (b) perdure, Rébecca devra fermer boutique.

Nous avons vu que les entreprises dans un marché concurrentiel ont intérêt à cesser de produire dès que leur coût variable moyen est supérieur au prix de vente. Elles réduisent au minimum leur perte économique en fermant leurs portes, limitant cette perte au montant de leur coût fixe total. À l'instar des entreprises soumises à la concurrence, Rébecca doit donc comparer son coût variable moyen à son prix de vente et, au besoin, fermer temporairement pour réduire sa perte au minimum. Qu'elle soit dans un marché concurrentiel ou monopolistique, aucune entreprise ne peut perdre plus que le montant de son coût fixe total.

En concurrence parfaite, de nouvelles entreprises entrent dans une industrie dès que les entreprises qui s'y trouvent font des profits économiques positifs. Ce n'est cependant pas le cas dans un marché monopolistique, car les barrières à l'entrée empêchent l'arrivée de nouvelles entreprises. Les monopoles peuvent donc faire des profits économiques positifs sur une longue période. Ces profits atteignent parfois des sommes considérables, comme c'est le cas dans le secteur de la câblodistribution. (Voir la rubrique *Entre les lignes*, pp. 340-341.)

L'absence de courbe d'offre Contrairement aux entreprises en concurrence parfaite, les monopoleurs n'ont pas de courbe d'offre. En effet, la courbe d'offre indique la quantité offerte en fonction du prix du marché. Dans un marché concurrentiel, des modifications de la demande se traduisent par un mouvement le long de la courbe d'offre de l'industrie, chaque entreprise réagissant à la variation du prix d'équilibre par un mouvement le long de sa courbe de coût marginal. Dans un marché monopolistique, une modification de la demande provoque aussi une variation du prix et de la quantité produite, mais le monopoleur ne se déplace pas le long d'une courbe d'offre. Comme les entreprises en situation de concurrence, le monopoleur fixe son niveau de production de façon qu'il y ait égalité entre son coût marginal et sa recette marginale. Mais la relation entre le prix et la recette marginale, et donc entre le prix et le niveau de production d'équilibre, dépend de la *forme* de la courbe de demande. Au niveau de production d'équilibre, plus la demande est inélastique, plus le prix de vente sera élevé par rapport au coût marginal. C'est pourquoi il n'existe pas de relation unique entre le volume de production du monopoleur et le prix de vente. Autrement dit, le monopoleur n'a pas de courbe d'offre.

À RETENIR

Un monopoleur non discriminant maximise son profit en choisissant le niveau de production qui assure l'égalité entre son coût marginal et sa recette marginale. À ce niveau de production, le monopoleur vend au prix le plus élevé que les consommateurs sont disposés à payer. Comme le prix est toujours supérieur à la recette marginale, le prix de vente du monopoleur sera lui aussi supérieur à son coût marginal. Cependant, le profit à court terme d'un monopoleur n'est pas nécessairement positif. En fonction de ses courbes de coûts et de demande, le monopoleur peut soit faire un profit économique positif, soit ne faire aucun profit, soit subir une perte économique. Par contre, des profits économiques positifs sont possibles même à long terme car les barrières à l'entrée dans l'industrie empêchent l'établissement d'entreprises concurrentes. Il n'existe pas de relation fonctionnelle entre la quantité produite par le monopoleur et son prix de vente : il n'y a pas de courbe d'offre dans un marché monopolistique.

•••

La discrimination de prix

La **discrimination de prix** consiste à imposer un prix plus élevé à certains acheteurs qu'à d'autres pour un même bien ou service, ou à imposer au même acheteur différents prix en fonction des quantités achetées. Par exemple, les cinémas qui vendent leurs billets d'entrée moins cher aux enfants et aux étudiants qu'aux adultes pratiquent une forme de discrimination de prix ; il en est de même des salons de coiffure qui consentent des réductions aux personnes âgées et aux étudiants. La discrimination de prix peut être plus ou moins marquée. On dit qu'il y a **discrimination de prix parfaite** lorsqu'on vend chaque unité à un prix différent, en faisant payer à chaque acheteur le prix le plus élevé qu'il est disposé à payer pour chacune des unités de bien ou service qu'il se procure. On ne connaît pas d'exemple de discrimination de prix parfaite dans la réalité ; cette notion est cependant très utile sur le plan théorique.

Il n'y a pas nécessairement *discrimination* de prix chaque fois qu'il y a *différences* de prix. De nombreux biens se ressemblent beaucoup sans cependant être tout à fait identiques. Leurs coûts de production sont différents, et c'est précisément pour cela qu'ils se vendent à des prix différents. Nous avons vu par exemple au chapitre 12 que le coût marginal de production de l'électricité dépend de l'heure de la journée. Ainsi, même si le kilowattheure d'électricité se vendait plus cher entre 7 h et 9 h et entre 16 h et 19 h, cela ne serait pas de la discrimination de prix, car la différence de tarif peut s'expliquer par l'existence de coûts marginaux de production différents pour les périodes de pointe et les périodes de base. Il en est de même des réductions accordées en fonction de la quantité achetée, si elles sont justifiées par des différences dans le coût de livraison. La discrimination de prix consiste à imposer des prix différents à différents acheteurs du même produit, non en raison des différences de coûts de production des unités vendues, mais du fait des caractéristiques particulières des demandes des acheteurs.

À première vue, la discrimination de prix peut sembler aller à l'encontre de l'objectif des entreprises, qui est de maximiser leur profit. Pourquoi les exploitants de salles de cinéma autorisent-ils les enfants à voir leurs films à moitié prix ? Pourquoi les coiffeurs consentent-ils des prix moins élevés aux personnes âgées et aux étudiants ? Ces réductions ne font-elles pas perdre

ENTRE LES LIGNES

Le monopole : une illustration

Les câblodistributeurs à l'assaut de nouveaux marchés

Les dix principaux câblodistributeurs du Canada

Entreprise	Nombre d'abonnés (en milliers)	Marché cible
Rogers Cablesystems	1500	Villes de Toronto et de Vancouver
Vidéotron Ltée	927	Québec
Maclean Hunter Cable*	440	Sud de l'Ontario
Shaw Cablesystems	367	Alberta, Nouvelle-Écosse, Colombie-Britannique
Cablecasting	298	Calgary, Toronto
CUC Broadcasting	276	Scarborough
CF Cable	195	Montréal
Cablenet	192	Saskatchewan, Colombie-Britannique, Ontario
Cogeco Telecom**	149	Québec
Winnipeg Videon	148	Winnipeg

* Les chiffres concernant Maclean Hunter ne tiennent pas compte du rachat d'Ottawa Cablevision et d'Armstrong Communications, câblodistributeurs du sud de l'Ontario. Les deux acquisitions sont soumises à l'approbation du CRTC.
**Cogeco a acquis Cablenet en juillet; cette acquisition est soumise à l'approbation du CRTC.

Source : Estimations du *Financial Post*

Les câblodistributeurs canadiens s'activent ces temps-ci dans les bureaux ministériels et creusent avec énergie l'asphalte de nos rues : ils entendent mettre toutes les chances de leur côté pour continuer de croître dans les années 90.

Si ce sont les deux câblodistributeurs les plus importants, **Rogers Communications inc.**, de Toronto, et **Vidéotron Ltée**, de Montréal, qui mènent le bal, tous les grands câblodistributeurs, sans exception, prennent part à la danse : ils acquièrent les techniques de pointe, multiplient les appuis pour se tailler une place de choix dans le secteur des télécommunications, et cherchent à étendre leurs activités en Europe et aux États-Unis.

Les observateurs estiment que les dépenses en immobilisations des câblodistributeurs pourraient dépasser le milliard de dollars en 1995, dont près de 50 % seraient engagées par l'entreprise Rogers. Ces dépenses se révèlent indispensables pour écarter la menace d'un ralentissement de la croissance dans leur secteur d'activité actuel.

L'intérêt des Canadiens pour la câblodistribution remonte aux débuts de l'implantation de cette technique, dans les années 50 : à l'époque, la câblodistribution se résumait à la diffusion des trois grands réseaux télévisés des États-Unis.

Depuis la fin des années 70, d'autres chaînes sont venues s'ajouter, ce qui a fait considérablement augmenter ce que les spécialistes appellent le *taux de pénétration* du marché. Aujourd'hui, près de 80 % des ménages canadiens sont abonnés aux services de câblodistribution.

Les câblodistributeurs canadiens ont de solides atouts en main pour aborder l'avenir. En particulier, l'ampleur du bassin d'abonnés et les monopoles régionaux leur assurent des rentrées d'argent régulières.

Rogers, qui occupe la première place avec près de 24 % du marché, envisage maintenant d'offrir aux entreprises des services de transmission des données par son réseau et de concurrencer Bell Canada sur le marché des communications interurbaines.

The Financial Post
16-18 septembre 1989
Par Jamie Hubbard
©The Financial Post
Traduction et reproduction autorisées

ENTRE LES LIGNES

Les faits en bref

- Les entreprises de câblodistribution jouissent de monopoles régionaux et font d'importants profits.

- Toutefois, près de 80 % des ménages canadiens sont déjà abonnés aux services de câblodistribution : le potentiel de croissance de ce marché est donc très restreint.

- Les très grands câblodistributeurs canadiens, comme Rogers et Vidéotron, investissent dans des techniques de pointe et cherchent à étendre leurs activités dans le secteur plus vaste des télécommunications, et ce tant au Canada qu'à l'étranger.

- Au Canada, ces velléités d'expansion menacent le monopole que détient actuellement Bell Canada dans le secteur des télécommunications.

Analyse

- Jusqu'à la fin des années 70, les émissions diffusées par câble provenaient essentiellement des trois grands réseaux des États-Unis, de PBS, ainsi que de chaînes locales et de réseaux canadiens. Comme l'indique la courbe de demande D_{70}, la demande de services de câblodistribution était faible à l'époque. Sur le graphique ci-dessous, Rm_{70} correspond à la courbe de recette marginale.

- Comme le révèle la courbe Cm, le coût marginal des branchements est faible. CTM_{70} correspond à la courbe de coût total moyen au milieu des années 70.

- Dans les années 70, pour maximiser le profit des câblodistributeurs, il fallait que Q_{70} ménages soient abonnés au câble au prix de P_{70} par mois. Les profits étaient modestes à l'époque, comme l'indique le petit rectangle bleu du graphique.

- Dans les années 80, les progrès des communications par satellites et de l'informatique ont permis aux câblodistributeurs d'offrir à bon prix de nouvelles chaînes spécialisées, par exemple dans les actualités, les sports, les films, la musique, les langues et les cultures étrangères. Ces nouvelles émissions n'étant accessibles que par les services de câblodistribution, la demande relative aux services de câblodistribution a fortement augmenté : la courbe de demande est ainsi passée en D_{89}. Quant à la courbe de recette marginale, elle est passée en Rm_{89}.

- Comme le coût de production de ces nouveaux services a augmenté, la courbe de coût total moyen s'est déplacée jusqu'en CTM_{89}. Par contre, le coût marginal des branchements n'a (probablement) pas changé, et la courbe de coût marginal est restée en Cm.

- En 1989, pour maximiser le produit des câblodistributeurs, il fallait que Q_{89} ménages soient abonnés (c'est le nombre d'abonnés, ou la quantité produite, qui assure l'égalité entre le coût marginal et la recette marginale), ce qui nécessite un tarif d'abonnement de P_{89} par mois. Les câblodistributeurs faisaient alors des profits très élevés, qu'illustre le grand rectangle bleu du graphique.

- En 1990, les perspectives d'expansion de la câblodistribution étaient plus restreintes, et les câblodistributeurs disposaient d'importants surplus financiers à investir. Ils se sont donc tournés vers d'autres marchés : en particulier, les télécommunications interurbaines, qui constituaient aussi un monopole (dominé par Bell Canada), leur semblaient prometteuses.

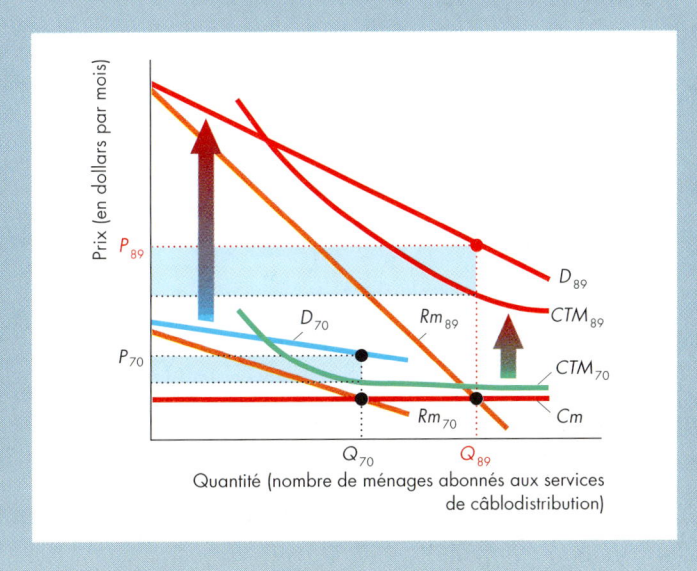

341

de l'argent? Nous verrons qu'en fait la discrimination de prix permet aux entreprises de faire des profits supérieurs à ce qu'elles pourraient faire si elles vendaient leurs marchandises à un prix uniforme. Autrement dit, les monopoles ont intérêt à segmenter leur marché en catégories de consommateurs ayant des caractéristiques de demande différentes. Si la discrimination de prix permet à certains acheteurs de payer moins cher, il en est autrement pour d'autres qui doivent payer plus cher. Voyons comment la discrimination de prix permet d'augmenter les profits du monopoleur.

La discrimination de prix et la recette totale

La recette totale d'un monopoleur non discriminant est obtenue en multipliant la quantité vendue par un prix de vente uniforme. Supposons que Rébecca vende quatre coupes de cheveux à 12 $ chacune (voir le graphique (a) de la figure 13.5). Sa recette totale qui se chiffre à 48 $ (la quantité vendue, quatre coupes, multipliée par le prix, 12 $) est représentée par le rectangle bleu du graphique. Supposons maintenant que Rébecca vende certaines de ses coupes plus cher que d'autres (graphique b). Elle demande 16 $ pour ses deux premières coupes et vend les deux suivantes au prix antérieur, qui est de 12 $. Sa recette totale est supérieure dans ce cas, car le surplus de recette résultant de la vente des deux premières coupes, qui sont plus coûteuses, s'ajoute à la recette totale initiale. La surface bleue du graphique (b) représente la nouvelle recette totale, qui s'élève à 56 $ (deux coupes à 12 $ plus deux coupes à 16 $).

Que se passerait-il si Rébecca pratiquait une discrimination de prix parfaite? Le graphique (c) de la figure 13.5 illustre ce cas. Chaque coupe est vendue au prix le plus élevé possible. Ainsi, la première coupe se vend 18 $, la deuxième 16 $, la troisième 14 $ et la quatrième 12 $. La recette totale, représentée par la surface bleue, s'élève maintenant à 60 $.

La discrimination de prix et le surplus du consommateur

Les courbes de demande ont une pente négative parce que la valeur que les acheteurs attribuent aux biens décroît quand la consommation augmente. Si toutes les unités de production s'achètent au même prix, les acheteurs bénéficient d'un surplus, appelé *surplus du consommateur*. (Pour revoir cette notion, reportez-vous au chapitre 7.) La discrimination de prix permet au monopoleur de s'approprier le surplus du consommateur, du moins en partie.

Un monopoleur peut pratiquer la discrimination de prix de trois manières :

- La discrimination fondée uniquement sur les quantités achetées

Figure 13.5 La recette totale et la discrimination de prix

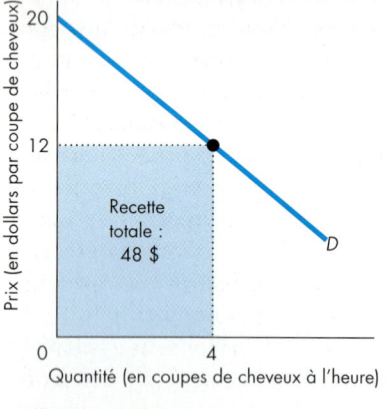

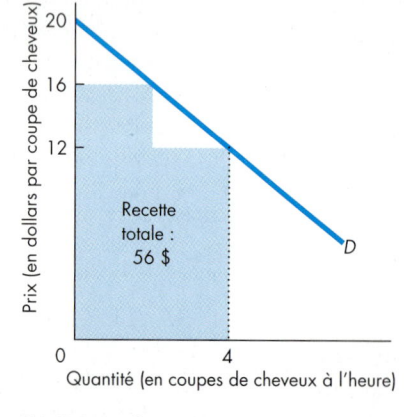

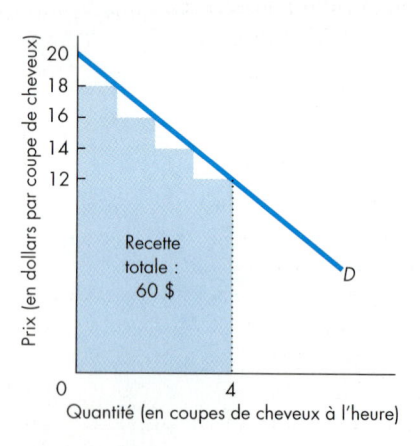

(a) Un seul prix   **(b) Deux prix**   **(c) Plusieurs prix**

Si Rébecca fixe le même prix, c'est-à-dire 12 $, pour chacune des quatre coupes de cheveux, sa recette totale, représentée par le rectangle bleu du graphique (a), s'élève à 48 $. Si elle vend ses deux premières coupes 16 $ chacune et les deux suivantes 12 $ chacune, sa recette totale s'élève à 56 $ (surface bleue du graphique b). Si Rébecca vend chaque coupe de cheveux à un prix différent – 18 $ la première coupe, 16 $ la deuxième, 14 $ la troisième et 12 $ la quatrième –, sa recette totale, représentée par la surface bleue du graphique (c), s'élève à 60 $. Pour la même quantité produite, plus le monopoleur peut affiner sa discrimination de prix, plus sa recette totale est élevée.

- La discrimination fondée uniquement sur le type d'acheteur, indépendamment de la quantité qu'il achète
- La discrimination fondée à la fois sur les quantités achetées et sur le type d'acheteur

La discrimination fondée sur les quantités achetées La discrimination fondée sur les quantités achetées est une pratique courante qui consiste à imposer le même prix de base à tous les acheteurs, mais à accorder des réductions à ceux qui achètent en grande quantité. Plus la quantité achetée est importante, plus la réduction consentie est généreuse, donc plus le prix unitaire est bas.

Si ce type de discrimination est rentable, c'est parce que la pente de la courbe de demande de chaque acheteur est négative. Supposons par exemple que Carole soit prête à dépenser 7 $ pour voir un film par mois, 6 $ le billet pour en voir deux par mois, et 5 $ le billet pour en voir trois. Si le billet de cinéma se vend 5 $, elle voit trois films par mois, qui lui coûtent au total 15 $. Mais la valeur qu'elle accorde au premier film qu'elle voit est de 7 $, soit 2 $ de plus que ce qu'elle paye en réalité. De la même façon, le deuxième film qu'elle voit vaut à son avis 6 $, mais elle ne le paye toujours que 5 $; le prix du deuxième film est donc inférieur de 1 $ à ce qu'elle est prête à payer. Au total, le surplus du consommateur de Carole s'élève à 3 $.

Supposons maintenant qu'un cinéma propose la formule suivante : les spectateurs peuvent acheter des cartes d'abonnement leur permettant de voir deux films par mois pour 13 $ et trois films par mois pour 18 $. Ils peuvent aussi choisir d'acheter les billets à l'unité au prix de 7 $ le billet. Si Carole achète la carte de trois films, le cinéma absorbe la totalité de son surplus du consommateur.

Si un monopoleur voulait récupérer tout le surplus du consommateur de *tous les acheteurs*, il devrait proposer une formule différente à chaque acheteur, en fonction de la courbe de demande particulière de l'acheteur. Cela n'est évidemment pas réalisable dans la pratique, car les entreprises ne connaissent pas suffisamment les courbes de demande de chacun de leurs clients pour pratiquer la discrimination de prix à ce point. Elles peuvent cependant récupérer une grande partie du surplus du consommateur moyen en proposant des formules semblables à celles du cinéma que nous venons de mentionner. Nous allons maintenant voir comment on peut se rapprocher de la discrimination de prix parfaite en adoptant une politique de prix basée sur les caractéristiques mêmes de l'acheteur.

La discrimination fondée sur le type d'acheteur Les entreprises ne peuvent pas toujours imposer un prix différent pour chacune des unités qu'elles vendent à chacun de leurs clients ; elles peuvent par contre regrouper leurs clients en différentes catégories et imposer un prix différent à chacun des groupes ainsi définis. En effet, certains groupes de personnes accordent à la consommation d'une unité supplémentaire d'un bien ou service donné une valeur plus grande que d'autres. Si ces personnes sont facilement identifiables, il est possible de leur imposer un prix supérieur et d'absorber ainsi au moins une partie de leur surplus du consommateur.

Prenons deux exemples. Les coiffeurs savent que les personnes âgées et les étudiants disposent généralement de plus faibles revenus que ceux d'autres groupes de la population ; les réductions consenties aux retraités et aux étudiants permettent donc d'attirer cette clientèle sans avoir à diminuer les prix pour l'ensemble de la clientèle. De la même façon, les compagnies de transport aérien offrent généralement des billets à prix réduit aux voyageurs qui réservent longtemps à l'avance et maintiennent des tarifs élevés pour les voyageurs (souvent des gens d'affaires) qui font leurs réservations à la dernière minute.

L'idéal, pour le monopoleur, serait évidemment de combiner les deux formes de discrimination de prix, en fixant les prix à la fois en fonction des quantités achetées et du type d'acheteur.

La discrimination fondée sur les quantités achetées et sur le type d'acheteur En axant les prix à la fois sur les quantités achetées et sur le type d'acheteur, les monopoleurs récupèrent une part encore plus grande du surplus du consommateur. Cette double discrimination est assez complexe à mettre en œuvre ; cependant, certaines entreprises y parviennent avec succès. Prenons l'exemple des transporteurs aériens. Nous venons de voir que les compagnies de transport aérien pratiquent souvent une discrimination de prix en fonction du type d'acheteur. Peuvent-elles aussi tenir compte des quantités achetées ? C'est effectivement ce qui se produit, car la plupart des compagnies de transport aérien proposent des réductions à leurs clients les plus fidèles. Ainsi, ceux qui paieront le plus cher sont les voyageurs qui ne bénéficient ni des réductions pour réservation anticipée, ni des réductions accordées aux grands voyageurs. À l'inverse, les personnes qui voyagent souvent et planifient leurs vols longtemps à l'avance profitent des tarifs les plus avantageux. Entre ces deux extrêmes se situent les voyageurs qui tirent parti de l'une ou l'autre de ces deux réductions seulement – réduction pour réservation anticipée ou réduction sur les quantités.

Comment la discrimination de prix permet-elle aux monopoles d'accroître leur profit ? Reprenons l'exemple de Coiffure Rébecca, en supposant d'abord que cette entreprise puisse pratiquer une discrimination fondée sur le type d'acheteur, mais pas sur les quantités achetées.

Tableau 13.2 Le profit et la discrimination de prix

	Étudiants et personnes âgées			Autres		
Prix (P) (en dollars par coupe de cheveux)	Quantité demandée (Q) (en coupes de cheveux à l'heure)	Recette totale (RT) (en dollars par heure)	Recette marginale (Rm) (en dollars par coupe de cheveux)	Quantité demandée (Q) (en coupes de cheveux à l'heure)	Recette totale (RT) (en dollars par heure)	Recette marginale (Rm) (en dollars par coupe de cheveux)
20	0	0		0	0	
18	0	0	 0	1	18	 18
16	0	0	 0	2	32	 14
14	1	14	 14	2	28	.... -4
12	2	24	 10	2	24	.... -4
10	3	30	 6	2	20	.... -4

Calcul du profit

Profit = RT − CT
= [(2 × 12 $) + (2 × 16 $)] − 40 $
= 16 $

En demandant le même prix à tous ses clients, Coiffure Rébecca vendait trois coupes à l'heure, qui coûtaient 14 $ chacune, et faisait un profit maximal de 12 $, comme nous l'avons vu à la figure 13.3. Mais Rébecca peut accroître son profit en pratiquant une discrimination de prix entre deux catégories de clients : les étudiants et les personnes âgées d'une part, et tous les autres clients d'autre part. Elle augmente son prix de base – celui qu'elle réclame à ses clients «ordinaires» –, le faisant passer de 14 $ à 16 $, mais propose un prix spécial de 12 $ aux étudiants et aux personnes âgées. Son volume de production passe de trois à quatre coupes à l'heure, et son profit s'élève maintenant à 16 $.

L'effet de la discrimination de prix sur les décisions de production

La discrimination de prix repose le plus souvent sur des caractéristiques facilement identifiables de l'acheteur, comme l'âge ou l'emploi qu'il occupe. Une discrimination en fonction du type d'acheteur ne permet d'accroître le profit que si les groupes identifiés par l'entreprise présentent des demandes qui ont des élasticités différentes. Supposons que la demande d'un premier groupe soit très élastique et celle d'un autre très peu élastique ; le monopoleur peut alors augmenter son profit en vendant moins cher au premier groupe, celui dont la demande est la plus élastique, et plus cher au second, celui dont la demande est la moins élastique.

Rébecca constate que les personnes âgées et les étudiants de Rivière-à-la-Truite semblent accorder moins d'importance à leur coiffure, puisqu'ils espacent davantage leurs visites que les autres clients. Elle en conclut que leur demande est plus élastique que celle du reste de la population. Comment peut-elle tirer avantage de cette différence ? Quel type de discrimination de prix lui permettra d'accroître son profit ? Rébecca vendait jusqu'à présent trois coupes de cheveux à l'heure, à 14 $ chacune ; sa recette totale s'élevait donc à 42 $ par heure. Avec un coût total de 30 $ par heure, son profit se chiffrait à 12 $ par heure. Vous pouvez consulter de nouveau les coûts, les recettes et le profit de l'entreprise à la figure 13.3.

Rébecca remarque donc que les étudiants et les personnes âgées se font coiffer moins souvent que les autres. Seulement un client sur trois est un étudiant ou une personne âgée. Rébecca pense qu'elle peut amener les étudiants et les personnes âgées à se faire coiffer plus souvent en leur offrant des tarifs plus avantageux, et estime que ses autres clients continueraient de se faire coiffer aussi souvent même si elle augmentait son prix de base, qui est de 14 $. Elle décide donc de fixer des prix différents pour les deux groupes. Elle doit maintenant redéfinir ses tarifs de façon à maximiser son profit. Les estimations de Rébecca concernant ces deux catégories de clients sont présentées dans les barèmes de demande du tableau 13.2. On y trouve aussi la recette totale et la recette marginale pour chacune des catégories. Le coût marginal est le même pour les deux catégories de clients – les cheveux des étudiants et des personnes âgées ne diffèrent évidemment pas de ceux des autres catégories de la population. Par contre, la recette marginale n'est pas la même pour les deux groupes. Par exemple, si le prix passe de 18 $ à 16 $ la coupe, la recette marginale pour la catégorie regroupant les étudiants et les personnes âgées est nulle, tandis que celle de l'autre catégorie s'élève à 14 $. Si le prix passe de 16 $ à 14 $ la coupe, la recette marginale est de 14 $ pour la catégorie étudiants et personnes âgées et de −4 $ pour l'autre catégorie.

Pour maximiser son profit, Rébecca doit diminuer son prix et augmenter sa production si sa recette marginale est supérieure à son coût marginal, et augmenter son prix et diminuer sa production si son coût marginal est supérieur à sa recette marginale. Comment détermine-t-elle son volume de production optimal et ses tarifs dans cet exemple? Elle sait que le coût marginal de sa troisième coupe s'élève à 6 $ (voir la figure 13.3). Si elle augmente sa production, le coût marginal de sa quatrième coupe s'élèvera à 10 $. Considérons maintenant les recettes marginales. Si le tarif de base est de 16 $ la coupe, la deuxième catégorie de clients (les habitants de Rivière-à-la-Truite qui ne sont ni étudiants ni personnes âgées) en achètera deux à l'heure, et la recette marginale associée à cette catégorie s'élèvera à 14 $. Si elle fixe un prix de 12 $ la coupe uniquement aux étudiants et aux personnes âgées, ceux-ci achèteront deux coupes à l'heure, et la recette marginale pour cette catégorie de clients sera de 10 $. Par conséquent, lorsque Rébecca vend quatre coupes à l'heure – deux aux étudiants et aux personnes âgées et deux à l'autre catégorie de clients –, la recette marginale qu'elle peut associer aux étudiants et aux personnes âgées (10 $) est égale au coût marginal de la quatrième coupe.

Par rapport aux tarifs que l'on vient d'analyser, une réduction de prix consentie à l'une ou à l'autre de ces deux catégories de clients aurait pour effet de faire baisser la recette marginale au-dessous du coût marginal. Si Rébecca décide de diminuer ses prix pour vendre une coupe supplémentaire à un étudiant ou à une personne âgée, son coût marginal grimpera à 15 $ tandis que sa recette marginale ne sera plus que de 6 $. La demande de l'autre catégorie est inélastique; ces clients n'achèteront jamais plus de deux coupes, de sorte que la recette marginale résultant de la baisse de prix consentie à ce groupe est négative. Rébecca ne peut donc absolument pas accroître son profit en accordant une réduction à l'une ou à l'autre de ces deux catégories de clients. Pour maximiser son profit, elle doit vendre quatre coupes à l'heure et imposer un tarif de 12 $ aux étudiants et aux personnes âgées et un tarif de 16 $ aux autres. Le profit engendré par cette forme de discrimination de prix s'élève à 16 $. (Les calculs se trouvent au bas du tableau 13.2.)

La discrimination de prix parfaite

À combien se chiffrerait le profit de Rébecca si elle pouvait pratiquer une discrimination de prix parfaite? La figure 13.6 comprend la courbe de demande et les courbes de coûts de Coiffure Rébecca. Si elle ne pratique aucune discrimination de prix, Rébecca vend trois coupes de cheveux à l'heure, à 14 $ chacune. Son profit s'élève alors à 12 $, ce qui correspond au rectangle bleu pâle. (Au besoin, vous pouvez consulter le graphique (c) de la figure 13.3.) Supposons maintenant que Rébecca puisse demander à chacun de ses clients le prix le plus élevé qu'il est disposé à payer pour une coupe de cheveux. Elle vend sa première coupe 18 $, faisant ainsi un profit supplémentaire de 4 $ (18 $ − 14 $). Sa deuxième coupe se vend 16 $, soit 2 $ de plus qu'auparavant. La troisième se vend toujours 14 $, car c'est là le prix le plus élevé que le troisième client est prêt à payer. Si Rébecca maintient son volume de production à trois coupes à l'heure, son profit s'élèvera à 18 $, soit une augmentation de 6 $.

Mais Rébecca n'entend pas limiter sa production à trois coupes à l'heure. Le tableau de la figure 13.3 indique qu'elle peut vendre une quatrième coupe au prix de 12 $, à un coût marginal de 10 $ seulement. Cette quatrième coupe permet à Rébecca de faire un profit additionnel de 2 $. Pour maximiser son profit, Rébecca doit donc vendre quatre coupes à l'heure et imposer à chaque client le prix le plus élevé qu'il est disposé à payer. Son profit total s'élève alors à 20 $. Ce profit est représenté graphiquement par la somme de la surface bleu pâle et des trois surfaces bleu foncé. Les calculs sont indiqués dans le tableau de la figure 13.6.

La production d'un monopoleur pratiquant une discrimination de prix parfaite est supérieure à celle des monopoleurs non discriminants; ce niveau de production se trouve au point d'intersection de la courbe de coût marginal et de la courbe de demande. La différence de niveau de production entre un monopoleur discriminant et un monopoleur non discriminant sera d'autant plus grande que les possibilités de discrimination de prix sont meilleures.

À RETENIR

La discrimination de prix permet aux monopoleurs d'accroître leur profit en faisant augmenter leur recette totale. Quand un monopoleur impose à chacun de ses clients le prix le plus élevé qu'il est disposé à payer pour chaque unité de bien ou service qu'il lui vend, on dit qu'il pratique une discrimination de prix parfaite; il s'approprie alors la totalité du surplus du consommateur. La discrimination de prix prend le plus souvent la forme d'une discrimination entre différents groupes d'acheteurs, qui fait que certains payent plus cher que d'autres. Cette pratique permet aux entreprises d'accroître leur recette totale et leur profit, mais elle n'est possible que si les demandes des groupes d'acheteurs considérés ont des élasticités différentes. Les monopoleurs discriminants produisent plus que les monopoleurs non discriminants.

■ ■ ■

Figure 13.6 La production et le profit d'un monopole parfaitement discriminant

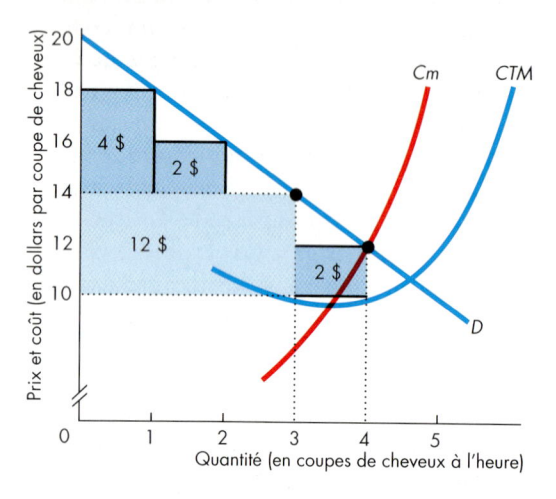

Quand Rébecca ne pratique aucune discrimination de prix, son profit s'élève à 12 $ (rectangle bleu pâle). Si elle pratique une discrimination de prix parfaite, Rébecca vend sa première coupe 18 $, la deuxième 16 $, la troisième 14 $ et la quatrième 12 $. Sa recette marginale est toujours égale à son prix de vente, car la courbe de recette marginale des monopoles parfaitement discriminants et leur courbe de demande se confondent. Le profit est à son maximum au point d'intersection de la courbe de demande et de la courbe de coût marginal. Rébecca n'a aucun intérêt à vendre une cinquième coupe à l'heure, car sa recette marginale serait alors inférieure à son coût marginal. Le profit supplémentaire que Rébecca retire de la pratique d'une discrimination de prix parfaite s'élève à 8 $ (surface bleu foncé). Le profit total maximal que Rébecca peut faire en pratiquant une discrimination de prix parfaite s'élève donc à 20 $.

	Profit maximal du monopoleur non discriminant	12 $	Quantité : 3 coupes de cheveux
plus	Profit additionnel résultant de la première coupe	4 $	
plus	Profit additionnel résultant de la deuxième coupe	2 $	
plus	Profit additionnel résultant de la quatrième coupe	2 $	
égale	Profit maximal du monopoleur parfaitement discriminant	20 $	Quantité : 4 coupes de cheveux

La discrimination entre groupes

Nous savons maintenant que ce n'est pas par philanthropie que Rébecca a exposé cette pancarte à la vitrine de son salon de coiffure : « Coupes : 16 $; Étudiants et personnes de l'âge d'or : 12 $ ». Ces réductions lui permettent en fait de maximiser son profit. Le modèle de discrimination de prix que nous venons d'étudier permet d'expliquer plusieurs pratiques courantes des entreprises, même celles qui ne sont pas des monopoles. Nous avons déjà précisé que les compagnies de transport aérien offrent souvent des réductions aux voyageurs qui réservent longtemps avant le départ. Ceux qui achètent leur billet à la dernière minute, et qui voyagent souvent pour affaires ou pour des raisons familiales urgentes, n'ont guère de latitude : leur demande est très peu élastique. Par contre, les vacanciers peuvent prévoir leurs déplacements longtemps à l'avance; leur demande est donc plus élastique. La plupart des magasins vendent à l'occasion des marchandises en solde, abaissant leurs prix parfois de façon substantielle. Les soldes sont une forme de discrimination de prix. Chaque année, les nouvelles collections de prêt-à-porter sont d'abord mises en vente au prix fort, mais les commerçants savent bien qu'ils n'écouleront pas tout leur stock à ce prix. Quand la saison achève, ils vendent les vêtements qu'il leur reste à prix réduits. Ils pratiquent donc une discrimination entre les acheteurs dont la demande est inélastique – par exemple, ceux qui tiennent à être à la fine pointe de la mode, quel qu'en soit le prix – et ceux dont la demande est plus élastique – par exemple, ceux qui accordent moins d'importance au fait de porter des vêtements dernier cri et plus d'importance au prix.

Les limites de la discrimination de prix

La discrimination de prix est donc une stratégie rentable. Pourquoi, dans ce cas, toutes les entreprises ne la pratiquent-elles pas ?

La discrimination de prix n'est rentable que dans certaines conditions. Tout d'abord, elle n'est applicable qu'aux biens et services qui ne peuvent être revendus. En effet, si le bien ou service peut être revendu, les clients qui bénéficient de réductions achèteraient à prix réduit et revendraient plus cher à des acheteurs disposés à payer plus, ce qui annulerait les bénéfices qu'engendre la discrimination de prix. C'est pourquoi la discrimination de prix se pratique plutôt dans les marchés de services que dans les marchés de biens. Il y a cependant des exceptions : le prêt-à-porter. Quand une collection est soldée, c'est que les amateurs de mode ont déjà acheté et qu'ils sont maintenant sur le point d'acheter

« M'sieur l'agent, m'sieur l'agent, attendez! Nous avons notre carte de l'âge d'or. Vous nous faites une réduction? »

Dessin de Booth; © 1989, The New Yorker Magazine, Inc.

les vêtements de la saison suivante. Il est donc impossible d'acheter en solde et de revendre plus cher, puisque les seules personnes qui seraient prêtes à payer le prix fort ne s'intéressent déjà plus à la collection de la saison dernière.

Par ailleurs, pour pratiquer une discrimination de prix efficace, les monopoleurs doivent identifier des groupes d'acheteurs dont les demandes présentent des élasticités différentes. Enfin, la discrimination de prix ne peut aller à l'encontre des lois sur la discrimination en général. Du fait de ces restrictions, les critères de discrimination de prix se limitent souvent à l'âge, au type d'emploi et à la date de l'achat.

Malgré ces limites, certaines entreprises arrivent à établir des politiques de prix très poussées. Ainsi, Air Canada distingue cinq groupes de passagers pour la plupart de ses vols. En avril 1992, la compagnie offrait même jusqu'à 17 tarifs différents pour les vols Montréal-Vancouver en classe économique. Les principaux tarifs étaient les suivants (les prix sont nets de taxes):

- 1478 $ – plein tarif (sans aucune restriction).
- 1256 $ – réservation 3 jours à l'avance.
- 1064 $ – réservation 7 jours à l'avance, séjour minimal de 3 jours.
- 606 $ – réservation 14 jours à l'avance, voyage en semaine seulement.
- 379 $ – réservation 21 jours à l'avance, voyage en semaine seulement.
- 359 $ – réservation 30 jours à l'avance, voyage en semaine seulement.
- 339 $ – réservation 60 jours à l'avance, voyage en semaine seulement.

Ces différents tarifs résultent d'une discrimination de prix entre différents groupes de clients dont les demandes présentent toutes des élasticités différentes. Dans le cas des billets d'avion, la discrimination de prix n'est évidemment possible que parce qu'on interdit aux particuliers de revendre les billets en leur possession.

Nous savons maintenant comment les monopoleurs maximisent leurs profits. Les monopoleurs non discriminants limitent leur production de façon qu'il y ait égalité entre leur coût marginal et leur recette marginale, et imposent le prix le plus élevé possible pour cette quantité. Mais un monopoleur discriminant peut faire des profits encore plus grands. Dans certains cas, le niveau de production est le même, qu'il y ait ou non discrimination de prix. Mais, plus la stratégie de discrimination est habile, plus le volume de production est élevé. Par conséquent, plus la discrimination de prix se rapproche de la discrimination de prix parfaite, plus le volume de production en situation de monopole se rapproche de celui d'un marché parfaitement concurrentiel. Doit-on en conclure qu'un monopole parfaitement discriminant aboutit aux mêmes résultats que la concurrence parfaite? C'est ce que nous allons analyser dans la section suivante.

Comparaison entre le monopole et la concurrence

Nous avons analysé différentes possibilités d'interactions entre les entreprises et les ménages sur les marchés des biens et services. Nous avons étudié au chapitre 12 le comportement des entreprises en situation de concurrence parfaite et nous savons maintenant comment sont déterminés les prix de vente et les niveaux de production. Dans le présent chapitre, nous avons vu comment sont déterminés les prix de vente et le volume de production des monopoles, avec et sans discrimination de prix. Comparons maintenant entre eux les volumes de production, les prix de vente et les profits dans ces trois types de situation.

Nous allons d'abord calculer le prix de vente et la quantité vendue dans un marché concurrentiel composé d'un grand nombre d'entreprises identiques. Nous supposerons ensuite qu'une entreprise unique achète toutes ces entreprises concurrentes, créant ainsi un monopole. Nous calculerons son prix de vente et son volume de production, en supposant d'abord qu'elle impose un même prix à tous ses clients (monopole non discriminant), puis en supposant qu'elle impose différents prix (monopole discriminant).

Le prix et le volume de production

Reportons-nous à la figure 13.7. La lettre D dénote la courbe de demande du marché, et la lettre O, la courbe d'offre du marché. En concurrence parfaite, le marché est en équilibre au point d'intersection de la courbe

Figure 13.7 Comparaison entre le monopole et la concurrence

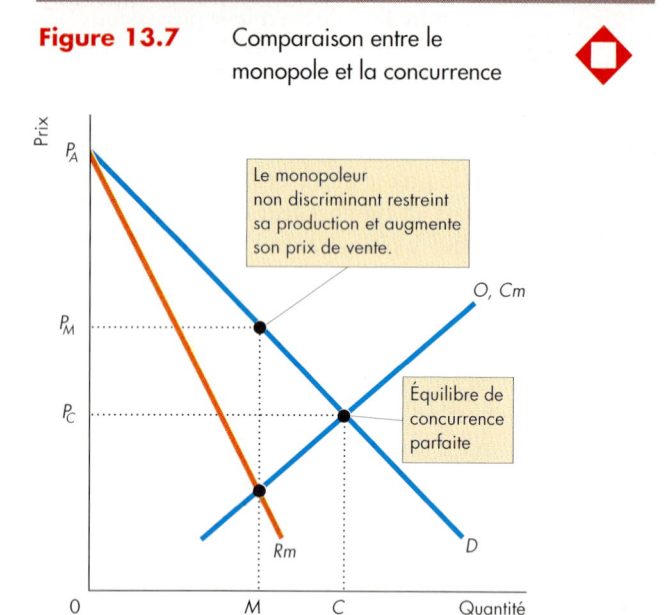

Cette figure illustre un marché parfaitement concurrentiel; D est la courbe de demande et O la courbe d'offre. La quantité à l'équilibre est égale à C et le prix s'élève à P_C. Supposons qu'une entreprise achète tous les producteurs dans ce marché, de sorte qu'elle se retrouve en situation de monopole. La recette marginale du monopoleur est représentée par la courbe Rm, et sa courbe de coût marginal Cm constitue l'ancienne courbe d'offre de l'industrie concurrentielle, O. À l'équilibre, la recette marginale et le coût marginal sont égaux. Dans une situation où il n'y a aucune discrimination de prix, le monopoleur produit la quantité M et la vend au prix P_M. Dans une situation où il y a discrimination de prix parfaite, il produit la quantité C et fixe un prix différent pour chaque unité vendue; ses prix varient de P_A à P_C. Les monopoleurs restreignent généralement leur production pour faire augmenter les prix. Mais, plus ils se rapprochent de la discrimination de prix parfaite, plus la production à l'équilibre se rapproche de celle qui aurait cours dans un marché parfaitement concurrentiel.

---

d'offre et de la courbe de demande; la production totale s'élève alors à C et le prix à P_C.

Toutes les entreprises vendent au même prix, P_C, et maximisent leur profit en fixant leur niveau de production de façon que leur coût marginal soit égal au prix. Comme chacune de ces entreprises ne représente qu'une infime fraction du marché, aucune ne peut faire varier le prix en augmentant ou en diminuant son volume de production.

Supposons maintenant qu'une seule entreprise achète tous ces petits producteurs. Elle ne change en rien les méthodes de production; ses coûts sont donc identiques à ceux des entreprises individuelles qu'elle achète. Par contre, la nouvelle entreprise peut faire varier le prix en modifiant le volume de production. Sa courbe de recette marginale correspond alors à la courbe Rm. Pour maximiser son profit, la nouvelle entreprise choisit le niveau de production pour lequel sa recette marginale est égale à son coût marginal. Mais quelle est la courbe de coût marginal de ce monopole? Nous savons que la courbe de coût marginal d'une entreprise en concurrence parfaite est la même que sa courbe d'offre (du moins pour tout prix supérieur au minimum du coût moyen). Or, la courbe d'offre d'une industrie concurrentielle est la somme «horizontale» des courbes d'offre de toutes les entreprises dans l'industrie; par conséquent, la courbe d'offre du marché indique le coût marginal associé aux différents niveaux de production totale dans le marché. Autrement dit, la courbe d'offre constitue aussi la courbe de coût marginal de l'industrie. (C'est pourquoi la courbe d'offre du marché, dans la figure 13.7, s'appelle aussi Cm.) Donc, quand une entreprise unique achète tous les petits producteurs de l'industrie, sa courbe de coût marginal se confond avec l'ancienne courbe d'offre, c'est-à-dire avec la courbe d'offre du marché en concurrence parfaite avant la fusion des entreprises.

Nous savons que l'équilibre de concurrence parfaite est atteint au point d'intersection de la courbe d'offre et de la courbe de demande. Sur la figure 13.7, ce point correspond à la quantité C et au prix P_C. Le monopoleur non discriminant maximise son profit en limitant sa production à M, niveau de production pour lequel sa recette marginale et son coût marginal sont égaux. Comme la courbe de recette marginale se situe en dessous de la courbe de demande, le volume de production M est toujours inférieur au volume de production C. Le monopoleur non discriminant vend au prix le plus élevé auquel il peut écouler le niveau de production M; ce prix est P_M.

Si le monopoleur peut pratiquer une discrimination de prix parfaite, il fixe un prix différent pour chacune des unités vendues et augmente sa production jusqu'en C. L'unité la plus chère se vend au prix P_A et la moins chère au prix P_C – le prix qui aurait cours dans un marché parfaitement concurrentiel. Le prix de vente le plus élevé possible sera P_A, car personne n'achètera rien au-delà de cette limite. Le prix P_C est le plus bas que l'entreprise puisse proposer, parce que la courbe de recette marginale d'un monopoleur parfaitement discriminant se confond avec la courbe de demande, de sorte qu'au-dessous du prix P_C le coût marginal de l'entreprise est supérieur à sa recette marginale.

Relativement au prix de vente et au volume de production, les principales différences entre la concurrence parfaite et le monopole sont donc les suivantes:

- Les prix de monopole sont supérieurs à ceux d'un marché parfaitement concurrentiel.

- Les volumes de production des monopoles sont inférieurs à ceux des marchés parfaitement concurrentiels.

- Plus un monopole se rapproche de la discrimination de prix parfaite, plus la production à l'équilibre se rapproche de celle qui aurait cours dans un marché parfaitement concurrentiel.

L'efficacité dans l'allocation des ressources

Le monopole est moins efficace que la concurrence car il restreint les gains à l'échange. Reportons-nous à la figure 13.8. La courbe de demande indique le prix le plus élevé que les acheteurs sont disposés à payer pour chaque unité. Le *surplus du consommateur* représente la différence entre ce que les consommateurs sont prêts à payer et ce qu'ils payent effectivement. En situation de concurrence parfaite (graphique a), les acheteurs ne paient que le prix P_C pour chaque unité ; le triangle vert du graphique (a) représente le surplus dont ils bénéficient.[1]

Le monopoleur non discriminant du graphique (b) limite sa production à M et vend toutes ses unités au prix P_M. Le surplus du consommateur est donc réduit au petit triangle vert. Les acheteurs subissent une perte non seulement parce qu'ils payent plus cher ce qu'ils achètent, mais aussi parce qu'ils achètent moins. La perte des consommateurs est-elle égale au gain du monopoleur ? En d'autres termes, ne s'agit-il là que d'une redistribution des gains résultant de l'échange ? Le graphique (b) montre que la création d'un monopole réduit les gains à l'échange. Certes, une partie de la perte que subissent les consommateurs revient au monopoleur, qui touche la différence entre P_M et P_C multipliée par la quantité vendue M. Le monopoleur s'approprie donc la partie du surplus du consommateur qui est représentée sur le graphique par le rectangle bleu.

Mais qu'est-il advenu du reste du surplus ? Il a tout simplement disparu, du fait de la baisse de production. La perte est même plus grande encore. Le triangle gris du graphique (b) représente la perte totale résultant de la décision du monopoleur de restreindre sa production à M. La partie du triangle gris située au-dessus du prix P_C correspond à la partie de la perte subie par les acheteurs (sous forme de réduction du surplus du consommateur) qui n'est pas récupérée par le monopoleur ; la partie située au-dessous du prix P_C correspond à la perte subie par le vendeur par suite de la diminution du surplus du producteur. Le **surplus du producteur** représente la différence entre la recette totale des producteurs et le coût d'opportunité de la production.

---

[1] Dans la figure 7.3, le surplus du consommateur pour Carole est inférieur à la surface totale comprise entre sa courbe de demande de films et le prix payé, car les films ne s'achètent qu'en nombre entier d'unités — on ne peut pas acheter une fraction de film. Par contre, pour les biens qui peuvent être achetés en fractions d'unité, le surplus du consommateur correspond bien à toute la surface comprise entre la courbe de demande et le prix payé (voir le graphique (b) de la figure 13.8).

Figure 13.8 Le monopole et l'efficacité dans l'allocation des ressources

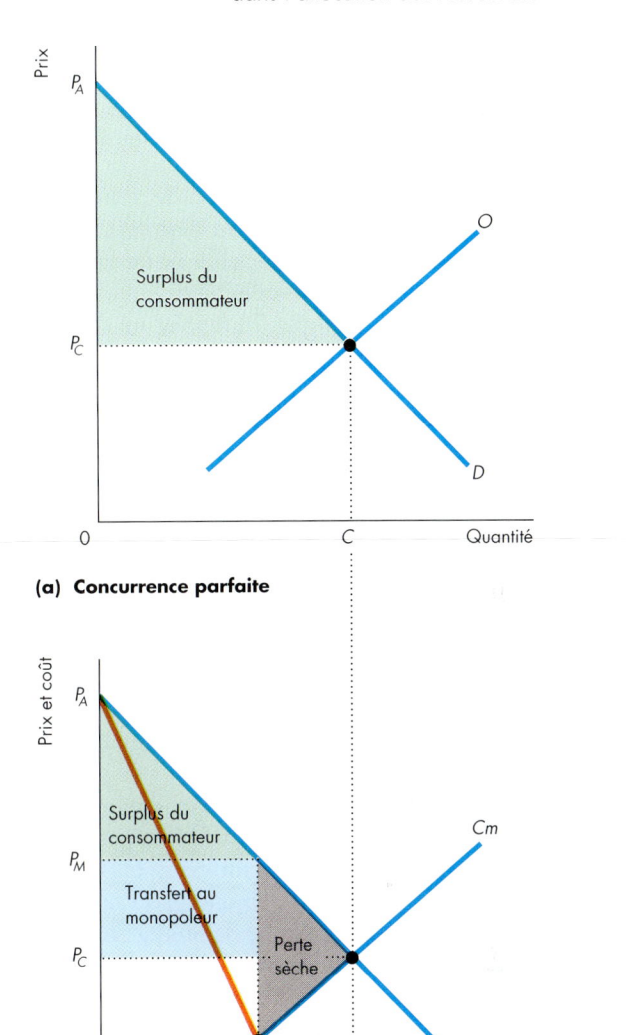

(a) Concurrence parfaite

(b) Monopole

En concurrence parfaite (graphique a), la courbe de demande D croise la courbe d'offre O au point correspondant à la quantité C et au prix P_C. Le triangle vert représente le surplus du consommateur. Avec un monopole non discriminant (graphique b), la production est limitée à M et le prix augmente, se situant désormais à P_M. Le surplus du consommateur est réduit au petit triangle vert. Le monopoleur s'approprie la partie représentée par le rectangle bleu. Le triangle gris représente la perte sèche. Une partie de cette perte sèche — celle qui se situe au-dessus du prix P_C sur le graphique — correspond à une réduction du surplus du consommateur ; l'autre — celle qui se situe au-dessous du prix P_C — correspond à une diminution du surplus du producteur.

Il est obtenu en faisant la somme des différences entre le prix et le coût marginal de production pour chaque unité produite. Dans un marché concurrentiel, toutes les unités produites entre les points M et C se vendraient au prix P_C. La courbe d'offre indique le coût marginal de chaque unité supplémentaire produite entre les deux points M et C. Pour chacune de ces unités, l'écart vertical entre la courbe de coût marginal et le prix représente donc le surplus du producteur réalisé sur l'unité en question. En situation de monopole, l'entreprise limite sa production au-dessous du niveau concurrentiel C, ce qui a pour effet de lui faire perdre une partie du surplus du producteur.

Le triangle gris du graphique (b) représente donc la somme des pertes relatives au surplus du consommateur et au surplus du producteur attribuables à la monopolisation du marché : c'est ce qu'on appelle la *perte sèche*. La **perte sèche** est la diminution nette des surplus du consommateur et du producteur résultant d'une limitation de la production au-dessous de son niveau efficace ; elle représente donc une mesure de l'inefficacité dans l'allocation des ressources. Parce que les monopoleurs restreignent la production et vendent plus cher, ils redistribuent à leur profit une partie du surplus du consommateur. Mais ils réduisent aussi la *somme* des surplus du consommateur et du producteur par rapport à ce qui aurait cours en concurrence parfaite.

Les monopoles non discriminants engendrent une perte sèche en restreignant la production. Quelle perte sèche les monopoles parfaitement discriminants engendrent-ils ? Aucune. En effet, dans un monopole avec discrimination de prix parfaite, le volume de production sera le même que dans un marché concurrentiel. La dernière unité sera vendue au prix P_C, c'est-à-dire au coût marginal de l'unité en question. Donc, le monopole parfaitement discriminant conduit à une allocation des ressources aussi efficace que la concurrence parfaite.

Les effets redistributifs

En situation de concurrence parfaite, le surplus du consommateur correspond au triangle vert de la figure 13.8(a). Nous savons que la monopolisation de l'industrie a pour effet de diminuer le surplus du consommateur, ce qui entraîne une perte sèche dans le cas d'un monopole non discriminant. Mais comment les surplus se répartissent-ils maintenant entre le producteur et les acheteurs ? La réponse est très simple : c'est toujours le monopoleur qui gagne. S'il s'agit d'un monopoleur non discriminant (graphique (b) de la figure 13.8), il bénéficie du gain représenté par le rectangle bleu, ce dernier étant obtenu au détriment des consommateurs. Ce gain est partiellement compensé par une perte en surplus du producteur, c'est-à-dire par la part de la perte sèche qui lui revient. Cependant, l'opération se solde toujours par un gain net pour le monopoleur et par une perte nette pour les acheteurs. Et, du fait de la perte sèche, les consommateurs perdent plus que le monopoleur ne gagne.

S'il y a discrimination de prix parfaite, le monopole n'engendre pas de perte sèche. Par contre, la redistribution des gains résultant de l'échange se fait encore plus au profit du monopoleur, donc encore plus au détriment des acheteurs. Le monopoleur accapare alors la totalité du surplus du consommateur, c'est-à-dire tout le triangle vert de la figure 13.8(a).

À RETENIR

L'instauration d'un monopole se traduit toujours par une redistribution des gains résultant de l'échange au profit du monopoleur et au détriment des consommateurs. S'il y a discrimination de prix parfaite, le monopoleur récupère la totalité du surplus du consommateur. S'il n'y a pas discrimination de prix parfaite, le monopoleur engendre une perte sèche en restreignant la production au-dessous de ce qui aurait cours en concurrence parfaite. Le monopoleur y gagne et les consommateurs y perdent, mais la perte des consommateurs est toujours supérieure au gain du monopoleur. Du point de vue de l'allocation des ressources, le monopole est donc, dans ce cas, moins efficace que la concurrence parfaite.

...

La recherche de rente

La monopolisation d'un marché offre donc des possibilités de profit qui n'existent pas en concurrence parfaite. En effet, les entreprises soumises à la concurrence peuvent faire des profits économiques à court terme, mais pas à long terme : la libre entrée dans l'industrie permet à de nouvelles entreprises d'investir dans les secteurs particulièrement rentables, ce qui finit par ramener les profits à zéro. Ce sont donc les barrières à l'entrée dans l'industrie qui protègent les monopoles et qui permettent de faire des profits économiques, même à long terme. Comme une situation de monopole est plus rentable qu'une situation de concurrence parfaite, les entreprises sont fortement tentées de constituer des monopoles. On appelle **recherche de rente** l'ensemble des activités visant à obtenir le pouvoir de marché que procure une situation de monopole. Le choix des termes utilisés dans cette expression a été motivé par le fait que les surplus du consommateur et du producteur s'appellent également des *rentes*. Nous avons vu qu'une partie du profit des monopoleurs est tirée du surplus du consommateur. Pour un monopoleur, la maximisation du profit consiste donc à tenter de s'approprier la plus grande partie possible du surplus du consommateur, c'est-à-dire sa rente.

Mais la recherche de rente comporte des coûts. En d'autres termes, les producteurs doivent y consacrer des ressources. Comme chaque producteur a intérêt à obtenir pour lui-même un pouvoir de monopole, il y aura concurrence entre les producteurs dans les activités de recherche de rente. Il existe deux façons d'acquérir un droit de monopole : racheter un droit existant ou en créer un nouveau. Combien une personne ou une entreprise sera-t-elle prête à payer pour acquérir un droit de monopole ? La réponse est simple : elle sera prête à payer, au maximum, une somme égale aux profits de monopole. S'il devait payer plus que les profits anticipés de monopole, l'acquéreur d'un droit de monopole subirait une perte économique. S'il devait payer moins, l'acquéreur du droit de monopole tirerait un profit net de l'opération. Lorsque des droits de monopole existants sont négociables, leur valeur de marché à l'équilibre sera donc égale au profit anticipé de monopole. Le détenteur actuel d'un droit de monopole peut donc ne pas faire de profit économique à proprement parler, si ce que nous avons appelé le *profit de monopole* constitue la contrepartie des sommes qu'il a dû débourser pour acquérir le droit en question de son détenteur antérieur.

Un raisonnement semblable s'applique aux sommes que les producteurs sont prêts à investir dans la création de nouveaux droits de monopole ou dans la préservation des droits qu'ils détiennent. Dans ce cas, cependant, il ne s'agit pas de simples transferts aux détenteurs antérieurs des droits de monopole, puisque des ressources productives sont consacrées à la création de nouveaux droits de monopole ou à la préservation de droits de monopole existants. Dans la mesure où la recherche de rente est consommatrice de ressources productives, la perte d'efficacité économique associée au monopole ne se limitera donc plus à la perte sèche que nous avons définie précédemment. Pour calculer la perte sociale nette, il faudra ajouter à cette perte sèche la valeur des ressources consacrées à la recherche de rente. À la limite, la valeur de ces ressources sera égale au profit total de monopole, puisque celui-ci représente le montant que l'on peut raisonnablement investir dans la recherche de rente. Ainsi, les ressources consacrées à la recherche de rente peuvent avoir pour effet de dissiper la rente, de sorte que le coût de l'inefficacité dans l'allocation des ressources d'un monopole pourra être égal à la somme de la perte sèche et du profit de monopole.

Mais en quoi consiste, concrètement, la recherche de rente ? On a déjà précisé qu'il était possible d'acheter des droits de monopole existants. Lorsque ces droits sont négociables, il s'établira un prix de marché pour les droits de monopole, proche des profits de monopole anticipés. Les marchés pour les droits de monopole sont monnaie courante. Prenons l'exemple des permis de taxi. La plupart des municipalités réglementent l'exploitation des taxis sur leur territoire, limitant les tarifs et le nombre de taxis en circulation. L'exploitation d'un taxi est une activité lucrative – le chauffeur ou la compagnie en retire un profit économique ou une rente. Une personne ou une entreprise peut cependant racheter à son détenteur le droit d'exploitation d'un taxi. Et, comme plusieurs candidats à l'acquisition de ce droit se livrent concurrence, le prix des permis augmentera suffisamment pour éliminer le profit économique à long terme de ceux qui auront dû acquérir un permis pour entrer dans l'industrie. À Toronto, par exemple, le prix d'un permis d'exploitation de taxi s'élève à 80 000 $; à Montréal, la valeur du permis est plus modeste (de l'ordre de 50 000 $), parce qu'un nombre relativement plus grand de permis ont été délivrés.[2]

Prenons un autre exemple, le cas du transport aérien pour passagers. En 1986, United Airlines a racheté de Pan American Airlines les droits d'exploitation de toutes ses routes survolant l'océan Pacifique. La United Airlines a versé 500 millions de dollars à la Pan Am pour obtenir l'exclusivité des droits sur ces routes – que la Pan Am avait ouvertes et sur lesquelles les autres compagnies américaines ne pouvaient lui livrer concurrence –, en vertu d'un accord international sur les transports aériens. Le prix que la United Airlines a dû payer pour acquérir ces routes devait être suffisamment élevé pour rapporter à la Pan Am un profit au moins égal à celui qu'elle aurait fait en conservant ses droits et en continuant d'exploiter les routes elle-même. C'est la concurrence que se sont livrée les acheteurs potentiels de ces droits qui a décidé du prix de vente final : les routes ont été vendues à l'entreprise qui offrait le prix le plus élevé, et cette entreprise était naturellement celle qui estimait pouvoir les exploiter au moindre coût.

Le rachat de droits de monopole existants ne donne lieu essentiellement qu'à des transferts entre producteurs : du point de vue de l'entreprise qui a engagé des coûts pour le rachat de tels droits, les sommes investies font partie de ses coûts de production, et elle devra recouvrer ces coûts pour être rentable. Mais la recherche de rente peut aussi se traduire par la création de nouveaux monopoles. Cela se fait très souvent par le biais de relations politiques. Ainsi, des entreprises, des associations professionnelles ou des syndicats contribuent aux frais de campagne de partis politiques dans l'espoir de gagner leur soutien et de faire adopter des

---

[2] La valeur d'un permis correspond à la valeur capitalisée de la rente associée à la limitation du nombre de taxis. L'exploitation d'un taxi engendre des profits pendant plusieurs années. Ainsi, si les permis d'exploitation coûtent 80 000 $, c'est que la valeur actualisée des profits anticipés avec un permis de taxi s'élève à 80 000 $. Reportez-vous au chapitre 9 pour plus de détails.

lois ou des réglementations qui leur conféreront un pouvoir de monopole. Ils peuvent aussi chercher à orienter les décisions de façon indirecte, en utilisant les médias en vue de convaincre l'opinion publique de l'intérêt d'adopter telle ou telle loi les avantageant. Des ressources productives, qui auraient pu être utilisées à d'autres fins, sont de cette façon consacrées à l'instauration (ou à la préservation) de situations de monopole. (Nous reviendrons plus en détail sur ce type de recherche de rente aux chapitres 20 et 21.)

À RETENIR

Compte tenu du coût associé à la recherche de rente, un monopoleur peut ne pas faire de profit économique à long terme. Comme il y a concurrence entre des entreprises pour acquérir des droits de monopole, le détenteur actuel de tels droits peut avoir dépensé pour les obtenir l'équivalent du profit de monopole anticipé. Dans la mesure où la création de droits de monopole a eu pour effet de gaspiller des ressources productives, le coût social total d'un monopole pourra être égal à la somme de la perte sèche qu'il entraîne et du profit de monopole.

■■■

Les avantages associés au monopole

Jusqu'à présent, notre comparaison entre le monopole et la concurrence parfaite n'a guère favorisé le monopole. Si les monopoles sont si mauvais, pourquoi les tolérons-nous ? Pourquoi ne pas adopter des lois qui les élimineraient à jamais ? Nous verrons au chapitre 21 qu'un certain nombre de lois ont pour effet de limiter la constitution de pouvoirs de monopole ou de réglementer les entreprises en situation de monopole. Mais les monopoles ne sont pas aussi nocifs qu'on a pu le laisser entendre jusqu'à maintenant. Voyons à présent quelques-uns des avantages qui justifient leur existence.

Deux catégories de facteurs essentiellement peuvent justifier l'existence des monopoles :

- Les économies d'échelle et de gamme
- L'incitation à l'innovation

Les économies d'échelle et les économies de gamme Nous avons déjà parlé des économies d'échelle aux chapitres 9 et 10. Il y a *économies d'échelle* quand le coût total moyen à long terme décroît avec l'augmentation de l'échelle de production (l'échelle de production augmente quand tous les facteurs de production – capital, main-d'œuvre et ressources naturelles – augmentent dans les mêmes proportions). Par exemple, si tous les facteurs utilisés doublent, le coût total double aussi. Mais, si la production augmente davantage, le coût total *moyen* diminue et l'entreprise fait des économies d'échelle.

Une entreprise fait des **économies de gamme** quand il y a diminution du coût total moyen par suite de l'élargissement de la gamme des biens ou services qu'elle offre. Par exemple, McDonald's produit des hamburgers et des frites à un coût total moyen inférieur à celui de deux entreprises qui produiraient les mêmes biens : l'une, des hamburgers ; l'autre, des frites. Des économies de gamme particulièrement importantes peuvent être faites quand une main-d'œuvre très qualifiée (donc très chère) peut être employée dans la conception et la production de plusieurs biens ou services différents. Ainsi, les mêmes programmeurs informatiques, concepteurs et experts en marketing peuvent mettre à profit leurs compétences pour concevoir plusieurs biens ou services dans une entreprise. Cela permet de répartir le coût de ces facteurs sur une production plus diversifiée et d'abaisser d'autant le coût de production unitaire des biens ou services en question.

Les grandes entreprises font souvent des économies d'échelle et de gamme importantes. Si de telles économies sont impossibles à faire pour les petites entreprises d'un marché parfaitement concurrentiel, la comparaison que nous venons d'établir entre le monopole et la concurrence ne sera pas valable. Rappelez-vous comment nous avons comparé les deux structures de marché : une entreprise unique achetait l'ensemble des entreprises en concurrence dans un marché. Nous avons supposé que le monopole ainsi créé utiliserait exactement la même technologie que les entreprises qu'il achetait et que ses coûts seraient par conséquent les mêmes que les leurs. Mais, quand la taille d'une entreprise lui permet de faire d'importantes économies d'échelle et de gamme, sa courbe de coût marginal se situe en dessous de la courbe d'offre d'une industrie concurrentielle composée d'un grand nombre de petites entreprises. Ces économies peuvent même être si importantes que le monopoleur produira plus et vendra moins cher que ne le feraient des entreprises en concurrence parfaite.

La figure 13.9 illustre cette possibilité. La courbe de demande et la courbe de recette marginale sont les mêmes, que le marché soit concurrentiel ou monopolistique. En situation de concurrence, l'offre de marché correspond à la courbe O, la quantité produite se trouve en C et le prix s'élève à P_C. En situation de monopole et en présence d'importantes économies d'échelle et de gamme, la courbe de coût marginal passe en Cm_M. Pour maximiser son profit, le monopoleur produit le volume M. À ce niveau de production, sa recette marginale et son coût marginal sont égaux. Le prix de vente est alors P_M. S'il utilise des techniques plus perfectionnées, hors de portée des petites

Figure 13.9 — L'efficacité relative de la concurrence et du monopole en présence d'économies d'échelle et de gamme

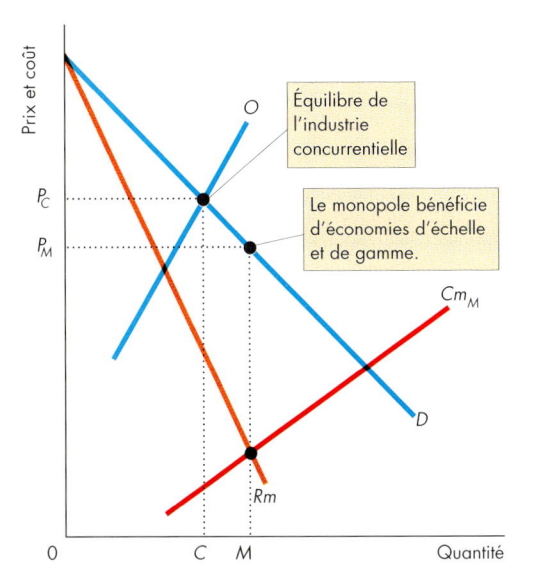

Dans certains secteurs, les économies d'échelle et les économies de gamme sont telles que la courbe de coût marginal du monopoleur (Cm_M) se situe au-dessous de la courbe d'offre de l'industrie concurrentielle (O). Il est alors possible que la production d'un monopoleur non discriminant (M) soit supérieure à celle du marché concurrentiel (C), et que le prix de monopole (P_M) soit inférieur au prix concurrentiel (P_C).

entreprises, le monopoleur produira plus et vendra moins cher qu'une industrie parfaitement concurrentielle.

On peut donner de nombreux exemples de situations où les économies d'échelle sont particulièrement importantes, comme dans la figure 13.9. À titre d'exemples, on peut mentionner les services publics de distribution de gaz, d'électricité et d'eau, les services de téléphone et les réseaux de communication en général. Dans d'autres cas, c'est la somme des économies d'échelle et des économies de gamme qui permet au monopoleur de produire plus et de vendre moins cher que plusieurs entreprises concurrentes. Il en est ainsi du brassage de la bière, de la production de réfrigérateurs et autres appareils électroménagers, de la fabrication de produits pharmaceutiques et du raffinage du pétrole.

L'innovation L'innovation correspond à la mise en œuvre de nouvelles connaissances dans le processus de production. Elle consiste soit à fabriquer un produit nouveau, soit à fabriquer à moindre coût un produit existant. Certains économistes pensent que les grandes entreprises, notamment celles qui disposent d'un pouvoir de monopole, sont plus innovatrices que les petites entreprises soumises à la concurrence; d'autres pensent exactement le contraire. Ce qui est indiscutable, par contre, c'est que l'innovation confère toujours un pouvoir de monopole à l'entreprise innovatrice, au moins temporairement. Toute entreprise qui élabore un nouveau produit ou une nouvelle méthode et qui fait breveter son invention obtient le droit exclusif d'exploiter sa découverte pendant toute la durée de validité du brevet. Mais l'octroi d'un tel droit de monopole, même temporaire, aux innovateurs est-il de nature à favoriser l'innovation? On peut le penser. Sans protection, les innovateurs ne pourraient bénéficier des fruits de leurs innovations pendant très longtemps; le jeu de l'invention n'en vaudrait pas la chandelle, et ils cesseraient d'innover. Donc, les brevets et les droits de monopole temporaires auxquels ils donnent lieu soutiendraient les progrès techniques. Mais on peut aussi penser l'inverse, c'est-à-dire qu'une entreprise en situation de monopole sera moins dynamique, tandis que les entreprises soumises à la concurrence doivent constamment lutter pour innover et réduire leurs coûts, même si elles savent que l'avantage que leur confèrent leurs innovations est très éphémère. Elles seraient donc obligées d'innover toujours plus, et toujours plus vite, de sorte que la concurrence serait un facteur de progrès.

Il est impossible de résoudre une question aussi complexe en alignant simplement arguments et contre-arguments théoriques. Il faut plutôt l'étudier empiriquement. Les recherches sur cette question permettent de formuler uniquement des conclusions nuancées. Elles indiquent que les grandes entreprises font plus de recherche-développement que les petites; elles montrent aussi que l'avantage des grandes entreprises se situe plus à l'étape du développement des nouveaux produits ou des procédés de production qu'à l'étape de l'innovation proprement dite. On mesure souvent l'importance de la recherche-développement au volume des ressources qui y sont investies. Or, ce ne sont pas tant les ressources investies que les résultats obtenus qui comptent. Comment peut-on mesurer les résultats des activités de recherche-développement? Le nombre de brevets déposés et le taux de croissance de la productivité sont deux indicateurs. Par rapport à ces deux indicateurs, les études empiriques montrent que la grande taille ne semble pas forcément être un atout.

Le mode de diffusion des progrès techniques est bien connu: une entreprise innove, et le nouveau produit ou le nouveau procédé est étendu à l'ensemble de l'industrie. On a constaté que, quelle que soit la taille de l'entreprise innovatrice initiale, les grandes entreprises sont toujours les plus promptes à tirer parti des innovations. Elles contribuent donc largement à la diffusion des progrès techniques.

Nous étudierons au chapitre 21 les politiques gouvernementales qui concernent les monopoles. Nous verrons notamment que les lois et règlements cherchent à maintenir un équilibre entre les avantages des monopoles – ceux que nous venons d'évoquer – et leurs désavantages – la perte sèche d'efficacité dans l'allocation des ressources et la redistribution des gains résultant de l'échange au détriment des consommateurs.

■ Nous avons étudié deux modèles de structure de marché jusqu'à présent : la concurrence parfaite et le monopole pur. Nous connaissons maintenant les conditions d'une allocation efficace des ressources en situation de concurrence parfaite, et nous avons aussi comparé, du point de vue de l'allocation des ressources, l'efficacité de la concurrence à celle du monopole. Nous avons également étudié les effets de changements dans les coûts et la demande sur les prix et sur les quantités, à la fois dans un marché concurrentiel et dans un monopole.

Certains secteurs de l'économie canadienne sont très concurrentiels alors que d'autres sont très monopolistiques. Cependant, la plupart des marchés se situent entre les deux extrêmes que sont la concurrence parfaite et le monopole pur. Le chapitre suivant est consacré à ces structures de marché intermédiaires. Nous verrons que bon nombre des connaissances que nous avons acquises lors de notre analyse de la concurrence et du monopole pur restent valables dans des conditions moins extrêmes, et qu'elles s'appliquent très bien aux marchés réels.

RÉSUMÉ

Les causes des monopoles

Un monopole n'est possible que parce qu'il y a des barrières à l'entrée dans un marché. Ces barrières peuvent être soit légales, soit naturelles. Parmi les barrières légales, on compte les concessions publiques, les licences gouvernementales et les brevets. Les barrières à l'entrée sont dites naturelles quand une seule entreprise est maître de la totalité des sources d'approvisionnement d'une ressource naturelle, ou que les économies d'échelle sont si importantes qu'une entreprise peut, à elle seule, satisfaire toute la demande du marché à un coût moyen inférieur à celui de plusieurs entreprises concurrentes. (*pp. 331-333*)

Le monopole non discriminant

Un monopole est un marché où il n'y a qu'un seul producteur d'un bien qui n'a pas de proche substitut. Un monopole est dit *non discriminant* si toutes les ventes se font au même prix. La courbe de demande du monopoleur se confond avec la courbe de demande du marché. La recette marginale du monopoleur non discriminant est inférieure au prix. La recette totale commence par augmenter, puis elle décroît à partir d'un certain niveau de production. Quand la recette totale augmente, la recette marginale est positive ; quand la recette totale baisse, la recette marginale est négative. Quand la recette marginale est positive (donc, que la recette totale augmente), c'est que l'élasticité de la demande est supérieure à 1. La recette totale atteint son maximum quand l'élasticité de la demande est égale à l'unité.

Pour maximiser son profit, un monopoleur non discriminant produit la quantité pour laquelle sa recette marginale est égale à son coût marginal ; il vend au prix le plus élevé que les consommateurs sont disposés à payer pour cette quantité. Ce prix de vente est toujours supérieur au coût marginal. Les monopoleurs n'ont pas de courbe d'offre. (*pp. 333-339*)

La discrimination de prix

La discrimination de prix consiste à imposer un prix plus élevé à certains acheteurs qu'à d'autres pour un même bien ou service, ou à imposer au même acheteur différents prix en fonction des quantités achetées. Par cette pratique, le monopoleur cherche à augmenter son profit en s'appropriant la plus grande partie possible du surplus du consommateur. Une discrimination de prix parfaite permet au monopoleur d'accaparer la totalité du surplus du consommateur. Un monopoleur parfaitement discriminant impose un prix différent pour chacune des unités produites ; ce prix représente le prix maximal que l'acheteur est prêt à payer pour l'unité en question. La courbe de recette marginale des monopoles parfaitement discriminants se confond avec la courbe de demande du marché, et le niveau de production à l'équilibre sera le même que dans un marché parfaitement concurrentiel.

Un monopoleur peut segmenter sa clientèle en fonction de l'âge des acheteurs, des emplois qu'ils occupent ou d'autres caractéristiques facilement identifiables. La discrimination de prix ne permet au monopoleur d'augmenter son profit que si les catégories de clients qu'il a identifiées présentent des demandes ayant des élasticités différentes. La discrimination de prix n'est possible que si les acheteurs ne peuvent pas revendre le bien ou service acquis. (*pp. 339-347*)

Comparaison entre le monopole et la concurrence

Si un monopoleur achète toutes les entreprises d'un marché parfaitement concurrentiel, et que cette opération n'a aucune incidence sur les techniques utilisées ni sur les prix des facteurs de production, le monopoleur vendra plus cher et produira moins que les entreprises qu'il remplace. Dans le cas où ce monopole peut pratiquer une discrimination de prix parfaite, son volume de production et le prix de la dernière unité vendue seront les mêmes qu'en situation de concurrence.

Par rapport à la concurrence parfaite, le monopole entraîne une perte d'efficacité car il limite les gains à l'échange. Les monopoleurs restreignent leur production pour augmenter leur profit ; il y a alors perte sèche d'efficacité, en ce sens que le gain en surplus du producteur est inférieur à la perte en surplus du consommateur. Plus le monopoleur se rapproche de la discrimination de prix parfaite, moins la perte sèche est importante et plus le profit du monopoleur augmente au détriment du surplus du consommateur. Une situation de monopole conduit donc toujours à une redistribution des gains à l'échange, au profit du producteur et au détriment des consommateurs.

La recherche de rente désigne l'ensemble des activités visant à obtenir le pouvoir de marché que procure une situation de monopole. Une entreprise peut investir dans la recherche de rente jusqu'à concurrence du profit qu'elle s'attend à retirer d'une situation de monopole. Dans la mesure où ce type d'activités consomme des ressources productives, le coût social du monopole sera égal à la somme de la perte sèche qu'il engendre et du profit de monopole.

Dans certains cas, le monopole se révèle plus efficace qu'un grand nombre d'entreprises en situation de concurrence parfaite. C'est notamment le cas des secteurs pour lesquels les économies d'échelle et de gamme sont si importantes que le monopoleur produit plus et vend moins cher que ne pourraient le faire un grand nombre d'entreprises concurrentes. Il semble aussi que le monopoleur innove plus que les entreprises en situation de concurrence, ce qui entraîne un taux de progrès techniques plus élevé. (*pp. 347-354*)

POINTS DE REPÈRE

Mots clés

Barrières à l'entrée, 331
Brevet, 331
Concession, 331
Discrimination de prix, 339
Discrimination de prix parfaite, 339
Économies de gamme, 352
Licence, 331
Monopole, 331
Monopole légal, 331
Monopole naturel, 331
Monopoleur non discriminant, 333
Perte sèche, 350
Recherche de rente, 350
Surplus du producteur, 349

Figures clés

Figure 13.1   La demande et la recette marginale d'un monopole non discriminant, 334

Figure 13.2   Les courbes de recette d'un monopole non discriminant, 335

Figure 13.3   Le prix et la production à l'équilibre d'un monopole non discriminant, 336-337

Figure 13.7   Comparaison entre le monopole et la concurrence, 348

QUESTIONS DE RÉVISION

1. Qu'est-ce qu'un monopole? Donnez quelques exemples de monopoles dans votre ville.

2. Qu'est-ce qui explique l'existence des monopoles?

3. Faites la distinction entre un monopole légal et un monopole naturel. Donnez des exemples des deux catégories.

4. Pourquoi la recette marginale d'un monopoleur non discriminant est-elle toujours inférieure à sa recette moyenne?

5. Pourquoi le profit d'un monopoleur commence-t-il par augmenter, quand la production augmente, et baisse-t-il ensuite, à partir d'un certain niveau de production?

6. Comment les monopoleurs déterminent-ils leur volume de production et leur prix?

7. Pourquoi un monopoleur n'a-t-il jamais intérêt à pousser ses ventes jusqu'au point où elles tombent dans la partie inélastique de la courbe de demande du produit?

8. Toutes choses étant égales par ailleurs, pourquoi la production en situation de monopole est-elle inférieure à celle d'un marché parfaitement concurrentiel?

9. Le monopole est-il aussi efficace que la concurrence parfaite?

10. Qu'est-ce que la perte sèche?

11. La discrimination de prix est-elle toujours possible pour un monopoleur? Pourquoi?

12. Illustrez graphiquement à quoi correspond la perte sèche lorsqu'il y a discrimination de prix parfaite.

13. Les monopoleurs non discriminants sont-ils plus ou moins efficaces, relativement à l'allocation des ressources, que les monopoleurs parfaitement discriminants?

14. Qu'est-ce que la recherche de rente?

15. Si l'on tient compte du coût de la recherche de rente, quel est le coût social du monopole?

16. Définissez ce qu'on entend par *économies d'échelle* et *économies de gamme*. Ces économies influent-elles sur l'efficacité des monopoles du point de vue de l'allocation des ressources?

17. Les monopoleurs redistribuent le surplus du consommateur. Expliquez pourquoi les pertes subies par le consommateur sont plus grandes avec les monopoleurs parfaitement discriminants qu'avec les monopoleurs non discriminants.

PROBLÈMES

1. Source Claire est un monopoleur non discriminant qui produit de l'eau minérale en bouteille. Son barème de demande est le suivant:

Prix (en dollars par bouteille)	Quantité demandée (en bouteilles)
5	0
4	1
3	2
2	3
1	4
0	5

a) Calculez le barème de recette totale de Source Claire.

b) Calculez son barème de recette marginale.

c) À quel prix l'élasticité de la demande est-elle égale à 1?

2. Le coût total de Source Claire est le suivant:

Quantité produite (en bouteilles)	Coût total (en dollars)
0	1
1	2
2	4
3	7
4	11
5	16

a) Quelle est la production à l'équilibre de Source Claire?

b) Quel est son prix à l'équilibre?

c) Quel est son coût marginal à l'équilibre?

d) Quelle est sa recette marginale à l'équilibre?

e) Quel est son profit maximal?

3. Supposons maintenant que Source Claire puisse pratiquer une discrimination de prix parfaite.

   a) Quelle est sa production à l'équilibre ?

   b) Quelle est sa recette totale à l'équilibre ?

   c) Quel est son profit maximal ?

4. Combien un entrepreneur avisé serait-il prêt à payer pour obtenir le droit d'exploitation de la source d'eau minérale de Source Claire ?

5. Vous trouverez ci-dessous deux barèmes de demande de trajets aller-retour entre Ottawa et Halifax. On entend par « aller-retour en semaine » les trajets pour lesquels l'aller et le retour sont effectués un jour de semaine, avec le retour dans la même semaine. Les « aller-retour de fin de semaine » sont des trajets dont l'aller et le retour sont effectués au cours de la même fin de semaine. Les voyageurs de la première catégorie sont plutôt des gens d'affaires et ceux de la seconde des personnes qui voyagent pour le plaisir.

Aller-retour en semaine		Aller-retour de fin de semaine	
Prix (en dollars par aller-retour)	Quantité demandée (en centaines d'aller-retour)	Prix (en dollars par aller-retour)	Quantité demandée (en centaines d'aller-retour)
1500	0	500	0
1000	10,0	250	10
500	20,0	125	15
250	25,0	0	20
125	27,5		
0	30,0		

Le coût marginal d'un trajet aller-retour s'élève à 125 $. Supposons qu'un monopoleur non discriminant accapare la route Ottawa-Halifax. À l'aide d'un graphique, indiquez les éléments suivants :

   a) Le prix de vente

   b) Le nombre de voyageurs

   c) Le surplus du consommateur

6. Supposons maintenant que ce monopoleur pratique une discrimination de prix entre les acheteurs d'aller-retour en semaine et les acheteurs d'aller-retour de fin de semaine.

   a) Quel sera le prix d'un aller-retour en semaine ?

   b) Quel sera le prix d'un aller-retour de fin de semaine ?

   c) À combien se chiffrera le surplus du consommateur ?

7. Barbara est propriétaire d'un restaurant routier dans les Prairies. Elle détient un monopole dans sa région. Son barème de demande est le suivant :

Prix (en dollars par repas)	Quantité demandée (en repas par semaine)
1,00	160
1,50	140
2,00	120
2,50	100
3,00	80
3,50	60
4,00	40
4,50	35
5,00	30
5,50	25

Le coût marginal et le coût total moyen de Barbara sont constants et égaux à 1 $ par repas.

   a) Si Barbara vend tous ses repas au même prix, quel sera ce prix ?

   b) Quel est le surplus du consommateur des clients de Barbara ?

   c) Quel est le surplus du producteur ?

   d) Quelle est la perte sèche ?

8. Barbara s'aperçoit que certains de ses clients sont des camionneurs et les autres des touristes. Ses estimations concernant les demandes des deux groupes sont les suivantes :

Prix (en dollars par repas)	Quantité demandée (en repas par semaine)	
	Camionneurs	Touristes
1,00	70	90
1,50	65	75
2,00	60	60
2,50	55	45
3,00	50	30
3,50	45	15
4,00	40	0
4,50	35	0
5,00	30	0
5,50	25	0

Supposons maintenant que Barbara pratique une discrimination de prix entre ses deux catégories de clients.

   a) Quel prix demandera-t-elle aux camionneurs ?

   b) Quel prix demandera-t-elle aux touristes ?

c) Quel est son volume de production hebdomadaire ? Est-il inférieur, supérieur ou égal à celui qu'elle produisait quand elle ne pratiquait aucune discrimination de prix ?

d) Quel est son profit hebdomadaire ? Est-il inférieur, supérieur ou égal à celui qu'elle faisait quand elle ne pratiquait aucune discrimination de prix ?

e) Quel est le surplus du consommateur ? Est-il inférieur, supérieur ou égal au surplus dont les clients bénéficiaient quand Barbara ne pratiquait aucune discrimination de prix ?

CHAPITRE 14

La concurrence monopolistique et l'oligopole

Objectifs du chapitre:

- Décrire les structures de marché intermédiaires qui se situent entre la concurrence parfaite et le monopole pur.

- Définir ce qu'on entend par *concurrence monopolistique*.

- Montrer comment se déterminent le prix et la production dans les marchés de concurrence monopolistique.

- Définir ce qu'on entend par *oligopole* et *duopole*.

- Expliquer en quoi consiste la théorie des jeux.

- Expliquer le jeu du dilemme du prisonnier.

- Montrer comment les interactions stratégiques en situation de duopole et d'oligopole peuvent être analysées à l'aide de la théorie des jeux.

- Montrer comment se déterminent le prix et la production des entreprises dans un duopole.

- Expliquer comment se déroulent les guerres de prix et les formes que prend la concurrence dans les marchés comportant un nombre restreint de producteurs.

Publicité et guerres de prix

NOUS RECEVONS CHAQUE SEMAINE des dizaines de dépliants publicitaires qui vantent les articles en réduction ou en promotion dans les supermarchés environnants. Bons, primes ou autres «appâts» sont utilisés pour nous convaincre d'aller magasiner chez Jean Coutu, Zellers, Miracle Mart ou Pharmaprix. Les supermarchés ne sont pas les seuls commerces à proposer des réductions de prix à leur clientèle. Plusieurs fois par année, les magasins de meubles et de vêtements organisent de grands soldes pour faire place aux nouvelles marchandises, mais aussi pour attirer de nouveaux clients. ■ Les entreprises se font concurrence non seulement sur le prix des produits, mais aussi sur la qualité des produits. Elles dépensent chaque année des millions de dollars en publicité télévisée ou imprimée pour nous persuader d'acheter la meilleure marque – la leur – et d'y rester fidèles, même si elle est légèrement plus chère qu'une autre. ■ Comment les entreprises, dans ce type d'environnement concurrentiel, décident-elles du produit à fabriquer, et comment déterminent-elles leur prix et la quantité à produire? En quoi les profits de ces entreprises dépendent-ils des stratégies des entreprises concurrentes? ■ En 1973, les prix de l'essence, du mazout et autres produits pétroliers ont augmenté, du jour au lendemain, par suite des décisions de l'Organisation des pays exportateurs de pétrole (OPEP). L'OPEP a alors adopté une stratégie de monopole, restreignant son volume de production pour faire monter les prix. Les prix du pétrole n'ont cessé d'augmenter qu'en 1982; ils étaient alors onze fois plus élevés que ce qu'ils étaient dix ans plus tôt. Les acheteurs pensaient déjà avec horreur qu'il leur faudrait peut-être un jour débourser 50, 60 ou 70 $ pour un baril de brut. ■ À la surprise de plusieurs, le cartel du pétrole s'est effondré aussi soudainement qu'il s'était affirmé. Les prix ont d'abord vacillé, puis chuté: en l'espace de quelques mois, ils ont baissé de plus de la moitié. En 1986, on pouvait lire dans les journaux des manchettes comme: «La guerre des prix est déclarée», «La guerre du pétrole fait baisser les prix à la pompe». ■ En poussant à la hausse les prix du pétrole, les pays membres de l'OPEP avaient acquis une richesse et une puissance sans précédent. Pourquoi y a-t-il eu revirement de situation? Les prix n'ont pas simplement cessé d'augmenter, ils ont considérablement baissé. Comment peut-on expliquer cette situation? L'OPEP aura-t-elle de nouveau un jour la capacité de fixer le prix du pétrole? ■ Les accords de fixation de prix, comme celui qu'ont conclu les membres de l'OPEP en 1973, sont illégaux au Canada. Il faut donc qu'il y ait collusion entre des entreprises concurrentes pour qu'un accord de ce type soit conclu. Et c'est généralement dans le cadre d'une enquête judiciaire que le public en est informé. L'un des cas les plus célèbres s'est produit aux États-Unis, qui interdisent également ce genre de pratiques. Près d'une trentaine d'entreprises ont pris part à une «incroyable conspiration électrique»[1], selon l'expression d'un journaliste. Pendant presque toute la décennie 1950-1960, une trentaine de producteurs d'appareils électriques, dont des géants comme General Electric et Westinghouse, ont fixé conjointement les prix d'articles divers, allant des isolateurs à 2 $ aux immenses turbogénératrices évaluées à plusieurs millions de dollars.[2] La composition du groupe conspirateur a changé au cours de la décennie : ainsi, General Electric a parfois participé aux ententes, mais il lui est aussi arrivé de ne pas y prendre part, cassant alors les prix convenus par les autres et faisant baisser leurs profits. ■ Pourquoi certaines entreprises déclenchent-elles des guerres de prix, au risque de faire baisser les profits dans l'industrie ? Les entreprises concurrentes ripostent-elles systématiquement ? Comment les guerres de prix prennent-elles fin ?

■ Les théories de la concurrence parfaite et du monopole pur étudiées aux chapitres 12 et 13 n'expliquent pas les comportements que l'on vient de décrire. Ni les entreprises en situation de concurrence parfaite ni les monopoles purs ne déclencheront de guerres de prix : les premières n'exercent pas une influence perceptible sur les prix du marché et les seconds, comme ils ont la mainmise sur l'ensemble du marché, n'ont rien à craindre de la concurrence. Les deux modèles extrêmes que constituent la concurrence parfaite et le monopole pur ne permettent pas d'expliquer pourquoi certaines entreprises se font concurrence à coups de dépliants publicitaires, de réductions, de promotions, d'ententes de prix et de guerres de prix. Nous devons par conséquent développer des modèles permettant d'analyser ces structures de marché intermédiaires, qui se situent entre la concurrence parfaite et le monopole pur. Nous étudierons deux de ces modèles dans le présent chapitre. Le premier s'applique aux industries regroupant de nombreuses entreprises qui fabriquent des produits légèrement différents ; ces entreprises sont en situation de concurrence, mais chacune d'entre elles dispose néanmoins d'un certain pouvoir de monopole du fait de la différenciation de son produit. Ce premier modèle permettra entre autres d'expliquer le fonctionnement des marchés de l'alimentation, du vêtement, des boissons gazeuses, de l'imprimerie et de l'édition.

---

[1] Richard A. Smith, «The Incredible Electrical Conspiracy», parties 1 et 2, *Fortune*, avril 1961, p. 132 ; mai 1961, p. 161.

[2] James V. Koch, *Industrial Organization and Prices*, 2ᵉ éd., Englewood Cliffs, N.J., Prentice-Hall, 1980, p. 423.

Notre second modèle s'applique aux secteurs qui ne comptent qu'un petit nombre de producteurs, appelés à jouer un drôle de jeu : chacun doit garder un œil vigilant sur ce que font ses concurrents, réagir à leurs décisions, et aussi penser à la façon dont les concurrents vont réagir à ses propres décisions. Ce modèle nous aidera à mieux comprendre, par exemple, les secteurs du pétrole et des appareils électriques.

■ Mais avant d'entreprendre l'étude de ces deux modèles, nous analyserons d'abord les caractéristiques des différents types de marchés, de façon à pouvoir définir ensuite le modèle qui s'applique à chacun d'eux.

Les structures de marché

Nous avons étudié deux structures de marché : la concurrence parfaite et le monopole pur. Dans le premier cas, de nombreuses entreprises fabriquent des biens identiques et aucune barrière à l'entrée n'empêche de nouvelles entreprises de s'établir dans l'industrie. Des entreprises en situation de concurrence parfaite ne peuvent exercer aucune influence sur le prix de vente et leur profit économique à long terme est toujours nul. À l'autre extrême, les monopoles purs sont des marchés qui ne comptent qu'un seul producteur, protégé par des barrières à l'entrée imperméables qui empêchent la venue de concurrents sur son marché. Un monopoleur fixe son prix de vente de façon à maximiser son profit et peut faire des surprofits sur une longue période.

Il y a dans notre économie des marchés qui se rapprochent de la concurrence parfaite ou du monopole pur, mais la plupart en restent assez éloignés, se situant quelque part entre ces deux extrêmes. Par exemple, certains secteurs comptent de nombreuses entreprises en situation de concurrence, mais ces entreprises peuvent, dans une certaine mesure, fixer leur prix de vente. D'autres ne comptent que quelques entreprises qui exercent toutes une très grande influence sur le prix du marché. Pour savoir si une industrie se rapproche soit de la concurrence parfaite, soit du monopole pur, les économistes utilisent des **ratios de concentration**, qui permettent de mesurer la part de marché qui revient aux quelques plus grandes entreprises dans l'industrie. Le ratio le plus généralement utilisé est celui qui correspond au pourcentage de la valeur des ventes de l'industrie que totalisent les quatre plus grandes entreprises. (On peut aussi calculer le ratio de concentration des huit, vingt ou cinquante plus grandes entreprises.) Le tableau 14.1 présente deux exemples fictifs du calcul d'un ratio de concentration, l'un ayant trait à la fabrication de pneus et l'autre à l'imprimerie. Dans notre exemple, quatorze entreprises se partagent le marché des pneus. Les quatre plus grandes d'entre elles représentent 80 % des ventes totales de l'industrie ;

Tableau 14.1 Calculs du ratio de concentration (exemples fictifs)

Fabricants de pneus	Chiffre d'affaires (en millions de dollars)	Imprimeurs	Chiffre d'affaires (en millions de dollars)
Entreprise		Entreprise	
Sommet inc.	200	Françoise	2,5
Apogée inc.	250	Norbert	2,0
Olympe inc.	150	Théophile	1,8
Max inc.	100	Jeanette	1,7
Les 4 plus grandes entreprises	700	Les 4 plus grandes entreprises	8,0
Les 10 autres entreprises	175	Les 1000 autres entreprises	1592,0
Ventes de l'industrie	875	Ventes de l'industrie	1600,0

Ratio de concentration (sur la base des 4 plus grandes entreprises) :
Fabricants de pneus :   700 / 875   =   80 %
Imprimeurs :   8 / 1600   =   0,5 %

le ratio de concentration s'élève donc à 80 %. L'imprimerie – toujours dans notre exemple fictif – compte 1004 entreprises, dont les quatre plus importantes ne représentent que 0,5 % des ventes totales ; le ratio de concentration est donc de 0,5 %.

Statistique Canada calcule régulièrement le ratio de concentration de différents secteurs, à partir des chiffres d'affaires des entreprises. Certaines industries, spécialisées dans l'impression commerciale, dans la fabrication de produits de plastique ou dans la production de boissons gazeuses, présentent des ratios de concentration très bas ; la concurrence y est très vive. À l'inverse, les industries dont l'activité est de fabriquer des ampoules électriques, des véhicules motorisés ou des réfrigérateurs à usage domestique présentent toutes des ratios de concentration très élevés ; seules quelques entreprises s'y font concurrence et chacune d'elles a une influence importante sur les prix du marché. Les secteurs des journaux, des produits pharmaceutiques et du conditionnement des viandes présentent des ratios de concentration intermédiaires.

Les ratios de concentration ont pour but d'évaluer le degré de concurrence dans une industrie : s'il est faible, c'est que la concurrence est très vive ; s'il est élevé, c'est qu'on est très éloigné de la concurrence parfaite. Dans le cas extrême que constitue le monopole pur, le ratio de concentration est de 100 % : un seul producteur s'assure de la totalité des ventes. Les ratios de concentration, même s'ils sont très utiles, ne traduisent cependant pas toujours exactement la réalité de la concurrence dans un marché. Ils présentent trois lacunes majeures et doivent souvent être complétés par d'autres indicateurs.

1. L'étendue géographique du marché. Les ratios de concentration sont basés sur la part de marché des entreprises à l'échelon national. Il est vrai que de nombreux produit sont un marché purement national ; mais certains produits ont un marché mondial, alors que d'autres n'ont en fait qu'un marché restreint à une région. C'est le cas entre autres du marché des journaux, qui n'est souvent qu'un marché régional. Le ratio de concentration de ce secteur n'est pas très élevé à l'échelon national, mais la concentration est très forte dans chaque ville. À l'inverse, le marché de l'automobile est un marché mondial. Les quatre grands producteurs canadiens d'automobiles représentent près de 90 % de la production de voitures canadiennes. Cependant, la part des ventes totales de voitures au Canada qui revient à ces grands producteurs est beaucoup moins importante, car les Canadiens achètent beaucoup de voitures importées. La part qui leur revient sur le marché mondial des voitures est encore plus faible.

2. Les barrières à l'entrée et le taux de roulement des entreprises. Un ratio de concentration ne donne aucune information sur l'importance des barrières à l'entrée dans un marché. Ainsi, certains secteurs sont très concentrés mais n'opposent aucune barrière à l'entrée de nouvelles entreprises ; ils présentent souvent des taux de roulement très élevés. Prenons l'exemple des restaurants. La plupart des petites villes ne comptent que quelques restaurants. Pourtant, aucune barrière à l'entrée ne s'oppose à l'ouverture de nouveaux restaurants. De fait, il s'en ouvre régulièrement, tandis que d'autres ferment leurs portes.

3. La définition du marché et de l'industrie. Pour calculer les ratios de concentration, on doit répartir les entreprises entre les industries à l'aide d'une grille de classification assez rigide. Mais les marchés des produits ne correspondent pas toujours aux industries définies dans notre classification. Par exemple, l'entreprise Labatt produit de la bière, du lait et de nombreux autres produits ; elle est donc présente dans plusieurs marchés à la fois. Par ailleurs, les entreprises choisissent leurs marchés en fonction des possibilités de profits qu'ils offrent et peuvent, le cas échéant, abandonner certains marchés ou investir dans d'autres. On a ainsi souvent vu des entreprises qui étaient auparavant spécialisées se diversifier et produire une multitude de produits très différents.

Si on les complète par des analyses portant sur l'étendue géographique du marché, sur les barrières à l'entrée et sur la diversification des entreprises, les ratios de concentration constituent des indicateurs utiles du degré de concurrence des industries. Plus le ratio de concentration d'une industrie est faible (c'est-à-dire moins l'industrie est concentrée), et moins les obstacles à l'entrée sont importants, plus l'industrie se rapproche de la concurrence parfaite. À l'inverse, plus son ratio de concentration est élevé et plus ses barrières à l'entrée sont difficiles à franchir, plus elle se rapproche du monopole pur.

Mais l'écart entre la concurrence parfaite et le monopole pur est énorme. Entre ces deux extrêmes se trouvent notamment la concurrence monopolistique et l'oligopole.

La **concurrence monopolistique** est une structure de marché où de nombreuses entreprises se font concurrence en proposant des produits comparables mais légèrement différents. Quand une entreprise fabrique un produit légèrement différent de ceux de ses concurrentes, on dit qu'il y a **différenciation des produits**. Du fait de cette différenciation, les entreprises en situation de concurrence monopolistique détiennent un certain pouvoir de monopole : chacune d'elles est en effet la seule à offrir exactement le bien ou service qu'elle propose. Prenons l'exemple des producteurs de maïs à éclater au four à micro-ondes. Seul Nabisco produit les Planters Premium Select, seul General Mills fabrique le Pop Secret, et seul American Popcorn produit le Jolly Time. Ces trois entreprises sont donc en situation de monopole sur le marché particulier de leur marque.

Les produits différenciés ne sont pas toujours objectivement différents. Ainsi, nos trois marques de maïs à éclater ne diffèrent peut-être que par l'emballage. Mais c'est la perception du consommateur qui importe, le fait qu'il considère, ou non, les produits comme différents. Certains estiment que les marques de maïs à éclater diffèrent sur d'autres plans que le simple emballage ; ils considèrent notamment que certaines éclatent... avec plus d'énergie que d'autres !

L'**oligopole** est une structure de marché où ne s'affrontent que quelques producteurs. La production de pétrole et de gaz, la fabrication d'appareils électriques et les transports aériens internationaux sont des exemples d'oligopoles qui nous sont familiers. Dans certains secteurs oligopolistiques, toutes les entreprises proposent exactement le même bien ; dans d'autres, elles différencient leurs productions. Par exemple, le gaz et le pétrole sont essentiellement les mêmes, qu'ils soient produits par Exxon, Petrocan ou autre. Par contre, dans l'industrie automobile, les Plymouth Reliant de Chrysler, les Celebrity de Chevrolet et les Mercury Topaz de Ford sont des produits différenciés.

Le tableau 14.2 résume les caractéristiques des structures de marché que nous étudions présentement, soit la concurrence monopolistique et l'oligopole, et celles de la concurrence parfaite et du monopole pur, que nous avons vues aux chapitres précédents.

La concurrence monopolistique

Trois conditions caractérisent la concurrence monopolistique :

- Chaque entreprise sur le marché fait face à une courbe de demande à pente négative.
- Il n'y a pas de barrières à l'entrée.
- Il y a un très grand nombre de producteurs sur le marché.

Comme il y a différenciation des produits, on peut associer une courbe de demande spécifique au produit de chaque entreprise. La pente négative de cette courbe de demande signifie que chaque entreprise devra déterminer à la fois son prix et son niveau de production. Elle veut dire aussi que la courbe de recette marginale de l'entreprise ne se confond pas avec sa courbe de demande. Ces caractéristiques de la concurrence monopolistique se retrouvent aussi dans le monopole pur. La concurrence monopolistique se distingue par l'absence de barrières à l'entrée dans l'industrie.

Par définition, l'entrée est impossible dans un monopole. Par contre, il y a libre entrée sur un marché de concurrence monopolistique. Par conséquent, les

Tableau 14.2 Les structures de marché

Critère	Concurrence parfaite	Concurrence monopolistique	Oligopole	Monopole
Nombre d'entreprises	Beaucoup	Beaucoup	Peu	Une
Produits	Identiques	Différenciés	Identiques ou différenciés	Aucun proche substitut
Barrières à l'entrée	Aucune	Aucune	Économies d'échelle et de gamme	Économies d'échelle et de gamme ou barrières légales
Capacité d'influer sur le prix	Aucune	Faible	Très importante	Très importante ou réglementée
Ratio de concentration	0	Faible	Élevé	100 %
Exemples	Blé, maïs	Alimentation, vêtements	Automobiles, céréales	Téléphone, gaz et électricité

entreprises ne peuvent pas faire de profits économiques positifs à long terme. Si des surprofits sont faits à court terme, de nouvelles entreprises seront incitées à entrer sur le marché, ce qui fera baisser les prix et les profits. À l'inverse, si les entreprises subissent des pertes à court terme, certaines quitteront l'industrie, ce qui fera augmenter les prix et donc les profits. À l'équilibre à long terme, aucune entreprise n'a intérêt ni à entrer sur le marché ni à en sortir, et le profit économique de celles qui s'y trouvent est nul.

Les marchés de concurrence monopolistique regroupent un grand nombre d'entreprises, de sorte qu'aucune d'elles ne peut influencer le comportement de ses concurrentes. Comme chacune ne détient qu'une faible part du marché, une modification apportée à son prix de vente n'aura pas d'effet perceptible sur les actions de ses concurrentes.

Le prix et la production sur un marché de concurrence monopolistique

La figure 14.1 montre comment une entreprise sur un marché de concurrence monopolistique détermine son prix de vente et son volume de production, à court terme dans le graphique (a) et à long terme dans le graphique (b). Pour simplifier l'analyse, nous supposons ici que toutes les entreprises dans l'industrie ont des courbes de demande et de coûts identiques, relativement au produit particulier que chacune d'elles propose. Que se passe-t-il à court terme? La courbe de demande D représente la courbe de demande du produit d'une entreprise particulière, produit qui est légèrement différent de ceux des concurrents. Ce pourrait être par exemple la courbe de demande des Aspirines Bayer par opposition aux analgésiques en général. La courbe Rm correspond à la courbe de recette marginale qui est associée à la courbe de demande D. Le graphique comprend également la courbe de coût total moyen (CTM) et la courbe de coût marginal (Cm) de l'entreprise. À court terme, pour maximiser son profit, chaque entreprise produit la quantité QCT, de façon que sa recette marginale et son coût marginal soient égaux, et la vend au prix PCT. Son coût total moyen s'élève à $CTMCT$, et elle fait à court terme le profit qui est représenté par le rectangle bleu.

Jusqu'à présent, la concurrence monopolistique ressemble à s'y méprendre au monopole pur: les entreprises produisent la quantité qui assure l'égalité entre la recette marginale et le coût marginal, et elles vendent cette quantité le plus cher possible. Quelle est donc la différence entre la concurrence monopolistique et le monopole pur? Dans la concurrence monopolistique, aucun obstacle n'empêche l'entrée de nouvelles entreprises sur le marché. Lorsque les profits à court terme sont positifs, comme dans le graphique (a), de nouvelles entreprises entrent dans l'industrie et viennent gruger une partie du marché des entreprises déjà établies; les courbes de demande et de recette marginale de ces dernières se déplacent alors vers la gauche. Mais, si la courbe de demande des entreprises dans l'industrie

Figure 14.1 La concurrence monopolistique

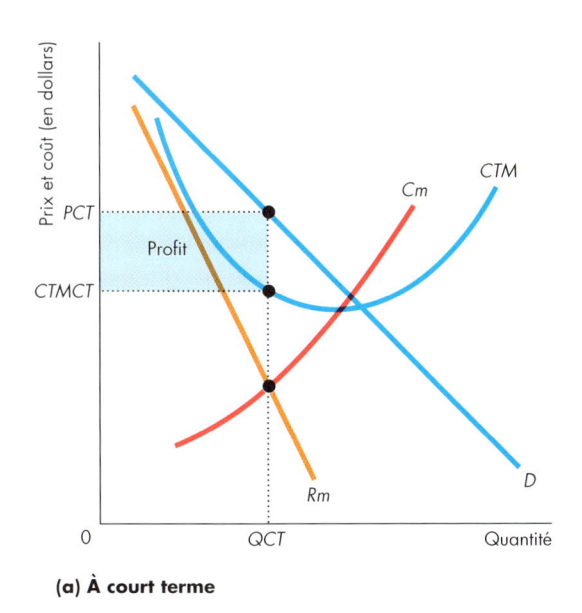

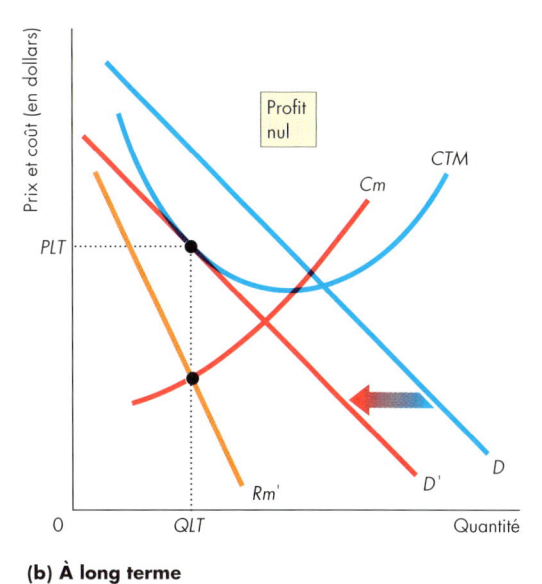

(a) À court terme

(b) À long terme

Les entreprises dans un marché de concurrence monopolistique font face à une courbe de demande à pente négative; chaque entreprise doit donc déterminer son volume de production et son prix. Une entreprise maximise son profit lorsqu'elle produit la quantité qui assure l'égalité entre sa recette marginale et son coût marginal. Le graphique (a) illustre l'équilibre à court terme d'une entreprise. Elle produit la quantité QCT et la vend au prix PCT; son coût total moyen est de CTMCT et elle fait un profit économique, qui est représenté par le rectangle bleu.

Comme les entreprises dans l'industrie font des profits, de nouvelles entreprises concurrentes entrent sur le marché. La courbe de demande des entreprises déjà établies commence alors à se déplacer vers la gauche, comme on le voit dans le graphique (b). Pour chaque entreprise, ce déplacement de la courbe de demande entraîne un déplacement de la courbe de recette marginale. Quand la courbe de demande, qui était en D, se stabilise en D', la courbe de recette marginale, qui était en Rm, se stabilise en Rm'. Chaque entreprise a alors atteint son équilibre à long terme. Son nouveau volume de production d'équilibre s'élève à QLT et elle le vend au prix PLT. À l'équilibre à long terme, le profit économique des entreprises est nul et aucune entreprise n'a intérêt ni à entrer dans l'industrie ni à en sortir.

se déplace vers la gauche, le prix et la quantité d'équilibre de chaque entreprise diminueront. À l'équilibre à long terme, comme l'indique le graphique (b) de la figure 14.1, chaque entreprise dans l'industrie produit la quantité QLT et la vend au prix PLT. Son coût total moyen est alors égal au prix et son profit économique est nul. Aucune entreprise n'a intérêt ni à entrer dans l'industrie ni à en sortir.

La capacité excédentaire À l'équilibre à long terme, des entreprises en situation de concurrence monopolistique ont toujours une capacité excédentaire, c'est-à-dire qu'elles produisent moins que la quantité qui leur permettrait de minimiser leur coût total moyen. Cela résulte du fait que la courbe de demande du produit de l'entreprise a une pente négative. En effet, une entreprise ne peut, à long terme, produire au minimum de son coût total moyen que si sa courbe de demande est parfaitement élastique. C'est la différenciation des produits qui fait que la courbe de demande à l'entreprise a une pente négative: si toutes les entreprises produisaient exactement le même bien, leurs produits seraient des substituts parfaits, de sorte que chaque entreprise ferait face à une courbe de demande parfaitement élastique. À long terme, les entreprises produiraient donc une quantité qui leur permettrait de minimiser leur coût moyen. C'est donc la différenciation des produits qui est la cause de la capacité de production excédentaire à long terme.

La concurrence monopolistique et l'efficacité dans l'allocation des ressources

Nous avons vu que dans certaines conditions la concurrence parfaite assure une allocation efficace des ressources. Pour que l'allocation des ressources soit efficace, il faut notamment que le prix soit égal au coût marginal. Rappelons à cet égard que le prix mesure la disposition à payer des consommateurs pour la dernière unité achetée, tandis que le coût marginal mesure le coût d'opportunité de la dernière unité produite. Nous savons aussi que le monopole est inefficace parce qu'il restreint la production au-dessous du niveau qui assure l'égalité entre le prix et le coût marginal seraient égaux. Nous venons de voir que la concurrence monopolistique présente aussi cette caractéristique. En effet, même si la concurrence monopolistique ne permet pas de faire des profits à long terme, elle se caractérise par des volumes de production qui donnent lieu à un prix supérieur au coût marginal, bien qu'il soit égal au coût total moyen.

Faut-il en conclure que la concurrence monopolistique, tout comme le monopole, conduit à une allocation inefficace? Ce n'est pas nécessairement le cas. Il est vrai que, si toutes les entreprises produisaient exactement le même bien ou service, leurs produits seraient parfaitement substituables et chaque entreprise ferait face à une courbe de demande parfaitement élastique. À long terme, chaque entreprise produirait au minimum de son coût total moyen, et son prix de vente serait égal à son coût marginal. Mais cela réduirait aussi les choix des consommateurs, qui devraient maintenant se contenter d'un produit parfaitement homogène. Or, les consommateurs apprécient la variété, laquelle n'est possible que si les entreprises offrent des produits différents. En situation de concurrence monopolistique, la perte d'efficacité dans l'allocation des ressources attribuable à l'écart entre le prix et le coût marginal doit donc être appréciée en regard du gain que procure la diversité des produits offerts sur le marché.

L'innovation dans les produits

L'incitation à l'innovation est une caractéristique importante des entreprises en concurrence monopolistique. Ces entreprises cherchent constamment à mettre sur le marché de nouveaux produits susceptibles de leur conférer un avantage sur les entreprises rivales, ne serait-ce que de façon temporaire. Quand une entreprise lance un produit qui se démarque des produits déjà existants par son caractère innovateur, la pente de sa courbe de demande s'accentue, ce qui lui permet d'augmenter son prix. À long terme, d'autres entreprises s'établiront dans le même créneau et feront disparaître l'avantage concurrentiel initial de l'entreprise innovatrice.

La publicité

Pour différencier leurs produits, les entreprises en situation de concurrence monopolistique cherchent donc à concevoir des biens ou services qui diffèrent de ceux des entreprises concurrentes. Par la publicité, elles cherchent aussi à informer ou à *convaincre* les consommateurs des différences entre leur produit et ceux de leurs rivales. La publicité n'est évidemment pas gratuite, et les coûts que doivent assumer les entreprises en situation de concurrence monopolistique sont, pour cette raison, plus élevés que ceux des entreprises en situation de concurrence parfaite ou de monopole.

Quand la publicité informe objectivement les consommateurs sur les différences entre les produits et les aide à faire un choix plus éclairé, elle joue un rôle bénéfique dans la société. Mais encore faut-il apprécier ce gain en fonction du coût d'opportunité d'une meilleure information. Le jugement qu'on peut porter sur l'efficacité de la concurrence monopolistique, en ce qui concerne l'allocation des resssources, est donc nuancé. Dans certains cas, il semble aller de soi que les gains résultant de la diversité des produits offerts sont nettement supérieurs à la somme des frais de publicité et des coûts de capacité excédentaire. À titre d'exemples de ce type de gains, on peut mentionner la gamme de produits très large qu'on trouve sur le marché, que ce soit dans les livres, les magazines, les vêtements, les produits d'alimentation ou les boissons; ces gains en diversité sont certainement supérieurs au surcoût imputable à la publicité et à l'excédent de capacité. Par contre, les avantages que l'on tire de la coexistence de produits pharmaceutiques de marque et de produits génériques de même composition sont moins évidents. Cependant, certains consommateurs préfèrent acheter plus cher des produits de marque plutôt que des produits génériques.

À RETENIR

En situation de concurrence monopolistique, chaque entreprise fait face à une courbe de demande à pente négative et doit déterminer à la fois son prix de vente et son volume de production. Pour se démarquer des entreprises concurrentes, les entreprises proposent des produits différenciés et tentent d'influencer les perceptions des consommateurs par le biais de la publicité. Comme il n'y a pas de barrières à l'entrée, des profits positifs ne sont possibles qu'à court terme. À long terme, l'entreprise en situation de concurrence monopolistique ne fait aucun profit économique et vend à un prix égal à son coût total moyen. Toutefois, son prix de vente est supérieur à son coût marginal et son volume de production est inférieur à celui qui lui permettrait de minimiser son coût total moyen. Il y a donc un surcoût associé à la concurrence monopolistique par suite de l'existence de capacités excédentaires et de frais de publicité. En revanche, cette structure de marché permet d'offrir aux consommateurs une grande variété de produits.

...

Le modèle de la concurrence monopolistique s'applique à bon nombre de marchés réels, comme celui des transports aériens (voir la rubrique *Entre les lignes*, pp. 368-369). Certes, il y a un nombre relativement restreint de transporteurs sur le marché (le ratio de concentration est élevé), mais leurs produits sont différenciés et aucune barrière ne s'oppose à l'entrée de nouvelles entreprises. De nouveaux transporteurs peuvent donc faire concurrence aux entreprises établies et ramener à zéro le profit économique à long terme. Mais, dans d'autres secteurs, des barrières empêchent l'entrée de nouveaux concurrents. La concurrence se limite alors à quelques entreprises. Dans cette situation, les décisions de chaque entreprise ont des effets non seulement sur ses propres profits, mais aussi sur ceux des entreprises concurrentes. Cette structure de marché est appelée *oligopole*.

L'oligopole

Nous avons défini l'oligopole comme un marché qui est dominé par un nombre restreint de producteurs. Comme ils sont peu nombreux, les actions de chaque producteur ont un effet notable sur leurs concurrents. Les ventes de chaque producteur dépendent du prix qu'il propose et aussi des prix de ses concurrents. Si un producteur baisse son prix, il augmente ses ventes, au détriment de ses concurrents, qui devront en général réagir en réduisant leurs prix à leur tour, ce qui fait baisser le profit de la première entreprise. Avant de décider de diminuer son prix, un oligopoleur doit donc d'abord se demander comment ses concurrents réagiront à cette baisse et tenter d'évaluer les effets de ces réactions sur ses propres profits.

Les problèmes auxquels ont à faire face les producteurs en situation d'oligopole sont donc comparables à ceux que comportent les stratégies militaires. Avant d'opter pour un renforcement des armements ou, au contraire, pour un démantèlement de certaines installations, les stratèges des pays de l'OTAN devaient d'abord essayer de prévoir la réaction des pays du pacte de Varsovie. De la même façon, ces derniers devaient tenir compte de la réaction probable de leurs adversaires dans l'élaboration de leurs propres plans militaires. Aucune des deux organisations ne pouvait se permettre de ne pas prendre en considération les réactions de l'adversaire.

Dans toutes les situations que l'on vient de décrire, les agents se trouvent dans un type particulier de relation d'interdépendance : chacun doit surveiller ou prévoir les actions des autres. Comment peut-on analyser les décisions des agents dans ce type de situation ?

La théorie des jeux

La **théorie des jeux** est une méthode d'analyse des situations d'interactions stratégiques. On dit qu'il y a **interaction stratégique** quand tous les agents sont conscients de leur interdépendance et que chacun d'eux prend ses décisions en tenant compte du comportement anticipé des autres agents. Conçue en 1937 par John von Neumann, la théorie des jeux a connu ses premiers développements importants en 1944 grâce aux travaux d'Oskar Morgenstern et de John von Neumann (voir la rubrique *L'évolution de nos connaissances*, pp. 372-373). À l'heure actuelle, la recherche est très active dans ce domaine.

La théorie des jeux propose une méthode générale d'analyse des situations d'interactions stratégiques. Cette méthode peut s'appliquer à toutes sortes de jeux, des jeux de société qui nous sont familiers aux situations mettant en cause des rivalités politiques et sociales, en passant par les conflits entre entreprises, notamment celles qui sont en situation d'oligopole. Commençons l'étude de cette théorie et de ses applications à l'analyse du comportement des entreprises en décrivant le cadre général d'une situation de jeu.

Qu'est-ce qu'un jeu ?

Nous connaissons tous plusieurs sortes de jeux : les jeux de ballon, les jeux de société, les jeux d'échecs, etc. Tous ces jeux ont certains points en commun. Nous ne nous intéresserons ici qu'aux éléments essentiels qui concernent directement la théorie des jeux et l'analyse de l'oligopole comme jeu entre entreprises. Toutes les situations de jeu doivent contenir les éléments suivants :

- Les règles du jeu
- Les stratégies possibles
- Les gains

Voyons comment ces éléments sont définis dans une situation d'oligopole.

Les règles du jeu de l'oligopole

Les règles du jeu de l'oligopole résultent plutôt de l'environnement économique, social et politique des industries oligopolistiques.

L'une de ces règles concerne le nombre de joueurs, c'est-à-dire le nombre d'entreprises sur le marché. Une autre régit le calcul des points : la marque de chaque joueur est son profit (ou sa perte) économique. Comme dans tous les jeux, l'objectif de chaque joueur est de marquer le plus grand nombre de points possible – c'est-à-dire de maximiser son profit. Les autres règles du jeu de l'oligopole varient selon les industries et les régions, en fonction notamment des lois régissant les pratiques commerciales.

Les stratégies du jeu de l'oligopole

Dans la théorie des jeux comme dans les jeux ordinaires, les **stratégies** sont les actions possibles de chaque

ENTRE LES LIGNES

La concurrence monopolistique : une illustration

Les faits en bref

- Le prix du carburant pour les avions a augmenté de 20 % en janvier 1990, soit une hausse totale de 50 % par rapport à l'année précédente.

- Le carburant représente 15 % des dépenses d'Air Canada.

- En dépit de l'augmentation des prix pétroliers, les compagnies aériennes hésitent à augmenter leurs tarifs, car la demande est faible et son taux de croissance reste très bas.

- Comme les compagnies aériennes disposent d'importantes réserves de carburant acheté à bas prix, tous les effets de l'augmentation des prix pétroliers ne se feront sentir que lorsque ces stocks seront épuisés et que les compagnies devront acheter du carburant plus cher.

La flambée des prix pétroliers inquiète les compagnies aériennes

La flambée du prix des carburants, qui a augmenté de 20 % depuis le début de l'année, frappe durement les transporteurs aériens canadiens et menace d'éroder leurs profits déjà plus que modestes.

Cependant, comme l'état du marché se détériore, les transporteurs hésitent à augmenter leurs tarifs.

« Nous sommes dans une position difficile, indique Denis Coutre, porte-parole d'**Air Canada**, car le marché est chancelant et nos coûts augmentent. »

Le nombre de passagers n'a que très peu augmenté au cours des six derniers mois. La plupart des compagnies aériennes estiment que le nombre de billets vendus ne devrait augmenter que de 2 % cette année, la plus grande partie de cet accroissement devant se produire pendant l'été, la saison la plus dynamique pour ce secteur.

Le prix des carburants a augmenté de 50 % par rapport à l'année dernière. Tous les effets de cette hausse ne se feront cependant pas sentir immédiatement car les compagnies aériennes stockent le combustible quand les prix sont bas. Elles sont néanmoins condamnées à acheter au prix fort à plus ou moins brève échéance, dès que leurs réserves de carburant bon marché seront épuisées.

Ainsi, Mike Dukelow, porte-parole de **Canadian Airlines International Ltd.**, indique que cette compagnie de Calgary prévoit dépenser 450 millions de dollars en carburant cette année, contre 350 millions l'année dernière.

À Air Canada, les achats de carburant représentent 15 % des dépenses et s'élevaient l'année dernière à 450 millions de dollars.

The Financial Post
5 février 1990
Par Cecil Foster
©The Financial Post
Traduction et reproduction autorisées

ENTRE LES LIGNES

Analyse

- Il n'y a que deux grands transporteurs aériens internationaux au Canada mais, sur chacune de leurs routes internationales, ils doivent affronter la concurrence des transporteurs des autres pays, notamment ceux des États-Unis.

- Sur les routes les plus fréquentées, le secteur du transport aérien est en situation de concurrence monopolistique.

- Le graphique (a) indique la courbe de coût marginal Cm_0, la courbe du coût total moyen CTM_0, la courbe de demande D et la courbe de recette marginale Rm d'une entreprise quelconque du secteur des transports aériens.

- Pour maximiser son profit, la compagnie de transport aérien produit la quantité Q_0 (assurant l'égalité du coût marginal et de la recette marginale), qu'elle vend au prix P_0. Dans notre exemple, le profit économique de la compagnie est nul et le secteur du transport aérien est à l'équilibre à long terme*.

- Si le prix du carburant augmente, le coût d'exploitation des compagnies de transport aérien augmente aussi. L'auteur de l'article se trompe quand il affirme que le coût d'exploitation des compagnies de transport aérien n'augmente que lorsqu'elles doivent *acheter* du carburant au prix fort : en effet, leur *coût d'opportunité* augmente dès qu'elles *utilisent* le carburant stocké, car elles doivent remplacer ces réserves de carburant bon marché par du carburant plus cher.

- Comme l'indique le graphique (b), l'augmentation du coût du carburant déplace la courbe de coût marginal et la courbe de coût total moyen vers le haut, jusqu'en Cm_1 et CTM_1, respectivement.

- Le graphique (b) explique pourquoi les compagnies de transport aérien n'augmentent pas à court terme leurs tarifs proportionnellement à l'augmentation de leurs frais.

- L'auteur de l'article indique que la demande des services de transport aérien n'augmente que très lentement. Pour simplifier, supposons que la demande ne change pas.

- Pour maximiser son profit, la compagnie de transport aérien restreint sa production à Q_1, de sorte que son coût marginal et sa recette marginale restent égaux.

- Le coût total moyen augmente, passant en C. Le prix augmente aussi, mais moins que le coût total moyen : il passe en P_1 seulement. La compagnie subit une perte économique**.

- Contrairement à ce qu'affirme l'auteur, ce ne sont pas les réserves de carburant bon marché qui retardent l'effet de l'augmentation des prix pétroliers : c'est la pente de la courbe de demande qui détermine dans quelle mesure l'augmentation des prix pétroliers se répercute, à court terme, sur le prix des billets.

- À long terme, certaines compagnies cessent d'exploiter les routes aériennes les moins rentables. Alors, les courbes de demande des compagnies qui restent sur ces marchés se déplacent vers la droite, ainsi que leurs courbes de recette marginale : le prix augmente progressivement et la quantité produite par chacune des entreprises restantes augmente aussi. Le prix des billets finit par augmenter autant que le coût du carburant, et les profits des compagnies de transport aérien reviennent à leur niveau initial.

---

*Nous supposons ici que le profit économique initial est nul, mais le raisonnement et les résultats concernant l'évolution des prix et de la quantité produite seraient les mêmes avec un profit économique initial positif.

**Si le profit économique initial de la compagnie de transport aérien est positif (et non pas nul comme dans notre hypothèse), il baisse du fait de l'augmentation des prix pétroliers, mais il ne devient pas nécessairement négatif (perte économique) comme dans notre exemple.

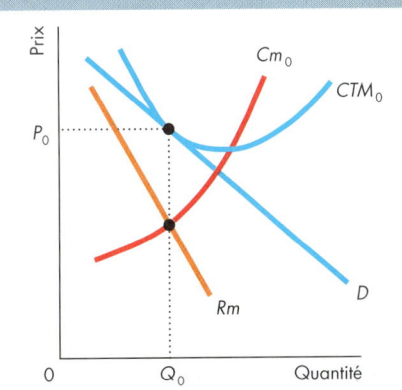

(a) Équilibre initial

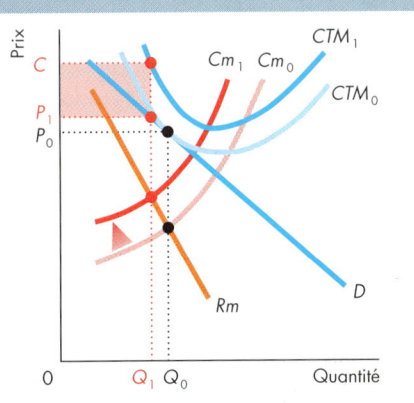

(b) Effet à court terme de l'augmentation du prix du carburant

joueur. Il serait très difficile d'établir la liste complète des stratégies du jeu de l'oligopole. Voici quelques exemples des stratégies possibles pour chaque joueur :

- Augmenter son prix, l'abaisser ou le maintenir au même niveau.
- Augmenter sa production, l'abaisser ou la maintenir au même niveau.
- Faire plus de publicité, en faire moins ou maintenir la publicité au même niveau.
- Améliorer son produit, en diminuer la qualité ou le laisser tel quel.

Les gains du jeu de l'oligopole

Dans la théorie des jeux, on appelle **gain** la marque des joueurs. Dans le cas précis du jeu de l'oligopole, les gains sont les profits ou les pertes économiques des entreprises. Les gains des entreprises dépendent de leurs stratégies et des contraintes auxquelles elles ont à faire face. Les contraintes viennent des consommateurs, qui déterminent la courbe de demande de l'industrie, de la technologie et du prix des facteurs de production.

Pour comprendre comment fonctionnent les oligopoles en général, nous allons étudier un cas particulier d'oligopole, le duopole. Le **duopole** est un marché où deux producteurs seulement se font concurrence. Les duopoles sont rares à l'échelon national ou international, mais relativement fréquents au niveau local : par exemple, de nombreuses municipalités ou régions comptent deux producteurs de lait, deux journaux, deux compagnies de taxi ou deux entreprises de location de voitures. Pourquoi étudier les duopoles ? Bien sûr parce qu'ils existent bel et bien dans la réalité, mais aussi et surtout parce qu'ils présentent toutes les caractéristiques essentielles des oligopoles, tout en étant moins complexes qu'eux, donc plus faciles à analyser. En outre, il y a un jeu bien connu, le *jeu du dilemme du prisonnier*, qui décrit certaines des caractéristiques fondamentales des situations de duopole et montre bien comment la théorie des jeux permet de prédire les décisions des joueurs. Examinons maintenant de plus près le jeu de duopole, en commençant par faire une analyse du dilemme du prisonnier.

Le dilemme du prisonnier

Alain et Bernard ont été pris en flagrant délit de vol de voiture. Les accusés ne peuvent guère nier, puisqu'ils ont été pris sur le fait, et ils vont être tous deux condamnés à deux ans de prison. Au cours de ses interrogatoires, le procureur de la Couronne se met à soupçonner les deux lascars d'avoir aussi volé plusieurs millions de dollars dans une banque, quelques mois plus tôt. Mais ce n'est là qu'un soupçon, le procureur n'ayant aucune preuve. Il ne peut donc porter aucune accusation concernant le vol de banque, à moins d'amener l'un des deux complices à avouer. C'est ainsi qu'il élabore le scénario suivant.

Il enferme les deux prisonniers dans des pièces séparées, de façon qu'ils ne puissent pas communiquer. Il leur explique qu'ils sont soupçonnés d'avoir commis le cambriolage et leur propose le marchandage suivant. S'ils avouent, ils seront condamnés chacun à six ans de détention (pour le vol de voiture et pour le cambriolage). Si l'un des deux avoue tandis que l'autre nie, la peine du premier sera ramenée à un an seulement, tandis que son complice écopera de dix ans de prison. Si ni l'un ni l'autre n'avoue, seul le vol de voiture pourra leur être reproché et ils passeront alors deux ans derrière les barreaux. Que vont-ils répondre au procureur ?

Le jeu du dilemme du prisonnier se joue à deux. Chaque joueur a deux stratégies possibles : soit avouer le cambriolage de la banque, soit nier. Comme il y a deux joueurs, le jeu a quatre issues possibles :

1. Aucun des deux n'avoue.
2. Les deux avouent.
3. Alain avoue mais Bernard nie.
4. Bernard avoue mais Alain nie.

Les deux prisonniers connaissent les sentences (les « gains » des joueurs) correspondant aux quatre issues possibles. Les gains des joueurs peuvent se présenter sous forme de tableau.

La matrice de gains

La **matrice de gains** est un tableau qui indique les gains associés à chaque combinaison d'actions des joueurs. Le tableau 14.3 est la matrice de gains de nos deux prisonniers, Alain et Bernard. Chaque case montre le gain de chacun d'eux : *A* représente Alain ; *B*, Bernard. Si les deux prisonniers avouent (case supérieure gauche), ils seront tous deux condamnés à six ans de prison. Si Bernard avoue mais qu'Alain nie (case supérieure droite), Alain passera dix ans derrière les barreaux, tandis que Bernard ne sera condamné qu'à un an de prison. Si Alain avoue mais que Bernard nie (case inférieure gauche), Alain sera condamné à un an de prison et Bernard à dix ans. Enfin, si tous les deux nient (case inférieure droite), ils ne pourront être accusés que pour le délit de vol de voiture et seront condamnés à deux ans de prison.

Le dilemme Il suffit de comparer les conséquences de chaque paire d'actions pour constater que les prisonniers se trouvent dans un dilemme. Chacun sait que si

Tableau 14.3 — Matrice de gains du dilemme du prisonnier

		Stratégies d'Alain : Avouer	Stratégies d'Alain : Nier
Stratégies de Bernard	Avouer	A 6 ans / B 6 ans	A 10 ans / B 1 an
	Nier	A 1 an / B 10 ans	A 2 ans / B 2 ans

Chaque case indique les gains des deux joueurs pour chaque paire d'actions possibles; *A* représente Alain et *B* représente Bernard. Par exemple, la case supérieure gauche indique le gain de chacun si les deux avouent. Alain raisonne de la façon suivante : « Si Bernard avoue, j'ai intérêt à avouer car, alors, je ne serai condamné qu'à six ans (au lieu de dix si je nie). Si Bernard nie, j'ai encore intérêt à avouer car alors je ne serai condamné qu'à un an (au lieu de deux si je nie). Donc, quelle que soit la décision de Bernard, j'ai intérêt à avouer. » La stratégie dominante d'Alain consiste donc à avouer. Le raisonnement de Bernard est exactement le même : « Si Alain avoue, j'ai intérêt à avouer car, alors, je ne serai condamné qu'à six ans (au lieu de dix si je nie). Si Alain nie, j'ai encore intérêt à avouer car alors je ne serai condamné qu'à un an (au lieu de deux si je nie). » La stratégie dominante de Bernard consiste donc à avouer. Comme la stratégie dominante des deux joueurs est d'avouer, l'équilibre est la paire d'actions correspondant à la case supérieure gauche de la matrice : ils seront tous deux condamnés à six ans de prison.

lui et son complice nient le cambriolage, ils ne seront tous deux condamnés qu'à deux ans de prison (pour le vol de voiture). Le problème est qu'ils ne peuvent pas savoir si l'autre va avouer ou nier. Chacun sait aussi que si c'est lui qui avoue, tandis que l'autre nie, il verra sa peine ramenée à un an seulement, tandis que l'autre sera condamné à dix ans de prison. Ils se posent donc tous deux les mêmes questions : Dois-je nier en espérant que l'autre niera aussi, de sorte que notre peine ne sera que de deux ans? Ou devrais-je avouer en espérant que l'autre niera – auquel cas ma peine serait ramenée à un an seulement –, mais en sachant que s'il avoue lui aussi nous passerons six ans derrière les barreaux? Pour résoudre ce dilemme, nous devons trouver l'équilibre du jeu.

L'équilibre du jeu

Le concept d'équilibre le plus couramment utilisé est celui de l'équilibre de Nash, du nom du mathématicien John F. Nash qui, le premier, l'a proposé (voir la rubrique *L'évolution de nos connaissances*, pp. 372-373). Un **équilibre de Nash** est une configuration de stratégies, telle qu'aucun joueur n'a intérêt à modifier sa stratégie, étant donné les stratégies adoptées par les autres joueurs. Dans le cas du jeu examiné ici, un équilibre de Nash suppose donc qu'Alain prenne la meilleure décision possible compte tenu de la décision de Bernard, et que Bernard prenne la meilleure décision possible compte tenu de la décision d'Alain.

Le jeu du dilemme du prisonnier présente aussi un type particulier d'équilibre de Nash, appelé *équilibre en stratégies dominantes*. Un joueur dispose d'une **stratégie dominante** si l'une des stratégies à sa disposition constitue sa meilleure réponse, quelle que soit la stratégie adoptée par l'autre joueur. Dans ce cas, l'une des possibilités d'action est meilleure que toutes les autres, indépendamment de la décision de l'autre joueur. Un **équilibre en stratégies dominantes** est possible quand chaque joueur dispose ainsi d'une stratégie dominante. Dans le dilemme du prisonnier, *quelle que soit la décision de Bernard*, Alain a intérêt à avouer ; par ailleurs, *quelle que soit la décision d'Alain*, Bernard a intérêt à avouer. L'équilibre du dilemme du prisonnier est par conséquent atteint quand les deux joueurs avouent.

Si chacun des deux joueurs du dilemme du prisonnier joue le jeu dans son propre intérêt, tous deux avouent. Pourquoi? Revoyons les stratégies possibles et les gains qui leur sont associés.

Les stratégies et les gains

Examinons la situation du point de vue d'Alain. Il sait que la peine qu'il recevra dépend de la décision de Bernard. Si Bernard avoue, Alain a intérêt à avouer lui aussi, car il ne sera condamné qu'à six ans de prison, au lieu de dix s'il nie. Si Bernard nie, Alain a encore intérêt à avouer, car il ne sera condamné qu'à un an de prison, au lieu de deux s'il nie. Donc, quelle que soit la décision de Bernard, Alain a intérêt à avouer.

Bernard est exactement dans la même situation. Si Alain avoue, Bernard sera condamné à dix ans s'il nie mais à six ans seulement s'il avoue. Si Alain nie, Bernard sera condamné à deux ans s'il nie aussi, mais à un an seulement s'il avoue. Bernard a donc intérêt à avouer. Sa meilleure stratégie possible est donc d'avouer, indépendamment de la décision d'Alain.

Chacun des deux prisonniers sait qu'il a intérêt à avouer, quelle que soit la décision de l'autre. Les deux vont donc reconnaître leur culpabilité ; ils seront condamnés à six ans de prison chacun, et le procureur de la Couronne aura la satisfaction d'avoir résolu le mystère du cambriolage de la banque. La configuration d'actions représentées dans la case supérieure gauche de la matrice du tableau 14.3 constitue donc l'équilibre du jeu.

Les modèles d'oligopoles

Depuis les travaux d'Antoine-Augustin Cournot (voir la rubrique *L'évolution de nos connaissances*, pp. 84-85), les économistes n'ont cessé d'étudier le fonctionnement des oligopoles et des duopoles. Les premières modélisations reposaient sur certaines hypothèses concernant les conjectures que faisaient les entreprises relativement aux réactions des entreprises rivales aux décisions qu'elles pourraient prendre. Paul M. Sweezy, dans les années 30, a proposé un modèle qui a fait époque.

Paul M. Sweezy voulait expliquer pourquoi les prix n'ont pas chuté plus vite qu'ils ne l'ont fait pendant la crise des années 30. Il a proposé une théorie fondée sur les hypothèses suivantes :

- Les entreprises pensent que, si elles augmentent leur prix, elles seront seules à le faire.

- Elles pensent par contre que, si elles baissent leur prix, toutes leurs concurrentes en feront autant.

Le graphique ci-dessous montre ce qui se passe si ces hypothèses sont justes. La courbe de demande de l'entreprise se caractérise par un coude au prix courant P. À des prix supérieurs à P, la courbe de demande est presque plane, ce qui traduit la première conjecture énoncée ci-dessus : « Si nous augmentons notre prix, nous serons seuls à le faire ; comme nous vendrons plus cher que tous nos autres concurrents, notre volume de ventes va s'effondrer. » À des prix inférieurs à P, la pente de la courbe de demande est très prononcée, ce qui traduit la seconde conjecture énoncée ci-dessus : « Si nous abaissons notre prix, tous nos concurrents en feront autant. Notre volume de vente augmentera, mais cette augmentation sera inférieure à la baisse du volume qui résulterait d'une augmentation de notre prix. »

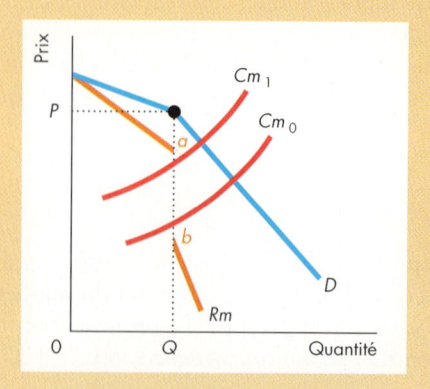

John von Neumann

Le coude de la courbe de demande D entraîne une discontinuité dans la courbe de recette marginale Rm. Au niveau de production optimal Q, la courbe de coût traverse la zone de discontinuité de la courbe de recette marginale, c'est-à-dire l'intervalle ab. Si le coût marginal fluctue entre a et b (voir les courbes de coût marginal Cm_0 et Cm_1 du graphique), l'entreprise ne modifie ni son prix ni son volume de production. Elle ne le fera que si son coût marginal devient inférieur à a ou supérieur à b.

Le modèle de Paul M. Sweezy présente deux lacunes :

- Il ne permet pas d'expliquer comment le prix P est déterminé.

- Il ne nous renseigne pas sur ce qui se passe si les entreprises s'aperçoivent que leurs conjectures concernant la courbe de demande sont fausses.

Supposons par exemple que le coût marginal de toutes les entreprises augmente au point qu'elles soient obligées d'accroître leur prix. Elles augmenteront donc leur prix en même temps, de sorte que les entreprises se trompent lorsqu'elles pensent que, si elles augmentent leur prix, elles seront seules à le faire. Comme les conjectures des entreprises ne sont pas conformes à la réalité, les courbes de demande et de recette marginale qui résument ces anticipations ne sont pas vraiment celles qui permettraient de calculer le nouveau prix optimal et le nouveau volume de production optimal.

L'insatisfaction suscitée par cette théorie de l'oligopole a incité les chercheurs à se tourner vers d'autres modèles, notamment vers des modèles basés sur la théorie des jeux proposée dès 1928 par John von Neumann. Mathématicien et physicien de renom, John von Neumann est un des pionniers de l'économie mathématique. Il a établi les bases logiques de l'informatique et a construit le premier ordinateur moderne. Il a également participé au projet Manhattan, projet qui a permis de concevoir la bombe atomique à Los Alamos, au Nouveau-Mexique.

Né à Budapest, en 1903, John von Neumann a étudié à Budapest et à Zurich. Il a commencé à travailler à l'Institute for Advanced Study de l'université de Princeton en 1931. Très jeune, il passait déjà pour un génie des mathématiques : il n'avait que dix-huit ans quand il a publié son premier texte dans ce domaine. En 1928, à l'âge de vingt-cinq ans, il publiait un article dont le contenu allait susciter un nombre incalculable de recherches sur la théorie des jeux. Dans ce texte, John von Neumann analysait un jeu dont la somme des gains est constante, c'est-à-dire dans lequel l'un des joueurs gagne exactement ce que l'autre perd. (Par exemple, dans le partage d'une tarte entre deux personnes, la somme des parts est nécessairement constante.) Il montrait que dans ce jeu, appelé *jeu à somme nulle*, chaque joueur dispose d'une stratégie préférable à toutes les autres. En 1944, John von Neumann et Oskar Morgenstern, son collaborateur, publiaient *Theory of Games and Economic Behavior*, dans lequel ils étendaient les résultats précédents de John von Neumann aux jeux à plus de deux joueurs et aux jeux à somme positive.

John von Neumann était convaincu que les mathématiques pouvaient faire progresser les sciences sociales, à condition d'élaborer des outils mathématiques spécialement conçus pour elles, différents de ceux qui sont utilisés en sciences physiques.

En 1951, John F. Nash fils, mathématicien au Massachusetts Institute of Technology (MIT), faisait encore progresser la théorie des jeux en élaborant la notion d'équilibre qui porte son nom, et que nous avons étudiée dans ce chapitre.

La théorie des jeux fait l'objet actuellement de nombreuses recherches et attire de nombreux économistes et mathématiciens de talent. Parmi ces derniers, on compte le professeur John Harsanyi, qui enseigne la théorie de la décision – analyse mathématique des décisions – à l'université de la Californie à Berkeley. John Harsanyi a beaucoup étudié les jeux dans lesquels les joueurs disposent d'une information incomplète, chacun bénéficiant par ailleurs d'éléments d'information que les autres ignorent.

De leur côté, Eric Maskin, de Harvard, et Jean Tirole, du MIT, ont récemment démontré que même la théorie de la courbe de demande coudée de Paul M. Sweezy peut être considérée comme le résultat d'un jeu. Dans ce jeu, chaque entreprise déterminerait le prix du marché à tour de rôle, et les autres accepteraient ce prix. Le modèle d'Eric Maskin et de Jean Tirole résout tous les problèmes que posait la théorie de Paul M. Sweezy : les conjectures des entreprises sont justes en moyenne, et le modèle permet même de prévoir le coude de la courbe de demande ; celui-ci correspond au prix optimal et au niveau optimal de production d'un monopole.

La théorie des jeux se classe maintenant parmi les principaux outils d'analyse en économie mathématique.

Une issue insatisfaisante

Du point de vue des prisonniers, l'équilibre du jeu ne représente pas la meilleure issue possible, puisqu'à l'équilibre tous deux avouent. En effet, si aucun des deux n'avouait, ils ne seraient tous deux condamnés qu'à deux ans de prison, seulement pour le vol de voiture. Peuvent-ils atteindre ce résultat, qui est certainement plus satisfaisant pour eux que l'équilibre? Apparemment non, car ils ne peuvent pas communiquer entre eux. Chacun peut toutefois tenter de se mettre dans la peau de l'autre et déterminer ainsi la stratégie dominante de son complice. C'est bien d'un dilemme dont il s'agit pour nos prisonniers, car chacun sait qu'il ne sera condamné qu'à deux ans de prison s'il peut compter sur l'autre, c'est-à-dire s'il n'avoue pas et que l'autre n'avoue pas non plus. Mais chacun sait aussi que l'autre a, en fait, plutôt intérêt à avouer. Donc les deux finissent par avouer, ce qui se traduit par une issue insatisfaisante par rapport à la peine de deux ans de prison qu'ils auraient obtenue si aucun des deux n'avait avoué.

Voyons maintenant le rapport entre le dilemme du prisonnier et les stratégies d'entreprise dans un duopole.

Un jeu de duopole

Pour étudier un jeu de duopole, nous allons concevoir un modèle simplifié d'une situation de duopole. Ce modèle s'inspire de l'«incroyable conspiration électrique» dont nous avons parlé plus tôt dans le chapitre. N'oubliez pas cependant que ce n'est qu'un modèle et que, à ce titre, il ne reflète pas un événement qui s'est réellement produit.

Supposons que seulement deux entreprises fabriquent un type particulier d'appareillage électrique, par exemple des commutateurs industriels. L'une s'appelle Électruc et l'autre Apparélec. Nous voulons prédire leur prix de vente et leur volume de production. Imaginons un «jeu de duopole» que joueraient ces deux entreprises.

Nous devons d'abord définir les stratégies des joueurs et leur matrice de gains. À titre d'exemple, supposons que les deux entreprises parviennent à une entente. La **collusion** est une entente secrète conclue entre plusieurs entreprises en vue de restreindre leur production, de façon à faire monter les prix et augmenter leurs profits. De telles ententes sont illégales. Un groupe d'entreprises qui concluent un accord de prix ou de partage du marché s'appelle un **cartel**.

Les entreprises qui font partie d'un cartel ont le choix entre deux stratégies :

- Se conformer à l'entente
- Tricher

Elles se conforment à l'entente si elles respectent tous les termes de l'accord qui les lie aux autres membres du cartel. Elles trichent si elles rompent l'accord à leur propre profit et au détriment des autres entreprises.

Comme chaque entreprise a le choix entre deux stratégies, le jeu de duopole a quatre issues possibles :

- Les deux entreprises se conforment à l'entente.
- Les deux entreprises trichent.
- Électruc se conforme à l'entente mais Apparélec triche.
- Apparélec se conforme à l'entente mais Électruc triche.

Calculons le gain des entreprises dans chacun des quatre cas. Pour ce faire, examinons d'abord les coûts et la demande de l'industrie.

Les coûts et la demande

Par hypothèse, les coûts de production sont les mêmes pour Électruc et pour Apparélec. La figure 14.2 (a) comprend la courbe de coût total moyen (*CTM*) et la courbe de coût marginal (*Cm*) de ces deux entreprises. La figure 14.2 (b) montre la courbe de demande totale de commutateurs industriels, soit la courbe *D*. Les deux entreprises fabriquent des produits identiques, parfaitement substituables entre eux. Le prix de vente doit donc être le même pour les deux entreprises. La quantité demandée dépend de ce prix de vente commun : plus il est élevé, plus la quantité demandée est faible.

Remarquez qu'il n'y a de place que pour deux entreprises dans cette industrie. Pour chacune d'elles, l'*échelle efficace* de production est de 3000 commutateurs par semaine. Quand le prix est égal au coût total moyen auquel cette quantité peut être produite, la demande du marché s'élève à 6000 commutateurs par semaine. Il n'y a par conséquent pas de place pour une troisième entreprise sur ce marché. S'il n'y avait qu'une entreprise dans l'industrie, elle serait en mesure de faire des profits considérables, ce qui inciterait d'autres producteurs à s'établir sur le marché. À l'inverse, si l'industrie comptait trois fabricants, au moins l'un d'eux subirait une perte. Le nombre d'entreprises que compte une industrie dépend de la relation entre les coûts de production et les conditions de demande. Dans notre exemple, nous avons supposé que les coûts et la demande totale sont tels que seulement deux entreprises peuvent survivre à long terme. En pratique, les économies d'échelle constituent souvent des barrières à l'entrée dans les duopoles ou les oligopoles, comme c'est d'ailleurs le cas dans notre exemple fictif. D'autres types de barrières à l'entrée sont également possibles, comme nous l'avons vu au chapitre 13.

Figure 14.2 Les coûts et la demande

(a) Une entreprise

(b) L'industrie

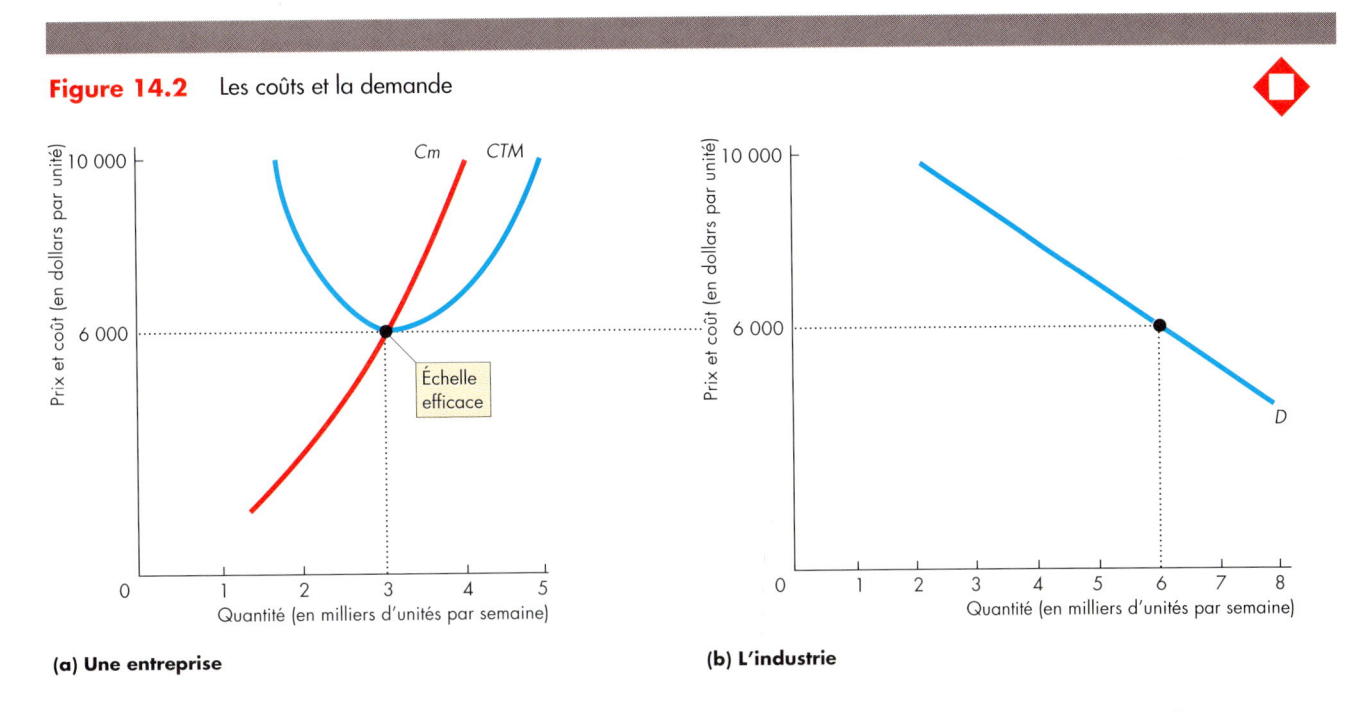

Le graphique (a) montre les coûts d'Électruc et d'Apparélec, les deux fabricants de commutateurs industriels. Les coûts des deux entreprises sont les mêmes. La courbe CTM représente la courbe de coût total moyen et la courbe Cm la courbe de coût marginal. Pour chaque entreprise, l'échelle efficace minimale est de 3000 commutateurs par semaine à un coût total moyen de 6000 $ l'unité. Le graphique (b) montre la courbe de demande totale. Au prix unitaire de 6000 $, la demande est de 6000 commutateurs par semaine. Il n'y a de place que pour deux entreprises sur ce marché.

La collusion comme instrument de maximisation du profit

Calculons d'abord les gains des deux entreprises, en partant de l'hypothèse qu'elles parviennent à une entente visant à maximiser leur profit total, c'est-à-dire à s'attribuer le maximum de profit, comme le ferait un monopoleur. Pour maximiser conjointement leur profit, les deux entreprises se livrent aux mêmes calculs qu'un monopoleur. (Au besoin, reportez-vous au chapitre précédent.) Elles doivent aussi s'entendre sur la part de la production totale qui reviendra à chacune d'elles.

La figure 14.3 indique le prix et le volume de production qui permettent de maximiser le profit total des duopoleurs. Le graphique (a) illustre la situation de l'un ou l'autre des deux duopoleurs; le graphique (b), celle de l'industrie dans son ensemble. La courbe Rm est la courbe de recette marginale de l'industrie. La courbe Cm_I est la courbe de coût marginal de l'industrie si chaque entreprise produit la même quantité. Cette courbe est obtenue en additionnant les volumes de production des deux fabricants pour chaque valeur possible du coût marginal: la production totale de l'industrie est toujours le double de la production de l'une ou l'autre des deux entreprises de l'industrie (puisqu'elles produisent toutes deux la même quantité). Par conséquent, la courbe Cm_I du graphique (b) est deux fois plus à droite, par rapport à l'axe des ordonnées, que la courbe Cm du graphique (a).

Pour maximiser le profit total du duopole, les deux entreprises conviennent de restreindre leur production au niveau qui assure l'égalité entre le coût marginal et la recette marginale de l'industrie. Comme l'indique le graphique (b), cette quantité est de 4000 commutateurs par semaine. La quantité en question ne peut se vendre à plus de 9000 $ le commutateur. Nous avons supposé qu'Électruc et Apparélec se partageaient le marché en deux parts égales: chacune fabriquera donc 2000 commutateurs par semaine. Le coût total moyen (CTM) d'une production hebdomadaire de 2000 commutateurs s'élève à 8000 $; le profit unitaire est par conséquent de 1000 $ et le profit total de chaque entreprise s'élève à 2 millions de dollars (2000 commutateurs × 1000 $ de profit unitaire). Dans la figure 14.3 (a), le rectangle bleu représente le profit de l'une ou l'autre des deux entreprises.

Nous venons d'analyser l'une des issues possibles du jeu de duopole s'offrant à deux entreprises qui coordonnent leurs activités en vue de maximiser conjointement leur profit et qui se partagent également le marché. Du point de vue de l'industrie dans son ensemble, un duopole qui agit de cette façon ne se distingue guère d'un monopole pur. Le profit de

Figure 14.3 La collusion et le profit de monopole

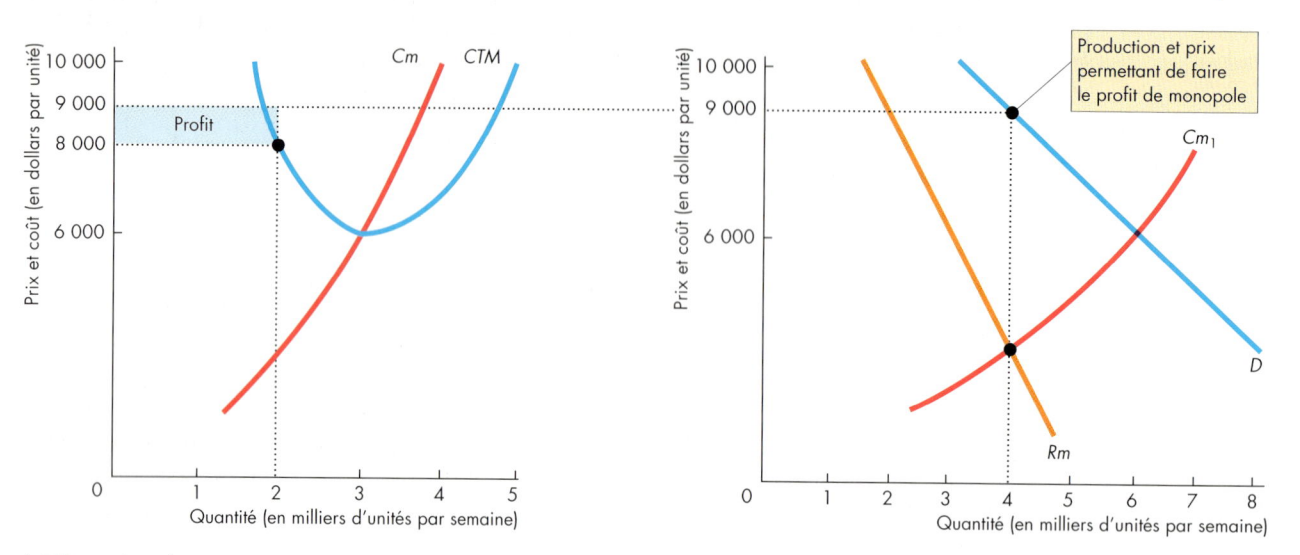

(a) Une entreprise

(b) L'industrie

La collusion permet à Électruc et à Apparélec de se comporter comme un monopoleur et de maximiser conjointement leur profit. Le graphique (a) montre les conséquences de l'entente pour l'une ou l'autre des deux entreprises, et le graphique (b) illustre la situation de l'industrie dans son ensemble.

Pour maximiser leur profit, les entreprises tracent d'abord la courbe de coût marginal de l'industrie – la courbe Cm_I du graphique (b). C'est la somme horizontale des courbes de coût marginal des deux entreprises – la courbe Cm du graphique (a). Elles calculent ensuite la recette marginale de l'industrie, représentée par la courbe Rm du graphique (b). Elles choisissent enfin le volume de production qui assure l'égalité entre la recette marginale et le coût marginal; cette quantité est ici de 4000 unités par semaine. Elles s'entendent pour vendre cette quantité au prix de 9000 $ l'unité; à ce prix, la demande s'élève exactement à 4000 commutateurs par semaine.

Le graphique (a) illustre les coûts et le profit de l'une ou l'autre des deux entreprises. Chacune d'elles produit la moitié du volume total convenu, soit 2000 commutateurs par semaine. Son coût total moyen s'élève à 8000 $. Chaque entreprise fait donc un profit hebdomadaire de 2 millions de dollars : 2000 unités × 1000 $ de profit unitaire. Ce profit est représenté par le rectangle bleu du graphique (a).

monopole est le profit maximal que peuvent faire par suite d'une collusion des duopoleurs.

L'incitation à tricher

Lorsqu'il y a collusion, les entreprises restreignent leur production de façon que la recette marginale de l'industrie et son coût marginal soient égaux. Elles vendent le plus cher possible la quantité ainsi produite et ce prix de vente est supérieur au coût marginal. Chacune des entreprises du cartel sait qu'elle ferait baisser le prix du marché si elle trichait et produisait plus que la quantité convenue. Mais chacune sait aussi qu'une augmentation de sa production entraînera une hausse de sa recette totale supérieure à celle de son coût total, et qu'en conséquence elle accroîtra son profit. Toutes les entreprises du cartel le savent; la tentation est donc bien grande de tricher. Deux situations peuvent se présenter : ou l'une des deux entreprises seulement triche, ou les deux trichent.

Une seule entreprise triche Que se passe-t-il si l'une des deux entreprises ne respecte pas les termes de l'entente ? Quel profit additionnel fait-elle ? Que devient le profit de l'entreprise qui respecte l'accord ?

Il y a différentes façons de tricher. Nous nous bornerons à analyser un scénario très simple. Supposons qu'Électruc convainque Apparélec que la demande a baissé et qu'elle ne peut plus vendre sa part de la production totale au prix qui a été convenu. Électruc annonce donc à Apparélec qu'elle va baisser son prix pour continuer à vendre ses 2000 unités par semaine. Comme les deux entreprises fabriquent exactement le même produit, Apparélec n'a d'autre choix que de baisser son prix, elle aussi, pour continuer à vendre. En fait, la demande n'a pas du tout baissé et le nouveau prix que propose Électruc, inférieur à l'ancien, est celui qu'il faut pratiquer pour écouler la quantité supplémentaire qu'Électruc a décidé de produire, soit 1000 unités de plus que ce qui était convenu.

Apparélec, malgré la baisse de son prix, continue de limiter sa production au niveau convenu.

La figure 14.4 montre les conséquences de la stratégie adoptée par Électruc : le graphique (a) illustre la situation d'Apparélec, qui maintient le niveau de production convenu initialement ; le graphique (b), celle d'Électruc, qui a secrètement augmenté sa production ; le graphique (c), celle de l'industrie dans son ensemble.

Électruc a donc décidé de faire passer sa production de 2000 à 3000 unités par semaine. Comme Apparélec continue de se conformer à l'entente et qu'elle fabrique 2000 unités par semaine, la production totale hebdomadaire passe à 5000 unités ; étant donné la courbe de demande du graphique (c), le prix baisse alors à 7500 $ le commutateur. Apparélec continue de produire 2000 unités par semaine et son coût unitaire de production est toujours de 8000 $ l'unité ; elle perd donc 500 $ par unité produite, soit 1 million de dollars par semaine. Le rectangle rouge du graphique (a) représente sa perte totale. Électruc produit 3000 unités par semaine, à un coût total moyen de 6000 $ l'unité. Le prix unitaire étant de 7500 $, elle gagne 1500 $ sur chaque unité vendue : son profit total s'élève à 4,5 millions de dollars par semaine. Le rectangle bleu du graphique (b) représente le profit total d'Électruc.

Nous venons ainsi d'analyser une autre issue possible du jeu de duopole. Nous savons maintenant ce qui se passe si l'une des deux entreprises triche – c'est-à-dire ne respecte pas l'entente conclue avec sa partenaire et augmente sa production de 1000 unités. Dans ce cas, le duopole produit plus et vend moins cher qu'un monopoleur ne le ferait. Le profit total de l'industrie est également inférieur à celui que ferait un monopole. Électruc fait un profit hebdomadaire de 4,5 millions de dollars, tandis qu'Apparélec, qui respecte les termes de l'accord initial, subit une perte hebdomadaire de 1 million de dollars. Le profit total s'élève donc à 3,5 millions de dollars, soit un demi-million de moins que le profit maximal de monopole. Cependant, le profit de l'industrie n'est maintenant pas également réparti entre les deux producteurs. Électruc fait un profit supérieur à celui qu'elle ferait si elle respectait les termes de l'entente ; Apparélec, par contre, subit une perte.

Nous venons de voir ce qui se passe si Électruc triche tandis qu'Apparélec continue de jouer honnêtement. Le résultat global serait le même si Apparélec trichait comme le fait Électruc ici, tandis qu'Électruc se

Figure 14.4 Une entreprise triche

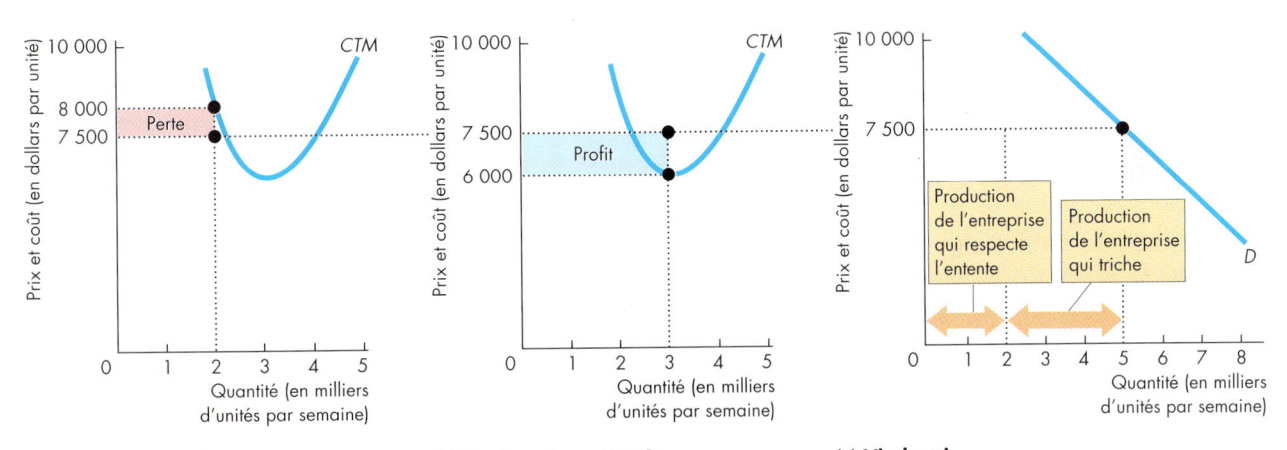

(a) L'entreprise qui respecte l'entente

(b) L'entreprise qui triche

(c) L'industrie

Le graphique (a) illustre la situation de l'entreprise qui se conforme aux termes de l'entente. Le graphique (b) illustre la situation de l'entreprise qui triche : elle produit plus que le volume convenu, soit 3000 commutateurs par semaine au lieu de 2000. (La situation globale est la même, quelle que soit l'entreprise qui triche, et quelle que soit celle qui respecte les termes de l'entente.) Le graphique (c) montre les effets de ce comportement sur le prix du marché. Par rapport à la figure 14.3, la production totale a augmenté, passant à 5000 unités par semaine, ce qui fait descendre le prix de vente à 7500 $ l'unité. À ce prix, le marché absorbe 5000 unités par semaine.

On voit dans le graphique (a) que l'entreprise qui se conforme à l'entente produit toujours 2000 unités par semaine et que son coût total moyen est toujours de 8000 $. L'entreprise perd donc 500 $ sur chaque unité produite et subit une perte totale hebdomadaire de 1 million de dollars (représentée par le rectangle rouge). On voit dans le graphique (b) que le coût total moyen de l'entreprise qui triche s'élève à 6000 $; cette entreprise fait un profit unitaire de 1500 $ et son profit total s'élève donc à 4,5 millions de dollars (représenté par le rectangle bleu).

conformait à l'entente. Le profit total et le prix de vente seraient exactement les mêmes ; cependant, c'est maintenant Apparélec qui ferait un profit de 4,5 millions de dollars, tandis qu'Électruc subirait une perte de 1 million de dollars.

Les deux entreprises trichent Examinons maintenant le cas où les deux producteurs trichent, en agissant de la même façon qu'Électruc dans l'exemple précédent. Comme dans l'exemple précédent, tricher signifie que l'entreprise produit 1000 unités de plus que ce qui avait été convenu. Le producteur qui triche compte convaincre son concurrent (à supposer que ce dernier ait respecté l'entente) de la nécessité de réduire le prix, vu la baisse de la demande. Cependant, si les deux entreprises ont triché, la baisse de prix nécessaire pour écouler la totalité de la production sera évidemment plus forte.

La figure 14.5 illustre la situation. Dans le graphique (a), chaque entreprise produit 3000 unités par semaine et cette quantité correspond au minimum de son coût total moyen qui est de 6000 $ l'unité. Le graphique (b) montre que la production totale de l'industrie, soit 6000 commutateurs, devra être écoulée au prix de 6000 $ l'unité. Si les deux entreprises trichent de la façon que nous avons supposée, elles ne feront aucun profit économique. En fait, le niveau de production et le prix sont exactement les mêmes ici que ceux qui auraient cours sur un marché parfaitement concurrentiel. On sait, en effet, que l'équilibre sur un marché concurrentiel se situe à l'intersection de la courbe de demande et de la courbe de coût marginal de l'industrie (la somme « horizontale » des courbes de coût marginal des entreprises individuelles).

On aurait pu rationaliser autrement le processus menant à la situation décrite dans la figure 14.5. Par exemple, *tricher* pourrait vouloir dire qu'une entreprise consent des réductions à ses clients par rapport au prix convenu entre les deux entreprises, dans l'espoir d'augmenter sa part de marché. Comme les deux entreprises trichent, chacune proposera alors un prix inférieur à celui de l'entreprise concurrente. Ces enchères à la

Figure 14.5 Les deux entreprises trichent

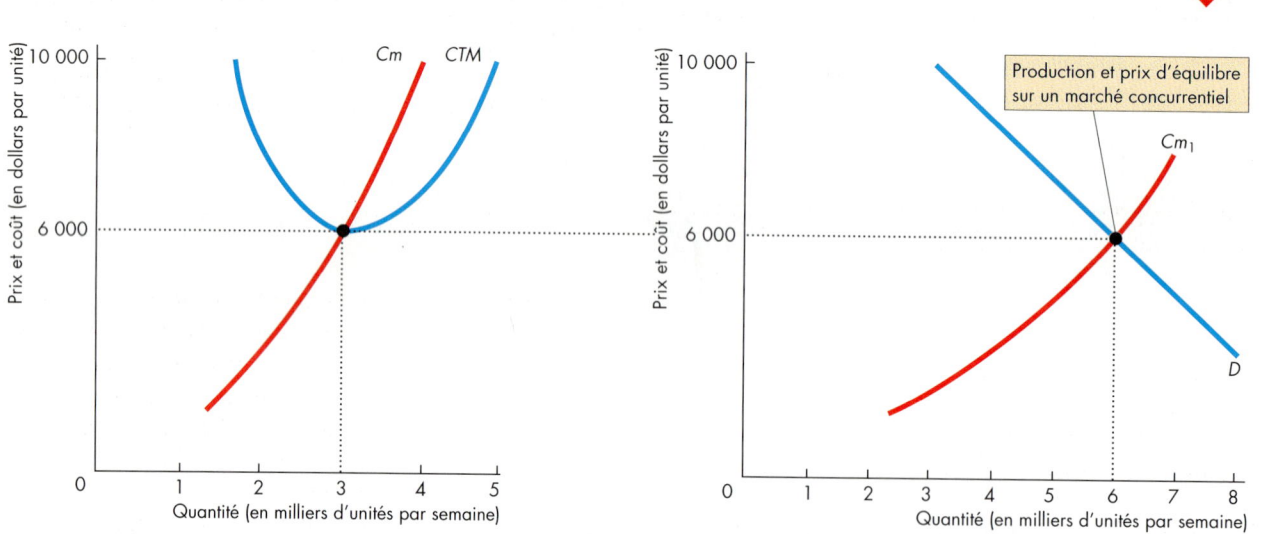

(a) Une entreprise

(b) L'industrie

Si les deux entreprises trichent – c'est-à-dire si elles augmentent toutes deux de 1000 unités leur volume de production et qu'elles rompent les accords de prix –, l'entente qu'elles ont conclue n'a plus aucun effet. Les deux entreprises devront réduire les prix jusqu'à ce que la quantité produite soit écoulée. Aucune des deux ne peut vendre à moins de 6000 $ l'unité (le minimum du coût total moyen), car elle subirait alors une perte. Le graphique (a) illustre la situation de l'une ou l'autre des entreprises. À 6000 $ l'unité, la production d'équilibre est de 3000 unités par semaine. À ce niveau, le prix de vente est égal au coût marginal, de même qu'au coût total moyen, et le profit économique est nul. Le graphique (b) illustre la situation de l'industrie dans son ensemble. La courbe de coût marginal de l'industrie, Cm_1, est la somme horizontale des courbes de coût marginal des deux entreprises (la courbe Cm du graphique (a) de la figure) ; à l'intersection de la courbe Cm_1 et de la courbe de demande, la production hebdomadaire est de 6000 commutateurs et le prix est de 6000 $ l'unité. Dans cet exemple, la rupture de l'entente de monopole aboutit au prix et à la quantité d'équilibre qui prévaudraient sur un marché parfaitement concurrentiel.

baisse ne pourront évidemment faire baisser le prix à moins de 6000 $ l'unité, soit le minimum du coût total moyen. Si les entreprises vendaient à moins de 6000 $ l'unité, elles subiraient des pertes. À ce niveau des prix, le marché absorbera 6000 commutateurs et les producteurs, en se partageant également le marché, feront un chiffre d'affaires juste suffisant pour couvrir leurs coûts et faire un profit économique nul.

La matrice de gains et l'équilibre du jeu

Maintenant que nous connaissons les stratégies et les gains possibles dans un jeu de duopole, nous pouvons construire la matrice de gains et déterminer l'équilibre du jeu.

Le tableau 14.4 représente une matrice de gains. Elle se construit comme celle du dilemme du prisonnier (voir le tableau 14.3). Chaque case indique le gain de chacune des deux entreprises, Électruc et Apparélec. Ici, les gains sont des profits ou des pertes.

La case supérieure gauche du tableau montre que, si les deux entreprises trichent, elles produiront autant que si elles se trouvaient en situation de concurrence parfaite; leur profit économique sera donc nul. La case inférieure droite indique que, si les deux entreprises se conforment aux termes de l'entente, elles feront ensemble le même profit qu'un monopole; le profit sera de 2 millions de dollars pour chaque entreprise. Les deux cases restantes – supérieure droite et inférieure gauche – illustrent les cas où l'une des entreprises triche tandis que l'autre respecte l'entente. L'entreprise qui triche fait un profit de 4,5 millions de dollars, tandis que celle qui se conforme à l'entente subit une perte de 1 million de dollars.

Ce jeu de duopole est, en fait, le même que le jeu du dilemme du prisonnier que nous avons étudié plus tôt dans ce chapitre. Les entreprises sont aux prises avec le « dilemme du duopole », comme nous le verrons dès que nous aurons déterminé l'équilibre du jeu.

Commençons par le point de vue d'Apparélec. Son raisonnement est le suivant: « Supposons qu'Électruc triche. Si je respecte les termes de l'entente, je perds 1 million de dollars. Mais si je triche aussi, mon profit économique sera nul. Il vaut mieux faire un profit nul que de subir une perte de 1 million de dollars. Donc, j'ai intérêt à tricher. Supposons maintenant qu'Électruc ne triche pas. Si je triche, je fais un profit de 4,5 millions de dollars. Si je me conforme aux termes de notre accord, je fais un profit de 2 millions de dollars seulement. Il vaut mieux gagner 4,5 millions de dollars que 2 millions seulement. Donc, j'ai encore intérêt à tricher. Qu'Électruc triche ou non, j'ai toujours intérêt à tricher. » Apparélec dispose donc d'une stratégie dominante, qui est de tricher.

Tableau 14.4 Matrice de gains du duopole

		Stratégies d'Apparélec	
		Tricher	Respecter l'accord
		(en millions de dollars)	
Stratégies d'Électruc	Tricher	A 0 É 0	A −1,0 É +4,5
	Respecter l'accord	A +4,5 É −1,0	A +2,0 É +2,0

Chaque case indique les gains de chaque entreprise pour chaque paire d'actions possibles. Par exemple, la case inférieure droite indique les gains des deux entreprises si toutes deux respectent les termes de leur entente. Apparélec raisonne de la façon suivante: « Si Électruc triche, j'ai intérêt à tricher aussi, car alors je ferai un profit économique nul (au lieu de subir une perte de 1 million de dollars si je me conforme aux termes de l'entente). Si Électruc ne triche pas, j'ai encore intérêt à tricher, car alors je ferai un profit de 4,5 millions de dollars (au lieu de 2 millions seulement si je ne triche pas). » La stratégie dominante d'Apparélec consiste donc à tricher. Le raisonnement d'Électruc est exactement le même: « Si Apparélec triche, j'ai intérêt à tricher, car alors je ferai un profit nul (au lieu de subir une perte de 1 million de dollars si je ne triche pas). Si Apparélec respecte les termes de l'entente, j'ai encore intérêt à tricher, car alors je ferai un profit de 4,5 millions de dollars (au lieu de 2 millions si je ne triche pas). » Le jeu présente un équilibre en stratégies dominantes, dans lequel les deux entreprises trichent.

Électruc aboutit exactement aux mêmes conclusions qu'Apparélec. Par conséquent, les deux entreprises trichent. Autrement dit, la configuration d'actions d'équilibre est celle où les deux entreprises trichent. Bien que l'industrie ne compte que deux entreprises, elle produit la même quantité qu'en concurrence parfaite et elle vend au même prix.

Ici, notre analyse ne portait que sur deux entreprises – un duopole. Mais le raisonnement serait exactement le même avec trois ou quatre entreprises, ou plus; seul le nombre d'opérations à effectuer serait différent. La théorie des jeux s'applique donc à tous les types d'oligopoles, et pas seulement aux duopoles. L'analyse est plus facile dans le cas des duopoles, car ceux-ci ne comptent que deux entreprises, mais le raisonnement reste valable pour les autres oligopoles.

Les jeux répétés

Le premier jeu que nous avons étudié, le dilemme du prisonnier, ne se jouait qu'une seule fois. Les prisonniers n'ont pas la possibilité de jouer « juste pour voir », d'observer l'issue du jeu et de recommencer une autre manche. Le jeu de duopole que nous venons d'analyser ne se joue, lui aussi, qu'une seule fois. Mais, en réalité, les entreprises jouent sans cesse. Dans un duopole, les entreprises peuvent donc apprendre à coopérer pour rendre leur collusion plus efficace.

Quand le même jeu est répété indéfiniment et que l'un des joueurs triche, l'autre a toujours la possibilité de le *punir* à la manche suivante. Par exemple, si Électruc refuse de coopérer une semaine, Apparélec peut, par mesure de rétorsion, refuser de coopérer la semaine suivante. De même, si Apparélec triche cette semaine, est-ce que cela n'incitera pas Électruc à tricher la semaine prochaine ? Avant de prendre la décision de tricher cette semaine, Apparélec va donc se demander quel sera l'effet de cette action sur le comportement d'Électruc la semaine suivante.

Quel est l'équilibre de cette version plus sophistiquée du jeu du dilemme du prisonnier, dans laquelle les joueurs répètent indéfiniment le jeu ? Plusieurs réponses sont possibles. L'équilibre peut être l'équilibre de Nash : les deux entreprises trichent à chaque période, et le profit économique de chacune est à tout jamais nul. En effet, aucune n'aura intérêt à cesser de tricher unilatéralement (c'est-à-dire si elle est seule à le faire), puisqu'elle s'infligerait alors une perte et permettrait à sa concurrente de faire un profit positif. Le prix et la quantité seront donc toujours les mêmes qu'en concurrence parfaite.

Mais un autre équilibre est également possible : les entreprises peuvent faire le profit de monopole et se le partager. Comment un duopole peut-il atteindre cet équilibre ? Pourquoi les entreprises n'ont-elles pas toujours intérêt à tricher ? La réponse à cette question est que la répétition d'une même situation de jeu élargit considérablement l'éventail des stratégies que peuvent adopter les joueurs. Chacun d'eux peut punir l'autre d'avoir triché dans le passé. Il dispose pour cela d'un arsenal de mesures de rétorsion. La punition la plus légère qu'un joueur puisse infliger à l'autre est la stratégie du coup pour coup. La **stratégie du coup pour coup** est l'équivalent de la loi du talion (« œil pour œil, dent pour dent ») : elle consiste à coopérer avec l'autre joueur s'il a coopéré à la période précédente, et à tricher s'il a triché. Par comparaison, d'autres stratégies peuvent mettre en œuvre des punitions plus sévères. Par exemple, on peut choisir de coopérer avec l'autre joueur tant que ce dernier coopère, mais d'adopter pour toujours un comportement non coopératif s'il triche, ne serait-ce qu'une seule fois. Cette dernière stratégie met en œuvre la punition la plus sévère, alors que la stratégie du coup pour coup est la plus indulgente. Il y a entre ces deux extrêmes des stratégies intermédiaires. Par exemple, un joueur peut refuser de coopérer pendant plusieurs périodes chaque fois que l'autre triche. De telles stratégies sont connues sous le nom de **stratégies de déclic**, puisque des représailles sont déclenchées dès lors que l'autre joueur est pris à tricher. Dans le cas du duopole composé d'Électruc et d'Apparélec, on peut montrer que les stratégies que nous venons de décrire amèneront les entreprises à coopérer indéfiniment et à faire le profit de monopole. Voyons comment se présenterait la situation si chaque entreprise adoptait la stratégie du coup pour coup.

Le tableau 14.5 indique les profits des deux entreprises pour chaque période, d'abord dans l'hypothèse où elles coopèrent vraiment, puis dans l'hypothèse où chacune réplique au refus de coopérer de l'autre. Tant que les entreprises respectent l'entente, elles font le profit de monopole, soit 2 millions de dollars chacune par période. Supposons qu'Électruc triche à la période 2. Elle fait alors au cours de cette période 4,5 millions de dollars de profit, et inflige par la même occasion une perte de 1 million de dollars à Apparélec. Mais, à la période suivante, Apparélec répliquera en augmentant sa propre production, conformément à la stratégie du coup pour coup qu'elle a adoptée. Si Électruc respecte de nouveau les termes de l'entente (pour inciter Apparélec à coopérer à la période 4), Apparélec fera un profit de 4,5 millions de dollars, tandis qu'Électruc perdra 1 million de dollars. Au cours des deux premières périodes, Électruc aura eu intérêt à tricher : elle gagne 6,5 millions de dollars, au lieu de 4 millions seulement si elle respecte l'accord. Mais, sur quatre périodes consécutives, Électruc a toujours intérêt à coopérer, puisqu'elle fait alors un profit de 8 millions de dollars, au lieu de 7,5 millions seulement si elle triche et qu'Apparélec applique la loi du talion.[3]

Nous avons supposé qu'Électruc trichait à la période 2. Toutefois, les résultats seraient les mêmes, mais ils seraient inversés, si c'était Apparélec qui trichait. À long terme, Apparélec a donc également intérêt à respecter les termes de l'accord avec Électruc. Comme il est dans l'intérêt des deux entreprises de coopérer, le prix, la quantité et le profit total du duopole seront les mêmes que s'il s'agissait d'un monopole. Cet équilibre est un **équilibre coopératif** : par la stratégie qu'il a adoptée, chaque joueur causera des dommages importants à l'autre joueur si ce dernier triche, et l'autre réagit rationnellement en coopérant. Pour que de telles stratégies fonctionnent vraiment, il faut évidemment que les menaces brandies par les joueurs soient vraisemblables. Chaque joueur doit donc être convaincu que l'autre a tout intérêt à user de représailles s'il triche, et qu'il le fera sans hésitations. La force de certaines stratégies de déclic réside justement dans le fait qu'aucun joueur n'a

---

[3] Nous ne tenons pas compte ici du fait que la valeur actualisée des profits futurs est inférieure à celle des profits actuels (voir le chapitre 9). Si le taux d'intérêt qui sert à l'actualisation n'est pas trop élevé, Électruc aura plus intérêt à respecter les termes de l'entente qu'à tricher.

Tableau 14.5 Le jeu de duopole répété et la statégie du coup pour coup

Période de jeu	Chacun respecte l'entente Électruc	Chacun respecte l'entente Apparélec	Électruc triche à la deuxième période Électruc	Électruc triche à la deuxième période Apparélec
	(profit en millions de dollars)		(profit en millions de dollars)	
1	2	2	2,0	2,0
2	2	2	4,5	−1,0
3	2	2	−1,0	4,5
4	2	2	2,0	2,0
.	.	.	.	.
.	.	.	.	.
.	.	.	.	.

Dans une situation de jeu répété, si les deux duopoleurs respectent toujours les termes de leur entente, ils font chacun un profit de 2 millions de dollars à chaque période. Dans la stratégie du coup pour coup, si l'un des deux joueurs triche au cours d'une période donnée, l'autre trichera à la période suivante. La décision de tricher n'est donc rentable que pendant une seule période : en effet, dès la période suivante, le joueur qui s'était conformé aux termes de l'entente rendra coup pour coup, tandis que celui qui avait triché devra se conformer à nouveau à l'entente s'il veut rétablir la coopération à la période suivante. Sur quatre périodes consécutives, il vaut donc mieux respecter l'accord que tricher : dans le premier cas, si les deux respectent toujours l'accord, ils font un profit de 8 millions de dollars chacun sur quatre périodes; dans le second cas, si l'un des joueurs triche et que l'autre lui rend coup pour coup, les deux font un profit de seulement 7,5 millions de dollars chacun. La coopération constitue donc l'issue d'équilibre de ce jeu.

intérêt à se conformer aux termes de l'entente si l'autre triche : il a au contraire tout intérêt à mettre ses menaces à exécution. L'adoption par les entreprises de stratégies mettant en œuvre des menaces crédibles permet à l'industrie de se maintenir à l'équilibre de monopole.

Le jeu de duopole lorsque l'information est imparfaite

Dans la réalité, les fluctuations de la demande et l'ignorance des conditions réelles de la demande empêchent les deux entreprises de savoir exactement si l'autre triche ou pas. Quand le prix courant chute, c'est soit parce que la demande a baissé, soit parce que l'autre entreprise produit plus. Il ne suffit donc pas de constater que le prix du marché baisse, encore faut-il savoir pourquoi. Si l'entreprise arrive à déterminer que la baisse du prix est attribuable à une diminution de la demande, alors elle a intérêt, pour maximiser son profit, à continuer de coopérer avec l'autre, c'est-à-dire à produire la quantité qui assure le profit de monopole. Mais, si elle s'aperçoit que le prix baisse parce l'autre a triché en augmentant sa production, elle a alors au contraire intérêt à répliquer dès la période suivante. Cependant, ce n'est pas en constatant simplement la baisse du prix du marché que l'entreprise peut établir avec certitude que l'autre triche. Que faire dans ce cas?

Si chaque entreprise *suppose* systématiquement que l'autre a triché dès qu'elle observe une baisse du prix, l'accord de cartel sera sans cesse remis en cause et le duopole ne fera jamais le profit de monopole. Si, au contraire, l'une des deux entreprises ne doute jamais de la bonne foi de l'autre, qu'elle croit que toute baisse de prix est imputable aux fluctuations de la demande, alors l'autre entreprise aura tout intérêt à tricher. En effet, si une entreprise peut tricher sans que l'autre use de représailles, elle fera des profits encore plus importants que si toutes les deux respectaient l'entente. Il est donc important à la fois de ne pas inciter son partenaire à tricher et de ne pas nuire non plus à la possibilité de faire le profit de monopole, si en fait il ne triche pas. On peut donc concevoir que chaque entreprise tienne pour acquis que l'autre coopère tant que le prix ne descend pas en dessous d'une certaine limite, en deçà de laquelle tous les soupçons sont permis. Si le prix tombe en deçà de cette limite, chaque entreprise réagit comme si l'autre avait triché. Quand les conditions de demande ramèneront le prix au-delà de la limite fixée, les deux producteurs coopéreront de nouveau, c'est-à-dire se conformeront à l'entente initiale.

Autres modèles d'oligopoles

Le modèle fondé sur le jeu du dilemme du prisonnier n'est pas le seul qui permette d'analyser cette importante structure de marché qu'est l'oligopole. Mais c'est l'un de ceux qui revient le plus souvent dans les recherches récentes. Vous trouverez un survol de certaines autres approches possibles sous la rubrique *L'évolution de nos connaissances*, aux pages 372-373.

La théorie des jeux et les guerres des prix

Voyons si la théorie de la détermination du prix et de la production dans un duopole peut s'appliquer aux marchés réels et, en particulier, si elle peut expliquer les guerres des prix. Supposons qu'il y ait collusion entre deux fabricants (ou plus) pour vendre au prix de monopole, ce prix étant susceptible de varier en fonction des conditions de demande. Toutes les entreprises adoptent une stratégie de coopération, sauf si le prix descend au-dessous d'une certaine limite. Les fluctuations de la demande font varier le prix et le volume de production de l'industrie. En général, ces fluctuations sont si modestes que le prix ne descend pas au-dessous de la limite fixée; mais, quand cela arrive, toutes les entreprises réagissent en cessant de se conformer à l'accord qu'elles ont conclu. Cela ressemble à s'y méprendre à une guerre des prix. Il est en effet très improbable que toutes les entreprises rompent l'accord et s'engagent dans une guerre des prix exactement au même moment. Les observateurs extérieurs ont par conséquent l'impression qu'une entreprise rompt l'entente de son propre chef et que les autres en font autant par mesure de rétorsion. En fait, les entreprises réagissent aux réductions de prix de leurs concurrentes en maintenant la crédibilité de leurs menaces et en préservant la possibilité d'un équilibre coopératif de monopole dans les conditions normales de demande. Quand la demande remonte, les entreprises adoptent de nouveau une stratégie de coopération et font de nouveau le profit de monopole.

Il y aura donc sur le marché des cycles successifs de guerre des prix et de collusion. Le mécanisme que nous venons d'étudier peut notamment expliquer l'évolution du prix et de la production de l'industrie pétrolière (voir la rubrique *Entre les lignes*, pp. 384-385).

La nécessité du secret

La collusion étant illégale, les entreprises qui participent à ce type d'ententes doivent trouver le moyen de les garder secrètes. Les entreprises de l'«incroyable conspiration électrique», dont nous avons parlé plus haut, avaient résolu ce problème de façon très originale, par un système de fixation des prix appelé *phases de la Lune*.

[Ces formules de fixation des prix étaient inscrites sur] des feuilles de papier, qui regroupaient chacune une demi-douzaine de colonnes de chiffres. Un groupe de colonnes établissait les consignes de prix des sept fabricants; toutes les deux semaines (d'où l'appellation «phases de la Lune»), une entreprise différente, identifiée par un code chiffré, passait en première position. Un autre groupe de colonnes indiquait combien chaque entreprise, également désignée par son code, devait retrancher au prix de référence. Par exemple, si c'était au tour du n° 1 (General Electric) de vendre le moins cher, alors il suffisait à Westinghouse (n° 2) ou à Allis-Chalmers (n° 3) de chercher son code dans le deuxième groupe de colonnes pour connaître la marge à appliquer au plus bas prix, pratiqué par le n° 1. Les entreprises 2, 3, etc. ajoutaient ou retranchaient ensuite un peu pour faire plus vrai. Rien ne permettait alors de deviner que l'offre la plus intéressante était le fruit d'une collusion.[4]

Avant qu'il ne découvre les documents sur les «phases de la Lune», le ministère de la Justice des États-Unis avait eu beaucoup de mal à prouver l'existence d'une conspiration. Mais une fois qu'il a eu la formule en main, il lui a été très facile de démonter le mécanisme de la collusion et d'y mettre un terme.

Autres variables stratégiques

Nous avons jusqu'à présent limité notre analyse à un jeu simple, dans lequel les entreprises n'ont le choix qu'entre deux stratégies de détermination des prix de vente et de la production: se conformer à l'entente ou tricher. Mais notre méthode d'analyse peut s'appliquer à d'autres décisions des entreprises: rester dans l'industrie ou en sortir, investir ou non dans une campagne publicitaire coûteuse, améliorer ou non la fiabilité d'un produit (en général, plus un produit est de qualité, plus il coûte cher à produire), établir ou non une discrimination de prix (et si oui, entre quels groupes et dans quelle mesure), ou encore investir ou non en recherche-développement (R-D) pour abaisser les coûts de production. Pour appliquer la méthode d'analyse que nous venons d'étudier, il faut déterminer le gain de chaque stratégie possible et l'équilibre du jeu. Prenons un exemple fondé sur un cas réel, celui d'un jeu de R-D.

---

[4] Richard A. Smith, «The Incredible Electrical Conspiracy», *Fortune*, 2e partie, mai 1961, p. 210. (Notre traduction.)

Un jeu de recherche-développement dans le marché des couches jetables

Depuis une trentaine d'années, Procter & Gamble et Kimberly-Clark sont les deux géants de l'industrie des couches jetables. Le premier, avec ses Pampers, détient 60 à 70 % du marché; le second, avec ses Huggies, en détient 25 %. Quand les couches jetables ont fait leur apparition sur le marché, dans les années 60, le principal souci des fabricants était d'en abaisser le coût de production pour qu'elles ne reviennent pas plus cher que les couches réutilisables en tissu. Ils ont donc entrepris de vastes programmes de R-D et mis au point des machines susceptibles de produire les couches jetables à un coût très bas, ce qui leur conféra l'avantage concurrentiel dont ils avaient besoin pour imposer ce produit sur le marché. Le marché des couches pour bébés est très concurrentiel. Avec le temps, de nombreuses autres entreprises ont tenté de s'établir dans ce marché; simultanément, les deux grands continuaient de se battre entre eux pour accroître, ou du moins maintenir, leurs propres parts de marché.

Dans le marché des couches jetables, le moindre abaissement des coûts de production confère à l'entreprise innovatrice un avantage considérable sur ses concurrentes. Les machines actuelles peuvent produire 3000 couches par heure, dix fois plus qu'il y a dix ans. L'entreprise qui innove en utilisant une technique de production moins coûteuse que celles de ses concurrentes accroît immédiatement sa part de marché et son profit. Le programme de R-D revêt donc une importance capitale. Mais, même la plus modeste baisse du coût de production suppose un investissement considérable en R-D, et ces sommes viennent diminuer d'autant le surplus de profit engendré par l'innovation.

Toutes les entreprises du marché des couches jetables se trouvent donc aux prises avec un «dilemme» concernant les sommes à investir en R-D. Elles se sentiraient plus à l'aise si aucune d'elles n'investissait en R-D. Mais dès qu'une entreprise de l'industrie met sur pied un programme de R-D, toutes les autres sont contraintes d'en faire autant pour survivre. Le tableau 14.6 illustre le jeu de R-D qui se joue entre Kimberly-Clark et Procter & Gamble (les données sont fictives). Chaque entreprise a deux stratégies possibles: soit investir 25 millions de dollars en R-D par an, soit ne rien investir du tout. Si aucune des deux n'investit (case inférieure droite de la matrice de gains), elles font ensemble un profit de 100 millions de dollars par an: 30 millions pour Kimberly-Clark et 70 millions pour Procter & Gamble. Si les deux mettent sur pied un programme de R-D (case supérieure gauche de la matrice de gains), elles maintiennent toutes deux leur part de marché, mais les sommes qu'elles investissent en R-D viennent diminuer d'autant leur profit net. Si Kimberly-Clark investit et que Procter & Gamble n'investit pas en R-D (case supérieure droite de la matrice de gains), Kimberly-Clark prend à sa concurrente d'importantes parts de marché, ce qui augmente son profit tandis que l'autre subit une perte. Enfin, si Procter & Gamble investit et que Kimberly-Clark n'investit pas en R-D (case inférieure gauche de la matrice de gains), Procter & Gamble accroît son profit en prenant des parts de marché à Kimberly-Clark, qui subit une perte.

Connaissant la matrice de gains du tableau 14.6, les deux entreprises cherchent à déterminer la meilleure stratégie possible. Le raisonnement de Kimberly-Clark est le suivant: «Si Procter & Gamble n'investit pas en R-D, je fais un profit de 85 millions de dollars si j'investis et de 30 millions de dollars si je n'investis pas. Donc, j'ai intérêt à investir. Si Procter & Gamble investit en R-D, je fais un profit de 5 millions de dollars si j'investis, et je subis une perte de 10 millions de dollars si je n'investis pas. Donc, j'ai encore intérêt à investir.» Kimberly-Clark a toujours intérêt à investir en R-D, quelle que soit la stratégie de Procter & Gamble. La stratégie dominante de Kimberly-Clark consiste donc à investir en R-D.

Le raisonnement de Procter & Gamble est exactement le même que celui de sa concurrente: «Si Kimberly-Clark n'investit pas en R-D, je fais un profit de 85 millions de dollars si j'investis, et de 70 millions de dollars si je n'investis pas. Donc, j'ai intérêt à investir en R-D. Si Kimberly-Clark investit en R-D, je fais un

Tableau 14.6 Pampers contre Huggies: un jeu de R-D

		Les stratégies de Procter & Gamble	
		Avec R-D	Sans R-D
		(en millions de dollars)	
Les stratégies de Kimberly-Clark	Avec R-D	P & G 45 / K-C 5	P & G −10 / K-C 85
	Sans R-D	P & G 85 / K-C −10	P & G 70 / K-C 30

Case supérieure gauche: profits obtenus lorsque les deux entreprises investissent en R-D.
Case inférieure droite: profits obtenus lorsque aucune des entreprises n'investit en R-D.
Case supérieure droite et case inférieure gauche: profits obtenus lorsqu'une seule des deux entreprises investit en R-D.
L'équilibre en stratégies dominantes de ce jeu consiste pour les deux entreprises à mettre sur pied un programme de R-D. La structure de ce jeu est identique à celle du dilemme du prisonnier.

L'oligopole : une illustration

La guerre des prix fait rage

L'augmentation de la production de l'Arabie Saoudite pourrait coûter très cher à ses concurrents

Dans les années 1970, les acheteurs de pétrole ont souvent craint que les prix pétroliers ne cessent jamais d'augmenter. La situation est exactement inverse depuis la semaine dernière : maintenant, ce sont les producteurs qui craignent que les prix ne cessent jamais de s'effondrer. «Le marché est pris dans un tourbillon», constate un expert des marchés pétroliers. «Le ciel est en train de nous tomber sur la tête», renchérit un de ses confrères. Le prix du pétrole de l'ouest du Texas, l'un des bruts les plus importants des États-Unis, a baissé de 3,39 $ lundi et mardi derniers : il se situe maintenant à 15,44 $ le baril, son niveau le plus bas depuis 1979, un prix inférieur de presque 50 % à ce qu'il était il y a seulement trois mois. Ce n'est que vers la fin de la semaine que les marchés se sont un peu stabilisés et que le prix s'est raffermi, pour finir à 17,68 $ le baril.

L'effondrement des prix du début de la semaine s'explique par le fait que l'Organisation des pays exportateurs de pétrole a confirmé que ses membres avaient effectivement abandonné toute politique de restriction de leurs productions, aggravant ainsi l'engorgement des marchés pétroliers mondiaux. Réuni à Vienne, un comité de cinq ministres du pétrole de l'OPEP (Venezuela, Indonésie, Irak, Koweït et Émirats arabes unis) s'est refusé à proposer une nouvelle limitation de la production des 13 pays membres de l'Organisation. Cette résolution va dans le sens de la stratégie adoptée par l'Arabie Saoudite, le Koweït et les autres pays pétroliers riches, qui continuent d'inonder le marché de leurs excédents.

Comment l'OPEP est-elle passée du «un pour tous» au «chacun pour soi»? C'est en 1981 que s'est amorcé l'éclatement du cartel, quand les prix pétroliers ont commencé à baisser du fait d'une surproduction mondiale, partiellement imputable à un recul de la consommation dans les pays acheteurs. Pour absorber les excédents, l'OPEP avait alors imposé à ses membres des restrictions de leur production. Mais c'est aux nouveaux producteurs comme le Mexique ou la Grande-Bretagne que cette stratégie avait en définitive profité, et la part de marché de l'OPEP devait passer de 63 % en 1979 à 38 % à l'heure actuelle.

Pendant des années, l'Arabie Saoudite a essayé de donner l'exemple aux autres pays de l'OPEP en restreignant d'elle-même sa production : ainsi, de 10,3 millions de barils par jour en 1981, son apogée, sa production était passée en juin dernier à 2 millions de barils par jour. Mais l'Arabie Saoudite s'est vite rendu compte que sa stratégie d'autolimitation ne profitait guère qu'à des pays de l'OPEP qui, comme la Libye du colonel Kadhafi, produisaient plus que leurs quotas, et à des pays hors OPEP, auxquels la baisse de l'offre saoudienne permettait de produire à pleine capacité. Excédée, l'Arabie Saoudite a finalement décidé à l'automne dernier d'ouvrir grands les robinets des oléoducs. À l'époque, l'augmentation simultanée de la demande a fait passer cette augmentation de l'offre complètement inaperçue. Mais la production du royaume saoudien a plus que doublé, et elle atteint aujourd'hui presque 4,5 millions de barils par jour.

Time
17 février 1986
Par Stephen Koepp
©Time, Inc.
Traduction et reproduction autorisées

ENTRE LES LIGNES

Les faits en bref

- Le prix du pétrole a considérablement augmenté dans les années 70.

- En 1986, l'OPEP a abandonné sa stratégie de restriction de la production et les prix pétroliers se sont effondrés.

- Le cartel de l'OPEP est dans une situation très précaire depuis 1981 mais, jusqu'à présent, l'Arabie Saoudite a réussi à limiter la production totale et à soutenir les prix pétroliers en restreignant sa propre production, qui est passée de 10,3 millions de barils par jour en 1981 à 2 millions de barils par jour en 1985.

- D'autres pays de l'OPEP produisant plus que leurs quotas, l'Arabie Saoudite a décidé en 1985 de ne plus chercher à restreindre à elle seule la production de l'OPEP.

Analyse

- L'OPEP se compose de 13 pays : l'Algérie, l'Équateur, le Gabon, l'Indonésie, l'Iran, l'Irak, le Koweït, la Libye, le Nigéria, le Qatar, l'Arabie Saoudite, les Émirats arabes unis et le Venezuela. Son objectif était de maximiser les profits de ses membres en ce qui a trait aux exportations de brut et de produits pétroliers.

- Le marché mondial du pétrole est un oligopole.

- En 1973, les pays de l'OPEP, qui représentaient les deux tiers de l'offre mondiale de pétrole, ont convenu de restreindre leur production et de faire ainsi augmenter le prix de leur pétrole.

- Ils ont respecté leur accord du début des années 70 jusqu'en 1982.

- Puis, du fait d'un ralentissement de la demande et d'une baisse de leurs profits, certains pays de l'OPEP ont commencé à prendre des libertés avec cet accord. En 1985, seule l'Arabie Saoudite le respectait encore, et c'est alors qu'elle a décidé, à son tour, de s'en détourner.

- Cette suite d'événements peut s'analyser à la lumière de la théorie des jeux : les membres de l'OPEP ont joué un jeu de l'oligopole semblable au jeu du duopole que nous étudions dans ce chapitre.

- Ils s'étaient tout d'abord entendus pour restreindre la production et ils ont respecté la discipline de cartel remarquablement longtemps. Mais, du fait de la baisse des profits, les plus petits producteurs ont fini par ne plus respecter leurs quotas de production. Par mesure de rétorsion à leur égard, le plus grand producteur, l'Arabie Saoudite, a aussi abandonné sa politique de restriction de la production.

- Les pays de l'OPEP ont fortement intérêt à restaurer la discipline du cartel et à limiter leur production pour faire augmenter les prix pétroliers mondiaux. Ils ne l'ont cependant pas encore fait.

profit de 45 millions de dollars si j'investis, et je subis une perte de 10 millions de dollars si je n'investis pas. Donc, j'ai encore intérêt à investir en R-D.» La stratégie dominante de Procter & Gamble consiste aussi à investir en R-D.

Comme la stratégie dominante des deux entreprises est d'investir en R-D, le jeu présente un équilibre en stratégies dominantes : les deux entreprises mettent sur pied des programmes de R-D. Dans ce cas, leur profit n'est pas aussi élevé que si elles s'entendaient pour ne pas entreprendre de programmes de R-D; autrement dit, le profit de chacune d'elles est moins élevé que dans l'équilibre coopératif qui serait obtenu par collusion.

Dans la réalité, le secteur des couches jetables ne se limite pas à Procter & Gamble et à Kimberly-Clark. D'autres entreprises, très nombreuses, qui détiennent de faibles parts du marché, n'attendent que l'occasion propice pour arracher des parts de marché aux deux grandes. Procter & Gamble et Kimberly-Clark investissent en R-D pour éviter de perdre du terrain l'une par rapport à l'autre, mais aussi pour maintenir les barrières à l'entrée qui préservent leur part de marché commune.

■ Nous connaissons maintenant les quatre structures de marché les plus importantes – la concurrence parfaite, la concurrence monopolistique, l'oligopole et le monopole pur –, et nous savons comment sont déterminés les prix, les volumes de production, les recettes, les coûts et les profits dans chacune d'elles. Nous avons étudié plusieurs modèles d'analyse du fonctionnement des marchés et nous avons évalué leur efficacité du point de vue de l'allocation des ressources. La forme des courbes de coûts est l'un des aspects essentiels de cette analyse. Or, les coûts dépendent à la fois de la technologie disponible et du prix des facteurs de production. Jusqu'à présent, nous avons toujours considéré comme fixes les prix des facteurs de production. Dans la prochaine partie, nous allons voir comment le prix des facteurs de production est déterminé. Autrement dit, nous analyserons le *marché des facteurs* par opposition au *marché des produits*. L'interaction entre ces deux marchés se fait de deux façons : d'une part, les prix des facteurs déterminent les coûts de production des entreprises et, d'autre part, ils déterminent les revenus des ménages et influent par conséquent sur la demande. Le marché des facteurs de production joue évidemment aussi un rôle important dans la répartition des revenus. Les entreprises que nous avons étudiées dans les cinq derniers chapitres choisissent leurs méthodes de production (comment produire ?); sur le marché des produits, les relations entre les ménages et les producteurs déterminent les biens et services qui doivent être produits (quoi produire ?); et le prix des facteurs de production, tel qu'il s'établit sur le marché des facteurs, détermine qui va acheter ces biens et services (pour qui produire ?).

RÉSUMÉ

Les structures de marché

Dans la réalité, la plupart des industries ont une structure de marché qui se situe à mi-chemin entre la concurrence parfaite et le monopole pur. Les ratios de concentration sont l'une des méthodes utilisées pour mesurer le degré de concurrence dans une industrie. Le ratio de concentration le plus courant mesure le pourcentage de la valeur des ventes de l'industrie que totalisent les quatre plus grandes entreprises. D'une manière générale, la concurrence devrait être d'autant plus faible que le ratio de concentration est élevé. Cette règle est cependant loin d'être absolue. En tant qu'indicateurs du degré de concurrence, les ratios de concentration présentent, en effet, certaines lacunes majeures : (1) ils reposent sur la part que détiennent les entreprises dans les ventes nationales; or, certains marchés sont locaux et d'autres s'étendent à l'échelle internationale; (2) ils ne donnent aucune indication sur le taux de roulement des entreprises dans l'industrie ni sur l'importance des barrières à l'entrée; (3) certaines entreprises classées dans une industrie sont en fait présentes sur plusieurs autres marchés.

Entre les deux extrêmes que constituent la concurrence parfaite et le monopole pur se situent notamment deux structures de marché intermédiaires : la concurrence monopolistique et l'oligopole. Les marchés de concurrence monopolistique comptent de nombreuses entreprises qui fabriquent toutes un produit légèrement différent et qui se livrent concurrence sur les plans de la qualité et du prix du bien ou service. Les oligopoles sont des marchés qui comptent un nombre restreint de producteurs et où les décisions de chaque entreprise ont des répercussions importantes sur les profits des autres. (*pp. 361-363*)

La concurrence monopolistique

Il y a concurrence monopolistique quand un grand nombre d'entreprises se font concurrence en proposant des produits légèrement différents. Chaque entreprise fait face à une courbe de demande à pente négative et doit donc déterminer à la fois son prix et son volume de production. Comme il n'y a aucune barrière à l'entrée, le profit économique des entreprises est nul quand le marché est en équilibre à long terme. Le prix de vente à l'équilibre à long terme est égal au coût total moyen, et le niveau de production de l'entreprise se situe en deçà de celui qui lui permettrait de minimiser son coût total moyen. Les entreprises sur un marché de concurrence monopolistique ont donc toujours une capacité excédentaire de production. (*pp. 363-367*)

L'oligopole

Un oligopole est un marché où il y a un nombre limité de producteurs. La principale caractéristique des oligopoles est l'existence d'interactions stratégiques entre les entreprises. En prenant ses décisions, chaque producteur doit tenir compte des décisions de ses concurrents et aussi de leur réaction probable à ses propres décisions. Il doit également anticiper les effets des décisions de ses concurrents sur son propre profit.

La théorie des jeux est une méthode d'analyse des interactions stratégiques. Une situation de jeu fait intervenir trois éléments essentiels : les règles du jeu, les stratégies et les gains. Les règles du jeu de l'oligopole précisent les stratégies que les entreprises peuvent adopter et les gains qui y seront associés. Les entreprises peuvent par exemple augmenter ou baisser leur prix, accroître ou réduire leur volume de production, faire plus ou moins de publicité, améliorer ou non leur produit. Les stratégies du jeu de l'oligopole représentent l'ensemble des actions possibles de chaque joueur. Le gain du joueur est sa perte ou son profit ; il dépend à la fois des actions de tous les joueurs (y compris les siennes) et des contraintes qu'imposent le marché, la technologie et les coûts de production. (*pp. 367-370*)

Le dilemme du prisonnier

Le duopole, qui est un cas particulier d'oligopole, est un marché ne comprenant que deux producteurs. Le jeu de duopole est semblable au jeu du dilemme du prisonnier. Deux prisonniers ont le choix entre deux stratégies : soit avouer un crime dont ils sont soupçonnés, soit nier. Si aucun des deux n'avoue, ils seront tous deux condamnés pour un crime de moindre importance (et pour lequel ils ont été pris en flagrant délit). Si les deux avouent, ils seront tous deux condamnés à une peine plus lourde. Si l'un des deux avoue tandis que l'autre nie, celui qui aura avoué sera condamné à une peine relativement légère (la plus légère de toutes les peines possible en l'occurrence) et l'autre à une peine très lourde (la plus lourde des peines possible en l'occurrence).

Le jeu du dilemme du prisonnier présente un type particulier d'équilibre, appelé *équilibre en stratégies dominantes* : quelle que soit l'action de l'autre, chacun des deux joueurs a intérêt à avouer, de sorte que cette action représente pour lui une stratégie dominante. (*pp. 370-374*)

Un jeu de duopole

On peut imaginer un jeu de duopole où deux stratégies possibles seraient offertes à deux entreprises : soit s'entendre pour faire conjointement le profit de monopole ; soit tricher par rapport à ce qui était convenu, ce qui permettrait à l'entreprise qui triche de faire des profits plus substantiels au détriment de sa partenaire. Ce jeu a la même structure que le jeu du dilemme du prisonnier. À l'équilibre du jeu, les deux entreprises trichent. Dans notre exemple, leur production totale est alors celle qui aurait cours sur un marché parfaitement concurrentiel. Le prix est également celui d'un marché concurrentiel et le profit économique des deux entreprises est nul. Par contre, si les deux entreprises respectent les termes de l'entente, le duopole vend au même prix, produit le même volume et fait le même profit qu'un monopole.

Si le jeu se répète indéfiniment, l'un des joueurs peut toujours punir l'autre d'avoir triché. Ainsi, dans un jeu de duopole indéfiniment répété, l'adoption, par chaque joueur, de la stratégie du coup pour coup incitera les deux entreprises à se conformer à l'entente initiale. Dans la stratégie du coup pour coup, si l'un des deux joueurs triche, l'autre réagit à la période suivante en trichant à son tour. Cette stratégie conduit à un équilibre coopératif : chacun des deux joueurs choisit rationnellement de coopérer car il sait que l'autre lui infligera des dommages sévères s'il triche. L'incertitude qui résulte des conditions réelles du marché dans lesquelles les joueurs se trouvent peut cependant avoir pour effet de rompre cet équilibre de temps à autre. (*pp. 374-382*)

La théorie des jeux et les guerres des prix

On peut interpréter les guerres des prix comme le résultat d'un jeu de duopole répété. Les producteurs se conforment aux accords conclus jusqu'à ce que les fluctuations de la demande fassent descendre le prix au-dessous d'une certaine limite prédéfinie. Toutes les entreprises réagissent alors comme si cette baisse de prix résultait de la défection des entreprises concurrentes. En fait, les entreprises doivent agir de cette façon si elles veulent que leurs rivales continuent de croire qu'elles seront effectivement punies si elles trichent, c'est-à-dire de façon à maintenir la crédibilité de leurs menaces ; cela empêche les entreprises concurrentes de céder à la tentation de tricher et permet de préserver à long terme l'accord de monopole. Les entreprises adoptent de nouveau une stratégie coopérative dès que les conditions de demande redressent le prix au-dessus de la limite définie. De tels marchés sont caractérisés par des cycles de guerre des prix : en temps ordinaires, on vend au prix de monopole mais, quand la demande chute au-dessous d'un certain seuil, les entreprises cessent de se concerter et le volume de production et les prix sont ceux qui prévaudraient sur un marché parfaitement concurrentiel. (*p. 382*)

Autres variables stratégiques

Les entreprises sur un marché oligopolistique doivent prendre une multitude de décisions : elles doivent choisir de rester dans le marché ou d'en sortir, déterminer leur budget publicitaire, décider de modifier ou non leur produit, de pratiquer ou non la discrimination de prix, d'entreprendre ou non un programme de R-D, etc.

Toutes ces décisions se traduisent par des profits ou des pertes pour l'entreprise et pour ses concurrentes. Il est possible de modéliser ces situations par la théorie des jeux.

Le marché des couches jetables présente un cas intéressant de jeu de R-D. À l'équilibre de ce jeu, les fabricants investissent considérablement en R-D et leurs profits sont plus bas que s'ils s'entendaient, d'une façon ou d'une autre, pour empêcher de nouveaux concurrents d'entrer sur le marché et pour restreindre leurs dépenses en R-D. Ce jeu de R-D est donc semblable à celui du dilemme du prisonnier. (*pp. 382-388*)

POINTS DE REPÈRE

Mots clés

Cartel, 374
Collusion, 374
Concurrence monopolistique, 363
Différenciation des produits, 363
Duopole, 370
Équilibre coopératif, 380
Équilibre de Nash, 371
Équilibre en stratégies dominantes, 371
Gain, 370
Interaction stratégique, 367
Matrice de gains, 370
Oligopole, 363
Ratios de concentration, 361
Stratégie dominante, 371

Stratégie du coup pour coup, 380
Stratégie de déclic, 380
Stratégies, 367
Théorie des jeux, 367

Figures et tableaux clés

Figure 14.1   La concurrence monopolistique, 365
Figure 14.2   Les coûts et la demande, 375
Figure 14.3   La collusion et le profit de monopole, 376
Figure 14.5   Les deux entreprises trichent, 378
Tableau 14.2   Les structures de marché, 364
Tableau 14.4   Matrice de gains du duopole, 379

QUESTIONS DE RÉVISION

1. Quelles sont les principales structures de marché ? Quelles sont les caractéristiques essentielles de chacune d'elles ?
2. Qu'est-ce qu'un ratio de concentration ?
3. Donnez des exemples d'industries au Canada qui présentent des ratios de concentration élevés, et d'autres qui présentent des ratios de concentration faibles.
4. Qu'est-ce qu'une barrière à l'entrée ? Donnez des exemples de barrières à l'entrée présentes dans l'économie canadienne.
5. Expliquez comment une entreprise peut différencier ses produits.
6. Qu'est-ce qui distingue la concurrence monopolistique de la concurrence parfaite ?
7. La concurrence monopolistique est-elle plus ou moins efficace que la concurrence parfaite du point de vue de l'allocation des ressources ?
8. Quelle est la différence entre le duopole et l'oligopole ?
9. Quelle est la principale caractéristique commune au duopole et à l'oligopole ?
10. Indiquez les éléments communs à tous les jeux.
11. Quelles sont les caractéristiques du duopole qui permettent de le considérer comme un jeu entre deux entreprises ?

12 Qu'est-ce que le dilemme du prisonnier?

13 Qu'est-ce qu'un équilibre en stratégies dominantes?

14 En quoi consiste la répétition d'un jeu?

15 Expliquer la stratégie du coup pour coup.

16 Qu'est-ce qu'une guerre des prix? Quel est l'effet des guerres des prix sur le profit des entreprises et sur la rentabilité de l'industrie?

PROBLÈMES

1 Un marché de concurrence monopolistique est en équilibre à long terme (voir le graphique (b) de la figure 14.1). Supposons qu'une augmentation de la demande des produits de cette industrie provoque un déplacement vers la droite de la courbe de demande de chacune des entreprises de l'industrie. À l'aide de graphiques semblables à ceux de la figure 14.1, analysez les effets à court terme et à long terme de cette modification de la demande sur les prix, les volumes de production et les profits.

2 Un autre marché de concurrence monopolistique est aussi en équilibre à long terme (graphique (b) de la figure 14.1). Une augmentation de salaires vient alourdir les coûts des entreprises. À l'aide de graphiques semblables à ceux de la figure 14.1, analysez les effets à court terme et à long terme de cette modification des coûts sur les prix, les volumes de production et les profits.

3 Décrivez le jeu du dilemme du prisonnier en respectant les étapes suivantes:

   a) Imaginez une situation pour ce jeu.
   b) Construisez la matrice de gains.
   c) Décrivez comment on obtient l'équilibre de jeu.

4 Le jeu suivant se joue à deux joueurs. Une question est posée à chacun des joueurs. Ces derniers peuvent répondre soit en disant la vérité, soit en mentant. Si tous deux disent la vérité, ils reçoivent 100 $ chacun. Si l'un dit la vérité tandis que l'autre ment, le menteur reçoit 500 $ et le joueur honnête ne reçoit rien. Si les deux mentent, ils reçoivent chacun 50 $.

   a) Décrivez le jeu en parlant des joueurs, des stratégies et des gains.
   b) Construisez la matrice de gains.
   c) Quel est l'équilibre de ce jeu?

5 Expliquez l'évolution des prix du pétrole par une répétition du jeu du dilemme du prisonnier.

6 Deux entreprises, Savonex et Brillo, sont les deux seuls fabricants de poudre à lessive sur le marché. Elles concluent une entente selon laquelle elles conviennent de se partager également le marché. Si aucune des deux entreprises ne triche, elles font un profit de 1 million de dollars chacune. Si l'une des deux triche, l'entreprise qui triche fait un profit de 1,5 million de dollars, tandis que l'autre subit une perte de 0,5 million de dollars. Aucune des deux n'est en mesure d'observer les actions de l'autre.

   a) Indiquez la meilleure stratégie de chaque entreprise si elles ne jouent qu'une seule fois.
   b) Construisez la matrice de gains et déterminez l'équilibre du jeu si les entreprises ne jouent qu'une seule fois.
   c) Supposons que les consommateurs arrivent à convaincre le gouvernement de réglementer cette industrie. Quel en sera l'effet sur le prix de la lessive et sur les profits de nos deux entreprises?
   d) Supposons que ce jeu de duopole se joue indéfiniment. Décrivez quelques-unes des stratégies qui s'offrent aux fabricants.

7 À l'aide du modèle de l'oligopole, expliquez pourquoi, dans le marché des couches jetables, Procter & Gamble et Kimberly-Clark dépensent tant en R-D.

6e PARTIE

Les marchés des facteurs de production

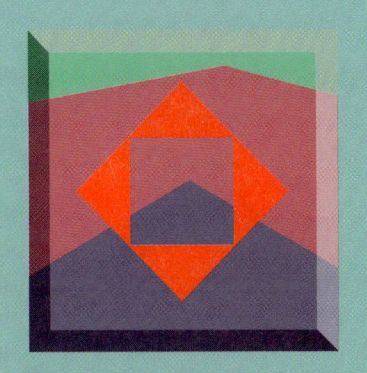

ENTREVUE
MORLEY GUNDERSON

Morley Gunderson est titulaire d'un baccalauréat de l'université Queen's ainsi que d'une maîtrise en relations industrielles et d'un doctorat en économie de l'université du Wisconsin. Il est actuellement directeur du Centre for Industrial Relations et professeur au département d'économie de l'université de Toronto. Il a été à plusieurs reprises chercheur invité au National Bureau of Economic Research de l'université Stanford et à l'Institut international des études sociales à Genève. Ses recherches ont porté sur divers aspects du marché du travail, mais il a accordé une attention particulière à la discrimination

«Ce qui m'intéresse dans l'économie du travail, c'est qu'elle touche concrètement les problèmes quotidiens des gens : les salaires, l'emploi, la satisfaction au travail.»

M. Gunderson, qu'est-ce qui vous a amené à l'économie?

Deux questions me passionnaient quand j'ai fait mes études secondaires : (1) Où l'univers finit-il et qu'y a-t-il au-delà? et (2) Pourquoi le chômage existe-t-il? Je pensais naïvement qu'il était plus facile de répondre à la seconde question qu'à la première, et c'est pour cela que j'ai décidé d'étudier l'économie plutôt que la physique. Mais, pour être tout à fait franc, je n'ai toujours pas trouvé de réponse à aucune des deux questions.

Comment en êtes-vous venu à étudier le marché du travail?

Ce qui m'intéresse dans l'économie du travail, c'est qu'elle touche concrètement les problèmes quotidiens des gens : les salaires, l'emploi, la satisfaction au travail. Ces problèmes-là intéressent tout le monde, et tout le monde peut les comprendre. Comment expliquer l'arrivée massive des femmes sur le marché du travail, la réduction de la semaine de travail, la retraite anticipée? Les lois sur le salaire minimum et sur l'équité en matière de rémunération ont-elles un effet sur l'emploi? Comment expliquer les écarts qui existent entre les salaires des hommes et ceux des femmes, entre les salaires des travailleurs du secteur privé et ceux des travailleurs du secteur public, entre les salaires des syndiqués et ceux des non-syndiqués?

Vous avez étudié les relations industrielles et l'économie du travail. Aujourd'hui, vous donnez des conférences sur des sujets se rapportant à ces deux domaines. Quelles sont les principales différences entre les deux?

L'économie du travail est l'application de l'analyse microéconomique et de l'économétrie à l'étude des comportements sur le marché du travail. Elle considère comme données les caractéristiques institutionnelles du marché du travail, soit les systèmes de rémunération, les lois, les syndicats, les règles d'ancienneté, etc. L'économie du travail analyse rigoureusement les effets de ces caractéristiques institutionnelles sur les comportements. De leur côté, les relations industrielles tentent d'expliquer l'émergence des caractéristiques institutionnelles du marché et leur évolution. Elles font appel aux connaissances que peuvent fournir des disciplines diverses, comme l'économie, l'histoire, le droit, la psychologie et la sociologie, de même qu'à certaines notions spécifiques aux relations industrielles.

L'économie du travail et les relations industrielles sont donc deux domaines distincts, mais qui ont certains points communs pouvant faire l'objet de recherches très intéressantes. L'existence même des caractéristiques institutionnelles du marché du travail dépend en partie de leurs effets; la cause et l'effet sont interdépendants. Pour comprendre les effets des facteurs institutionnels, il faut d'abord comprendre pourquoi ils existent.

Vous êtes le spécialiste canadien de l'une des questions économiques les plus débattues à l'heure actuelle : l'ampleur et les causes des écarts de rémunération qui existent entre les hommes et les femmes. Quel est votre point de vue à ce sujet?

La théorie économique classique n'explique pas pourquoi l'inégalité des salaires entre les hommes et les femmes persiste. En théorie, si les femmes sont moins bien rémunérées que des hommes de productivité égale, la recherche du profit dans des marchés concurrentiels devrait inciter les entreprises à substituer les femmes aux hommes, puisque ces derniers constituent une main-d'œuvre plus coûteuse. Les femmes étant plus en demande sur le marché du travail, leurs salaires devraient augmenter jusqu'à atteindre ceux des hommes. Mais ce n'est pas ce qui se passe en réalité. Il semble bien qu'au moins une partie de l'écart salarial soit le fait de la discrimination : à productivité égale, hommes et femmes n'obtiennent pas le même salaire. Les chercheurs proposent plusieurs explications plausibles : l'absence de concurrence sur les marchés, les pressions des clients et des autres salariés, l'existence de coûts d'ajustement, les lois et règlements qui protègent les postes privilégiés qu'occupent les hommes dans des secteurs à prédominance masculine, et même certaines pressions sociales.

Si on laissait agir librement la concurrence dans l'économie, pensez-vous qu'elle pourrait éliminer la discrimination dans un délai raisonnable?

Certains experts considèrent effectivement que les lois du marché pourraient contribuer à résoudre le problème de la discrimination ; d'autres estiment au contraire qu'elles ne font qu'aggraver les choses. Je crois que nous ne pouvons pas compter uniquement sur le mécanisme du marché pour venir à bout de la discrimination. Je crois aussi que les politiques et règlements devraient s'appuyer sur les forces en présence sur le marché plutôt que d'aller contre elles. Les forces du marché peuvent souvent réduire à zéro les effets bénéfiques de certaines interventions bien intentionnées.

Quelles sont les principales tendances en ce qui concerne les écarts de rémunération entre les hommes et les femmes?

C'est une question très importante et nous n'avons que peu d'information fiable à ce sujet. Les données dont nous disposons indiquent que l'écart *global* de rémunération diminue au Canada depuis quelques années, mais très peu et très lentement : pour l'ensemble des travailleurs à temps plein ayant un emploi stable, le rapport entre la rémunération des femmes et celle des hommes était de 0,65 en 1988, comparé à 0,58 en 1967. Mais ce ne sont là que des moyennes. Les catégories de travailleurs changent aussi dans le temps. Par exemple, nous savons que la participation des femmes au marché du travail augmente rapidement. On peut alors supposer que la main-d'œuvre féminine compte de plus en plus de personnes qui n'ont pas beaucoup d'expérience professionnelle et qui gagnent donc moins que des travailleurs expérimentés, ce qui ferait baisser la rémunération moyenne des femmes et contribuerait à maintenir l'écart global de rémunération entre les sexes. Mais les femmes restent maintenant plus longtemps sur le marché du travail, et elles acquièrent ainsi plus d'expérience.

Comment explique-t-on les écarts de rémunération entre les hommes et les femmes?

Selon les recherches, l'écart résulterait en partie de différences dans la productivité et en partie de la discrimination qui existe sur le marché du travail. Mais les spécialistes ne s'entendent pas sur l'importance relative de ces deux causes. De plus, une grande partie des différences de productivité entre hommes et femmes serait attribuable aux inégalités des chances ou aux contraintes extérieures au marché du travail, en particulier aux responsabilités familiales. En d'autres termes, les écarts de rémunération sont le résultat d'un ensemble complexe de forces qui s'exercent à la fois sur le marché du travail, dans les familles, dans les écoles et autres centres de formation, dans le système légal et dans la société en général. C'est justement

> « Une grande partie des différences de productivité entre hommes et femmes serait attribuable aux inégalités des chances ou aux contraintes extérieures au marché du travail. »

«L'économique analyse comment se prennent les décisions dans un environnement incertain, où l'information est limitée et où les contraintes sont nombreuses et diverses.»

pour cela que l'étude des écarts de salaire entre les hommes et les femmes est si difficile... et si passionnante.

Quelles sont les principales questions qui ne sont pas encore résolues au chapitre des écarts de rémunération entre les hommes et les femmes ?

On ne sait toujours pas dans quelle mesure l'évolution de l'écart global de rémunération entre les hommes et les femmes est due aux modifications de la composition des salariés masculins et féminins ou si elle reflète plutôt les écarts de rémunération entre des hommes et des femmes dont la productivité est égale. On ne connaît pas les effets de l'expérience professionnelle ni de la continuité ou de l'interruption de la carrière sur les écarts de rémunération. On ignore aussi les effets des lois, en particulier les lois sur l'équité en matière d'emploi et l'action positive, de même que les effets, notamment, du libre-échange, des régimes de retraite publics et privés, de l'action syndicale et des compressions dans le secteur public.

Comment répondre à toutes ces questions ?

Il faut intensifier le travail sur tous les plans : il faut disposer de meilleures données, mieux appliquer les techniques économétriques, améliorer notre réflexion théorique pour mieux comprendre les causes profondes du problème et pour intervenir de façon plus appropriée, et mieux comprendre les différentes méthodes d'intervention possibles. Les spécialistes de différents domaines devront collaborer à ce travail de recherche : nous devons nous-mêmes appliquer le principe de l'avantage comparatif que nous enseignons ! Mais nous avons aussi besoin de chercheurs qui fassent le rapprochement entre les théories, les résultats des recherches et les politiques, et qui puissent transmettre clairement les résultats des recherches aux décideurs politiques, et les questions politiques aux chercheurs.

Quels sont les principes économiques que vous avez étudiés à l'école et qui se sont révélés vraiment essentiels dans vos recherches ?

La plupart des décisions impliquent des coûts d'opportunité. L'analyse économique montre comment les agents économiques tiennent compte des coûts d'opportunité, en insistant sur les contraintes de ressources et les contraintes de temps, et en tentant d'analyser ainsi les effets des contraintes institutionnelles et politiques. L'économique nous montre aussi comment les gens et les groupes réagissent quand leurs contraintes changent. Contrairement à ce que plusieurs pensent, l'économique n'est pas la science de l'argent, des banques et des profits. L'économique analyse comment se prennent les décisions dans un environnement incertain, où l'information est limitée et où les contraintes sont nombreuses et diverses. Cela s'applique aussi bien à l'économie du travail qu'aux autres domaines de l'économie appliquée.

CHAPITRE 15

La rémunération et l'allocation des facteurs de production

Objectifs du chapitre:

- Montrer comment les décisions des entreprises engendrent une demande dérivée de facteurs de production.

- Expliquer comment les ménages déterminent les quantités de facteurs qui seront offertes sur le marché.

- Analyser comment se déterminent les taux de rémunération des facteurs sur les marchés du travail, du capital et des ressources naturelles.

- Expliquer la notion de rente économique.

- Déterminer l'élément de rente économique dans la rémunération des facteurs de production.

Pourquoi travailler?

LA RÉMUNÉRATION DU TRAVAIL VARIE considérablement d'une personne à l'autre et d'un emploi à l'autre. Au Canada, en 1991, la rémunération hebdomadaire moyenne d'un travailleur à temps plein se chiffrait à 540 $, soit environ 13,50 $ l'heure. Pour la plupart des Canadiens, le taux de salaire horaire se situe en effet aux alentours de cette moyenne. ■ Certains, cependant, touchent des revenus de travail qui sont sans commune mesure avec les rémunérations moyennes. Nous connaissons tous des noms de personnalités du monde du sport ou du spectacle qui gagnent plus d'un million de dollars par année. À l'autre extrême, certains travailleurs ne touchent que le salaire minimum, et parfois moins. C'est notamment le cas des aides agricoles et des étudiants employés à temps partiel chez McDonald's. Ces personnes aimeraient évidemment gagner plus, mais elles préfèrent encore travailler pour quelques dollars l'heure plutôt que de ne pas travailler et de ne rien gagner du tout. ■ Comment se déterminent les salaires? Pourquoi exerce-t-on tel métier plutôt que tel autre? Comment notre économie répartit-elle ses ressources en main-d'œuvre entre les milliers de tâches qui doivent être accomplies pour assurer le fonctionnement de la société? ■ Nous n'avons guère que l'embarras du choix quand vient le temps de dépenser notre paye. Ce ne sont pas les factures à payer... ni les tentations qui manquent! La plupart des Canadiens arrivent cependant à épargner une partie de leurs revenus. Cette épargne est généralement déposée à la banque ou dans une société de fiducie, ou convertie en actions ou en obligations. Le rendement de l'épargne dépend du type de placement choisi. Placée à la banque, dans une société de fiducie ou convertie en obligations, l'épargne rapporte des intérêts. Convertie en actions, elle rapporte des dividendes et les actions peuvent prendre ou perdre de la valeur, selon le cas. Le rendement d'une action dépend de l'entreprise qui l'a émise : certaines actions rapportent beaucoup, d'autres peu ou pas du tout. Prenons l'exemple de la Corporation Campeau. L'activité de Robert Campeau a longtemps été limitée à la construction immobilière, qui lui a rapporté des profits substantiels de même qu'à tous les détenteurs d'actions de son entreprise. Mais l'entreprise a étendu ses activités au commerce de détail à la fin des années 80, rachetant notamment le célèbre Bloomingdale de New York, et Robert Campeau s'est aperçu trop tard que les connaissances qu'il avait acquises dans l'immobilier ne s'appliquaient pas au commerce de détail. Ses profits dans ce secteur étant insuffisants, le cours des actions de la Corporation Campeau a chuté sur le marché boursier. ■ Qu'est-ce qui détermine la part de revenu que les ménages consacreront à l'épargne et le rendement qu'ils tireront de leurs divers placements ? Quel est l'effet des différences de rendement sur la répartition de l'épargne totale entre les secteurs et les activités qui ont besoin de capitaux ? ■ L'épargne peut aussi être investie dans l'achat de terrains. La rémunération que l'on tire de l'épargne prend alors la forme d'une rente foncière, dont le montant dépend essentiellement de l'emplacement et de la qualité du terrain. Par exemple, la location d'une terre agricole de 10 000 mètres carrés au Manitoba coûte environ 2000 $ par an, mais un terrain de stationnement de quelques dizaines de mètres carrés dans le centre de la ville de Montréal peut rapporter plus de 100 000 $ par année. ■ Qu'est-ce qui détermine le montant que les gens sont disposés à payer pour un terrain ? Pourquoi la rente foncière est-elle si élevée dans les grandes villes et si basse dans les régions agricoles ? ■ Il n'y a d'ailleurs pas que le prix des terrains qui est plus élevé dans les grandes villes. La plupart des biens et services y sont aussi plus chers que dans les petites agglomérations. Ainsi, le café qui coûte 65 ¢ dans un centre commercial de banlieue pourra coûter 1,50 $ dans un casse-croûte du centre de la ville. Pourquoi? La réponse est simple, pensez-vous. Comme les loyers sont très élevés, les propriétaires de casse-croûte et de restaurants doivent vendre plus cher pour couvrir leurs frais. Mais est-ce bien vrai ? Est-ce parce que les loyers situés au centre de la ville sont élevés que le café y est plus cher, ou n'est-ce pas plutôt parce qu'une forte demande de café (et d'une multitude d'autres biens ou services) entraîne une hausse des prix et, par ricochet, une hausse des loyers ?

■ Le présent chapitre et les trois suivants nous permettront de répondre à ces questions. Ils portent sur les marchés des facteurs de production (travail, capital et terre) et sur la détermination du prix des facteurs. Nous abordons, dans le premier chapitre de la série, les trois marchés des facteurs de production dans leurs grandes lignes et expliquons la notion fondamentale de rente économique. Nous commencerons par présenter la terminologie des marchés des facteurs de production et par établir le lien entre les prix des facteurs et les revenus.

Les prix des facteurs et les revenus

Nous avons déjà défini les trois grandes catégories de facteurs de production au chapitre 1 : ce sont le travail, le capital et la terre, le mot «terre» désignant à la fois le sol, c'est-à-dire les terres arables et à bâtir, et les ressources naturelles en général. Les entreprises qui font appel à ces facteurs doivent verser un revenu à leurs détenteurs : un *salaire* dans le cas du travail, un *intérêt* pour ce qui est du capital et une *rente* en ce qui a trait au sol ou aux ressources naturelles. Les salaires incluent ici tous les revenus de travail proprement dits, incluant les salaires, les commissions et autres formes de rémunération versés en échange d'un travail. L'intérêt couvre toutes les formes de rémunération du capital, y compris les dividendes. La rente est le paiement versé pour l'utilisation d'un terrain ou l'exploitation d'une ressource naturelle. Notons que les loyers résidentiels ou commerciaux comprennent une part de rente foncière pour l'utilisation du sol et une part d'intérêt pour l'utilisation du capital représenté par le bâtiment.

Le travail est le facteur de production le plus important ; les salaires représentent près de 60 % de tous les revenus. Le logement est, et de très loin, l'élément de capital le plus important que les ménages possèdent.

Dans ce chapitre, nous allons construire un modèle du marché des facteurs de production qui nous servira à déterminer les prix des facteurs, la quantité échangée et les revenus versés aux détenteurs de facteurs.

Aperçu général

Les prix des facteurs de production sont déterminés sur les marchés des facteurs et peuvent être étudiés à l'aide du modèle de l'offre et de la demande. Pour un facteur donné, la quantité demandée dépend du prix. Ainsi, la demande de travail dépend du taux de salaire et la demande de capital du taux d'intérêt. La loi de la demande s'applique donc aux facteurs de production aussi bien qu'aux autres biens économiques : la quantité demandée d'un facteur décroît lorsque le prix du facteur augmente. La figure 15.1 indique la courbe de demande D d'un facteur de production.

La quantité offerte d'un facteur de production dépend elle aussi de son prix. À quelques exceptions près, que nous étudierons plus loin dans ce chapitre, la loi de l'offre s'applique donc aussi aux facteurs de production : plus leur prix augmente, plus la quantité offerte augmente. La figure 15.1 indique aussi la courbe d'offre O d'un facteur de production.

Le prix d'équilibre du facteur est déterminé au point d'intersection des courbes d'offre et de demande. À la figure 15.1, l'équilibre sur le marché est atteint quand la quantité QF se vend au prix PF.

Le revenu gagné par un facteur de production est égal au prix du facteur multiplié par la quantité échangée. À la figure 15.1, la distance entre l'origine et le point PF mesure le prix, et la distance entre l'origine

Figure 15.1 — L'offre et la demande sur le marché d'un facteur de production

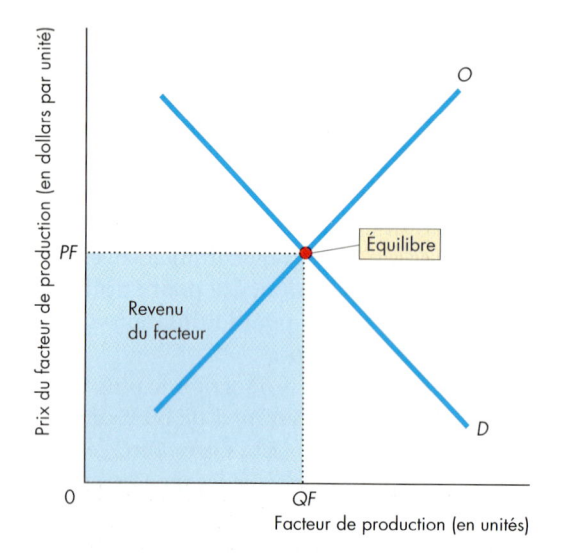

La courbe de demande D du facteur de production est décroissante et sa courbe d'offre O est croissante. Au point d'intersection de la courbe d'offre et de la courbe de demande, une quantité QF du facteur se vend au prix PF. Le revenu du facteur, représenté par la surface bleue, est le produit de son prix par la quantité échangée.

et le point QF mesure la quantité échangée. Le revenu du facteur est donc le produit des deux distances, c'est-à-dire l'aire de la surface bleue de la figure.

Une modification de la demande d'un facteur se traduira par un changement de la quantité échangée. Nous étudierons les causes possibles des modifications de la demande de facteurs dans la prochaine section. Contentons-nous pour le moment d'en étudier les effets. Le graphique (a) de la figure 15.2 montre qu'une augmentation de la demande fait déplacer la courbe de demande vers la droite: la quantité et le prix d'équilibre augmentent. Lorsque la courbe de demande se déplace de D_0 à D_1, la quantité échangée passe de QF_0 à QF_1, et le prix passe de PF_0 à PF_1. Un accroissement de la demande entraîne donc une augmentation du revenu du facteur, représentée par la surface bleu foncé dans le graphique (a).

Le graphique (b) de la figure 15.2 indique les effets d'une diminution de la demande du facteur: la courbe de demande se déplace alors vers la gauche de D_0 à D_2, la quantité échangée et le prix baissent, passant respectivement de QF_0 à QF_2 et de PF_0 à PF_2. Une baisse de la demande entraîne donc une baisse du revenu du facteur, représentée par la surface bleu clair dans le graphique (b).

L'ampleur de l'effet de la modification de la demande sur la quantité échangée et sur le prix du facteur dépend de l'élasticité de l'offre. Si la courbe d'offre a une pente très faible, c'est-à-dire si l'offre est très élastique, la quantité échangée varie beaucoup par suite d'une modification de la demande du facteur alors que le prix varie très peu. Si la courbe d'offre est très abrupte, c'est-à-dire si l'offre est très inélastique, c'est l'inverse qui se produit : la quantité échangée varie peu alors que le prix varie beaucoup.

Une modification de l'offre d'un facteur de production fait également varier la quantité échangée, le prix et le revenu: une augmentation de l'offre se traduit par une hausse de la quantité échangée et par une baisse du prix; une diminution de l'offre fait baisser la quantité échangée et fait augmenter le prix. L'effet des modifications de l'offre sur le revenu dépend de l'élasticité de la demande du facteur.

Supposons que 3 unités du facteur se vendent 10 $ chacune (voir la figure 15.3). L'offre diminue, passant de 3 à 2 unités. Si la courbe de demande est D_0, la diminution de l'offre fait augmenter le prix, mais le revenu des détenteurs du facteur diminue. Il suffit de multiplier le prix du facteur par la quantité échangée pour constater que le revenu baisse. Initialement, lorsque 3 unités se vendaient 10 $ chacune, le revenu des offreurs s'élevait à 30 $ (la surface bleu clair, représentant 20 $, plus la surface rouge, représentant 10 $). Mais quand la quantité échangée baisse, passant de 3 à 2 unités, et que le prix unitaire augmente, passant de 10 $ à 14 $, le revenu diminue de 10 $ par suite de la baisse des quantités échangées (surface rouge), *en même temps* qu'il augmente de 8 $ par suite de la hausse du prix (surface bleu foncé); le résultat net est donc une baisse de 2 $. Dans cet intervalle de variation de prix, la demande représentée par la courbe D_0 est élastique.

Considérons maintenant la courbe de demande D_1. Quand la quantité offerte sur le marché baisse, passant de 3 à 2 unités, le prix augmente, passant de 10 $ à 20 $ l'unité. Le revenu passe alors à 40 $. La baisse de la quantité échangée fait diminuer le revenu de 10 $ (surface rouge), mais la hausse du prix le fait augmenter de 20 $ (la surface bleu foncé plus la surface verte). Dans cet intervalle de variation du prix, la demande représentée par la courbe D_1 est inélastique.

Les marchés des facteurs de production déterminent donc les prix des facteurs de production, comme les marchés des biens et services déterminent les prix des biens et services. Les marchés des facteurs déterminent également les revenus des détenteurs de facteurs. Le revenu d'un facteur de production est égal au prix du facteur multiplié par la quantité échangée. Pour connaître la variation du revenu d'un facteur de production, il faut donc connaître la variation du prix du facteur et celle de la quantité échangée.

Figure 15.2 Les modifications de la demande

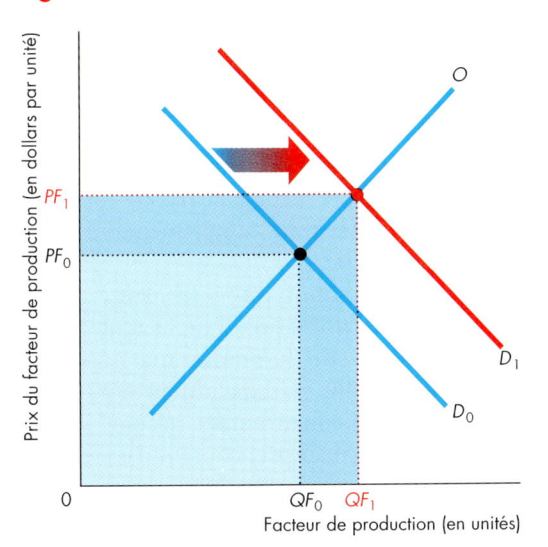

(a) Augmentation de la demande

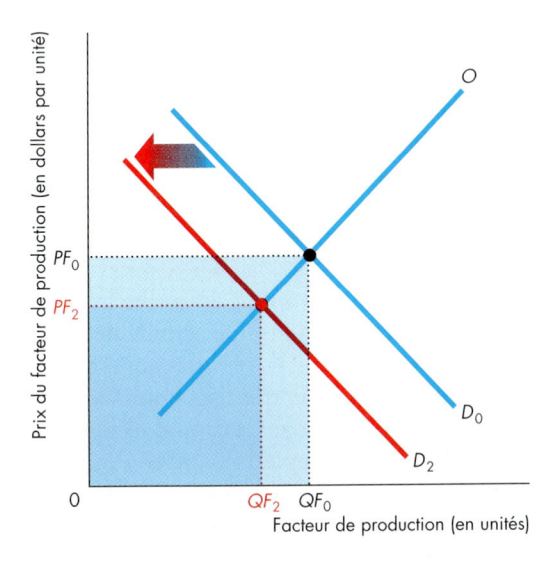

(b) Diminution de la demande

Une augmentation de la demande du facteur de production fait déplacer la courbe de demande vers la droite: dans le graphique (a) de la figure, la courbe de demande passe de D_0 à D_1. La quantité échangée augmente, passant de QF_0 à QF_1, et le prix augmente aussi, passant de PF_0 à PF_1. Le revenu versé au facteur augmente (la surface bleu foncé représente cet accroissement). À l'inverse, dans le graphique (b) de la figure, une diminution de la demande du facteur de production se traduit par un déplacement vers la gauche de la courbe de demande, qui passe de D_0 à D_2. La quantité échangée baisse, passant de QF_0 à QF_2, et le prix baisse aussi, passant de PF_0 à PF_2. La diminution de la demande se traduit par une baisse du revenu versé au facteur, représentée par la surface bleu clair du graphique (b).

Figure 15.3 Le revenu d'un facteur de production et l'élasticité de la demande

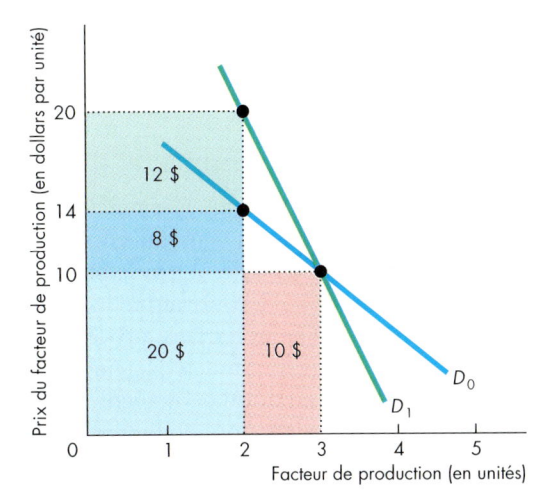

Initialement, 3 unités se vendent 10 $ chacune. Une baisse de la quantité échangée peut soit faire baisser, soit faire augmenter le revenu du facteur de production. Pour la courbe de demande D_0 – cette demande est élastique pour les quantités de facteur considérées –, le revenu du facteur baisse, passant de 30 $ à 28 $, quand la quantité échangée baisse, de 3 à 2 unités. Par contre, pour la courbe de demande D_1 – cette demande est inélastique pour les quantités considérées –, le revenu du facteur augmente, passant de 30 $ à 40 $, quand la quantité échangée baisse, de 3 à 2 unités.

La suite de ce chapitre porte essentiellement sur les éléments qui influent sur la demande et sur l'offre des facteurs de production. Nous analyserons en particulier ce qui détermine l'élasticité de l'offre et l'élasticité de la demande. Pour les facteurs de production, les élasticités d'offre et de demande revêtent une importance capitale à cause de l'influence qu'elles ont sur les prix et les revenus des facteurs. Nous commençons par une analyse de la demande des facteurs de production.

La demande de facteurs de production

La demande relative à n'importe quel facteur de production est une **demande dérivée**, en ce sens que les facteurs ne sont pas demandés pour eux-mêmes mais pour leur contribution à la production d'un autre bien ou service. Les demandes dérivées dépendent des contraintes des entreprises — contraintes techniques et contraintes du marché — et de leurs objectifs. Les entreprises que nous avons étudiées jusqu'à présent avaient toutes le même objectif: maximiser leur profit.

La demande de facteurs de production d'une entreprise dépend donc des décisions qu'elle prend pour maximiser son profit. L'entreprise doit notamment déterminer *ce qu'elle* produira et *comment* elle le produira. Voyons comment ces décisions déterminent la demande de facteurs de production.

La maximisation du profit

Les moyens de production que mettent en œuvre les entreprises peuvent être regroupés en deux catégories: les facteurs fixes et les facteurs variables. Dans la plupart des secteurs, les facteurs fixes à court terme sont le capital (bâtiments et matériel) et les terrains qu'occupent les installations de production; le seul facteur variable est le travail. En cas de variation permanente de la production, les entreprises adapteront en longue période leur stock de capital et de terrains. En cas de variations temporaires de la production, elles s'adapteront en modifiant leur utilisation du facteur «travail».

Pour maximiser son profit, une entreprise doit atteindre un volume de production qui assure l'égalité entre sa recette marginale et son coût marginal. Cette condition doit être satisfaite, quelle que soit la structure du marché: concurrence parfaite ou concurrence monopolistique, oligopole ou monopole. Si la production d'une unité supplémentaire ajoute moins au coût total qu'à la recette totale, alors l'entreprise peut accroître son profit en augmentant son volume de production. Pour maximiser son profit, elle doit atteindre un volume de production pour lequel la dernière unité produite rapporte autant que ce qu'elle coûte. Jusqu'à présent, nous avons déterminé le volume de production optimal en comparant le coût marginal à la recette marginale de la dernière unité de *produit* vendue. Nous allons voir maintenant que l'on peut aussi déterminer le volume de production optimal en comparant la recette marginale au coût marginal attribuable à la dernière unité de *facteur* utilisée.

La recette du produit marginal et le prix des facteurs de production

Quel effet l'emploi d'une unité supplémentaire d'un facteur de production aura-t-il sur la recette de l'entreprise? Il y a deux éléments à considérer: le supplément de production que permet l'utilisation d'une unité additionnelle de facteur et l'accroissement de recette qui résulte de la vente de ce supplément de production. Le supplément de production est mesuré par le *produit marginal* du facteur. Lorsqu'une entreprise doit décider d'acquérir ou non une unité supplémentaire de facteur, elle doit donc prendre en considération l'accroissement de recette associé au produit marginal du facteur. L'augmentation de la recette totale qui résulte de l'emploi d'une unité supplémentaire d'un facteur de production est appelée **recette du produit marginal**. Vous constatez que la notion de recette du produit marginal est apparentée à la notion de recette marginale. Il y a cependant une différence importante entre les deux: la *recette du produit marginal* est le surplus de recette totale qui résulte de l'utilisation d'une unité supplémentaire d'un facteur de production, alors que la *recette marginale* est le surplus de recette totale qui résulte de la vente d'une unité supplémentaire du bien produit par l'entreprise.

L'objectif de maximisation du profit incite l'entreprise à augmenter l'utilisation d'un facteur de production tant que la recette du produit marginal du facteur est inférieure au coût marginal du facteur. Mais si le marché du facteur est concurrentiel, le coût marginal du facteur est égal au prix courant du facteur sur le marché: la demande de l'entreprise est si petite sur ce marché qu'elle ne peut exercer aucune influence sur le prix. L'acquéreur du facteur doit donc payer le prix courant, c'est-à-dire le taux de salaire en vigueur sur le marché du travail, le taux d'intérêt courant sur le marché du capital ou la rente foncière sur le marché foncier.

Le prix des facteurs de production: un coût d'opportunité

Pourquoi l'intérêt représente-t-il le prix du facteur «capital»? Au chapitre 9, nous avons vu que le *coût d'utilisation* d'un bien d'équipement était égal à la somme de la *dépréciation* du bien sur la période considérée et de l'*intérêt* sur les sommes investies pour acquérir le bien d'équipement. Le facteur «capital» dénote ici le capital *réel* ou *physique*, c'est-à-dire les biens d'équipement employés dans une activité de production, par opposition au capital *financier* qui correspond aux fonds utilisés par les entreprises pour acquérir leur capital réel. La mise en œuvre de capital réel par les entreprises nécessite donc du capital financier, dont le coût d'opportunité *net* pour l'entreprise correspond aux revenus d'intérêt que les fonds utilisés pourraient produire sur le marché financier.

Le prix du facteur «capital» n'est donc pas le prix d'achat des biens d'équipement, c'est-à-dire le prix d'achat d'une machine à tricoter dans le cas de l'usine de fabrication de chandails Maille d'or, le prix d'achat d'un ordinateur dans le cas d'un cabinet de consultation fiscale, ou le coût de construction d'une chaîne de montage d'automobiles dans le cas de GM. Ces prix d'achat ne représentent pas le coût d'opportunité lié à l'utilisation des biens d'équipement. Le coût d'opportunité lié à l'utilisation de capital réel correspond au taux d'intérêt qui doit être payé sur les fonds investis dans l'achat des éléments de capital réel. Ces fonds peuvent être empruntés ou puisés à même les fonds de l'entreprise. Dans le premier cas, le taux d'intérêt est explicite: c'est celui que la banque ou un autre organisme prêteur

Tableau 15.1 Recette du produit marginal et valeur du produit moyen du Lave-auto Jean-Pierre

	Quantité de travail (L) (en travailleurs)	Production (Q) (en voitures lavées par heure)	Produit marginal du travail ($Pm_L = \Delta Q / \Delta L$) (en lavages par travailleur)	Recette totale ($RT = P \times Q$) (en dollars par heure)	Recette du produit marginal ($RPm = \Delta RT / \Delta L$) (en dollars par travailleur)	Valeur du produit moyen ($VPM = RT / L$) (en dollars par travailleur)
a	0	0		0		
			5		20	
b	1	5		20		20
			4		16	
c	2	9		36		18
			3		12	
d	3	12		48		16
			2		8	
e	4	14		56		14
			1		4	
f	5	15		60		12

La recette du produit marginal du travail est la variation de la recette totale qui résulte de l'emploi d'une unité supplémentaire de travail. Pour calculer la recette du produit marginal, il faut donc d'abord calculer la recette totale. Si Jean-Pierre engage 1 travailleur (ligne *b*), sa production se chiffre à 5 lavages par heure qu'il vend 4 $ chacun : sa recette totale s'élève à 20 $ l'heure. S'il engage 2 travailleurs (ligne *c*), sa production passe à 9 lavages par heure et sa recette horaire totale s'élève à 36 $. L'emploi d'un deuxième travailleur fait augmenter sa recette totale de 16 $: la recette du produit marginal du travail est donc de 16 $. La valeur du produit moyen du travail est la recette totale par unité de travail utilisée. Par exemple, si Jean-Pierre emploie 2 travailleurs, sa recette totale s'élève à 36 $; la valeur du produit moyen est donc de 18 $ (36 $ ÷ 2).

---

impose à l'entreprise ; dans le second cas, il est implicite : c'est le taux auquel l'entreprise aurait pu placer ces sommes si elle ne les avait consacrées à l'achat de biens d'équipement.

La quantité demandée du facteur Nous avons vu que la recette du produit marginal d'un facteur est le surplus de recette qui résulte de l'utilisation d'une unité supplémentaire de ce facteur. Nous savons également que, si le marché du facteur de production est concurrentiel, le coût marginal du facteur pour l'entreprise est égal à son prix. Nous savons aussi que pour maximiser leur profit les entreprises doivent choisir le niveau de production qui assure l'égalité entre la recette marginale et le coût marginal de production. Cela se traduit par une demande de facteurs de production : les entreprises augmentent l'utilisation de chaque facteur de production jusqu'à ce que la recette du produit marginal du facteur soit égale à son prix. Si le prix d'un facteur change, la quantité demandée change aussi. Lorsque le prix du facteur baisse, la quantité demandée augmente. Prenons l'exemple du facteur «travail».[1]

La demande de travail de l'entreprise

Le travail est un facteur variable. Une entreprise peut donc faire varier la quantité de travail employée, mesurée par le nombre de travailleurs ou le nombre d'heures de travail, aussi bien à court terme qu'à long terme. Voyons d'abord comment se présente la demande à court terme d'une entreprise. La *fonction de production à court terme* décrit la contrainte technique à court terme d'une entreprise. Le tableau 15.1 montre la fonction de production du Lave-auto Jean-Pierre. Les deux premières colonnes indiquent le nombre maximal de lavages effectués par heure en fonction du nombre d'employés. La troisième colonne indique le *produit marginal* (ou *productivité marginale*) *du travail*, c'est-à-dire l'accroissement de production associé à l'emploi d'un travailleur supplémentaire.

---
[1] Les principes de la demande dérivée sont les mêmes pour tous les facteurs de production (travail, capital et terre). La demande de capital présente cependant quelques caractéristiques particulières que nous étudierons plus en détail au chapitre 17. Toutefois, cette partie du chapitre 17 étant relativement indépendante, vous pouvez la lire en même temps que ce chapitre.

Pour Jean-Pierre, la contrainte de marché est représentée par la courbe de demande relative à son produit. Si l'entreprise est en situation de monopole sur le marché du produit, ou s'il s'agit d'un marché de concurrence monopolistique ou d'un oligopole, la courbe de demande à l'entreprise a une pente négative. Par contre, s'il s'agit d'un marché de concurrence parfaite, l'entreprise n'a pas d'influence sur le prix de vente et elle fait face à une courbe de demande parfaitement élastique. Nous supposons ici que le marché est parfaitement concurrentiel et que Jean-Pierre peut vendre autant de lavages de voitures qu'il le désire au prix de 4 $ par lavage. Nous pouvons alors calculer sa recette totale en multipliant le nombre de voitures lavées par heure (troisième colonne) par 4 $. À titre d'exemple, si son lave-auto permet de laver 9 voitures par heure, la recette totale de Jean-Pierre se chiffrera à 36 $ par heure (ligne c).

La cinquième colonne indique la recette du produit marginal du travail, c'est-à-dire l'augmentation de la recette totale associée à l'emploi d'un travailleur supplémentaire. Par exemple, si Jean-Pierre engage un deuxième travailleur (ligne c), sa recette totale passe de 20 $ à 36 $, de sorte que la recette du produit marginal du deuxième travailleur est égale à 16 $. Comme le prix auquel Jean-Pierre peut vendre son produit est constant, il y a une autre façon de calculer la recette du produit marginal du travail : il suffit de multiplier la productivité marginale du facteur par le prix de vente du produit. Ainsi, le produit marginal d'un deuxième travailleur — 4 lavages supplémentaires — multiplié par le prix — 4 $ par lavage — est égal à la recette du produit marginal, soit 16 $. On appelle **valeur du produit marginal** d'un facteur le produit du prix de vente par la productivité marginale du facteur. Lorsqu'une entreprise n'a pas d'influence sur son prix de vente, la recette du produit marginal d'un facteur (RPm) est donc égale à la valeur du produit marginal du facteur (VPm).

La **valeur du produit moyen** d'un facteur est égale à la recette totale divisée par le nombre d'unités de facteur employées. De façon équivalente, c'est le produit du prix de vente par la productivité moyenne du facteur. La dernière colonne du tableau 15.1 indique la valeur du produit moyen du travail (VPM) dans l'entreprise de Jean-Pierre. Par exemple, quand Jean-Pierre emploie 3 travailleurs (ligne d), sa recette totale s'élève à 48 $; la valeur du produit moyen du travail est alors de 16 $ par travailleur (48 $ ÷ 3).

La valeur du produit marginal du travail décroît quand la quantité de travail employée augmente. Quand Jean-Pierre engage un premier travailleur, la valeur du produit marginal du travail est de 20 $. Mais elle n'est déjà plus que de 16 $ quand il emploie un deuxième travailleur, et elle continue de décroître chaque fois qu'il augmente son personnel.

Le fait que la valeur du produit marginal du travail décroît lorsque Jean-Pierre engage des travailleurs supplémentaires s'explique par le principe des rendements marginaux décroissants que nous avons étudié au chapitre 10. La valeur du produit marginal du travail est donnée par l'équation suivante :

$$VPm = P \times Pm.$$

Comme le prix de vente (P) est indépendant du niveau de production de Jean-Pierre, c'est la décroissance de la productivité marginale du travail avec la quantité de main-d'œuvre employée qui explique la décroissance de la valeur du produit marginal de ce facteur (et donc la décroissance de la recette du produit marginal).

Que se produirait-il si Jean-Pierre détenait un pouvoir de monopole sur ce marché ? Dans ce cas, il ne pourrait écouler une production supplémentaire qu'en réduisant son prix de vente. On ne peut alors calculer la recette du produit marginal avec un prix de vente constant. Pour obtenir le supplément de recette qui résulte de l'emploi d'une unité de facteur supplémentaire, il faut multiplier le produit marginal du facteur (Pm) par la recette marginale (Rm). La recette du produit marginal est obtenue par l'équation suivante :

$$RPm = Rm \times Pm.$$

Lorsque la demande à l'entreprise n'est pas parfaitement élastique, la décroissance de la recette du produit marginal du travail résulte à la fois de la décroissance de la productivité marginale du facteur et de la décroissance de la recette marginale. (Notez que $RPm = VPm$ lorsque $Rm = P$, c'est-à-dire lorsque l'entreprise peut vendre à un prix constant.) Le tableau 15.2 résume les principales notions que nous avons vues jusqu'à maintenant.

On peut représenter les notions que nous venons d'étudier au moyen de courbes. La **courbe de valeur du produit moyen** indique la valeur du produit moyen d'un facteur en fonction de la quantité du facteur utilisée. De la même façon, la **courbe de recette du produit marginal** décrit l'évolution de la recette du produit marginal du facteur en fonction de l'emploi du facteur ; lorsque les quantités produites par l'entreprise n'ont pas d'incidence sur le prix de vente du produit, cette courbe est la même que la *courbe de valeur du produit marginal*.

Le graphique (a) de la figure 15.4 présente la courbe de recette du produit marginal et la courbe de valeur du produit moyen du travail de l'entreprise de Jean-Pierre. Le nombre de travailleurs que Jean-Pierre emploie par heure est mesuré en abscisse, et la recette du produit marginal et la valeur du produit moyen du travail sont mesurées en ordonnée. La courbe VPM est

Tableau 15.2   Mini-glossaire des marchés des facteurs de production

Facteurs de production	Travail, capital et terre.
Prix des facteurs de production	Prix du travail : le salaire ; prix du capital : l'intérêt ; prix du sol : la rente.
Produit marginal (ou productivité marginale)	Accroissement de production qui résulte de l'emploi d'une unité supplémentaire de facteur. Par exemple, le produit marginal du travail est le supplément de production que procure l'emploi d'un travailleur supplémentaire.
Produit moyen (ou productivité moyenne)	Production par unité de facteur employée. Par exemple, le produit moyen du travail est égal au volume de production divisé par la quantité de travail employée.
Recette marginale	Supplément de recette totale qui résulte de la vente d'une unité supplémentaire du produit.
Recette du produit marginal	Supplément de recette totale associé à l'emploi d'une unité supplémentaire de facteur de production. Par exemple, la recette du produit marginal du travail est l'accroissement de la recette totale de l'entreprise qui résulte de la vente de la production fabriquée grâce à l'emploi d'un travailleur supplémentaire.
Valeur du produit moyen	Recette totale par unité de facteur employée. Pour le travail, elle est obtenue en divisant la recette totale par le nombre d'unités de travail employées.
Valeur du produit marginal	Productivité marginale du facteur multipliée par le prix de vente du produit. Lorsque l'entreprise n'a pas d'influence sur le prix de vente de son produit, la recette marginale est égale au prix de vente du produit, et la recette du produit marginal d'un facteur est égale à la valeur du produit marginal de ce facteur.

la courbe de valeur du produit moyen tracée à partir des données du tableau 15.1. Par exemple, le point d de la courbe VPM correspond à la ligne d du tableau : quand Jean-Pierre emploie 3 travailleurs, la valeur du produit moyen du travail s'élève à 16 $ par travailleur. Les rectangles bleus indiquent la recette du produit marginal du travail en fonction du nombre de travailleurs. La courbe RPm est la courbe de recette du produit marginal.

La courbe de demande de travail D du Lave-auto Jean-Pierre, représentée dans le graphique (b) de la figure 15.4, correspond à la courbe de recette du produit marginal du travail. Le nombre de travailleurs employés est mesuré en abscisse, comme dans le graphique (a), et le salaire horaire des ouvriers exprimé en dollars est mesuré en ordonnée. La courbe de demande de travail se confond avec la courbe de recette du produit marginal de l'entreprise. Par exemple, si Jean-Pierre emploie 3 travailleurs par heure, la recette du produit marginal du travail est de 10 $ l'heure — graphique (a) de la figure 15.4 ; lorsque le taux de salaire est de 10 $ l'heure, Jean-Pierre emploie 3 travailleurs — graphique (b) de la figure 15.4.

Pourquoi la courbe de demande de travail et la courbe de recette du produit marginal sont-elles identiques ? Parce que l'entreprise utilise toujours la quantité de travail qui lui permet de maximiser son profit. Si le coût qu'elle doit débourser pour employer un travailleur de plus est inférieur au surplus de recette totale que ce travailleur supplémentaire lui rapporte, c'est-à-dire si le taux de salaire est inférieur à la recette du produit marginal, alors l'entreprise a intérêt à engager ce travailleur supplémentaire. Par contre, si le coût engendré par le travailleur supplémentaire est supérieur au surplus de recette totale qu'il rapporte à l'entreprise, c'est-à-dire si son taux de salaire est supérieur à la recette du produit marginal, alors l'entreprise n'a pas intérêt à l'engager. L'entreprise maximise son profit quand le salaire du dernier travailleur engagé est égal au surplus de recette qu'il permet à l'entreprise de faire, c'est-à-dire quand la recette du produit marginal est égale au taux de salaire.

À RETENIR

La demande de facteurs de production est une demande dérivée. La quantité de travail demandée par les entreprises est celle qui maximise leur profit. La recette du produit marginal du travail est l'augmentation de la recette totale associée à l'emploi d'une unité supplémentaire du facteur. Si le marché du travail est concurrentiel, le coût marginal du travail pour l'entreprise est égal au taux de salaire. L'entreprise maximise son profit quand la recette du produit marginal du travail est égale

Figure 15.4 La recette du produit marginal et la demande de travail du Lave-auto Jean-Pierre

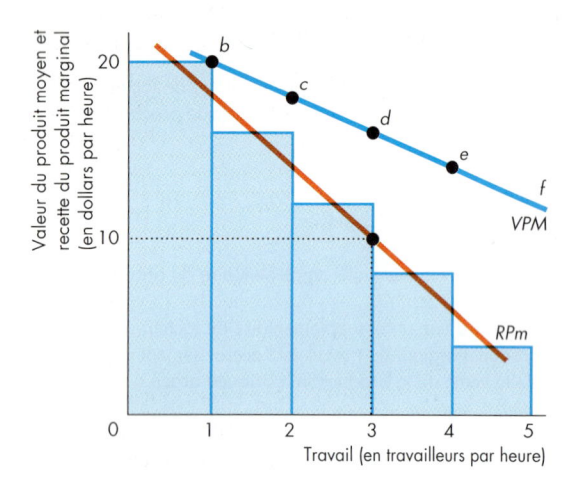

(a) Valeur du produit moyen et recette du produit marginal

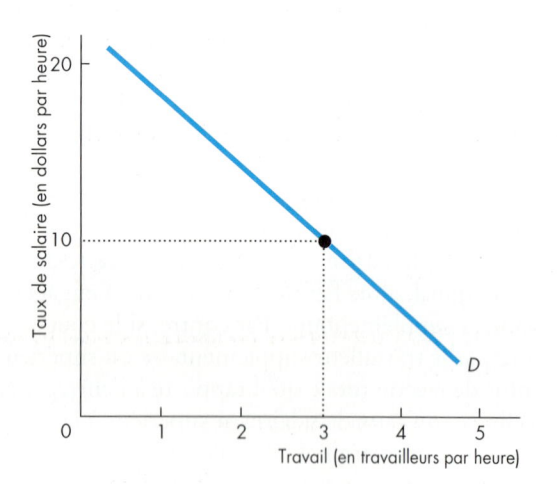

(b) Demande de travail

Le graphique (a) présente la courbe de valeur du produit moyen et la courbe de recette du produit marginal du travail du Lave-auto Jean-Pierre. Les points *b* à *f* de la courbe de valeur du produit moyen correspondent aux lignes du tableau 15.1. Les rectangles bleus, qui représentent la recette du produit marginal, ont également été tracés d'après les données de ce tableau. (Par convention, la courbe est tracée de façon à passer par les points médians des sommets des rectangles.) La valeur du produit moyen et la recette du produit marginal décroissent avec le nombre de travailleurs. La courbe de recette du produit marginal se situe toujours sous la courbe de valeur du produit moyen.

Le graphique (b) présente la courbe de demande de travail. Cette courbe est identique à la courbe de recette du produit marginal du travail. Jean-Pierre continue d'engager du personnel supplémentaire jusqu'à ce que le taux de salaire (c'est-à-dire le coût marginal du travailleur) et la recette du produit marginal du travail soient égaux.

au taux de salaire. La courbe de demande de travail de l'entreprise se confond avec la courbe de recette du produit marginal du travail. La quantité de travail demandée décroît avec le taux de salaire.

■■■

Les deux conditions de la maximisation du profit Nous avons vu qu'une entreprise maximise son profit lorsqu'elle produit la quantité qui assure l'égalité entre la recette marginale et le coût marginal. Nous venons de voir qu'il existe une autre condition : il faut que la recette du produit marginal de chaque facteur soit égale au prix du facteur. L'entreprise doit-elle vraiment remplir ces deux conditions pour maximiser son profit ? En fait, les deux conditions sont équivalentes. La première — égalité de la recette marginale et du coût marginal — indique la quantité que l'entreprise doit produire pour maximiser son profit ; la seconde — égalité de la recette du produit marginal et du prix de chaque facteur — indique la quantité de facteur que l'entreprise doit employer pour atteindre un volume de production optimal. Le tableau 15.3 montre pourquoi ces deux conditions sont équivalentes.

Notre analyse nous a permis de construire la courbe de demande de travail. Voyons maintenant ce qui peut entraîner une modification de la demande de travail, c'est-à-dire un déplacement de la courbe de demande de travail.

Modifications de la demande de travail La position de la courbe de demande de travail d'une entreprise en situation de concurrence sur le marché du produit dépend de trois éléments :

• Le prix du produit de l'entreprise

• Les prix des autres facteurs de production

• La technologie

Toutes choses étant égales par ailleurs, plus le prix du produit de l'entreprise est élevé, plus la quantité de travail demandée est importante. Pourquoi le prix de vente influe-t-il sur la demande de travail ? Parce qu'il se répercute sur la recette du produit marginal : une hausse du prix du produit de l'entreprise entraîne une augmentation de la recette marginale, ce qui se traduit par une augmentation de la recette du produit marginal du travail. Toute variation du prix du produit modifie donc la courbe de demande de travail. Si le prix du produit augmente, la demande de travail augmente aussi.

Les deux autres éléments qui ont une incidence sur la demande de travail agissent plutôt à long terme qu'à court terme. La **demande de travail à court terme** traduit la relation entre le taux de salaire et la quantité de travail demandée quand le stock des autres facteurs de production reste inchangé et que le travail constitue

Tableau 15.3 — Les deux conditions de la maximisation du profit

Explication des symboles utilisés

Recette marginale	Rm
Coût marginal	Cm
Produit marginal	Pm
Recette du produit marginal	RPm
Prix du facteur	PF

Les deux conditions de la maximisation du profit

1. Rm = Cm
2. RPm = PF

Équivalence des conditions

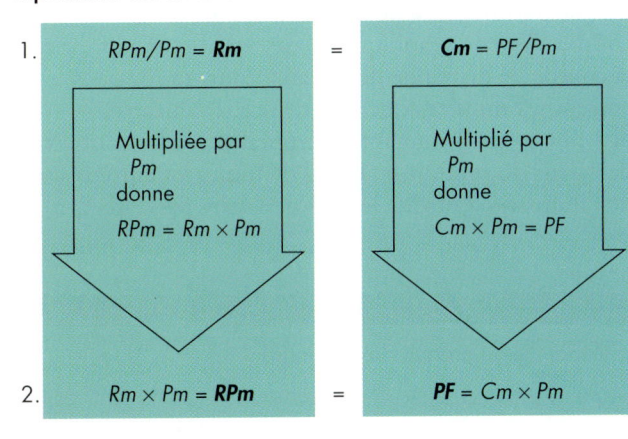

1. RPm/Pm = **Rm** = **Cm** = PF/Pm

   Multipliée par Pm donne : RPm = Rm × Pm

   Multiplié par Pm donne : Cm × Pm = PF

2. Rm × Pm = **RPm** = **PF** = Cm × Pm

La recette marginale (Rm) est égale au coût marginal (Cm), et la recette du produit marginal (RPm) est égale au prix du facteur (PF). Les deux conditions de la maximisation du profit sont équivalentes, car la recette du produit marginal (RPm) est égale à la recette marginale (Rm) multipliée par le produit marginal (Pm), alors que le prix du facteur (PF) est égal au coût marginal (Cm) multiplié le produit marginal (Pm).

---

le seul facteur variable de l'entreprise. La **demande de travail à long terme** traduit la relation entre le taux de salaire et la quantité de travail demandée quand tous les facteurs de production de l'entreprise sont variables. Si le prix relatif d'un facteur — comme le prix relatif du travail par rapport au capital — change, l'entreprise substitue le facteur devenu relativement moins cher au facteur devenu plus cher. Ainsi, si le coût d'utilisation du capital baisse par rapport au coût d'utilisation du travail, l'entreprise choisira une méthode de production à plus forte proportion de capital; autrement dit, la quantité de capital demandée augmente et la quantité de travail demandée diminue.

Enfin, l'évolution de la technologie modifie la fonction de production, ce qui a des répercussions sur le produit marginal et donc sur la demande de travail. Cet effet ne joue, lui aussi, qu'à long terme, car l'entreprise ne pourra intégrer une innovation technique à son processus de production qu'en adaptant sa consommation de tous les autres facteurs aux nouvelles possibilités techniques. Les innovations qui font baisser la productivité marginale relative du travail ont pour effet de diminuer la demande de travail; inversement, celles qui font augmenter la productivité marginale relative du travail ont pour effet de faire croître la demande de travail. Le tableau 15.4 résume les éléments qui peuvent influer sur la demande de travail d'une entreprise.

Nous avons vu à la figure 15.2 les effets d'une modification de la demande d'un facteur. Dans le cas particulier du facteur «travail», la figure montrait les effets des modifications de la demande de travail sur le taux de salaire et sur la quantité de travail employée. Nous pouvons maintenant énumérer les causes possibles de ces modifications de la demande de travail: une hausse du prix du produit de l'entreprise, une hausse du prix relatif du capital par rapport au travail ou une innovation technique augmentant le produit marginal du travail. Ces causes font déplacer la courbe de

Tableau 15.4 — La demande de travail d'une entreprise

La loi de la demande

La quantité de travail demandée par une entreprise :

baisse quand...	augmente quand...
• le taux de salaire augmente.	• le taux de salaire diminue.

Modifications de la demande

La demande de travail d'une entreprise :

diminue quand...	augmente quand...
• le prix du produit de l'entreprise baisse.	• le prix du produit de l'entreprise augmente.
• le prix des autres facteurs de production baisse.	• le prix des autres facteurs de production augmente.
• une innovation technique fait baisser la productivité marginale relative du travail.	• une innovation technique fait augmenter la productivité marginale relative du travail.

demande de travail vers la droite, par exemple de D_0 à D_1 dans le graphique (a) de la figure 15.2 ; à l'inverse, une baisse du prix du produit de l'entreprise, une baisse du prix relatif du capital ou une innovation technique qui fait baisser le produit marginal du travail font déplacer la courbe de demande de travail vers la gauche, par exemple de D_0 à D_2 dans le graphique (b) de la figure 15.2.

La demande du marché

Nous n'avons étudié jusqu'à maintenant que la demande de travail d'une entreprise prise isolément. Mais qu'en est-il de la demande du marché dans son ensemble ? Dans le cas d'un facteur de production, la demande du marché est la somme des demandes de toutes les entreprises qui font appel à ce facteur. On obtient la courbe de demande de travail en additionnant les quantités de travail demandées par l'ensemble des entreprises considérées, aux différents niveaux de salaire possibles. La notion de demande totale est donc semblable à la notion de demande totale d'un bien ou service. Dans le cas d'un produit, la courbe de demande totale est obtenue en additionnant « horizontalement » les quantités du produit que demandent les ménages, à chaque prix possible ; de même, la courbe de demande totale de travail est obtenue en additionnant les quantités demandées par les entreprises sur le marché, à chaque taux de salaire possible.

Il y a cependant une complication supplémentaire qui tient au fait que la demande d'un facteur est une *demande dérivée*. Lorsqu'on analyse l'effet qu'une variation du taux de salaire aura sur la quantité de travail demandée par les entreprises d'un secteur d'activité donné, on doit généralement tenir compte des ajustements qui se produiront sur le marché du produit des entreprises en question.

La figure 15.5 illustre une situation où une variation du taux de salaire n'a pas d'effet sur le prix de vente du produit. À titre d'exemple, une hausse des salaires dans les entreprises minières québécoises n'aura pas d'effet sur le prix de vente de leur produit, puisque celui-ci est déterminé sur le marché mondial des métaux et que la production québécoise ne représente qu'une part négligeable de la production mondiale. La courbe VPm du graphique (a) de cette figure représente la courbe de demande de travail à court terme des entreprises minières québécoises ; cette courbe est obtenue en additionnant horizontalement les courbes de valeur du produit marginal de toutes les entreprises de l'industrie. Lorsque le taux de salaire passe de S_0 à

Figure 15.5 Équilibre à court terme sur le marché du travail et sur le marché du produit : la demande du produit est parfaitement élastique.

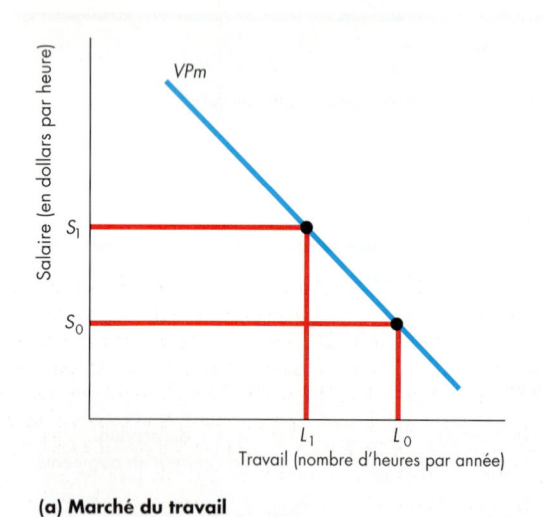

(a) Marché du travail

(b) Marché du produit

Le marché du produit est parfaitement concurrentiel et la demande du produit est parfaitement élastique au prix P. La courbe de demande de travail des entreprises de l'industrie (dénotée par le symbole VPm dans le graphique a) est la somme horizontale des courbes de valeur du produit marginal du travail de chaque entreprise. Une hausse du taux de salaire, de S_0 à S_1, se traduit par un déplacement vers la gauche de la courbe d'offre du produit dans le graphique (b). Le prix d'équilibre du produit reste inchangé car la demande est parfaitement élastique. L'effet de cette hausse sur la quantité de travail demandée se traduit par un mouvement le long de la courbe VPm du graphique (a).

S_1, la quantité totale de travail demandée diminue de L_0 à L_1. Le graphique (b) montre comment le marché du produit s'ajuste à cette situation. Le prix mondial du métal est P et les entreprises québécoises font face à une demande parfaitement élastique à ce prix. Comme elle a pour effet d'augmenter le coût marginal du produit, la hausse du prix du travail se traduit par un déplacement vers le haut de la courbe d'offre à court terme de l'industrie minière québécoise, de OCT_0 à OCT_1. La production totale des entreprises diminue, de Q_0 à Q_1. La diminution de la production sur le marché du produit n'est évidemment que la contrepartie de la diminution de l'emploi sur le marché du facteur. Dans la situation représentée à la figure 15.5, la *demande dérivée* de travail correspond donc à la courbe VPm du graphique (a).

La figure 15.6 illustre une situation où la demande du marché, pour l'ensemble des entreprises considérées, n'est pas parfaitement élastique. Aucun des producteurs pris séparément n'a d'influence sur le prix du produit (il s'agit d'un marché parfaitement concurrentiel), mais une variation de la production de l'ensemble des entreprises aura un effet sur le prix d'équilibre du produit. À titre d'exemple, on peut prendre le secteur de la restauration à Montréal : une modification de l'offre dans ce secteur aura un effet sur le prix des repas au restaurant à Montréal. Dans le graphique (a) de la figure 15.6, la courbe VPm_0 est la courbe de demande de travail des restaurateurs lorsque le prix des repas est de P_0. Dans le graphique (b) de la même figure, la courbe OCT_0 est la courbe d'offre de repas à court terme lorsque le taux de salaire est de S_0. Les deux graphiques représentent un équilibre *simultané* sur le marché du facteur et sur le marché du produit : le prix d'équilibre sur le marché du produit (P_0) correspond à ce qu'on a supposé pour tracer la courbe de valeur du produit marginal du travail (VPm_0) sur le marché du facteur ; le salaire sur le marché du facteur (S_0) correspond à celui qu'on a utilisé pour tracer la courbe d'offre à court terme OCT_0 sur le marché du produit ; enfin, L_0 représente la quantité de travail qui est requise à court terme pour produire la quantité Q_0.

Quel sera l'effet maintenant d'une hausse du taux de salaire, s'il passe de S_0 à S_1 ? Il est plus simple d'analyser d'abord comment le marché du produit s'ajuste à cette situation. Dans le graphique (b), la hausse du taux de salaire se traduit par un déplacement vers le haut de la courbe d'offre à court terme, de OCT_0 à OCT_1, ce qui fait augmenter le prix des repas, qui passe de P_0 à P_1. Or, une hausse du prix du produit se traduit, sur le marché du facteur, par un déplacement vers le haut de la courbe de valeur du produit marginal. Cet effet est représenté dans le graphique (a) : au nouveau prix P_1 pour le produit, la courbe de valeur du produit marginal du travail est maintenant la courbe VPm_1. Au

Figure 15.6 Équilibre à court terme sur le marché du travail et sur le marché du produit : la demande du produit est imparfaitement élastique

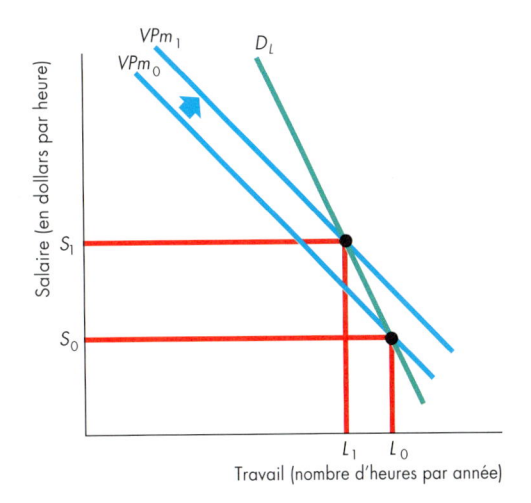

(a) Marché du travail

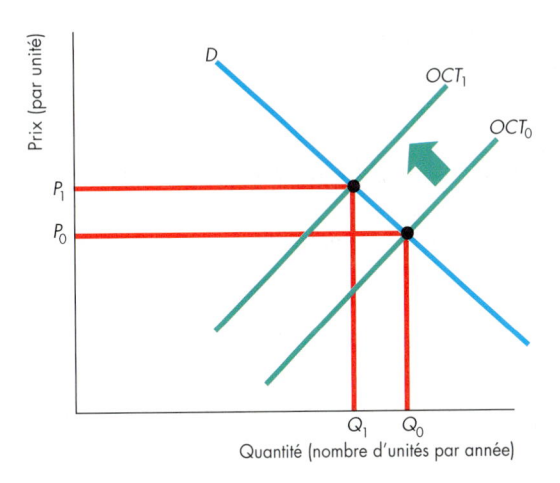

(b) Marché du produit

À l'équilibre initial, le taux de salaire est de S_0 et le prix du produit est de P_0. La courbe d'offre à court terme du produit OCT_0 suppose un taux de salaire de S_0 ; la courbe de demande de travail VPm_0 suppose un prix du produit de P_0. Le marché du travail et le marché du produit sont parfaitement concurrentiels. Une hausse du taux de salaire, qui passe de S_0 à S_1, se traduit par un déplacement de la courbe d'offre à court terme du produit, de OCT_0 à OCT_1. Le nouveau prix d'équilibre du produit est de P_1. À ce prix, la courbe de valeur du produit marginal du travail est VPm_1 : il y a eu un déplacement vers la droite de VPm_0 à VPm_1. La hausse du taux de salaire a pour effet de faire baisser la quantité de travail demandée, de L_0 à L_1. La courbe D_L est la courbe de demande de travail lorsqu'on tient compte de l'ajustement du prix du produit résultant d'une variation du taux de salaire.

taux de salaire S_1, la quantité de travail demandée est par conséquent indiquée par la courbe VPm_1. Lorsqu'on tient compte de l'ajustement sur le marché du produit, une hausse du taux de salaire, qui passe de S_0 à S_1, a donc pour effet de réduire la quantité de travail demandée, de L_0 à L_1. La courbe D_L du graphique (a), qui passe par ces points d'équilibre, est la courbe de *demande dérivée* du facteur «travail», lorsqu'on tient compte de l'effet qu'aura une variation du taux de salaire sur le prix de vente du produit.

L'élasticité de la demande de travail

L'élasticité de la demande de travail mesure la sensibilité de la demande de travail aux variations du taux de salaire. On calcule cette élasticité de la même façon que l'élasticité de la demande d'un bien ou service par rapport au prix. L'élasticité de la demande de travail est donc égale au rapport entre le pourcentage de variation de la quantité demandée et le pourcentage de variation du taux de salaire. Elle dépend de l'élasticité de la demande des biens ou services produits par les entreprises et de la fonction de production des entreprises. Nous analyserons séparément les déterminants de l'élasticité à court terme de la demande de travail et ceux de l'élasticité à long terme.

L'élasticité à court terme L'élasticité à court terme de la demande de travail mesure la sensibilité de la demande de travail à une variation du taux de salaire quand le travail est le seul facteur variable. Comme la quantité de travail demandée varie toujours en sens inverse du taux de salaire, on prend généralement la valeur absolue de cette élasticité : la valeur absolue de l'élasticité de la demande de travail nous indique de combien la quantité demandée *diminue* quand le taux de salaire augmente. Plus la demande est élastique, plus la quantité de travail demandée sera sensible à une variation du taux de salaire.

L'élasticité à court terme de la demande de travail dépend de deux facteurs : l'élasticité à court terme de la demande du produit et la pente de la courbe de productivité marginale du travail.

L'élasticité à court terme de la demande du produit
Lorsque la demande du produit est très élastique, une petite variation du prix de vente entraîne une variation importante de la quantité demandée. Une variation du taux de salaire modifie le coût marginal de production à court terme, ce qui se traduit par une variation du prix et de la quantité d'équilibre sur le marché du produit. Pour une variation donnée du taux de salaire, l'effet sur la quantité d'équilibre du produit (et par conséquent sur la quantité de travail demandée) sera d'autant plus grand que l'élasticité de la demande du produit est élevée. Autrement dit, plus la demande du produit est élastique, plus la demande de travail l'est également. Les figures 15.5 et 15.6 illustrent cette propriété : à la figure 15.5, la demande du produit est parfaitement élastique et la baisse de la quantité de travail demandée est relativement importante ; à la figure 15.6, la demande du produit est moins élastique et la baisse de la quantité de travail demandée est moins importante, pour une même variation du taux de salaire. Dans le second cas, l'effet sur la quantité de travail demandée est moins important parce qu'une partie de la hausse du taux de salaire est supportée par les acheteurs du produit.

La pente de la courbe de productivité marginale du travail
La pente de la courbe de productivité marginale du travail dépend des caractéristiques des techniques de production utilisées. Le produit marginal baisse rapidement dans certains cas, alors que dans d'autres il reste à peu près constant même si l'entreprise augmente considérablement son personnel. Plus la courbe de productivité marginale est abrupte, plus la recette du produit marginal du travail (ou la valeur du produit marginal du travail si le marché du produit est un marché de concurrence parfaite) est sensible aux variations de la quantité de travail employée. Si le surplus de recette qui résulte de l'emploi d'un travailleur supplémentaire décroît rapidement avec l'augmentation du personnel, l'entreprise ne sera pas incitée à accroître de beaucoup le nombre de ses employés par suite d'une baisse du taux de salaire. Donc, plus la courbe de productivité marginale du travail est abrupte, moins la demande de travail est élastique.

L'élasticité à long terme L'élasticité à long terme de la demande de travail est le rapport entre le pourcentage de variation de la quantité de travail demandée et le pourcentage de variation du taux de salaire quand tous les facteurs de production sont variables. Comme l'élasticité à court terme, l'élasticité à long terme dépend de l'élasticité de la demande sur le marché du bien ou service produit par les entreprises, mais il s'agit maintenant de l'élasticité *à long terme* de la demande du produit. En ce qui concerne les autres facteurs qui influent sur l'élasticité de la demande de travail, il y a deux éléments à considérer : la part de la main-d'œuvre dans les coûts de production et les possibilités de substitution du capital au travail.

La part de la main-d'œuvre dans les coûts de production
L'élasticité de la demande de travail dépend de l'importance relative des coûts de main-d'œuvre dans le coût total de production. Si la main-d'œuvre représente 90 % du coût total de production d'un bien ou service donné, une variation de 10 % du taux de salaire entraîne une variation de 9 % du coût total de produc-

tion, pour un ratio capital-travail donné. Par contre, si la main-d'œuvre ne représente que 10 % du coût total, une variation de 10 % du taux de salaire n'entraîne qu'une variation de 1 % du coût total de production. Or, la variation du prix d'équilibre du produit sera d'autant plus importante que la variation du coût de production est importante ; par ailleurs, pour une élasticité donnée de la demande du produit, la variation de la quantité produite à l'équilibre sera d'autant plus importante que la variation du coût est importante. Par conséquent, toutes choses étant égales par ailleurs, plus la main-d'œuvre représente une part importante du coût total, plus la demande de travail est élastique.

Les possibilités de substitution du capital au travail
Nous savons qu'à long terme une variation des prix relatifs des facteurs entraîne une modification des techniques de production au profit du facteur qui est devenu relativement meilleur marché. Plus il est facile de substituer du capital au travail dans le processus de production, plus la demande de travail est élastique à long terme. Par exemple, il peut être relativement facile de remplacer les ouvriers d'une chaîne de montage automobile par des robots ou de remplacer la cueillette manuelle du raisin par des machines à vendanger. Par contre, on ne peut guère remplacer les journalistes, les responsables de l'octroi des prêts bancaires ou les courtiers en valeurs mobilières par des robots. Plus les facteurs sont substituables, plus la demande de travail est élastique.

À RETENIR

L'élasticité à court terme de la demande de travail dépend de deux facteurs :

- L'élasticité à court terme de la demande du bien ou service produit par les entreprises
- La pente de la courbe de productivité marginale du travail

L'élasticité à long terme de la demande de travail dépend de trois facteurs :

- L'élasticité à long terme de la demande du bien ou service produit par les entreprises
- La part de la main-d'œuvre dans le coût total de production
- Les possibilités de substitution du capital au travail dans le processus de production

■ ■ ■

L'offre de facteurs de production

Ce sont les ménages qui déterminent l'offre de facteurs de production. La quantité offerte d'un facteur dépend du prix. En général, plus le prix est élevé, plus la quantité offerte est importante. Cependant, le travail peut faire exception à cette règle, en raison de la *désutilité* qui lui est associée et aussi du fait qu'il représente la plus grande source de revenus des ménages.

Nous allons à présent étudier les décisions des ménages en matière d'offre de facteurs de production, en commençant par l'offre de travail.

L'offre de travail

Ce sont les ménages qui décident du temps qu'ils consacreront à leurs diverses activités, et notamment au travail. Les activités des ménages se répartissent en deux grandes catégories :

- Les activités de marché
- Les activités hors marché

Les **activités de marché** des ménages se résument au travail rémunéré. Les **activités hors marché** regroupent les loisirs et les activités productives hors marché, incluant la formation et l'éducation. Les activités de marché rapportent aux ménages un rendement immédiat sous forme de revenu. Le rendement des activités hors marché peut prendre différentes formes : biens ou services produits à la maison, augmentation des revenus futurs, loisirs et distractions, qui ont une importance en soi et que les économistes considèrent comme des biens.

Pour décider du temps qu'ils consacreront à leurs diverses activités, les ménages doivent évaluer les rendements qu'ils peuvent retirer de chacune d'elles. Nous nous intéresserons en particulier à l'influence du taux de salaire sur la répartition du temps des ménages et notamment sur leur offre de travail.

Les salaires et l'offre de travail Il faut que les taux de salaire proposés soient suffisamment élevés pour que les ménages offrent leurs services sur le marché. En effet, il y a une valeur associée aux activités hors marché, soit parce qu'elles permettent aux ménages de fabriquer directement des biens et services utiles, soit parce qu'elles représentent un temps de loisir. Pour inciter un ménage à offrir ses services sur le marché, il faut que le salaire horaire qu'on lui propose soit au moins égal, à la marge, à la valeur qu'il accorde à ses activités hors marché. Ce taux de salaire critique, qui représente le taux de salaire minimal qu'un ménage exige pour commencer à offrir du travail sur le marché, est appelé **salaire de réserve**. En deçà de cette limite, les ménages consacrent tout leur temps aux activités hors marché et leur offre de travail est nulle. Ils ne commencent à travailler que lorsque le salaire proposé atteint leur salaire de réserve. Au-delà de cette valeur critique, la quantité de travail offerte dépend du taux de salaire sur le marché et elle varie d'abord positivement avec le taux de salaire. Une hausse du taux de salaire exerce cependant deux effets contraires sur la quantité de travail offerte : un effet de substitution et un effet de revenu.

L'effet de substitution Toutes choses étant égales par ailleurs, plus le taux de salaire est élevé, plus les gens restreignent leurs activités hors marché pour se consacrer au travail rémunéré. Au fur et à mesure que le taux de salaire augmente, les ménages abandonnent certaines activités et consacrent le temps qui leur était réservé aux activités de marché. Supposons qu'un ménage utilise une partie du temps dont il dispose pour faire la cuisine et la lessive — activités hors marché —, et que l'équivalent de ces services puisse être obtenu au coût de 10 $ l'heure. Tant que le taux de salaire reste inférieur à 10 $ l'heure, le ménage continue de cuisiner et de faire sa lessive. Mais si le taux de salaire en vient à dépasser 10 $ l'heure, le ménage aura intérêt à augmenter le temps consacré au travail rémunéré, quitte à faire faire sa lessive et à manger au restaurant. L'augmentation du taux de salaire entraîne donc un transfert des activités hors marché vers les activités de marché.

L'effet de revenu Plus le taux de salaire du ménage est élevé, plus son revenu est important. Or, toutes choses étant égales par ailleurs, plus le revenu est important, plus la demande de la plupart des biens et services augmente. Les loisirs, qui sont une activité hors marché, comptent au nombre de ces biens et services. L'accroissement du revenu fait donc augmenter la demande de loisirs. L'effet de revenu d'une hausse du taux de salaire est donc d'inciter les ménages à diminuer la quantité de travail offerte.

Possibilité d'une courbe d'offre de travail à pente négative
L'effet de revenu et l'effet de substitution exercent donc des effets contraires sur l'offre de travail des ménages. L'effet de substitution d'une hausse du taux de salaire entraîne toujours une augmentation de la quantité de travail offerte ; l'effet de revenu, une diminution de la quantité de travail offerte. À des taux de salaire bas, l'effet de substitution est plus important que l'effet de revenu ; l'offre de travail des ménages est donc alors croissante par rapport au taux de salaire. À un certain seuil de salaire, les deux effets se compensent ; une hausse du taux de salaire n'a alors aucun effet sur la quantité de travail offerte. Au-delà de ce seuil, l'effet de revenu prend le pas sur l'effet de substitution, et la quantité de travail offerte diminue. La courbe d'offre de travail des ménages n'est donc pas croissante sur toute sa longueur. À partir d'un certain niveau de salaire, elle se replie vers l'axe des ordonnées.

Les trois graphiques de la partie (a) de la figure 15.7 indiquent les courbes d'offre de travail de trois ménages dont les salaires de réserve diffèrent : le salaire de réserve est de 1 $ l'heure pour le ménage A, de 4 $ l'heure pour le ménage B et de 7 $ l'heure pour le ménage C. À partir d'un certain taux de salaire qui est différent d'un ménage à l'autre, la quantité de travail offerte diminue avec la hausse du taux de salaire.

L'offre du marché La quantité de travail offerte sur le marché est la somme des quantités offertes par tous les ménages. La courbe d'offre totale de travail est la somme «horizontale» des courbes d'offre de travail de tous les ménages. Le graphique de la partie (b) de la figure 15.7 présente la courbe d'offre totale de travail O_M qui a été construite à partir des courbes d'offre de travail O_A, O_B et O_C des trois ménages présentés dans la partie (a) de la même figure. Si le salaire est inférieur à 1 $ l'heure, les trois ménages s'adonnent essentiellement à des activités hors marché (cuisine et bricolage, par exemple) ; la quantité de travail qu'ils offrent sur le marché est nulle. Le salaire de réserve du ménage A, celui qui désire le plus travailler, est de 1 $ l'heure. Le salaire de réserve du ménage B s'élève à 4 $ l'heure ; le ménage B commencera donc à travailler dès que le salaire proposé atteindra 4 $ l'heure. Lorsque le taux de salaire se situe entre 1 $ et 4 $ l'heure, l'offre de travail du marché correspond à celle du ménage A. Au-delà de 4 $, la quantité de travail offerte sur le marché est la somme des quantités offertes par le ménage A et par le ménage B. Le ménage C commence à offrir du travail sur le marché dès que le salaire proposé atteint 7 $ l'heure. Au-delà de 7 $ l'heure, l'offre de travail du marché est donc la somme des offres des trois ménages.

La courbe d'offre totale de travail O_M, comme les courbes d'offre de travail des ménages, finit par revenir vers l'axe des ordonnées. Mais la portion croissante de la courbe d'offre totale de travail est plus longue, car les ménages n'ont pas tous le même salaire de réserve : au fur et à mesure que le salaire augmente, de nouveaux ménages, aux salaires de réserve plus élevés que les autres, se mettent à offrir du travail sur le marché.

Nous avons dit que la courbe d'offre totale de travail finissait par revenir vers l'axe des ordonnées. Cela est juste en théorie mais, dans la réalité, aucun pays n'a jamais atteint un niveau de salaires qui donne lieu à une offre totale de travail décroissante. Certains des ménages peuvent avoir atteint l'extrémité de leur courbe d'offre de travail. Mais, plus le taux de salaire augmente, plus les individus qui se trouvent sur la partie croissante de leur courbe d'offre augmenteront la quantité de travail qu'ils offrent, et plus de nouveaux travailleurs, aux salaires de réserve plus élevés que les premiers, entreront sur le marché du travail. Dans la

Figure 15.7 L'offre de travail

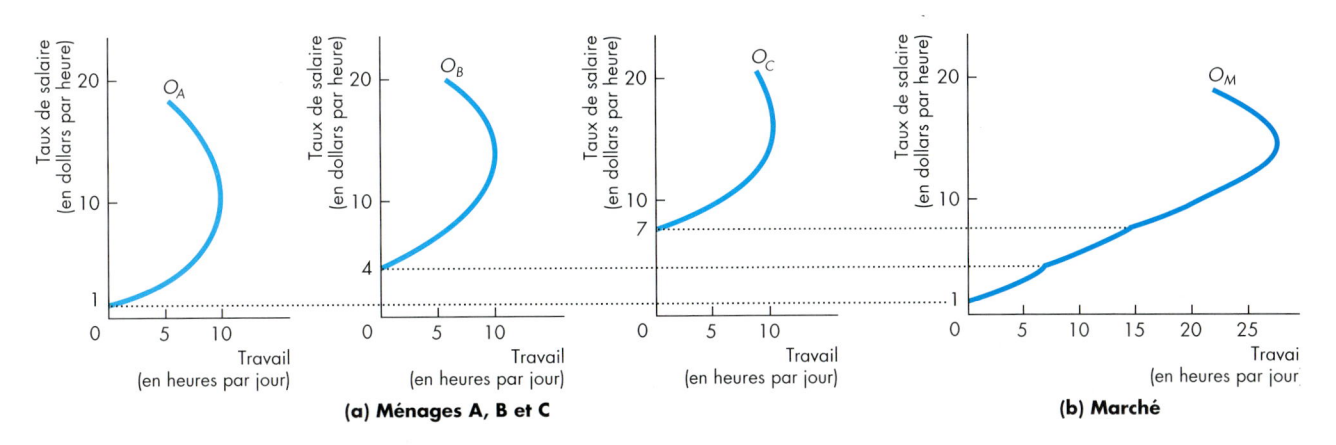

(a) Ménages A, B et C

(b) Marché

Les trois graphiques de la partie (a) montrent les courbes d'offre de travail de trois ménages, O_A, O_B et O_C. Chacun de ces ménages a un salaire de réserve différent, au-dessous duquel il n'offre aucun travail sur le marché. Au-delà de son salaire de réserve, la quantité de travail offerte par chaque ménage augmente avec le salaire proposé, jusqu'à atteindre un maximum à partir duquel elle décroît : à partir de ce maximum, les courbes d'offre de travail des ménages se replient vers l'axe des ordonnées. Si la quantité offerte augmente avec le salaire, c'est que l'effet de substitution est plus important que l'effet de revenu. L'offre de travail décroît avec le taux de salaire quand l'effet de revenu a pris le pas sur l'effet de substitution.

Le graphique de la partie (b) montre que la courbe d'offre de travail du marché est obtenue en additionnant les quantités de travail offertes par tous les ménages, aux différents niveaux de salaire. La courbe O_M est donc construite à partir des courbes d'offre de travail des ménages. La courbe d'offre totale de travail a la même forme générale que les courbes d'offre de travail des ménages. En fait, cette courbe ne se replie vers l'axe des ordonnées qu'à un niveau de salaire plus élevé que ceux que nous observons en pratique. Le marché se situe donc sur la partie croissante de la courbe d'offre de travail.

---

pratique, l'augmentation du nombre d'heures travaillées par ces deux dernières catégories — travailleurs sur la partie croissante de leur courbe d'offre de travail et travailleurs aux salaires de réserve plus élevés — excède toujours la diminution du nombre d'heures travaillées par ceux qui auraient atteint la limite de leur courbe d'offre. La courbe d'offre totale de travail est donc en pratique toujours croissante, de sorte que nous limiterons dorénavant notre analyse à la portion croissante de la courbe.

L'offre de travail à l'entreprise Nous connaissons maintenant les facteurs qui influent sur la courbe d'offre de travail d'un ménage et nous avons construit la courbe d'offre de travail du marché. Mais comment la quantité de travail offerte à chaque entreprise est-elle déterminée ? Cela dépend du degré de concurrence qui existe sur le marché du travail.

Si le marché du travail est parfaitement concurrentiel, chaque entreprise fera face à une courbe d'offre de travail parfaitement élastique. Chaque entreprise ne représente en effet qu'une part minime du marché total et n'exerce donc aucune influence sur le taux de salaire.

Mais tous les marchés du travail ne sont pas parfaitement concurrentiels, en ce sens que certaines entreprises peuvent avoir une influence sur le prix de leur main-d'œuvre. Ces entreprises font face à une courbe d'offre de travail croissante : plus elles veulent engager du personnel, plus elles doivent proposer des salaires élevés. Nous étudierons le fonctionnement de ce type de marché au chapitre 16 et ne traiterons ici que des marchés des facteurs de production qui sont parfaitement concurrentiels.

À RETENIR

Parmi les décisions que les ménages prennent sur la répartition du temps dont ils disposent, ils doivent déterminer la quantité de travail qu'ils offriront sur le marché. Si le salaire proposé sur le marché est inférieur au salaire de réserve d'un ménage, ce dernier consacrera tout son temps à des activités hors marché. Au-delà du taux de salaire de réserve, une hausse du taux de salaire exercera deux effets contraires sur la quantité de travail offerte : un effet de substitution et un effet de revenu. L'effet de substitution d'une hausse du taux de salaire tend à réduire le temps consacré aux activités hors marché et à faire augmenter la quantité de travail offerte ; l'effet de revenu tend à faire augmenter le temps consacré aux loisirs et à réduire la quantité de travail offerte.

L'offre de travail du marché est la somme des offres de travail de tous les ménages. Comme les courbes d'offre des ménages, la courbe d'offre du marché se replie vers l'axe des ordonnées à partir d'un certain taux de salaire. Dans la réalité, toutes les économies se situent sur la portion croissante de la courbe d'offre de travail. La courbe d'offre de travail à chaque entreprise dépend du degré de concurrence qui existe sur le marché du travail. Dans un marché du travail parfaitement concurrentiel, chaque entreprise fait face à une courbe d'offre de travail parfaitement élastique.

■ ■ ■

Étudions maintenant l'offre de capital.

L'offre de capital

Les ménages fournissent des capitaux aux entreprises par le biais de l'épargne, quand ils ne consomment pas la totalité de leurs revenus. L'importance de cet apport dépend de la part de revenu que les ménages consacrent à l'épargne.

L'épargne des ménages dépend principalement de deux facteurs :

- Leur revenu courant par rapport à leur revenu futur
- Le taux d'intérêt

Le revenu courant et le revenu futur Les ménages dont le revenu courant est de beaucoup inférieur à leur revenu futur épargnent peu, ou peuvent même s'endetter (on dit alors que leur épargne est *négative*). À l'inverse, les ménages dont le revenu courant est de beaucoup supérieur à leur revenu futur épargnent dans le but d'avoir la possibilité de consommer plus dans l'avenir que ce que leur revenu ne leur permettra. Le rapport entre le revenu courant et le revenu futur d'un ménage dépend surtout de l'étape où se trouve le ménage dans son *cycle de vie*. Ainsi, le revenu courant des jeunes ménages est souvent inférieur au revenu qu'ils peuvent anticiper ; par contre, le revenu courant des ménages dans la force de l'âge est supérieur à leur revenu futur. Les jeunes ménages s'endettent (en contractant des emprunts hypothécaires ou en ayant recours au crédit à la consommation) pour acheter des biens durables et consommer plus que leur revenu courant. Les ménages plus âgés épargnent et accumulent des actifs, notamment sous forme de régimes de retraite et d'assurance-vie, en vue de préparer leur retraite.

L'offre de capital et le taux d'intérêt L'offre de capital d'un ménage est le stock net d'actifs qu'il a accumulé au fil des ans. Ces actifs se présentent sous la forme de capital *physique* (par exemple, la maison qu'un ménage aura acquise) ou de capital *financier* (régimes de retraite, certificats de placement, portefeuille d'actions, etc.). Le capital financier d'un ménage est la contrepartie du capital *réel* utilisé par les entreprises ; en effet, au fil des ans, les sommes que représentent les actifs financiers accumulés par un ménage auront, directement ou indirectement, été mises à la disposition des entreprises pour leur permettre d'acquérir des éléments de capital réel.

La courbe d'offre de capital d'un ménage représente la relation entre le taux d'intérêt et le stock net d'actifs que le ménage désire détenir ; vue sous un autre angle, cette courbe représente la relation entre le taux d'intérêt et le stock de capital qui sera mis à la disposition des entreprises par suite des décisions d'épargne des ménages. Lorsqu'un ménage *épargne*, c'est-à-dire lorsque sa consommation courante est inférieure à son revenu courant, le ménage augmente son stock net d'actifs ; lorsqu'il y a *désépargne*, c'est-à-dire lorsque la consommation courante d'un ménage est supérieure à son revenu courant, il diminue son stock net d'actifs (par exemple, il peut augmenter sa consommation courante en liquidant ses actifs). Toutes choses étant égales par ailleurs, un taux d'intérêt élevé incitera un ménage à restreindre sa consommation courante et à épargner (et donc à augmenter son stock net d'actifs), de façon à profiter du taux de rendement plus avantageux de ses placements. La quantité de capital offerte par un ménage augmente donc avec le taux d'intérêt.

L'offre totale de capital, c'est-à-dire l'offre du marché, est la somme des quantités de capital offertes par l'ensemble des ménages. La courbe d'offre de capital du marché représente donc le stock net d'actifs que l'ensemble des ménages désire détenir en fonction du taux d'intérêt. À long terme, l'offre totale de capital est très élastique par rapport au taux d'intérêt. La courbe OLT de la figure 15.8 représente la courbe d'offre de capital à long terme sur le marché ; la droite OCT indique le stock net d'actifs que les ménages détiennent actuellement. À un taux d'intérêt supérieur à r, les ménages dans leur ensemble épargneront suffisamment pour faire augmenter la quantité de capital offerte par rapport à la situation courante. Si le taux d'intérêt est inférieur à r, un grand nombre de ménages consommeront plus que leur revenu (il y aura donc *désépargne*) et la quantité totale de capital offerte décroîtra.

L'offre de capital à l'entreprise Il est important de distinguer l'offre à court terme de l'offre à long terme. Rappelons que le court terme est l'horizon temporel au cours duquel l'entreprise peut décider de modifier sa consommation de travail mais pas sa consommation de capital. À court terme, le stock de capital de l'entreprise doit donc être considéré comme fixe. Le long terme est un horizon temporel suffisamment long pour permettre

Figure 15.8 L'offre de capital à court terme et à long terme

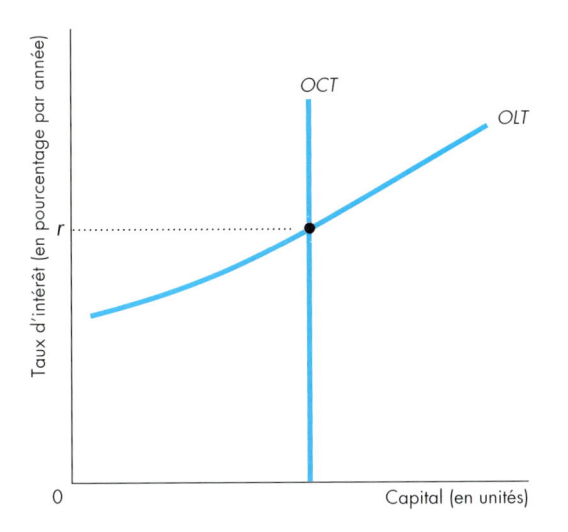

L'offre de capital est très élastique à long terme (courbe *OLT*). Si le taux d'intérêt est supérieur à *r*, les ménages épargnent plus et font ainsi augmenter la quantité totale de capital. Si le taux d'intérêt est inférieur à *r*, les ménages épargnent moins et font baisser la quantité totale de capital. L'offre de capital est parfaitement inélastique à court terme (comme l'illustre la courbe *OCT*). Une fois que le capital est mis en place, il est très difficile d'en faire varier rapidement la quantité, aussi bien pour l'économie dans son ensemble que pour une entreprise en particulier.

à l'entreprise d'adapter la quantité de tous ses facteurs de production. À long terme, le capital et le travail sont donc des facteurs variables. À long terme, dans un marché concurrentiel du capital, les entreprises peuvent obtenir tout le capital dont elles ont besoin au taux d'intérêt en vigueur sur le marché; l'offre de capital à l'entreprise est parfaitement élastique. Mais, à court terme, l'entreprise détient des éléments spécifiques de capital physique: par exemple, la chaîne de montage du constructeur automobile, les laveuses et les sécheuses du propriétaire d'une laverie, les photocopieurs et autre matériel du service de photocopie de l'université. À court terme, les entreprises peuvent donc avoir à faire face à une offre de capital très inélastique. Elles ont acheté et installé des machines et du matériel très spécialisés; elles ne peuvent ni se défaire des biens de production en place, ni en acheter d'autres du jour au lendemain. À la limite, l'offre de capital à l'entreprise est parfaitement rigide à court terme.

La distinction entre l'offre de capital à court terme et l'offre de capital à long terme est illustrée à la figure 15.8. Cette figure doit maintenant être considérée du point de vue de l'ensemble des entreprises, plutôt que de l'ensemble des ménages. À court terme, les entreprises disposent de biens de production spécifiques en quantités fixes: elles font face à une offre de capital parfaitement inélastique, représentée par la droite verticale *OCT*. À long terme, les entreprises dans leur ensemble devront faire face à la courbe d'offre *OLT*. Le fait que l'offre de capital soit inélastique à court terme et élastique à long terme aura une influence importante sur le rendement des éléments de capital réel que possèdent les entreprises. Nous verrons cela plus loin dans ce chapitre, quand nous étudierons l'équilibre sur le marché du capital. Mais voyons d'abord l'offre du troisième et dernier facteur de production, la terre.

L'offre de terrain

Le facteur de production «terre» désigne le sol, c'est-à-dire les terrains à bâtir ou à cultiver, et l'ensemble des ressources naturelles. Pour le moment, nous limiterons notre étude aux terrains; nous étudierons les ressources naturelles au chapitre 17.

L'offre totale de terrains est fixe; il est impossible d'en faire varier la quantité. Un ménage peut décider d'acheter des terrains ou de s'en départir mais, chaque fois qu'un ménage achète un terrain, c'est qu'un autre le lui vend. Au total, la quantité de terrains offerte d'un type particulier et dans une région donnée est donc fixe et ne dépend pas des décisions des agents économiques. L'offre de chaque lopin de terre est parfaitement inélastique, comme on le voit à la figure 15.9. Quelle que soit la rente foncière, la surface de terrain disponible

Figure 15.9 L'offre de terrain

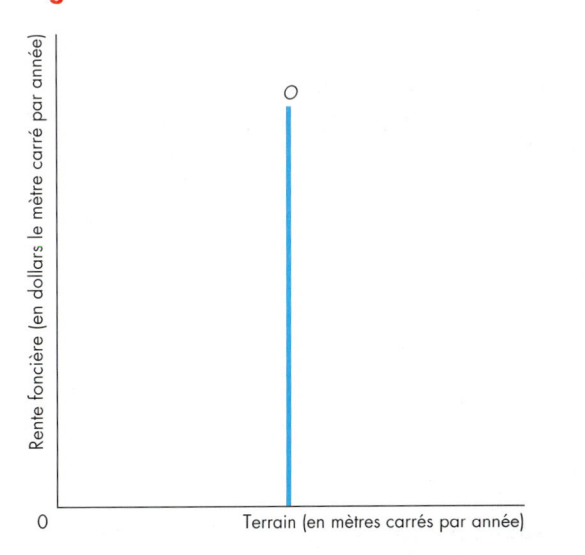

Pour un lopin de terre donné, l'offre est parfaitement inélastique. Quelle que soit la rente foncière, le marché ne peut offrir plus de surface de terrain qu'il n'en existe.

dans les quartiers d'affaires de Toronto ou de Montréal représente un nombre fixe de mètres carrés.

L'offre étant fixe, les terrains les plus chers sont exploités plus intensivement que les autres : on y construit par exemple de très hauts immeubles. Certes, il faut faire intervenir un autre facteur de production, le capital, pour exploiter intensivement le sol. Mais aussi élevés que puissent être les investissements de capital, ils ne peuvent faire augmenter l'offre de terrain proprement dite.

Pour chaque type de terrain, la quantité disponible est fixe ; l'offre totale est inélastique. Mais si le marché foncier est concurrentiel, chaque entreprise doit faire face individuellement à une offre de terrains qui, elle, est parfaitement élastique. Autrement dit, une entreprise ne peut occuper le terrain qui l'intéresse qu'à condition de payer le loyer courant sur le marché. Comme pour les autres facteurs de production, si le marché foncier est parfaitement concurrentiel, aucune entreprise ne peut individuellement exercer une influence sur la rente foncière.

À RETENIR

L'offre totale de capital à long terme dépend des décisions d'épargne des ménages. Toutes choses étant égales par ailleurs, la quantité totale de capital offerte varie positivement avec le taux d'intérêt. L'offre de capital à l'entreprise individuelle est parfaitement inélastique à court terme mais parfaitement élastique à long terme.

Chaque ménage décide de la quantité de terrains qu'il désire posséder, en achetant ou en vendant. Par contre, pour chaque type de terrain, la surface disponible est fixe et l'offre du marché est parfaitement inélastique. Si le marché foncier est parfaitement concurrentiel, chaque entreprise fait face individuellement à une offre de terrains parfaitement élastique au loyer courant.

Analysons maintenant comment les prix et les quantités échangées des facteurs de production sont déterminés.

∙∙∙

L'équilibre concurrentiel sur les marchés des facteurs

C'est le jeu de l'offre et de la demande qui détermine le prix et la quantité échangée d'un facteur de production. Nous allons maintenant étudier l'équilibre concurrentiel sur le marché du travail, le marché du capital et le marché foncier, en illustrant chacun d'eux par deux exemples.

L'équilibre sur le marché du travail

La figure 15.10 illustre deux marchés du travail. Le graphique (a) représente le marché du travail des présentateurs du journal télévisé, dont la valeur du produit marginal est très élevée, comme le montre la courbe de demande de leurs services, D_P. Très peu de gens ont toutes les qualités requises pour faire ce travail : l'offre est très faible, comme l'indique la courbe d'offre O_P. L'équilibre est atteint à un taux de salaire horaire élevé, 500 $ dans notre exemple, et à une quantité échangée très faible (Q_P).

Le graphique (b) de la figure 15.10 illustre le marché du travail des serveurs travaillant dans le secteur de la restauration rapide. Même si le public est très sensible à la qualité du service dans ces restaurants, la valeur du produit marginal des serveurs est très faible, comme l'indique la courbe de demande de leurs services, D_S. De nombreux ménages, en particulier ceux qui comptent des étudiants du secondaire, sont disposés à offrir ce type de services sur le marché, comme l'illustre la courbe d'offre O_S. Le salaire d'équilibre est donc très bas, 5 $ l'heure dans notre exemple, et la quantité échangée Q_S est relativement élevée.

Supposons que la demande de présentateurs du journal télévisé augmente ; la courbe D_P du graphique (a) de la figure 15.10 se déplacera vers la droite ; le salaire augmentera de même que la quantité échangée. Comme le salaire augmente, un plus grand nombre d'individus ayant les qualités requises offrent leurs services sur ce marché. De la même façon, si la demande de serveurs augmente, la courbe D_S du graphique (b) de la figure 15.10 se déplacera vers la droite : le salaire et la quantité échangée augmenteront. Ici aussi, l'augmentation du salaire stimule l'offre. Les variations de salaire équilibrent la quantité demandée et la quantité offerte dans chaque sous-marché du travail. De façon plus générale, des modifications de la demande se traduisent par des variations de salaire qui entraînent une réaffectation de la main-d'œuvre entre les différents métiers ou domaines d'activité.

L'équilibre sur le marché du capital

La figure 15.11 illustre l'équilibre sur le marché du capital. Le graphique (a) montre l'équilibre sur le marché du capital dans l'industrie de l'acier — le marché des aciéries et autres installations sidérurgiques. Dans l'industrie de l'acier, l'offre de capital à long terme est parfaitement élastique ; cette offre est représentée par la courbe OLT. Mais le nombre d'aciéries en fonction est Q_1, de sorte que la courbe d'offre à court terme de capital physique est OCT_1. La courbe de demande des aciéries, tracée d'après la valeur de leur produit marginal, est D_1. Les propriétaires des aciéries, c'est-à-dire les actionnaires de Stelco et de ses concurrentes,

Figure 15.10 L'équilibre sur le marché du travail

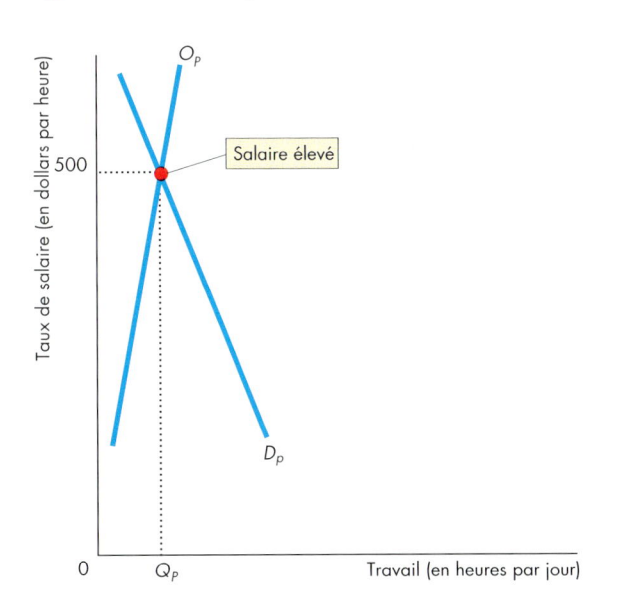

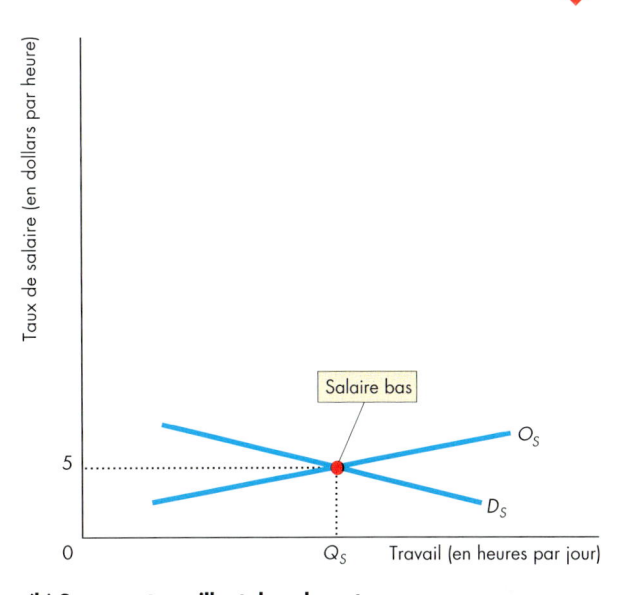

(a) Présentateurs du journal télévisé

(b) Serveurs travaillant dans le secteur de la restauration rapide

La valeur du produit marginal des présentateurs du journal télévisé est très élevée, comme l'indique la courbe de demande de leurs services, D_P, du graphique (a). La courbe d'offre O_P montre que très peu de gens ont les compétences nécessaires pour exercer ce métier. Le point d'équilibre se situe à un taux de salaire très élevé, 500 $ dans ce cas, et à une quantité échangée très faible, Q_P. Par contre, la valeur du produit marginal des serveurs travaillant dans le secteur de la restauration rapide est très faible, comme l'indique la courbe de demande de leurs services, D_S. Beaucoup de gens peuvent et souhaitent travailler dans ce secteur; la courbe d'offre est O_S. Au point d'équilibre, le salaire horaire est très bas, 5 $ dans notre exemple, et la quantité échangée sur ce marché du travail est très élevée, soit Q_S.

---

obtiennent le taux de rendement r_1 de leur stock de capital.

Le graphique (b) de la figure 15.11 illustre le marché du capital dans l'industrie de la fabrication d'ordinateurs. La courbe d'offre de capital à long terme est OLT; il s'agit de la même courbe que pour l'industrie de l'acier. Donc, à long terme, les entreprises de ces deux industries peuvent se procurer du capital au même taux d'intérêt r. Mais le stock de capital en place dans l'industrie de la fabrication d'ordinateurs est égal à Q_3, de sorte que la courbe d'offre de capital à court terme dans cette industrie est OCT_3. Les propriétaires de ces biens d'équipement, c'est-à-dire les actionnaires d'IBM et de ses concurrentes, obtiennent le taux de rendement r_2 de leur stock de capital.

Dans l'exemple considéré ici, le taux de rendement du capital dans l'industrie de l'acier est moins élevé que dans l'industrie de la fabrication d'ordinateurs. Dans l'industrie de l'acier, le taux de rendement r_1 est en outre inférieur au taux d'intérêt R en vigueur sur le marché du capital; dans l'industrie de la fabrication d'ordinateurs, on a la situation opposée, puisque le taux de rendement r_2 du capital investi est supérieur au taux d'intérêt courant. C'est cet écart entre les taux de rendement et le taux d'intérêt courant qui est à l'origine de la dynamique d'ajustement du stock de capital dans chaque industrie: le stock de capital réel dans l'industrie de l'acier diminuera graduellement, tandis que celui de l'industrie de la fabrication d'ordinateurs augmentera. Comme le taux de rendement dans l'industrie de l'acier est inférieur au coût d'opportunité du capital (le taux d'intérêt en vigueur), il y aura désinvestissement dans l'industrie de l'acier. Inversement, comme l'industrie de la fabrication d'ordinateurs permet d'obtenir un taux de rendement supérieur au taux d'intérêt en vigueur sur le marché, il y aura une incitation à investir dans cette industrie; cet investissement net entraînera une augmentation de la capacité de production de l'industrie, qui se traduira par la mise en place de nouvelles installations de production, c'est-à-dire par une augmentation du stock de capital réel.

Tout se passe donc comme si, avec le temps, du capital était transféré de l'industrie de l'acier vers l'industrie de la fabrication d'ordinateurs. Évidemment, il est difficile de convertir rapidement les biens d'équipement destinés à la fabrication de l'acier en biens d'équipement

Figure 15.11 L'équilibre sur le marché du capital

(a) Industrie de l'acier

(b) Industrie de la fabrication d'ordinateurs

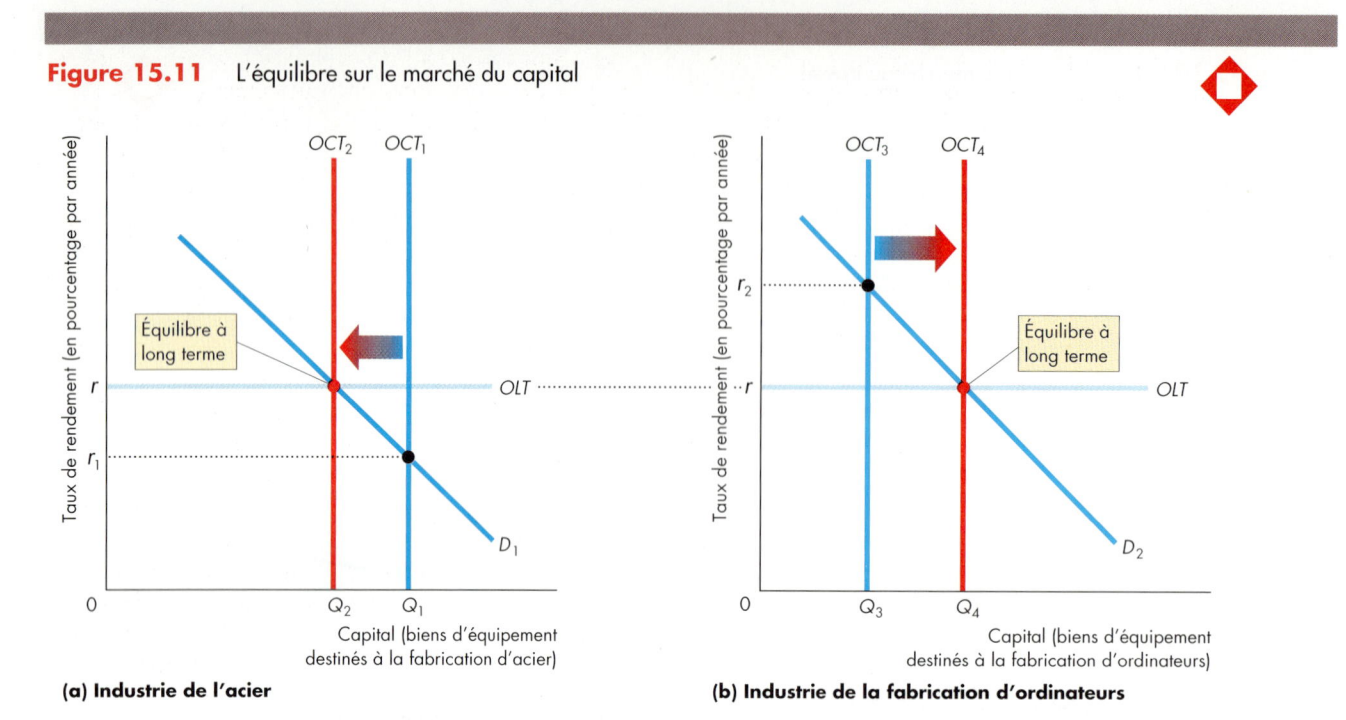

L'offre de capital à long terme (*OLT*) est parfaitement élastique, aussi bien dans l'industrie de l'acier (graphique (a) de la figure) que dans celle de la fabrication d'ordinateurs (graphique (b) de la figure). Le nombre d'aciéries existantes est fixe à Q_1; la courbe d'offre de capital à court terme dans l'industrie de l'acier est donc OCT_1. La courbe de demande d'aciéries est D_1 et le taux de rendement du capital dans cette industrie est r_1. Le stock de biens d'équipement destinés à la fabrication d'ordinateurs est fixe à Q_3; la courbe d'offre de capital à court terme dans l'industrie de la fabrication d'ordinateurs est donc OCT_3. La courbe de demande de biens d'équipement destinés à la fabrication d'ordinateurs est D_2, et le taux de rendement du capital dans l'industrie de la fabrication d'ordinateurs est r_2. Comme le taux de rendement dans l'industrie de la fabrication d'ordinateurs est supérieur à celui de l'industrie de l'acier, les investisseurs désinvestissent dans cette industrie pour investir dans la fabrication d'ordinateurs. Les courbes d'offre à court terme se déplacent. Dans l'industrie de l'acier, la courbe d'offre à court terme se déplace vers la gauche, en OCT_2, et le taux de rendement du capital augmente. Dans l'industrie de la fabrication d'ordinateurs, la courbe d'offre à court terme se déplace vers la droite, en OCT_4, et le taux de rendement du capital baisse. À l'équilibre à long terme, les taux de rendement du capital des deux industries sont égaux au taux d'intérêt en vigueur sur le marché.

---

destinés à la fabrication des ordinateurs. Le désinvestissement prend la forme du *non-remplacement* des biens d'équipement lorsque, par suite du vieillissement et de l'usure normale, ils arrivent au terme de leur durée de vie utile. Certes, les propriétaires des aciéries peuvent vendre leurs biens d'équipement spécialisés ou se départir de leurs aciéries. Mais l'entreprise qui les aura acquis se retrouvera dans la même situation que les propriétaires initiaux et, tout comme ces derniers, elle choisira de ne pas remplacer les biens d'équipement parvenus au terme de leur durée de vie utile. Qu'ils restent aux mains de propriétaires actuels ou qu'ils soient vendus, ces biens continueront de fonctionner. Mais inéluctablement, avec l'usure, il viendra un moment où les biens d'équipement devront être remplacés si on veut maintenir le stock de capital dans l'industrie. C'est donc par suite des décisions de ne pas remplacer les biens d'équipement parvenus au terme de leur durée de vie utile que le stock de capital fixe diminue dans une industrie. À l'inverse, c'est en décidant de remplacer les biens d'équipement vieillis que l'on fait augmenter le stock de capital fixe dans une industrie.

Cette dynamique de l'ajustement du stock de capital est illustrée à la figure 15.11. Dans l'industrie de l'acier, la courbe d'offre de capital à court terme se déplace vers la gauche, en OCT_2. Dans l'industrie de la fabrication des ordinateurs, de nouveaux capitaux sont investis et la courbe d'offre de capital à court terme se déplace vers la droite, en OCT_4. Simultanément, le taux de rendement du capital s'ajuste dans les deux industries: la valeur de la productivité marginale du capital augmente dans l'industrie de l'acier par suite de la diminution du stock de capital, alors qu'elle diminue dans l'industrie de la fabrication des ordinateurs par suite de l'augmentation du stock de capital dans cette industrie. À l'équilibre à long terme, le taux de rendement du capital dans les deux industries sera égal au taux d'intérêt du marché r.

Le marché des actifs Dans l'exemple précédent, l'industrie de l'acier est un secteur en déclin, alors que l'industrie de la fabrication d'ordinateurs est un secteur en pleine expansion. Nous avons souligné que les propriétaires actuels des aciéries pouvaient soit conserver leurs usines, soit les vendre à d'autres entreprises ou investisseurs, mais que cela ne changerait rien à la situation. Mais pourquoi des investisseurs accepteraient-ils de se porter acquéreurs d'une aciérie si le taux de rendement du capital dans ce secteur est inférieur au taux d'intérêt en vigueur sur le marché? Des investisseurs n'accepteront d'acheter une aciérie que si le taux de rendement de leur placement est au moins égal au taux d'intérêt en vigueur sur le marché, puisque c'est ce dernier taux qui représente pour eux le coût d'opportunité du capital.

En acquérant une aciérie existante, des investisseurs obtiendront un taux de rendement égal au taux d'intérêt du marché s'ils peuvent acheter l'actif réel en question à un prix suffisamment avantageux. En d'autres termes, sur le marché des actifs, l'équilibre entre l'offre et la demande de capital réel *déjà installé* (pièces d'équipement spécifiques, usines, etc.) sera assuré par l'ajustement du *prix des actifs*. Dans le cas de l'industrie de l'acier, la valeur de marché d'une aciérie existante (son prix de vente ou d'achat) devra donc être établie de façon qu'un acquéreur obtienne de sa mise de fonds un taux de rendement tout juste égal au taux d'intérêt sur le marché.

Comment concilier cela avec le fait que le taux de rendement du capital dans l'industrie de l'acier est inférieur au taux d'intérêt du marché? C'est qu'il y a, en fait, deux façons équivalentes d'analyser le même phénomène:

1. Lorsqu'on dit que le taux de rendement du capital dans une industrie est inférieur au taux d'intérêt du marché, cela signifie ceci: si le capital réel dans l'industrie était évalué à son *coût de remplacement*, les revenus qui lui reviendraient ne permettraient d'obtenir qu'un taux de rendement inférieur au taux d'intérêt du marché. Dans le graphique (a) de la figure 15.11, la valeur de la productivité marginale du capital est initialement égale à r_1. Lorsque viendra le moment de remplacer ou non une unité de capital physique qui sera parvenue au terme de sa durée de vie utile, on devra payer cette unité de capital à son coût de remplacement (prix d'achat d'une machine neuve, coût de construction d'une nouvelle usine, etc.). Le taux de rendement r_1 correspond au taux que l'on obtiendrait de l'investissement associé au remplacement du capital. Comme ce taux est inférieur au taux d'intérêt r, le coût d'opportunité du capital, un tel investissement ne serait évidemment pas rentable.

2. Lorsqu'on dit que les investisseurs doivent obtenir le taux d'intérêt du marché, quelle que soit l'industrie dans laquelle ils placent leurs fonds, cela signifie que: dans une industrie comme celle de l'acier, la valeur de marché du capital physique en place est *inférieure* à son coût de remplacement. Si c'est le cas, il est clair qu'il ne sera pas avantageux de remplacer les unités de capital vieillies. La situation inverse se produit dans l'industrie de la fabrication des ordinateurs: la valeur de marché du capital en place est *supérieure* au coût d'installation de nouvelles unités de capital. Le *marché boursier* est le principal marché où se négocient les droits de propriété sur le capital productif en place. Ce marché est en équilibre lorsque le taux de rendement des actions de toutes les entreprises, quelles qu'elles soient, est égal au coût d'opportunité du capital sur le marché. La capitalisation boursière d'une entreprise (c'est-à-dire la valeur de l'entreprise calculée d'après le nombre et le cours des actions en Bourse) reflétera donc la valeur de marché du capital physique qu'elle possède et *non* le coût de remplacement de ce capital.

L'équilibre sur le marché foncier

Un terrain peut être utilisé à différentes fins. Le marché foncier est en équilibre quand les différentes parcelles de sol sont exploitées au prix le plus avantageux possible.

La figure 15.12 illustre deux marchés fonciers très différents. Le graphique (a) représente le marché foncier dans le centre de Montréal. La courbe de demande D_V est la courbe de valeur du produit marginal d'un mètre carré de terrain dans cette partie de la ville. Le nombre de mètres carrés disponibles est fixe à Q_V; l'offre est donc parfaitement inélastique, comme l'indique la droite verticale O_V. Il y a équilibre entre l'offre et la demande de terrains lorsque la rente annuelle est de 1000 $ le mètre carré. Le graphique (b) de la figure 15.12 représente le marché des terres agricoles du Manitoba. La courbe de demande D_M est la courbe de valeur du produit marginal d'un hectare de terre agricole. Ces terres sont très vastes mais leur superficie est néanmoins fixe à Q_M hectares. La courbe d'offre O_M est donc elle aussi parfaitement inélastique. Ce marché est en équilibre quand la rente annuelle est de 500 $ l'hectare.

Dans les deux cas, le marché foncier est parfaitement concurrentiel: il y a un très grand nombre d'offreurs et de demandeurs. Chaque entreprise doit donc considérer comme donnée la rente foncière. Il importe peu qu'une entreprise loue le terrain qu'elle occupe ou qu'elle en soit propriétaire; dans le premier cas, le coût d'occupation annuel du terrain doit être déboursé explicitement (c'est le produit de la superficie du terrain par le taux de rente en vigueur sur le marché); dans le second cas, le coût d'occupation annuel représente un coût d'opportunité, puisque l'entreprise pourrait mettre en location le terrain en question.

Les différences dans le taux d'équilibre de la rente foncière, selon la localisation des sols, ont une incidence importante sur la localisation des activités économiques. Par exemple, une entreprise décidera d'occuper un terrain dans le centre de Montréal si la valeur de l'utilisation qu'elle compte en faire (la valeur du produit marginal de ce type de terrain dans ses propres activités de production) justifie le paiement de la rente exigée sur le marché. Si ce n'est pas le cas, elle choisira de localiser ses activités sur un terrain où la rente foncière est moins élevée. Le taux de rente d'équilibre dans un marché foncier a donc pour effet de tirer le meilleur parti possible d'un terrain disponible en l'utilisant de la façon qui rapporte le plus.

Nous connaissons maintenant les marchés des trois facteurs de production et nous savons comment se déterminent les salaires, le taux d'intérêt et la rente foncière. Pour conclure ce chapitre, nous allons définir la notion de rente économique.

La rente économique

Le revenu total versé à un facteur de production est souvent supérieur à la rémunération minimale requise pour assurer la disponibilité du facteur. La **rente économique** est le surplus de revenu que reçoivent les détenteurs d'un facteur de production par rapport au montant minimal qu'ils requièrent pour offrir le facteur sur le marché. La **valeur de réserve** d'une quantité donnée de facteur est la rémunération minimale assurant la disponibilité de cette quantité sur le marché. Il est important de distinguer la *rente économique* de la *rente*. La rente est le prix payé pour l'utilisation du sol; la rente économique désigne une partie du revenu versée à un facteur de production quelconque.

La figure 15.13 illustre les notions de rente économique et de valeur de réserve d'un facteur de production quelconque. La courbe de demande du facteur correspond à la courbe D, sa courbe d'offre à la courbe O. Le prix et la quantité d'équilibre sur le marché sont désignés respectivement par PF et QF. La somme des surfaces jaune et verte représente le revenu total versé au facteur. La surface jaune située sous la courbe d'offre mesure la valeur de réserve du facteur, tandis que la surface verte comprise entre la courbe d'offre et le prix représente la rente économique.

Pourquoi en est-il ainsi? Rappelons que la courbe d'offre peut être interprétée de deux façons. D'une part, la courbe d'offre indique la quantité offerte à un prix donné. D'autre part, elle indique le prix minimal que doit recevoir chaque unité de facteur pour être offerte sur le marché. Autrement dit, la courbe d'offre indique le coût d'opportunité d'une unité marginale de facteur; la courbe d'offre est croissante, parce que le coût

Figure 15.12 L'équilibre sur le marché foncier

(a) Centre de Montréal

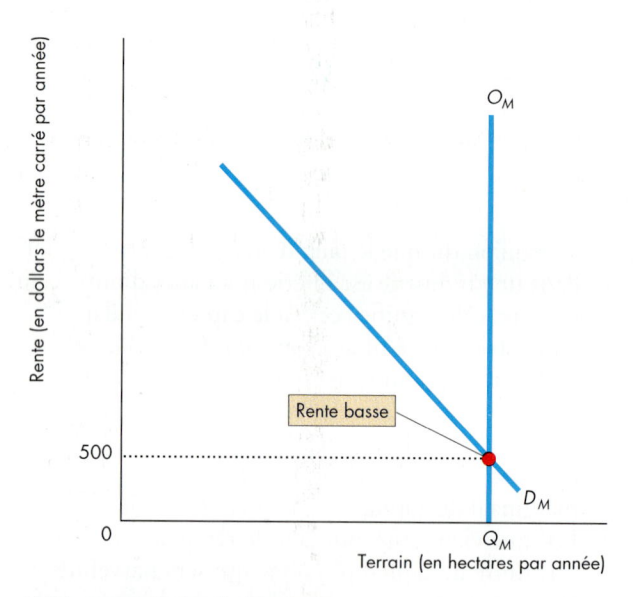

(b) Terres agricoles du Manitoba

La courbe de demande de terrains au centre de Montréal, D_V, est la courbe de valeur du produit marginal de ces terrains. La surface de terrains disponibles est fixe à Q_V; la courbe d'offre est donc O_V. À l'équilibre, la rente annuelle est de 1000 $ le mètre carré. Le graphique (b) montre la courbe de demande de terres agricoles du Manitoba, D_M. Cette courbe de demande est la courbe de valeur du produit marginal de ces terres. La surface des terres agricoles disponibles au Manitoba est égale à Q_M; la courbe d'offre est donc O_M. La rente annuelle d'équilibre s'élève à 500 $ l'hectare.

d'opportunité d'une unité supplémentaire de facteur augmente avec la quantité totale de facteur requise. Si les détenteurs d'un facteur ne recevaient, pour chaque unité de facteur fournie, que le coût d'opportunité de l'unité en question, la rémunération totale qu'il faudrait leur verser serait égale à la surface jaune de la figure 15.13. Les détenteurs du facteur recevraient alors une somme qui compenserait tout juste la quantité QF de facteur qu'ils mettent à la disposition du marché. La valeur de réserve d'une quantité QF de facteur est donc la somme des coûts d'opportunité de chaque unité de facteur mise sur le marché. Graphiquement, cette somme est mesurée par la surface jaune de la figure 15.13.

La notion de rente économique se rapproche beaucoup de la notion de surplus du consommateur que nous avons étudiée au chapitre 7. Le surplus du consommateur est la différence entre ce qu'un acheteur doit payer sur le marché pour acquérir un bien et la *valeur* qu'il attribue à cette consommation (c'est-à-dire sa *disposition à payer* pour la quantité achetée); le surplus du consommateur correspond à la surface comprise entre la courbe de demande et le prix. De façon analogue, la rente économique est la différence entre le revenu effectivement reçu par un facteur de production et la *valeur* (aux yeux des détenteurs du facteur) de la quantité mise à la disposition du marché; la rente économique correspond à la surface comprise entre le prix et la courbe d'offre.

Les parts relatives de la rente économique et de la valeur de réserve dans le revenu d'un facteur de production dépendent de l'élasticité de l'offre du facteur. Si l'offre est inélastique, tout le revenu constitue une rente économique. Si l'offre est parfaitement élastique, la rente économique est nulle et la totalité du revenu versé au facteur sert à compenser sa valeur de réserve. En général, comme dans le cas illustré à la figure 15.13, l'offre n'est ni parfaitement élastique ni complètement rigide; une partie du revenu du facteur de production constitue alors une rente économique et l'autre la compensation de sa valeur de réserve.

La figure 15.14 illustre les trois possibilités énoncées ci-dessus. Le graphique (a) représente le marché foncier dans un périmètre bien délimité du centre de la ville de Montréal. La surface de terrains disponibles est égale à Q mètres carrés. L'offre de terrains est donc parfaitement inélastique et la courbe d'offre est verticale. Quelle que soit la rente que l'on propose aux propriétaires de ces terrains, ils ne peuvent augmenter ni diminuer la quantité offerte.

La demande dépend de la valeur du produit marginal d'un emplacement dans cette partie du centre de la ville. S'il s'agit de terrains situés au coeur du quartier des affaires, la valeur du produit marginal est élevée: beaucoup de gens travaillent dans ce quartier, ce qui incite les gens d'affaires et les commerçants à venir s'y installer. La courbe de demande D du graphique (a) de la figure 15.14 donne la valeur du produit marginal de ce terrain; la rente foncière (le loyer par mètre carré de terrain) s'élève à L. La surface verte de la figure représente le revenu locatif que rapportent ces terrains à leurs propriétaires. Il n'y a aucune valeur de réserve associée à ces terrains, de sorte que la totalité du revenu perçu constitue une *rente économique*. La rente d'un terrain ne dépend que de la valeur de son produit marginal, c'est-à-dire de la courbe de demande. Si la courbe de demande se déplace vers la droite, la rente augmente. Si elle se déplace vers la gauche, elle baisse. La surface des terrains mis en location est constante à Q mètres carrés dans notre exemple.

Nous savons comment la rente foncière est déterminée. Nous pouvons par conséquent répondre à la question posée en début de chapitre: le café acheté dans le centre de la ville de Montréal est-il cher parce que les loyers y sont élevés, ou les loyers sont-ils élevés parce que les clients sont prêts à payer leur café plus cher à cet endroit qu'ailleurs? Nous avons vu que la rente d'un terrain dépend uniquement de la demande, laquelle dépend de la valeur du produit marginal du terrain, compte tenu des diverses utilisations qu'on peut faire d'un même terrain. Les restaurateurs ont raison d'affirmer qu'ils doivent vendre leur café très cher pour compenser la cherté de leur loyer; chaque restaurateur

Figure 15.13 La rente économique et la valeur de réserve du facteur

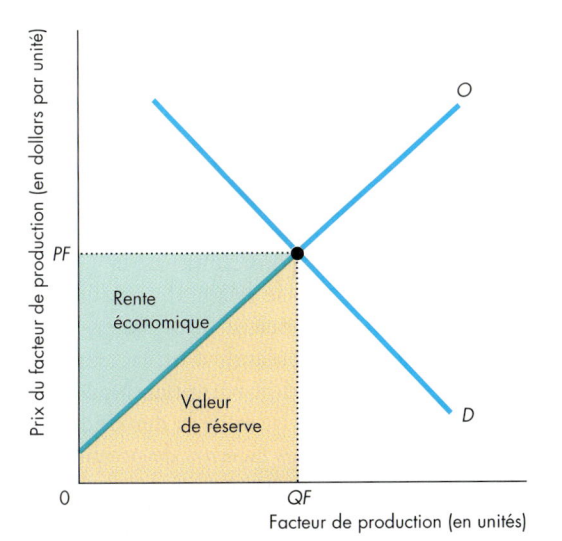

Le revenu total versé à un facteur de production est la somme de la rente économique et de la valeur de réserve du facteur. La surface jaune, située en dessous de la courbe d'offre, mesure la valeur de réserve. La surface verte, située au-dessus de la courbe d'offre mais au-dessous du prix, représente la rente économique.

Figure 15.14 La rente économique et l'élasticité de l'offre

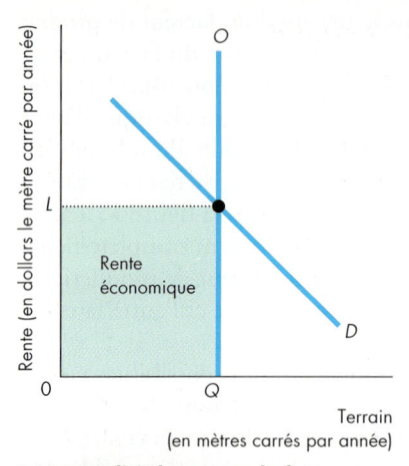

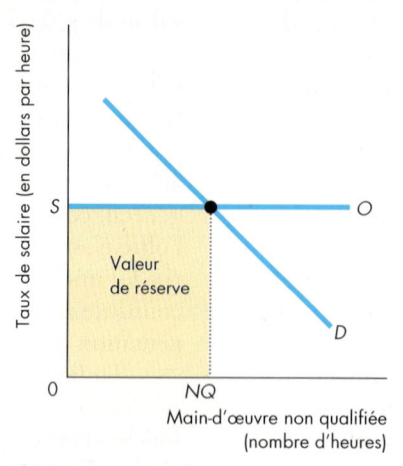

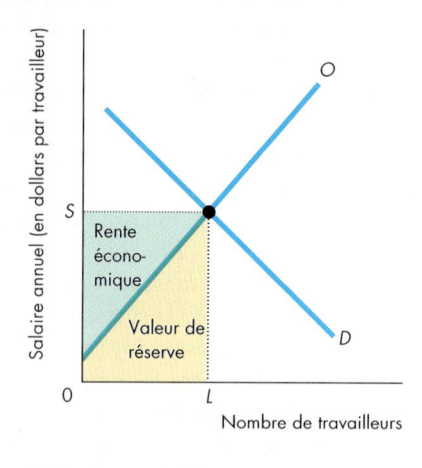

(a) La totalité du revenu du facteur est une rente économique.

(b) Le revenu versé compense exactement la valeur de réserve.

(c) Cas intermédiaire

Si l'offre d'un facteur est complètement rigide, comme dans le graphique (a), la courbe d'offre est alors verticale et le revenu du facteur constitue une rente économique. Si l'offre d'un facteur est parfaitement élastique, comme dans le graphique (b), le revenu compense alors exactement la valeur de réserve du facteur. Si la courbe d'offre du facteur est croissante, comme dans le graphique (c), le revenu versé à ce facteur constitue alors en partie une rente économique et en partie une compensation pour la valeur de réserve du facteur.

doit évidemment payer le loyer du marché pour un emplacement donné. Mais ces loyers ne seraient pas si élevés si les demandeurs de terrains (les restaurateurs, comme les autres) ne bénéficiaient pas d'une valeur du produit marginal très élevée — suffisamment élevée, en tout cas, pour les convaincre de rester là en dépit de la cherté des loyers.

Le graphique (b) de la figure 15.14 représente le marché d'un facteur de production dont l'offre est parfaitement élastique, par exemple la main-d'œuvre non qualifiée d'un pays comme le Bangla Desh, où il y a un fort exode rural et où les villes regorgent de femmes et d'hommes prêts à travailler au salaire en vigueur (S dans notre exemple). L'offre de travail est presque parfaitement élastique. Le revenu de ces travailleurs compense exactement la valeur de réserve de leur travail.

Le graphique (c) de la figure 15.14 représente le marché du travail dans une région minière canadienne nouvellement mise en exploitation. Plus on veut attirer de travailleurs dans cette région, plus on devra proposer des salaires élevés. La courbe d'offre de travail est donc relativement abrupte. La demande de travail est représentée par la courbe D_1. À l'équilibre, le salaire est de S et les entreprises de la région embauchent un nombre L de travailleurs. La surface verte située au-dessus de la courbe d'offre représente la rente économique, et la surface jaune située au-dessous de la courbe

d'offre constitue la valeur de réserve du travail. Il y a un élément de rente économique ici parce que *certains* travailleurs auraient accepté de venir travailler dans la région à un salaire inférieur à S : ces travailleurs bénéficient d'une rente économique, en ce sens que le salaire qu'on leur offre est supérieur au coût d'opportunité lié à l'acceptation d'un emploi dans la région.

■ Nous avons analysé dans les grandes lignes le marché des trois facteurs de production — le travail, le capital et la terre —, et nous savons comment la rémunération de ces facteurs — le salaire du travail, l'intérêt du capital et la rente foncière — est déterminée. Nous avons vu que la demande d'un facteur dépend de la recette de son produit marginal. Nous avons vu comment le jeu de l'offre et de la demande détermine le prix et le revenu des facteurs de production, et nous connaissons l'effet des modifications de l'offre et de la demande sur le prix et le revenu des facteurs. Enfin, nous avons introduit la notion de rente économique.

Dans le prochain chapitre, nous allons nous intéresser plus particulièrement au marché du travail. Nous tenterons notamment d'expliquer les différences de salaires entre diverses catégories de travailleurs.

RÉSUMÉ

Les prix des facteurs et les revenus

Le taux de rémunération des facteurs de production — le travail, le capital et la terre — se présente sous diverses formes : le salaire du travail, l'intérêt du capital et la rente foncière. Le travail est la source de revenus la plus importante. Le prix des facteurs de production dépend de l'offre et de la demande. Les revenus dépendent du prix des facteurs et de la quantité échangée. Un accroissement de la demande fait augmenter le prix et le revenu ; à l'inverse, une baisse de la demande fait baisser le prix et le revenu. Un accroissement de l'offre fait augmenter les quantités échangées mais fait baisser le prix ; une baisse de l'offre a pour effet de réduire les quantités échangées mais de faire augmenter le prix. L'effet d'une augmentation de l'offre sur le revenu d'un facteur de production dépend de l'élasticité de la demande. Si l'élasticité est supérieure à 1, un accroissement de l'offre fait augmenter le revenu versé au facteur ; si elle est inférieure à 1, un accroissement de l'offre fait diminuer le revenu versé au facteur. (*pp. 397-399*)

La demande de facteurs de production

La demande de facteurs de production de la part des entreprises résulte des décisions que prennent celles-ci afin de maximiser leur profit. Le surplus de recette associé à l'emploi d'une unité supplémentaire de facteur de production est la recette du produit marginal du facteur. L'entreprise augmente l'emploi d'un facteur de production jusqu'à ce que la recette du produit marginal de ce facteur soit égale au prix du facteur. Lorsque l'entreprise est en situation de concurrence parfaite sur le marché de son produit, la recette du produit marginal d'un facteur est égale à la valeur du produit marginal du facteur.

La demande de travail du marché est la somme des demandes de travail de l'ensemble des entreprises sur le marché. Le travail est un facteur variable aussi bien à court terme qu'à long terme. Par contre, l'entreprise ne peut modifier son stock de capital qu'à long terme. L'élasticité à court terme de la demande de travail sur le marché dépend de l'élasticité à court terme de la demande du produit et de la pente de la courbe de productivité marginale du travail. L'élasticité à long terme de la demande de travail sur le marché dépend de l'élasticité à long terme de la demande du produit, de la part de la main-d'œuvre dans le coût total de production et des possibilités de substitution du capital au travail. (*pp. 399-409*)

L'offre de facteurs de production

L'offre de travail dépend des décisions des ménages relativement à la répartition de leur temps entre les activités de marché et les activités hors marché ; l'offre de capital dépend de leurs décisions de consommation et d'épargne. Pour décider du temps qu'il consacrera aux activités de marché, chaque ménage compare le taux de salaire du marché à la valeur du temps qu'il consacre aux activités hors marché. L'offre de travail du ménage reste nulle tant que le taux de salaire qui lui est proposé reste inférieur à son salaire de réserve. Lorsque le taux de salaire du marché est supérieur au salaire de réserve, la quantité de travail offerte augmente avec le salaire tant que l'effet de substitution reste plus important que l'effet de revenu associé à la hausse du salaire. À partir d'un certain seuil de salaire, l'effet de revenu prend le pas sur l'effet de substitution : l'offre de travail est alors décroissante par rapport au taux de salaire.

La courbe d'offre de travail du marché est la somme des courbes d'offre de travail de tous les ménages de ce marché. Comme la courbe d'offre de travail des ménages, la courbe d'offre de travail du marché se replie vers l'axe des ordonnées à partir d'un certain niveau de salaire. Mais les ménages qui se trouvent sur la partie croissante de leur courbe d'offre de travail ont un effet plus important sur l'offre totale que les ménages qui se trouvent sur la partie décroissante de leur courbe d'offre de travail. Dans la pratique, la courbe d'offre de travail du marché est croissante.

Les ménages fournissent des capitaux aux entreprises par le biais de l'épargne. L'épargne est une fonction croissante du taux d'intérêt. L'offre de capital à l'entreprise est parfaitement inélastique à court terme et parfaitement élastique à long terme.

L'offre du sol est fixe et indépendante de la rente du sol. (*pp. 409-414*)

L'équilibre concurrentiel sur les marchés des facteurs

Si le marché d'un facteur de production est concurrentiel, le prix de ce facteur et la quantité sont déterminés au point d'intersection de la courbe d'offre et de la courbe de demande. Un facteur de production est cher si la valeur de son produit marginal est élevée et si son offre est faible. Il est bon marché si la valeur du produit marginal est faible et si l'offre est élevée. (*pp. 414-418*)

La rente économique

La rente économique est le surplus de revenu que reçoivent les détenteurs d'un facteur de production par rapport au montant minimal qu'ils requièrent pour offrir le facteur sur le marché. Le revenu minimal assurant la disponibilité du facteur sur le marché est la valeur de réserve du facteur. Si l'offre d'un facteur est parfaitement inélastique, tout le revenu constitue une rente économique. Si l'offre est parfaitement élastique, le revenu versé au facteur ne fait que compenser la valeur de réserve du facteur. En général, la courbe d'offre des facteurs de production est croissante. La partie du revenu qui se situe au-dessous de la courbe d'offre représente la valeur de réserve du facteur; la partie comprise entre le prix et la courbe d'offre est la rente économique. (*pp. 418-420*)

POINTS DE REPÈRE

Mots clés

Activité de marché, 409
Activité hors marché, 409
Courbe de recette du produit marginal, 403
Courbe de valeur du produit moyen, 403
Demande dérivée, 399
Demande de travail à court terme, 404
Demande de travail à long terme, 405
Élasticité à court terme de la demande de travail, 408
Élasticité à long terme de la demande de travail, 408
Recette du produit marginal, 400
Rente économique, 418
Salaire de réserve, 409
Valeur de réserve, 418
Valeur du produit marginal, 402
Valeur du produit moyen, 402

Figures et tableaux clés

Figure 15.1   L'offre et la demande sur le marché d'un facteur de production, 398
Figure 15.4   La recette du produit marginal et la demande de travail du Lave-auto Jean-Pierre, 404
Figure 15.10 L'équilibre sur le marché du travail, 415
Figure 15.11 L'équilibre sur le marché du capital, 416
Figure 15.12 L'équilibre sur le marché foncier, 418
Figure 15.13 La rente économique et la valeur de réserve du facteur, 419
Tableau 15.2 Mini-glossaire des marchés des facteurs de production, 402
Tableau 15.3 Les deux conditions de la maximisation du profit, 405
Tableau 15.4 La demande de travail d'une entreprise, 405

QUESTIONS DE RÉVISION

1. Qu'advient-il du prix et du revenu d'un facteur de production dans les cas suivants?
   a) La demande du facteur augmente.
   b) L'offre du facteur augmente.
   c) La demande du facteur baisse.
   d) L'offre du facteur baisse.

2. Pourquoi l'effet d'une variation de l'offre d'un facteur de production sur son revenu dépend-il de l'élasticité de sa demande?

3. Définissez la recette du produit marginal et distinguez la recette du produit marginal de la recette marginale.

4. Pourquoi la recette du produit marginal diminue-t-elle quand la quantité de facteur employée augmente?

5. Quel est le rapport entre la courbe de demande d'un facteur de production et sa courbe de recette du produit marginal?

6. Montrez que la condition de maximisation du profit sur le marché du produit — égalité du coût marginal et de la recette marginale — équivaut à la condition de maximisation du profit sur le marché du facteur de production — égalité de la recette du produit marginal et du coût marginal du facteur (le coût marginal du facteur étant égal au prix du facteur si le marché du facteur est parfaitement concurrentiel).

7 Indiquez les principales variables qui influent sur la demande d'un facteur de production (c'est-à-dire qui modifient sa courbe de demande).

8 De quoi dépendent l'élasticité à court terme et l'élasticité à long terme de la demande de travail?

9 De quoi dépend l'offre de travail?

10 Pourquoi la courbe d'offre de travail se replie-t-elle vers l'axe des ordonnées à partir d'un certain taux de salaire?

11 De quoi dépend l'offre de capital?

12 Définissez la rente économique et la valeur de réserve d'un facteur et expliquez ces notions à l'aide d'un graphique.

13 Supposons que l'offre d'un facteur de production soit parfaitement inélastique. Si la valeur du produit marginal de ce facteur baisse, qu'advient-il de son prix, de la quantité échangée, du revenu du facteur, de la valeur de réserve et de la rente économique?

PROBLÈMES

1 Valérie est propriétaire d'un verger de pommiers. Chaque année, elle emploie des étudiants pour cueillir les pommes. Voici leur production horaire:

Nombre d'étudiants	Quantité de pommes cueillie (en kilogrammes)
1	20
2	50
3	90
4	120
5	145
6	165
7	180
8	190

a) Tracez les courbes de produit marginal et de produit moyen de ces étudiants.

b) Tracez les courbes de valeur du produit marginal et de valeur du produit moyen si Valérie vend ses pommes 50 ¢ le kilogramme.

c) Tracez la courbe de demande de travail de Valérie.

d) Supposons que les autres pomiculteurs de la région payent les étudiants qu'ils emploient 7,50 $ l'heure. Combien Valérie va-t-elle employer d'étudiants?

2 Le prix des pommes tombe à 33,33 ¢ le kilogramme, mais le salaire horaire des cueilleurs reste à 7,50 $ l'heure.

a) Qu'advient-il des courbes de produit moyen et de produit marginal de Valérie?

b) Qu'advient-il des courbes de valeur du produit moyen et de valeur du produit marginal?

c) Qu'advient-il de sa courbe de demande de travail?

d) Va-t-elle employer plus ou moins d'étudiants?

3 Le salaire des cueilleurs de pommes passe à 10 $ l'heure, mais le prix des pommes reste à 50 ¢ le kilogramme.

a) Qu'advient-il des courbes de valeur du produit moyen et de valeur du produit marginal?

b) Qu'advient-il de la courbe de demande de travail de Valérie?

c) Combien de cueilleurs emploie-t-elle?

4 À l'aide des données fournies au problème 1, calculez la recette marginale de Valérie, son coût marginal, la valeur du produit marginal du travail et le coût marginal du travail. Montrez que son coût marginal de production est égal à sa recette marginale, et que la valeur du produit marginal du travail est égale au coût marginal du travail quand elle maximise son profit.

5 Dans une ville isolée du nord du Québec, toutes les personnes qui travaillent sont au service de l'une des nombreuses entreprises de coupe forestière de la région. Le marché des bûcherons est parfaitement concurrentiel. L'offre de travail de la région est la suivante:

Taux de salaire (en dollars par heure)	Quantité de travail offerte (en heures)
2	120
3	160
4	200
5	240
6	280
7	320
8	360

La demande de travail du marché, c'est-à-dire de l'ensemble des entreprises de coupe forestière de la région, est la suivante :

Taux de salaire (en dollars par heure)	Quantité de travail demandée (en heures)
2	400
3	360
4	320
5	280
6	240
7	200
8	160

a) Quel est le taux de salaire à l'équilibre concurrentiel ?

b) Quelle est la quantité de travail utilisée ?

c) Quel est le revenu total du travail ?

d) Quelles sont les pertes de la rente économique et de la valeur de réserve dans ce revenu total ? (Pour répondre à cette question, vous pouvez tracer les courbes d'offre et de demande et illustrer graphiquement la rente économique et la valeur de réserve, comme nous l'avons fait à la figure 15.13.)

6 Une aciérie d'Hamilton voit la demande de son produit baisser *de façon permanente*.

a) Qu'advient-il du cours de ses actions ?

b) Qu'advient-il du dividende qu'elle verse à ses actionnaires ?

c) Qu'advient-il du montant de capital qu'elle emploie :
   i) à court terme ?
   ii) à long terme ?

d) Qu'advient-il de la quantité de travail qu'elle emploie :
   i) à court terme ?
   ii) à long terme ?

7 Supposons maintenant que la baisse de la demande d'acier fabriqué par ce producteur d'Hamilton n'était que *temporaire*.

a) Qu'advient-il du cours de ses actions ?

b) Qu'advient-il du dividende qu'il verse à ses actionnaires ?

c) Qu'advient-il du montant de capital qu'il emploie :
   i) à court terme ?
   ii) à long terme ?

d) Qu'advient-il de la quantité de travail qu'il emploie :
   i) à court terme ?
   ii) à long terme ?

8 La demande de hamburgers augmente de façon considérable et les restaurants McDonald's peuvent doubler leurs prix sans subir de baisse des ventes. Quel sera l'effet de cette modification de la demande sur la rente foncière des emplacements des restaurants McDonald's ?

CHAPITRE 16

Le marché du travail

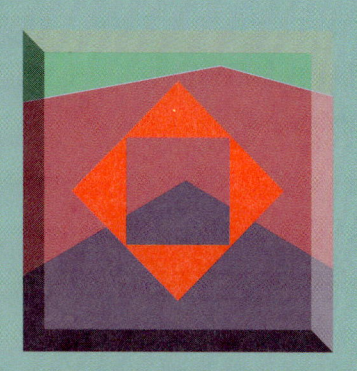

Objectifs du chapitre:

- Analyser les différences de rémunération en fonction de la scolarité.

- Expliquer pourquoi les travailleurs qualifiés gagnent plus, en moyenne, que les travailleurs non qualifiés.

- Expliquer pourquoi il existe des écarts de salaire entre les travailleurs syndiqués et les travailleurs non syndiqués.

- Déterminer les causes possibles des écarts de rémunération entre les hommes et les femmes.

- Analyser les effets des lois sur l'équité salariale.

- Expliquer pourquoi certaines personnes sont rémunérées à l'heure et d'autres au rendement.

- Montrer comment les systèmes de rémunération au rendement peuvent inciter les employés à accroître leur productivité et peuvent être avantageux pour les entreprises.

À la sueur de son front

LA VIE D'ÉTUDIANT N'EST PAS TOUJOURS une partie de plaisir. Examens, interrogations, lectures... Le jeu en vaut-il vraiment la chandelle? En particulier, l'instruction est-elle garante d'un meilleur salaire? Dès l'âge de 22 ans, les titulaires d'un diplôme universitaire gagnent déjà, en moyenne, 30 % de plus que les diplômés du secondaire. Vers la quarantaine, ils gagnent 50 % de plus que les diplômés du secondaire, et près de deux fois plus que ceux qui ont abandonné leurs études à la fin du primaire. On gagne son salaire «à la sueur de son front», dit-on. Pourtant, les comptables et les avocats (et même les économistes) sont bien loin de transpirer autant que les ouvriers agricoles et les travailleurs de la construction... Alors, pourquoi gagnent-ils plus qu'eux? ■ Supposons que les diplômés gagnent plus que les non-diplômés. Laissons de côté les nombreux avantages que procure l'instruction sur les plans social et culturel, et ne considérons pour le moment que ses retombées financières. De combien la rémunération d'un diplômé doit-elle être supérieure à celle d'un non-diplômé pour compenser le coût de ses études, si l'on inclut à la fois les frais de scolarité et le manque à gagner en salaire? (Après tout, vous pourriez être en train de gagner des sous au lieu de vous échiner sur ce livre d'économie.)
■ De nombreux travailleurs, cols bleus comme cols blancs, sont membres d'un syndicat. En général, pour des emplois comparables, les syndiqués gagnent plus que les non-syndiqués. Pourquoi? Comment les syndicats arrivent-ils à obtenir pour leurs membres des salaires supérieurs à ceux des non-syndiqués? ■ Les écarts salariaux entre hommes et femmes comptent certainement parmi les plus flagrants et les plus persistants de tous. En moyenne, les hommes gagnent près d'un tiers de plus que les femmes. Certes, il y a des exceptions. Mais pourquoi les femmes gagnent-elles moins, en moyenne, que les hommes? Ces écarts sont-ils imputables à la discrimination sur le marché de l'emploi, à des facteurs économiques extérieurs au marché du travail ou à une conbinaison des deux? ■ À la suite de l'adoption de lois sur l'équité en matière de rémunération, plusieurs programmes ont été mis sur pied, visant à assurer que des emplois comparables soient assortis de rémunérations identiques, indépendamment des salaires en vigueur actuellement sur le marché. Ces programmes peuvent-ils améliorer la situation économique des femmes et des membres des minorités? ■ La plupart des travailleurs sont payés à l'heure. Leur rémunération totale dépend donc du temps qu'ils passent au travail. Mais ce n'est pas toujours le cas. Ainsi, la rémunération de certains médecins dépend du nombre de radiographies effectuées ou du

nombre de patients opérés. Dans l'industrie du vêtement, le revenu des ouvriers dépend souvent du nombre de pièces qu'ils cousent. Les vendeurs reçoivent généralement un certain pourcentage du montant de leurs ventes. Les revenus des professionnels du tennis et de la boxe correspondent aux prix mis en jeu dans les tournois. Les cadres et les ouvriers peuvent recevoir des primes spéciales s'ils atteignent ou dépassent certains niveaux de rendement, exprimés sous la forme de profit ou de volume de production. Pourquoi y a-t-il tant de modes de rémunération différents ? Pourquoi tous les travailleurs ne reçoivent-ils pas simplement un salaire horaire en échange de leur travail ?

■ Dans ce chapitre, nous répondrons à ces questions en étudiant le fonctionnement du marché du travail. Nous allons tout d'abord analyser les effets de l'instruction et de la formation sur la rémunération à l'aide d'un modèle de marché concurrentiel du travail comparable à celui que nous avons étudié au chapitre 15. Nous utiliserons de nouveau ce modèle pour expliquer les écarts de rémunération qui existent entre les travailleurs syndiqués et les travailleurs non syndiqués, puis entre les hommes et les femmes. Nous étudierons aussi les effets des lois sur l'équité salariale. Enfin, nous examinerons le système de rémunération au rendement, et expliquerons pourquoi la productivité et les profits peuvent être plus élevés lorsqu'une entreprise adopte un tel système plutôt qu'une rémunération au temps de travail. Cela nous permettra de vérifier si les cadres supérieurs ont au moins un point commun avec les joueurs de tennis professionnels...

Les différences de qualification

Les écarts de salaire qui existent entre des travailleurs présentant différents niveaux d'instruction et de formation peuvent être expliquées à l'aide d'un modèle de marché concurrentiel du travail. Dans la réalité, les types et niveaux d'instruction et de formation sont très variés. Pour simplifier l'analyse, nous supposerons ici que notre économie ne compte que deux catégories de travailleurs : les travailleurs qualifiés et les travailleurs non qualifiés. Nous allons étudier la demande et l'offre de ces deux catégories de main-d'œuvre afin d'expliquer l'écart salarial entre travailleurs qualifiés et non qualifiés.

La demande de main-d'œuvre qualifiée et non qualifiée

Un travailleur qualifié peut accomplir de nombreuses tâches qu'un travailleur non qualifié ne pourrait exécuter, du moins pas de façon satisfaisante. Imaginez qu'une personne n'ayant ni formation ni expérience en la matière se mette à opérer des patients ou à piloter un avion de ligne... Puisque les travailleurs qualifiés peuvent effectuer des tâches plus complexes, la valeur de leur produit marginal est plus élevée que celle des travailleurs non qualifiés. Comme nous l'avons vu au chapitre 15, la courbe de demande de travail est construite à partir de la courbe de recette du produit marginal. Si les entreprises vendent leurs produits sur des marchés concurrentiels, la recette du produit marginal d'un facteur est égale à la valeur de son produit marginal. Plus la valeur du produit marginal du travail est grande, plus la demande des entreprises relative à ce facteur sera élevée.

Le graphique (a) de la figure 16.1 comprend les courbes de demande de main-d'œuvre qualifiée et de demande de main-d'œuvre non qualifiée. Pour un même nombre d'heures de travail fourni par ces deux catégories, les entreprises sont disposées à payer plus cher pour obtenir les services de travailleurs qualifiés que pour obtenir les services de travailleurs non qualifiés. Cet écart entre les dispositions à payer des entreprises est égal à l'écart entre la valeur du produit marginal des travailleurs qualifiés et celle des travailleurs non qualifiés. Il correspond par conséquent à la valeur productive d'un niveau de formation professionnelle supérieur. Supposons que le nombre d'heures de travail fourni soit de 2000 heures par jour ; les employeurs acceptent alors de payer 12,50 $ l'heure pour obtenir les services d'un travailleur qualifié, comparativement à seulement 5 $ l'heure pour les services d'un travailleur non qualifié. La différence entre les deux taux de rémunération est de 7,50 $ l'heure. La valeur productive du niveau de formation professionnelle supérieur est donc de 7,50 $ l'heure.

L'offre de main-d'œuvre qualifiée et non qualifiée

La qualification professionnelle coûte souvent cher à acquérir. Le travailleur doit en outre supporter ces coûts *avant* de pouvoir en tirer un quelconque supplément de rémunération. Nous savons, par exemple, que les études collégiales et universitaires permettent généralement d'accéder à des postes mieux rémunérés. Mais il faut d'abord obtenir le diplôme pour bénéficier de ce supplément de rémunération. L'acquisition d'une qualification professionnelle représente donc un investissement en capital humain. Le **capital humain** d'une personne est le stock des connaissances et des savoir-faire qu'elle a

Figure 16.1 Les différences de qualification

(a) Demande de main-d'œuvre qualifiée et non qualifiée

(b) Offre de main-d'œuvre qualifiée et non qualifiée

(c) Marchés de la main-d'œuvre qualifiée et non qualifiée

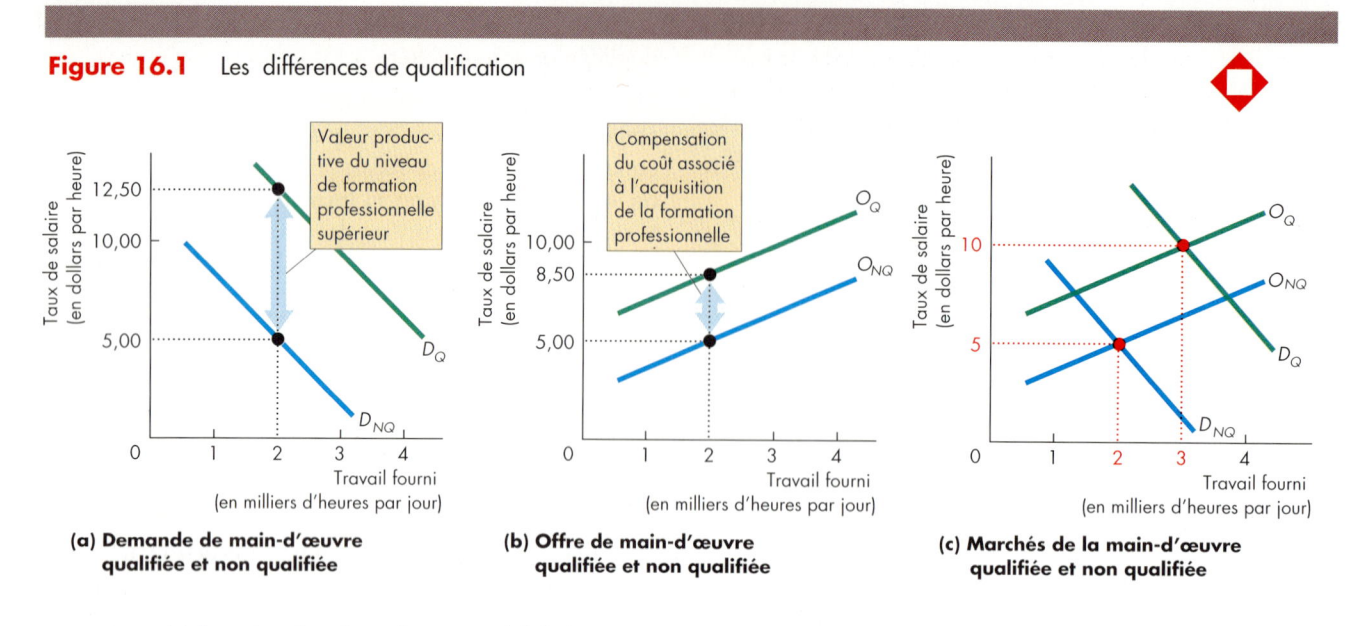

Le graphique (a) illustre la valeur du produit marginal de la formation professionnelle. La position de la courbe de demande de main-d'œuvre non qualifiée D_{NQ} dépend de la valeur du produit marginal des travailleurs non qualifiés. La valeur du produit marginal des travailleurs qualifiés est supérieure à celle des travailleurs non qualifiés. La courbe de demande de main-d'œuvre qualifiée D_Q se situe donc au-dessus de la courbe de demande de main-d'œuvre non qualifiée D_{NQ}. L'écart vertical entre ces deux courbes correspond à la valeur du produit marginal de la formation professionnelle.

Le graphique (b) illustre les effets du coût associé à l'acquisition de la formation professionnelle sur les courbes d'offre de main-d'œuvre. La courbe d'offre de main-d'œuvre non qualifiée correspond à la courbe O_{NQ}. Les travailleurs qualifiés ont dû supporter des coûts pour acquérir leur formation professionnelle. Ils n'offriront par conséquent leurs services sur le marché du travail qu'à un taux de salaire supérieur à celui des travailleurs non qualifiés. La courbe d'offre de main-d'œuvre qualifiée correspond à la courbe O_Q. L'écart vertical entre O_{NQ} et O_Q représente le supplément de salaire qui permet de compenser le coût associé à l'acquisition de la formation professionnelle.

Le graphique (c) illustre la détermination des niveaux d'emploi d'équilibre et l'écart salarial qui existe entre la main-d'œuvre qualifiée et la main-d'œuvre non qualifiée. À l'équilibre, pour chacune des deux catégories de main-d'œuvre considérées, les quantités demandées et offertes de travail sont égales. Les travailleurs non qualifiés gagnent 5 $ l'heure et fournissent 2000 heures de travail par jour. Les travailleurs qualifiés gagnent 10 $ l'heure et fournissent 3000 heures de travail par jour. Le salaire des travailleurs qualifiés est toujours supérieur à celui des travailleurs non qualifiés.

---

accumulé. La valeur du capital humain d'une personne est la valeur actuelle du supplément de rémunération dont elle bénéficiera dans l'avenir grâce au stock de connaissances et de savoir-faire qu'elle a acquis. (Au besoin, revoir la notion de valeur actuelle au chapitre 9.) La valeur du capital humain d'une personne équivaut par conséquent à la somme qu'elle devrait investir aujourd'hui, au taux d'intérêt du marché, pour obtenir un revenu égal au supplément de rémunération dont elle bénéficiera grâce à son stock de connaissances et de savoir-faire.

Le coût total associé à l'acquisition d'une qualification professionnelle est égal à la somme des frais réellement déboursés (droits de scolarité, livres, hébergement, etc.) et du coût d'opportunité salarial lié au manque à gagner qui résulte du temps passé à acquérir la formation. Pour les étudiants à temps plein, le coût d'opportunité salarial correspond au salaire que gagnerait l'étudiant en travaillant à temps plein. Les travailleurs qui reçoivent une formation en milieu de travail sont généralement rémunérés, mais moins que leurs collègues qui effectuent les mêmes tâches sans recevoir de formation. Dans ce cas, le manque à gagner salarial imputable à la formation correspond à l'écart entre la rémunération du travailleur en formation et celle du travailleur équivalent qui n'est pas en formation.

Les courbes d'offre de main-d'œuvre qualifiée et non qualifiée La position de la courbe d'offre de main-d'œuvre qualifiée par rapport à celle de la courbe d'offre de main-d'œuvre non qualifiée permet de mesurer le coût associé à l'acquisition de la formation professionnelle. Le graphique (b) de la figure 16.1 indique la courbe d'offre de main-d'œuvre qualifiée (O_Q) et la courbe d'offre de main-d'œuvre non qualifiée (O_{NQ}).

La courbe O_Q se situe au-dessus de la courbe O_{NQ}. L'écart vertical entre ces deux courbes d'offre de travail représente le supplément de salaire qui permet de compenser le coût associé à l'acquisition de la formation professionnelle. Supposons par exemple que la main-d'œuvre non qualifiée fournit 2000 heures de travail par jour à 5 $ l'heure. Ce salaire représente simplement le montant qui est versé en échange du temps que les travailleurs non qualifiés consacrent à leur travail. Mais, pour amener les travailleurs qualifiés à fournir aussi 2000 heures de travail par jour, les entreprises doivent leur offrir 8,50 $ l'heure. Le taux de salaire des travailleurs qualifiés est supérieur à celui des travailleurs non qualifiés car il doit compenser non seulement le temps qu'ils consacrent à leur travail, mais aussi le temps et les ressources financières qu'ils ont consacrés à leur formation.

Le taux de salaire des travailleurs qualifiés et non qualifiés

Pour mesurer l'écart salarial entre la main-d'œuvre qualifiée et la main-d'œuvre non qualifiée, il faut tenir compte des effets de la formation professionnelle sur l'offre et sur la demande de travail. Le graphique (c) de la figure 16.1 reprend les courbes d'offre et de demande des graphiques (a) et (b) de la même figure. Le marché de la main-d'œuvre non qualifiée est en équilibre au point d'intersection des courbes d'offre et de demande de cette catégorie de main-d'œuvre ; dans notre exemple, ce marché est en équilibre quand les travailleurs non qualifiés fournissent 2000 heures de travail par jour et sont rémunérés 5 $ l'heure. De la même façon, l'équilibre sur le marché de la main-d'œuvre qualifiée est atteint au point d'intersection des courbes d'offre et de demande de cette catégorie de main-d'œuvre ; dans notre exemple, l'équilibre est atteint lorsque les travailleurs qualifiés fournissent quotidiennement 3000 heures de travail à 10 $ l'heure.

Le graphique (c) de la figure 16.1 montre que le salaire d'équilibre de la main-d'œuvre qualifiée est supérieur à celui de la main-d'œuvre non qualifiée. Deux facteurs expliquent cet écart : d'une part, la valeur du produit marginal de la main-d'œuvre qualifiée est supérieure à celle de la main-d'œuvre non qualifiée et, d'autre part, les compétences coûtent cher à acquérir. L'écart salarial, qui est de 5 $ l'heure dans notre exemple, dépend de la valeur du produit marginal de la formation professionnelle et de ce qu'il en coûte pour l'acquérir. Plus la valeur du produit marginal de la formation professionnelle est élevée, plus l'écart vertical entre les courbes de demande de main-d'œuvre non qualifiée et de main-d'œuvre qualifiée est important. Et, plus il est coûteux d'acquérir une formation professionnelle, plus l'écart vertical entre les courbes d'offre de main-d'œuvre non qualifiée et de main-d'œuvre qualifiée est important. L'écart de rémunération entre travailleurs non qualifiés et travailleurs qualifiés est donc d'autant plus important que la valeur productive de la formation professionnelle est élevée et que celle-ci est coûteuse.

Figure 16.2 Profil des gains selon l'âge et la formation

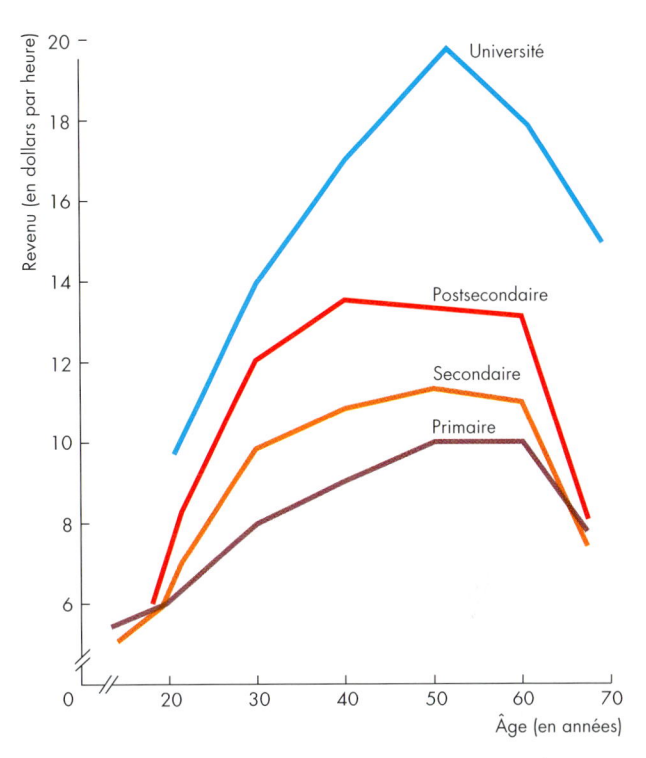

Cette figure indique les gains moyens obtenus par les travailleurs en fonction de leur âge et de leur niveau d'instruction. On constate que le revenu augmente avec le nombre d'années de scolarité. Il augmente aussi avec l'âge, du moins jusque vers cinquante ans. Au-delà, le revenu décroît de nouveau. Ces différences de rémunération montrent l'importance de la formation.

Source: Statistique Canada, *Enquête sur la population active*, 1986.*
*Cette analyse repose sur les microdonnées recueillies par Statistique Canada dans le cadre de l'*Enquête sur la population active* de 1986. Chris Robinson, de l'université Western Ontario, a effectué les calculs relatifs à ces microdonnées. Les auteurs assument entièrement la responsabilité de l'utilisation et de l'interprétation de ces données.

Les études et la formation constituent-elles un bon investissement ?

Les différences dans les niveaux d'instruction et de formation engendrent des écarts salariaux importants tout au long de la vie professionnelle. La figure 16.2 met en relief deux causes majeures qui expliquent les différences salariales. Toutes choses étant égales par ailleurs, plus le niveau d'instruction est élevé, plus le salaire est élevé. Par ailleurs, quel que soit le niveau d'instruction, le salaire augmente aussi avec l'âge. Cela peut être expliqué par le fait que l'âge est corrélé avec l'expérience professionnelle et le degré de formation en milieu de travail. Les revenus augmentent donc avec l'âge, du moins jusque vers cinquante ans.

La figure 16.2 indique aussi le profil des revenus associés à différents niveaux d'instruction sur l'ensemble du cycle de vie. Mais le supplément de rémunération que procurent les diplômes compense-t-il vraiment l'investissement financier indispensable pour les obtenir? (Rappelons que cet investissement financier se compose des coûts de scolarité proprement dits et du coût d'opportunité salarial, dû notamment au fait que les étudiants entrent plus tard que les autres dans la vie active.) En ce qui concerne les études postsecondaires, on a calculé qu'il s'agissait d'un investissement particulièrement rentable. En fait, un diplôme postsecondaire compte parmi les investissements les plus rentables qui soient: en termes réels (c'est-à-dire en éliminant l'effet de l'inflation), il n'est pas rare que le taux de rendement d'un diplôme postsecondaire atteigne 15 %!

Les écarts salariaux sont donc en partie imputables aux différences dans les niveaux d'instruction et l'expérience. Mais ce ne sont pas là les seules causes. Nous allons voir maintenant que les syndicats jouent aussi un rôle dans la détermination des écarts salariaux. Nous allons notamment expliquer pourquoi les salaires des syndiqués sont généralement plus élevés que ceux des non-syndiqués.

Les écarts de salaire entre syndiqués et non-syndiqués

Un **syndicat** est un regroupement de travailleurs qui s'organisent pour obtenir de meilleurs salaires et de meilleures conditions de travail. Les syndicats interviennent sur les marchés du travail comme les monopoles sur les marchés des biens et services: ils s'efforcent de restreindre la concurrence de façon à faire augmenter le prix de la main-d'œuvre. Vous trouverez au tableau 16.1 un mini-glossaire des termes relatifs aux syndicats.

On distingue deux principaux types de syndicats, les syndicats de métier et les syndicats industriels. Un **syndicat de métier** est un regroupement de travailleurs qui disposent tous plus ou moins des mêmes compétences mais qui travaillent dans des entreprises et des industries, voire des régions, très différentes. Par exemple, le syndicat des charpentiers-menuisiers est un syndicat de métier. Un **syndicat industriel** est un regroupement de travailleurs d'une même entreprise ou industrie, mais qui exercent des métiers différents et disposent de compétences différentes. Par exemple, le syndicat des travailleurs de l'automobile est un syndicat industriel.

Une centrale syndicale est un regroupement de syndicats. Le Congrès du travail du Canada (CTC) est la centrale la plus importante au Canada, puisqu'elle regroupe les trois cinquièmes des syndiqués du pays. Le

Tableau 16.1 Mini-glossaire des termes syndicaux

Syndicat	Regroupement de travailleurs qui s'organisent pour obtenir de meilleurs salaires et, d'une manière plus générale, de meilleures conditions de travail.
Syndicat de métier	Regroupement de travailleurs qui disposent tous plus ou moins des mêmes compétences mais qui travaillent dans des entreprises et des industries différentes.
Syndicat industriel	Regroupement de travailleurs d'une même entreprise ou industrie, mais qui exercent des métiers différents et disposent de compétences différentes.
Exclusivité syndicale	Clause qui oblige tous les travailleurs d'une même entreprise à faire partie du syndicat en place.
Précompte syndical (formule Rand)	Règlement fondé sur une décision rendue en 1945 par le juge Ivan Rand de la Cour suprême, qui oblige tous les travailleurs, syndiqués ou non, à payer une cotisation syndicale.
Négociations collectives	Négociations entre un employeur ou son représentant et un syndicat, qui portent sur les salaires et autres conditions de travail.
Grève	Refus d'un groupe de travailleurs de poursuivre le travail.
Lock-out	Refus de l'entreprise de continuer à faire travailler ses employés dans le but de les contraindre à accepter certaines conditions de travail.
Arbitrage	Mode de règlement d'un litige qui consiste à s'en remettre, d'un commun accord, à une tierce partie, l'arbitre, pour déterminer les salaires et autres conditions de travail.

CTC et né en 1956 de la fusion de deux centrales syndicales: le Congrès des métiers et du travail du Canada (CMTC), fondé en 1883 et regroupant les syndicats de métier, et le Congrès canadien du travail (CCT), fondé en 1940 et regroupant les syndicats industriels. Le CTC exprime souvent le point de vue de tous les syndiqués du pays dans les médias et sur la scène politique. Les deux principales centrales québécoises sont la Confédération des syndicats nationaux (CSN) et la Fédération des travailleurs du Québec (FTQ), cette dernière étant elle-même une fédération affiliée au CTC.

Le nombre d'adhérents varie beaucoup d'un syndicat à l'autre. Les syndicats industriels regroupent le

Figure 16.3   Syndicats et centrales syndicales

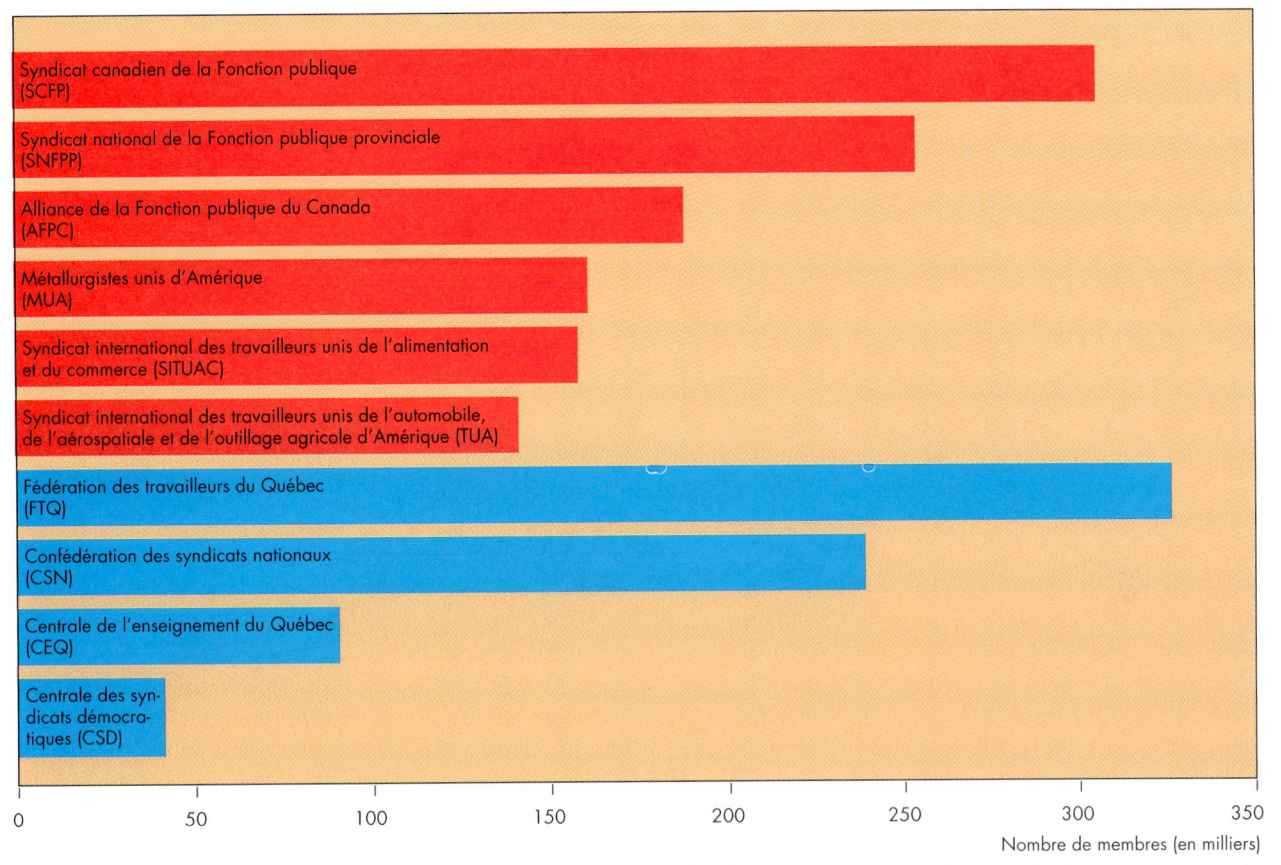

Syndicat	Nombre de membres (en milliers)
Syndicat canadien de la Fonction publique (SCFP)	~305
Syndicat national de la Fonction publique provinciale (SNFPP)	~250
Alliance de la Fonction publique du Canada (AFPC)	~185
Métallurgistes unis d'Amérique (MUA)	~160
Syndicat international des travailleurs unis de l'alimentation et du commerce (SITUAC)	~155
Syndicat international des travailleurs unis de l'automobile, de l'aérospatiale et de l'outillage agricole d'Amérique (TUA)	~145
Fédération des travailleurs du Québec (FTQ)	~325
Confédération des syndicats nationaux (CSN)	~240
Centrale de l'enseignement du Québec (CEQ)	~90
Centrale des syndicats démocratiques (CSD)	~40

Dans les rectangles rouges figurent les syndicats canadiens qui comptent le plus de membres. Les trois syndicats les plus importants œuvrent dans les services publics; ils représentent ensemble plus d'un million de travailleurs. Les quatre grandes centrales syndicales québécoises figurent dans les rectangles bleus.

Sources: Statistique Canada, *Annuaire du Canada*, 1988, 5-9; Gouvernement du Québec, «Un aperçu de l'état du syndicalisme au Québec en 1988», dans *Le marché du travail*, janvier 1989.

plus grand nombre de membres, alors que ce sont les syndicats de métier qui en comportent le moins. Les syndicats canadiens aux effectifs les plus importants sont présentés à la figure 16.3. Celle-ci présente également les centrales québécoises les plus importantes. C'est en 1983 que le taux de syndicalisation au Canada a atteint son apogée; un peu plus de 35 % de la population active canadienne était alors syndiquée, cette proportion ayant légèrement diminué depuis. Au Québec, le taux de syndicalisation est resté à peu près constant depuis cette date, à un peu moins de 40 %. Mais les syndicats n'ont pas tous évolué de la même façon au fil des décennies. Certains syndicats ont vu leur nombre de membres chuter radicalement, tandis que d'autres, en particulier ceux du secteur public, ont pris de plus en plus d'importance.

Dans certaines entreprises, tous les travailleurs embauchés sont soumis à une clause d'**exclusivité syndicale**, c'est-à-dire qu'ils doivent faire partie du syndicat en place. Dans ce type de situation, le syndicat peut exercer un contrôle sur l'offre de main-d'œuvre en obligeant l'entreprise à engager exclusivement des syndiqués. Dans d'autres entreprises, c'est aussi le syndicat qui négocie les conditions de travail mais les travailleurs ne sont pas tenus d'adhérer au syndicat. Dans ces situations, les entreprises sont tenues d'appliquer le **précompte syndical** – , souvent appelé *formule Rand*, par suite d'une décision rendue en 1945 par le juge Ivan Rand de la Cour suprême – , qui oblige tous les travailleurs de l'entreprise, syndiqués ou non, à payer la cotisation syndicale.

Les syndicats négocient les salaires des travailleurs et autres conditions de travail avec les employeurs ou leurs représentants dans le cadre de **négociations collectives**. Les principales armes des syndicats et des employeurs dans les négociations collectives sont, respectivement, la **grève** et le **lock-out**. Les travailleurs déclenchent une **grève** quand ils refusent de travailler dans les conditions que leur propose l'employeur. À l'inverse, le **lock-out** correspond au refus de l'entreprise de continuer à faire travailler ses employés dans le but de les contraindre à accepter certaines conditions de travail. Au cours des négociations, chacune des deux parties menace d'utiliser la grève ou le lock-out, selon le cas, pour tenter d'obtenir un accord qui lui soit plus favorable. Si les deux parties n'arrivent pas à s'entendre sur les salaires et les conditions de travail, elles peuvent soumettre leurs différends à l'arbitrage. L'**arbitrage** est un mode de règlement des litiges qui consiste à s'en remettre, d'un commun accord, à une tierce partie, l'arbitre, pour déterminer les salaires et autres conditions de travail, à la place des deux parties en cause ; le jugement rendu lors de l'arbitrage est exécutoire, en ce sens que les parties doivent s'y conformer.

Bien qu'elles ne soient pas des syndicats au sens légal du terme, les associations et corporations professionnelles jouent souvent un rôle comparable à celui des syndicats. Une **corporation professionnelle** est un groupe organisé de professionnels — avocats, dentistes, médecins, etc. — dont l'un des objectifs est d'améliorer les conditions de travail et de rémunération de ses membres. Par exemple, l'Ordre des optométristes du Québec est une corporation professionnelle.

Les objectifs et les contraintes des syndicats

Les syndicats ont trois principaux objectifs :

- Obtenir de meilleures rémunérations pour leurs membres
- Améliorer les conditions de travail
- Améliorer les perspectives d'emploi

Chacun de ces objectifs comprend plusieurs éléments. Ainsi, l'obtention de meilleures rémunérations comporte plusieurs aspects : l'augmentation des salaires proprement dits, mais aussi l'augmentation des avantages sociaux, des rentes de retraite, des indemnités de vacances, etc. L'amélioration des conditions de travail peut passer, par exemple, par un renforcement des normes de santé et de sécurité au travail ou par une amélioration du cadre de travail. Enfin, pour améliorer les perspectives d'emploi, les syndicats peuvent notamment tenter d'obtenir une plus grande sécurité d'emploi pour leurs membres ou de meilleures possibilités de promotion ou de reclassement professionnel.

Dans la poursuite de ces objectifs, les syndicats sont soumis aux contraintes de l'offre et de la demande sur le marché du travail. Du côté de l'offre, les possibilités d'action des syndicats dépendent de leur capacité à empêcher les travailleurs non syndiqués d'offrir leurs services aux employeurs. Plus le syndicat regroupe une proportion importante de la main-d'œuvre, plus il est puissant. Par exemple, les syndicats de l'industrie de la construction exercent un contrôle important sur l'offre de main-d'œuvre dans l'industrie, en définissant les conditions d'apprentissage qui permettent d'obtenir les compétences nécessaires pour exercer les métiers d'électricien, de plâtrier ou de charpentiers. De façon analogue, les corporations professionnelles imposent des examens d'entrée à la profession et contribuent ainsi à déterminer le nombre de personnes habilitées à exercer dans les domaines qui sont de leur compétence. À l'opposé, certains marchés du travail présentent des obstacles presque insurmontables à l'activité syndicale. Ainsi, les syndicats ont beaucoup de mal à protéger les travailleurs agricoles non qualifiés du sud de la Californie du flux de travailleurs non syndiqués (et illégaux) en provenance du Mexique. De la même façon, en raison de l'abondance de l'offre, les syndicats auraient très certainement beaucoup de difficulté à restreindre le nombre d'étudiants du secondaire qui travaillent à temps partiel dans les chaînes de restauration rapide.

En ce qui concerne la demande, les syndicats peuvent difficilement obliger les entreprises à employer plus de travailleurs qu'elles n'en ont vraiment besoin. Une augmentation des salaires et des coûts indirects de main-d'œuvre a nécessairement pour effet de diminuer la quantité de travail demandée. À moins de pouvoir influencer à la hausse la demande de la main-d'œuvre qu'il représente, le syndicat doit accepter le fait que toute augmentation de salaire entraîne inévitablement une baisse de l'emploi. Les syndicats s'efforcent donc d'augmenter la demande concernant la catégorie particulière de main-d'œuvre qu'ils représentent et d'en diminuer l'élasticité. Cela peut se faire de plusieurs façon :

- En favorisant les restrictions des importations
- En appuyant les lois sur le salaire minimum
- En appuyant les lois qui restreignent l'immigration
- En tentant d'exercer une influence sur la demande des produits
- En tentant d'augmenter la productivité marginale de leurs membres

Par exemple, les travailleurs de la confection sont en faveur des limitations des importations de vêtements. Les syndicats appuient les lois sur le salaire minimum car elles font augmenter le coût de la main-d'œuvre non qualifiée, qui constitue un substitut à la main-d'œuvre qualifiée et syndiquée. Par ailleurs, un resserrement des quotas d'immigration fait baisser l'offre de main-d'œuvre non qualifiée, ce qui fait augmenter le salaire des travailleurs non qualifiés. L'accroissement de la demande relative aux produits des entreprises syndiquées fait augmenter leurs profits et, indirectement, leur demande de travail. C'est pourquoi on voit souvent les syndicats se lancer dans des campagnes visant à inciter les consommateurs à acheter des vêtements fabriqués par des entreprises canadiennes ou québécoises, ou à acheter des voitures fabriquées en Amérique du Nord. Enfin, les syndicats peuvent miser sur les conditions d'apprentissage et de formation, ainsi que sur l'accréditation professionnelle, pour faire augmenter la productivité marginale de leurs membres, ce qui accroît la valeur de leur produit marginal et fait augmenter la demande relative à cette catégorie de main-d'œuvre.

Les syndicats dans un marché du travail concurrentiel

Dans un marché du travail concurrentiel, un syndicat cherchera à augmenter les salaires et autres formes de rémunération tout en limitant le chômage et les pertes d'emplois causés par la hausse du coût de la main-d'œuvre ; cela se fera en tentant d'influencer la demande de travail relative à la catégorie de main-d'œuvre qu'il représente.

La figure 16.4 décrit un marché du travail concurrentiel. La courbe de demande est D_C et la courbe d'offre est O_C. En l'absence de syndicat, le salaire d'équilibre est de 4 $ l'heure et, à ce taux, le nombre d'heures de travail fourni est de 100 heures par jour. Supposons maintenant qu'il y ait formation d'un syndicat et que ce dernier arrive à restreindre l'offre de travail en deçà de son niveau concurrentiel ; la courbe d'offre se déplace alors en O_S. Si le syndicat ne prend aucune autre mesure, le nombre d'heures de travail fourni tombera à 62,5 heures par jour et le salaire horaire augmentera, passant de 4 $ à 10 $. Mais si le syndicat peut accroître la demande de travail de façon à faire déplacer la courbe de demande en D_S, il obtiendra pour ses membres une plus grande augmentation de salaire, sans leur faire subir de pertes d'emplois aussi lourdes. En maintenant l'offre de travail à O_S, le syndicat fait alors passer le salaire de ses membres à 16 $ l'heure et le nombre d'heures de travail fourni à 75 heures.

Voyons maintenant le fonctionnement d'un marché du travail non concurrentiel. Le cas le plus intéressant est le monopsone.

Le monopsone

Un **monopsone** est un marché qui ne compte qu'un seul acheteur. Avec l'essor de la production à grande échelle dans certains secteurs comme l'exploitation charbonnière, la sidérurgie, le textile et les pâtes et papiers, il n'est pas rare qu'une entreprise emploie une partie importante de la population active d'une ville ou d'une région. Dans ce cas, le marché local du travail est

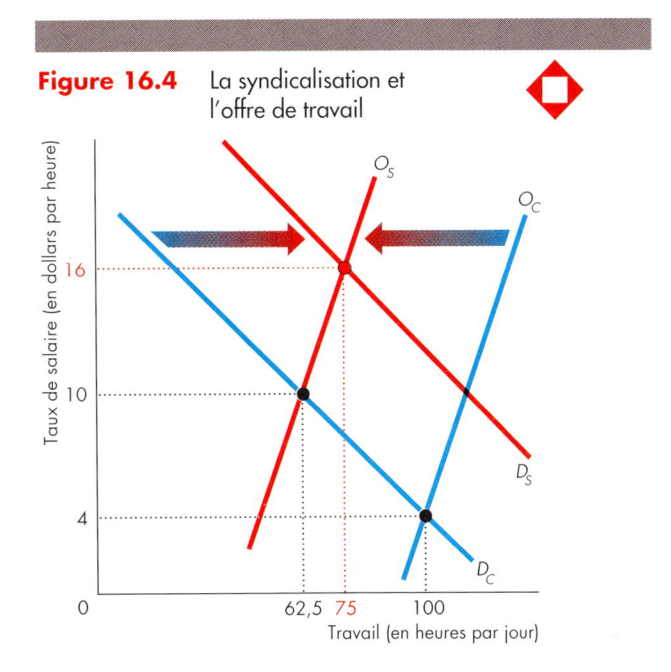

Figure 16.4 La syndicalisation et l'offre de travail

Si le marché du travail est concurrentiel, la courbe de demande de travail est D_C et la courbe d'offre O_C. L'équilibre concurrentiel est atteint quand le salaire est de 4 $ l'heure et que le nombre d'heures de travail fourni est de 100 heures par jour. En restreignant l'offre de travail en deçà de son niveau concurrentiel, le syndicat a provoqué un déplacement de la courbe d'offre en O_S. Si le syndicat ne prend aucune autre mesure, le salaire augmente, passant de 4 $ à 10 $ l'heure, tandis que le nombre d'heures de travail fourni baisse, passant de 100 heures à 62,5 heures par jour. Mais si le syndicat, en plus de restreindre l'offre, peut accroître la demande de travail (en faisant augmenter la demande des produits fabriqués par les syndiqués ou en faisant augmenter le prix des catégories de main-d'œuvre substituables à celle qu'il représente), la courbe de demande passe alors en D_S : le salaire augmente encore plus, passant à 16 $ l'heure, tandis que le nombre d'heures de travail fourni se stabilise à 75 heures par jour.

un monopsone. Par extension, on appelle aussi *monopsone* tout marché du travail où, dans une ville ou une région, toute une catégorie de main-d'œuvre (et non plus la majeure partie de la population active) est au service d'une même entreprise : par exemple, tous les professeurs d'une même ville travaillent pour la même commission scolaire.

Les monopsoneurs font des profits plus importants que les employeurs qui doivent concurrencer d'autres entreprises sur le marché de la main-d'œuvre. La figure 16.5 illustre le fonctionnement d'un monopsone. La courbe de recette du produit marginal du travail est RPm ; cette courbe représente donc le supplément de recette totale qui résulte de la vente du produit réalisé durant la dernière heure de travail fournie. (Notez que le monopsoneur peut être en concurrence parfaite sur le marché du *produit*, auquel cas la RPm serait égale à la valeur du produit marginal du travail.) La courbe O est la courbe d'offre de travail ; elle indique

La syndicalisation : une décision utile ?

Les travailleurs des tours de forage pétrolier envisageraient de se syndiquer

Selon un dirigeant syndical, le mécontentement gronde et pourrait déboucher sur la création d'un syndicat

Lassés des maigres salaires, des avantages sociaux plus que modestes et de l'irrégularité de leur emploi, les travailleurs albertains des tours de forage envisageraient de se syndiquer.

Dans un secteur où la réputation de farouche indépendance des «durs à cuire» des tours de forage n'est plus à faire, un tel projet surprend.

Rolf Nielsen, coordinateur du Syndicat des travailleurs de l'énergie et de la chimie à Edmonton pour l'Ouest du Canada, estime que l'exaspération des travailleurs des tours est telle que leur marche vers la syndicalisation est peut-être d'ores et déjà irréversible.

Les regroupements d'employeurs reconnaissent que plusieurs facteurs ont contribué à la détérioration de la rémunération des travailleurs, mais continuent de soutenir que la syndicalisation n'est pas nécessaire.

«Je ne pense pas que la syndicalisation puisse être plus avantageuse pour le secteur pétrolier et pour les travailleurs que la négociation entre producteurs et entrepreneurs», indique Don Herring, directeur général de l'association canadienne des entrepreneurs du forage pétrolier, la *Canadian Association of Oilwell Drilling Contractors* (CAODC), qui représente les employeurs des «durs à cuire».

Rolf Nielsen, quant à lui, considère que les compagnies ont offert trop peu, et trop tard, aux travailleurs des tours. Il souligne que les dernières négociations entre les entrepreneurs et les producteurs n'ont apporté aucune solution à certaines préoccupations de premier plan, comme l'irrégularité de l'emploi. Selon les estimations de la CAODC, les employés du forage n'ont travaillé en moyenne que 73 jours l'année dernière, pour un salaire total de 11 826 $, contre 193 jours en 1980, pour un salaire de 19 460 $.

«Nous avons rencontré beaucoup de contremaîtres et d'ouvriers qui ne gagnent pas assez d'argent pour vivre et qui ne travaillent pas un nombre d'heures suffisant pour avoir droit aux prestations de chômage, souligne Rolf Nielsen. L'année dernière, beaucoup [de travailleurs des tours] n'ont travaillé qu'un mois.»

Mais le syndicat aura fort à faire pour prendre pied dans le secteur du forage: les entrepreneurs emploient principalement des ouvriers de passage sur des sites temporaires... et souvent très éloignés des centres urbains.

Que les travailleurs du forage se syndicalisent ou non, la hausse du coût de la main-d'œuvre devrait de toute façon faire augmenter à brève échéance les coûts d'exploitation des producteurs canadiens de gaz naturel et de pétrole.

Bud Bell, président de la *Petroleum Services Association of Canada*, rappelle que le secteur de la construction, actuellement en pleine expansion en Alberta, et les usines de pâtes et papiers subventionnées par la Province offrent aux travailleurs du forage des emplois plus stables et mieux rémunérés que ceux des tours. Selon lui, c'est la pénurie de main-d'œuvre qui constituera le principal problème des compagnies pétrolières au cours de la prochaine décennie. Il estime en particulier que les entreprises de forage et de services reliés à l'exploitation pétrolière auront du mal à garder leurs travailleurs les plus qualifiés.

The Financial Post
5 mars 1990
Par Tamsin Carlisle
©The Financial Post
Traduction et reproduction autorisées

ENTRE LES LIGNES

Les faits en bref

- En moyenne, les travailleurs albertains du forage pétrolier ont travaillé 73 jours pour une rémunération totale de 11 826 $ en 1989, contre 193 jours pour une rémunération de 19 460 $ en 1980.

- Exaspérés par cette situation difficile, les travailleurs envisagent de se constituer en syndicat.

- Les regroupements d'employeurs ne pensent pas que la syndicalisation puisse améliorer le sort des travailleurs du forage.

- Il est très difficile de syndiquer les travailleurs du forage car cette main-d'œuvre n'est jamais que de passage sur des lieux de travail temporaires et éloignés des grands centres.

- Même s'ils ne se syndicalisent pas, les travailleurs du forage devraient bientôt bénéficier d'augmentations de salaire car d'autres secteurs d'activités leur offrent maintenant des emplois plus stables et mieux rémunérés.

Analyse

- Le graphique ci-dessous illustre le marché des travailleurs du forage pétrolier.

- D_{1980} est la courbe de demande des travailleurs du forage pour l'année 1980 et O_{1980}, la courbe d'offre de la même année.

- Le marché des travailleurs du forage est concurrentiel. En 1980, le salaire d'équilibre était de 100 $ par jour et le nombre d'heures de travail fournies s'élevait à T_{1980}.

- Deux facteurs importants ont modifié le marché des travailleurs du forage dans les années 80 :
  - Les taux de salaire des autres secteurs industriels ont augmenté.
  - Le prix du pétrole a baissé.

  Ces deux facteurs ont déplacé les courbes d'offre et de demande des travailleurs du forage comme on le voit dans le graphique ci-dessous.

- En 1989, le nombre d'heures de travail fournies n'était plus que de T_{1989}, tandis que le taux de salaire avait augmenté et s'élevait à 167 $ par jour.

- Le pourcentage de baisse du nombre moyen d'heures travaillées étant de loin supérieur au pourcentage d'augmentation du taux de salaire, les revenus annuels ont baissé.

- Les taux quotidiens de salaire ont augmenté entre 1980 et 1989, mais les prix aussi ont augmenté, du même pourcentage. Par conséquent, le niveau de vie des travailleurs du forage de 1989 était très inférieur à ce qu'il était en 1980.

- La syndicalisation ne ferait guère augmenter les salaires des travailleurs du forage, à moins que le syndicat ne soit en mesure de limiter l'accès au secteur.

- Et même si le syndicat pouvait limiter le nombre des travailleurs dans le secteur du forage, il ne pourrait faire augmenter leurs salaires que dans la mesure où il empêcherait certains travailleurs de bénéficier de ces salaires élevés.

- Si les salaires continuent d'augmenter dans les autres secteurs, la courbe d'offre des travailleurs du forage va continuer de se déplacer vers le haut ; et si la demande relative à cette catégorie de travailleurs ne baisse pas, leurs taux de salaire continueront d'augmenter (et le niveau de chômage continuera de baisser), même si ces travailleurs ne se constituent pas en syndicat.

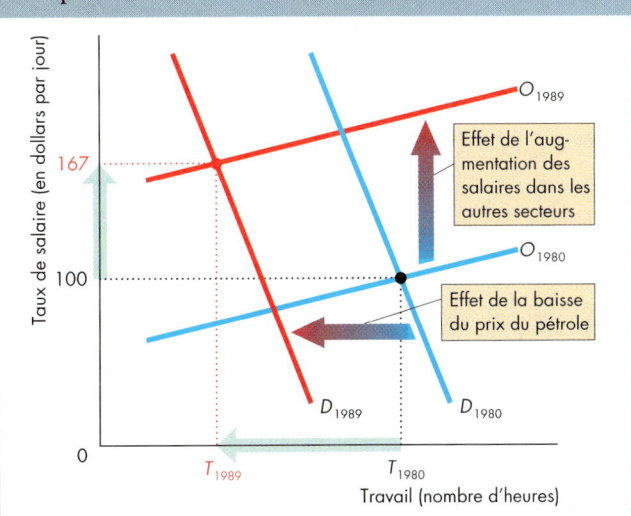

le nombre d'heures de travail que fournit la main-d'œuvre en fonction du salaire horaire (de façon équivalente, elle indique le salaire minimal que l'entreprise doit verser aux travailleurs pour qu'ils fournissent le nombre d'heures de travail indiqué en abscisse).

Les employeurs savent qu'ils doivent verser des salaires plus élevés s'ils veulent engager plus de travailleurs et, inversement, qu'ils peuvent verser des salaires moindres en engageant moins de travailleurs. Ils en tiennent compte dans leur calcul du coût marginal du travail, représenté par la courbe Cm_L à la figure 16.5.

La relation entre la courbe de coût marginal du travail et la courbe d'offre de travail, et celle qui existe entre les courbes de coût marginal du produit et de coût total moyen que nous avons étudiées au chapitre 10 sont identiques. En effet, la courbe d'offre de travail représente pour l'entreprise la courbe de coût total moyen du travail. Supposons, par exemple, que l'entreprise dont il est question à la figure 16.5 engage des travailleurs qui lui fournissent 50 heures de travail par jour à 5 $ l'heure, de sorte que le coût total moyen du travail se chiffre à 5 $ l'heure. Le coût total sera de 250 $ (5 $ l'heure × 50 heures). Supposons maintenant que l'entreprise restreigne le nombre d'heures de travail, le faisant passer à 49 heures par jour. À 49 heures de travail par jour, le salaire moyen tombe à 4,90 $ l'heure. Le coût total du travail pour l'entreprise n'est plus que de 240,10 $ (4,90 $ l'heure × 49 heures). La cinquantième heure de travail employée par l'entreprise fait passer le coût total du travail de 240,10 $ à 250 $; cette heure de travail lui coûte donc près de 10 $. La courbe Cm_L montre que le coût marginal pour l'entreprise de la cinquantième heure de travail employée est de près de 10 $.

Une entreprise maximise son profit lorsqu'elle utilise un nombre d'heures de travail qui assure l'égalité entre le coût marginal du travail et la recette du produit marginal du travail. En d'autres termes, il faut que le coût du dernier travailleur engagé soit égal au supplément de recette totale que son travail procure. Dans l'exemple de la figure 16.5, la quantité optimale de travail est de 50 heures. Mais, pour que les travailleurs fournissent 50 heures de travail par jour, l'employeur doit leur verser un salaire horaire de 5 $. La recette du produit marginal est de 10 $ l'heure. L'entreprise fait donc un profit économique de 5 $ l'heure sur la dernière heure de travail fournie.

Le profit économique des employeurs en situation de monopsone dépend de l'élasticité de l'offre de travail. Plus l'offre de travail est élastique, moins le monopsoneur réussira à faire un surprofit. Si le marché du travail illustré à la figure 16.5 était concurrentiel, le salaire s'élèverait à 7,50 $ l'heure et le nombre d'heures de travail fourni à 75 heures par jour. Le salaire et le nombre d'heures de travail fourni en situation de monopsone sont donc inférieurs à ceux d'un marché

Figure 16.5 Le cas d'un monopsone sur le marché du travail

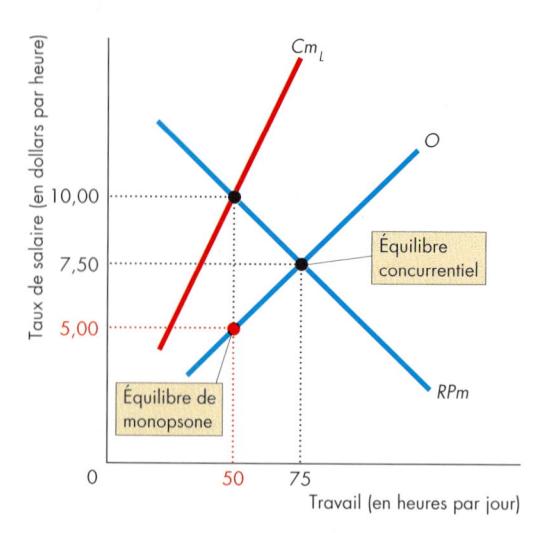

Un monopsone est un marché qui ne compte qu'un seul acheteur et une multitude de vendeurs. La courbe de recette du produit marginal d'un employeur en situation de monopsone est *RPm*, et sa courbe de coût marginal du travail est Cm_L. La courbe d'offre de travail correspond à la courbe O. L'entreprise maximise son profit quand le coût marginal du travail est égal à la recette du produit marginal. Pour maximiser son profit, l'employeur doit utiliser 50 heures de travail par jour et verser aux travailleurs un salaire horaire de 5 $, qui correspond au salaire le moins élevé que les travailleurs sont disposés à accepter en échange de cette quantité de travail.

du travail parfaitement concurrentiel.

Le monopsone partiel La diminution des coûts de transport contribue à faire disparaître les monopsones purs. Les travailleurs se déplacent maintenant plus facilement qu'avant et peuvent donc offrir leurs services à plus d'un employeur. Cependant, une entreprise peut encore faire face à une courbe d'offre de travail à pente positive. C'est le cas des entreprises qui, bien qu'elles ne soient pas en situation de monopsone pur, doivent néanmoins offrir des salaires plus élevés si elles veulent accroître leur personnel. La caractéristique importante ici, c'est que l'offre de travail est imparfaitement élastique. La relative inélasticité de l'offre de travail peut être attribuable à la situation géographique de l'entreprise : certains salariés peuvent se rendre sur les lieux de travail plus facilement que d'autres. En raison de la concurrence que se livrent les employeurs sur le marché du travail, les salaires qu'ils proposent doivent compenser non seulement le temps de travail proprement dit, mais aussi celui que le travailleur consacre à ses déplacements. Plus le nombre de salariés d'une entreprise est important, plus il y a de chance qu'elle doive faire appel à un large bassin géographique : comme certains travailleurs viendront alors d'assez loin, les salaires offerts devront être suffisants pour compenser les frais de déplacement. Ce sont donc l'étendue et la densité de population de la région considérée, c'est-à-dire du marché local de l'emploi, qui déterminent dans quelle mesure l'entreprise s'apparente à un monopsone.

Voyons maintenant les effets des lois sur le salaire minimum et de l'activité syndicale en situation de monopsone.

Monopsones, salaire minimum et syndicats

Nous avons vu au chapitre 6 que l'imposition d'un salaire minimum faisait généralement baisser le niveau d'emploi. Nous verrons maintenant qu'en situation de monopsone les lois sur le salaire minimum, de même que l'activité syndicale, peuvent au contraire faire augmenter les salaires tout en élevant le niveau d'emploi.

Salaire minimum et monopsones Prenons l'exemple du monopsone illustré à la figure 16.6. L'entreprise verse un salaire horaire de 5 $ à ses employés qui lui fournissent 50 heures de travail par jour. Supposons que le gouvernement adopte une loi établissant le salaire minimum à 7,50 $ l'heure. Les employeurs peuvent offrir plus, mais jamais moins. L'offre de travail du monopsoneur est donc maintenant parfaitement élastique à 7,50 $ l'heure, jusqu'à 75 heures par jour. S'il a besoin de plus de 75 heures de travail par jour, le monopsoneur devra offrir un salaire supérieur à 7,50 $ l'heure. Comme le salaire est de 7,50 $ l'heure lorsque le nombre d'heures de travail ne dépasse pas 75 heures par jour, le coût marginal du travail est constant (à 7,50 $ l'heure) dans cet intervalle. Au-delà de 75 heures, le coût marginal du travail est supérieur à 7,50 $ l'heure. Pour maximiser son profit, l'employeur doit employer un nombre d'heures de travail qui assure l'égalité entre le coût marginal du travail et la recette de son produit marginal. Dans la situation décrite à la figure 16.6, l'entreprise emploie 75 heures de travail par jour et verse à ses salariés le salaire minimum, qui est de 7,50 $ l'heure. La loi sur le salaire minimum a eu pour effet de rendre l'offre de travail parfaitement élastique et d'assurer l'égalité entre le coût marginal du travail et le taux de salaire, jusqu'à concurrence de 75 heures de travail par jour. Par contre, la loi n'a eu aucune incidence sur la courbe d'offre de travail ni sur le coût marginal du travail lorsque l'entreprise utilise plus de 75 heures de travail par jour. La loi sur le salaire minimum a eu pour effet d'accroître le salaire horaire de 2,50 $, tout en augmentant de 25 heures par jour le nombre d'heures de travail utilisé par l'entreprise.

Monopsones et syndicats Quand nous avons étudié les monopoles, au chapitre 13, nous avons vu que si un marché ne compte qu'un seul offreur celui-ci peut

Figure 16.6 Le salaire minimum en situation de monopsone

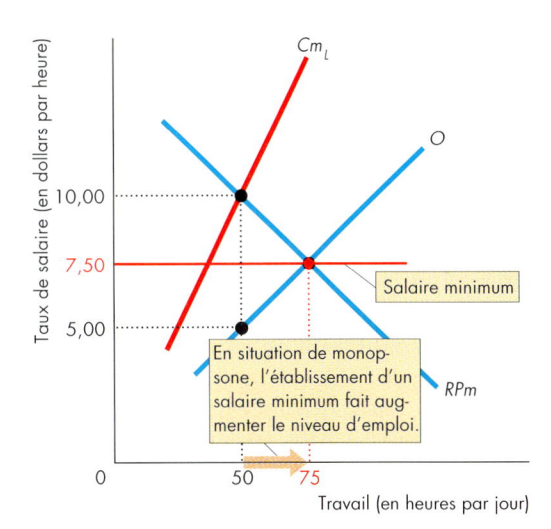

Le monopsoneur dont il est question dans cette figure verse un salaire de 5 $ l'heure à ses salariés. Si une loi sur le salaire minimum l'oblige à verser au moins 7,50 $ l'heure à ses employés, alors le nombre d'heures de travail augmentera, passant de 50 à 75 heures par jour. De la même façon, s'il y a formation d'un syndicat à l'intérieur de l'entreprise, il s'efforcera de faire augmenter le salaire de ses membres à plus de 5 $ l'heure. Si le syndicat est très puissant, il obtiendra 10 $ l'heure (mais il ne peut obtenir plus). Si le syndicat et l'entreprise sont de force égale, ils s'entendront pour fixer le taux de salaire à 7,50 $ l'heure, ce qui constitue un compromis entre la recette du produit marginal et le salaire minimum que les travailleurs exigent pour offrir leurs services sur ce marché du travail.

déterminer le prix de son produit. Nous venons de voir que, dans le cas d'un monopsone, c'est-à-dire lorsqu'il n'y a qu'un seul demandeur sur le marché, celui-ci détermine le prix du bien qu'il achète. Supposons qu'il y ait formation d'un syndicat dans un marché du travail en situation de monopsone. Nous savons que le syndicat agit comme un monopoleur, puisqu'il exerce un contrôle sur l'offre de travail et est, de fait, le seul « vendeur » de travail sur le marché. Quand un syndicat, l'unique vendeur de travail du marché, traite avec un acheteur unique (le monopsoneur), on dit qu'on est en situation de **monopole bilatéral**. Les salaires sont alors déterminés par voie de négociations. Voyons comment.

Rappelons tout d'abord que si le monopsoneur illustré à la figure 16.5 faisait face à une offre de travail inorganisée, il choisirait de verser 5 $ l'heure à ses employés qui devraient, en échange, lui fournir 50 heures de travail par jour. En monopolisant l'offre de travail, un syndicat pourrait cependant forcer l'employeur à verser un salaire horaire plus élevé pour ces 50 heures de travail par jour : en fait, l'employeur est prêt à payer jusqu'à 10 $ l'heure pour obtenir ce nombre d'heures, soit la recette du produit marginal du travail. Si le salaire horaire est déterminé par voie de négociations entre l'employeur et le syndicat, il se situera donc entre 5 $ (le meilleur résultat que l'entreprise puisse obtenir) et 10 $ (le meilleur résultat que le syndicat puisse obtenir).

L'issue dépend du coût que chacune des deux parties peut faire subir à l'autre en cas d'échec des négociations. Ainsi, l'entreprise peut fermer ses portes et imposer un lock-out, et les travailleurs peuvent paralyser l'entreprise en faisant la grève. Chacune des deux parties connaît la force de l'autre et sait ce qu'elle-même risque de perdre si elle ne satisfait pas aux exigences de l'autre partie. Si les deux parties sont d'égale force et qu'elles en sont conscientes, elles couperont la poire en deux et fixeront le taux de salaire à 7,50 $ l'heure. Mais si l'une des parties est plus puissante que l'autre et que les deux en sont conscientes, alors le salaire convenu à l'issue des négociations favorisera davantage la partie la plus puissante. En général, les employeurs et les syndicats arrivent à s'entendre avant d'en venir au lock-out ou à la grève. La menace — c'est-à-dire la certitude qu'a chacune des deux parties que l'autre ripostera par un lock-out ou une grève en cas d'échec des négociations — suffit généralement à faire progresser les discussions jusqu'à ce qu'une entente soit conclue. Les grèves et les lock-out se produisent surtout lorsque l'une des parties évalue mal ce que l'autre est prête à accepter. Des grèves ou des lock-out peuvent aussi survenir à l'occasion (et souvent indépendamment du litige immédiat) pour prouver que les menaces brandies doivent être prises au sérieux.

La mesure de l'écart salarial entre syndiqués et non-syndiqués

Nous savons maintenant que les syndicats exercent une influence sur la rémunération de leurs membres en restreignant l'offre de travail et en tentant d'influer sur la demande de travail. Quelle est l'importance de l'écart salarial entre syndiqués et non-syndiqués?

Il est impossible de répondre de façon précise à cette question. Selon de nombreuses études faites sur le sujet, il semble que l'écart se situerait entre 10 % et 35 %.[1]

Il est difficile d'évaluer les effets de la présence d'un syndicat dans une industrie ou dans une entreprise, car il faut prendre en compte la multitude de facteurs à l'origine des écarts salariaux. Par exemple, dans certaines industries, si les syndiqués gagnent plus que les non-syndiqués, c'est au moins en partie parce qu'ils exercent des métiers qui exigent un niveau de compétence supérieur à celui que possèdent les non-syndiqués. Ainsi, même s'ils n'étaient pas syndiqués, ces travailleurs qualifiés gagneraient de toute façon plus que leurs collègues non qualifiés.

Pour mesurer les effets de l'activité syndicale, il faut donc comparer les salaires des travailleurs syndiqués à ceux des travailleurs non syndiqués qui exercent à peu près le même métier. En ne tenant pas compte des différences de compétences et des autres facteurs susceptibles d'influer sur les salaires, l'écart salarial réel entre syndiqués et non-syndiqués serait compris entre 10 % et 35 %.

Les écarts de salaire entre hommes et femmes

Il y a encore des écarts salariaux importants entre les hommes et les femmes. La figure 16.7 rend compte de la situation qui prévalait au milieu des années 80 pour un certain nombre d'emplois de bureau. Si nous avons choisi ces emplois, c'est parce qu'ils permettent mieux que d'autres de comparer les salaires versés aux hommes aux salaires versés aux femmes remplissant à peu près les mêmes tâches. Pour l'ensemble des catégories d'emplois, le salaire des femmes au Canada représente environ 65 % de celui des hommes. Une grande partie de cet écart est attribuable au fait qu'on retrouve plus fréquemment les femmes dans les catégories d'emplois moins bien rémunérées. Mais, comme l'indique la figure 16.7, même pour des postes identiques, les femmes gagnent moins, en moyenne, que les hommes.

Pourquoi ces écarts salariaux existent-ils et persistent-ils? Résultent-ils d'une discrimination à l'endroit des femmes ou faut-il chercher les causes ailleurs? Cette question controversée soulève toujours les passions. La discrimination dans une société peut prendre plusieurs formes, et il est important de préciser exactement ce qu'on entend par *discrimination*. Par exemple, dans certaines sociétés, les femmes peuvent avoir un statut légal différent de celui des hommes, certaines formations peuvent leur être interdites, etc. Comme nous nous intéressons d'abord au fonctionnement du marché du travail, nous limiterons la définition du terme «discrimination» aux inégalités de traitement subies par les femmes *sur le marché du travail* en prenant pour base de comparaison des hommes et des femmes de même niveau de qualification.

Nous examinerons trois causes susceptibles d'expliquer les écarts salariaux qui existent entre les hommes et les femmes :

- La discrimination sur le marché du travail
- Les différences de capital humain

---

[1] Chris Robinson. «The Joint Determination of Union Status and Union Wage Effects: Some Tests of Alternative Models», *Journal of Political Economy*, 97, 3, juin 1989, pp. 639-667.

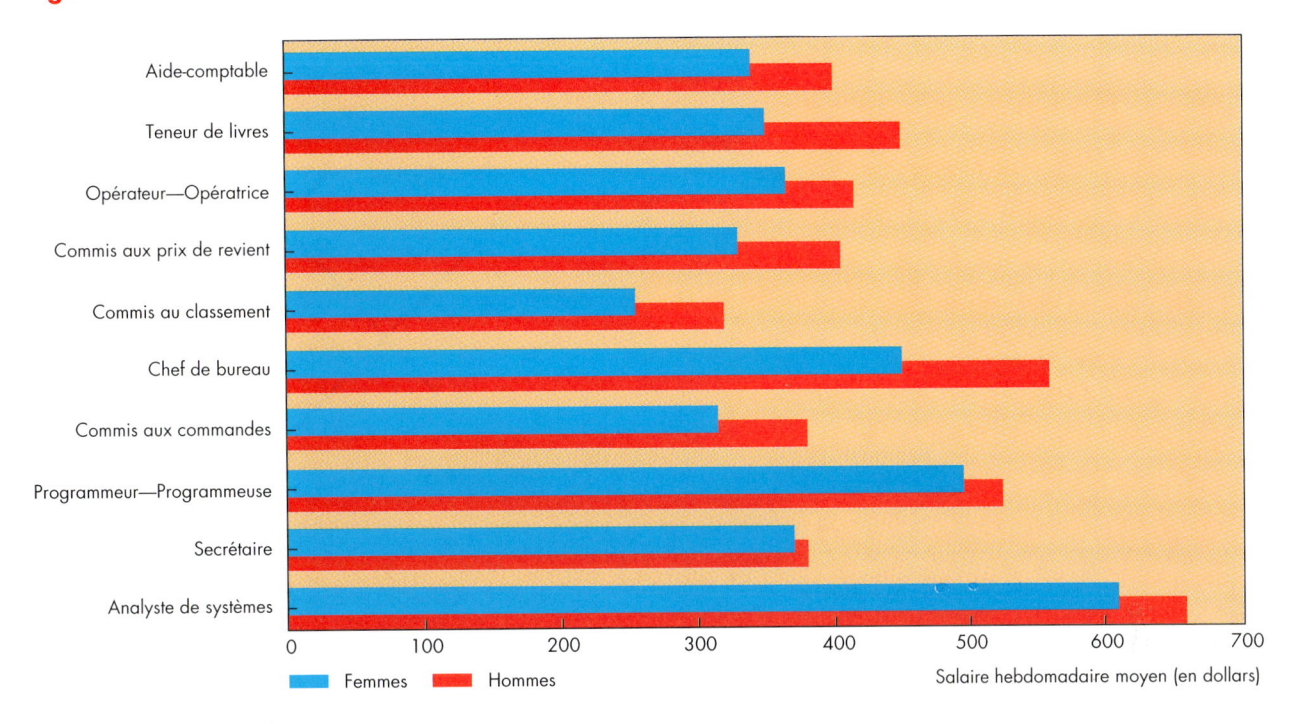

Figure 16.7   Les écarts salariaux entre les hommes et les femmes

En moyenne, le salaire des femmes représente environ 65 % du salaire des hommes. Une grande partie de cet écart s'explique par le fait que les emplois peu rémunérés sont occupés le plus souvent par des femmes. La figure indique le salaire moyen d'hommes et de femmes qui occupent à peu près les mêmes postes. Ici, l'écart salarial va de presque zéro pour les secrétaires à près de 20 % pour les chefs de bureau.

Source: Statistique Canada, *Women in the workforce*, 1988, 47.

- Les différences dans le degré de spécialisation

La discrimination

Pour mieux comprendre l'effet de la discrimination sur les salaires, nous allons étudier l'exemple du marché des conseillers et conseillères en placements. Supposons que deux groupes de conseillers possèdent la même qualification professionnelle pour guider leurs clients dans leur choix de placements. L'un de ces groupes est composé uniquement d'hommes et l'autre uniquement de femmes. Le graphique (a) de la figure 16.8 indique la courbe d'offre des femmes, O_F, et le graphique (b) la courbe d'offre des hommes, O_H. Ces deux courbes sont identiques. La valeur du produit marginal des hommes et des femmes est la même, et elle est illustrée par les courbes VPm des graphiques (a) et (b). (Rappelons que les revenus des conseillers et conseillères en placements sont les honoraires que leur versent leurs clients en échange de leurs conseils.)

Supposons d'abord que personne n'entretient de préjugés à l'égard des hommes ou des femmes dans notre société fictive. Le marché des femmes compte alors 2000 conseillères qui gagnent chacune 40 000 $ par an, et le marché des hommes compte aussi 2000 conseillers qui gagnent eux aussi 40 000 $ par an chacun.

Supposons maintenant que les clients des sociétés de conseils en placements entretiennent des préjugés défavorables à l'égard des femmes. Comme précédemment, femmes et hommes possèdent le même niveau de qualification, mais les préjugés sont si forts que les clients ne sont pas prêts à payer autant pour obtenir les conseils des femmes que pour obtenir ceux des hommes. En raison de cette discrimination, la valeur du produit marginal des deux groupes de conseillers n'est plus la même. La qualification professionnelle des deux groupes est la même, mais les clients n'accordent plus la même valeur à leur travail (c'est-à-dire à leurs conseils en placements). À la figure 16.8, la courbe $VPm_{F/D-}$ représente la valeur du produit marginal des femmes victimes de cette discrimination (*F/D-* signifie «Femmes victimes de la discrimination»), tandis que la courbe $VPm_{H/D+}$ représente la valeur du produit marginal des hommes qui bénéficient en quelque sorte de cette discrimination (*H/D+* si-

Figure 16.8 Les effets de la discrimination

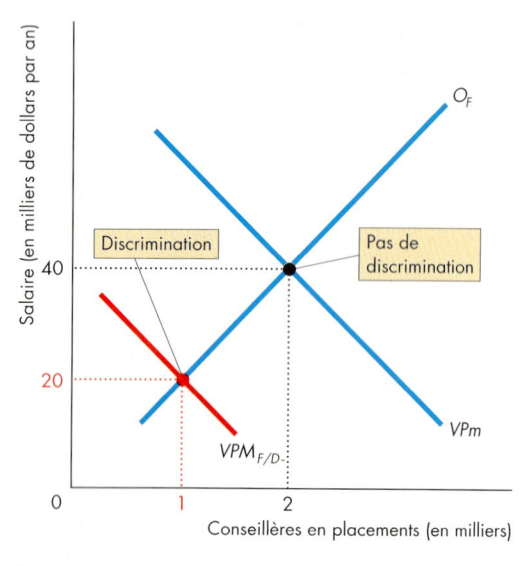

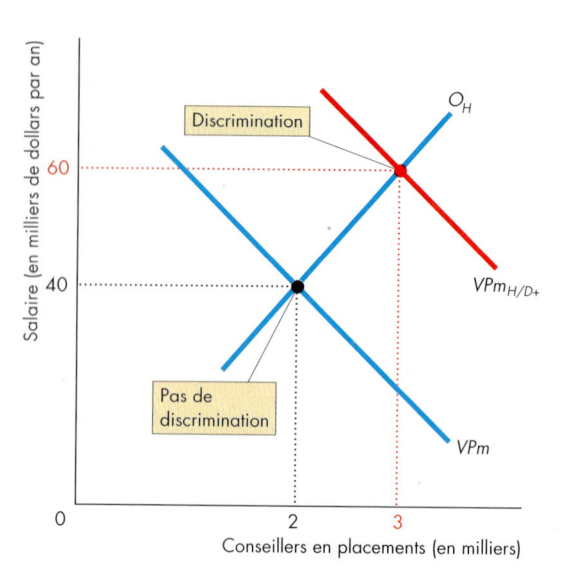

(a) **Femmes**

(b) **Hommes**

La courbe O_F du graphique (a) est la courbe d'offre des conseillères en placements; la courbe O_H du graphique (b) est la courbe d'offre des conseillers en placements. Si la valeur du produit marginal est la même pour chacun des deux groupes de conseillers (les deux groupes ayant la même courbe VPm; dans les graphiques (a) et (b), le taux de salaire d'équilibre de chaque groupe est alors de 40 000 $ par an, et le marché compte 2000 conseillers et 2000 conseillères. Si les clients exercent une discrimination envers les femmes, la courbe de valeur du produit marginal des femmes se déplace vers la gauche, en $VPm_{F/D-}$ ($F/D-$ signifie « femmes victimes de la discrimination »). Cette discrimination dont les femmes sont victimes profite aux hommes; leur courbe de valeur du produit marginal se déplace vers la droite, en $VPm_{H/D+}$ ($H/D+$ signifie « hommes favorisés par la discrimination »). Le salaire des femmes baisse, passant de 40 000 $ à 20 000 $ par an, et leur nombre diminue: elles ne sont plus que 1000 à exercer le métier de conseillères en placements. Par contre, le salaire des hommes augmente, passant de 40 000 $ à 60 000 $ par an, et leur nombre aussi: ils sont maintenant 3000 à exercer le métier de conseillers en placements.

gnifie « Hommes favorisés par la discrimination »). Les marchés des deux groupes de conseillers déterminent maintenant des salaires et des niveaux d'emploi très différents: le marché des femmes ne compte maintenant que 1000 conseillères qui ne gagnent plus que 20 000 $ par an, tandis que le marché des hommes compte 3000 conseillers qui gagnent chacun 60 000 $ par an. Étant donné la discrimination exercée contre les femmes, les conseillères ne gagnent qu'un tiers de ce que gagnent leurs collègues masculins, et trois quarts des postes de conseillers sont confiés à des hommes.

L'exemple que nous venons d'étudier est un cas fictif montrant les effets de la discrimination entre les sexes sur les salaires. Mais cela est-il conforme à la réalité? La discrimination engendre-t-elle réellement un écart salarial entre les hommes et les femmes? Les économistes ne s'entendent pas sur ce point pour une raison très simple: s'il est facile de constater l'existence de préjugés, il est par contre impossible d'en mesurer l'ampleur et les effets.

Notre exemple montre que l'écart salarial entre hommes et femmes peut être attribuable à la discrimination entre les sexes; toutefois, étant donné notre incapacité de mesurer les préjugés et la discrimination, il nous est impossible de vérifier dans quelle mesure notre exemple permet d'expliquer les écarts de salaire observés.

Étudions maintenant une autre cause susceptible d'expliquer l'écart salarial entre hommes et femmes, soit les différences de capital humain.

Les différences de capital humain

Comme nous l'avons vu précédemment dans ce chapitre, le salaire compense le temps que les travailleurs consacrent à leur travail et les coûts qu'ils ont dû assumer pour acquérir leur formation, c'est-à-dire pour acquérir leur capital humain. Toutes choses étant égales par ailleurs, plus le capital humain d'un travailleur est important, plus son salaire est élevé. Il est très difficile de mesurer le capital humain avec exactitude, mais nous disposons quand même de bons indicateurs, comme le nombre d'années de scolarité. Les statistiques les plus récentes indiquent que la durée médiane de la scolarité est sensiblement la même pour les deux sexes, environ 12 ans.

Il existe un autre indicateur du capital humain : c'est le nombre de fois qu'une personne doit interrompre sa carrière. Les interruptions de carrière diminuent l'efficacité de l'expérience professionnelle et ralentissent l'acquisition du capital humain. Par ailleurs, le capital humain peut s'éroder durant l'interruption, faute d'être adéquatement exploité. En moyenne, les femmes interrompent leur carrière plus souvent que les hommes, notamment du fait qu'elles portent et élèvent les enfants, et cela constitue peut-être l'une des causes de l'écart salarial global qui existe entre les hommes et les femmes. De la même façon que les différences dans les niveaux d'instruction ont disparu, les interruptions de carrière tendent à diminuer chez les femmes. Les congés de maternité et les services de garderie permettent à un nombre croissant de femmes de ne pas interrompre leur carrière pour élever leurs jeunes enfants ; elles peuvent ainsi acquérir un capital humain semblable à celui des hommes.

Nous pouvons par conséquent conclure que les différences de capital humain entre hommes et femmes expliquaient jusqu'à tout récemment au moins une partie de l'écart salarial entre les sexes, et qu'elles continuent peut-être de l'expliquer dans une certaine mesure. Les tendances indiquent cependant que l'écart salarial directement imputable aux différences de capital humain devrait se résorber à plus ou moins long terme.

Les différences dans le degré de spécialisation

Il y a deux catégories d'activités productives : on peut soit fournir des services sur le marché du travail (activités de marché), soit accomplir des tâches liées à la production domestique (activités hors marché). La **production domestique** est la production de biens et services destinés au ménage lui-même et non au marché. Ces activités incluent la préparation des repas, les tâches ménagères, les petites réparations, l'éducation et l'organisation de la vie familiale, par exemple la planification des vacances et des loisirs. Les grossesses et les soins donnés aux enfants comptent également au nombre des activités hors marché les plus importantes.

Nous avons vu au chapitre 3 qu'il est possible de gagner des revenus en se spécialisant et en échangeant sa production avec d'autres, contre leur propre production. La spécialisation et les gains à l'échange ne sont pas propres aux seules activités de marché. Les membres des ménages aussi se spécialisent et échangent entre eux. Ainsi, il n'est pas rare que l'un des membres du ménage « se spécialise » dans l'achat des produits d'alimentation, tandis qu'un autre « se spécialise » dans le bricolage ou l'entretien de la pelouse. Une spécialisation particulière, comme la grossesse, incombe aux femmes pour des raisons biologiques, ce qui n'est pas le cas cependant des soins et de l'éducation à donner aux enfants.

Considérons le cas d'un couple, Bernard et Sabine. Ils doivent décider de la répartition de leur temps entre les activités de marché et les activités hors marché. Par exemple, Bernard pourrait se spécialiser dans les activités de marché, tandis que Sabine se spécialiserait dans les activités hors marché. La situation inverse pourrait être une autre possibilité, Sabine se spécialisant dans les activités de marché et Bernard dans les activités hors marché. Ou encore, les deux pourraient diversifier leurs activités, en exerçant chacun certaines activités de marché et certaines activités hors marché. Ils pourraient aussi choisir de ne pas se consacrer également aux deux types de tâches, l'un se spécialisant dans les activités de marché, tandis que l'autre diversifie ses activités, en exerçant des activités de marché en même temps que des activités hors marché.

Pour prendre leur décision, Bernard et Sabine doivent tenir compte du fait qu'ils prévoient, ou non, fonder une famille. La répartition de leur temps entre les différentes tâches dépendra non seulement de leurs préférences personnelles mais aussi de leurs possibilités de gains sur le marché. De plus en plus de ménages optent pour une répartition égalitaire des tâches, chacun des deux membres du couple s'acquittant de certaines activités de marché et de certaines activités hors marché. Mais, dans la plupart des ménages actuels, l'homme se spécialise encore presque complètement dans les activités de marché, tandis que la femme partage son temps entre le marché du travail et la production domestique. Quelles sont les conséquences de cette répartition traditionnelle des activités entre hommes et femmes ? Toute règle a ses exceptions mais, en moyenne, si Bernard se spécialise dans les activités de marché tandis que Sabine partage son temps entre la production de marché et la production hors marché, il y a de fortes chances pour que le taux de rémunération de Bernard sur le marché du travail soit plus élevé que celui de Sabine. En effet, Bernard est relativement plus spécialisé et il peut par conséquent fournir à son employeur un travail de plus grande valeur que s'il devait s'occuper lui-même de son foyer. Mais, si les rôles étaient inversés, Sabine pourrait sans aucun doute gagner plus d'argent que Bernard sur le marché du travail.

On a tenté de vérifier dans quelle mesure les différences dans le degré de spécialisation entre hommes et femmes pouvaient expliquer l'écart salarial qui existe entre eux. À cette fin, des études ont permis d'analyser les salaires d'hommes et de femmes présentant des degrés de spécialisation à peu près semblables. On a ainsi choisi deux groupes, l'un étant composé d'hommes qui vivaient seuls et qui n'avaient jamais été mariés, et l'autre étant formé de femmes qui vivaient seules et qui n'avaient jamais été mariées. L'hypothèse à vérifier était que, si le degré de spécialisation détermine en grande partie le salaire, alors les hommes et les femmes qui ont le même âge, la même formation, la même expérience professionnelle et qui exercent le même métier devraient gagner des salaires différents selon qu'ils sont célibataires, mariés à une personne qui se spécialise dans les activités domestiques ou mariés à une personne qui travaille à l'extérieur. Par conséquent, les hommes et les femmes célibataires qui vivent seuls, qui sont donc également spécialisés dans les activités domestiques et les activités de marché, qui possèdent le même capital humain et qui exercent le même métier devraient gagner le même salaire. Les résultats de ces études montrent que, en moyenne, même les hommes et les femmes qui n'ont jamais été mariés, qui vivent seuls et qui possèdent le même capital humain (mesuré par le nombre d'années de scolarité, l'expérience professionnelle et les interruptions de carrière) ne gagnent pas le même salaire; l'écart est cependant beaucoup plus faible pour cette catégorie de population que l'écart salarial global entre hommes et femmes, calculé à partir de l'ensemble de la population. Compte tenu des différences de degré de spécialisation et de capital humain, l'écart salarial entre hommes et femmes de cette catégorie (non mariés et vivant seuls) se situerait aux alentours de 5 % à 10 %. Certains économistes pensent que cet écart *résiduel* est attribuable à la discrimination dont les femmes sont souvent victimes. Mais, comme nous l'avons dit précédemment, il est presque impossible de mesurer directement les effets réels de la discrimination; il est donc bien difficile de confirmer ou d'infirmer l'hypothèse selon laquelle l'écart salarial résiduel résulterait de la discrimination.

L'écart salarial global entre les sexes est surtout imputable au fait qu'hommes et femmes exercent des métiers différents et que, en général, les métiers à prédominance masculine sont mieux rémunérés que les métiers à prédominance féminine. Les femmes sont cependant de plus en plus nombreuses à s'engager dans des secteurs traditionnellement réservés aux hommes, en particulier l'architecture, la médecine, l'économie, le droit, la comptabilité et la pharmacologie. Aujourd'hui, près de 50 % (et dans certaines disciplines plus de 50 %) des étudiants inscrits dans ces disciplines universitaires sont des femmes, comparativement à moins de 15 % en 1975.

Les lois sur l'équité en matière de rémunération

Le gouvernement fédéral et tous les gouvernements provinciaux ont adopté des lois qui stipulent que les employeurs doivent verser un salaire égal pour un travail égal, et ce indépendamment du sexe de l'employé. Les spécialistes s'intéressent maintenant de plus en plus à l'élaboration de méthodes de comparaison entre postes de travail essentiellement différents mais qui exigent, à certains points de vue, les mêmes qualifications. L'analyse de la qualification des emplois a donné naissance à une notion plus large que celle de «travail égal» («À travail égal, salaire égal»): il s'agit de la notion de «travail d'égale valeur». Selon le principe **À travail d'égale valeur, salaire égal**, tous les postes différents mais d'égale valeur devraient être assortis de la même rémunération.

Les tenants de la législation sur l'équité en matière de rémunération considèrent que les salaires devraient être déterminés d'après une analyse des caractéristiques du poste de travail, mesurée en fonction de critères objectifs. Mais, paradoxalement, cette méthode de détermination des salaires ne sert pas la cause des tenants de l'égalité des rémunérations. Voyons pourquoi.

La figure 16.9 illustre deux marchés du travail, celui des opérateurs de tours de forage pétrolier dans le graphique (a) et celui des infirmières dans le graphique (b). Les graphiques illustrent les courbes de valeur du produit marginal de ces deux types d'emplois, VPm_O et VPm_I, et les courbes d'offre de travail, O_O et O_I. À l'équilibre concurrentiel, le salaire des opérateurs de tours est S_O et celui des infirmières S_I.

Supposons que ces deux métiers requièrent des savoir-faire et des compétences (exigences physiques et mentales, responsabilités et conditions de travail) considérés comme équivalents: ils sont donc d'égale valeur. Supposons aussi que le taux de salaire qui est déterminé pour ces types d'emplois est S_X. Que se passe-t-il si une loi oblige les compagnies pétrolières et les hôpitaux à verser le salaire S_X aux opérateurs de tours et aux infirmières? D'une part, une pénurie de main-d'œuvre va frapper le marché des opérateurs de tours de forage. Au salaire S_X, l'offre — c'est-à-dire le nombre d'opérateurs disponibles sur le marché — sera insuffisante: les compagnies pétrolières ne pourront plus employer qu'un nombre O_O d'opérateurs de tours. Elles devront donc restreindre leur production ou construire des tours plus mécanisées mais aussi plus coûteuses. D'autre part, certaines infirmières se retrouveront au chômage. En effet, si leur salaire passe à S_X, l'emploi dans les hôpitaux va décroître; le salaire des infirmières augmentant, ces établissements ne pourront en employer qu'un nombre D_I.

Toutefois, il y a un nombre O_I d'infirmières disponibles sur le marché au taux de salaire S_X, de sorte qu'un certain nombre d'infirmières seront sans emploi ($O_I - D_I$).

Les lois en faveur d'une rémunération égale pour un travail d'égale valeur peuvent par conséquent avoir des effets pervers coûteux.

À RETENIR

Les écarts salariaux résultant des différences de qualification sont attribuables au fait que la valeur du produit marginal du travail qualifié est supérieure à celle du travail non qualifié, d'une part, et que les compétences coûtent cher à acquérir, d'autre part. Les salaires des syndiqués sont plus élevés que ceux des non-syndiqués car les syndicats exercent un contrôle sur l'offre de travail et qu'ils peuvent influer indirectement sur la valeur du produit marginal de leurs membres. Les écarts salariaux entre hommes et femmes sont plus difficiles à expliquer. Ils peuvent résulter de la discrimination sur le marché du travail, de différences de capital humain ou de différences dans le degré de spécialisation entre les femmes, moins spécialisées, et les hommes, plus spécialisés. Les lois sur l'équité en matière de rémunération ne peuvent, à elles seules, éliminer les écarts salariaux. Pour réduire les écarts de rémunération, il faut réduire les différences dans la valeur du produit marginal du travail. Les différences de capital humain et de degré de spécialisation entre hommes et femmes tendent actuellement à disparaître, ce qui comblera au moins partiellement les écarts salariaux entre les sexes.

■ ■ ■

Jusqu'à présent, notre analyse a porté exclusivement sur les marchés du travail où le salaire des travailleurs est versé en compensation du *temps* qu'ils consacrent à leur travail. Dans ce cas, la rémunération est proportionnelle au temps de travail. Mais il existe aussi des systèmes de rémunération fondés sur le *rendement*. Nous analyserons ces modes de rémunération dans la prochaine section.

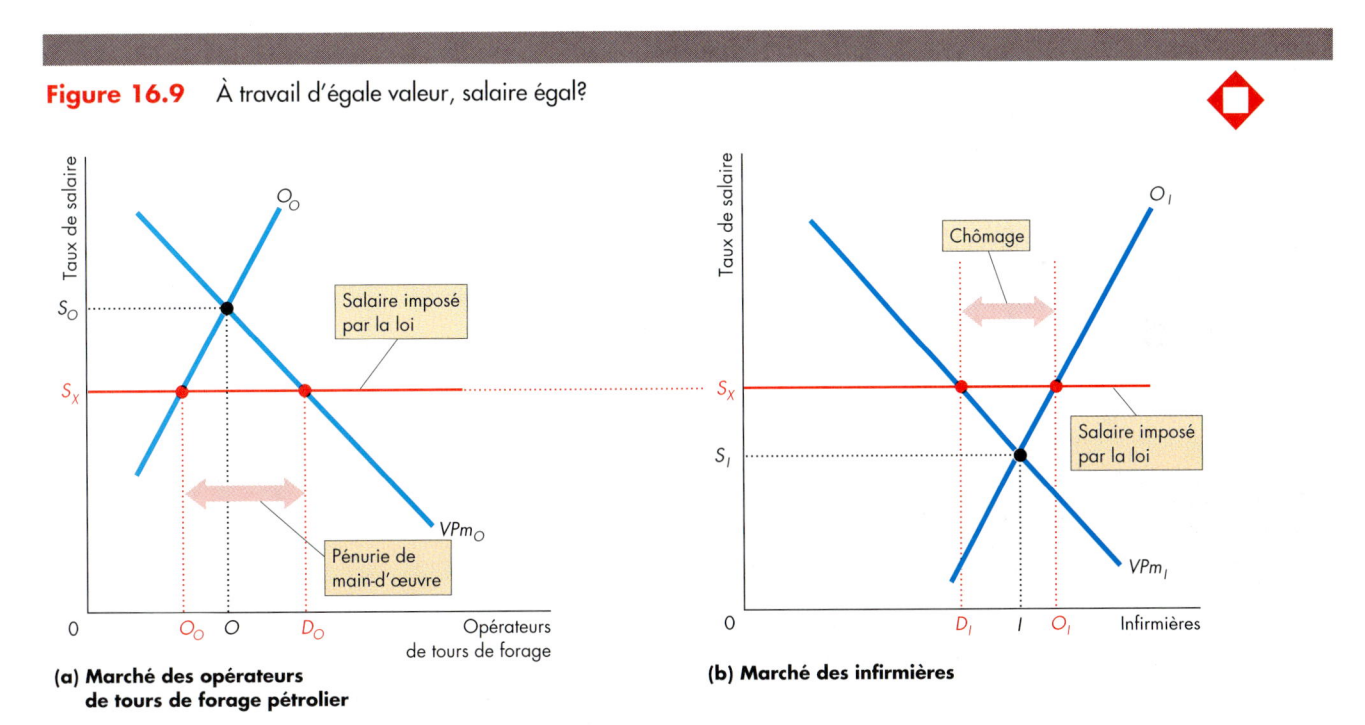

Figure 16.9 À travail d'égale valeur, salaire égal?

(a) Marché des opérateurs de tours de forage pétrolier

(b) Marché des infirmières

Le graphique (a) indique la courbe de valeur du produit marginal et la courbe d'offre des opérateurs de tours de forage pétrolier, VPm_O et O_O; le graphique (b), la courbe de valeur du produit marginal et la courbe d'offre des infirmières, VPm_I et O_I. À l'équilibre concurrentiel, les opérateurs gagnent le salaire S_O et les infirmières le salaire S_I. Si, à partir d'une évaluation des deux types d'emplois, on conclut qu'ils sont d'égale valeur et qu'ils doivent être rémunérés au même salaire S_X, il y aura une demande excédentaire sur le marché des opérateurs et une offre excédentaire sur le marché des infirmières. La pénurie de main-d'œuvre sur le marché des opérateurs s'élèvera à $D_O - O_O$ opérateurs, tandis que sur le marché des infirmières l'excédent de main-d'œuvre, qui se retrouvera au chômage, s'élèvera à $O_I - D_I$. Les compagnies pétrolières devront trouver d'autres méthodes de forage, qui seront plus coûteuses que les méthodes actuelles, tandis que les infirmières devront trouver d'autres emplois, moins bien rémunérés.

Les systèmes de rémunération

Un **système de rémunération** est une formule servant à déterminer la rémunération d'un travailleur. On en distingue quatre types :

- La rémunération au temps de travail
- La rémunération au rendement
- La rémunération en fonction du rendement du groupe ou de l'équipe
- La rémunération au classement

La rémunération au temps de travail

Les systèmes de rémunération au temps de travail ne tiennent compte que du nombre d'heures que le travailleur consacre à son travail. Ils prennent la forme d'un **taux de salaire horaire** exprimé en dollars par unité de temps (par exemple, en dollars par heure). Bon nombre d'emplois sont ainsi rémunérés en fonction du temps de travail. À titre d'exemple, on peut mentionner tous les emplois des chaînes de production.

La rémunération au rendement

Il y a plusieurs mesures possibles du rendement. Les plus courantes sont les suivantes :

- La production physique (travail à la pièce)
- La valeur des ventes (commissions et redevances)
- Les bénéfices (participation aux bénéfices)

Le travail à la pièce La rémunération d'un travailleur peut être fonction de son volume de production, selon le **taux de salaire à la pièce**. Le travailleur gagne un certain nombre de dollars par unité produite. Il peut s'agir d'un objet très simple comme une chemise, d'un service très complexe, comme une opération de l'appendicite, ou encore de la rédaction d'un testament. Dans tous ces cas, le travailleur est payé en fonction du nombre d'unités produites et non en fonction du nombre d'heures qu'il consacre à son travail.

Les commissions et les redevances Les vendeurs, les agents immobiliers, les agents de change, les chanteurs et les écrivains reçoivent souvent un revenu sous forme de **commissions et redevances**. Leur revenu est calculé au moyen d'un pourcentage convenu, appliqué au chiffre des ventes. La personne qui achète le produit ne connaît ni le nombre d'heures de travail ni l'effort qui y a été consacré.

La participation aux bénéfices La **participation aux bénéfices** est un système par lequel l'entreprise remet une part de son profit à ses employés. Ce système n'est pas aussi répandu que ceux que nous avons cités précédemment, et il ne touche généralement que les cadres supérieurs. Chaque année, des journaux et des magazines publient la liste des cadres les mieux rémunérés de l'année. Le plus souvent, une grande partie de leur revenu ne provient pas de leur salaire proprement dit mais représente leur part des bénéfices dans l'entreprise. Vous trouverez sous la rubrique *Entre les lignes* des pages 446 et 447 un article sur les cadres les mieux payés du Canada.

La rémunération en fonction du rendement de l'équipe

Si la technique de production oblige les travailleurs à travailler en équipe, l'employeur peut rémunérer les travailleurs en fonction du rendement de l'équipe dans son ensemble. Cette méthode est souvent employée dans les sports d'équipe : si l'équipe gagne, tous les joueurs reçoivent un salaire plus élevé que si elle perd. Elle peut également s'appliquer aux postes de production : tous les travailleurs reçoivent une prime chaque fois que leur équipe atteint ou dépasse certains objectifs de rendement.

Dans certains cas, ce système prévoit aussi des sanctions en cas d'échec. Ainsi, un vendeur et un acheteur peuvent s'entendre sur une date de livraison au-delà de laquelle le vendeur devra verser une somme d'argent à titre de dédommagement à son client. De telles clauses sont rarement inscrites dans les contrats de travail, mais elles sont fréquentes dans les contrats conclus entre entreprises.

La rémunération au classement

Les systèmes de rémunération au classement sont monnaie courante dans le monde du sport professionnel. Par exemple, le gagnant d'un tournoi de tennis reçoit souvent deux fois plus que l'autre finaliste, qui touche lui-même deux fois plus que les joueurs battus en demi-finale. Comme nous le verrons bientôt, la rémunération des cadres supérieurs s'apparente aussi très souvent à un « prix » qu'ils ne remportent qu'en cas de « victoire ».

Afin de comprendre pourquoi certaines entreprises préfèrent rémunérer leurs employés au rendement, nous allons développer une représentation schématique, connue sous le nom de *modèle principal-agent*, des relations entre un employeur et son employé.

La relation principal-agent

Il y a de nombreuses situations où une personne délègue à une autre personne la capacité d'effectuer certaines tâches ou de prendre des décisions en son nom. Lorsque cette délégation de pouvoir se fait dans un cadre juridique formel, on parle généralement d'une relation *mandant-mandataire*, puisqu'une partie donne à l'autre partie le *mandat* d'agir en son nom. De façon plus informelle, nous parlerons d'une relation principal-agent. Un **principal** est un employeur (personne, entreprise ou gouvernement) qui délègue certaines tâches et dont le problème consiste à déterminer le système de rémunération et de contrôle faisant en sorte que les tâches en question soient effectuées de la façon la plus avantageuse pour lui; l'**agent** est la personne employée par le principal pour s'acquitter des tâches en question. Un principal peut employer un ou plusieurs agents.

Ce qui nous intéresse dans la relation principal-agent, c'est le fait que le principal est généralement dans l'incapacité d'observer tous les aspects de l'activité de l'agent. En conséquence, le principal devra déterminer un système de rémunération comportant des incitations appropriées. Une **incitation** est une mesure qui vise à amener l'agent à adopter un comportement précis. Le système de rémunération que choisira le principal devra donc inciter l'agent à agir au mieux des intérêts de l'entreprise.

Le contrôle ou la surveillance des actions de l'agent entraîne toujours certains coûts, que nous appellerons **coûts de contrôle** ou **de surveillance**. Selon le cas, ces coûts peuvent être modestes ou très élevés. Dans certaines situations, les actions de l'agent ne peuvent être observées de façon satisfaisante, quels que soient les montants que le principal engagera dans les activités de surveillance. Par exemple, la surveillance d'un employé du contrôle de la qualité n'est pas très coûteuse, car elle consiste simplement à compter le nombre de pièces défectueuses qui ont échappé à son attention. En revanche, si un fabricant automobile décide d'adjoindre un agent de contrôle à chacun des ouvriers de la chaîne de montage, ses coûts de surveillance seront prohibitifs. Aucun fabricant automobile ne prendrait d'ailleurs une telle décision car il ferait vite faillite. Dans d'autres domaines, comme la conception, le tournage d'un film et la production artistique en général, il est impossible de vérifier au fur et à mesure le travail effectué par les agents.

S'il est impossible de contrôler l'ensemble des actions de l'agent, le principal devra baser son système de rémunération sur les actions qu'il peut observer. Si un contrôle est envisageable mais très coûteux, le principal peut limiter ses coûts en ne surveillant que les actions de l'agent qui ne coûtent pas trop cher à observer. Examinons de plus près comment cette surveillance s'exerce. Souvent, pour que les agents fournissent un travail satisfaisant, le principal doit contrôler soit leur production, soit l'énergie ou l'effort qu'ils consacrent à leur travail. Mais s'il est généralement facile de mesurer la production, il est souvent impossible de mesurer l'effort.

Le contrôle de la production

Il est souvent facile de vérifier la production des personnes qui exercent une profession libérale, mais il est souvent impossible d'observer l'effort qu'elles fournissent dans l'exercice de leur profession. Ainsi, un client peut aisément vérifier les services que lui fournissent son médecin, son dentiste, son avocat et son comptable. Une appendicectomie, la pose d'une couronne dentaire, la rédaction d'un testament ou la préparation d'une déclaration fiscale sont des activités clairement définies, dont le client peut facilement observer le résultat. Il ne peut cependant pas mesurer l'énergie que son médecin, son dentiste, son avocat et son comptable investissent dans leur travail pour lui offrir les services qu'il achète. Dans tous ces cas, l'acheteur connaît peut-être la qualité et la quantité du service fourni, mais seul celui qui fournit le service connaît le temps et l'énergie que son travail a nécessité.

La situation est analogue pour les employés qui travaillent dans une autre région que leur employeur. Par exemple, le travail des vendeurs itinérants consiste à vendre le plus possible. Leur employeur peut très facilement contrôler leur production, mais il ne peut connaître avec certitude le temps et l'énergie que les vendeurs consacrent à leur travail. Ainsi, les vendeurs itinérants, qui connaissent les attentes de leur employeur, peuvent prendre une ou deux journées de congé ici et là ou profiter de leurs déplacements pour faire un peu... ou beaucoup de tourisme. Tant que la production du vendeur, c'est-à-dire son volume de vente, reste satisfaisante, son employeur n'a aucune raison de le soupçonner de prendre trop de congés ou d'empiéter sur ses heures de travail pour faire du tourisme.

À l'inverse, il existe des cas où l'employeur peut mesurer le temps et l'énergie que les agents consacrent à leur travail, mais pas leur production.

Le contrôle de l'effort

Quand plusieurs personnes travaillent en équipe, le principal peut souvent observer l'effort fourni, mais il lui est généralement impossible d'observer la

ENTRE LES LIGNES

La rémunération des cadres supérieurs

Les hautes directions se serrent la ceinture

Le club du million annuel

1989

J.G. Garbutt, American Barrick	2,1 M $
D.J. Philips, Inco	1,9 M $
R.M. Smith, American Barrick	1,9 M $
Edgar Bronfman, Seagram	1,8 M $
Peter Steen, Corona Corp.	1,7 M $
Paul Stern, Northern Tel.	1,4 M $
E.B. Fitzgerald, Northern Tel.	1,3 M $
David Sacks, Seagram	1,2 M $
J.V.R. Cyr, BCE	1,2 M $
A.R. Haynes, Imperial Oil	1,2 M $
Frank Stronach, Magna	1,2 M $
W.R. Holland, Amca	1,1 M $

1988

Peter Munk, American Barrick	4,6 M $
G. Drabinsky, Cineplex	3,9 M $
John Walton, Placer Dome	2,2 M $
R.G. Welty, Gulf Canada	2,1 M $
D.J. Philips, Inco	2,0 M $
Edgar Bronfman, Seagram	1,9 M $
David Sacks, Seagram	1,8 M $
William James, Falconbridge	1,7 M $
D.M. Culver, Alcan	1,5 M $
S.R. Blair, Nova	1,4 M $
Frank Stronach, Magna	1,4 M $
M.I. Gottlieb, Cineplex	1,3 M $
J.H. Butler, Nova	1,2 M $
J.V.R. Cyr, BCE	1,1 M $
A.R. Haynes, Imperial Oil	1,1 M $
V.A. Rice, Varity	1,0 M $
W.G. Wilson, Nova	1,0 M $
W.E. Stinson, Canadien Pacifique	1,0 M $

Les cadres supérieurs qui s'attendent à une mirobolante augmentation salariale cette année vont probablement être déçus: le ralentissement économique et la chute des bénéfices des entreprises risquent fort de les obliger à se serrer la ceinture.

L'enquête annuelle du *Financial Post* sur les salaires des cadres montre que s'ils sont moins nombreux en 1989 qu'en 1988 à gagner un million de dollars par an ou plus, ils ont en général bénéficié d'une augmentation de leur salaire de base, et ce, en dépit d'une baisse de 13 % des recettes des entreprises. Considérant ces chiffres, les comités sur la rémunération de certaines grandes entreprises ont exigé des explications sur le fait que certains salaires indexés sur les résultats évoluent différemment des bénéfices eux-mêmes.

L'ère des salaires à croissance exponentielle et des indices boursiers conquérants est bel et bien révolue, au moins pour quelque temps.

Scott MacCrimmon, directeur du cabinet de consultation en gestion Peat Marwick Stevenson & Kellogg, de Toronto, estime que les rémunérations devraient continuer d'augmenter en valeur, malgré le ralentissement économique et la baisse de 6 % des bénéfices des entreprises prévue pour cette année.

Le cabinet de Scott MacCrimmon, qui scrute notamment les échelles salariales des grandes entreprises, prévoit une augmentation annuelle de 6 % du salaire de base des cadres canadiens.

Les enquêtes menées par Peat Marwick montrent par ailleurs que les cadres canadiens gagnent en moyenne entre 125 000 $ et 261 000 $ par an. Ceux qui gagnent par exemple 200 000 $ par an bénéficient de primes de rendement qui totalisent souvent 60 000 $ à la fin de l'année, soit une prime annuelle égale à 30 % du salaire de base.

Scott MacCrimmon indique que les systèmes d'intéressement des cadres sont de mieux en mieux adaptés à la spécificité de chaque entreprise.

«Ces systèmes de rémunération doivent récompenser les gens qui poussent l'entreprise dans la direction qu'elle a choisie, explique-t-il. Ainsi, les entreprises ont intérêt à offrir des primes généreuses sur la croissance des ventes pour les produits qui présentent une forte marge de profit, mais pas pour les produits à faible marge.»

The Financial Post
7-9 avril 1990
Par Heather D. Whyte
©The Financial Post
Traduction et reproduction autorisées

ENTRE LES LIGNES

Les faits en bref

- Une étude du cabinet torontois de consultation en gestion Peat Marwick Stevenson & Kellogg indique que les cadres canadiens gagnent en moyenne entre 125 000 $ et 261 000 $ par an, rémunération qui se compose à 70 % d'un salaire de base et à 30 % de primes diverses.

- L'enquête annuelle du *Financial Post* sur la rémunération des cadres montre que le nombre des cadres qui gagnent plus d'un million de dollars par an a baissé en 1989 par rapport à l'année précédente. Le tableau reproduit dans l'article indique notamment que la plupart des cadres les mieux rémunérés du Canada ont subi une baisse de rémunération en 1989.

- L'enquête montre aussi que le salaire de base de la plupart des cadres a augmenté.

- Scott MacCrimmon, directeur du cabinet Peat Marwick Stevenson & Kellogg estime que les systèmes d'intéressement des cadres visent de plus en plus à «[...] récompenser les gens qui poussent l'entreprise dans la direction qu'elle a choisie».

Analyse

- La rémunération des cadres se compose d'une rémunération minimum fixe, le *salaire de base*, et d'une *prime*, qui dépend des résultats professionnels du cadre et de l'évolution du marché.

- Pour engager le cadre de son choix, une entreprise doit lui proposer une rémunération globale aussi intéressante que celles que lui proposent les entreprises concurrentes. Comme l'indique la courbe O du graphique ci-dessous, toutes choses étant égales par ailleurs, la quantité de travail fournie est d'autant plus grande que la rémunération est élevée.

- La demande de travail reflète la valeur du produit marginal. Comme pour tout autre travailleur, plus la quantité de travail fournie par le cadre augmente, plus la valeur du revenu marginal diminue: le supplément de recette qu'engendre pour l'entreprise chaque heure de travail supplémentaire est inférieur à celui qu'engendre l'heure précédente.

- Mais il est impossible de prévoir avec exactitude la valeur du produit marginal d'un cadre car elle dépend de ses qualités professionnelles, de la quantité de travail qu'il fournit et aussi de l'état du marché, sur lequel le cadre n'a aucune prise. On peut néanmoins déterminer la valeur du produit marginal la plus basse possible et la valeur du produit marginal la plus probable. Dans le graphique ci-dessous, la courbe VPm_{min} illustre la valeur du produit marginal la plus basse que le cadre puisse atteindre et la courbe VPm_{moy}, la valeur du produit marginal la plus probable. La courbe VPm illustre la valeur du produit marginal réalisée, qui est imprévisible.

- Si l'entreprise offre au cadre le salaire de base qui correspond à la valeur minimale du produit marginal et une prime calculée d'après la valeur du produit marginal réalisée, alors le cadre fournit une quantité de travail Q et prévoit recevoir en moyenne la rémunération totale $R_{attendue}$.

Dans notre exemple, la prime effective est supérieure à la prime attendue et la rémunération totale s'élève à $R_{effective}$, supérieure à $R_{attendue}$.

- L'augmentation continue des prix et les progrès techniques entraînent un déplacement continu vers le haut des courbes O, VPm_{min} et VPm_{moy}, et donc, une augmentation continue des salaires de base au fil des ans.

- La position effective de la courbe de valeur du produit marginal (VPm) fluctue et, par conséquent, les primes aussi. En 1989, ces primes ont fortement baissé dans certains secteurs, ce qui a fait ralentir la croissance de la demande des biens et services et, par ricochet, la croissance de la valeur du produit marginal des cadres.

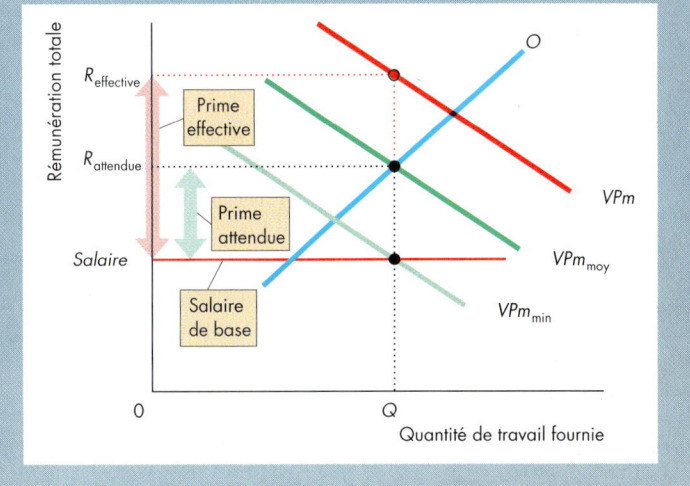

production réelle de chacun. C'est le travail de l'équipe dans son ensemble qui permet de produire les résultats observés. Aucun membre de l'équipe ne saurait à lui seul fournir cette même production, et il est impossible de déterminer exactement la contribution de chacun au produit final.

Dans certains cas, cependant, le principal peut établir des critères précis qui lui permettent de mesurer l'effort de chacun. Ces critères sont utilisés lorsqu'ils permettent de contrôler objectivement la production, par exemple la vitesse d'une chaîne de montage. Les membres de l'équipe sont contraints de travailler à une certaine vitesse pour maintenir le même rythme que la chaîne de montage. C'est notamment le cas des chaînes d'assemblage de véhicules et des usines de laminage de l'acier.

Mais, comme nous allons le voir maintenant, le principal ne peut parfois observer ni la production de l'agent ni son effort.

L'impossibilité d'observer l'effort et la production

Le monde du sport fournit les meilleurs exemples de cas où il est souvent impossible d'observer la production et l'effort. Le joueur de tennis, le boxeur et le footballeur, pour ne nommer que ceux-là, sont les seuls à vraiment connaître le temps et l'énergie que leur travail exige d'eux. Le résultat de ce travail, la production, prend la forme d'une épreuve sportive dont l'issue dépend des interactions entre tous les joueurs. Il est impossible de mesurer avec exactitude la contribution de chacun au résultat final de l'épreuve, de même qu'il est impossible de mesurer la contribution de chacun aux retombées commerciales du tournoi (c'est-à-dire les recettes résultant de la location des places et de la vente des droits de diffusion).

Les épreuves sportives ne sont pas les seuls cas où il est impossible de mesurer la production et l'effort des agents. Les actionnaires des grandes entreprises ne peuvent pas non plus mesurer le temps que chaque cadre supérieur consacre à son travail, ni l'énergie qu'il déploie dans les salles de réunions. De même, ils ne peuvent pas non plus mesurer exactement la valeur de la production des cadres, c'est-à-dire la contribution réelle de chacun d'eux aux bénéfices de l'entreprise.

Comment définir la rémunération d'employés dont on ne peut mesurer ni la production ni l'effort? Comment déterminer le salaire qu'il faut leur verser pour qu'ils continuent de consacrer à leur travail l'énergie et le temps nécessaires pour produire les résultats voulus? En d'autres termes, comment le principal peut-il inciter l'agent à adopter des comportements qui ne peuvent être observés, mais qui sont le plus avantageux possible pour l'entreprise?

Les systèmes de rémunération efficaces

Un système de rémunération efficace a deux caractéristiques fondamentales. Première caractéristique: il doit assurer au principal le profit le plus élevé possible, en moyenne. Si le système de rémunération ne permet pas de maximiser l'espérance de profit du principal (net des coûts de surveillance), c'est qu'il peut être amélioré. Le principal s'efforce donc de déterminer le système de rémunération qui maximise son profit.

Deuxième caractéristique: il doit être acceptable pour l'agent. Ce dernier doit accepter de travailler aux conditions que lui propose le principal. Dans un marché concurrentiel du travail, l'agent a toujours le choix entre plusieurs possibilités d'emplois. Le système de rémunération défini par le principal doit donc permettre à l'agent de faire au moins aussi bien que dans ses autres possibilités d'emplois.

Prenons un exemple. Jacqueline vient d'inventer un tout nouveau modèle d'aspirateur domestique, le Mange-Poussière. Elle compte engager un vendeur, qui sera chargé de faire du démarchage. Elle sait cependant que les démarcheurs peuvent soit investir beaucoup de temps et d'énergie dans leur travail, soit prendre du bon temps pendant les heures de travail. Elle sait en outre qu'un vendeur peu consciencieux rencontrera peu de clients potentiels et aura donc moins de chances de vendre. Par ailleurs, un vendeur consciencieux peut très bien jouer de malchance et obtenir d'aussi mauvais résultats qu'un vendeur paresseux, mais il peut aussi avoir de la chance et rencontrer un grand nombre de clients qui seront très intéressés par le nouvel aspirateur. Jacqueline n'a pas le temps de suivre le vendeur dans ses déplacements pour mesurer son effort au travail. Comment peut-elle alors distinguer un vendeur consciencieux qui joue de malchance d'un vendeur paresseux?

Elle décide d'établir un système de rémunération propre à inciter le vendeur à bien travailler, de façon à maximiser son chiffre d'affaires. Jacqueline commence donc par calculer ses recettes en fonction de différents niveaux d'effort que pourrait fournir le vendeur.

Recettes, effort et chance

Supposons que les recettes de Jacqueline et du vendeur dépendent seulement de deux facteurs: l'effort fourni par le vendeur et la chance. Supposons aussi qu'il n'existe que deux niveaux d'effort possibles, «élevé» et «faible», et deux niveaux de chance possibles, «favorable» et «défavorable». Les recettes dépendent de l'effort fourni et de la chance. Le tableau 16.2 résume les gains qui peuvent être réalisés à partir de chacune des quatre combinaisons possibles de ces deux facteurs (effort élevé ou faible et chance favorable ou défavorable). Si l'agent néglige son travail, la recette totale est de 60 $, qu'il ait ou non de la chance. S'il travaille consciencieusement, la recette totale est de 140 $ s'il a de la chance, mais de seulement 60 $ s'il est malchanceux. La probabilité d'être chanceux est de 50 % : il a donc autant de possibilités d'être chanceux que malchanceux.

Jacqueline, le principal, connaît les gains qu'elle peut tirer de chacune des quatre possibilités présentées au tableau 16.2, mais elle ne peut pas savoir si le vendeur est consciencieux ou s'il néglige son travail, ni s'il aura été chanceux ou malchanceux. L'agent, c'est-à-dire le vendeur, est le seul à connaître son véritable niveau d'effort, et il ne sera évidemment pas porté à se dénoncer auprès de Jacqueline s'il a négligé son travail.

Le problème de Jacqueline consiste donc à établir un système de rémunération qui tiendra compte des quatre combinaisons possibles du tableau 16.2. La première étape de cette démarche consiste à déterminer les autres possibilités d'emplois qui s'offrent au vendeur.

La contrainte de participation Le vendeur décidera librement de *participer* ou non à la formule que lui imposera Jacqueline. Celle-ci doit donc tenir compte des autres possibilités d'emplois du vendeur (il pourrait notamment vendre des encyclopédies ou des brosses) et de ses préférences personnelles. Supposons que le vendeur chiffre à 20 $ l'effort qu'il lui en coûte pour travailler consciencieusement au cours d'une journée. En fait, il préfère négliger son travail plutôt que travailler, mais une journée de loisir qui ne lui rapporte rien et une journée de travail consciencieux qui lui rapporte 20 $ sont pour lui aussi attrayantes l'une que l'autre.

Par ailleurs, l'agent n'est pas obligé de vendre des aspirateurs. Supposons qu'il puisse tout aussi bien vendre des encyclopédies et que ce travail lui rapporte 70 $ par jour, en supposant qu'il fournisse un niveau d'effort élevé. Comme il chiffre à 20 $ l'effort qu'il lui en coûte pour travailler consciencieusement durant une journée, le gain net que lui procure la vente d'encyclopédies est de 50 $ par jour. Pour inciter le vendeur à vendre des aspirateurs pour elle plutôt que des encyclopédies pour quelqu'un d'autre, le principal, Jacqueline, doit par conséquent lui offrir un gain net d'au moins 50 $ par jour.

Jacqueline peut maintenant comparer deux systèmes de rémunération : le système 1, selon lequel le vendeur toucherait un salaire fixe par jour, et le système 2, selon lequel le vendeur recevrait une commission. Si elle opte pour le système 1, Jacqueline paye le vendeur 50 $ par jour, ce qui correspond au salaire de réserve du vendeur, compte tenu de ses autres possibilités d'emplois. L'agent calcule les gains associés aux

Tableau 16.2 La rémunération d'un démarcheur

Recettes totales, effort et chance

		Niveaux d'effort	
		Élevé	Faible
Niveaux de chance	Favorable	140 $	60 $
	Défavorable	60 $	60 $

Les niveaux de chance « Favorable » et « Défavorable » sont équiprobables (50 % dans chacun des cas). Le principal peut observer la production réalisée par l'agent.

Préférences et coûts d'opportunité de l'agent

Compensation minimale requise
pour fournir un niveau d'effort élevé : 20 $ par jour

Revenu brut calculé à partir
des autres possibilités d'emplois : 70 $ par jour

Valeur réelle nette de ce travail : 70 $ − 20 $ = 50 $ par jour

Gains obtenus de divers systèmes de rémunération

Système 1 : Le principal paye un salaire de base de 50 $ par jour.

Valeur pour l'agent

S'il fournit un niveau d'effort élevé :   50 $ − 20 $ = 30 $

S'il fournit un niveau d'effort faible :   50 $ − 0 $ = 50 $

Choix : Le vendeur préfère fournir un niveau d'effort faible.

Gain du principal	+	Gain de l'agent	=	Gain total
10 $	+	50 $	=	60 $

Système 2 : Le principal verse un salaire de base fixe de 20 $ par jour plus une commission de 51 % sur le montant des ventes.

Valeur pour l'agent

S'il fournit un niveau
d'effort élevé : 20 $ + 0,51 ([1/2 × 140 $] + [1/2 × 60 $]) − 20 $ = 51 $

S'il fournit un niveau
d'effort faible :   20 $ + (0,51 × 60 $) − 0 $ = 50,60 $

Choix : Le vendeur préfère fournir un niveau d'effort élevé.

Gain du principal	+	Gain de l'agent	=	Gain total
29 $	+	71 $	=	100 $

deux niveaux d'effort qu'il peut fournir : s'il travaille consciencieusement, il obtient l'équivalent de 30 $ par jour (les 50 $ que lui remet Jacqueline moins les 20 $ qu'il lui en coûte pour travailler consciencieusement pendant toute la journée). S'il flâne au travail, il gagne 50 $ par jour (la totalité des 50 $ que lui remet Jacqueline, puisque l'effort qu'il ne fournit pas ne lui coûte rien). Dans ces circonstances, le vendeur préférera bien évidemment négliger son travail. Comme l'indique le tableau 16.2, il vendra alors peu d'aspirateurs et la recette totale sera de 60 $ par jour. Donc, si elle adopte ce système de rémunération, Jacqueline gagnera 10 $ par jour seulement, tandis que le vendeur empochera 50 $.

Le système de rémunération 2 prévoit que Jacqueline versera un salaire de base fixe de 20 $ par jour au vendeur plus 51 % du montant des ventes. Si l'agent flâne, indépendamment du fait qu'il ait ou non de la chance, il vendra des aspirateurs pour 60 $ par jour. Sa commission sera alors de 30,60 $ (51 % de 60 $), qui s'ajouteront à ses 20 $ de salaire de base. Un niveau d'effort faible lui rapportera donc un gain de 50,60 $ par jour. S'il fournit un niveau d'effort élevé, le montant de ses ventes dépendra de la chance qu'il aura. S'il est chanceux, il vendra des aspirateurs pour 140 $ dans la journée ; s'il est malchanceux, ses ventes ne s'élèveront qu'à 60 $. Comme les probabilités d'avoir de la chance et de ne pas en avoir sont les mêmes, le montant de ses ventes quotidiennes sera, en moyenne, de 100 $ ([60 $ + 140 $] ÷ 2). L'agent recevra 51 % de ce montant, c'est-à-dire 51 $. À cela s'ajouteront les 20 $ de salaire de base. Au total, il fait donc en moyenne 71 $, mais nous devons considérer les 20 $ qu'il en coûte au vendeur pour fournir un niveau d'effort élevé. Par conséquent, avec le système de rémunération 2, le gain net que réalise un vendeur consciencieux est de 51 $ par jour.

S'il compare ses gains nets lorsqu'il fournit un niveau d'effort faible (50,60 $ par jour) à ceux obtenus lorsqu'il fournit un niveau d'effort élevé (51 $), l'agent jugera qu'il est un peu plus avantageux de travailler consciencieusement. De façon équivalente, en comparant ses gains bruts, il conclura que le supplément de rémunération qu'il gagnerait à travailler consciencieusement plutôt qu'à flâner vaut la peine qu'il fournisse un niveau d'effort élevé. La recette quotidienne prévue étant en moyenne de 100 $ par jour et la rémunération moyenne du vendeur de 71 $ par jour, Jacqueline gagnera en moyenne 29 $ par jour.

Comparons le système de rémunération 1 au système de rémunération 2 du point de vue du vendeur et de celui de Jacqueline. Si Jacqueline opte pour le système 1, le vendeur gagne 50 $ par jour. Si elle opte pour le système 2, il gagne en moyenne 71 $ par jour. Cependant, comme il lui faut pour cela travailler consciencieusement et qu'il considère que cet effort représente 20 $, son gain net moyen n'est en fait que de 51 $. Même en tenant compte du fait que notre vendeur préfère négliger son travail plutôt que de travailler consciencieusement, le système de rémunération 2 lui permet quand même de gagner, sur une base nette, 1 $ de plus que le système 1. Quant à Jacqueline, sa recette quotidienne moyenne est de 10 $ si elle adopte le système 1 et de 29 $ si elle opte pour le système 2. Le système 2 lui fait donc gagner 19 $ de plus par jour que le système 1. Comme Jacqueline et le vendeur ont tous deux intérêt à opter pour le système 2, c'est celui-là qui sera retenu.

Cet exemple montre pourquoi les vendeurs sont très souvent rémunérés à la commission plutôt qu'au salaire fixe. Il permet aussi d'expliquer pourquoi les employés du textile sont rémunérés à la pièce et les écrivains reçoivent des droits d'auteur. Dans tous ces cas, le résultat du travail peut être mesuré avec exactitude, mais l'effort fourni pour obtenir ce résultat ne peut être observé.

La rémunération du travail d'équipe

Dans le cas que nous venons d'étudier, le principal pouvait observer la production de l'agent mais pas l'effort qu'il fournissait. Mais que se passe-t-il si le principal ne peut observer ni la production individuelle de l'agent ni l'effort fourni ? C'est notamment le cas du travail d'équipe, car c'est alors l'ensemble des efforts fournis par tous les membres de l'équipe qui détermine la quantité et la qualité de la production ainsi que son coût. Dans ce cas, le principal peut établir un système de rémunération au rendement fondé sur la production totale de l'équipe et non sur la contribution de chaque membre. Pour le travail d'équipe, le système de rémunération le plus fréquent est celui de la participation aux bénéfices.

La participation aux bénéfices Nous savons que l'objectif de toutes les entreprises est de maximiser leur profit. Comment se fait-il alors que les systèmes de rémunération ne soient pas tous fonction du profit qu'une entreprise compte faire ? En d'autres termes, pourquoi tous les employés ne reçoivent-ils pas une rémunération basée sur une participation au profit global de l'entreprise ? Cela peut s'expliquer en partie par le fait que le profit est le fruit des contributions conjointes de tous les agents de l'entreprise, et qu'il n'est pas toujours possible d'établir un lien direct de cause à effet entre la production individuelle des agents et les bénéfices de l'entreprise.

Le profit donne en revanche une indication assez juste de la compétence des cadres supérieurs. En effet, leur métier consiste précisément à coordonner toutes les ressources et tous les efforts de façon à maximiser le profit de l'entreprise. C'est la raison pour laquelle la participation aux bénéfices est généralement réservée aux seuls cadres supérieurs.

La rémunération au classement

Dans les systèmes de rémunération fondés sur le classement, la rémunération de l'agent ne dépend pas de son rendement *absolu*, mais plutôt de son rendement *relatif* par rapport à celui des autres agents. Ce type de système de rémunération est particulièrement répandu dans le monde du sport. Une **rémunération au classement** est une formule qui permet de verser une rémunération à chaque agent en fonction de sa position au classement, c'est-à-dire du résultat qu'il obtient par rapport aux autres agents.

Examinons de plus près le fonctionnement d'un tel mode de rémunération. Nous partirons de l'exemple du tableau 16.3 pour effectuer notre analyse. Supposons que notre entreprise se compose de dix agents, la production de chacun dépendant de l'effort qu'il fournit et de la chance qu'il a, comme l'agent du tableau 16.2. Tous ces agents ont les mêmes préférences que notre agent précédent et ont tous le même salaire de réserve, compte tenu de leurs autres possibilités d'emplois qui leur rapporteraient un gain net de 50 $ par jour.

Dans le système 1, le principal leur paie un salaire fixe de 50 $ par jour. Les agents acceptent ce système de rémunération, mais ils se contentent de fournir un niveau d'effort faible. La recette totale est alors de 600 $ (10 × 60 $); le principal verse 500 $ (10 × 50 $) en tout aux agents et gagne lui-même 100 $.

Le système 2 vise à inciter les agents à fournir un niveau d'effort élevé. Dans ce système, le principal promet de verser une prime de 210 $, en plus du salaire de base de 50 $ par jour, à l'agent qui obtiendra le meilleur résultat, c'est-à-dire la première place au classement; les autres recevront le salaire de base de 50 $ par jour. Si plusieurs agents arrivent *ex æquo* en tête du classement, ils recevront le salaire de base, 50 $, et se partageront la prime de 210 $. Comment les agents réagiront-ils à ce système de rémunération? Le tableau 16.3 résume les caractéristiques de ce système.

La rémunération de chaque agent dépend de l'effort qu'il fournit, de la chance qu'il aura *et* de ce que feront les autres agents. Considérons d'abord la situation telle qu'elle se présente pour un agent en particulier, en supposant que tous les autres agents choisissent de fournir un niveau d'effort faible. Si notre agent fournit lui aussi un niveau d'effort faible, il arrivera nécessairement *ex æquo* avec tous les autres. Tous les agents auront donc une production de 60 $. La rémunération de notre agent sera donc égale au salaire de base de 50 $ *plus* un dixième de la prime de 210 $, celle-ci étant répartie également entre tous les agents; sa rémunération totale sera donc de 71 $ (soit 50 $ + [1/10 × 210 $]).

Tableau 16.3   La rémunération au classement

Production de chaque agent

		Niveaux d'effort	
		Élevé	Faible
Niveaux de chance	Favorable	140 $	60 $
	Défavorable	60 $	60 $

Les niveaux de chance «Favorable» et «Défavorable» sont équiprobables (50 % dans chaque cas). Le principal peut observer la production de chacun des dix agents.

Gains obtenus de divers systèmes de rémunération

Système 1: Le principal paye un salaire de base de 50 $ par jour.

Choix: Les vendeurs préfèrent fournir un niveau d'effort faible.

Gain du principal	+	Gains des agents	=	Gain total
100 $	+	500 $	=	600 $

Système 2: Le principal verse un salaire de base de 50 $ par jour plus une prime de 210 $ à l'agent qui aura la production la plus élevée (les agents qui se classeront *ex æquo* se partageront la prime).

Valeur pour un agent en particulier
(en supposant que tous les autres agents fournissent un niveau d'effort élevé)

S'il fournit un niveau
d'effort faible :   = 50 $

S'il fournit un niveau
d'effort élevé: (1/2) [50 $] + (1/2) [50 $ + (1/5) × 210 $] − 20 $ = 51 $

Choix: Les vendeurs préfèrent fournir un niveau d'effort élevé.

Gain du principal	+	Gains des agents	=	Gain total
290 $	+	710 $	=	1000 $

Par contre, si notre agent fournit un niveau d'effort élevé, sa production variera selon le niveau de chance qu'il aura (favorable ou défavorable): dans 50 % des cas, sa production sera de 60 $; dans 50 % des cas, elle sera de 140 $. Avec une probabilité ½, notre agent se classera donc *ex æquo* avec les autres et sa rémunération sera de 71 $, comme précédemment; mais, avec une probabilité ½, il arrivera en tête du classement et gagnera 260 $ (son salaire de base de 50 $ et la prime de 210 $). En moyenne, un niveau d'effort élevé lui rapportera donc 165,50 $ ([½ × 71 $] + [½ × 260 $]). Notre agent requiert 20 $ à titre de compensation pour avoir fourni un niveau d'effort élevé: son gain net sera par conséquent égal à 145,50 $ (soit 165,50 $ *moins* 20 $). En comparant le gain net qu'il obtiendra en fournissant un niveau d'effort élevé (145,50 $) à celui qu'il réalisera s'il fournit un niveau d'effort faible (71 $), notre agent choisira de fournir un niveau d'effort élevé, lorsque tous les autres agents fourniront un niveau d'effort faible.

Mais tous les agents sont dans la même situation, de sorte qu'ils auront tous le même raisonnement. On peut donc s'attendre à ce qu'ils fournissent tous un niveau d'effort élevé. Pour voir si ce résultat est vraisemblable, il nous faut vérifier si chaque agent a bel et bien intérêt à fournir un niveau d'effort élevé, lorsque tous les autres agents fournissent ce niveau d'effort. Considérons donc encore la situation de notre agent, mais en supposant cette fois que tous les autres fournissent un niveau d'effort élevé. À moins que tous les autres agents ne jouent de malchance (ce qui est peu probable), notre agent ne peut guère espérer obtenir plus de 50 $ si son niveau d'effort est faible.[2] S'il fournit un niveau d'effort élevé, on peut faire le calcul suivant: sur les dix agents, il y en aura en moyenne cinq qui produiront 140 $; si notre agent a de la chance (niveau favorable, ce qui se produit dans 50 % des cas), il empochera donc le salaire de base de 50 $ *plus* un cinquième de la prime de 210 $, celle-ci étant répartie également entre les cinq gagnants *ex æquo*, soit au total 92 $; si la chance ne lui sourit pas (niveau défavorable), il ne touchera que le salaire de base de 50 $. En moyenne, un niveau d'effort élevé lui rapportera donc 71 $ (soit [½ ×50 $] + [½ × 92 $]). Comme le fait de fournir un niveau d'effort élevé lui «coûte» 20 $, son gain net sera dans ce cas de 51 $, ce qui est supérieur au gain qu'il obtiendrait si son niveau d'effort était faible. Notre agent choisira donc de fournir un niveau d'effort élevé.

Tous les agents fourniront donc un niveau d'effort élevé. La valeur totale du travail fourni par les agents, c'est-à-dire la recette du principal, dépend de la chance des agents. La production moyenne de chaque agent est de 100 $ (valeur moyenne de 140 $ et de 60 $). L'ensemble des agents produit donc, en moyenne, 1000 $ (10 × 100 $). Comme les agents reçoivent 710 $ de ce total, le principal fait un profit de 290 $.

Comparons les gains des deux systèmes de rémunération. De toute évidence, le principal aussi bien que les agents ont intérêt à choisir le système de rémunération 2.

Il est très rare que plusieurs «joueurs» aient ainsi la possibilité de se classer *ex æquo*. Mais le principe demeure le même et le système de rémunération au classement reste un moyen efficace de motivation. Dès qu'un prix est en jeu, alors l'agent sait qu'il a intérêt à travailler pour le remporter, ce qui fait augmenter le gain du principal aussi bien que le sien.

Prenons l'exemple des joueuses de tennis professionnelles. Si Martina Navratilova et Steffi Graff étaient payées à l'heure, elles auraient tout intérêt à étirer les matchs jusqu'à ce que la dernière heure de jeu leur coûte autant qu'elle leur rapporte, c'est-à-dire le montant de leur salaire horaire. Si ce salaire horaire est assez élevé, elles disputeront des matchs très longs... et très ennuyeux. S'il est bas, le match sera certainement moins long... mais tout aussi ennuyeux. L'objectif des joueuses ne serait pas, en effet, de gagner, et elles pourraient tout aussi bien convenir de la gagnante avant même d'entrer sur le court. Un système de prime en fonction des résultats du tournoi incite chacune des joueuses à donner le meilleur d'elle-même pour battre l'autre, ce qui produit évidemment un bien meilleur résultat: les matchs sont plus intéressants, de sorte que les amateurs sont prêts à payer plus cher pour y assister et les chaînes de télévision acceptent de payer plus cher pour en acquérir les droits de diffusion.

Les salles des nouvelles des réseaux de télévision fonctionnent de la même façon. Certains présentateurs de nouvelles gagnent, primes et avantages inclus, plus d'un million de dollars par an. Ce sont en effet des présentateurs de talent. Mais il y a des douzaines de présentateurs de talent qui travaillent avec eux dans les salles des nouvelles ou dans d'autres entreprises d'information. Il est bien difficile de contrôler le travail des journalistes, mais le nombre de téléspectateurs, de même que le prix des publicités diffusées pendant le journal télévisé, dépendent en partie de la qualité de leur travail. Dans ces circonstances, les métiers de l'information et du reportage s'apparentent à celui des joueurs professionnels de tennis, quoique les règles d'évaluation des résultats soient plus complexes. Les journalistes qui fournissent le meilleur travail sont promus aux postes les plus prestigieux. Le plus convoité de tous, celui de présentateur du bulletin de nouvelles de la soirée, c'est-à-dire le premier prix, doit être suffisamment attrayant pour que tous ceux qui se situent plus bas sur l'échelle ne cessent de donner le meilleur d'eux-mêmes pour tenter de l'obtenir.

Ces considérations restent valables pour les cadres supérieurs des grandes entreprises. Le salaire du

---

[2] La probabilité que *tous* les autres agents soient *simultanément* malchanceux est égale à $(½)^9$, ce qui correspond à peu près à deux chances sur mille. Pour être tout à fait rigoureux, il faudrait donc tenir compte du fait que notre agent a une chance égale à 2/1000 de se classer *ex æquo* avec les autres et de recevoir comme eux un dixième de la prime de 210 $. Mais cette possibilité ne lui rapportera en moyenne que 0,04 $ de plus (soit 2/1000 × 1/10 × 210 $) que le salaire de base de 50 $. C'est pourquoi nous avons arrondi son gain anticipé à 50 $.

président-directeur général est toujours de beaucoup supérieur à celui des cadres qui occupent un échelon juste au-dessous de lui, de sorte que ceux-ci ont intérêt à continuer de travailler dur pour tenter d'obtenir la promotion si convoitée, le poste de président-directeur général. De même, les salaires des cadres du deuxième échelon sont toujours bien supérieurs à ceux des cadres du troisième échelon, et ainsi de suite. Le monde des cadres supérieurs est donc soumis à la même émulation, ou à la même concurrence, que celui du tennis et autres sports professionnels. Conséquence de ce système de rémunération et de concurrence : chacun investit bien plus de temps et d'énergie dans son travail qu'il ne le ferait avec tout autre système, même s'il est impossible de mesurer directement cet effort ! Le fait que le président gagne plus que n'importe quel autre cadre de l'entreprise incite finalement chacun à travailler bien plus qu'il ne le ferait avec un autre système de rémunération.

Il n'est pas rare que le système de rémunération des entreprises soit en fait un hybride des différents systèmes types que nous venons de décrire. Par exemple, la rémunération des cadres supérieurs se compose parfois d'un salaire de base, de primes au classement et d'une participation aux bénéfices de l'entreprise.

Des systèmes de rémunération simples, fondés sur des résultats observables, peuvent donc inciter les agents à travailler au profit du principal, même si ce dernier ne peut guère, ou ne peut pas du tout, observer l'effort que fournissent ses agents au travail. Si le principal ne peut observer les actions des agents, alors il n'a d'autre choix que d'adopter un système de rémunération fondé sur les résultats observables. Dans d'autres cas, le principal peut surveiller l'agent et veiller à ce qu'il agisse toujours au mieux des intérêts de l'entreprise. Mais la surveillance des agents entraîne toujours certains coûts. Les systèmes de rémunération que nous venons d'analyser permettront d'éviter ces coûts.

Les coûts de surveillance

Reprenons l'exemple de Jacqueline et de ses aspirateurs Mange-Poussière, résumé au tableau 16.2, pour voir comment un principal peut éviter les coûts de surveillance des agents. Supposons que Jacqueline puisse surveiller l'agent, en l'occurrence le vendeur, pour la somme de 1 $. Si un principal peut contrôler l'effort de l'agent, il lui est alors possible de le rémunérer en fonction de l'effort fourni. Supposons que Jacqueline paye 1 $ pour contrôler le vendeur. Elle lui propose le système de rémunération suivant : s'il travaille consciencieusement, elle lui verse 71 $; s'il néglige son travail, elle ne le paye que 50 $. Le vendeur sait que Jacqueline peut observer l'effort qu'il fournit au travail. Il fait donc le calcul suivant :

- Si je travaille consciencieusement, je gagne 71 $, mais l'effort que je dois fournir me « coûte » 20 $. Mon gain net est donc de 51 $.

- Si je néglige mon travail, je gagne 50 $, mais j'épargne 20 $ en effort. Mon gain net s'élève par conséquent à 50 $.

- J'ai donc intérêt à travailler consciencieusement.

Le vendeur décide donc de travailler consciencieusement et gagne 71 $ par jour. Jacqueline, quant à elle, gagne 28 $ par jour. En effet, la recette moyenne engendrée par le travail de l'agent est de 100 $ (moyenne des 140 $ qu'il produit s'il a de la chance et des 60 $ qu'il produit s'il n'a pas de chance). Jacqueline remet 71 $ au vendeur et le coût de surveillance s'élève à 1 $. Le total de ces coûts est soustrait de la recette totale moyenne, qui est de 100 $. Jacqueline gagne donc 28 $.

Comparons les résultats que nous venons d'obtenir à ceux du système de rémunération 2 du tableau 16.2. Si Jacqueline opte pour le système 2, elle verse au vendeur un salaire de base de 20 $ et lui remet, en plus, 51 % du montant de ses ventes. Le vendeur préfère alors travailler consciencieusement plutôt que de négliger son travail et gagne, en moyenne, 71 $ par jour. Jacqueline, quant à elle, gagne 29 $ par jour. La seule différence entre le système sans coûts de surveillance et le système avec coûts de surveillance, c'est que Jacqueline gagne plus dans le premier cas que dans le second, du fait qu'elle épargne les coûts de surveillance. Le vendeur gagne le même revenu dans les deux cas. Cet exemple montre qu'un système de rémunération adéquat peut suffire à inciter les agents à fournir le niveau d'effort approprié, ce qui permet au principal d'éviter les frais qu'il devrait supporter s'il décidait de surveiller les agents.

L'équilibre sur le marché du travail

À l'issue de cette discussion sur les systèmes de rémunération fondés sur le rendement, peut-être vous demandez-vous ce qu'il est advenu du principe selon lequel c'est le marché lui-même qui, en tendant à l'équilibre, détermine les salaires et les niveaux d'emploi. Nous n'avons pas oublié ce principe fondamental. Nous avons simplement raffiné notre analyse du marché du travail. Nous savons maintenant que les travailleurs vendent leur temps et leur effort de la façon qui leur paraît la plus rentable pour eux. Ils ont plusieurs possibilités, donc plusieurs décisions à prendre, notamment en ce qui concerne le type d'emploi qu'ils veulent occuper, le temps ou l'effort qu'ils entendent consacrer à leur travail chaque semaine, et aussi le système de rémunération qu'ils préfèrent. Du côté de la demande, les entreprises déterminent la quantité et le type de main-d'œuvre dont elles ont besoin et choisissent le système de rémunération qui leur paraît le plus approprié. L'équilibre sur le marché du travail détermine donc le taux de salaire des différentes catégories d'emplois, le nombre de travailleurs dans les différentes catégories d'emplois, de même que les caractéristiques de ces emplois, ce qui inclut les systèmes de rémunération utilisés. Quand le marché du travail est en équilibre, aucun travailleur (c'est-à-dire aucun agent) ne peut améliorer son sort en changeant d'emploi ou de mode de rémunération, et aucune entreprise (c'est-à-dire aucun principal) ne peut accroître ses bénéfices en modifiant son système de rémunération.

Cette description de l'équilibre ne signifie pas qu'il est impossible d'inventer de nouveaux systèmes de rémunération, plus efficaces ou plus rentables que ceux que nous connaissons déjà. En matière de systèmes de rémunération comme en matière de production, la technique progresse toujours. Mais, à tout moment, compte tenu de l'état de nos connaissances, c'est-à-dire de l'ensemble des systèmes de rémunération connus et utilisables, le marché applique le système le mieux adapté à chaque situation particulière. Ce système rapporte à l'agent au moins autant que les autres emplois qui lui sont accessibles et permet au principal de maximiser son profit.

■ Dans ce chapitre, nous avons poursuivi l'analyse de notre modèle du marché des facteurs en étudiant quelques aspects importants du marché du travail, comme les écarts salariaux et la diversité des systèmes de rémunération. Dans le chapitre suivant, nous continuerons notre analyse, mais cette fois-ci en étudiant le marché du capital et le marché des ressources naturelles.

RÉSUMÉ

Les différences de qualification

Les écarts de salaire résultent, d'une part, du fait que le produit marginal des travailleurs qualifiés est supérieur à celui des travailleurs non qualifiés et, d'autre part, du fait que les compétences coûtent cher à acquérir. Comme le produit marginal des travailleurs qualifiés est plus élevé, la valeur de leur produit marginal est supérieure à celle des travailleurs non qualifiés. La demande de travail reflétant la valeur du produit marginal, les entreprises seront donc disposées à payer plus cher pour obtenir les services d'une main-d'œuvre qualifiée.

Les compétences coûtent cher à acquérir car elles supposent, de la part des ménages, un investissement en capital humain. Cet investissement se compose de frais déboursés directement, comme les droits de scolarité et autres coûts directs relatifs à la formation, mais aussi du manque à gagner salarial pendant la période de formation. Comme les compétences coûtent cher, les ménages n'offriront du travail qualifié sur le marché qu'en échange d'un salaire plus élevé que celui des travailleurs non qualifiés, et qui compense non seulement le temps qu'ils consacrent à leur travail mais aussi les coûts qu'ils ont dû supporter pour acquérir leurs compétences. La courbe d'offre de main-d'œuvre qualifiée se situe par conséquent toujours au-dessus de la courbe d'offre de main-d'œuvre non qualifiée.

Les salaires des travailleurs qualifiés et des travailleurs non qualifiés dépendent de l'offre et de la demande sur leurs marchés du travail respectifs. Le salaire d'équilibre de la main-d'œuvre qualifiée est toujours supérieur à celui de la main-d'œuvre non qualifiée. Cet écart salarial reflète la différence dans la valeur du produit marginal entre main-d'œuvre qualifiée et main-d'œuvre non qualifiée ainsi que les coûts d'acquisition des compétences. (*pp. 427-430*)

Les écarts de salaire entre syndiqués et non-syndiqués

Les syndicats influent sur les salaires en exerçant un contrôle sur l'offre de travail. Pour une demande de travail donnée, toute augmentation de salaire obtenue par le syndicat pour ses membres fait nécessairement baisser le niveau d'emploi. Si la demande de travail est inélastique, l'augmentation de salaire aura néanmoins pour effet d'augmenter la masse salariale totale. Les syndicats peuvent aussi tenter d'exercer une influence sur la valeur du produit marginal de leurs membres en suscitant des politiques de restriction des importations, en faisant augmenter le salaire minimum, en appuyant les mesures visant à réduire les quotas d'immigration, en faisant augmenter la demande des produits que leurs membres contribuent à fabriquer, et en favorisant l'acquisition de formations augmentant la productivité marginale de leurs membres.

En situation de monopsone, c'est-à-dire dans une situation où le marché ne compte qu'un seul acheteur, les syndicats peuvent faire augmenter les salaires de leurs membres sans sacrifier d'emplois. Les monopoles bilatéraux sont des marchés dans lesquels le syndicat a le monopole de la vente de travail et l'employeur celui de l'achat de travail. Les salaires sont alors déterminés par voie de négociations entre les deux parties.

On estime que, pour des emplois comparables, les syndiqués gagnent entre 10 % et 35 % de plus que les non-syndiqués. (*pp. 430-438*)

Les écarts de salaire entre hommes et femmes

Il y a trois explications possibles aux écarts salariaux qui existent entre hommes et femmes : la discrimination sur le marché du travail, les différences de capital humain et les différences dans le degré de spécialisation.

La discrimination fait baisser les salaires et le niveau d'emploi de la catégorie de main-d'œuvre qui en est victime, et augmenter les salaires et le niveau d'emploi de la catégorie qui en bénéficie. Les différences de capital humain résultent des écarts entre les niveaux d'instruction et l'expérience professionnelle. Les écarts entre les niveaux d'instruction ont diminué depuis quelques années et sont maintenant presque comblés. Par contre, comme les femmes, en moyenne, interrompent leurs carrières plus souvent que les hommes, elles acquièrent moins d'expérience professionnelle, donc moins de capital humain, et leurs salaires sont moins élevés. Ces différences tendent cependant, elles aussi, à se résorber. Enfin, les différences dans le degré de spécialisation sont probablement assez importantes : les hommes sont encore, en moyenne, plus spécialisés dans les activités de marché, en ce sens que les femmes, plus que les hommes, exercent simultanément des activités de marché et des activités hors marché. Les études sur les différences dans le degré de spécialisation indiquent qu'elles constituent une cause importante de l'écart salarial entre les sexes. (*pp. 438-442*)

Les lois sur l'équité en matière de rémunération

Les lois sur l'équité en matière de rémunération fixent les salaires en évaluant la valeur des emplois en fonction de critères objectifs, et non d'après le salaire versé sur le marché. La détermination des salaires selon le principe «À travail d'égale valeur, salaire égal» ferait baisser le niveau d'emploi des postes auxquels le marché attache une valeur moindre et provoquerait une pénurie de main-d'œuvre en ce qui concerne les emplois que le marché juge comme étant de valeur supérieure à la valeur définie par la loi. Les mesures qui favorisent le principe de l'égalité de rémunération pour un travail d'égale valeur peuvent donc avoir des effets pervers coûteux. (*p. 442-443*)

Les systèmes de rémunération

On distingue quatre principaux systèmes de rémunération :

- La rémunération au temps de travail
- La rémunération au rendement
- La rémunération en fonction du rendement du groupe ou de l'équipe
- La rémunération au classement (*pp. 444*)

La relation principal-agent

Les systèmes de rémunération peuvent être analysés à l'aide du modèle principal-agent. Le principal est la personne qui définit le système de rémunération ; l'agent est la personne qui travaille pour le principal et dont le revenu dépend du système de rémunération en vigueur. L'objectif du principal est de concevoir un système de rémunération qui incite l'agent à travailler de façon à maximiser le profit du principal.

Il est souvent impossible ou trop coûteux d'observer ou de vérifier la production du travailleur ou l'effort qu'il fournit. Dans certains cas, le principal peut facilement vérifier l'effort fourni mais pas la production. Dans d'autres cas, il peut observer la production mais pas l'effort que fournit l'agent au travail. Dans d'autres cas encore, le principal ne peut observer ni l'effort ni la production de l'agent. S'il est impossible d'observer l'effort ou la production (ou les deux), le principal doit concevoir un système de rémunération qui incitera l'agent à travailler adéquatement. (*pp. 445-448*)

Les systèmes de rémunération efficaces

Un système de rémunération efficace doit être acceptable pour l'agent et permettre au principal de maximiser son profit. S'il peut observer l'effort mais pas la production, le principal opte généralement pour la rémunération au temps de travail, dans la mesure où le temps de travail est un bon indicateur de l'effort. S'il peut observer la production mais pas l'effort, il choisit généralement une rémunération au rendement. En faisant dépendre la rémunération de l'agent de sa production, le principal l'incite à fournir le niveau d'effort approprié.

Même, quand le principal peut contrôler les actions des agents, il a, dans bien des cas, intérêt à opter pour un système de rémunération au rendement, puisque cela lui permet de faire l'économie des coûts de surveillance.

Quand le marché du travail est en équilibre, aucun travailleur et aucune entreprise ne peut améliorer sa situation en changeant de système de rémunération. Du côté de l'offre, les travailleurs décident du nombre d'heures et de l'effort qu'ils veulent fournir au travail et choisissent les emplois dont le système de rémunération leur convient le mieux. Du côté de la demande, les employeurs déterminent le type et la quantité de main-d'œuvre dont ils ont besoin et appliquent le ou les systèmes de rémunération qui sont les plus rentables pour eux. L'équilibre sur le marché du travail détermine donc les taux de salaire des différentes catégories d'emplois, le nombre de travailleurs de ces différentes catégories d'emplois et les systèmes de rémunération dans chaque catégorie d'emplois. (*pp. 448-454*)

POINTS DE REPÈRE

Mots clés

À travail d'égale valeur, salaire égal, 442
Agent, 445
Arbitrage, 432
Capital humain, 427
Commissions et redevances, 444
Corporation professionnelle, 432
Coûts de contrôle (ou de surveillance), 445
Exclusivité syndicale, 431
Grève, 432
Incitation, 445
Lock-out, 432
Monopole bilatéral, 437
Monopsone, 433
Négociations collectives, 431
Participation aux bénéfices, 444
Précompte syndical, 431
Principal, 445
Production domestique, 441
Rémunération au classement, 451
Syndicat, 430
Syndicat de métier, 430
Syndicat industriel, 430
Système de rémunération, 444
Taux de salaire à la pièce, 444
Taux de salaire horaire, 444

Figures et tableau clés

Figure 16.1   Les différences de qualification, 428
Figure 16.4   La syndicalisation et l'offre de travail, 433
Figure 16.8   Les effets de la discrimination, 440
Figure 16.9   À travail d'égale valeur, salaire égal?, 443
Tableau 16.1   Mini-glossaire des termes syndicaux, 430

QUESTIONS DE RÉVISION

1. Pourquoi les travailleurs qualifiés gagnent-ils plus que les travailleurs non qualifiés ?
2. Quels sont les principaux types de syndicats ?
3. Comment les syndicats influent-ils sur les salaires ?
4. Que peuvent faire les syndicats dans les marchés du travail concurrentiels ?
5. Comment les syndicats peuvent-ils faire augmenter la demande de travail de la catégorie de main-d'œuvre qu'ils représentent ?
6. À quelles conditions une augmentation du salaire minimum se traduit-elle par une augmentation du niveau d'emploi ?
7. Quelle est, actuellement, l'ampleur de l'écart salarial entre syndiqués et non-syndiqués au Canada ?
8. Quelles sont les trois principales causes des écarts salariaux entre hommes et femmes ?
9. Comment fonctionnent les lois sur l'équité en matière de rémunération ? Quels sont leurs effets ?
10. Quels sont les principaux types de systèmes de rémunération ?
11. Définissez ce qu'on entend par *relation principal-agent*.
12. Qu'entend-on par *coûts de surveillance* ?
13. Pourquoi les étudiants qui travaillent dans les McDonald's sont-ils payés à l'heure et non en fonction du nombre de repas qu'ils vendent ?
14. Pourquoi les présentateurs du bulletin télévisé gagnent-ils plus que les grands reporters qui filment, pour ce même bulletin, les routes défoncées de Beyrouth en guerre ?

PROBLÈMES

1. Valérie est propriétaire d'un verger. Chaque année, elle emploie des étudiants pour cueillir les pommes. Voici leur production horaire :

Nombre d'étudiants	Quantité de pommes cueillie (en kilogrammes)
1	20
2	50
3	90
4	120
5	145
6	165
7	180
8	190

Les pommes se vendent 50 ¢ le demi-kilogramme et tous les pomiculteurs payent les étudiants 7,50 $ l'heure. Les cueilleurs de pommes forment un syndicat qui oblige les pomiculteurs à les payer désormais 10 $ l'heure.

a) Combien de cueilleurs syndiqués Valérie va-t-elle embaucher ?

b) Combien d'anciens cueilleurs vont perdre leur emploi du fait de la formation du syndicat ?

c) Les salaires des étudiants de cette ville qui occupent des emplois non syndiqués vont-ils baisser, augmenter ou rester stables ?

d) Que pourrait faire le syndicat pour protéger les emplois des cueilleurs de pommes ?

e) Que pourrait faire le syndicat pour empêcher que les salaires ne baissent dans les secteurs non syndiqués ?

2. Le seul employeur de cette petite ville éloignée est une entreprise de coupe forestière. Voici le barème de demande de travail de l'entreprise et le barème d'offre de travail dans la ville :

Taux de salaire (en dollars par heure)	Quantité de travail offerte (en heures par jour)	Quantité de travail demandée (en heures par jour)
2	120	400
3	160	360
4	200	320
5	240	280
6	280	240
7	320	200
8	360	160

Les travailleurs de cette ville décident de former un syndicat. On suppose que le syndicat est en position de force par rapport à l'entreprise, en ce sens qu'il réussit toujours à obtenir gain de cause.

a) Quel est le taux de salaire qu'impose le syndicat ?

b) Combien l'entreprise emploie-t-elle de personnes ?

c) Combien d'anciens travailleurs de l'entreprise perdent leur emploi du fait de la formation du syndicat ?

d) Une fois le syndicat formé, est-ce que la masse salariale totale de l'entreprise augmente, baisse ou reste stable ?

e) Que peut faire le syndicat pour empêcher les pertes d'emplois dans le secteur forestier de cette ville ?

f) Que peuvent faire les travailleurs licenciés pour court-circuiter le syndicat et retrouver du travail ?

3. La production dans le processus de production suivant dépend de deux facteurs : le nombre de difficultés que rencontrent les travailleurs et leur assiduité au travail. Les travailleurs peuvent soit travailler dur, soit travailler à un rythme moyen, soit

flâner ; le processus de production peut présenter soit de nombreuses difficultés, soit quelques difficultés, soit aucune difficulté. Comme l'indique le tableau ci-dessous, la valeur du produit marginal d'un travailleur dépend de la combinaison de ces deux éléments — son assiduité et le nombre de problèmes qu'il rencontre dans son travail.

	Niveau d'effort élevé	Niveau d'effort moyen	Niveau d'effort faible
Beaucoup d'obstacles	100 $	70 $	70 $
Quelques obstacles	140 $	100 $	70 $
Pas d'obstacles	180 $	140 $	100 $

Le travailleur considère que le fait de négliger son travail ne lui coûte rien. Par contre, il considère que fournir un niveau d'effort moyen lui coûte l'équivalent de 10 $, et qu'un niveau d'effort élevé lui coûte l'équivalent de 20 $. On suppose que le gain net du travailleur doit être d'au moins 50 $.

Établissez un système de rémunération qui permet au principal de maximiser son profit.

4. Supposons qu'il existe trois ligues nationales de football : la Ligue Temps, la Ligue Buts et la Ligne Prime. Les équipes sont de valeur à peu près égale mais leurs systèmes de rémunération diffèrent. Dans la Ligue Temps, les joueurs sont rémunérés au temps qu'ils passent à s'entraîner et à jouer. Dans la Ligue Buts, leur rémunération dépend de l'écart entre le nombre de buts qu'ils marquent et le nombre de buts que les équipes adverses marquent contre eux. Dans la Ligue Prime, la rémunération des joueurs dépend du fait qu'ils gagnent le match (rémunération élevée), qu'ils le perdent (rémunération faible) ou qu'ils fassent match nul (rémunération moyenne).

Décrivez brièvement les différences de qualité de jeu entre ces trois ligues. Quelle est la ligue qui plaît le plus aux joueurs et qui fait le plus de profits ?

CHAPITRE 17

Les marchés des capitaux et des ressources naturelles

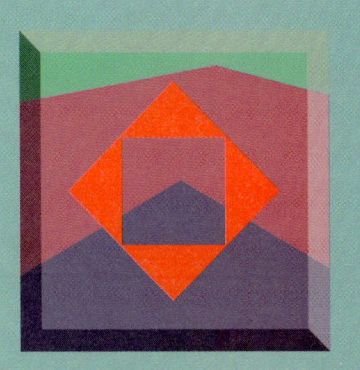

Objectifs du chapitre:

- Définir ce qu'on entend par *actif financier* et *actif réel*.

- Faire la distinction entre une décision d'épargne et une décision de portefeuille.

- Décrire la structure des marchés des capitaux au Canada.

- Analyser comment se déterminent les taux d'intérêt et le cours des actions et expliquer les fluctuations du marché boursier.

- Définir ce qu'on entend par *ressources naturelles renouvelables* et *ressources non renouvelables* et expliquer comment se déterminent les prix de ces deux catégories de ressources.

- Expliquer comment les marchés déterminent notre rythme de consommation des ressources non renouvelables comme le pétrole.

Débâcles et flambées boursières

L E LUNDI 19 OCTOBRE 1987 soufflait sur les Bourses de Montréal, de Toronto, de New York et de Tōkyō un terrible vent de panique. Depuis le mois d'août 1982, c'est-à-dire en cinq ans, le cours moyen des actions avait augmenté de 200 %. Mais il devait s'effondrer ce jour-là de 22,6 % à New York, faisant baisser l'avoir boursier des épargnants de plusieurs milliards de dollars. Le krach déclencha en outre plusieurs crises boursières à travers le monde. Comment expliquer la période d'expansion de cinq ans qui a précédé le krach, et comment expliquer cette débâcle soudaine ? ■ Si vous aviez acheté 1000 $ d'actions de Circuit City Stores en août 1982, votre investissement initial valait, cinq ans plus tard 3 337 300 $. Mais si vous aviez acheté 1000 $ d'actions en 1981 de Mitel, un fabricant d'appareils de téléphone de Kanata, en Ontario, votre investissement initial ne valait plus que 53 $ en février 1989. Pourquoi certaines actions montent-elles tandis que d'autres s'effondrent ? Qu'est-ce qui détermine le cours des actions d'une entreprise ? ■ Les Bourses de Montréal et de Toronto, aussi importantes soient-elles, ne représentent qu'une fraction du grand marché nord-américain des capitaux, qui ne constitue lui-même qu'une partie de l'immense marché mondial des capitaux. Chaque année, plusieurs milliards de dollars d'épargne sont injectés dans les marchés financiers nationaux et étrangers. Par le biais des banques, des compagnies d'assurances et des Bourses, cette épargne est utilisée pour financer l'achat de machines, d'usines ou d'édifices commerciaux, de voitures, de maisons et nombre d'autres biens durables. Comment le dollar épargné et placé dans un compte bancaire est-il acheminé vers une entreprise pour lui permettre d'acheter une nouvelle machine ? Comment l'assurance-vie à laquelle vous souscrivez sera-t-elle mise à la disposition de la brasserie Labatt pour la construction d'une nouvelle usine d'embouteillage ? ■ De nombreuses entreprises ont fait l'objet d'offres publiques d'achat ces dernières années, dont certains empires commerciaux, comme la Compagnie de la baie d'Hudson, et quelques noms très connus, comme Wardair ou Holiday Inns. D'autres entreprises ont uni leurs forces pour renforcer leur présence sur le marché : ainsi, la brasserie Molson et Elders IXL, une entreprise australienne, ont fusionné pour accroître leur part du marché nord-américain de la bière. Les prises de contrôle et les fusions d'entreprises ont des répercussions sur les emplois qu'occupent des centaines de milliers de personnes et modifient la dynamique concurrentielle des marchés. Comment s'expliquent-elles ? ■ La plupart de nos ressources naturelles ne sont pas renouvelables. Nous les consommons cependant à un rythme effréné. Nous brûlons chaque année des milliards de mètres cubes de gaz naturel et de pétrole et des millions de tonnes de charbon. Nous extrayons de la bauxite pour fabriquer de l'aluminium et du minerai de fer et d'autres minéraux pour fabriquer de l'acier. N'en viendrons-nous pas un jour à manquer de gaz naturel, de pétrole, de charbon, de bauxite ou de minerai de fer? Comment les marchés déterminent-ils l'allocation de ces ressources? De quoi le prix de ces ressources dépend-il? Le mode de détermination de ces prix est-il de nature à empêcher un épuisement prématuré du stock de ressources naturelles, ou devons-nous au contraire réglementer le marché pour assurer une meilleure conservation des ressources?

■ Ce chapitre porte sur les marchés des capitaux et les marchés des ressources naturelles. Nous analyserons les décisions d'épargne des ménages et les décisions d'achat de biens d'équipement des entreprises, et nous expliquerons comment se déterminent les taux d'intérêt et la valeur des actions. Nous constaterons que certaines lois économiques des marchés financiers s'appliquent aussi aux marchés des ressources naturelles. Notre analyse des marchés des ressources naturelles portera essentiellement sur les marchés des ressources non renouvelables; nous verrons comment les forces en présence sur le marché déterminent l'allocation intertemporelle de ces ressources, c'est-à-dire comment elles exercent une influence sur la consommation présente et la conservation des ressources.

Capital, investissement et épargne

Définissons tout d'abord trois termes couramment utilisés dans l'analyse de la situation financière d'un agent économique:

- L'actif
- Le passif
- Le bilan

L'**actif** est l'ensemble des avoirs de l'agent économique considéré, c'est-à-dire l'ensemble des biens et des valeurs qui *appartiennent* à un ménage, à une entreprise ou à un gouvernement. Le **passif** décrit l'origine des fonds qui ont permis de financer les éléments d'actif; le passif a donc la nature d'une dette, en ce sens qu'il décrit non pas ce que le ménage, l'entreprise ou le gouvernement possède, mais ce qu'il *doit*. Le **bilan** est la liste des éléments d'actif et de passif.

Le tableau 17.1 présente le bilan de l'entreprise Vélo-Fantaisie dont Richard est le propriétaire. L'entreprise a trois éléments d'actif: une encaisse à la banque, un stock de bicyclettes et les installations et agencements (rayons et présentoirs pour la vente). La valeur totale de l'actif s'élève à 243 000 $. Le bilan contient aussi deux éléments de passif: un emprunt bancaire de 120 000 $ et le montant que l'entreprise doit à Richard, c'est-à-dire l'avoir de Richard dans l'entreprise, qui s'élève à 123 000 $.

Les actifs financiers et les actifs réels

Les éléments d'actif se répartissent en deux grandes catégories: les actifs financiers et les actifs réels. Les **actifs financiers** sont des créances que l'on détient sur des ménages, des entreprises ou des gouvernements. Une créance est l'inverse d'une dette: ce n'est pas vous qui devez de l'argent, mais votre débiteur qui vous en doit. Les personnes dont vous êtes le créancier (ménages, entreprises ou gouvernements) ont un passif financier envers vous: elles vous doivent de l'argent. Par exemple, l'argent déposé dans votre compte bancaire est un actif pour vous, mais c'est aussi une dette que votre banque a envers vous. L'**actif financier net** d'un agent économique est la différence entre son actif financier total et son passif financier. L'actif financier net est donc la valeur nette de toutes les créances que détient le ménage, l'entreprise ou le gouvernement envers tous ses débiteurs.

Tableau 17.1 Bilan de Vélo-Fantaisie, au 1er janvier 1991

Actif		Passif	
Argent en banque	18 000 $	Emprunt bancaire	120 000 $
Stock de bicyclettes	15 000	Avoir de Richard	123 000
Rayons, présentoirs, etc.	210 000	Total du passif	243 000 $
Total de l'actif	243 000 $		

Tableau 17.2 Actif financier net et actifs réels de Vélo-Fantaisie, au 1er janvier 1991

Actif financier (+) et passif financier (−)	
Argent en banque	18 000 $
Emprunt bancaire	−120 000
Avoir de Richard	−123 000
Actif financier net	−225 000 $

Actifs réels	
Stock de bicyclettes	15 000 $
Rayons, présentoirs, etc.	210 000
Total des actifs réels	225 000 $

Les **actifs réels** sont des biens physiques que possède l'agent économique, par exemple un bâtiment, une usine, du matériel, de l'outillage, des biens de consommation durables, un terrain ou un gisement de pétrole. Les actifs réels d'un agent comprennent donc des éléments de capital (au sens évidemment de capital *physique*, par opposition à capital *financier*) et des ressources naturelles.

Le tableau 17.2 reprend les données du bilan de Vélo-Fantaisie, mais en établissant cette fois la distinction entre actifs financiers et actifs réels. Les postes financiers du bilan de Vélo-Fantaisie sont l'encaisse détenue à la banque (dans l'actif), l'emprunt bancaire (dans le passif) et l'avoir de Richard (dans le passif). L'emprunt bancaire et l'avoir de Richard dans l'entreprise sont précédés d'un signe négatif car ils représentent des dettes financières ; il faut donc les soustraire de l'actif financier total de Vélo-Fantaisie pour calculer son actif financier net. Celui-ci se chiffre à −225 000 $. Les actifs réels de l'entreprise sont constitués du stock de bicyclettes et des rayons et présentoirs. C'est le capital *physique* de Vélo-Fantaisie et il a une valeur de 225 000 $.

Le capital et l'investissement

Tous les éléments d'actif et de passif inscrits dans le bilan sont des **stocks**. Un stock est une quantité mesurée à une date donnée. Par exemple, l'eau contenue dans le lac Ontario est un stock. Le capital aussi est un stock puisqu'il représente la quantité de bâtiments, d'usines et de machines dont l'entreprise dispose à une date donnée.

La notion de flux d'investissement est connexe à la notion de stock de capital. Un **flux** est une quantité mesurée *par unité de temps*. Ainsi, le nombre de mètres cubes d'eau contenu dans le lac Ontario est un stock, mais le nombre de mètres cubes d'eau qui passe chaque heure du lac Érié au lac Ontario par les chutes du Niagara est un flux. Ce flux s'ajoute à la quantité d'eau déjà contenue dans le lac Ontario. L'**investissement** est le volume de nouveaux biens d'équipement acquis au cours d'une période donnée. C'est un flux qui vient s'ajouter au stock, c'est-à-dire à la quantité de capital dont l'entreprise disposait au début de la période.

Un autre flux, en sens opposé, vient diminuer la quantité de capital, exactement comme le flux d'eau qui sort du lac Ontario pour s'écouler dans le Saint-Laurent vient diminuer le stock d'eau du lac Ontario. Ce flux est la dépréciation correspondant à la perte de valeur du capital, par suite de l'utilisation des biens d'équipement et du passage du temps. L'investissement s'ajoute au capital ; la dépréciation, à l'inverse, s'y soustrait. La variation nette du stock de capital est la différence entre l'investissement et la dépréciation. Il faut donc distinguer l'**investissement brut**, qui est la valeur totale du capital acquis pendant la période, de l'**investissement net**, qui est l'investissement brut diminué de la dépréciation. (Les entreprises constituent normalement des provisions, appelées *amortissement*, pour compenser la dépréciation du capital en procédant périodiquement à des investissements de remplacement.)

L'épargne et les choix de portefeuille

L'**épargne** d'un ménage est la partie de son revenu courant qui n'est pas utilisée aux fins de consommation. La somme de l'épargne accumulée par un ménage au fil des ans et des héritages qu'il a faits constitue son **patrimoine** ou sa **richesse**. Le bilan d'un ménage indique comment son patrimoine est réparti entre différents actifs financiers ou réels. Le ménage doit donc faire des **choix de portefeuille**, en ce sens qu'il doit décider de la forme que prendront ses avoirs, ainsi que de la forme que prendront ses dettes. Un ménage peut, par exemple, emprunter 100 000 $ à sa banque pour acheter des actions d'une entreprise. Il s'agit d'un choix de portefeuille : le ménage décide de l'actif financier qu'il veut détenir (en l'occurrence, des actions) et du montant de la dette qu'il veut contracter (ici, l'emprunt bancaire).

On entend souvent dire que l'achat d'actions ou d'obligations est un investissement. L'emploi de ce terme pouvant prêter à confusion, nous lui préférons l'expression *choix de portefeuille* pour désigner les décisions des ménages concernant la répartition de leur patrimoine entre les différents actifs possibles. Nous limitons donc le mot *investissement* à l'acquisition de capital réel par une entreprise ou un ménage.

Tableau 17.3 Revenu, consommation, épargne et patrimoine de Richard

	Revenu	Consommation	Épargne	Patrimoine
Valeur nette au 1er janvier 1991				150 000 $
Flux de 1991	58 000 $	50 000 $	8 000 $	
Valeur nette au 1er janvier 1992				158 000 $

Pour illustrer les notions d'épargne, de patrimoine et de choix de portefeuille, nous examinerons la situation *personnelle* de Richard, c'est-à-dire son bilan. Au tableau 17.3, le bilan de Richard indique que son patrimoine s'élevait à 150 000 $ le 1er janvier 1991. Durant l'année 1991, Richard gagne un revenu de 58 000 $, consomme 50 000 $ et épargne 8000 $. Son patrimoine, au 1er janvier 1992, est donc supérieur à ce qu'il était un an plus tôt : il s'élève maintenant à 158 000 $.

Comment Richard choisit-il de placer son patrimoine ? Le tableau 17.4 montre la composition de son actif et de son passif financiers, d'une part, et ses actifs réels, d'autre part. Son actif financier se compose presque essentiellement des fonds qu'il a investis dans l'entreprise Vélo-Fantaisie. Mais Richard a aussi un petit pécule à la banque : il s'agit là d'un compte bancaire personnel, distinct de celui de l'entreprise. Enfin, Richard a contracté un prêt hypothécaire pour acheter sa maison dont le solde à payer est de 140 000 $ et un prêt bancaire de 10 000 $ pour acheter une voiture. L'actif financier net personnel de Richard s'élève donc à – 17 000 $. Le solde est négatif car Richard *doit* 17 000 $ de plus que ce qu'il *possède* sous la forme d'actifs financiers.

Les actifs réels de Richard sont sa maison (évaluée à 160 000 $) et sa voiture (évaluée à 15 000 $). La valeur du capital physique qu'il possède s'élève donc à 175 000 $. Le patrimoine de Richard est la somme de ses actifs réels et de son actif financier net. Comme son actif financier net est négatif, il faut soustraire sa dette nette de ses actifs réels pour calculer son patrimoine. Celui-ci s'élève à 158 000 $ (175 000 $ – 17 000 $).

Avec les mêmes actifs réels et le même patrimoine, Richard aurait pu faire des choix de portefeuille tout à fait différents. Il aurait pu choisir, par exemple, d'utiliser l'argent de son compte bancaire pour rembourser son prêt automobile ou une partie de son hypothèque. Il aurait pu aussi contracter un prêt hypothécaire plus élevé et un prêt automobile moins important. Les décisions d'épargne et d'investissement déterminent le patrimoine d'une personne ; ses décisions de portefeuille, quant à elles, déterminent sous quelles formes ce patrimoine est détenu.

Tableau 17.4 Actif financier net et actifs réels de Richard, au 1er janvier 1992

Actif financier (+) et passif financier (–)	
Avoir dans Vélo-Fantaisie	123 000 $
Argent en banque	10 000
Prêt hypothécaire	–140 000
Emprunt automobile	– 10 000
Actif financier net	– 17 000 $
Actifs réels	
Maison	160 000 $
Voiture	15 000
Total des actifs réels	175 000 $
Patrimoine	158 000 $

À RETENIR

On distingue les actifs financiers des actifs réels. Les actifs financiers d'un agent sont constitués des créances qu'il détient sur ses débiteurs. L'actif financier d'une personne est nécessairement le passif financier d'une autre personne. Les actifs réels d'un agent sont constitués des biens durables qu'il possède, c'est-à-dire de capital physique, de terrains ou de stocks de ressources naturelles. Un investissement est une addition au stock de capital réel. La dépréciation est la perte de valeur du capital qui résulte de l'utilisation du capital et du temps. L'épargne est la partie du revenu qui n'est pas utilisée aux fins de consommation. La somme de l'épargne accumulée par un ménage au fil des ans et des héritages qu'il a faits constitue son patrimoine ou sa richesse. Un choix de portefeuille est une décision portant sur la répartition du patrimoine entre différents actifs.

Le marché des capitaux au Canada

C'est par des transactions effectuées sur le marché des capitaux (ou marché financier) que les agents économiques peuvent modifier leurs choix de portefeuille. C'est aussi sur le marché des capitaux que les épargnes sont canalisées vers le financement des investissements, c'est-à-dire qu'elles se traduisent par une accumulation de capital physique. Le financement des investissements peut se faire principalement de trois façons :

- Les ménages acquièrent directement du capital physique en le finançant soit à partir de leurs épargnes accumulées, soit en empruntant à des intermédiaires financiers.

- Les entreprises acquièrent du capital en le finançant directement à partir de l'épargne des ménages par des émissions d'actions ou d'obligations.

- Les entreprises acquièrent du capital en le finançant par des emprunts contractés auprès d'intermédiaires financiers, qui leur prêtent l'épargne des ménages.

La figure 17.1 illustre schématiquement le fonctionnement du marché des capitaux relativement au financement des investissements. Les flèches montrent les différents emplois que les ménages peuvent faire de leur épargne ; plus précisément, ces flèches correspondent à des choix de portefeuille que font les ménages relativement à la façon dont ils souhaitent détenir leur patrimoine. Ainsi, les ménages peuvent soit posséder directement une entreprise (par exemple, dans le cas d'une entreprise individuelle), soit avoir des placements

Figure 17.1 Les flux des marchés financiers

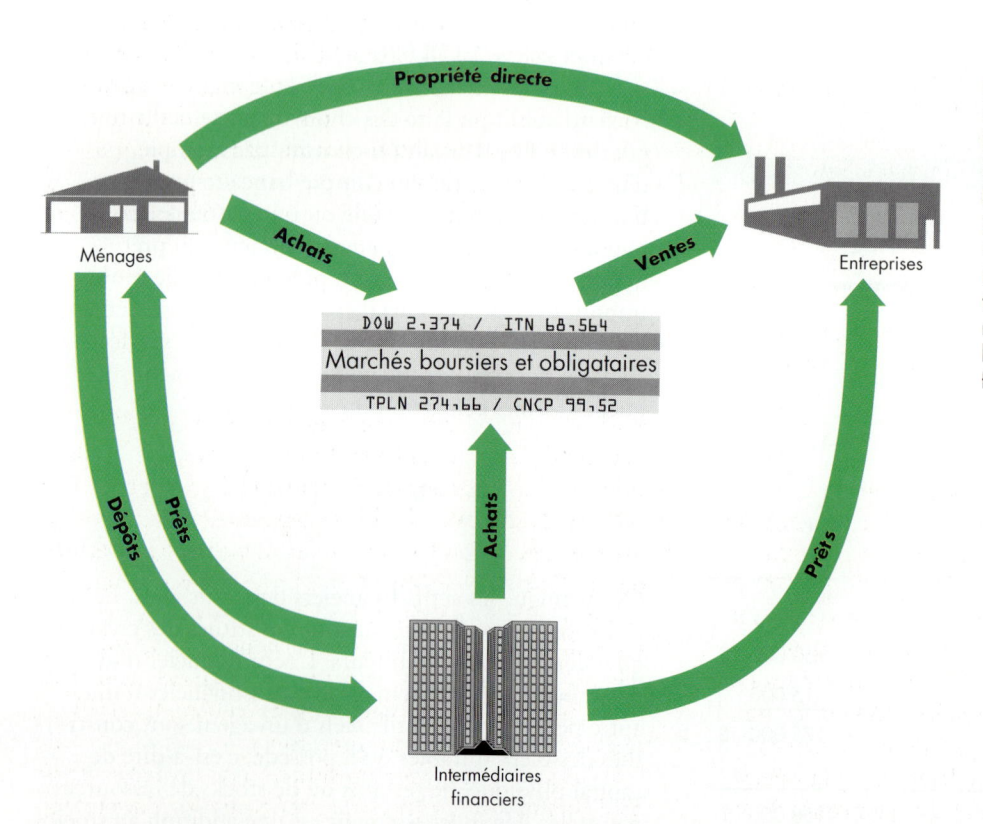

Les marchés financiers constituent un système complexe d'interaction entre les ménages, les entreprises et les intermédiaires financiers. Les transactions sont soit directes, soit indirectes, par l'intermédiaire des marchés boursiers et obligataires. Les flèches vertes illustrent les flux de capitaux entre les trois catégories d'agents sur les marchés des capitaux : les ménages, les entreprises et les intermédiaires financiers.

sur les marchés des actions et des obligations, soit détenir des dépôts chez des intermédiaires financiers. Les ménages peuvent également emprunter à des intermédiaires financiers.

Un **intermédiaire financier** est une entreprise dont l'activité principale consiste à accepter des dépôts, à consentir des prêts et à acheter des titres. Les intermédiaires financiers les plus connus sont les banques à charte. Une **banque à charte** est un intermédiaire financier qui accepte les dépôts et consent des prêts.

Les compagnies d'assurances et les sociétés de fiducie sont aussi des intermédiaires financiers très importants. Une **compagnie d'assurances** vend de l'assurance-vie et des régimes de retraite aux ménages. Elle prête l'épargne accumulée des ménages à des entreprises en leur achetant des actions ou des obligations. Une **société de fiducie** recueille l'épargne des ménages sous forme de dépôts et consent des prêts, principalement des prêts hypothécaires. Une **hypothèque** est un prêt garanti par des terrains ou des bâtiments.

Les marchés boursiers et obligataires coordonnent les décisions des ménages, des entreprises et des intermédiaires financiers. Un **marché boursier** est un marché où s'échangent les actions des entreprises. Un **marché obligataire** est un marché où s'échangent les obligations émises par les entreprises et par le gouvernement. (Bien qu'ils ne soient pas illustrés à la figure 17.1, les gouvernements jouent un rôle important sur les marchés obligataires.) Au besoin, reportez-vous au chapitre 9 pour revoir la différence entre une action et une obligation. Les entreprises vendent des actions et des obligations pour se procurer les fonds dont elles ont besoin pour financer leurs investissements. Les gouvernements vendent des obligations pour combler leurs déficits budgétaires. Les ménages et les intermédiaires financiers souscrivent aux nouvelles émissions d'actions et d'obligations; ils vendent et achètent également des actions et obligations déjà en circulation, ce qui leur permet de modifier, selon leurs besoins, la structure de leur portefeuille.

Lorsqu'un ménage finance ses investissements à même son épargne accumulée, on dit qu'il les *autofinance*. De même, il y a *autofinancement* lorsqu'une entreprise finance ses investissements à partir des bénéfices non distribués que son activité passée a permis d'accumuler. La figure 17.1 n'indique pas explicitement cette forme de financement, non pas parce qu'il s'agit d'une source de financement interne à chaque catégorie d'agent, mais parce que les bénéfices non distribués (l'*épargne nette* des entreprises) constituent, en fait, une forme indirecte d'épargne pour les ménages : les bénéfices non distribués se reflètent dans la valeur des actions et donc dans le revenu et le patrimoine des ménages qui détiennent ces actions.

Le risque d'un portefeuille

Pour un ménage, le choix de portefeuille le plus risqué consiste à acquérir directement du capital réel, car cela revient à mettre tous ses œufs dans le même panier. Par exemple, si l'entreprise de Richard fait faillite, c'est presque tout le patrimoine de son ménage qui s'envole en fumée. En revanche, Richard peut gagner beaucoup d'argent si son entreprise prospère. Sur l'échelle du risque, l'achat de titres (comme des actions de Stelco ou des obligations de Seagram par exemple) vient en deuxième position, immédiatement après l'acquisition directe de capital. Les ménages peuvent cependant réduire le risque de leur portefeuille en *diversifiant* leurs avoirs : ils risquent alors moins que s'ils plaçaient toute leur épargne dans une seule entreprise ou dans un seul projet. Certes, le risque est toujours présent car le cours des actions fluctue. S'il baisse, le ménage peut perdre une partie de son patrimoine. Mais il est toujours moins risqué de diversifier ses placements en achetant des actions de plusieurs entreprises.

Les obligations sont moins risquées que les actions mais, comme leur prix fluctue aussi, elles ne constituent pas non plus un choix de portefeuille parfaitement sûr.

Le placement le plus sûr reste le dépôt confié à un intermédiaire financier, même si les déposants risquent de ne pas pouvoir récupérer les sommes qu'ils lui ont confiées au cas où l'intermédiaire n'arriverait pas à se faire rembourser les prêts qu'il consent avec leurs dépôts. Les faillites d'intermédiaires financiers sont très rares mais elles se produisent à l'occasion. Cependant, les déposants sont également protégés par des programmes d'assurance-dépôts qui leur garantissent le recouvrement de leurs créances, jusqu'à concurrence d'un certain montant, si jamais l'intermédiaire n'arrivait plus à faire face à ses engagements.

La structure des bilans par grandes catégories d'agents

Quels sont les volumes d'épargne mis en jeu sur le marché financier canadien ? Quels sont les rôles respectifs des divers participants sur ce marché ? La figure 17.2 présente la structure des bilans agrégés de quatre grandes catégories d'agents — les ménages, les intermédiaires financiers, les entreprises et les gouvernements — au 31 décembre 1988. Les données sont exprimées en milliards de dollars et ont été arrondies à 50 milliards de dollars près pour dégager les grandes tendances des bilans. Les actifs financiers sont en bleu, les actifs réels en orange et les passifs en rouge.

Examinons d'abord la situation des ménages. Leur actif financier se compose de dépôts confiés à des intermédiaires financiers, de l'épargne accumulée dans des fonds de retraite et sous forme d'assurance-vie,

Figure 17.2 La structure des bilans agrégés

(En milliards de dollars)

Ménages
- Dépôts 400 (Actif financier)
- Prêts hypothécaires 200 (Passif)
- Emprunts (Passif)
- Fonds de retraite 300 (Actif financier)
- Actions 750 (Actif financier)
- Obligations (Actif financier)
- Maison 450 (Actif réel)
- Biens durables 200 (Actif réel)
- Terrains 200 (Actif réel)

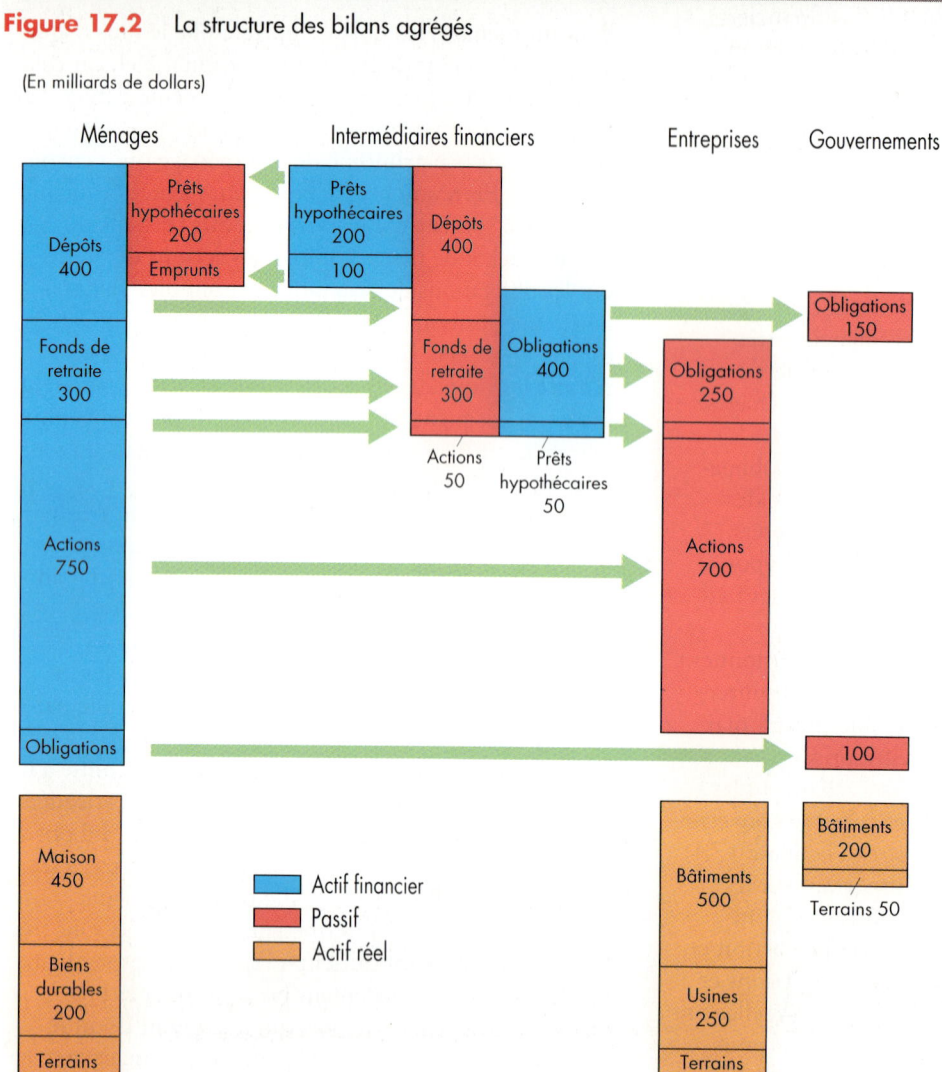

Intermédiaires financiers
- Prêts hypothécaires 200 (Actif financier)
- 100
- Dépôts 400 (Passif)
- Fonds de retraite 300 (Passif)
- Obligations 400 (Actif financier)
- Actions 50 (Actif financier)
- Prêts hypothécaires 50 (Actif financier)

Entreprises
- Obligations 250 (Passif)
- Actions 700 (Passif)
- Bâtiments 500 (Actif réel)
- Usines 250 (Actif réel)
- Terrains 150 (Actif réel)
- Stocks de produits 100 (Actif réel)

Gouvernements
- Obligations 150 (Passif)
- 100 (Passif)
- Bâtiments 200 (Actif réel)
- Terrains 50 (Actif réel)

Légende :
- Bleu : Actif financier
- Rouge : Passif
- Orange : Actif réel

Quatre grandes catégories d'agents interviennent sur le marché des capitaux : les ménages, les entreprises, les intermédiaires financiers et les gouvernements. La figure rend compte de l'endettement de chaque groupe par rapport aux autres. L'actif et le passif financiers sont indiqués dans la partie supérieure de la figure, en bleu et en rouge, respectivement. Les actifs réels sont indiqués dans la partie inférieure de la figure, en orange. Tous les chiffres sont exprimés en milliards de dollars, arrondis à 50 milliards de dollars près.

L'actif financier des ménages se compose des dépôts confiés à des intermédiaires financiers, des assurances-vie, des fonds de retraite, d'actions et d'obligations. Ces actifs sont des dettes pour les intermédiaires financiers, pour les entreprises et pour les gouvernements. Les intermédiaires financiers utilisent les dépôts des ménages et contributions aux régimes d'assurance-vie et de fonds de pension, et prêtent une partie de cet argent aux ménages eux-mêmes sous forme de prêts hypothécaires et de prêts à la consommation ; l'autre partie est prêtée aux entreprises et aux gouvernements sous forme d'obligations et de prêts hypothécaires. Les entreprises et les gouvernements empruntent aux intermédiaires financiers et aux ménages. Les actifs réels des ménages se composent essentiellement de maisons et de biens durables ; ceux des entreprises, d'usines, de matériel et de bâtiments ; et ceux des gouvernements, d'immeubles.

Source : Statistique Canada, *Comptes du bilan national*, Ottawa, 1989.

d'actions et d'obligations. Au 31 décembre 1988, le total de ces éléments d'actif s'élevait à 1550 milliards de dollars. À la même date, le passif des ménages, qui se composait des prêts hypothécaires et de prêts à la consommation, s'élevait à 300 milliards de dollars. L'actif financier total des ménages excédait donc leur passif financier total de 1250 milliards de dollars (1550 - 300). Les ménages détenaient aussi des actifs réels — maisons, biens de consommation durables et terres — évalués à 850 milliards de dollars (450 milliards de dollars en maisons + 200 milliards de dollars en biens de consommation durables + 200 milliards en terrains). Le patrimoine total des ménages, c'est-à-dire la somme de leur actif financier net et de leurs actifs réels, s'élevait par conséquent à 2100 milliards de dollars.

Analysons maintenant la situation des intermédiaires financiers. Leur passif correspond aux dépôts, aux fonds de retraite et aux assurances-vie qui figurent dans l'actif des ménages. Il s'agit en effet de dettes pour les intermédiaires financiers car ce sont des sommes qu'ils «doivent» aux ménages. Notons aussi que ces institutions appartiennent aux ménages qui détiennent le capital-actions de ces entreprises. L'actif des intermédiaires financiers est l'ensemble des prêts qu'ils consentent aux ménages, aux entreprises et aux gouvernements. Les intermédiaires prêtent aux ménages, en leur consentant des prêts hypothécaires ou des prêts à la consommation. Ils consentent aussi des prêts hypothécaires aux entreprises. Enfin, ils prêtent aux entreprises et aux gouvernements en achetant leurs obligations. Les émissions d'obligations et les prêts hypothécaires ont permis aux entreprises et aux gouvernements de se procurer les fonds nécessaires pour acheter des actifs réels. Au 31 décembre 1988, l'actif financier et le passif financier des intermédiaires financiers s'élevaient tous deux à 750 milliards de dollars.

Le passif financier des entreprises s'élevait à pareille date à 1000 milliards de dollars : 250 milliards de dollars en obligations, 50 milliards de dollars en hypothèques et 700 milliards de dollars en actions. Cette somme totale correspond également à la valeur de leurs actifs réels, qui se composaient de 500 milliards de dollars en bâtiments, 250 milliards de dollars en usines et en matériel et outillage, 150 milliards de dollars en terrains et 100 milliards de dollars en stocks de biens en cours de transformation.

Le passif financier du gouvernement est la somme des obligations qu'il a émises afin de se procurer les fonds nécessaires pour acheter bâtiments et terrains.

La figure n'indique pas *toutes* les obligations émises par les gouvernements (c'est-à-dire toute la dette publique), mais seulement l'encours d'obligations qui a pour contrepartie des actifs réels possédés par les gouvernements. Il s'ensuit que l'actif financier consolidé des quatre catégories d'agents (la somme de tous les actifs en bleu et de tous les passifs en rouge) est égale à zéro. Cela s'explique évidemment par le fait que l'actif financier d'un agent a nécessairement pour contrepartie un passif financier chez d'autres agents. Il s'ensuit également que le patrimoine consolidé des quatre catégories d'agents (la somme des actifs financiers nets et des actifs réels) est nécessairement égal à la valeur des seuls actifs réels.

Les chiffres de la figure 17.2 vous donnent un aperçu de l'ampleur des relations entre les grandes catégories d'agents sur le marché canadien des capitaux. Ils ne rendent cependant pas compte de l'immense volume des transactions conclues chaque jour, c'est-à-dire de l'activité quotidienne des marchés, ni de l'évolution de ces transactions dans le temps. Un volume impressionnant d'actions et d'obligations changent de main chaque jour. En moyenne, pour l'année 1987, 23 millions d'actions ont été échangées chaque jour à la Bourse de Toronto ; mais, le 19 octobre 1987, jour qu'il est maintenant convenu d'appeler le *Lundi Noir*, 64 millions d'actions ont ainsi changé de propriétaires — un record !

La demande de capital

Comme celle de tout autre facteur de production, la demande de capital dépend des décisions que prennent les entreprises en vue de maximiser leur profit. Toutes choses étant égales par ailleurs, la productivité marginale du capital décroît avec la quantité de capital employée. Pour maximiser son profit, l'entreprise doit utiliser une quantité de capital qui assure l'égalité entre la recette associée au produit marginal du capital et le coût d'opportunité d'une unité de capital. L'entreprise augmente donc son stock de capital jusqu'à ce que le supplément de recette totale qu'engendre la dernière unité de capital soit égal au coût d'utilisation de cette unité de capital.

Les entreprises peuvent soit acheter, soit louer leur matériel. Pour le matériel loué, les calculs sont les mêmes que pour la main-d'œuvre. L'entreprise paye un tarif horaire de location, qui représente pour elle le coût d'opportunité du matériel. Pour savoir si elle doit le louer une heure de plus, l'entreprise calcule la recette du produit marginal horaire du matériel et la compare au tarif horaire de location. Tant que la recette du produit marginal horaire du matériel reste supérieure à son tarif horaire de location, l'entreprise a intérêt à louer un plus grand nombre d'heures d'unités de capital. De nombreuses entreprises louent ainsi du matériel, comme les machines de terrassement, les voitures et les avions. Il faut alors comparer la recette du produit marginal horaire du matériel à son tarif horaire de location.

Mais le capital n'est pas toujours loué. Ainsi, les entreprises achètent très souvent leurs bâtiments, leurs

Tableau 17.5 Valeur actuelle nette d'un investissement — Cas de l'entreprise Avantage-Impôts

(a) Données

Prix de l'ordinateur	10 000 $
Durée d'utilisation de l'ordinateur	2 ans
Recette du produit marginal	5900 $ à la fin de chaque année
Taux d'intérêt annuel	4 %

(b) Valeur actuelle du produit marginal cumulé

$$VA = \frac{RPm}{1+r} + \frac{RPm}{(1+r)^2}$$

$$= \frac{5900\ \$}{1{,}04} + \frac{5900\ \$}{(1{,}04)^2}$$

$$= 5673\ \$ + 5455\ \$$$

$$= 11\ 128\ \$$$

(c) Valeur actuelle nette de l'investissement

$$VAN = VA - \text{Coût de l'ordinateur}$$
$$= 11\ 128\ \$ - 10\ 000\ \$$$
$$= 1128\ \$$$

---

usines et leur matériel et outillage, qu'elles utilisent durant plusieurs années. Pour décider du volume de biens d'équipement à acheter, l'entreprise compare le montant qu'elle devra débourser maintenant, si elle achète, à la recette du produit marginal des biens d'équipement sur toute leur durée d'utilisation. L'entreprise doit donc calculer la valeur actuelle du flux cumulé de recette associé aux biens d'équipement et comparer cette valeur actuelle au prix d'achat de biens d'équipement. (Au besoin, reportez-vous au chapitre 9 pour revoir la notion de valeur actuelle.)

La valeur actuelle nette d'un investissement

Calculons la valeur actuelle du flux de recette produit par une unité de capital et voyons comment cela peut nous aider à prendre une décision d'investissement. Vous trouverez toutes les données nécessaires au tableau 17.5.

Térésa dirige l'entreprise Avantage-Impôts, qui agit à titre de conseiller auprès des contribuables dans la rédaction de leurs déclarations d'impôts. Térésa songe à acheter un nouvel ordinateur au coût de 10 000 $. On suppose que cet ordinateur a une durée d'utilisation de deux ans, au-delà de laquelle il perdra toute valeur. Térésa travaille dur toute l'année : elle étudie les nouvelles dispositions des lois fiscales et rédige des programmes informatiques complexes susceptibles de l'aider à accroître sa part de marché. Mais elle ne gagne de l'argent qu'une fois l'an, au moment de la préparation des déclarations d'impôts. Si elle achète l'ordinateur, celui-ci lui permettra d'accroître son chiffre d'affaires annuel de 5900 $ à la fin de chaque année, pendant deux ans. Le taux d'intérêt annuel est de 4 %. Si Térésa doit financer l'achat de l'ordinateur en contractant un emprunt, le taux d'intérêt qu'elle devra payer sur cet emprunt sera de 4 % ; si elle le finance à même ses propres fonds, le taux qu'elle aurait gagné en plaçant ses fonds à la banque serait de 4 %.

Calculons maintenant la valeur actuelle du flux de recette additionnel que permet l'acquisition d'un ordinateur à l'aide de la formule que nous avons étudiée au chapitre 9. Vous trouverez cette formule dans la partie (b) du tableau 17.5. Si le taux d'intérêt annuel est de 4 %, Térésa devra évidemment utiliser un *taux d'actualisation* de 4 %. La valeur actuelle (VA) d'un montant de 5900 $ perçu dans un an est de 5900 $ divisé par 1,04 (1 *plus* le taux d'actualisation, 4 %, c'est-à-dire 0,04), et la valeur actuelle d'un montant de 5900 $ perçu dans deux ans est de 5900 $ divisé par $(1{,}04)^2$. Calculons ces deux valeurs actuelles et additionnons-les : nous obtenons la valeur actuelle du flux de recette engendré par l'ordinateur sur deux ans, c'est-à-dire sur toute sa durée d'utilisation. Cette valeur actuelle s'élève à 11 128 $.

Pour savoir si elle a intérêt ou non à acheter l'ordinateur, Térésa doit comparer la valeur actuelle de ce flux cumulé de recette au prix d'achat de l'ordinateur. Autrement dit, elle doit calculer la valeur actuelle nette (VAN) de l'investissement. La **valeur actuelle nette d'un investissement** est la valeur actuelle du flux cumulé de recette que cet investissement devrait engendrer, diminuée de son coût. Si la valeur actuelle nette de l'investissement est positive, alors l'entreprise a intérêt à acquérir l'ordinateur ; si elle est négative, l'entreprise devrait y renoncer. La partie (c) du tableau 17.5 montre le calcul de la valeur actuelle nette de l'investissement que Térésa envisage de faire, à savoir l'achat de l'ordinateur. La valeur actuelle nette de cet investissement s'élève à 1128 $; elle est positive. L'investissement est donc rentable et Térésa a intérêt à acheter cet ordinateur.

Comme pour tout facteur de production, la productivité marginale du capital décroît avec l'augmentation de la quantité de capital employée. Si le produit marginal du facteur décroît, il en va de même évidemment de la recette de son produit marginal. Dans l'exemple ci-dessus, Térésa a intérêt à acheter un ordinateur parce que la valeur actuelle nette de cet investissement est positive. Mais Térésa pourrait-elle encore mieux faire en achetant deux ou même trois ordinateurs ? Pour le savoir, elle doit refaire les calculs du tableau 17.5.

Supposons que les données du tableau 17.6 indique toutes les possibilités d'investissement de l'entreprise Avantage-Impôts. Térésa peut acheter un, deux ou trois ordinateurs. Les ordinateurs coûtent 10 000 $ chacun et ont tous une durée d'utilisation de deux ans. La recette du produit marginal d'un ordinateur dépend du nombre d'ordinateurs que l'entreprise utilise. Si elle n'utilise qu'un seul ordinateur, la recette de son produit marginal s'élève à 5900 $ par an ; c'est le cas que nous venons d'étudier. Si l'entreprise utilise deux ordinateurs, la recette du produit marginal du deuxième ordinateur n'est que de 5600 $ par an ; si elle en utilise trois, la recette du produit marginal baisse encore, passant à 5300 $ par an. La partie (b) du tableau 17.6 montre le calcul de la valeur actuelle du flux marginal de recette associé à l'acquisition d'un ordinateur pour chacun des trois niveaux d'investissement possibles.

Nous savions déjà que la valeur actuelle nette du premier ordinateur est positive au taux d'intérêt annuel de 4 % : Térésa a donc intérêt à acheter l'ordinateur. Nous constatons maintenant qu'elle a aussi intérêt à acheter un deuxième ordinateur, car la valeur actuelle du flux de recette que permet l'acquisition d'un deuxième ordinateur s'élève à 10 562 $, soit 562 $ de plus que son prix d'achat. Par contre, Térésa n'a pas intérêt à acheter un troisième ordinateur : celui-ci coûterait 10 000 $ comme les autres, mais la valeur actuelle du supplément de recette n'est plus que de 9996 $; la valeur actuelle nette du troisième ordinateur est donc négative (soit − 4 $). Térésa décide par conséquent d'acheter deux ordinateurs.

Donc, si le taux d'intérêt annuel est de 4 %, Térésa a intérêt à acheter deux ordinateurs, mais pas trois. Que se passe-t-il si le taux d'intérêt annuel est supérieur à 4 % ? Supposons qu'il soit de 8 %. Alors, comme le montrent les calculs de la partie (b) du tableau 17.6, la valeur actuelle d'un ordinateur s'élèverait à 10 521 $. Térésa a donc encore intérêt à acheter ce premier ordinateur, même si sa valeur actuelle nette est inférieure à ce qu'elle était lorsque le taux d'intérêt annuel était de 4 %. S'il se chiffre à 8 %, la valeur actuelle nette d'un deuxième ordinateur est négative, car la valeur actuelle du supplément de recette n'est que de 9986 $, ce qui est inférieur au prix d'achat de 10 000 $. Par conséquent, si le taux d'intérêt annuel est de 8 %, Térésa a intérêt à acheter un ordinateur, mais pas deux.

Supposons maintenant que le taux d'intérêt soit

Tableau 17.6 Décisions d'investissement de l'entreprise Avantage-Impôts

(a) Données

Prix d'un ordinateur	10 000 $
Durée d'utilisation d'un ordinateur	2 ans
Recette du produit marginal :	
Premier ordinateur	5900 $ par an
Deuxième ordinateur	5600 $ par an
Troisième ordinateur	5300 $ par an

(b) Valeur actuelle de l'investissement

Si $r = 0{,}04$ (4 % par année)

Premier ordinateur : $VA = \dfrac{5900\ \$}{1{,}04} + \dfrac{5900\ \$}{(1{,}04)^2} = 11\ 128\ \$$

Deuxième ordinateur : $VA = \dfrac{5600\ \$}{1{,}04} + \dfrac{5600\ \$}{(1{,}04)^2} = 10\ 562\ \$$

Troisième ordinateur : $VA = \dfrac{5300\ \$}{1{,}04} + \dfrac{5300\ \$}{(1{,}04)^2} = 9996\ \$$

Si $r = 0{,}08$ (8 % par année)

Premier ordinateur : $VA = \dfrac{5900\ \$}{1{,}08} + \dfrac{5900\ \$}{(1{,}08)^2} = 10\ 521\ \$$

Deuxième ordinateur : $VA = \dfrac{5600\ \$}{1{,}08} + \dfrac{5600\ \$}{(1{,}08)^2} = 9986\ \$$

Troisième ordinateur : $VA = \dfrac{5300\ \$}{1{,}08} + \dfrac{5300\ \$}{(1{,}08)^2} = 9451\ \$$

Si $r = 0{,}12$ (12 % par année)

Premier ordinateur : $VA = \dfrac{5900\ \$}{1{,}12} + \dfrac{5900\ \$}{(1{,}12)^2} = 9971\ \$$

Deuxième ordinateur : $VA = \dfrac{5600\ \$}{1{,}12} + \dfrac{5600\ \$}{(1{,}12)^2} = 9464\ \$$

Troisième ordinateur : $VA = \dfrac{5300\ \$}{1{,}12} + \dfrac{5300\ \$}{(1{,}12)^2} = 8957\ \$$

encore plus élevé, par exemple 12 %. Alors, toujours selon les calculs de la partie (b) du tableau 17.6, la valeur actuelle de la recette du produit marginal du premier ordinateur ne serait que de 9971 $, ce qui est inférieur au prix d'achat de l'ordinateur. À un taux d'intérêt annuel de 12 %, Térésa n'a donc pas intérêt à acheter d'ordinateur.

Ces divers calculs permettent d'établir le barème

de demande de capital de l'entreprise Avantage-Impôts. Ce barème indique le nombre d'ordinateurs que l'entreprise achète en fonction du taux d'intérêt. Plus le taux d'intérêt baisse, plus la demande de capital augmente. À un taux d'intérêt annuel de 12 %, l'entreprise n'achète aucun ordinateur; sa demande est nulle. S'il se chiffre à 8 %, elle achète un seul ordinateur; s'il est de 4 %, elle en achète deux, et à moins de 4 %, elle en achète trois. (Nous avons limité nos calculs à trois ordinateurs. Toutefois, si le taux d'intérêt était inférieur à 4 %, Térésa pourrait acheter plus de trois ordinateurs.)

La courbe de demande de capital

La courbe de demande de capital d'une entreprise représente la quantité de capital demandée en fonction du taux d'intérêt. La courbe D_E de la figure 17.3 décrit la demande d'ordinateurs de l'entreprise Avantage-Impôts. Le nombre d'ordinateurs que l'entreprise désire acheter est mesuré en abscisse, et le taux d'intérêt est mesuré en ordonnée. Les points a, b et c correspondent aux exemples précédents: au point a, le taux d'intérêt annuel est de 12 % et Térésa n'a pas avantage à acheter d'ordinateur; au point b, le taux d'intérêt annuel est de 8 % et Térésa n'achète qu'un seul ordinateur; au point c, le taux d'intérêt annuel est de 4 % et Térésa achète deux ordinateurs.

Nous n'avons considéré dans notre exemple qu'un seul modèle d'ordinateur, qui coûte 10 000 $ l'unité. Mais, dans la pratique, Térésa pourrait acheter différents modèles d'ordinateurs, dont la puissance pourrait être exprimée en fonction de celle de l'ordinateur qui coûte 10 000 $. Nous pouvons ainsi supposer qu'il existe un modèle qui coûte 5000 $, dont la puissance correspond à la moitié de celle de l'ordinateur de 10 000 $, et un autre modèle qui coûte 12 500 $, dont la puissance est de 25 % supérieure à celle du modèle à 10 000 $. Si nous considérons tous les modèles d'ordinateurs possibles, notre courbe ne se limite plus aux trois points a, b et c: nous obtenons alors la courbe qui est représentée à la figure 17.3.

Pour tracer la courbe de demande de capital de la figure 17.3, nous avons considéré comme donnée la relation entre la recette du produit marginal d'une unité de bien d'équipement et la quantité de biens d'équipement utilisée. Nous avons également considéré comme donnés le prix d'achat d'une unité de bien d'équipement (10 000 $ pour l'unité standard) et la durée d'utilisation de ce bien (2 ans). Si l'un ou l'autre de ces éléments était modifié, la courbe de demande de capital se déplacerait.

Par exemple, si le prix d'un ordinateur standard baissait à 9500 $, il deviendrait maintenant rentable d'acheter un ordinateur lorsque le taux d'intérêt annuel est de 12 % et d'en acheter deux lorsque le taux est de 8 %. Vous pouvez vérifier si ces investissements sont rentables à l'aide des données du tableau 17.6. Une baisse du prix d'achat de l'ordinateur aura donc pour effet de faire déplacer vers la droite la courbe de demande de capital de l'entreprise. Toutes choses étant égales par ailleurs, la courbe de demande de capital se déplacerait aussi vers la droite si des changements d'ordre technique avaient pour effet d'augmenter la durée d'utilisation de l'ordinateur. Par exemple, si la durée d'utilisation de l'ordinateur passe à trois ans (au lieu de deux), cela aura pour effet d'augmenter la valeur actuelle du flux de recette engendré par une unité supplémentaire de bien d'équipement, quel que soit le taux d'intérêt. Un investissement qui n'était pas rentable lorsque l'ordinateur devait être amorti sur deux ans pourrait par conséquent le devenir, si la durée d'utilisation de l'ordinateur baissait à trois ans. Autrement dit, le *coût d'utilisation* d'un bien d'équipement dépend à la fois du taux d'intérêt, du prix d'achat du bien et de la

Figure 17.3 La demande de capital de l'entreprise Avantage-Impôts

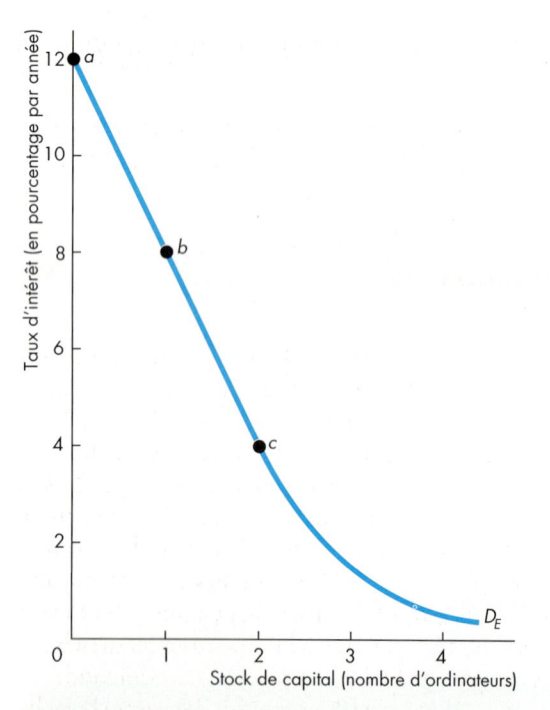

La valeur actuelle d'un investissement dépend du taux d'intérêt. À un taux d'intérêt annuel de 12 %, l'entreprise Avantage-Impôts n'achète aucun ordinateur (point a). À un taux d'intérêt annuel de 8 %, l'entreprise achète un ordinateur (point b). À un taux d'intérêt annuel de 4 %, l'entreprise achète deux ordinateurs (point c). Si l'entreprise peut se procurer des ordinateurs de différents modèles, dont la puissance peut être exprimée en fonction de celle d'un ordinateur qui coûte 10 000 $, alors sa courbe de demande est continue et passe par les points a, b et c.

durée d'utilisation de celui-ci (ou, si l'on préfère, de sa période d'amortissement). La courbe de demande de capital de la figure 17.3 décrit la relation entre la quantité de capital demandée et le taux d'intérêt, en fonction d'un prix d'achat et d'une durée d'utilisation donnés du bien d'équipement.

Cette courbe représente la demande de capital *physique* de l'entreprise Avantage-Impôts. On peut facilement déduire de cette courbe la demande de capital *financier* de l'entreprise, c'est-à-dire le montant des fonds qu'elle désirera immobiliser dans des biens d'équipement : il suffit de multiplier le nombre d'ordinateurs apparaissant en abscisse par le prix d'achat d'un ordinateur. Par exemple, à un taux d'intérêt annuel de 4 %, le montant que l'entreprise désirera investir dans des immobilisations sera égal à 20 000 $ (soit le produit de deux ordinateurs par le prix d'achat unitaire de 10 000 $). En utilisant différents taux d'intérêt, on obtient la *valeur* (en dollars) du stock de capital demandé en fonction du taux d'intérêt. La courbe illustrant cette relation aura évidemment la même forme que celle de la figure 17.3 : la seule différence réside dans le fait qu'on mesure maintenant le stock de capital en *dollars* (étant donné le prix d'achat de 10 000 $ par ordinateur) plutôt qu'en unités physiques.

La courbe de demande totale de capital

La courbe de demande totale de capital, c'est-à-dire la demande de capital du marché dans son ensemble, est obtenue en additionnant les courbes de demande de capital de toutes les entreprises. Comme toutes les entreprises n'achètent pas le même type de biens d'équipement, nous devons évidemment utiliser une unité de mesure commune pour additionner les quantités de capital demandées par les différentes entreprises. Pour construire la courbe de demande du marché, on utilisera par conséquent la *valeur* (en dollars) du stock de capital demandé par chaque entreprise en fonction du taux d'intérêt. La figure 17.4 représente la courbe de demande totale de capital. La valeur totale du capital demandée est exprimée en billions de dollars. Pour tracer cette courbe, on considère comme donnés les prix d'achat des différents types de biens d'équipement (prix d'achat de la machinerie, coût de construction des usines, etc.). À une augmentation de la valeur du capital demandée correspondra une augmentation, dans la même proportion, du stock de capital physique ; en d'autres termes, on peut utiliser la valeur du stock de capital comme une mesure de la quantité de capital physique. Sur la courbe de la figure 17.4, nous voyons que, au taux d'intérêt annuel de 6 % (6 % est alors le *coût d'opportunité* du capital, quel que soit le type de bien d'équipement acquis par les entreprises), la demande totale de capital s'élève à

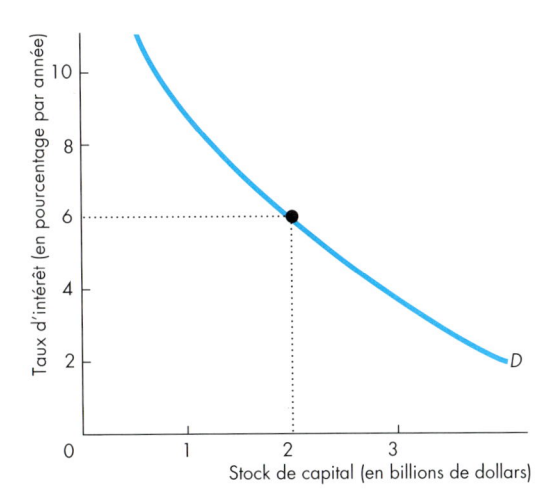

Figure 17.4 La demande totale de capital

La courbe de demande totale de capital est obtenue en additionnant les courbes de demande de capital (en valeur) de toutes les entreprises du marché. Sur la courbe de demande totale D, la valeur totale du stock de capital demandé s'élève à 2 billions de dollars si le taux d'intérêt annuel est de 6 %.

2 billions de dollars. Comme la courbe de demande de capital d'une entreprise prise isolément, la courbe de demande totale est décroissante.

Modifications de la demande de capital

La quantité demandée de capital change constamment, de sorte que la courbe de demande de capital se déplace sans cesse. La composition de la demande de capital évolue aussi : celle de certains types de biens d'équipement augmente, tandis que celle d'autres types baisse. Les évolutions techniques constituent indubitablement le principal facteur de changement de la demande de capital. Par exemple, l'utilisation de moteurs diesels pour le transport ferroviaire a fait baisser la demande des moteurs à vapeur et augmenter celle des moteurs diesels, mais elle n'a pas eu d'effet important sur la demande totale de capital du secteur ferroviaire. Les progrès techniques dans les domaines des transports routiers et aériens ont entraîné une augmentation considérable de la demande d'autoroutes, de voitures, d'aéroports, d'avions et de systèmes de contrôle aérien, et une baisse de la demande d'installations ferroviaires. Récemment, l'évolution des ordinateurs a beaucoup fait augmenter la demande de matériel informatique pour la recherche et le bureau.

L'évolution technique faisant constamment augmenter la demande de capital, elle entraîne un déplacement systématique de la courbe de demande de capital vers la droite.

À RETENIR

La demande de capital dépend des décisions que prennent les entreprises pour maximiser leur profit. Le produit marginal du capital décroît au fur et à mesure que la quantité de capital utilisée augmente. Il en va de même, par conséquent, de la recette du produit marginal du capital. La quantité de capital demandée est la quantité qui assure l'égalité entre la valeur actuelle du flux de recette associé au produit marginal du capital et le prix d'achat des biens équipement. C'est le taux d'intérêt qui sert de taux d'actualisation dans ce calcul. Une hausse du taux d'intérêt a toujours pour effet de diminuer la valeur actuelle d'un flux cumulé de recette.

La courbe de demande de capital décrit la relation entre la quantité de capital demandée et le taux d'intérêt. Plus le taux d'intérêt est élevé, moins les entreprises demanderont de capital. L'innovation technique modifie constamment la demande de capital. Globalement, la demande de capital augmente au cours du temps, ce qui se traduit par un déplacement vers la droite de la courbe de demande de capital.

...

L'offre de capital

L'offre de capital résulte des décisions d'épargne des ménages. Il est utile ici de se rappeler la distinction que nous avons faite entre un *stock* et un *flux*. La richesse accumulée d'un ménage à une date donnée est un stock. Son épargne au cours d'une période donnée est un flux : c'est la différence entre son revenu courant et sa consommation courante. Si l'épargne du ménage au cours d'une période donnée est positive, la richesse du ménage s'accroît ; si son épargne est négative (c'est-à-dire si sa consommation est supérieure à son revenu courant), sa richesse diminue. Le revenu du ménage au cours d'une période donnée est la somme de son revenu de travail de la période et des revenus de placement nets sur sa richesse accumulée (si le ménage est un débiteur net, il devra payer de l'intérêt au cours de la période et ces paiements devront être soustraits de son revenu de travail pour calculer son revenu net de la période).

Les décisions d'épargne ou de *désépargne* (une épargne négative) du ménage au cours de son cycle de vie ont pour effet de modifier le profil de son flux de consommation par rapport au profil de son flux de revenu. Compte tenu de la richesse qu'il a déjà accumulée, un ménage peut décider d'augmenter son patrimoine ou de le diminuer. Cette décision d'épargne (ou de *désépargne*) du ménage dépend essentiellement de deux facteurs :

- Son revenu de travail courant par rapport à son revenu de travail futur
- Le taux d'intérêt

Le rapport entre le revenu de travail courant du ménage et son revenu de travail futur dépend surtout de la phase du cycle de vie dans laquelle il se trouve. Les ménages cherchent à maintenir au même niveau leur consommation au cours de leur cycle de vie. Comme nous l'avons vu au chapitre 15, le revenu de travail courant des jeunes ménages est le plus souvent bien inférieur à leur revenu de travail futur, alors que les ménages plus âgés se trouvent dans la situation inverse ; les jeunes ménages contractent donc des dettes, tandis que les ménages plus âgés épargnent et accumulent des actifs. Les décisions d'épargne résultent de la volonté des ménages de rendre uniforme leur flux de consommation sur la durée de leur cycle de vie.

Le taux d'intérêt

Le taux d'intérêt exerce deux effets différents sur les décisions d'épargne :

- Un effet de substitution
- Un effet de revenu

L'effet de substitution Plus le taux d'intérêt est élevé, plus le rendement de l'épargne courante sera élevé. En d'autres termes, un taux d'intérêt élevé augmente le coût d'opportunité de la consommation courante par rapport à la consommation future. L'effet de substitution associé à une hausse du taux d'intérêt se traduit donc par une réduction de la consommation courante et par une augmentation de la consommation future : l'effet de substitution est donc toujours d'augmenter l'épargne courante et l'actif financier net que le ménage souhaite détenir.

L'effet de revenu Une modification des taux d'intérêt a des répercussions sur les perspectives de revenu des ménages. Toutes choses étant égales par ailleurs, plus les revenus courants et futurs d'un ménage sont élevés, plus sa consommation courante et future sera importante.

Figure 17.5 L'offre de capital

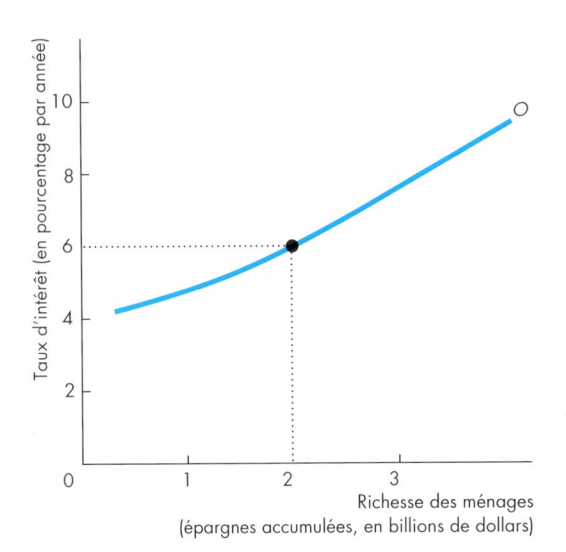

Plus le taux d'intérêt est élevé, plus l'offre de capital des ménages est importante : la courbe d'offre de capital est donc croissante. Si le taux d'intérêt annuel est de 6 %, la quantité de capital offerte s'élève à 2 billions de dollars.

L'effet de revenu d'une hausse du taux d'intérêt sur l'épargne du ménage sera différent selon la situation financière du ménage. Si le ménage est un emprunteur net, c'est-à-dire si son actif financier net est négatif, une hausse du taux d'intérêt a pour effet d'appauvrir le ménage. Ainsi si un ménage se trouve dans une situation débitrice nette, l'effet de revenu d'une hausse du taux d'intérêt est donc de diminuer sa consommation courante, c'est-à-dire d'augmenter son épargne courante (ou de diminuer sa *désépargne*) de façon à diminuer son passif financier net. Pour un débiteur net, l'effet de revenu et l'effet de substitution d'une hausse du taux d'intérêt vont par conséquent dans le même sens.

Si un ménage se trouve dans une situation créditrice nette (son actif financier net est positif), une hausse du taux d'intérêt a un effet d'enrichissement. L'effet de revenu d'une hausse du taux d'intérêt est alors d'augmenter la consommation courante, c'est-à-dire de diminuer l'épargne courante (ou d'augmenter la *désépargne*). Dans ce cas, l'effet de substitution et l'effet de revenu vont en sens opposé, et il n'est pas certain qu'une hausse du taux d'intérêt fasse augmenter l'épargne et l'actif financier net que le ménage souhaite détenir.

La courbe d'offre de capital

L'offre totale de capital est la somme des épargnes accumulées par les ménages ; de façon équivalente, c'est le stock d'actifs que les ménages souhaitent détenir. La courbe d'offre de capital décrit la relation entre la quantité de capital offerte et le taux d'intérêt. Nous avons vu que la relation entre le taux d'intérêt et l'épargne dépend de l'importance relative de l'effet de substitution et de l'effet de revenu. Nous savons que cette relation peut être soit positive, soit négative pour un ménage donné. Mais, pour l'économie dans son ensemble, l'effet de substitution domine l'effet de revenu : il y a une relation positive entre le stock d'épargnes accumulées que désirent les ménages et le taux d'intérêt. La courbe d'offre de capital est donc croissante. La figure 17.5 présente une courbe d'offre de capital. Sur cette courbe, à un taux d'intérêt annuel de 6 %, l'offre totale de capital est de 2 billions de dollars.

Modifications de l'offre de capital

L'offre de capital change constamment, notamment en raison de l'évolution démographique. L'offre de capital varie en fonction de la répartition de la population entre les différents groupes d'âge. Ainsi, l'offre de capital des populations qui comptent une très grande proportion de jeunes est moins importante que celle des populations parmi lesquelles on compte un plus grand nombre de personnes dans la quarantaine. Si la répartition de la population entre les différents groupes d'âge influe tant sur l'offre de capital, c'est que, comme nous l'avons vu précédemment, les ménages cherchent à uniformiser leur consommation sur la durée de leur cycle de vie.

Le revenu moyen exerce également une influence sur l'offre de capital. Plus le revenu moyen est élevé, plus l'offre de capital est importante. Donc, si la population s'accroît et que ses revenus augmentent régulièrement, la courbe d'offre de capital se déplacera vers la droite.

Les choix de portefeuille

Les ménages doivent décider non seulement du volume global de leur épargne, c'est-à-dire de la quantité totale de capital qu'ils entendent offrir sur le marché, mais aussi de la répartition de cette épargne entre les différents actifs financiers disponibles. Ces décisions constituent des choix de portefeuille.

Les ménages doivent tenir compte de deux critères dans leurs choix de portefeuille :

- Les taux d'intérêt relatifs
- Les niveaux de risque relatifs

Les taux d'intérêt relatifs Le taux d'intérêt relatif d'un actif est le taux d'intérêt de cet actif par rapport à la moyenne des taux d'intérêt. Toutes choses étant égales par ailleurs, plus le taux d'intérêt relatif d'un actif est élevé, plus les ménages privilégient cet actif au détriment des autres. Par exemple, si le taux d'intérêt annuel des obligations est de 10 % tandis que le taux de rendement des actions n'est que de 5 %, les ménages préféreront acheter des obligations plutôt que des actions. Si l'écart entre les taux se creuse davantage, par exemple si le taux d'intérêt annuel des obligations passe à 12 % tandis que le taux de rendement des actions baisse à 3 %, alors les ménages tendront à se défaire encore plus de leurs actions pour acheter encore plus d'obligations.

Si, toutes choses étant égales par ailleurs, le taux de rendement des actions et celui des obligations sont égaux, alors les ménages n'auront aucune préférence et ils achèteront, indifféremment, des actions ou des obligations.

Les niveaux de risque relatifs Le taux d'intérêt ne suffit généralement pas à déterminer la qualité d'un placement. Il faut aussi savoir dans quelle mesure ce placement est risqué. Supposons que vous ayez le choix entre les deux possibilités suivantes :

1. Placer votre argent à la banque à un taux d'intérêt annuel garanti de 5 %.

2. Prêter votre argent à un ami qui compte fonder une entreprise. Si son entreprise prospère, il vous remboursera la totalité de votre mise, augmentée d'un intérêt annuel de 150 %; mais si son entreprise est un échec, il ne vous versera rien et ne pourra même pas vous rembourser la somme que vous lui aurez prêtée.

Vous ne courez aucun risque dans le premier cas. Pour chaque dollar que vous confiez à la banque en début d'année, vous recevrez 1,05 $ à la fin de la même année. La seconde possibilité est beaucoup plus risquée. Pour comparer entre elles les deux possibilités, vous devez calculer le taux d'intérêt anticipé que votre ami vous versera probablement, ainsi que le niveau de risque de son entreprise. Supposons que votre ami ait déjà fondé plusieurs entreprises et que la moitié d'entre elles ont rapidement fermé leurs portes, tandis que l'autre moitié des entreprises sont encore prospères. Supposons aussi que vous n'avez aucune raison de croire que le projet actuel de votre ami est très différent de ses projets précédents. Si vous placez vos économies dans plusieurs des entreprises fondées par votre ami, vous perdrez toute votre mise dans la moitié des cas, mais vous récupérerez 2,50 $ pour chaque dollar investi dans l'autre moitié des cas. En moyenne, vous recevrez donc 1,25 $ pour chaque dollar que vous aurez prêté. Le taux d'intérêt probable du prêt consenti à votre ami s'élèverait donc à 25 %. C'est à vous de décider si vous préférez placer votre argent à un taux d'intérêt garanti de 5 %, sans courir aucun risque, ou le placer dans une entreprise à un taux d'intérêt de 25 %, en courant un certain risque. Cette décision n'appartient qu'à vous, et elle dépend essentiellement de votre attitude envers le risque. Certains aiment prendre des risques, d'autres non. En général, plus les gens sont riches, plus ils peuvent diversifier leurs placements, donc plus ils sont disposés à prendre des risques relativement à certains d'entre eux. Mais un fait demeure : plus le risque est élevé, plus le taux d'intérêt doit être élevé pour compenser le risque.

À RETENIR

L'offre de capital résulte des décisions d'épargne des ménages. Les décisions dépendent du taux d'intérêt et du désir des ménages d'égaliser leur consommation sur la durée de leur cycle de vie. La courbe d'offre de capital décrit la relation entre la quantité de capital offerte et le taux d'intérêt. Cette courbe est croissante : toutes choses étant égales par ailleurs, plus le taux d'intérêt est élevé, plus la quantité de capital offerte est élevée. L'offre de capital change en fonction de l'évolution de la répartition de la population entre les différents groupes d'âge, d'une part, et du revenu de la population, d'autre part. Si la population s'accroît et que son revenu augmente, l'offre de capital augmente et la courbe d'offre de capital se déplace vers la droite.

Les ménages répartissent leur épargne entre les différents actifs en fonction des taux d'intérêt relatifs et des niveaux de risque relatifs. Toutes choses étant égales par ailleurs, plus le taux d'intérêt relatif d'un actif est élevé et plus le risque qu'il présente est faible, plus les ménages augmenteront leurs placements dans cet actif.

■ ■ ■

Maintenant que nous connaissons le fonctionnement de la demande et de l'offre de capital, nous allons étudier comment se déterminent les taux d'intérêt et les prix des actifs. Nous serons alors en mesure de répondre à certaines des questions posées au début de ce chapitre; nous pourrons notamment expliquer les débâcles et les flambées qui se produisent parfois sur les marchés financiers.

Les taux d'intérêt et les prix des actifs

Ce sont les marchés financiers qui coordonnent les décisions d'épargne des ménages et les plans d'investissement des entreprises : les prix des actifs et les taux d'intérêt varient de façon à assurer la compatibilité des décisions prises par ces deux catégories d'agents. Nous allons maintenant étudier le fonctionnement de ce mécanisme de coordination.

Deux aspects d'une même réalité

Les taux d'intérêt (ou les taux de rendement) et les prix des actifs sont en fait deux aspects d'une même réalité. Notre analyse va d'abord porter sur les taux d'intérêt, puis sur les prix des actifs et, enfin, sur la relation qui existe entre les deux. Le taux d'intérêt de certains actifs, comme les dépôts bancaires, est garanti. Celui d'autres actifs, comme les obligations et les actions, n'est pas garanti ; on parle alors du taux de rendement (de l'action ou de l'obligation). Le **taux de rendement d'une obligation** est l'intérêt versé sur cette obligation, exprimé en pourcentage de son prix. Le **taux de rendement d'une action** est le revenu associé à la détention de l'action, exprimé en pourcentage du cours de l'action sur le marché boursier. Le coupon de l'obligation garantit un revenu fixe au détenteur de l'obligation mais, comme le prix de marché de l'obligation est susceptible de fluctuer, son taux de rendement est variable. Quant aux actions, elles donnent lieu au versement d'un dividende qui dépend de la rentabilité de l'entreprise. De plus, la valeur des actions sur le marché boursier est variable. Le rendement des actions fluctue donc pour deux raisons : les variations du dividende, d'une part, et les fluctuations du marché boursier, d'autre part.

Examinons maintenant la relation entre le prix d'un actif et son taux de rendement. On obtient le taux de rendement d'une obligation ou d'une action en divisant le revenu associé au titre par son prix d'achat. Par exemple, si l'entreprise Avantage-Impôts verse un dividende de 5 $ sur chacune de ses actions et que celles-ci se vendent 50 $ l'unité, alors le taux de rendement de ces actions est de 10 % (5 $ ÷ 50 $, exprimé en pourcentage). Donc, à revenu égal, plus le prix d'un actif est élevé, plus son taux de rendement est faible. Supposons en effet que le cours des actions de l'entreprise Avantage-Impôts augmente, passant de 50 $ à 100 $, mais que son dividende reste égal à 5 $: son taux de rendement baisse alors, passant de 10 % à 5 %. Compte tenu de la relation entre le prix d'un actif et son taux de rendement, les forces à l'œuvre sur le marché financier déterminent simultanément le rendement des actifs (leur « taux d'intérêt ») et les prix des actifs. Nous allons maintenant analyser l'équilibre sur le marché financier, d'abord du point de vue du taux d'intérêt ou du taux de rendement, puis sous l'angle de la valeur de marché de chaque actif.

Le taux d'intérêt d'équilibre

La figure 17.6 présente les courbes d'offre et de demande de capital. Elle illustre les forces à l'œuvre sur le marché des capitaux dans son ensemble. La valeur du stock total de capital est mesurée en abscisse. Notez que la valeur du stock de capital mis à la disposition des entreprises est la contrepartie des patrimoines que les ménages ont accumulés. Le taux d'intérêt annuel est mesuré en ordonnée. La courbe de demande D est la même que la courbe de demande totale de capital représentée à la figure 17.4. La courbe d'offre O est celle de l'offre totale de capital de la figure 17.5.

Le marché financier est en équilibre quand la quantité de capital offerte est égale à la quantité de capital demandée. À la figure 17.6, cet équilibre est atteint lorsque le taux d'intérêt est de 6 % et que la valeur du stock de capital se chiffre à 2 billions de dollars. Les forces qui assurent cet équilibre sont exactement les mêmes que celles que nous avons observées sur les marchés des biens et services. Dans le cas des marchés financiers, certaines institutions comme les banques, les compagnies d'assurances et les courtiers en valeurs mobilières achètent et vendent constamment des titres de façon que les quantités de capital demandée et offerte soient toujours égales.

Le taux d'intérêt qui est déterminé à la figure 17.6 est le taux de rendement *moyen*. Les taux de rendement des divers actifs disponibles se situent autour de cette moyenne, en fonction du niveau de risque relatif des actifs. Les taux de rendement des actifs très risqués sont

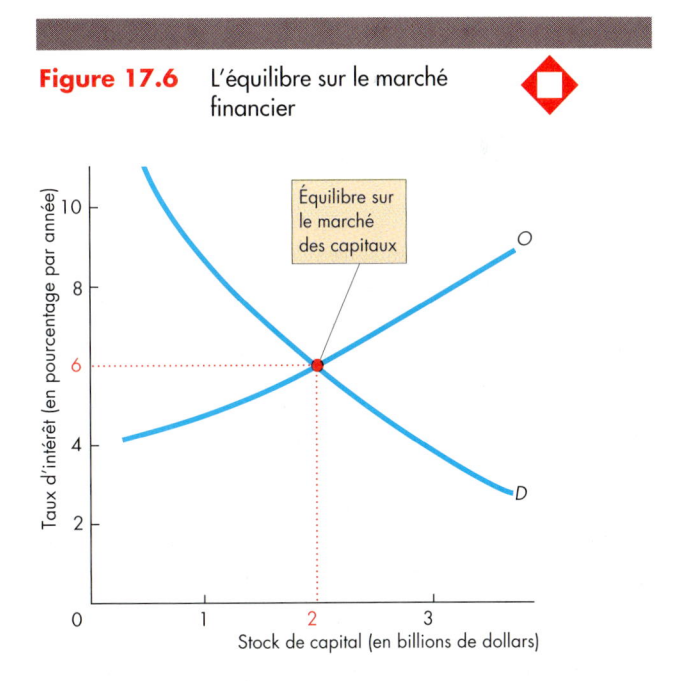

Figure 17.6 L'équilibre sur le marché financier

Le marché financier est en équilibre quand le taux d'intérêt assure l'égalité entre les quantités de capital demandée et offerte. Ici, D est la courbe de demande de capital et O la courbe d'offre. Au point d'intersection de ces deux courbes, le taux d'intérêt annuel est de 6 % et le stock de capital se chiffre à 2 billions de dollars.

ENTRE LES LIGNES

Économie et Bourse

Les faits en bref

- Le 17 janvier 1990, l'indice industriel Dow Jones a perdu 33,49 points.

- Cette baisse est attribuée à trois facteurs :
  - Le recul du marché sur la Bourse de Tōkyō
  - L'annonce des profits décevants de l'International Business Machines (IBM) et de l'Aluminum Company of America (ALCOA)
  - L'annonce que le déficit commercial des États-Unis s'était creusé en novembre

- L'indice TSE 300 de la Bourse de Toronto, (un indice constitué de 300 actions) a perdu 27,71 points pour clôturer à 3872,27.

- Le secteur qui a le plus perdu est celui des transports mais les actions des secteurs du métal, des biens de consommation, et des communications et des médias ont également beaucoup baissé.

- L'une des entreprises les plus durement touchées par cette baisse est Laidlaw, dont les actions ont perdu 2 $ pour se stabiliser à 25 $. Cette chute est attribuée à l'annonce que le rachat par Laidlaw de Tricil ne ferait pas augmenter les profits de Laidlaw autant qu'il avait été prévu.

Résultats économiques glauques et profits moroses : la Bourse chute

La journée d'hier a été bien rude pour les institutions de Wall Street et de Bay Street, ébranlées par l'annonce de résultats économiques nationaux bien piètres et de profits tout aussi décevants dans les entreprises.

À **New York**, l'indice industriel Dow Jones a joué aux montagnes russes toute la journée : après être descendu le matin, il a atteint son sommet vers le milieu de la journée et a succombé dans l'après-midi à une flambée des ventes. L'indice avait plongé de 33,49 points quand la cloche de la fermeture a sonné, pour clôturer à 2659,13.

Les observateurs indiquent qu'une avalanche de mauvaises nouvelles s'est abattue sur le marché boursier, et citent notamment la chute des cours sur la Bourse de Tōkyō, les piètres rendements des valeurs sûres des géants International Business Machines et Aluminum Co. of America, et cette annonce bien décevante du ministère du Commerce des États-Unis, qui a révélé que le déficit commercial de novembre a atteint 10,5 milliards de dollars américains, ce qui est supérieur aux prévisions révisées d'octobre qui laissaient entrevoir un déficit de «seulement» 10,25 milliards.

La Bourse de Toronto a quant à elle accusé une baisse de 27,71 points pour clôturer à son niveau le plus bas de la journée, 3872,27. Son indice de 300 actions a très mal réagi à la disgrâce dans laquelle l'un de ses titres-phares est tombé : les actions de Laidlaw ont perdu 2 dollars, passant à 25 $ l'unité, quand Michael DeGroote, le président de l'entreprise, a annoncé aux experts que le rachat de Tricil Ltd. ne rapporterait pas autant que prévu à Laidlaw cette année.

Le recul de Laidlaw a contribué à faire chuter le secteur des transports de 4,77 %, ce qui a entraîné 11 des 14 groupes d'actions du TSE 300 dans le rouge. Autres grands perdants, l'indice des métaux a perdu 2,60 %, les produits de consommation 1,24 %, et les communications et les médias, 0,95 %.

The Globe and Mail
18 janvier 1990
Par Gail Lem
©The Globe and Mail
Traduction et reproduction autorisées

ENTRE LES LIGNES

Analyse

Quels sont les indices qui mesurent l'évolution des marchés boursiers?

- L'indice industriel Dow Jones est le prix moyen de 30 actions industrielles échangées à la Bourse de New York.

- Comme son nom l'indique, le TSE 300 – l'indice de la Bourse de Toronto – est le prix moyen de 300 actions cotées à la Bourse de Toronto. Cet indice regroupe des actions de tous les secteurs économiques et il se subdivise en 14 indices sectoriels.

De combien les prix boursiers ont-il baissé le 17 janvier 1990?

- L'article indique le nombre de points que les deux indices boursiers ont perdus le 17 janvier 1990 et la baisse en dollars de l'action Laidlaw. Pour mieux évaluer et comparer ces variations de prix, il convient de les ramener toutes à une unité commune, par exemple le pourcentage. On obtient alors les résultats suivants:

  Dow Jones   – 1,2 %

  TSE 300   – 0,7 %

  Laidlaw   – 7,4 %

Pourquoi les prix des actions baissent-ils et augmentent-ils tous en même temps et pourquoi tous les marchés boursiers du monde tendent-ils à évoluer de la même façon?

- Le prix des actions d'une entreprise dépend des *anticipations* relativement à la rentabilité de l'entreprise.

- De nouveaux éléments d'information modifient les prévisions (actuelles) de la rentabilité (future) de *toutes* les entreprises. Par exemple:

  - Si les États-Unis accusent un déficit commercial, il est probable que leur gouvernement va chercher à réduire ses importations, incitant ainsi les pays étrangers à prendre des mesures de rétorsion et à restreindre leurs importations en provenance des États-Unis. Ensemble, toutes ces décisions peuvent provoquer une récession mondiale et faire baisser les profits de la plupart des entreprises.

  - Un fléchissement du marché boursier d'un autre grand pays, comme le Japon, est habituellement le signe que les entreprises de cet autre pays prévoient ne faire que de piètres profits, ce qui indique souvent que les exportations, et donc les profits, vont baisser.

- Certaines annonces publiques ne modifient les prévisions de rentabilité que d'un seul secteur. Par exemple:

  - Si IBM annonce une baisse de ses profits, il est à prévoir que les profits des autres fabricants d'ordinateurs vont également baisser.

  - Si ALCOA ne fait que de maigres profits, c'est probablement que les profits des autres producteurs d'aluminium sont eux aussi à la baisse.

Pourquoi le prix des actions d'une entreprise, Laidlaw par exemple, baisse-t-il parfois plus que la moyenne des titres?

- Certaines annonces publiques n'ont des effets que sur une seule entreprise. Par exemple, les observateurs pensaient que le rachat de Tricil donnerait un bon coup de pouce à la rentabilité de Laidlaw. Le prix des actions Laidlaw a donc augmenté brusquement lors du rachat. Quand le président de Laidlaw a annoncé que ces prévisions se révélaient erronées, le prix des actions de l'entreprise a baissé, en fonction des prévisions révisées de rentabilité.

- Parfois, les annonces publiques qui ne touchent qu'une seule entreprise vont dans le même sens que celles qui concernent le marché dans son ensemble. C'était par exemple le cas de Laidlaw ce 17 janvier 1990. D'autres fois, les prévisions de profits d'une entreprise sont contraires à la tendance générale du marché. C'est pourquoi le prix des actions d'une entreprise peut fluctuer bien plus que celui de l'indice boursier, qui est une moyenne du cours de plusieurs actions.

supérieurs à la moyenne, tandis que ceux des actifs très sûrs lui sont inférieurs. Par exemple, si le taux d'intérêt d'équilibre est de 6 %, comme à la figure 17.6, le taux d'intérêt d'un dépôt bancaire, un actif très sûr, est peut-être de 4 % par année seulement, tandis que le taux de rendement d'une action, un actif plus risqué, pourra atteindre 8 % par année.

Nous savons maintenant comment se détermine le taux de rendement des actifs. Analysons à présent la détermination du prix des actifs. Pour déterminer le prix des actifs, nous devons analyser non pas le marché financier dans son ensemble, comme nous l'avons fait pour le taux d'intérêt, mais plutôt la valeur de marché de chaque actif.

La valeur boursière d'une entreprise

Nous savons qu'il existe une relation entre le taux de rendement d'un actif et son prix. Le taux de rendement est le revenu que procure l'actif divisé par son prix; il est exprimé en pourcentage. Cela étant précisé, voyons maintenant comment on peut déterminer la valeur boursière d'une entreprise. Supposons qu'une entreprise finance ses immobilisations en procédant à une nouvelle émission de son capital-actions. Qu'est-ce qui détermine le cours de ces actions ? Et de quoi dépend la valeur totale des actions émises ?

La valeur d'une action est obtenue en divisant la valeur totale de l'entreprise par le nombre d'actions émises; de façon équivalente, on obtient la valeur totale de l'entreprise en multipliant le nombre total d'actions émises par la valeur d'une action. Donc, à partir d'un nombre donné d'actions émises, il est très facile de déterminer le cours d'une action quand on connaît la valeur totale de l'entreprise, et inversement.

L'achat d'une action confère à son détenteur le droit de toucher un dividende à la fin de chaque année, de sorte que le cours de l'action dépend des anticipations relativement au dividende que l'entreprise devrait verser à ses actionnaires. Comme nous l'avons vu au chapitre 9 quand nous avons étudié la valeur d'une action de Royal Trustco, le cours de l'action est la valeur actuelle du dividende prévu. Si les acheteurs anticipent que l'entreprise ne pourra jamais leur verser un dividende, alors les actions de l'entreprise n'auront aucune valeur. Si les acheteurs prévoient que l'entreprise versera un dividende annuel de 10 $ sur chacune de ses actions et que le taux d'intérêt sur le marché sera de 10 % par année, alors les actions de cette entreprise vaudront 100 $ chacune. Si les acheteurs estiment que l'entreprise versera un dividende de 20 $ et que le taux d'intérêt sera de 10 % par année, alors les actions de l'entreprise se vendront 200 $ chacune.

Le cours d'une action dépend donc de la rentabilité future de l'entreprise, telle que l'anticipe le marché.

Avant d'acheter des titres, les agents économiques doivent donc chercher à prévoir les profits des entreprises : comment s'y prennent-ils ?

Les anticipations rationnelles

Nous avons vu au chapitre 6 qu'une *anticipation rationnelle* est la meilleure prévision qu'il soit possible de faire, compte tenu de l'information disponible. Pour estimer la rentabilité future d'une entreprise, les détenteurs d'actions doivent prévoir la situation qui prévaudra sur le marché de ses facteurs de production et le marché de ses produits, et aussi tenter d'évaluer les effets probables des changements techniques sur l'entreprise. Ils doivent ainsi prévoir la demande des produits fabriqués par l'entreprise, l'âpreté de la concurrence, l'émergence de nouvelles techniques susceptibles d'abaisser les coûts et le prix des facteurs de production dont l'entreprise a besoin pour fabriquer ses produits. À l'aide de ces prévisions, ils parviennent à estimer la rentabilité future de l'entreprise et déterminent le prix auquel il est acceptable d'acheter aujourd'hui des actions de son capital-actions.

Vous trouverez dans la rubrique *Entre les lignes* des pages 476 et 477 un article traitant des effets de ces

Figure 17.7 Les ratios cours-bénéfice de quelques entreprises

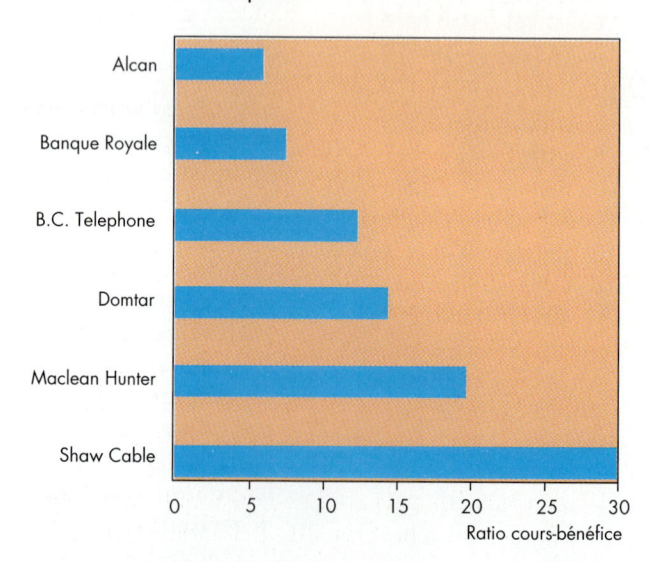

Le ratio cours-bénéfice diffère d'une entreprise à l'autre. Les entreprises pour lesquelles les anticipations de profit sont optimistes présentent un ratio cours-bénéfice très élevé; c'est par exemple le cas de Maclean Hunter et de Shaw Cable. Celles pour lesquelles les anticipations de profit sont moins optimistes, comme Alcan, présentent un ratio cours-bénéfice plus faible. Les entreprises dont les bénéfices anticipés sont égaux aux bénéfices actuels, comme B.C. Telephone, présentent un ratio cours-bénéfice intermédiaire.

anticipations sur la valeur des actions et sur la valeur moyenne du marché.

Le ratio cours-bénéfice

On mesure souvent le rendement d'une action à son ratio cours-bénéfice. Le **ratio cours-bénéfice** est obtenu en divisant le cours actuel de l'action par le profit unitaire (c'est-à-dire le profit par action) de la dernière année écoulée. En mars 1982, le ratio cours-bénéfice moyen des 300 principales actions cotées à la Bourse de Toronto (le TSE 300) s'élevait à 7,6. Il s'élevait à 21,6 en juillet 1987, mais il s'agissait là d'un record. Il a en effet baissé par la suite et se situait aux alentours de 12,7 en octobre 1989. La figure 17.7 indique les ratios cours-bénéfice d'octobre 1989 de quelques entreprises très connues. De quoi dépend le ratio cours-bénéfice? Pourquoi celui d'Alcan n'était-il que de 5,3 en octobre 1989 alors que celui de Shaw Cable s'élevait à 30?

Nous avons vu que le cours d'une action dépend de la valeur actuelle du profit anticipé de l'entreprise. Plus le profit *anticipé* est élevé, plus le cours *actuel* est élevé. Le ratio cours-bénéfice d'une entreprise dépend donc du rapport entre son profit futur (tel qu'il est anticipé) et son profit actuel. Si le profit anticipé est élevé par rapport au profit actuel, le ratio cours-bénéfice est élevé. Si le profit anticipé est faible par rapport au profit actuel, le ratio cours-bénéfice est faible. Les variations du ratio cours-bénéfice s'expliquent par les variations du *rapport* entre le profit actuel et le profit anticipé.

Le volume de transactions et les cours des actions

Les cours boursiers peuvent varier très rapidement; dans certains cas, ces mouvements correspondent à un accroissement du volume de transactions effectuées sur les titres, mais pas toujours. On observe par ailleurs que les cours peuvent également rester relativement stables en dépit d'un volume de transactions très important. Pourquoi le cours des actions subit-il ainsi des mouvements à la hausse et à la baisse et de quoi dépend le volume de transactions sur le marché boursier?

Le cours des actions change parce que les observateurs révisent constamment leurs prévisions concernant le profit des entreprises. Supposons qu'une entreprise fasse actuellement un profit de 1 $ par action, que le taux d'intérêt des titres qui présentent un niveau de risque identique à celui des actions de cette entreprise s'élève à 8 %, et que le profit anticipé de cette entreprise pour les années à venir est égal à son profit actuel. Le cours des actions de cette entreprise fluctuera jusqu'à ce que le rendement de l'action soit de 8 % par année. Le cours sera donc de 12,50 $ par action. En anticipant un profit annuel par action de 1 $, les actionnaires s'attendent à obtenir un taux de rendement de 8 % (8 % × 12,50 $ = 1 $). Le ratio cours-bénéfice est donc de 12,5: le cours actuel (12,50 $) divisé par le profit de l'année courante (1 $ par action).

Supposons que l'évolution du marché amène les détenteurs d'actions à modifier leurs anticipations; ils estiment maintenant que l'entreprise fera un profit de 2 $ par action à partir de l'année suivante. Le profit anticipé étant de 2 $ par action, le cours augmente brusquement, passant de 12,50 $ à 25 $ l'unité. Certes, si l'action coûte 25 $, le profit par action pour cette année, qui s'élève à 1 $, correspond à un taux de rendement de seulement 4 % (4 % × 25 $ = 1 $). Mais dès que le profit par action passera à 2 $, c'est-à-dire à partir de l'année suivante, le taux de rendement passera à 8 % par année, ce qui correspond au taux de rendement des autres actifs dont le niveau de risque est comparable. L'augmentation du cours de l'action, qui passe de 12,50 $ à 25 $, ne résulte donc pas d'une variation de la rentabilité actuelle de l'entreprise, mais plutôt des prévisions optimistes que font les acheteurs potentiels quant à la rentabilité future de l'entreprise. Notez que le ratio cours-bénéfice est maintenant égal à 25 $.

Supposons maintenant que les indices du changement de la rentabilité de l'entreprise soient si manifestes que tous les analystes tirent la même conclusion: les profits de l'entreprise devraient doubler dès l'année suivante. Dans ce cas, le cours des actions de l'entreprise passe bien à 25 $. Personne n'a alors avantage ni à acheter ni à vendre ces actions, car les détenteurs actuels sont satisfaits du rapport entre la rentabilité anticipée et le cours de l'action qui est 25 $. Si le prix unitaire reste inférieur à 25 $, tout le monde voudra en acheter. Mais, s'il est supérieur à 25 $, tous les détenteurs actuels chercheront à s'en défaire. Enfin, s'il est exactement de 25 $, personne n'a intérêt ni à vendre les actions qu'il détient ni à en acheter, car ces titres permettent d'obtenir le même taux de rendement que tout autre placement de même niveau de risque.

Supposons à présent que les indices soient plus difficiles à interpréter, et que les observateurs ne s'entendent pas sur la rentabilité future de l'entreprise. Certains prévoient une augmentation du profit de l'entreprise, tandis que d'autres estiment qu'il va se maintenir à son niveau actuel. Appelons le premier groupe «les optimistes» et le second «les pessimistes». Les optimistes voudront acheter des actions tant que leur cours reste inférieur à 25 $ l'unité. À l'inverse, les pessimistes continuent à se défaire de leurs actions tant que leur cours reste supérieur à 12,50 $. Les pessimistes vendent et les optimistes achètent, mais ces transactions n'ont pas nécessairement d'incidence sur le cours des actions; par contre, elles font augmenter le volume de transactions. L'augmentation du volume de transactions ne résulte donc pas des événements qui ont amené les analystes à modifier leurs prévisions de rentabilité, mais du fait que les observateurs ne s'entendent pas sur l'interprétation de ces événements, c'est-à-dire sur l'évolution future de l'entreprise. Quand le volume de transactions varie très peu alors que le cours de l'action fluctue beaucoup, c'est que tous les observateurs ont révisé leurs anticipations dans le même sens, c'est-à-dire qu'ils s'entendent sur l'évolution de la rentabilité future de l'entreprise. À l'inverse, quand le volume de transactions varie beaucoup, c'est que les indices sont plus difficiles à interpréter, de sorte que les anticipations des observateurs sont divergentes.

Les fusions et les prises de contrôle

La théorie des marchés financiers que nous venons d'étudier peut également expliquer les fusions et les prises de contrôle d'entreprises. Une **prise de contrôle** ou **absorption** est le rachat du capital d'une entreprise par une autre entreprise. Les prises de contrôle se produisent quand la valeur boursière courante d'une entreprise est inférieure à la valeur actuelle de ses profits anticipés. Supposons par exemple que la valeur boursière de l'entreprise Avantage-Impôts soit de 120 000 $ et que la valeur actuelle de ses profits futurs s'élève à 150 000 $: il serait alors rentable d'acquérir cette entreprise. Notons cependant que les négociations de prise de contrôle influent toujours sur la valeur boursière de l'entreprise et que la menace d'une prise de contrôle suffit souvent à la faire varier au point que l'absorption n'est plus rentable.

Dans certains cas, le profit anticipé d'une entreprise dépend de l'entreprise qui l'absorbe. Prenons l'exemple récent du fabricant d'ordinateurs Atari. Cette entreprise n'arrivait pas à faire distribuer ses produits par un nombre suffisant de détaillants. Elle s'est donc lancée à la recherche d'une chaîne de distribution au détail qui subissait des pertes. Nous avons vu au chapitre 15 que la valeur actuelle d'une entreprise qui subit des pertes est inférieure à la valeur de ses usines, de son matériel et de son outillage. Atari a donc pu acheter une chaîne de magasins à un prix inférieur à ce qu'il lui en aurait coûté pour monter elle-même un réseau de distribution identique. Atari a estimé qu'elle pourrait rentabiliser ces magasins en les utilisant pour vendre ses ordinateurs.

Une **fusion** est la mise en commun des avoirs d'au moins deux entreprises pour former une nouvelle entreprise. Les entreprises fusionnent quand elles considèrent qu'elles peuvent accroître leur valeur boursière en combinant leurs forces, c'est-à-dire en mettant leurs actifs en commun. En 1989, la fusion de la brasserie Molson et de l'entreprise australienne Elders IXL a conféré à la nouvelle entreprise ainsi créée la solidité nécessaire pour faire concurrence aux géants comme Miller et Budweiser sur le marché américain.

À RETENIR

Les marchés financiers assurent la coordination entre les décisions d'épargne des ménages et les plans d'investissement des entreprises. Au taux d'intérêt d'équilibre, les quantités de capital demandée et offerte sont égales. Le prix et le taux de rendement des actifs s'ajustent de façon à assurer la compatibilité des décisions prises par ces deux catégories d'agents. Le taux de rendement et le prix d'un actif sont la contrepartie l'un de l'autre. Le taux de rendement d'un actif est obtenu en divisant le revenu que procure cet actif par son prix.

La valeur d'une action dépend des profits anticipés de l'entreprise. Les profits futurs (anticipés) dépendent des prévisions relatives à l'évolution des prix du produit, des coûts de production et des techniques utilisées par l'entreprise. La valeur boursière d'une entreprise s'exprime souvent par son ratio cours-bénéfice ; ce ratio dépend du rapport entre le profit actuel de l'entreprise et ses perspectives de profit.

Les cours boursiers peuvent varier rapidement, indépendamment du volume des transactions boursières. Les cours changent brusquement quand les prévisions concernant la rentabilité changent. Le volume de transactions sur le marché boursier fluctue quand les anticipations des agents sont divergentes.

Les prises de contrôle et les fusions d'entreprises se produisent quand la valeur boursière courante d'une entreprise est inférieure à la valeur actuelle des profits qu'une autre entreprise pense pouvoir faire avec les mêmes actifs.

■ ■ ■

Les principes que nous venons d'étudier ne s'appliquent pas seulement aux marchés financiers ; ils permettent aussi d'expliquer certaines caractéristiques des marchés des ressources naturelles. Ils revêtent une importance toute particulière dans le cas des marchés des ressources non renouvelables, c'est-à-dire celles dont nous finirons un jour par épuiser les réserves disponibles. Les marchés des ressources naturelles font l'objet de la section suivante.

Les marchés des ressources naturelles

Les **ressources naturelles** sont les moyens de production qu'offre le milieu physique, indépendamment de notre activité productive. On distingue les ressources naturelles renouvelables et les ressources naturelles non renouvelables. Les

ressources naturelles non renouvelables sont les ressources qu'on ne peut utiliser qu'une seule fois et qui ne peuvent se régénérer après avoir été utilisées. Le charbon, le gaz naturel et le pétrole sont des ressources naturelles non renouvelables. Les **ressources naturelles renouvelables** sont des ressources qui peuvent être utilisées indéfiniment, sans nécessairement compromettre les possibilités de consommation future. La terre, la mer, les rivières et les lacs, la pluie, le soleil, les plantes et les animaux sont des ressources naturelles renouvelables. Avec des techniques adéquates de culture et de gestion des ressources, il est possible d'assurer le remplacement des quantités directement consommées ou utilisées dans la production.

Lorsqu'on discute de l'économie des ressources naturelles, il est important de faire la distinction entre le *stock* d'une ressource à une date donnée et le *flux* de ressource au cours d'une période donnée. Par exemple, la réserve d'eau contenue dans les barrages d'Hydro-Québec au début du mois de décembre est un stock; la quantité d'énergie que l'ensemble des centrales hydro-électriques peuvent produire en une année est un flux, dont l'importance pourra varier d'ailleurs en fonction des fluctuations naturelles de l'hydraulicité.

Le stock actuellement disponible d'une ressource dépend de la nature et de notre taux de consommation passé. Dans le cas d'une ressource non renouvelable comme le pétrole, le taux de consommation actuelle de la ressource (un *flux*) déterminera si le stock va s'épuiser rapidement ou lentement. Dans le cas de l'utilisation d'une ressource renouvelable comme dans la production d'hydro-électricité, notre taux d'utilisation actuel n'aura évidemment pas de conséquence à long terme sur nos possibilités d'utilisation futures. Pour certaines ressources qui sont en principe renouvelables, on fait face à une situation intermédiaire. Par exemple, la pêche annuelle d'une variété de poissons (un *flux*) peut excéder la capacité de reproduction naturelle du stock actuellement disponible; si c'est le cas, le stock diminuera, mettant en péril nos possibilités de pêche futures.

Pour analyser le mécanisme de détermination du prix des ressources naturelles, on devra tenir compte de l'offre et de la demande relativement au stock d'une ressource, et de la demande relativement au flux annuel de consommation de la ressource. Dans le premier cas, l'analyse porte sur les décisions des détenteurs des stocks de la ressource; dans le second cas, elle porte sur les décisions des consommateurs ou utilisateurs de la ressource. Pour bien faire ressortir cette distinction, nous analyserons la détermination des prix d'une ressource non renouvelable comme le pétrole, en commençant par l'offre et la demande relatives au stock de ressource.

L'offre et la demande relativement au stock d'une ressource non renouvelable

Le stock d'une ressource non renouvelable est tout simplement la quantité totale disponible de la ressource à une date donnée. Comme cette ressource n'est pas reproductible par des activités de production normales, la quantité totale disponible à une date donnée ne dépend pas du prix de vente courant de la ressource: l'offre d'une ressource naturelle non renouvelable est parfaitement inélastique.

La décision de détenir un stock de ressource naturelle (la demande du stock de ressource) constitue une décision de portefeuille. Les agents économiques peuvent détenir des stocks de ressources naturelles au lieu de détenir des actifs financiers, comme des actions ou des obligations, ou des actifs réels, comme des usines, de la machinerie ou des bâtiments.

Comme pour tout autre actif, la décision de détenir l'actif réel que constitue un stock de ressource naturelle dépend du taux de rendement de cet actif. Si le taux de rendement est supérieur à celui des autres actifs présentant un même niveau de risque, alors le placement qui consiste à acquérir le stock de ressource naturelle sera plus avantageux que d'autres formes de placement. Inversement, si le taux de rendement du stock de ressource est inférieur à celui d'autres actifs dont le niveau de risque est comparable, les détenteurs du stock voudront réaménager leur portefeuille de placements en se départissant du stock de ressource pour faire des placements dans d'autres actifs. On ne peut donc avoir un équilibre que lorsque le taux de rendement du stock de ressource est égal à celui d'autres actifs dont le niveau de risque est comparable: les détenteurs actuels du stock de ressource n'ont alors pas intérêt à se départir de ce placement et personne n'a avantage à renchérir le prix actuel de la ressource.

Le marché d'une ressource non renouvelable est en équilibre quand le taux d'accroissement *anticipé* du prix de la ressource est égal au taux d'intérêt du marché. C'est ce qu'on appelle le **principe de Hotelling**. Dans un article paru en 1931, l'économiste américain Harold Hotelling a été le premier à analyser de façon rigoureuse l'équilibre sur le marché d'une ressource non renouvelable. Pourquoi le prix d'une ressource devrait-il augmenter au même rythme que le taux d'intérêt? Parce que le taux de rendement d'un stock de ressource est égal au taux de croissance du prix de marché de la ressource. Si vous achetez aujourd'hui, aux fins de placement, une certaine quantité d'une ressource naturelle, vous la payez au prix qui est en vigueur aujourd'hui; si vous la revendez dans un an, vous la vendrez au prix en vigueur à ce moment-là. Votre taux de rendement sera donc égal au pourcentage de variation du prix de la ressource au cours de l'année. Toutes choses étant égales par ailleurs, plus le prix d'une ressource augmente rapidement, plus le taux de rendement associé à la détention d'un stock de cette ressource est élevé.

Du point de vue des décisions de portefeuille que prennent les agents économiques, le seul taux de rendement compatible avec l'équilibre est le taux de rendement ou d'intérêt des autres actifs dont le niveau de risque est comparable. Le marché du stock de ressource est donc en équilibre quand le prix de la ressource augmente au même rythme que le taux d'intérêt. Les agents économiques ignorent évidemment ce que seront les prix de la ressource quand ils font leurs choix de portefeuille, et ils devront donc baser leurs décisions sur des anticipations. Leur portefeuille de placement est équilibré quand ils *anticipent* que le prix de la ressource augmentera au même rythme que le taux d'intérêt.

Le principe que nous venons d'analyser décrit l'équilibre sur le marché d'un stock de ressource, considéré comme un actif aux fins de placement. Par exemple, si le taux d'intérêt annuel est de 10 % et que le prix courant d'un baril de pétrole est de 20 $, le marché des réserves de pétrole sera en équilibre si on anticipe un prix de 22 $ le baril pour l'année suivante. Il en est de même si le prix actuel du baril est de 40 $ et le prix anticipé dans un an de 44 $. Notre analyse de l'offre et de la demande relative à un stock de ressource ne permet donc pas de déterminer le *niveau actuel* du prix de la ressource ; elle ne permet de déterminer que le *taux de variation d'équilibre* du prix. Pour déterminer le prix d'une ressource non renouvelable, il faut prendre en considération non seulement l'offre et la demande du stock de ressource aux fins de placement, mais aussi la demande des consommateurs ou des utilisateurs de cette ressource.

Le prix d'une ressource naturelle

Pour déterminer le prix d'une ressource naturelle, nous analyserons d'abord la demande relative au flux de consommation de la ressource. Nous étudierons ensuite l'équilibre qui résulte de l'interaction entre cette demande et le stock disponible.

La demande relative au flux de consommation La demande des consommateurs de la ressource a les mêmes propriétés que la demande de tout autre bien ou facteur de production : la quantité demandée par unité de temps décroît avec le prix de la ressource. Si la ressource est un bien de consommation, la courbe de demande représentant le taux annuel de consommation désiré en fonction du prix reflète directement les préférences des consommateurs, leurs revenus et le prix des autres biens. Si, comme dans le cas du pétrole, la

Figure 17.8 La demande relative au flux de consommation d'une ressource naturelle

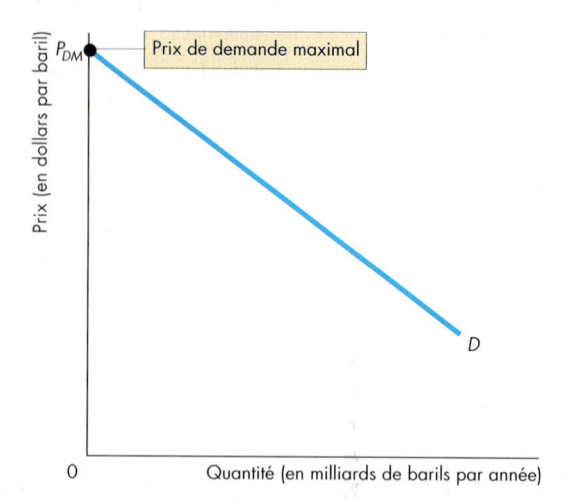

Aucune ressource naturelle n'est irremplaçable : à chacune d'elles correspond un ou plusieurs produits de substitution possibles. Si le prix d'une ressource naturelle augmente trop, le marché se tourne vers un substitut. Cette figure illustre la demande de pétrole. Celle-ci est positive tant que le prix du pétrole reste inférieur à P_{DM}. Le prix P_{DM} est le prix de demande maximal. Lorsque le prix atteint P_{DM}, la quantité de pétrole demandée tombe à zéro.

ressource est un facteur de production, les «consommateurs» de la ressource sont des entreprises et la courbe de demande relative au flux annuel de consommation est une demande dérivée, comme pour tout autre facteur de production. Dans un cas comme dans l'autre, la courbe de demande a une pente négative. La figure 17.8 illustre la demande relative au flux annuel de consommation d'une ressource comme le pétrole.

La demande des utilisateurs de la ressource présente une caractéristique importante. Pour toute ressource, il existe un prix plafond au-delà duquel plus personne n'utilisera la ressource. La figure 17.8 indique le prix de demande maximal P_{DM} d'un baril de pétrole. Aucune ressource n'est irremplaçable et, si le prix d'une ressource augmente trop, une autre lui sera substituée. Ainsi, nous ne sommes pas tenus d'utiliser du pétrole pour faire rouler nos voitures : nous pourrions les faire fonctionner à l'alcool ou à l'électricité. Nous ne sommes pas tenus non plus d'utiliser du gaz ou de l'électricité pour chauffer nos maisons : nous pourrions les chauffer à l'énergie solaire. Tout comme nous ne sommes pas tenus de fabriquer nos cannettes de boisson gazeuse en aluminium ou en acier : nous pourrions les fabriquer en plastique. Les ressources naturelles que nous utilisons actuellement sont les ressources les moins chères dans la situation présente ; c'est précisément pour cela que nous les utilisons, parce qu'elles sont pour le moment meilleur marché que toutes les autres ressources disponibles.

Le stock et la consommation d'équilibre Le prix et le taux de consommation d'une ressource naturelle dépendent de trois éléments :

- Le taux d'intérêt
- La demande de consommation
- Le stock disponible

La figure 17.9 montre comment ces trois éléments combinés déterminent le prix du baril de pétrole, l'évolution anticipée de ce prix, le rythme d'utilisation du pétrole et le stock de pétrole disponible. Considérons chaque graphique à tour de rôle.

Le graphique (a) de la figure 17.9 indique l'évolution anticipée du prix du pétrole. Le taux d'augmentation du prix dépend du taux d'intérêt r. La droite dont la pente est de $1 + r$ décrit la relation entre le prix de l'année en cours et le prix de l'année suivante si le prix augmente au même rythme que le taux d'intérêt. Supposons que le prix initial soit P_0. L'année suivante, le prix passe à P_1, qui est supérieur de r pour cent à P_0. Les «marches» qui se trouvent entre la droite à 45° et la droite dont la pente est de $1 + r$ illustrent cette augmentation graduelle du prix. Chacune de ces marches représente une augmentation de prix. La hauteur de chacune d'elles constitue un pourcentage constant du prix de l'année précédente mais, comme le prix augmente d'année en année, elles sont de plus en plus

Figure 17.9 Le marché d'une ressource naturelle non renouvelable

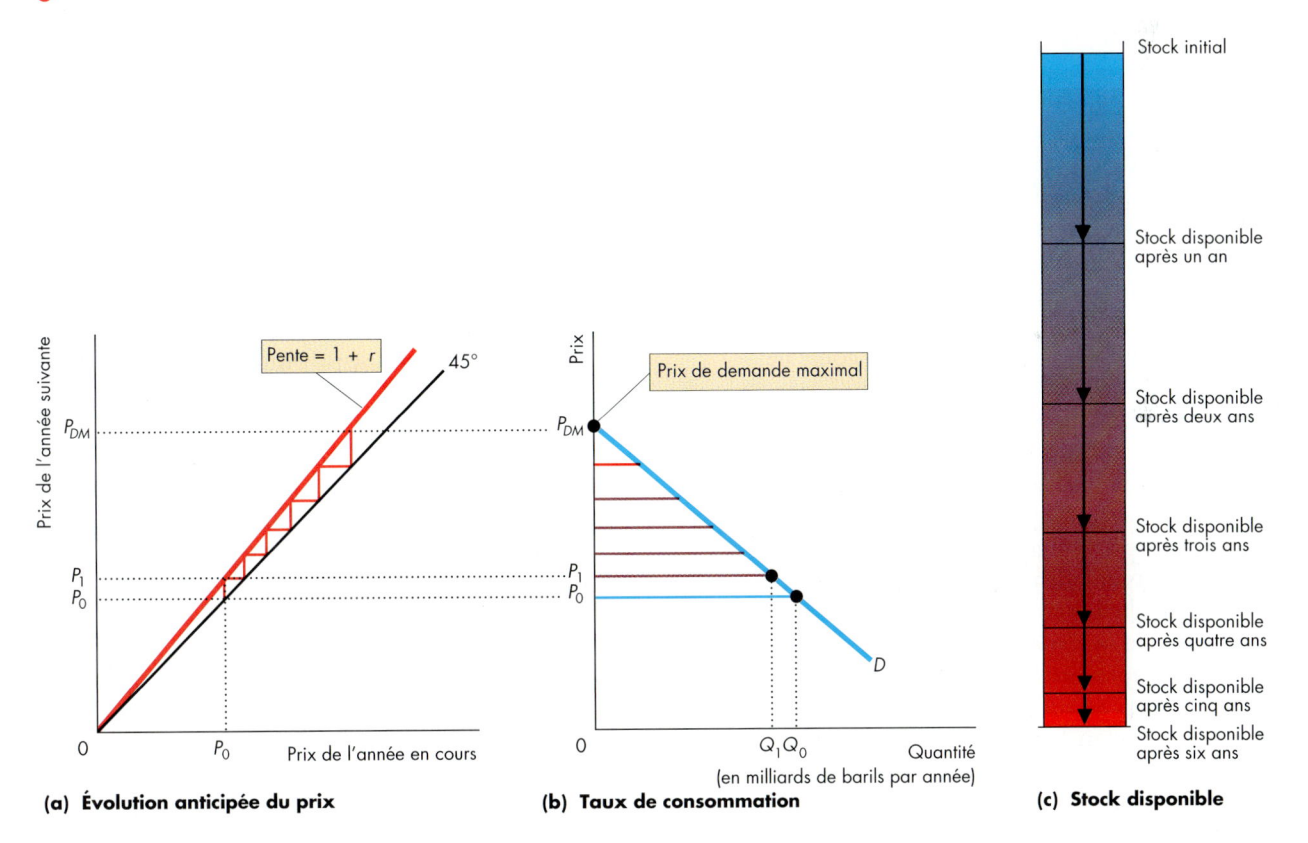

(a) Évolution anticipée du prix

(b) Taux de consommation

(c) Stock disponible

Le taux d'augmentation anticipé du prix d'une ressource naturelle est égal au taux d'intérêt. La figure illustre le marché du pétrole. Comme l'indique le graphique (a), le prix initial est P_0 ; il passe d'abord à P_1 et, comme il augmente d'année en année, il finit par atteindre P_{DM}. L'évolution du prix suit les «marches» indiquées sur le graphique, chacune d'elles étant plus haute que la précédente. Le graphique (b) illustre le rythme de consommation du pétrole. La courbe de demande de pétrole D représente la quantité demandée (un flux) en fonction du prix. Initialement, au prix P_0, la consommation annuelle s'élève à Q_0. La consommation baisse au fur et à mesure que le prix augmente ; elle tombe à zéro quand le prix atteint le prix de demande maximal, P_{DM}. Le graphique (c) indique le stock disponible à la fin de chaque année. La quantité de pétrole disponible sur le marché diminue d'année en année, jusqu'à ce qu'il ne reste plus rien du stock initial, à la fin de la sixième année. Le prix P_0 est le prix d'équilibre car c'est seulement à ce prix que la somme des flux de consommation de chaque année et le stock initial sont égaux.

hautes. Le prix finit par atteindre le prix de demande maximal, P_{DM}.

Le graphique (b) de la figure 17.9 indique le rythme de consommation de la ressource. La courbe D représente la demande des utilisateurs de la ressource ; cette demande dépend de la valeur du produit marginal de la ressource naturelle. La première année, au prix P_0, le marché utilise la quantité Q_0. Le graphique (a) indique que le prix passe à P_1 l'année suivante. À ce prix, la quantité utilisée est Q_1. Chaque année, au fur et à mesure que le prix augmente, la quantité utilisée baisse.

Le graphique (c) de la figure 17.9 indique le stock initial et l'évolution du stock disponible à la fin de chaque année. Par exemple, le stock disponible à la fin de la première année est égal au stock initial moins Q_0, la quantité utilisée au cours de la première année. Dans cet exemple, il ne reste rien du stock initial après six ans. Le prix a augmenté graduellement, passant de P_0 à P_{DM} (le prix de demande maximal), et la quantité utilisée a baissé d'année en année jusqu'à devenir nulle la dernière année : au prix de demande maximal, la quantité utilisée est égale à zéro.

Comment pouvons-nous affirmer que le prix d'équilibre au début de ce processus est P_0 ? Le prix P_0 est le « bon » prix initial car c'est le seul prix qui assure l'équilibre entre le stock initial, d'une part, et les flux de consommation courants et futurs, d'autre part. C'est le seul prix possible parce que, alors, les prix subséquents (c'est-à-dire le prix initial augmenté chaque année du taux d'intérêt) augmentent de façon que le stock disponible tombe à zéro l'année au cours de laquelle le prix atteindra le prix de demande maximal. Si le prix initial était supérieur à P_0 et que les prix subséquents augmentent au même rythme que le taux d'intérêt, on atteindrait le prix de demande maximal avant que tout le stock disponible soit épuisé. D'un autre côté, si le prix initial était inférieur à P_0 et que les prix subséquents augmentent au même rythme que le taux d'intérêt, alors le stock serait épuisé avant que le prix de demande maximal soit atteint.

Nous comprenons maintenant comment les trois facteurs définis ci-dessus — taux d'intérêt, demande de consommation et stock — déterminent le prix. Premièrement, plus le taux d'intérêt est élevé, plus le prix actuel de la ressource naturelle est bas. En effet, plus le taux d'intérêt est élevé, plus le prix de la ressource augmentera rapidement au cours du temps ; donc, à partir d'un même prix initial, le prix plafond, c'est-à-dire le prix de demande maximal, sera plus vite atteint. Mais, s'il est atteint trop tôt, la consommation tombera à zéro (car la ressource sera devenue trop chère) avant que tout le stock disponible ait été utilisé. Par conséquent, plus le taux d'intérêt est élevé, plus le prix initial doit être bas.

Deuxièmement, plus la valeur du produit marginal de la ressource naturelle est élevée (plus la demande des utilisateurs est forte), plus le prix actuel est élevé. Reportons-nous au graphique (b) de la figure 17.9 : si la demande de pétrole était supérieure à celle qui est indiquée sur le graphique, c'est-à-dire si la courbe se situait à droite de la courbe D, alors le prix actuel serait supérieur à P_0.

Troisièmement, plus le stock initial est important, moins le prix actuel est élevé. Considérons le graphique (c) de la figure 17.9. Si le stock initial était supérieur à celui qui est indiqué sur le graphique, alors le prix d'équilibre ne pourrait pas être P_0, car les prix subséquents au prix initial P_0 ne feraient pas en sorte que tout le stock disponible de la ressource soit consommé au moment où on atteindrait le prix plafond : une partie du stock de ressource resterait inutilisée lorsque le prix de demande maximal serait atteint. Donc, si le stock initial est supérieur à celui de notre exemple, le prix initial doit nécessairement être inférieur au prix P_0.

L'équilibre sur le marché d'une ressource naturelle détermine donc le prix actuel et l'évolution anticipée de ce prix. Mais l'évolution réelle du prix est rarement celle qui était prévue. En 1984, tous les analystes s'entendaient pour dire que le prix du pétrole continuerait de croître au même rythme que le taux d'intérêt. Leurs opinions étaient cependant partagées sur le taux d'intérêt moyen à long terme, de sorte que leurs prévisions de prix différaient sensiblement, allant de 1,8 % à 7,1 % par année ; tous les prévisionnistes anticipaient une hausse des prix. En réalité, comme on le voit à la figure 17.10, le prix du pétrole s'est mis à baisser à partir de 1984...

Pourquoi le prix des ressources naturelles évolue-t-il parfois de façon complètement imprévisible ? Pourquoi lui arrive-t-il même de baisser au lieu de continuer d'augmenter selon le scénario prévu ?

Les variations non anticipées du prix

Le prix d'une ressource naturelle dépend des estimations des analystes concernant l'évolution du taux d'intérêt, la demande de consommation et l'importance des stocks disponibles. Les opérateurs sur les marchés des ressources naturelles prennent constamment connaissance d'informations nouvelles qui les obligent à réviser leurs prévisions. Ainsi, une appréciation plus juste des quantités disponibles ou la mise au point d'une nouvelle technique d'exploitation peuvent entraîner une variation brusque, et parfois très importante, du prix de la ressource.

La plupart des marchés des ressources naturelles non renouvelables subissent de telles variations. Le marché pétrolier en est un excellent exemple. Ces dernières années, les taux d'intérêt ont augmenté et les

Figure 17.10 Les variations non anticipées des prix

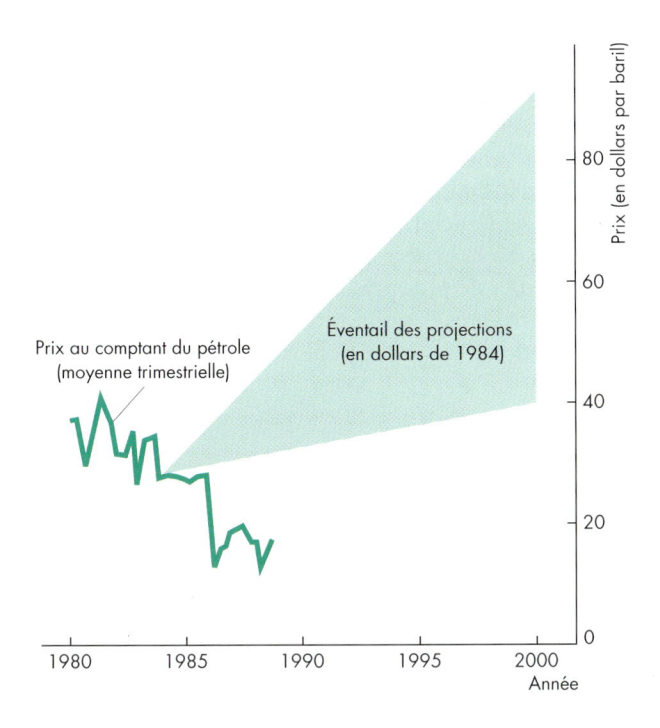

En 1984, tous les analystes prévoyaient que le prix du pétrole augmenterait au même rythme que le taux d'intérêt. Il y avait toutefois divergences de vues sur l'évolution du taux d'intérêt, de sorte que leurs prévisions de prix différaient sensiblement, allant de 1,8 % à 7,1 % par année. Les événements ont démenti toutes leurs prévisions : les prix ont baissé. Cette baisse a été attribuable aux taux d'intérêt très élevés, à la découverte et à l'exploitation de nouveaux gisements, à l'émergence de nouvelles techniques de conservation de l'énergie et aussi à l'éclatement du cartel de l'OPEP.

Source : «Future Imperfect», *The Economist*, 4 février 1989, p. 67.
© 1989 The Economist Newspaper Limited. Reproduction autorisée.

prospecteurs ont découvert de nouvelles sources d'approvisionnement ; le prix du pétrole, loin d'augmenter au même rythme que le taux d'intérêt, s'est ainsi mis à baisser. Par ailleurs, il est difficile de prévoir exactement l'évolution de la demande relative à une ressource ; nous savons que la mise au point de moteurs de voitures et d'avions moins énergivores a contribué à faire augmenter la valeur du produit marginal du capital, c'est-à-dire des moteurs, et à faire baisser celle de la ressource non renouvelable que ces moteurs consomment, le pétrole.

L'âpreté de la concurrence constitue un autre facteur possible de variation des prix des ressources naturelles, et en particulier du pétrole. Le marché pétrolier de notre modèle est parfaitement concurrentiel. Mais, dans la réalité, le marché pétrolier ressemble plus aux oligopoles que nous avons étudiés au chapitre 14. Or, ces caractéristiques oligopolistiques peuvent expliquer des variations du prix plus importantes encore que celles qui résultent des forces concurrentielles. Enfin, il faudrait connaître avec exactitude la structure future du marché pour prévoir correctement le prix d'une ressource naturelle.

La conservation des ressources

Comment notre analyse des marchés des ressources naturelles s'insère-t-elle dans le débat public actuel sur l'utilisation des ressources naturelles ? Notre consommation de ressources naturelles est à ce point élevée que nous finirons par épuiser, et peut-être très prochainement, certaines de nos sources d'énergie et de matières premières les plus importantes. Beaucoup plaident en faveur d'un ralentissement de notre consommation de ressources non renouvelables, ce qui permettrait d'étendre sur une longue période la consommation des quantités dont nous disposons.

Le modèle que nous venons d'analyser montre que le jour où nos ressources non renouvelables seront épuisées n'est peut-être pas très éloigné si nous confions à des marchés concurrentiels le soin de déterminer notre rythme de consommation. Mais il indique aussi que, étant donné l'augmentation régulière des prix, ces mêmes marchés concurrentiels nous incitent à économiser les réserves en question, de sorte que le stock disponible diminue moins rapidement. En effet, plus la ressource devient rare, plus son prix se rapproche du prix plafond, c'est-à-dire du prix au-delà duquel plus personne ne *désire* utiliser la ressource. Chaque année, au fur et à mesure que le prix augmente, la quantité consommée diminue.

Que se passera-t-il le jour où la ressource sera complètement épuisée ? La rareté posera évidemment un problème, mais pas plus que par le passé. En fait, nous utilisons une ressource parce qu'il est plus rentable de l'utiliser que toutes les autres. Une fois qu'elle est épuisée, nous nous tournons vers une ressource de substitution plus chère. En d'autres termes, l'économie de marché gère l'épuisement des ressources naturelles en faisant augmenter constamment leurs prix : plus les ressources sont chères, plus nous restreignons notre consommation, jusqu'à ne plus consommer du tout quand le stock disponible est épuisé.

La question qu'il faut poser est plutôt la suivante : un système de marché nous conduit-il à utiliser nos ressources rares et non renouvelables à un rythme satisfaisant ? Rappelez-vous notre étude de l'allocation efficace des ressources au chapitre 12 : pour que l'allocation des ressources soit efficace dans une situation de concurrence parfaite, il faut qu'il n'existe ni coûts externes ni avantages externes. Le même principe s'applique aux marchés des ressources naturelles : en l'absence d'effets externes, un marché parfaitement concurrentiel conduit à un rythme d'utilisation efficace de la ressource. Par contre, si l'utilisation de la ressource naturelle entraîne des coûts externes, l'efficacité dans l'allocation requiert un rythme de consommation plus lent que celui que détermine le marché. Par exemple, si la combustion d'hydrocarbures élève le taux de gaz carbonique dans l'atmosphère et contribue ainsi au réchauffement de la planète — ce que l'on appelle l'*effet de serre* —, le coût de la modification du climat doit venir s'ajouter aux coûts directs d'utilisation du pétrole ou du charbon comme combustibles. Si l'on tient compte de ces coûts additionnels, le rythme d'utilisation socialement efficace des ressources est forcément plus lent que celui que détermine le marché. Nous verrons au chapitre 19 comment les gouvernements peuvent intervenir dans de telles situations pour réaliser l'allocation efficace des ressources.

■ Nous savons maintenant comment les marchés des facteurs de production gèrent les ressources productives rares, c'est-à-dire le travail, le capital et les ressources naturelles, et nous savons comment se déterminent le prix et le revenu de ces facteurs. C'est le marché des facteurs qui détermine la répartition des revenus entre les ménages et qui détermine par conséquent *qui* peut acheter les biens et services qui sont produits. Nous allons étudier de plus près, au chapitre suivant, la répartition des revenus et nous allons analyser les causes des inégalités de revenu et de richesse dans notre économie.

RÉSUMÉ

Capital, investissement et épargne

On distingue les actifs financiers des actifs réels. Les actifs financiers d'un agent sont constitués des créances qu'il détient sur d'autres agents. Ses actifs réels sont les biens durables qu'il possède (capital physique, terrains, stocks de ressources naturelles). Un investissement est une addition au stock de capital réel. L'épargne est la partie du revenu qui n'est pas utilisée aux fins de consommation. (*pp. 461-464*)

Le marché des capitaux au Canada

Le marché des capitaux permet de coordonner les décisions d'épargne des ménages et les décisions d'investissement des entreprises et des gouvernements. Le financement des investissements peut se faire de trois façons :

- Les ménages acquièrent directement du capital physique en le finançant soit à partir de leurs épargnes accumulées, soit en empruntant à des intermédiaires financiers.

- Les entreprises acquièrent du capital en le finançant directement à partir de l'épargne des ménages par des émissions d'actions ou d'obligations.

- Les entreprises acquièrent du capital en le finançant par des emprunts contractés auprès d'intermédiaires financiers qui leur prêtent l'épargne des ménages. (*pp. 464-467*)

La demande de capital

Comme pour tout facteur de production, la demande de capital résulte des décisions que prennent les entreprises pour maximiser leur profit. La quantité de capital demandée par l'entreprise est celle qui assure l'égalité entre la valeur de la recette marginale du capital et son coût d'opportunité. Pour évaluer la rentabilité d'un investissement, l'entreprise compare le prix d'achat des biens d'équipement à la valeur actuelle du flux de recette associé à une unité supplémentaire de bien d'équipement.

La quantité de capital demandée par une entreprise dépend du taux d'intérêt. Plus le taux d'intérêt est élevé, plus la valeur actuelle du flux de recette associé au produit marginal du capital est faible. La quantité de capital demandée diminue donc avec le taux d'intérêt : la courbe de demande de capital a une pente négative. En raison de l'évolution technique, la courbe de demande de capital se déplace à long terme régulièrement vers la droite. (*pp. 467-472*)

L'offre de capital

La quantité de capital offerte résulte des décisions d'épargne des ménages. L'épargne dépend du taux d'intérêt et des préférences des ménages relativement à l'évolution de leur consommation au cours de leur cycle de vie. Les ménages effectuent leurs choix de portefeuille en fonction du taux de rendement et du risque relatif des différents actifs. La courbe d'offre de capital est croissante : la quantité de capital offerte augmente avec le taux d'intérêt. La courbe d'offre de capital se déplace constamment, en fonction de l'évolution démographique, et notamment de la répartition de la population entre les différents groupes d'âge, d'une part, et de l'évolution du revenu des ménages, d'autre part. (*pp. 472-474*)

Les taux d'intérêt et les prix des actifs

Les taux d'intérêt (ou les taux de rendement) et les prix des actifs sont deux aspects d'une même réalité. Il s'ajustent de façon que les quantités de capital demandée et offerte soient toujours égales. Les taux de rendement des actifs se situent autour d'une moyenne, en fonction des niveaux de risque relatifs des actifs.

La valeur boursière d'une entreprise dépend de son profit actuel et de son profit anticipé. Plus le taux de croissance anticipé du profit de l'entreprise est élevé, plus ses actions se vendent cher. Le ratio cours-bénéfice est obtenu en divisant le cours actuel de l'action par la valeur courante du profit par action. Ce ratio dépend du taux de croissance anticipé du profit de l'entreprise.

Le volume de transactions sur le marché boursier dépend de l'importance des divergences de vues quant à l'évolution du profit des entreprises. Si les anticipations de tous les observateurs concordent, le volume de transactions sur le marché boursier est faible ; si les anticipations des observateurs diffèrent sensiblement, il est très élevé. L'importance des variations du cours des actions n'est pas corrélée avec le volume de transactions : le volume de transactions peut être très faible alors que le cours des actions varie considérablement, comme il peut être très élevé. Le cours des actions varie quand les analystes révisent leurs prévisions concernant l'évolution des profits de l'entreprise.

Les fusions et les prises de contrôle sont le fruit de décisions que prennent les entreprises pour maximiser leur profit. Les prises de contrôle surviennent lorsque la valeur boursière d'une entreprise est inférieure à la valeur qu'auraient ses actifs s'ils étaient utilisés par une autre entreprise. Les entreprises fusionnent quand elles estiment que la mise en commun de leurs actifs sera profitable à chacune des parties prenantes de la fusion. (*pp. 474-480*)

Les marchés des ressources naturelles

Les ressources naturelles sont les moyens de production qu'offre le milieu physique, indépendamment de notre activité productrice. Le prix d'une ressource naturelle non renouvelable dépend du taux d'intérêt, de la demande de consommation et du stock disponible. Théoriquement, le prix d'une ressource naturelle devrait augmenter au même rythme que le taux d'intérêt et atteindre le prix de demande maximal au moment précis où le stock de la ressource est épuisé. Dans la réalité, le prix des ressources naturelles peut fluctuer en fonction des révisions des anticipations relativement aux conditions du marché. Il n'est pas rare que le prix baisse alors que tous avaient prévu une hausse ; c'est notamment le cas quand de nouvelles sources d'approvisionnement sont découvertes, ce qui oblige les observateurs à réviser à la hausse leurs prévisions relatives au stock disponible, ou que la demande de consommation de la ressource baisse. (*pp. 480-486*)

POINTS DE REPÈRE

Mots clés

Absorption (prise de contrôle), 480
Actif, 461
Actifs financiers, 461
Actif financier net, 461
Actifs réels, 462
Banque à charte, 465
Bilan, 461
Choix de portefeuille, 462
Compagnie d'assurances, 465
Épargne, 462
Flux, 462
Fusion, 480
Hypothèque, 465
Intermédiaire financier, 465
Investissement, 462
Investissement brut, 462
Investissement net, 462
Marché boursier, 465
Marché obligataire, 465
Passif, 461

Patrimoine (richesse), 462
Principe de Hotelling, 481
Prise de contrôle (absorption), 480
Ratio cours-bénéfice, 479
Ressources naturelles, 480
Ressources naturelles non renouvelables, 481
Ressources naturelles renouvelables, 481
Richesse (patrimoine), 462
Société de fiducie, 465
Stocks, 462
Taux de rendement d'une action, 475
Taux de rendement d'une obligation, 475
Valeur actuelle nette d'un investissement, 468

Figures et tableaux clés

Figure 17.1   Les flux des marchés financiers, 464
Figure 17.2   La structure des bilans agrégés, 466
Figure 17.6   L'équilibre sur le marché financier, 475

Tableau 17.1   Bilan de Vélo-Fantaisie, au 1er janvier 1991, 461

Tableau 17.2   Actif financier net et actifs réels de Vélo-Fantaisie, au 1er janvier 1991, 462

Tableau 17.5   Valeur actuelle nette d'un investissement — Cas de l'entreprise Avantage-Impôts, 468

QUESTIONS DE RÉVISION

1. Pourquoi la quantité de capital demandée par les entreprises augmente-t-elle quand le taux d'intérêt diminue?

2. Pourquoi les divers types d'actifs présentent-ils des taux de rendement différents?

3. Quelle relation y a-t-il entre le taux d'intérêt et le prix des actifs?

4. Comment détermine-t-on la valeur boursière d'une entreprise?

5. Qu'est-ce que le ratio cours-bénéfice et de quoi dépend-il?

6. Comment se fait-il que les cours boursiers varient parfois considérablement alors que le volume des transactions reste faible tandis que, dans d'autres cas, les cours restent stables alors que le volume des transactions est très élevé?

7. Pourquoi des fusions et des prises de contrôle d'entreprises se produisent-elles?

8. Quelle est la différence entre le stock et le flux de consommation d'une ressource naturelle non renouvelable?

9. Pourquoi considère-t-on généralement que le prix d'une ressource naturelle non renouvelable devrait augmenter au même rythme que le taux d'intérêt?

10. De quoi dépend le prix d'une ressource naturelle?

11. Pourquoi est-il souvent impossible de prévoir l'évolution du prix des ressources naturelles?

PROBLÈMES

1. Une entreprise disposait à la fin de l'année 1989 d'une usine d'une valeur de 1 000 000 $. Cette usine s'est dépréciée de 10 % en 1990. La même année, l'entreprise a acheté de nouveaux biens d'équipement d'une valeur de 250 000 $. Quelle est la valeur du capital de l'entreprise à la fin de l'année 1990? Quel a été l'investissement brut de l'entreprise pour l'année 1990? Quel a été son investissement net?

2. Vous gagnez 10 000 $ par an pendant trois ans et vous dépensez 8000 $ chaque année. Combien épargnez-vous chaque année? Comment évolue votre patrimoine durant ces trois ans?

3. Comment les épargnes des ménages sont-elles canalisées vers les entreprises?

4. Comment un ménage peut-il réduire le risque qu'il prend en faisant ses placements?

5. Pourquoi les dépôts confiés à des intermédiaires financiers sont-ils moins risqués que l'achat d'actions ou d'obligations?

6. Une entreprise envisage d'acheter une nouvelle machine, dont la valeur du produit marginal devrait être, selon les estimations, de 1000 $ par an pendant cinq ans. Au bout de cinq ans, la machine aura une valeur de rebut de 1000 $. Le taux d'intérêt annuel est de 10 %.

   a) Quel est le prix maximal que l'entreprise acceptera de payer pour cette machine?

   b) L'entreprise va-t-elle acheter la machine si elle coûte 4000 $? À ce prix, quel est le taux d'intérêt maximal que l'entreprise est prête à accepter pour acquérir la machine?

CHAPITRE 18

La répartition du revenu et de la richesse

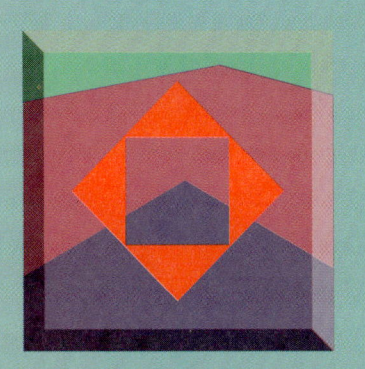

Objectifs du chapitre:

- Décrire la répartition actuelle du revenu et de la richesse au Canada.

- Expliquer pourquoi la répartition de la richesse est en apparence plus inégale que celle du revenu.

- Montrer que la répartition du revenu dépend de l'offre et de la demande sur le marché des facteurs de production et de la répartition des dotations de facteurs au sein de la population.

- Montrer comment les choix des individus influencent la répartition du revenu et de la richesse.

- Discuter de différentes conceptions possibles en matière de justice distributive.

- Analyser les effets des mesures de redistribution sur les inégalités de revenu et de richesse.

Opulence et indigence

Roy Thomson fondait dans les années 30 un modeste journal. Au fil du temps, son entreprise devait devenir un véritable empire multinational, dont une moitié est consacrée à la publication de journaux et l'autre à un ensemble d'activités diverses, comme le commerce au détail (Compagnie de la Baie d'Hudson), la prospection et l'exploitation du pétrole, les agences de voyages et l'édition. Aujourd'hui, c'est Ken Thomson qui dirige l'International Thomson Organization Limited; la fortune familiale, la plus importante du Canada, dépasse les six milliards de dollars. Parmi les gens très riches, on compte également les frères Albert, Paul et Ralph Reichmann. Ils possèdent Olympia and York Development Limited, compagnie active dans le monde entier, et d'autres entreprises comme Hiram Walker et Gulf Canada. On estime également à plus de six milliards de dollars la fortune des Reichmann. On peut encore citer d'autres milliardaires canadiens, comme Charles Bronfman, propriétaire de la Compagnie Seagram, et Derek A. Price, propriétaire de Placements Starlaw ltée, importante firme montréalaise de conseil en investissements et autres services financiers. Naturellement, il s'agit là de fortunes tout à fait exceptionnelles. Statistique Canada estime néanmoins à plus de 200 000 $ le revenu annuel de chacune des familles qui forment le centile supérieur (c'est-à-dire le premier 1 %) de l'échelle canadienne des revenus. Ces familles n'ont cessé de s'enrichir au fil des ans et continueront probablement de le faire. ■ À l'autre extrême de l'échelle des revenus se trouvent ceux et celles qui dorment la nuit dans les parcs des grandes villes ou dans les centres d'hébergement de l'Armée du Salut et d'autres organismes de charité. Ces hommes et ces femmes n'ont généralement d'autre fortune que les haillons qu'ils portent et les maigres effets qu'ils traînent partout avec eux. Certes, les itinérants ne constituent qu'une proportion infime de la population canadienne. Mais Statistique Canada estime que, sur cinq ménages comptant quatre personnes, il y en a un qui gagne moins de 20 000 $ par année; et sur cinq personnes seules, il y en a une qui gagne moins de 10 000 $. Les ménages les plus pauvres consacrent près de la moitié de leur revenu à leur loyer et, comparativement aux ménages les mieux nantis, ils semblent s'appauvrir d'année en année. ■ De quoi dépend la répartition du revenu et de la richesse dans une société? Pourquoi certains sont-ils riches au point de ne plus savoir que faire de leur argent, tandis que d'autres ne gagnent presque rien et possèdent encore moins? Observe-t-on certaines tendances dans la répartition du revenu entre les ménages? Cette répartition devient-elle de plus en plus égale ou, au contraire, de plus en plus inégale? Est-il juste que certains jouissent de la plus grande opulence tandis que d'autres vivent dans la plus extrême indigence? Et qu'entend-on par une juste répartition du revenu ou de la richesse?

■ Ce chapitre étudie les causes des inégalités de revenu et de richesse entre les ménages. Nous verrons, en particulier, comment le fonctionnement du marché des facteurs de production se traduit par des inégalités de revenu. Nous examinerons aussi la relation entre le revenu et la richesse et nous expliquerons pourquoi la richesse semble plus inégalement répartie que le revenu. Nous verrons enfin que les disparités de revenu sont en partie imputables aux décisions des ménages.

Ce chapitre est essentiellement explicatif, et non normatif: nous nous efforcerons en effet de comprendre la réalité, et non de porter un jugement sur ce qui est ou d'énoncer des théories sur ce qui devrait être. En fin de chapitre, cependant, nous exposerons certaines des conceptions les plus répandues en matière de justice distributive.

Analysons tout d'abord les principales caractéristiques de la répartition actuelle du revenu et de la richesse au Canada.

La répartition du revenu et de la richesse au Canada

Les revenus des facteurs de production comprennent les salaires versés à la main-d'œuvre, l'intérêt ou le dividende que perçoivent les propriétaires du capital, et les rentes que touchent les propriétaires du sol et des ressources minérales. Les salaires constituent actuellement la plus grande partie du revenu total, et leur importance relative tend à augmenter, quoique très légèrement, au fil des ans.

La répartition du revenu entre les ménages est fonction des quantités de travail, de capital et de terre qu'ils offrent sur le marché, et des taux de salaire, d'intérêt ou de rente que ces facteurs gagnent sur le marché.

Il existe une ressource dont tout le monde dispose en quantité égale: c'est le temps. Mais tous ne peuvent pas en demander le même prix: le prix de leur temps, c'est-à-dire leur taux de salaire, dépend de la valeur de leur produit marginal. Celle-ci, à son tour, dépend en partie des aptitudes naturelles du travailleur, en partie du stock de capital humain qu'il a accumulé, et en partie du hasard et de la chance. Le revenu du travail constitue donc, pour une part, la rémunération du capital humain acquis par le travailleur et, pour une autre part, l'indemnisation correspondant au coût d'opportunité du temps que ce travailleur consacre au travail.

Les autres facteurs de production, c'est-à-dire le capital et la terre, sont répartis très inégalement dans la population. Et les taux de rémunération de ces facteurs, c'est-à-dire la rémunération par unité de capital ou de terre, sont eux aussi très variables. Les disparités de revenu découlent donc de plusieurs causes: la diversité des taux de salaire, l'inégale répartition du capital et de la terre entre les ménages, et la diversité des taux de rémunération de ces facteurs.

Analysons maintenant la répartition du revenu au Canada. En 1989, le revenu médian des ménages canadiens se situait aux alentours de 40 000 $. Le revenu médian est celui qui partage la population en deux groupes numériquement égaux: 50 % des ménages gagnent plus que le revenu médian, tandis que l'autre moitié gagne moins. Toujours en 1989, environ un tiers des ménages canadiens gagnaient au moins 55 000 $ par an, tandis qu'un cinquième avait des revenus annuels inférieurs à 20 000 $.

La figure 18.1 illustre cette répartition du revenu au Canada. Elle montre le pourcentage du revenu total que gagnent les cinq quintiles (ou tranches de 20 %) de la population, classés par ordre croissant de revenu, c'est-à-dire des plus pauvres aux plus riches. Les 20 % les plus pauvres ne gagnent que 5 % du revenu total de tous les Canadiens. Les ménages formant le deuxième quintile ne gagnent ensemble que 10 % du revenu total. Le quintile le plus riche gagne, à lui seul, 43 % du revenu total.

Les statistiques sur la répartition du *revenu* indiquent donc une forte inégalité entre les ménages; mais les statistiques sur la répartition de la *richesse* révèlent des écarts encore plus grands. Il existe entre la richesse et le revenu une relation que nous étudierons bientôt. Retenons pour l'instant cette distinction fondamentale: le revenu est ce qu'on gagne; la richesse, ou patrimoine, est ce qu'on possède. Le **patrimoine** d'un ménage se compose de l'ensemble des actifs – financiers et non financiers – qu'il détient à un moment donné. L'analyse de la répartition des patrimoines repose par conséquent sur une estimation de la valeur des actifs financiers et immobiliers des ménages. Ces données ne sont pas très souvent mises à jour, car leur compilation et leur analyse coûtent très cher. La dernière étude complète sur le patrimoine des ménages canadiens remonte à 1980. La valeur des actifs nets de la famille canadienne moyenne était, cette année-là, de 47 000 $. Mais on observait une très grande dispersion autour de cette valeur moyenne: les 40 % les plus pauvres de la population ne possédaient que 0,8 % de la richesse totale, alors que les 10 % les plus riches en possédaient presque 57 %.

La figure 18.2 permet de comparer, au sein de la population canadienne, la répartition du patrimoine et celle du revenu. Le patrimoine est réparti beaucoup plus inégalement que le revenu. Ainsi, la figure 18.2

Figure 18.1 La part des ménages dans le revenu total

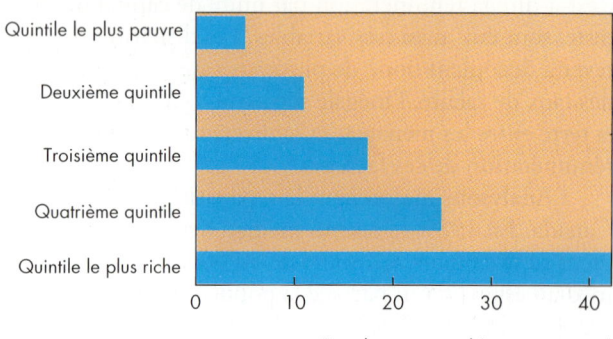

Quintile	Part du revenu total (%)
Quintile le plus pauvre	~5
Deuxième quintile	~11
Troisième quintile	~17
Quatrième quintile	~24
Quintile le plus riche	~43

Une des techniques de mesure de l'inégalité consiste à répartir la population en plusieurs groupes d'effectif égal et de calculer la part du revenu total que gagne chacun de ces groupes, en commençant par le plus pauvre. La figure montre que le cinquième (20 %) le plus pauvre de la population ne gagne que 5 % du revenu total, tandis que le cinquième le plus riche en gagne 43 %. Les familles qui font partie du cinquième le plus riche gagnent donc en moyenne 19 fois plus que celles qui font partie du cinquième le plus pauvre.

Source: Statistique Canada, *Annuaire du Canada 1988*, p. 5-43.

indique que les quatre quintiles les plus pauvres de la population gagnent 57 % du *revenu* total mais ne possèdent que 27 % de la *richesse* totale, tandis que le quintile le plus riche gagne 43 % du *revenu* total et possède 73 % de la *richesse* totale.

La richesse est encore plus inégalement répartie au sein même du groupe le plus riche : le centile le plus riche de la population possède 19 % de la richesse totale, les quatre centiles suivants en possèdent ensemble 24 %, et les cinq centiles suivants en possèdent 14 %.

La courbe de Lorenz

La figure 18.3 illustre une autre façon de représenter les inégalités de revenu et de patrimoine. Le tableau indique la part cumulée du revenu et de la richesse en fonction du pourcentage cumulé de la population. Par exemple, la ligne *a* du tableau donne en pourcentage la part du revenu total et de la richesse totale qui revient aux 20 % les plus pauvres de la population ; la ligne *b* indique la part du revenu total et de la richesse totale qui revient aux 40 % les plus pauvres de la population ; et ainsi de suite. Ce tableau cumulatif peut être représenté graphiquement à l'aide d'une courbe, inventée par Konrad Lorenz en 1905. La **courbe de Lorenz** indique les pourcentages cumulés du revenu total ou de la richesse totale en fonction des pourcentages cumulés des ménages dans la population considérée.

Sur la figure 18.3, l'axe des abscisses mesure les pourcentages cumulés des familles, classées par ordre croissant de richesse (c'est-à-dire de la plus pauvre à la plus riche). Par exemple, la coordonnée 40 de l'axe des abscisses correspond aux 40 % les plus pauvres de la population. L'axe des ordonnées mesure les pourcentages cumulés du revenu total et de la richesse totale. Ainsi, la coordonnée 40 de l'axe des ordonnées correspond à une part de 40 % du revenu total ou de la richesse totale.

Si les revenus et les patrimoines étaient répartis de façon parfaitement égale, les courbes de répartition du revenu et du patrimoine se confondraient avec la diagonale du graphique (la «ligne d'égalité parfaite»). Mais tel n'est pas le cas dans la réalité : les courbes respectivement marquées «Revenu» et «Patrimoine» illustrent la répartition *réelle* du revenu et du patrimoine dans la population. Les points *a* à *e* de la courbe de répartition du revenu correspondent aux revenus familiaux indiqués dans le tableau, c'est-à-dire aux parts cumulées du revenu total qui reviennent à chaque groupe cumulé de familles. Les points *a* à *e* de la courbe de répartition du patrimoine correspondent aux parts cumulées du patrimoine total indiquées dans le même tableau.

Le grand avantage de la courbe de Lorenz, c'est qu'elle permet d'évaluer graphiquement le degré d'inégalité dans la répartition. Plus la courbe de Lorenz est proche de la ligne d'égalité parfaite, plus la répartition est égale. Comme on le voit à la figure 18.3, la courbe de répartition du patrimoine est bien plus éloignée de la ligne d'égalité parfaite que ne l'est la courbe de

Figure 18.2 La répartition du revenu et du patrimoine

Quintile	Part du revenu total	Part du patrimoine total
Quintile le plus pauvre	~5	<1
Deuxième quintile	~11	~1
Troisième quintile	~17	~8
Quatrième quintile	~24	~18
Quintile le plus riche	~43	~73

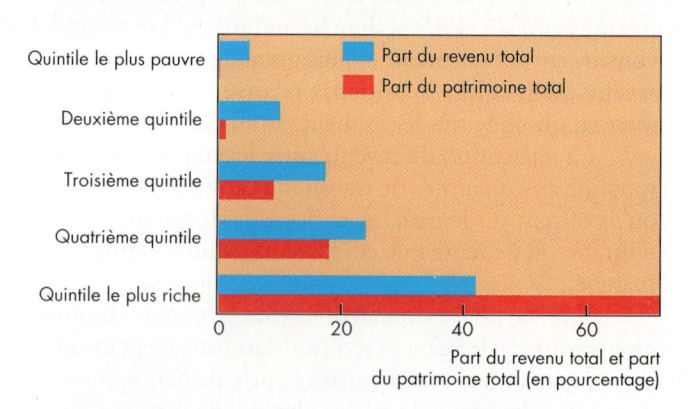

La répartition de la richesse (ou patrimoine) est encore plus inégale que celle du revenu. Les deux cinquièmes (40 %) les plus pauvres de la population canadienne possèdent moins de 1 % de la richesse totale, alors que le cinquième (20 %) le plus riche en possède plus de 70 %. Le troisième quintile ne possède que 8 % de la richesse totale.

Sources: Statistique Canada, *Annuaire du Canada 1988*, p. 5-43; Lars Osberg, *Economic Inequality in Canada*, Toronto, Butterworths, 1981, p. 37.

Figure 18.3 Les courbes de Lorenz de répartition du revenu et du patrimoine

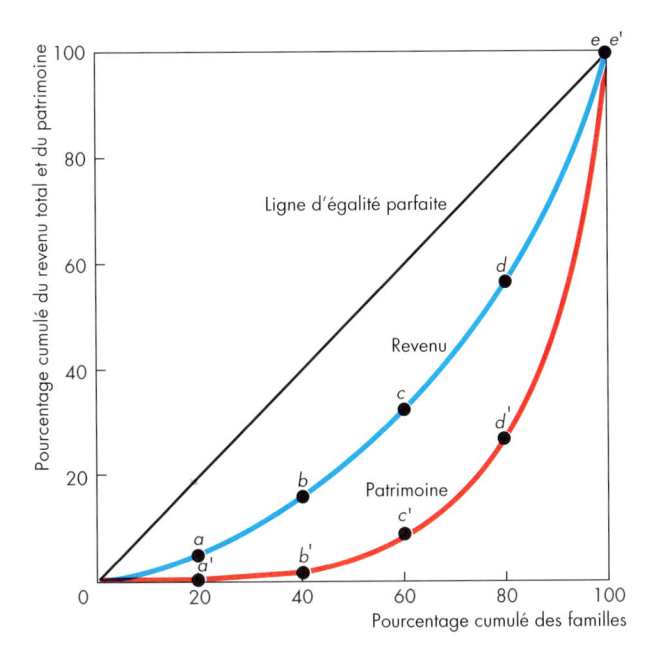

Ce graphique indique les pourcentages cumulés du revenu total et du patrimoine total, en fonction du pourcentage cumulé des familles. Si le revenu et le patrimoine étaient répartis également entre toutes les familles, chaque cinquième de la population gagnerait un cinquième du revenu total et posséderait un cinquième du patrimoine total : les courbes de répartition du revenu et du patrimoine se confondraient toutes deux avec la droite d'égalité. Les points *a* à *e* de la courbe de Lorenz de répartition du revenu correspondent aux lignes du tableau qui indiquent le revenu des familles ; et les points *a'* à *e'* de la courbe de Lorenz de répartition du patrimoine correspondent aux lignes du tableau qui indiquent le patrimoine des familles. La répartition du patrimoine est plus inégale encore que celle du revenu.

Sources : voir figure 18.2.

	Pourcentage cumulé des familles	Pourcentage cumulé du revenu total	Pourcentage cumulé du patrimoine total	
a	(les plus pauvres) 20	4,7	0	*a'*
b	40	15,1	0,8	*b'*
c	60	32,1	9,0	*c'*
d	80	57,0	26,7	*d'*
e	100	100,0	100,0	*e'*

répartition du revenu : c'est que le patrimoine est bien plus inégalement réparti que le revenu.

Les données du tableau conduisent aux mêmes conclusions. Elles montrent, par exemple, que les 60 % les plus pauvres de la population ne possèdent que 9 % du patrimoine total mais reçoivent 32 % du revenu total. Les 80 % les plus pauvres ne possèdent que 27 % du patrimoine total mais reçoivent 57 % du revenu total.

Les courbes de Lorenz et les données à partir desquelles elles sont tracées ne servent pas seulement à comparer entre elles des répartitions différentes, comme celle du revenu et celle de la richesse. Les courbes servent aussi à observer une répartition à des dates différentes, ce qui permet d'étudier son évolution.

Nous venons d'examiner la répartition des revenus entre les Canadiens telle qu'elle se présentait à la fin des années 80. Reportons-nous maintenant aux années 50 et considérons la façon dont ces revenus se répartissaient alors. Le tableau 18.1 indique, pour 1951 et pour 1985, les pourcentages cumulés du revenu total en fonction des pourcentages cumulés des familles : nous constatons que la répartition du revenu a très peu changé en presque quatre décennies.

Le revenu et la richesse sont donc répartis très inégalement dans la population. Mais qui sont les riches, et qui sont les pauvres ? Peut-on tracer un portrait type des ménages riches et des ménages pauvres du Canada ?

Les caractéristiques socio-économiques des ménages vivant sous le seuil de pauvreté

La description du degré d'inégalité dans la répartition du revenu ou de la richesse ne permet pas, par elle-même, de connaître la proportion de pauvres ou de riches que comporte une population. Pour déterminer si un ménage est *pauvre*, il faut d'abord définir le niveau de revenu qui constitue le *seuil de pauvreté*. On pourrait définir ce niveau de revenu *dans l'absolu*, sous la forme d'un seuil de subsistance calculé en fonction du revenu qui permet de subvenir aux besoins essentiels. On peut aussi définir un seuil de pauvreté *relatif*, qui évoluera selon la croissance générale des revenus dans la population : on considère alors comme pauvres les personnes dont le niveau de revenu est notablement inférieur à celui de la plupart de leurs concitoyens.

Le seuil de pauvreté relatif le plus couramment utilisé au Canada est celui qu'a établi Statistique Canada. Selon cet organisme, le **seuil de faible revenu** est le niveau de revenu au-dessous duquel un ménage doit affecter plus de 58,5 % de son revenu aux besoins essentiels d'alimentation, d'habillement et de logement. Statistique Canada considère comme «à faible revenu» les familles dont la dépense pour ces trois besoins essentiels excède de 20 points de pourcentage la proportion qu'y consacre la moyenne des familles canadiennes. D'après une enquête sur la consommation menée en 1959, les familles canadiennes dépensaient alors en moyenne 50 % de leur revenu pour s'alimenter, se vêtir et se loger ; selon ce critère, on considérait comme «à faible revenu» les ménages qui consacraient plus de 70 % de leur revenu à ces postes de dépenses. La proportion du revenu réservée à la satisfaction des besoins essentiels a diminué au fur et à mesure que le revenu moyen augmentait dans la société. Le seuil de faible revenu qu'utilise actuellement Statistique Canada, et qui fixe à 58,5 % la proportion critique, est basé sur une enquête de consommation effectuée en 1978. Exprimés *en dollars*, les seuils de faible revenu diffèrent évidemment d'un type de ménage à l'autre : personnes seules, couples sans enfants, familles monoparentales avec enfants, etc. Ils diffèrent également selon que le ménage habite une région rurale ou une région urbaine.

Le **taux de pauvreté** est le pourcentage des ménages qui, dans une population donnée, se situent au-dessous du seuil de faible revenu. La figure 18.4 indique la proportion des ménages à faible revenu en fonction de certaines caractéristiques des unités familiales. (Une «unité familiale», ou ménage, peut être constituée d'une famille ou d'une personne seule.) Cette figure montre comment le taux de pauvreté des ménages varie selon l'âge et le sexe des chefs de famille, leur état matrimonial, leur situation professionnelle et la région où ils habitent. Par exemple, le taux de pauvreté atteint presque 50 % chez les familles monoparentales dont le chef est une femme, alors qu'il est de l'ordre de 10 % (donc inférieur à la moyenne canadienne pour l'ensemble des unités familiales) chez les couples mariés sans enfants. Des dix provinces canadiennes, le Québec est celle qui connaît le taux de pauvreté le plus élevé, et l'Ontario celle qui connaît le taux le plus faible.

La redistribution du revenu

Aucun ménage n'est à l'abri d'aléas qui pourraient le réduire à la pauvreté. C'est pourquoi on s'entend généralement pour reconnaître à l'État la responsabilité d'assurer une certaine redistribution du revenu. Cette responsabilité peut s'interpréter soit comme une fonction d'assurance (le rôle de l'État étant alors de fournir un filet de sécurité), soit comme une fonction plus directement redistributive, en vertu de laquelle il est légitime pour l'État de prendre aux plus riches pour donner aux plus pauvres. Le système de redistribution du revenu au Canada repose essentiellement sur deux grandes catégories d'interventions :

- L'impôt sur le revenu
- La sécurité sociale

L'impôt sur le revenu Le barème d'imposition détermine le degré de redistribution effectuée par le biais de l'impôt sur le revenu. L'impôt peut être progressif, régressif ou proportionnel. Dans un système d'**impôt progressif**, la proportion du revenu versée au fisc *augmente* avec le revenu du contribuable. Dans un système d'**impôt régressif**, la proportion du revenu versée au fisc *diminue* avec le revenu. Dans un système

Tableau 18.1 L'évolution de la répartition du revenu, de 1951 à 1985

Pourcentage cumulé des ménages	Pourcentage cumulé du revenu total 1951	1985
(les plus pauvres) 20	4	5
40	15	15
60	33	32
80	56	57
100	100	100

La répartition du revenu a remarquablement peu évolué entre 1951 et 1985. La répartition de 1985 est légèrement moins inégale que celle de 1951 : le cinquième le plus riche de la population possédait 43 % de la richesse totale en 1985, contre 44 % en 1951.

Source : Les chiffres de 1951 proviennent de Lars Osberg, *Economic Inequality in Canada*, Toronto, Butterworths, 1981 (qui se fonde ici sur J. R. Podoluk, *Incomes of Canadians*, Ottawa, Bureau fédéral de la statistique, 1968, p. 294). Les chiffres de 1985 sont ceux de la figure 18.1.

LA RÉPARTITION DU REVENU ET DE LA RICHESSE AU CANADA 495

Figure 18.4 Le taux de pauvreté en fonction de certaines caractéristiques familiales

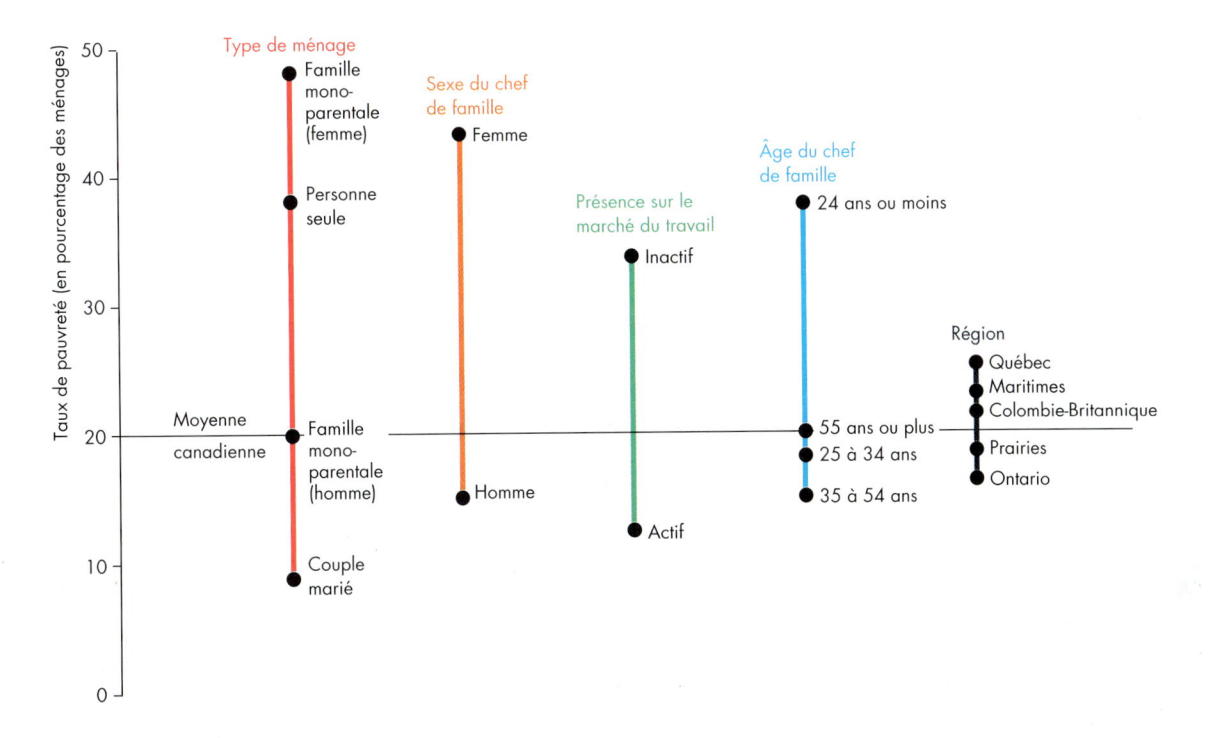

Taux de pauvreté (en pourcentage des ménages)

Type de ménage
- Famille monoparentale (femme) : ~48
- Personne seule : ~38
- Famille monoparentale (homme) : ~20
- Couple marié : ~9

Sexe du chef de famille
- Femme : ~43
- Homme : ~15

Présence sur le marché du travail
- Inactif : ~34
- Actif : ~13

Âge du chef de famille
- 24 ans ou moins : ~38
- 55 ans ou plus : ~20
- 25 à 34 ans : ~18
- 35 à 54 ans : ~17

Région
- Québec
- Maritimes
- Colombie-Britannique
- Prairies
- Ontario

Moyenne canadienne : 20

L'axe des ordonnées mesure le taux de pauvreté, ou pourcentage des ménages qui se situent au-dessous du seuil de faible revenu. Les ménages sous le seuil de faible revenu doivent consacrer près de 60 % de leur revenu à l'alimentation, à l'hébergement et à l'habillement. Au Canada, en moyenne 20 % des ménages se situent en deçà du seuil de faible revenu. Mais, comme l'indique la figure, ce pourcentage varie selon le type de ménage, le sexe et l'âge du chef de famille, sa présence ou non sur le marché du travail, et la région de résidence. Le type de ménage est de loin le facteur qui exerce la plus forte influence sur le revenu.

Source: Statistique Canada, *Annuaire du Canada 1988*, p. 5-43 et 5-44.

---

d'**impôt proportionnel**, enfin, cette proportion est *constante*, quel que soit le revenu du contribuable.

La figure 18.5 illustre trois barèmes hypothétiques d'imposition. Le revenu du contribuable est représenté en abscisse, et l'impôt à payer en ordonnée. La ligne rouge représente l'impôt à payer pour les différents niveaux de revenu.

Dans le graphique (a), le contribuable ne paie aucun impôt tant que son revenu est inférieur à 15 000 $. Ce niveau de revenu constitue donc le seuil d'imposition nulle. Au-delà de 15 000 $, le contribuable verse au fisc 40 % de chaque dollar gagné. Par exemple, pour un revenu de 30 000 $, le contribuable devra payer 6000 $ en impôt (soit 40 % de la différence entre 30 000 $ et 15 000 $).

Ce pourcentage représente le *taux d'imposition marginal*. Le **taux d'imposition marginal** désigne la fraction du dernier dollar gagné qui sera prélevée par l'État. Graphiquement, le taux d'imposition marginal correspond donc à la pente de la ligne rouge. Le barème représenté dans le graphique (a) comprend un taux d'imposition marginal de zéro lorsque le revenu est inférieur à 15 000 $, et un taux marginal de 40 % lorsque le revenu excède 15 000 $. Pour un revenu de 30 000 $, le taux d'imposition *moyen* est de 20 %, soit 6000 $ divisé par 30 000 $. Graphiquement, le taux d'imposition moyen correspond à la pente de la droite orangée, tracée à partir de l'origine jusqu'au point considéré sur la ligne représentant le barème d'imposition. On voit facilement que la pente de cette droite augmentera avec le niveau de revenu considéré (du moins pour des niveaux de revenu excédant 15 000 $). Comme le taux d'imposition moyen augmente avec le revenu, le barème d'imposition représenté ici est *progressif*. Un impôt est progressif si le taux d'imposition marginal (le taux de zéro pour les revenus inférieurs au seuil d'imposition nulle, étant pris en compte) croît avec le revenu, ce qui est le cas dans le graphique (a) par rapport aux tranches de revenu situées de part et d'autre du seuil de 15 000 $.

Figure 18.5 Impôts progressif, régressif et proportionnel

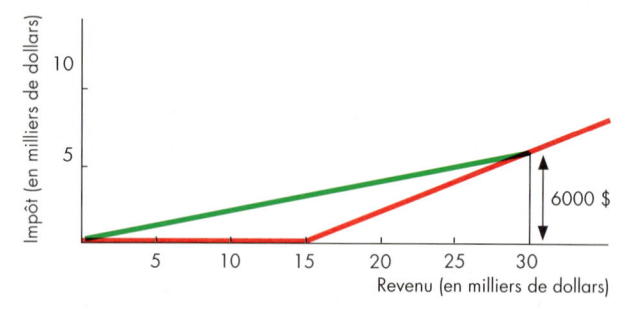

(a) Impôt progressif

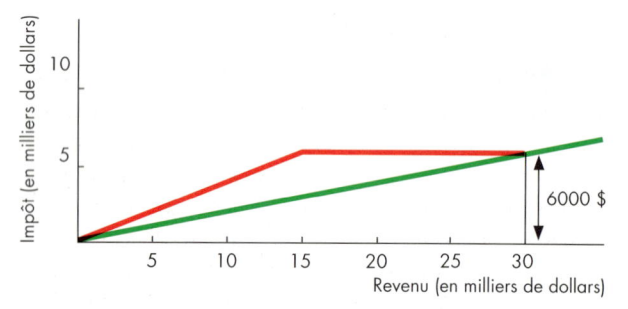

(b) Impôt régressif

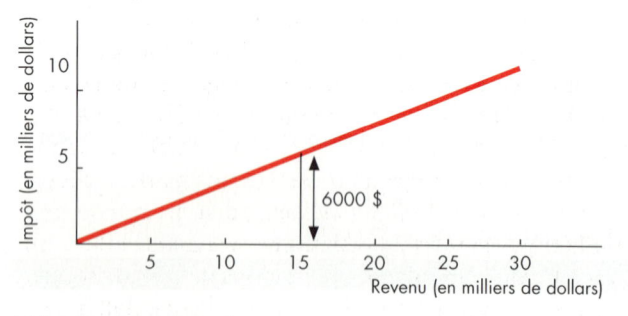

(c) Impôt proportionnel

Dans un impôt progressif, le taux d'imposition moyen augmente avec le revenu; le taux d'imposition marginal est également croissant par tranches de revenu. Dans un impôt régressif, le taux d'imposition moyen diminue avec le revenu; les taux d'imposition marginaux sont décroissants par tranches de revenu. Dans un impôt proportionnel, le taux d'imposition marginal est constant; le taux moyen est égal au taux marginal. La pente du barème d'imposition représenté en rouge correspond au taux d'imposition marginal. La pente de la droite orangée correspond au taux d'imposition moyen pour le niveau de revenu considéré.

Le graphique (b) illustre le cas d'un impôt *régressif*: le taux d'imposition marginal est égal à 40 % lorsque le revenu est inférieur à 15 000 $, et il tombe à zéro pour un revenu supérieur à 15 000 $. À un niveau de revenu de 30 000 $, le taux d'imposition moyen est de 20 % comme précédemment, mais ce taux décroît avec le revenu (du moins pour des revenus supérieurs à 15 000 $). On peut vérifier cela graphiquement, en considérant que la pente de la droite orangée diminue lorsqu'on se déplace vers la droite le long de la ligne représentant le barème d'imposition.

Dans le graphique (c), le taux d'imposition moyen est constant et il est égal au taux d'imposition marginal. Il s'agit donc d'un impôt *proportionnel*, dont le taux est ici de 20 %. (Dans ce cas, la droite orangée se confond avec la ligne du barème d'imposition.)

Au Canada, l'impôt sur le revenu relève à la fois des provinces et du gouvernement fédéral. Les lois provinciales en matière d'impôt sur le revenu diffèrent sensiblement d'une province à l'autre. Partout, cependant, l'impôt est progressif: tant à l'échelon provincial que fédéral. Il s'apparente donc au cas représenté dans le graphique (a) de la figure 18.5, à cette différence près que le taux d'imposition marginal est croissant sur un certain intervalle au-delà du seuil d'imposition nulle.

La figure 18.6 présente l'évolution du taux d'imposition marginal en fonction du niveau de revenu, dans quatre provinces pour l'année 1989; les taux indiqués combinent les impôts fédéral et provincial. Les autres provinces se situent entre les cas extrêmes représentés dans cette figure. Les taux marginaux les plus élevés sont ceux du Québec et du Manitoba; les taux les plus faibles, ceux de l'Ontario et de l'Alberta. La plupart des Canadiens ont gagné entre 10 000 $ et 30 000 $ en 1989. Leur taux d'imposition marginal était donc de l'ordre de 25 % – sauf au Québec, où il se situait à plus de 30 %. Pour des revenus compris entre 30 000 $ et 60 000 $, le taux marginal varie de 40 % à 45 %; il varie de 45 % à 50 % pour des revenus supérieurs à 60 000 $. Les courbes de la figure 18.6 sont construites à partir des crédits d'impôt personnels de base, c'est-à-dire ceux que le fisc accorde à un contribuable célibataire; par exemple, le graphique ne tient pas compte des déductions pour enfants à charge, qui sont plus généreuses au Québec que dans les autres provinces.

Un impôt progressif a évidemment pour effet de rendre la répartition des revenus *après* impôt moins inégale que la répartition *avant* impôt. La structure d'imposition progressive est un des moyens dont l'État dispose pour réduire les inégalités de revenu et de richesse entre les ménages. Les programmes de sécurité sociale offrent d'autres moyens d'atteindre la même fin.

La sécurité sociale Le système canadien de sécurité sociale est constitué des divers programmes que gèrent les différents paliers de gouvernement. Ces programmes sont d'une complexité et d'une diversité telles qu'il est impossible de les décrire tous ici dans le détail. Certains sont directement axés sur la lutte à la pauvreté; d'autres ont pour but de compenser les charges financières liées à la présence d'enfants dans la famille; d'autres, enfin, visent la protection du revenu de travail. Certains pro-

Figure 18.6 Les taux d'imposition marginaux sur le revenu

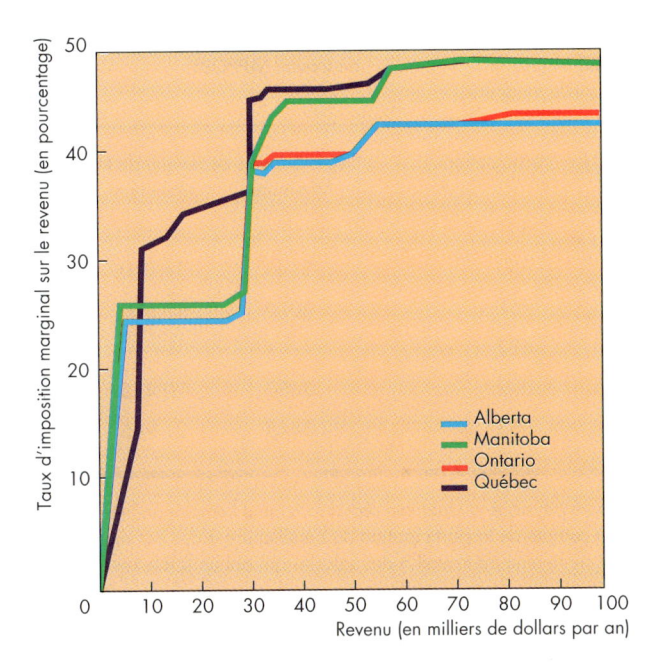

L'impôt progressif sur le revenu permet une redistribution du revenu total entre les ménages. Dans un système d'impôt progressif, plus le contribuable a un revenu élevé, plus il paie d'impôt sur le dernier dollar qu'il gagne. Au Canada, les taux d'imposition marginaux les plus élevés sont ceux du Québec et du Manitoba; les plus faibles sont ceux de l'Alberta et de l'Ontario. Dans toutes les provinces, les ménages qui gagnent plus de 60 000 $ par an ont un taux d'imposition marginal compris entre environ 45 % et 50 %. Au Québec, même les ménages à revenus moyens sont soumis à un taux marginal élevé.

Source: Thorne, Ernst & Whinney, repris dans le *Financial Post 1990 Investor's Guide*, automne 1989, p. 63-4.

grammes sont essentiellement des régimes *universels* d'assurance dont tous peuvent bénéficier, quels que soient leurs revenus; c'est le cas, par exemple, du Régime d'assurance-maladie du Québec et du Régime de rentes du Québec. Par comparaison, l'aide sociale est un programme *sélectif*, puisqu'il ne s'adresse qu'aux ménages à faible revenu. L'assurance-chômage, qui constitue le principal programme de protection du revenu de travail, est sélective dans une certaine mesure puisque, au-delà d'un certain seuil de revenu gagné dans l'année, le bénéficiaire doit rembourser les prestations reçues.

Au Québec, les principaux programmes de sécurité sociale garantissant le revenu sont les suivants (le sigle *F* ou *Q* indique que le programme relève du gouvernement fédéral ou du gouvernement du Québec):

- La pension de sécurité de la vieillesse et le supplément de revenu garanti (*F*)
- Les allocations familiales et les crédits d'impôts pour enfants (*F* et *Q*)
- L'assurance-chômage (*F*)
- Les programmes destinés à des clientèles particulières, comme les anciens combattants, les aveugles ou les autochtones (*F*)
- La sécurité du revenu (*Q*)
- Les programmes complémentaires, comme les allocations-logement, les allocations-médicaments, les remboursements d'impôts fonciers, etc. (*Q*)
- Le Régime de rentes du Québec (*Q*)

En 1988, le gouvernement du Québec a procédé à une réforme majeure de l'aide sociale. Le nouveau système de sécurité du revenu s'articule autour de trois programmes, dont le tableau 18.2 présente certaines caractéristiques. Le programme intitulé *Soutien financier* s'adresse aux personnes dont l'état de santé physique ou mentale réduit fortement l'employabilité. Le programme APTE (*Actions positives pour le travail et l'emploi*) vise les personnes aptes au travail; les prestations versées varient selon la participation du bénéficiaire à des mesures propres à accroître son employabilité (rattrapage scolaire, stages en milieu de travail, etc.). Enfin, le programme APPORT (*Aide aux parents pour leurs revenus de travail*) s'adresse aux ménages avec enfants et encourage leur participation au marché du travail. Par exemple, dans le cas d'une famille biparentale avec deux jeunes enfants et dont un seul conjoint travaille, les prestations de base de sécurité du revenu sont réduites de 1 $ pour chaque dollar de revenu de travail excédant 3445 $. Pour compenser la réduction des prestations de base de sécurité du revenu, le programme APPORT verse un supplément au revenu de travail lorsque celui-ci excède 3445 $ (seuil d'accès au programme); ces prestations sont versées tant que le revenu de travail est inférieur à 21 985 $ (seuil de sortie).

Combiné avec l'impôt sur le revenu, le système de sécurité du revenu qu'on vient de décrire se rapproche d'un système d'*impôt négatif sur le revenu*. Un **impôt négatif** sur le revenu est un barème d'imposition selon lequel, au-dessous d'un certain seuil de revenu, le gouvernement verse une prestation au contribuable plutôt que de prélever un impôt. La figure 18.7 illustre un exemple hypothétique d'impôt négatif sur le revenu. Le barème d'imposition représenté ici est semblable à celui du graphique (a) de la figure 18.5, à cette différence près que l'impôt est *négatif* (au lieu d'être nul) lorsque le revenu est inférieur à 15 000 $; en d'autres termes, le contribuable reçoit alors une prestation. Le

Tableau 18.2 La sécurité du revenu au Québec

Taille du ménage		Soutien financier (prestation mensuelle en dollars)	Actions positives pour le travail et l'emploi (APTE) (prestation mensuelle en dollars)		Aide aux parents pour leurs revenus de travail (APPORT)	
Adulte(s)	Enfant(s)		Participation	Non-participation	Seuils annuels de revenu de travail Minimum	Maximum
1	0	585	545	441	—	—
1	1	785	755	650	3140	16 010
1	2	887	862	757	3070	17 500
2	0	858	892	682	—	—
2	1	961	1012	802	3680	20 475
2	2	1031	1093	883	3445	21 985

Le programme intitulé «Soutien financier» s'adresse aux personnes dont l'état de santé physique ou mentale réduit fortement l'employabilité. Le programme «APTE» s'adresse aux personnes aptes au travail; la prestation versée tient compte de la participation du bénéficiaire à des activités propres à accroître son employabilité. Le programme «APPORT» fournit un supplément de revenu de travail à des salariés qui ont un faible revenu et qui ont charge d'enfants.

Source: La sécurité du revenu en bref, Québec, ministère de la Main-d'œuvre et de la Sécurité du revenu, 1989.

revenu minimum garanti, c'est-à-dire la prestation versée à l'individu lorsqu'il ne gagne aucun revenu, est égal à 6000 $ dans cet exemple. Le taux d'imposition marginal (représenté par la pente de la droite rouge) est de 40 %. Lorsque le revenu gagné est supérieur à 15 000 $, le taux d'imposition marginal s'interprète comme précédemment, c'est-à-dire comme la fraction du dernier dollar gagné prélevée par le fisc. Lorsque le revenu est inférieur à 15 000 $, le taux d'imposition marginal correspond au taux de réduction de la prestation de sécurité sociale (chaque dollar de revenu de travail additionnel fait perdre 0,40 $ de prestations).

Autres mesures redistributives Aux prestations sociales et à l'impôt s'ajoutent d'autres mesures gouvernementales qui ont elles aussi pour effet de redistribuer le revenu, même si ce n'est pas nécessairement leur objectif premier. C'est le cas, notamment, du système public d'éducation et du financement public des soins de santé. Ces services étant gratuits pour l'usager, on peut les considérer comme autant de formes de redistribution *en nature*, par opposition aux transferts *monétaires*.

L'effet redistributif des diverses mesures gouvernementales La **répartition du revenu primaire** provient des revenus de facteurs, tels qu'ils sont déterminés par l'interaction de l'offre et de la demande sur le marché des facteurs de production. La **répartition du revenu disponible** est calculée après le prélèvement des impôts et le versement des prestations sociales. Il est difficile de mesurer avec exactitude les effets redistributifs de l'ensemble des prélèvements fiscaux et des prestations sociales. La plus récente analyse complète à ce sujet remonte à 1976. Le graphique (a) de la figure 18.8 illustre l'ampleur de la redistribution du revenu. Au Canada, 6,3 % du revenu primaire total est prélevé sur les deux quintiles les plus riches, pour être versé aux trois quintiles les plus pauvres. L'effet redistributif est évidemment plus marqué aux extrémités de la répartition du revenu. Les courbes de Lorenz établies avant et après redistribution permettent d'évaluer l'effet global des mesures en question. Comme le montre le graphique (b) de la figure 18.8, l'effet redistributif n'est pas négligeable – la part du revenu total revenant au quintile inférieur augmente d'environ 100 % –, même s'il subsiste d'importantes inégalités de revenu.

Inégalités et redistribution entre pays

Nous avons vu qu'il y a, au Canada, d'importantes disparités de revenu entre les ménages. Elles sont néanmoins bien modestes en regard de celles qui séparent les pays. Pour les quatre cinquièmes de la population mondiale (dans les pays en développement d'Afrique, d'Asie, du Moyen-Orient et d'Amérique centrale), le

Figure 18.7   L'impôt négatif sur le revenu

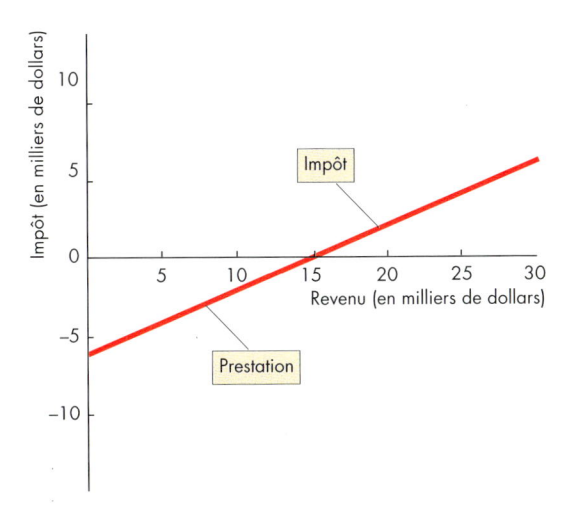

Lorsque son revenu est supérieur à 15 000 $, le contribuable paie de l'impôt. Lorsque son revenu est inférieur à 15 000 $, il touche une prestation de sécurité sociale, ce qui équivaut à un impôt négatif. Dans cet exemple, le revenu minimum garanti est égal à 6000 $. Le taux d'imposition marginal est égal à 40 %. Pour des revenus inférieurs à 15 000 $, ce taux doit s'interpréter comme le taux marginal de réduction de la prestation de sécurité sociale.

---

revenu moyen est inférieur à la moitié du revenu canadien moyen. Certes, les programmes d'aide internationale aux pays les plus pauvres effectuent à l'échelle mondiale une certaine redistribution des richesses, mais celle-ci est bien faible comparée à la redistribution qui s'opère à l'intérieur des pays. Le Canada, pourtant considéré comme relativement généreux à cet égard, ne fournit en aide internationale qu'environ 1 % de son revenu total.

À RETENIR

Au Canada, il existe d'importantes inégalités entre les revenus et entre les patrimoines. La répartition de la richesse est encore plus inégale que celle du revenu. Les taux de pauvreté les plus élevés frappent les familles monoparentales dirigées par une jeune femme ; les taux les plus faibles s'observent chez les couples dont les deux conjoints, âgés de 35 à 54 ans, ont un emploi. Les gouvernements redistribuent le revenu entre les ménages, par l'impôt progressif sur le revenu et par la sécurité sociale. Ces mesures ont un effet redistributif non négligeable, même si d'importantes inégalités subsistent.

■ ■ ■

Figure 18.8   Les effets de l'impôt sur le revenu et des transferts sur la répartition du revenu total

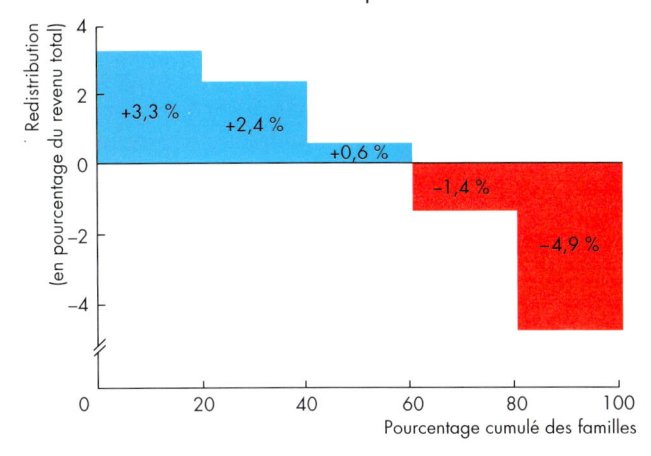

(a) Redistribution du revenu

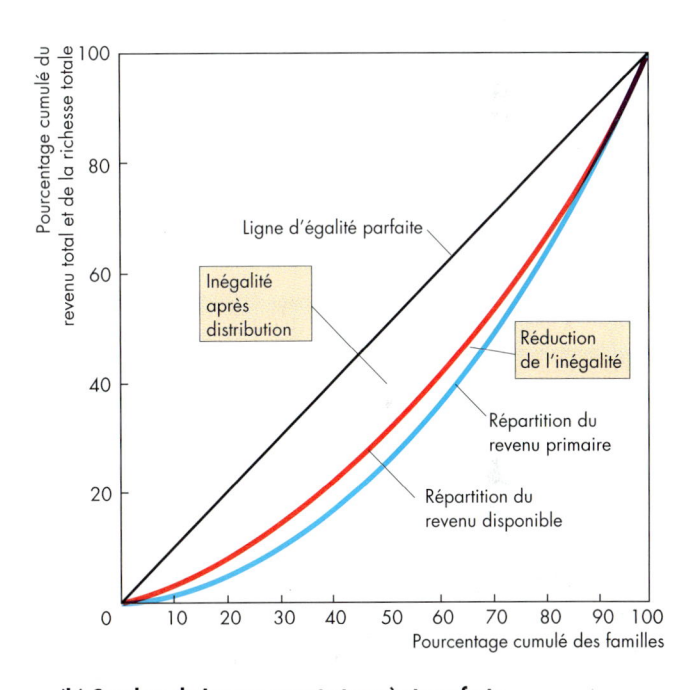

(b) Courbes de Lorenz avant et après transferts et impôts sur le revenu

L'impôt sur le revenu et les transferts (ou prestations sociales) permettent de réduire les inégalités engendrées par le marché. Le graphique (a) montre que, au titre de la redistribution, le cinquième le plus riche de la population subit un prélèvement équivalent à 4,9 % du revenu total et que le deuxième cinquième le plus riche verse 1,4 % du revenu total. Ces sommes vont ensuite aux plus pauvres : le cinquième le plus pauvre reçoit ainsi 3,3 % du revenu total, tandis que le deuxième cinquième le plus pauvre reçoit 2,4 % du revenu total. Le groupe médian reçoit près de 0,6 % du revenu total. Le graphique (b) illustre les effets de cette redistribution sur la courbe de Lorenz de la répartition du revenu.

Source: Lars Osberg, *Economic Inequality in Canada*, Toronto, Butterworths, 1981 (d'après W. I. Gillespie, «Les Impôts, les dépenses et la redistribution des revenus au Canada, 1951-1977», *Observations sur les revenus au Canada*, Ottawa, Conseil économique du Canada, 1980, pp. 29-55).

Nous nous sommes bornés jusqu'à maintenant à décrire la répartition des revenus et des patrimoines, au Canada. Mais pourquoi les écarts entre les ménages sont-ils si grands? Et pourquoi la répartition de la richesse est-elle plus inégale encore que celle du revenu? Laquelle de ces deux répartitions donne l'image la plus juste de la réalité? Pour répondre à ces questions, nous allons d'abord étudier pourquoi les données statistiques révèlent, entre les ménages, des disparités plus grandes pour ce qui est du patrimoine que pour ce qui est du revenu. Nous étudierons ensuite certaines causes des écarts de revenus et des écarts de patrimoines.

Des comparaisons pertinentes

Pour apprécier le degré d'inégalité dans une société, il faut établir une base de comparaison pertinente. Que convient-il de prendre en compte: les revenus ou les patrimoines? Doit-on considérer le revenu annuel (comme nous l'avons toujours fait jusqu'à présent) ou le revenu étalé sur un horizon plus long, par exemple la durée de vie d'un ménage?

Patrimoine et revenu

Si les inégalités entre les revenus paraissent plus grandes que les inégalités entre les patrimoines, c'est parce que, dans le premier cas, les statistiques comptabilisent à la fois les revenus liés à la possession des patrimoines et les revenus engendrés par le travail. Nous avons vu que la mesure du patrimoine d'un individu porte sur les actifs matériels et les actifs financiers qu'il possède à un moment donné. Ainsi mesuré, le patrimoine n'inclut que des actifs susceptibles d'être échangés sur le marché du capital; il exclut donc cet élément important de la richesse d'un individu que constitue son capital humain, c'est-à-dire sa capacité de gagner un revenu sur le marché du travail. En revanche, les statistiques de revenus recouvrent en principe tous les revenus, de toutes les sources possibles, c'est-à-dire non seulement le revenu du patrimoine mais aussi la rémunération du capital humain. Avant d'analyser les conséquences que ces différences de définition entraînent pour la mesure de l'inégalité, approfondissons la distinction fondamentale entre richesse et revenu.

Richesse et revenu: la distinction entre stock et flux Le revenu et la richesse constituent deux facettes d'une même réalité. La *richesse accumulée* d'une personne est un *stock*. Son *revenu* est le *flux* des gains que produit son stock de richesse. C'est le flux de revenu qui détermine les possibilités de consommation de l'individu; si l'individu consomme moins que son revenu, c'est-à-dire s'il épargne, il augmentera pour l'avenir son stock de richesse accumulée et, par là, son flux de revenu et ses possibilités de consommation. Prenons un exemple. Supposons que les actifs de Louise valent 1 million de dollars; la richesse de Louise s'élève donc à 1 million de dollars. Si le taux de rendement est de 5 % par année, Louise gagne sur ses actifs un revenu de 50 000 $ par année. Sachant que le taux de rendement des actifs de Louise est de 5 % l'an, on peut dire indifféremment que la richesse de Louise s'élève à 1 million de dollars ou que son revenu est de 50 000 $ par an: ces deux énoncés sont équivalents.

Considérons maintenant le cas de Pierre, dont les actifs s'élèvent à 500 000 $. Les mêmes possibilités de placement s'offrent à Pierre et à Louise, et les deux placent leur fortune au même taux de 5 % par année. Pierre gagne par conséquent un revenu de 25 000 $ par année, soit 5 % de 500 000 $.

Nous pouvons maintenant examiner la répartition du revenu et de la richesse entre Pierre et Louise. Le patrimoine de Louise s'élève à 1 million de dollars, et celui de Pierre à 500 000 $: le patrimoine de Louise est donc le double de celui de Pierre. Louise gagne 50 000 $ par an, et Pierre 25 000 $ par an: le revenu de Louise est le double de celui de Pierre. Que nous comparions les situations de Pierre et de Louise sur le plan du patrimoine ou sur le plan du revenu, nos conclusions sont les mêmes: Louise est deux fois plus riche que Pierre, et le flux de consommation annuel qu'elle peut se permettre est le double de celui que peut se permettre Pierre.

Le capital humain

Nous n'avons jusqu'à maintenant traité que des gains que Louise et Pierre retirent de leurs actifs matériels ou financiers. Cependant, Louise et Pierre peuvent aussi travailler. Le salaire qu'ils recevront sera en partie une compensation pour le temps qu'ils consacreront au travail (compensation pour l'effort fourni et pour le coût d'opportunité du temps) et en partie la rémunération de leur *capital humain*. Le capital humain se compose d'éléments intangibles, comme l'expérience et les compétences. Il est cependant possible de mesurer le rendement que permet l'accumulation de ce capital humain: il suffit pour cela de soustraire, du revenu qu'une personne retire de son travail, le revenu de base qui serait versé à un travailleur sans qualification et sans expérience. Le supplément ainsi calculé constitue la rémunération du capital humain accumulé par les qualifications et l'expérience acquises.

Reprenons l'exemple de Louise et de Pierre, mais supposons cette fois que chacun d'eux a pour seul actif son aptitude à exercer un travail rémunérateur. Louise gagne 50 000 $ par année, et Pierre 25 000 $. Le fait que Louise retire de son travail une rémunération supérieure à celle de Pierre s'explique par la différence dans le stock de capital humain que chacun d'eux possède. Il est donc légitime de dire que Louise est *plus riche* que Pierre du fait de son capital humain supérieur : le flux annuel de consommation qu'elle peut se permettre est le double de celui de Pierre. Pour parler en termes de stock plutôt qu'en termes de flux, on peut capitaliser le flux de consommation que chacun retire de ses compétences productives, en considérant la somme qu'il faudrait placer aujourd'hui pour qu'elle rapporte annuellement un rendement égal à la rémunération que chacun retire de son travail. Si le taux d'intérêt en vigueur est de 5 % par année, le capital humain de Louise vaut 1 million de dollars (car, à 5 % par année, il faut placer 1 million de dollars pour obtenir un revenu annuel de 50 000 $). Pierre gagne 25 000 $ par année ; au même taux d'intérêt, son capital humain vaut 500 000 $ (puisqu'il faut placer 500 000 $ pour obtenir un revenu annuel de 25 000 $). Le revenu de Louise et son capital humain valent donc le double de ceux de Pierre.

Capital humain et patrimoine

Nous avons établi, dans deux cas extrêmes, une équivalence entre la répartition du revenu et la répartition de la richesse. Dans le premier cas, ni Louise ni Pierre ne possédaient de capital humain, de sorte que leur revenu provenait exclusivement de leurs actifs financiers et matériels. Dans le second cas, le seul capital dont disposaient Louise et Pierre était constitué de leurs compétences productives. Dans la réalité, cependant, la plupart des gens possèdent à la fois un patrimoine (sous la forme d'actifs matériels ou financiers) et un capital humain. Pour mesurer adéquatement la richesse d'un individu, on doit prendre en compte ces deux catégories de capital.

D'où que provienne le revenu – du capital humain ou du patrimoine –, sa répartition devrait être équivalente à celle de la richesse, si l'analyse prend en compte le capital humain aussi bien que le capital non humain. Dans les deux cas extrêmes que nous venons d'étudier, la richesse de Louise et son revenu sont toujours le double de ceux de Pierre. Entre Louise et Pierre, la répartition du revenu et celle de la richesse sont donc identiques.

Examinons, enfin, le cas où Louise et Pierre disposeraient tous deux d'un capital humain ainsi que d'éléments de patrimoine matériels et financiers. Supposons que le capital humain de Pierre est plus important que celui de Louise, et que le patrimoine de Louise dépasse celui de Pierre. Le tableau 18.3 indique les chiffres sur lesquels nous fonderons notre analyse. Comme dans les deux cas précédents, le revenu du patrimoine de Louise et sa richesse totale sont le double de ceux de Pierre. Le revenu de travail de Louise n'est que de 10 000 $ par année ; capitalisé au taux annuel de 5 %, il correspond à un capital humain d'une valeur de 200 000 $. Son patrimoine d'actifs matériels et financiers est plus élevé : il se chiffre à 800 000 $ et lui rapporte 40 000 $ chaque année. Le cas de Pierre est tout différent, puisque sa richesse se compose presque exclusivement de capital humain. Celui-ci vaut 499 000 $ et lui rapporte un revenu annuel de 24 950 $. Mais Pierre n'a que 1000 $ d'actifs financiers, qui lui rapportent 50 $ par an.

Supposons que l'économie nationale se résume à Pierre et à Louise et qu'on cherche à apprécier le degré d'inégalité dans cette économie. Pour ce qui est des revenus, on constaterait que Louise gagne 50 000 $, et Pierre 25 000 $. Pour ce qui est du patrimoine, on noterait que Louise possède 800 000 $, et Pierre seulement 1000 $. (Rappelons que les statistiques disponibles ne mesureraient, par hypothèse, que les actifs matériels et financiers.) On en conclurait que Louise est 800 fois plus riche que Pierre et que, entre elle et lui, la richesse est répartie de façon bien plus inégale que le revenu.

Que conclure de cet exemple ? Que les mesures habituelles de la répartition de la *richesse* ne tiennent pas compte du capital humain. Elles donnent donc une image tronquée des différences réelles entre les individus quant à leurs possibilités de consommation – et, par conséquent, de niveau de vie. Les mesures de la répartition du *revenu*, au contraire, prennent en compte les différences de capital humain et, en cela, reflètent plus justement la répartition des ressources économiques entre les individus.

Revenu annuel ou revenu durant le cycle de vie ?

Jusqu'à présent, nous avons analysé les inégalités de revenu et de patrimoine en nous basant sur le revenu annuel des ménages et sur le patrimoine qu'ils possèdent durant une année donnée. Ce sont-là des méthodes courantes d'évaluation. Cependant, l'inégalité des revenus ou des patrimoines constatée au cours d'une année donnée ne prouve pas que cette inégalité subsistera durant toute la vie des ménages. Ainsi, les jeunes ménages gagnent généralement moins que les ménages dans la quarantaine ou la cinquantaine. Pour une année donnée, le revenu d'un jeune ménage est donc en moyenne moins élevé que celui d'un ménage plus âgé. Mais quand, dans quelques années, ce jeune ménage aura atteint la quarantaine ou la cinquantaine, son revenu aura augmenté au fil des ans et atteindra vraisemblablement celui que touche aujourd'hui le ménage plus âgé : les inégalités dans le revenu annuel ne sont donc pas nécessairement le signe d'une inégalité

Tableau 18.3 Capital humain, patrimoine et revenu

	Louise		Pierre	
	Richesse	Revenu	Richesse	Revenu
Capital humain	200 000 $	10 000 $	499 000 $	24 950 $
Patrimoine	800 000	40 000	1 000	50
Total	1 000 000 $	50 000 $	500 000 $	25 000 $

Quand la mesure de la richesse tient compte du capital humain aussi bien que du patrimoine, la répartition du revenu et celle de la richesse indiquent le même degré d'inégalité.

durable, qui persisterait entre les familles pendant toute leur existence.

Il en est de même des disparités entre les patrimoines. Les jeunes ménages ont en général peu d'actifs – et souvent plus de dettes que d'actifs. Par contre, les ménages entre quarante ans et l'âge de la retraite accumulent des actifs pour s'assurer un revenu convenable en vue du jour où ils cesseront de travailler. Les quinquagénaires disposent donc d'un patrimoine plus substantiel que les jeunes. Mais ces derniers vont eux aussi acquérir des actifs au fil des ans, jusqu'à en posséder autant que les ménages plus âgés en ont à l'heure actuelle.

Pour comparer les revenus et les patrimoines entre les ménages, il faut donc prendre en compte l'âge de ces derniers ainsi que l'évolution de leur revenu et de leur patrimoine au long de leur vie. Prenons un exemple.

La figure 18.9 illustre l'évolution du revenu, de la consommation et du patrimoine d'un ménage au cours de son cycle de vie. Dans les deux graphiques, l'axe des abscisses mesure l'âge du chef de famille. L'axe des ordonnées mesure (en milliers de dollars) trois autres données : le revenu et la consommation dans le graphique (a), et le patrimoine dans le graphique (b).

On voit en (a) le profil du revenu et de la consommation. Le ménage consomme pour 20 000 $ par année pendant toute sa vie. Son revenu d'emploi commence à 18 000 $ la première année (c'est-à-dire quand la famille se forme) et augmente graduellement, jusqu'à atteindre 30 000 $ l'année précédant la retraite. Puis, le ménage cessant de travailler, son revenu d'emploi tombe à zéro. Mais ses revenus ne tarissent pas pour autant : le ménage touche des intérêts sur le capital qu'il a accumulé jusqu'à la retraite. Le graphique (b) de la figure 18.9 illustre l'évolution du patrimoine du ménage. Celui-ci, au début de son cycle de vie, doit emprunter pour satisfaire ses besoins de consommation. Il contracte donc des dettes, sur lesquelles il paye des intérêts ; l'endettement est à son maximum l'année où le chef de famille atteint l'âge de 35 ans. Par la suite, le ménage s'acquitte progressivement de ses dettes. Il commence à accumuler un patrimoine lorsque le chef de famille a 45 ans. Une fois à la retraite, le ménage puise dans ce patrimoine d'actifs matériels et financiers pour maintenir son niveau de consommation.

Considérons maintenant deux ménages identiques à celui que nous venons d'étudier, mais qui se situent à des étapes différentes de leur cycle de vie. L'un d'eux est âgé de 25 ans, et l'autre de 66 ans. Le jeune ménage gagne près de deux fois plus que son aîné. Ce dernier, par contre, ayant accumulé un patrimoine de 200 000 $, est bien plus riche que l'autre. En ce qui concerne les dépenses annuelles de consommation, ces deux unités familiales sont identiques.

Supposons que tous les ménages d'une population donnée ne diffèrent entre eux que par l'âge et qu'ils sont répartis en nombre égal entre les différents stades du cycle de vie. Dans cette population, examinons tout d'abord la répartition des *patrimoines*. C'est ce que la figure 18.10 nous montre avec, à titre de référence, la répartition des patrimoines au Canada. La courbe de Lorenz de répartition de la richesse dans notre population imaginaire est plus proche de la ligne d'égalité parfaite que la courbe de Lorenz pour le Canada (qui traduit la situation réelle du pays). Les patrimoines sont donc répartis plus inégalement au Canada qu'ils ne le sont dans notre société imaginaire. Cependant, une partie de l'inégalité constatée au Canada s'explique par le fait que tous les ménages ne sont pas à la même étape de leur cycle de vie.

Étudions maintenant la répartition du *revenu annuel*. La figure 18.10 montre aussi les courbes de

Figure 18.9 Le revenu, la consommation et le patrimoine au cours du cycle de vie

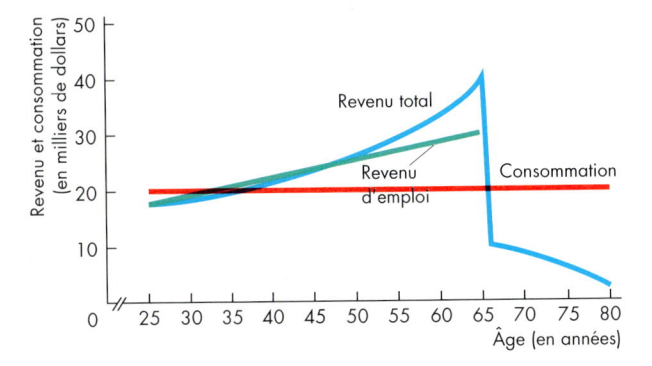

(a) Revenu et consommation

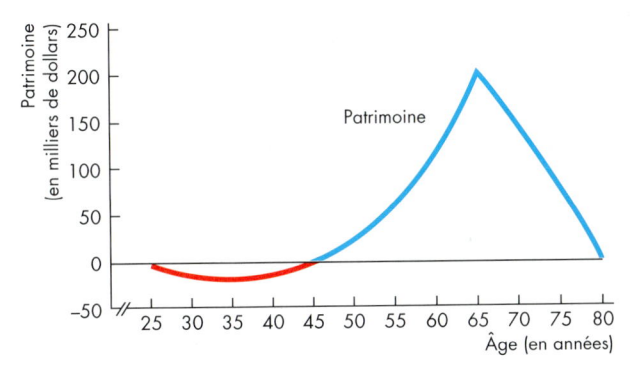

(b) Patrimoine

Le graphique (a) indique la consommation et le revenu d'un ménage. Sa consommation est constante, égale à 20 000 $ par an, tout au long de son cycle de vie. Quand le chef de famille est âgé de 25 ans, le revenu d'emploi du ménage s'élève à 18 000 $ par an. Il augmente graduellement et atteint 30 000 $ juste avant que le chef de famille ne prenne sa retraite. Le revenu d'emploi du ménage tombe ensuite à zéro. Le revenu total du ménage est la somme de son revenu d'emploi et des intérêts qu'il perçoit sur son capital (non humain). Le graphique (b) indique le patrimoine du ménage. Au début de son cycle de vie, le ménage consomme plus qu'il ne gagne; il doit donc s'endetter. Cet endettement est à son maximum l'année où le chef de famille atteint l'âge de 35 ans. Entre 45 et 65 ans, le ménage s'acquitte peu à peu de ses dettes et accumule du patrimoine. À partir de l'âge de la retraite, le ménage vit de cette richesse accumulée. La répartition du revenu et de la richesse *annuels* d'une population composée exclusivement de familles de ce type (mais qui en seraient à des étapes différentes de leur cycle de vie) serait très inégale: la fraction, restreinte, de la population qui se situerait aux alentours de l'âge de la retraite (quelques années avant et quelques années après) posséderait presque tout le patrimoine de la société.

Lorenz pour cette répartition dans notre économie imaginaire et dans l'économie canadienne réelle. Certes, le revenu est plus inégalement réparti au Canada que dans notre pays imaginaire; mais l'écart par rapport à une répartition parfaitement égale est plus faible que si nous n'avions pas tenu compte des différences d'âge.

À RETENIR

Si la répartition de la richesse apparaît plus inégale que celle du revenu, c'est qu'elle ne tient pas compte du capital humain des ménages. Le revenu et la richesse constituent deux facettes d'une même réalité: la richesse est le stock d'actifs que possède un ménage; le revenu est le flux des gains engendrés par ce stock. Quand on mesure la richesse de façon exhaustive en tenant compte du capital humain, la répartition de la richesse et celle du revenu sont identiques. L'analyse des disparités économiques repose généralement sur les inégalités dans le revenu annuel ou dans la richesse mesurée à une date donnée; mais une grande partie de ces inégalités s'explique en fait par l'évolution du revenu et du patrimoine au long du cycle de vie. L'inégalité des revenus ou des patrimoines au long du cycle de vie est moins marquée dans la réalité que ne le laissent croire les évaluations basées sur les mesures annuelles.

■ ■ ■

L'exemple que nous venons d'étudier montre que l'inégalité de revenu ou de patrimoine actuellement observée entre les ménages canadiens s'explique en partie par le simple fait que ceux-ci n'en sont pas tous à la même étape de leur cycle de vie. Mais cet exemple souligne aussi que, même si l'on tient compte du facteur âge, il subsiste de considérables inégalités. Dans les deux prochaines parties de ce chapitre, nous nous pencherons sur d'autres causes susceptibles d'expliquer de telles inégalités.

Prix des facteurs et dotations en facteurs

Chaque agent économique possède des facteurs de production, dont il tire un revenu sur le marché des facteurs. Le revenu d'une personne est la somme de ses revenus de facteurs (c'est-à-dire, pour chaque facteur, le produit du prix unitaire multiplié par la quantité vendue). Ce sont les forces du marché qui déterminent le prix des facteurs de production; nous avons étudié ces forces dans les chapitres 15, 16 et 17. La quantité de chaque facteur qu'une personne offrira sur le marché dépend des facteurs que

Figure 18.10 La courbes de Lorenz de répartition du revenu et de la richesse pour une économie imaginaire et pour l'économie canadienne

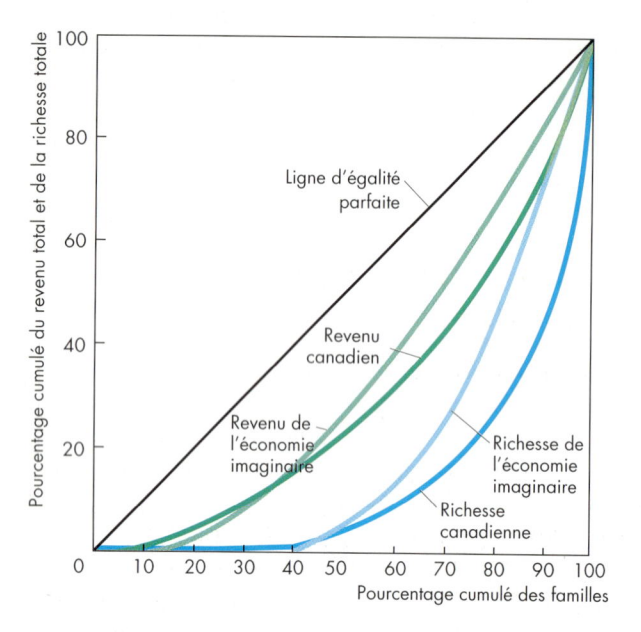

Cette figure permet de comparer deux groupes de courbes de Lorenz de répartition du revenu et de la richesse : l'un pour l'économie canadienne telle qu'elle existe ; l'autre pour une économie imaginaire où tous les ménages qui en seraient à la même étape de leur cycle de vie auraient le même revenu. Les courbes de Lorenz de l'économie imaginaire indiquent une inégalité importante dans les *revenus annuels* et dans les *patrimoines* ; par contre, les *revenus gagnés tout au long du cycle de vie* sont répartis de façon égale. L'inégalité des revenus annuels et des patrimoines est plus grande au Canada que dans l'économie imaginaire. Mais cet exemple montre qu'une analyse qui s'en tient uniquement à la répartition du revenu annuel et à celle des patrimoines, à l'exclusion du capital humain, tend à exagérer l'inégalité réelle des ménages sur l'ensemble de leur cycle de vie.

possède cette personne et de ses préférences. Voyons maintenant dans quelle mesure les disparités de revenu peuvent s'expliquer par les différences dans les prix des facteurs de production et dans les quantités que les agents décident d'en offrir sur le marché.

Marché du travail et salaires

Nous savons que les salaires représentent pour les ménages la principale source de revenu. Dans quelle mesure les écarts de taux de salaire expliquent-ils l'inégalité de la répartition du revenu ? Considérons le tableau 18.4. Pour l'année 1985, il indique, d'une part, le salaire horaire moyen d'employés du secteur privé dans sept catégories d'emplois et, d'autre part, le salaire horaire moyen pour l'ensemble des catégories d'emplois. Cette moyenne est de 10,52 $ l'heure, mais on constate une très grande dispersion des taux de salaire autour du taux moyen : à partir du taux horaire minimum de l'Alberta (le plus bas du Canada) jusqu'au taux horaire d'un plombier spécialisé d'Edmonton, qui est de 18,86 $. Pour mesurer l'écart salarial qui sépare ces catégories d'emplois, on peut utiliser le coefficient obtenu en divisant le salaire le plus élevé (18,86 $) par le salaire le plus bas (3,85 $). On obtient ainsi un différentiel salarial de 4,9 : le travailleur le mieux rémunéré du tableau 18.4 gagne donc 4,9 fois plus que le moins bien rémunéré.

Cet écart salarial s'explique en partie par l'écart de compétences et d'aptitudes (donc de capital humain) entre les travailleurs. Ainsi, un plombier spécialisé a plus d'expérience et dispose d'une formation plus poussée qu'un commis de station-service débutant et non qualifié.

L'inégalité de la répartition du revenu s'explique donc par les différentiels salariaux entre les emplois et par les différences de compétences ou d'aptitudes entre les travailleurs. Examinons de plus près cette source de l'inégalité du revenu.

Les dotations en facteur travail

Aptitudes Tout le monde dispose de la même quantité de temps. Par contre, tout le monde ne dispose pas des mêmes aptitudes. Les êtres humains diffèrent sur les plans physique, mental et intellectuel ; certaines de ces différences sont innées, tandis que d'autres sont acquises. Ces différences d'aptitudes engendrent des écarts salariaux et, par conséquent, des inégalités de revenu et de patrimoine.

Il est impossible de déterminer avec exactitude comment quelque chose d'aussi immatériel que la «capacité de gagner un revenu» se répartit dans la population. On peut toutefois mesurer certaines caractéristiques susceptibles d'influer sur la capacité de gagner un revenu. Ainsi, on peut mesurer objectivement la taille, le poids, la force musculaire et l'endurance physique d'un individu.

Au sein de la population, la distribution statistique des caractéristiques mesurables suit généralement ce qu'on appelle une *distribution normale*. La figure 18.11 illustre par exemple la répartition d'étudiants de sexe masculin en fonction de la taille. L'axe des abscisses mesure la taille ; la taille moyenne de la population considérée est de 1,80 m. L'axe des ordonnées mesure le nombre d'étudiants pour chaque taille possible. La courbe de fréquence ainsi obtenue décrit la population d'étudiants en fonction de la caractéristique considérée.

Tableau 18.4 Quelques salaires horaires moyens de 1985

Catégorie d'emploi et lieu de travail	Salaire (en dollars par heure)
Commis de station-service à Edmonton	3,85
Garde de sécurité à Halifax	6,20
Nettoyeur industriel à Halifax	8,78
Opérateur de machines à traitement de texte à Vancouver	11,43
Soudeur à Toronto	13,00
Conducteur de poids lourd à Vancouver	15,29
Plombier à Edmonton	18,86
Moyenne, toutes catégories d'emploi confondues	10,52

Le taux horaire de salaire moyen varie considérablement d'une catégorie d'emplois à l'autre. Cette inégalité est cependant plus faible que celle des revenus hebdomadaires (ou annuels, etc.). Le taux de salaire du travailleur le mieux rémunéré de cette liste (plombier à Edmonton) est près de 5 fois supérieur à celui du travailleur le moins bien rémunéré (commis de station-service dans la même ville), qui travaille au salaire minimum albertain, soit 3,85 $ l'heure.

Source: Statistique Canada, *Annuaire du Canada 1988*, p. 5-7, 5-33 et 5-34.

Cette courbe est en forme de cloche : la distribution est symétrique. Ainsi, pour chaque étudiant qui mesure x centimètres de plus que la moyenne, il y en a un qui mesure x centimètres de moins que la moyenne, et inversement. Chacune des deux moitiés de la courbe est l'image inverse de l'autre. Par ailleurs, il y a plus d'étudiants autour de la moyenne qu'aux deux extrêmes.

Les aptitudes individuelles comptent parmi les principales sources des écarts de revenu et de richesse. Mais elles n'en sont pas la seule ; si tel était le cas, la courbe de répartition du revenu et de la richesse correspondrait à une distribution normale : elle aurait une forme de cloche comme la courbe de répartition des étudiants illustrée à la figure 18.11. En fait, la courbe de répartition du revenu ressemble plutôt à celle de la figure 18.12, où l'on indique en abscisse les différents niveaux de revenu et, en ordonnée, le pourcentage correspondant des ménages. Par définition, le *revenu médian* partage en deux groupes numériquement égaux la population considérée : 50 % de celle-ci gagne plus que ce revenu, et 50 % gagne moins. Dans notre exemple, le revenu médian est de 30 000 $ par année ; les revenus inférieurs à la médiane vont de zéro à 30 000 $, et les revenus qui lui sont supérieurs vont de 30 000 $ à plus de 100 000 $. Le *revenu moyen* est supérieur au revenu médian : il est d'environ 35 000 $ par an. Mais le revenu le plus courant (appelé *revenu modal*) est inférieur au revenu médian et se situe aux alentours de 20 000 $ par année. La répartition inégale des aptitudes entre les individus n'explique donc pas à elle seule l'asymétrie de la courbe de répartition du revenu et de la richesse.

L'influence des comportements sur les disparités de revenu et de patrimoine

Le revenu et la richesse d'une personne dépendent en partie du prix des facteurs de production (travail, capital et terre) que cette personne peut offrir sur le marché, et en partie des quantités qu'elle en offre. En général, les ménages n'exercent aucune influence sur le prix des facteurs. Par contre, ce sont eux qui déterminent la quantité qu'ils veulent en offrir sur le marché. Ainsi, ils choisissent entre la garde de leurs enfants à la maison et le travail à l'extérieur, entre le

Figure 18.11 Une distribution normale

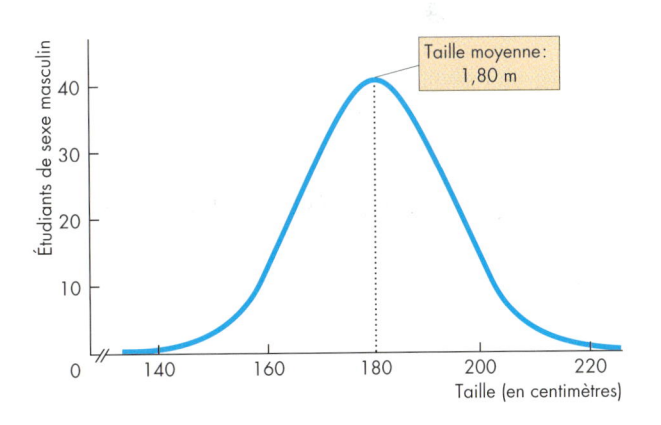

La courbe d'une distribution normale est symétrique par rapport à la moyenne. La distribution représentée ici est celle de la taille d'étudiants de sexe masculin. La taille moyenne est de 180 cm (1,80 m). Pour chaque étudiant qui mesure x centimètres de plus que la moyenne, il y en a un qui mesure x centimètres de moins que cette moyenne. Bon nombre de caractéristiques humaines ont ainsi une courbe de fréquence en forme de cloche symétrique.

506 CHAPITRE 18 LA RÉPARTITION DU REVENU ET DE LA RICHESSE

Figure 18.12 La répartition du revenu

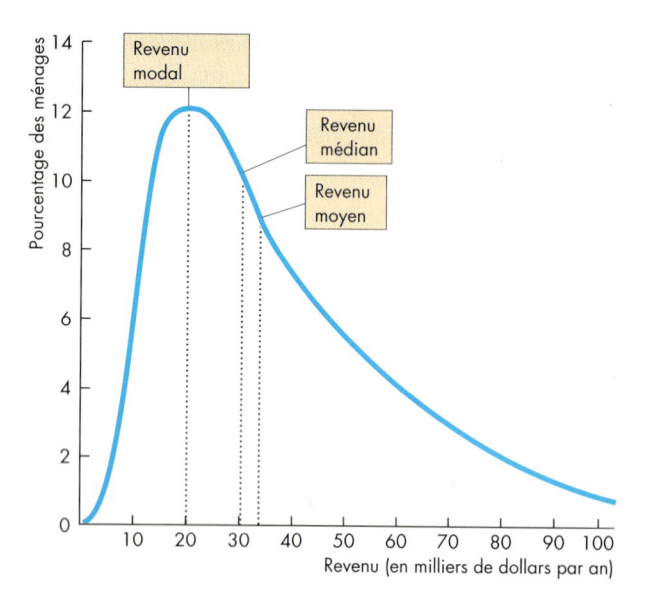

La répartition du revenu est inégale et asymétrique par rapport à la moyenne : les ménages qui gagnent moins que le revenu moyen sont beaucoup plus nombreux que ceux qui gagnent plus que le revenu moyen.

placement de leurs économies dans un compte d'épargne et l'achat d'actions. La répartition du revenu ne repose donc pas seulement sur le prix des facteurs de production, mais aussi sur les décisions des ménages, qui choisissent quelle quantité de chaque facteur offrir sur le marché.

Les décisions des ménages accentuent les écarts de revenu. Elles rendent la répartition du revenu plus inégale encore que celle des aptitudes. Elles introduisent en outre une asymétrie dans la distribution statistique du revenu. On dit qu'une distribution statistique est *asymétrique* quand les effectifs de part et d'autre de la moyenne sont inégaux. Dans le cas de la répartition du revenu, le nombre de personnes qui gagnent moins que la moyenne dépasse le nombre de celles qui gagnent plus que la moyenne ; la répartition du revenu est donc asymétrique.

Voyons pourquoi les décisions des individus accentuent l'inégalité de la répartition du revenu et la rendent asymétrique.

Salaires et offre de travail

La courbe d'offre de travail d'un ménage indique la quantité de travail que celui-ci offre sur le marché, en fonction du taux de salaire qu'il peut obtenir. Considérons la figure 18.13 : le ménage ne travaille pas, tant que le taux de salaire ne dépasse pas 1 $ l'heure. Pour un taux de rénumération supérieur au salaire de réserve, la quantité de travail offerte augmente avec le taux de salaire. Quand celui-ci atteint 9 $ l'heure, le ménage offre 40 heures de travail par semaine. La quantité de travail offerte et le taux de salaire sont positivement corrélés, c'est-à-dire que l'offre de travail augmente en même temps que le taux de salaire – et elle baisse avec lui. Cette corrélation positive entre la quantité de travail offerte et le taux de salaire rend la distribution du revenu plus inégale que celle des taux de salaire horaire. Elle explique également l'asymétrie dans la répartition du revenu, même si la distribution des taux de salaires est symétrique.

Prenons l'exemple d'une population de 1000 personnes, dont chacune présente la courbe d'offre de travail illustrée à la figure 18.14. La courbe d'offre de travail est la même pour tous, mais la valeur du produit marginal du travail diffère pour chacun ; donc, les taux de salaire diffèrent (voir chapitre 15). Le graphique (a) de la figure 18.14 illustre la distribution des taux de

Figure 18.13 L'offre de travail

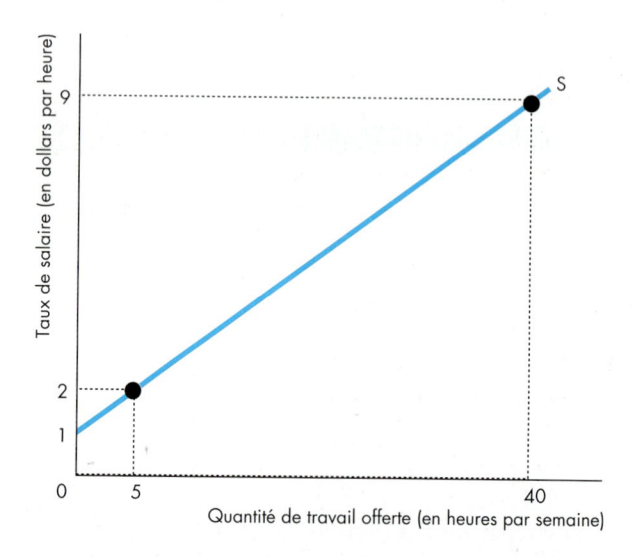

Plus le taux de salaire horaire est élevé, plus la quantité de travail offerte augmente. Un travailleur qui ne gagne que 2 $ l'heure ne travaille que 5 heures par semaine ; son salaire hebdomadaire est donc de 10 $. Par contre, un travailleur qui gagne 9 $ l'heure préfère travailler 40 heures par semaine, ce qui lui donne un salaire hebdomadaire de 360 $. Le taux de salaire du second travailleur est 4,5 fois celui du premier, mais son revenu hebdomadaire est 36 fois celui du premier.

salaire dans la population. Cette distribution est normale : la courbe est en forme de cloche, comme celle de la distribution de la taille des étudiants. Les taux de salaire s'échelonnent de 1 $ à 9 $ l'heure, autour d'une moyenne de 5 $.

Le graphique (b) de la figure 18.14 montre la distribution du revenu hebdomadaire. Comme les gens qui touchent un salaire horaire plus élevé travaillent plus d'heures chaque semaine, leur revenu hebdomadaire est disproportionné par rapport à celui des travailleurs dont le salaire horaire est plus faible et qui, par conséquent, préfèrent travailler moins d'heures. On voit, par le graphique (b) de la figure 18.14, que le revenu hebdomadaire le plus courant (le revenu modal) est de 100 $ par semaine et que le revenu moyen s'élève à 128 $. Ceux qui gagnent 2 $ l'heure ne travaillent que 5 heures par semaine et ne tirent de leur emploi qu'un revenu hebdomadaire de 10 $. À l'extrême opposé, ceux qui gagnent 9 $ l'heure travaillent 40 heures par semaine pour un salaire de 360 $. Le salaire *hebdomadaire* le plus élevé est par conséquent 36 fois supérieur au salaire le plus bas, alors que le salaire *horaire* le plus élevé n'est que 4,5 fois supérieur au salaire le plus bas.

En plus d'augmenter la dispersion du revenu hebdomadaire comparativement à celle du salaire horaire, les décisions individuelles ont pour effet de rendre asymétrique la répartition du revenu. Le graphique (b) de la figure 18.14 montre que les travailleurs dont le revenu est inférieur au revenu moyen sont plus nombreux que ceux dont le revenu dépasse le revenu moyen.

Bien sûr, l'exemple que nous venons d'étudier est artificiel. Mais les conclusions que nous pouvons en tirer s'appliquent à la réalité. Toutes choses étant égales par ailleurs, plus le taux de salaire horaire est élevé, plus la quantité de travail que le travailleur offre sur le marché est élevée ; la répartition du revenu est donc plus inégale que celle des aptitudes qui sous-tendent ces différences salariales. Et la répartition du revenu est asymétrique, même si la distribution des aptitudes est symétrique : il y a toujours plus de travailleurs au-dessous du revenu moyen qu'au-dessus.

Outre le nombre d'heures qu'ils veulent consacrer chaque semaine à leur travail, les ménages décident de l'épargne qu'ils entendent accumuler et du patrimoine qu'ils comptent léguer à leurs enfants. Ces décisions contribuent elles aussi à accentuer l'inégalité de la répartition du revenu et de la richesse.

L'épargne et la transmission des patrimoines

Un **legs** est un don qu'une génération fait à celle qui la suit. En général, plus une famille est riche, plus elle épargne et devient en mesure de laisser aux générations

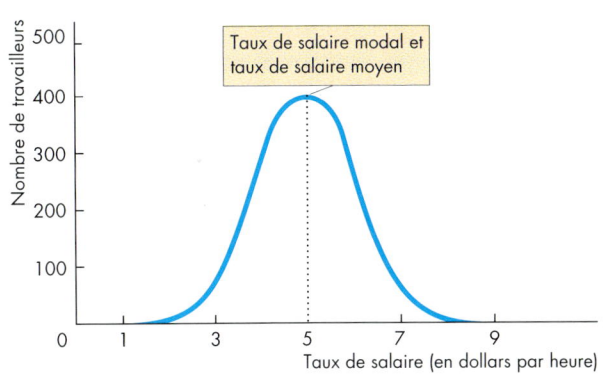

Figure 18.14   Offre de travail

(a) Distribution des salaires horaires

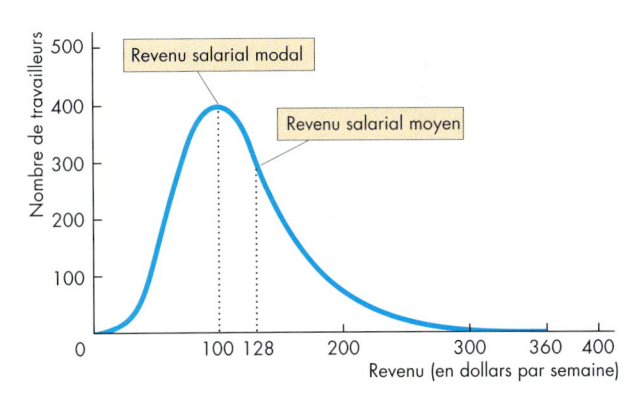

(b) Distribution des salaires hebdomadaires

Les décisions économiques des ménages rendent asymétrique la répartition du revenu. Le graphique (a) illustre la distribution des taux horaires. La courbe est symétrique par rapport au taux horaire moyen, qui est de 5 $ l'heure. Le graphique (b) illustre la distribution des revenus hebdomadaires. La majeure partie de la population gagne moins que le revenu moyen, tandis qu'une minorité gagne plus que le revenu moyen. Plus le taux de salaire horaire proposé à un travailleur est élevé, plus la quantité de travail que ce travailleur offre sur le marché est importante. La répartition du revenu hebdomadaire est donc plus inégale encore que celle des taux horaires, et elle est asymétrique par rapport à la moyenne. Les salaires horaires s'échelonnaient de 1 $ à 9 $ l'heure ; les salaires hebdomadaires s'échelonnent, eux, de 0 $ à 360 $.

futures un héritage important. En décidant de la fortune qu'il léguera à ses enfants et à ses petits-enfants, un ménage peut influencer considérablement le cours de leur existence.

L'épargne et les transmissions de patrimoine entre générations n'accentuent pas nécessairement l'inégalité. L'épargne qu'un ménage utilise pour égaliser au fil des ans son revenu (qui varie en fonction du cycle de vie) et pour maintenir constant son niveau de consommation ne renforce ni n'atténue l'inégalité entre les ménages. De la même façon, quand des parents riches distribuent en parts égales leur fortune entre leurs enfants, ce legs peut atténuer l'inégalité au lieu de l'accentuer. L'accentuation des disparités de richesse engendrée par le legs s'explique le plus souvent par les deux constatations suivantes :

- Les dettes ne sont pas transmissibles par legs.
- Les mariages entre personnes de catégories socio-économiques différentes sont rares.

Intransmissibilité des dettes par legs Quand une personne a à son décès plus de dettes que d'actifs, ces dettes ne peuvent pas être léguées à ses héritiers : on ne peut obliger ceux-ci à prendre à leur compte les dettes du défunt, et personne n'est tenu d'accepter un héritage négatif. En général, donc, les épargnes et les legs viennent s'ajouter au patrimoine des descendants, et non s'en soustraire.

Mais la grande majorité des gens n'héritent rien, ou presque, de leurs parents et de leurs grands-parents ; rares sont ceux qui reçoivent ainsi d'immenses fortunes. En conséquence, les legs n'ont pas seulement pour effet de rendre la répartition du revenu et de la richesse plus inégale encore que celle des aptitudes et des compétences productives ; ils la font en outre persister au fil des générations. Ainsi, les familles pauvres le restent souvent de génération en génération, tout comme les familles fortunées transmettent leur richesse à leurs descendants. Après plusieurs générations, néanmoins, les revenus et les patrimoines tendent à converger vers la moyenne : les longues périodes de chance ou de malchance, de bonne ou de mauvaise gestion du patrimoine familial, sont plutôt rares et finissent en général par se compenser au long des générations. Un autre facteur vient toutefois ralentir cette régression à long terme des fortunes vers la moyenne et tend, par conséquent, à perpétuer les inégalités.

Les transferts intragénérationnels On observe que les individus ont tendance à se marier avec des personnes du même milieu socio-économique qu'eux. Cette forme d'*endogamie socio-économique* est bien résumée par l'expression populaire : « Qui se ressemble s'assemble ». Certes, on dit aussi que « les contraires s'attirent » ; mais les échos que Cendrillon et son Prince charmant éveillent dans notre imaginaire collectif viennent surtout de ce que leur histoire est... rarissime ! Dans la réalité, les riches épousent des riches et les pauvres épousent des pauvres. La mise en commun des patrimoines entre individus d'une même génération et appartenant aux mêmes catégories socio-économiques fait persister les disparités de patrimoine entre les familles.

À RETENIR

L'inégalité économique s'explique par les inégalités dans les dotations en facteurs de production et par les différences dans les prix des facteurs. Les décisions des individus en matière d'offre de travail accentuent l'inégalité dans la répartition des revenus et dans celle des patrimoines. Toutes choses étant égales par ailleurs, plus le taux horaire de rémunération proposé à un travailleur est élevé, plus ce travailleur offre sur le marché une quantité importante de travail. Il en résulte que la disparité de revenu reflète non seulement l'inégalité des taux horaires de rémunération, mais aussi l'inégalité des durées de travail (hebdomadaires, annuelles, etc.). L'épargne, les legs et l'endogamie socio-économique contribuent à perpétuer d'une génération à l'autre les inégalités de revenu et de patrimoine.

■ ■ ■

Ici se termine notre analyse explicative des disparités de revenu et de patrimoine. Nous avons mesuré le degré d'inégalité et examiné certaines de ses causes, mais nous n'avons porté aucun jugement sur l'équité ou l'iniquité des situations observées. Est-il juste que certains soient si riches tandis que d'autres vivent dans une misère noire ? La dernière partie de ce chapitre présente différentes conceptions de la justice distributive, proposées par des économistes et des philosophes.

Différentes conceptions de l'équité

Chacun de nous a sa propre conception de ce qui constitue une répartition équitable du revenu ou de la fortune. La diversité de ces conceptions est la source de nombreux débats politiques ou philosophiques. Au fil des siècles, de nombreux penseurs ont cherché à élaborer les fondements d'une théorie de la justice distributive. Une **théorie de la justice distributive** est un ensemble de principes qui permet d'évaluer si la répartition du bien-être économique est équitable.

Les théories de la justice distributive relèvent de l'une ou l'autre des deux approches suivantes : la première définit l'équité en fonction des *conséquences* que produit un certain mode d'organisation de l'économie ; la seconde approche définit l'équité d'après les *règles* qui caractérisent cette organisation. La première approche est celle de la *justice résultat* ; la seconde, celle de la *justice procédurale*. La **justice résultat** se préoccupe de l'équité des résultats ou des conséquences de l'activité économique. La **justice procédurale** met l'accent sur l'équité des mécanismes ou des procédures par lesquels on atteint certains résultats. Par exemple, considérer que chacun devrait disposer du même revenu ou de la même fortune relève d'une conception de la justice distributive basée sur la notion de résultat, puisque le revenu ou la richesse sont des conséquences de l'activité économique ; selon cette approche, les conséquences de l'activité économique, c'est-à-dire le revenu ou la richesse, devraient être les mêmes pour tous les individus. À l'inverse, considérer que chacun devrait avoir les mêmes possibilités de gains relève d'une conception procédurale de la justice distributive : ce n'est pas parce qu'il y a égalité des chances que tous obtiendront le même résultat, car chacun exploitera différemment ses possibilités. En fin de compte, même si les chances sont égales au départ, le revenu et la richesse seront sans doute inégalement répartis ; cette inégalité résultera à la fois du hasard et des décisions prises par les individus. La situation sera néanmoins équitable, car il y aura eu égalité des chances au départ.

Les critères de la justice résultat

Comment peut-on juger équitables ou inéquitables les conséquences de l'activité économique ? Les deux principaux critères proposés par les tenants de la justice résultat sont le critère utilitariste et le critère de Rawls.

Selon le **critère utilitariste**, la répartition la plus juste est celle qui maximise la somme des utilités des individus. Supposons par exemple que Robert obtient, pour le dernier dollar qu'il dépense, une utilité inférieure à celle qu'obtiendrait Yvan. Dans ce cas, les utilitaristes estiment qu'on doit prendre ce dernier dollar à Robert pour le donner à Yvan, qui en retirerait une utilité supérieure. Comme la perte d'utilité pour Robert est inférieure au gain d'utilité pour Yvan, ce transfert permet d'augmenter la somme des utilités dans la société. Selon les utilitaristes, la redistribution du revenu devrait ainsi se poursuivre jusqu'à ce que l'utilité marginale du dernier dollar dépensé soit la même pour tous les individus. Les théories utilitaristes de la justice distributive ont été formulées aux 18e et 19e siècles par des économistes ou des philosophes comme David Hume, Adam Smith, Jeremy Bentham et John Stuart Mill.

Le **critère de Rawls** considère que la répartition la plus juste est celle qui permet à la personne la plus mal lotie de la société d'obtenir le revenu le plus élevé possible. Selon Rawls, si on peut améliorer le sort du plus pauvre en redistribuant une partie de la richesse, alors la justice impose de le faire. C'est John Rawls, philosophe de l'université Harvard, qui a mis au point cette théorie au cours des années 60 et l'a formulée dans un ouvrage désormais classique intitulé *Théorie de la justice* [1].

Ces deux théories de la justice résultat différent donc entre elles par le critère qu'elles appliquent pour évaluer l'équité d'une répartition du bien-être économique : ce qui compte aux yeux des utilitaristes, c'est la moyenne ou la somme des utilités pour tous les individus ; pour Rawls, c'est le bien-être du plus pauvre ou des plus pauvres.

Le degré d'inégalité compatible avec les critères de la justice résultat

Les théories inspirées de la justice résultat ont été longtemps associées à des doctrines égalitaristes en matière de répartition du revenu. Le raisonnement sous-jacent à la conclusion des utilitaristes était le suivant. Premièrement, tous les êtres humains ont le même potentiel de satisfaction : sur le plan économique, tous ont le même barème d'utilité marginale du revenu. Deuxièmement, l'utilité marginale décroît quand le revenu augmente. Par conséquent, si l'on prend un dollar à un riche pour le donner à un pauvre, la perte d'utilité pour le riche est inférieure au gain d'utilité pour le pauvre. En prenant aux riches pour donner aux pauvres, on peut donc augmenter l'utilité totale dans la société. Celle-ci est à son maximum quand tous les individus ont la même utilité marginale, ce qui nécessite que le revenu après redistribution soit le même pour tous. On doit donc tenir pour juste la répartition égale des revenus. Dans l'optique de Rawls, on aboutit à la même conclusion puisqu'on part d'un critère encore plus égalitaire que dans l'approche utilitariste.

Le dilemme équité-efficacité

Si l'on pensait autrefois que la justice distributive débouchait nécessairement sur la parfaite égalité des revenus après redistribution, on estime aujourd'hui ne pouvoir négliger les coûts en pertes d'efficacité qu'entraîne généralement une répartition plus équitable des revenus.

Le dilemme équité-efficacité repose sur les considérations suivantes. Une société ne peut atteindre une plus grande égalité qu'en taxant les activités productives. Or, l'impôt que la société prélève sur les revenus d'emploi et sur l'épargne constitue une désincitation au travail et à l'épargne. Sur le plan économique, l'impôt diminue la rémunération des facteurs de production ; la quantité de facteurs offerte diminue, ce qui fait baisser la production et donc la consommation, non seulement chez les plus riches mais aussi, le cas échéant, chez les

---

[1] John Rawls. *Théorie de la justice*, Paris, France, Seuil, 1987. Traduit de l'américain.

plus pauvres. Par conséquent, la meilleure répartition n'est pas celle qui réalise l'égalité complète, mais plutôt celle qui constitue le meilleur compromis possible entre le renforcement de l'égalité et la baisse du revenu moyen.

Par ailleurs, on ne peut prendre aux riches pour donner aux pauvres sans recourir à un important système de perception et de redistribution, système qui est lui-même consommateur de ressources. Les fonctionnaires de Revenu Canada, les conseillers fiscaux, les vérificateurs d'impôts, les gestionnaires des programmes de sécurité sociale et les avocats représentent une consommation considérable de ressources. Ainsi, il est faux de dire que tout dollar pris aux plus riches va directement aux plus pauvres, car une partie de cette somme est consacrée au fonctionnement du système de perception et de redistribution. Plus la redistribution est importante, plus les coûts d'administration qu'elle engendre sont élevés.

Compte tenu de ces coûts, on ne peut plus affirmer que le dollar pris aux plus riches améliore automatiquement la situation des plus pauvres: la redistribution peut en effet devenir onéreuse, au point de coûter à tout le monde, y compris aux plus pauvres. La recherche du «juste» compromis consiste donc à prendre en considération les effets désincitatifs de la redistribution et ses coûts administratifs. Car le gâteau, à force d'être trop également partagé, finit par rétrécir...

La justice procédurale

L'une des réflexions les plus récentes sur la théorie procédurale de la justice distributive est contenue dans l'ouvrage de Robert Nozick intitulé *Anarchie, État et Utopie* [2]. L'auteur, philosophe de l'université Harvard, réfute l'approche de la justice résultat. Il affirme qu'une théorie sérieuse de la justice distributive doit nécessairement se fonder sur l'équité des *mécanismes* de production et de répartition du revenu et de la richesse. Il préconise un système qui, basé sur les droits de propriété, n'autoriserait l'acquisition et le transfert de richesse que dans le cadre d'échanges volontaires.

Prenons un exemple. Considérez la répartition du revenu qui au départ vous semble la plus juste possible. Supposez maintenant que votre chanteuse rock préférée signe un contrat avec un grand studio d'enregistrement et avec un impresario réputé. La chanteuse percevra 5 ¢ sur chaque disque vendu et 50 ¢ sur chaque billet de concert vendu. En une année elle vend 5 millions de disques, et 500 000 personnes assistent à ses concerts. Elle gagne donc au total 500 000 $ – revenu très largement supérieur au revenu moyen ainsi qu'à celui qu'elle gagnait dans la situation de départ.

La chanteuse a-t-elle le droit de gagner tant d'argent? La nouvelle répartition du revenu est-elle juste? Selon Robert Nozick, oui. Son raisonnement est le suivant. Vous avez le droit d'assister aux concerts de cette chanteuse et d'acheter ses disques. Si votre décision a pour effet d'enrichir quelqu'un, cet enrichissement est légitime, et la répartition du revenu et de la richesse qui en résulte est elle-même légitime.

Naturellement, les tenants de la justice résultat ne sont pas d'accord: ils estiment que, si la répartition initiale était juste, la nouvelle répartition, différente de la première, ne peut pas l'être. Pour rétablir la justice, ils recommandent que la chanteuse paye des impôts et que les sommes ainsi recueillies soient redistribuées entre les personnes qui ont acheté ses disques ou assisté à ses concerts.

Le débat sur les questions de justice distributive ne s'arrêtera sans doute jamais. En tout état de cause, tandis que les philosophes discutent et argumentent, ce débat n'empêche pas les décideurs politiques d'élaborer et de mettre en œuvre des mesures conçues pour éliminer les inégalités les plus flagrantes et réduire la dispersion des revenus.

■ Notre étude de la répartition du revenu et de la richesse au Canada nous a permis de constater l'existence d'inégalités considérables. Certes, une partie de ces inégalités est imputable au fait que l'on compare des ménages à différentes étapes de leur cycle de vie. Cependant, même les comparaisons qui prennent en compte tout le cycle de vie des ménages (au lieu de s'en tenir à une «photographie» d'une année donnée) aboutissent à la conclusion que les revenus et les patrimoines sont très inégalement répartis dans la population canadienne. Cette inégalité provient en partie des différences de taux de salaire et en partie des décisions des individus. Par ailleurs, la transmission des patrimoines entre les générations constitue un facteur de persistance des disparités de revenu et de fortune.

Les questions que nous avons abordées dans le présent chapitre sont de nature politique; d'ailleurs, comme nous l'avons remarqué, les gouvernements s'efforcent en général de redistribuer le revenu global de façon à éliminer l'extrême pauvreté. Les trois chapitres suivants porteront sur des questions de politique économique. Nous analyserons notamment les décisions économiques des gouvernements et, dans ce contexte, nous reviendrons sur le problème de la répartition du revenu et de la richesse.

---

[2] Robert Nozick. *Anarchie, État et Utopie*, Paris, Presses universitaires de France, 1988. Traduit de l'américain.

RÉSUMÉ

La répartition du revenu et de la richesse au Canada

Les salaires constituent pour les Canadiens la principale source de revenu, et leur part dans le revenu total s'accroît légèrement d'année en année. Le revenu et la richesse sont inégalement répartis entre les ménages. Le centile le plus riche de la population canadienne possède presque le cinquième de la richesse totale du pays, tandis que les 40 % les plus pauvres en possèdent moins du centième. Le revenu est moins inégalement réparti que la richesse. Le degré d'inégalité dans la répartition du revenu n'a pas beaucoup évolué au cours des dernières décennies. L'impôt sur le revenu et la sécurité sociale redistribuent le revenu total et réduisent, quoique imparfaitement, les disparités de revenu. (*pp. 491-500*)

Des comparaisons pertinentes

Pour évaluer l'ampleur de l'inégalité entre les ménages, il convient d'abord d'établir entre ceux-ci des comparaisons pertinentes. La répartition de la richesse exagère l'inégalité entre les ménages, car elle ne prend pas en considération le capital humain. La répartition du revenu annuel et celle de la richesse pendant une année donnée amplifient l'inégalité réelle, car elles ne tiennent pas compte du fait que tous les ménages considérés n'en sont pas à la même étape de leur cycle de vie. (*pp. 500-503*)

Prix des facteurs et dotations en facteurs

Les différences de revenu et de richesse résultent des différences dans les dotations en facteurs entre les individus et de la diversité des prix des facteurs de production. Le taux de salaire varie considérablement d'un travailleur à l'autre, en fonction des compétences et des qualifications. Mais les différences d'aptitude n'expliquent qu'une partie des disparités de revenu et de patrimoine. (*pp. 503-505*)

L'influence des comportements sur les disparités de revenu et de patrimoine

Les décisions économiques des individus exercent une influence considérable sur les revenus et les patrimoines. Tout le monde n'a pas la même attitude envers le travail : certains s'accordent plus de loisirs que d'autres, quitte à gagner et à consommer moins qu'eux. Par ailleurs, l'épargne et les legs jouent un rôle dans l'évolution de la répartition de la richesse d'une génération à l'autre. Comme les couples sont généralement issus du même milieu socio-économique, les héritages ont pour effet d'accentuer les disparités de patrimoine. (*pp. 505-508*)

Différentes conceptions de l'équité

De nombreux penseurs ont cherché à élaborer les fondements d'une théorie de la justice distributive. On distingue deux grands courants de pensée en matière de justice distributive : selon l'approche de la justice résultat, on doit juger de l'équité des résultats ou conséquences de l'activité économique ; selon l'approche de la justice procédurale, on doit juger de l'équité des mécanismes ou procédures qui sous-tendent l'organisation de l'économie. (*pp. 508-510*)

POINTS DE REPÈRE

Mots clés

Courbe de Lorenz, 492
Critère de Rawls, 509
Critère utilitariste, 509
Impôt négatif, 497
Impôt progressif, 494
Impôt proportionnel, 495
Impôt régressif, 494
Justice procédurale, 509
Justice résultat, 508
Legs, 507
Répartition du revenu disponible, 498
Répartition du revenu primaire, 498
Revenu minimum garanti, 498
Seuil de faible revenu, 494
Taux de pauvreté, 494
Taux d'imposition marginal, 495
Théorie de la justice distributive, 508

512   CHAPITRE 18   LA RÉPARTITION DU REVENU ET DE LA RICHESSE

Figures clés ◆

Figure 18.3   Les courbes de Lorenz de répartition du revenu et du patrimoine, 493

Figure 18.4   Le taux de pauvreté en fonction de certaines caractéristiques familiales, 495

Figure 18.14   L'offre de travail, 507

QUESTIONS DE RÉVISION

1. Des quatre énoncés ci-dessous, lequel décrit le mieux la répartition du revenu et la répartition de la richesse, dans la société canadienne d'aujourd'hui?

   a) La répartition des revenus et des patrimoines est bien décrite par une distribution de type normal, c'est-à-dire par une courbe de fréquence en forme de cloche.

   b) Les plus riches du pays sont 800 fois plus riches que les plus pauvres mais, sur l'échelle de la richesse, on trouve le même pourcentage de ménages dans chaque catégorie.

   c) Plus de 50 % de la population gagne au-delà du revenu moyen.

   d) Plus de 50 % de la population gagne moins que le revenu moyen.

2. Du revenu et de la richesse, quel est le plus inégalement réparti dans la population? En répondant à cette question, vous devez tenir compte des méthodes officielles généralement utilisées pour mesurer le revenu et la richesse, et vous rappeler la définition exacte de ces deux notions.

3. Pourquoi les mesures officielles de la répartition de la richesse donnent-elles une image tronquée de la réalité?

4. Expliquez pourquoi les décisions que prennent les ménages quant au partage de leur temps entre le travail et les loisirs peuvent rendre la répartition du revenu encore plus inégale que celle des aptitudes. Si les aptitudes étaient réparties normalement dans la population, la courbe de répartition du revenu qui en résulterait serait-elle aussi en forme de cloche?

5. Comment les transferts intergénérationnels et intragénérationnels de patrimoine interviennent-ils dans la répartition du revenu et de la richesse?

6. Qu'est-ce qu'une courbe de Lorenz? Comment les courbes de Lorenz peuvent-elles illustrer l'inégalité? Pour la population canadienne, en quoi la courbe de Lorenz de répartition du revenu et celle de répartition de la richesse diffèrent-elles?

PROBLÈMES

1. Supposons que la société se compose de 5 personnes, identiques à tous égards. Chacune d'elles vit 70 ans. Dans les 14 premières années de leur existence, elles ne gagnent aucun revenu. Puis elles se mettent à travailler et gagnent 30 000 $ par an pendant 35 ans. Elles prennent ensuite leur retraite et ne reçoivent plus aucun revenu d'emploi. Pour simplifier les calculs, nous supposerons que le taux d'intérêt est nul, que les personnes consomment la totalité de leur revenu sur l'ensemble de leur cycle de vie et à un rythme annuel constant et que, par conséquent, il ne reste rien de leur richesse à leur décès. Comment se répartissent le revenu total et la richesse totale de cette économie, dans chacune des deux hypothèses suivantes:

   a) Les personnes ont toutes les cinq 45 ans.

   b) Les personnes ont respectivement 25, 35, 45, 55 et 65 ans.

   L'inégalité est-elle plus marquée dans le cas (a) que dans le cas (b)?

2. Voici les données de la répartition des revenus et des patrimoines:

	Répartition des revenus (en pourcentage)	Répartition des patrimoines (en pourcentage)
Quintile inférieur	5	0
Deuxième quintile	11	1
Troisième quintile	17	3
Quatrième quintile	24	11
Quintile supérieur	43	85

Pour cette économie, tracez deux courbes de Lorenz: celle du revenu et celle de la richesse. Indiquez laquelle de ces deux variables est la plus inégalement répartie. Expliquez pourquoi.

3 Supposons une société composée de 10 personnes qui présentent toutes le même barème d'offre de travail:

Taux de salaire (en dollars par heure)	Nombre d'heures travaillées par jour
1	0
2	1
3	2
4	3
5	4

Ces personnes n'ont pas toutes les mêmes aptitudes, et leurs taux de salaire diffèrent. Les taux de salaire se répartissent comme suit:

Taux de salaire (en dollars par heure)	Nombre de personnes
1	1
2	2
3	4
4	2
5	1

a) Calculez le taux de salaire moyen.
b) Calculez le ratio du taux de salaire le plus élevé sur le taux le plus bas.
c) Calculez le revenu quotidien moyen.
d) Calculez le ratio du revenu quotidien le plus élevé sur le revenu quotidien le plus bas.
e) Tracez la courbe de fréquences des taux de salaire (salaires horaires).
f) Tracez la courbe de fréquences des revenus quotidiens.
g) Quel est le revenu quotidien médian?
h) Quel enseignement important peut-on tirer de ce problème?

7ᵉ PARTIE

Marchés et gouvernements

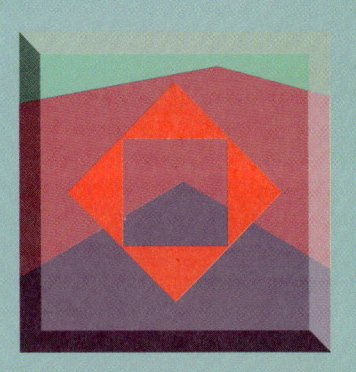

ENTREVUE
CLAUDE MONTMARQUETTE

Claude Montmarquette est titulaire d'un doctorat en sciences économiques de l'université de Chicago. Il est actuellement directeur du département de sciences économiques de l'Université de Montréal, où il enseigne depuis 1971. Il est également membre du Centre de recherche en développement économique (C.R.D.E.), rattaché à l'Université de Montréal. Spécialiste de l'économétrie appliquée, Claude Montmarquette est notamment l'auteur de travaux en économie de l'éducation et en économie publique.

> « [...] l'économique fournit des outils d'analyse puissants et [...] il serait dommage d'en limiter le domaine d'application aux seules questions *économiques* au sens étroit du terme. »

Professeur Montmarquette, qu'est-ce qui vous a amené à étudier l'économique ?

À l'époque où j'ai pris cette décision, je n'avais pas une vision intellectuelle de l'économique, une vision de chercheur comme peut l'avoir un professeur d'université. J'avais plutôt le sentiment qu'il y avait des systèmes économiques plus performants que d'autres et qu'il était indispensable de comprendre les rouages de l'économie, si on voulait changer quoi que ce soit dans la société. Je me disais qu'une fois que l'on avait compris le fonctionnement du système – c'est-à-dire comment on pouvait au mieux nourrir les gens –, on pouvait ensuite se préoccuper d'objectifs plus élevés. C'était donc une décision très pragmatique, même si ma motivation était plutôt celle d'un idéaliste. Aujourd'hui, je suis plus intéressé par l'économie positive et je ne suis pas aussi persuadé qu'on puisse intervenir efficacement pour modifier la société.

Il faut dire aussi que je n'ai pas eu à me spécialiser en économique dès mon inscription à l'université. J'ai fait ce qui s'appelait à l'époque le baccalauréat en sciences sociales; ce baccalauréat avait l'avantage d'offrir, pendant les deux premières années, une formation générale en sciences humaines, aussi bien en économique qu'en sociologie, en anthropologie ou en sciences politiques. Parmi ces disciplines, l'économique m'a attiré par sa rigueur et parce qu'elle permettait de résoudre des problèmes sociaux importants.

Est-ce cette formation pluridisciplinaire qui explique que vous soyez l'auteur de travaux sur des sujets aussi divers ? Ou y a-t-il un autre fil directeur ?

C'est peut-être parce que je suis profondément convaincu de la pertinence de la science économique que je suis tenté de l'appliquer dans des domaines aussi variés. Je crois que l'économique fournit des outils d'analyse puissants et qu'il serait dommage d'en limiter le domaine d'application aux seules questions « économiques » au sens étroit du terme.

Il y des problèmes à mes yeux plus importants que, par exemple, la production de voitures de bonne qualité: les comportements sociaux reliés à la famille, les comportements politiques des individus sont certainement aussi importants, et on peut tirer profit de la théorie économique pour étudier ces comportements.

Comme on dispose souvent, dans ce domaine, de données statistiques qui ne demandent qu'à être exploitées, ma formation d'économètre a évidemment joué un rôle déterminant dans les recherches que j'ai menées. Le fil directeur de ces travaux, c'est donc, d'une part, ma conviction que l'économique a quelque chose à dire sur tous les sujets et, d'autre part, mon intérêt pour l'analyse empirique des questions socio-économiques.

Les questions qui m'intéressent ont généralement une portée politique. Pour donner un exemple, dans un article publié récemment, j'ai analysé le rôle du choix de l'école dans l'explication du rendement scolaire des étudiants. Je disposais d'une banque de données considérable, avec des informations sur les professeurs, les caractéristiques de l'école, l'origine socio-économique des élèves, etc. L'analyse statistique a permis de constater que les caractéristiques observées et non-observées de l'école n'avaient que très peu à voir avec la variabilité de la performance scolaire des étudiants: celle-ci s'expliquait surtout par le milieu socio-économique des étudiants. Du point de vue de la politique en matière d'éducation, il s'agit évidemment d'une conclusion importante, puisque cela porte à penser que l'amélioration des rendements scolaires ne passe pas nécessairement par une réforme du système d'éducation. En d'autres termes, l'amélioration des rendements scolaires dépend d'abord de ce qui se passe à la maison, de sorte qu'on se demande s'il ne faudrait pas éduquer les parents plutôt que d'investir massivement des fonds additionnels dans le système scolaire.

Ce type d'analyse nous aide à déterminer les politiques que l'on devrait privilégier; il met en cause la productivité de dépenses publiques additionnelles pour résoudre des problèmes comme le décrochage scolaire, par exemple.

Pour prendre un autre exemple, on sait que le gouvernement du Québec a une politique familiale relativement généreuse, avec notamment des prestations importantes lorsqu'une famille décide d'avoir un troisième enfant. J'ai fait une étude sur l'allocation du temps au sein du ménage à partir d'une enquête permettant d'identifier le temps consacré au travail, à l'entretien du ménage, aux soins et à l'éducation des enfants, à des activités de bénévolat, etc. De cette étude, il ressortait, entre autres, qu'un troisième enfant se traduisait en général par le retrait de la femme du marché du travail. Il y a donc un lien direct à faire avec la politique familiale : si le coût immédiat d'un troisième enfant est le retrait d'un des conjoints du marché du travail, il est clair que la prestation de l'ordre de 10 000$ que l'on verse actuellement à la venue d'un troisième enfant, même si elle est relativement importante, ne peut avoir qu'un effet marginal sur les choix de fécondité. Même si on augmentait ces prestations, il n'est pas réaliste de penser qu'on puisse les augmenter suffisamment pour qu'elles compensent les vingt ou trente mille dollars de manque à gagner annuel que représente le retrait du marché du travail. Si on veut, par des interventions publiques, faciliter la décision d'avoir des enfants, il faut donc penser à autre chose : il faudrait pouvoir faire en sorte que les enfants et le travail ne soient pas incompatibles pour la femme, en modifiant les conditions d'insertion des femmes dans le monde du travail ainsi que l'allocation du temps entre les conjoints au sein du ménage. C'est donc dire que ces problèmes sont complexes et qu'il n'y a pas de politique toute faite qui permette de les résoudre.

Souvent les interventions les plus efficaces ne sont d'ailleurs pas celles auxquelles on penserait spontanément. Par exemple, selon une étude américaine récente, les hommes consacrent une part plus grande de leur temps à l'entretien du ménage et à l'éducation des enfants dans les États américains où les tribunaux accordent les pensions alimentaires les plus élevées ; c'est aussi dans ces États que les taux de divorce sont les plus faibles. Cela constitue l'exemple type d'une politique où le rôle de l'État se limite à définir le cadre juridique régissant les interactions entre les individus ; un cadre juridique fournissant les incitations appropriées peut être une façon beaucoup plus efficace de modifier les comportements que les mesures traditionnelles axées sur l'offre de services publics. Dans cette optique, le rôle de l'État n'est pas de se substituer aux actions des individus – les dépenses de l'État représentent déjà 50 % des dépenses totales dans l'économie –, mais plutôt d'encadrer les comportements en s'assurant que les institutions fournissent les incitations appropriées.

Certains de vos travaux se rattachent à l'approche dite des «choix publics». Quel bilan peut-on faire aujourd'hui de l'apport de la théorie des choix publics ?

L'analyse économique traditionnelle du rôle de l'État a été influencée par la conception qu'en avaient les politicologues. On considérait l'action politique comme devant nécessairement améliorer le bien-être de l'ensemble de la population.

Par exemple, d'un point de vue théorique, les économistes ont défini la notion de biens collectifs, c'est-à-dire de biens pouvant être consommés conjointement par un grand nombre d'individus. Comme il y a sous-production de ces biens par le marché, il revenait à l'État d'assurer un niveau de production optimal de ces biens de façon à contourner le problème du resquilleur. Mais cette approche normative du rôle de l'État ne nous dit pas évidemment comment fonctionne effectivement le mécanisme de prise de décision politique.

L'intérêt de la théorie des choix publics, c'est justement de mettre l'accent sur le fonctionnement du marché politique. Par exemple, à certaines conditions, les interventions publiques qui résulteront du marché politique seront déterminées par les préférences du votant médian. Ce type d'analyse nous permet par conséquent d'expliquer les changements observés dans les interventions publiques. Si le votant médian correspond à une génération de jeunes, on observera une prépondérance des mesures axées sur l'investissement dans l'éducation ; si le votant médian correspond plutôt, comme c'est le cas maintenant, à une génération de gens plus âgés, on notera dans le discours politique un surcroît d'intérêt pour le système de soins de santé. Au Canada, on a toujours pensé que le votant médian correspondait à une personne possédant un niveau d'éducation relativement élevé, jouissant d'un bon revenu et vivant en Ontario. Il est manifeste aujourd'hui que le votant médian en Ontario n'a pas

> «[...] un cadre juridique fournissant les incitations appropriées peut être une façon beaucoup plus efficace de modifier les comportements que les mesures traditionnelles axées sur l'offre de services publics.»

> « La plus grande partie des dépenses peut s'expliquer par les effets redistributifs qui leur sont associés, c'est-à-dire par la concurrence entre les groupes d'intérêt sur le marché politique. »

les mêmes préférences que celui de l'Alberta, du Québec ou des Provinces atlantiques.

L'apport de la théorie des choix publics a donc été de proposer une analyse explicative du processus de décision politique. Cela permettait d'analyser les comportements politiques avec les mêmes outils que ceux que l'on utilise pour analyser les comportements de marché.

Dans le même ordre d'idées, on constate actuellement un intérêt croissant pour l'analyse des «institutions». L'approche institutionnaliste admet que les gouvernements ont, bien sûr, une influence importante dans l'économie; mais elle complète cette vision un peu restrictive par l'idée que les «institutions» en général ont une influence déterminante. Les questions que l'on pose sont alors beaucoup plus larges. Quel est le rôle de la démocratie? Quel est le rôle des libertés civiles? Quel est le rôle du droit de propriété? Ces «institutions» déterminent le cadre dans lequel évoluent les interactions entre les individus, tant dans les marchés au sens traditionnel que dans le marché politique.

Les économistes disposent maintenant d'outils conceptuels permettant d'analyser le rôle des institutions au sens large. À mon avis, on peut s'attendre à ce que se développe une compréhension beaucoup plus profonde du fonctionnement de nos sociétés que ce que permettaient les théories, au demeurant utiles, du votant médian ou de la bureaucratie. Cette approche plus large complétera aussi l'analyse économique du comportement des groupes de pression comme déterminant des dépenses publiques ou des politiques de réglementation.

L'approche des choix publics prenait le contrepied d'une vision un peu naïve du processus de décision politique. On a l'impression aujourd'hui que l'opinion publique en général a aussi dépassé cette vision naïve. Qu'est-ce que cela laisse présager quant à l'évolution du rôle de l'État ?

Dans une étude, j'ai classé les dépenses publiques selon qu'elles portent sur des biens collectifs purs, des biens collectifs mixtes ou des biens de nature privée. J'ai constaté que les biens collectifs purs ne représentent que 10 % des dépenses publiques. La plus grande partie des dépenses peut s'expliquer par les effets redistributifs qui leur sont associés, c'est-à-dire par la concurrence entre les groupes d'intérêt sur le marché politique. Il est loin d'être évident que cette forme de concurrence – et la recherche de rente qui l'accompagne – a les mêmes propriétés d'efficacité que la concurrence sur les marchés de biens ou services. Je crois qu'on dispose maintenant d'une meilleure information sur les comportements des groupes d'intérêt, ne serait-ce que par la télévision ou les journaux; les économistes et les électeurs ont aussi une meilleure compréhension des mécanismes en cause. Il est inévitable par conséquent qu'on soit plus critique vis-à-vis de l'augmentation des dépenses publiques.

En fait, on se trouve pris actuellement devant la conjugaison de trois facteurs: les contraintes budgétaires seront plus serrées qu'avant, à cause de la diminution de la base productive de l'économie résultant du vieillissement de la population; on est plus sensible qu'avant au phénomène de recherche de rente et au fait que les dépenses publiques ne profitent pas nécessairement à tout le monde; enfin, la concurrence internationale est plus vive et les facteurs de production sont plus mobiles, de sorte qu'on ne peut plus compter sur une assiette fiscale captive.

Dans une autre étude que j'ai réalisée avec mon collègue Leonard Dudley, nous avons démontré que la capacité de taxation constituait un des principaux déterminants du niveau des dépenses publiques. Je crois que c'est la diminution de la capacité de taxation qui explique en partie le désengagement de l'État que l'on observe à l'heure actuelle. Cela ne signifie pas qu'on ne pourra pas préserver les principaux acquis au point de vue social; cela signifie cependant que l'on devra être plus rigoureux dans la justification des dépenses publiques.

CHAPITRE 19

Les lacunes du marché

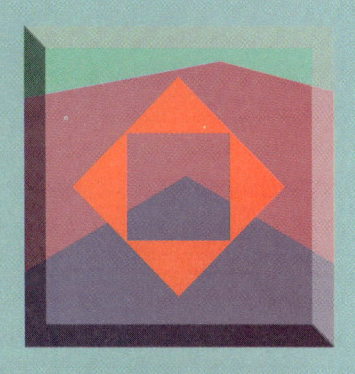

Objectifs du chapitre:

- Décrire la structure du secteur public au Canada.

- Faire la distinction entre une analyse positive et une analyse normative de l'intervention publique dans la vie économique.

- Définir ce qu'on entend par les *lacunes du marché* et expliquer pourquoi elles peuvent justifier des interventions de l'État.

- Définir les concepts de *bien privé* et de *bien collectif*.

- Expliquer ce qu'on entend par le *problème du resquilleur*.

- Montrer en quoi la fourniture de biens ou de services collectifs par l'État permet de contourner le problème du resquilleur.

- Expliquer comment les droits de propriété, les taxes ou subventions et la réglementation peuvent être utilisés pour corriger les inefficacités dues aux effets externes.

Les gouvernements: un mal ou un remède?

En 1989, plus de 800 000 personnes au Canada étaient employées dans le secteur public. La même année, le gouvernement fédéral, les gouvernements provinciaux et les autorités municipales dépensaient, ensemble, environ 45 ¢ sur chaque dollar de revenu que gagnaient les Canadiens. En quoi tous ces fonctionnaires et toutes ces dépenses nous sont-elles utiles? Le secteur public en fait-il plus qu'il ne le devrait? Ou en fait-il au contraire encore trop peu? ■ Les gouvernements fournissent de nombreux produits et services. Certains sont intangibles, comme les lois et l'application des lois; d'autres sont parfaitement tangibles, comme les écoles et les autoroutes. Pourquoi les gouvernements fournissent-ils certains biens et services et pas d'autres? Vous avez sûrement déjà vu des camionnettes de la Brinks ou de Sécur apporter de l'argent liquide à une succursale bancaire. Pourquoi les banques doivent-elles avoir recours à des entreprises privées pour assurer leur sécurité alors que les citoyens, eux, sont protégés par la police? Qu'est-ce qui différencie les activités économiques qui relèvent de l'État de celles qui relèvent du secteur privé? ■ On parle beaucoup d'écologie depuis quelques années. Les quantités astronomiques de combustible fossile (charbon, gaz naturel ou pétrole) que nous faisons brûler chaque jour polluent l'atmosphère et sont notamment responsables du problème des pluies acides. Cette combustion massive d'hydrocarbures fait aussi augmenter les concentrations de gaz carbonique dans l'atmosphère. Si l'effet de cette modification de l'atmosphère est plus difficile à mesurer que les conséquences des pluies acides, elle n'en constitue pas moins à long terme une menace peut-être plus inquiétante encore. Les experts prévoient que l'augmentation du taux de gaz carbonique devrait provoquer un réchauffement de l'atmosphère terrestre, ce qu'on appelle l'*effet de serre*. Ce phénomène, que l'on attribue généralement à l'utilisation massive des chlorofluorocarbones (CFC), pourrait causer des dommages irréparables à la couche d'ozone située dans la haute atmosphère, ce qui aurait pour conséquence de nous exposer à une intensification du rayonnement ultraviolet. Paradoxalement, ces problèmes écologiques vitaux sont le fait de tous et de personne en particulier. Tout le monde subit les conséquences de la dégradation de l'environnement mais personne ne peut prendre les mesures nécessaires pour remédier à la situation, du moins pas à titre individuel. Que peuvent faire les gouvernements pour protéger l'environnement? Comment peuvent-ils nous faire prendre conscience des dommages que nous causons à l'environnement chaque fois que nous mettons en marche notre système de chauffage ou de climatisation?

■ Nous avons étudié en détail les décisions économiques des ménages et des entreprises. Nous avons vu comment les ménages décident de leur offre de facteurs de production et nous avons étudié les effets de ces décisions sur les revenus des ménages; nous avons aussi analysé ce qui détermine les décisions de consommation et d'épargne des ménages. Nous avons vu, par ailleurs, comment les entreprises déterminent la quantité de biens et de services à produire, et comment elles choisissent leurs méthodes de production. Enfin, nous avons étudié les interactions entre les ménages et les entreprises sur les marchés des biens, des services et des facteurs de production. ■ Mais les décisions des ménages et des entreprises s'inscrivent nécessairement dans un contexte politique: elles dépendent en partie des mesures prises par les gouvernements. Ainsi, les lois sur le contrôle des loyers et sur le salaire minimum interviennent dans le fonctionnement des marchés concurrentiels. Nous avons vu aussi que tous les marchés ne sont pas concurrentiels. Ils présentent presque tous des éléments de monopoles, qui sont souvent dus aux lois et aux règlements qui restreignent la concurrence.

■ Ce chapitre et les deux suivants portent sur les interventions de l'État dans la vie économique. Dans le présent chapitre, nous allons décrire la structure du secteur public et analyser les fondements du rôle économique de l'État. Nous verrons pourquoi, en l'absence d'intervention publique, le mécanisme du marché conduit souvent à une allocation inefficace des ressources. Nous étudierons aussi les grandes lignes des principales théories de l'action gouvernementale. Ces théories seront développées plus en détail dans les deux prochains chapitres.

Le secteur public

Au sens large, le terme *secteur public* désigne l'ensemble des activités publiques, ce qui inclut les administrations publiques et les entreprises industrielles et commerciales appartenant à l'État. Dans le présent chapitre, c'est le secteur gouvernemental proprement dit qui retiendra notre attention.

Les administrations publiques au Canada

Il y a plus de 4000 administrations publiques au Canada. Certaines sont de taille très modeste, comme les municipalités rurales, d'autres comptent un très grand nombre d'employés, comme le gouvernement du Canada et les gouvernements des provinces les plus peuplées.

Les administrations publiques au Canada relèvent de trois paliers de gouvernement:

- Le gouvernement fédéral
- Les gouvernements provinciaux
- Les autorités minicipales

De tous les paliers de gouvernement, le gouvernement fédéral est de loin celui qui a le budget le plus important et qui est le plus gros employeur: du point de vue du budget et des effectifs, il représente à lui seul la moitié du secteur gouvernemental canadien. Les gouvernements provinciaux en représentent 40 %; et les autorités municipales, 10 %. Sur le plan constitutionnel, les paliers fédéral et provincial sont tous deux souverains dans leur sphère de juridiction. Les municipalités exercent une autorité qui leur est déléguée par les parlements provinciaux.

La taille du secteur public

La part relative du secteur public dans l'économie canadienne a beaucoup augmenté au cours du dernier demi-siècle. En 1940, les dépenses des administrations publiques ne représentaient que 20 % des dépenses totales de l'économie canadienne. En 1990, elles en représentent 45 %. Cette augmentation des dépenses sur 50 ans ne rend pas bien compte du rôle croissant de l'État dans l'économie canadienne, puisque les interventions publiques ne se mesurent pas seulement par le volume des dépenses, mais aussi par l'activité législative et réglementaire et ses effets sur les décisions économiques des ménages et des entreprises. Nous reviendrons sur ce point au chapitre 21, quand nous étudierons la réglementation et les lois anti-monopoles.

Le principal objectif de ce chapitre n'est pas de décrire le secteur public, mais d'analyser les fondements du rôle économique de l'État. Nous examinerons pourquoi les mécanismes du marché ne réalisent pas nécessairement une allocation efficace des ressources et nous analyserons comment les interventions publiques peuvent remédier aux lacunes du marché. Mais, avant d'aborder ces questions complexes, il convient de spécifier le cadre d'analyse que nous adopterons pour discuter de l'action économique des gouvernements.

Analyse positive et analyse normative

Nous avons tous des opinions, parfois très arrêtées, sur les grandes questions politiques de l'heure. Mais, en tant qu'étudiants en économie, votre objectif est ici de comprendre, d'expliquer et si possible de prévoir les décisions économiques des gouvernements. Il est difficile de faire complètement abstraction de nos opinions politiques ; mais, pour bien comprendre les comportements politiques, nous devons établir une distinction claire entre analyse positive et analyse normative. Nous avons étudié cette distinction importante au chapitre 1 et nous y sommes revenus plusieurs fois par la suite, y compris dans le précédent chapitre. Nous allons cependant la rappeler ici, car elle est essentielle à l'analyse économique des comportements politiques.

Lorsque l'on procède à l'analyse économique du secteur public, on peut adopter soit une approche *positive* soit une approche *normative*. L'analyse positive vise à décrire les causes et les effets des décisions économiques gouvernementales tandis que l'analyse normative vise à évaluer la pertinence de ces décisions et à faire des recommandations de politique économique. Ainsi, le but de l'*analyse positive* est de *comprendre ce qui est*; celui de l'*analyse normative* est d'*indiquer ce qui devrait être*. Les outils analytiques de base sont les mêmes dans les deux cas mais ils sont utilisés différemment.

Nous adopterons dans ce chapitre une approche positive. Notre propos sera par conséquent de comprendre les raisons et les effets des interventions de l'État dans la vie économique.

La théorie économique du secteur public

Le rôle économique de l'État peut se rattacher à deux catégories de considérations :

- Les lacunes du marché
- La redistribution du revenu et de la richesse

Les lacunes du marché L'intervention publique peut avoir pour objet de remédier aux défaillances du mécanisme de marché, c'est-à-dire à ses lacunes. Les **lacunes du marché** désignent l'ensemble des facteurs susceptibles d'empêcher un système de marché de parvenir à une allocation efficace des ressources. Les lacunes du marché sont dues principalement à trois facteurs :

- La consommation de certains biens ou services est par nature collective, en ce sens que le même bien ou service pourra être consommé conjointement par un grand nombre d'individus.
- La production de certains biens ou services entraîne des coûts ou des avantages *externes.*
- Des monopoles ou des cartels restreignent la production de certains biens ou services.

Dans chacune de ces situations, le libre jeu du marché conduit à un certain gaspillage de ressources; en d'autres termes, il serait possible, en modifiant l'allocation des ressources, d'accroître la production de certains biens ou services sans diminuer celle des autres biens ou services et, par conséquent, d'améliorer le sort de certaines personnes sans nuire à quiconque. Soulignons que l'énoncé précédent n'est pas de nature normative : nous ne faisons que *décrire* la situation, que *constater* la présence (ou l'absence) d'un gaspillage dans l'économie. De la même façon, nous n'émettons aucun jugement de valeur quand nous disons que telle modalité d'intervention gouvernementale *permettrait* (ou ne permettrait pas) d'éliminer ce gaspillage. Par contre, dire que le gouvernement *devrait* (ou ne devrait pas) prendre telle ou telle mesure pour corriger la situation serait un énoncé normatif. L'analyse des lacunes du marché que nous faisons ici est de nature positive, et non normative.

La redistribution du revenu et de la richesse L'intervention de l'État peut aussi avoir pour objectif de redistribuer le revenu et la richesse, mesures qui s'expliquent par les considérations d'équité et de justice distributive que nous avons étudiées au chapitre 18. Mais l'équité et la justice distributive ne sont pas les seules causes possibles de la redistribution du revenu et de la richesse. La création de monopoles et de cartels par le biais d'interventions publiques conduisent aussi à une redistribution du revenu. Par exemple, les activités de *recherche de rente* étudiées au chapitre 13 ont aussi une dimension politique importante.

Reprenons la distinction que nous avons établie entre analyse positive et analyse normative. Affirmer que la plupart des gens considèrent comme injuste la répartition du revenu primaire est un énoncé positif. Dire que l'État *peut* redistribuer le revenu au profit des plus pauvres est aussi un énoncé positif. Par contre, dire qu'il *doit* redistribuer le revenu des plus riches aux plus pauvres est un énoncé normatif. Au chapitre 18, nous avons étudié l'ampleur de la redistribution du revenu au Canada. Nous y reviendrons au chapitre 20, dans le cadre d'une analyse positive des mesures redistributives.

Intérêt général et choix publics

L'analyse positive du comportement de l'État relève de l'une ou l'autre des approches explicatives suivantes :

- La théorie de l'intérêt général
- La théorie des choix publics

La **théorie de l'intérêt général** prédit que les interventions de l'État viseront à corriger les inefficacités dans l'allocation des ressources dues aux lacunes du marché. La **théorie des choix publics** prédit que les interventions de l'État seront le résultat de l'interaction sur le marché politique des électeurs, des politiciens et des gestionnaires du secteur public. Dans la théorie de l'intérêt général, on considère que l'État adoptera les mesures qui permettront de remédier aux défaillances du marché et de réaliser une allocation efficace des ressources. Dans la théorie des choix publics, on considère que le processus de décision politique est lui aussi sujet à des défaillances: aux lacunes du marché s'ajoutent les «lacunes des gouvernements». La confrontation, sur le marché politique, des intérêts des électeurs, des politiciens et des fonctionnaires débouche sur des «choix publics» qui ne sont pas nécessairement plus propices à une allocation efficace des ressources que le serait un marché non réglementé. Nous examinerons cette question plus en profondeur au chapitre 20.

Dans les deux prochaines sections, nous allons analyser comment les lacunes du marché dues aux *biens collectifs* et aux *effets externes* peuvent expliquer le rôle économique des gouvernements. Les interventions gouvernementales attribuables à l'existence de monopoles et de cartels — la troisième cause de défaillance des marchés — seront étudiées au chapitre 21.

Nous savons que la nature collective de certaines consommations et l'existence d'activités présentant des coûts externes ou des avantages externes, sont deux des facteurs à l'origine des lacunes du marché. Nous allons maintenant analyser plus en détail le rôle économique que les gouvernements sont appelés à jouer du fait de ces facteurs. Les interventions gouvernementales attribuables aux monopoles et aux cartels seront étudiées au chapitre 21.

Les biens collectifs

Pourquoi l'État fournit-il certains biens et services comme le système judiciaire, la défense nationale, les écoles, les autoroutes et les soins de santé? Pourquoi ne laisse-t-on pas des entreprises privées produire ces biens et services et les vendre sur le marché? Quel volume de services de défense nationale consommerions-nous si nous laissions l'entreprise privée nous vendre des services de défense sur le marché, de la même façon qu'on laisse Toyota ou GM nous vendre des voitures?

Biens privés et biens collectifs

Un **bien privé** est un bien ou un service dont chaque unité ne peut être consommée que par une seule personne. Par exemple, une cannette de boisson gazeuse est un bien privé: quand vous consommez une cannette de boisson gazeuse, vous privez tout le reste de la population de cette cannette. La caractéristique essentielle d'un bien privé correspond à ce qu'on appelle la *rivalité d'usage*: l'utilisation du bien par une personne en exclut nécessairement toute consommation par une autre personne. Par opposition, un **bien collectif** est un bien ou un service que tout le monde peut consommer conjointement, en ce sens que l'usage du bien par un agent n'en empêche pas l'usage par un autre agent. Par exemple, la défense nationale ou l'éclairage des rues sont des biens publics. La caractéristique essentielle d'un bien collectif est donc la *non-rivalité d'usage*: le fait qu'une personne consomme un bien public ne modifie en rien la possibilité pour une autre personne de consommer le même bien. Ainsi, le fait que le système de défense nationale vous protège ne diminue en rien la protection dont bénéficient les autres.

Le caractère collectif d'un bien est donc d'abord défini par la potentialité d'une consommation collective. Cependant, beaucoup de biens collectifs ont une seconde caractéristique importante: l'*impossibilité d'exclusion d'usage*. Par exemple, le système de défense nationale protège tout le monde: dès lors que le système protège une partie de la population, il protège nécessairement l'ensemble de la population. Il en va de même de l'éclairage des rues: l'éclairage servira nécessairement à tout le monde et il est techniquement impossible d'exclure *une partie* des passants de l'éclairage fourni. Par opposition, la rivalité d'usage des biens privés implique nécessairement la possibilité d'exclusion d'usage: le bien ne peut être consommé par une personne que si cette consommation exclut la consommation par toute autre personne. Dans le cas des biens collectifs, la possibilité d'exclusion dépend des caractéristiques du bien et de la technologie disponible. Par exemple, les émissions de télévision sont des biens collectifs, puisque plusieurs personnes peuvent regarder une émission sans pour autant priver les autres de la même émission. Cependant, on peut empêcher d'autres personnes de regarder l'émission. Depuis l'avènement de la câblodistribution, il est en effet possible d'exclure de la consommation de ce type de bien les téléspectateurs qui ne disposent pas du système de décodage approprié, ce qui était évidemment impossible avec les méthodes traditionnelles de télédiffusion.

La plupart des biens se situent entre les deux extrêmes du bien privé pur et du bien collectif pur. Les **biens mixtes** sont des biens caractérisés par une non-rivalité d'usage qui dépend du nombre d'utilisateurs. C'est le cas par exemple des autoroutes. Tant qu'elle n'est pas congestionnée, l'autoroute est un bien collectif: une voiture supplémentaire peut l'utiliser sans pour autant empêcher les autres véhicules de continuer d'y rouler. La présence de cette voiture supplémentaire sur l'autoroute ne restreint pas la consommation des autres usagers. Par contre, une fois que la densité de circulation dépasse un certain seuil, toute voiture supplémentaire nuit à la qualité du service dont bénéficient les autres usagers: l'autoroute devient un bien privé.

Les biens collectifs et les biens mixtes ayant un élément important de bien collectif donnent lieu à ce qu'on appelle le *problème du resquilleur*.

Le problème du resquilleur

Un **resquilleur** est une personne qui consomme un bien sans le payer. Le **problème du resquilleur** correspond au fait que le libre jeu du marché conduit généralement à une production insuffisante de biens collectifs, étant donné que personne n'a intérêt à payer pour obtenir un bien s'il peut le consommer sans débourser un sou. Prenons un exemple.

Supposons que des scientifiques ont mis au point une technique efficace pour réduire les rejets de dioxyde de soufre dans l'atmosphère, ce qui pourrait mettre un terme au problème des pluies acides. Supposons aussi que la mise en œuvre de cette technique est très onéreuse, de sorte qu'il faut contraindre les entreprises responsables de cette pollution à utiliser la technique en question. Afin de faire respecter la nouvelle réglementation, on utilise des satellites spéciaux pour surveiller les entreprises potentiellement polluantes. On suppose que les amendes infligées aux entreprises contrevenantes sont suffisamment lourdes pour les dissuader d'enfreindre les règlements. Un seul satellite ne peut observer qu'un cinquième des pollueurs potentiels à la fois. Plus les satellites sont nombreux, plus les entreprises sont surveillées et moins elles polluent, donc plus l'air est sain. Mais ces satellites de surveillance coûtent très cher et, pour les fabriquer, il faut utiliser des ressources qui pourraient être consacrées à la production d'autres biens ou services. Par conséquent, plus on lance de satellites de détection, plus leur coût marginal est élevé.

Nous verrons dans un premier temps combien de satellites il faut lancer pour obtenir une allocation efficace des ressources. Nous verrons ensuite que le secteur privé ne peut réaliser cette allocation efficace des ressources et que cette défaillance du marché est due au problème du resquilleur.

Une analyse avantages-coûts

Les avantages que procure un système de détection par satellite des rejets d'oxyde de soufre dépendent des préférences des consommateurs. Le coût du système est déterminé par la technique disponible et le prix des facteurs de production utilisés. Quand nous avons étudié les biens privés, nous avons vu que la valeur qu'une personne attribue à un bien se mesure à sa disposition à payer pour obtenir une unité supplémentaire de ce bien. Ce montant se calcule à partir de la courbe de demande : en effet, la courbe de demande indique la quantité demandée en fonction du prix et inversement, elle donne le prix maximal que les consommateurs accepteraient de payer pour obtenir la dernière unité achetée. La valeur qu'une personne attribue à un bien collectif se calcule exactement de la même façon : c'est le montant maximal que cette personne accepterait de payer pour obtenir une unité supplémentaire de ce bien.

On peut aussi calculer l'avantage total que le consommateur retire de la consommation d'un bien. L'**avantage total** qu'un individu retire de la consommation d'un bien correspond à sa disposition totale à payer pour les unités du bien en question. Plus la quantité fournie est importante, plus l'avantage total est grand. Le tableau de la figure 19.1 indique l'avantage total de Lise et de Maxime pour différents niveaux de surveillance par satellite. Plus on lance de satellites, mieux on peut surveiller les entreprises et plus les pluies acides diminuent. Mais cela n'est vrai que jusqu'à un certain point : chaque satellite additionnel apporte un supplément de surveillance inférieur au satellite précédent. On appelle **avantage marginal** l'accroissement de l'avantage total qui résulte d'une unité supplémentaire du bien considéré. Le tableau de la figure 19.1 indique les avantages marginaux des satellites pour Lise et pour Maxime : plus le nombre de satellites augmente, plus l'avantage marginal diminue. Pour Lise, l'avantage marginal d'un cinquième satellite est nul ; Maxime ne reconnaît au cinquième satellite qu'une valeur de 10 $. Les courbes Am_L et Am_M des graphiques (a) et (b) de la figure 19.1 illustrent, respectivement, l'avantage marginal des satellites pour Lise et pour Maxime.

L'avantage marginal d'un bien collectif est le montant maximal qu'une personne serait prête à débourser pour obtenir une unité supplémentaire de ce bien. L'avantage marginal dépend de la quantité consommée. Plus une personne consomme un bien donné, moins elle est prête à dépenser pour en obtenir une unité supplémentaire.

Dans le graphique (c) de la figure 19.1, la courbe Am représente l'avantage marginal pour l'économie dans son ensemble, qui se résume ici à Lise et à Maxime. Pour une personne considérée isolément, la courbe d'avantage marginal d'un bien collectif est similaire à la courbe de demande d'un bien privé. Mais, pour l'économie dans son ensemble, la courbe d'avantage marginal social n'est pas construite de la même façon que la courbe de demande totale d'un bien privé. Pour tracer la courbe de demande totale d'un bien privé, il faut additionner les quantités demandées par tous les consommateurs, pour chacun des prix possibles. On additionne donc *horizontalement* les courbes de demande individuelles (voir la figure 7.1 du chapitre 7, page 159). Mais, pour tracer la courbe d'avantage marginal d'un bien collectif pour l'économie dans son ensemble, il faut additionner les avantages marginaux de tous les consommateurs, pour chacune des quantités possibles. Il faut donc additionner *verticalement* les courbes individuelles d'avantage marginal. Le tableau de la figure 19.1 présente le barème d'avantage marginal social, pour l'économie dans son ensem-

Figure 19.1 La disposition à payer pour un bien collectif

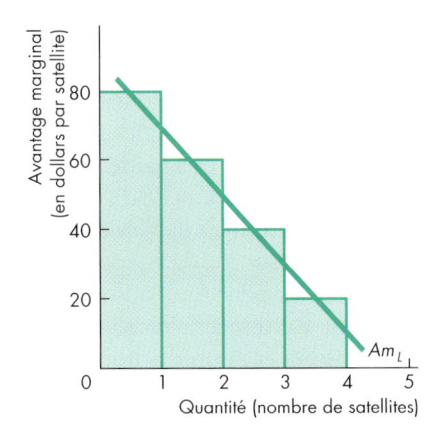

(a) Courbe d'avantage marginal de Lise

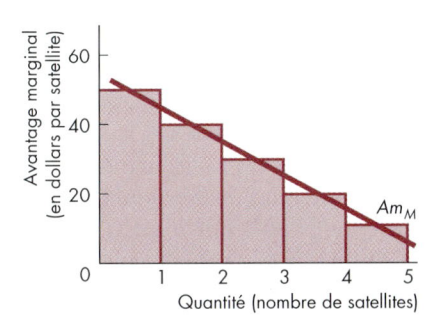

(b) Courbe d'avantage marginal de Maxime

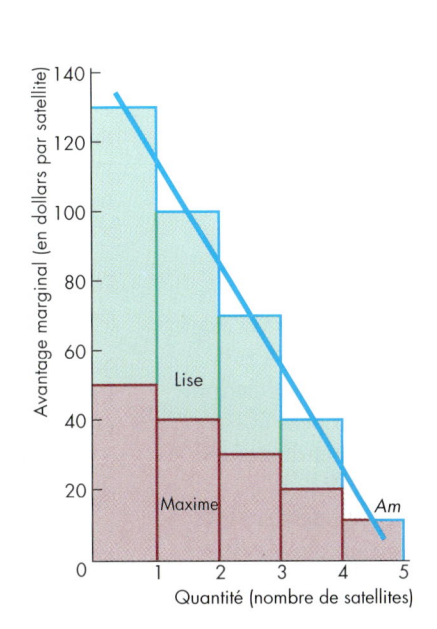

(c) Courbe d'avantage marginal social

Le tableau indique les dispositions à payer pour un système de surveillance des rejets de polluants, en fonction du nombre de satellites de détection lancés. Il présente l'avantage total pour Lise, pour Maxime et pour l'économie dans son ensemble (qui se résume à Lise et à Maxime) en fonction de la dimension du système de surveillance. Le tableau indique aussi l'avantage marginal, c'est-à-dire l'accroissement de l'avantage total permis par un satellite supplémentaire pour Lise, pour Maxime et pour l'économie dans son ensemble. La courbe Am_L du graphique (a) est la courbe d'avantage marginal de Lise et la courbe Am_M du graphique (b) est la courbe d'avantage marginal de Maxime. La courbe d'avantage marginal social s'obtient en additionnant verticalement l'avantage marginal de toutes les personnes qui composent la population considérée. La courbe Am du graphique (c) est ainsi obtenue en prenant la somme, pour différentes quantités du bien collectif, de l'avantage marginal de Lise et de l'avantage marginal de Maxime.

Quantité (nombre de satellites)	Lise Avantage total (en dollars)	Lise Avantage marginal (en dollars par satellite)	Maxime Avantage total (en dollars)	Maxime Avantage marginal (en dollars par satellite)	Économie Avantage total (en dollars)	Économie Avantage marginal (en dollars par satellite)
0	0		0		0	
		80		50		130
1	80		50		130	
		60		40		100
2	140		90		230	
		40		30		70
3	180		120		300	
		20		20		40
4	200		140		340	
		0		10		10
5	200		150		350	

ble, celle-ci se résumant ici à Lise et à Maxime. Au graphique (c) de la figure 19.1, la courbe Am d'avantage marginal social résulte de l'addition verticale des courbes d'avantage marginal de Lise et de Maxime.

Une population qui ne compterait que deux personnes n'achèterait pas de satellite de détection car le coût de ce dispositif serait de très loin supérieur à son avantage total. Par contre, une population de 25 millions d'habitants pourrait acheter de tels satellites. Pour déterminer le nombre efficace de satellites, c'est-à-dire le niveau de surveillance efficace, considérons l'exemple de la figure 19.2. Les deux premières colonnes du tableau indiquent l'avantage total et l'avantage marginal pour une économie de 25 millions de personnes. Pour simplifier, nous avons supposé que chaque individu a exactement les mêmes préférences que Lise. Par exemple, chaque individu est prêt à payer 80 $ pour un satellite (figure 19.1), ce qui donne un avantage total de 2 millions de dollars sur l'ensemble des 25 millions de personnes (figure 19.2). Les deux colonnes suivantes donnent le coût total et le coût marginal de production des satellites. Ces coûts sont des coûts d'opportunité, qui se calculent exactement comme les coûts de production des chandails du chapitre 10. La dernière colonne du tableau indique l'avantage net. L'**avantage net** est l'avantage total diminué du coût total. La quantité efficace de bien collectif est celle qui maximise l'avantage net.

Au graphique (a) de la figure 19.2, la courbe *AT* représente l'avantage total et la courbe *CT*, le coût total. L'écart vertical entre ces deux courbes représente l'avantage net. L'avantage net est maximal quand l'écart vertical est maximal ; dans notre exemple, cela correspond à la mise en orbite de deux satellites de détection.

La quantité efficace de bien collectif peut aussi se calculer à partir de l'avantage marginal et du coût marginal. Au graphique (b) de la figure 19.2, la courbe *Am* représente l'avantage marginal des satellites et la courbe *Cm*, leur coût marginal. Tant que l'avantage marginal reste supérieur au coût marginal, l'avantage net augmente avec le nombre de satellites. Mais, dès que le coût marginal devient supérieur à l'avantage marginal, une diminution de la quantité produite permettrait d'augmenter l'avantage net. L'avantage net est maximisé quand l'avantage marginal et le coût marginal sont égaux. L'égalité de l'avantage marginal et du coût marginal est donc la condition d'une allocation efficace des ressources.

Maintenant que nous avons déterminé le niveau de production efficace d'un bien collectif, voyons si des producteurs privés pourraient offrir cette quantité.

La fourniture privée de biens collectifs

Peut-on s'en remettre à l'entreprise privée pour produire le nombre de satellites maximisant l'avantage net social ? Supposons qu'une entreprise, appelons-la Pollution Zéro inc., ait la capacité technique d'installer le système de détection par satellite. Cette entreprise devra faire ses frais. Pour produire la quantité optimale du bien collectif, l'entreprise en question devrait recueillir 1,5 milliard de dollars auprès de la population, soit 60 $ par personne pour une population de 25 millions de personnes. Mais de ces 25 millions de personnes, aucune n'aurait intérêt à verser sa quote-part de 60 $. Toutes raisonneraient de la façon suivante.

« Ce ne sont pas mes 60 malheureux dollars qui vont peser d'un grand poids dans la production des satellites. Par contre, ils représentent une part non négligeable de ma consommation privée. Si je ne verse pas ma quote-part de 60 $, je bénéficierai de la même protection contre les pluies acides que tout le monde, mais je consommerai 60 $ de plus en autres biens et services. Par conséquent, j'ai intérêt à ne pas verser ma quote-part de 60 $ pour la production des satellites et à garder cette somme pour ma consommation personnelle d'autres biens et services : j'ai intérêt à resquiller le bien collectif pour acheter plus de biens privés. »

Comme les 25 millions de personnes raisonnent de la même façon, Pollution Zéro inc. ne recueille pas un sou auprès de la population, et sa production est nulle.

La fourniture publique de biens collectifs

Supposons maintenant que le gouvernement organise un référendum sur la proposition suivante : il prélèvera 60 $ auprès de chaque citoyen et consacrera la somme de 1,5 milliard de dollars ainsi perçue au financement de la production de deux satellites de détection des rejets d'oxyde de soufre. La population votera-t-elle en faveur de cette proposition ? Il est facile de voir que chaque citoyen aura effectivement intérêt à voter oui. Nous avons supposé que chaque citoyen a les mêmes préférences que Lise dans la figure 19.1. La disposition totale à payer de chaque individu pour la mise en place de deux satellites est donc égale à 140 $. La mesure proposée par le gouvernement s'accompagne d'un prélèvement obligatoire de 60 $. Compte tenu du financement qui lui sera imposé, chaque citoyen retire donc de la mesure proposée un avantage total *net* égal à 80 $. En conséquence, les citoyens entérineront la proposition gouvernementale et la quantité optimale du bien collectif sera produite.

Nous avons vu que le mécanisme habituel du marché menait à une production insuffisante de biens collectifs. Dans notre exemple, *aucun* satellite de détection n'est mis en place si on s'en remet au marché, même si l'allocation efficace des ressources requiert l'installation de deux satellites. L'impossibilité d'exclure ceux qui refusent de payer des avantages procurés par le système de satellites a pour effet d'empêcher qu'une entreprise privée se dédommage de ses frais de production en « vendant » le bien sur le marché. L'intervention publique permet en principe de contourner le problème du resquilleur, puisque l'État peut utiliser son pouvoir de coercition pour *obliger* chaque bénéficiaire du bien collectif à acquitter sa quote-part des coûts. Cela rend possible la production de la quantité efficace de bien collectif.

Figure 19.2 La quantité efficace d'un bien collectif

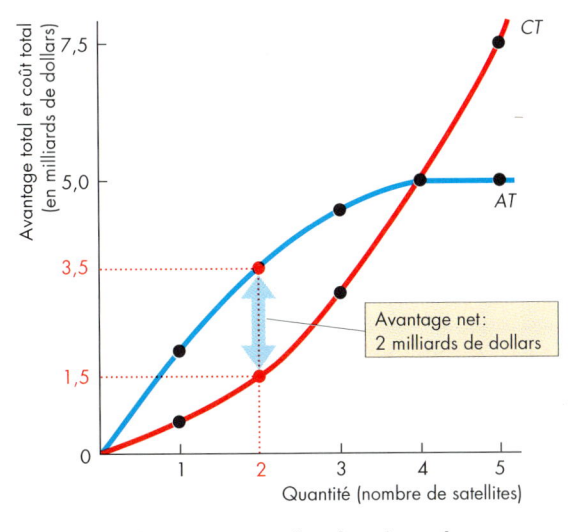

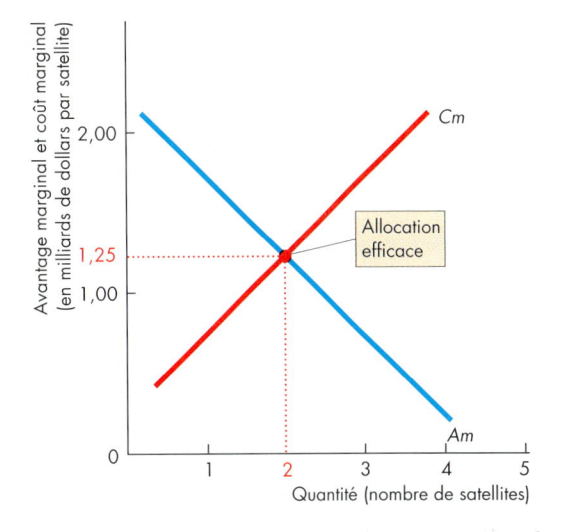

(a) Courbes d'avantages total et de coût total

(b) Courbes d'avantage marginal et de coût marginal

Quantité (nombre de satellites)	Avantage total (en milliards de dollars)	Avantage marginal (en milliards de dollars)	Coût total (en milliards de dollars)	Coût marginal (en milliards de dollars)	Avantage net (en milliards de dollars)
0	0		0		0
		2,0		0,5	
1	2,0		0,5		1,5
		1,5		1,0	
2	3,5		1,5		2,0
		1,0		1,5	
3	4,5		3,0		1,5
		0,5		2,0	
4	5,0		5,0		0
		0		2,5	
5	5,0		7,5		−2,5

Le tableau indique l'avantage total et l'avantage marginal pour l'économie dans son ensemble en fonction du nombre de satellites utilisés. Il donne aussi le coût total et le coût marginal des différents niveaux de surveillance envisageables. Les courbes AT et CT du graphique (a) illustrent, respectivement, l'avantage total et le coût total. L'écart vertical entre ces deux courbes représente l'avantage net ; celui-ci est maximisé quand deux satellites sont lancés. Au graphique (b), la courbe Am représente l'avantage marginal et la courbe Cm, le coût marginal. L'avantage net est maximal et l'allocation des ressources est efficace quand le coût marginal et l'avantage marginal sont égaux.

À RETENIR

Le problème du resquilleur se pose lorsque chaque individu est libre de décider de la contribution qu'il versera pour le financement d'un bien collectif. Comme chacun a intérêt à resquiller, la quantité de biens collectifs produits par l'entreprise privée est inférieure à celle que requiert une allocation efficace des ressources. En imposant des prélèvements obligatoires, les gouvernements sont en mesure d'assurer la production de biens collectifs compatible avec une allocation efficace des ressources.

■ ■ ■

Examinons maintenant le deuxième facteur associé aux lacunes du marché, les *externalités*.

Les externalités

On appelle **externalités** ou **effets externes** les coûts ou avantages associés à une activité économique qui ne sont pas pris en compte par le marché. Un effet externe est un effet indirect, en ce sens qu'il n'agit pas par l'intermédiaire du système de prix et qu'il n'est pas créé par l'agent qui en subit le coût ou qui en bénéficie. Par exemple, quand une entreprise de produits chimiques déverse ses eaux usées dans une rivière et en tue tous les poissons, elle crée un effet externe, qui correspond en l'occurrence au coût que subissent les pêcheurs en aval de l'usine. Comme ce coût n'est pas supporté par l'entreprise, elle n'en tient aucun compte quand elle choisit de déverser ou non ses eaux usées dans la rivière. Il y a aussi des effets externes chaque fois qu'un Montréalais dont la voiture n'est pas équipée d'un convertisseur catalytique prend son véhicule ; l'externalité correspond ici au coût que subissent tous ceux qui respirent l'air que ce véhicule pollue. Quand un propriétaire cultive de belles fleurs dans son parterre, il crée aussi un effet externe ; plutôt que d'un coût externe, il s'agit cette fois d'un avantage dont bénéficient tous les passants qui admirent son parterre. Cependant, quand il décide de jardiner, le propriétaire ne tient pas compte du plaisir que son parterre pourrait procurer aux passants ; il ne prend que son propre intérêt en considération.

Deux grands effets externes font régulièrement la manchette depuis quelques années. Le premier découle de l'utilisation massive des chlorofluorocarbones, ou CFC. Les CFC sont des substances chimiques qui entrent dans la composition de nombreux produits, des fluides réfrigérants des réfrigérateurs et des systèmes de climatisation aux téléphones en plastique, en passant par les solvants de nettoyage pour les circuits informatiques. La réaction chimique en cause n'est pas encore parfaitement connue et suscite toujours une certaine controverse dans les milieux scientifiques. La plupart des spécialistes s'accordent néanmoins à penser que l'utilisation massive de CFC représente une grave menace pour la couche protectrice d'ozone dans la haute atmosphère. L'Académie des sciences des États-Unis estime qu'une diminution de 1 % de la couche d'ozone pourrait faire augmenter de 2 % le nombre de cancers de la peau. Le rétrécissement de la couche d'ozone pourrait aussi provoquer des cataractes.

L'autre effet externe dont on parle beaucoup depuis quelque temps a trait à l'augmentation des émissions de gaz, carbonique et autres, dans l'atmosphère, qui résulte de l'utilisation massive de combustibles fossiles. Les gaz ainsi émis absorbent les radiations infrarouges et les enferment dans l'atmosphère, provoquant un effet de serre. Certains spécialistes de ce phénomène affirment que les Prairies et une bonne partie du Midwest américain sont condamnés à la désertification, et que la plus grande partie de la côte est de l'Amérique du Nord, notamment les rives du golfe du Mexique, pourrait disparaître, sous la montée des eaux de l'océan Atlantique provoquée par la fonte des glaces aux pôles. (Voir *Entre les lignes*, pp. 530-532)

Quand vous prenez un jus de fruits frais dans le réfrigérateur ou que vous faites fonctionner votre climatiseur au mois d'août, vous ne tenez pas compte des conséquences de votre geste sur l'atmosphère de la planète. Vous pensez seulement à l'avantage que vous vous accordez en vous désaltérant ou en dormant au frais malgré la canicule, et aux coûts que vous supportez *personnellement*. Dans le prix que vous payez pour votre jus de fruit frais ou votre bonne nuit de sommeil, vous n'incluez pas le coût de l'augmentation du nombre des cancers de la peau dans le monde.

Les externalités ne sont pas toujours négatives : ce ne sont pas toujours des coûts externes. Bon nombre d'activités produisent des effets externes positifs, c'est-à-dire des avantages externes. Par exemple, l'instruction confère de nombreux avantages à ceux qui en bénéficient directement, c'est-à-dire aux gens instruits : ils gagnent de meilleurs salaires et prennent part à un plus grand nombre d'activités culturelles et artistiques. Mais l'instruction de ces personnes profite aussi à tous les autres, par le biais de l'interaction sociale. Cependant, quand une personne choisit quelles études entreprendre, elle ne tient compte que des avantages qu'elle en retirera elle-même et du prix qu'il lui faudra payer pour ses études ; elle ne pense pas aux avantages que son instruction pourra conférer au reste de la population.

Les services de santé publique engendrent aussi des effets externes positifs. Ainsi, les programmes de prévention et d'hygiène publique font reculer la maladie.

Mais, quand les électeurs décident des ressources à consacrer à la santé et à l'hygiène publique, ils ne tiennent compte que des avantages dont ils bénéficieront personnellement et des coûts qui leur incomberont à titre individuel ; ils ne prennent pas en considération les retombées positives que leurs décisions économiques auront pour les autres.

Externalités et intervention gouvernementale

En présence d'effets externes, les gouvernements qui veulent réaliser une allocation plus efficace des ressources ont essentiellement le choix entre trois types de mesures :

- Établir des droits de propriété privée et les faire respecter
- Imposer des taxes correctives sur les activités qui engendrent des coûts externes et subventionner celles qui créent des avantages externes
- Adopter des réglementations qui permettent d'influencer directement les actions des agents économiques

Examinons d'abord en quoi des droits de propriété privée peuvent contribuer à résoudre les problèmes causés par les effets externes.

Externalités et droits de propriété privée

Dans certains cas, les effets externes résultent de l'absence de droits de propriété bien définis. Un **droit de propriété privée** est un titre légal qui confère la propriété exclusive d'une ressource et qu'on peut faire respecter en ayant recours aux tribunaux. Pour bien comprendre le rapport entre effets externes et droits de propriété, prenons l'exemple du conflit qui peut opposer un club de pêche privé et une usine de produits chimiques. Supposons que les membres de ce club pêchent dans une rivière très poissonneuse. Une entreprise de produits chimiques envisage d'installer une usine en amont du club. Cette usine produira des déchets dont elle devra se débarrasser.

Considérons maintenant deux contextes légaux différents. Dans le premier cas, la rivière n'appartient à personne. Rien n'empêche par conséquent l'usine d'y rejeter ses eaux usées, ce qui serait avantageux pour elle, puisque ses coûts d'élimination des déchets seraient alors presque nuls. Mais, en polluant la rivière, l'entreprise y tuera le poisson et obligera le club de pêche situé en aval à fermer ses portes.

Supposons maintenant que la rivière et les poissons qu'elle contient appartiennent au club de pêche, c'est-à-dire que celui-ci détient sur ces ressources un droit de propriété privée. Comme précédemment, l'entreprise de produits chimiques peut encore installer son usine en amont du club et elle peut encore rejeter ses eaux usées dans la rivière. Mais, dans ce cas, le club de pêche sera en droit de poursuivre l'entreprise devant les tribunaux, qui la condamneront à verser des dommages et intérêts au club de pêche. Pour l'entreprise, les dommages qu'elle devra verser constitue le coût d'élimination de ses déchets par rejet des eaux usées dans la rivière. Si elle peut se défaire de ses déchets d'une autre façon, moins onéreuse, c'est cette autre méthode qu'elle choisira ; en prenant en compte la possibilité d'une poursuite en responsabilité civile, l'entreprise pourra peut-être aussi conclure qu'il est plus avantageux pour elle d'installer son usine ailleurs. La possibilité d'une poursuite devant les tribunaux permet donc d'*internaliser* l'effet externe, puisqu'elle oblige l'entreprise à prendre en compte les coûts que ses actions sont susceptibles d'imposer à d'autres. Quand c'est l'absence de droits de propriété qui cause les effets externes, les gouvernements peuvent parfois résoudre le problème en établissant de nouveaux droits de propriété. Mais cette solution n'est pas toujours envisageable, car il n'est pas toujours possible d'établir ou de faire respecter un droit de propriété. L'imposition de taxes correctives représente alors une autre forme d'intervention possible.

La taxation des activités à externalités négatives

Chaque fois que vous utilisez votre voiture, l'essence que vous brûlez entraîne des rejets de gaz carbonique (CO_2) dans l'atmosphère et vous imposez des coûts à l'ensemble de la collectivité. Voyons comment le gouvernement peut vous obliger à tenir compte des coûts que vous imposez aux autres.

L'utilisation des moteurs à essence est l'une des sources les plus importantes des émissions de CO_2 dans l'atmosphère. Examinons la demande des services de transport. La figure 19.3 représente le marché des services de transport. La courbe de demande D se confond avec la courbe d'avantage marginal Am. Ces courbes nous indiquent la disposition à payer des consommateurs pour différents niveaux de consommation de services de transport. La courbe CmP représente le coût marginal privé de production de services de transport. Le **coût marginal privé** est le coût marginal qui est supporté directement par les producteurs du bien considéré. La courbe CmP indique donc le coût marginal des fournisseurs de services de transport. Mais la production de services de transport engendre des externalités importantes : en particulier, l'utilisation de combustibles fossiles aggrave la pollution atmosphérique, renforce l'effet de serre et provoque aussi certains

L'effet de serre

Attention, ça va chauffer!

Depuis plus de dix ans, les scientifiques estiment que les voitures et les usines rejettent dans l'atmosphère des quantités de gaz suffisantes pour réchauffer la Terre par effet de serre interposé, ce qui pourrait entraîner des variations climatiques d'une ampleur désastreuse. Malheureusement, ces mêmes scientifiques ne s'entendent pas sur l'ampleur du réchauffement qui s'est déjà produit ni sur celle du réchauffement à venir, ni même sur les conséquences climatiques à prévoir. Par contre, tous reconnaissent que la quantité de CO_2 contenue dans l'atmosphère a augmenté ces dernières années, et qu'elle continue de le faire à un rythme très soutenu.

Des recherches récentes confirment cette augmentation du taux de CO_2 dans l'atmosphère. En creusant très profond dans les banquises arctique et antarctique, des scientifiques ont pu mesurer le taux de CO_2 de bulles d'air contenues dans des couches de neige très anciennes. Ils ont aussi scruté des tissus végétaux fossilisés pour y trouver des indices de la température ambiante à la même époque. Ils en concluent que le taux de CO_2 et la température planétaire sont positivement corrélés, puisqu'ils ont augmenté et baissé en même temps pendant des dizaines de milliers d'années. L'étude des autres planètes vient confirmer ces résultats : la température de surface de la planète Mars, dont l'atmosphère contient très peu de CO_2, ne dépasse guère – 31 °C (– 24 °F), tandis que celle de Vénus, dont l'atmosphère contient beaucoup de CO_2, est proprement infernale : 455 °C (850 °F) !

Les émissions de gaz carbonique dans l'atmosphère sont surtout imputables à la combustion massive de bois et de combustibles fossiles comme le pétrole, le charbon et le gaz. À la fin du 19e siècle, le taux de CO_2 contenu dans l'atmosphère s'élevait entre 280 et 290 parties par million (p.p.m.). Il est aujourd'hui de 350 p.p.m. et pourrait atteindre 500 à 700 p.p.m. en l'an 2050, un record sur plusieurs millions d'années.

La technique d'économie d'énergie et de préservation des ressources la plus efficace et la plus rentable est, de loin, l'augmentation du prix des combustibles fossiles. En effet, les prix actuels ne reflètent pas les coûts écologiques réels des émissions de gaz carbonique dans l'atmosphère. Il faut donc taxer les émissions de CO_2, faire payer des «droits d'utilisation» aux consommateurs de CO_2. Comme ils seraient compensés par une baisse de l'impôt sur le revenu ou autres prélèvements, ces droits ne viendraient nullement alourdir le fardeau fiscal.

Cette taxe sur le CO_2 ne serait pas aussi difficile à mettre en œuvre qu'on pourrait le croire à première vue. Comme il est très facile de mesurer la quantité de CO_2 que produit la combustion d'un litre d'essence, d'une tonne de charbon ou d'un mètre cube de gaz naturel et que la plupart des pays taxent déjà l'essence, il serait tout aussi aisé d'imposer des droits similaires sur toutes les sources d'énergie fossiles, droits qui seraient proportionnels à la quantité de CO_2 émise. Par ailleurs, les entreprises qui planteraient des arbres susceptibles d'absorber une partie du CO_2 de l'atmosphère pourraient bénéficier d'un crédit de taxe sur le CO_2.

Cette taxe ne permettrait pas seulement de réduire les émissions de CO_2 car l'utilisation de combustibles ne produit pas que du gaz carbonique, elle produit aussi d'autres polluants comme des suies, des oxydes d'azote et des oxydes de soufre, principaux responsables des pluies acides. La taxe sur le CO_2 inciterait donc les consommateurs à se détourner des combustibles très producteurs de CO_2, comme le charbon et le pétrole, au profit de sources énergétiques moins polluantes, comme le gaz naturel.

La planète doit cesser de compter sur les combustibles fossiles pour combler la plupart de ses besoins énergétiques. Berrien Moore, directeur de l'Institut pour l'étude de la Terre, des océans et de l'espace (*Institute for the Study of the Earth, Oceans and Space*) souligne que «même si nous réduisons nos émissions de CO_2 de moitié, la concentration de CO_2 dans l'atmosphère va continuer d'augmenter car nous émettrons encore plus de CO_2 que nous n'en absorberons; au total, la quantité nette produite continuera donc d'augmenter.»

De toutes les énergies non fossiles envisageables, deux seulement sont suffisamment développées à l'heure actuelle pour qu'il soit envisageable de les utiliser à grande échelle dans un avenir proche. Il s'agit du solaire et du nucléaire, qui ne produisent aucun gaz susceptible de renforcer l'effet de serre. En particulier, l'énergie solaire présente de nombreux avantages : elle ne produit aucun déchet et elle est inépuisable. L'énergie solaire dont nous pouvons disposer ne vient pas seulement du soleil lui-même. L'énergie éolienne et l'hydro-électricité sont aussi des énergies solaires : le vent naît des variations de réchauffement de l'atmosphère par le soleil; quant à l'eau des barrages hydro-électriques, c'était à l'origine de la pluie, c'est-à-dire de l'eau transformée en vapeur par la chaleur du soleil.

Mais la production d'énergie éolienne et d'hydro-électricité étant confinée à quelques rares sites, les gouvernements doivent financer plus généreusement les recherches sur la production d'une énergie photovoltaïque efficiente et bon marché. Les cellules photovoltaïques, soumises au rayonnement lumineux solaire, produisent de l'électricité. Il suffirait que leur coût en capital baisse à 1 $ pour que le watt solaire soit concurrentiel.

Time
2 janvier 1989
Par Michael D. Lemonick
©The Time Inc. Magazine Company
Traduction et reproduction autorisées

ENTRE LES LIGNES

Les faits en bref

- La quantité de gaz carbonique (CO_2) contenue dans l'atmosphère est en augmentation constante.

- À la fin du 19e siècle, le taux de CO_2 contenu dans l'atmosphère se situait entre 280 et 290 parties par million (p.p.m.); il s'élève maintenant à 350 p.p.m. et il pourrait atteindre 500 à 700 p.p.m. en l'an 2050.

- Si tous les scientifiques ne s'entendent pas sur ce point, la plupart estiment cependant que cet accroissement du taux de CO_2 dans l'atmosphère a pour effet d'augmenter la température moyenne de la Terre.

- Le taux de CO_2 des bulles d'air contenues dans des couches de neige très anciennes et les tissus de certaines plantes fossilisées indiquent que le taux de CO_2 et la température ambiante sont positivement corrélés: ils augmentent et baissent en même temps. L'étude de planètes voisines comme Mars et Vénus confirment cette corrélation.

- Les gouvernements disposent de deux méthodes pour ralentir l'effet de serre:
  - Imposer une taxe sur les émissions de CO_2
  - Subventionner les recherches sur l'énergie solaire.

Analyse

- Dans les graphiques ci-dessous, la courbe CmP est celle du coût marginal privé de la production d'électricité à partir de combustibles fossiles. La courbe Cm est celle du coût marginal de la production d'électricité à partir de l'énergie solaire.

- La production d'électricité à partir de l'énergie solaire n'engendre aucun effet externe.

- La production d'électricité à partir de combustibles fossiles fait augmenter la quantité de gaz carbonique contenue dans l'atmosphère, ce qui contribue vraisemblablement au renforcement de l'effet de serre.

- Les coûts sociaux de l'effet de serre seraient élevés. L'effet de serre modifierait le climat et les possibilités d'exploitation des sols, ce qui ferait augmenter le prix des productions alimentaires; il ferait également fondre les calottes glaciaires des pôles, ce qui élèverait le niveau des océans et réduirait la superficie utilisable.

- La courbe CmS illustre le coût marginal social de la production d'électricité à partir de combustibles fossiles (y compris les coûts externes de l'effet de serre).

- D est la courbe de demande totale d'électricité.

- À la figure (a), la courbe O représente l'offre totale d'électricité en l'absence de toute intervention; cette courbe se calcule à partie de la courbe CmP du coût marginal privé des combustibles fossiles et de la courbe Cm du coût marginal de l'énergie solaire.

- L'équilibre du marché est atteint quand une quantité Q_0 s'échange au prix P_0. Le coût marginal social est alors de CmS_0, ce qui est supérieur au prix d'équilibre. L'allocation des ressources n'est donc pas efficace: la production et la consommation d'électricité sont trop élevées.

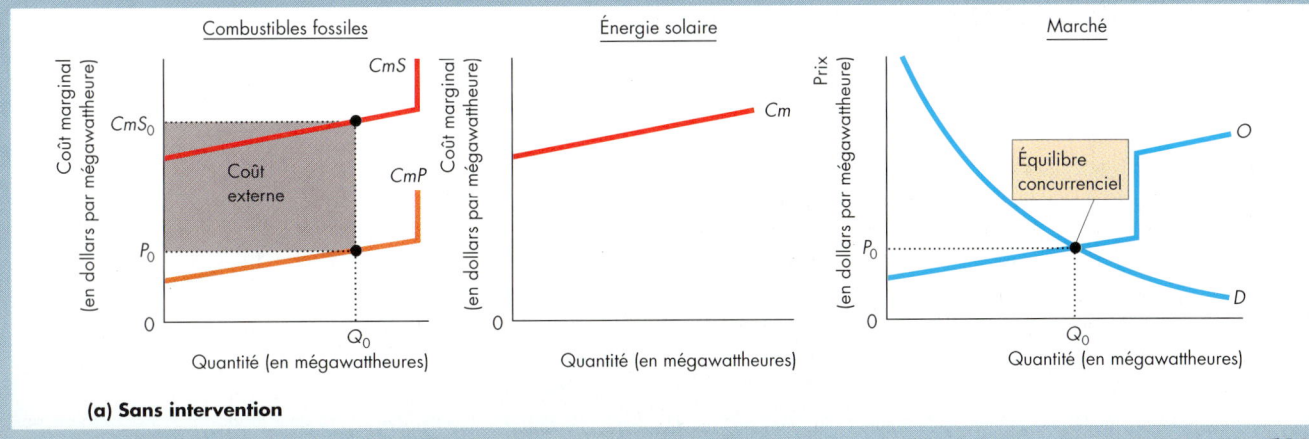

(a) Sans intervention

ENTRE LES LIGNES

- À la figure (b), le gouvernement impose une taxe sur le CO_2 reflétant les coûts externes. La courbe des coûts des entreprises qui produisent de l'électricité à partir de combustibles fossiles s'identifie alors à la courbe CmS, où $CmS = CmP + taxe$.

- La courbe d'offre totale est maintenant la courbe $O + taxe$.

- À l'équilibre, la quantité Q_1 s'échange au prix P_1. Q_{1F} est la quantité d'électricité produite à partir de combustibles fossiles et Q_{1S}, la quantité d'électricité produite à partir de l'énergie solaire. Le coût marginal social correspond à CmS_1 et est égal au prix d'équilibre P_1; l'allocation des ressources est efficace.

- À la figure (c), la production d'électricité à partir de l'énergie solaire est subventionnée, mais sans que les émissions de CO_2 soient taxées. Dans ce cas, CmP est la courbe du coût marginal des entreprises qui produisent de l'électricité à partir de combustibles fossiles et $Cm - subvention$ est la courbe du coût marginal des entreprises qui produisent de l'électricité à partir de l'énergie solaire.

- La courbe $O - subvention$ représente l'offre totale.

- À l'équilibre, la quantité Q_2 s'échange au prix P_2. Q_{2F} est la quantité d'électricité produite à partir de combustibles fossiles et Q_{2S}, la quantité d'électricité produite à partir de l'énergie solaire.

- Le coût marginal social correspond alors à CmS_2 et est donc supérieur au prix P_2. L'allocation des ressources n'est pas efficace car la production d'électricité est trop élevée.

- La même méthode d'analyse pourrait s'appliquer aux CFC et autres polluants de l'atmosphère.

Conclusion

- Pour obtenir une allocation efficace des ressources en présence d'effets externes, il faut d'abord mesurer l'importance de ces effets.

- Si une taxe égale au coût marginal externe est imposée à l'activité de production qui engendre ce coût externe, alors l'allocation des ressources est efficace.

- La subvention accordée pour une activité qui constitue un substitut aux activités responsables des effets externes n'est pas équivalente à la taxation d'une activité qui engendre des coûts externes. Dans l'exemple considéré ici, il est impossible d'atteindre une allocation efficace en subventionnant la production d'électricité à partir de l'énergie solaire.

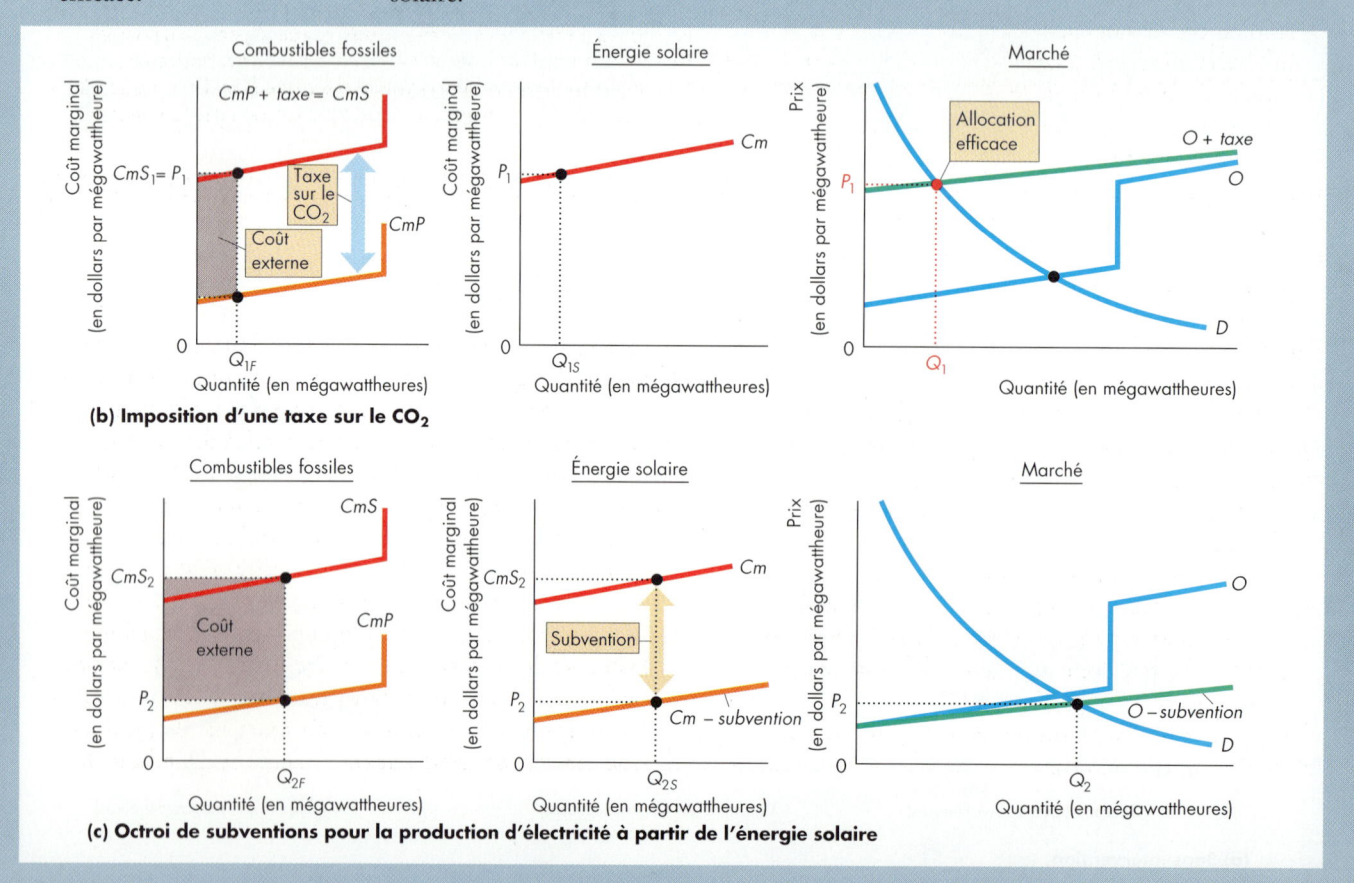

(b) Imposition d'une taxe sur le CO_2

(c) Octroi de subventions pour la production d'électricité à partir de l'énergie solaire

problèmes de santé plus immédiats ; de plus, chaque fois qu'un automobiliste prend la route, il augmente l'encombrement des routes et inflige ainsi des coûts à tous les autres usagers. Tous ces coûts sont des coûts externes. La somme de tous les coûts externes et des coûts privés constitue le coût social des services de transport. Le **coût marginal social** d'un bien est la somme du coût marginal supporté par les producteurs du bien et des coûts marginaux externes imposés à l'ensemble de la population. La courbe *CmS* de la figure 19.3 illustre le coût marginal social.

Supposons qu'il y ait concurrence parfaite sur le marché des services de transport et que ce marché ne soit pas réglementé. En mettant en balance le coût marginal privé et l'avantage marginal, les consommateurs parcourent Q_0 millions de kilomètres à P_0 dollars le kilomètre. Cette consommation entraîne des coûts externes très élevés : le coût marginal social s'élève à CmS_0 dollars le kilomètre. La différence entre P_0 et CmS_0 est le coût marginal externe supporté par l'ensemble de la population.

Supposons maintenant que le gouvernement impose une taxe sur les services de transport, et que le montant de cette taxe corresponde au coût marginal externe. En imposant cette taxe, le gouvernement fait augmenter le coût marginal privé : celui-ci, qui est la somme du coût marginal privé initial et de la taxe, est maintenant égal au coût marginal social. De ce fait, la courbe *CmS* représente maintenant le coût marginal que devront supporter les usagers de services de transport : le coût marginal du transport étant égal à son coût marginal social, chaque utilisateur paye ce qu'il en coûte vraiment. La courbe d'offre totale des services de transport se déplace vers le haut et vient se confondre avec la courbe *CmS*. Le prix augmente, passant de P_0 à P_1, et le nombre de kilomètres parcourus baisse, passant de Q_0 à Q_1. Le coût marginal des ressources utilisées pour produire Q_1 millions de kilomètres est C_1, mais le coût marginal externe que cette consommation engendre est $(P_1 - C_1)$. Comme c'est le consommateur lui-même qui devra payer le coût marginal externe, par l'intermédiaire de la taxe, cet exemple représente une illustration du principe «pollueur payeur».

L'allocation des ressources est efficace quand Q_1 millions de kilomètres sont parcourus. Si la consommation est supérieure à Q_1 millions de kilomètres, le coût marginal social est supérieur à l'avantage marginal social ; si moins de Q_1 millions de kilomètres sont parcourus, le coût marginal social est inférieur à l'avantage marginal. Dans le premier cas, une baisse de la production réduit plus les coûts qu'elle ne restreint les avantages ; elle fait donc augmenter l'avantage net. Dans le second cas, c'est l'inverse qui se produit. L'avantage net est maximisé quand Q_1 millions de kilomètres sont parcourus.

Figure 19.3 La taxation d'une activité à externalités négatives

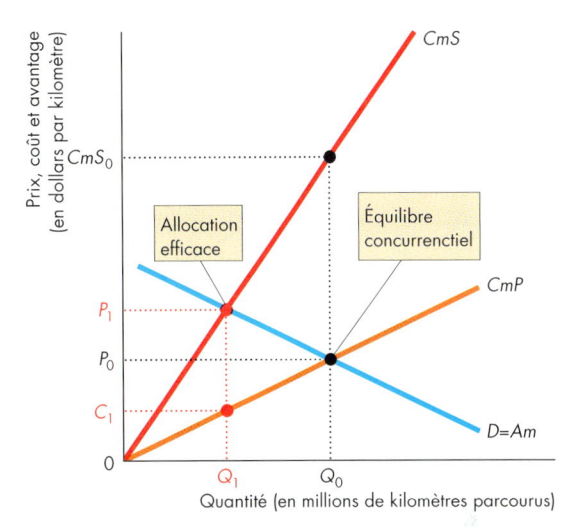

La courbe *D* de demande de services de transport se confond avec la courbe *Am* d'avantage marginal. *CmP* est la courbe du coût marginal privé. Du fait des congestions routières et de la pollution atmosphérique, le coût marginal pour la société associé à la production de services de transport est supérieur au coût marginal privé. La courbe *CmS* illustre le coût marginal social. Sur un marché concurrentiel de services de transport, la production est de Q_0 kilomètres et le prix s'élève à P_0 dollars le kilomètre. Le coût marginal social est alors de CmS_0 dollars par kilomètre. Supposons que le gouvernement impose des taxes sur les services de transport de façon à obliger les prestataires de services de transport à assumer la totalité du coût marginal social que leur activité engendre. La courbe de coût marginal pertinente pour les producteurs de services de transport se confondra alors avec la courbe *CmS* du coût marginal social. Le prix d'équilibre passera à P_1, et la quantité diminuera jusqu'en Q_1 ; l'allocation des ressources est alors efficace.

L'octroi de subventions pour des activités à externalités positives

Certains produits ou services engendrent des externalités positives, en ce sens qu'ils procurent des avantages même à ceux qui ne les consomment pas directement. Les pouvoirs publics peuvent alors stimuler la consommation de ces biens en les subventionnant. Une **subvention** est un paiement du gouvernement aux producteurs ou aux consommateurs d'un bien en fonction du niveau de leur production ou de leur consommation. La figure 19.4 montre comment, en subventionnant l'éducation, le gouvernement contribue à la hausse de la consommation de services d'éducation, de façon à obtenir une allocation efficace des ressources. La courbe *Cm* représente le coût marginal de production des services d'éducation. La courbe *D* indique la

Figure 19.4 L'octroi d'une subvention pour une activité à externalités positives

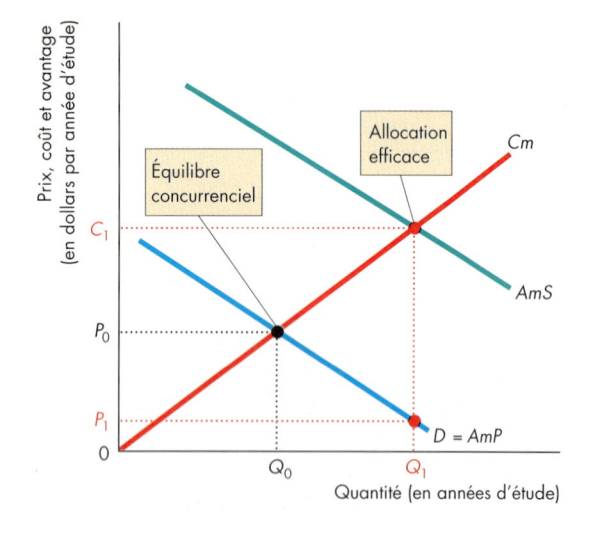

La courbe D de demande d'éducation se confond avec la courbe AmP d'avantage marginal privé. La courbe Cm illustre le coût marginal des services d'éducation. Dans un marché concurrentiel, en l'absence d'intervention publique, les services d'éducation coûtent P_0 et la quantité vendue s'élève à Q_0. La courbe AmS illustre l'avantage marginal social qui est supérieur à l'avantage marginal privé par suite d'effets externes positifs. L'allocation des ressources est efficace quand les pouvoirs publics font en sorte que la quantité consommée de services d'éducation assure l'égalité du coût marginal social et de l'avantage marginal social. La quantité efficace Q_1 peut être atteinte si le gouvernement subventionne l'éducation de façon que son prix soit égal à P_1. Au prix P_1, la quantité demandée s'élève à Q_1.

quantité demandée, en supposant que les gens décident librement de leur consommation des services d'éducation et qu'ils en assument complètement les frais. Cette courbe mesure aussi l'avantage marginal privé (AmP), c'est-à-dire l'avantage que les étudiants estiment retirer de l'acquisition d'une formation. Dans un marché concurrentiel non réglementé de services d'éducation, la quantité consommée de ces services est égale à Q_0 et leur prix unitaire est égal à P_0.

Supposons maintenant que la courbe AmS représente l'avantage marginal social lorsqu'on inclut tous les effets externes positifs, c'est-à-dire les retombées dont bénéficient même ceux qui ne consomment pas directement les services d'éducation. Une allocation efficace requiert l'égalité du coût marginal et de l'avantage marginal social, ce qui correspond à la consommation d'une quantité Q_1 de services d'éducation. Les pouvoirs publics peuvent inciter les individus à consommer cette quantité en faisant en sorte que les services d'éducation soient offerts au prix P_1. En abaissant le coût que devront supporter les individus, les subventions à l'éducation peuvent amener la consommation à son niveau efficace Q_1.

Les deux exemples précédents nous ont permis de voir comment les pouvoirs publics peuvent amener les agents économiques à prendre en compte les effets externes découlant de leurs actions, de façon à réaliser une allocation différente de celle que produirait le mécanisme du marché en l'absence d'intervention publique. Dans certaines situations, il est plus simple de contrôler directement les actions des agents économiques par des interventions de nature réglementaire ou législative.

La réglementation

Pour réduire la pollution causée par la circulation automobile, beaucoup de gouvernements ont édicté des règlements interdisant la vente d'essence au plomb. En imposant des normes régissant l'émission des gaz d'échappement des véhicules, les gouvernements ont obligé les fabricants d'automobiles à munir les voitures de pots d'échappement catalytiques. La promulgation de réglementations et de normes visant à encadrer les actions des agents économiques constitue l'une des principales formes d'intervention des gouvernements. Par opposition aux mesures que nous avons examinées précédemment (la reconnaissance de droits de propriété et la taxation ou l'octroi de subventions), la réglementation représente une forme de *contrôle direct* des actions des agents.

À RETENIR

En présence d'effets externes, le mécanisme du marché ne permet pas d'obtenir une allocation efficace des ressources. La reconnaissance de droits de propriété privée suffit dans certaines situations pour atteindre l'efficacité. Lorsque cette solution est impraticable, les pouvoirs publics peuvent intervenir dans le système de prix en imposant une taxe égale au coût marginal externe ou en accordant une subvention égale à l'avantage marginal externe, de façon à ce que les effets externes soient pris en compte dans les décisions privées des agents économiques. La promulgation de réglementations et de normes constitue une autre forme d'intervention possible.

∎∎∎

■ Les mécanismes du marché ne débouchent pas toujours sur une allocation efficace des ressources. Cependant, nous avons vu dans ce chapitre qu'il est possible d'atteindre l'efficacité en dépit des lacunes du marché. Mais il ne suffit pas de dire qu'un objectif est possible pour qu'il soit nécessairement atteint. Dans la réalité, les gouvernements interviennent-ils toujours de façon à corriger les défaillances du marché? Ou le «mécanisme politique» présente-t-il lui aussi des imperfections? C'est à ces questions que nous tenterons de répondre dans le prochain chapitre.

RÉSUMÉ

Le secteur public

Il y a plus de 4000 administrations publiques au Canada, employant plus de 800 000 personnes. L'importance du secteur public a considérablement augmenté au cours du dernier demi-siècle. Actuellement, les dépenses du secteur public représentent environ 45 % des dépenses totales de l'économie canadienne.

Dans l'étude du rôle et du comportement de l'État, il est important de faire la distinction entre une analyse positive et une analyse normative. L'analyse positive cherche à expliquer les actions économiques des pouvoirs publics plutôt qu'à faire des recommandations de politique économique.

Les gouvernements interviennent dans l'économie soit pour remédier aux lacunes du marché soit pour modifier la répartition du revenu ou de la richesse. Les biens collectifs, les effets externes et la présence de monopoles ou de cartels représentent les principales sources de défaillance des marchés. La redistribution du revenu et de la richesse est motivée par des considérations d'équité et de justice distributive; elle peut résulter aussi d'activités de recherche de rente.

Selon la théorie de l'intérêt général, l'intervention de l'État vise à corriger les inefficacités dans l'allocation des ressources dues aux lacunes du marché. La théorie des choix publics considère que les interventions de l'État sont le résultat de l'interaction sur le marché politique des électeurs, des politiciens et des gestionnaires du secteur public. Dans cette optique, les interventions publiques ne permettent pas nécessairement d'atteindre l'efficacité allocative. (*pp. 521-523*)

Les biens collectifs

Un bien collectif est un bien que tous peuvent consommer conjointement, en ce sens que l'usage du bien par un agent n'en empêche pas l'usage par un autre agent (non-rivalité dans la consommation). Les biens collectifs sont souvent caractérisés par l'impossibilité de l'exclusion d'usage. Par exemple, la défense nationale se caractérise à la fois par la non-rivalité dans la consommation et la non-exclusion d'usage.

Les biens collectifs purs (et les biens mixtes proches des biens collectifs purs) donnent lieu au problème du resquilleur : comme les agents économiques n'ont pas intérêt à payer pour un bien qu'ils peuvent consommer sans rien débourser, le mécanisme du marché fournira généralement une quantité insuffisante de biens collectifs. Les pouvoirs publics peuvent en principe assurer une production adéquate de biens collectifs en finançant leur production par des prélèvements obligatoires. La quantité efficace de biens collectifs est celle qui maximise l'avantage net. (*pp. 523-528*)

Les externalités

Les effets externes sont les coûts ou avantages associés à une activité qui ne sont pas pris en compte dans les calculs économiques des individus. Dans le cas d'un effet externe négatif, le marché conduit à une surproduction du bien engendrant l'externalité; dans le cas d'un effet externe positif, il y a sous-production du bien considéré. Selon les circonstances, les pouvoirs publics peuvent contribuer à corriger les inefficacités dues aux externalités par la reconnaissance de droits de propriété privée, par des taxes ou subventions correctives et par la réglementation. (*pp. 528-535*)

POINTS DE REPÈRE

Mots clés

Avantage marginal, 524
Avantage net, 526
Avantage total, 524
Bien collectif, 523
Bien mixte, 523
Bien privé, 523
Coût marginal privé, 529
Coût marginal social, 533
Droit de propriété privée, 529

CHAPITRE 19 LES LACUNES DU MARCHÉ

Effets externes, 528
Externalités, 528
Lacunes du marché, 522
Problème du resquilleur, 524
Resquilleur, 524
Subvention, 533
Théorie de l'intérêt général, 522
Théorie des choix publics, 522

Figures clés

Figure 19.1 La disposition à payer pour un bien collectif, 525

Figure 19.2 La quantité efficace d'un bien collectif, 527

Figure 19.3 La taxation d'une activité à externalités négatives, 533

Figure 19.4 L'octroi d'une subvention pour une activité à externalités positives, 534

QUESTIONS DE RÉVISION

1. Quelle est la taille du secteur public au Canada?
2. Qu'entend-on par *lacunes du marché*?
3. Quels sont les facteurs qui sont à l'origine des lacunes du marché et qui appellent une intervention gouvernementale?
4. Qu'est-ce qu'un bien collectif?
5. Donnez des exemples de ces trois types de biens: collectifs, privés et mixtes.
6. Qu'est-ce que le problème du resquilleur? Que peuvent faire les gouvernements pour y remédier?
7. Qu'est-ce qu'un effet externe (ou une externalité)?
8. Donnez trois exemples d'effets externes.
9. Décrivez deux formes d'intervention publique permettant de corriger les inefficacités dues aux effets externes.
10. Montrez comment les inefficacités dues aux effets externes peuvent, dans certaines circonstances, être corrigées par l'attribution de droits de propriété privée.
11. Expliquez comment des taxes ou des subventions correctives peuvent remédier aux lacunes du marché dues aux effets externes. Donnez des exemples.
12. Donnez des exemples de réglementations qui visent à corriger les inefficacités résultant des effets externes.

PROBLÈMES

1. Voici des données sur un système de collecte des déchets qu'une ville de un million d'habitants se propose d'adopter:

Capacité (en milliers de litres par jour)	Avantage marginal privé par personne (en dollars)	Coût total (en millions de dollars par jour)
0		0
	50	
1		5
	40	
2		15
	30	
3		30
	20	
4		50
	10	
5		75

   a) Quelle est la capacité qui maximise l'avantage net?

   b) Quel montant de taxe chaque personne devra-t-elle payer pour atteindre la capacité efficace?

   c) Quels sont l'avantage total social et l'avantage net social?

2. Une usine de produits chimiques rejette ses déchets dans une rivière, ce qui fait baisser le nombre des inscriptions au club de pêche situé en aval.

Rejets de l'usine de produits chimiques (en litres à l'heure)	Baisse du nombre des inscriptions au club de pêche (en dollars)
0	0
100	10
200	30
300	70
400	210

a) Le gouvernement se propose d'imposer une taxe à l'usine de produits chimiques. Déterminez un système de taxation qui permettrait d'obtenir une allocation efficace des ressources.

b) Comment l'instauration de droits de propriété privée pourrait-elle régler cette situation ?

3 Voici des données sur une bibliothèque mobile dont une ville de un million d'habitants envisage de se doter :

Frais d'inscription (en dollars)	Nombre d'abonnés	Avantage marginal externe par abonné (en dollars)	Coût marginal d'une inscription (en dollars)
10	180 000	20	90
15	160 000	30	75
20	140 000	40	60
25	120 000	50	45
30	100 000	60	30
35	80 000	70	15

a) Expliquez pourquoi cette bibliothèque mobile présenterait un avantage externe pour la collectivité.

b) Tracez la courbe de demande pour les services fournis par la bibliothèque mobile.

c) Tracez la courbe d'avantage marginal social de la bibliothèque mobile.

d) Calculez le montant d'une inscription et le nombre d'abonnés dans un équilibre concurrentiel.

e) Calculez l'avantage marginal social de la bibliothèque mobile pour la collectivité à l'équilibre concurrentiel.

f) Déterminez le nombre d'abonnés qu'il faut atteindre et les frais d'inscription qu'il faut demander à chacun d'eux pour que l'allocation des ressources soit efficace.

g) Calculez l'avantage marginal social de la bibliothèque mobile pour la collectivité, dans l'hypothèse où l'allocation des ressources est efficace.

4 Expliquez pourquoi votre gouvernement provincial subventionne les collèges et les universités, permettant ainsi aux étudiants de suivre leurs cours pour un prix inférieur à ce qu'il en coûte en réalité.

CHAPITRE 20

Les choix publics

Objectifs du chapitre:

- Décrire les composantes du marché politique.

- Définir la notion d'équilibre politique.

- Expliquer comment les principaux partis politiques élaborent leurs programmes économiques.

- Montrer que les autorités politiques et le pouvoir bureaucratique déterminent conjointement l'offre de biens et services publics.

- Montrer pourquoi l'électorat vote en faveur de mesures de redistribution du revenu et de la richesse.

- Expliquer pourquoi certains produits et services sont beaucoup plus taxés que d'autres.

- Analyser les effets des taxes sur les prix, sur les quantités produites et sur les profits des entreprises.

- Expliquer pourquoi les gouvernements subventionnent la production de certains biens.

- Analyser les effets des subventions sur les prix, sur les quantités produites et sur les profits des entreprises.

Les discours et les actes

L ES POLITICIENS RAFFOLENT des joutes oratoires. Qu'importe l'objet du débat – que ce soit l'Accord de libre-échange entre le Canada et les États-Unis, l'Accord du lac Meech, les droits des femmes, le droit à la vie, la défense nationale, la protection de l'environnement ou la restauration de l'équilibre écologique des Grands Lacs –, la vigueur des échanges verbaux entre politiciens reflète la diversité des opinions des Canadiens. Ce qui étonne, c'est que tous les partis, malgré la divergence de leurs discours, finissent par appliquer des politiques très semblables. On ne voit pas, par exemple, les progressistes conservateurs supprimer la plupart des taxes et restreindre les dépenses de façon draconienne, ni les libéraux augmenter les taxes et les dépenses plus vite que les conservateurs ne le feraient à leur place. Certes, les stratégies des gouvernements successifs traduisent les tendances politiques des partis, mais l'écart entre ces stratégies est nettement moins grand que ne le laisse croire le discours des politiciens. Pourquoi ceux-ci exagèrent-ils leurs divergences d'opinions pendant les campagnes électorales, pour adopter les mêmes plans d'action une fois au pouvoir ? ■ Que le gouvernement fédéral soit conservateur ou libéral et quelles que soient les orientations politiques des provinces, le secteur public ne cesse de prendre de l'importance depuis une quarantaine d'années. De quoi dépend la taille d'un secteur public ? Qu'est-ce qui détermine les quantités offertes de biens collectifs ? Pourquoi l'État intervient-il de plus en plus dans l'activité économique ? ■ Le gouvernement est très présent dans nos vies. Il est là dès notre naissance, car il subventionne les hôpitaux ainsi que la formation des médecins et des infirmières. Il est avec nous tout au long de notre scolarité en finançant les écoles, les collèges et les universités ainsi que la formation des enseignants. Il nous accompagne durant notre vie active, grâce à l'impôt sur le revenu, à la réglementation des conditions de travail et aux prestations d'assurance-chômage. Quand sonne l'heure de la retraite, il nous verse une modeste pension. À notre mort, enfin, il taxe nos biens. Le gouvernement ne prend cependant pas toutes les décisions économiques pour nous, loin de là. Ainsi, c'est à nous de décider quel métier nous voulons exercer, quelle part de notre revenu nous voulons épargner et ce que nous ferons de notre argent. Pourquoi le gouvernement intervient-il dans certains domaines et pas dans d'autres ? Pourquoi ne s'occupe-t-il pas plus du logement, par exemple, et moins du système d'éducation et des services de santé ? ■ On comprend aisément que le gouvernement intervienne dans des domaines comme la lutte contre la drogue. Mais certains lui reprochent son inaction dans d'importants dossiers : pourquoi, par exemple, ne décrète-t-il pas de mesures plus rigoureuses pour protéger la qualité de l'air ? ■ Presque tout le monde se plaint de la fonction publique et des fonctionnaires. Les mères, chefs de familles monoparentales les plus démunies, déplorent la façon dont les préposés de l'assistance sociale les traitent ; les contribuables aisés n'aiment pas l'attitude des employés du fisc envers eux ; même les ministres et les députés trouvent la fonction publique trop lourde, trop lente, trop peu efficace. Pourquoi celle-ci est-elle si souvent l'objet de critiques et de railleries de la part des citoyens ? Comment fonctionnent les administrations gouvernementales et comment, en particulier, y décide-t-on de la quantité ou de la qualité des services publics à fournir à la population ? ■ L'État perçoit des taxes sur presque tous les produits et services que nous consommons. Pour certains produits, comme l'essence, l'alcool et le tabac, ces taxes sont très élevées. À l'inverse, certains biens ne sont pas taxés ou sont même subventionnés : c'est par exemple le cas du lait. Pourquoi une telle disparité ? Quels sont les effets de ces taxes sur les prix des biens et services, sur les quantités produites, sur les revenus de l'État ?

■ Ce chapitre porte sur les interactions entre les citoyens, les représentants politiques et la fonction publique. Nous nous concentrerons sur ce qui détermine l'offre des biens collectifs, sur les taxes et impôts nécessaires à leur financement, sur la gestion des effets externes et la redistribution du revenu. Dans le chapitre 21, nous utiliserons le même cadre analytique pour étudier les interventions du gouvernement dans la réglementation des monopoles et des cartels.

Le marché politique

Le gouvernement n'est pas une machine à optimiser, qui résoudrait à tout coup les problèmes d'allocation des ressources dus aux resquilleurs et aux externalités. Il n'est pas un ordinateur qui calculerait les coûts et les avantages de différentes politiques, de façon à assurer automatiquement la meilleure utilisation des ressources. Le gouvernement est une organisation complexe, formée de milliers de personnes dont chacune a ses *propres* objectifs économiques ; les politiques du gouvernement sont donc le résultat d'un ensemble de décisions individuelles. Pour analyser ces choix, les économistes ont élaboré une théorie du marché politique, analogue à celles des marchés de biens et services : c'est la *théorie des choix publics*. Le marché politique compte trois catégories d'agents :

- Les électeurs
- Les politiciens
- Les bureaucrates

Les **électeurs** sont les consommateurs du produit de l'activité politique. Dans les marchés ordinaires, les consommateurs expriment la demande en achetant ou en n'achetant pas les produits et services qui leur sont proposés. Dans le marché politique, les électeurs disposent de trois moyens pour exprimer leur « demande » de politiques publiques. Le premier de ces moyens est le vote, dans le cadre d'une élection ou d'un référendum. Le deuxième est moins formel : il s'agit de la participation des électeurs au financement des partis politiques. Enfin, le troisième mode d'expression des électeurs est le lobbying. Le **lobbying** consiste à exercer des pressions sur les divers paliers de gouvernement, par divers mécanismes informels. Ainsi, les groupes de pression favorables à l'avortement et ceux qui s'y opposent comptent parmi les lobbies les plus actifs au Canada.

Les **politiciens** sont les représentants élus à l'échelon fédéral, provincial ou municipal, soit dans des postes de direction (premier ministre du pays, premiers ministres des provinces, maires des municipalités), soit à titre de députés fédéraux ou provinciaux ou de conseillers municipaux. Ce sont les électeurs qui choisissent leurs représentants politiques.

Les **bureaucrates** sont les gestionnaires des administrations publiques à l'échelon fédéral, provincial ou municipal. Les plus hauts fonctionnaires sont nommés par les dirigeants politiques ; les fonctionnaires-gestionnaires des échelons intermédiaires sont choisis par leurs supérieurs. Le terme « bureaucratie » n'a ici aucune connotation péjorative : il désigne tout organisme public produisant des biens financés par l'impôt. Les « bureaucrates » sont les gestionnaires de ces organismes.

Les électeurs, les politiciens et les bureaucrates prennent leurs décisions économiques en fonction de leurs propres objectifs, mais chacun de ces agents fait face à deux types de contraintes. D'une part, les préférences de chacun des trois groupes définis ci-dessus limitent la marge de manœuvre des deux autres : les préférences des politiciens restreignent la liberté d'action des bureaucrates ; les préférences des bureaucrates et celles des électeurs limitent la marge de manœuvre des politiciens ; et les préférences des bureaucrates et des politiciens restreignent les possibilités d'action des électeurs. D'autre part, les électeurs, les bureaucrates et les politiciens n'échappent pas aux contraintes techniques : leurs actions sont donc limitées à ce qui est techniquement possible. Dans ce chapitre, nous allons étudier les objectifs que poursuivent respectivement les électeurs, les politiciens et les bureaucrates et analyser les contraintes auxquelles ils sont soumis. L'analyse des interactions entre ces trois catégories d'agents nous permettra de développer un modèle de fonctionnement de notre système politique.

Les prédictions de notre modèle seront obtenues par la caractérisation d'un équilibre du processus politique. Un **équilibre politique** est une situation où les décisions des électeurs, celles des politiciens et celles des bureaucrates sont compatibles entre elles et où aucun des trois groupes d'agents ne peut améliorer sa situation en modifiant ses actions. L'équilibre politique présente donc des propriétés analogues à celles de l'équilibre des marchés des produits ou des facteurs de production.

La théorie des choix publics, que nous allons étudier, constitue une branche relativement jeune de la science économique; elle s'est rapidement développée au cours des 30 dernières années. L'attribution du prix Nobel d'économie à James Buchanan, l'un des principaux chercheurs dans ce domaine, en a récemment souligné l'importance. (Voir la rubrique *L'évolution de nos connaissances*, pp. 544-545.)

Nous allons commencer notre étude de la théorie des choix publics par une analyse des décisions des politiciens et de celles des électeurs.

Les décisions des politiciens et des électeurs

Toutes sortes de gens se lancent en politique. Certains ont de nobles idéaux et tiennent sincèrement à améliorer le sort de leurs concitoyens. D'autres ne cherchent que leur profit personnel et la satisfaction de leurs intérêts privés. La plupart des politiciens se situent sans doute entre ces deux extrêmes. Le modèle économique du fonctionnement d'un système de démocratie représentative se fonde sur l'hypothèse que l'objectif premier des politiciens est de recueillir suffisamment de voix pour se faire élire et, une fois élus, de garder assez d'appuis pour rester en poste. Les votes sont donc aux politiciens ce que l'argent est aux entreprises. Pour recueillir les voix dont ils ont besoin, les politiciens forment des coalitions, qu'on appelle *partis politiques*. Un parti politique est un groupe d'hommes et de femmes qui mettent en commun leurs forces et leurs ressources pour conquérir le pouvoir et le conserver. Chaque parti politique s'efforce d'élaborer un programme susceptible de lui gagner l'appui d'une majorité d'électeurs.

Selon la théorie des choix publics, chaque électeur appuie les mesures qu'il espère lui être avantageuses et s'oppose à celles qui pourraient lui être défavorables; quant aux mesures dont il n'attend ni bien ni mal, elles le laissent indifférent. Ce sont donc les *perceptions* des électeurs qui guident leurs choix.

Pour obtenir l'appui de l'électorat, les politiciens (ou les partis politiques) s'efforcent de lui soumettre un programme politique plus séduisant que celui des partis adverses. Un programme peut être élaboré de deux façons dans le but de recueillir les faveurs de l'électorat.

La première consiste à proposer des mesures qui profiteront *à tous,* comme la défense nationale et la protection de l'environnement. La seconde façon consiste à proposer des mesures qui, quoique défavorables à une certaine partie de l'électorat, avantageront *au moins la moitié* de celui-ci: c'est le cas d'une redistribution conçue pour profiter à la moitié des citoyens. Beaucoup d'autres questions séparent l'électorat en deux groupes d'opinions et d'intérêts divergents; c'est le cas, par exemple, du débat pour ou contre l'avortement ou de celui sur l'Accord de libre-échange entre le Canada et les États-Unis.

Tous les partis incluent dans leur programme des projets avantageant l'ensemble de l'électorat. Quant à ceux qui favorisent un groupe au détriment d'un autre, chaque parti les choisit selon sa clientèle, c'est-à-dire selon les groupes de pression et les segments de l'électorat qu'il veut d'abord toucher. Étudions maintenant les relations entre politiciens et électeurs, ainsi que la façon dont les partis définissent leurs programmes relativement à l'offre de biens collectifs et à la gestion des externalités.

Les biens collectifs Au chapitre 19, nous avons comparé la quantité de biens collectifs correspondant à une allocation efficace des ressources et la quantité qui serait fournie par le mécanisme du marché. Examinons ici l'offre de biens collectifs qui résulte du processus politique.

Nous ferons abstraction pour le moment des divergences d'opinions entre les électeurs; nous supposerons qu'ils s'entendent sur l'évaluation des coûts et des avantages associés aux biens collectifs et aux effets externes. Nous verrons un peu plus loin ce qui se passe si les électeurs ont là-dessus des évaluations différentes. Reprenons notre exemple du chapitre 19, sur le système de détection par satellite des émissions polluantes.

La figure 20.1 indique les coûts totaux et les avantages totaux de la surveillance des émissions de dioxyde de soufre, principales causes des pluies acides. (Ce sont les chiffres hypothétiques que nous avons déjà utilisés au chapitre 19.) Deux partis politiques sont en lice: les Verts et les Gris. Leurs programmes politiques sont les mêmes, sauf en ce qui concerne la lutte contre les pluies acides. Les Verts proposent le lancement de quatre satellites au coût total de 5 milliards de dollars, pour un avantage total de 5 milliards de dollars, et donc un avantage net nul. De leur côté, les Gris proposent de ne lancer qu'un seul satellite au coût d'un demi-milliard de dollars, pour un avantage total de 2 milliards de dollars, soit un avantage net de 1,5 milliard de dollars.

Si les deux partis présentent leurs programmes lors d'une même élection, ce sont assurément les Gris qui vont gagner. Rappelons que tous les électeurs ont les mêmes préférences et que seule la stratégie d'élimination des pluies acides différencie les programmes

Figure 20.1 L'offre d'un bien collectif dans un système de démocratie représentative

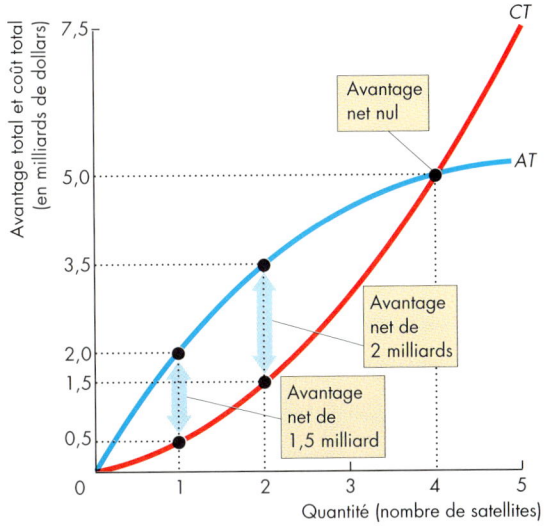

La courbe AT représente l'avantage total du système de détection des émissions polluantes par satellite, et la courbe CT représente le coût total. Il faut lancer deux satellites de détection pour maximiser l'avantage social net ; l'avantage total est alors de 3,5 milliards de dollars et le coût total de 1,5 milliard de dollars. Deux partis politiques sont en lice : les Verts et les Gris. Leurs programmes électoraux sont identiques en tous points, sauf en ce qui concerne l'environnement : les Gris proposent de lancer un seul satellite, tandis que les Verts en préconisent quatre. Ce sont les Gris qui vont remporter les élections, car l'avantage net de leur proposition est supérieur à celui de la proposition des Verts. Par contre, les Verts peuvent gagner en proposant le lancement de deux satellites – système qui dépasse en avantage net le monosatellite. Les Gris proposeront à leur tour de lancer deux satellites, et les programmes des deux partis seront identiques. Si les électeurs votent en toute connaissance de cause et affichent les mêmes préférences, la concurrence entre les partis politiques pour l'obtention des voix conduira à la quantité efficace de bien collectif.

électoraux des deux partis. Or, la stratégie antipollution des Gris présente un avantage net de 1,5 milliard de dollars (puisque son avantage excède de 1,5 milliard de dollars la somme des taxes et impôts indispensables pour la mettre en œuvre), tandis que l'avantage net de la stratégie des Verts est nul. Ce sont donc les Gris qui vont remporter l'élection.

Les Verts savent qu'ils vont perdre l'élection s'ils conservent leur programme initial, que les électeurs estiment excessif : le parti est « trop vert » pour l'électorat. S'il veut battre les Gris, il doit définir une stratégie antipollution qui présente un avantage net supérieur à celle des Gris, c'est-à-dire supérieur à 1,5 milliard de dol-

lars. Les Verts révisent donc leurs chiffres et proposent de lancer deux satellites au lieu de quatre. Cette politique proposée coûte 1,5 milliard de dollars, et son avantage total s'élève à 3,5 milliards de dollars : l'avantage net est maintenant de 2 milliards de dollars. Comme le nouveau programme des Verts est plus intéressant pour les électeurs que celui des Gris, ce sont maintenant les Verts qui arrivent premiers dans les intentions de vote.

Voyant cela, les Gris changent leur fusil d'épaule et conviennent de soumettre le même programme que les Verts, c'est-à-dire de lancer deux satellites au lieu d'un. Cette fois, les programmes électoraux des deux partis en lice sont rigoureusement identiques, et les électeurs n'ont plus aucune préférence, ni pour l'un ni pour l'autre.

La concurrence entre les partis politiques oblige ceux-ci à proposer le programme qui maximise l'avantage net que perçoivent les électeurs. Encore faut-il, pour atteindre ce résultat, que l'électorat puisse évaluer correctement les propositions des différents partis. Nous verrons plus loin que ce n'est pas toujours le cas.

Les effets externes

L'exemple que nous venons d'étudier se fondait sur l'hypothèse que tous les électeurs ont les mêmes préférences et qu'ils évaluent correctement les avantages des différents programmes électoraux. Le même raisonnement vaut pour les politiques de gestion des effets externes. Si les électeurs s'entendent sur les avantages et les évaluent correctement, c'est le parti qui remporte l'élection qui propose le système optimal de gestion des externalités, c'est-à-dire le programme qui maximise les avantages nets. Ainsi, le parti qui proposerait d'éliminer complètement les émissions de chlorofluorocarbones (CFC) ou de dioxyde de soufre perdrait assurément les élections, au profit d'un parti moins radical. De la même façon, le parti qui ne préconiserait aucune restriction de ces émissions serait battu par un parti qui proposerait de limiter la production des biens engendrant ces coûts externes. La concurrence que les partis se livrent entre eux pour obtenir la faveur de l'électorat les oblige à proposer le programme de gestion des effets externes (dans ce cas, un programme de réduction des émissions polluantes) offrant aux électeurs le plus grand avantage.

Dans ces exemples portant sur l'offre d'un bien collectif et la gestion des effets externes, nous avons supposé que les électeurs avaient tous les mêmes préférences. Nous allons maintenant étudier le cas où les points de vue des électeurs diffèrent et où ces divergences jouent un rôle important dans la détermination de l'équilibre politique.

L'ÉVOLUTION DE NOS CONNAISSANCES

La théorie des choix publics

Au cours des trente dernières années, l'analyse économique des interventions publiques et des interactions entre politiciens, bureaucrates et électeurs a donné naissance à une branche désormais solidement établie de l'économique : la *théorie des choix publics*.

Le fondateur de la théorie moderne des choix publics est Duncan Black. Né en 1908 à Motherwell, en Écosse, Duncan Black a d'abord étudié les mathématiques et la physique, puis l'économie et la politique, à l'université de Glasgow (là même où, un siècle et demi plus tôt, Adam Smith avait travaillé). Duncan Black cherchait à élaborer, à partir d'une théorie de la prise de décision au sein de groupes ou de «comités», une science de la politique qui eût toute la rigueur de l'économique. Dans son modèle, les préférences des consommateurs correspondent aux préférences des membres du comité, et les produits et services correspondent aux propositions et motions soumises au comité. Duncan Black a résumé ses travaux des années 40 et 50 dans un livre intitulé *The Theory of Committees and Elections* (Cambridge University Press, 1958).

La possibilité du vote cyclique dans les scrutins à majorité simple est un des thèmes qu'a développés Duncan Black. Ce problème avait été analysé dès 1785 par le philosophe et mathématicien français Condorcet, d'où l'appellation de *paradoxe de Condorcet* qu'on lui donne souvent. Le tableau qui suit en fournit un exemple :

Kenneth Arrow

James Buchanan

Votes cycliques

	Répartition possible du revenu		
	1	2	3
Anne	150	50	100
Bruno	100	150	50
Charles	50	100	150

Ce tableau illustre une situation où il y a trois personnes et trois répartitions possibles du revenu. Si l'on doit se prononcer par vote sur les répartitions 1 et 2, Bruno et Charles votent en faveur de la répartition 2 ; Anne s'y oppose et, dans l'hypothèse où le vote se prend à la majorité simple, elle perd. Si, maintenant, on doit

544

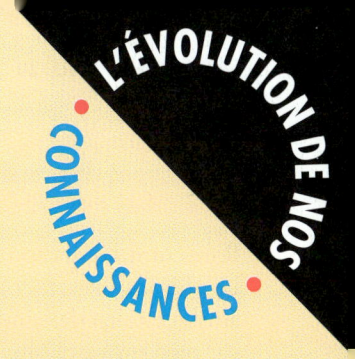

se prononcer sur les répartitions 2 et 3, Anne et Charles votent en faveur de la répartition 3 ; Bruno est contre et, toujours dans l'hypothèse d'une majorité simple, il perd. Enfin, si on devait se prononcer par vote sur les répartitions 3 et 1, Anne et Bruno voteraient en faveur de la répartition 1 et Charles s'y opposerait ; dans un scrutin à majorité simple, c'est maintenant la répartition 1 qui serait adoptée. La boucle est bouclée. Advenant la reprise du processus, Bruno et Charles voteraient de nouveau en faveur de la répartition 2, et le cycle recommencerait.

La possibilité d'un cycle de votes est un des problèmes que posent les systèmes de scrutin à majorité simple. Mais il n'y a pas que le scrutin à majorité simple qui fasse problème, comme le démontrent les travaux de Kenneth Arrow. Kenneth Arrow, qui a remporté en 1972 le prix Nobel d'économie, est né à New York en 1921. Ses recherches ont porté sur un large éventail de sujets, comme en témoigne son enseignement actuel – économie et recherche opérationnelle – à l'université Stanford. Dans le domaine des choix publics, son ouvrage intitulé *Choix collectif et préférences individuelles* (Paris, Calmann-Lévy, 1974, traduction de *Social Choice and Individual Values*, John Wiley & Sons, 1951) fait autorité. Kenneth Arrow y démontre notamment ce qu'on a par la suite appelé le « théorème d'impossibilité d'Arrow ». Pour simplifier, disons que ce théorème établit qu'il est impossible de trouver une procédure de scrutin « parfaite », permettant de traduire les préférences individuelles en décisions collectives.

James Buchanan, Prix Nobel d'économie en 1986, est un autre nom important de la théorie moderne des choix publics. Né dans le Tennessee en 1919, James Buchanan a appliqué à l'étude des décisions politiques les outils d'analyse dont les économistes se servent pour expliquer les décisions économiques. Il a notamment développé cette approche dans un livre écrit en collaboration avec son collègue Gordon Tullock, *The Calculus of Consent: Logical Foundation of Constitutional Democracy* (University of Michigan Press, 1962). Dans cet ouvrage, James Buchanan et Gordon Tullock étudient les méthodes de scrutin. Ils comparent, en particulier, la majorité simple à la majorité élargie (celle-ci représentant par exemple les deux tiers ou l'ensemble de l'électorat). Ils analysent aussi les effets de la coexistence de deux assemblées législatives comme la Chambre des communes et le Sénat, les aspects économiques et éthiques du comportement des groupes de pression, le rôle que doit jouer une constitution, etc.

Anthony Downs et William Niskanen ont eux aussi apporté une importante contribution à l'étude des questions que nous abordons dans ce chapitre. Anthony Downs est né dans la région de Chicago en 1930. La thèse qui lui a valu en 1956 un doctorat de l'université Stanford s'intitule *An Economic Theory of Democracy* (Harper and Row, 1957) ; c'est désormais un classique de la littérature économique. Anthony Downs y formule le *théorème de l'électeur médian* et le *paradoxe du vote*. Ce paradoxe repose sur une question simple : pourquoi prenons-nous la peine d'aller voter ? D'un point de vue strictement économique, l'exercice paraît en effet bien futile, puisque personne ne peut par son seul vote changer le résultat d'une élection. Devant le temps et l'énergie qu'exige la participation au scrutin, l'attitude la plus rationnelle consisterait à rester chez soi. Mais le fait que la plupart des électeurs inscrits sur les listes prennent la peine de se rendre aux urnes suffit à poser un dilemme : ou bien la théorie économique du vote néglige un aspect important de notre comportement économique, ou bien le geste du vote ne peut se ramener à une démarche purement économique.

William Niskanen, né en Oregon en 1933, a eu une carrière très diverse. Il a été tour à tour économiste au Secrétariat à la Défense et dans l'armée des États-Unis, professeur à l'université de Californie à Berkeley et à Los Angeles, directeur du service de recherche économique de la société Ford Motor et membre du Comité des conseillers économiques du président Ronald Reagan. William Niskanen a apporté une contribution marquante à l'analyse du comportement bureaucratique. Dans un ouvrage important – *Bureaucracy and Representative Government* (Aldine-Atherton, 1971) –, il propose la théorie de la maximisation des budgets, que nous étudions dans ce chapitre.

De nombreux chercheurs, et notamment les économistes québécois Gérard Bélanger et Jean-Luc Migué, ont contribué à enrichir cette théorie. Dans *The Economics of Representative Government* (Aldine-Athernor, 1974), Albert Breton de l'université de Toronto a été un des premiers à proposer un modèle complet intégrant le comportement des bureaucraties à l'analyse du marché politique.

Les groupes de pression et les effets redistributifs

Rares sont les questions politiques qui font consensus. Le plus souvent, les opinions des citoyens divergent : ainsi, certains demandent au gouvernement de mettre sur pied un vaste programme de recherche scientifique, tandis que d'autres prêchent l'abandon de ces activités au secteur privé ; certains sont en faveur d'une redistribution massive du revenu, alors que d'autres prônent l'allégement du fardeau fiscal ; les uns pressent les gouvernants de protéger l'environnement, les autres essaient de les en dissuader ; tel groupe voudrait pour les garderies un financement public, et tel autre groupe considère qu'il s'agit là d'un bien privé, dont le coût incombe aux seuls utilisateurs.

Devant cette diversité d'opinions, aucun programme ne peut rallier tous les électeurs. Les partis doivent donc se contenter de programmes qui satisfont le plus de monde possible, même s'ils imposent inévitablement des coûts à certains ; autrement dit, la plupart des mesures proposées auront des *effets redistributifs*. Pour être élu, un parti doit obtenir une majorité des votes. Il s'efforce donc de convaincre une majorité d'électeurs que, porté au pouvoir, il améliorera leur situation mieux que ne le ferait tout autre parti. Cette recherche de la majorité fait que les programmes des partis tendent à se ressembler : c'est ce qu'on appelle le *principe de différenciation minimale*.

Le principe de différenciation minimale Le principe de différenciation minimale est la tendance qu'on observe chez des concurrents à proposer des produits ou services identiques, en vue d'attirer le plus grand nombre possible de clients ou d'électeurs. Pour bien comprendre ce principe, considérons d'abord un cas plus simple que celui des formations politiques.

Deux vendeurs de glaces se livrent concurrence sur une plage. La figure 20.2 illustre la plage, qui s'étend sur 1 kilomètre, du point A au point B. Les baigneurs se répartissent à intervalles égaux tout le long de cette plage. Où le premier vendeur installe-t-il sa voiturette ? Au point C, qui se situe à égale distance de A et de B. Ainsi, la distance maximale que les baigneurs ont à parcourir pour s'acheter une glace est de 1 kilomètre : 500 mètres pour aller et 500 mètres pour revenir.

Arrive un second vendeur de glaces. Où va-t-il arrêter sa voiturette ? Juste à côté de la première, le plus près possible du point C. Pourquoi ? S'il choisissait plutôt le point D, situé à égale distance des points C et B, combien de baigneurs iraient chez lui, et combien iraient chez le premier glacier ? Tous les baigneurs qui se trouvent entre D et B se fourniraient chez lui, car sa voiturette est plus proche d'eux que l'autre ; pour la même raison, il attirerait aussi tous les baigneurs installés entre le point D et le point E (situé à égale distance de C et de D). Par contre, tous les baigneurs qui se trouvent entre A et C, de même que tous ceux qui se trouvent entre C et E, iront chez le premier glacier, au point C. Donc, la clientèle de la voiturette placée en C se compose de tous les baigneurs installés entre A et E ; la clientèle de la voiturette placée en D se compose de tous les baigneurs installés entre E et B.

Supposons maintenant que le vendeur installé en D déplace sa voiturette et va rejoindre le premier, au point C. Alors, la moitié des baigneurs vont acheter leurs glaces à la première voiturette et l'autre moitié à la seconde. Pour vendre à la moitié des baigneurs, il faut absolument s'installer au point C, c'est-à-dire au milieu de la plage. Le vendeur qui s'éloigne de ce point central perd une partie de sa clientèle : il vend à moins de la moitié des baigneurs, tandis que l'autre vend à plus de la moitié.

Cet exemple illustre le principe de différenciation minimale. En réduisant au minimum ce qui les différencie, c'est-à-dire en s'installant au même endroit, les deux vendeurs attirent chacun le plus grand nombre de clients possible et se partagent le marché en deux parts égales. (Nous supposons que l'emplacement est ici le seul critère de différenciation.)

Figure 20.2 Le principe de différenciation minimale

Une plage s'étend du point A au point B, et les baigneurs sont uniformément répartis sur l'intervalle AB. Un vendeur de glaces s'installe au point C. Les baigneurs situés de part et d'autre de ce point ont la même distance à parcourir pour aller chercher des glaces. Un second vendeur qui s'installe sur cette plage a tout intérêt à arrêter sa voiturette au point C, juste à côté du premier vendeur, au milieu de la plage. S'il se poste au point D, seuls les baigneurs installés entre les points E et B iront s'approvisionner chez lui, tandis que les baigneurs installés entre A et E iront en C chez son concurrent. En se rapprochant le plus possible du point C, le second vendeur recueille la moitié de la clientèle totale.

Le principe de différenciation minimale sous-tend bon nombre de décisions : il explique, en particulier, comment les supermarchés ou les stations-service choisissent leur emplacement, comment les réseaux de télévision traditionnels conçoivent leur programmation, et comment les partis politiques définissent leurs programmes électoraux.

Selon le principe de différenciation minimale, les partis politiques tendent à se ressembler et à soumettre à leur électorat les mêmes offres. Il ne précise cependant pas lesquelles. Dans le cas des vendeurs de glaces, le choix de l'emplacement est simple : il s'agit de permettre aux baigneurs de marcher le moins possible pour aller chercher leurs glaces. Mais comment les partis politiques élaborent-ils leurs programmes ? C'est ce que nous allons voir maintenant.

Le théorème de l'électeur médian Le théorème de l'électeur médian apporte un éclairage intéressant sur la façon dont les partis politiques construisent leurs programmes électoraux. Le **théorème de l'électeur médian** stipule que les partis politiques définissent leurs propositions électorales de façon à maximiser l'avantage net de l'électeur médian. (Il convient de rappeler ici la notion de *médiane*. Dans un groupe donné, c'est l'étudiant qui a la taille médiane qui partage le groupe en deux sous-groupes d'effectif égal. Par conséquent, 50 % des étudiants sont plus grands que l'étudiant médian, et les autres 50 % sont plus petits que lui.) Voyons ce que prédit le théorème de l'électeur médian relativement à la taxe corrective à imposer sur les émissions de dioxyde de soufre pour réduire les pluies acides.

Reportons-nous à la figure 20.3. Imaginons qu'on classe les électeurs le long d'une ligne, de A à B, par ordre décroissant du taux d'imposition qu'ils voudraient voir imposer sur les émissions de dioxyde de soufre : les électeurs favorables au taux d'imposition le plus élevé sont en A, tandis que les électeurs qui ne veulent imposer aucune taxe sont en B ; les autres électeurs se situent entre ces deux extrêmes, en ordre décroissant du taux d'imposition qu'ils privilégient. Sur cette même figure, la courbe indique le taux d'imposition que les électeurs rangés de A à B préfèrent : ainsi, l'électeur médian est en faveur d'un taux de 30 %.

Supposons que deux partis politiques proposent des taux presque identiques : l'un de 61 % et l'autre de 59 %. Tous les électeurs situés entre A et C voteront pour le parti qui propose une taxe de 61 %, tandis que les électeurs situés entre C et B voteront pour celui qui propose une taxe de 59 %. Le parti qui propose la taxe la plus faible remportera l'élection.

Supposons maintenant que les deux partis proposent des taux d'imposition inférieurs, mais toujours très proches l'un de l'autre : l'un préconise 11 % et l'autre 9 %. Les électeurs situés entre A et D voteront pour le parti qui propose le taux de 11 %, tandis que

Figure 20.3 Le théorème de l'électeur médian

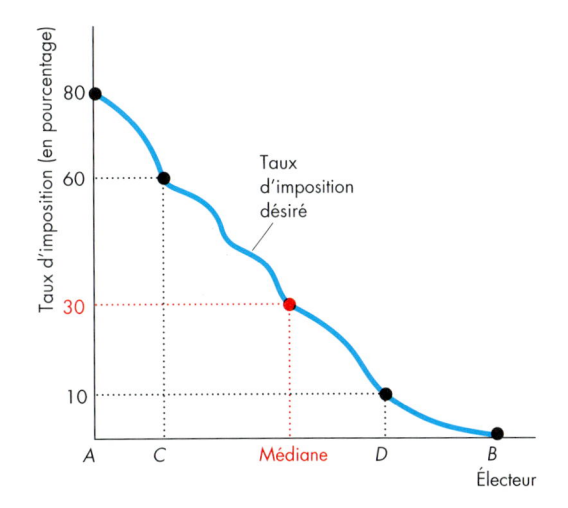

Pour remporter une élection, un parti politique peut proposer un programme qui satisfait l'électeur médian et tous les électeurs situés d'un côté ou de l'autre de la médiane. On voit, sur le graphique, que tous les électeurs ne s'entendent pas sur le taux auquel il convient de taxer une activité engendrant des externalités ; les électeurs sont classés de A à B, par ordre décroissant du taux d'imposition qu'ils privilégient. Deux partis politiques sont en lice. Si l'un propose un taux de 61 % et l'autre un taux de 59 %, c'est ce dernier qui sera élu : les électeurs situés entre A et C votent pour le parti qui propose la taxation la plus forte, mais les électeurs situés entre C et B, plus nombreux que les premiers, votent pour le parti qui propose la taxation la plus faible. Si les deux partis proposent des taux plus faibles (9 % et 11 % respectivement), celui qui propose la taxe la plus élevée remportera l'élection : il recueille les voix des électeurs situés entre A et D ; seuls les électeurs situés entre D et B votent pour le parti qui propose un taux d'imposition inférieur. Pour remporter le plus de voix possible, chaque parti a donc intérêt à se rapprocher du taux d'imposition que préfère l'électeur médian. Si les deux partis proposent ce taux, chacun remporte la moitié des voix et aucun des deux ne peut améliorer sa position.

les électeurs situés entre D et B favoriseront le parti qui propose un taux de 9 %. Cette fois, la victoire ira au parti qui propose la taxation la plus forte.

Dans les deux situations décrites plus haut, chaque parti constate qu'il gagne des voix en se rapprochant du taux d'imposition que préfère l'électeur médian ; les deux partis finissent donc par proposer essentiellement le choix de l'électeur médian. Mais, à ce stade, aucun d'eux ne peut plus améliorer sa position électorale. Ils se partagent alors l'électorat en deux parts égales, l'un remportant les voix des électeurs situés entre A et la médiane, et l'autre recueillant les voix des électeurs situés entre la médiane et le point B. Tous les électeurs sont insatisfaits, sauf l'électeur médian : ceux qui se situent entre A et la médiane trouvent le taux d'imposition trop faible, et ceux qui se situent entre la médiane et le point B le trouvent trop élevé. Cependant, aucun parti ne peut espérer remporter l'élection en proposant un taux autre que celui que souhaite l'électeur médian, c'est-à-dire 30 % dans notre exemple.

Le principe de différenciation minimale et le théorème de l'électeur médian semblent prédire que tous les partis politiques proposeront en définitive le même programme électoral. Si tel est le cas, il faut évidemment s'interroger sur les conditions d'application de ce principe et de ce théorème. En effet, nous constatons, dans la réalité, que les programmes des partis, même s'ils se rapprochent sur bien des points, diffèrent par beaucoup d'autres. La preuve en est que la plupart d'entre nous défendons chaudement tel ou tel parti et combattons tout aussi vigoureusement les partis adverses et leurs programmes. L'une des différences les plus importantes entre les partis réside dans leur politique de redistribution du revenu et de la richesse. Voyons si le principe de différenciation minimale et le théorème de l'électeur médian peuvent nous aider à comprendre les politiques redistributives des différents partis politiques.

La redistribution du revenu et le processus électoral

Le premier modèle de redistribution que nous étudierons illustre la notion de vote cyclique. Supposons que la population se compose de 100 électeurs, répartis en fonction du revenu, comme au tableau 20.1: de ces électeurs, 25 gagnent 10 000 $ par an, 25 gagnent 20 000 $ par an, 25 gagnent 40 000 $ par an, et les 25 restants gagnent 90 000 $ par an. Le revenu annuel moyen de cette population est donc de 40 000 $.

Un parti politique propose de prélever sur le revenu du quartile le plus riche un impôt de 5000 $ par personne, et sur le revenu du troisième quartile un impôt de 3000 $. Les impôts prélevés seraient redistribués de la façon suivante: 5000 $ aux individus du quartile le plus pauvre et 3000 $ à ceux du deuxième quartile. La troisième colonne du tableau 20.1 indique les revenus disponibles après impôt et redistribution. Le revenu moyen de la population est toujours de 40 000 $. La dernière colonne du tableau montre les gains ou les pertes de chaque groupe: la redistribution a profité à la moitié la plus pauvre de la population, au détriment de la moitié la plus riche.

Supposons maintenant qu'un autre parti, opposé à cette politique redistributive, préconise le maintien du *statu quo*. Lequel des deux remportera l'élection? Ni l'un ni l'autre; ils arriveront *ex-aequo*. Le premier, celui qui propose la redistribution que nous venons de décrire, obtiendra 50 % des voix, celles de la moitié la plus pauvre de la population; l'autre parti remportera aussi 50 % des voix, celles de la moitié la plus riche.

Supposons à présent que l'un des deux partis élabore une nouvelle politique de redistribution du revenu, décrite au tableau 20.2. Il propose de prélever sur les revenus du quartile le plus riche un impôt, non plus de 5000 $, mais de 8000 $; de ne prélever aucun impôt sur les revenus du troisième quartile; de verser 5000 $ aux citoyens du quartile le plus pauvre et 3000 $ à ceux du deuxième quartile. Quant à l'autre parti, il préconise le *statu quo*: il n'envisage aucune redistribution du revenu. Lequel des deux partis remportera l'élection? Celui qui propose la nouvelle redistribution. Pourquoi? Parce que les électeurs qui gagnent 10 000 $ ou 20 000 $ par an se prononceront en faveur de la redistribution; les programmes des deux partis étant équivalents pour le groupe qui gagne 30 000 $, on peut supposer que la moitié de ce groupe votera pour un parti et l'autre moitié pour son concurrent. Le parti qui exclut toute redistribution du revenu remportera les voix du quartile le plus riche et de la

Tableau 20.1 Mise au vote de politiques de redistribution du revenu: match nul

Nombre d'électeurs	Revenu avant redistribution (en milliers de dollars)	Revenu après redistribution (en milliers de dollars)	Gain (+) ou perte (−) (en milliers de dollars)
25	10	15	+ 5
25	20	23	+ 3
25	40	37	− 3
25	90	85	− 5
Total 100	Moyenne 40	40	0

Tableau 20.2 Mise au vote de politiques de redistribution du revenu : les riches perdent

Nombre d'électeurs	Revenu avant redistribution (en milliers de dollars)	Revenu après redistribution (en milliers de dollars)	Gain (+) ou perte (−) (en milliers de dollars)
25	10	15	+ 5
25	20	23	+ 3
25	40	40	0
25	90	82	− 8
Total 100	Moyenne 40	40	0

moitié des électeurs du troisième quartile.

Nous avons décrit dans cet exemple une politique redistributive qui garantit la victoire électorale. Cependant, bien d'autres redistributions du revenu pourraient apporter la victoire aux partis qui les inscriraient à leur programme ; mais, dans chaque cas, ce serait un électorat différent (c'est-à-dire une coalition différente) qui composerait la majorité. Il existe donc une multitude de propositions susceptibles de conduire à la victoire électorale. La séquence de ces propositions donne lieu à des cycles de vote, semblables à ceux qu'on décrit dans la rubrique *L'évolution de nos connaissances*, aux pages 544 et 545.

Mais pourquoi observons-nous rarement de tels cycles dans la réalité ? Pourquoi la même politique redistributive demeure-t-elle en place pendant de longues années ? Un modèle faisant intervenir *l'électeur médian* va nous permettre de répondre à cette question. L'une des propriétés du second modèle que nous allons maintenant analyser est de tenir compte des coûts en perte d'efficacité associés aux mesures redistributives, comme dans le dilemme équité-efficacité que nous avons analysé au chapitre 18. Plus la redistribution est poussée, moins les gens ont intérêt à travailler et plus le revenu moyen baisse. Toute politique de redistribution du revenu exerce donc deux effets contraires sur l'électeur médian : d'une part, elle augmente son revenu disponible puisqu'elle opère un transfert de revenu des plus riches vers l'électeur médian et vers ceux qui gagnent moins que lui ; d'autre part, elle réduit le revenu de l'électeur médian, car les désincitations au travail font baisser le revenu moyen. C'est l'ampleur de la redistribution qui détermine lequel de ces deux effets contraires l'emporte sur l'autre. Si le taux d'imposition est bas, l'effet de démotivation demeure modeste, de sorte qu'une augmentation du taux d'imposition améliorera la situation de l'électeur médian : le supplément de revenu qui provient des transferts des plus riches vers les plus pauvres dépasse la baisse de revenu provoquée par la désincitation au travail. Par contre, si le fardeau fiscal est trop lourd, une baisse du taux d'imposition améliorera la situation de l'électeur médian : l'augmentation du revenu moyen que permet une meilleure incitation au travail compense largement la réduction des transferts des plus riches vers les plus pauvres. Il existe cependant un taux d'imposition idéal pour l'électeur médian : c'est celui qui équilibre parfaitement les deux effets contraires d'une politique redistributive, de façon à maximiser le revenu disponible de l'électeur médian. Cette redistribution, idéale du point de vue de l'électeur médian, constitue un équilibre politique possible.

Les modèles théoriques et la réalité

Nous venons d'étudier deux modèles de redistribution du revenu : un modèle à majorité cyclique et un modèle à électeur médian. Dans le modèle à majorité cyclique, les coalitions majoritaires se succèdent les unes aux autres et font pencher la balance de la redistribution tantôt d'un côté, tantôt de l'autre. Dans le modèle à électeur médian, un équilibre unique maximise l'avantage net de l'électeur médian.

Lequel de ces deux modèles est le plus proche de la réalité canadienne ? C'est le modèle à électeur médian. Il prédit en effet que les partis politiques, s'ils diffèrent dans leurs discours, adoptent dans les faits des mesures de redistribution très semblables. Or, c'est précisément ce que nous constatons dans la réalité. Par contre, le modèle à majorité cyclique donne à entendre que, d'une élection à l'autre, la succession de majorités contradictoires réussit à orienter la redistribution du revenu dans une direction nouvelle ; mais ce n'est pas ce que nous observons dans la réalité.

À RETENIR

Le comportement des politiciens est conditionné par la nécessité de recueillir un nombre suffisant de voix pour accéder au pouvoir et pour s'y maintenir. À cette fin, les partis politiques s'efforcent de proposer des mesures susceptibles d'être agréées par au moins la moitié des électeurs. Dans un scrutin, l'électeur médian est l'électeur pivot. Pour obtenir une majorité, les partis politiques élaborent des programmes propres à maximiser l'avantage net de l'électeur médian.

Nous savons maintenant comment les politiciens prennent leurs décisions. Mais qu'en est-il des bureaucrates, qui traduisent les décisions des dirigeants politiques en programmes d'action concrets ? C'est ce que nous allons maintenant étudier.

■ ■ ■

Le modèle du bureaucrate-gestionnaire

William Niskanen propose un intéressant modèle du comportement bureaucratique. (Voir la rubrique *L'évolution de nos connaissances*, pp. 544-545.) Dans ce modèle, chaque bureaucrate essaye de maximiser le budget de l'administration dont il fait partie. En effet, plus le budget d'une administration gouvernementale est élevé, plus le poste de son directeur est prestigieux, et plus les possibilités de promotion des bureaucrates situés au-dessous de lui sont intéressantes. Tous les membres de l'organisme ont donc intérêt à ce que le budget imparti à celui-ci grossisse. Comme chaque organisme tente d'augmenter son budget, il en découle une tendance à la surproduction des biens et services fournis par le secteur public.

Il y a cependant des limites à l'augmentation des budgets, car cette augmentation force le gouvernement à prélever plus de taxes et d'impôts auprès des électeurs, ce qui n'est pas sans effet sur ses chances de réélection. Les administrations gouvernementales savent que leurs propres objectifs et ceux des politiciens, même contradictoires dans une certaine mesure, demeurent étroitement liés. Elles s'emploient par conséquent à convaincre les politiciens qu'ils ont intérêt, pour être réélus, à accorder telle ou telle augmentation du budget. Ce processus peut se traduire par la tenue de campagnes politiques visant à persuader les électeurs qu'ils ont besoin de plus de services de santé, d'une meilleure protection contre la pollution, etc.

Voyons maintenant les conséquences de ce comportement bureaucratique sur l'offre de biens collectifs et sur les dépenses publiques. Reprenons pour cela l'exemple des satellites de surveillance de la pollution, que nous avons utilisé en deux circonstances. Une première fois, au chapitre 19, pour montrer qu'un gouvernement peut contourner le problème du resquilleur et fournir une quantité de biens collectifs supérieure à la quantité que fournirait le marché. Nous avons repris cet exemple dans le présent chapitre, pour montrer que la concurrence que les partis politiques se livrent pour obtenir la faveur de l'électorat conduit à offrir à celui-ci la quantité socialement efficace de biens collectifs. (Nous partions, évidemment, de l'hypothèse selon laquelle tous les électeurs ont les mêmes dispositions à payer pour les biens collectifs en question et tous évaluent correctement les coûts et les avantages des différentes mesures possibles.) Pour l'instant, les bureaucrates ne sont donc pas encore intervenus dans l'exemple des satellites.

Pourtant, la mise sur pied d'un système de surveillance des émissions polluantes et des pluies acides nécessite le recours à un appareil bureaucratique considérable. Quel est l'impact de cette bureaucratie sur l'ampleur et sur le coût des programmes de lutte contre les pluies acides ? Revenons à notre exemple.

La figure 20.4 est semblable à la figure 20.1 ; elle indique en abscisse le nombre de satellites lancés et, en ordonnée, l'avantage total du système et son coût total. La courbe *AT* représente l'avantage total tel qu'il est perçu par l'ensemble de la population, et la courbe *CT*, le coût total.

Nous avons vu précédemment que le système optimal comprend deux satellites. Il coûte 1,5 milliard de dollars et son avantage total se chiffre à 3,5 milliards de dollars ; l'avantage net est donc de 2 milliards de dollars. Le parti politique qui proposerait de lancer deux satellites offrirait ainsi à la population l'avantage net maximal : il serait par conséquent élu. Mais, dans la réalité, le ministre de l'Environnement va-t-il presser le Parlement de voter en faveur d'un système à deux satellites ? Selon le modèle de William Niskanen, ce n'est pas le cas. Voyons pourquoi. Les bureaucrates du ministère de l'Environnement cherchent à maximiser leur budget : ils tentent donc d'accroître le plus possible le nombre de satellites. Par exemple, s'ils arrivent à convaincre le Parlement de voter pour un système à quatre satellites, leur budget passe à 5 milliards de dollars. Dans ce cas, l'avantage total et le coût total sont égaux, et l'avantage net est nul. Et si les bureaucrates réussissent à gonfler encore plus leur budget, l'avantage net deviendra même négatif.

D'un autre côté, le ministère de l'Environnement peut-il vraiment convaincre les politiciens de voter une offre de biens collectifs supérieure à la quantité optimale (celle pour laquelle l'avantage net est maximal) ? Les politiciens n'ont-ils pas intérêt à modérer les ambitions des bureaucrates et à restreindre leurs dépenses ? Nous savons que, si deux partis politiques se disputent les faveurs de l'électorat, c'est celui qui propose l'avantage net le plus élevé qui est élu. Dans ce cas, les intérêts des politiciens, qui veulent se faire élire ou

LE MARCHÉ POLITIQUE   551

Figure 20.4 Bureaucratie et surproduction de biens collectifs

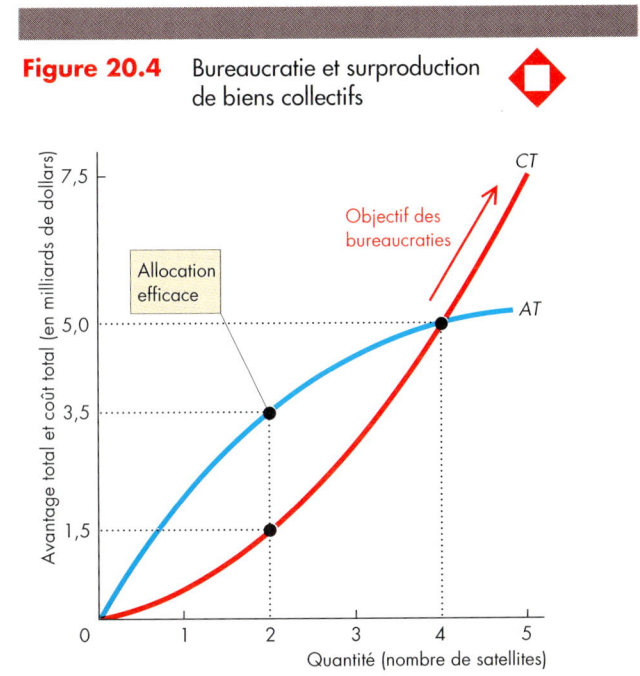

Les bureaucraties visent la maximisation du budget dont elles ont la charge, ce qui favorise les mesures qui ont pour effet d'augmenter les dépenses et la production des administrations publiques. Ainsi, le ministère de l'Environnement préfère lancer quatre satellites au coût total de 5 milliards de dollars, plutôt que de se contenter de deux satellites au coût total de 1,5 milliard de dollars – qui constituerait pourtant le nombre optimal. L'objectif de l'organisme est de s'élever le plus haut possible sur la courbe de coût total, comme l'indique la flèche. Si les électeurs sont bien informés, les politiciens ne peuvent pas leur imposer les taxes et les impôts qui permettraient d'augmenter les budgets du ministère au-delà de ce qui correspond à une allocation efficace. Par contre, si certains électeurs sont rationnellement ignorants de la question, le ministère peut obtenir un budget supérieur à celui de l'allocation efficace. Cette situation se traduit par un biais à la hausse dans l'offre de biens collectifs.

réélire, ne sont-ils pas plus puissants que la volonté des bureaucrates d'obtenir un budget plus important ? Les politiciens n'ont-ils pas le pouvoir de restreindre le budget des ministères de façon à maximiser l'avantage net des électeurs ?

Si les électeurs sont bien informés et qu'ils agissent toujours au mieux de leur propre intérêt, ils élisent le parti qui maintiendra le budget du ministère de l'Environnement au niveau qui assure une protection contre les pluies acides qui soit optimale. Mais un autre équilibre est possible si les électeurs sont peu au fait des dossiers, alors que les groupes directement touchés sont très bien informés.

Les coûts d'information et les groupes de pression

L'un des principes clés de la théorie des choix publics est que les électeurs n'ont pas intérêt à s'informer sur les questions qu'ils seront appelés à trancher par leur vote, sauf si elles touchent directement leur bien-être. En d'autres termes, il est souvent rationnel pour les électeurs d'être peu informés sur certaines questions. L'**ignorance rationnelle** résulte de la décision qu'on prend de *ne pas s'informer* quand le coût d'acquisition de cette information est supérieur aux avantages qu'elle pourrait procurer. Par exemple, les électeurs savent qu'individuellement ils ne peuvent guère exercer une influence sur les politiques environnementales du gouvernement. Ils savent aussi qu'il leur faudrait investir beaucoup de temps et d'énergie pour se renseigner, ne serait-ce que superficiellement, sur les différentes techniques de lutte contre les pluies acides. Ils en concluent que cela n'en vaut pas la peine et qu'il vaut mieux rester relativement ignorant de ces questions. Bien sûr, nous ne citons ici l'environnement qu'à titre d'exemple : le même raisonnement s'applique à tous les domaines d'intervention de l'État.

Tous les électeurs « consomment » la qualité de l'environnement, mais tous ne la « produisent » pas. Seule une minorité d'électeurs intervient vraiment dans l'amélioration de la qualité de l'environnement : les employés des entreprises privées qui fabriquent des dispositifs antipollution, et les bureaucrates des divers paliers de gouvernements chargés d'élaborer la politique environnementale. Ces agents ont un intérêt *personnel* à la protection de l'environnement, car leur revenu en dépend. Or, ces électeurs-producteurs, conjointement avec les bureaucraties en cause, exercent sur les résultats électoraux une influence plus grande que le reste de l'électorat, composé des consommateurs mal informés du même bien collectif.

Les intérêts des électeurs non informés et ceux des électeurs bien informés débouchent sur un équilibre politique où la taille des organismes gouvernementaux et les quantités offertes de biens collectifs sont généralement supérieures à celles qui maximiseraient l'avantage social net. Ce modèle de la bureaucratie s'applique à tous les biens collectifs, y compris la défense nationale, la santé publique et la protection de l'environnement.

À ce stade de notre réflexion, une question se pose : si le gouvernement a effectivement tendance à produire une trop grande quantité de biens collectifs, dont fait partie la protection de l'environnement, comment se fait-il que le problème des pluies acides et des autres formes de pollution subsiste ? Il y a à cela deux raisons. La première tient à ce que la plupart des problèmes de pollution transcendent les frontières des pays : par exemple, le gouvernement du Canada ne peut éliminer les pluies acides sans la collaboration des États-Unis (et même celle de tous les pays industrialisés). Or, tout comme les individus ont intérêt à resquiller les biens collectifs disponibles dans leur pays, les pays ont aussi intérêt à resquiller les biens collectifs mondiaux tels que la qualité de l'environnement. Ainsi, un politicien américain n'oserait pas proposer à ses électeurs un programme de dépollution qui leur coûterait plus cher qu'il ne leur rapporterait directement, car la réduction aux États-Unis des émissions de dioxyde de soufre profiterait aux Canadiens avant de profiter aux Américains.

La deuxième raison qui explique la persistance du problème des pluies acides réside dans certaines contraintes techniques. Dans notre exemple fictif, nous supposions la mise en place d'un système de satellites très sophistiqué et très efficace, mais ce système n'existe pas en réalité. Il nous faudrait donc inventer une technique aussi efficace – et bon marché par surcroît – pour pouvoir appliquer le modèle de prise de décision bureaucratique que nous venons d'étudier. Le ministère de l'Environnement prendrait alors une importance égale à celle de l'actuel ministère de la Défense nationale. Mais, actuellement, les techniques de réduction des pluies acides restent très onéreuses et ne sont appliquées qu'à une échelle limitée.

À RETENIR

Les politiciens appliquent leur programme électoral par le biais des bureaucraties publiques. Dans le modèle économique de la bureaucratie, l'objectif des bureaucrates est de maximiser le budget de l'administration à laquelle ils appartiennent. Chaque palier gouvernemental s'efforce donc de convaincre les autorités élues d'accroître son budget. Les dirigeants politiques doivent mettre en balance les demandes budgétaires de la bureaucratie et le coût électoral qui résulterait d'une augmentation du fardeau fiscal. Si tous les électeurs sont bien informés sur les coûts et les avantages des politiques gouvernementales, le budget accordé à chaque administration publique maximise l'avantage social net. Par contre, il est rationnel pour une majorité d'électeurs de demeurer relativement mal informés. Seuls seront mieux informés ceux qui sont à la fois consommateurs et producteurs du bien collectif en question ; ces électeurs, de même que les organismes gouvernementaux qui contribuent à la production du bien en question, auront une influence déterminante dans l'élaboration des politiques. L'offre de biens collectifs sera alors supérieure à celle qui maximise l'avantage social net.

...

Nous savons maintenant comment les interactions entre les électeurs, les politiciens et les bureaucrates déterminent l'offre de biens et services collectifs, ainsi que les politiques de redistribution du revenu et de gestion des externalités. Mais ce sont les taxes et les impôts qui financent les biens et services publics. Comment le marché politique détermine-t-il les taxes et les impôts ? Et pourquoi certains biens, loin d'être taxés, sont-ils au contraire subventionnés ? Nous avons déjà apporté à cette question un élément de réponse : nous avons vu que les taxes et les subventions sont pour le gouvernement un moyen de corriger les effets externes. Nous allons voir maintenant que ce n'est pas là leur unique fonction.

Les taxes et les subventions

Au Canada, la majeure partie des recettes fiscales provient de l'impôt sur le revenu. Cependant, les taxes de vente provinciales et la taxe sur les produits et services (TPS) récemment instaurée par le gouvernement fédéral en représentent aussi une part importante. Les taux d'imposition les plus élevés sont ceux qui touchent l'essence, les boissons alcoolisées, les produits du tabac et certains biens importés. Ensemble, les taxes sur ces types de biens et les taxes générales de vente représentent plus d'un sixième du revenu des gouvernements fédéral et provinciaux. Pourquoi certains biens sont-ils lourdement taxés tandis que d'autres ne le sont presque pas ? Pourquoi certains biens sont-ils même subventionnés ? Quels sont, sur les prix et sur la consommation, les effets des taxes et des subventions ? Et qui paie les taxes en définitive : les consommateurs, les producteurs ou les deux groupes à la fois ?

Les droits d'accise

Un **droit d'accise** est une taxe imposée sur un bien en particulier. Il s'agit soit d'un montant fixe par unité vendue, auquel cas on parle de *taxe unitaire*, soit d'un pourcentage donné de la valeur du bien, auquel cas on parle de *taxe ad valorem*. Les taxes sur l'essence, sur les boissons alcoolisées et sur le tabac sont des droits d'accise.

Analysons maintenant les effets des droits d'accise, en prenant pour exemple la taxe sur l'essence. Nous supposerons que ce marché est parfaitement concurrentiel. (La prise en compte d'éléments de monopole n'aurait pas d'incidence sur le résultat de notre analyse, comme nous le verrons plus loin.)

La figure 20.5 représente le marché de l'essence. L'axe des abscisses mesure la quantité (exprimée en millions de litres par jour), et l'axe des ordonnées mesure le prix de l'essence (en cents le litre). La courbe *D* représente la courbe de demande d'essence, et la courbe *O*, la courbe d'offre. Si l'essence n'est pas taxée, son prix d'équilibre est de 30 ¢ le litre et l'on en vend chaque jour 400 millions de litres.

Supposons à présent que le gouvernement impose

Figure 20.5 Droit d'accise

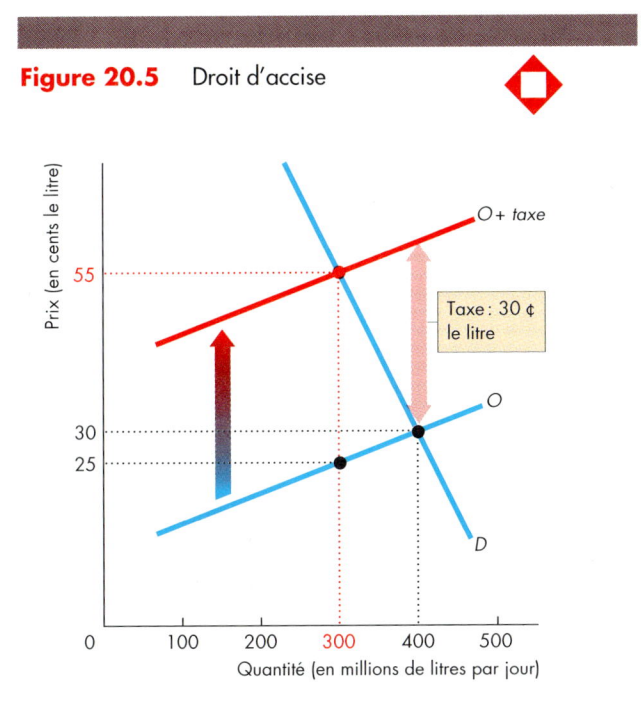

La courbe *D* représente la courbe de demande d'essence, et la courbe *O*, la courbe d'offre. Si l'essence n'est pas taxée, il s'en vend 400 millions de litres par jour à 30 ¢ le litre. Mais, si le gouvernement impose une taxe de 30 ¢ sur le litre d'essence, la courbe d'offre se déplace vers le haut jusqu'à la courbe *O + taxe*. Au nouveau point d'équilibre, le prix s'élève à 55 ¢ le litre et la quantité échangée est de 300 millions de litres par jour. La taxe est payée en partie par les consommateurs (25 ¢ par litre) et en partie par les producteurs (5 ¢ par litre).

une taxe de 30 ¢ sur le litre d'essence. Les producteurs offraient 400 millions de litres par jour quand l'essence se vendait 30 ¢ le litre et qu'elle n'était pas taxée ; ils ne continueront à offrir cette quantité que si le prix demandé au consommateur passe à 60 ¢ le litre. C'est le prix initial de 30 ¢ le litre, augmenté de la taxe de 30 ¢ que les producteurs doivent percevoir auprès des consommateurs et reverser au gouvernement. Du fait de cette taxe, la courbe d'offre se déplace vers le haut jusqu'à la courbe rouge, dénotée *O + taxe* sur le graphique. Le point d'intersection de la nouvelle courbe d'offre et de la courbe de demande correspond à une quantité de 300 millions de litres par jour et à un prix de 55 ¢ le litre. Ce point définit l'équilibre du marché après l'instauration de la taxe. Mais pourquoi le prix d'équilibre n'est-il pas de 60 ¢, c'est-à-dire le prix initial augmenté de la taxe ?

Qui paie la taxe ? La figure 20.5 montre que, si le gouvernement impose une taxe de 30 ¢ sur le litre d'essence, le prix de ce produit augmente comme on pouvait s'y attendre, mais seulement de 25 ¢. Le prix que paient les consommateurs augmente donc d'un montant inférieur à la taxe. Le gouvernement recueille 30 ¢ de taxe sur chaque litre, mais le consommateur ne paie que 25 ¢ de plus le litre. Qui paie les 5 ¢ manquants ? Ce ne peut être que le producteur : quand les ventes baissent à 300 millions de litres par jour, sa recette nette (hors taxe) baisse aussi, passant de 30 ¢ à 25 ¢ le litre (55 ¢ que versent les consommateurs, moins 30 ¢ de taxe).

L'élasticité de l'offre et celle de la demande déterminent la portion de la taxe qu'assumeront les producteurs et celle que paieront les consommateurs. En d'autres termes, la forme des courbes d'offre et de demande détermine la façon dont la taxe est ventilée entre l'augmentation du prix payé par les consommateurs et la réduction du prix net perçu par les producteurs : c'est ce qu'on appelle l'**incidence d'une taxe**.

Si l'offre est parfaitement élastique (courbe d'offre horizontale), l'augmentation du prix est égale à la taxe ; en d'autres termes, la taxe est entièrement répercutée sur les consommateurs. Si l'offre est complètement rigide (courbe d'offre verticale), ni le prix ni la quantité ne changent, et ce sont les producteurs qui assument la totalité de la taxe.

Si la demande est parfaitement élastique, la taxe n'exerce aucun effet sur le prix que paie le consommateur, et elle est payée en totalité par les producteurs ; ceux-ci diminuent la quantité produite jusqu'à ce que le coût marginal soit égal au prix, diminué du montant de la taxe (Coût marginal = Prix – Taxe). Plus la demande est inélastique, plus la taxe fait augmenter le prix à la consommation et moins elle fait baisser la quantité produite ; autrement dit, la partie de la taxe répercutée sur les consommateurs est d'autant plus grande que la demande est inélastique.

L'exemple de la taxe sur l'essence, que nous venons d'analyser, peut s'étendre à une multitude d'autres taxes et impôts : les taxes sur l'alcool et sur le tabac, les taxes de vente et même les impôts prélevés sur les revenus de travail (impôts sur le revenu et impôts sur la masse salariale, comme les cotisations d'assurance-chômage). L'imposition d'une taxe sur un bien a toujours pour effet de déplacer vers le haut la courbe d'offre de ce bien, d'une distance égale au montant de la taxe. Au nouvel équilibre, le prix est plus élevé qu'auparavant, et la quantité échangée est plus faible. La répartition de la taxe entre les consommateurs et les producteurs dépend de l'élasticité de l'offre et de l'élasticité de la demande.

Les industries monopolistiques L'imposition d'une taxe de vente ou d'un droit d'accise produit dans un monopole les mêmes effets que dans un secteur concurrentiel. Nous savons cependant que le prix de départ pratiqué par le monopole est supérieur à ce qu'il serait dans un marché parfaitement concurrentiel, et que la quantité produite est inférieure. Le prix d'équilibre dans un monopole est le prix qui assure l'égalité entre la recette marginale et le coût marginal de l'entreprise. Or, la taxe fait augmenter le coût marginal. La courbe de coût marginal en situation de monopole se déplace donc vers le haut, d'un montant égal à la taxe. Le monopoleur maximise son profit quand la quantité produite est telle que la somme du coût marginal et de la taxe est égale à la recette marginale. Par conséquent, l'imposition d'une taxe de vente ou d'un droit d'accise dans un marché monopolistique fait augmenter le prix et baisser la quantité offerte, exactement comme elle le ferait dans un secteur concurrentiel.

Pourquoi différents biens sont-ils taxés à des taux différents ?

Qu'est-ce qui justifie la structure actuelle de la taxation ? Par exemple, pourquoi l'alcool, le tabac et l'essence sont-ils très lourdement taxés alors que d'autres biens ne le sont pas du tout ? Il y a deux raisons principales à cela. D'une part, comme nous l'avons vu au chapitre 19, la consommation ou la production de ces biens entraîne des coûts externes. En taxant fortement ces produits et services, le gouvernement oblige les producteurs et les consommateurs à tenir compte des coûts externes qu'ils imposent aux autres citoyens. D'autre part, les taxes créent des *pertes sèches*. Or, à un niveau donné de recettes fiscales, le gouvernement peut minimiser la perte sèche en taxant les différents biens à des taux différents. Examinons ces deux facteurs plus en détail.

Les coûts externes Plusieurs des biens très lourdement taxés le sont à cause des coûts externes qu'ils entraînent. Par exemple, si le gouvernement taxe si lourdement l'essence, c'est en partie pour obliger les usagers des routes à prendre en considération le coût qu'ils imposent aux autres citoyens en contribuant à congestionner les routes. De la même façon, un des objectifs des fortes taxes qui frappent l'alcool et le tabac est de reporter sur les buveurs et les fumeurs une partie des coûts externes que leurs habitudes de consommation imposent à la société. Car l'alcool et le tabac provoquent à long terme des maladies graves qu'il faut soigner, et les coûts de ces services de santé sont répartis sur l'ensemble de la population, y compris les personnes qui ne fument ni ne boivent. Quand une personne décide de fumer ou de boire, elle ne prend pas en considération ces coûts, et c'est pour l'obliger à le faire que le tabac et l'alcool sont si lourdement taxés.

Certains biens engendrent des coûts externes élevés sans être taxés pour autant : le gouvernement préfère les déclarer illégaux ; c'est par exemple le cas de la marijuana et de la cocaïne. Des quantités considérables de ces produits continuent néanmoins de se vendre et de se consommer chaque année au Canada, ce qui entraîne des coûts externes très élevés. L'une des méthodes possibles pour organiser ces marchés consisterait à légaliser ces produits tout en les taxant très fortement. Ainsi, les quantités vendues resteraient-elles au niveau actuel ou marqueraient-elles même un léger recul ; de toute façon, les usagers assumeraient eux-mêmes le coût marginal social de leurs habitudes de consommation. Ces taxes pourraient s'avérer une source importante de revenus pour le gouvernement. (Certains estimeraient inacceptable qu'un gouvernement tire profit du commerce de la drogue. Naturellement, la question de la drogue ne se résume pas à un simple calcul économique et déborde de beaucoup le cadre de la présente analyse.)

Examinons maintenant la perte sèche qui résulte des taxes, et voyons comment une taxation non uniforme permet de minimiser la perte sèche totale associée au prélèvement d'un montant donné de recettes fiscales.

Minimisation de la perte sèche Reprenons l'exemple de la taxe sur l'essence, illustré à la figure 20.5. La figure 20.6 indique la perte sèche que cette taxe engendre. Tant que l'essence n'est pas taxée, 400 millions de litres sont vendus chaque jour, au prix de 30 ¢ le litre. Avec l'imposition d'une taxe de 30 ¢ le litre, la quantité échangée baisse, passant de 400 millions à 300 millions de litres par jour, et le prix augmente, passant de 30 ¢ à 55 ¢ le litre. La hausse du prix et la diminution de la quantité échangée entraînent une diminution du surplus du consommateur. Mais les producteurs aussi voient diminuer leur surplus : désormais, ils ne reçoivent que 25 ¢ le litre et ne vendent que 300 millions de litres par jour, alors qu'auparavant ils recevaient 30 ¢ le litre et vendaient 400 millions de litres par jour. Dans la figure 20.6, le triangle gris représente la perte sèche que l'imposition de cette taxe inflige à la société : 15 millions de dollars par jour.[1]

Nous avons déjà étudié le concept de perte sèche au chapitre 13, lorsque nous avons analysé la politique de prix d'un monopoleur : la perte sèche correspondait à la perte nette de surplus du producteur et de surplus du consommateur associée au prix de monopole. La perte sèche associée à une taxe — qu'on appelle aussi le **fardeau excédentaire de la taxation** — est égale à la différence entre, d'une part, la perte de surplus du produc-

---

[1] L'aire d'un triangle se calcule comme suit : $\frac{Base \times Hauteur}{2}$.

Si l'on tourne le triangle sur le côté, sa base est de 30 ¢, c'est-à-dire le montant de la taxe. Sa hauteur représente alors la baisse de la quantité vendue, c'est-à-dire 100 millions de litres par jour :

$$\frac{0{,}30\ \$ \times 100\ \text{millions}}{2} = 15\ \text{millions de dollars.}$$

Figure 20.6 Le fardeau excédentaire de la taxation

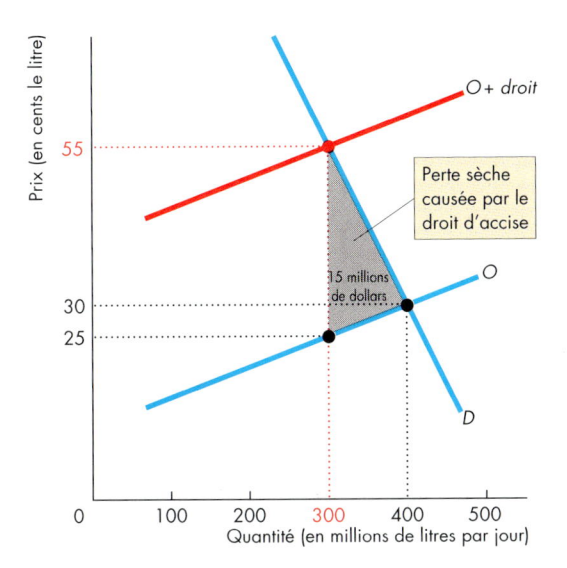

L'imposition d'un droit d'accise ou d'une taxe engendre une perte sèche, représentée graphiquement par le triangle gris. Le droit perçu ici est de 30 ¢ le litre et s'applique aux 300 millions de litres vendus chaque jour, soit un total de 90 millions de dollars par jour. Le fardeau excédentaire de cette taxe s'élève à 15 millions de dollars par jour. Pour prélever 90 millions de dollars par jour, il faut donc supporter une perte sèche de 15 millions de dollars par jour.

teur et du consommateur résultant de la taxe et, d'autre part, la recette fiscale prélevée par l'État. Dans notre exemple, quelle est la recette engendrée par la taxe ? Il se vend chaque jour 300 millions de litres d'essence, taxés à 30 ¢ le litre : la recette quotidienne de la taxe est donc de 90 millions de dollars (300 millions de litres × 30 ¢ le litre). Comme cette recette est prélevée auprès des producteurs et des consommateurs, la perte de surplus de ces deux groupes est d'au moins 300 millions de dollars. Mais, en fait, les producteurs et les consommateurs perdent *plus encore*, puisque la perte de surplus représentée par le triangle gris de la figure 20.6 n'est *pas* prélevée par l'État : ce triangle mesure le coût social de la diminution de la quantité produite et consommée. Dans notre exemple, un prélèvement fiscal de 90 millions de dollars par jour au moyen d'une taxe de 30 ¢ imposée sur le litre crée une perte sèche de 15 millions de dollars par jour, soit un sixième du revenu de la taxe.

Le fardeau excédentaire de la taxation dépend notamment de l'élasticité de la demande du produit. La demande d'essence est relativement inélastique. Par conséquent, à l'entrée en vigueur de la taxe, le pourcentage de baisse de la quantité demandée est inférieur au pourcentage de hausse du prix. Dans notre exemple, la quantité demandée a baissé de 25 % tandis que le prix

augmentait de 83,33 %. Pour bien voir l'influence de l'élasticité de la demande sur le fardeau excédentaire, prenons un autre exemple : celui du jus de pomme. Nous simplifierons l'analyse et nous supposerons qu'il se vend au départ autant de jus de pomme que d'essence. La figure 20.7 illustre le marché du jus de pomme. La courbe *D* représente la courbe de demande et la courbe *O* celle de l'offre. En l'absence de taxe sur le jus de pomme, il se vend 400 millions de litres de ce produit par jour, à 30 ¢ le litre.

Supposons que le gouvernement envisage de supprimer la taxe sur l'essence et de taxer plutôt le jus de pomme. La demande de jus de pomme est plus élastique que la demande d'essence, car le jus de pomme peut facilement se remplacer par une autre sorte de jus de fruits. Comme le gouvernement veut maintenir au même niveau ses rentrées fiscales, il faut que la taxe sur le jus de pomme rapporte autant que la taxe sur

Figure 20.7 Pourquoi le jus de pomme n'est-il pas taxé ?

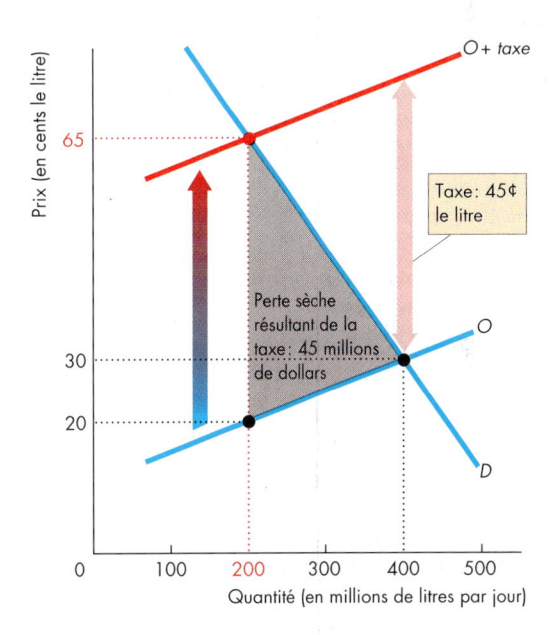

La courbe *D* représente la courbe de demande de jus de pomme, et la courbe *O*, sa courbe d'offre. À l'équilibre, 400 millions de litres se vendent chaque jour, à 30 ¢ le litre. Pour prélever 90 millions de dollars par jour, le gouvernement doit taxer le jus de pomme à 45 ¢ le litre. La taxe fait déplacer la courbe d'offre vers le haut, jusqu'à la courbe *O* + *taxe*. Le prix augmente, passant de 30 ¢ à 65 ¢ le litre, et la quantité échangée baisse, passant de 400 millions à 200 millions de litres par jour. Le triangle gris représente le fardeau excédentaire de la taxe, soit 45 millions de dollars par jour. La perte sèche qui résulte de l'instauration d'une taxe sur le jus de pomme est donc bien supérieure à celle d'une taxe sur l'essence (voir la figure 20.6) : la demande de jus de pomme est plus élastique que la demande d'essence. Les biens dont la demande est peu élastique sont taxés plus lourdement que ceux dont la demande est très élastique.

l'essence, c'est-à-dire 90 millions de dollars par jour. En étudiant les courbes d'offre et de demande de jus de pomme représentées dans la figure 20.7, les économistes du gouvernement estiment que la taxe sur le jus de pomme, pour rapporter autant que la taxe sur l'essence, doit être de 45 ¢ le litre. Avec une telle taxe, la courbe d'offre O se déplace vers le haut jusqu'à la courbe dénotée O + taxe. Au nouvel équilibre, la quantité échangée est de 200 millions de litres par jour et le prix de 65 ¢ le litre. Pour produire 200 millions de litres par jour, les producteurs doivent recevoir 20 ¢ le litre. Le gouvernement perçoit 45 ¢ de taxe par litre, soit un total de 90 millions de dollars par jour, ce qui correspond au montant recherché.

Mais à combien s'élève maintenant la perte sèche? Comme le montre le triangle gris de la figure 20.7, elle s'élève à 45 millions de dollars.[2] Vous remarquez que la perte sèche causée par la taxe sur le jus de pomme est de loin supérieure à celle qu'engendrait la taxe sur l'essence. Elle représente la moitié du revenu de la taxe, alors qu'elle était d'un sixième seulement dans le cas de l'essence. Pourtant, les deux courbes d'offre sont identiques, de même que le prix initial hors taxe et la quantité échangée initialement. C'est donc l'élasticité de la demande qui fait toute la différence. La quantité d'essence demandée ne baissait que de 25 % alors que le prix doublait presque; dans le cas du jus de pomme, la quantité demandée baisse de plus de 50 % quand le prix passe à un peu plus du double.

Vous savez maintenant pourquoi aucun parti politique n'inscrit à son programme électoral la taxation du jus de pomme.

Pour se faire élire, les hommes et les femmes politiques adoptent les taxes qui profitent le plus à l'électeur médian. Toutes choses étant égales par ailleurs, ils s'efforcent ainsi de réduire le plus possible, pour un niveau donné de recettes fiscales, le fardeau excédentaire de la taxation. Ils taxent donc plus lourdement les biens dont la demande est peu élastique que ceux dont la demande est très élastique.

La taxe sur les produits et services

Le modèle économique à l'aide duquel nous venons d'étudier les effets des droits d'accise s'applique aussi à la taxe sur les produits et services (TPS) que le Canada a instaurée en 1991. La TPS remplace l'ancienne taxe de vente sur les produits *manufacturés*, mais son champ d'application est bien plus vaste. L'ancienne taxe de vente avait un taux plus élevé que celui de la TPS, mais elle s'appliquait à un nombre plus restreint de biens. En faisant baisser le taux d'imposition des produits manufacturés, le gouvernement réduit la perte sèche de ces taxes. Mais en taxant les services (qui n'étaient pas taxés auparavant), il crée une autre perte sèche. C'est le rapport entre l'élasticité de la demande des services et l'élasticité de la demande des produits manufacturés qui détermine si le fardeau excédentaire total associé à un prélèvement fiscal donné va augmenter ou diminuer du fait de la mise en œuvre de la TPS. Cependant, même si la demande de services et la demande de produits manufacturés ont la même élasticité, la perte sèche engendrée par la TPS, qui s'applique à un plus grand nombre de biens, sera en moyenne inférieure à la perte sèche qu'engendrait l'ancienne taxe sur les produits manufacturés. Pourquoi? Parce que le fardeau excédentaire d'une taxe augmente plus vite que la taxe elle-même. Si la demande de services a la même élasticité que celle des produits manufacturés, la perte sèche totale engendrée par la TPS sera inférieure à celle qu'engendrait la taxe sur les produits manufacturés. La plupart des économistes s'accordent à considérer que, par dollar de revenu prélevé, le fardeau excédentaire de la TPS devrait être inférieur à celui de l'ancienne taxe.

Laissons maintenant de côté les taxes, pour nous intéresser aux subventions.

Les subventions

Au total, les subventions ne représentent qu'une faible part des dépenses gouvernementales, tant au fédéral qu'au provincial. Elles constituent par contre une part importante des revenus du secteur agricole. Prenons l'exemple de la production de blé.

Supposons que la figure 20.8 illustre le marché du blé. La courbe D représente la courbe de demande, et la courbe O, la courbe d'offre. Les exploitations agricoles produisent 2 milliards de boisseaux de blé par an, au prix de 3,50 $ le boisseau. Supposons que le gouvernement offre aux agriculteurs une subvention de 1 $ le boisseau. Les agriculteurs, qui produisent sans subvention 2 milliards de boisseaux par an à 3,50 $ le boisseau, produiront la même quantité à 2,50 $ le boisseau si le gouvernement leur verse une subvention de 1 $ le boisseau. La courbe d'offre de blé se déplace donc vers le bas, d'une distance égale à la subvention: la nouvelle courbe d'offre est la courbe dénotée O − *subvention* sur le graphique. Cette nouvelle courbe d'offre croise la courbe de demande au prix de 3 $ le boisseau et à une quantité échangée de 3 milliards de boisseaux par an. Au nouvel

---

[2] Cette perte sèche se calcule comme la perte sèche engendrée par la taxe sur l'essence (voir la note 1 de la page 554). Faisons pivoter sur le côté le triangle gris: sa base est de 90 ¢, et sa hauteur, de 200 millions de litres. La formule de calcul de l'aire d'un triangle (la base multipliée par la hauteur, le tout divisé par 2) donne la perte sèche suivante:

$$\frac{0{,}45\ \$ \times 200\ \text{millions}}{2} = 45\ \text{millions de dollars.}$$

Figure 20.8 Subvention

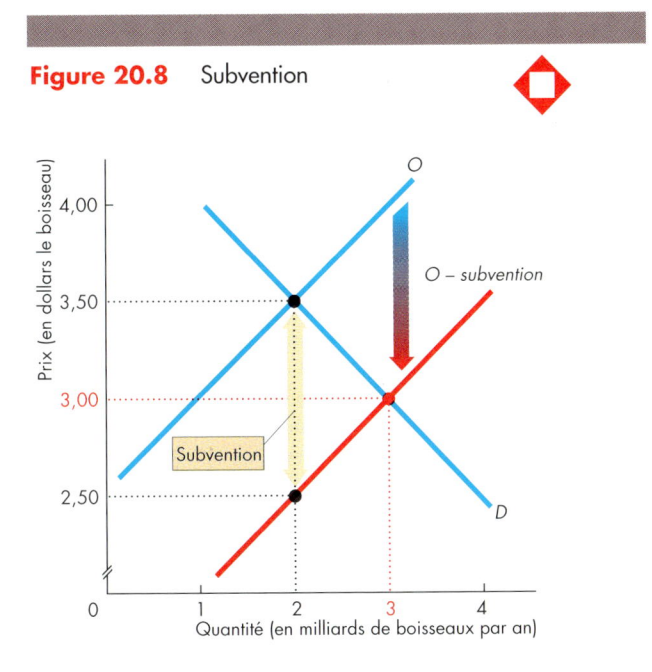

La courbe D représente la courbe de demande de blé, et la courbe O, sa courbe d'offre. Si le marché est concurrentiel et que le blé n'est ni subventionné ni taxé, le secteur produit 2 milliards de boisseaux par an, au prix de 3,50 $ le boisseau. Si le gouvernement subventionne la production de blé à raison de 1 $ le boisseau, la courbe d'offre se déplace vers le bas jusqu'à la courbe O – subvention. Le prix du blé tombe alors à 3 $ le boisseau, et la production passe à 3 milliards de boisseaux par an. En incluant la subvention, les producteurs touchent un prix égal à leur coût marginal de production.

équilibre, le prix du blé a baissé de 50 ¢ le boisseau. Par boisseau, les acheteurs paient maintenant 50 ¢ de moins, et les producteurs perçoivent 50 ¢ de plus. La subvention de 1 $ permet de financer cette augmentation du revenu du producteur et cette baisse du prix pour le consommateur.

Dans la rubrique *Entre les lignes* (pages 558 et 559), nous reviendrons sur les conséquences des subventions pour le secteur agricole et sur les taxes qui permettent de payer ces subventions.

Les subventions et les quotas

La production agricole canadienne est largement subventionnée. Mais elle est en même temps limitée par des quotas. Un **quota** est une limitation de la quantité qu'une entreprise est autorisée à vendre sur le marché. Les quotas permettent aux groupes de producteurs de restreindre leur production et de bénéficier ainsi de certains avantages des monopoles. La figure 20.9 illustre les conséquences d'une politique de quotas combinée avec une politique de subventions. Supposons que l'organisme de commercialisation du blé impose aux producteurs des quotas totaux s'élevant à 2 milliards de boisseaux par an : dans la figure 20.9, ce niveau de production est représenté graphiquement par la droite verticale « Quota ». Pour une telle quantité, les acheteurs sont disposés à payer 3,50 $ le boisseau : c'est donc le prix du marché. Mais les producteurs reçoivent aussi une subvention de 1 $ le boisseau. L'offre correspond donc à la courbe O – *subvention* de la figure 20.9. Compte tenu de la subvention dont ils bénéficient et du prix du marché établi à 3,50 $ le boisseau, les producteurs aimeraient offrir 4 milliards de boisseaux par an (c'est la quantité que la nouvelle courbe d'offre, en rouge sur le graphique, indique au prix de 3,50 $ le boisseau). Mais, limités par les quotas, ils ne peuvent évidemment pas produire cette quantité.

Comme la production totale est plafonnée à 2 milliards de boisseaux par an, le coût marginal de production s'élève à 3,50 $ le boisseau. Par ailleurs, les producteurs reçoivent du gouvernement une subvention de 1 $ le boisseau, subvention qui s'apparente alors à un profit de monopole.

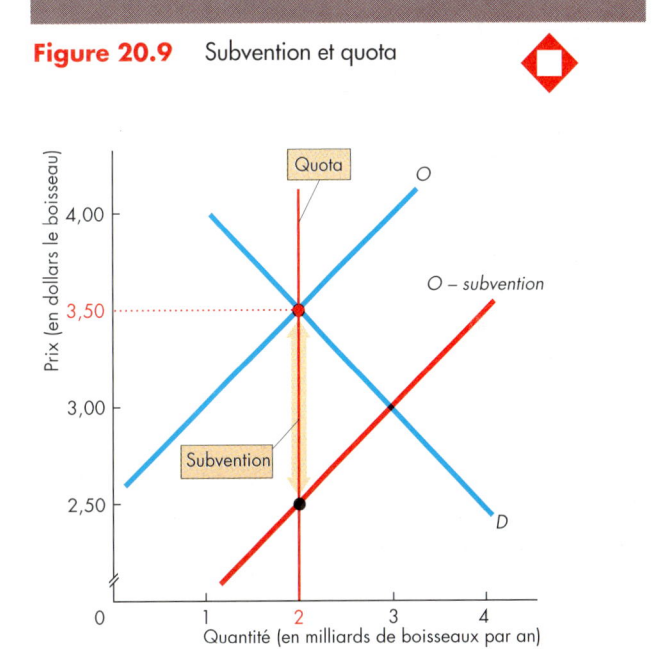

Figure 20.9 Subvention et quota

Si le marché du blé est concurrentiel et que le blé n'est ni taxé ni subventionné, le secteur produit 2 milliards de boisseaux par an, au prix de 3,50 $ le boisseau. Avec une subvention de 1 $ le boisseau versée aux producteurs, la courbe d'offre se déplace vers le bas jusqu'en O – *subvention*. Si en même temps la production totale est limitée par des quotas fixés à 2 milliards de boisseaux par an, le prix se maintient à 3,50 $ le boisseau. Grâce aux quotas, les producteurs reçoivent sur le marché 3,50 $ pour chaque boisseau vendu, en plus de la subvention de 1 $. Les quotas profitent donc aux producteurs et constituent l'équivalent d'un profit de monopole.

ENTRE LES LIGNES

Les subventions aux exploitations agricoles

Le prix fort

De généreuses subventions aux exploitations agricoles

Une étude de l'Organisation de coopération et de développement économique (OCDE) vient de confirmer le coût exorbitant des subventions aux exploitations agricoles.

L'OCDE compare la protection que divers pays accordent à leur agriculture : subventions, mesures de soutien des prix, barrières tarifaires. Comme on pouvait s'y attendre, le Japon est le pays qui subventionne le plus fortement son agriculture, et la Nouvelle-Zélande celui qui la subventionne le moins.

La situation au Canada est, à cet égard, pire qu'on ne prévoyait. Si l'on prend en compte les restrictions sur les importations de lait, d'œufs, de volailles et de dindes (dont l'offre est réglementée), les subventions pour le transport des céréales (qui se chiffrent à plus de 700 millions de dollars), et le soutien du revenu des producteurs céréaliers des Prairies (dont le coût se chiffre par milliards de dollars), au total les agriculteurs canadiens sont presque aussi protégés que ceux de la Communauté économique européenne. Au Canada, chaque emploi maintenu par ces interventions coûte 100 000 $US, alors qu'il en coûte entre 13 000 et 20 000 $US aux États-Unis, au Japon et dans les pays de la CEE.

On estime que les subventions aux agriculteurs coûtent aux pays de l'OCDE quelque 72 milliards de dollars en pertes de revenus. La suppression des subventions se traduirait par une hausse générale du niveau de vie dans tous ces pays et profiterait principalement aux secteurs agricoles néo-zélandais et australiens. D'après l'étude, la production agricole canadienne baisserait de 16,7 %, comparée à une moyenne de 13,6 % pour l'ensemble des pays de l'OCDE. En revanche, notre pays verrait sa production non agricole augmenter de 0,9 % et le revenu réel des ménages de 1,3 %.

Le Canada fait partie du groupe Cairns, formé de 14 pays exportateurs de produits agricoles. Ce groupe réclame l'élimination des mesures qui protègent actuellement les exploitations agricoles. Lors de récentes négociations du GATT (Accord général sur les tarifs douaniers et le commerce) dans le cadre de l'«Uruguay Round», le Canada a cependant défendu une position ambiguë : il s'est fait l'avocat d'une libéralisation des échanges céréaliers, tout en demandant que soient maintenues et clarifiées les dispositions sur la réglementation de l'offre en vertu de l'Article 11 du GATT.

Il est certain que la suppression brutale des subventions susciterait une véritable commotion. Mais tel n'est pas l'objectif du GATT. Autour de la table, les pays s'entendent sur deux principes : premièrement, les politiques agricoles devraient mieux tenir compte de la réalité du marché et des échanges ; deuxièmement, les programmes de soutien à l'agriculture et de protection de l'activité agricole devraient être substantiellement réduits, quoique de façon progressive et sur une période convenue d'avance. Cet étalement laissera à chaque pays le temps de mettre en place les mesures nécessaires pour faciliter à ses agriculteurs l'adaptation à des marchés moins protégés.

Comme le souligne l'OCDE dans son étude, ce principe est toujours parfaitement valide.

The Financial Post
9 avril 1990
©The Financial Post
Traduction et reproduction autorisées

Les faits en bref

- Une étude de l'Organisation de coopération et de développement économique (OCDE) montre que les agriculteurs japonais sont les plus largement subventionnés et les agriculteurs néo-zélandais les moins subventionnés.

- Au Canada, les subventions aux agriculteurs sont très élevées – presque autant que dans la Communauté économique européenne.

- Au Canada, chaque emploi maintenu grâce à la politique agricole coûte 100 000 $US. Or, ce coût se situe entre 13 000 et 20 000 $US aux États-Unis, au Japon et dans les pays de la Communauté européenne.

- La suppression des subventions ferait augmenter la production agricole de l'Australie et de la Nouvelle-Zélande, mais elle ferait baisser celle du Canada et de l'ensemble des pays de l'OCDE. Par contre, au Canada, elle ferait augmenter de 0,9 % la production non agricole et de 1,3 % le revenu réel des ménages. Dans tous les pays, elle entraînerait une hausse du niveau de vie.

- La suppression brutale des subventions créerait nombre de difficultés. Par contre, leur élimination graduelle présenterait de nombreux avantages ; elle permettrait notamment à tous les pays d'aider leurs agriculteurs à s'adapter à la disparition des programmes de protection.

ENTRE LES LIGNES

Analyse

- Au Canada, le secteur agricole est subventionné. Ce sont les autres secteurs industriels et le secteur des services qui, par leurs taxes, financent les subventions aux exploitations agricoles.

- La figure (a) montre les subventions et les taxes, ainsi que leurs effets sur les prix et sur les niveaux de production.

- Le graphique (i) de la figure (a) montre que les subventions agricoles font déplacer vers le bas la courbe d'offre des produits agricoles: les prix baissent et les quantités produites augmentent.

- Le graphique (ii) de la figure (a) indique que les taxes prélevées auprès des autres secteurs de l'économie font déplacer vers le haut la courbe d'offre des produits non agricoles: les prix des produits non agricoles augmentent et les quantités produites baissent.

- Le niveau actuel des subventions et des taxes est très élevé; il correspond à un équilibre politique qui favorise le puissant lobby agricole au détriment des consommateurs, moins bien organisés.

- La figure (b) illustre les effets d'une suppression des subventions aux agriculteurs et des taxes qui servent à les financer: le prix des produits agricoles canadiens augmente et leur production baisse; le prix des produits non agricoles baisse et la production non agricole augmente.

- En fait, le prix des produits agricoles n'augmenterait que très peu, car les autres pays du monde offrent une production agricole abondante, à des prix comparables à ceux qui ont cours actuellement.

- Les consommateurs bénéficieraient d'un gain net car la baisse des prix des produits non agricoles compenserait largement la modeste augmentation des prix des produits agricoles.

- Par contre, les agriculteurs subiraient une perte nette, et nombre d'entre eux devraient quitter les exploitations et changer d'emploi.

- Diverses initiatives internationales – comme celles du groupe Cairns, ou les négociations de l'*Uruguay Round* actuellement en cours au sein du GATT – visent à modifier l'influence relative des agriculteurs et des consommateurs et à définir un nouvel équilibre politique.

(a) Prix et niveaux de production *avec* subventions et taxes

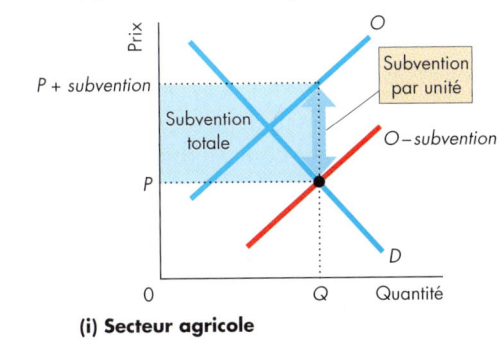

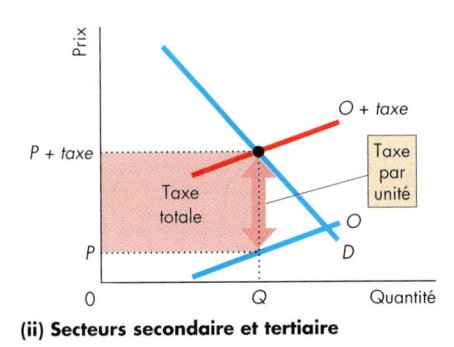

(i) Secteur agricole

(ii) Secteurs secondaire et tertiaire

(b) Prix et niveaux de production *sans* subventions ni taxes

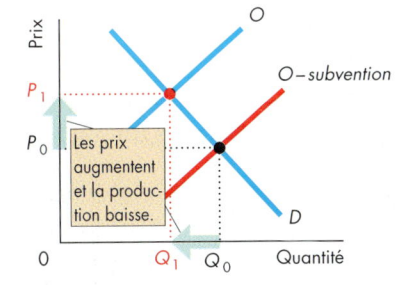

(i) Secteur agricole

(ii) Secteurs secondaire et tertiaire

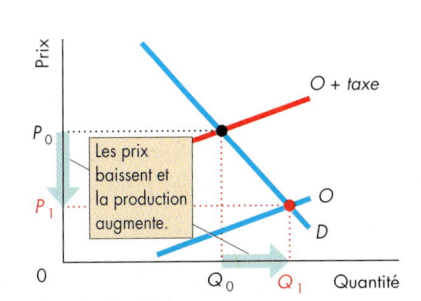

Comparons ce cas au précédent, où la production était subventionnée aussi, mais non restreinte par des quotas. Sans quotas, la production annuelle est de 3 milliards de boisseaux, et le coût marginal s'élève à 4 $ le boisseau. Comme le prix du marché est de 3 $, la subvention de 1 $ compense exactement la différence entre le prix du marché et le coût marginal de production. Sans quotas, la somme du prix et de la subvention permet juste de couvrir le coût marginal. Par contre, si la production est restreinte par des quotas, le prix suffit à couvrir le coût marginal, et la subvention devient un surplus pour le producteur, c'est-à-dire une recette excédentaire par rapport à ses coûts.

Du point de vue des producteurs, la combinaison subvention-quota est donc très avantageuse. Mais elle ne l'est pas pour les acheteurs car, pour verser la subvention, le gouvernement doit forcément prélever des impôts, ce qui engendre une perte sèche. Dans ces conditions, pourquoi les gouvernements continuent-ils de subventionner des productions soumises à des quotas ?

Pourquoi conjuguer subventions et quotas ? Les subventions gouvernementales accordées à des productions qui font l'objet de quotas s'expliquent par le petit nombre de ceux qui en bénéficient : ces producteurs peuvent facilement s'organiser en un groupe de pression. À l'inverse, les nombreux consommateurs qui font les frais de cette politique sont répartis sur l'ensemble de la population, et il leur est plus difficile et plus coûteux de s'organiser pour faire contrepoids aux lobbies des producteurs. Par conséquent, l'équilibre politique aura tendance à favoriser les lobbies bien organisés de ceux qui, malgré leur petit nombre, ont beaucoup à gagner de certaines politiques.

■ La théorie des choix publics explique comment les interactions entre les politiciens, les bureaucrates et les électeurs déterminent l'offre de biens collectifs, la politique de gestion des effets externes, la politique de redistribution du revenu, de même que le niveau des taxes et des subventions.

Dans le chapitre suivant, nous allons étudier les interventions de l'État dans les marchés comportant des cartels ou des monopoles.

RÉSUMÉ

Le marché politique

Le marché politique compte trois groupes d'agents : les électeurs, les politiciens et les bureaucrates. Les électeurs sont les consommateurs du produit de l'activité politique. Leurs demandes s'expriment par le vote, par la participation au financement des partis politiques et par le lobbying. L'objectif des politiciens est de recueillir suffisamment de voix lors des élections pour accéder au pouvoir et s'y maintenir. Ils doivent par conséquent offrir des programmes susceptibles de recueillir l'appui d'une majorité d'électeurs. Pour ce faire, ils proposent des politiques axées sur les intérêts de l'électeur médian. Comme tous les politiciens cherchent à s'attirer la faveur du même électeur médian, leurs programmes tendent à se ressembler : c'est le principe de différenciation minimale. Par exemple, dans leurs politiques de redistribution du revenu, les politiciens ne se contentent pas de proposer des transferts de revenu des plus riches vers les plus pauvres : ils proposent une redistribution propre à améliorer le sort de tous les électeurs dont le revenu est inférieur ou égal à celui de l'électeur médian.

L'objectif des bureaucrates est de maximiser le budget de leur administration. Si tous les électeurs étaient parfaitement informés, les politiciens ne pourraient pas prélever en taxes et en impôts un montant total supérieur à l'ensemble des budgets nécessaires pour maximiser l'avantage social net. Cependant, l'équilibre politique résultant des coûts d'information et de l'ignorance rationnelle des électeurs se traduit par une offre de biens collectifs supérieure à celle qui maximise l'avantage social net. *(pp. 541-552)*

Les taxes et les subventions

La taxation d'un bien fait déplacer vers le haut sa courbe d'offre ; elle fait donc augmenter le prix et baisser la quantité échangée. L'incidence d'une taxe dépend des élasticités de l'offre et de la demande. Toute taxe engendre une perte sèche, dont l'importance varie selon l'élasticité de la demande du bien taxé. Le fardeau excédentaire d'une taxe est d'autant plus élevé que la demande est élastique. C'est pourquoi les biens dont la demande est la moins élastique sont les plus lourdement taxés.

La subvention d'un bien fait déplacer vers le bas la courbe d'offre de ce bien ; elle fait donc baisser le prix et augmenter la quantité échangée. La combinaison de subventions et de quotas augmente le revenu des producteurs, au détriment des consommateurs.
(pp. 552-560)

POINTS DE REPÈRE

Mots clés

Bureaucrates, 541
Droit d'accise, 552
Électeurs, 541
Équilibre politique, 542
Fardeau excédentaire de la taxation, 554
Ignorance rationnelle, 551
Incidence d'une taxe, 553
Lobbying, 541
Politiciens, 541
Principe de différenciation minimale, 546
Quota, 557
Théorème de l'électeur médian, 547

Figures clés

Figure 20.1 L'offre d'un bien collectif dans un système de démocratie représentative, 543

Figure 20.2 Le principe de différenciation minimale, 546

Figure 20.3 Le théorème de l'électeur médian, 547

Figure 20.4 Bureaucratie et surproduction de biens collectifs, 551

Figure 20.5 Droit d'accise, 553

Figure 20.8 Subvention, 557

Figure 20.9 Subvention et quota, 557

QUESTIONS DE RÉVISION

1. Quels sont les trois groupes d'agents qui interviennent sur le marché politique ?

2. Décrivez le rôle économique que jouent les électeurs sur le marché politique et expliquez ce qui motive leurs décisions économiques.

3. Décrivez le rôle économique que jouent les politiciens sur le marché politique et expliquez ce qui motive leurs décisions économiques.

4. Qu'est-ce qu'un équilibre politique ?

5. En quoi consiste le principe de différenciation minimale ?

6. Quelle est l'influence du principe de différenciation minimale sur les programmes électoraux des partis politiques ?

7. En quoi consiste le théorème de l'électeur médian ?

8. Quelles propriétés de l'équilibre politique s'expliquent par le théorème de l'électeur médian ?

9. Décrivez le rôle économique des bureaucrates sur le marché politique et expliquez ce qui motive leurs décisions.

10. Pourquoi est-il parfois rationnel, de la part des électeurs, de ne pas se renseigner à fond sur les questions de politique économique ?

11. Expliquez pourquoi l'offre de biens collectifs est souvent supérieure à ce que nécessiterait une allocation efficace des ressources.

PROBLÈMES

1. Un conseil municipal envisage d'améliorer le réseau de feux de circulation. Grâce à un système informatisé de comptage des véhicules aux principales intersections, on pourrait mieux synchroniser les changements de feux et, par conséquent, faciliter et accélérer la circulation. En achetant un ordinateur puissant, capable de traiter rapidement les données, on pourrait munir d'un compteur de véhicules un grand nombre d'intersections et rendre ainsi la circulation plus fluide. Dans l'étude de ce projet, le maire et les conseillers cherchent le système que la population apprécierait le plus, c'est-à-dire celui qui leur gagnerait le plus grand nombre de voix lors de la prochaine élection. Les fonctionnaires municipaux, quant à eux, entendent faire augmenter leur budget le plus possible. Économiste, vous êtes chargé d'observer comment se prend cette décision publique. Votre tâche consiste à calculer la quantité du bien en question à fournir pour maximiser l'avantage net.

   a) De quelles données avez-vous besoin pour vous acquitter de votre tâche ?

   b) Selon la théorie des choix publics, comment sera déterminée la quantité de ce service public qui sera offerte en définitive ?

   c) En tant qu'électeur informé, comment pourriez-vous influer sur la décision finale ?

2. Trois personnes, Jasmine, Jules et Jacques, gagnent respectivement 1000 $, 500 $ et 250 $. Définissez un système de redistribution du revenu qui vous assurerait l'appui d'une majorité de ces trois personnes.

   Supposons maintenant que votre proposition soit mise en œuvre. Définissez un autre système qui vous assurerait de nouveau l'appui de la majorité. Montrez que la situation mène à un cycle électoral.

3. Neuf personnes, que nous désignerons par les neuf premières lettres de l'alphabet, ont des vues divergentes au sujet d'une usine polluante de la région. Certaines travaillent à l'usine et ne veulent pas que le gouvernement prenne des mesures contre celle-ci. D'autres demandent au contraire au gouvernement d'imposer à cette usine une lourde taxe, proportionnelle à la pollution qu'elle a produite. Le tableau suivant indique le taux d'imposition que chacune de ces neuf personnes voudrait voir imposer au pollueur :

Personne	Taux d'imposition (en pourcentage des profits de l'entreprise)
A	100
B	90
C	80
D	70
E	60
F	0
G	0
H	0
I	0

Deux partis politiques sont en lice dans cette région. Quel taux d'imposition vont-ils proposer ?

4. Les données suivantes concernent le marché (parfaitement concurrentiel) des biscuits secs :

Prix (en dollars le kilogramme)	Quantité demandée (en kilogrammes par mois)	Quantité offerte (en kilogrammes par mois)
30	0	12
24	1	10
18	2	8
12	3	6
6	4	4
0	5	0

   a) Au point d'équilibre concurrentiel, quels sont le prix et la quantité échangée ?

   b) Le gouvernement impose une taxe de 10 % sur les biscuits secs :

      (i) Quel est le nouveau prix de ce produit ?

      (ii) Quelle est la nouvelle quantité échangée ?

      (iii) Quel est le montant total de la taxe perçue par le gouvernement ?

      (iv) À combien s'élève la perte sèche ?

   c) Supposons maintenant que les biscuits secs ne soient plus taxés, mais au contraire subventionnés à 10 % :

      (i) Comment évolue le prix ?

      (ii) Comment évolue la quantité échangée ?

      (iii) Quel est le montant des subventions versées par le gouvernement ?

(iv) Supposons que la production, tout en étant subventionnée, est restreinte par un quota. Quel est le quota qui maximise le profit des producteurs?

5. Une ville de 1 million d'habitants s'est dotée d'un Service des bibliothèques, qui emploie des fonctionnaires et des experts en bibliothéconomie. Ce service décide d'organiser une bibliothèque mobile. Le tableau suivant récapitule les avantages et les coûts de ce projet :

Prix de l'abonnement (en dollars)	Nombre d'abonnés	Avantage marginal externe par abonné (en dollars)	Coût marginal par abonnement (en dollars)
10	180 000	20	90
15	160 000	30	75
20	140 000	40	60
25	120 000	50	45
30	100 000	60	30
35	80 000	70	15

a) Quel est l'objectif de la directrice du Service des bibliothèques?

b) Supposons que le Conseil municipal limite le budget du Service des bibliothèques à ce qui maximise l'avantage social net :

   i) Quel est le budget de la bibliothèque mobile?

   ii) Combien d'abonnés la bibliothèque mobile compte-t-elle?

c) Comparez le budget réel et le nombre réel d'abonnés au budget et au nombre d'abonnés qui correspondent à une allocation efficace des ressources.

d) Comparez le budget réel et le nombre réel d'abonnés au budget et au nombre d'abonnés qu'on obtiendrait dans un équilibre concurrentiel.

CHAPITRE 21

La réglementation et la politique de concurrence

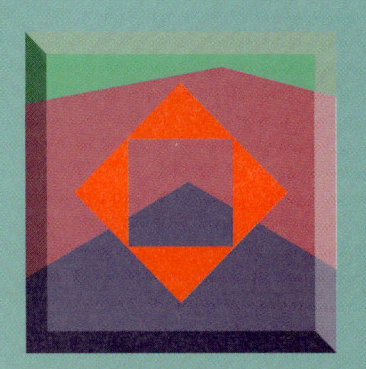

Objectifs du chapitre:

- Définir la notion de réglementation.

- Décrire les grandes tendances en matière de réglementation et de déréglementation.

- Expliquer ce qu'est une *société d'État*.

- Décrire dans leurs grandes lignes les lois antimonopoles en vigueur au Canada.

- Décrire l'évolution de la législation antimonopole au Canada.

- Expliquer ce qu'on entend par la théorie de la capture en matière d'intervention publique dans le fonctionnement des marchés, par opposition à la théorie de l'intérêt général.

- Expliquer les effets de la réglementation des monopoles naturels sur les prix, les niveaux de production, les profits et la répartition des gains à l'échange entre consommateurs et producteurs.

- Indiquer comment se déterminent les niveaux de production, les coûts et les prix des sociétés d'État, et comment ces entreprises répartissent les gains à l'échange entre consommateurs et producteurs.

- Expliquer les effets des lois antimonopoles sur les prix, les niveaux de production, les profits et la répartition des gains à l'échange entre consommateurs et producteurs.

Intérêt général ou intérêts particuliers?

CERTAINS DES PRINCIPAUX biens et services que vous achetez, par exemple l'eau, le gaz et la télévision par câbles, sont fournis par des monopoles naturels réglementés. Pourquoi les entreprises qui produisent ces biens et services sont-elles réglementées? Et comment le sont-elles? Les réglementations jouent-elles en faveur des consommateurs (l'intérêt général) ou en faveur des producteurs (les intérêts particuliers)?
■ Les monopoles naturels ne sont pas les seules entreprises qui soient assujetties à une réglementation: les cartels sont également réglementés. Par exemple, jusqu'en 1984, c'était la Commission canadienne des transports (ancien nom de l'actuel Office national des transports du Canada, ONT) qui fixait le prix de tous les transports aériens au Canada et qui attribuait les routes aériennes. En 1984 s'est amorcé un processus de déréglementation des transports aériens intérieurs: aujourd'hui, le gouvernement impose toujours certaines normes de sécurité aux compagnies de transport aérien, mais il leur laisse plus de latitude qu'autrefois dans la détermination de leurs tarifs et le choix de leurs routes. Les secteurs du pétrole brut, du gaz domestique et des services financiers (banques, assurances et autres), autrefois étroitement réglementés, sont actuellement en voie de déréglementation. Sur quoi les autorités se fondent-elles pour décider de réglementer ou de déréglementer un secteur? À qui la réglementation ou la déréglementation profite-t-elle: au consommateur ou au producteur? ■ Nous achetons bon nombre de nos biens et services à des monopoles naturels publics, c'est-à-dire à des sociétés d'État fédérales ou provinciales. Parmi les sociétés d'État fédérales les plus importantes au Canada, citons notamment la Société canadienne des postes (Postes Canada), la Société Radio-Canada (SRC), le Canadien National (CN) et VIA Rail. Les sociétés d'État provinciales les plus importantes sont les producteurs d'électricité, comme Hydro-Québec. Parallèlement au mouvement de déréglementation des monopoles naturels, nous observons actuellement un mouvement de privatisation, c'est-à-dire une tendance des gouvernements à se désengager des monopoles naturels dont ils étaient jusqu'à tout récemment les propriétaires. Air Canada, qui était une société d'État fédérale, a été vendue à des intérêts privés; de même, à l'échelon provincial, Québecair est maintenant aux mains de propriétaires privés. Pourquoi l'État continue-t-il de gérer certains secteurs alors qu'il en privatise d'autres? Et comment fonctionnent les sociétés d'État? Sont-elles plus ou moins efficaces que les entreprises privées? ■ La réglementation et la nationalisation sont deux des moyens dont dispose l'État pour intervenir dans

l'économie. Mais ne sont pas les seuls : les gouvernements ont également une législation antimonopole. Les lois antimonopoles peuvent être utilisées pour prévenir les fusions de grandes entreprises concurrentes, démanteler des groupes industriels ou empêcher que des ententes ou collusions n'entravent la libre concurrence. Jusqu'en 1980, les Canadiens qui voulaient acheter des appareils de téléphone en vue de les raccorder au réseau de Bell Canada n'avaient d'autre choix que de s'adresser à Northern Telecom, une filiale de Bell Canada. En 1980, à la suite d'une enquête de la Commission sur les pratiques restrictives du commerce (commission qui relève de Consommation et Corporations Canada), Bell s'est vue contrainte de laisser ses abonnés acheter leurs appareils auprès du fournisseur de leur choix. Le résultat de cette décision ne s'est pas fait attendre. Il y a eu un élargissement considérable de la gamme des appareils disponibles sur le marché : cette suppression d'un monopole s'est donc traduite par un gain important pour les consommateurs. En outre, la concurrence entre les fournisseurs a fait baisser les prix au-dessous de leur niveau de 1980. En quoi consiste exactement la législation antimonopole canadienne ? Comment a-t-elle évolué au fil des ans ? Comment est-elle appliquée aujourd'hui ? Sert-elle toujours l'intérêt des consommateurs, c'est-à-dire l'intérêt général, ou sert-elle parfois plutôt l'intérêt des producteurs, c'est-à-dire les intérêts particuliers ?

■ Ce chapitre[1] porte sur les interventions des gouvernements dans les marchés, c'est-à-dire sur les mesures que les gouvernements prennent pour réglementer, contrôler et encadrer les échanges de biens et services. Nous étudierons tout d'abord les interventions gouvernementales dans les marchés monopolistiques et oligopolistiques. Cette discussion fait appel à notre analyse du fonctionnement de ces marchés et aux notions de surplus du consommateur et de surplus du producteur. Nous verrons comment les gains à l'échange se répartissent entre consommateurs et producteurs, et nous déterminerons à qui les interventions gouvernementales profitent, et qui elles désavantagent. Comme ce sont les autorités politiques et les bureaucraties publiques qui décident de ces interventions, nous traiterons également dans ce chapitre des décisions économiques de ces deux catégories d'agents, ce qui nous permettra d'approfondir l'analyse des choix publics et du marché politique que nous avons abordée au chapitre précédent.

---

[1] Ce chapitre emprunte largement aux travaux de Christopher Green. Voir notamment son livre intitulé *Canadian Industrial Organization and Policy*, 3e éd., Toronto, McGraw-Hill Ryerson, 1990.

Les interventions gouvernementales sur les marchés

L'intervention de l'État dans le fonctionnement des marchés repose essentiellement sur les trois modalités d'intervention suivantes :

- La réglementation
- La nationalisation
- La législation

La réglementation

La **réglementation** désigne l'ensemble des règlements édictés par un gouvernement pour encadrer l'activité économique. Les règlements portent sur les prix, les normes et les types de produits ou les conditions d'accès au marché. Les interventions de type réglementaire requièrent la mise en place d'organismes chargés de veiller à la mise en œuvre et au respect des réglementations. La première réglementation économique de l'histoire du Canada remonte à la promulgation de la *Loi sur les chemins de fer* de 1888, qui déterminait les tarifs ferroviaires. Depuis, la réglementation s'est étendue à de nombreux domaines – banques et services financiers, télécommunications, camionnage, transport par avion et par autobus – ainsi qu'à une multitude de produits agricoles. Depuis le début des années 80, on observe au Canada une tendance à la déréglementation. La **déréglementation** est l'abolition des restrictions réglementaires sur les prix, les normes des produits et les conditions d'accès au marché. Les transports aériens intérieurs, le pétrole brut et le gaz naturel, les banques et les services financiers comptent parmi les secteurs qui ont récemment fait l'objet d'une déréglementation.

La nationalisation

La **nationalisation** est le transfert de la propriété d'une entreprise à la collectivité. Les entreprises possédées et administrées par les gouvernements sont communément appelées **entreprises publiques** ou **sociétés d'État**. Elles acquièrent généralement ce statut à la suite d'une loi spéciale. Outre Postes Canada, la SRC, le CN et VIA Rail, les sociétés d'État les plus importantes à l'échelon fédéral sont Énergie atomique du Canada et Pétro-Canada. Au Québec, les sociétés d'État les plus importantes sont Hydro-Québec et la Caisse de dépôt et placement, qui administre le Régime des rentes du Québec. Parallèlement au mouvement de déréglementation de ces dernières années, on observe actuellement une tendance à la privatisation des sociétés d'État. La

privatisation est la vente d'une entreprise publique à des actionnaires privés.

La législation

La législation relative au fonctionnement des marchés est l'ensemble des lois qui définissent les pratiques commerciales illégales. Ce sont les tribunaux qui sont chargés de faire respecter ces lois. On appelle **lois antimonopoles** les lois qui régissent le fonctionnement des marchés. La législation antimonopole vise à prohiber les pratiques commerciales ayant pour effet de restreindre la production dans le but de faire augmenter les prix et les profits.

Pour comprendre pourquoi les gouvernements interviennent dans l'économie et pour mieux évaluer les effets de ces interventions, nous devons analyser les gains et les pertes découlant des interventions gouvernementales. On mesure ces gains et ces pertes par les variations des surplus du consommateur et du producteur. Nous avons déjà étudié les notions de surplus du consommateur et du producteur, et nous supposerons qu'elles sont connues; au besoin, reportez-vous aux chapitres 7 et 13.

Les surplus et leur répartition

Le *surplus du consommateur* est la différence entre le montant maximal que les consommateurs sont disposés à payer et le prix qu'ils payent effectivement pour obtenir une quantité donnée d'un bien donné. C'est le gain que les consommateurs retirent de l'échange. Le *surplus du producteur* est la différence entre la recette du producteur et le coût d'opportunité de la production. C'est le gain que les producteurs retirent de l'échange. Le **surplus total** est la somme du surplus du consommateur et du surplus du producteur.

Plus le prix est bas et plus la quantité échangée est importante, plus le surplus du consommateur est élevé. Plus le prix et la quantité sont proches du prix et de la quantité échangée qui maximiseraient le profit d'un monopole, plus le surplus du producteur est élevé. Si les coûts et avantages externes sont nuls, le surplus total est maximisé quand le prix est égal au coût marginal. L'allocation des ressources est alors efficace.

La maximisation du surplus du producteur et la maximisation du surplus total sont généralement des objectifs contradictoires. Les monopoles ont intérêt à restreindre leur production au-dessous du niveau concurrentiel pour augmenter le surplus du producteur; mais, une telle stratégie fait baisser le surplus du consommateur et engendre généralement une perte sèche, de sorte que le surplus total n'est pas maximisé. L'intérêt général, qui est de maximiser le surplus total, et l'intérêt des producteurs, qui est de maximiser le surplus du producteur, sont donc généralement opposés. Cette opposition est d'une importance capitale dans la théorie économique de l'intervention gouvernementale sur les marchés.

La théorie économique de l'intervention gouvernementale

La théorie économique de l'intervention gouvernementale relève de la théorie des choix publics que nous avons étudiée au chapitre 20. Nous allons revenir sur les principaux éléments du modèle des choix publics que nous avons vu au chapitre précédent mais, cette fois, en nous intéressant plus particulièrement à l'activité de réglementation. Nous analyserons notamment la demande et l'offre d'interventions gouvernementales, et l'équilibre politique qui en résulte.

La demande d'intervention

La demande d'intervention s'exprime par le biais des institutions politiques. Les consommateurs et les producteurs votent, exercent des pressions sur les autorités politiques et font campagne en faveur des interventions qui leur sont les plus avantageuses. Mais toutes ces activités ont un prix. Les électeurs payent afin d'acquérir l'information dont ils ont besoin pour prendre une décision éclairée le jour du scrutin. Le lobbying et les campagnes visant à influencer l'opinion publique sont également des activités coûteuses, que ce soit en temps, en énergie ou en argent, notamment en contributions aux caisses électorales des partis. Les consommateurs et les producteurs ne consacreront donc des ressources en faveur d'une intervention politique que dans la mesure où celle-ci peut leur rapporter un avantage individuel supérieur au coût qu'ils doivent supporter pour l'obtenir. Quatre facteurs influent sur la demande d'intervention dans le fonctionnement des marchés :

- Le surplus du consommateur par acheteur
- Le nombre d'acheteurs
- Le surplus du producteur par entreprise
- Le nombre d'entreprises

Pour une intervention donnée, plus le surplus du consommateur rapporté au nombre d'acheteurs (c'est-à-dire le surplus par acheteur) est élevé, plus la demande d'intervention par les acheteurs est forte. Par ailleurs, plus les acheteurs sont nombreux, plus la demande d'intervention est forte. Mais il ne suffit pas toujours d'être nombreux pour peser d'un grand poids politique car, plus les acheteurs sont nombreux, plus il en coûte cher pour les organiser. Par conséquent, l'accroissement de la demande d'intervention n'est pas proportionnel à l'accroissement du nombre d'acheteurs.

Pour une intervention donnée, plus le surplus du producteur par entreprise est élevé, plus la demande d'intervention par les entreprises est forte. Par ailleurs, plus les entreprises susceptibles de bénéficier de cette intervention sont nombreuses, plus la demande d'intervention est forte. Mais, comme dans le cas des consommateurs, il ne suffit pas aux producteurs d'être nombreux pour influencer la prise de décision politique : en effet, plus les producteurs sont nombreux, plus il peut être coûteux de les organiser en un groupe de pression cohérent.

Par conséquent, pour une valeur donnée du surplus du consommateur (ou du surplus du producteur), plus le nombre de ménages (ou d'entreprises) visés est petit, plus la demande relative aux interventions susceptibles d'engendrer le surplus en question est forte.

L'offre d'intervention

Ce sont les politiciens et les bureaucraties publiques qui déterminent l'offre d'intervention. Comme nous l'avons vu au chapitre précédent, les politiciens proposent des mesures qui rallient la majorité des électeurs, car leur objectif est d'accéder au pouvoir ou de s'y maintenir. Les bureaucrates, quant à eux, appuient les projets qui leur permettent d'accroître leurs budgets. Du fait des objectifs des politiciens et des bureaucrates, l'offre d'intervention dépend de trois facteurs :

- Le surplus du consommateur par acheteur
- Le surplus du producteur par entreprise
- Le nombre de personnes touchées

Plus le surplus du consommateur par acheteur ou le surplus du producteur par entreprise est élevé et plus les personnes touchées par une intervention donnée sont nombreuses, plus l'offre d'intervention tendra à être élevée. Si une intervention profite à beaucoup de gens, qu'elle est suffisamment significative pour ne pas passer inaperçue, et que les bénéficiaires savent à qui ils la doivent, alors les politiciens ont intérêt à proposer la mesure en question. Par contre, si une intervention touche beaucoup de gens mais de façon si diffuse que nul ne s'en rend vraiment compte, alors les politiciens n'ont pas intérêt à faire adopter la mesure en question. Les interventions qui profitent visiblement et significativement à un nombre restreint de personnes sont susceptibles d'intéresser les politiciens, pourvu qu'ils puissent en retirer des avantages, pécuniaires ou autres, leur permettant de mener des campagnes électorales plus efficaces.

L'équilibre

À l'équilibre, les interventions publiques sont telles qu'aucun groupe ne considère qu'il est dans son intérêt de dépenser des ressources supplémentaires pour obtenir des changements aux politiques en vigueur, d'une part, et qu'aucun politicien ne considère qu'il est dans son intérêt de proposer des politiques différentes, d'autre part. Il ne faut pas confondre *équilibre politique* et *consensus*. Un consensus se caractérise par le fait que toutes les parties se sont mises d'accord, ce qui n'est pas nécessairement le cas de l'équilibre politique. À l'équilibre politique, certains groupes s'emploient à faire changer les politiques en vigueur tandis que d'autres groupes s'emploient à défendre le *statu quo*, mais aucun de ces groupes n'*augmente* le volume des ressources qu'il consacre à ses activités de lobbying. Par ailleurs, à l'équilibre politique, certains partis appuient la politique d'intervention en vigueur tandis que d'autres voudraient la modifier, mais aucun parti ne *modifie* ses propres propositions de politique économique.

Quelles seront les interventions publiques dans un équilibre politique ? La théorie de l'intérêt général et la théorie de la capture des interventions publiques nous permettront de caractériser deux cas extrêmes d'équilibre politique.

La théorie de l'intérêt général Selon la théorie de l'intérêt général définie au chapitre précédent, les politiques publiques visent la réalisation d'une allocation efficace des ressources. Appliquée aux interventions publiques dans le fonctionnement des marchés, cette théorie prédit donc que la politique d'intervention aura pour but de maximiser le surplus total, c'est-à-dire la somme du surplus du consommateur et du surplus du producteur. La politique en question devrait par conséquent permettre, notamment, d'éliminer les pertes sèches résultant de pratiques monopolistiques dans les marchés imparfaitement concurrentiels. Par exemple, selon cette approche, l'État est censé réglementer les prix des marchés monopolistiques ou oligopolistiques de façon à permettre des niveaux de prix et de production proches de ce que réaliserait un marché parfaitement concurrentiel.

La théorie de la capture des interventions publiques Selon la **théorie de la capture**, c'est la politique d'intervention observée qui maximise le surplus des producteurs. Cette théorie repose sur l'hypothèse que la mise en œuvre de mesures est un processus très coûteux, de sorte que seules seront adoptées les mesures susceptibles d'augmenter le surplus de groupes restreints, facilement identifiables et peu coûteux à organiser. Les interventions retenues peuvent imposer des coûts à de larges segments de la population, à condition que ces coûts soient si faibles et si diffus qu'ils n'exercent aucune influence négative sur les votes.

La théorie de la capture ne permet pas des prédictions aussi précises que celles de la théorie de l'intérêt général. Selon cette théorie, on devrait néanmoins s'attendre à ce que les interventions de l'État dans le fonctionnement du marché satisfassent à deux conditions : d'une part, qu'elles procurent des avantages importants à des groupes très homogènes ; d'autre part, qu'elles imposent au reste de la population des coûts *per capita* si faibles que personne ne sera tenté de supporter les coûts d'organisation d'une campagne pour faire pression sur la politique d'intervention en question. Afin de rendre les conclusions de la théorie de la capture suffisamment concrètes pour être applicables, il faut adjoindre à la théorie un modèle du coût de l'organisation politique.

Quelle que soit la théorie retenue, une chose est sûre : le système politique «produira» les interventions les plus susceptibles d'assurer la victoire électorale aux politiciens en place. Comme les interventions proconsommateurs et les interventions proproducteurs sont inconciliables, les politiciens ne peuvent jamais satisfaire parfaitement les deux groupes en même temps. Et, comme il ne peut y avoir qu'un seul gagnant dans chaque marché, les interventions publiques sont, à l'instar des toiles de Gauguin, des produits uniques qui ne peuvent être vendus qu'à un seul acheteur. Habituellement, les biens uniques vont au plus offrant à la suite d'un processus d'enchères. Il en est ainsi des interventions gouvernementales : l'offre d'interventions satisfait la demande de ceux qui ont le plus à proposer aux politiciens en échange de leurs faveurs. Si la demande des producteurs présente pour les politiciens des avantages supérieurs — soit directement par le nombre de votes qu'elle représente, soit indirectement par les contributions au financement des campagnes électorales, alors les politiciens choisissent les interventions qui favorisent les producteurs. Si, par contre, les politiciens peuvent gagner plus de voix en satisfaisant les demandes des consommateurs, alors ce sont les intérêts des consommateurs que leurs interventions serviront en priorité.

Maintenant que nous connaissons la théorie de l'intervention gouvernementale dans les marchés, examinons la politique d'intervention qui est réellement observée dans notre économie.

La réglementation et la déréglementation

La réglementation de l'économie canadienne a beaucoup évolué ces dix dernières années. La présente section porte sur certains des changements les plus importants qui se sont produits en ce domaine. Nous allons tout d'abord voir quelles sont les activités qui sont réglementées et évaluer la portée de la réglementation. Puis, nous examinerons le processus de réglementation et nous verrons comment les organismes de réglementation déterminent les prix et autres paramètres du marché. Enfin, nous tenterons de répondre à deux questions actuellement controversées : pourquoi les gouvernements réglementent-ils certains domaines d'activités et pas d'autres ? Et à qui profite la réglementation actuelle ?

La portée de la réglementation

La réglementation touche un très grand nombre d'activités économiques au Canada. Le tableau 21.1 établit la liste des principaux organismes fédéraux de réglementation, en indiquant brièvement leurs responsabilités. Nous constatons que les secteurs les plus réglementés de l'économie canadienne sont l'agriculture, l'énergie, les transports et les télécommunications.

Les gouvernements provinciaux et les autorités municipales réglementent eux aussi diverses activités, et cette règlementation a parfois des conséquences directes importantes sur les marchés : c'est le cas notamment des règlements municipaux concernant les taxis. Notre analyse s'applique à la réglementation des prix, de la production et des profits relevant aussi bien du gouvernement fédéral que du gouvernement provincial et des autorités municipales.

Les activités et responsabilités des organismes de réglementation sont très diverses. Nous restreindrons toutefois notre analyse à un seul aspect de leur travail : la réglementation des prix et ses effets sur la production, l'efficacité et la rentabilité des secteurs réglementés. Comment les organismes de réglementation déterminent-ils les prix et quels sont les effets de leurs interventions à cet égard ?

Le processus de réglementation

La taille et le champ d'action des organismes de réglementation sont très variables. Tous présentent cependant certaines caractéristiques communes dans leurs façons de réglementer les prix, les productions et les profits.

Premièrement, les hauts fonctionnaires à la tête des organismes de réglementation sont tous nommés par le gouvernement. Chaque organisme se compose en outre d'une équipe permanente d'experts du secteur réglementé, qui sont souvent recrutés dans les entreprises soumises à cette réglementation. Les ressources financières dont les organismes ont besoin pour leurs frais de fonctionnement sont votées par le Parlement ou par l'assemblée législative provinciale.

Tableau 21.1 Les principaux organismes fédéraux de réglementation

Organisme	Responsabilités
Commission de contrôle de l'énergie atomique (CCEA)	Faire respecter la *Loi sur le contrôle de l'énergie atomique*, qui régit toutes les utilisations des matières radioactives.
Commission canadienne du lait (CCL)	Faire respecter les politiques nationales sur le lait et les produits laitiers, et «permettre aux producteurs de crème et de lait efficients de recevoir une compensation équitable [...] et assurer aux consommateurs [...] un approvisionnement de qualité continu et suffisant.»*
Conseil de la radiodiffusion et des télécommunications canadiennes (CRTC)	Réglementer toutes les activités relatives à la radio, à la télévision et aux télécommunications.
Office national des transports du Canada (ONT)	Réglementer les transports qui sont de compétence fédérale, notamment les transports ferroviaires, aériens et maritimes, et les transports par oléoducs et gazoducs, ainsi que certains transports commerciaux routiers interprovinciaux.
Commission canadienne du blé (CCB)	Réglementer les exportations de blé, d'avoine et d'orge ainsi que les ventes intérieures destinées aux consommateurs.
Office national de l'énergie (ONE)	Réglementer les secteurs du pétrole, du gaz naturel et de l'électricité «pour le bien du public*».
Conseil national de commercialisation des produits agricoles (CNCPA)	Conseiller le gouvernement sur l'établissement et la gestion d'organismes nationaux de commercialisation des produits agricoles et, en collaboration avec ces organismes et les gouvernements provinciaux, contribuer à leur commercialisation. Les organismes de commercialisation du poulet, des oeufs et de la dinde ont été établis sous l'égide du CNCPA.

*Statistique Canada, *Annuaire du Canada 1990*.

Deuxièmement, chaque organisme adopte un ensemble de pratiques ou de règles pour fixer les prix et gérer les autres aspects de l'activité économique dont elles ont la responsabilité. Ces règles prennent la forme d'une procédure précise, souvent basée sur des critères quantitatifs, relativement faciles à gérer et à appliquer.

Les entreprises des secteurs réglementés choisissent leurs techniques de production. Par contre, elles ne déterminent pas elles-mêmes leurs prix de vente, leurs niveaux de production ou leurs marchés. C'est l'organisme chargé de la réglementation de leur secteur qui leur accorde l'autorisation d'approvisionner en certains produits bien définis certains marchés donnés, et qui détermine la structure et le niveau des prix. Dans certains cas, l'organisme fixe aussi le niveau de production.

Pour bien comprendre le principe de la réglementation, il convient d'établir une distinction entre la réglementation des monopoles naturels et la réglementation des cartels. Étudions tout d'abord le cas des monopoles naturels.

Les monopoles naturels

Comme nous l'avons vu au chapitre 13, un *monopole naturel* est un marché dans lequel une entreprise peut satisfaire la demande totale à meilleur prix que ne le feraient plusieurs entreprises concurrentes. Les monopoles naturels se caractérisent donc par l'existence d'économies d'échelle, quel que soit le niveau de production. La distribution du gaz naturel et de l'électricité de même que le transport ferroviaire sont des monopoles naturels : il serait bien plus coûteux d'installer et d'entretenir dans chaque région plusieurs réseaux de gazoducs, de lignes à haute tension ou de voies ferrées plutôt qu'un seul.

Prenons l'exemple des transports ferroviaires. La figure 21.1 illustre la demande de services de transport ferroviaire et les coûts des compagnies ferroviaires. La courbe D représente la courbe de demande, et la courbe Cm, la courbe de coût marginal. Vous remarquez que le coût marginal est constant, au prix de 2 ¢ par tonne transportée. Les coûts des immobilisations des compagnies ferroviaires sont très élevés : rails, trains et systèmes de contrôle représentent des coûts fixes très importants, ce dont tient compte la courbe de coût total moyen. La courbe de coût total moyen (CTM) est décroissante car, plus le nombre de tonnes transportées augmente, plus les coûts fixes sont répartis

Figure 21.1 Monopole naturel : tarification au coût marginal

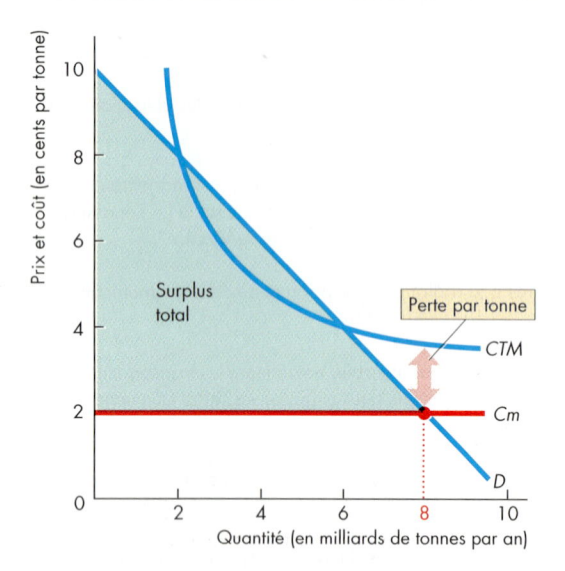

Un monopole naturel est une industrie dont le coût total moyen décroît quand la quantité vendue augmente, même quand la demande est totalement satisfaite. La courbe D du graphique représente la courbe de demande à laquelle fait face un monopole naturel de transport ferroviaire. Comme l'indique la courbe Cm, le coût marginal est constant, égal à 2 ¢ la tonne. Les coûts fixes sont très élevés ; la courbe CTM représente le coût total moyen, qui intègre le coût fixe moyen. La tarification au coût marginal, qui maximise le surplus total, fixe le prix à 2 ¢ la tonne, de sorte que le total des ventes sera de 8 milliards de tonnes transportées par an. Le triangle vert représente le surplus du consommateur. La flèche rose indique la perte que le producteur subit sur chaque tonne transportée. Pour maintenir sa rentabilité, le producteur doit soit pratiquer la discrimination de prix, soit obtenir une subvention du gouvernement.

sur un volume important, donc plus le coût fixe par tonne transportée baisse. (Au besoin, revoyez le calcul du coût total moyen au chapitre 10.)

La réglementation dans l'intérêt du public Selon la théorie de l'intérêt général, comment le gouvernement réglemente-t-il un monopole de transport ferroviaire ? Cette théorie prédit que la réglementation maximise le surplus total, c'est-à-dire qu'elle réalise une allocation efficace. Or, l'allocation des ressources est efficace quand le coût marginal et le prix sont égaux. Graphiquement, le surplus total est maximisé quand le niveau de production est tel que la surface comprise entre la courbe de coût marginal et la courbe de demande est la plus grande possible. Dans la figure 21.1, le surplus total est maximisé lorsque la production annuelle atteint 8 milliards de tonnes ; pour écouler cette production, il faut que la réglementation fixe le prix à 2 ¢ la tonne, ce qui correspond au coût marginal de production. Selon le principe de la **tarification au coût marginal**, les prix dans un monopole naturel doivent être fixés selon la règle de l'égalité entre le prix et le coût marginal. Cette règle de tarification maximise le surplus total du secteur réglementé.

Les monopoles naturels qui sont contraints de fixer un prix égal au coût marginal sont nécessairement déficitaires. Comme leur courbe de coût total moyen est décroissante, le coût marginal est inférieur au coût total moyen. Si le prix est égal au coût marginal, il est par conséquent inférieur au coût total moyen. La différence entre le coût total moyen et le prix constitue le déficit par unité produite. Il est évident qu'une compagnie ferroviaire privée, comme Canadien Pacifique, qui serait astreinte à la tarification au coût marginal ne pourrait survivre bien longtemps. Comment une entreprise peut-elle couvrir ses frais si elle vend au coût marginal ?

Elle peut par exemple pratiquer la discrimination de prix. Ainsi, les compagnies locales de téléphone peuvent demander à leurs abonnés un droit mensuel pour le raccordement au réseau, puis leur facturer une somme minime, voire nulle, pour chaque appel local. Quant aux compagnies ferroviaires, elles peuvent offrir des réductions sur les quantités.

Mais il n'est pas toujours possible pour un monopole naturel de pratiquer la discrimination de prix. Si c'est le cas, le seul moyen auquel il peut recourir pour couvrir son coût total tout en vendant au coût marginal est d'obtenir une subvention du gouvernement. Mais le gouvernement ne peut subventionner les monopoles naturels qu'en taxant d'autres activités économiques. Or, comme nous l'avons vu au chapitre 20, l'imposition d'une taxe engendre toujours une perte sèche. Par conséquent, la tarification au coût marginal améliore l'allocation des ressources dans le secteur réglementé mais engendre une perte sèche ailleurs dans l'économie : l'amélioration de l'allocation des ressources permise par la vente au coût marginal doit donc plus que compenser la perte sèche résultant de l'imposition de taxes pour subventionner le monopole. La perte sèche totale peut-être minimisée si le monopole réglementé est autorisé à vendre à un prix supérieur au coût marginal. Le cas échéant, si le fardeau excédentaire des impôts requis pour éponger le déficit du monopole réglementé est trop important, il sera préférable d'adopter une tarification au coût moyen. La **tarification au coût moyen** consiste à fixer les prix des monopoles réglementés au coût moyen de production. La figure 21.2 illustre le principe de la tarification au coût moyen : la compagnie ferroviaire facture 4 ¢ la tonne transportée et transporte 6 milliards de tonnes par année. Le triangle gris représente la perte sèche dans le marché du transport ferroviaire. Dans certains cas, cette allocation des ressources ne peut être améliorée, même s'il existe une perte sèche. En effet, la compagnie devra fermer ses

Figure 21.2 Monopole naturel : tarification au coût moyen

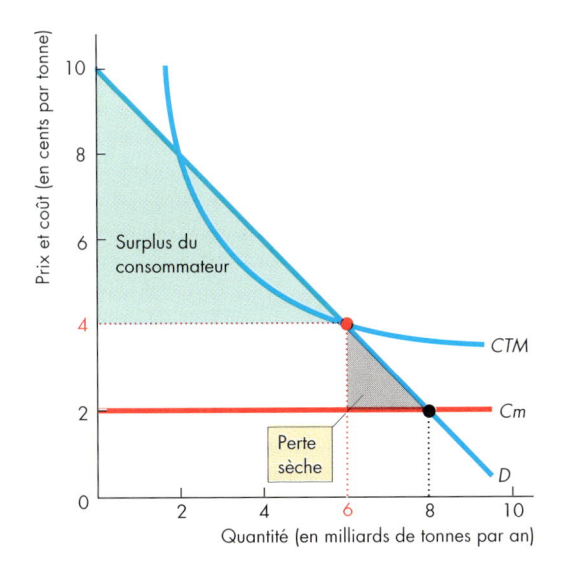

La tarification au coût moyen fixe le prix au niveau du coût total moyen. La compagnie ferroviaire facture 4 ¢ la tonne transportée et transporte 6 milliards de tonnes par an. Comme le prix de vente est égal au coût total moyen, elle ne fait ni profit ni perte. Cette règle de tarification engendre la perte sèche représentée par le triangle gris. Le surplus du consommateur est limité à la surface en vert.

Figure 21.3 Monopole naturel : maximisation du profit du producteur

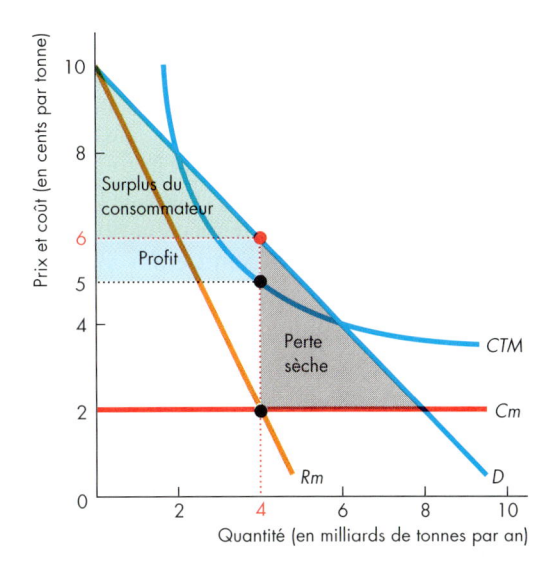

Pour que la compagnie ferroviaire maximise son profit, il faut que sa recette marginale (courbe Rm) soit égale à son coût marginal (courbe Cm). Au prix de 6 ¢ la tonne transportée, la compagnie transporte 4 milliards de tonnes par an. Le surplus du consommateur est limité au triangle vert, tandis que la perte sèche augmente (triangle gris). Le monopole obtient le profit illustré par le rectangle bleu. C'est ce qui se produit quand le producteur peut détourner la réglementation à son avantage.

portes si elle n'arrive pas à couvrir ses frais. Mais, s'il doit la subventionner pour qu'elle couvre ses frais, le gouvernement devra prélever des taxes qui engendreront une perte sèche : si la perte sèche résultant de la taxation est supérieure à celle qu'engendre la tarification au coût moyen (et qui est représentée graphiquement à la figure 21.2 par le triangle gris), alors la tarification au coût moyen est la meilleure solution possible dans les circonstances.

La capture de la réglementation Que nous dit la théorie de la capture dans le cas de notre monopole ferroviaire ? Selon cette théorie, la réglementation profite avant tout aux producteurs : en d'autres termes, les producteurs détournent la réglementation à leur profit, en incitant les organismes de réglementation à adopter des mesures qui leur sont favorables. Pour déterminer le prix qui maximise le profit du producteur, il faut considérer les courbes de recette marginale et de coût marginal. Un monopole maximise son profit en produisant une quantité telle que la recette marginale et le coût marginal sont égaux. La courbe Rm de la figure 21.3 correspond à la courbe de recette marginale. Celle-ci est égale au coût marginal quand la production de services de transport ferroviaire s'élève à 4 milliards de tonnes par

an et se vend 6 ¢ la tonne. Si la réglementation doit effectivement servir les intérêts du producteur, l'organisme chargé de la réglementation du secteur des transports ferroviaires fixera le prix à 6 ¢ la tonne transportée.

Mais comment les producteurs peuvent-ils amener les organismes de réglementation à fixer les prix de façon à maximiser le profit de monopole ? Pour répondre à cette question, nous devons examiner la méthode de détermination des prix de vente généralement utilisée par les organismes de réglementation. La méthode la plus courante est la méthode de la réglementation en fonction du taux de rendement.

La réglementation en fonction du taux de rendement La **réglementation en fonction du taux de rendement** consiste à fixer les prix de façon que l'entreprise réglementée puisse obtenir un taux de rendement donné de son capital. Le taux de rendement cible est défini sur la base des taux de rendement normaux dans les marchés concurrentiels. Comme la rémunération du capital fait partie du coût d'opportunité de l'entreprise, le taux de rendement *normal* est compris dans son coût total moyen. L'organisme de réglementation analyse le coût total de l'entreprise, en tenant compte du taux de rendement normal du capital, et détermine le prix de vente qui permet de couvrir le coût total moyen. La réglementation en fonction du taux de rendement se ramène donc à une tarification au coût moyen.

Dans notre exemple de compagnie ferroviaire, nous avons vu à la figure 21.2 que la tarification au coût moyen donne un prix réglementé de 4 ¢ la tonne transportée et un volume de ventes annuel de 6 milliards de tonnes transportées. Par conséquent, si le coût total moyen du producteur est correctement évalué, la fixation du prix en fonction du taux de rendement normal permettra de déterminer un prix de vente et un volume de production qui avantagent le consommateur et empêchent le producteur de profiter de son pouvoir de monopole. Si tel est le cas, c'est que le producteur n'a pas réussi à détourner la réglementation à son avantage. La réglementation produit alors un résultat proche de celui que prévoit la théorie de l'intérêt général.

Cette analyse fait cependant abstraction d'une réalité importante, à savoir qu'il est généralement très difficile pour l'organisme de réglementation de connaître le coût de production véritable de l'entreprise réglementée.

Le problème de la supervision des coûts Supposons que les cadres supérieurs de notre compagnie ferroviaire fictive puissent gonfler les coûts de leur entreprise par des dépenses qui ne sont pas vraiment indispensables à la production. Dans ce cas, le *coût total apparent* de l'entreprise est supérieur à son *coût total véritable*. Il est facile de gonfler les dépenses: bureaux luxueux, limousines, billets de hockey gratuits (habilement maquillés en «frais de représentation»), avions privés d'entreprise, voyages «d'affaires» alléchants et autres dépenses professionnelles voluptuaires, ou encore augmentation inutile des effectifs pour accroître l'importance de l'entreprise.

Supposons que notre compagnie ferroviaire arrive à convaincre l'organisme de réglementation dont elle dépend que la courbe $CTM_{(surcoût)}$ de la figure 21.4 représente son coût véritable. Appliquant une tarification en fonction du taux normal de rendement, l'organisme de réglementation fixe le prix à 6 ¢ la tonne transportée. Dans notre exemple, l'entreprise réglementée vend alors autant et au même prix qu'un monopole non réglementé. Dans la réalité, l'entreprise aurait sans doute beaucoup de mal à gonfler ses coûts aussi exagérément que le fait l'entreprise fictive de notre exemple; dans la mesure où elle y réussit au moins partiellement, sa courbe de coût total moyen se situera entre la courbe de coût total moyen véritable CTM et la courbe $CTM_{(surcoût)}$ de notre exemple. Retenons cependant que, plus l'entreprise peut gonfler ses coûts, plus son profit économique se rapproche du profit de monopole. Ce ne sont toutefois pas les actionnaires qui

Figure 21.4 Monopole naturel: gonflement des coûts

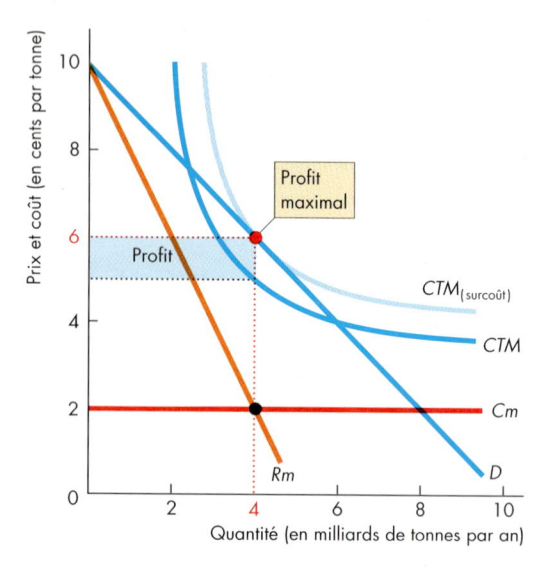

Si la compagnie ferroviaire gonfle ses coûts jusqu'à la courbe $CTM_{(surcoût)}$ et convainc l'organisme de réglementation que ce sont bien là ses coûts minimaux de production, la réglementation en fonction du taux de rendement fixera un prix réglementé de 6 ¢ la tonne transportée; ce prix maximise le profit de l'entreprise. Par rapport à la situation où l'organisme de réglementation peut superviser adéquatement les coûts de production, le prix augmente, le niveau de production baisse et la perte sèche s'accroît.

bénéficient de cet accroissement de profit mais les cadres de l'entreprise, qui profitent à titre personnel de dépenses dont l'entreprise n'a pas besoin.

Intérêt général ou capture de la réglementation?

Il est difficile de dire si la réglementation actuelle des monopoles naturels confirme plutôt la théorie de la capture que la théorie de l'intérêt général. Mais une chose est sûre: il est rare qu'on applique une tarification au coût marginal car, si tel était le cas, la plupart des monopoles naturels subiraient des pertes importantes et le gouvernement devrait les subventionner pour les maintenir à flot. Certains secteurs font cependant exception à cette règle. Par exemple, nombre de compagnies régionales de téléphone semblent appliquer la tarification au coût marginal pour les appels locaux. Afin de couvrir leur coût total, elles facturent une somme forfaitaire pour le raccordement à leur réseau, somme qui permet aux abonnés de téléphoner dans leur région au coût marginal, qui est nul ou presque.

Pour savoir si la réglementation favorise plutôt les consommateurs que les producteurs, il faut analyser le taux de rendement des monopoles naturels réglementés. Si le taux de rendement du monopole naturel réglementé est supérieur à celui des autres entreprises, c'est le signe que le producteur exerce une certaine mainmise sur l'organisme de réglementation. Par contre, si le taux de rendement du monopole naturel réglementé est comparable à celui des autres entreprises, alors il est impossible d'en conclure quoi que ce soit, car on ne peut déterminer dans quelle mesure le monopole gonfle ses coûts. Nous ne connaissons aucune étude sérieuse qui traite directement de cette question. Un certain nombre d'observations permettent néanmoins de penser que beaucoup de monopoles naturels canadiens bénéficient de taux de rendement supérieurs au taux moyen des autres entreprises. Les secteurs de la câblodistribution et du téléphone nous en ont récemment fourni d'excellents exemples.

Nous connaissons maintenant la réglementation des monopoles naturels. La section suivante porte sur les marchés oligopolistiques, c'est-à-dire la réglementation des cartels.

La réglementation des cartels

Un *cartel* est une entente entre des entreprises en vue de restreindre la production pour augmenter les profits. Les cartels s'observent surtout dans les industries oligopolistiques. Un *oligopole* est un marché ne comptant que quelques entreprises. Nous avons étudié au chapitre 14 les oligopoles et le cas particulier des duopoles, c'est-à-dire des oligopoles formés de deux entreprises seulement. Nous avons vu que, si les entreprises coopèrent, elles peuvent vendre la même quantité qu'un monopole et au même prix. Mais nous avons vu aussi que pour les entreprises qui concluent une collusion la tentation est grande de tricher, c'est-à-dire d'accroître leur propre production pour augmenter leur profit au détriment des autres membres du cartel. Ces « écarts de conduite » vont perturber l'équilibre monopolistique de l'industrie au point que tout se passera comme si le marché était concurrentiel, chaque producteur faisant un profit nul. Ces déviations par rapport à l'entente de cartel et l'équilibre concurrentiel qu'elles engendrent profitent donc aux consommateurs, au détriment des producteurs.

Comment les oligopoles sont-ils réglementés? La réglementation favorise-t-elle ou entrave-t-elle les pratiques monopolistiques?

Selon la théorie de l'intérêt général, la réglementation des oligopoles vise à réaliser la même allocation que celle que permettrait un marché parfaitement concurrentiel. Prenons l'exemple du service de taxi desservant l'aéroport d'une petite ville. À la figure 21.5, la courbe D représente la courbe de demande de courses de taxis entre l'aéroport et le centre de la ville, et la courbe Cm représente la courbe de coût marginal, et donc la courbe d'offre du marché si celui-ci était parfaitement concurrentiel. Si elle privilégie l'intérêt général, la réglementation fixe un prix de 20 $ la course de taxi, et la quantité produite s'élève à 300 courses par semaine.

Mais que se passe-t-il si c'est la théorie de la capture qui s'applique? Si la réglementation se fait dans l'intérêt du producteur, alors le prix réglementé s'élève à 30 $ la course de taxi et, pour maintenir ce prix, le nombre de courses doit être limité à 200 par semaine. Le profit de chaque producteur est maximal, puisque la recette marginale de l'industrie et son coût marginal sont égaux. Supposons que le secteur compte 10 chauffeurs de taxi travaillant à leur compte. Si l'on veut répartir également le profit de monopole entre tous les chauffeurs de taxi, il faut imposer aux propriétaires de taxi un quota hebdomadaire de 20 courses de taxi entre l'aéroport et le centre de la ville, pour un total de 200 courses par semaine. Il serait par ailleurs envisageable d'imposer des amendes aux producteurs zélés qui

Figure 21.5 Collusion dans un oligopole

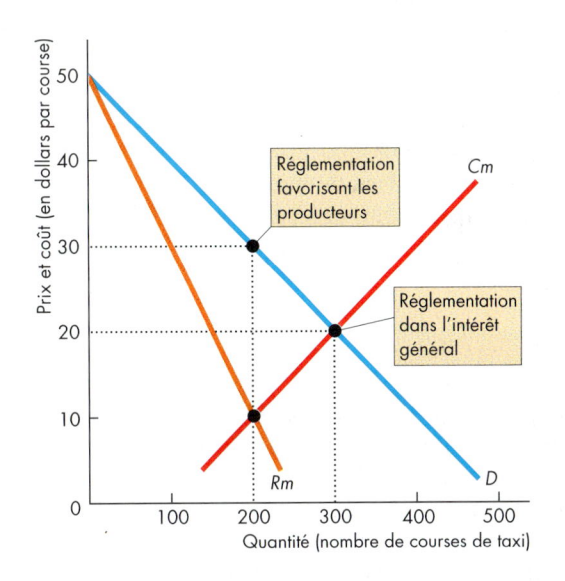

Dix chauffeurs à leur compte assurent le service de taxi desservant l'aéroport d'une petite ville. La courbe D est la courbe de demande, et la courbe Cm, la courbe de coût marginal de l'industrie. Si le marché est parfaitement concurrentiel, la courbe Cm représente aussi la courbe d'offre totale; à l'équilibre, chaque course de taxi coûte 20 $ et la quantité produite s'élève à 300 courses par semaine. Supposons maintenant que les producteurs obtiennent du gouvernement une réglementation qui restreigne l'accès au marché et maintienne la production totale à 200 courses par semaine. Le prix passe alors à 30 $ la course de taxi et les producteurs font le profit de monopole. La recette marginale de l'industrie est égale à son coût marginal.

dépasseraient leur limite de 20 courses par semaine.

Quel est l'effet réel de la réglementation des oligopoles? Si les observateurs divergent d'opinion sur ce point, tous s'accordent à dire que c'est plutôt aux producteurs que la réglementation des oligopoles profite. Les experts estiment que dans les secteurs du camionnage et du transport aérien, réglementés par l'Office national des transports du Canada, et dans le secteur des transports par taxi, réglementé par les municipalités, c'est aux producteurs, et non aux consommateurs, que la réglementation a profité. Mais l'exemple le plus flagrant reste l'agriculture. D'après une étude du Conseil économique du Canada du début des années 80, la réglementation de la production des œufs et de l'élevage des poulets à griller a transféré plus de 100 millions de dollars par an à seulement 4600 producteurs.[2]

L'étude de l'évolution des prix et des profits à la suite d'une déréglementation permet également de mesurer les effets de la réglementation sur les cartels et les oligopoles. Si la déréglementation fait baisser les prix et les profits, c'est que la réglementation profitait, au moins dans une certaine mesure, aux producteurs. Si, par contre, la déréglementation fait augmenter les prix et les profits ou n'exerce sur eux aucun effet, alors c'est sans doute que la réglementation servait l'intérêt général.

En Amérique du Nord, plusieurs industries ont été déréglementées ces dernières années: cela nous permet d'analyser l'évolution des prix et des profits à la suite de la déréglementation, et de vérifier, entre les deux théories que nous avons étudiées, celle qui est la plus juste. Les conclusions que permet de dégager une telle analyse restent ambiguës. On observe néanmoins que dans plusieurs industries, tant aux États-Unis qu'au Canada, la déréglementation s'est traduite par une baisse des prix. Ainsi, dans le transport aérien, le camionnage, le transport ferroviaire, les services téléphoniques interurbains et les services bancaires et financiers, la déréglementation s'est traduite, du moins au début, par un renforcement de la concurrence, une baisse des prix et une augmentation de la production. Il est toutefois bien difficile d'apprécier exactement les effets de la déréglementation, car on ne saurait écarter la possibilité que les entreprises des secteurs oligopolistiques trouvent le moyen de restreindre leur production en dépit de la déréglementation. On sait par exemple que dans les années 80 les compagnies de transport aérien des États-Unis ont réussi à restreindre leur production en monopolisant les aérogares et en limitant les échanges d'information entre les systèmes informatisés de réservations.

La déréglementation

La plupart des marchés comptent un nombre restreint de producteurs et un nombre élevé de consommateurs. Selon la théorie des choix publics, la réglementation sert alors les intérêts des producteurs: comme ils sont peu nombreux et que leurs gains moyens sont susceptibles d'être plus importants, ils s'organisent plus facilement que les consommateurs en groupes de pression efficaces. Pour convaincre les autorités politiques, ce ne sont pas des votes qu'ils leur font miroiter, mais plutôt des contributions à leurs caisses électorales. Dans d'autres cas, par contre, les consommateurs-électeurs réussissent à peser d'un grand poids dans les décisions politiques. Dans d'autres cas encore, le pouvoir passe des producteurs aux consommateurs, comme nous l'avons vu pour les secteurs déréglementés depuis la fin des années 70.

La tendance récente à la déréglementation soulève plusieurs questions pour les économistes. Pourquoi le secteur des transports a-t-il été déréglementé? La réglementation avantageait les producteurs, et, jusque dans les années 80, le lobby des producteurs était suffisamment puissant pour maintenir la réglementation en vigueur: pourquoi le pouvoir est-il subitement passé aux mains des consommateurs? Nous ne connaissons toujours pas exactement la réponse à cette question. Nous pouvons cependant avancer une hypothèse, qui n'est cependant qu'une tentative d'explication *a posteriori*: peut-être la réglementation était-elle devenue si coûteuse pour les consommateurs (et les avantages prévus de la déréglementation si alléchants) que les acheteurs ont estimé rentable de s'organiser en vue d'exercer des pressions politiques visant à éliminer des réglementations trop coûteuses. Notons par ailleurs que les progrès des techniques de communication et la baisse du prix des communications devraient faire baisser à l'avenir le coût d'organisation des groupes plus dispersés. Si tel est le cas, la réglementation devrait avantager de plus en plus les consommateurs, au détriment des producteurs. Mais qu'est-ce qu'une réglementation qui avantage les consommateurs? Dans la pratique, il s'agit bien souvent d'une déréglementation, c'est-à-dire de la suppression d'une réglementation qui avantageait les producteurs.

Le mouvement de déréglementation que nous observons depuis quelques années présente une autre caractéristique problématique pour les économistes. Aux États-Unis, s'il s'est amorcé sous une présidence démocrate, c'est dans les années 80 qu'il a connu son apogée, non du fait des groupes de défense des consommateurs, mais à l'initiative du Parti républicain et du monde des affaires dont le mouvement de déréglementation est réputé défendre les intérêts. La situation est un peu similaire au Canada, où les plus ardents partisans de la déréglementation se sont révélés être, non les

---

[2] J. D. Forbes, R. D. Hughes et T. K. Warley, *L'intervention de l'État dans le secteur agricole au Canada*, Ottawa, Approvisionnements et services Canada, 1982.

consommateurs eux-mêmes, mais plutôt les gens d'affaires et les électeurs les plus conservateurs. Si la réglementation avantage tant les producteurs, et si ceux-ci ont la haute main sur les décisions politiques, comment expliquer qu'ils aient réclamé à grands cris une déréglementation qui les désavantageait ? Les économistes n'ont pas encore fourni de réponse satisfaisante à cette question.

À RETENIR

Au Canada, les monopoles naturels sont réglementés par les gouvernements fédéral, provinciaux et les autorités municipales. Si la réglementation vise l'intérêt général, les biens et services produits par les monopoles naturels réglementés sont vendus à leur coût marginal. Les producteurs subissent alors des pertes, et le gouvernement doit les subventionner pour assurer leur survie. Par contre, si la réglementation sert l'intérêt des producteurs, elle restreint la production des monopoles réglementés de façon à assurer l'égalité de la recette marginale et du coût marginal; les prix du monopole réglementé sont alors ceux que pratiquerait un monopole non réglementé. Dans la pratique, la réglementation fixe les prix en fonction d'un taux de rendement normal. Si les producteurs parviennent à gonfler leurs coûts, cette réglementation produit un résultat intermédiaire entre celui de la maximisation du profit des monopoles non réglementés et celui de la réglementation conçue dans l'intérêt général.

Les cartels sont également réglementés au Canada. La réglementation des cartels tend à avantager les producteurs. Toutefois, l'équilibre politique a changé depuis quelques années, entraînant une vague de déréglementation qui semble profiter aux consommateurs.

■ ■ ■

Nous allons maintenant étudier un autre mode d'intervention de l'État dans les marchés : l'entreprise publique.

L'entreprise publique

Comme l'indique le tableau 21.2, le Canada compte 125 entreprises publiques, propriété des gouvernements fédéral ou provinciaux, qui sont actives dans des secteurs économiques très divers. Du fait qu'il possède ces entreprises, l'État peut exercer une influence directe sur les marchés. Quelles sont les conséquences de l'entreprise publique sur les monopoles naturels ? Comment fonctionne une entreprise publique ? Nous comparerons différentes règles de gestion relatives aux sociétés d'État.

Une règle de gestion efficace

Première possibilité : la société d'État est efficace sur le plan économique, en ce sens que le surplus total est maximisé. Le graphique (a) de la figure 21.6 illustre ce cas. (Cette figure reprend l'exemple de la compagnie ferroviaire que nous avons utilisé aux figures 21.1 à 21.4.) Pour réaliser une allocation efficace des ressources, l'entreprise publique doit respecter le principe suivant :

Produire la quantité assurant l'égalité entre le prix et le coût marginal.

Dans notre exemple, ce niveau de production est de 8 milliards de tonnes par an, au prix (c'est-à-dire au coût marginal) de 2 ¢ la tonne. Comme il s'agit d'un monopole naturel, l'entreprise publique doit être subventionnée : la subvention par unité produite doit couvrir la différence entre le coût total moyen et le coût marginal. Le financement de la production ne peut se faire totalement par la vente (puisque le prix est égal au coût marginal); il doit donc se faire en partie par la taxation. Pour financer le déficit de l'entreprise publique, le gouvernement devra donc prélever des impôts, ce qui entraînera des distorsions dans d'autres marchés. La

Tableau 21.2   Les sociétés d'État

Secteur	Fédéral	Provincial	Total
Transport	5	6	11
Télécommunications et radiotélévision	4	4	8
Énergie	0	9	9
Développement énergétique	1	8	9
Industrie	7	17	24
Finances	6	10	16
Commercialisation	6	4	10
Sociétés de développement	1	7	8
Logement	0	13	13
Information	5	0	5
Boissons alcoolisées	0	12	12
	35	90	125

Source: Statistique Canada. *Annuaire du Canada 1988*.

situation est donc la même que celle que nous avons analysée dans le cas des déficits des monopoles naturels privés réglementés par l'État. Mais supposons, aux fins de la discussion, qu'on puisse prélever des impôts sans engendrer de perte sèche. Dans ce cas, le gain des consommateurs-contribuables est égal au surplus du consommateur représenté dans le graphique (a) de la figure 21.6, diminué du montant d'impôt prélevé pour financer le déficit. Comme le surplus total est maximisé, la situation obtenue correspond à une allocation efficace des ressources.

Mais ce résultat n'est pas nécessairement compatible avec les objectifs des cadres de la société d'État. Nous avons étudié au chapitre précédent un modèle du comportement des bureaucraties. Comment ce modèle s'applique-t-il aux entreprises publiques?

La théorie de la bureaucratie et l'entreprise publique

Selon la théorie de la bureaucratie, l'objectif des bureaucrates est de maximiser le budget de leur administration. Transposée aux entreprises publiques, l'hypothèse correspondante serait que l'objectif des cadres est de maximiser le budget de fonctionnement de leur entreprise. Pour bien comprendre en quoi cet objectif oriente la prise de décisions des entreprises publiques, il faut d'abord déterminer les contraintes qui pèsent sur les possibilités d'action des cadres de l'entreprise. Nous considérerons deux cas : 1) le prix de vente doit être égal au coût marginal ; et 2) le service est offert gratuitement aux consommateurs.

Maximisation du budget avec vente au coût marginal Le graphique (b) de la figure 21.6 illustre le cas où l'entreprise publique maximise son budget en vendant au coût marginal. Le niveau de production est efficace (il se maintient à 8 milliards de tonnes par an) et le prix de vente est de 2 ¢ la tonne. Mais le coût de production n'est pas à son niveau le plus bas possible ; l'entreprise est donc inefficace sur ce point. Par exemple, elle emploie plus de travailleurs que nécessaire et ses mécanismes internes de contrôle des coûts, qui permettent aux entreprises privées de maximiser leur profit, sont déficients. Le coût total moyen de cette entreprise est par conséquent supérieur à ce qu'il devrait être, comme l'illustre la courbe $CTM_{1(surcoût)}$.

Jusqu'à quel point une entreprise publique peut-elle laisser augmenter ses coûts ? Cela dépend du supplément de taxes que les consommateurs sont prêts à accepter pour éponger le déficit de l'entreprise publique, la limite étant le surplus du consommateur. Le surplus du consommateur est représenté graphiquement par la surface délimitée par la courbe de coût marginal et la courbe de demande. Pour calculer l'aire de cette surface, on applique la formule de calcul de l'aire d'un triangle. La hauteur de ce triangle représente un prix de 8 ¢, et sa base, un volume de 8 milliards de tonnes par an : le surplus du consommateur s'élève donc à 320 millions de dollars. C'est le montant maximal qu'un gouvernement démocratique peut exiger des contribuables-consommateurs pour financer la production de cette entreprise. Réparti sur le volume total de production, qui est de 8 milliards de tonnes, ce surplus total de 320 millions de dollars représente une subvention de 4 ¢ la tonne, le montant indiqué sur la figure.

Maximisation du budget avec gratuité de service Que se passe-t-il si l'entreprise publique offre sa production gratuitement ? Certes, une compagnie ferroviaire aurait du mal à convaincre les politiciens et les contribuables que ses activités sont indispensables au point qu'elles doivent être offertes gratuitement au public. Par contre, certains autres biens publics sont gratuits : l'éducation primaire et secondaire et les soins de santé, par exemple. Pour faciliter l'analyse, nous conserverons l'exemple de la compagnie ferroviaire, même s'il n'est pas réaliste dans les circonstances.

Reportons-nous au graphique (c) de la figure 21.6. L'entreprise accroît sa production au niveau où la disposition à payer des consommateurs pour la dernière unité est nulle. Dans notre exemple, le niveau de production est de 10 milliards de tonnes par an. Comme le coût marginal de production, qui s'élève à 2 ¢, est supérieur à la disposition marginale à payer pour la dernière unité consommée, ce niveau de production se caractérise par une perte sèche, représentée graphiquement par le triangle gris délimité par la courbe de coût marginal et la courbe de demande. La seconde source d'inefficacité tient au coût de production excessif de l'entreprise. La courbe $CTM_{2(surcoût)}$ est la courbe de coût total moyen lorsqu'il y a relâchement du contrôle des coûts de production. On peut faire l'hypothèse que les contribuables-consommateurs refuseraient de payer en impôts un montant supérieur au surplus du consommateur, et qu'ils réclameraient la fermeture de cette société d'État si jamais elle leur demandait une subvention supérieure. La figure 21.6 (a) illustre le coût total moyen maximal que peut se permettre l'entreprise publique. La subvention s'élève dans ce cas à 5 ¢ la tonne.

Résultats intermédiaires

Les trois cas que nous venons d'étudier sont des extrêmes. Dans le premier cas, illustré dans le graphique (a) de la figure 21.6, l'entreprise est efficace et maximise le surplus du consommateur. Dans le deuxième cas, illustré dans le graphique (b) de la même figure, le volume de production est efficace, mais c'est

Figure 21.6 L'entreprise publique

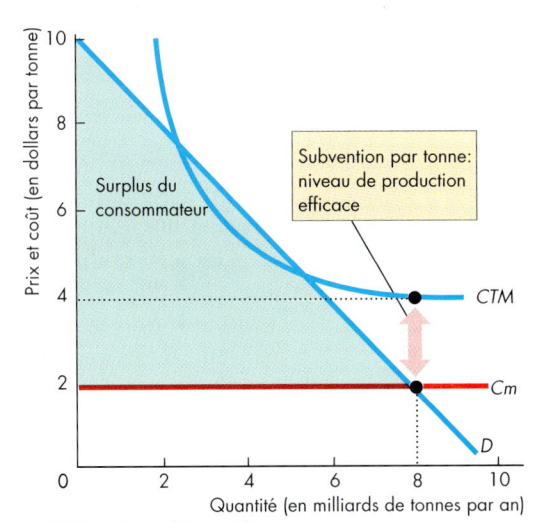

(a) Allocation efficace des ressources

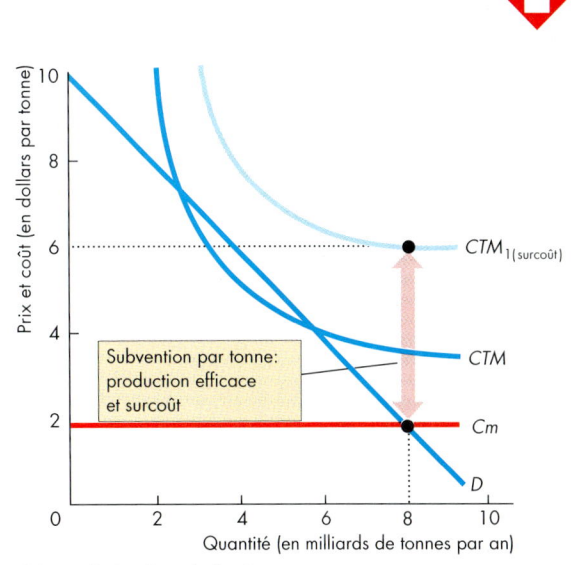

(b) Maximisation du budget

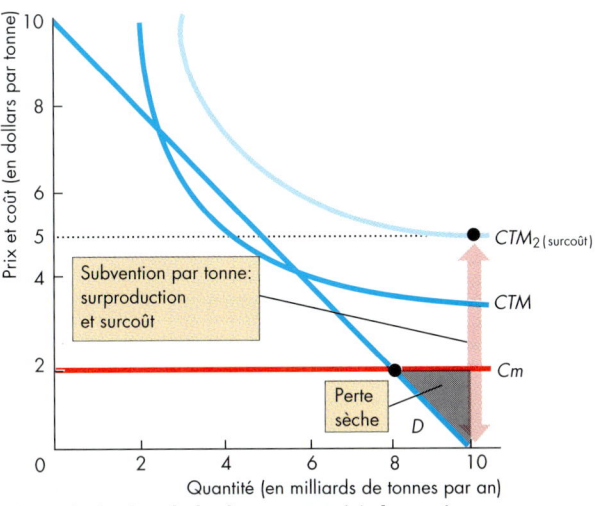

(c) Maximisation du budget et gratuité du service

La graphique (a) illustre le cas d'une compagnie ferroviaire publique qui réalise l'allocation efficace des ressources. Le niveau de production est tel que le prix et le coût marginal sont égaux : la production s'élève à 8 milliards de tonnes par an et le prix est de 2 ¢ la tonne, égal au coût marginal. L'entreprise reçoit une subvention qui lui permet de couvrir son coût total moyen, qui est le coût de production le plus bas possible. Si les cadres de cette entreprise agissent dans leur propre intérêt, c'est-à-dire s'ils maximisent leur budget, alors ils laissent gonfler leurs coûts et le coût de production augmente : dans le graphique (b), la courbe de coût passe en $CTM_{1(surcoût)}$. Si l'entreprise doit maintenir son prix égal au coût marginal, elle continue de produire un volume qui permet une allocation efficace des ressources, mais les cadres s'approprient la totalité du surplus du consommateur. Si, comme l'illustre le graphique (c), l'entreprise peut faire augmenter sa production au point que ses services soient offerts gratuitement à la population, alors la production augmente, passant à 10 milliards de tonnes par an, et il y a une perte sèche. Parce qu'il y a un surcoût de production, la subvention doit être encore plus élevée que ce que nécessiterait la seule gratuité du service. La subvention maximale que cette entreprise puisse obtenir est de 5 ¢ la tonne ; l'État ne peut accorder une subvention plus élevée, car le supplément de taxation (qu'il faut imposer aux contribuables pour payer cette subvention) serait alors supérieur au surplus du consommateur.

le surplus du producteur qui est maximisé. Dans le troisième cas, enfin, illustré dans le graphique (c), l'entreprise est doublement inefficace : elle produit plus que nécessaire et elle maximise l'avantage du producteur. Dans le deuxième comme dans le troisième cas, le surplus du consommateur est entièrement absorbé par la hausse des coûts de production.

En général, la redistribution des gains à l'échange entraîne certains coûts. Ainsi, pour obtenir le résultat illustré dans le graphique (a) de la figure 21.6, les électeurs-consommateurs doivent s'organiser en groupes de pression pour obtenir la maximisation du surplus du consommateur, ce qui entraîne certains frais. Dans les deux autres cas, ce sont les producteurs (et ceux qui les soutiennent) qui se constituent en groupes de pression pour faire adopter les mesures qui les favorisent. Du fait du coût de l'organisation politique et de l'ignorance rationnelle des électeurs, les décisions réelles des entreprises publiques se situent quelque part entre les extrêmes que nous avons étudiés. Les entreprises publiques ont tendance à produire trop, mais pas autant que le graphique (c) de la figure 21.6 l'indique. Elles ont tendance aussi à laisser gonfler leurs coûts, mais pas autant que dans les graphiques (b) et (c).

ENTRE LES LIGNES

Restrictions imposées à VIA Rail

Les faits en bref

VIA Rail estime qu'elle ne doit pas être jugée comme une entreprise privée

Selon VIA Rail, les analystes qui jugent ses résultats en lui appliquant les mêmes critères d'évaluation qu'aux entreprises privées font fausse route.

La société d'État VIA Rail inc. reconnaît sans détour qu'elle perd de l'argent et que, en outre, ses recettes ne sauraient lui permettre de faire face à ses coûts. L'entreprise considère néanmoins que ces chiffres ne rendent pas bien compte de la réalité.

Pour les critiques de la société d'État, comme Julius Lukasiewicz, le cas de VIA Rail est très simple. Dans une entrevue, ce professeur de génie mécanique de l'université Carleton d'Ottawa résume la situation en ces quelques mots : les coûts ne cessent d'augmenter et la production ne cesse de baisser.

Mais, pour Paul Raynor, un porte-parole de VIA Rail, la réalité est tout autre. « VIA Rail se fait critiquer parce que les milieux d'affaires ont du mal à comprendre que l'on puisse continuer d'exploiter une entreprise qui perd un demi-milliard de dollars par an. »

Paul Raynor explique qu'il faut d'abord admettre que VIA Rail est une société d'État qui fournit des services subventionnés, puis se demander si l'entreprise gère bien ces subventions gouvernementales. Selon lui, la question n'est donc pas de savoir si VIA Rail doit ou non être subventionnée, mais si elle fait bon usage des fonds du gouvernement. Rappelons que cette subvention s'élevait à 636,6 millions de dollars en 1988.

« Il est vrai que nous ne couvrons pas nos frais, convient Paul Raynor. Le ratio recettes-coûts est d'environ 32 %. Mais la comptabilité ferroviaire est bien différente de la comptabilité ordinaire. Greyhound aurait déjà fermé ses portes si elle devait assumer elle-même la construction et l'entretien des autoroutes qu'elle utilise. Air Canada aussi aurait déjà fermé boutique si elle devait construire ses aéroports et assumer les coûts du contrôle aérien. »

Le porte-parole de VIA Rail précise que le ratio recettes-coûts devrait augmenter, car la réduction de 50 % du service annoncée par VIA Rail va permettre à l'entreprise d'abaisser ses coûts.

Il rappelle que VIA Rail maintient certains services coûteux, comme la desserte des régions éloignées du Nord, qui font partie de son mandat d'entreprise publique.

Le plan d'austérité annoncé cette semaine comprend aussi la suppression de 2700 emplois.

Certes, ces restrictions vont permettre d'économiser, puisque la subvention fédérale va passer à 350 millions de dollars pour l'exercice financier 1992-1993, mais la facture sera lourde pour VIA Rail, qui devra débourser au cours des cinq années à venir 140 millions de dollars au titre des indemnités de licenciement.

Julius Lukasiewicz a étudié de près les rapports annuels de VIA Rail, et constate que le rapport entre les subventions gouvernementales et les recettes des ventes est de presque 3 à 1 depuis les débuts de l'entreprise. En d'autres termes, les subventions sont en moyenne trois fois plus élevées que le chiffre d'affaires aux guichets.

De 1977, année de la fondation de VIA Rail, à la fin de l'exercice financier 1988, les subventions fédérales totalisent près de 5,21 milliards de dollars. Avec la subvention de 541 millions de dollars prévue pour 1989, ce chiffre atteindra 5,75 milliards de dollars.

VIA Rail en quelques chiffres

	1981	1988
Nombre de voyageurs	8 millions	6,4 millions
Nombre de voyageurs-milles (calcul d'après les billets vendus)	1,94 milliard	1,4 milliard
Distance moyenne parcourue	389 km	359 km
Recettes–Ventes aux voyageurs	159,8 M$	220,4 M$
Recettes contractuelles (du gouvernement fédéral)	422,3 M$	509,2 M$
Recette totale	585,3 M$	788,2 M$
Profit (perte)	(873 000 $)	(1,9 M$)
Dépenses	619,3 M$	790,11 M$
Partie des dépenses qui est versée à CN/CP pour les rails, etc.	392,5 M$	105 M$
Subvention fédérale annuelle	414,7 M$	636,6 M$

Source : VIA Rail Canada inc.

The Globe and Mail
19 janvier 1990
Par Zuhair Kashmeri
©The Globe and Mail
Traduction et reproduction autorisées

- VIA Rail, société d'État fondée en 1977, a reçu du gouvernement fédéral une subvention de plus de 500 millions de dollars en 1989, pour un total de 5,75 milliards de dollars de 1977 à 1989, soit trois fois le montant de ses ventes.

- Selon Paul Raynor, un des porte-parole de VIA Rail :

  • Il faut juger VIA Rail sur l'utilisation qu'elle fait des subventions gouvernementales, et non sur sa capacité à faire face à ses coûts.

  • VIA Rail assume tous les frais reliés à son exploitation, ce qui n'est pas le cas de tous les transporteurs : Greyhound (ou Voyageur) ne paie pas les autoroutes et Air Canada n'assume ni les coûts des aéroports ni ceux des services de contrôle aérien.

  • VIA Rail doit assumer certains services déficitaires, comme la desserte des régions éloignées du Nord.

- VIA Rail a annoncé une réduction de 50 % des services : 2700 emplois vont être supprimés et la subvention gouvernementale va baisser, passant à 350 millions de dollars pour l'année 1992-1993.

ENTRE LES LIGNES

Analyse

- VIA Rail offre des services qui procurent des avantages directs et qui ont également des externalités positives.

- La courbe de demande du graphique (a) indique la valeur que les consommateurs accordent aux services de VIA Rail, c'est-à-dire le prix qu'ils sont prêts à payer pour obtenir la dernière unité produite.

- Les services offerts par VIA Rail présentent notamment les avantages externes suivants:

  • Décongestion des autoroutes

  • Décongestion des routes aériennes et des aéroports

  • Accessibilité des régions éloignées

- Dans le graphique (a), la courbe d'avantage marginal social* AmS des services de VIA Rail s'obtient en additionnant l'avantage externe total par unité produite et le prix que les consommateurs sont disposés à payer.

- La courbe d'avantage marginal social indique la valeur que les consommateurs et ceux qui bénéficient des avantages externes accordent à la dernière unité produite par VIA Rail. L'écart vertical entre la courbe de demande et la courbe d'avantage marginal social mesure l'avantage externe de la dernière unité produite.

Des subventions trop généreuses

- Le graphique (b) montre que VIA Rail produit trop et qu'elle est trop subventionnée. Certains analystes et le gouvernement fédéral estiment que cette situation prévalait déjà avant les restrictions.

- La courbe CTM est la courbe de coût total moyen de VIA Rail, et la courbe Cm, sa courbe de coût marginal. La courbe de demande D et la courbe d'avantage marginal social AmS sont les mêmes que dans le graphique (a).

- La production de VIA Rail s'élève à 1,4 milliard de voyageurs-milles par an et se vend 15 ¢ le voyageur-mille. Le rectangle bleu illustre la recette totale de l'entreprise. L'écart entre le coût total et la recette totale représente la subvention fédérale, qui est illustrée par le rectangle rouge.

- La courbe de coût marginal Cm se situe au-dessus de la courbe d'avantage marginal social AmS; c'est donc que VIA Rail produit trop. Pour que l'allocation des ressources soit efficace, VIA Rail doit restreindre sa production.

Une entreprise efficace

- Le graphique (c) illustre le cas où VIA Rail a un niveau de production compatible avec une allocation efficace des ressources. L'entreprise a fermé certains trajets et réduit ses coûts fixes pour faire baisser sa courbe de coût total moyen au niveau de la courbe CTM_1. La courbe de demande, la courbe d'avantage marginal social et la courbe de coût marginal sont restées les mêmes. La production n'est plus que de 0,9 milliard de voyageurs-milles par an: à ce niveau, le coût marginal et l'avantage marginal social sont égaux. Le prix a légèrement augmenté.

- Mais VIA Rail a encore besoin d'une subvention pour couvrir son coût total. Pourquoi? Il y a deux raisons à cela: 1) VIA Rail est un monopole naturel dont la courbe de coût total moyen est décroissante et se situe au-dessus de la courbe de coût marginal; 2) comme les services que VIA Rail offre engendrent des avantages externes, l'avantage marginal social est supérieur au prix que les consommateurs sont disposés à payer.

- Quand VIA Rail produit de façon efficace, elle continue d'être subventionnée, mais moins qu'avant.

*Au besoin, reportez-vous au chapitre 12 pour revoir la notion de coût marginal social.

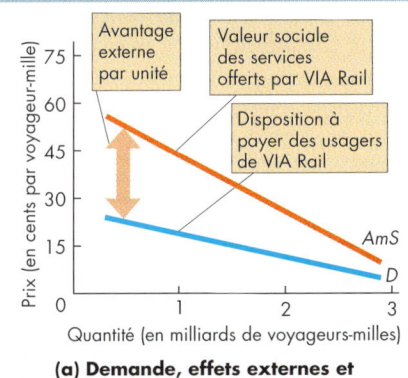

(a) Demande, effets externes et avantage marginal social

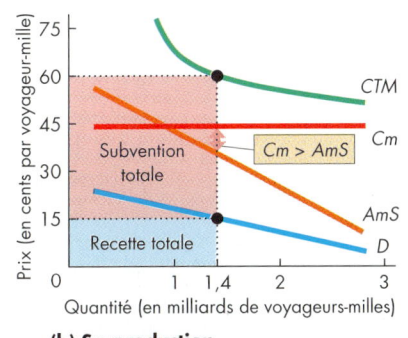

(b) Surproduction

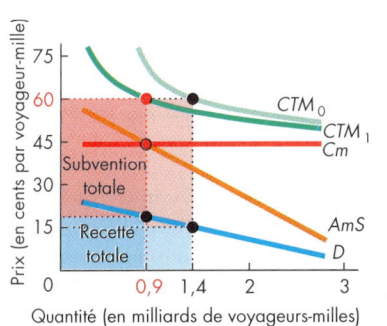

(c) Niveau de production efficace

Enfin, les consommateurs font entendre leurs voix et défendent leurs intérêts, mais pas autant que dans le graphique (a). En résumé, les sociétés d'État ont tendance à produire trop et à gonfler leurs coûts, et sont généralement, de ce fait, moins efficaces que les entreprises privées qui cherchent à maximiser leur profit.

Les entreprises publiques dans la réalité

Nous avons étudié jusqu'à présent le cas où la société d'État sert soit l'intérêt du consommateur, soit l'intérêt du producteur, ou les deux. Mais qu'en est-il dans la réalité? Cette question a fait l'objet de plusieurs recherches. L'une des méthodes d'analyse consiste à comparer des entreprises publiques à des entreprises privées qui ont le plus de caractéristiques communes possible et qui œuvrent dans des contextes semblables. Deux exemples répondent assez bien à ce critère. Le premier a trait à deux compagnies ferroviaires canadiennes, l'une publique, le Canadien National (CN), et l'autre privée, le Canadien Pacifique (CP). Le second exemple concerne deux compagnies de transport aérien australiennes, l'une privée et l'autre publique, qui proposent à peu près les mêmes trajets et les mêmes horaires. Les économistes qui ont étudié les coûts de fonctionnement de ces entreprises ont constaté que les coûts des entreprises publiques sont significativement plus élevés que ceux de leurs concurrentes privées. Dans le cas du CN et du CP, l'écart était de 14 %.[3]

Notons que la société d'État VIA Rail occupe une position particulière puisque les Canadiens, loin de la considérer comme une entreprise qui offre des services de transport comme les autres, estiment au contraire qu'elle fait partie intégrante du paysage culturel de leur pays. VIA Rail s'est ainsi trouvée au coeur d'une vive controverse quand, en 1989, le gouvernement fédéral a décidé de réduire les activités de l'entreprise et de se montrer moins généreux dans ses subventions. Vous trouverez dans la rubrique *Entre les lignes* des pages 580 et 581 une analyse économique des conséquences de cette décision.

La privatisation

Ces dernières années, l'avancement de nos connaissances sur le fonctionnement des bureaucraties et sur les lacunes des entreprises publiques a mené, au Canada comme dans les autres pays, à la vente de bon nombre d'entreprises publiques à des intérêts privés. Dans la seconde moitié de la décennie 1980-1989, le gouvernement fédéral canadien s'est ainsi départi d'une douzaine d'entreprises, dont Air Canada. Quant aux entreprises trop déficitaires pour intéresser quelque acheteur que ce soit, elles ont fait l'objet de sévères restrictions budgétaires. Ces privatisations ont modifié l'équilibre politique du pays, conférant aux consommateurs un plus grand poids politique, au détriment des producteurs. Les économistes n'en sont qu'à leurs toutes premières études sur le sujet et ils ne sont pas encore en mesure de dire si cette récente vague de privatisations constitue une évolution fondamentale ou, au contraire, une simple exception à une tendance plus marquée au renforcement de l'intervention de l'État et à l'accroissement de l'entreprise publique dans les monopoles naturels.

Le mouvement de privatisation est-il allé trop loin ou est-il encore trop timide pour conduire à l'allocation efficace des ressources? Les économistes ne s'entendent pas sur ce point. Certains considèrent que la privatisation reste inutile tant que l'entreprise publique est en concurrence avec des entreprises privées. D'autres estiment que les gestionnaires des entreprises publiques ont tendance à laisser gonfler exagérément leurs coûts, et qu'il convient par conséquent de poursuivre le mouvement de privatisation amorcé il y a quelques années.

Laissons maintenant de côté les entreprises publiques pour nous pencher sur le troisième mode d'intervention de l'État dans les marchés: la législation antimonopole.

La législation antimonopole

Dans cette section, nous allons d'abord décrire les lois antimonopoles du Canada, puis nous examinerons certains jugements qui ont fait date en cette matière.

Les lois antimonopoles canadiennes

Au Canada, la législation antimonopole remonte à la fin du 19e siècle. Dès le milieu des années 1880, certains groupes ont commencé à s'inquiéter de la création de monopoles pouvant restreindre la concurrence au risque de nuire aux consommateurs, et ce dans des secteurs aussi divers que la production et la vente du sucre et autres produits d'épicerie, des biscuits et des confiseries, du charbon, de la ficelle à lier, des outils agricoles, des poêles, des cercueils, des œufs et des polices d'assurance.

Le tableau 21.3 brosse un historique de la législation antimonopole au Canada. La première loi, adoptée en 1889, devait rester lettre morte du fait de sa formu-

---
[3] W. S. W. Caves et Laurits Christensen, «The Relative Efficiency of Public *v.* Private Firms in a Competitive Environment: the Case of Canada's Railroads», *Journal of Political Economy 88*, 5, septembre-octobre 1980, pp. 958-976.

lation même. Le texte stipulait en effet que:

> Est coupable d'un acte criminel [...] tout individu qui *illégalement** conspire [...] pour restreindre [...] le commerce [...] ou lui nuire [...] ou pour élever déraisonnablement le prix ou pour [...] diminuer [...] la concurrence.
> *Mot en italique pour attirer votre attention.

La loi ne précisant pas ce qu'il fallait entendre par «illégalement», elle était inapplicable. En 1900, ce mot a été supprimé et, dès le début du 20e siècle, de nombreux cas ont été portés devant les tribunaux.

Le tableau 21.4 résume la législation actuelle, adoptée au terme de deux décennies d'analyses économiques et de débats politiques. L'élaboration de la législation actuelle s'est amorcée en 1969 par la publication d'un rapport du Conseil économique du Canada intitulé *Rapport provisoire sur la politique de la concurrence*. Après plusieurs tentatives infructueuses de réforme de la législation, la nouvelle *Loi sur la concurrence* a finalement été adoptée sous le gouvernement progressiste-conservateur de M. Brian Mulroney. Les principales caractéristiques de la nouvelle législation canadienne antimonopole sont les suivantes: d'une part, l'application de la loi revient à un tribunal quasi judiciaire, et non aux cours criminelles ou civiles; d'autre part, la loi spécifie en détail les critères sur lesquels le tribunal doit se fonder pour rendre sa décision. Dans la pratique, l'application de la loi dépendra de l'interprétation que

---

Tableau 21.3 — Historique de la législation antimonopole au Canada

1889, 1892: Les premières lois

L'*Acte à l'effet de prévenir et supprimer les coalitions formées pour gêner le commerce* est voté en 1889 et devient la section 520 du Code criminel en 1892. Ce texte stipule que:

«Est coupable d'un acte criminel [...] tout individu qui *illégalement* conspire, se coalise, convient ou s'entend avec un autre, ou avec une compagnie de chemin de fer, de steamers, de bateaux à vapeur ou de transport, –
- (a.) Pour limiter indûment les facilités de transport, de production, de fabrication, de fourniture, d'emmagasinage ou de commerce de tout article ou denrée qui peut faire l'objet d'un trafic ou d'un commerce; ou
- (b.) Pour restreindre le trafic ou le commerce de tout tel article ou denrée, ou lui nuire; ou
- (c.) Pour empêcher, limiter ou diminuer indûment la fabrication ou la production de tout tel article ou denrée, ou pour en élever déraisonnablement le prix; ou
- (d.) Pour prévenir ou diminuer indûment la concurrence dans la production, la fabrication, l'achat, l'échange, la vente, le transport ou la fourniture de tout tel article ou denrée, ou dans les tarifs d'assurances sur la vie ou les propriétés. – »

1900: Amendement

Le mot «illégalement» est supprimé.

1910: *Loi des enquêtes sur les coalitions*

Autorise tout groupe de six personnes à demander à un juge d'ordonner une enquête sur des entreprises soupçonnées d'avoir conclu une collusion (que la loi définit comme un «monopole», un «trust» ou un «syndicat (*merger*)») ou toute autre entente «au détriment des consommateurs».

1919: *Loi des coalitions et des prix raisonnables*

Établit un conseil chargé de réglementer les prix et d'empêcher la formation de coalitions en vue de faire augmenter les prix. Cette loi a été déclarée inconstitutionnelle en 1922, car elle outrepassait les pouvoirs conférés au gouvernement du Canada en vertu de l'Acte de l'Amérique du Nord britannique.

1923: *Loi des enquêtes sur les coalitions*

Établit un nouveau processus d'enquête qui n'est pas inconstitutionnel.

1960: Amendement de la *Loi des enquêtes sur les coalitions*

Intègre dans la *Loi des enquêtes sur les coalitions*, en l'amendant, la section du Code criminel qui reprend la loi de 1889.

1986: *Loi sur la concurrence*

Réforme radicale de la législation canadienne sur les monopoles et les fusions. Confère la responsabilité de son application à un tribunal quasi judiciaire, en détaillant la procédure que ce tribunal doit suivre pour déterminer les «abus de position dominante» et pour définir si une fusion a pour effet «d'empêcher ou de diminuer sensiblement la concurrence».

Tableau 21.4 La législation antimonopole actuelle au Canada

1986 : *Loi sur la concurrence*

Abus de position dominante

« 79(1) Lorsque, à la suite d'une demande du directeur, il [le Tribunal] conclut à l'existence de la situation suivante :

    a) une ou plusieurs personnes contrôlent sensiblement ou complètement une catégorie ou espèce d'entreprises à la grandeur du Canada ou d'une de ses régions ;

    b) cette personne ou ces personnes se livrent ou se sont livrées à une pratique d'agissements anti-concurrentiels ;

    c) la pratique a, a eu ou aura vraisemblablement pour effet d'empêcher ou de diminuer sensiblement la concurrence dans un marché,

le Tribunal peut rendre une ordonnance interdisant à ces personnes ou à l'une ou l'autre d'entre elles de se livrer à une telle pratique. »

Fusionnements

« 92(1) Dans les cas où, à la suite d'une demande du directeur, le Tribunal conclut qu'un fusionnement réalisé ou proposé empêche ou diminue sensiblement la concurrence, ou aura vraisemblablement cet effet [...] le Tribunal peut [...]

e) dans le cas d'un fusionnement réalisé, rendre une ordonnance enjoignant à toute personne [...]

    (i) de le dissoudre [...],

    (ii) de se départir [...] des éléments d'actif et des actions [...]

f) dans le cas d'un fusionnement proposé, rendre, contre toute personne [...] une ordonnance enjoignant :

    (i) à la personne [...] de ne pas procéder au fusionnement,

    (ii) à la personne [...] de ne pas procéder à une partie du fusionnement. »

Remarque

Pour rendre sa décision, le Tribunal doit se fonder sur les directives détaillées contenues dans la *Loi sur la concurrence*.

*Pour une description précise des directives les plus importantes, voir Christopher Green, *Canadian Industrial Organization and Policy*, 3e éd., Toronto, McGraw-Hill Ryerson, 1990, pp. 362-367.

---

le tribunal fera de son mandat, et aussi du climat politique et économique de ses délibérations. Voyons à présent comment la législation antimonopole canadienne a été appliquée depuis ses débuts.

Jugements importants

Les lois antimonopoles sont des textes courts et faciles à résumer. Par contre, la jurisprudence (ensemble des jugements) accumulée en cette matière est très vaste et a fait l'objet d'un nombre considérable d'analyses spécialisées. Or, au Canada, la force de la loi ne réside pas tant dans les textes approuvés par le Parlement que dans l'interprétation que les cours en donnent. Le tableau 21.5 donne un bref aperçu des jugements importants rendus par les cours canadiennes. Le cas de collusion *Weidman c. Schragge* a été la première affaire antimonopole portée devant la Cour suprême du Canada. Ce n'est cependant pas le procureur de la Couronne qui a saisi la Cour suprême de cette affaire ; celle-ci a fait l'objet d'une poursuite civile entre les parties. MM. Weidman et Schragge, deux ferrailleurs de Winnipeg qui détenaient 95 % du marché, avaient conclu une entente sur les prix. Une dispute est survenue entre les deux hommes d'affaires et M. Weidman a poursuivi M. Schragge devant les tribunaux, l'accusant de ne pas avoir respecté leur accord de prix. La Cour suprême du Canada a statué que l'entente était illégale et par conséquent non exécutoire (c'est-à-dire que les parties n'étaient pas liées par cet accord).

L'importance des autres cas de collusion résumés au tableau 21.5 vient de ce que les jugements rendus ont précisé l'interprétation à donner à un autre terme important du texte de loi, le mot « indûment ». Comme il est précisé dans le tableau 21.3, le délit prévu par la loi consiste à empêcher, limiter ou diminuer « indûment » la concurrence, ou de faire déraisonnablement augmenter les prix. Mais le texte ne définissant pas le terme « indûment », c'était aux tribunaux de le faire. C'est le juge Cartwright qui, en 1947, a donné la première interprétation judiciaire de ce terme, auquel il attribuait le sens de l'existence dans les faits d'un monopole complet ou de l'absence complète, dans les faits, de concurrence. Dans le cas Abitibi de 1960, la cour a cependant donné une interprétation beaucoup plus large du mot « indûment ».

Tableau 21.5 Jugements importants en matière de lutte contre les coalitions

Cas	Année	Accusations, verdict et jurisprudence
(a) Collusions		
Weidman c. Schragge	1912	Deux ferrailleurs de Winnipeg, qui détiennent 95 % du marché, ont fixé leurs prix d'un commun accord. L'entente est déclarée illégale et non exécutoire. C'est le premier cas porté devant la Cour suprême du Canada.
R. c. Container Materials	1942	Des fabricants de conteneurs sont reconnus coupables d'avoir fixé des prix de vente et des quotas de production. Ce jugement établit le droit du public à bénéficier de la concurrence entre les fournisseurs.*
R. c. Howard Smith Paper Mills Limited et al.	1947	Sept fabricants canadiens et vingt et un grossistes de papier, tous membres de l'Association canadienne des producteurs de pâtes et papiers, sont trouvés coupables d'avoir conclu une entente sur les prix de vente pendant 19 ans, de 1933 à 1952. Ce jugement définit le terme «indûment» en fonction de l'importance de la part de marché soumise à l'entente. Pour être illégales, les collusions doivent mettre leurs membres à l'abri de la concurrence.
R. c. Abitibi	1960	Dix-sept fabricants de papier représentant 75 % du marché national sont reconnus coupables d'avoir conclu une entente en vue de limiter le prix d'achat de la pulpe. Par rapport au cas R. c. Howard Smith Paper Mills Limited et al., ce jugement élargit l'interprétation à donner au terme «indûment».
R. c. Canadian Apron and Supply Ltd. et al.	1967	Vingt-deux entreprises de l'île de Montréal, représentant 90 % du marché du blanchissage et de la fourniture de serviettes et d'uniformes pour les restaurants, sont déclarées coupables d'avoir formé la Montreal League of Linen Suppliers dans le but de fixer des prix communs. Le monopole de fait est suffisant (mais non nécessaire) pour définir la restriction indue.
(b) Monopoles		
R. c. Eddy Match Co.	1952	L'Eddy Match Co. est reconnue coupable d'avoir tenté de s'arroger le monopole de la fabrication des allumettes de bois. Il s'agit d'un cas classique de monopole.
R. c. Electric Reduction Company	1970	L'entreprise ERCO est reconnue coupable d'avoir tenté de monopoliser le marché des phosphates (l'un des principaux ingrédients qui entrent dans la composition du savon), en se dotant d'une stratégie très astucieuse de discrimination de prix : trois clients importants des États-Unis, qui auraient facilement pu devenir des fournisseurs de ce produit, ne payaient qu'un prix minime (au niveau concurrentiel), tandis que tous les autres payaient un prix élevé (au niveau de monopole). Ce jugement confère au gouvernement des pouvoirs importants pour empêcher des entreprises d'interdire l'accès du marché à d'éventuelles entreprises concurrentes.
R. c. Allied Chemicals Ltd. et Cominco Ltd.	1975	Allied Chemicals et Cominco se sont associées pour monopoliser le marché de l'acide sulfurique dans l'ouest de la Colombie-Britannique. Le tribunal a déclaré les deux entreprises non coupables, alléguant le fait que la concurrence était féroce dans le reste de la Colombie-Britannique et que l'une des deux entreprises aurait dû fermer ses portes si les deux accusées ne s'étaient pas associées.
(c) Fusions		
R. c. Canadian Breweries Ltd.	1960	En 1958, à la suite d'acquisitions échelonnées sur une trentaine d'années, la Canadian Breweries Ltd. détenait 60 % du marché ontarien de la bière et 52 % du marché québécois. Le tribunal a déclaré cette entreprise non coupable car plusieurs autres fabricants, notamment Molson et Labatt, continuaient de lui livrer une farouche concurrence.
R. c. B.C. Sugar Refining Co. Ltd.	1961	Après avoir acquis la Manitoba Sugar Refining Co., sa seule concurrente dans l'ouest du Canada, la B.C. Sugar détenait les parts de marché suivantes: Colombie-Britannique, 100 %; Alberta, 100 %; Saskatchewan, 100 %; et Manitoba, 70 %. Le tribunal l'a déclarée non coupable, alléguant le fait que la concurrence des producteurs de l'est du pays l'empêchait d'agir au détriment de l'intérêt général.

* Christopher Green, *Canadian Industrial Organization and Policy*, 3ᵉ éd., Toronto, McGraw-Hill Ryerson, 1990, p. 170.

Les cas de monopoles qui se sont soldés par un verdict de culpabilité semblent avoir été très faciles à résoudre. Ainsi, l'affaire Eddy Match Company est un cas classique de monopole. L'affaire Electric Reduction est un peu plus délicate. L'entreprise détenait un monopole de fait sur le marché des phosphates industriels. Sachant que d'autres entreprises, implantées aux États-Unis, auraient pu venir lui livrer concurrence sur son marché, elle s'est dotée d'une stratégie très astucieuse de discrimination de prix pour les en dissuader. Le tribunal l'a trouvée coupable et lui a ordonné de mettre un terme à ses agissements visant à empêcher d'éventuels concurrents de pénétrer le marché. En 1975, dans le cas du monopole constitué par Allied Chemicals et Cominco, la cour a déclaré les deux entreprises non coupables. Certes, l'alliance formée par ces deux entreprises conduisait bien à un monopole complet sur une vaste région, mais la concurrence que pouvaient leur livrer les fabricants des autres régions du Canada les empêchait d'augmenter exagérément les prix et de faire des profits de monopole.

En ce qui concerne les cas de fusion, aucun défendeur n'a jamais été reconnu coupable, pour les raisons indiquées au tableau 21.5. Les fusions débouchent rarement sur la constitution d'un véritable monopole dans l'industrie. Dans le cas des brasseries, même si la Canadian Breweries détenait 60 % du marché ontarien de la bière et 52 % du marché québécois, le tribunal a trouvé que les autres brasseries lui livraient une concurrence suffisamment énergique pour qu'elle n'obtienne pas des profits de monopole. Le cas B.C. Sugar est similaire. Le raisonnement économique qui sous-tend ce jugement est semblable à celui de l'affaire Allied Chemicals et Cominco. Le tribunal, reconnaissant que B.C. Sugar détenait bien un monopole régional, a néanmoins estimé que les fournisseurs de l'est du pays lui livraient une concurrence suffisamment forte pour l'empêcher d'entraver le commerce et d'agir au détriment de l'intérêt des consommateurs.

Intérêt général ou intérêts particuliers?

L'évolution de la législation antimonopole au Canada indique clairement que l'intention du législateur est bien de protéger l'intérêt général et d'empêcher les producteurs de maximiser leur profit et d'entraver la concurrence au détriment des consommateurs. Mais cette évolution et les jugements rendus indiquent tout aussi clairement que l'intérêt des producteurs influe parfois sur l'interprétation et l'application de la loi. Néanmoins, la législation antimonopole semble avoir été conçue pour conduire à une allocation efficace des ressources et, par conséquent, pour favoriser l'intérêt général.

Il est intéressant de noter qu'il existe une différence importante dans l'administration des anciennes lois antimonopoles et les nouvelles. Ce sont des fonctionnaires qui appliquent les nouvelles lois. Autrefois, c'était l'appareil judiciaire, c'est-à-dire les tribunaux, qui interprétaient et faisaient respecter la législation antimonopole. Les économistes commencent maintenant à développer, dans le cadre de la théorie des choix publics, une analyse économique de la loi et des façons dont les tribunaux les interprètent. On peut en effet se demander si les institutions légales qui administrent les lois antimonopoles ne sont pas plus sensibles à l'intérêt général que les institutions bureaucratiques et politiques qui sont chargées de la réglementation et des nouvelles lois.

Aux États-Unis, le démantèlement du monopole de l'American Telephone and Telegraph Company (AT&T) montre que les consommateurs font de plus en plus entendre leurs voix, au point que leurs intérêts peuvent finir par peser plus lourd dans la balance que ceux des producteurs. AT&T détenait autrefois le monopole de tous les services téléphoniques interurbains. Aujourd'hui, des fournisseurs comme US Sprint et MCI lui livrent concurrence sur ce marché et ce sont les consommateurs eux-mêmes qui choisissent l'entreprise à laquelle ils désirent s'adresser : les téléphones publics sont même munis d'un bouton spécial qui leur permet de choisir. Il semble bien que c'est aux consommateurs que profitent la fragmentation de ce monopole et la déréglementation du secteur des communications interurbaines. On voit même des Canadiens joindre les compagnies de téléphone des États-Unis au moyen de lignes privées (d'une légalité douteuse), ce qui leur permet de payer moins cher leurs appels interurbains entre, par exemple, Windsor et Vancouver.

Autre exemple : celui de Safeway Canada et de sa tentative d'acquisition de Woodward Stores Limited, un réseau d'épiceries implanté dans 17 villes de la Colombie-Britannique et de l'Alberta. Safeway étant l'un des grands distributeurs de produits d'épicerie dans ces villes, le président du Tribunal de la concurrence s'est opposé à ce qu'elle achète Woodward Stores, alléguant que cette acquisition restreindrait considérablement la concurrence sur ces marchés. Safeway a finalement accepté de vendre 12 magasins dans six des marchés que le directeur du Tribunal considérait comme menacés par l'acquisition. En retour, le Tribunal l'a autorisée à acheter Woodward Stores.

Il est difficile d'évaluer l'efficacité de la nouvelle législation antimonopole et de déterminer exactement à qui elle profite au premier chef. De juin 1986 à mars 1989, le Bureau de la politique de la concurrence a examiné 369 cas de fusions. Dans presque tous les cas, les entreprises ont été autorisées à fusionner comme prévu, et seulement 19 projets de fusion ont été bloqués. On ne peut évidemment pas en conclure que la nouvelle loi n'est pas appliquée correctement : pour se prononcer sur ce sujet, il faudrait d'abord étudier le fonctionnement des entreprises fusionnées.

La politique de concurrence à l'échelle internationale

La concurrence internationale et les échanges internationaux constituent un aspect très important de la problématique de la concurrence. La concurrence internationale est beaucoup plus vive depuis la fin de la Seconde Guerre mondiale, et les obstacles tarifaires tombent graduellement. Le Canada a pris une décision importante à cet égard en concluant récemment un accord de libre-échange avec les États-Unis, qui prévoit l'ouverture presque complète des frontières (c'est-à-dire l'instauration d'une libre concurrence presque parfaite) entre les deux pays d'ici à la fin de ce siècle. La concurrence internationale étant peut-être la forme la plus efficace de la concurrence, l'élimination graduelle des obstacles tarifaires constitue probablement l'une des méthodes les plus appropriées pour mettre en œuvre une politique efficace de la concurrence.

■ Nous avons vu dans ce chapitre comment les gouvernements interviennent sur les marchés monopolistiques et oligopolistiques et influent sur les prix, les quantités produites et les gains à l'échange, et aussi sur la répartition de ces gains entre consommateurs et producteurs. Nous avons vu que l'intérêt général, qui est d'obtenir l'allocation efficace des ressources, et l'intérêt particulier des producteurs, qui est de maximiser leur profit, sont contradictoires, et que c'est dans l'arène politique et judiciaire que ces conflits se règlent. Nous avons également étudié deux théories concernant la nature et la portée de l'intervention gouvernementale : la théorie de l'intérêt général et la théorie de la capture des interventions publiques.

RÉSUMÉ

Les interventions gouvernementales sur les marchés

L'État peut intervenir de trois façons dans les marchés monopolistiques et oligopolistiques : la réglementation, l'entreprise publique et la législation. Ces trois méthodes sont employées au Canada.

Les interventions publiques auront un effet sur le surplus du consommateur, le surplus du producteur et le surplus total. Le surplus du consommateur est la différence entre le prix que les consommateurs sont disposés à payer pour une quantité donnée d'un bien ou service et le prix qu'ils payent effectivement. Le surplus du producteur est la différence entre la recette du producteur et le coût d'opportunité de la production. Le surplus total est la somme du surplus du consommateur et du surplus du producteur. La concurrence parfaite maximise le surplus total. Dans le cas d'un monopole, le surplus du producteur est plus élevé et le surplus du consommateur plus faible qu'en concurrence parfaite ; le monopole se traduit également par une perte sèche, en ce sens que le surplus total est inférieur à ce qui serait en principe possible. (*pp. 567-568*)

La théorie économique de l'intervention gouvernementale

Il y a de la part des consommateurs et des producteurs une demande d'interventions publiques. Par le biais du vote, du lobbying et des contributions aux campagnes électorales, chaque groupe essaie d'obtenir les interventions qui lui sont les plus avantageuses. Plus le surplus qu'une intervention peut engendrer est grand et moins ceux qui peuvent se le partager sont nombreux, plus la demande d'interventions est forte. En effet, moins les gens qui ont un intérêt commun sont nombreux, plus il est facile et peu coûteux de les organiser en un groupe de pression politique cohérent et efficace. L'offre d'interventions est le fait des politiciens, qui poursuivent ce faisant leur propre intérêt. Plus le surplus par personne est élevé et plus les bénéficiaires sont nombreux, plus l'offre relative à l'intervention qui engendre ce surplus est forte. À l'équilibre, l'offre d'interventions est telle qu'aucun groupe de pression ne considère avoir intérêt à dépenser des ressources additionnelles pour tenter de modifier les politiques en vigueur. On distingue deux théories de l'équilibre politique relativement aux interventions de l'État dans le fonctionnement des marchés : la théorie de l'intérêt général et la théorie de la capture des interventions publiques. Selon la théorie de l'intérêt général, l'intervention gouvernementale maximise le surplus total ; selon la théorie de la capture, elle maximise le surplus du producteur. (*pp. 568-570*)

La réglementation et la déréglementation

La première loi adoptée au Canada a été la *Loi sur les chemins de fer* de 1888. À partir de cette date, la réglementation n'a cessé de se développer jusqu'au milieu des années 70. Depuis le début des années 80, cependant, on observe un mouvement de déréglementation dans les secteurs du transport, du pétrole et du gaz, ainsi que des services financiers.

Les organismes de réglementation regroupent une équipe permanente de fonctionnaires spécialisés et une direction qui se compose de fonctionnaires nommés par le pouvoir politique. Les entreprises assujetties à la réglementation doivent respecter certaines directives concernant le prix, la nature de la production et la quantité produite. On distingue deux sortes d'entreprises réglementées: les monopoles naturels et les cartels. Dans les deux cas, on constate que la réglementation permet aux entreprises en question de faire un profit égal ou supérieur au profit moyen dans le reste de l'économie, ce qui tend à valider la théorie de la capture par les producteurs plutôt que la théorie de l'intérêt général. (*pp. 571-577*)

L'entreprise publique

Le Canada compte plus de 125 sociétés d'État fédérales et provinciales qui produisent certains des biens et services de consommation les plus importants, comme les transports ferroviaires, l'hydro-électricité et les télécommunications. Le comportement de l'entreprise publique peut être analysé à l'aide du modèle économique de la bureaucratie. L'objectif des cadres de l'entreprise publique est de maximiser leur budget, bien que l'activité politique limite leur capacité d'action en ce domaine. Les entreprises publiques sont inefficaces sur deux points: elles produisent trop, d'une part, et à des coûts trop élevés, d'autre part.

Selon des études comparatives portant sur des entreprises privées et des entreprises publiques qui œuvrent dans des contextes semblables, les entreprises publiques sont significativement moins efficaces que les entreprises privées. On observe depuis quelques années que les intérêts des consommateurs prennent de plus en plus d'importance. Il y a une tendance à la privatisation ou du moins à l'imposition de contraintes plus sévères aux entreprises publiques. (*pp. 577-582*)

La législation antimonopole

La législation antimonopole est le troisième mode possible d'intervention gouvernementale dans les marchés. La première loi antimonopole était très succincte, et l'interprétation que les tribunaux en ont faite avantageait le plus souvent les consommateurs. La loi était conçue pour servir l'intérêt général. La *Loi sur la concurrence* de 1986 est une réforme radicale de la législation antimonopole, qui confie à un tribunal quasi judiciaire le soin de faire respecter la loi tout en lui soumettant une liste détaillée de critères sur lesquels il doit fonder ses jugements. Depuis quelques années, le renforcement de la concurrence internationale a réduit le pouvoir de monopole. (*pp. 582-587*)

POINTS DE REPÈRE

Mots clés

Déréglementation, 567
Entreprises publiques, 567
Lois antimonopoles, 568
Nationalisation, 567
Privatisation, 568
Réglementation, 567
Réglementation en fonction du taux de rendement, 573
Sociétés d'État, 567
Surplus total, 568
Tarification au coût marginal, 572
Tarification au coût moyen, 572
Théorie de la capture, 569

Figures et tableaux clés

Figure 21.1	Monopole naturel: tarification au coût marginal, 572
Figure 21.2	Monopole naturel: tarification au coût moyen, 573
Figure 21.3	Monopole naturel: maximisation du profit du producteur, 573
Figure 21.5	Collusion dans un oligopole, 575
Figure 21.6	L'entreprise publique, 579
Tableau 21.1	Les principaux organismes fédéraux de réglementation, 571
Tableau 21.3	Historique de la législation antimonopole au Canada, 583
Tableau 21.4	La législation antimonopole actuelle au Canada, 584
Tableau 21.5	Jugements importants en matière de lutte contre les coalitions, 585

QUESTIONS DE RÉVISION

1. Quelles sont les trois grandes méthodes dont le gouvernement dispose pour intervenir sur les marchés ?

2. Qu'est-ce que le surplus du consommateur ? Comment le calcule-t-on ? Comment le représente-t-on graphiquement ?

3. Qu'est-ce que le surplus du producteur ? Comment le calcule-t-on ? Comment le représente-t-on graphiquement ?

4. Qu'est-ce que le surplus total ? Comment le calcule-t-on ? Comment le représente-t-on graphiquement ?

5. Pourquoi les consommateurs demandent-ils au gouvernement d'intervenir sur les marchés ? Dans quels types d'industrie leur demande d'interventions est-elle la plus forte ?

6. Pourquoi les producteurs demandent-ils au gouvernement d'intervenir sur les marchés ? Dans quels types d'industrie leur demande d'interventions est-elle la plus forte ?

7. Expliquez la théorie de l'intérêt général et la théorie de la capture des interventions. Qu'est-ce que chacune de ces deux théories stipule sur le comportement des politiciens ?

8. Comment les oligopoles sont-ils réglementés au Canada ? Qui, cette réglementation, avantage-t-elle ?

9. Comment les entreprises publiques agissent-elles :
   a) selon la théorie économique de la bureaucratie ?
   b) dans la réalité ?

10. Quelle a été la première loi antimonopole du Canada ?

11. Quelle est la principale loi antimonopole du Canada à l'heure actuelle ? En quoi diffère-t-elle de la première ?

PROBLÈMES

1. L'entreprise Source Vive inc. est un monopole naturel d'embouteillage de l'eau d'une source des Rocheuses. Son coût fixe total s'élève à 80 000 $ et son coût marginal est de 10 ¢ la bouteille. La demande de Source Vive est la suivante :

Prix (en cents par bouteille)	Quantité demandée (en milliers de bouteilles par an)
100	0
90	100
80	200
70	300
60	400
50	500
40	600
30	700
20	800
10	900
0	1000

Quel est le prix de la bouteille d'eau et combien l'entreprise en vend-elle ?

2. Source Vive maximise-t-elle le surplus total ou le surplus du producteur ?

3. Supposons que le gouvernement impose à Source Vive le principe de la tarification au coût marginal. Quel est le prix d'une bouteille d'eau ? Combien l'entreprise en vend-elle ?

4. La réglementation décrite au problème 3 favorise-t-elle l'intérêt général ou les intérêts particuliers ?

5. Supposons que le gouvernement impose à Source Vive le principe de la tarification au coût moyen. Quel est le prix d'une bouteille d'eau ? Combien l'entreprise en vend-elle ?

6. La réglementation décrite au problème 5 favorise-t-elle l'intérêt général ou les intérêts particuliers ?

7. Supposons maintenant que Source Vive inc. est rachetée par le gouvernement de la Colombie-Britannique. Les bureaucrates qui administrent l'entreprise respectent le principe de la tarification au coût marginal mais ils veulent aussi maximiser leur budget. Ils arrivent à convaincre le

gouvernement de la Colombie-Britannique de les subventionner d'un montant égal au surplus du consommateur.

a) Quel est leur niveau de production (quantité produite) ?

b) Quel est leur prix de vente ?

c) Quel est le montant de leur subvention ?

d) Quelle est la part du surplus du consommateur qui revient aux consommateurs ?

8e PARTIE

L'économie mondiale

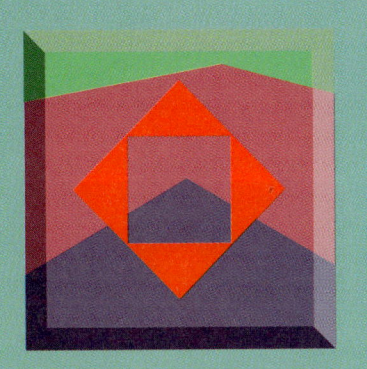

ENTREVUE
JUDITH MAXWELL

Judith Maxwell a obtenu un baccalauréat en administration de l'université Dalhousie; elle a poursuivi ensuite des études supérieures au London School of Economics. Elle a connu une carrière remarquable en journalisme (pour le *Financial Times of Canada*) et en recherche. À partir de 1985, elle a dirigé le Conseil Économique du Canada. Nous avons discuté avec Judith Maxwell de sa carrière et des obstacles que le Canada aura à surmonter dans l'économie mondiale des années 90.

«Les femmes ont beaucoup de choses à apporter à l'économique [...] Il est étonnant de constater que la plupart des femmes ne sont pas plus attirées par l'économique.»

Madame Maxwell, à quel moment avez-vous décidé de devenir économiste?

Lorsque je me suis inscrite à l'université, je ne voulais pas étudier en sciences naturelles parce que cela représentait des journées entières debout dans un laboratoire et je ne voulais pas non plus choisir les lettres car je n'aimais pas tellement l'écriture. J'ai donc décidé de faire un baccalauréat en administration. C'est par hasard que j'ai dû suivre des cours d'économique pour obtenir un diplôme. Mais, le sujet m'a vivement intéressée. Puis, j'ai poursuivi mon apprentissage en faisant du journalisme. Étant donné que je devais écrire, chaque semaine, des articles concernant l'état de l'économie, par exemple sur les causes de l'aggravation du chômage ou sur les raisons de la stabilité du taux d'inflation, j'ai appris autant à partir de l'observation qu'à partir des livres.

Pourquoi y a-t-il aussi peu de femmes économistes?

Je ne sais pas. Les femmes ont beaucoup de choses à apporter à l'économique. Puisqu'elles s'intéressent tant aux autres sciences sociales, il est étonnant de constater que la plupart des femmes ne sont pas plus attirées par l'économique. En fait, il y a quelques femmes, dont Caroline Pestieau, Wendy Dobson, Maureen Farrow, Gail Cook et Sylvia Ostry, qui occupent l'avant-plan du débat sur les questions de politique économique. Par contre, il y a trop peu d'autres femmes derrière elles. Ce n'est pas la pyramide habituelle.

Qu'est-ce qui vous fascine le plus en économique?

Pour moi, l'économique se préoccupe du bien-être des gens. Je me sens toujours plus à l'aise lorsque je parviens à relier l'analyse économique aux décisions politiques qui ont une incidence sur la distribution des revenus ou sur la qualité de vie des individus de la société.

Comment percevez-vous l'économie mondiale des années 90 et où y situez-vous le Canada?

Trois grands blocs commerciaux sont en train de se former : l'Amérique du Nord, la région du Pacifique et l'Europe. Le Canada apparaît dans cette économie globale comme une puissance de taille moyenne, à l'économie très développée mais dont la croissance est lente. Au cours de la prochaine décennie, le Canada devra s'adapter à une concurrence nouvelle, de sources diverses, et on peut véritablement parler à cet égard d'un défi pour l'économie canadienne.

Que pensez-vous de la première année d'application de l'Accord de libre-échange entre le Canada et les États-Unis?

Au Conseil, on avait prévu que le libre-échange amènerait une hausse légère, mais significative, du niveau de vie des Canadiens. Il est cependant difficile d'évaluer ce qui s'est passé l'an dernier parce qu'on a eu non seulement le libre-échange mais aussi un taux de change et des taux d'intérêt élevés. Il est évident que d'importants investissements et de nombreuses restructurations ont lieu. Cependant, on ne sait tout simplement pas quelle part attribuer à l'Accord de libre-échange.

Quelles seraient les conséquences pour le Canada d'un accord de libre-échange avec les États-Unis et le Mexique? Le Canada devrait-il participer aux négociations?

Ensemble, les États-Unis et le Canada ne formeront ni le plus vaste ni le plus diversifié des trois blocs commerciaux. On doit donc se tourner vers l'Amérique latine pour élargir notre bloc commercial. Il n'est toutefois pas facile de mettre en place une zone de libre-échange à partir de pays si différents. L'Accord de libre-échange entre le Canada et les États-Unis constitue le parachèvement de relations économiques qui ont évolué pendant plus de cinquante ans. Pour ce qui est du Mexique, je crois qu'il s'agit plutôt d'une tentative de mise en place de relations plus étroites entre les trois pays. Je ne pense pas que le Canada devrait laisser l'entière responsabilité des négociations aux États-Unis. Il existe de nombreux liens potentiels entre le Mexique et le Canada. On doit donc négocier avec le Mexique, soit seul, soit en collaboration avec les États-Unis.

Qu'en est-il du reste de notre hémisphère?

Pensez à ce qui nous arriverait si le Brésil ou le Mexique décollaient économiquement. Ces deux pays avaient un avenir prometteur dans les années 70. Le fardeau de leur dette a nui à leur croissance dans les années 80, mais ils disposent d'un potentiel impressionnant. Le Mexique a remis de l'ordre dans son économie. Le Brésil, pour sa part, a pris d'importantes initiatives qui pourraient éventuellement lui permettre de jouer un rôle économique important sur la scène internationale.

Quelles conséquences l'unification de l'Europe en 1992 aura-t-elle sur le Canada?

En Europe, les systèmes de production sont en voie d'intégration grâce à une vague sans précédent de fusions et d'acquisitions. Des entreprises plus importantes sont mises sur pied et des liens se tissent entre les pays. Pour faire face à la concurrence, le Canada aura besoin de prendre pied dans de nombreuses industries européennes. Le processus d'intégration stimulera la croissance des marchés, ce qui créera plus de débouchés pour les Canadiens. Les Européens se retrouveront donc avec des entreprises beaucoup plus solides. Quand les Européens tenteront de trouver des débouchés en Amérique du Nord, certaines de nos industries connaîtront une forte concurrence.

Que pensez-vous de la situation en Europe de l'Est?

Ce qui est particulièrement intéressant, c'est de savoir si la consolidation du marché commun européen en 1992 sera compatible avec une plus grande ouverture de ce marché par rapport aux pays d'Europe de l'Est. Certaines personnes croient que l'ouverture de l'Europe de l'Est accélérera l'intégration en Europe de l'Ouest. Mais, d'autres affirment que l'unification des deux Allemagne et la création de liens entre l'Est et l'Ouest entraîneront un détournement des flux commerciaux qui déstabilisera l'Europe à court terme. L'économie européenne fonctionne à pleine capacité, de sorte qu'une réorientation des ressources vers l'Europe de l'Est ne pourra se faire sans sacrifices importants. Il est difficile de savoir si cette réorientation peut se faire sans avoir de conséquences inflationnistes ou sans déstabiliser le système monétaire européen.

Comment ces événements toucheront-ils le Canada?

Tout d'abord, et ce premier effet nous semble inévitable, la demande mondiale de capital augmentera et les taux d'intérêt mondiaux seront plus élevés dans les années 90 qu'ils ne l'auraient été autrement. En tant que pays débiteur, le Canada devra donc faire face à un coût plus élevé du service de sa dette. Le second effet est lié à la création de nouveaux réseaux d'échanges sur des marchés spécifiques. Par exemple, tous les pays

«Tous les pays d'Europe de l'Est doivent moderniser leur système téléphonique [...] C'est une occasion d'affaires importante pour nous.»

> «Faire des études sérieuses en économique, posséder de bonnes connaissances pratiques en informatique et de bonnes aptitudes en rédaction.»

d'Europe de l'Est doivent moderniser leur système téléphonique. Le Canada possède un système de télécommunication très avancé et Northern Telecom est, dans le domaine, l'une de nos sociétés qui exporte le mieux. C'est une occasion d'affaires importante pour nous. Par contre, d'autres événements pourront avoir des conséquences défavorables. L'Union soviétique exporte des céréales, du pétrole et du gaz naturel qui sont deux de nos produits clés. Donc, l'arrivée de ce pays sur le marché mondial sera certainement désavantageuse pour le Canada.

Abordons maintenant la région du Pacifique. La croissance économique du Japon depuis la guerre a été remarquable. Quelles leçons pouvons-nous en tirer?

Le Canada ne peut pas adopter tel quel les institutions japonaises, mais il peut tenter d'en copier la capacité de coopération et de fonctionnement consensuel. Depuis des dizaines d'années, ces domaines ont été notre pierre d'achoppement. Étant donné les frictions que l'ont voit tous les jours dans les relations fédérales-provinciales et celles que l'on retrouve dans les relations de travail, les Canadiens devraient créer des institutions plus fortes pour résoudre les conflits et établir des consensus permettant d'éviter que d'autres conflits n'apparaissent.

Vous avez eu une carrière remarquable d'économiste et de communicatrice auprès du grand public, et sur le plan de l'élaboration des politiques. De nombreux étudiants aimeraient avoir une carrière comme la vôtre. Quels conseils leur donneriez-vous?

Faire des études sérieuses en économique, posséder de bonnes connaissances pratiques en informatique et de bonnes aptitudes en rédaction. Le meilleur moyen de se donner cette formation est de travailler en compagnie de chercheurs ou d'économistes. Lorsque vous chercherez un emploi plus tard, vous pourrez montrer que vous avez utilisé certaines notions d'économie dans des projets de recherche, soit pendant l'été ou tout de suite après vos études. J'espère que les économistes possédant bien toutes les techniques seront de plus en plus nombreux. J'espère qu'ils seront également nombreux à considérer l'économique comme un moyen de comprendre nos sociétés, un outil pour améliorer la qualité de vie et le bien-être des individus.

Contrairement à vous, peu d'économistes sont de bons écrivains. Comment un étudiant peut-il parvenir à parfaire ses aptitudes en rédaction, autrement que par l'expérience?

C'est par l'apprentissage que j'ai appris à bien écrire. J'ai obtenu un emploi d'assistante de recherche dans un journal et j'ai commencé à rédiger peu à peu. Je recevais mes textes couverts de corrections. Finalement, je me suis améliorée. Il n'y a rien qui remplace le travail systématique, même s'il est vrai qu'on peut suivre des cours de rédaction. Il faut également reconnaître qu'une personne qui pense clairement écrit clairement.

CHAPITRE 22

Le commerce international

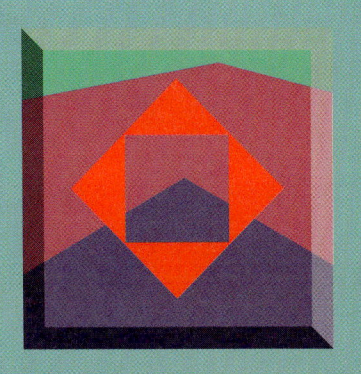

Objectifs du chapitre :

- Décrire la structure des échanges commerciaux du Canada et les tendances actuelles du commerce international.

- Définir la notion d'avantage comparatif.

- Expliquer pourquoi tous les pays peuvent tirer avantage du commerce international en se spécialisant dans les productions pour lesquelles ils détiennent un avantage comparatif.

- Expliquer comment les prix s'ajustent pour établir un équilibre des échanges.

- Analyser le rôle que jouent les économies d'échelle et la diversité des préférences dans les échanges commerciaux entre les pays.

- Montrer comment les restrictions au commerce réduisent nos possibilités de consommation en diminuant le volume des exportations et des importations.

- Expliquer pourquoi l'on adopte des politiques pratiques commerciales restrictives, même si celles-ci diminuent nos possibilités de consommation.

Entre le libre-échange et le protectionnisme...

Depuis les temps les plus reculés, l'homme s'efforce de développer ses échanges commerciaux, en exploitant au mieux les progrès de la technologie. Il y a 5000 ans, les cités maritimes du sud de l'Europe, du Moyen-Orient et de l'Afrique du Nord entretenaient déjà, par la Méditerranée, un commerce florissant. On a trouvé des pièces de monnaie romaine jusque dans les ruines d'anciennes villes de l'Inde. Dès le 13e siècle, Marco Polo a ouvert la route de la soie entre l'Europe et la Chine. Au 15e siècle, les marchands de Venise importaient des biens de toutes les parties du monde alors connues. Des explorateurs comme Christophe Colomb ont ouvert la voie du commerce entre l'Europe et les Amériques. De nos jours, des bateaux chargés d'automobiles et de machines, de même que des Boeing 747 remplis de fruits frais de la Nouvelle-Zélande ou de fromage de France parcourent les mers et les airs, transportant des milliards de dollars de marchandises. Pourquoi nous donnons-nous tant de mal pour effectuer des échanges avec les autres pays? Quelle est, de nos jours, la structure du commerce international? Et quelles ont été, récemment, les tendances de ce commerce? ■ De toute évidence, le commerce international procure des avantages considérables. Il nous permet de manger, à l'état frais, des fruits tropicaux qui ne poussent pas chez nous; d'utiliser des matières premières comme le chrome, introuvables ici; d'acheter un large éventail de biens manufacturés comme des autos, des téléviseurs, des magnétoscopes ou des tissus, que d'autres pays nous offrent à des prix inférieurs aux nôtres. Il permet également aux producteurs de biens exportables, ainsi qu'aux travailleurs qu'ils emploient, d'augmenter leurs revenus par l'expansion de leurs marchés. ■ Toutefois, le commerce international ne comporte pas que des avantages. Ainsi, récemment, la pénétration massive des marchés nord-américains par les voitures européennes, japonaises et coréennes a entraîné une grave contraction de notre industrie automobile. Des emplois ont été supprimés à Windsor, à Détroit et dans d'autres villes où l'on fabriquait des voitures. Les avantages que nous retirons du commerce international contrebalancent-ils les pertes d'emplois qu'entraîne la concurrence étrangère? Pourrions-nous, comme les politiciens le prétendent souvent, relancer l'économie en restreignant les importations? ■ Le Japon, les États-Unis et les pays riches de la Communauté économique européenne importent de grandes quantités de matières premières de pays du tiers monde et de pays industrialisés, riches en ressources naturelles, comme le Canada et l'Australie. En paiement de ces matières premières, les pays importateurs vendent des produits manufacturés. Les fournisseurs de ressources naturelles s'appauvrissent-ils en vendant leur bauxite, leur charbon ou leur cuivre en échange d'avions à réaction et de moissonneuses-batteuses ? ■ Les salaires versés aux travailleurs du textile et de l'électronique de Singapour, de Taïwan et de Hong-kong sont incroyablement bas, comparativement aux salaires canadiens. Ces pays peuvent donc produire des biens à des coûts nettement inférieurs aux nôtres. Comment pouvons-nous concurrencer des pays qui versent à leurs travailleurs un salaire représentant une fraction de celui des travailleurs canadiens ? Mis à part peut-être l'immobilier, existe-t-il un secteur où nous sommes compétitifs ? ■ Tout écolier canadien sait que, depuis la création de la Confédération, une des pièces maîtresses de notre politique économique est le tarif douanier, cette taxe imposée sur les biens importés. Sir John A. Macdonald, par sa *Politique nationale* de 1879, a instauré le système de protection tarifaire qui a façonné le développement de l'économie canadienne. Même si le Canada a participé avec d'autres pays au long processus de libéralisation des échanges qui a pris naissance après la Seconde Guerre mondiale, nous demeurons encore aujourd'hui un pays fortement protectionniste. En 1988, le Canada a signé un accord de libre-échange avec les États-Unis. Lorsque toutes les dispositions de cet accord seront entrées en vigueur, c'est-à-dire à la fin des années 90, les barrières commerciales entre les deux pays auront pratiquement disparu. Quels sont les effets des restrictions imposées aux échanges ? Le Canada a-t-il besoin d'une protection tarifaire ? La libéralisation du commerce découlant de l'Accord canado-américain aura-t-elle des conséquences défavorables sur l'économie canadienne ?

■ Dans le présent chapitre, nous étudierons le commerce international. Nous commencerons par aborder certains faits relatifs à ce commerce, en examinant les structures de nos importations et de nos exportations, de même que les tendances qui semblent se dégager relativement à l'évolution de nos échanges commerciaux avec d'autres pays. Nous analyserons ensuite pourquoi chaque pays a avantage à se spécialiser en produisant les biens et services pour lesquels il détient un avantage comparativement à d'autres pays et en échangeant avec ceux-ci une partie de sa production. Nous verrons notamment que n'importe quel pays peut être compétitif dans certains secteurs, quel que soit le niveau de salaire de sa main-d'œuvre. Nous expliquerons également pourquoi les pays imposent des restrictions au commerce, malgré les avantages associés au commerce international.

La structure du commerce international

Les biens et services achetés aux pays étrangers sont appelés **importations**. Les biens et services vendus à l'étranger constituent les **exportations**. Quelles sont nos principales exportations ? On croit généralement que les pays riches en ressources naturelles, comme le Canada, n'importent que des biens manufacturés et n'exportent que des matières premières. Même s'il s'agit là d'une des caractéristiques du commerce international du Canada, ce n'en est pas la principale. La plus grande partie de nos exportations et de nos importations est constituée de biens manufacturés. Nous vendons des voitures, des engins de terrassement, des avions et du matériel électronique, tout autant que des matières premières et du bois d'œuvre. Nous importons et exportons également des services, comme les services de voyage et le transport des marchandises.

Le commerce international du Canada

La figure 22.1 représente la composition de nos exportations (graphique a) et de nos importations (graphique b), par grandes catégories de biens et services.

La vente de véhicules automobiles y compris de pièces détachées, représente de loin l'élément le plus important du commerce international canadien. Les échanges s'effectuent principalement entre le Canada et les États-Unis et découlent d'une entente connue sous le nom de *Pacte de l'automobile*, conclue en 1965 entre les deux pays. Les automobiles et les pièces détachées des producteurs satisfaisant aux conditions du pacte franchissent librement la frontière ; en échange de cette libre circulation des produits, les producteurs américains d'automobiles ont convenu d'effectuer au Canada une part importante de leur production. Notre seconde exportation en importance est constituée, comme on peut s'en douter, des produits de l'industrie forestière, soit le bois d'œuvre et les autres produits de la forêt comme la pâte à papier et le papier journal.

Les véhicules automobiles constituent également notre principale importation. Nous importons aussi beaucoup de biens de consommation, de matériel électronique, de machinerie et d'autres biens d'équipement. Et nous «importons» également une quantité considérable de *voyages*. En effet, les Canadiens voyageant à l'étranger achètent les services touristiques des pays qu'ils visitent.

Les échanges de services Vous vous demandez sans doute en quoi les *voyages* constituent des importations et des exportations. Après tout, un voyage ne ressemble

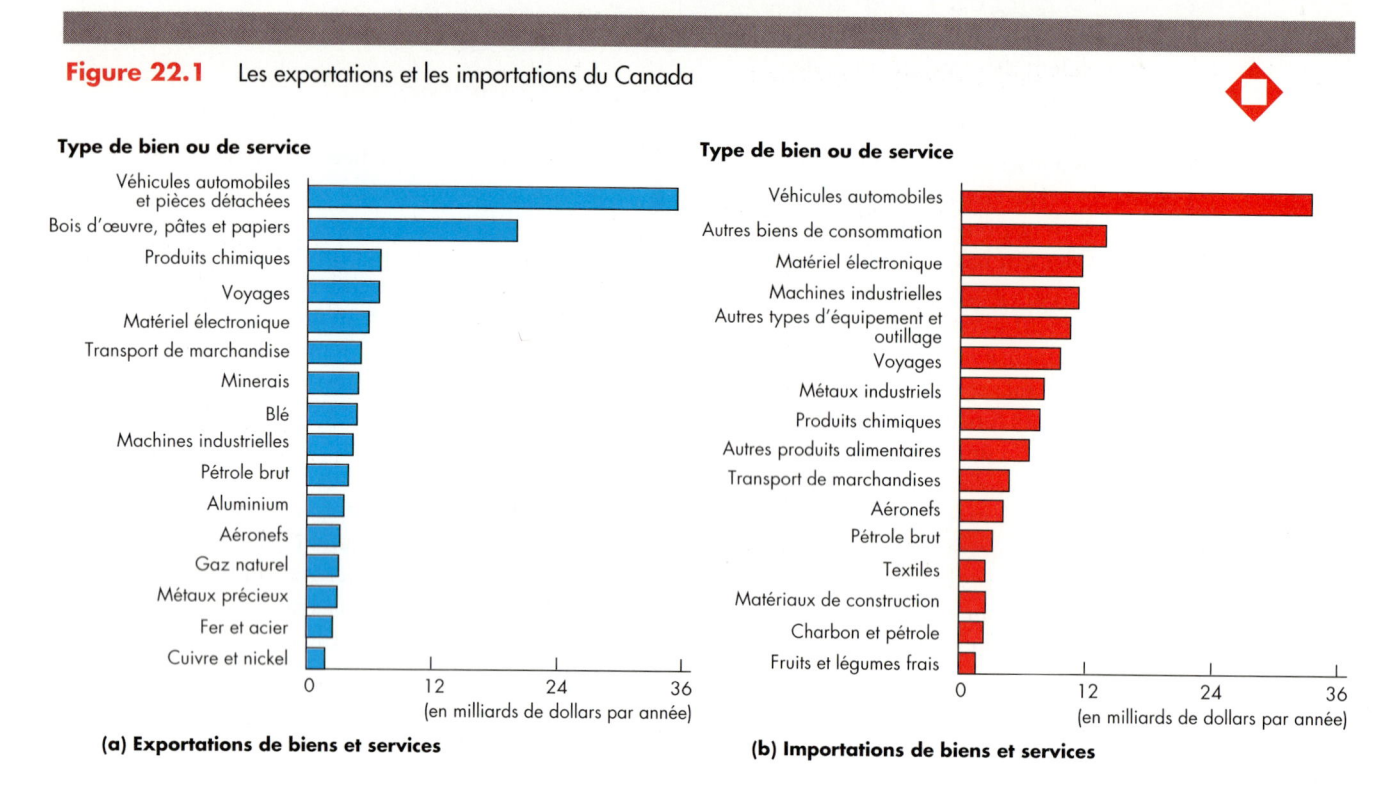

598 CHAPITRE 22 LE COMMERCE INTERNATIONAL

Figure 22.1 Les exportations et les importations du Canada

Type de bien ou de service

(a) Exportations de biens et services
- Véhicules automobiles et pièces détachées
- Bois d'œuvre, pâtes et papiers
- Produits chimiques
- Voyages
- Matériel électronique
- Transport de marchandise
- Minerais
- Blé
- Machines industrielles
- Pétrole brut
- Aluminium
- Aéronefs
- Gaz naturel
- Métaux précieux
- Fer et acier
- Cuivre et nickel

0 12 24 36
(en milliards de dollars par année)

Type de bien ou de service

(b) Importations de biens et services
- Véhicules automobiles
- Autres biens de consommation
- Matériel électronique
- Machines industrielles
- Autres types d'équipement et outillage
- Voyages
- Métaux industriels
- Produits chimiques
- Autres produits alimentaires
- Transport de marchandises
- Aéronefs
- Pétrole brut
- Textiles
- Matériaux de construction
- Charbon et pétrole
- Fruits et légumes frais

0 12 24 36
(en milliards de dollars par année)

Le Canada exporte et importe plus de véhicules automobiles et de pièces détachées que de tout autre type de biens ou de services. Le bois d'œuvre, les pâtes et papiers, les produits chimiques et les voyages constituent également une part considérable de ses *exportations*. Les biens de consommation, le matériel électronique, les machines industrielles et les autres types d'équipement et outillage, de même que les voyages, représentent une part considérable de ses *importations*.

Source : *Revue de la Banque du Canada*, octobre 1989, tableaux J6 et J7.

pas au déplacement d'un bien d'un côté à l'autre d'une frontière, comme l'importation d'une voiture ou son exportation. Comment arrive-t-on à importer et à exporter des *voyages* et d'autres services ? Prenons quelques exemples.

Supposons que vous décidiez de passer vos vacances en France et de vous y rendre par Air France à partir de Montréal. Vous achetez à Air France non pas un bien, mais un service de transport. Même si ce principe peut sembler étrange au premier abord, vous importez réellement ce service de la France, économiquement parlant. Puisque vous versez des devises canadiennes à une entreprise française en échange d'un service, vous vous trouvez à importer un service. Ce que vous dépenserez en France en frais d'hôtel et en repas au restaurant représente aussi une importation de services. De la même manière, les vacances qu'un étudiant français passe au Canada sont considérées comme une exportation de services du Canada vers la France.

Lorsque nous importons des téléviseurs de la Corée du Sud, l'armateur du bateau qui transporte ces appareils est peut-être une entreprise grecque et la société qui en assure la cargaison est probablement britannique. Ce que nous payons au transporteur grec et à l'assureur britannique constitue une importation de services. De même, lorsqu'une société de navigation canadienne transporte du papier journal à Tōkyō, les frais de transport constituent l'exportation d'un service vers le Japon.

La structure géographique du commerce canadien Le Canada entretient des relations commerciales importantes avec presque toutes les parties du monde. Et ses échanges avec l'Europe de l'Est, quasi inexistants à l'heure actuelle, pourraient se développer sensiblement au cours des années 90, en raison des transformations politiques que vivent ces pays.

La figure 22.2 donne un aperçu de la répartition géographique du commerce canadien de marchandises. Comme vous pouvez le voir, la majorité des échanges se font avec les États-Unis. Notre commerce avec les pays de la Communauté économique européenne, dont les plus importants sont la Grande-Bretagne, la France, l'Allemagne et l'Italie, est comparativement très limité, et nos relations commerciales avec le Japon sont encore plus réduites.

LA STRUCTURE DU COMMERCE INTERNATIONAL 599

Figure 22.2 La répartition géographique du commerce canadien de marchandises

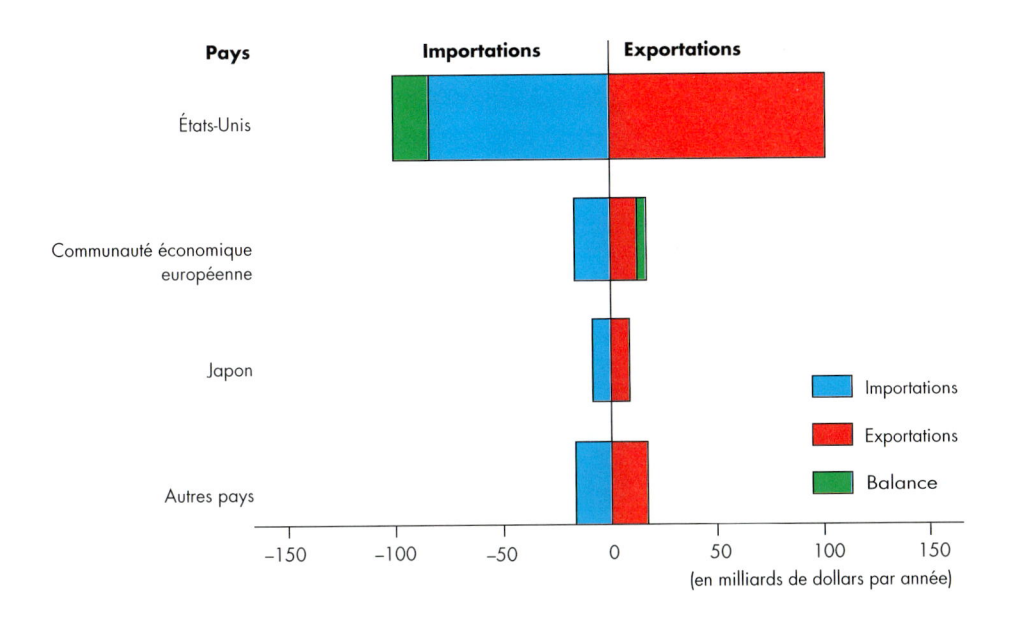

Le Canada effectue avec les États-Unis la majeure partie de son commerce international. Nous avons un surplus d'exportations avec les États-Unis, un déficit avec la Communauté économique européenne et un commerce équilibré avec le Japon et les autres pays.

Source: *Revue de la Banque du Canada*, octobre 1989, tableau J4.

La figure 22.2 ne montre pas seulement le volume de nos exportations et de nos importations; elle illustre également l'état de notre balance commerciale. La **balance commerciale** d'un pays représente la différence entre la valeur de ses exportations de marchandises et la valeur de ses importations. Si la balance est positive, la valeur des exportations dépasse la valeur des importations, et le pays est un **exportateur net**. Si la balance est négative, la valeur des importations est supérieure à celle des exportations: le pays est alors un **importateur net**.

Comme vous pouvez le constater par la figure 22.2, le Canada exporte davantage de produits vers les États-Unis qu'il n'en importe de ce pays; nous sommes donc un exportateur net par rapport aux États-Unis. Avec la Communauté économique européenne, à l'inverse, notre balance commerciale est négative: nous sommes un importateur net par rapport à cette région. Quant à notre commerce avec le Japon et les autres pays, il est presque équilibré.

Les tendances de la balance commerciale Le commerce international constitue une part de plus en plus importante de notre activité économique. Nous exportons et importons maintenant des quantités plus grandes de presque tous les biens et services qu'il y a dix ans. Notre balance commerciale a également affiché des tendances prononcées pendant certaines périodes, comme le montre la figure 22.3. Entre 1964 et 1989, la balance commerciale a été généralement excédentaire. Pendant quatre ans, pourtant, nous avons été un importateur net; ce fut le cas des années qui ont immédiatement suivi la hausse marquée des prix du pétrole au milieu de la décennie 70. L'augmentation du coût du pétrole importé a alors créé un déficit temporaire de notre balance commerciale.

Le graphique de la figure 22.3 ne porte que sur le solde des exportations et des importations de *marchandises*, par opposition aux *services*. Comme le Canada importe systématiquement plus de services qu'il n'en exporte (surtout au poste *Voyages*), sa *balance des services* est déficitaire. Le solde total des exportations et des importations de biens et services est inférieur au solde de la balance commerciale représenté à la figure 22.3, bien qu'il ait évolué de la même façon sur la période considérée.

La balance commerciale et les mouvements internationaux de capitaux

Lorsqu'on achète plus qu'on ne vend, on doit financer la différence par des emprunts. Si le montant des ventes excède celui des achats, on peut utiliser le surplus pour prêter à d'autres. Ce principe simple, valable pour les

Figure 22.3 La balance commerciale du Canada

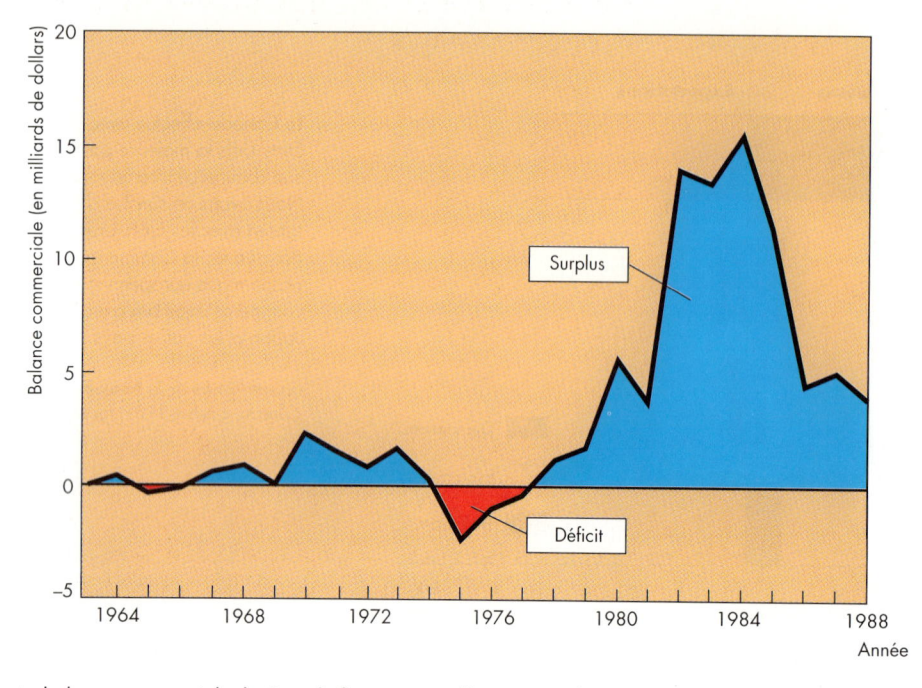

La balance commerciale du Canada fluctue, mais elle est généralement positive : le Canada est un exportateur net. La dernière fois que nous avons enregistré un déficit, c'était au milieu des années 70, par suite de l'effet de la hausse du prix mondial du pétrole sur le coût de nos importations.

Source: *Revue de la Banque du Canada*, octobre 1989, tableau J2.

---

consommateurs et pour les entreprises dans la gestion de leurs revenus et dépenses, s'applique également à la balance commerciale entre les pays. Si l'on importe plus qu'on n'exporte, il faut financer la différence en empruntant aux pays étrangers. Quand on exporte plus qu'on n'importe, on prête aux étrangers pour leur permettre d'acheter plus que la valeur des biens qu'ils nous ont vendus.

Dans le présent chapitre, nous n'étudions ni les facteurs qui déterminent la balance commerciale dans son ensemble, ni les mouvements de capitaux associés aux déséquilibres de la balance commerciale. (Ces questions sont abordées dans le chapitre 37 du manuel intitulé *Introduction à la macroéconomie moderne*[1].) Nous chercherons plutôt ici à expliquer le volume et la direction des flux commerciaux. Pour simplifier l'analyse, nous construirons un modèle dans lequel il n'y a entre les pays ni prêts ni emprunts, mais seulement des échanges de biens et services. Ce modèle nous permettra de mettre en évidence les avantages que procure le commerce entre pays. Il nous permettra également d'analyser les coûts associés à une politique commerciale restrictive.

Coût d'opportunité et avantage comparatif

Revenons aux notions que nous avons apprises dans le chapitre 3 sur le profit qu'Isabelle et Jean retiraient de leurs échanges et appliquons-les au commerce entre les pays. Rappelons-nous d'abord comment utiliser la frontière des possibilités de production pour mesurer le coût d'opportunité. Et imaginons deux pays, dont l'un s'appellerait la Cérésie, et l'autre la Vulcanie.

Le coût d'opportunité en Cérésie

Le pays appelé *Cérésie* peut produire des céréales et des voitures en n'importe quel point situé sur la frontière des possibilités de production représentée dans la figure 22.4, ou à l'intérieur de cette frontière. (Nous tien-

---

[1] Michael Parkin, Louis Phaneuf, Robin Bade. *Introduction à la macroéconomie moderne*, Montréal, Éditions du Renouveau Pédagogique Inc., 1992, 624 pages.

COÛT D'OPPORTUNITÉ ET AVANTAGE COMPARATIF 601

Figure 22.4 Le coût d'opportunité en Cérésie

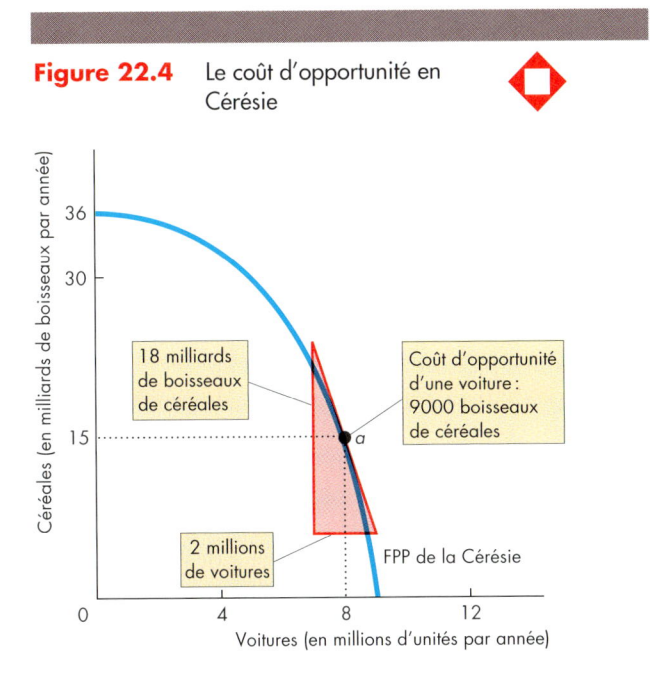

La Cérésie produit et consomme annuellement 15 milliards de boisseaux de céréales et 8 millions de voitures. Cette combinaison de production et de consommation est représentée par le point *a* de la frontière des possibilités de production. Le coût d'opportunité est mesuré par la pente de la frontière des possibilités de production. Au point *a*, 2 millions de voitures coûtent 18 milliards de boisseaux de céréales. De façon équivalente, une voiture vaut 9000 boisseaux de céréales, et 9000 boisseaux de céréales s'échangent contre une voiture.

drons pour constante la production de tous les autres biens produits dans ce pays.) Les Cérésiens, habitants de la Cérésie, consomment ou utilisent toutes les céréales et toutes les voitures qu'ils produisent ; l'économie du pays se trouve au point *a* de la figure. Ainsi, la Cérésie produit et consomme 15 milliards de boisseaux de céréales et 8 millions de voitures chaque année. Quel est le coût d'opportunité d'une voiture dans ce pays?

Nous pouvons répondre à cette question en calculant la pente de la courbe des possibilités de production au point *a*. Comme nous l'avons appris au chapitre 3, la pente de la courbe correspond au coût d'opportunité d'un bien par rapport à l'autre bien. Pour évaluer la pente de la courbe au point *a*, tracez une droite tangente à ce point et calculez la pente de cette droite. Dans cet exemple, *y* représente des milliards de boisseaux de céréales, et *x* des millions de voitures. La pente de la courbe correspond donc au rapport de la variation du nombre de boisseaux à la variation du nombre de voitures. Comme l'indique le triangle rouge de la figure, au point *a*, si le nombre de voitures produites augmente de 2 millions, la production de céréales diminue de 18 milliards de boisseaux. La pente est donc égale à 18 milliards divisé par 2 millions, soit 9000. Autrement dit, pour produire une

voiture de plus, les Cérésiens doivent réduire de 9000 boisseaux leur production de céréales. Le coût d'opportunité d'une voiture correspond donc à 9000 boisseaux de céréales ; ou encore, 9000 boisseaux de céréales coûtent une voiture.

Le coût d'opportunité en Vulcanie

Étudions maintenant la frontière des possibilités de production en Vulcanie, seul autre pays de notre modèle de l'économie mondiale. La figure 22.5 représente cette frontière des possibilités de production. Comme les Cérésiens, les Vulcaniens consomment ou utilisent toutes les céréales et toutes les voitures qu'ils produisent, soit chaque année 18 milliards de boisseaux de céréales et 4 millions de voitures. Cette combinaison de production est représentée par le point *a'*.

Pour obtenir le coût d'opportunité en Vulcanie, nous pouvons effectuer les mêmes calculs que pour la Cérésie. Au point *a'*, une voiture coûte 1000 boisseaux de céréales, ou 1000 boisseaux de céréales coûtent une voiture.

L'avantage comparatif

Les coûts d'opportunité des voitures et des céréales pour la Cérésie et pour la Vulcanie sont résumés dans le

Figure 22.5 Le coût d'opportunité en Vulcanie

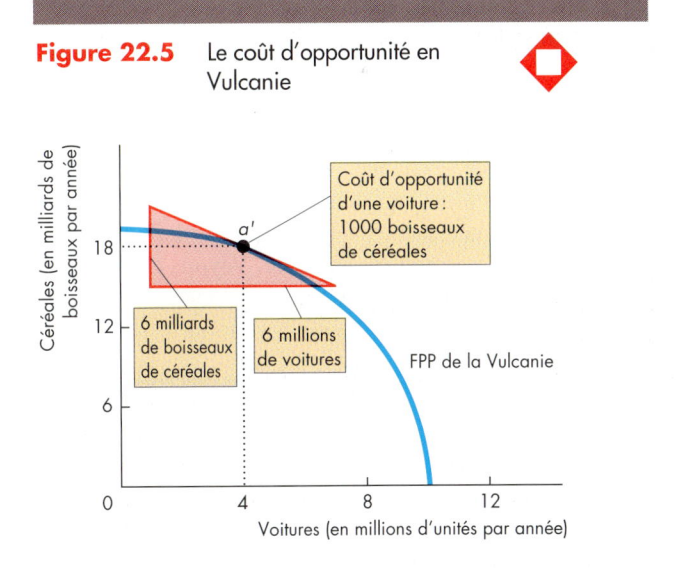

La Vulcanie produit et consomme annuellement 18 milliards de boisseaux de céréales et 4 millions de voitures. (La production et la consommation sont représentées par le point *a'* sur la frontière des possibilités de production.) Le coût d'opportunité correspond à la pente de la frontière des possibilités de production. Au point *a'*, 6 millions de voitures coûtent 6 milliards de boisseaux de céréales. Autrement dit, une voiture coûte 1000 boisseaux de céréales, ou 1000 boisseaux de céréales permettent d'acheter une voiture.

tableau 22.1. Comme le montre ce tableau, les voitures sont moins chères en Vulcanie qu'en Cérésie : une voiture coûte 9000 boisseaux de céréales en Cérésie, mais seulement 1000 boisseaux en Vulcanie. À l'inverse, les céréales sont moins chères en Cérésie qu'en Vulcanie : en effet, 9000 boisseaux de céréales ne coûtent qu'une voiture en Cérésie, alors que la même quantité de céréales vaut 9 voitures en Vulcanie.

La Vulcanie possède donc un avantage comparatif dans la production de voitures. Inversement, la Cérésie détient un avantage comparatif dans la production de céréales. Un pays possède un **avantage comparatif** pour la production d'un bien s'il peut produire ce bien à un coût d'opportunité inférieur à celui d'un autre pays. Voyons comment l'avantage comparatif et la différence entre les coûts d'opportunité permettent à un pays de tirer avantage du commerce international.

Les gains à l'échange

Si la Vulcanie peut acheter des céréales au coût de production de la Cérésie, elle obtiendra 9000 boisseaux de céréales pour une voiture. Ce prix est nettement inférieur au coût de production des céréales en Vulcanie, où l'on doit renoncer à 9 voitures pour produire 9000 boisseaux de céréales. Il sera donc avantageux pour les Vulcaniens d'acheter leurs céréales au prix de la Cérésie.

Inversement, si les Cérésiens peuvent se procurer des voitures au prix en vigueur en Vulcanie, ils obtiendront une voiture en échange de 1000 boisseaux de céréales. Puisque la production d'une voiture coûte 9000 boisseaux de céréales aux Cérésiens, ceux-ci tireront profit de l'échange.

Il devient alors logique pour les Vulcaniens d'acheter leurs céréales en Cérésie, et pour les Cérésiens d'acheter leurs voitures en Vulcanie. Voyons comment on procédera à de tels échanges.

La réalisation des gains à l'échange

Nous avons vu que les Cérésiens aimeraient acheter des voitures aux Vulcaniens et que ceux-ci voudraient acheter des céréales aux Cérésiens. Voyons maintenant comment ces deux groupes vont traiter entre eux. Étudions pour cela le marché de l'automobile entre les deux pays, tel que l'illustre la figure 22.6. Le nombre de voitures échangées entre les deux pays apparaît sur l'axe horizontal. L'axe vertical indique le prix d'une voiture, mais exprimé par son coût d'opportunité, soit le nombre de boisseaux de céréales que coûte une voiture. En l'absence d'échange entre les deux pays, ce prix est de 9000 boisseaux de céréales en Cérésie, comme l'indique le point *a* de la figure. Dans les mêmes circonstances, ce prix est de 1000 boisseaux de céréales en Vulcanie, ce qu'indique le point *a'*. (Les points *a* et *a'* de la figure 22.6 correspondent aux points *a* et *a'* des figures 22.4 et 22.5.) Plus le prix d'une voiture est bas, exprimé en nombre de boisseaux, plus le nombre de voitures que les Cérésiens désirent importer de Vulcanie est élevé. Cette relation est illustrée par la courbe à pente négative représentant la demande d'importation de voitures de la part des Cérésiens[2].

Le prix relatif des automobiles a l'effet inverse sur les Vulcaniens. Plus le prix des voitures est élevé (exprimé en nombre de boisseaux de céréales), plus le nombre de voitures que les Vulcaniens désirent exporter vers la Cérésie est élevé. L'offre d'exportation de voitures de la Vulcanie est représentée par la courbe à pente positive de la figure[3].

---

[2] La pente de la courbe représentant la demande d'importation de voitures de la part des Cérésiens dépend de deux facteurs : la frontière des possibilités de production de la Cérésie et les préférences de ses habitants.

[3] La pente de la courbe représentant l'offre d'exportation de voitures de la part de la Vulcanie dépend de deux facteurs : la frontière des possibilités de production de la Vulcanie et les préférences des Vulcaniens.

Tableau 22.1 Les coûts d'opportunité des voitures et des céréales en Cérésie et en Vulcanie

Pays	Coûts d'opportunité	
	Voitures	Céréales
Cérésie	1 voiture coûte 9000 boisseaux	9000 boisseaux valent 1 voiture
Vulcanie	1 voiture coûte 1000 boisseaux	1000 boisseaux valent 1 voiture

Les voitures coûtent relativement plus cher en Cérésie, et les céréales plus cher en Vulcanie. La Cérésie détient un avantage comparatif dans la production de céréales, et la Vulcanie en possède un dans la production de voitures.

Figure 22.6 Le commerce international d'automobiles

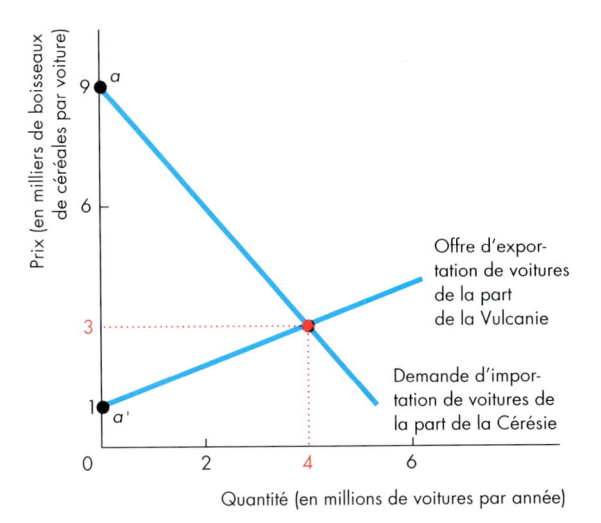

Lorsque le prix d'une voiture diminue, la quantité demandée à l'importation par la Cérésie augmente : la courbe de demande d'importation a une pente négative. Lorsque le prix des voitures augmente, la quantité de voitures offerte à l'exportation par la Vulcanie augmente : la courbe d'offre d'exportation de voitures de la Vulcanie a une pente positive. Sans échanges internationaux, le prix d'une voiture est de 9000 boisseaux de céréales en Cérésie (point a) et de 1000 boisseaux de céréales en Vulcanie (point a'). Avec l'instauration de relations commerciales, le prix des voitures est déterminé par l'intersection de la courbe d'offre d'exportation et de la courbe de demande d'importation, soit 3000 boisseaux de céréales. À ce prix, les Cérésiens importent annuellement de Vulcanie 4 millions de voitures. Le volume de céréales exporté par la Cérésie vers la Vulcanie est égal à 12 milliards de boisseaux par année, ce qui correspond à la quantité nécessaire pour payer les voitures importées.

Les conditions du marché mondial déterminent le prix d'équilibre et la quantité échangée. Cet équilibre s'établit au point d'intersection de la courbe de demande d'importation et de la courbe d'offre d'exportation. Dans notre exemple, le prix d'équilibre d'une voiture est égal à 3000 boisseaux de céréales. La Vulcanie exporte 4 millions de voitures ; la Cérésie importe les 4 millions de voitures en question. Remarquez que le prix auquel les voitures sont échangées est inférieur au prix initial de la Cérésie, mais supérieur au prix initial de la Vulcanie.

L'équilibre des échanges

Comme il n'y a que deux pays dans notre modèle d'économie mondiale, le nombre de voitures exportées par la Vulcanie, soit 4 millions par année, est égal au nombre de voitures importées par la Cérésie. Comment les Cérésiens paient-ils les voitures qu'ils achètent ? En exportant des céréales. Quelle quantité de céréales exportent-ils ? Pour une voiture, ils doivent verser 3000 boisseaux de céréales ; donc, pour 4 millions de voitures, ils doivent payer 12 milliards de boisseaux de céréales (3000 × 4 millions). Ainsi, les exportations de céréales de la Cérésie totalisent 12 milliards de boisseaux par année, ce qui correspond à la quantité de céréales que la Vulcanie importe.

La Vulcanie échange chaque année 4 millions de voitures contre 12 milliards de boisseaux de céréales ; la Cérésie, à l'inverse, échange 12 milliards de boisseaux de céréales contre 4 millions de voitures. Le commerce est équilibré entre ces deux pays. La valeur des exportations de chaque pays est égale à la valeur de ses importations.

L'effet du commerce international sur la production et la consommation

Nous avons vu que, grâce au commerce international, les Cérésiens peuvent acheter des voitures à un prix plus bas que s'ils les produisaient eux-mêmes. Ce commerce permet également aux Vulcaniens de vendre leurs voitures à un prix plus élevé, ce qui revient à dire qu'ils peuvent acheter des céréales à un prix inférieur. Tout le monde semble donc tirer avantage de cet échange. En effet, les Vulcaniens achètent des céréales à un prix inférieur, et les Cérésiens paient leurs voitures moins cher. Comment se fait-il que chaque pays y trouve son compte ? Et quels changements l'ouverture au commerce international entraîne-t-elle dans la production et dans la consommation ?

Dans une économie qui ne se livre à aucun échange international, les possibilités de consommation sont identiques aux possibilités de production. En situation d'autarcie, une économie ne peut consommer que ce qu'elle produit. Par contre, grâce au commerce international, elle peut consommer, de chaque bien, des quantités différentes de celles qu'elle produit. La frontière des possibilités de production décrit la limite de ce qu'un pays peut produire, mais elle ne représente pas la limite de ses possibilités de consommation. La figure 22.7 vous aidera à faire la distinction entre les possibilités de production et les possibilités de consommation, pour un pays qui commerce avec l'extérieur.

La figure comporte deux parties : le graphique (a) pour la Cérésie, et le graphique (b) pour la Vulcanie. Les frontières des possibilités de production que vous avez vues dans les figures 22.4 et 22.5 sont reproduites ici. Dans la figure, les pentes des deux droites noires représentent les coûts d'opportunité pour les deux pays lorsque ceux-ci ne font entre eux aucun commerce. La production et la consommation de la Cérésie sont représentées par le point a, et celles de la Vulcanie par le point a'. Les voitures coûtent 9000 boisseaux de céréales en Cérésie et 1000 boisseaux en Vulcanie.

Grâce au commerce international, la Vulcanie peut vendre des voitures à la Cérésie pour 3000 boisseaux de céréales chacune, et la Cérésie peut acheter des voitures à la Vulcanie pour le même prix. Ces deux pays peuvent donc échanger des voitures contre des céréales et des céréales contre des voitures, à raison de 3000 boisseaux de céréales par voiture. Ces possibilités d'échanges sont illustrées par les deux droites rouges, identiques dans les deux graphiques de la figure 22.7.

Grâce au commerce international, les constructeurs d'automobiles de la Vulcanie peuvent maintenant obtenir un meilleur prix pour leur production ; en conséquence, ils ont tendance à produire plus. Par le fait même, les Vulcaniens producteurs de céréales reçoivent un prix plus bas pour leurs céréales ; ils réduisent donc leur production. Ils ajustent ainsi leur production jusqu'à ce que le coût d'opportunité en Vulcanie soit le même que celui du marché mondial. Le coût d'opportunité sur le marché mondial est identique pour les deux pays. Il est représenté par la pente des droites rouges de la figure 22.7 : une voiture coûte 3000 boisseaux de céréales. Pour la Vulcanie, le coût d'opportunité de la production d'une voiture est égal au coût d'opportunité mondial, au point b' de la figure 22.7(b).

Toutefois, la consommation des Vulcaniens ne se situe pas au point b'. En d'autres termes, les Vulcaniens n'augmentent pas leur consommation de voitures et ne diminuent pas leur consommation de céréales. Ils vendent simplement à la Cérésie une partie de leur production automobile, en échange d'une partie de la production céréalière de la Cérésie. Pour comprendre le fonctionnement de cet échange, voyons ce qui se passe en Cérésie.

Figure 22.7 L'expansion des possibilités de consommation

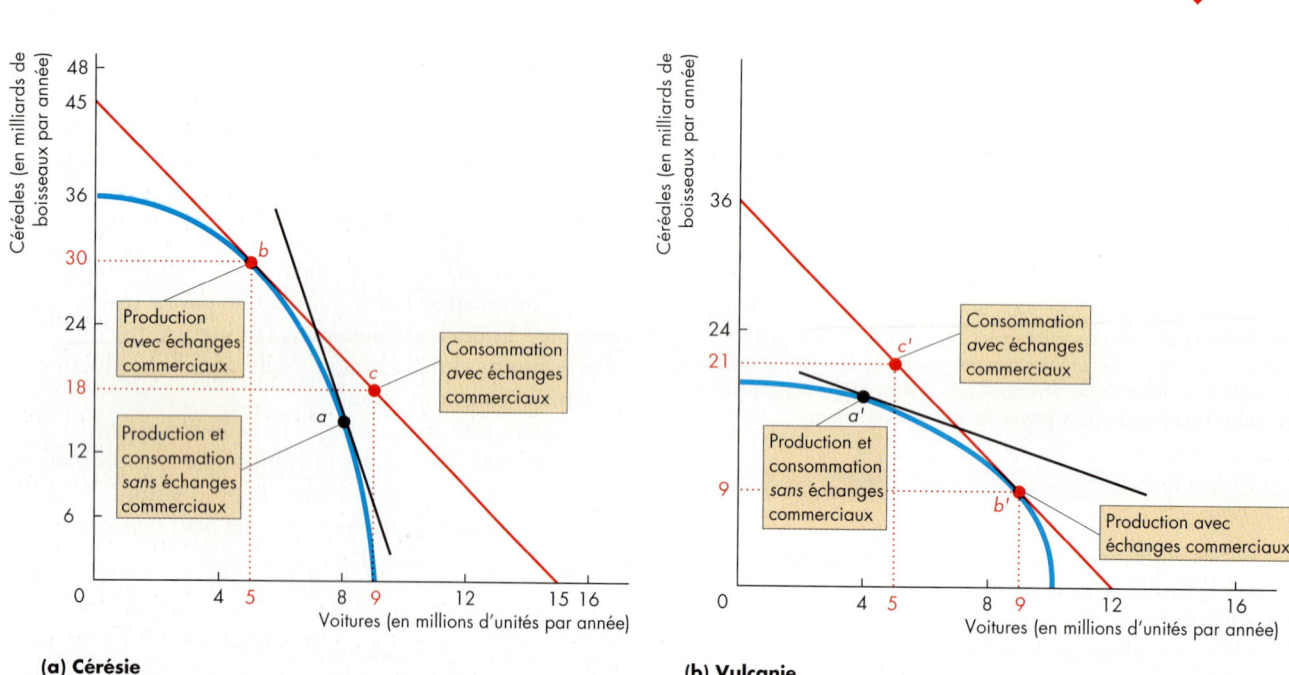

(a) Cérésie

(b) Vulcanie

Sans échanges commerciaux, les Cérésiens produisent et consomment au point a, et le coût d'opportunité d'une voiture est de 9000 boisseaux de céréales ; le coût d'opportunité correspond alors à la pente de la droite inscrite en noir dans le graphique (a). Sans échanges commerciaux, les Vulcaniens produisent et consomment au point a', et le coût d'opportunité d'une voiture est de 1000 boisseaux de céréales, ce qui correspond à la pente de la droite en noir dans le graphique (b).

À l'équilibre des échanges, les pays peuvent échanger ces biens à raison de 3000 boisseaux de céréales pour une voiture, le long de la droite inscrite en rouge. Dans le graphique (a), les Cérésiens diminuent leur production de voitures et augmentent leur production de céréales, se déplaçant ainsi de a en b. Ils exportent des céréales et importent des voitures ; leur consommation se situe au point c. Les Cérésiens possèdent alors plus de voitures et plus de céréales que s'ils produisaient eux-mêmes tous leurs biens de consommation (point a).

Dans le graphique (b), la Vulcanie accroît sa production de voitures et réduit sa production de céréales, se déplaçant ainsi de a' en b'. La Vulcanie exporte des voitures et importe des céréales ; sa consommation se situe au point c'. Les Vulcaniens possèdent alors plus de voitures et plus de céréales que s'ils produisaient eux-mêmes tous leurs biens de consommation (point a').

Chez les Cérésiens, en effet, les voitures sont maintenant moins chères et les céréales plus chères. En conséquence, les producteurs de ce pays diminuent la production de voitures et augmentent celle des céréales. Ils procèdent ainsi jusqu'à ce que le coût d'opportunité d'une voiture, exprimé en nombre de boisseaux de céréales, soit égal au coût d'opportunité sur le marché mondial. Ils se déplacent donc au point *b* du graphique (a). Toutefois, la consommation des Cérésiens ne se situe pas en ce point *b*. En fait, les Cérésiens échangent une partie de leur production supplémentaire de céréales contre des voitures de Vulcanie, devenues moins chères.

La figure nous indique les quantités consommées dans les deux pays. Nous avons vu, dans la figure 22.6, que la Vulcanie exporte annuellement 4 millions de voitures. Nous avons vu également que la Cérésie exporte chaque année 12 milliards de boisseaux de céréales à destination de la Vulcanie. Les Cérésiens consomment donc par année 12 milliards de boisseaux de moins qu'ils n'en produisent ; en contrepartie, ils achètent 4 millions d'automobiles de plus qu'ils n'en produisent. Leur consommation correspond au point *c* de la figure 22.7(a).

De la même manière, nous savons que la Vulcanie consomme 12 milliards de boisseaux de céréales de plus qu'elle n'en produit et 4 millions de voitures de moins. La consommation des Vulcaniens se situe donc au point *c'* de la figure 22.7(b).

Les gains à l'échange

La figure 22.7 illustre bien les avantages que procurent les échanges. Sans échanges commerciaux, la production et la consommation des Cérésiens correspondent au point *a* (graphique a), situé *sur* la frontière des possibilités de production de la Cérésie. Grâce au commerce international, la consommation des Cérésiens passe au point *c* (graphique a), situé à l'*extérieur* de la frontière des possibilités de production. Au point *c*, les Cérésiens consomment annuellement 3 milliards de boisseaux de céréales de plus qu'auparavant et 1 million de voitures de plus. La possibilité de consommer des voitures et des céréales au-delà des limites de la frontière des possibilités de production correspond aux avantages que procure le commerce international.

Cependant, les Vulcaniens tirent eux aussi profit des échanges. En l'absence de commerce international, leur consommation se situe au point *a'* (graphique b), *sur* la frontière des possibilités de production de la Vulcanie. En s'adonnant au commerce international, ils font passer leur consommation au point *c'*, situé à l'*extérieur* de la frontière des possibilités de production. Grâce aux échanges internationaux, les Vulcaniens consomment chaque année 3 milliards de boisseaux de céréales et 1 million de voitures de plus qu'ils ne le pouvaient sans échanges. Cette augmentation de la consommation correspond aux gains à l'échange pour les habitants de la Vulcanie.

Des échanges mutuellement avantageux

Nous avons vu que l'ouverture des pays au commerce international permettait d'améliorer les possibilités de consommation dans chaque pays. Dans notre exemple, la consommation totale en Cérésie passait du point *a* au point *c*, de sorte que les Cérésiens consommaient dès lors une quantité supérieure des deux biens. De même, en Vulcanie, la consommation totale passait du point *a'* au point *c'*, ce qui correspond aussi à une consommation totale supérieure des deux biens. Les échanges sont donc mutuellement avantageux, en ce sens qu'ils permettent d'augmenter le revenu réel des habitants de *chaque* pays.

L'avantage absolu

Supposons qu'on ait besoin, en Vulcanie, d'un moins grand nombre de travailleurs qu'en Cérésie pour produire un volume donné de céréales ou de voitures. En pareille situation, la Vulcanie possède un avantage absolu sur la Cérésie. Un pays détient un **avantage absolu** sur un autre lorsque, pour tous les biens, sa production par unité de facteur de production est supérieure à celle de cet autre pays. Comme la productivité moyenne de ses facteurs de production est plus élevée quel que soit le bien produit, la Vulcanie ne peut-elle pas s'emparer de tous les marchés ? Capable de produire tous les biens avec moins de facteurs de production que la Cérésie, quel intérêt la Vulcanie a-t-elle à acheter *quoi que ce soit* auprès de ce pays ?

En fait, les coûts de production, mesurés par la quantité de facteurs de production mis en œuvre, n'ont rien à voir avec les avantages qu'on peut retirer des échanges. Prises en elles-mêmes, les quantités de main-d'œuvre, de terre et de capital nécessaires pour produire 1000 boisseaux de céréales ou pour fabriquer une voiture n'expliquent pas les gains à l'échange. Ce qui compte, c'est le nombre de voitures auquel on doit renoncer pour produire plus de céréales, ou la quantité de céréales à laquelle on doit renoncer pour fabriquer plus de voitures ; autrement dit, c'est le coût d'opportunité d'un bien par rapport à un autre bien. La Vulcanie peut posséder un avantage absolu dans la production de tous les biens, mais elle ne peut détenir un avantage comparatif dans la production de tous les biens. Affirmer que le coût d'opportunité des voitures est plus bas en Vulcanie qu'en Cérésie, cela équivaut à dire que le coût d'opportunité des céréales est plus élevé en

Vulcanie qu'en Cérésie. Ainsi, *lorsque les coûts d'opportunité diffèrent, tous les pays possèdent un avantage comparatif pour un bien quelconque*. Tous les pays peuvent donc tirer avantage du commerce international.

Les termes de l'échange

Les gains qu'un pays retirera de ses relations commerciales avec l'étranger dépendent des prix relatifs des biens échangés sur le marché mondial, c'est-à-dire de ce qu'on appelle les *termes de l'échange*. Les **termes de l'échange** désignent le rapport de la quantité de biens importés qu'on peut se procurer par unité de biens exportés. Les termes de l'échange sont donc déterminés par l'équilibre qui se réalisera sur le marché mondial et correspondent aux coûts d'opportunité auxquels les pays font face sur ce marché. Dans notre exemple, les termes de l'échange sont de 3000 boisseaux de céréales pour une automobile.

Lorsqu'un pays commerce avec l'étranger, une modification des termes de l'échange peut avoir des répercussions importantes sur les revenus réels. Prenons le cas de la Cérésie et supposons que des changements dans les conditions du marché mondial (par exemple, une modification de la demande ou des possibilités de production en Vulcanie) entraînent une modification des prix relatifs d'équilibre.

Dans le graphique (a) de la figure 22.8, la droite tracée en rouge représente les termes de l'échange à l'équilibre, tels que nous les avons établis à la figure 22.7. La droite orangée représente une *amélioration* des termes de l'échange de la Cérésie : le produit qu'elle exporte (les céréales) vaut maintenant relativement plus cher, sur le marché mondial, que le produit qu'elle importe (les automobiles). Par suite de l'amélioration des termes de l'échange, la production en Cérésie se déplace du point *b* au point *d* (on produit encore plus de céréales et moins d'automobiles qu'auparavant) et la consommation passe de *c* à *e*, de sorte que les Cérésiens consomment maintenant une plus grande quantité des deux biens qu'avec les termes initiaux de l'échange.

Le graphique (b) de la figure 22.8 illustre le type d'ajustements auxquels les Cérésiens sont contraints par suite d'une *détérioration* des termes de l'échange : le prix relatif du bien qu'ils exportent a maintenant diminué

Figure 22.8 L'effet d'une modification des termes de l'échange sur la consommation et la production en Cérésie

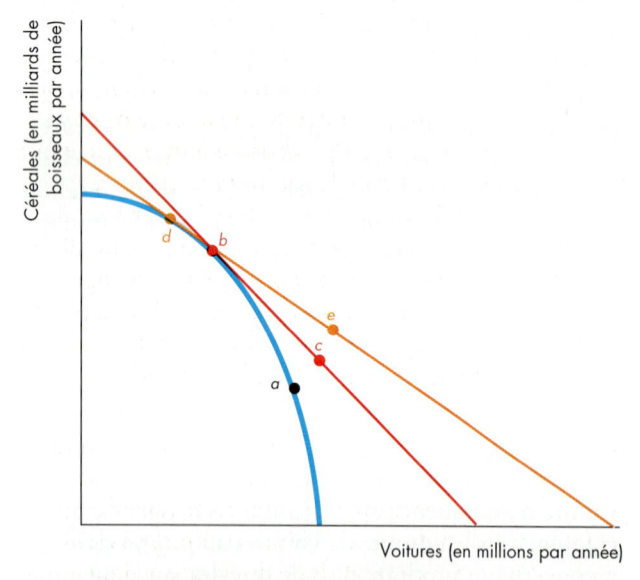

(a) Amélioration des termes de l'échange

(b) Détérioration des termes de l'échange

La courbe des possibilités de production de la Cérésie est la même que celle du graphique (a) de la figure 22.7. La droite en rouge correspond aux termes d'échange auxquels la Cérésie fait face sur le marché mondial dans la situation initiale : la production se situe au point *b* sur la courbe des possibilités de production, et la consommation au point *c* sur la droite des possibilités de consommation. Le graphique (a) illustre les effets d'une *amélioration* des termes de l'échange. Le produit exporté par la Cérésie vaut maintenant relativement plus cher sur le marché mondial : la production passe au point *d* sur la frontière des possibilités de production, et la consommation augmente au point *e* de la nouvelle droite des possibilités de consommation. Le graphique (b) illustre les effets d'une *détérioration* des termes de l'échange. Le produit exporté par la Cérésie vaut maintenant relativement moins cher sur le marché mondial : la production passe de *b* à *d'*, et la consommation de *c* à *e'*. Même si les possibilités de consommation se sont détériorées, la consommation en *e'* demeure préférable à la consommation en situation d'autarcie, représentée par le point *a*.

par rapport au bien qu'ils importent. La droite rouge est celle des termes initiaux de l'échange, et la droite orangée celle des nouveaux termes de l'échange. La production passe maintenant du point *b* au point *d'*, et la consommation passe du point *c* au point *e'*. La baisse du prix relatif des céréales sur le marché mondial entraîne une détérioration du bien-être des Cérésiens, puisqu'ils consomment maintenant une moins grande quantité de chacun des biens.

En situation d'autarcie, le bien-être économique d'un pays ne dépend que de ses possibilités de production. L'ouverture au commerce international a pour effet de rendre le bien-être économique du pays dépendant des variations dans les prix mondiaux des biens qu'il exporte ou importe. Une détérioration des termes de l'échange ne signifie cependant pas que le pays ne retire aucun avantage du commerce international; elle signifie seulement qu'il en retire des avantages moins grands qu'auparavant. Dans le graphique (b) de la figure 22.8, le point *e'*, qui représente la consommation des Cérésiens après la détérioration des termes de l'échange, demeure préférable au point *a*, qui représente la consommation (et la production) en situation d'autarcie.

À RETENIR

Il y a des gains à l'échange international lorsque les coûts d'opportunité des biens diffèrent entre les pays. Chaque pays peut alors se procurer des biens et services auprès d'un autre pays à un coût d'opportunité plus bas que celui auquel il peut les produire pour lui-même. La réalisation des gains à l'échange exige que chaque pays augmente sa production des biens et services pour lesquels il possède un avantage comparatif (c'est-à-dire ceux qu'il peut produire à un coût d'opportunité inférieur à celui des autres pays) et qu'il échange une partie de sa production contre celle d'autres pays. Tous les pays peuvent tirer avantage du commerce international, car tous possèdent un avantage comparatif pour certains produits.

■■■

Le commerce intra-industriel et les gains à l'échange

Dans le modèle simplifié que nous avons construit pour analyser le commerce de céréales et d'automobiles entre la Cérésie et la Vulcanie, les gains à l'échange sont attribuables aux différences entre les possibilités de production des deux pays. La Cérésie exporte des céréales et importe des automobiles, non pas parce que les Cérésiens ont des préférences relativement plus marquées pour les automobiles que pour les céréales, mais parce que la Cérésie possède un avantage comparatif dans la production de céréales, vraisemblablement à cause d'une dotation différente en ressources naturelles. Ces deux pays, même si leurs consommateurs respectifs ont des préférences exactement identiques, auront intérêt à commercer; cela permettra à chaque pays de développer une spécialisation relative dans la production du bien pour lequel il détient un avantage comparatif.

Des échanges commerciaux fondés sur les avantages comparatifs, semblables à ceux que nous avons modélisés, s'observent tous les jours dans les économies où nous vivons. Nous achetons des voitures fabriquées au Japon, et les producteurs canadiens de céréales vendent une partie de leur production aux ménages et aux entreprises du Japon. Nous achetons des avions et des légumes produits aux États-Unis et, en retour, nous vendons aux Américains du gaz naturel et des produits forestiers. Nous nous procurons des chemises et des articles de mode faits à Hong-kong et vendons des machines à ce pays. Nous achetons des téléviseurs et des magnétoscopes à la Corée du Sud et à Taïwan, et nous leur vendons, en retour, des produits manufacturés ainsi que des services financiers.

On peut donc facilement expliquer certains échanges commerciaux par le principe des avantages comparatifs, chaque pays étant relativement spécialisé dans des productions de nature différente. Cependant, ce principe ne permet pas d'expliquer tous les types d'échanges. Nous avons vu au début de ce chapitre que la majeure partie du commerce entre le Canada et les États-Unis portait sur des produits manufacturés et que chacun de ces pays était à la fois importateur et exportateur des produits des mêmes industries. Il en est de même des échanges commerciaux à l'échelle mondiale. On appelle **commerce intra-industriel** les échanges portant sur des produits de même nature. Pourquoi le commerce entre pays porte-t-il surtout sur des produits manufacturés relevant des mêmes industries?

Un casse-tête

Considérons, par exemple, le commerce canadien d'automobiles et de pièces détachées. En quoi est-il logique que le Canada fabrique des voitures pour l'exportation, alors qu'il en importe une grande quantité des États-Unis, du Japon, de la Corée et d'Europe de l'Ouest? Ne serait-il pas plus sensé pour les Canadiens de produire ici même toutes les voitures qu'ils achètent? Après tout, nous avons accès à la même technologie pour la production d'automobiles. Les ouvriers canadiens de l'industrie automobile sont certainement aussi productifs que ceux des États-Unis, d'Europe de l'Ouest et des pays du Pacifique. Pour la production d'automobiles, les Canadiens disposent d'autant de capital que les autres constructeurs à travers le monde, sous la forme de chaînes de production, de robots et d'outillages divers. Cet inventaire des conditions de production ne permet donc pas de répondre à la question posée : pourquoi ces échanges de produits de même nature, réalisés par une main-d'œuvre semblable, à l'aide des mêmes installations ?

La diversité des préférences Le premier élément de réponse réside dans la très grande diversité des préférences. Reprenons l'exemple des voitures. Certaines personnes préfèrent une voiture sport, d'autres une limousine, d'autres encore une voiture de taille normale ou de petite taille. Du reste, les voitures ne diffèrent pas seulement par leur taille ou par leur type. Certaines consomment peu d'essence, d'autres atteignent de hautes performances, d'autres sont plus confortables. Certaines possèdent un coffre arrière spacieux. Les unes ont quatre roues motrices, les autres une traction avant. Les unes sont dotées d'une transmission automatique, les autres d'une transmission manuelle. Certaines sont plus ou moins robustes. Certaines sont tape-à-l'oeil, avec une calandre en forme de temple grec ; d'autres voitures ont l'air de guimbardes. Mais les préférences varient d'un acheteur à l'autre.

Étant donné cette immense diversité des goûts en matière d'automobiles, les consommateurs ne se contentent pas d'une gamme limitée de voitures standard. Les gens aiment la diversité et sont prêts à en payer le prix.

Les économies d'échelle Le deuxième élément de réponse réside dans les économies d'échelle que l'on constate dans un grand nombre de processus de production. Les économies d'échelle font en sorte que le coût de production moyen décroît au fur et à mesure que la production augmente. Un bon nombre de produits manufacturés, et notamment les automobiles, sont l'objet d'économies d'échelle. Prenons, par exemple, un constructeur qui produit seulement une centaine ou même quelques milliers de voitures d'un type ou d'un modèle particulier. Ses techniques de production sont beaucoup moins automatisées et exigent plus de main-d'œuvre que s'il fabriquait des centaines de milliers de voitures d'un même modèle. Avec son faible volume de production et l'utilisation d'une technique à forte proportion de main-d'œuvre, ses coûts unitaires sont élevés. À l'inverse, des volumes de production très élevés et des chaînes de montage automatisées permettent de réduire de beaucoup les coûts moyens de production. Il faut pour cela que les chaînes de montage automatisées produisent un grand nombre de voitures.

La diversité des goûts n'assure donc pas par elle-même la disponibilité d'un large éventail de modèles. Il peut être simplement trop coûteux, par exemple, d'offrir une gamme très diversifiée de types de voitures. Si toutes les voitures achetées en Amérique du Nord y étaient également fabriquées ici et que les constructeurs offraient tout l'éventail actuel, les séries de production pour certains modèles seraient extrêmement courtes, et on ne pourrait exploiter pleinement les économies d'échelle possibles. Même si l'on arrivait à offrir autant de modèles qu'aujourd'hui, ceux-ci atteindraient probablement des prix que personne ne serait prêt à payer.

Par contre, grâce au commerce international, chaque constructeur a accès à l'ensemble du marché mondial. Chacun peut donc se spécialiser dans une gamme limitée de produits et vendre ceux-ci à travers le monde. Cela permet de grandes séries de production pour les voitures les plus recherchées – et même des séries de production suffisantes pour des voitures fabriquées à l'intention de clientèles plus limitées. La diversité des préférences, combinée avec les économies d'échelle, explique donc qu'on puisse pratiquer un commerce international intense sur des produits légèrement différenciés.

Cette situation prévaut aussi dans bien d'autres industries, par exemple dans les machines-outils spécialisées. En se spécialisant dans un certain nombre de productions, chaque pays peut réaliser d'importantes économies d'échelle et obtenir l'équivalent d'un avantage comparatif dans ces productions.

Les coûts de transport Nous avons vu comment la diversité des goûts et les économies d'échelle favorisent le développement des échanges portant sur des marchandises de même nature, comme les automobiles. Mais ces facteurs ne suffisent pas toujours à expliquer tous les échanges bilatéraux de marchandises similaires. Revenez à la figure 22.1 ; vous remarquerez que le Canada importe et exporte de grandes quantités de produits chimiques et de pétrole brut. On comprend facilement la raison de ces échanges : les produits chimiques représentent une vaste catégorie de biens, que nous exportons ou que nous importons selon les cas. Cependant, le pétrole brut reste du pétrole brut ; il y en a de différentes qualités, mais là se limite la diversité. Pourquoi importer du pétrole brut et en exporter en même temps ? La réponse à cette question tient surtout aux coûts de transport. Il est moins coûteux de transporter le pétrole sur mer dans de grands pétroliers que de le transporter sur terre. C'est pourquoi le pétrole consommé dans l'est du Canada est importé par le littoral atlantique, tandis qu'une bonne partie du pétrole utilisé dans l'ouest des États-Unis est importé de l'Alberta et constitue une exportation canadienne de pétrole brut.

Les coûts d'ajustement

Nous savons que tous les pays peuvent tirer profit du commerce international, quelle que soit la nature des biens échangés. Lorsque les États-Unis, le Japon ou les pays riches de la Communauté économique européenne importent des matières premières du tiers monde, de l'Australie et du Canada, les pays importateurs en tirent autant profit que les pays exportateurs. Lorsque nous achetons des téléviseurs, des magnétoscopes, des vêtements ou d'autres produits bon marché venant de pays où les salaires sont bas, nous tirons profit de ces échanges, tout comme les pays exportateurs. Il est vrai que, si nous importons plus de voitures et en produisons moins nous-mêmes, nous verrons décliner l'emploi dans notre secteur automobile. Cependant, cela contribuera à créer des emplois dans d'autres secteurs, où nos avantages comparatifs nous permettent d'être compétitifs. Une fois terminé le processus de restructuration de l'économie, les travailleurs qui ont perdu leur emploi en auront trouvé un autre dans un secteur en expansion, parfois même à un salaire supérieur à l'ancien. Ces travailleurs achèteront eux aussi des biens produits dans d'autres pays, à des prix plus bas que les prix pratiqués auparavant. À long terme, donc, tous peuvent bénéficier des avantages que procure le commerce international.

Cependant, l'économie peut mettre beaucoup de temps à s'adapter aux changements d'avantage comparatif qui transforment constamment la structure du commerce international. Par exemple, l'augmentation des importations d'automobiles et le déclin relatif qui s'en est suivi dans la production automobile du Canada n'a pas immédiatement enrichi les travailleurs canadiens qui ont perdu leur emploi. La recherche d'un meilleur emploi est laborieuse; bien des travailleurs licenciés doivent s'accommoder de tâches qui ne nécessitent pas leur expérience et de salaires inférieurs à leur salaire passé. C'est donc seulement à long terme que tous tirent profit de la spécialisation et du commerce international. Les coûts d'ajustement à court terme, parfois très élevés et relativement prolongés, seront supportés par les travailleurs et les propriétaires d'entreprises faisant partie d'industries qui n'ont pas d'avantage comparatif.

En partie à cause des coûts d'ajustement provoqués par la transformation de la structure du commerce mondial, mais aussi pour d'autres raisons, presque tous les gouvernements, à un titre ou à un autre, interviennent dans les échanges commerciaux pour protéger certains secteurs d'activité en imposant des restrictions au commerce international. Nous verrons quelles formes ces mesures restrictives peuvent prendre. Nous analyserons aussi plus en détail les facteurs qui incitent les gouvernements à restreindre les échanges.

Les pratiques commerciales restrictives

Le **protectionnisme** est une politique visant à restreindre les importations dans le but de protéger la production nationale contre la concurrence étrangère. Le protectionnisme s'oppose au **libre-échange**, qui se caractérise par l'absence d'intervention de l'État dans le commerce international. Deux grandes catégories de mesures restreignent le commerce:

- Les tarifs douaniers
- Les barrières commerciales non tarifaires

Un **tarif** (ou **droit de douane**) est une taxe qu'un gouvernement impose sur un bien importé. On appelle **barrières non tarifaires** toutes les autres mesures qui limitent le commerce international. Par exemple, les restrictions quantitatives et l'obligation faite aux importateurs d'obtenir une licence d'importation constituent des barrières non tarifaires. Nous examinerons plus loin les barrières non tarifaires les plus courantes. Mais voyons d'abord quelle a été l'évolution de la politique tarifaire canadienne.

La politique tarifaire du Canada

L'économie canadienne a toujours été protégée par des tarifs. La figure 22.9 décrit l'évolution de la protection tarifaire, depuis la création de la Confédération jusqu'à 1989. Le niveau moyen des tarifs est exprimé en pourcentage de la valeur des importations totales. Comme le montre la figure, le taux moyen de protection tarifaire, faible au début des années 1870, a dépassé les 20 % en 1890. Après quelques fluctuations, il a décliné de façon continue pendant les années 30. La baisse du tarif moyen s'est accentuée après la Seconde Guerre mondiale.

Aujourd'hui, le tarif moyen représente moins de 5 % de la valeur des importations totales et, en vertu d'une entente historique – l'Accord de libre-échange entre le Canada et les États-Unis –, cette moyenne va décliner encore au long des années 90.

L'Accord de libre-échange entre le Canada et les États-Unis

En 1987, les gouvernements du Canada et des États-Unis ont convenu de créer une zone de libre-échange, en éliminant les tarifs et la plupart des autres restrictions qui gênent la libre circulation des biens et des capitaux entre les deux pays. Cet accord est entré en vigueur le 1er janvier 1989, à l'issue d'une période d'intenses négociations. En fait, l'élection générale de 1988 a constitué, au Canada, un référendum sur l'Accord de libre-échange.

L'entente réduira progressivement, d'ici à 1998, les barrières tarifaires sur les échanges entre les deux pays. Dès son entrée en vigueur, elle éliminait tout tarif sur 15 % des biens échangés, y compris sur des articles comme les ordinateurs, le whisky et les motocyclettes. D'autres réductions tarifaires ont été effectuées le 1er janvier 1990, et d'autres encore sont prévues pour le

Figure 22.9 Les tarifs douaniers canadiens : 1867-1989

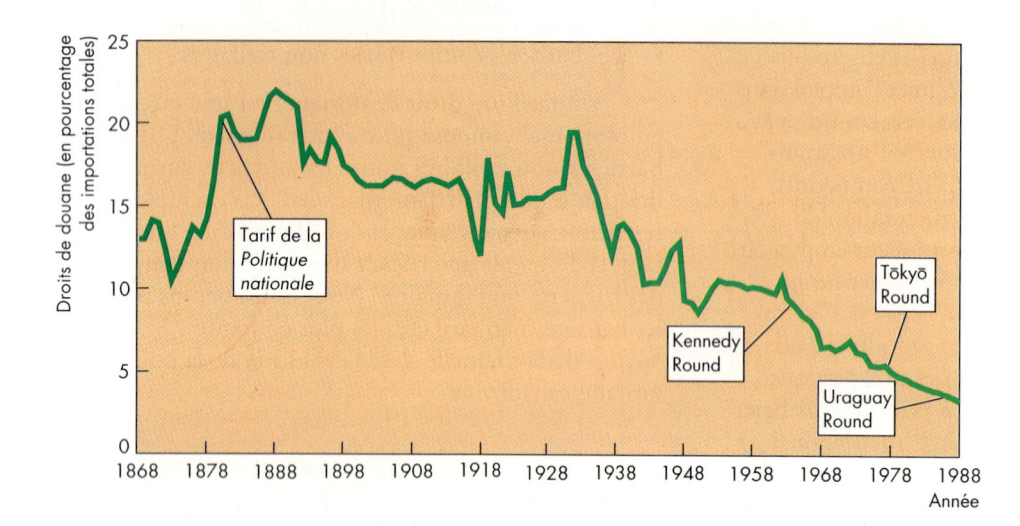

Le tarif canadien moyen a augmenté de façon continue depuis la création de la Confédération jusqu'en 1890, pour décroître ensuite lentement jusque dans les années 30. Après la Seconde Guerre mondiale, la baisse des tarifs s'est accélérée.

Sources : 1868 à 1975 – *Statistiques historiques du Canada*, Série G485. 1976 à 1988 – *Revue de la Banque du Canada*.

1er janvier de chaque année jusqu'en 1998.

Même après le 1er janvier 1998, certains échanges entre le Canada et les États-Unis resteront assujettis à des tarifs temporaires. Pour une autre décennie, les fruits et les légumes frais seront protégés en certaines saisons.

En plus d'éliminer les barrières tarifaires sur les échanges de biens et services entre le Canada et les États-Unis, l'Accord de libre-échange vise à établir des règles prévisibles, en vertu desquelles les producteurs, tant américains que canadiens, auront accès aux deux marchés. Il s'agit de permettre une «concurrence loyale», en établissant clairement les règles du jeu. Le bon fonctionnement de l'Accord exige la mise en place de procédures et d'institutions pour l'administration de celui-ci et pour le règlement des différends susceptibles d'apparaître entre les deux pays.

Les avantages ou les désavantages de l'Accord de libre-échange soulèvent des questions d'ordre économique, technique et politique. Dans ce qui suit, nous étudierons les effets du protectionnisme, mais à partir d'un point de vue strictement économique. En nous limitant à cette perspective, nous ne nions pas l'importance des considérations politiques; nous constatons simplement que les économistes n'ont dans ce domaine aucune compétence particulière.

Avant d'analyser les effets du protectionnisme et les conséquences d'une libéralisation des échanges, considérons brièvement l'état actuel des tarifs douaniers canadiens et leurs effets sur nos échanges avec les pays autres que les États-Unis.

La protection tarifaire actuelle

Même si notre tarif moyen est beaucoup plus bas qu'il n'était lors de la création de la Confédération, certains secteurs restent lourdement frappés. Par exemple, si vous achetez une chemise de Hong-kong, vous payez des droits de douane de 25 %. Les chaussures fabriquées au Brésil supportent des droits de 23 %. Une bague ou un collier de perles du Japon vous coûtent 13 % en droits de douane. Les droits sur les importations d'automobiles japonaises se chiffrent à 9,2 %.

En vertu de l'Accord de libre-échange, les tarifs douaniers appliqués aux biens et services importés des États-Unis sont légèrement inférieurs à ceux qui frappent les biens et services venus des autres pays; au cours des années 90, du reste, cet écart se creusera davantage. En 1990, par exemple, alors qu'on impose des droits de 9,2 % sur l'importation d'une voiture japonaise, une voiture fabriquée aux États-Unis est soumise à un tarif de 7,2 % seulement. Les jeans fabriqués à Hong-kong sont soumis à des droits de douane de 25 %, contre 18 % pour des jeans semblables confectionnés à San Francisco.

Les accords internationaux

La tentation est forte, pour les gouvernements, d'imposer des tarifs douaniers. Ceux-ci constituent d'abord pour eux une source de revenus. Ils leur permettent aussi de protéger les intérêts particuliers de certaines industries, directement concurrencées par les importations. Mais, comme nous l'avons vu, le libre-échange international comporte d'énormes avantages. Entre les avantages du libre-échange et les tentations du protectionnisme, certains pays ont établi un compromis: la signature de divers accords multilatéraux visant à l'amélioration du libre-échange international. Le plus vaste et probablement le plus important de ces accords est l'**Accord général sur les tarifs douaniers et le commerce** ou «General Agreement on Tariffs and Trade» (**GATT**). Il a pour but de limiter les interventions gouvernementales de nature à restreindre le commerce international. Le GATT a été négocié immédiatement après la Seconde Guerre mondiale et a été signé en octobre 1947. Il vise à libéraliser les activités commerciales et à fournir un cadre administratif pour la négociation d'arrangements commerciaux plus libéraux. Le GATT est administré par un petit organisme dont le siège social est à Genève.

Depuis la formation du GATT, un certain nombre de négociations ont été entreprises, qui ont généralement donné lieu à des réductions tarifaires. Le «Kennedy Round», amorcé au début des années 60, a amené de substantielles réductions de tarif. D'autres réductions ont été négociées à la suite du «Tōkyō Round», qui s'est déroulé de 1973 à 1979. La série de négociations la plus récente, celle de l'«Uruguay Round», a débuté en 1986 et tente de libéraliser le commerce des services et des produits agricoles; mais elle n'a accompli à ce jour que des progrès limités.

L'**Europe de 1992** constitue aussi un important dispositif multilatéral. C'est la mise en œuvre d'un marché intégré regroupant les pays membres de la Communauté économique européenne (CEE). Après 1992, la Communauté économique européenne constituera le plus grand de tous les marchés intégrés, dépassant même celui des États-Unis.

En plus des accords multilatéraux du GATT, d'importants accords bilatéraux ont été mis en place. Du point de vue canadien, le principal de ceux-ci est l'Accord de libre-échange entre le Canada et les États-Unis, qui est entré en vigueur le 1er janvier 1989 (voir la rubrique *Entre les lignes*, page 612). En vertu de cet accord, les barrières imposées au commerce international entre les deux pays seront pratiquement éliminées après une période d'adaptation de dix ans.

Les effets des tarifs douaniers

Pour déterminer les effets des tarifs douaniers (ou pour prévoir les effets de leur abolition par suite de l'Accord canado-américain de libre-échange), nous reprendrons l'exemple du commerce entre la Cérésie et la Vulcanie et travaillerons sur ce modèle économique plutôt que sur l'économie réelle. Le recours à un modèle nous aidera à mieux comprendre le mécanisme par lequel les tarifs influent sur les échanges commerciaux. De plus, les problèmes des Cérésiens et des Vulcaniens nous tenant moins à cœur que ceux de notre pays, il nous sera plus facile de nous concentrer sur les aspects purement économiques de la politique tarifaire.

Revenons donc à la Cérésie et à la Vulcanie. Supposons que ces deux pays échangent des voitures et des céréales, de la façon que nous avons vue précédemment. La Vulcanie exporte des voitures, et la Cérésie exporte des céréales. La Cérésie importe 4 millions de voitures par année, et une voiture s'échange sur le marché mondial contre 3000 boisseaux de céréales. Supposons que le boisseau de céréales coûte 1 $, de sorte qu'une voiture vaut 3000 $. La figure 22.10 illustre cette situation. Le volume des échanges de voitures et leur prix sont représentés par le point d'intersection de la courbe d'offre d'exportation de voitures de la Vulcanie avec la courbe de demande d'importation de voitures de la Cérésie.

Supposons que le gouvernement de la Cérésie, probablement pressé par les producteurs d'automobiles de ce pays, décide d'imposer un tarif douanier de 4000 $ sur chaque voiture importée de Vulcanie. (Il s'agit d'un tarif énorme, mais les constructeurs d'automobiles de la Cérésie en ont assez de la concurrence de la Vulcanie.) Que se passera-t-il?

Pour répondre à cette question, nous devons procéder en deux étapes. Premièrement, nous devons déterminer les effets que l'imposition d'un tel tarif produira sur l'offre de voitures en Cérésie. Les voitures ne sont dorénavant plus disponibles en Cérésie au prix de l'offre d'exportation de la Vulcanie. Leur prix est majoré de 4000 $ – montant versé au gouvernement de la Cérésie pour chaque voiture importée de Vulcanie. Par conséquent, la courbe d'offre de voitures en Cérésie se déplace dans le sens qu'indique la figure 22.10. La nouvelle courbe d'offre, en rouge, représente le prix que les Cérésiens devront payer (tarif inclus) en fonction du nombre de véhicules achetés. La distance verticale entre la courbe initiale d'offre d'exportation de la Vulcanie et la nouvelle courbe d'offre est égale au tarif douanier imposé par le gouvernement de la Cérésie.

La deuxième étape de l'analyse consiste à déterminer le nouvel équilibre, avec la nouvelle courbe d'offre. L'imposition d'un tarif n'a aucun effet sur la demande d'automobiles en Cérésie; elle n'a donc aucun effet sur la demande d'importation de voitures de la Cérésie. Le nouvel équilibre se situe au point d'intersection de la nouvelle courbe d'offre et de la courbe de demande d'importation de la Cérésie. Cet équilibre correspond à un prix de 6000 $ par voiture et à un volume d'importation de 2 millions de voitures par année. Les importations passent de 4 millions à 2 millions de voitures par année. Au prix de 6000 $ la voiture, les constructeurs d'automobiles de Cérésie augmentent leur production; mais la production céréalière de ce pays diminue, puisque des facteurs de production

ENTRE LES LIGNES

Le libre-échange

Quels sont les avantages du libre-échange?

On ne s'entend toujours pas sur la valeur de l'Accord canado-américain

[...] L'Accord de libre-échange qui est entré en vigueur il y a un an est en train de faire du Canada et des États-Unis la plus grande zone franche au monde. Pourtant, les avantages de celle-ci sont loin d'apparaître avec évidence aux yeux de tous. Alors qu'aux États-Unis les gens d'affaires et les analystes se déclarent satisfaits de cet Accord, il en va autrement au Canada: on s'interroge sur son efficacité – ou sur son inaptitude – à promouvoir nos intérêts nationaux.

Cette controverse pourrait être moins vive si l'économie canadienne était plus prospère. Mais, douze mois après l'entrée en vigueur de l'Accord, la croissance a chuté, passant de 2,9 % en 1989 à un taux prévu de 2 % en 1990. On attribue en grande partie cette diminution aux taux d'intérêt élevés qui sévissent dans notre pays et à la brusque hausse du dollar canadien, qui s'établit à environ 0,85 $US. Cette appréciation, la plus forte enregistrée depuis 1980, a nettement réduit les exportations canadiennes, dont 74 % sont destinées aux marchés américains [...]

Les détracteurs canadiens de l'Accord de libre-échange ont violemment blâmé celui-ci pour... tout ce qui va mal dans l'économie. La plus importante fédération de travailleurs – le Congrès du Travail du Canada, ou CTC – impute à l'Accord la liquidation de filiales canadiennes par les multinationales américaines, qui a permis à ces dernières de rapatrier des emplois aux États-Unis. Le CTC voit dans l'Accord la cause de la quasi-totalité des fermetures d'usines survenues l'an dernier – plus de 50 en tout – et de la perte de 70 000 emplois. Selon Bruce Campbell, analyste syndical, «l'Accord de libre-échange transforme l'économie canadienne de filiales en une économie d'entrepôts.»

Les tenants de l'Accord rejettent une telle affirmation. «Cette année, le facteur le plus déterminant a été la force du dollar canadien», affirme Gary Hufbauer, professeur de finance internationale à l'université Georgetown de Washington. De plus, les gens d'affaires canadiens et américains semblent donner leur assentiment à l'Accord. Devant l'abondance des pétitions signées par les gens d'affaires, les gouvernements de Washington et d'Ottawa se sont même entendus pour accélérer l'abolition des tarifs sur 400 articles, qui vont des antibiotiques aux raquettes et représentent un commerce de 5 milliards de dollars par année. Selon Charles Roh, représentant commercial adjoint des États-Unis pour l'Amérique du Nord, «on croit fermement que l'Accord nous permet d'atteindre les résultats escomptés.»[...]

La vitesse à laquelle les fusions se sont produites au Canada a été fulgurante. Au cours des neuf premiers mois de 1989, les entreprises étrangères ont effectué des prises de contrôle qui totalisent 10,8 milliards de dollars. Selon le Pro-Canada Council, groupe de pression opposé à l'Accord, 80 % des ententes ont été signées par des entreprises américaines, ce qui a déplacé au sud de la frontière une part considérable de l'activité économique. En 1988, avant l'application de l'Accord de libre-échange, les fusions et les prises de contrôle ne s'élevaient qu'à 2,6 milliards de dollars.

De leur côté, les entreprises canadiennes se sont également servies de l'Accord pour pénétrer le vaste marché américain, bien qu'à une plus petite échelle. Par exemple, Artopex, fabricant de meubles établi à Montréal, prévoit dépenser près de 4,3 millions de dollars pour la construction d'une usine à proximité d'Albany.

Time
29 janvier 1990
Par James L. Graff (Ottawa)
et John F. McDonald (Washington)
©The Time Inc. Magazine Company
Traduction et reproduction autorisées

Les faits en bref

- Un an après l'entrée en vigueur de l'Accord canado-américain de libre-échange, on s'interroge encore sur l'efficacité de celui-ci à promouvoir les intérêts du Canada.

- La croissance économique du Canada a chuté, passant de 2,9 % en 1989 à un taux prévu de 2 % en 1990 – baisse qu'on impute aux taux d'intérêt élevés et à l'appréciation rapide du dollar canadien.

- Le Congrès du Travail du Canada affirme que l'Accord de libre-échange est la cause des fermetures d'usines (plus de 50) et des mises à pied (70 000) survenues au cours de 1989.

- Les tenants de l'Accord soutiennent que les problèmes économiques auxquels le Canada a dû faire face durant l'année 1989 ont été causés par la force du dollar.

- Au Canada et aux États-Unis, les gens d'affaires ont signé un grand nombre de pétitions dans lesquelles on demandait d'accélérer l'abolition des tarifs.

- Les investissements étrangers au Canada et les investissements canadiens aux États-Unis ont augmenté.

ENTRE LES LIGNES

Analyse

- En 1989 et en 1990, l'économie canadienne a réagi à un grand nombre de forces qui auront des effets à long terme sur l'avantage comparatif que détient le Canada. Le texte qui suit analyse les plus importantes de ces forces et leurs effets prévus.

- L'abolition progressive des tarifs en vertu de l'Accord de libre-échange entre le Canada et les États-Unis est en marche depuis le 1er janvier 1989. On en prévoit les effets suivants :

  - Une plus grande spécialisation des entreprises au Canada et aux États-Unis, de même qu'une augmentation du volume des échanges entre les deux pays

  - Une contraction au Canada – et une expansion aux États-Unis – des industries pour lesquelles les États-Unis détiennent un avantage comparatif, notamment la fabrication de machines-outils, de produits chimiques et d'engins de terrassement

  - Une expansion au Canada (et une contraction aux États-Unis) des industries pour lesquelles le Canada détient un avantage comparatif, en particulier les systèmes de communications électroniques, les logiciels et les produits du papier

  - Des deux côtés de la frontière, la perte de certains emplois et la création de nouveaux emplois

  - Des fusions et des acquisitions, alors que les entreprises rationalisent leur production pour profiter pleinement des nouveaux arrangements commerciaux

- Les économies de l'Europe de l'Ouest préparent pour 1992 leur intégration, qui entraînera les conséquences suivantes :

  - Des acquisitions d'entreprises européennes par des entreprises canadiennes, ainsi que des fusions d'entreprises canadiennes et européennes, pour faciliter aux Canadiens la vente de leurs produits sur le marché européen, et aux Européens la vente des leurs sur le marché canadien

- Le démantèlement des économies communistes et l'émergence des pays d'Europe de l'Est auront des répercussions sur l'économie du Canada. On peut prévoir, en particulier :

  - Des investissements canadiens dans les pays d'Europe de l'Est, ainsi que des fusions entre entreprises canadiennes et est-européennes

  - Une augmentation des échanges entre le Canada et l'Europe de l'Est

- En 1990, l'économie canadienne a réagi à des facteurs à court terme mais très puissants, comme :

  - Une hausse continue de la valeur du dollar canadien par rapport au dollar américain

  - Une augmentation continue des taux d'intérêt au Canada

- Il est difficile d'isoler les effets de l'Accord de libre-échange entre le Canada et les États-Unis des autres faits économiques. On ne pourra d'ailleurs le faire qu'après la complète application de l'Accord et une fois effectuées de rigoureuses études économiques.

- On peut pratiquement affirmer que le ralentissement de l'économie canadienne en 1990 n'est pas lié à l'Accord de libre-échange, mais que, comme certains le soutiennent dans l'article qu'on vient de lire, il est plutôt attribuable en grande partie au niveau des taux d'intérêt et à la valeur du dollar canadien.

- Les facteurs que nous avons discernés plus haut et qui ont des effets à long terme continueront pendant plusieurs années d'agir sur la prospérité relative des Canadiens. Il est donc probable qu'il y aura encore de nombreuses fermetures d'usines et des pertes d'emplois, mais qu'on assistera également à la création de nouvelles usines et de nouveaux emplois.

- Ceux qui tireront avantage de l'Accord ne le laisseront sans doute pas savoir ; ils attribueront plutôt leurs gains à leur dur labeur et à leur compétence.

- Ceux qui subiront des pertes attribueront celles-ci à diverses causes et particulièrement au libre-échange, et ils le proclameront bien haut.

- L'Accord de libre-échange entraînera des coûts pour certains. Cependant, dans la plupart des études économiques, on prévoit que les avantages associés à l'accroissement de la spécialisation et du commerce international seront supérieurs aux coûts.

doivent être déplacés vers l'industrie automobile en expansion.

La dépense totale des consommateurs cérésiens sur les voitures importées est de 12 milliards de dollars (6000 $ la voiture × 2 millions de voitures). Mais cette somme n'est pas perçue en totalité par les Vulcaniens. Ces derniers reçoivent 2000 $ par voiture, soit 4 milliards de dollars pour les 2 millions de voitures. La différence, c'est-à-dire 4000 $ par voiture ou 8 milliards de dollars pour les 2 millions de voitures, est prélevée par le gouvernement de la Cérésie, à titre de revenu douanier.

Évidemment, le gouvernement de la Cérésie est heureux de la situation ; il perçoit maintenant 8 milliards de dollars qu'il n'obtenait pas auparavant. Mais qu'en pensent les Vulcaniens ? La courbe de demande nous indique le prix maximal qu'un acheteur est prêt à payer pour chaque unité supplémentaire d'un bien. La courbe de demande d'importation de la Cérésie nous montre que quelqu'un serait prêt à payer presque 6000 $ pour importer de Vulcanie une voiture de plus. La courbe d'offre d'exportation des voitures de la Vulcanie nous indique le prix minimal auquel les voitures additionnelles sont offertes. Comme vous pouvez le voir, la Vulcanie offrirait chaque voiture additionnelle à un prix légèrement supérieur à 2000 $. Ainsi, puisque quelqu'un est prêt à payer presque 6000 $ pour une voiture et que quelqu'un d'autre est prêt à en offrir une pour un peu plus de 2000 $, il y a évidemment un avantage à tirer de l'échange d'une voiture additionnelle. En fait, il y a des gains à l'échange qui restent inexploités ; car le prix que le consommateur est prêt à payer excède le prix d'offre minimal. C'est à un niveau d'échange de 4 millions de voitures – et seulement alors – que le prix maximal qu'un Cérésien est prêt à payer est égal au prix minimal acceptable pour un Vulcanien. On voit par là que les restrictions imposées au commerce réduisent les gains à l'échange.

Les tarifs douaniers ont également réduit la dépense totale d'importations de la Cérésie. En régime de libre-échange, la Cérésie achetait chaque année à la Vulcanie 4 millions de voitures à 3000 $ l'unité ; les dépenses annuelles d'importations étaient alors de 12 milliards de dollars. Après l'imposition de droits de douane, les importations de la Cérésie ont chuté à 2 millions de voitures par année, et le prix payé à la Vulcanie à 2000 $ la voiture – ce qui a réduit la dépense d'importations à 4 milliards de dollars par année. Quel effet cela aura-t-il sur la balance commerciale de la Cérésie ? Ce pays importe-t-il maintenant moins qu'il n'exporte ?

Pour répondre à cette question, il faut comprendre ce qui se passe en Vulcanie. Nous venons de voir que le prix que la Vulcanie reçoit pour chacune de ses voitures a chuté de 3000 $ à 2000 $. Cela a fait baisser

Figure 22.10 Les effets d'un tarif

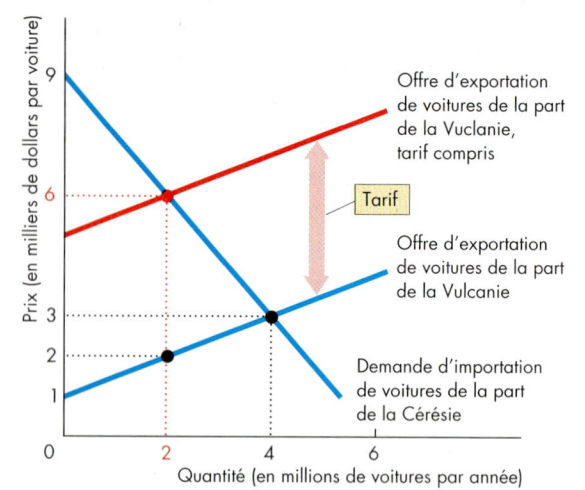

La Cérésie impose un tarif douanier sur les voitures importées de Vulcanie. Ce tarif augmente le prix que les Cérésiens doivent payer pour ces voitures. Il déplace vers le haut la courbe d'offre de voitures en Cérésie. La distance entre la courbe d'offre initiale et la nouvelle courbe représente le tarif perçu sur chaque voiture. En Cérésie, le prix des voitures augmente et la quantité de voitures importées diminue. Le gouvernement de Cérésie perçoit un tarif de 4000 $ par voiture, soit des recettes tarifaires totales de 8 milliards de dollars pour les 2 millions de voitures importées. L'exportation de céréales de la Cérésie diminue aussi, puisque la Vulcanie tire maintenant des revenus moins élevés de ses exportations de voitures.

le prix des voitures en Vulcanie également ; mais en même temps, le prix des céréales a augmenté. En régime de libre-échange, les Vulcaniens pouvaient obtenir 3000 boisseaux de céréales contre une voiture ; ce nombre est maintenant réduit à 2000 boisseaux. Les Vulcaniens importent donc moins de céréales, et les Cérésiens en exportent moins. En fait, l'industrie céréalière de la Cérésie est touchée de deux façons : premièrement, il y a diminution de la quantité de céréales vendue à la Vulcanie ; deuxièmement, l'expansion de l'industrie automobile accroît la concurrence pour les facteurs de production. L'imposition d'un tarif douanier sur les automobiles importées a donc pour effet de réduire la taille de l'industrie céréalière en Cérésie.

Au premier abord, il semble paradoxal qu'un pays, en imposant un tarif sur l'importation de voitures, se pénalise lui-même et réduise ses exportations de céréales. Pour mieux comprendre, voyons la chose sous un autre angle. Les étrangers importent des céréales grâce à l'argent qu'ils gagnent en exportant des voitures. S'ils exportent moins de voitures, ils ne peuvent plus acheter autant de céréales. En fait, à moins de recourir à des prêts entre pays, la Vulcanie doit réduire ses importations céréalières d'un montant égal à la perte de revenus que lui inflige la baisse de ses exportations de voitures. Les importations de céréales en Vulcanie seront réduites à 4 milliards de dollars, puisque l'exportation de voitures de ce pays ne lui apporte plus assez de revenus pour dépasser ce montant. Ainsi, la balance commerciale de chaque pays reste en équilibre, même après l'imposition d'un tarif douanier. Le tarif a réduit les importations, mais il a également diminué les exportations ; et la réduction de la valeur des exportations est exactement égale à la réduction de la valeur des importations. Le tarif n'a donc aucun effet sur la balance commerciale ; il ne fait que réduire le volume des échanges.

Ce résultat est probablement l'un des aspects les plus mal compris de l'économie internationale. À d'innombrables reprises, les gouvernants ou les milieux d'affaires ont réclamé l'imposition de tarifs douaniers afin de combler le déficit de la balance commerciale, ou ils ont soutenu que la réduction des tarifs produirait un déficit de la balance commerciale. S'ils sont arrivés à cette conclusion, c'est faute d'avoir tenu compte de tous les effets qu'entraîne un tarif douanier. Comme l'imposition d'un tarif douanier augmente le prix des importations et réduit leur volume, on est porté à conclure qu'elle renforce la balance commerciale. On oublie que le tarif modifie également le *volume* des exportations. Du point de vue de l'équilibre de la balance commerciale, le tarif a pour effet de réduire le volume des échanges dans les deux directions, et d'une même valeur de chaque côté de l'équation. La balance commerciale n'est donc pas modifiée.

Une dure leçon Certes, l'analyse que nous venons d'effectuer nous amène à une conclusion claire : les tarifs réduisent à la fois les importations et les exportations. Les Canadiens, pourtant, n'ont pas encore appris cette leçon. À plusieurs reprises au cours de son histoire, le Canada a imposé des tarifs élevés, comme le montre la figure 22.8. Or, chaque fois qu'on élève les barrières tarifaires, le volume des échanges diminue. L'exemple le plus frappant de ce type d'effet a été observé au cours de la crise des années 30 lorsque le plus important importateur et exportateur, les États-Unis, a augmenté ses tarifs ; un grand nombre de pays, par mesures de représailles, ont alors décrété toute une série de hausses de leurs propres tarifs. L'opération a presque anéanti le commerce international.

Les barrières non tarifaires

Examinons maintenant la seconde catégorie de mesures protectionnistes : les barrières non tarifaires. Il existe principalement trois formes de barrières non tarifaires :

- Les quotas d'importation
- Les accords de limitation volontaire des exportations
- Les normes techniques

Le **quota d'importation** (ou **contingent**) est une restriction quantitative établissant la quantité maximale qu'on peut importer d'un bien au cours d'une période donnée.

La **restriction volontaire d'exportation** est une entente qui intervient entre deux gouvernements et en vertu de laquelle le pays exportateur accepte de limiter le volume de ses exportations d'un bien particulier.

Les **normes techniques** désignent l'ensemble des réglementations régissant la conception des produits, leur qualité, leur contenu, l'étiquetage ou l'emballage, etc. Ces normes, souvent basées sur des critères de santé ou de sécurité, peuvent plus ou moins entraver la vente des produits étrangers dans le pays importateur. Le règlement canadien sur les cuisinières électriques est un exemple de ce type de barrière non tarifaire. Au Canada, contrairement à la norme en vigueur aux États-Unis, la réglementation exige que chaque élément chauffant dépende d'un fusible différent. Cette norme technique canadienne empêche les cuisinières de fabrication américaine d'entrer au Canada et protègent les produits canadiens. D'autres réglementations de nature technique ou sanitaire touchent des biens comme les fromages, les téléviseurs, les automobiles, les meubles et les jouets. Elles ont pour effet de limiter l'offre de produits étrangers, soit en interdisant purement et simplement l'importation d'un produit, soit en imposant aux producteurs des coûts supplémentaires pour rendre le produit conforme à la norme, ce qui en augmente le prix sur le marché canadien comme le ferait un tarif.

Depuis la Seconde Guerre mondiale, les barrières non tarifaires jouent un rôle important dans le commerce international, et l'on s'entend aujourd'hui pour dire qu'elles opposent, au commerce international, des obstacles plus difficiles à surmonter que les tarifs eux-mêmes.

Des études ont tenté de quantifier les effets des barrières non tarifaires pour mieux les comparer à ceux des tarifs douaniers. Ces études visent à déterminer le tarif (ce qu'on appelle l'*équivalent tarifaire*) qui aurait sur le commerce international le même effet limitatif que les barrières non tarifaires. Il est alors possible d'additionner le tarif proprement dit et l'équivalent tarifaire des barrières non tarifaires pour connaître le niveau total de la protection accordée à l'industrie nationale. Dans le cas du Canada, ces études montrent qu'il faut multiplier par trois le niveau de protection, comparativement aux seules barrières tarifaires. Le taux de protection total est plus élevé dans la Communauté économique européenne, et encore plus dans d'autres pays développés comme le Japon. Ce sont les pays moins développés ou en voie d'industrialisation qui possèdent les taux de protection les plus élevés.

Les quotas revêtent une importance particulière dans l'industrie textile. En vertu d'une entente internationale – l'Accord multifibres –, la plupart des pays ont établi des quotas sur un large éventail de produits textiles. Les produits agricoles font également l'objet de quotas.

Quant aux restrictions volontaires d'exportation, elles jouent un rôle particulièrement important dans le commerce des automobiles entre le Japon et l'Amérique du Nord.

Les effets des quotas et des restrictions volontaires d'exportation

Pour comprendre l'effet des barrières non tarifaires sur le commerce international, reprenons notre exemple du commerce entre la Cérésie et la Vulcanie. Supposons que la Cérésie impose un quota sur les importations d'automobiles. Plus précisément, supposons que ce quota limite les importations à moins de 2 millions de voitures par année. Quels sont les effets de cette mesure ?

Dans la figure 22.11, la droite verticale représente le quota annuel de 2 millions de voitures. Comme la Cérésie n'autorise pas des importations supérieures à 2 millions d'automobiles, les importateurs n'achètent aux constructeurs vulcaniens que ce nombre de voitures. Ils leur versent 2000 $ pour chaque voiture. Mais combien vendent-ils eux-mêmes ces automobiles ? Ils les vendent 6000 $ l'unité. Puisque l'offre d'importation de voitures est limitée à 2 millions par année, ceux qui ont des voitures à vendre pourront en obtenir 6000 $. La quantité de voitures importée est égale à la quantité fixée par le quota.

L'importation de voitures devient ainsi une affaire rentable. L'importateur obtient 6000 $ pour un article qui ne lui coûte que 2000 $. Il s'ensuit une vive concurrence entre les importateurs de voitures pour obtenir les *licences d'importation*, à l'intérieur du quota disponible. La possession d'une licence d'importation (c'est-à-dire la part qu'on possède du quota global) peut donc engendrer des profits importants. Les économistes appellent *recherche de rente* les activités par lesquelles les individus tenteront d'acquérir les droits d'importation.

La valeur des importations – c'est-à-dire le montant versé à la Vulcanie – chute à 4 milliards de dollars, exactement comme lorsqu'un tarif douanier était imposé. Les Vulcaniens subissent une baisse des revenus tirés de l'exportation d'automobiles et une hausse du prix des céréales; ils réduisent donc leurs importations de céréales, tout comme si la Cérésie avait imposé un tarif sur les voitures importées.

Ce qui distingue le *quota* du *tarif*, c'est le bénéficiaire du profit correspondant à la différence entre le prix d'offre à l'importation et le prix de vente dans le pays. Dans le cas d'un tarif, cette différence est prélevée par le gouvernement ; dans le cas d'un quota, elle

Figure 22.11 Les effets d'un quota d'importation

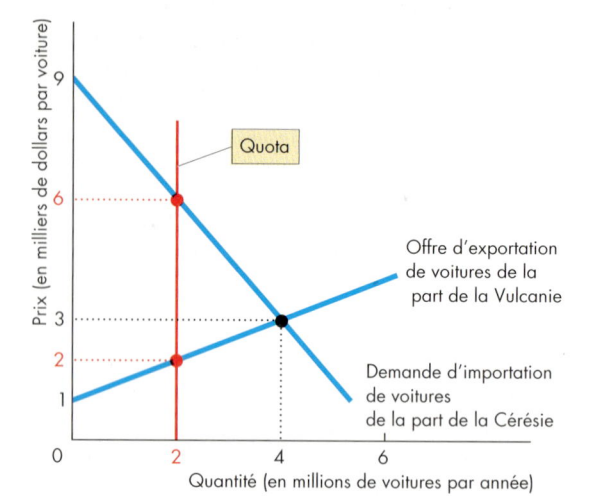

La Cérésie impose un quota annuel de 2 millions d'unités sur les importations de voitures en provenance de la Vulcanie. Cette quantité est représentée par la droite marquée «Quota». La limitation des importations de voitures fait grimper à 6000 $ le prix auquel elles seront vendues en Cérésie. L'écart entre le prix de 6000 $ auquel les voitures se vendent en Cérésie et le prix de 2000 $ auquel elles peuvent être achetées en Vulcanie constitue une source de profits pour les détenteurs cérésiens de licences d'importation.

appartient à la personne qui détient le droit d'importer en vertu de la procédure d'octroi des licences d'importation.

La restriction volontaire d'exportation ressemble à un quota qu'on imposerait à chaque pays exportateur. Elle produit des effets semblables à ceux du quota, avec cette différence que l'écart entre le prix de vente pratiqué sur le marché intérieur et le prix d'exportation revient à l'exportateur étranger plutôt qu'à l'importateur national. Le gouvernement du pays exportateur doit répartir le contingent d'exportations entre les producteurs de ce pays.

À RETENIR

En libéralisant son commerce et en effectuant des échanges aux prix du marché mondial, un pays élargit ses possibilités de consommation. Les restrictions du commerce limitent les gains qu'on peut tirer de l'échange. L'imposition de tarifs douaniers réduit non seulement le volume des importations, mais aussi celui des exportations. En l'absence de possibilités d'exportations sur le marché international, la valeur des importations reste égale à celle des exportations – qu'on pratique une politique commerciale libre-échangiste ou protectionniste. Avec l'imposition de restrictions au commerce international, la valeur totale des exportations et la valeur totale des importations sont inférieures à ce qu'elles seraient en régime de libre-échange, mais le commerce demeure en équilibre.

■ ■ ■

Pourquoi certains pays jugent-ils les quotas et les restrictions volontaires préférables aux tarifs?

À première vue, on peut trouver étonnant que des pays décident d'imposer des quotas, et encore plus étonnant qu'ils concluent des accords de restrictions volontaires d'exportation. Nous avons vu en effet que chacun des trois outils de limitation des échanges permet d'obtenir les mêmes prix intérieurs et le même volume d'importations. Ces trois outils diffèrent en ceci que le *tarif* représente une source de revenus pour le gouvernement, que le *quota* permet aux importateurs intérieurs de faire des profits et que la *restriction volontaire d'exportation* constitue une source de bénéfices pour les exportateurs étrangers. Pourquoi alors imposer un quota ou une restriction volontaire d'exportation plutôt qu'un tarif douanier?

Il peut y avoir à cela deux raisons. Premièrement, un gouvernement peut établir des quotas pour récompenser ses alliés politiques. Dans un régime de quota, l'obtention d'une licence d'importation devient extrêmement lucrative; de la part du gouvernement, c'est donc une faveur. Deuxièmement, le quota constitue un instrument plus précis pour limiter les importations. Les fluctuations de la demande modifient le prix intérieur du bien visé mais n'influent pas sur la quantité importée. Vous pouvez vérifier ce résultat dans la figure 22.11. Supposons que la demande d'importation fluctue. Dans un régime de quota, les déplacements de la demande ne produisent que des fluctuations du prix intérieur du bien importé, mais ne modifient pas le volume des importations. Dans un régime de tarif, les fluctuations de la demande entraînent des variations plus faibles du prix intérieur, mais une variation considérable du volume d'importation. Donc, le gouvernement qui désire limiter le volume d'importation sans égard aux fluctuations du prix intérieur imposera de préférence un quota.

Quelles raisons amèneraient un gouvernement à recourir à des restrictions volontaires d'exportations plutôt qu'à des quotas ou à des tarifs? Ce pourrait être pour éviter une guerre des tarifs ou une guerre des quotas avec un autre pays. En effet, en imposant un tarif ou un quota, un pays risque de provoquer des mesures de rétorsion qui auraient pour effet de restreindre ses propres exportations. Une guerre commerciale réduirait considérablement le volume des échanges et serait très coûteuse pour tous les pays intéressés. On voit donc fréquemment des pays tenter de convaincre leurs partenaires commerciaux de limiter «volontairement» leurs exportations. Cela permet au pays importateur de protéger son industrie nationale, tout en fournissant à son partenaire commercial une compensation sous la forme de profits plus élevés, de façon à le dissuader d'user de représailles. Enfin, les accords de limitation volontaire des exportations constituent souvent la seule forme de restriction au commerce qui ne contrevienne pas aux principes fondamentaux du GATT.

Le dumping et les droits de douane compensateurs

Le **dumping** consiste à vendre, sur un marché étranger, un bien à un prix inférieur au prix du marché national ou inférieur au coût de production. Le dumping peut être le fait d'un monopoleur pratiquant la discrimination de prix afin de maximiser ses profits. Selon le GATT, le dumping est illégal. Un pays peut imposer des droits antidumping sur les importations si ses producteurs peuvent faire la preuve que le dumping leur cause un préjudice. Les droits antidumping sont imposés en plus des droits de douane ordinaires.

Les **droits de douane compensateurs** sont des tarifs douaniers qu'un gouvernement impose pour permettre aux producteurs nationaux de concurrencer les producteurs étrangers subventionnés par leur propre gouvernement. Selon les lois des États-Unis, si des producteurs américains peuvent démontrer qu'ils sont lésés par un concurrent étranger par suite de subventions que celui-ci reçoit de son gouvernement, le gouvernement américain peut imposer un droit compensateur. Il est fréquent que les gouvernements versent des subventions à certaines industries de leur pays. Mais il n'est pas toujours facile d'établir la distinction entre une subvention et une forme légitime d'aide gouvernementale ou simplement une conception différente du rôle du gouvernement.

L'industrie canadienne du bois d'œuvre nous en offre un exemple concret. Les producteurs américains affirment que cette industrie reçoit des subventions sous la forme de droits de coupe préférentiels. Les gouvernements provinciaux, qui sont propriétaires de la plupart de nos forêts, soutiennent que leur méthode de détermination des droits de coupe diffère simplement de la méthode américaine. Un autre exemple récent de l'utilisation de droits compensateurs par les États-Unis nous est fourni par le différend commercial impliquant un producteur québécois de magnésium, Norsk Hydro, firme d'origine norvégienne qui a ouvert une usine à Bécancour en 1989. À l'automne 1991, le producteur américain Magnesium Corporation, de l'État du Utah, a déposé une plainte contre Norsk Hydro en arguant de ce que les tarifs préférentiels d'électricité que cette entreprise avait négociés avec Hydro-Québec constituaient une subvention déloyale (Norsk Hydro a fini par admettre qu'elle ne payait que 60 % du tarif industriel standard). Le département du Commerce a menacé d'imposer un droit de 32,85 % sur les exportations de Norsk Hydro. Cela a amené Norsk Hydro à accepter de renégocier son contrat avec Hydro-Québec pour se soustraire aux droits compensateurs que les États-Unis envisageaient d'imposer.

Pourquoi freiner le commerce international?

Autrefois, on imposait des tarifs douaniers non pas pour limiter le commerce international (même s'ils avaient cet effet), mais plutôt parce que les droits de douane constituaient une source importante de revenus fiscaux. Comme une des fonctions des gouvernements est de contrôler les frontières du territoire sous leur juridiction, il leur est facile de percevoir des taxes sur les biens qui franchissent ces frontières. Les tarifs douaniers constituaient donc les taxes les plus faciles à prélever, et on y a eu recours abondamment. À mesure que la perception d'autres taxes, comme l'impôt sur le revenu devenait plus facile, et qu'on saisissait mieux la raison d'être du commerce international, on a graduellement abaissé les tarifs douaniers. Vous avez pu observer cette tendance dans la figure 22.9. En ce qui concerne le Canada, cette tendance s'accentuera au cours des années 90, au fur et à mesure que l'Accord canado-américain de libre-échange prendra tout son effet. Malgré cette tendance générale à la baisse, on intervient encore beaucoup dans le commerce international pour protéger la production locale contre la concurrence étrangère. Pourquoi, alors que le libre-échange accroît nos possibilités de consommation, a-t-on encore aussi souvent recours à des pratiques commerciales restrictives?

Cette situation s'explique par le fait que le libre-échange n'augmente qu'*en moyenne* les possibilités de consommation dans chaque pays: tous les individus n'en profitent pas nécessairement, et certains peuvent même y perdre. Autrement dit, certains groupes tirent profit du libre-échange, alors que d'autres en font les frais, même si au total les avantages sont supérieurs aux coûts. C'est cette répartition inégale des coûts et des avantages du libre-échange qui représente le principal obstacle à la libéralisation du commerce international.

Revenons à notre exemple du commerce d'automobiles et de céréales entre la Vulcanie et la Cérésie. Nous avons vu que l'ouverture de ces pays au commerce international se traduisait par une consommation accrue de chacun des biens, tant pour les Cérésiens que pour les Vulcaniens. Autrement dit, le commerce augmentait le revenu réel (sur la base des possibilités réelles de consommation) des Cérésiens et des Vulcaniens. Cependant, notre argumentation ne portait que sur le revenu réel du Cérésien ou du Vulcanien *moyen*. La démonstration présentée à la figure 22.7 ne permettait pas d'affirmer que l'ouverture de ces pays au commerce se faisait à l'avantage de *tous* les Cérésiens et de *tous* les Vulcaniens. La restructuration que le libre-échange imposait à la production profitait en particulier aux producteurs de céréales de Cérésie (les propriétaires des fermes et les salariés agricoles), ainsi qu'aux producteurs d'automobiles de Vulcanie (les travailleurs et les propriétaires d'entreprises). Par contre, les producteurs de céréales de Vulcanie et les producteurs d'automobiles de Cérésie devaient supporter les coûts de l'ouverture au commerce international, par suite de la contraction de leur secteur d'activité.

Comparativement au nombre de personnes lésées par l'abolition de la protection commerciale sur un produit donné, celui des personnes avantagées est généralement très grand. De plus, l'avantage moyen de ceux qui gagnent à l'abolition de la protection est généralement modeste, alors que le coût moyen pour ceux qui y perdent peut être élevé, même si, au total, le libre-échange sur le produit en question procure un gain net. Par exemple, la levée des quotas d'importation de chaussures au Canada se traduira par une économie de quelques dollars pour le consommateur sur chaque paire de chaussures, mais elle aura des répercussions importantes sur les travailleurs et les entreprises de l'industrie de la chaussure. Menacés de pertes importantes, les groupes désavantagés par le libre-échange sur un produit donné ont donc intérêt à consacrer des dépenses importantes pour faire pression en faveur du maintien de la protection commerciale. Par contre, ceux que le libre-échange favorisera (souvent l'ensemble des consommateurs) n'ont pas intérêt à s'organiser pour faire pression en faveur de l'élimination de la protection commerciale: le gain que chacun en attend individuellement est trop faible. Cela explique que les groupes opposés à l'abolition de la protection sur un produit donné exerceront le plus souvent des pressions politiques plus fortes que ceux qui pourraient bénéficier de l'élimination de cette protection.

Le dédommagement des perdants

Si, au total, les avantages qu'on retire du libre-échange dépassent les pertes qu'il occasionne, pourquoi les personnes et les groupes avantagés n'offrent-ils pas de dédommager ceux qui y perdent, de façon à faire l'unanimité en faveur du libre-échange? Jusqu'à un certain point, c'est ce qui se passe – indirectement, par le biais des indemnités de chômage. Mais, en général, on ne déploie que peu d'efforts pour dédommager les victimes du libre-échange. Cela tient surtout aux sommes énormes qu'il faudrait consacrer à l'identification des perdants. D'ailleurs, on ne pourrait jamais déterminer à coup sûr si les difficultés qu'éprouve une personne ou une entreprise sont imputables au libre-échange plutôt qu'à d'autres causes qui, peut-être, dépendent d'abord d'elle-même. De plus, ceux qu'on aurait identifiés comme les perdants à un moment donné peuvent en définitive être les vrais gagnants. Tel jeune employé de l'industrie automobile perd son travail à Windsor et devient à Ottawa ouvrier spécialisé dans le montage des ordinateurs; il est évidemment contrarié par la perte de son travail et l'obligation de déménager. Mais un an ou deux plus tard, avec un peu de recul, il s'estime heureux d'avoir pris cette décision qui lui a valu l'accroissement de son revenu et l'amélioration de sa sécurité d'emploi.

Au Canada, l'attrait du protectionnisme dans les débats économiques et politiques vient justement de ce que, en pratique, il est impossible de dédommager parfaitement ceux qui sont désavantagés par le libre-échange.

■ Vous connaissez maintenant les gains qu'un pays peut retirer d'une plus grande spécialisation et des échanges commerciaux avec l'étranger. En produisant les biens pour lesquels nous détenons un avantage comparatif et en échangeant avec d'autres pays une partie de notre production, nous élargissons nos possibilités de consommation. L'ouverture de nos frontières au commerce international élargit nos marchés et fait augmenter le prix que recevront les producteurs des biens pour lesquels nous avons un avantage comparatif. En même temps, nous pouvons nous procurer certains produits à des prix beaucoup plus avantageux que si nous devions les produire nous-mêmes. Tous les pays tirent avantage de la libéralisation du commerce international. En l'absence de mouvements de capitaux permettant aux pays de prêter ou d'emprunter sur le marché international, l'ajustement des prix relatifs stimulera à la fois les importations et les exportations et maintiendra l'équilibre de la balance commerciale.

RÉSUMÉ

La structure du commerce international

Les pays riches en matières premières exportent celles-ci en échange de produits manufacturés, tandis que les pays pauvres en matières premières importent celles-ci en échange de produits manufacturés. Cependant, les produits manufacturés que les pays industrialisés échangent entre eux représentent de loin le courant d'échanges le plus important. De tous les biens que le Canada exporte et importe, ce sont les automobiles et les pièces détachées qui donnent lieu aux plus forts volumes d'échanges. On a vu se développer au cours des dernières années le commerce des services. Le volume total des échanges a, lui aussi, considérablement augmenté. La balance commerciale du Canada fluctue, mais elle est habituellement positive: le Canada est un exportateur net. (pp. 597-600)

Coût d'opportunité et avantage comparatif

Lorsque les coûts d'opportunité diffèrent entre les pays, on dit que le pays pour qui le coût d'opportunité d'un bien est le plus bas détient un avantage comparatif dans la production de ce bien. C'est l'avantage comparatif qui est la source des gains à l'échange. Un pays peut posséder un avantage *absolu* dans la production de tous les biens, mais il ne peut posséder un avantage *comparatif* pour tous les biens. Chaque pays détient un avantage comparatif dans *certaines* productions. (pp. 600-602)

Les gains à l'échange

Les pays peuvent tirer avantage du commerce dans la mesure où leurs coûts d'opportunité sont différents. Grâce au commerce, chaque pays peut obtenir des biens à un coût d'opportunité inférieur à celui qui serait le sien s'il produisait lui-même tous ses biens. En se spécialisant dans la production du bien pour lequel il détient un avantage comparatif et en échangeant ce bien contre des biens importés, chaque pays peut atteindre des niveaux de consommation situés au-delà de sa frontière des possibilités de production. En l'absence de mouvements de capitaux permettant les opérations de prêts ou d'emprunts entre pays, les échanges de chaque pays seront équilibrés; la structure de la consommation et de la production de chaque pays dépendra des termes de l'échange établis par l'offre et la demande mondiales de produits. (pp. 602-607)

Le commerce intra-industriel et les gains à l'échange

Les avantages comparatifs n'expliquent qu'une partie du commerce mondial. La plus grande partie de ce commerce, notamment les échanges de biens manufacturés entre les pays industrialisés, porte sur des biens de même nature - par exemple une marque de voiture contre une autre marque - pour lesquels les pays n'ont pas *a priori* d'avantages comparatifs particuliers. Ce type d'échanges s'explique par les économies d'échelle et par la diversité des préférences. En se spécialisant dans la production de certains biens qu'il exportera sur les marchés mondiaux, un pays peut atteindre des volumes de production suffisants pour exploiter les possibilités d'économie d'échelle ; la spécialisation et les échanges permettent ainsi aux consommateurs de tous les pays de profiter d'une plus grande diversité de produits à des prix plus bas. (*pp. 607-609*)

Les pratiques commerciales restrictives

Un pays peut restreindre le commerce international soit à l'aide de tarifs douaniers, soit à l'aide de barrières non tarifaires comme les quotas, les restrictions volontaires d'exportations ou la réglementation des normes sur les produits. Ces restrictions au commerce ont pour effet d'augmenter le prix des biens dans le pays importateur, de diminuer le volume des importations et de réduire la valeur totale des importations. En même temps, elles réduisent la valeur totale des exportations, d'un montant égal à la réduction de la valeur des importations.

Toute restriction au commerce crée un écart entre le prix d'un bien dans son pays de production et le prix auquel le même bien est offert dans le pays importateur. Dans le cas du tarif douanier, la différence entre le prix d'importation et le prix pratiqué sur le marché intérieur est prélevée par le gouvernement du pays importateur. Par contre, le gouvernement ne perçoit aucun revenu quand il impose un quota ; ce sont plutôt les importateurs (les détenteurs d'une licence d'importation) qui augmentent leur profit. La restriction volontaire d'exportation agit comme le quota, sauf que c'est l'exportateur étranger qui perçoit un prix plus élevé.

Les gouvernements interviennent dans les échanges commerciaux pour protéger les entreprises et les travailleurs des industries menacées par la concurrence étrangère. Comme ces groupes ont beaucoup à gagner, ils exerceront de fortes pressions en faveur de l'adoption de mesures de restriction des importations. Par comparaison, les coûts des mesures restrictives sont supportés par la collectivité dans son ensemble. Comme les coûts par individu sont le plus souvent modestes (même si, pris globalement, ces coûts sont supérieurs aux gains des entreprises et des travailleurs visés), les pressions politiques en faveur du démantèlement des protections commerciales seront généralement moins fortes. (*pp. 609-619*)

POINTS DE REPÈRE

Mots clés

Accord général sur les tarifs douaniers et le commerce (GATT), 611
Avantage absolu, 605
Avantage comparatif, 602
Balance commerciale, 599
Barrières non tarifaires, 609
Commerce intra-industriel, 607
Contingent (quota d'importation), 615
Droit de douane (tarif), 609
Droits de douanes compensateurs, 617
Dumping, 617
Europe de 1992, 611
Exportateur net, 599
Exportations, 597
GATT, 611
Importateur net, 599
Importations, 597
Libre-échange, 609
Normes techniques, 615
Protectionnisme, 609
Quota d'importation (contingent), 615
Restriction volontaire d'exportation, 615
Tarif (droit de douane), 609
Termes de l'échange, 606

Figures clés

Figure 22.1	Les exportations et les importations du Canada, 598
Figure 22.4	Le coût d'opportunité en Cérésie, 601
Figure 22.5	Le coût d'opportunité en Vulcanie, 601
Figure 22.6	Le commerce international d'automobiles, 603
Figure 22.7	L'expansion des possibilités de consommation, 604
Figure 22.10	Les effets d'un tarif, 614
Figure 22.11	Les effets d'un quota d'importation, 616

QUESTIONS DE RÉVISION

1. Quelles sont les principales exportations du Canada ? et ses principales importations ?

2. Au cours des dernières années, quels sont les produits dont le commerce s'est le plus développé sur les marchés internationaux ?

3. Qu'est-ce qu'un avantage comparatif ? Pourquoi permet-il de tirer avantage du commerce international ?

4. Expliquez pourquoi le commerce international peut être avantageux pour tous les pays.

5. Établissez la distinction entre un avantage comparatif et un avantage absolu.

6. Expliquez pourquoi tous les pays détiennent un avantage comparatif dans la production de certains biens.

7. Expliquez pourquoi l'on importe et l'on exporte d'aussi grandes quantités de certains biens de même nature, comme les automobiles.

8. Quelles sont les principales pratiques commerciales restrictives ?

9. Quels sont les effets d'un tarif ?

10. Quels sont les effets d'un quota d'importation ?

11. Quels sont les effets d'une restriction volontaire d'exportation ?

12. Décrivez les grandes tendances de l'évolution des protections tarifaires et non tarifaires.

13. Quels pays imposent le plus de restrictions au commerce international ?

14. Qu'est-ce qui explique les pratiques protectionnistes ?

PROBLÈMES

1. a) À l'aide de la figure 22.4, calculez le coût d'opportunité d'une voiture en Cérésie, lorsque ce pays produit 4 millions de véhicules.

   b) À l'aide de la figure 22.5, calculez le coût d'opportunité d'une voiture en Vulcanie, lorsque ce pays produit 8 millions de véhicules.

   c) Sans échanges commerciaux, la Cérésie produit 4 millions de voitures, et la Vulcanie 8 millions. Lequel de ces deux pays détient un avantage comparatif dans la production des voitures ?

   d) En l'absence d'échanges commerciaux entre la Cérésie et la Vulcanie, quelle quantité de céréales consomme-t-on dans chaque pays ? Et combien de voitures achète-t-on dans chaque pays ?

2. Supposons que les deux pays du problème 1 conviennent d'instaurer entre eux une zone de libre-échange.

   a) Lequel des deux pays exporte des céréales ?

   b) Comment s'ajustera la quantité de chaque bien produit par chacun de ces deux pays ?

   c) Comment s'ajustera la quantité de chaque bien consommé par chacun de ces pays ?

   d) Que pouvez-vous dire au sujet du prix d'une voiture, en situation de libre-échange ?

3. Comparez la production totale de chaque bien produit, dans les problèmes 1 et 2.

4. Comparez la situation des problèmes 1 et 2 avec celle que nous avons analysée dans le présent chapitre. Pourquoi la Vulcanie *exporte*-t-elle des voitures dans l'exposé du présent chapitre alors qu'elle en *importe* dans le problème 2 ?

5. a) Quels avantages la Cérésie retire-t-elle du commerce international ?

   b) Quels avantages la Vulcanie retire-t-elle du commerce international ?

6. La figure suivante représente le marché mondial des graines de soja.

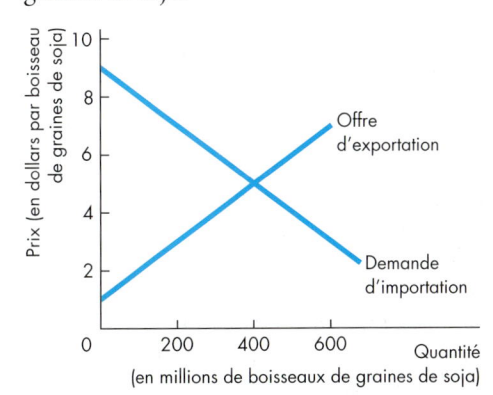

   a) Quel est le prix mondial des graines de soja, en l'absence de restrictions au commerce ?

b) Si le pays importateur de graines de soja impose un tarif de 2 $ par boisseau, quel est le prix mondial des graines de soja ? Quel volume de graines échange-t-on entre pays ? Quel est le prix des graines de soja dans le pays importateur ? Calculez le revenu tiré de ce tarif.

7. Si le pays importateur mentionné au problème 6(a) impose un quota de 300 millions de boisseaux, quel est le prix des graines de soja dans ce pays ? Quel revenu le quota produit-il ? et qui en bénéficie ?

8. Si le pays exportateur mentionné au problème 6(a) réussit à convaincre ses partenaires commerciaux de restreindre volontairement leurs exportations à 300 millions de boisseaux de graines de soja, quel est le prix mondial des graines de soja ? Quel revenu les producteurs de graines de soja retirent-ils dans les pays exportateurs ? Quel pays est avantagé par la limitation volontaire des exportations ?

9. Supposons que le pays exportateur mentionné au problème 6(a) subventionne ses producteurs à raison de 1 $ par boisseau de graines de soja récolté.

   a) Quel est le prix des graines de soja dans le pays importateur ?

   b) Quelle mesure les producteurs de graines de soja du pays importateur peuvent-ils prendre ?

CHAPITRE 23

Les divers systèmes économiques

Objectifs du chapitre:

- Montrer pourquoi le problème de la rareté est commun à tous les systèmes économiques et à tous les régimes politiques.

- Décrire les méthodes utilisées par différents systèmes économiques pour résoudre le problème de la rareté.

- Expliquer la différence entre le capitalisme et le socialisme.

- Décrire les diverses formes que prend le capitalisme en comparant entre eux les États-Unis, le Japon et l'Europe de l'Ouest.

- Décrire les principales caractéristiques du système économique en vigueur en Union soviétique jusqu'à 1991.

- Expliquer comment s'est déroulée la restructuration économique, ou *perestroïka*, que l'Union soviétique a amorcée à la fin des années 80.

- Décrire les réformes qui ont été entreprises en Chine.

- Évaluer l'efficacité des divers systèmes économiques.

Les bouleversements économiques

NOUS VIVONS UNE ÉPOQUE FERTILE en bouleversements économiques. Dans toute l'Europe de l'Est — en Bulgarie, en Tchécoslovaquie, en Allemagne de l'Est, en Hongrie, en Pologne, en Roumanie, en Yougoslavie —, on rejette le communisme et le socialisme, qu'on remplace par diverses formes de capitalisme. Cette transformation des économies d'Europe de l'Est s'est amorcée en douceur à l'été de 1987, au cours d'une réunion du Comité central du Parti communiste de l'Union soviétique. Mikhaïl Gorbatchev y présentait son programme de «restructuration radicale de la gestion économique» en Union soviétique — la *perestroïka*. Avec beaucoup de zèle, il s'est employé à répandre son message auprès des simples citoyens soviétiques, proclamant les vertus d'un travail «un peu plus intense». Dans son livre intitulé *Perestroïka*, qui a connu un grand succès de librairie même en Amérique du Nord et en Europe de l'Ouest, il a décrit les étapes à suivre pour réaliser la «révolution de la perestroïka». ■ Toutefois, le rythme des changements s'est accéléré en 1989 lorsque, un à un, les pays d'Europe de l'Est ont instauré des régimes politiques démocratiques et ouverts. Avec l'avènement de la démocratie, la population a exigé une amélioration de la performance économique. ■ La Chine est le plus grand pays communiste. Même là, et malgré la répression sanglante du mouvement de démocratisation qui s'est manifesté à l'été 1989 sur la place Tiananmen, de vastes réformes économiques sont en cours. Le but que poursuit officiellement Teng Hsiao-ping, architecte de l'économie moderne chinoise, est de faire de la Chine «un pays socialiste avec ses particularités propres». Il veut concilier dans ce pays deux systèmes: le système communiste, développé en Chine et en Union soviétique, et le système capitaliste des États-Unis, de l'Europe de l'Ouest et du Japon. ■ Même s'ils sont moins radicaux, des changements se produisent aussi dans la gestion économique des gouvernements au Canada, aux États-Unis, en Europe de l'Ouest et au Japon. Au Canada, ils ont pris deux formes: d'une part, la déréglementation de certaines activités économiques et, d'autre part, la privatisation de sociétés d'État relevant du gouvernement fédéral ou de gouvernements provinciaux, comme Air Canada, Pétro-Canada et la Saskatchewan Oil and Gas Corporation. En Grande-Bretagne et dans plusieurs autres pays d'Europe de l'Ouest, la déréglementation a été accompagnée de la vente, à des intérêts privés, d'entreprises exploitées par l'État: sociétés de chemins de fer, de télécommunications, de services publics, etc. Aux États-Unis où l'État n'a jamais possédé beaucoup d'entreprises, les changements se sont traduits par un mouvement de déréglementation. Amorcé sous la présidence de Jimmy Carter, ce mouvement a pris toute son ampleur à l'époque du président Reagan. Au Japon, les changements se traduisent par une plus grande libéralisation de l'économie nationale, du commerce international et des relations financières. ■ Quelles sont les principales différences entre le système économique que les pays d'Europe de l'Est et l'Union soviétique sont en train d'abandonner et le système économique du Canada, des États-Unis, de l'Europe de l'Ouest et du Japon? Que sont exactement le capitalisme, le socialisme et le communisme? Pourquoi l'Union soviétique et d'autres pays d'Europe de l'Est entreprennent-ils une telle transformation de leurs méthodes de gestion économique? Pourquoi des pays d'Europe de l'Ouest et le Japon privatisent-ils de grandes parties de leur économie? Quelle est la performance respective du capitalisme et du communisme? Un pays peut-il combiner avec succès ces deux types de fonctionnement économique?

■ Dans le présent chapitre, nous allons décrire certaines des différences essentielles entre les principaux systèmes économiques. Nous comparerons le fonctionnement des économies capitalistes à celui des économies communistes. Nous examinerons certaines différences entre l'économie du Canada, celle des États-Unis, celle du Japon et celles des pays d'Europe de l'Ouest. Nous étudierons comment fonctionnait l'économie soviétique avant les réformes. Nous analyserons les causes de la *perestroïka* et les objectifs qu'elle visait. Nous aborderons les réformes économiques adoptées en Chine et nous évaluerons leurs effets. Finalement, nous comparerons entre elles les performances des deux principaux systèmes économiques: le capitalisme et le socialisme.

Le problème économique fondamental

Tous les problèmes économiques ont pour origine la *rareté*; c'est la première notion qu'on apprend en économie. Pour aborder l'analyse comparée des systèmes économiques, il est donc utile d'approfondir notre compréhension du phénomène de la rareté et de ses conséquences.

La rareté

La rareté découle du fait que nous voulons tous consommer plus de biens et services que ce que nous permettent les ressources et le degré d'avancement de la technologie. La *frontière des possibilités de production* définit les limites de ce qu'on peut produire; elle distingue le réalisable de l'irréalisable (voir le chapitre 3).

Nous exploitons au maximum nos possibilités de consommation si nous faisons en sorte que notre économie se situe sur un point de la frontière des possibilités de production. La première étape qui nous conduit vers la solution du problème économique consiste donc à se situer sur cette frontière.

Se situer sur la frontière des possibilités de production

Si l'économie se situe sur un point de la frontière des possibilités de production plutôt qu'à l'intérieur de celle-ci, on produit une plus grande quantité de tous les biens. Toutefois, il ne va pas de soi qu'on se trouve toujours sur cette frontière. On peut gaspiller ses ressources en produisant par exemple, à un moment donné, plus de denrées périssables qu'on ne peut en consommer. Certaines denrées pourrissent, et l'on aurait mieux fait de ne pas les produire; les ressources affectées à cette production sont perdues.

Une autre forme de gaspillage, plus subtile et plus grave encore, consiste à utiliser inadéquatement les ressources productives de telle façon qu'on augmente inutilement les coûts de production. Par exemple, on peut produire l'électricité à l'aide de l'énergie hydraulique, du charbon, du pétrole ou de l'énergie nucléaire. Si cette dernière produit un mégawatt d'électricité au coût le plus bas, le recours à l'énergie hydraulique ou au pétrole constitue un gaspillage de ressources productives. Il ne faut toutefois pas oublier que, en économique, le terme «coût» englobe *tous* les coûts. Dans le cas de la production d'électricité, les coûts comprennent les dommages causés à l'environnement, comme la pollution, les risques d'accident ou de contamination nucléaires et bien d'autres coûts qui ne sont pas nécessairement directement supportés par le producteur.

Chaque système économique se caractérise par un ensemble de méthodes de gestion et de mécanismes dont on espère qu'ils permettront à l'économie d'atteindre un point situé sur la frontière des possibilités de production. Nous étudierons ces méthodes dans la prochaine section du chapitre. Lorsque l'économie se trouve sur la frontière des possibilités de production, on ne peut augmenter la production d'un bien sans réduire celle d'un autre bien. C'est ce fait qui justifie le concept de *coût d'opportunité*. Le coût d'opportunité de la production d'une unité additionnelle d'un bien donné représente la quantité d'un autre bien à laquelle on doit renoncer. Comme la production d'une plus grande quantité d'un bien suppose qu'on produise moins d'un autre bien, la solution du problème économique comporte une deuxième exigence: on doit atteindre le point approprié sur la frontière.

Produire la bonne combinaison de biens et services

Pour déterminer la quantité à produire de chaque bien et de chaque service, il faut tenir compte des préférences des individus quant aux solutions possibles. Par exemple, si les individus accordaient plus d'importance à la qualité de l'air qu'à l'efficacité ou au confort des moyens de transport, nous produirions moins de voitures, construirions moins d'autoroutes et réglementerions de façon plus stricte l'émission des gaz d'échappement. Si les individus préféraient les voyages sur la Lune à tous les autres biens de consommation actuels, nous consacrerions d'énormes ressources à la construction de moyens de transport pour aller vers la Lune et de lieux de villégiature sur cette planète! Si tous devenaient amateurs de fruits et de crème glacée au point de refuser de manger de la viande, les restaurants Burger King et McDonald's déclareraient faillite ou modifieraient radicalement l'éventail de leurs produits — et l'on verrait se multiplier les crémeries.

La manière dont les préférences des individus influent sur les quantités des biens et services à produire varie d'un système économique à un autre. Comme nous le verrons plus loin, notre propre système économique accorde une importance primordiale aux préférences des individus dans la détermination des biens à produire. Dans d'autres systèmes, les préférences des individus jouent un rôle limité; ce sont les plans du gouvernement qui ont prépondérance.

Ainsi, pour résoudre le problème économique de la rareté, on doit, d'une part, atteindre la frontière des possibilités de production et, d'autre part, y choisir le point approprié. Il existe un troisième aspect à ce problème : la répartition du bien-être économique.

La répartition du bien-être économique

Une économie peut se trouver sur un point de la frontière des possibilités de production qui reflète exactement les préférences des consommateurs concernant les quantités produites des divers biens. À ce point, toute augmentation de la production d'un bien et toute diminution de la production d'un autre bien seraient désavantageuses pour certains. De tels points sur la frontière sont nombreux, et chacun d'eux représente une répartition différente du bien-être économique. En un de ces points, les revenus sont également répartis; en un autre point, 90 % de la population du pays vit dans la pauvreté alors que l'autre partie — qui forme 10 % — vit dans le luxe. Autrement dit, ce sont les particularités du système économique qui déterminent ce qu'auront les uns et les autres. Certains systèmes favorisent, du moins en principe, l'égalité dans la répartition des revenus; d'autres prônent l'égalité des chances mais accordent peu d'importance à la répartition qui en découle.

À RETENIR

Pour faire face de façon efficace au problème de la rareté, il faut atteindre la frontière des possibilités de production. Le point qu'on atteint sur cette frontière dépend de deux facteurs : les préférences des individus et la manière dont le système économique répartit les revenus. Aucun système économique ne peut faire disparaître ce problème économique. Au mieux, chaque système peut aider les individus à faire face à la rareté.

■ ■ ■

Voyons maintenant comment les différents systèmes économiques font face au problème économique fondamental.

Les divers systèmes économiques

Les différences entre les systèmes économiques sont nombreuses et parfois subtiles. Elles tournent cependant autour de deux questions principales :

- Qui possède le capital et la terre?
- Comment l'allocation des ressources se fait-elle?

La figure 23.1 résume les diverses possibilités. Le capital et la terre peuvent appartenir à des particuliers, à l'État, ou aux deux. L'allocation des ressources peut être assurée par les marchés, par les organismes centraux de planification, ou par les deux. La zone bleue représente le capitalisme extrême, et la zone rouge, le socialisme extrême.

Le **capitalisme** est un système économique fondé sur la propriété privée des moyens de production (le capital et la terre) et sur l'allocation des ressources par le marché. Le **socialisme** est un système économique fondé sur la propriété étatique des moyens de production et sur une allocation centralisée et planifiée des ressources. La **planification centralisée** constitue un mode d'allocation des ressources : un comité central de planification élabore des plans et les communique ensuite aux divers organismes de production et de distribution; un nombre important de fonctionnaires surveillent l'exécution de ces plans. Le capitalisme et le socialisme à planification centralisée représentent deux modes de gestion économique diamétralement opposés. Aucun pays n'a appliqué de système économique qui corresponde précisément à chacun de ces deux cas extrêmes. Cependant, le Canada, les États-Unis et le Japon se rapprochent du capitalisme, tandis que l'ex-URSS et la Chine se rapprochent du socialisme.

Figure 23.1 Les divers systèmes économiques

Mécanisme d'allocation des ressources	Propriété du capital		
	Les individus	Mixte	L'État
Les marchés	**Capitalisme** États-Unis Japon Canada		
Mixte	**Capitalisme de l'État-providence** Grande-Bretagne Suède	Hongrie Pologne Yougoslavie	**Socialisme de marché**
La planification		URSS Chine	**Socialisme**

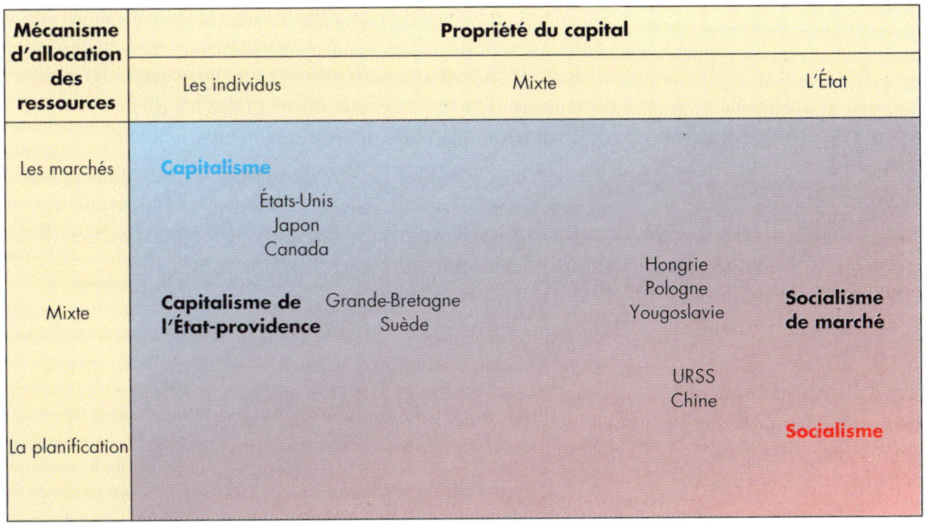

En régime capitaliste, les individus possèdent le capital et la terre, c'est-à-dire les fermes, les manufactures, les usines et le matériel; l'allocation des ressources se fait par les mécanismes du marché. En régime socialiste, l'État possède le capital et la terre, et l'allocation des ressources se fait par un système de planification centralisée. Dans le socialisme de marché, l'État possède le capital et la terre, tandis que l'allocation des ressources se fait en grande partie par le marché. Le capitalisme de l'État-providence combine la propriété privée du capital et de la terre avec un degré élevé d'intervention de l'État dans l'allocation des ressources.

Certains pays combinent la propriété privée avec la propriété d'État, de même que l'allocation des ressources par le marché avec la planification. Le **socialisme de marché**, ou **planification décentralisée**, est un système économique qui combine la propriété étatique des moyens de production, inspirée du socialisme, avec l'allocation des ressources par le marché, inspirée du capitalisme. La Yougoslavie et la Hongrie constituaient jusqu'à récemment des exemples d'économies socialistes de marché. Dans de telles économies, les responsables de la planification fournissent une liste de prix aux organismes de production et de distribution, puis les laissent libres de produire à ces prix les quantités qu'ils désirent. Le **capitalisme de l'État-providence** emprunte lui aussi aux deux systèmes: comme dans le capitalisme, le capital et la terre sont propriété privée; comme en régime socialiste, l'intervention de l'État joue un rôle important dans l'allocation des ressources. La Suède, la Grande-Bretagne et d'autres pays d'Europe de l'Ouest sont des exemples d'États-providences.

Les vastes restructurations actuellement en cours en Europe de l'Est modifient sans cesse la position que chaque pays occupe dans la figure 23.1. L'ex-Union soviétique et d'autres pays d'Europe de l'Est abandonnent la planification centralisée; ils adoptent le socialisme de marché et, à un degré moindre, le capitalisme. Les pays capitalistes, quant à eux, s'en remettent de plus en plus à un marché déréglementé pour l'allocation des ressources.

Puisque les systèmes économiques des pays représentés à la figure 23.1 empruntent certains éléments au socialisme et au capitalisme, nous devons étudier d'un peu plus près chacun de ces deux cas extrêmes.

Le capitalisme

Imaginons un pays qui pratiquerait le capitalisme à l'état pur. Sur le plan de la philosophie politique, la caractéristique dominante de ce mode d'organisation est l'importance accordée aux libertés individuelles. Le fondement économique d'un tel système repose sur l'établissement de droits de propriété individuels et sur le maintien d'institutions veillant à ce que ces droits soient respectés. Chaque personne posséderait ce qu'elle a produit ou légitimement acquis. On s'y procurerait de façon légitime les diverses ressources en les achetant auprès de ceux qui les détiennent ou en les recevant sous forme de dons. Ce sont là les deux seuls moyens légaux de transférer des ressources d'un individu à un autre.

Dans un tel régime, le seul rôle réservé à l'État serait d'empêcher les transferts illégaux de ressources. À cette exception près, l'État n'a aucun droit de regard sur les activités économiques entreprises par un individu ou un groupe d'individus. Toutes les personnes seraient libres de former des coalitions ou des groupes, pour l'achat ou la vente des biens ou services, dans les quantités qu'ils désirent.

On peut voir les gouvernements comme des coalitions d'individus qui fournissent certains types de biens et services. Si un gouvernement offre des conditions plus avantageuses que toute autre coalition d'individus et que les gens décident de traiter avec lui plutôt qu'avec un autre groupe, ce gouvernement peut alors de façon légitime se livrer à des activités économiques. Toutefois, le gouvernement ne peut en aucune façon contraindre les individus à agir autrement, sauf évidemment pour les empêcher de violer les droits de propriété d'autres personnes.

Dans les économies capitalistes, l'allocation des ressources est déterminée par les choix individuels exprimés sur les marchés. Les préférences des consommateurs déterminent les biens à produire. Les entreprises, dont le but est de maximiser leur profit, choisissent la façon de produire ces biens. Enfin, les décisions que prennent les individus concernant l'offre des facteurs de production, de même que les prix de marché auxquels s'échangent ces facteurs, déterminent pour qui l'on produit ces biens.

Le socialisme

Le socialisme, en tant que système économique, s'appuie sur la philosophie politique selon laquelle la propriété privée du capital et de la terre permet aux riches (les propriétaires des moyens de production) d'exploiter les pauvres (ceux qui n'en possèdent pas). Pour empêcher cette exploitation, l'État s'approprie le capital et la terre. Les individus ne détiennent que leur *capital humain* et les biens d'équipement utilisés aux fins de consommation, comme les biens de consommation durables. Toutes les autres formes de capital sont entre les mains de l'État qui possède les usines, les fermes, de même que les machines et le matériel nécessaires à leur fonctionnement. La main-d'œuvre est employée par l'État, et c'est celui-ci qui produit et vend tous les biens et services de consommation.

Dans un régime socialiste, certaines personnes sont plus riches que d'autres, mais les écarts importants de richesse découlant de la propriété des grandes entreprises industrielles et commerciales ne sont pas permis. Le principe qui gouverne la répartition des revenus est le suivant : chacun produit selon ses aptitudes, chacun reçoit selon sa contribution. En d'autres termes, le salaire de chaque individu dépend de la valeur attribuée à sa contribution à la production.

Le communisme constitue une variante du socialisme. Le **communisme** est un système économique fondé sur la propriété d'État du capital et de la terre et sur la planification centralisée. La répartition des revenus obéit à la règle suivante : chacun produit selon ses capacités, chacun reçoit selon ses besoins. On utilise habituellement le terme « communisme » pour décrire le type de socialisme pratiqué jusqu'à récemment dans l'ex-Union soviétique et en Europe de l'Est. On confond souvent « communisme » et « socialisme ». Toutefois, il est utile de faire la distinction entre les deux termes lorsque nous traitons de systèmes économiques.

Dans les économies socialistes (ou communistes), les ressources ne sont pas distribuées par le libre fonctionnement des marchés, mais par les responsables de la planification centralisée ; les préférences et les priorités de ces derniers déterminent les biens à produire, la façon de les produire et pour qui les produire.

Les avantages et les faiblesses du capitalisme

Les avantages du capitalisme Les principaux avantages du capitalisme découlent du fait que le jugement de chaque individu sur son bien-être personnel est primordial dans le choix de ses activités économiques. Chacun décide de la quantité de travail qu'il offrira, pour qui il travaillera, ce qu'il fera de son temps libre et comment il disposera des revenus provenant de la vente de ses ressources. Comme l'a souligné Adam Smith, le moteur de l'activité économique réside donc dans la poursuite par chacun de son intérêt individuel. Chacun est donc fortement incité à contribuer à l'activité économique

> Puisque chaque individu tâche, le plus qu'il peut, d'employer son capital à faire valoir l'industrie nationale et de diriger cette industrie de manière à lui faire produire la plus grande valeur possible, chaque individu travaille nécessairement à rendre aussi grand que possible le revenu annuel de la société. À la vérité, son intention en général n'est pas en cela de servir l'intérêt public, et il ne sait même pas jusqu'à quel point il peut être utile à la société... Il ne pense qu'à son propre gain; en cela, comme dans beaucoup d'autres cas, il est conduit par une main invisible à remplir une fin qui n'entre nullement dans ses intentions.[1]

Adam Smith poursuit en rejetant toute intervention tatillonne de l'État dans la vie économique :

> L'homme d'État qui chercherait à diriger les particuliers dans la route qu'ils ont à tenir pour l'emploi de leurs capitaux, non seulement s'embarrasserait du soin le plus inutile, mais encore il s'arrogerait une autorité qu'il ne serait pas sage de confier, je ne dis pas à un individu, mais à un conseil ou à un sénat, quel qu'il pût être; autorité qui ne pourrait jamais être plus dangereusement placée que dans les mains de l'homme assez insensé et présomptueux pour se croire capable de l'exercer.[2]

---

[1] Adam Smith, *La Richesse des Nations*, livre IV, chapitre II, Éditions Gallimard, 1976.

[2] *Ibid.*

Les faiblesses du capitalisme Même dans les milieux favorables au capitalisme, on reconnaît qu'une des principales faiblesses de ce système réside dans le fait que, historiquement, la répartition de la richesse a été arbitraire et résulte de transferts illégitimes. Par exemple, les colons européens se sont emparés de terres appartenant aux autochtones d'Amérique du Nord. Le caractère illégitime de ces transferts qui sont survenus dans le passé (qui correspondent à des violations du droit à la propriété privée) invalide la légitimité de la répartition actuelle de la richesse. S'il n'y avait pas de grandes inégalités dans la distribution actuelle de la richesse, ses origines historiques importeraient peu. Mais le fait que la richesse soit répartie très inégalement amène beaucoup de gens à conclure que l'État doit intervenir pour redistribuer les revenus et la richesse.

Un autre inconvénient du capitalisme vient, croit-on, de ce que certains individus, ne sachant ce qui est bon pour eux, feront par eux-mêmes de mauvais choix. On s'entend par exemple pour dire que les enfants ne peuvent pas avoir une entière liberté de choix. La plupart des gens estiment également qu'on doit imposer des restrictions à la liberté de choix de certaines personnes, notamment aux déficients mentaux, aux personnes séniles et à celles qui font usage de stupéfiants. Ceux qui sont favorables au socialisme vont encore plus loin en affirmant que les responsables de la planification peuvent faire de meilleurs choix que les individus ne peuvent faire pour eux-mêmes.

Nous venons de passer en revue certains arguments qui vont à l'encontre du système capitaliste. Le capitalisme pose également un problème plus grave encore : il renferme une contradiction fondamentale.

La contradiction du capitalisme La contradiction inhérente au capitalisme a trait aux rôles de l'État dans la protection des droits de propriété individuels. En effet, on ne peut faire respecter le droit de propriété privée que si l'État est seul à posséder le pouvoir coercitif. Si l'État devait rivaliser avec d'autres instances pour faire respecter les droits de propriété, on verrait les individus recourir aux instances qui les avantagent le plus pour régler le moindre différend les opposant les uns aux autres. Il en découlerait de longs conflits. C'est seulement quand une instance détient l'exclusivité du pouvoir coercitif qu'on peut réussir à faire respecter les droits de propriété privée sans engendrer de violence ouverte ni de conflits. Seul l'État possède le droit de faire usage de la force; on lui reconnaît ce droit afin qu'il assure le respect du droit de propriété. Mais, une fois l'État investi de ce monopole du pouvoir coercitif, les individus peuvent difficilement l'empêcher d'étendre le champ de ses activités de coercition. Il est également difficile de contrôler réellement les fonctionnaires qui exercent les pouvoirs de l'État et d'empêcher des individus et des groupes d'individus de demander à l'État d'étendre l'utilisation de ses pouvoirs.

Soit en raison des arguments qu'on peut utiliser contre le système capitaliste, soit en raison de cette contradiction fondamentale qu'on vient d'évoquer, le capitalisme pur est un système économique plus hypothétique que réel. Aucun pays ne l'a appliqué ni ne pourra l'appliquer intégralement. Il s'agit plutôt d'un concept servant de point de référence pour comparer entre eux les systèmes existants. Si nous pouvions appliquer le capitalisme à l'état pur en étant assurés de la légitimité de la répartition des droits de propriété, nous pourrions nous flatter d'avoir résolu au mieux le problème économique fondamental. Mais, cette solution n'est pas à notre portée. C'est pourquoi la plupart des économies capitalistes empruntent au socialisme certains éléments comme la propriété d'État et la réglementation de l'activité économique.

Les divers types de capitalisme

Il n'existe pas de modèle unique du capitalisme. Dans ce manuel, nous avons surtout illustré les principes économiques à partir d'exemples empruntés à l'économie capitaliste du Canada et à celle de son voisin, les États-Unis. Mais les économies capitalistes ne suivent pas toutes le modèle nord-américain. Nous aborderons maintenant certaines différences essentielles entre les économies des pays capitalistes et nous étudierons quelques-unes des tendances qui les caractérisent.

Le Japon

Pour qualifier la performance économique du Japon depuis la Seconde Guerre mondiale, on parle souvent de «miracle économique japonais». À l'issue du conflit, le revenu par habitant au Japon représentait moins du cinquième de celui des États-Unis. Mais, depuis lors, le Japon s'est transformé en une superpuissance économique, dont le revenu par habitant se rapproche maintenant de celui de l'Amérique du Nord. La période de croissance la plus spectaculaire du Japon a été celle de 1945 à 1970, au cours de laquelle le revenu par habitant s'est multiplié par huit. De nos jours, le Japon occupe une position de premier plan sur les marchés mondiaux de l'automobile, des ordinateurs, du matériel audiovisuel ainsi que pour une vaste gamme de produits de pointe. On voit maintenant dans les rues de Londres, de Paris et de Rome autant de touristes japonais que de touristes nord-américains. En outre, il y a plus de visiteurs japonais en Amérique du Nord que de touristes nord-américains en visite au Japon. Qu'est-ce qui a transformé le Japon en un des pays les plus puissants et les plus riches du monde?

L'économie japonaise possède quatre caractéristiques qui semblent avoir été à la source de ce développement économique remarquable :

- Le recours aux méthodes capitalistes de libre marché
- Une organisation de l'entreprise axée sur la coopération entre des travailleurs loyaux et disciplinés
- La taille modeste du gouvernement
- Des interventions gouvernementales en faveur des entreprises

À première vue, le système économique japonais ressemble à celui du Canada. Les individus y sont libres de poursuivre leur intérêt, de posséder des entreprises, d'engager des travailleurs et d'autres facteurs de production, et de vendre leurs produits sur des marchés relativement ouverts.

Le sens du travail et la loyauté font depuis longtemps partie de la tradition japonaise. En conséquence, les travailleurs japonais sont loyaux envers leurs employeurs, et réciproquement. Ce climat de coopération favorise le travail en équipe et a un effet favorable sur la productivité.

Le gouvernement japonais est le plus petit du monde capitaliste. La taille du gouvernement représente moins du cinquième de l'activité économique totale du pays. En d'autres termes, les dépenses publiques et les impôts moyens comptent pour un peu moins du cinquième du produit intérieur brut (PIB), alors qu'au Canada le secteur public constitue plus de 40 % du PIB. La taille relativement modeste de la fonction publique japonaise signifie que les impôts sont faibles et ne freinent ni le travail, ni l'épargne, ni l'accumulation du capital. Le gouvernement intervient peu dans l'économie, ce qui favorise le développement des entreprises.

Le gouvernement intervient principalement par le biais du **ministère du Commerce international et de l'Industrie**, mieux connu par son acronyme anglais MITI. Ce ministère est responsable du développement industriel et du commerce international du Japon. Dans les années qui ont suivi la Seconde Guerre mondiale, le MITI a encouragé la croissance des industries de base, comme le charbon, l'électricité, la construction navale et l'acier. Il a protégé ces industries par l'imposition de tarifs et de quotas, sans compter les subventions directes ; il leur a facilité l'accès aux capitaux dont elles avaient besoin. Pendant les années 60, les industries de base étant solidement établies, le MITI a commencé à aider l'industrie chimique et les industries manufacturières plus légères. Dans les années 80, il a aidé l'industrie japonaise à s'implanter dans le marché mondial des ordinateurs.

Toutefois, le MITI ne travaille pas seulement à stimuler la croissance et le développement de certaines industries ; il prend également des mesures visant à accélérer le déclin des industries qui ne contribuent pas à la croissance rapide des revenus. Par exemple, au milieu des années 70, les hausses du prix du pétrole ont rendu déficitaire, au Japon, la fusion de la bauxite pour la production d'aluminium. En moins de deux ans, on fermait les alumineries du pays, et le Japon importait d'Australie tout son aluminium. En déterminant les industries susceptibles de croître et celles qui doivent fermer leurs portes, le MITI accélère le processus de réaffectation des ressources, de manière à tirer les plus grands avantages possible des changements techniques et des tendances dans l'évolution des prix.

Le système économique du Japon et les interventions de son gouvernement ont entraîné un taux élevé d'accumulation du capital. On a également enregistré un haut taux d'accumulation de capital humain, particulièrement dans le domaine des sciences appliquées. Parallèlement, le Japon multipliait les progrès techniques et adoptait sans hésitation les meilleures techniques disponibles, quels que soient les pays où elles avaient été mises au point.

Le capitalisme de l'État-providence

Le capitalisme d'Europe de l'Ouest est plus fortement teinté de socialisme que celui du Canada, des États-Unis ou du Japon. Il repose sur la notion de l'État-providence. Les pays d'Europe de l'Ouest, dont plusieurs font maintenant partie de la Communauté économique européenne, constituent foncièrement des économies de marché capitalistes au sens où les moyens de production sont la propriété privée de particuliers et que l'allocation des ressources repose avant tout sur les mécanismes de marché. Mais la taille du gouvernement de même que l'importance de ses interventions dans la vie économique sont plus importantes dans ces pays qu'au Canada et, surtout, qu'aux États-Unis ou au Japon.

Dans les pays européens, les dépenses publiques et les impôts représentent entre 40 et 50 % du PIB. De nombreux pays d'Europe de l'Ouest possèdent également un important secteur d'industries nationalisées. Une **industrie nationalisée** est une industrie qui est la propriété d'un organisme public relevant d'un gouvernement et qui est géré par cet organisme. Au Canada, les entreprises nationalisées sont constituées en sociétés d'État. Le transport ferroviaire ou aérien, la distribution du gaz ou de l'électricité, le téléphone, la radiodiffusion ou la télédiffusion, la production du charbon ou de l'acier, les services bancaires financiers et même la construction automobile font partie de la liste des industries qui sont, en tout ou en partie, propriétés de l'État dans certains pays d'Europe. Les industries nationalisées sont souvent gérées selon le principe de la planification plutôt qu'en fonction du marché.

Au cours des dernières années, on a vu de plus en plus souvent des gouvernements européens vendre certaines sociétés d'État, en général parce qu'ils considéraient que ces entreprises étaient moins efficaces que les entreprises privées. La vente d'une société d'État à des intérêts privés s'appelle **privatisation**. Certains pays ont également beaucoup réduit leurs taux d'imposition pour atténuer la désincitation au travail et à l'épargne associée à une fiscalité trop lourde.

Les pays d'Europe constatant le succès économique de pays comme le Japon en ont conclu, à tort ou à raison, que cette réussite était due, au moins en partie, à un plus grand recours au capitalisme. Ce point de vue s'est trouvé renforcé par l'opinion, aujourd'hui répandue, que les méthodes socialistes utilisées en Union soviétique et en Chine n'ont pas bien servi les intérêts de ces pays. Étudions de plus près le socialisme, d'abord dans ce qui était naguère l'Union soviétique, puis en Chine.

Le modèle soviétique

L'URSS, ou Union des républiques socialistes soviétiques, est née de la révolution bolchevique de 1917 dirigée par Vladimir Ilitch Lénine. L'Union soviétique formait un pays très vaste, riche en ressources naturelles, et à la population très diversifiée. Sa superficie représentait 2,5 fois celle du Canada; sa population se chiffrait à près de 300 millions d'habitants. Le territoire offrait d'immenses réserves de bois, de charbon, de pétrole, de gaz naturel, de minerai de fer et de presque toutes les autres ressources minérales. L'URSS constituait aussi une véritable mosaïque d'ethnies, où les Russes ne représentaient que 50 % de la population.

Histoire

Le tableau 23.1 résume l'histoire économique de l'Union soviétique. Même si le pays a été constitué en 1917, son système moderne de gestion économique n'a pas été établi avant les années 30; c'est Joseph Staline qui en fut l'architecte. Lénine étatisa la propriété et le contrôle des secteurs financiers, manufacturiers et du transport. Staline ajouta ensuite l'agriculture à cette liste. Il abolit l'économie de marché, introduisit un mécanisme de planification centralisée basé sur des plans quinquennaux mettant l'accent sur la production de biens d'équipement. La production de biens de consommation se trouvait ainsi reléguée au second plan. L'importance accordée à la production de biens d'équipement a permis à l'économie soviétique de croître rapidement, et ce au détriment des conditions de vie des particuliers.

Tableau 23.1 Les grandes étapes de l'histoire économique de l'Union soviétique

Période	Grands événements économiques ou principales caractéristiques
1917-1921 (Lénine)	• Révolution bolchevique • Nationalisation du système bancaire, des industries et des transports • Réquisition de la production agricole
1921-1924 (Lénine)	• Nouvelle politique économique (NPE) • Mécanismes de marché prépondérants
1928-1953 (Staline)	• Abolition de l'économie de marché • Mise en place de la planification centralisée et des plans quinquennaux • Collectivisation des fermes • Priorité accordée aux biens d'équipement et à la croissance économique • Conditions économiques difficiles
1953-1970 (de Khrouchtchev à Brejnev)	• Croissance soutenue • Importance plus grande accordée à la production de biens de consommation
1970-1985 (de Brejnev à Tchernenko)	• Chute de la productivité agricole et industrielle • Ralentissement de la croissance
1985-1991 (de Gorbatchev à Eltsine)	• La *perestroïka* — réformes basées sur la responsabilisation et la décentralisation, y compris l'instauration de la propriété privée

Après la mort de Staline, en 1953, la croissance économique s'est maintenue, mais l'effort de planification s'est graduellement déplacé de la production de biens d'équipement vers celle de biens de consommation. Dans les années 60, le taux de croissance s'est mis à fléchir et, à la fin des années 70 et au début des années 80, l'économie soviétique devait faire face à de sérieuses difficultés économiques. La productivité était stagnante ou déclinait même, particulièrement dans l'agriculture mais aussi dans certaines industries. La croissance devait ainsi chuter à un taux inférieur à celui des pays capitalistes de l'Ouest, et l'Union soviétique s'est laissée distancer davantage par l'autre superpuissance que constituent les États-Unis. C'est dans cette conjoncture que Mikhaïl Gorbatchev est arrivé au pouvoir. Il fondait ses plans de restructuration économique sur la responsabilisation accrue des individus et sur l'introduction de mécanismes d'incitation plus efficaces.

Les événements politiques de 1991 ont transformé l'URSS en une Communauté d'États indépendants (CEI) dont l'objectif est de rompre avec le modèle communiste. Il est donc difficile de donner une description de l'organisation économique actuelle de ces pays. Il est cependant utile de retracer les grandes lignes du développement passé de l'Union soviétique, en analysant le mode d'organisation économique mis sur pied dans les années 30 par Staline.

Le système de planification centralisée

Il existait deux organisations parallèles dans le système établi par Staline pour la gestion économique de l'Union soviétique : l'État et le Parti communiste. Le Parti communiste était le centre du pouvoir politique et économique. L'organe de décision le plus important était le Politburo ou Bureau politique. Le Bureau était constitué d'un petit nombre de membres du Parti, désignés par le Comité central du Parti communiste, lui-même nommé par le Congrès du Parti, comme le montre la figure 23.2. Le Congrès du Parti, composé de délégués de tous les niveaux du Parti et de toutes les régions du pays, n'exerçait qu'une autorité nominale sur le Comité central et sur le Politburo.

Ces organes du Parti communiste avaient leur pendant dans les institutions de l'État. Le Soviet suprême était le parlement soviétique. Cet organisme, qui se réunissait rarement, élisait un Présidium pour diriger ses activités entre les rencontres. Le Conseil des ministres constituait l'appareil administratif du gouvernement. Il supervisait soixante ministères responsables des divers aspects de la production. La figure 23.2 donne quelques exemples des postes et responsabilités dans ces soixante ministères. Vingt comités relevaient du Conseil des ministres ; deux de ces comités jouaient un rôle central dans la planification et la régulation économiques. Le premier était le Comité d'État pour la planification, désigné par son acronyme russe : GOSPLAN; le **GOSPLAN** était un comité chargé de l'élaboration et de la mise en œuvre des plans économiques de l'État. Le second comité, le comité d'État pour les prix, avait pour rôle de fixer les prix. Les conseils des ministres des quinze républiques membres étaient également responsables auprès du Conseil des ministres de l'Union soviétique.

L'organigramme de la figure 23.2 ne représente que la pointe de l'iceberg bureaucratique. En effet, chacune des quinze républiques de l'Union soviétique possédait un ensemble d'institutions presque identiques à celles du gouvernement central. Ce schéma d'organisation était également repris à l'échelon régional, puis à l'échelon local. Ainsi, certains ministères et certains organes du Parti étendaient leur influence jusque dans les moindres détails de la vie économique en Union soviétique.

Le Parti communiste de l'Union soviétique exerçait de trois manières principales son pouvoir sur l'État :

- Le GOSPLAN rendait des comptes au Politburo.
- Le Parti approuvait tous les projets importants.
- Le Parti avait la haute main sur toutes les nominations.

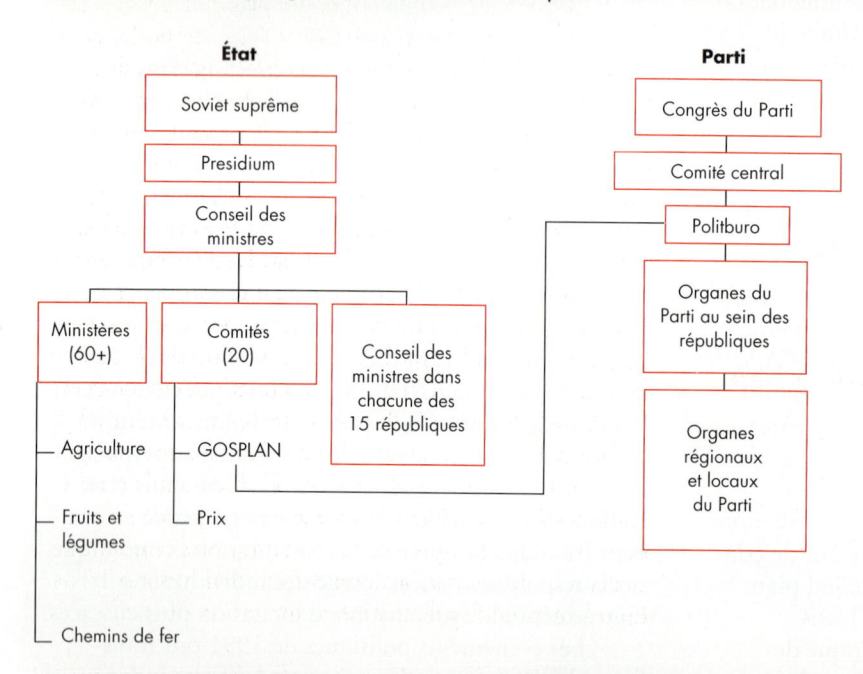

Figure 23.2 Organigramme de l'Union soviétique

Deux organismes parallèles, l'État et le Parti, géraient l'économie soviétique. Cependant, c'était le Parti qui détenait le plus de pouvoir. Le Comité d'État pour la planification, ou GOSPLAN, entretenait des liens directs avec le Politburo, organe principal du pouvoir du Parti. L'administration des plans économiques était confiée à des ministères, dont chacun supervisait un secteur de l'économie. Les organes régionaux et locaux du Parti supervisaient eux aussi l'exécution des plans. Cet organigramme ne montre que la pointe de l'iceberg bureaucratique. En effet, chacune des quinze républiques de l'Union soviétique possédait une organisation calquée sur celle de l'État central et, à l'intérieur de chaque république, chaque région faisait de même.

Les plans économiques détaillés, que nous examinerons en détail plus loin, étaient élaborés par le GOSPLAN, puis soumis à l'approbation du Politburo. Le Parti exerçait un contrôle quotidien sur les principales activités de production, grâce à ses organes régionaux et locaux. À cette fin, son outil le plus puissant était le filtrage de toutes les nominations importantes au sein de l'administration, de l'industrie et de l'armée.

Les entreprises d'État L'unité de base de la production soviétique était l'**entreprise d'État**. Celle-ci avait à sa tête un directeur nommé par l'État ; le directeur était chargé du fonctionnement interne de l'entreprise, mais ses décisions importantes de production devaient être conformes aux instructions du plan économique de l'État. Les entreprises d'État étaient présentes aussi bien dans les secteurs agricoles que dans les secteurs industriels, et les directeurs de ces entreprises jouaient un rôle clé dans la réalisation du plan central. La rémunération des directeurs obéissait à un système complexe de primes basées sur le rendement.

La technique de planification : la méthode des « balances »
Le GOSPLAN élaborait deux types de plan : le plan quinquennal et le plan annuel. Le **plan quinquennal** esquissait les objectifs et les orientations économiques générales à suivre pour une période de cinq ans. Le **plan annuel** définissait, mois par mois, les objectifs concernant la production, les prix, les facteurs de production, les investissements, le flux monétaire et le crédit. Le Politburo et le Conseil des ministres approuvaient ces plans et les communiquaient ensuite aux entreprises — fermes et manufactures — chargées de produire les biens et services. Ces entreprises étaient supervisées à la fois par les ministères responsables des diverses industries et par les organes locaux du Parti.

Tout l'exercice de planification était fondé sur la réalisation de l'adéquation entre les quantités disponibles des différents biens (*ressources*) et les utilisations auxquelles ces quantités étaient affectées (*emplois*), compte tenu des objectifs du plan quinquennal. Les ajustements requis étaient obtenus par ce qu'on appelait la *méthode des « balances »*, c'est-à-dire par des tableaux présentant les ressources disponibles et les besoins découlant des objectifs du plan ; les deux côtés de la « balance » devaient donc nécessairement être équilibrés à la fin du processus de planification. Comme il est impossible de tout prévoir exactement, les plans annuels devaient faire l'objet d'innombrables réajustements par rapport aux objectifs et aux prévisions des plans quinquennaux. Le plan annuel était centré sur la réalisation des équilibres dans cinq domaines :

1 Les biens de consommation
2 Le travail
3 Le crédit
4 Les biens d'équipement
5 Les matières premières et les produits intermédiaires

1. Les balances des biens de consommation. Il y a équilibre des biens de consommation lorsque la quantité offerte et la quantité demandée, pour chaque type de biens et services de consommation, sont égales. Les planificateurs soviétiques disposaient de trois moyens pour réaliser l'équilibre des biens de consommation : modifier la production, les revenus ou les prix. La figure 23.3 illustre ces trois possibilités. Supposons que la demande d'un bien donné, disons les chaussures, corresponde à D_0 ; la quantité de chaussures que les responsables de la planification ont l'intention de produire, à Q_0 ; la courbe d'offre, à O_0 ; et le coût de production des chaussures, à C. Si les planificateurs établissent le prix des chaussures à C, la quantité demandée dépassera la quantité offerte d'un montant égal à la différence entre Q_1 et Q_0. L'équilibre des biens de consommation sur le marché des chaussures n'aura pas été atteint. La figure nous montre trois façons d'atteindre cet équilibre. Premièrement, les planificateurs peuvent porter la production à Q_1 ; dans ce cas, la courbe d'offre se déplacera vers la droite en O_1 (graphique a). Deuxièmement, ils peuvent augmenter l'impôt sur le revenu, ce qui aura pour effet de réduire le revenu net et de diminuer la demande de chaussures (graphique b). Ils devront hausser les impôts suffisamment pour que la courbe de demande se déplace vers la gauche, de D_0 à D_1. Au prix C, la quantité de chaussures demandée sera alors égale à la quantité offerte (Q_0).

En pratique, même quand les planificateurs soviétiques pouvaient avoir recours à ces deux méthodes pour atteindre l'équilibre des biens de consommation, ils utilisaient le plus souvent un moyen plus simple : l'ajustement des prix. Les prix de gros étaient généralement fixés à partir du coût de production, en incluant une marge de profit « normal ». Les prix de détail (c'est-à-dire les prix que doivent payer les consommateurs) relevaient cependant de la politique de prix de l'État. La différence entre le prix de gros et le prix de détail était constituée par l'**impôt sur le chiffre d'affaires**. Cet impôt avait pour but d'augmenter le prix à la consommation des biens, de façon à assurer l'équilibre entre la quantité demandée et la quantité offerte. Dans le graphique (c) de la figure 23.3, un impôt faisant passer en P le prix de vente assure l'équilibre sur le marché des chaussures. L'impôt sur le chiffre d'affaires était la principale source de revenus de l'État soviétique (l'impôt prélevé sur certains biens permettait également de financer les subventions relatives aux biens dont le prix de détail était inférieur au prix de gros).

2. Les balances du travail. Ces balances sont équilibrées lorsque la quantité de main-d'œuvre disponible et la

Figure 23.3 L'équilibre des biens de consommation

(a) Augmentation de la production

(b) Augmentation de l'impôt sur le revenu, pour réduire la demande

(c) Prélèvement d'un impôt sur le chiffre d'affaires, pour réduire la quantité demandée

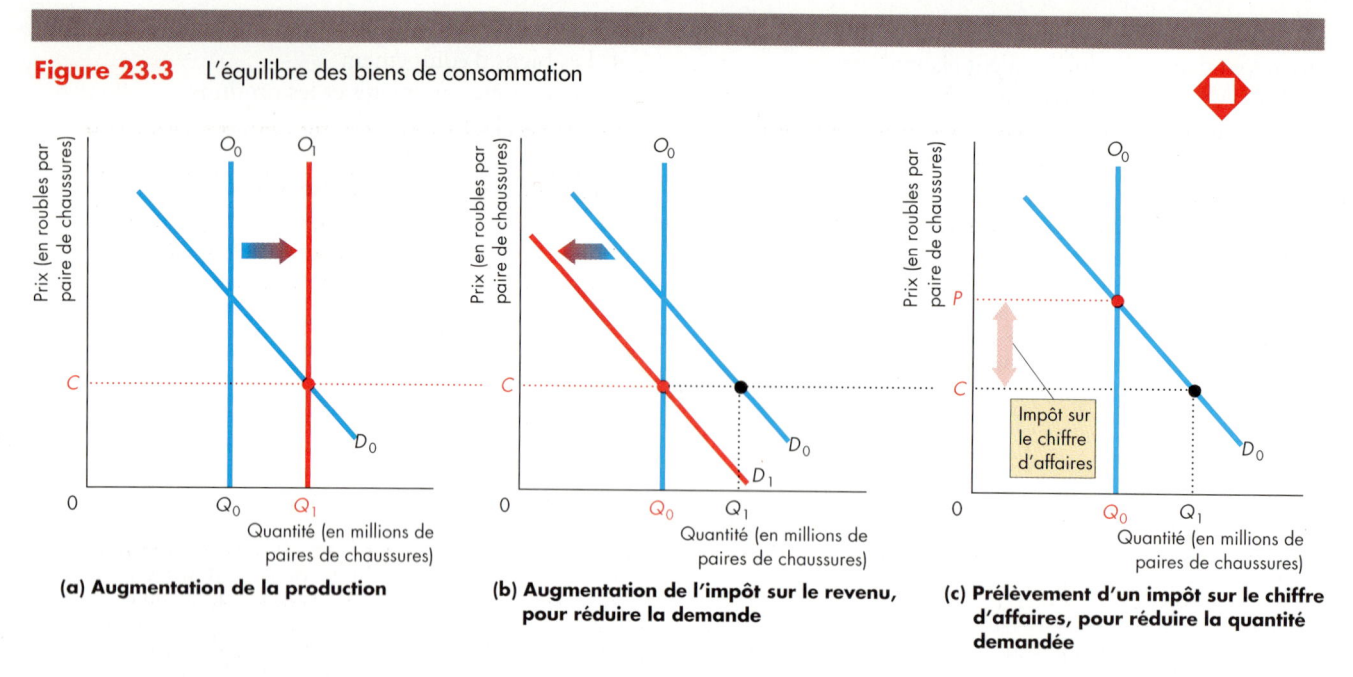

Le coût de production des chaussures correspond à C; la demande de chaussures, à D_0; et la quantité produite, à Q_0. Il existe trois moyens d'atteindre l'équilibre des biens de consommation. Dans le graphique (a), la décision d'augmenter la production entraîne un déplacement de la courbe d'offre en O_1. Au prix C, la quantité de chaussures demandée est égale à Q_1, et l'équilibre des biens de consommation est atteint lorsque la production est portée à Q_1. Dans le graphique (b), l'État augmente l'impôt sur le revenu, ce qui diminue le revenu après impôt. La courbe de demande de chaussures se déplace vers la gauche, en D_1. Au prix C, la quantité de chaussures produite et demandée est égale à Q_0. Dans le graphique (c), les planificateurs prélèvent un impôt sur le chiffre d'affaires dans le secteur des chaussures. Cet impôt fait passer à P le prix des chaussures. La quantité demandée chute à Q_0, ce qui permet d'atteindre l'équilibre des biens de consommation. Pour réaliser l'équilibre des biens de consommation, les planificateurs soviétiques recouraient plus souvent à l'impôt sur le chiffre d'affaires qu'aux deux autres méthodes.

quantité de main-d'œuvre requise, pour chaque catégorie de main-d'œuvre, sont égales. À court terme, cet équilibre est atteint grâce à l'ajustement des taux de salaire. D'importants écarts de salaire, plus grands que ceux que l'on connaît au Canada, étaient nécessaires pour réaliser l'équilibre de la main-d'œuvre. À long terme, cet équilibre dépend également de la capacité des planificateurs d'affecter à l'éducation et à la formation de la main-d'œuvre les ressources qui permettront d'acquérir des compétences dans des domaines où elles sont insuffisantes.

3. La balance du crédit. Il y a équilibre du crédit lorsque la quantité de crédit offerte et la quantité de crédit demandée sont égales. En Union soviétique, l'État possédait et contrôlait le système bancaire; l'équilibre du crédit était donc obtenu de façon administrative, en faisant en sorte que le système bancaire fournisse la quantité de crédit que les planificateurs jugeaient nécessaire.

4. Les balances des biens d'équipement. L'équilibre des biens d'équipement est atteint lorsque, pour chaque type de biens d'équipement, il y a égalité entre la quantité offerte et la quantité demandée de ce bien. Les planificateurs centraux décidaient de l'affectation des biens d'équipement disponibles et, par le contrôle du crédit, ils fournissaient aux entreprises de production les fonds nécessaires à l'acquisition des biens d'équipement.

5. Les balances-matières. L'équilibre des balances-matières est réalisé lorsqu'il y a égalité entre les emplois et les ressources des matières premières et des produits intermédiaires. L'atteinte de cet équilibre constituait l'aspect le plus complexe de la planification soviétique. En effet, il existe des millions de matières premières et de biens intermédiaires, de sorte que les plans détaillés portant sur les balances-matières formaient chaque année 70 volumes, représentant quelque 12 000 pages.

Le tableau 23.2 présente un exemple particulièrement simplifié de balances-matières; seuls trois produits sont en effet illustrés, alors que les plans soviétiques pouvaient répertorier plus de 30 000 biens distincts, en ce qui concerne la planification centrale, et 50 000 autres, en ce qui concerne la planification régionale et locale. Tout produit utilisé dans le processus de production pouvait provenir de trois sources: de la production, des stocks ou des importations. Ces biens pouvaient être utilisés de trois façons: ils pouvaient

Tableau 23.2   Les balances-matières

Produits	Ressources			Emplois				
				Biens intermédiaires			Biens finis	
	Production	Stocks	Importations	Charbon	Énergie électrique	Nylon	Demande finale intérieure	Exportations
Charbon (en tonnes)	490	10	0	50	300	50	75	25
Énergie électrique (en kilowattheures)	10 000	0	0	2 000	1 000	1 500	5 500	0
Nylon (en mètres)	20 000	200	2 000	0	0	0	22 200	0

Les produits peuvent provenir de la production, des stocks ou des importations. On les utilise comme produits intermédiaires pour la fabrication d'autres biens, comme biens finis pour la consommation ou l'investissement au pays, ou encore en tant que biens destinés à l'exportation. Les plans visent à assurer l'égalité entre les ressources et les emplois, c'est-à-dire l'équilibre entre les quantités offertes et demandées. Pour atteindre cet équilibre, les planificateurs soviétiques pouvaient augmenter la production, réduire les stocks, accroître les importations, diminuer la quantité demandée à titre de bien intermédiaire, abaisser la demande finale ou encore comprimer les exportations. La réduction de la demande finale intérieure constituait la principale méthode employée pour réaliser l'équilibre des balances-matières.

servir de biens intermédiaires pour la fabrication d'autres biens, de biens finis pour la consommation ou l'investissement au pays, ou encore de biens destinés à l'exportation. Pour chaque bien, les planificateurs soviétiques préparaient un plan détaillé indiquant l'équilibre entre les ressources disponibles et les diverses utilisations qu'on prévoyait faire de ces ressources. Par exemple, la première ligne du tableau 23.2 montre que 490 tonnes de charbon sont produites et que 10 tonnes proviennent des stocks; les ressources disponibles totalisent donc 500 tonnes. Les emplois sont répartis comme suit : 50 tonnes dans l'industrie du charbon elle-même, 300 tonnes pour produire de l'énergie électrique, 50 tonnes dont on extraira les produits chimiques à convertir en nylon, 75 tonnes pour le chauffage des maisons et 25 tonnes pour l'exportation; les emplois totaux atteignent eux aussi 500 tonnes. L'équilibre du plan pour le charbon est donc atteint. La deuxième ligne du tableau résume le plan pour l'énergie électrique et la troisième, le plan pour le nylon.

Le tableau 23.2 montre l'équilibre entre les besoins et les ressources pour chaque produit. Supposons que la quantité d'énergie électrique demandée par les ménages dépasse la quantité que l'on prévoyait produire. Que pouvaient faire les planificateurs soviétiques, en pareille situation? Ils pouvaient envisager de produire plus d'énergie électrique ou encore de produire moins de charbon et moins de nylon, dans le but de réduire la quantité d'électricité requise dans ces secteurs. Ils pouvaient aussi diminuer la quantité d'électricité offerte aux ménages. C'est cette dernière mesure qu'ils adoptaient habituellement. En augmentant la production d'énergie électrique, ils auraient provoqué une augmentation de la demande de charbon de la part du secteur producteur d'électricité. Cette hausse aurait entraîné des besoins additionnels d'électricité dans le secteur du charbon, de sorte qu'il aurait fallu procéder à des ajustements subséquents dans ce secteur. Enfin si, pour satisfaire la demande d'électricité des ménages, on avait réduit la quantité d'électricité disponible dans une autre industrie, cette dernière n'aurait plus été en mesure d'atteindre ses objectifs et on aurait dû là aussi procéder à de nouveaux ajustements.

Le marché   Même à l'époque où l'économie soviétique était étroitement planifiée, un nombre considérable d'activités économiques avaient lieu hors de ce cadre. La part du marché était particulièrement importante dans le secteur agricole. On estime que les ménages ruraux cultivaient quelque 35 millions de lotissements privés. Ces lotissements représentaient moins de 3 % des terres arables de l'Union soviétique, mais ils fournissaient presque le quart des produits agricoles et le tiers de la viande et des produits laitiers. Selon certaines évaluations, la productivité des terres privées était quarante fois supérieure à celle des fermes d'État et des fermes collectives.

Les citoyens soviétiques se livraient aussi à d'autres activités économiques hors du système planifié.

Plusieurs d'entre elles étaient parfaitement légales, d'autres moins. Parmi ces dernières, certaines comprenaient l'achat et la vente de biens importés illégalement de l'étranger.

La perestroïka

En juin 1987, devant le Comité central du Parti communiste, Mikhaïl Gorbatchev annonçait la première étape de son plan de restructuration, que nous connaissons tous maintenant sous le nom de *perestroïka*. Les éléments clés de ce plan étaient les suivants :

- Une plus grande autonomie des entreprises d'État
- La réforme des méthodes comptables utilisées pour calculer les coûts totaux de production des entreprises, leurs revenus et leurs profits
- L'obligation pour chaque entreprise d'obtenir «en bout de ligne les meilleurs résultats» (le maximum de profits)
- L'établissement d'un lien direct entre le revenu et le rendement
- La réduction du pouvoir des planificateurs centraux qui ne devraient plus intervenir dans la gestion au jour le jour de l'économie
- La réforme de la planification économique et des méthodes de détermination des prix
- Un recours moindre à la gestion centralisée et un rôle accru accordé aux initiatives individuelles

Gorbatchev parlait du besoin de créer un puissant système de stimulants et de motivations, pour «inciter les travailleurs à exploiter pleinement leurs capacités, à travailler avec efficacité et à utiliser au mieux les ressources productives». Chose remarquable, il déclarait «qu'il n'existe qu'un seul critère de justice dans la distribution du revenu : l'a-t-on mérité ou non ?»[3] Gorbatchev envisageait même l'abolition de la sécurité d'emploi et la fermeture des entreprises d'État non rentables.

L'Union soviétique et plusieurs autres pays socialistes d'Europe de l'Est (la Hongrie, la Tchécoslovaquie, la Pologne, l'Allemagne de l'Est, la Bulgarie, la Roumanie) ont connu depuis lors des bouleversements politiques qui ont accéléré leur réorganisation économique. Le plus important changement a été sans nul doute la mise sur pied d'entreprises privées en Union soviétique.

Par rapport à l'idéologie dominante de l'Union soviétique, les réformes de Gorbatchev étaient révolutionnaires. Puisqu'elles s'appuyaient sur une redistribution du pouvoir économique, elles se sont heurtées à une forte résistance. Mais, dans la mesure où elles jetaient les bases d'une meilleure performance économique, elles bénéficieraient aussi de nombreux appuis. Depuis le renversement de Gorbatchev, le train des réformes économiques s'est accéléré, mais la montée des nationalismes et l'incertitude entourant l'avenir de la CEI nous empêchent de prévoir ce qu'il adviendra des principes de la *perestroïka*.

Plus loin dans le présent chapitre, nous évaluerons la performance de l'économie soviétique et la comparerons à celle de certaines économies capitalistes. Pour l'instant, analysons l'économie de la Chine, cet autre géant socialiste.

La Chine

La Chine est le pays le plus peuplé du monde ; sa population dépasse le milliard d'habitants. La civilisation chinoise est fort ancienne et possède une riche histoire, mais la nation moderne — la République populaire de Chine — ne date que de 1949. Le tableau 23.3 résume les grandes étapes de l'histoire économique de la République populaire de Chine.

La Chine moderne est née à la suite d'un mouvement révolutionnaire communiste, mené par Mao Tsê-tung. Ce dernier a pris le pouvoir, forçant le chef du gouvernement nationaliste, Chiang Kaï-shek, à s'exiler sur l'île de Formose (maintenant appelée Taïwan). Comme l'ex-Union soviétique, la Chine est un pays socialiste. Mais, contrairement à l'ex-Union soviétique, elle est très peu industrialisée ; il s'agit d'un pays en voie de développement.

Durant les premières années de la République populaire, le pays a appliqué le modèle soviétique de planification centralisée. Dans les villes, l'industrie manufacturière urbaine était prise en charge et exploitée par l'État ; les fermes, quant à elles, étaient collectivisées. Suivant le modèle stalinien des années 30, la République a d'abord mis l'accent sur la production de biens d'équipement.

Le Grand Bond en avant

En 1958, Mao Tsê-tung fit prendre à l'économie chinoise un chemin très différent de celui qu'avait emprunté l'Union soviétique : c'est ce qu'on a appelé le *Grand Bond en avant*. Le **Grand Bond en avant** était un plan de réorganisation économique de la Chine postrévolutionnaire, fondé sur la production à petite échelle et à forte proportion de main-d'œuvre. Cette réorganisation ne prévoyait guère de mesures pour récompenser l'effort individuel et misait plutôt sur l'engagement révolutionnaire de tous pour assurer le succès des plans collectifs.

---

[3] Mikhaïl Gorbatchev, *Perestroïka: Vue neuve sur notre pays et le monde*, Flammarion, Paris, 1987.

Tableau 23.3 Les grandes étapes de l'histoire économique de la République populaire de Chine

Période	Grands événements économiques ou principales caractéristiques
1949	• Création de la République populaire de Chine par Mao Tsê-tung
1949-1952	• Centralisation de l'économie sous un nouveau gouvernement communiste
	• Priorité accordée à l'industrie lourde et à la «transformation socialiste»
1952-1957	• Premier plan quinquennal
1958-1960	• «Grand Bond en avant», plan de réforme économique basé sur des méthodes de production à forte proportion de main-d'œuvre
	• Échec économique général
1966	• Révolution culturelle, prosélytisme des révolutionnaires
1976	• Décès de Mao Tsê-tung
1978	• Réformes de Teng Hsiao-ping: libéralisation de l'agriculture et recours accru aux stimulants matériels et aux mécanismes de marché
	• Accélération du taux de croissance
1989	• Soulèvement en faveur de la démocratisation, violemment réprimé par le gouvernement

Le Grand Bond en avant devait aboutir à un échec économique. Certes, la productivité a augmenté, mais si lentement que les conditions de vie de la population devaient à peine s'améliorer. Dans le secteur agricole, l'utilisation massive de semences modernes à haut rendement, l'amélioration de l'irrigation et le recours aux engrais chimiques ont été insuffisants pour permettre à la Chine de nourrir sa population. La Chine est devenue le principal importateur mondial de céréales, d'huiles végétales comestibles, et même de coton brut.

En Chine, on a expliqué ce rendement médiocre, surtout sur le plan agricole, par le fait que le pays a exploité au maximum ses terres arables et que l'énorme explosion démographique a forcé les agriculteurs à se tourner vers la culture de terres peu fertiles. Mais, en réalité, il semble que cet échec soit dû au fait que les motivations révolutionnaires et idéologiques du Grand Bond en avant ont assez vite dégénéré, cédant le pas à la «révolution culturelle». Dans leur prosélytisme, les révolutionnaires ont fait le procès des gestionnaires productifs, des ingénieurs, des scientifiques et des universitaires, et les ont contraints à la vie de paysans. On a fermé les écoles et les universités, et l'accumulation du capital humain s'en est trouvée grandement entravée.

Les réformes de 1978

En 1978, soit deux ans après la mort de Mao Tsê-tung, le nouveau dirigeant chinois, Teng Hsiao-ping, proclame des réformes économiques majeures. On supprime la collectivisation de l'agriculture. On distribue les terres arables aux particuliers, en vertu d'un système de baux à long terme toujours en vigueur aujourd'hui. En contrepartie du bail, le particulier s'engage à verser un impôt fixe et à vendre à l'État une partie de sa production. L'agriculteur décide lui-même des cultures à planter, des quantités et des types d'engrais, ainsi que des autres facteurs de production à utiliser; il engage ses propres travailleurs. On libéralise les marchés agricoles privés, et les agriculteurs obtiennent depuis lors un prix plus élevé pour leurs produits. De plus, l'État a augmenté le prix qu'il paye directement aux agriculteurs pour le coton et certains autres produits agricoles.

Les résultats des réformes de Teng Hsiao-ping ont été étonnants. Le taux de croissance annuel de la production de coton et d'oléagineux s'est multiplié par 14. Les récoltes de graines de soja, qui avaient décliné à un taux annuel de 1 % entre 1957 et 1979, ont commencé à croître à un taux annuel de 4 %. Les taux de croissance de la production par hectare ont monté en flèche, si bien qu'en 1984 la Chine, qui six ans plus tôt était le plus grand importateur de produits agricoles, s'est mis à en exporter.

Les réformes n'ont pas seulement entraîné une forte expansion du secteur agricole. La hausse des revenus du secteur agricole a stimulé également l'expansion du secteur industriel rural qui, au milieu des années 80, employait un cinquième de la population des campagnes.

La réforme du secteur manufacturier a motivé les gestionnaires d'entreprises et élargi leur marge de manœuvre pour prendre des décisions en matière de production. Ces réformes, semblables à celles que Gorbatchev allait plus tard proposer en Union soviétique, ont donné lieu à une croissance rapide de la production industrielle. La Chine est même allée plus loin en encourageant les investissements étrangers et les sociétés en participation. Elle fait aussi l'expérience de marchés financiers structurés et possède maintenant un marché boursier.

Motivée en partie par des considérations politiques, la Chine proclame maintenant les vertus d'une gestion économique basée sur la formule «un pays, deux systèmes». L'origine politique de ce mouvement est attribuable à la présence de deux enclaves capitalistes pour lesquelles la Chine a un intérêt particulier, soit Taïwan et Hong-kong. La Chine revendique Taïwan; elle cherche donc à créer un climat favorable à une éventuelle réunification. Quant à Hong-kong, la Grande-Bretagne y détient actuellement un bail, mais celui-ci expirera en 1997. Hong-kong deviendra alors partie intégrante de la Chine qui, désireuse de ne pas nuire à la prospérité économique de Hong-kong, propose que ce territoire continue de fonctionner en tant qu'économie capitaliste. Advenant l'intégration de Hong-kong et de Taïwan au sein de la République populaire de Chine, tout sera prêt pour la création d'autres «îlots» capitalistes dans des villes dynamiques comme Shanghai.

Il est trop tôt pour juger si la Chine a bel et bien donné naissance à un nouveau système économique — «un pays, deux systèmes». Du reste, la violente répression du mouvement démocratique, sur la place Tiananmen à l'été 1989, soulève des questions sur les orientations de la Chine. Cependant, l'expérience du double système économique actuellement en cours en Chine reste fascinante pour les économistes, quelles que soient leurs tendances politiques. Peu importe l'issue, les leçons que nous pourrons en tirer auront une valeur considérable pour les générations à venir.

Capitalisme et socialisme: une analyse comparative

Nous avons défini le capitalisme et le socialisme et nous avons décrit l'organisation économique des principaux pays représentant ces systèmes. Dans la dernière partie du chapitre, nous analyserons le fonctionnement des systèmes capitaliste et socialiste, à l'aide de quelques-uns des modèles économiques que nous avons étudiés dans des chapitres précédents. Nous comparerons aussi le rendement respectif des deux systèmes dans la réalité.

Le recours à des modèles économiques facilitera la comparaison. Dans le modèle de l'économie capitaliste, nous supposerons qu'il y a concurrence parfaite et absence d'effets externes. Puis, nous étudierons la même économie en régime socialiste.

Le capitalisme

En régime capitaliste, chaque ménage décide de son offre des facteurs de production qu'il détient et de sa demande de biens et services. Chaque entreprise cherche à maximiser son profit et à produire au coût le plus bas. La demande d'un bien ou d'un service s'exprime par la courbe de demande de ce bien ou de ce service sur le marché. Cette courbe indique aussi la valeur accordée à chaque unité additionnelle du bien ou du service. De même, l'offre du bien ou du service est représentée par une courbe d'offre. Cette courbe d'offre indique le coût marginal de production associé à chaque unité du bien ou du service. Le prix et la quantité d'équilibre sont déterminés au point d'intersection des courbes d'offre et de demande.

La figure 23.4 illustre un marché — celui de la chaussure — dans une économie capitaliste où la concurrence est parfaite. Au point d'intersection de la courbe de demande de chaussures (D) et de la courbe d'offre de chaussures (O), la quantité d'équilibre est Q_C et le prix d'équilibre P_C. À ce prix et à cette quantité, l'économie capitaliste parfaitement concurrentielle réalise une *allocation efficace des ressources*. La valeur accordée à la dernière paire de chaussures produite (P_C) est égale au coût marginal de production de cette paire de chaussures.

Le socialisme

Supposons maintenant que dans l'économie, dont on a illustré le marché de la chaussure à la figure 23.4, les marchés soient maintenant gérés selon une planification socialiste centralisée. Quelles sont les conséquences de ce mode d'organisation?

Ce sont encore les consommateurs qui déterminent la valeur qu'ils accordent aux biens et services. La demande de chaussures est donc représentée par la

Figure 23.4 Prix et quantités en régime capitaliste

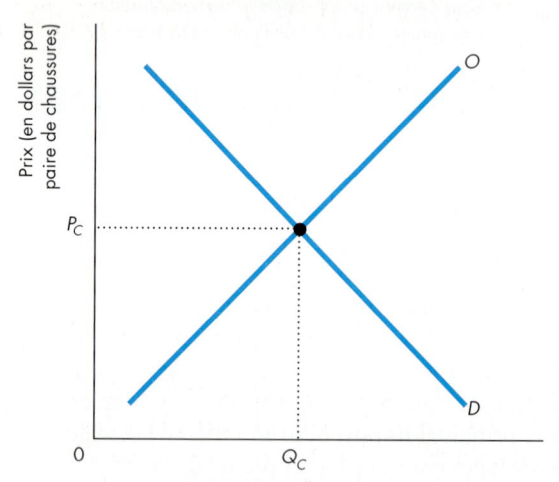

Les préférences et les choix des ménages déterminent la demande de chaussures (courbe D). Les décisions des entreprises visant à maximiser leur profit établissent l'offre de chaussures (courbe O). Un marché capitaliste parfaitement concurrentiel conduit à une quantité Q_C vendue au prix P_C. En l'absence d'effets externes, on obtient ainsi une allocation efficace des ressources.

même courbe de demande. Il y a une différence, par contre, du côté de l'offre. En régime socialiste, les entreprises ne possèdent pas les moyens de production. Les dirigeants des entreprises ne cherchent pas avant tout à maximiser leur profit ni à minimiser leurs coûts. Leur revenu est déterminé par le planificateur central. Ils reçoivent une prime si l'entreprise atteint l'objectif de production, mais rien ne les incite à produire le plus efficacement possible. Ils sont, au contraire, incités à produire de façon inefficace. Pour comprendre pourquoi il en est ainsi, nous devons examiner comment les objectifs détaillés de production sont fixés en régime socialiste.

Le planificateur central fixe les objectifs à atteindre pour la production totale ainsi que ceux des différentes usines de production. Le taux de production fixé pour chaque usine dépend de sa production passée. Ainsi, le gestionnaire local a toujours intérêt à prétendre que la capacité de production de son usine est inférieure à ce qu'elle est dans la réalité. Cela lui permet d'atteindre plus facilement les objectifs de production qu'il se verra imposer et donc d'obtenir les primes accompagnant l'atteinte de ces objectifs. Pour cette raison, la courbe d'offre en régime socialiste se trouve généralement à la gauche de la courbe d'offre en régime capitaliste. Dans la figure 23.5, la droite O_S représente la courbe d'offre de chaussures en régime socialiste; la courbe d'offre O, reprise de la figure 23.4, représente celle que nous avions en régime capitaliste.

L'écart entre la courbe d'offre en régime capitaliste et la courbe d'offre en régime socialiste résulte de l'inefficacité dans la production. Cet écart est attribuable au fait que le gestionnaire de l'usine socialiste n'est pas incité à produire au coût minimal le volume de production fixé. Il est au contraire fortement tenté de ne pas révéler la capacité potentielle véritable de son usine, pour se voir assigner un objectif plus facile à atteindre.

Une autre différence importante entre le capitalisme et le socialisme concerne la détermination des prix et des quantités. En régime socialiste, la quantité offerte est établie en partie par les objectifs fixés par les planificateurs centraux, et en partie par des décisions prises par les entreprises individuelles. Supposons que le processus de planification fixe une quantité de chaussures à produire égale à Q_S. Pour réaliser l'équilibre entre la quantité demandée et la quantité offerte, les planificateurs socialistes devront introduire une taxe sur les chaussures, ce qui fera passer le prix des chaussures à P_S. À ce prix, l'équilibre s'établit entre la quantité demandée et la quantité offerte.

L'entreprise étatisée, chapeautée par un organisme central de planification, produit moins de chaussures que l'entreprise en régime capitaliste (Q_S au lieu de Q_C), et son prix est plus élevé (P_S au lieu de P_C). Ce rendement inférieur tient à deux facteurs : l'inefficacité

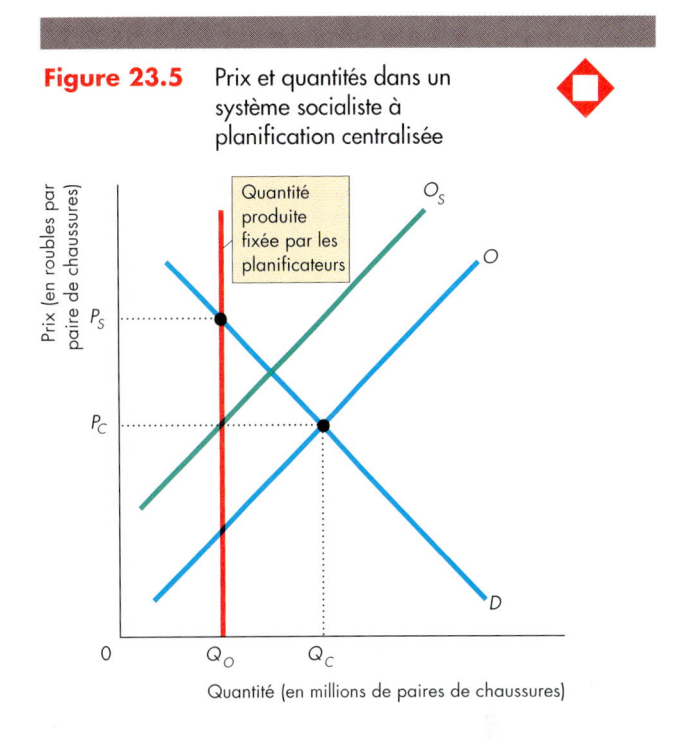

Figure 23.5 Prix et quantités dans un système socialiste à planification centralisée

Ce sont les consommateurs qui déterminent la demande de chaussures (courbe D). Les gestionnaires socialistes établissent l'offre de chaussures (courbe O_S). Ils sont moins incités que les directeurs d'entreprises capitalistes à produire les biens au coût le plus bas; la courbe d'offre O_S se trouve donc à gauche de la courbe d'offre en régime capitaliste. Le processus de planification centralisée établit un objectif (Q_0) pour la production de chaussures. Pour réaliser l'équilibre entre la quantité demandée et la quantité offerte, on impose une taxe destinée à porter en P_S le prix des chaussures. Le socialisme permet de produire moins de chaussures que le capitalisme, et le prix de vente y est supérieur à celui qui est pratiqué en régime capitaliste.

dans la production qui se traduit par un coût moyen plus élevé, et une quantité produite qui se situe sous le niveau de production optimal. Ce problème n'est qu'en partie résolu par le socialisme de marché. Voyons quelle différence apporte l'introduction du socialisme de marché.

Le socialisme de marché

Nous examinerons le fonctionnement de la même économie fictive et de son marché de la chaussure. La demande de chaussures, qui reste inchangée, apparaît dans la figure 23.6. Encore une fois, le gestionnaire socialiste est moins incité que le gestionnaire capitaliste à maximiser son profit et à produire au coût le plus bas. Sa courbe d'offre se situe donc en O_S plutôt qu'en O, là où se trouve la courbe d'offre en régime capitaliste. Mais le prix est maintenant déterminé de façon décentralisée sur le marché de la chaussure. La courbe d'offre O_S et la courbe de demande D se croisent au prix P_{SM} et à la quantité Q_{SM}. Ce prix est plus élevé

Figure 23.6 Prix et quantités dans un système de socialisme de marché

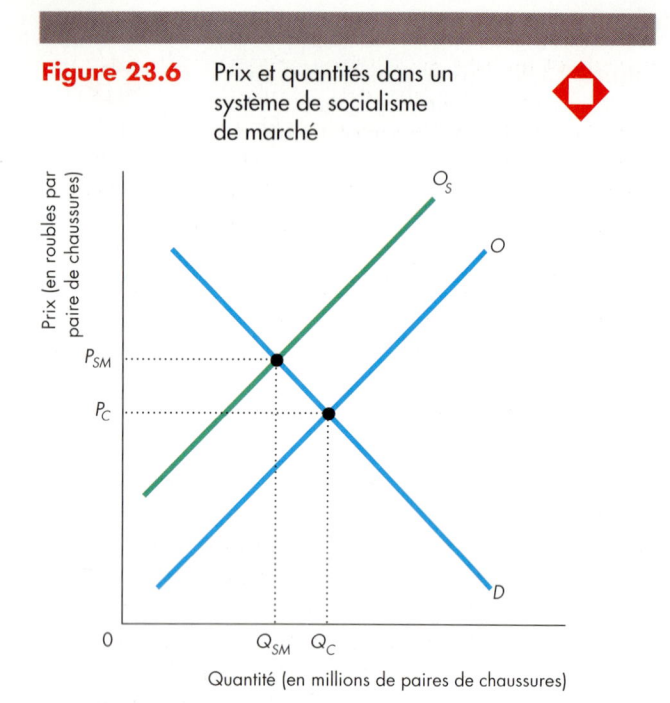

Les courbes de demande et d'offre du socialisme de marché sont les mêmes que celles du socialisme. Le prix des chaussures est déterminé selon un processus décentralisé; la quantité demandée et la quantité offerte sont donc égales. Si le prix est trop bas, le planificateur central l'augmentera graduellement. Si le prix est trop élevé, le planificateur l'abaissera progressivement. À l'équilibre, le prix est égal à P_{SM} et la quantité échangée à Q_{SM}. Dans un régime de socialisme de marché, la quantité de chaussures vendue est inférieure à celle qu'on trouve en régime capitaliste totalement concurrentiel, et le prix de vente est plus élevé. Mais, comparativement à ce qui se produit en régime socialiste «pur», la quantité de chaussures vendue dans un système de socialisme de marché est supérieure et le prix est inférieur.

qu'en régime capitaliste de libre concurrence, et la quantité est plus faible. Cependant, on produit plus de chaussures et on les vend à un prix moins élevé dans un système de socialisme de marché que dans un système de socialisme à planification centralisée. (Comparez la figure 23.6 à la figure 23.5.)

Pour que l'économie produise en régime socialiste de marché la même quantité de chaussures qu'en régime capitaliste et au même prix, on devra mettre en place, dans chaque entreprise, des stimulants visant à encourager les gestionnaires socialistes à produire au coût le plus bas et à être aussi efficaces que les gestionnaires capitalistes.

La *perestroïka*

Essayons d'appliquer à notre modèle économique les principes de la *perestroïka* proposés par Mikhail Gorbatchev. Dirigée selon les méthodes staliniennes de planification, l'économie produit une quantité insuffisante de chaussures, à un prix trop élevé; c'est la situation qu'illustre la figure 23.5. En instaurant une planification décentralisée, comme l'ont fait la Hongrie et la Yougoslavie avec des prix plus bas et une production supérieure, l'économie socialiste peut fonctionner plus efficacement, le prix baissant et la quantité produite augmentant, comme le montre la figure 23.6. Il s'agit là d'un des éléments de la *perestroïka*. Toutefois, l'économie socialiste peut aller encore plus loin dans cette direction, dans la mesure où elle introduit, dans l'entreprise, des mécanismes incitatifs l'amenant à maximiser son profit et à produire le plus efficacement possible. Si elle y parvient, le prix baissera et la quantité produite augmentera au point d'atteindre les niveaux du régime capitaliste de libre concurrence.

Or, un grand nombre d'économistes croient que, pour obtenir le maximum d'efficacité de l'entreprise, il faut absolument instaurer la propriété privée de l'entreprise. Si cela est vrai, les économies socialistes ne sont pas près d'atteindre les niveaux d'efficacité que connaissent les entreprises des pays capitalistes occidentaux.

Les économies socialistes pourraient aussi se heurter à un autre problème, dans leurs efforts pour implanter les méthodes capitalistes de gestion économique. C'est que la *perestroïka* manquait de rigueur et ne constituait pas un système totalement cohérent. Elle préconisait le recours aux mécanismes du marché pour certains secteurs de l'économie, mais pas pour d'autres. Certains mécanismes de planification centrale étaient abolis avant d'être remplacés par un mécanisme de marché décentralisé. Dans la transition, la situation économique du consommateur moyen pouvait se détériorer, avant que les effets bénéfiques de la réforme se fassent sentir. De plus, la rapidité des changements que subissaient les structures politiques du pays rendait encore plus difficile la gestion d'une réforme comme la *perestroïka*.

Les faiblesses du capitalisme

Dans les modèles économiques que nous venons d'analyser, nous n'avons pas tenu compte de certains éléments d'inefficacité du capitalisme. Cela ne veut pas dire qu'ils n'existent pas dans le monde réel. En effet, les économies capitalistes ne fonctionnent pas selon le modèle idéal de la libre concurrence puisqu'il faut tenir compte des effets externes, des situations de monopole, des taxes et des subventions, etc. Cependant, comme ces problèmes existent également dans les économies socialistes, ils n'entrent pas directement dans l'évaluation comparative des deux systèmes. Cependant, il ne conviendrait pas de comparer la performance respective des économies socialiste et capitaliste en prenant pour seule référence un modèle capitaliste fondé sur l'idéal de la concurrence parfaite en l'absence d'effets externes.

Pour être probante, l'évaluation du capitalisme et du socialisme doit s'appuyer sur leur performance réelle, non sur des modèles. Quelle a été la performance des économies socialistes, et comment se compare-t-elle à celle des économies capitalistes ?

La croissance économique et le niveau de vie moyen

On peut comparer la performance de différents systèmes économiques en analysant la croissance économique et le niveau de vie engendrés par chacun d'eux. Le tableau 23.4 présente certaines données qui retracent 140 années de l'histoire des États-Unis, du Japon et de l'Union soviétique. Comme vous pouvez le constater, les États-Unis ont enregistré au cours de cette période une croissance économique régulière et soutenue, avec un taux de croissance annuel se situant entre 3 et 4 %. Ce taux de croissance a permis aux Américains de jouir du plus haut niveau de vie qui soit. Toutefois, la croissance de l'économie japonaise a dépassé celle des États-Unis. Avec un taux de croissance annuel de plus de 10 % pendant plusieurs années après la Seconde Guerre mondiale, le Japon, pourtant dévasté en 1945, est devenu l'un des pays industrialisés les plus riches au monde.

Comparez la performance économique du Japon à celle de l'ex-Union soviétique. La Russie d'avant la révolution de 1917 était un pays capitaliste. C'était cependant un pays très pauvre, dont l'agriculture occupait la plus grande partie de la population. En 1928, soit onze ans après la révolution, l'Union soviétique instituait la planification centralisée et élaborait son premier plan quinquennal. Depuis lors, sa croissance économique a été impressionnante. Comme vous pouvez le voir au tableau 23.4, le taux de croissance de l'économie soviétique a été plus élevé que celui de l'économie américaine, sauf dans les années 80. Par ailleurs, il n'a pas été aussi élevé que celui de l'économie japonaise. Néanmoins, le revenu par habitant en Union soviétique s'établissait à la moitié de celui des États-Unis, vers la fin des années 70.

Si l'Union soviétique a pu atteindre une croissance économique rapide, c'est surtout en resserrant la consommation de façon à consacrer le maximum de ressources à l'accumulation de capital. Aux États-Unis, la consommation et l'investissement se sont accrus à peu près au même rythme à long terme. En Union soviétique, la consommation a progressé deux fois moins vite que l'investissement. Au cours des deux premiers plans quinquennaux (c'est-à-dire durant la période de 1928 à 1937), la consommation n'a augmenté que de 0,7 % annuellement, alors que le revenu augmentait de 5,4 % par année, et l'investissement, de 14,5 % par année. C'est seulement à la fin des années 60 que la consommation et l'investissement ont commencé à augmenter au même rythme. On peut donc dire que le développement rapide de l'Union soviétique a pu se faire moyennant un coût énorme : les planificateurs socialistes ont resserré la consommation à un point que la population des pays capitalistes n'aurait pas toléré.

L'économie soviétique, après avoir connu des périodes de croissance rapide par le passé, avait affiché ces dernières années un faible taux de croissance, et le niveau de revenu moyen qu'elle avait atteint était nettement inférieur à ceux du Canada et des États-Unis. En fait, comme nous le montre la figure 23.7, le revenu moyen en Union soviétique équivalait à celui de pays comme la Grèce et l'Espagne ; il se chiffrait à moins de 50 % du revenu moyen des Canadiens et des Américains.

La croissance de l'économie chinoise fournit également des données intéressantes sur la performance d'une économie socialiste. La figure 23.8 illustre l'augmentation du revenu par habitant depuis 1965. Au cours de la révolution culturelle du milieu des années 60, le revenu par habitant a diminué. Le taux de croissance a augmenté rapidement vers la fin des années 60, puis à un rythme plus modéré jusqu'à l'instauration des réformes de Teng Hsiao-ping, à la fin des années 70. À la suite de ces réformes, le revenu par habitant s'est remis à croître à un taux qui, s'il était maintenu, doublerait le niveau de vie de la population chinoise tous les dix ans. Ainsi, lorsqu'elle s'appuyait

Tableau 23.4 Taux de croissance annuels : États-Unis, Japon et Union soviétique

Période	Taux de croissance (en pourcentage par année)		
	États-Unis	Japon	Union soviétique
1840–1885	4,4		
1885–1905	3,7	5,7	3,3 (1885–1913)
1905–1929	3,4	7,4	
1929–1950	2,8		5,4 (1928–1937)
1950–1960	3,2	11,5	5,7 (1940–1960)
1960–1970	4,0		5,1
1970–1979	3,1		3,2
1980–1986	3,1		2,0

Sources : Période 1840–1950 : Paul R. Gregory et Robert C. Stuart, *Soviet Economic Structure and Performance*, 2ᵉ éd., New York, Harper and Row, 1981. Période 1850–1986 : U.S. Central Intelligence Agency, *USSR : Measures of Economic Growth and Development, 1950-1980*, U.S. Congress, Joint Economic Committee, Washington, D.C., U.S. Government Printing Office, 1982 ; U.S. Central Intelligence Agency : « Gorbachev's Economic Program », Report to U.S. Congress, Subcommittee on National Security Economics, 13 avril 1988.

ENTRE LES LIGNES

Le capitalisme en Allemagne de l'Est

À Berlin-Est, on fait des achats jusqu'à l'indigestion

À quelques jours d'une nouvelle révolution, les Allemands de l'Est ont transformé leur capitale (Berlin-Est) en un gigantesque bazar.

Partout, on vend et on achète dans des marchés improvisés: derrière des camionnettes, sur des cartons retournés, sur les trottoirs [...]

En théorie, l'économie de marché ne devait pas s'installer en Allemagne de l'Est avant lundi (le 2 juillet 1990). C'est le jour où l'appareil de l'économie communiste doit être aboli et où l'Allemagne de l'Est doit être fusionnée avec l'Allemagne de l'Ouest au sein d'une union économique.

Le deutsche mark constituera dorénavant la devise commune et, lundi, plus rien n'empêchera les Allemands de l'Est d'acheter... de tout!

Durant les 40 ans de régime communiste, les Allemands de l'Est avaient à leur porte la formidable et prospère économie de l'Allemagne de l'Ouest [...]

Selon que vous dirigiez l'État ou que l'État vous dirigeait, l'Allemagne de l'Ouest représentait soit un cauchemar capitaliste, soit un rêve inaccessible.

Cependant, la chute du régime communiste et la destruction du mur de Berlin sont venues mettre fin à tout cela. L'Allemagne de l'Ouest se prépare à s'installer à l'Est.

M. Dieter Fuerstenau en est un exemple typique. Depuis 24 ans, il vend des cuisinières et des réfrigérateurs aux Allemands de l'Est dans un commerce très attrayant situé sur la place Karl Liebknecht.

En raison des changements survenus au cours des derniers mois, il a commencé à importer des modèles d'Allemagne de l'Ouest pour offrir plus de choix à ses clients.

Des ajustements de prix très complexes ont été rendus nécessaires, car l'ancien régime d'Allemagne de l'Est subventionnait les cuisinières et faisait des profits sur la vente de réfrigérateurs. On jugeait que les cuisinières constituaient une nécessité, pas les réfrigérateurs.

Dans la même ligne de pensée, les dirigeants de l'Allemagne de l'Est avaient décrété que l'industrie de l'Allemagne de l'Est n'avait pas à se soucier de produire des appareils comme les lave-vaisselle, les fours à micro-ondes et les sécheuses. «Ce sont des biens de luxe», affirmaient-ils.

À l'heure actuelle, on trouve dans la salle de montre de M. Fuerstenau de moins en moins d'appareils fabriqués à l'Est et de plus en plus d'appareils fabriqués à l'Ouest, y compris les fours à micro-ondes, les lave-vaisselle et les sécheuses...

The Globe and Mail
28 juin 1990
Par John Gray
© The Globe and Mail
Traduction et reproduction autorisées

Les faits en bref

- Le lundi 2 juillet 1990, l'économie communiste de l'Allemagne de l'Est, qui était en place depuis plus de 40 ans, a été remplacée par une économie de marché. Le deutsche mark sert maintenant de monnaie commune et les deux Allemagne forment une union économique.

- Quelques jours avant l'unification économique de l'Allemagne, Berlin-Est s'est transformée en un véritable bazar.

- Sous le régime communiste, les cuisinières, que l'on jugeait nécessaires, étaient subventionnées et les réfrigérateurs, que l'on jugeait superflus, étaient fortement taxés. On ne fabriquait ni lave-vaisselle, ni fours à micro-ondes ni sécheuses, car on les considérait comme des biens de luxe.

- En juin 1990, Dieter Fuerstenau, gérant d'un magasin d'appareils ménagers, avait réduit son stock de produits fabriqués en Allemagne de l'Est et commençait à vendre des modèles provenant d'Allemagne de l'Ouest, dont les fours à micro-ondes, les lave-vaisselle et les sécheuses.

Analyse

- Dans l'état socialiste (ou communiste) de l'Allemagne de l'Est, l'État subventionnait bon nombre de biens qu'il considérait comme nécessaires dont les cuisinières, les pommes de terre, le pain, le logement, le transport public et les vêtements pour enfants.

- Les graphiques de la figure (a) illustrent la situation qui prévalait sur le marché de trois biens dits nécessaires. Dans le graphique (a) (i), les préférences des ménages déterminent la courbe de demande de cuisinières, $D_{Cuisinières}$, alors que la technologie et les prix des facteurs déterminent la courbe d'offre, $O_{Cuisinières}$. L'État fixe le prix en fonction de son évaluation de la nécessité du produit et verse une subvention pour assurer que la quantité offerte soit égale à la quantité demandée. Si l'État fixe le prix à un niveau tel que la quantité demandée dépasse la quantité offerte, les files d'attente et les activités sur le marché noir apparaissent.

- L'État estime que certains biens sont superflus et fixe leurs prix à des niveaux élevés, faisant ainsi un profit en imposant une taxe sur ceux-ci. Il s'agit, par exemple, des réfrigérateurs, du café et des téléviseurs couleur.

ENTRE LES LIGNES

- Le graphique (a) (ii) illustre ce type d'interventions. L'État fixe le prix des réfrigérateurs au-dessus de ce qu'il en coûte pour les produire, ce qui lui permet alors de faire un profit.

- Certains biens ne sont pas disponibles dans une économie socialiste, sauf s'ils sont vendus sur le marché noir, comme les fours à micro-ondes.

- Le graphique (a) (iii) illustre ce cas. Une quantité Q_N entre illégalement au pays et est vendue sur le marché noir au prix le plus élevé possible — P_N.

- Les graphiques de la figure (b) montrent ce qui se produit sur ces trois types de marché lorsqu'on abandonne l'économie de type socialiste pour la remplacer par une économie de marché. L'offre de biens en Allemagne de l'Est est parfaitement élastique aux prix de l'Allemagne de l'Ouest, PAO. Les prix des articles subventionnés augmentent et la quantité échangée diminue. Les prix des articles taxés diminuent et la quantité échangée augmente. Les prix des articles échangés sur le marché noir diminuent considérablement et la quantité achetée de ces articles augmente beaucoup.

- Dans le cas de l'Allemagne de l'Est, il y a une offre parfaitement élastique de produits manufacturés en provenance de l'Allemagne de l'Ouest aux prix prévalant dans cette partie de l'Allemagne. Les prix en Allemagne de l'Est n'augmentent pas tous. Certains prix augmentent et d'autres diminuent au fur et à mesure que certains biens et services deviennent disponibles.

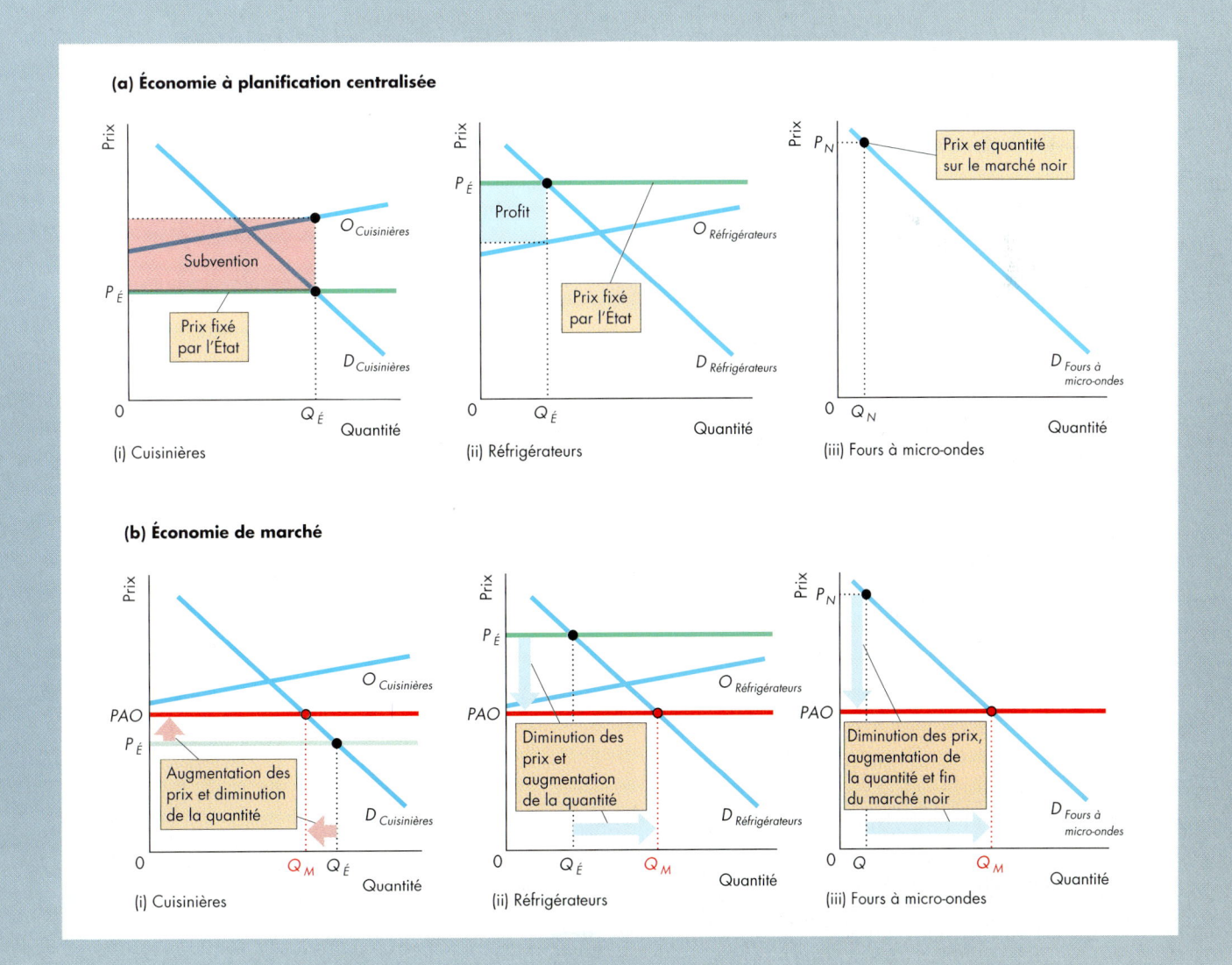

Figure 23.7 Revenu par habitant, en 1987, dans dix pays

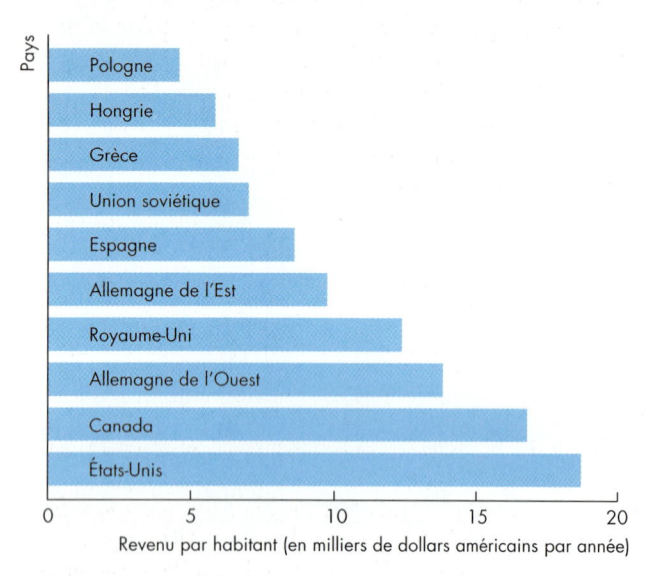

Le revenu par habitant en Union soviétique était à peu près égal à ceux de la Grèce et de l'Espagne. Il était supérieur à ceux de la Pologne et de la Hongrie, mais inférieur à celui de l'Allemagne de l'Est. La Pologne, la Hongrie et l'Allemagne de l'Est étaient autrefois des économies planifiées. La différence entre les niveaux de revenu de l'Allemagne de l'Ouest et de l'Allemagne de l'Est nous donne la meilleure indication quant à la performance respective d'une économie planifiée et d'une économie de marché.

principalement sur des méthodes socialistes, la Chine avait un taux de croissance négatif ou peu élevé; lorsqu'elle a mis l'accent sur des méthodes capitalistes, son taux de croissance a augmenté.

La productivité

Jusqu'à quel point les économies socialistes sont-elles productives? Nous avons constaté qu'en régime socialiste les gestionnaires sont moins incités qu'en régime capitaliste à produire efficacement et au coût le plus bas. D'après les calculs effectués par des experts soviétiques, le revenu agrégé moyen en URSS, par unité de ressources productives, représentait un peu moins de 50 % de celui des États-Unis et 65 % seulement de ceux de la France, de l'Allemagne de l'Ouest et de la Grande-Bretagne.[4]

À partir des données disponibles, il semble qu'on puisse affirmer que le socialisme permet d'atteindre un niveau de vie nettement moins élevé que le capitalisme. Entraîne-t-il, cependant, une plus grande égalité dans la distribution des revenus?

L'inégalité des revenus dans les deux régimes

Il existe des inégalités considérables dans la répartition du revenu et de la richesse au sein de notre propre

---

[4] Paul R. Gregory et Robert C. Stuart, *Soviet Economic Structure and Performance*, 2ᵉ éd., New York, Harper and Row, 1981.

Figure 23.8 La croissance économique en Chine

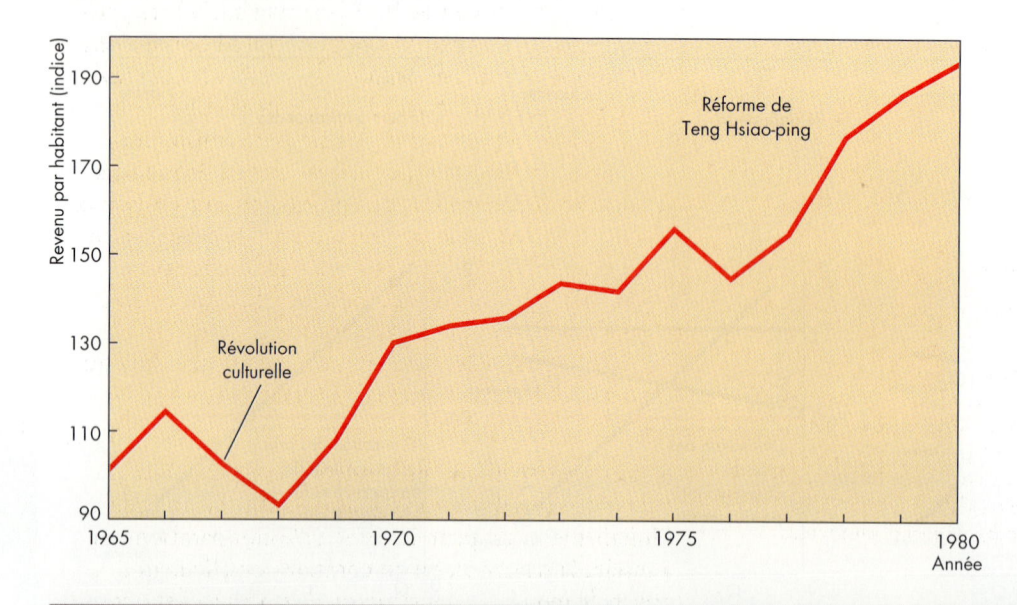

Le système économique de la Chine a considérablement influé sur la croissance du revenu par habitant de ce pays. Pendant la révolution culturelle, le revenu par habitant a chuté. Il a augmenté à un rythme modéré au début des années 70, grâce au système de planification centralisée. Puis, les réformes de 1978 ont instauré des méthodes de production capitalistes en agriculture, faisant ainsi grimper en flèche le revenu par habitant.

Source: Fonds monétaire international, *Statistiques financières mondiales*, 1988.

économie. En est-il de même dans les économies socialistes d'Europe de l'Est et dans ce qui était naguère l'Union soviétique? Il semble que oui. L'Union soviétique a publié très peu de données sur la répartition personnelle du revenu. Cependant, à partir des données dont nous disposons, il semble que la distribution du revenu salarial ait été à peu près la même que dans les économies capitalistes d'Europe de l'Ouest et d'Amérique du Nord. Mais, la répartition du revenu dans son ensemble dépend aussi de la répartition du revenu engendrée par la propriété du capital. La comparaison de la distribution du revenu dans son ensemble ne peut être qu'approximative, comme le montre la figure 23.9. D'après les études effectuées à ce jour, on peut conclure que, en Union soviétique, la distribution globale du revenu après impôt était semblable à celle des États-providences d'Europe de l'Ouest, comme la Grande-Bretagne, et qu'elle était plus égalitaire que dans certains pays capitalistes, comme les États-Unis.

Figure 23.9 Courbes de Lorenz du capitalisme et du socialisme

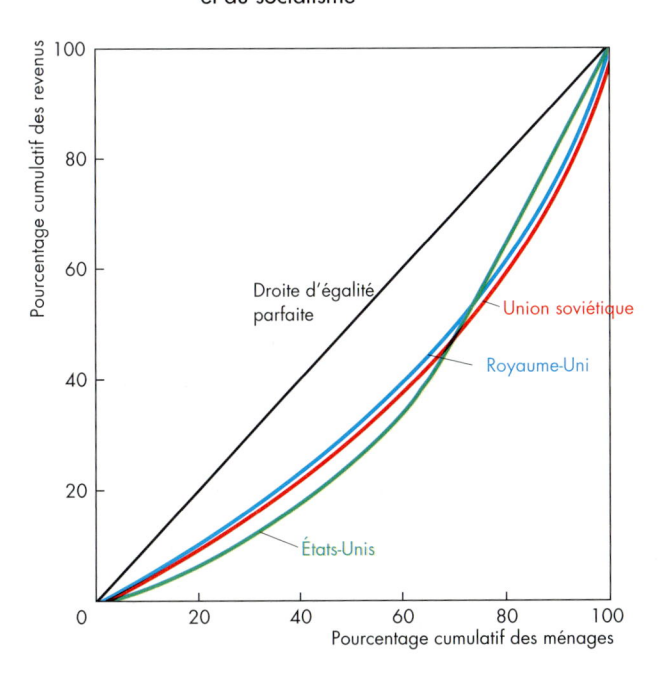

La courbe de Lorenz illustre le degré d'inégalité des revenus. Si un certain pourcentage des ménages reçoit le même pourcentage de revenu, on conclut que les revenus sont distribués également. Plus la courbe de Lorenz s'éloigne de la droite d'égalité parfaite, plus le degré d'inégalité est élevé. Les courbes de Lorenz de l'Union soviétique et du Royaume-Uni montrent que ces deux pays possèdent presque la même distribution des revenus, qui sont d'ailleurs plus également répartis qu'aux États-Unis.

Ceteris paribus

Comparer des pays entre eux, c'est un peu comme comparer des pommes à des oranges. En effet, il y a tellement d'aspects différents entre les pays qu'on n'est jamais sûr d'avoir isolé les facteurs qui causent les écarts de performance. L'histoire, la culture, les traditions d'un pays constituent des différences importantes entre les pays. Idéalement, on aimerait pouvoir comparer la performance économique des pays où ces facteurs seraient identiques. Autrement dit, on aimerait pouvoir considérer comme constants tous ces «autres» facteurs, c'est-à-dire pouvoir appliquer la condition dite *ceteris paribus*, ou «toutes choses étant égales par ailleurs».

Pour comparer entre eux les modèles socialiste et capitaliste, nous disposons de quelques exemples qui satisfont presque au critère *ceteris paribus*: ce sont l'Allemagne de l'Est et l'Allemagne de l'Ouest de même que la Corée du Nord et la Corée du Sud. Vous trouverez dans le présent chapitre, sous la rubrique *Entre les lignes*, un exposé de l'évolution des deux Allemagne, jusqu'à leur récente réunification. À la fin de la Seconde Guerre mondiale, ces deux pays avaient des revenus presque identiques. L'Allemagne de l'Ouest est devenue une économie capitaliste, et l'Allemagne de l'Est, une économie socialiste. À la veille de la réunification, le revenu par habitant en Allemagne de l'Ouest était nettement supérieur à celui de l'Allemagne de l'Est. En 1953, après la Guerre de Corée, la Corée du Nord et la Corée du Sud ont décidé d'emprunter des chemins différents. Le Nord a opté pour le socialisme et le Sud pour le capitalisme. La Corée du Sud disposait alors de moins de ressources que la Corée du Nord mais, à l'heure actuelle, la Corée du Sud enregistre un niveau de revenu par habitant et un niveau de richesse nettement supérieurs à ceux de la Corée du Nord.

Nous avons vu que les économies socialistes peuvent atteindre des taux de croissance rapides; pour cela, elles choisissent une affectation des ressources qui favorise la production de biens d'équipement et limite la croissance de la production des biens de consommation. Nous avons cependant appris que les économies capitalistes peuvent elles aussi enregistrer une croissance prolongée et soutenue. Elles semblent, de plus, être en mesure d'atteindre une plus grande efficacité économique. En Union soviétique, les inégalités du revenu étaient moins prononcées qu'au Canada et qu'aux États-Unis, mais elles l'étaient tout autant que dans les États-providences d'Europe de l'Ouest.

■ Cette comparaison du rendement respectif des économies socialiste et capitaliste semble favoriser le capitalisme. C'est peut-être une telle comparaison qui a suscité la tendance, qu'on constate actuellement à travers le monde, à s'en remettre davantage à l'entreprise privée et aux mécanismes du marché, et à moins miser sur l'intervention gouvernementale, la réglementation et la planification centralisée. Pour l'instant, on croit de plus en plus, à tort ou à raison, que le capitalisme dépasse en efficacité le socialisme. Les preuves dont nous disposons depuis la Seconde Guerre mondiale semblent corroborer cette opinion. Mais, il incombe aux scientifiques de garder l'esprit à la fois ouvert et critique, même devant ce qui paraît être évident. Avant de conclure à la supériorité d'un système économique sur un autre, un grand nombre de travaux et d'études devront être effectués par des économistes.

RÉSUMÉ

Le problème économique fondamental

Aucun système économique ne peut surmonter complètement le problème économique fondamental de la rareté. Chaque système tente d'amener l'économie sur la frontière des possibilités de production, de choisir un point sur cette frontière et de distribuer les bénéfices de l'activité économique. (*pp. 625-626*)

Les divers systèmes économiques

Les systèmes économiques divergent selon la réponse que chacun apporte aux deux questions suivantes : Qui possède les moyens de distribution ? Comment se fait l'allocation des ressources ? Dans un régime capitaliste, le capital et la terre sont propriété privée, et ce sont les mécanismes du marché qui coordonnent l'allocation des ressources. Dans un régime socialiste, le capital et la terre appartiennent à l'État, et ce sont des organismes centraux de planification qui se chargent de l'allocation des ressources.

Selon la philosophie politique du capitalisme, la liberté individuelle est primordiale. Les préférences des consommateurs guident la production des biens et services. Le socialisme est un système économique fondé sur une philosophie politique selon laquelle la propriété privée du capital et de la terre permet aux riches d'exploiter les pauvres. Les biens et services produits en régime socialiste traduisent les préférences des planificateurs, et non celles des consommateurs.

Le capitalisme de l'État-providence combine à la fois l'intervention étatique avec la propriété privée du capital et de la terre. Dans le socialisme de marché, le capital est propriété de l'État, mais on laisse les mécanismes du marché déterminer les prix.

Tous les pays ont instauré des systèmes économiques qui empruntent certains éléments au capitalisme et d'autres au socialisme. Le Canada, les États-Unis et le Japon sont les exemples les plus proches d'un système capitaliste pur. La Chine et ce qui était autrefois l'Union soviétique d'avant les réformes constituent les meilleurs exemples d'un système socialiste. Les pays d'Europe de l'Ouest appliquent le capitalisme dit de l'État-providence, alors que certains pays d'Europe de l'Est, comme la Hongrie et la Yougoslavie, recourent à un socialisme de marché. (*pp. 626-629*).

Les divers types de capitalisme

L'économie capitaliste dont la performance a été la plus spectaculaire est celle du Japon. Elle doit son succès à plusieurs facteurs : le recours aux mécanismes du marché et aux méthodes capitalistes de production, la taille modeste de l'appareil gouvernemental et le faible niveau des impôts, l'adoption de politiques favorisant les entreprises. Le ministère japonais du Commerce international et de l'Industrie joue un rôle actif à l'égard des entreprises, en protégeant et en subventionnant les secteurs jugés prioritaires, et en favorisant le déphasage des industries inefficaces.

Le capitalisme pratiqué en Europe de l'Ouest incorpore un plus grand nombre d'éléments socialistes que ne le font le Japon, le Canada ou les États-Unis. En Europe de l'Ouest, les dépenses publiques et les impôts sont plus élevés ; un grand nombre d'entreprises appartiennent à l'État. Au cours des dernières années, cependant, on a observé dans ces pays une tendance à la privatisation des sociétés d'État et à la réduction des impôts. (*pp. 629-631*)

Le modèle soviétique

L'Union soviétique, dont la plupart des républiques constituantes se sont récemment regroupées dans la Communauté des États indépendants (CEI), était un vaste pays, très riche en ressources. De 1917 à 1991, elle a constitué le meilleur exemple de système économique socialiste à planification centralisée. La planification soviétique, gérée par le GOSPLAN, s'appuyait sur un ensemble de plans détaillés qui gouvernaient l'allocation des biens de consommation, de la main-d'œuvre, du crédit, des biens d'équipement et des produits intermédiaires. Les planificateurs imposaient des objectifs de production aux entreprises, et un système complexe de stimulants avait pour but d'inciter les entreprises à atteindre ces objectifs. Les entreprises étaient également supervisées par des fonctionnaires locaux du Parti communiste et des ministères d'État. En 1987, l'Union soviétique a amorcé une restructuration économique appelée *perestroïka*. Selon les principes de la *perestroïka*, la planification et la centralisation devaient graduellement faire place à un système plus décentralisé, s'appuyant davantage sur la motivation individuelle et sur les mécanismes du marché. (*pp. 631-636*)

La Chine

Depuis la fondation de la République populaire de Chine, la gestion économique de ce pays a connu de nombreux bouleversements. À ses débuts, la République populaire a imité le modèle soviétique de planification centralisée. Puis, elle est entrée dans la phase du «Grand Bond en avant» qui, à son tour, a débouché sur la révolution culturelle. En 1978, la Chine a transformé radicalement son mode de gestion économique, en mettant l'accent sur les motivations individuelles liées à la recherche du profit et sur les mécanismes du marché.

La productivité a grimpé rapidement et le revenu par habitant a nettement augmenté. (*pp. 636-638*)

Capitalisme et socialisme : une analyse comparative

L'histoire économique moderne nous révèle que le socialisme peut produire un taux de croissance élevé du revenu par habitant. Mais, il y arrive en resserrant la consommation à un point qui serait jugé intolérable dans une économie capitaliste. La productivité est plus élevée dans les économies capitalistes que dans les économies socialistes. Dans les économies socialistes, la distribution du revenu est plus équitable que dans certaines économies capitalistes, mais elle est semblable à celle des États-providences européens. (*pp. 638-646*)

POINTS DE REPÈRE

Mots clés

Capitalisme, 626
Capitalisme de l'État-providence, 627
Communisme, 628
Entreprise d'État, 633
GOSPLAN, 632
Grand Bond en avant, 636
Impôt sur le chiffre d'affaires, 633
Industrie nationalisée, 630
Ministère du Commerce international et de l'Industrie (Japon), 630
Plan annuel, 633
Planification centralisée, 626
Planification décentralisée, 627
Plan quinquennal, 633
Privatisation, 631
Socialisme, 626
Socialisme de marché, 627

Figures et tableaux clés

Figure 23.1	Les divers systèmes économiques, 627
Figure 23.2	Organigramme de l'Union soviétique, 632
Figure 23.3	L'équilibre des biens de consommation, 634
Figure 23.5	Prix et quantités dans un système socialiste à planification centralisée, 639
Figure 23.6	Prix et quantités dans un système de socialisme de marché, 640
Tableau 23.1	Les grandes étapes de l'histoire économique de l'Union soviétique, 631
Tableau 23.3	Les grandes étapes de l'histoire économique de la République populaire de Chine, 637

QUESTIONS DE RÉVISION

1. Quels sont les trois aspects du problème économique que doit affronter tout système économique ?

2. Quels sont les principaux systèmes économiques ? Établissez les caractéristiques essentielles de chacun d'eux.

3. Comment le capitalisme résout-il le problème économique fondamental ? Qu'est-ce qui, en régime capitaliste, détermine la quantité à produire de chaque bien ?

4. Comment le socialisme résout-il le problème économique ? Qu'est-ce qui, en régime socialiste, détermine la quantité à produire de chaque bien ?

5. Comment le socialisme de marché détermine-t-il les prix et les quantités de chaque bien ?

6. Pour chacun des grands types de système économique, citez des pays dont l'économie relève du capitalisme, du socialisme, du socialisme de marché et du capitalisme de l'État-providence. (Ne citez pas les pays dont les noms apparaissent dans la figure 23.1.)

7. Décrivez l'économie capitaliste du Japon. À quoi peut-on attribuer son succès ?

8. Décrivez le rôle qu'exerce, au Japon, le ministère du Commerce international et de l'Industrie. Comparez le type de capitalisme pratiqué en Europe de l'Ouest à celui qui est pratiqué au Canada et aux États-Unis. Décrivez le système de planification et de dirigisme de l'Union soviétique.

9. Comment le GOSPLAN atteignait-il l'équilibre des biens de consommation ?

10. Comment le GOSPLAN atteignait-il l'équilibre des produits intermédiaires ?

11. Quels étaient les principaux éléments de la *perestroïka* ?

12. Résumez les transformations successives de la gestion économique de la Chine, depuis 1949.

13. Comparez la croissance économique enregistrée aux États-Unis à celles de l'Union soviétique et du Japon. Quelles conclusions peut-on tirer de cette comparaison ?

14. Comparez les inégalités de revenu enregistrées en régime socialiste à celles qu'on connaît en régime capitaliste. Pourquoi la distribution du revenu était-elle plus inégale aux États-Unis qu'en Union soviétique ?

15. Quelles leçons peut-on tirer de l'expérience chinoise actuellement en cours, qui est fondée sur le principe de « un pays, deux systèmes » ?

GLOSSAIRE

À travail d'égale valeur, salaire égal (*Equal pay for work of equal value*) Principe selon lequel tous les postes différents mais d'égale valeur devraient être assortis de la même rémunération.

Abscisse (*X-coordinate*) Coordonnée horizontale d'un graphique dont la longeur a la valeur marquée sur l'axe des abscisses, ou axe horizontal.

Absorption *Voir* **Prise de contrôle**

Accord général sur les tarifs douaniers et le commerce (GATT) Accord multilatéral dont le but est de limiter les interventions gouvernementales qui restreignent le commerce international.

Accumulation de capital (*Capital accumulation*) Augmentation des quantités de biens d'équipement, c'est-à-dire des stocks de moyens de production.

Actif (*Asset*) Ensemble des avoirs de l'agent économique considéré (ménage, entreprise ou gouvernement), c'est-à-dire des biens et des valeurs qui lui appartiennent.

Actif financier (*Financial asset*) Créance qu'un agent détient sur un ménage, une entreprise ou un gouvernement.

Actif financier net (*Net financial asset*) Différence entre l'actif financier total et le passif financier total d'un agent.

Actif réel (*Real asset*) Bien physique que possède un agent économique, par exemple un bâtiment, une usine, un bien d'équipement, un bien de consommation durable, un terrain, un gisement de pétrole.

Action (*Share*) Part du capital social d'une société par actions.

Action convertible (*Convertible stock*) Titre qui n'est ni vraiment une action ni vraiment une obligation, et qui rapporte à son détenteur un coupon fixe (comme une obligation) mais qui peut être échangé contre un nombre déterminé d'actions ordinaires.

Action ordinaire (*Common stock*) Action qui confère à son détenteur le droit de voter à l'assemblée des actionnaires et de participer à l'élection des administrateurs; le porteur d'une action ordinaire ne reçoit un dividende que si les administrateurs votent en ce sens.

Action privilégiée (*Preferred stock*) Action qui n'est assortie d'aucun droit de vote mais qui confère à son détenteur un dividende prioritaire à taux fixe, quels que soient les bénéfices de la société.

Activité de marché (*Market activity*) Travail rémunéré.

Activité de prospection (*Search activity*) Temps et efforts consacrés à la recherche d'une personne avec qui conclure un marché.

Activité économique (*Economic activity*) Ensemble des actions entreprises pour contrer la rareté.

Activité hors marché (*Nonmarket activity*) Activité de loisirs ou activité productive hors marché, y compris la formation et l'éducation.

Actualisation (*Discounting*) Conversion d'une somme d'argent future dans sa valeur actuelle.

Agent (*Agent*) Personne employée par le principal pour s'acquitter de certaines tâches.

Allocation des ressources (*Resource allocation*) État de l'économie défini par les quantités de facteurs de production utilisées par chaque entreprise, les quantités de biens et services produites par chaque entreprise et les quantités des divers biens et services consommées par chaque ménage dans l'économie.

Allocation efficace des ressources (*Allocative efficiency*) État de l'économie quand il est impossible d'améliorer l'allocation des ressources dans l'état actuel des techniques de production et avec les facteurs de production disponibles ; une allocation est efficace si personne ne peut améliorer sa situation (compte tenu de ses préférences) sans que cela se fasse au détriment de quelqu'un d'autre.

Amortissement (*Depreciation*) Opération qui consiste à mettre en réserve de période en période les fonds nécessaires pour compenser la dépréciation du capital.

Amortissement économique (*Economic depreciation*) Imputation qui reflète la variation au fil du temps de la valeur de marché d'un bien de production durable.

Anticipation rationnelle (*Rational expectation*) Prévision qui utilise toute l'information disponible, dont l'erreur moyenne est nulle et dont la marge d'erreur est aussi faible que possible.

Arbitrage (*Binding arbitration*) Procédé par lequel l'employeur et les travailleurs s'en remettent d'un commun accord à une tierce partie, l'arbitre, pour déterminer les salaires et autres conditions de travail à leur place; le jugement rendu lors de l'arbitrage est exécutoire, c'est-à-dire que les deux parties en cause doivent s'y conformer.

Autarcie (*Self-sufficiency*) Situation où chaque individu ne consomme que ce qu'il produit, et se suffit donc à lui-même.

Avantage absolu (*Absolute advantage*) Avantage que détient un pays sur un autre lorsque, pour tous les biens, sa production par unité de facteur de production est supérieure à celle de cet autre pays; avantage que détient une personne quand elle peut avoir une productivité supérieure à celle des autres.

Avantage comparatif (*Comparative advantage*) Avantage que détient un pays (ou une entreprise) pour la production d'un bien s'il peut produire ce bien à un coût d'opportunité inférieur à celui d'un autre pays (d'une autre entreprise).

Avantage marginal (*Marginal benefit*) Accroissement de l'avantage total qui résulte de la consommation d'une unité supplémentaire du bien considéré.

Avantage marginal social (*Marginal social benefit*) Valeur monétaire de l'avantage que représente pour la société la consommation d'une unité supplémentaire d'un bien, en incluant les coûts et avantages associés aux effets externes.

Avantage net (*Net benefit*) Avantage total diminué du coût total.

Avantage total (*Total benefit*) Valeur monétaire qu'on accorde à une quantité donnée d'un bien donné; l'avantage total qu'on retire de la consommation d'un bien correspond à la disposition totale à payer pour les unités du bien en question.

Axe des abscisses (*X-axis*) Axe horizontal d'un graphique.

Axe des ordonnées (*Y-axis*) Axe vertical d'un graphique.

Axes (*Axes*) Droites ou échelles verticale ou horizontale définissant le système de référence d'un graphique.

Ayant droit résiduel (*Residual claimant*) Agent ou groupe d'agents qui perçoit les bénéfices de l'entreprise et qui est responsable de ses pertes.

Balance commerciale (*Balance of trade*) Différence entre la valeur des exportations de marchandises d'un pays et la valeur de ses importations.

Banque à charte (*Chartered bank*) Intermédiaire financier qui accepte des dépôts et consent des prêts.

Barème de demande (*Demand schedule*) Tableau exprimant la quantité demandée en fonction du prix exigé, tous les autres facteurs étant maintenus constants.

Barème d'offre (*Supply schedule*) Tableau exprimant la quantité offerte en fonction du prix, tous les autres facteurs étant maintenus constants.

Barrière à l'entrée (*Barrier to entry*) Obstacle légal ou naturel qui protège le monopoleur de la concurrence en empêchant d'autres entreprises de s'établir sur le marché.

Barrière non tarifaire (*Nontariff barrier*) Toute mesure qui limite le commerce international et qui n'est pas un droit de douane.

Bien collectif (*Public good*) Bien ou service que tout le monde peut consommer conjointement, en ce sens que l'usage du bien ou service par un agent n'en empêche pas l'usage par un autre agent.

Bien complémentaire Voir **Complément**

Bien mixte (*Mixed good*) Bien caractérisé par une certaine non-rivalité d'usage, selon le nombre d'utilisateurs.

Bien privé (*Private good*) Bien ou service dont chaque unité ne peut être consommée que par une seule personne.

Bien substitut Voir **Substitut**

Biens de consommation (*Consumption goods*) Biens qui contribuent directement à notre satisfaction et qui sont donc désirés pour eux-mêmes.

Biens de production (*Capital goods*) Biens qui concourent à la production d'autres biens ou services et qui ne sont donc pas désirés pour eux-mêmes.

Biens et services (*Goods and services*) Tout ce qu'une population produit. Les biens sont d'ordre matériel; les services sont immatériels.

Biens inférieurs (*Inferior goods*) Biens pour lesquels la demande baisse lorsque le revenu augmente.

Biens normaux (*Normal goods*) Biens pour lesquels la demande s'accroît avec le revenu.

Bilan (*Balance sheet*) Liste des éléments d'actif et de passif.

Bourse (*Stock exchange*) Marché organisé où s'échangent les valeurs mobilières.

Brevet (*Patent*) Droit exclusif que le gouvernement accorde à l'inventeur d'un bien ou d'un procédé.

Bureaucrate (*Bureaucrat*) Gestionnaire des administrations publiques à l'échelon fédéral, provincial ou municipal. (Dans le domaine de l'analyse économique des organisations, les termes «bureaucratie» et «bureaucrate» n'ont pas la connotation péjorative qu'ils ont dans le langage courant.)

Capacité de production (*Capacity*) Niveau de production pour lequel le coût total moyen de l'entreprise est à son minimum.

Capacité excédentaire (*Excess capacity*) Situation où la capacité de production est supérieure à la production réalisée.

Capital (*Capital*) Ensemble des biens (bâtiments, machines et outillage) destinés à produire de nouveaux biens.

Capital humain (*Human capital*) Ensemble des compétences et des savoir-faire qu'une personne a accumulés au fil du temps.

Capitalisme (*Capitalism*) Système économique fondé sur la propriété privée des moyens de production (le capital et la terre) et sur l'allocation des ressources par le marché.

Capitalisme de l'État-providence (*Welfare state capitalism*) Système économique où, comme dans le capitalisme, le capital et la terre sont propriété privée, et où l'intervention de l'État joue un rôle important dans l'allocation des ressources, comme en régime socialiste.

Capitaux propres (*Equity, syn.: equity capital*) Participation financière du propriétaire dans son entreprise.

Carte d'isocoûts (*Isocost map*) Représentation graphique d'une famille de droites d'isocoût, chacune d'elles correspondant à un niveau de coût total différent.

Carte d'isoquants (*Isoquant map*) Représentation graphique d'une famille d'isoquants, chacun d'eux correspondant à un niveau de production différent.

Cartel (*Cartel*) Groupe d'entreprises qui concluent un accord de prix ou de partage du marché.

Ceteris paribus (*Ceteris paribus*) Locution latine signifiant «toutes choses étant égales par ailleurs» ou «tous les autres facteurs étant maintenus constants».

Choix de portefeuille (*Portfolio choice*) Décision que prend un agent économique en ce qui concerne la nature de ses avoirs et de ses dettes.

Choix rationnel (*Rational choice*) Choix de la meilleure action du point de vue du décideur, parmi toutes les actions possibles.

Collusion (*Collusive agreement*) Entente secrète conclue entre plusieurs entreprises en vue de restreindre leur production, de façon à faire monter les prix et augmenter les profits.

Commerce intra-industriel (*Intraindustry trade*) Ensemble des échanges portant sur des produits de même nature.

Commissions et redevances (*Commissions and royalties*) Part du chiffre des ventes, d'après un pourcentage convenu; ce système de rémunération s'applique notamment aux vendeurs, aux agents immobiliers, aux agents de change, aux chanteurs et aux écrivains.

Communisme (*Communism*) Système économique fondé sur la propriété d'État du capital et de la terre, et sur la planification centralisée.

Compagnie d'assurances (*Insurance company*) Entreprise qui vend des assurances-vie et des régimes de retraite aux ménages.

Complément ou bien complémentaire (*Complement*) Bien qui est nécessairement consommé avec un autre.

Concession (*Public franchise*) Autorisation qui donne à une entreprise le droit exclusif de fournir un produit ou un service donné.

Concurrence (*Competition*) Rivalité pour la maîtrise de ressources rares.

Concurrence monopolistique (*Monopolistic competition*) Structure de marché dans laquelle de nombreuses entreprises se font concurrence en proposant des produits comparables mais légèrement différents.

Concurrence parfaite (*Perfect competition*) État des marchés qui présentent les caractéristiques suivantes: de nombreuses entreprises vendent le même bien; les acheteurs sont nombreux; il n'y a pas de barrière à l'entrée dans l'industrie; les entreprises en place ne bénéficient d'aucun avantage particulier par rapport aux entrants potentiels; les entreprises et les acheteurs sont parfaitement informés des prix pratiqués par chacune des entreprises du secteur.

Consommation (*Consumption*) Utilisation des biens et services.

Contingent d'importation Voir **Quota d'importation**

Contraintes de marché (*Market constraints*) Conditions auxquelles l'entreprise peut acheter des facteurs de production et vendre ses produits.

Contrôle des loyers (*Rent ceiling*) Règlement en vertu duquel il est illégal d'exiger un loyer supérieur au niveau imposé.

Coopération (*Cooperation*) Réalisation d'un travail en commun en vue d'atteindre un même but.

Coopérative (*Cooperative*) Entreprise appartenant à un groupe de personnes qui partagent un objectif commun, qui assument collectivement les risques et qui partagent les bénéfices.

Coordination par directives (*Command mechanism*) Mode de coordination «verticale» où certaines décisions de production ou de consommation sont prises par voie d'autorité.

Coordination par le marché (*Market mechanism*) Mode de coordination «horizontale» où la détermination du *quoi?* du *comment?* et du *pour qui?* repose sur des transactions volontaires entre individus.

Coordonnée horizontale Voir **Abscisse**

Coordonnée verticale Voir **Ordonnée**

Coordonnées (*Coordinates*) Segments de droite partant d'un même point et tracés perpendiculairement aux axes d'un graphique.

Corporation professionnelle (*Professional association*) Groupe organisé de personnes exerçant une profession libérale — avocats, dentistes, médecins, etc. — dont l'objectif est notamment d'améliorer les conditions de travail et de rémunération de ses membres.

Coupon (*Coupon payment*) Montant qui est versé annuellement au détenteur d'une obligation, de la date d'émission à l'échéance.

Courbe (*Curve*) Toute ligne dans un graphique, qu'elle soit droite ou incurvée.

Courbe d'indifférence (*Indifference curve*) Courbe qui indique toutes les combinaisons de deux biens entre lesquelles le consommateur est indifférent.

Courbe d'offre (*Supply curve*) Graphique montrant la relation entre la quantité offerte d'un bien et le prix de ce bien, tous les autres facteurs étant maintenus constants.

Courbe d'offre à court terme (*Short-run supply curve*) Courbe qui indique l'effet d'une variation de prix sur la quantité offerte après que les producteurs ont procédé à certains des ajustements techniquement possibles dans leur processus de production.

Courbe d'offre à long terme (*Long-run supply curve*) Courbe qui indique l'effet d'une variation du prix sur la quantité offerte une fois que les producteurs ont procédé à tous les ajustements techniquement possibles dans leur processus de production.

Courbe d'offre d'une entreprise en situation de concurrence parfaite (*Perfectly competitive firm's supply curve*) Courbe qui indique le niveau de production optimal en fonction du prix du marché.

Courbe d'offre du marché à court terme (*Short-run industry supply curve*) Courbe d'offre à court terme de l'industrie dans son ensemble, qui indique la quantité totale produite à court terme par toutes les entreprises de l'industrie en fonction du prix.

Courbe d'offre instantanée (*Momentary supply curve*) Courbe qui indique l'effet initial d'une augmentation ou d'une baisse du prix sur la quantité offerte.

Courbe de coût moyen à long terme (*Long-run average cost curve*) Courbe qui indique le coût total moyen de production en fonction du niveau de production quand le capital et la main-d'œuvre sont variables.

Courbe de demande (*Demand curve*) Graphique montrant la relation entre la quantité demandée d'un bien et son prix, tous les autres facteurs étant maintenus constants.

Courbe de demande à court terme (*Short-run demand curve*) Courbe qui indique la réaction initiale des acheteurs à une variation du prix.

Courbe de demande à long terme (*Long-run demand curve*) Courbe qui indique la réaction des acheteurs à une modification de prix, mais seulement une fois qu'ils ont procédé à tous les ajustements possibles de leurs plans d'achat.

Courbe de Lorenz (*Lorenz curve*) Courbe qui indique les pourcentages cumulés du revenu total ou de la richesse totale en fonction des pourcentages cumulés des ménages dans la population considérée.

Courbe de produit total (*Total product curve*) Représentation graphique du niveau de production techniquement possible en fonction de la quantité utilisée du facteur de production variable (en général, la main-d'œuvre).

Courbe de recette du produit marginal (*Marginal revenue product curve*) Courbe qui donne la recette du produit marginal d'un facteur en fonction de la quantité utilisée de ce facteur.

Courbe de valeur du produit moyen (*Average revenue product curve*) Courbe qui donne la valeur du produit moyen d'un facteur en fonction de la quantité utilisée de ce facteur.

Courbe des possibilités de production (*Production possibility frontier*) Courbe traçant la frontière entre les niveaux de production qu'on peut atteindre et ceux qui demeurent irréalisables.

Court terme (*Short run*) Horizon temporel au cours duquel les quantités de certains facteurs de production sont fixes et d'autres sont variables.

Coût à long terme (*Long-run cost*) Coût de production lorsque la taille des installations est parfaitement adaptée au niveau de production de l'entreprise.

Coût d'opportunité (*Opportunity cost*) Valeur de ce à quoi on renonce chaque fois que, devant des ressources limitées, on doit faire un choix.

Coût fixe (*Fixed cost*) Coût qui ne dépend pas du niveau de production.

Coût fixe moyen (*Average fixed cost*) Coût fixe total par unité de production.

Coût fixe total (*Total fixed cost*) Coût des facteurs de production fixes.

Coût historique (*Historical cost*) Coût calculé d'après le prix effectivement payé pour obtenir les facteurs de production.

Coût imputé (*Imputed cost*) Coût d'opportunité qui ne correspond à aucun déboursé dans la période considérée.

Coût irrécupérable (*Sunk cost*) Coût historique d'achat d'un bien d'équipement dont la valeur actuelle de revente est nulle.

Coût marginal (*Marginal cost*) Variation du coût total qui résulte de la production d'une unité supplémentaire (s'obtient en divisant la variation du coût total par l'accroissement de la production).

Coût marginal privé (*Marginal private cost*) Coût marginal qui est supporté directement par les producteurs du bien considéré.

Coût marginal social (*Marginal social cost*) Somme du coût marginal supporté directement par les producteurs d'un bien et des coûts marginaux associés aux effets externes.

Coût total (*Total cost*) Somme des coûts de tous les facteurs utilisés dans le processus de production.

Coût total moyen (*Average total cost*) Coût total par unité de production (s'obtient soit en divisant le coût total par la quantité produite, soit en additionnant le coût fixe moyen et le coût variable moyen).

Coût variable (*Variable cost*) Coût qui varie avec le niveau de production.

Coût variable moyen (*Average variable cost*) Coût variable total par unité de production.

Coût variable total (*Total variable cost*) Coût des facteurs de production variables.

Coûts de contrôle (*Monitoring costs*) Coûts qu'engendre le contrôle des activités d'un agent, c'est-à-dire l'ensemble des mesures prises pour vérifier si l'agent s'acquitte correctement des tâches qui lui sont confiées. (Syn.: coûts de surveillance)

Coûts de surveillance *Voir* **Coûts de contrôle**

Coûts de transaction (*Transaction costs*) Somme des coûts qui accompagnent généralement les transactions de marché, et qui résultent en particulier du fait que l'on doit rechercher un partenaire commercial, parvenir à une entente sur les prix ainsi que sur d'autres aspects de la transaction, et s'assurer que les modalités du contrat seront respectées.

Critère de Rawls (*Rawlsian theory of fairness*) Principe en vertu duquel la répartition la plus juste est celle qui permet à la personne la plus mal lotie de la société d'obtenir le revenu le plus élevé possible.

Critère utilitariste (*Utilitarian theory*) Principe en vertu duquel la répartition la plus juste est celle qui maximise la somme des utilités des individus.

Croissance économique (*Economic growth*) Expansion des possibilités de production.

Date d'échéance (*Redemption date*) Date à laquelle l'entreprise qui a émis une obligation doit rembourser la valeur nominale du titre au détenteur.

Décideur (*Decision maker*) Toute personne ou tout groupe organisé, habilités à effectuer des choix et à prendre des décisions.

Demande (*Demand*) Relation globale qui existe entre la quantité demandée d'un bien et son prix.

Demande complètement inélastique *Voir* **Demande parfaitement inélastique**

Demande d'élasticité unitaire (*Unit elastic demand*) Demande dont l'élasticité est égale à l'unité.

Demande de travail à court terme (*Short-run demand for labour*) Relation entre le taux de salaire et la quantité de travail demandée quand le travail constitue le seul facteur variable de l'entreprise et que le stock des autres facteurs de production reste inchangé.

Demande de travail à long terme (*Long-run demand for labour*) Relation entre le taux de salaire et la quantité de travail demandée quand tous les facteurs de production de l'entreprise sont variables.

Demande dérivée (*Derived demand*) Demande d'un bien qui n'est pas demandé pour lui-même; la demande des facteurs de production est une demande dérivée, car les facteurs ne sont demandés que parce qu'ils contribuent à la production d'autres biens ou services.

Demande du marché (*Market demand*) Somme des demandes de tous les acheteurs du marché; la courbe de demande totale indique la quantité totale demandée d'un bien en fonction de son prix, en supposant toutes les autres variables constantes.

Demande élastique (*Elastic demand*) Demande dont l'élasticité est supérieure à 1.

Demande individuelle (*Individual demand*) Demande d'un acheteur en particulier; la courbe de demande individuelle indique la quantité demandée par l'acheteur en fonction du prix du bien, en supposant toutes les autres variables constantes.

Demande inélastique (*Inelastic demand*) Demande dont l'élasticité est comprise entre zéro et 1.

Demande parfaitement élastique (*Perfectly elastic demand*) Demande dont l'élasticité est infinie.

Demande parfaitement inélastique (*Perfectly inelastic demand*) Demande dont l'élasticité est nulle. (Syn.: demande complètement inélastique)

Dépenses totales (*Total expenditure*) Montant total dépensé au titre de l'achat d'un bien (s'obtient en multipliant le prix du bien par la quantité achetée).

Déréglementation (*Deregulation*) Abolition des restrictions réglementaires sur les prix, les normes des produits et les conditions d'accès au marché.

Déséconomies d'échelle relatives à l'industrie (*External diseconomies*) Augmentation du coût de production des entreprises d'une industrie qui résulte de l'augmentation du volume d'activité de cette industrie.

Déséconomies d'échelle   *Voir* **Rendements d'échelle décroissants**

Diagramme de dispersion (*Scatter diagram*) Graphique montrant les valeurs d'une variable économique associées à celles d'une autre variable.

Différenciation des produits (*Product differentiation*) Situation où chaque entreprise fabrique un produit légèrement différent de ceux des concurrents.

Discrimination de prix (*Price discrimination*) Pratique qui consiste à imposer des prix différents à différents acheteurs pour un même bien ou service, ou à imposer au même acheteur des prix différents selon la quantité qu'il achète.

Discrimination de prix parfaite (*Perfect price discrimination*) Pratique qui consiste à faire payer à chaque acheteur le prix le plus élevé qu'il est disposé à payer pour chacune des unités de bien ou service qu'il consomme.

Disposition à payer (*Willingness to pay*) Montant maximal que le consommateur est disposé à payer pour obtenir une quantité donnée d'un bien donné; la disposition à payer correspond à la valeur du bien.

Dotation (*Endowment*) Ensemble des facteurs de production que les gens possèdent.

Double coïncidence des besoins (*Double coincidence of wants*) Situation où une personne a exactement à vendre ce qu'une autre veut acheter et réciproquement.

Droit d'accise (*Excise tax*) Taxe imposée sur un bien en particulier.

Droit de douane   *Voir* **Tarif**

Droit de propriété (*Property rights*) Ensemble de conventions sociales qui régissent la propriété, son utilisation et sa cession.

Droit de propriété privée (*Private property right*) Titre légal qui confère la propriété exclusive d'une ressource et que l'on peut faire respecter en ayant recours aux tribunaux.

Droite d'isocoût (*Isocost line*) Droite qui représente toutes les combinaisons de capital et de travail que peut se procurer l'entreprise pour un même coût total, étant donné les prix des facteurs de production.

Droite de budget (*Budget line*) Droite qui délimite les choix de consommation d'un ménage.

Droits de douane compensateurs (*Countervailing duties*) Tarifs douaniers qu'un gouvernement impose pour aider les producteurs nationaux à concurrencer les producteurs étrangers subventionnés par leur propre gouvernement.

Dumping (*Dumping*) Pratique qui consiste à vendre un bien sur un marché étranger à un prix inférieur au prix du marché national ou inférieur au coût de production.

Duopole (*Duopoly*) Marché dans lequel deux producteurs seulement se font concurrence.

Échange monétaire (*Monetary exchange*) Système dans lequel une marchandise en particulier, des pièces ou encore des jetons servent d'instrument d'échange.

Échéancier de la dette (*Maturity structure*) Calendrier prévu des remboursements.

Échelle efficace minimale (*Minimum efficiency scale*) Niveau de production le plus bas qui permette à l'entreprise d'atteindre le minimum de son coût moyen à long terme.

Économie (*Economy*) Système régissant l'allocation des ressources entre des utilisations concurrentes.

Économie fermée (*Closed economy*) Économie qui n'entretient de relations avec aucune autre (exemple limite: l'économie mondiale).

Économie mixte (*Mixed economy*) Économie combinant les mécanismes du marché avec une certaine forme de régulation centrale.

Économie ouverte (*Open economy*) Économie entretenant des relations d'échange avec l'extérieur.

Économies d'échelle (*Economies of scale*) Baisse du prix de revient d'un produit qui résulte de l'augmentation du volume de production. (Syn.: rendements d'échelle croissants)

Économies d'échelle relatives à l'industrie (*External economies*) Réduction du coût de production des entreprises d'une industrie qui résulte d'une augmentation du volume d'activité de cette industrie.

Économies de gamme (*Economies of scope*) Diminution du coût total moyen qui résulte de l'élargissement de la gamme des biens ou services que produit l'entreprise.

Économique (*Economics*) Étude de la manière dont on utilise des ressources limitées pour satisfaire des besoins illimités.

Effet de prix (*Price effect*) Effet d'une variation du prix d'un bien sur la quantité consommée de ce bien.

Effet de revenu (*Income effect*) Effet d'une variation du revenu sur la consommation, tous les prix étant supposés constants.

Effet de substitution (*Substitution effect*) Effet d'une variation du prix relatif d'un bien sur les quantités consommées lorsque, par hypothèse, le passage de la combinaison de consommation initiale à la nouvelle combinaison laisse le consommateur indifférent.

Effet externe (*Externality*) Coût ou avantage associé à une activité économique et qui n'est pas pris en compte par le marché. (Syn.: externalité)

Efficacité économique (*Economic efficiency*) Situation de l'entreprise qui produit au coût le plus bas possible.

Efficacité technique (*Technological efficiency*) Situation de l'entreprise qui ne peut augmenter sa production sans augmenter la quantité des facteurs de production utilisée, ou qui ne peut, pour un niveau donné de production, réduire la quantité utilisée d'un facteur de production sans augmenter la quantité utilisée d'un autre facteur.

Élasticité à court terme de la demande de travail (*Short-run elasticity of demand for labour*) Sensibilité de la demande de travail à une variation du taux de salaire quand le travail est le seul facteur variable; comme la quantité de travail et le taux de salaire évoluent toujours en sens inverse, on la considère généralement en valeur absolue.

Élasticité à long terme de la demande de travail (*Long-run elasticity of demand for labour*) Sensibilité de la demande de travail à une variation du taux de salaire quand tous les facteurs de production sont variables; elle s'obtient en divisant le pourcentage de variation de la quantité de travail demandée par le pourcentage de variation du taux de salaire.

Élasticité de l'offre (*Elasticity of supply*) Sensibilité de l'offre d'un bien aux variations de son prix; elle s'obtient en divisant le pourcentage de variation de la quantité offerte par le pourcentage de variation du prix.

Élasticité de la demande (*Elasticity of demand*) Autre nom de l'élasticité-prix de la demande, que l'on utilise quand aucune équivoque n'est possible.

Élasticité-prix croisée de la demande (*Cross elasticity of demand*) Sensibilité de la demande d'un bien aux variations du prix d'un autre bien; elle s'obtient en divisant le pourcentage de variation de la quantité demandée du bien considéré par le pourcentage de variation du prix de l'autre bien (qui sera, en général, un substitut ou un complément).

Élasticité-prix de la demande (*Price elasticity of demand*) Sensibilité de la demande d'un bien aux variations de son prix; elle se mesure à la valeur absolue du ratio du pourcentage de variation de la quantité demandée sur le pourcentage de variation du prix.

Élasticité-revenu de la demande (*Income elasticity of demand*) Sensibilité de la demande aux variations du revenu; elle s'obtient en divisant le pourcentage de variation de la quantité demandée par le pourcentage de variation du revenu.

Électeur (*Voter*) Consommateur du produit de l'activité politique. L'électeur exprime sa «demande» de politiques publiques par le vote (dans le cadre d'une élection ou d'un référendum), par sa participation au financement des partis politiques, ou par le lobbying.

Énoncé normatif (*Normative statement*) Énoncé se rapportant à ce qui *devrait* être, conformément à certains jugements de valeur.

Énoncé positif (*Positive statement*) Énoncé se rapportant à ce qui *est* réellement, à partir de ce qui est en principe vérifiable par l'observation.

Entière responsabilité (*Joint unlimited liability*) Responsabilité des associés quand chacun d'eux est légalement responsable de toutes les dettes de l'entreprise.

Entrée (*Entry*) Établissement d'une nouvelle entreprise dans un marché.

Entreprise (*Firm*) Organisation qui achète ou qui loue des facteurs de production et qui gère ces ressources pour produire et vendre des biens et services.

Entreprise d'État (*State enterprise*) Unité de base de la production soviétique.

Entreprise individuelle (*Sole proprietorship*) Entreprise qui appartient à un seul propriétaire, dont la responsabilité est illimitée.

Entreprise publique Voir **Société d'État**

Épargne (*Saving*) Partie du revenu courant d'un ménage qui n'est pas utilisée aux fins de consommation.

Équation d'isocoût (*Isocost equation*) Expression mathématique de la relation entre la quantité de capital et la quantité de travail que l'entreprise peut obtenir pour un même coût total, étant donné les prix de ces facteurs.

Équation de budget (*Budget equation*) Équation qui donne les quantités maximales de biens et services qui peuvent être consommées, pour un revenu donné et pour des prix donnés.

Équilibre (*Equilibrium*) Situation atteinte quand tous les individus ont optimisé leurs choix et quand les décisions des uns et des autres sont compatibles.

Équilibre coopératif (*Cooperative equilibrium*) En théorie des jeux, équilibre qui se produit lorsque chaque joueur adopte une stratégie telle qu'il causera des dommages importants à l'autre joueur si ce dernier triche, le résultat étant que l'autre joueur, réagissant rationnellement, préférera coopérer.

Équilibre de Nash (*Nash equilibrium*) En théorie des jeux, configuration de stratégies telle qu'aucun joueur n'a intérêt à modifier sa stratégie, étant donné les stratégies adoptées par les autres joueurs.

Équilibre du consommateur (*Consumer equilibrium*) Situation qui se caractérise par le fait que le consommateur a dépensé tout son revenu de façon à maximiser son utilité totale.

Équilibre en stratégies dominantes (*Dominant strategy equilibrium*) En théorie des jeux, état du jeu quand chaque joueur adopte sa stratégie dominante.

Équilibre politique (*Political equilibrium*) Situation où les décisions des électeurs, celles des politiciens et celles des bureaucrates sont compatibles entre elles et où aucun de ces trois groupes d'agents ne peut améliorer sa situation en modifiant ses actions.

Europe de 1992 (*Europe 1992*) Processus de création d'un marché intégré à partir de 1992 regroupant les pays membres de la Communauté économique européenne (CEE).

Exclusivité syndicale (*Closed shop*) Clause qui oblige tous les travailleurs engagés dans une même entreprise à faire partie du syndicat en place.

Exportateur net (*Net exporter*) Pays dont la balance commerciale est positive, c'est-à-dire dont la valeur des exportations est supérieure à la valeur des importations.

Exportations (*Exports*) Ensemble des biens et services vendus aux pays étrangers.

Externalité *Voir* **Effet externe**

Facteur de production durable (*Durable input*) Facteur de production qui n'est pas intégralement utilisé au cours d'une seule et même période de production.

Facteur de production fixe (*Fixed input*) Facteur de production dont la quantité ne varie pas à court terme.

Facteur de production variable (*Variable input*) Facteur de production dont la quantité est variable à court terme.

Facteurs de production (*Factors of production*) Ensemble des ressources productives de l'économie.

Fardeau excédentaire de la taxation (*Excess burden*) Perte sèche associée à une taxe; il est égal à la différence entre, d'une part, la perte de surplus du producteur et du consommateur qui résulte de l'imposition de la taxe et, d'autre part, la recette fiscale prélevée par l'État.

Flux (*Flow*) Quantité mesurée par unité de temps.

Fonction de production (*Production function*) Relation entre la quantité produite et les quantités de facteurs utilisées.

Fonction de production à court terme (*Short-run production function*) Relation entre la quantité produite et les quantités de facteurs variables utilisées.

Formule Rand *Voir* **Précompte syndical**

Fusion (*Merger*) Mise en commun des avoirs d'au moins deux entreprises, pour former une nouvelle entreprise.

Gain (*Payoff*) En théorie des jeux, résultat obtenu par un joueur.

GATT *Voir* **Accord général sur les tarifs douaniers et le commerce**

GOSPLAN (*GOSPLAN*) Comité chargé de l'élaboration et de la mise en œuvre des plans économiques de l'État.

Gouvernement (*Government*) Organisme qui fournit des biens et services aux ménages ou aux entreprises et qui redistribue le revenu ou la richesse entre les citoyens.

Grand Bond en avant (*Great Leap forward*) Plan de réorganisation économique de la Chine postrévolutionnaire, fondé sur la production à petite échelle et à forte proportion de main-d'œuvre.

Graphique de série chronologique (*Time-series graph*) Graphique mesurant le temps sur l'axe des abscisses et la ou les variables à étudier sur l'axe des ordonnées. (Syn.: chronogramme)

Grève (*Strike*) Arrêt du travail déclenché par les travailleurs quand ils refusent de travailler dans les conditions que leur propose l'employeur.

Hypothèque (*Mortgage*) Prêt garanti par des terrains ou des bâtiments.

Hypothèse (*Assumption*) Conjecture spécifiant les relations de cause à effet entre des phénomènes et constituant le fondement d'un modèle économique.

Ignorance rationnelle (*Rational ignorance*) Décision que prend un agent de ne pas s'informer quand le coût d'acquisition de l'information est supérieur aux avantages qu'elle pourrait procurer.

Implications (*Implications*) Déduction tirée d'un modèle.

Importateur net (*Net importer*) Pays dont la balance commerciale est négative, c'est-à-dire dont la valeur des importations est supérieure à la valeur des exportations.

Importations (*Imports*) Ensemble des biens et services achetés aux pays étrangers.

Impôt négatif (*Negative income tax*) Système d'impôt sur le revenu selon lequel, au-dessous d'un certain seuil de revenu, le gouvernement verse une prestation au contribuable plutôt que de prélever un impôt.

Impôt progressif (*Progressive income tax*) Impôt représentant un pourcentage croissant du revenu à mesure que le niveau du revenu s'élève.

Impôt proportionnel (*Proportional income tax*) Impôt représentant un pourcentage constant du revenu, quel que soit le revenu du contribuable.

Impôt régressif (*Regressive income tax*) Impôt représentant un pourcentage décroissant du revenu à mesure que le niveau du revenu s'élève.

Impôt sur le chiffre d'affaires (*Turnover tax*) Impôt qui était prélevé dans l'ex-URSS et qui représentait la différence entre le prix de gros et le prix de détail.

Incidence d'une taxe (*Tax incidence*) Répartition de la taxe entre les consommateurs (par le biais de l'augmentation du prix payé) et les producteurs (par le biais de la baisse du prix net perçu).

Incitation (*Incentive*) Mesure dont l'objectif est d'amener l'agent à adopter un comportement précis.

Industrie nationalisée (*Nationalized industry*) Industrie caractérisée par la propriété publique des entreprises et gérée par des organismes relevant de l'État.

Instrument d'échange (*Medium of exchange*) Tout ce qui est généralement accepté en contrepartie d'un bien ou d'un service.

Interaction stratégique (*Strategic interaction*) Comportement des agents quand tous sont conscients de leur interdépendance et que chacun d'eux prend ses décisions en tenant compte du comportement anticipé des autres agents.

Intermédiaire financier (*Financial intermediary*) Entreprise dont l'activité principale consiste à accepter des dépôts, à consentir des prêts et à acheter des titres.

Investissement (*Investment*) Volume de biens d'équipement acquis au cours d'une période donnée; flux qui s'ajoute au stock de capital dont l'entreprise disposait au début de la période considérée.

Investissement brut (*Gross investment*) Valeur totale du capital acquis pendant la période.

Investissement net (*Net investment*)   Investissement brut diminué de la dépréciation.

Isoquant (*Isoquant*)   Courbe qui représente les différentes combinaisons de travail et de capital qui permettent d'obtenir une même quantité de produit.

Justice procédurale (*Process theory of distributive justice*)   Justice fondée sur le principe d'équité des mécanismes ou de la procédure par lesquels on atteint certains résultats.

Justice résultat (*End-state theory of distributive justice*)   Justice fondée sur le principe d'équité des résultats ou des conséquences de l'activité économique.

Lacune du marché (*Market failure*)   Facteur susceptible d'empêcher un système de marché de parvenir à une allocation efficace des ressources.

Legs (*Bequest*)   Don qu'une génération fait à celle qui la suit.

Libre entreprise (*Private enterprise*)   Régime qui permet aux individus de décider librement de leurs propres activités économiques.

Libre-échange (*Free trade*)   Relations commerciales internationales, caractérisées par l'absence d'intervention de l'État dans les échanges.

Licence (*Government licence*)   Disposition légale qui restreint l'accès à certaines activités ou à certains secteurs, notamment à certaines professions.

Limites physiques (*Physical limits*)   Niveau de production maximal qu'une entreprise peut réaliser, étant donné les quantités de ses facteurs fixes.

Lobbying (*Lobbying*)   Pratique qui consiste à exercer des pressions sur les divers paliers de gouvernement, par divers mécanismes informels.

Lock-out (*Lockout*)   Arrêt du travail déclenché par l'employeur pour contraindre les travailleurs à accepter certaines conditions de travail.

Loi antimonopole (*Anti-combine law*)   Loi qui régit le fonctionnement des marchés et dont l'objectif est d'éliminer les pratiques commerciales qui restreignent la production dans le but de faire augmenter les prix et les profits.

Loi des rendements décroissants (*Law of diminishing returns*)   Principe selon lequel le produit marginal du facteur variable finit toujours par baisser quand l'entreprise augmente la quantité de ce facteur variable, tandis que la quantité de facteurs fixes reste constante.

Loi du taux marginal de substitution décroissant (*Law of diminishing marginal rate of substitution*)   Principe selon lequel le taux marginal de substitution du capital au travail décroît lorsque la quantité de capital diminue et que la quantité de travail augmente.

Loi sur le salaire minimum (*Minimum wage law*)   Loi stipulant qu'il est illégal d'embaucher quelqu'un à un salaire inférieur au minimum fixé.

Long terme (*Long run*)   Horizon temporel au cours duquel les quantités de tous les facteurs de production sont variables.

Loyer implicite (*Implicit rental rate*)   Loyer qu'une entreprise paie implicitement quand elle utilise elle-même les biens de production durables qu'elle possède (au lieu de les louer à une autre entreprise pour en retirer un revenu de location).

Macroéconomie (*Macroeconomics*)   Étude des phénomènes économiques globaux représentables par des agrégats comme la production totale ou l'emploi total.

Marché (*Market*)   Lieu (souvent abstrait) où se confrontent une offre et une demande, et qui permet l'échange de biens, de services ou de facteurs de production.

Marché boursier (*Stock market*)   Marché où s'échangent les actions des entreprises.

Marché des facteurs (*Factor market*)   Marché où s'échangent des facteurs de production — terre, travail ou capital.

Marché des produits (*Goods market*)   Marché où s'échangent les biens et services.

Marché efficient (*Efficient market*)   Marché dans lequel le prix courant d'un titre ou d'un bien durable tient compte de toute l'information disponible.

Marché noir (*Black market*)   Échange au cours duquel l'acheteur et le vendeur concluent une affaire à un prix supérieur au prix plafond imposé par la loi (ou à un prix inférieur au prix plancher imposé par la loi).

Marché obligataire (*Bond market*)   Marché où s'échangent les obligations émises par les entreprises et par le gouvernement.

Matrice de gains (*Payoff matrix*)   En théorie des jeux, tableau qui indique les gains associés à chaque combinaison d'actions des joueurs.

Maximisation de l'utilité (*Utility maximization*)   Choix par le consommateur de la combinaison de biens procurant la plus grande utilité totale, étant donné les prix des biens et le revenu du consommateur.

Maximisation du profit (*Profit maximization*)   Mesures que l'entreprise prend pour faire le maximum de profits, étant donné ses contraintes techniques et ses contraintes de marché.

Mécanisme de coordination (*Coordination mechanism*)   Système ou processus qui assure la compatibilité des décisions prises par différents agents économiques.

Ménage (*Household*)   Personne vivant seule ou groupe de personnes vivant ensemble, et qui agit comme unité de prise de décision.

Microéconomie (*Microeconomics*)   Étude du comportement économique des ménages et des entreprises et du fonctionnement des marchés.

Ministère du Commerce international et de l'Industrie (*MITI*)   Ministère responsable du développement industriel et du commerce international du Japon.

Modèle économique (*Economic model*)   Représentation schématique de l'économie ou d'une partie de celle-ci.

Modification de l'offre (*Change in supply*)   Déplacement de la courbe d'offre.

Modification de la demande (*Change in demand*)   Déplacement de la courbe de demande.

Monnaie (*Money*)   Instrument d'échange par excellence, puisqu'il est toujours accepté en contrepartie d'un bien ou d'un service.

Monopole (*Monopoly*)   Marché dans lequel un seul producteur fournit la totalité du produit lorsqu'il n'existe pas de proche substitut.

Monopole bilatéral (*Bilateral monopoly*)   Marché qui ne compte qu'un seul vendeur et qu'un seul acheteur.

Monopole légal (*Legal monopoly*)   Marché dans lequel une loi, un permis ou un brevet restreint la concurrence en empêchant l'entrée de concurrents potentiels sur le marché.

Monopole naturel (*Natural monopoly*)   Marché dans lequel il n'existe qu'une seule source d'approvisionnement pour une matière première, ou dans lequel les économies d'échelle sont telles qu'une entreprise unique peut satisfaire toute la demande à un prix inférieur à celui que pourraient proposer plusieurs entreprises concurrentes.

Monopoleur non discriminant (*Single-price monopoly*)   Monopoleur qui écoule toute sa production au même prix.

Monopsone (*Monopsony*)   Marché qui ne compte qu'un seul acheteur.

Nationalisation (*Nationalization*)   Transfert de la propriété d'une entreprise à la collectivité.

Négociations collectives (*Collective bargaining*)   Discussions au cours desquelles les syndicats négocient les salaires des travailleurs et autres conditions de travail avec les employeurs ou leurs représentants.

Normes techniques (*Product standards regulations*)   Ensemble des réglementations qui régissent la conception des produits, leur qualité, leur contenu, l'étiquetage ou l'emballage, etc. Les normes techniques se fondent souvent sur des considérations de santé ou de sécurité et déterminent en partie la possibilité de pénétration des produits étrangers dans le pays importateur.

Obligation (*Bond*)   Reconnaissance de dette en vertu de laquelle l'entreprise s'engage à verser des sommes convenues à des dates déterminées.

Oligopole (*Oligopoly*)   Structure de marché dans laquelle ne s'affrontent que quelques producteurs.

Optimisation (*Optimizing*)   Comparaison des avantages et inconvénients de diverses possibilités d'actions en vue de prendre la meilleure décision possible.

Ordonnée (*Y-coordinate*)   Coordonnée verticale dont la longueur correspond à la valeur indiquée sur l'axe des ordonnées, ou axe vertical, d'un graphique.

Organisme sans but lucratif (*Not-for-profit firm*)   Organisme dont les coûts totaux sont égaux à sa recette totale, soit par choix, soit par obligation légale.

Origine (*Origin*)   Point zéro commun à deux axes.

Participation aux bénéfices (*Profit-sharing*)   Système par lequel l'entreprise remet une part de son profit à ses employés.

Passif (*Liability*)   Ensemble des dettes d'un agent économique; liste indiquant l'origine des fonds qui lui ont permis de financer ses éléments d'actif.

Patrimoine (*Wealth*)   Valeur nette des actifs financiers et non financiers qu'un ménage détient à une date donnée; le patrimoine d'un ménage est égal à la somme des héritages qu'il a faits et de l'épargne qu'il a accumulée au fil des ans. (Syn.: richesse)

Pente (*Slope*)   Variation de la quantité mesurée sur l'axe vertical, divisée par la quantité mesurée sur l'axe horizontal.

Perte (*Loss*)   Différence entre la recette totale et le coût total quand le coût excède la recette.

Perte sèche (*Deadweight loss*)   Diminution nette des surplus du consommateur et du producteur qui résulte d'une limitation de la production au-dessous de son niveau efficace; la perte sèche mesure l'inefficacité dans l'allocation des ressources.

Plan annuel (*Annual plan*)   Plan qui définissait, mois par mois, les objectifs concernant la production, les prix, les facteurs de production, les investissements, le flux monétaire et le crédit dans l'ex-URSS.

Plan quinquennal (*Five-year plan*)   Plan qui esquissait les objectifs et les orientations économiques générales pour une période de cinq ans dans l'ex-URSS.

Planification centralisée (*Central planning*)   Mode d'allocation des ressources par voie de directives et d'ordres chiffrés émanant d'une administration centrale.

Planification décentralisée (*Decentralized planning*)   *Voir* **Socialisme de marché**

Point mort   *Voir* **Seuil de rentabilité**

Politicien (*Politician*)   Représentant politique à l'échelon fédéral, provincial ou municipal, soit comme membre d'un exécutif, soit à titre de député (fédéral ou provincial) ou de conseiller municipal.

Précompte syndical (*Rand formula*)   Disposition qui oblige tous les travailleurs d'une entreprise à payer la cotisation syndicale, qu'ils soient syndiqués ou non. (Syn.: formule Rand)

Préférences (*Preferences*)   Classement qu'un agent économique opère entre différentes possibilités d'actions.

Principal (*Principal*)   Employeur (personne, entreprise ou gouvernement) qui délègue certaines tâches et qui doit déterminer le système de rémunération et de contrôle pour que ces tâches soient effectuées de la façon la plus avantageuse possible pour lui.

Principe de différenciation minimale (*Principle of minimum differentiation*)   Principe en vertu duquel des concurrents tendent à proposer des produits ou services identiques, en vue d'attirer le plus de clients possible (ou d'électeurs dans le cas de l'activité politique).

Principe de Hotelling (*Hotelling principle*)   Principe en vertu duquel le marché d'une ressource non renouvelable est en équilibre quand le taux d'accroissement anticipé du prix de la ressource est égal au taux d'intérêt du marché.

Prise de contrôle (*Takeover*)   Rachat du capital d'une entreprise par une autre entreprise. (Syn.: absorption)

Privatisation (*Privatization*)   Vente d'une entreprise publique à des intérêts privés.

Prix d'équilibre (*Equilibrium price*) Prix auquel la quantité demandée est égale à la quantité offerte.

Prix relatif (*Relative price*) Prix d'un bien par rapport à un autre; le prix relatif d'un bien (par rapport à un autre) s'obtient en divisant le prix de ce bien par le prix de l'autre bien.

Problème du resquilleur (*Free-rider problem*) Lacune du marché qui se traduit par une production insuffisante de biens collectifs et qui résulte du fait que personne n'a intérêt à payer pour obtenir un bien s'il peut le consommer sans rien débourser.

Production (*Production*) Transformation de la *terre*, du *travail* et du *capital* en biens et services.

Production domestique (*Household production*) Production de biens et services que le ménage se destine à lui-même et non au marché.

Production par équipe (*Team production*) Processus de production dans lequel un groupe de personnes se spécialise dans des tâches complémentaires.

Productivité (*Productivity*) Quantité produite par unité de facteur.

Productivité marginale du capital (*Marginal product of capital*) Supplément de produit total qui résulte de l'augmentation d'une unité de la quantité de capital utilisée, la quantité de main-d'œuvre étant constante.

Productivité marginale du travail (*Marginal product of labour*) Variation du produit total qui résulte de l'emploi d'une unité supplémentaire de main-d'œuvre, la quantité de capital étant constante.

Productivité marginale *Voir* **Produit marginal**

Productivité moyenne *Voir* **Produit moyen**

Produit marginal (*Marginal product*) Variation du produit total attribuable à l'emploi d'une unité additionnelle du facteur considéré. (Syn.: productivité marginale)

Produit moyen (*Average product*) Produit total par unité du facteur de production considéré. (Syn.: productivité moyenne)

Produit total (*Total product*) Quantité totale produite.

Profit (*Profit*) Différence entre la recette totale et le coût total.

Progrès technique (*Technological progress*) Mise au point de nouvelles méthodes de production permettant d'obtenir plus de produits avec la même quantité de facteurs.

Propriété (*Property*) Toute valeur possédée par un individu.

Propriété intellectuelle (*Intellectual property*) Produit immatériel de l'activité créatrice.

Protectionnisme (*Protectionism*) Politique qui vise à restreindre les importations dans le but de protéger la production nationale de la concurrence étrangère.

Quantité demandée (*Quantity demanded*) Quantité d'un bien que les consommateurs désirent acheter à un prix déterminé au cours d'une période, étant donné le prix.

Quantité échangée (*Quantity traded*) Quantité effectivement achetée et vendue.

Quantité offerte (*Quantity supplied*) Quantité que les producteurs désirent vendre au cours d'une certaine période, étant donné le prix qui prévaut sur le marché.

Quota (*Quota*) Limitation de la quantité qu'une entreprise est autorisée à vendre sur le marché.

Quota d'importation (*Quota*) Restriction quantitative établissant, pour un bien donné, la quantité maximale que l'on peut importer au cours d'une période donnée. (Syn.: contingent d'importation)

Rareté (*Scarcity*) Situation où les besoins et désirs dépassent les ressources dont on dispose pour les satisfaire.

Ratio cours-bénéfice (*Price-earnings ratio*) Rapport entre le cours actuel d'une action et le profit par action de la dernière année écoulée.

Ratio de concentration (*Concentration ratio*) Ratio qui mesure la part de marché totale des entreprises les plus importantes de l'industrie; le ratio de concentration le plus utilisé est le pourcentage de la valeur des ventes de l'industrie que totalisent les quatre entreprises les plus importantes.

Recette du produit marginal (*Marginal revenue product*) Augmentation de la recette totale qui résulte de l'emploi d'une unité supplémentaire d'un facteur de production.

Recette marginale (*Marginal revenue*) Variation de la recette totale pour chaque unité supplémentaire vendue.

Recette moyenne (*Average revenue*) Recette totale divisée par la quantité vendue; la recette moyenne est égale au prix unitaire.

Recette totale (*Total revenue*) Montant qu'une entreprise retire de la vente d'un bien (s'obtient en multipliant le prix du bien par la quantité vendue).

Recherche de rente (*Rent seeking*) Ensemble des activités visant à obtenir le pouvoir de marché que procure une situation de monopole.

Réglementation (*Regulation*) Ensemble des règlements édictés par un gouvernement pour encadrer l'activité économique en matière de prix, de normes relatives aux produits, ou de conditions d'accès au marché.

Réglementation en fonction du taux de rendement (*Rate of return regulation*) Réglementation qui consiste à fixer les prix de façon que l'entreprise réglementée bénéficie d'un taux de rendement donné de son capital.

Relation linéaire (*Linear relationship*) Relation représentée par une droite.

Relation négative (*Negative relationship*) Relation entre deux variables qui varient en sens opposé.

Relation positive (*Positive relationship*) Relation entre deux variables qui varient dans le même sens.

Rémunération au classement (*Rank-tournament compensation rule*) Rémunération calculée en fonction du résultat qu'obtient un agent par rapport aux autres agents.

Rendements d'échelle (*Returns to scale*) Taux de variation de la quantité produite par rapport au taux de variation de la quantité de facteurs de production.

Rendements d'échelle constants (*Constant returns to scale*) Situation où la quantité produite croît au même rythme que les quantités de facteurs mises en œuvre.

Rendements d'échelle croissants (*Increasing returns to scale, syn.: economies of scale*) Situation où la quantité produite croît plus rapidement que les quantités de facteurs mises en œuvre. (Syn.: économies d'échelle)

Rendements d'échelle décroissants (*Decreasing returns to scale, syn.: diseconomies of scale*) Situation où la quantité produite croît moins rapidement que les quantités de facteurs mises en œuvre. (Syn.: déséconomies d'échelle)

Rendements marginaux croissants (*Increasing marginal returns*) Suite de rendements marginaux caractérisés par le fait que le produit marginal de tout travailleur supplémentaire est supérieur à celui du travailleur précédent.

Rendements marginaux décroissants (*Diminishing marginal returns*) Décroissance de la productivité marginale d'un facteur de production à mesure que la quantité de facteur utilisée augmente.

Rente économique (*Economic rent*) Surplus de revenu que reçoivent les détenteurs d'un facteur de production par rapport au montant minimal qu'ils requièrent pour offrir ce facteur sur le marché.

Répartition du revenu disponible (*Distribution after taxes and transfers*) Répartition du revenu après prélèvement des impôts et versement des prestations sociales.

Répartition du revenu primaire (*Market distribution*) Répartition du revenu qui résulte de l'interaction de l'offre et de la demande sur le marché des facteurs de production.

Responsabilité illimitée (*Unlimited liability*) Responsabilité légale qu'a le propriétaire de régler toutes les dettes de l'entreprise jusqu'à concurrence du montant total de ses avoirs.

Responsabilité limitée (*Limited liability*) Responsabilité des propriétaires qui ne sont légalement responsables des dettes de l'entreprise que jusqu'à concurrence du montant de leur mise financière dans la société.

Resquilleur (*Free rider*) Personne qui consomme un bien sans le payer.

Ressource naturelle non renouvelable (*Exhaustible natural resource*) Ressource naturelle qu'on ne peut utiliser qu'une seule fois et qui ne peut pas se régénérer une fois qu'elle est utilisée.

Ressource naturelle renouvelable (*Nonexhaustible natural resource*) Ressource naturelle qui peut être utilisée indéfiniment, sans nécessairement compromettre les possibilités de consommation futures.

Restriction volontaire d'exportations (*Voluntary export restraint*) Entente entre deux gouvernements, en vertu de laquelle le pays exportateur accepte de limiter le volume de ses exportations d'un bien donné.

Revenu minimum garanti (*Guaranteed minimum income*) Prestation versée aux personnes qui ne gagnent aucun revenu.

Revenu réel (*Real income*) Revenu exprimé en unités de biens et services; le revenu réel exprimé en fonction d'un bien particulier s'obtient en divisant le revenu par le prix de ce bien.

Richesse Voir **Patrimoine**

Salaire de réserve (*Reservation wage*) Taux de salaire minimal qu'un ménage exige pour commencer à offrir du travail sur le marché.

Seuil de faible revenu (*Low-income cutoff*) Niveau de revenu au-dessous duquel un ménage doit affecter plus de 58,5 % de son revenu aux besoins essentiels d'alimentation, d'habillement et de logement.

Seuil de fermeture (*Shutdown point*) Point où le profit maximal de l'entreprise est le même qu'elle produise ou non, c'est-à-dire qu'elle maintienne ou qu'elle cesse temporairement ses activités.

Seuil de rentabilité (*Break-even point*) Niveau de production pour lequel l'entreprise ne fait aucun profit et ne subit aucune perte économique. (Syn.: point mort)

Socialisme de marché ou planification décentralisée (*Market socialism*) Système économique combinant la propriété étatique des moyens de production, inspirée du socialisme, avec l'allocation des ressources par le marché, inspirée du capitalisme.

Société d'État (*Crown corporation*) Entreprise dont le gouvernement – fédéral ou provincial – est le seul actionnaire. (Syn.: entreprise publique)

Société de fiducie (*Trust company*) Entreprise qui recueille l'épargne des ménages sous forme de dépôts et qui consent des prêts, principalement des prêts hypothécaires.

Société de personnes (*Partnership*) Entreprise qui appartient à deux propriétaires ou plus, dont la responsabilité est illimitée.

Société par actions (*Corporation*) Entité juridique qui appartient à un ou plusieurs actionnaires, dont la responsabilité est limitée.

Sortie (*Exit*) Décision que prend une entreprise de quitter une industrie.

Spécialisation (*Specialization*) Concentration de l'activité productive sur un ou un nombre limité de biens pour en échanger une partie contre d'autres biens.

Stock (*Stock*) Quantité mesurée à une date donnée.

Stocks (*Inventories*) Ensemble des matières premières et des produits semi-finis ou finis qui appartiennent à l'entreprise.

Stratégie de déclic (*Trigger strategy*) En théorie des jeux, stratégie qui consiste pour un joueur à déclencher des représailles contre l'autre joueur dès qu'il le prend à tricher.

Stratégie dominante (*Dominant strategy*) En théorie des jeux, stratégie qui constitue la meilleure réponse possible du joueur, quelle que soit la stratégie adoptée par l'autre joueur.

Stratégie du coup pour coup (*Tit-for-tat strategy*) En théorie des jeux, stratégie du type «œil pour œil, dent pour dent», qui consiste à coopérer avec l'autre joueur s'il a coopéré à la période précédente, et à tricher s'il a triché.

Stratégies (*Strategies*) En théorie des jeux, actions possibles de chaque joueur.

Substitut ou bien substitut (*Substitute*) Bien qui peut être utilisé à la place d'un autre.

Subvention (*Subsidy*) Paiement du gouvernement aux producteurs ou aux consommateurs d'un bien, en fonction de la valeur de leur production ou de leur consommation.

Surplus du consommateur (*Consumer surplus*) Différence entre la valeur d'un bien et son prix.

Surplus du producteur (*Producer surplus*) Différence entre la recette totale des producteurs et le coût d'opportunité de la production.

Surplus total (*Total surplus*) Somme du surplus du consommateur et du surplus du producteur.

Surutilisation de la capacité (*Overutilized capacity*) Situation de l'entreprise dont la production est supérieure à la capacité.

Syndicat (*Labour union*) Regroupement de travailleurs qui s'organisent pour obtenir de meilleurs salaires et de meilleures conditions de travail.

Syndicat de métier (*Craft union*) Regroupement de travailleurs qui disposent tous plus ou moins des mêmes compétences mais qui travaillent dans des entreprises et des industries, voire des régions, très différentes.

Syndicat industriel (*Industrial union*) Regroupement de travailleurs d'une même entreprise ou industrie, mais qui exercent des métiers différents et disposent de compétences différentes.

Système de rémunération (*Compensation rule*) Formule qui sert à déterminer la rémunération d'un travailleur.

Tarif (*Tariff*) Taxe qu'un gouvernement impose sur un bien importé. (Syn. : droit de douane)

Tarification au coût marginal (*Marginal cost pricing rule*) Formule de tarification en vertu de laquelle le prix pratiqué dans un monopole naturel doit être égal au coût marginal ; cette formule de tarification maximise le surplus total dans l'industrie réglementée.

Tarification au coût moyen (*Average cost pricing rule*) Formule de tarification en vertu de laquelle le prix pratiqué dans un monopole naturel doit être égal au coût moyen de production.

Taux d'imposition marginal (*Marginal tax rate*) Fraction du dernier dollar gagné qui est prélevée par l'État.

Taux de pauvreté (*Incidence of low income*) Pourcentage des ménages qui, dans une population donnée, se situent au-dessous du seuil de faible revenu.

Taux de rendement d'une action (*Stock yield*) Revenu associé à la détention d'une action, exprimé en pourcentage du cours de l'action sur le marché boursier.

Taux de rendement d'une obligation (*Bond yield*) Intérêt versé sur une obligation, exprimé en pourcentage de son prix.

Taux de salaire à la pièce (*Piece rate*) Salaire par unité produite dans un système de rémunération au rendement.

Taux de salaire horaire (*Time rate*) Salaire dans un système de rémunération au temps de travail.

Taux marginal de substitution (*Marginal rate of substitution*) Taux auquel un consommateur accepterait de renoncer à un bien pour obtenir une plus grande quantité d'un autre bien, tout en restant sur la même courbe d'indifférence.

Taux marginal de substitution décroissant (Principe du) (*Diminishing marginal rate of substitution*) Décroissance du taux marginal de substitution à mesure que le consommateur se déplace le long de sa courbe d'indifférence, augmentant sa consommation du bien représenté en abscisse et réduisant sa consommation du bien représenté en ordonnée.

Taux marginal de substitution du capital au travail (*Marginal rate of substitution of capital for labour*) Taux auquel l'entreprise peut remplacer le travail par du capital tout en maintenant la production à un niveau constant.

Technique (*Technique*) Procédé qui permet d'obtenir une production donnée à partir de facteurs de production.

Technique à forte proportion de capital (*Capital-intensive technique*) Technique de production qui utilise une quantité relativement importante de capital et une quantité relativement faible de travail.

Technique à forte proportion de travail (*Labour-intensive technique*) Technique de production qui utilise une quantité relativement grande de travail et une quantité relativement faible de capital.

Technique de moindre coût (*Least-cost technique*) Combinaison de facteurs de production qui permet de minimiser le coût total de la quantité produite, compte tenu du prix des facteurs.

Technologie (*Technology*) Ensemble des méthodes dont les agents économiques disposent pour transformer en biens et services une dotation de facteurs de production.

Tendance (*Trend*) Orientation générale caractérisant l'évolution d'une variable dans le sens d'une hausse ou d'une baisse.

Termes de l'échange (*Terms of trade*) Rapport de la quantité de biens importés que l'on peut se procurer par unité de biens exportés.

Terre (*Land*) Ensemble des ressources naturelles.

Théorème de l'électeur médian (*Median voter theorem*) Théorème qui stipule que les partis politiques définissent leurs propositions électorales de façon à maximiser l'avantage net de l'électeur médian (celui qui sépare l'électorat en deux groupes d'effectif égal).

Théorie de l'intérêt général (*Public interest theory*) Théorie qui prédit que les interventions de l'État viseront à corriger les inefficacités dans l'allocation des ressources qui pourraient résulter des lacunes du marché.

Théorie de la capture des interventions publiques (*Capture theory of intervention*) Théorie selon laquelle les politiques d'intervention qui seront mises en œuvre sont celles qui maximisent le surplus des producteurs.

Théorie de la justice distributive (*Theory of distributive justice*) Ensemble de principes qui permet d'évaluer si la répartition du bien-être économique est équitable.

Théorie des choix publics (*Public choice theory*) Théorie qui prédit que les interventions de l'État résulteront de l'interaction des électeurs, des politiciens et des bureaucrates sur le marché politique.

Théorie des jeux (*Game theory*) Méthode d'analyse des interactions stratégiques.

Théorie économique (*Economic theory*) Ensemble d'énoncés positifs qui permet de comprendre et de prévoir les décisions économiques des ménages, des entreprises et des gouvernements.

Travail (*Labour*) Activités intellectuelles et manuelles des êtres humains.

Troc (*Barter*) Échange d'un bien contre un autre.

Utilité (*Utility*) Avantage ou satisfaction qu'une personne retire de la consommation d'un bien ou d'un service.

Utilité marginale (*Marginal utility*) Supplément d'utilité totale que procure la dernière unité consommée.

Utilité marginale décroissante (Principe de l') (*Diminishing marginal utility*) Décroissance de l'utilité marginale à mesure que la consommation du bien considéré augmente.

Utilité marginale par dollar dépensé (*Marginal utility per dollar spent*) Utilité marginale de la dernière unité consommée divisée par le prix du bien considéré.

Utilité totale (*Total utility*) Avantage total ou satisfaction totale qu'une personne retire de la consommation de biens et services.

Valeur (*Value*) Montant maximal que le consommateur est disposé à payer pour obtenir une quantité donnée d'un bien. (syn.: disposition à payer)

Valeur actuelle (*Present value*) Valeur qu'a aujourd'hui une somme à payer ou à recevoir dans l'avenir (correspond au montant qui, s'il est placé aujourd'hui, atteindra la valeur de cette somme future, compte tenu de l'intérêt perçu).

Valeur actuelle nette (d'un flux de paiements) (*Net present value*) Somme des valeurs actuelles des paiements faits chaque année.

Valeur actuelle nette d'un investissement (*Net present value of an investment*) Valeur actuelle du flux cumulé de recette que cet investissement devrait engendrer, diminuée de son coût.

Valeur de réserve (*Transfer earnings*) Rémunération minimale qui assure la disponibilité sur le marché d'une quantité donnée d'un facteur de production.

Valeur du produit marginal (*Value of marginal product*) Produit du prix de vente par la productivité marginale du facteur. Quand le prix de vente de l'entreprise ne dépend pas de la quantité produite, la valeur du produit marginal est égale à la recette du produit marginal.

Valeur du produit moyen (*Average revenue product*) Recette totale divisée par le nombre d'unités de facteur employées.

Valeur nominale (*Redemption value*) Montant qui est remboursé au détenteur d'une obligation à la date d'échéance.

Variation de la quantité demandée (*Change in the quantity demanded*) Mouvement le long de la courbe de demande.

Variation de la quantité offerte (*Change in the quantity supplied*) Mouvement le long de la courbe d'offre.

INDEX

Les entrées en caractère gras correspondent aux mots clés et aux pages où ils sont définis.

Abscisses, **30**
Absorption, **480**
Accord de libre-échange entre le Canada et les États-Unis, 609
Accord général sur les tarifs douaniers et le commerce, 611
Accords internationaux, 610
Accumulation de capital, 56
Acquisitions, 416
Actif, 461, 462
Actifs financiers, 461
Action(s), 220
  convertible, 227
  cours des, 479
  ordinaire, 226
  privilégiée, 226
  volatilité du prix de l', 147
Activité(s)
  de marché, 409
  de prévision, 137
    anticipation rationnelle et, 138
  de prospection, 131
  économique, 9
  hors marché, 409
Actualisation, 224
Agent, 445
Allemagne de l'Est, le capitalisme en, 642
Allocation, 319
  des facteurs de production et rémunération, 395
  des ressources, 319
  efficace des ressources, 319, 323, 349, 365, 638
Allocations familiales, 497
Amélioration des termes, 606
Amortissement, 229, 462
Analyse
  avantages-coûts, 524
  normative, 521
  positive, 521
Anticipation rationnelle, 138, 478
  demande et, 139, 139f
  du prix, 139
  offre et, 138f, 139f
APPORT, 497
APTE, 497
Arbitrage, 432
Arrow, Kenneth, 544, 545
Assurance-chômage, 497
Assurance-maladie du Québec, 497
Autarcie, 59
Autofinancement, 465
Avantage
  absolu, 61, 605

  comparatif, 59, 600, 605
  marginal, 524, 527
  social, 322
  net, 526, 543, 550
  total, 524, 527, 543
Axe
  des abscisses, 29
  des ordonnées, 29
Ayant droit résiduel, 220

Balance
  commerciale, 599
  des services, 599
  Balances, méthode des, 633-635
Banque à charte, 465
Barème
  de demande, 71
  d'offre, 76
Barrières à l'entrée, 331
  taux de roulement des entreprises et, 362
Barrières non tarifaires, 609
Becker, Gary, 153
Bentham, Jeremy, 509
Bien-être économique, répartition du, 626
Biens,
  collectifs, 522-528, 542
  complémentaires, 115t, 116t. *Voir aussi* Complément
  d'équipement, coût d'utilisation des, 229, 470
  de consommation, 51
  de luxe, 114
  de première nécessité, 114
  de production, 51
  divisibles et indivisibles, 181-182
  indépendants, 115t
  inférieurs, 73, 114, 193
  mixtes, 523
  normaux, 73, 193
  privés, 523
  substituts, 115t, 116, 116t. *Voir aussi* Substitut
  valeur des, 171
Biens et services, 15, 51
  marché des, 289
  production de la bonne combinaison de, 626
Bilan, 461
  structure par grandes catégories d'agents, 465
Black, Duncan, 544
Bouleversements économiques, 624
Bourse, 227

Brevets, réputation et, 231, 331
Buchanan, James, 542, 544
Budget,
  droite de, 181
  équation de, 182
Bureaucrates, 541

Capacité de production, 252
  choix de la, 253
  excédentaire, 252, 262
  modification de la, 310
  surutilisation de la, 252
Capital, 13, 51
  accumulation de, 56
  demande de, 467, 470
  de travail, taux marginal de substitution du, 272
  humain, 51, 500, 501, 628
  investissement, épargne et, 461
  offre de, 473
  physique, 471
  productivité marginale du, 254
Capitalisme, 62, 626-630, 630-640
  avantages et faiblesses du, 628-629
  divers types de, 629
Capitaux propres, 222
Carte
  d'isocoûts, 278
  d'isoquants, 274
Cartel, 374, 575
CEI, 632
Cessation temporaire des activités, 302
Ceteris paribus, 43, 645
Chine, 636
Chlorofluorocarbones, 528, 530
Choix
  publics, 4, 540-560
  rationnel, 19
  sciences des, 10
Choix de consommation des ménages, 160, 190
  autre choix des ménages, 202
  meilleure combinaison accessible et, 191
  utilité et, 160-162
Choix de portefeuille, 462
Chômage, 7, 136-137
Collusion, 374, 575, 584
Commerce
  international, 8, 595-619
    la structure du, 597
    les échanges de services, 597
    intra-industriel, 607
Commissions et redevances, 444

I – 1

Communisme, 628
Compagnie d'assurances, 465
Complément, 73
Comportements des ménages, 505
Concession, 331
Concurrence, 10
  et allocation efficace des ressources, 319
  monopolistique, 363
  parfaite, 295, 311
Consensus, 569
Consommateur, équilibre du, 164
Consommation, 51
  biens de, 51
  contraintes et, 181
  droite de budget et, 181
  équation de budget et, 182
  possibilités de, 181
  variations de prix et de revenu et, 183
Contingent, 611
Contraintes budgétaires
  choix de consommation et, 190, 202
  modèle, théorie et réalité et, 197
  possibilités de consommation et, 181
  prédictions du modèle de comportement du consommateur et, 192
  préférence, choix de consommation et, 179
Contraintes de marché, 241
Contraintes de participation, 449
Contrôle
  de la production, 447
  des loyers, 130, 131f
Coopération, 11
Coopérative, 221
Coordination
  par directives, 14
  par le marché, 14, 234
  par les entreprises, 234
Coordonnée
  horizontale. *Voir* Abscisse
  verticale. *Voir* Ordonnée
Coordonnées, 29
Corporation professionnelle, 432
Coupon, 223
Courants de fonds, 180
Courbe, 28
  de produit total, 243
  de recette du produit marginal, 402
  de valeur du produit moyen, 402
  déplacement de la, 78
  des possibilités de production, 51, 53f
  forme de la, 53
Courbe de coût
  à court terme, 248
  moyen à long terme, 258
Courbe de demande, 72
  à court terme, 110
  à long terme, 111
Courbe de Lorenz, 492, 493, 499, 504
Courbe d'indifférence, 187
Courbe d'offre, 76, 81
  absence de, 339

  à court terme, 120, 305
  à long terme, 117
  de l'entreprise en situation de concurrence parfaite, 304
  de main-d'œuvre, 428
  de travail à pente négative, 410
  du marché à court terme, 305
Court terme, 242
  courbe de demande à, 110
  courbe d'offre du marché à, 305
  coût à, 247, 248, 250, 253
  demande de travail à, 405
  équilibre à, 305, 307
  fonction de production à, 242, 246
  offre à, 120
Coût(s)
  à court terme, 247, 248, 250, 251, 253, 257
  à long terme, 251, 258
  d'ajustement, 608
  de contrôle ou de surveillance, 447
  de la croissance, 56
  de remplacement, 417
  de surveillance, 447, 453
  de transaction, 235
  d'opportunité, **10**-11, 53, 55, 228, 400, 471, **600**, 625
    augmentation du, 55
    calcul du, 54
    coût historique et, 228-229
    des stocks, 230
    profit économique et, 231
  d'utilisation des biens d'équipement, 229, 470
  fixe, 247, 248
  historique, 228
  imputé, 230
  irrécupérable, 230
  marginal, 248
    à court terme, 262
    à long terme, 262
    privé, 529
    produit marginal et, 283
    social, 322, 533
  supervision des, 574
  total, 219, 247, 248
  variable, 247, 248
Critère
  de Rawls, 509
  utilitariste, 509
Croissance économique, 56, 641
  coûts et, 56
  du Canada et du Japon, 58f

Date d'échéance, 223
Décideur, 12
Décomposition des effets de prix, de revenu et de substitution, 194
Dédommagement des perdants, 618
Demande, 72
  barème de, 71
  courbe de, 72

  à court terme, 110
  à long terme, 111
  de base, 263
  de capital, 467, 470
  de main-d'œuvre, 427
  d'élasticité unitaire, 106
  dérivée, 399, 406, 407
  de travail, 405, 408
  du marché, 159
  d'un facteur de production, 398f, 399
  élasticité-prix de la, 103-106
  élastique, 106
  et stock d'une ressource non renouvelable, 481
  et utilité, 157
  excédentaire, 130
  fluctuations temporaires de la, 140, 141
  hausse temporaire de la, 88-89
  individuelle, 159
  inélastique, 106
  intermédiaire, 263
  loi de la, 71, 84-85
  modification de la, 74, 86
  monopole et, 333
  parfaitement élastique, 553
Dépenses totales, 111
Dépréciation, 229
Déréglementation, 3, 567, 571-576
Déséconomies d'échelle, 255
  relatives à l'industrie, 314
Désépargne, 412, 472
Détérioration des termes, 606
Détermination des prix, 80, 336
Dettes, 508
Diagramme de dispersion, 33, 37f
Différences de compétence, 427
Différenciation des produits, 363
Dilemme du prisonnier, 370
Discrimination, 438
Discrimination de prix, 335
  entre groupes, 346
  et effet sur les décisions de production, 344
  fondée sur les quantités achetées, 343
    et sur le type d'acheteur, 343
  limites de la, 346
  parfaite, 339, 345
  recette totale et, 342
  surplus du consommateur et, 342
Disparités de revenu et de patrimoine, 490-508
Disposition à payer, 171, 525
Disraeli, Benjamin, 28
Distribution statistique du revenu, 506
Dotation, 19
Double coïncidence des besoins, 63
Downs, Anthony, 545
Droit(s)
  d'accise, 552
  de douane, 609, 617
  de propriété, 62, 529

Droite
  d'isocoût, 275
  de budget, 181
Dumping, 617
Duopole, 370
  jeu de, 374, 381

Échange(s)
  dans le monde réel, 62
  gains à l', 59, 60f, 64-65
  internationaux, 16f
  monétaires, 63
Échéancier de la dette, 226
Économie, 12, 14f
  de gamme, 352
  de marché, 134-135
  d'échelle, 235, 255, 314, 331, 352, 608
  fermée, 16
  mixte, 15
  ouverte, 16
Économique, 16
Effet
  de prix, 192, 194
  de revenu, 193, 410, 472
  de substitution, 194, 410, 472
Effet de serre, 486, 530
Effets
  externes, 322, 528-534, 543
  redistributifs, 350, 498, 543
Efficacité
  dans la consommation, 319
  dans la production, 319
  dans l'allocation des ressources, 319, 323, 349, 365
  de la combinaison des biens et services produits et consommés, 320
  économique, 232, 319
  technique, 232, 319
Élasticité de la demande, 104, 106, 296
  de travail, 408
  élasticité unitaire et, 106
  horizon temporel et, 110
  pente de la courbe et, 107
  recette du monopoleur et, 334
  substituabilité des produits et, 109
Élasticité de l'offre, 117, 420
Élasticité de la demande de travail
  à court terme, 408
  à long terme, 408
Élasticité-prix croisée de la demande, 116
  valeur numérique, 115t, 116
Élasticité-prix de la demande, 103
  calcul de l', 104-105t
  variation proportionnelle de l', 106
Élasticité-revenu de la demande, 113
Élasticité unitaire, demande d', 106
Électeur, 541
Endogamie socio-économique, 508
Énoncé
  normatif, 17

positif, 17
Entière responsabilité, 220
Entrée, 308
  barrières à l', 331
Entreprise, 13
  courbe d'offre de l', 304
  d'État, 633
  en situation de concurrence parfaite, 304
  fermeture d', 304
  individuelle, 219
  problèmes économiques de l', 219
  publique, 567, 577-582
Épargne, 412, 462
Équation
  de budget, 182
  d'isocoût, 276
Équilibre, 19
  à court terme, 305, 307
  à long terme, 308
  concurrentiel, 414
  coopératif, 380
  de Nash, 371
  des échanges, 603, 605
  du consommateur, 164
  en stratégies dominantes, 371
  politique, 542, 569
  prix d', 80, 81f
  sur le marché du capital, 415
  sur le marché du travail, 414, 453
  sur le marché foncier, 417
  taux d'intérêt d', 475
Équipe, production par, 235
Équité, 508-510
Équivalent tarifaire, 615
État-providence, le capitalisme de l', 630
Europe de 92, 611
Évolution
  des possibilités de production, 56
  technique dans la production, 315
Exclusivité syndicale, 431
Exportateur net, 599
Externalités, 528-534, 543

Facteurs de production, 13, 505
  demande de, 399
  dotation en, 503
  durables, 229
  fixes, 242
  offre et demande du marché de, 398f, 409
  prix des, 77, 400, 503
  rémunération et allocation des, 395
  variables, 242
Fardeau excédentaire de la taxation, 554
Fermeture d'entreprises, 304
Fluctuations de la demande, 140
  détermination des prix et, 140-141
  effets des, 140f
  et stocks, 142
Fluctuations de l'offre, 141
  détermination des prix et, 142

effets des, 141f
  et stocks, 143
Flux, 462, 481
Fonction de production, 253
  à court terme, 242, 401
  à long terme, 253
Formule Rand, 431
Friedman, Milton, 2, 97
Frontière des possibilités de production, 625
Fusion et prise de contrôle, 480

Gain, 370
Gains à l'échange, 59, 60f, 64-65, 602
  et commerce intra-industriel, 607
GATT, 611
Gestionnaires du secteur public, 522
GOSPLAN, 632
Gouvernement, 13
Grand Bond en avant, 636
Graphiques, 29-44
  à deux variables, 29-30f
  à pente variable, 29-29f
  à trois variables et plus, 43, 44f
  de série chronologique, 30, 31f, 32f, 36f
  et modèles économiques, 36
  trompeurs, 34-35
Grève, 432
Groupes de pression
  et coûts d'information, 551
  et effets redistributifs, 543
Guerre des prix et théorie des jeux, 382

Hotelling, principe de, 481
Hume, David, 509
Hypothèse, 19

Ignorance rationnelle, 551
Implications, 19
Importations, 597, 598f
Impôt(s), 62
  négatif, 497, 499
  progressif, 494-496
  proportionnel, 494-496
  régressif, 494
  sur le chiffre d'affaires, 633
  sur le revenu, 494
Incidence d'une taxe, 553
Incitation, 445
  à tricher, 376
Indifférence, courbe d', 205
Industrie nationalisée, 630
Industries monopolistiques, 553
Inflation et coûts d'opportunité, 230
Innovation, 353, 366
Instrument d'échange, 63
Interaction stratégique, 367
Intérêt
  général, 586
  particulier, 586
Intérêts composés, 224

Intermédiaire financier, 465
Interventions gouvernementales sur les marchés, 567-570
Investissement, 462
Isocoût(s)
  carte d', 278
  droite d', 275
  équation d', 276
Isoquant(s), 273
  carte d', 274

Justice
  distributive, 508, 509
  procédurale, 509
  résultat, 508

Lacunes du marché, 522
Législation antimonopole, 582-586
Legs, 507
  et dettes, 508
Libre entreprise, 62
Libre-échange, 609, 612
Licence, 331
Limites physiques, 252
Lindbeck, Assar, 1
Lobbying, 541
Lock-out, 432
Logement, marché du, 127
Loi(s)
  antimonopoles, 568, 582-586
  de la demande, 71, 84-85
  de l'offre, 76, 84-85
  des rendements marginaux décroissants, 247
  et règlements, 63
  sur le salaire minimum, 136
  sur l'équité en matière de rémunération, 443
Long terme, 242
  courbe de demande à, 111
  coût à, 251, 253, 258
  demande de travail à, 405
  équilibre à, 308
  offre à, 117
Lorenz, 492, 499
Loyer(s)
  contrôle des, 130, 131f
  explicite, 230
  implicite, 230

Macroéconomie, 20
Main-d'œuvre. *Voir* Travail
Mandant-mandataire, 445
Mandat, 445
Marchandises, 599
Marché, 14
  boursier, 146, 147, 465
  contraintes du, 241
  demande du, 159
  des biens et services, 289
  des capitaux, 464, 459
  des facteurs, 15
    de production, 391

  des ressources naturelles, 17
  du logement, 127, 129f, 130
  du travail, 132, 425, 504
  efficient, 146
  foncier, équilibre sur le, 417
  noir, 146
  obligataire, 465
  politique, 541-552
Marques de commerce et réputation, 231
Matrice de gains, 370
  et équilibre du jeu, 379
Maximisation
  de l'utilité, 162, 170
  du profit, 241, 300, 301f, 375, 400
Maximisation des budgets, théorie de la, 545
Mécanisme de coordination, 12
Ménages, 12, 153
  choix de consommation des, 160, 202
  et utilité, 160
Mesure, 17
Microéconomie, 20
Mill, John Stuart, 509
Minimisation de la perte sèche, 554
Ministère du Commerce international et de l'Industrie. *Voir* MITI
MITI, 630
Modèle(s)
  conception, 51
  du bureaucrate-gestionnaire, 550
  du comportement du consommateur, 192, 193
  économique, 18
  principal-agent, 445
  soviétique, 631
  théoriques et réalité, 21, 549
Modigliani, Franco, 2
Moindre coût, technique du, 278
Monnaie, 63
Monopole, 331
  bilatéral, 437
  comparaison entre concurrence et, 347
  légal, 331
  naturel, 331, 571
  non discriminant, 333, 334
Monopsone, 433
  partiel, 436
  salaire minimum, syndicats et, 437
Mouvement et déplacement le long de la courbe d'offre, 78

Nash, équilibre de, 371
Nationalisation, 567
Nécessité du secret, 382
Négociations collectives, 432
Niskanen, William, 545
Niveau de vie moyen, 641
Non-remplacement, 416
Normes techniques 615

Obligation, 223
Observation, 17
Offre, 77

  barème d', 76
  courbe d', 76, 81
    à court terme, 120, 305
    à long terme,
      de l'entreprise en situation de concurrence parfaite, 304
    instantanée, 117
  de capital et taux d'intérêt, 412
  de main-d'œuvre, 427
  de travail, 409, 411f
    et syndicalisation, 433
  des facteurs de production, 409
  déplacement et mouvement le long de la courbe d', 78
  fluctuations de l', 141
  foncière, 413
  loi de l', 76, 84-85
  modification de l', 77, 83, 86
  parfaitement élastique, 553
  relative au stock d'une ressource non renouvelable, 481
Oligopole, 363, 367, 382, 575
OPEP, 3, 103
Optimisation, 10
Ordonnée, 29
Organisation de la production, 217
Organisme sans but lucratif, 221
Origine, 29
  omission de l', 32

Pacte de l'automobile, 597
Paradoxe de condorcet, 544
Participation aux bénéfices, 444, 450
  contrainte de, 449
Passif, 461
Patrimoine, 462, 491, 500, 502
  et capital humain, 500
  transmission du, 507
Pauvreté, 491
  et richesse, 8
Pente d'une relation, 40, 42f, 43f
Perestroïka, 625, 636, 640
Perte, 219
  sèche, 350
Plan
  annuel, 633
  quinquennal, 633
Planification
  centralisée, 626, 632
  décentralisée, 627
Points maximum et minimum, 40f
Politicien, 541
Politique de concurrence, 587
Pratiques commerciales restrictives, 609
Précompte syndical, 431
Prédiction
  de la théorie de l'utilité marginale, 165, 168
  du modèle de comportement du consommateur, 192
  du modèle de concurrence parfaite, 311
Prédictions et variations dans les prix et quantités échangées, 82

Préférences, 19, 73, 185
   carte des, 186, 187f
   courbes de, 187
   degré de substituabilité, 189
   diversité des, 608
   représentation graphique des, 186f
Prévision, activités de, 137
   anticipation rationnelle et, 138
Principal, 445
Principe
   de différenciation minimale, 546
   de Hotelling, 481
Prise de contrôle et fusion, 480
Privatisation, 568, 631
Prix
   de vente minimal, 77
   d'équilibre, 80
   détermination des, 80
   discrimination de, 339
   effets des, 192
   et volume de production, 336
   relatif, 183
   variation ou modification des, 165
   variations et prédictions des, 82
Problèmes économiques de l'entreprise, 219
Production
   biens de, 51
   capacité de, 252
   choix de la, 253
   excédentaire, 252
   modification de la, 310
   surutilisation de la, 252
   complément de, 77
   évolution des possibilités, 56
   facteurs de, 229, 242, 277
   limites physiques des installations de, 252
   nationale, 441
   organisation de la, 217
   par équipe, 235
   substitut de, 77
Productivité, 61, 644
   du capital, 254
   du travail, 243
   marginale, 243
   moyenne, 244
Produit
   et coût marginal, 283
   et taux marginal de substitution, 283
   marginal, 243, 400
   moyen, 244
   total, 243
Profit, 219, 297
   à court terme, 302
   maximisation du, 241
Propriété, 62
   intellectuelle, 62
Propriété privée, droit de, 529
Prospection, activité de, 131
Protectionnisme, 609
Publicité et guerres des prix, 360

Quantité
   demandée, 71, 74
   échangée, 71, 82
   offerte, 76, 78
Quota(s), 557, 615, 616

Rareté, 9, 625
Ratio(s)
   cours-bénéfice, 228, 479
   de concentration, 361
Rawls, 509
Réalité économique, modèles et théories, 21
Recette
   du produit marginal de production, 400
   marginale, 297, 400
   moyenne, 297
   totale, 104, 297, 333
Recherche-développement, 382
Redistribution du revenu, 522, 548
Réglementation, 534, 567, 571-576
   capture de la, 574
   et taux de rendement, 573
   organismes fédéraux de, 570
Règlements et lois, 63
Relation(s)
   avec un maximum ou un minimum, 39, 40f
   linéaire, 38
   négative, 38, 39f
   positive, 37, 38f
   principal-agent, 445
Rémunération
   au classement, 451
   et allocation des facteurs de production, 395
   lois sur l'équité et, 443
   système de, 444
Rendements d'échelle, 254
   constants, 255
   croissants, 255
   dans la réalité, 262
   décroissants, 255
Rendements marginaux croissants, 247
   décroissants, 247
Rente économique, 418, 420
Rentes, 497
Répartition du revenu et de la richesse, 489-510
Représentation graphique de données, 29
   à une seule variable, 29, 29f
   à deux variables, 29, 30f
   à trois variables et plus, 43, 44f
Responsabilité
   entière, 220
   illimitée, 219
   limitée, 220
Resquilleur, 524
   problème du, 524
Ressources naturelles, 480
   conservations des, 485
   non renouvelables, 481
   prix des, 482
   renouvelables, 481
Restriction volontaire des exportations, 615, 616
Revenu(s)
   courant, 412
   disponible, répartition du, 498
   effets de, 193
   futur, 412
   garanti, supplément de, 497
   inégalités des, 645
   médian, 505
   minimum garanti, 498
   modal, 505
   moyen, 505
   patrimoine et, 500
   primaire, répartition du, 498
   réel, 182
   sécurité du, 497
   seuil de faible, 494
Richesse, 462
   et pauvreté, 8

Salaire(s)
   de réserve, 410
   écarts de
     entre hommes et femmes, 438
     entre syndiqués et non-syndiqués, 430
   et marché du travail, 504
   et offre de travail, 506
   minimum, 136-137
Science des choix, 10
Science économique, 17
Secret, nécessité du, 382
Secteur public, 521-523
   gestionnaires du, 522
Sécurité sociale, 496-498
Services et biens, 15, 51
Seuil
   de faible revenu, 494
   de pauvreté, 494
Seuil de fermeture, 303
Smith, Adam, 21-23, 323, 509, 628
Socialisme, 626, 628, 638
   de marché, 627, 639
Société
   d'État, 221, 567
   de fiducie, 465
   de personnes, 220
   par actions, 220
Sortie, 308
Spécialisation, 59, 441
Stocks, 142, 230, 462, 481
   et consommation d'équilibre, 483
   fluctuation de la demande de, 142
   fluctuation de l'offre de, 143
   marché boursier et, 146
   volatilité du prix des actions et, 147
Stratégie, 367
   de déclic, 380
   du coup pour coup, 380

dominante, 371
Substituabilité, 189
Substitut, 73
Substitution,
  effet de, 194
  principe de, 271
  taux marginal de, 187, 188, 283
Subvention(s), 552, 533, 556-557
  et quota, 557
Surplus, 568
  du consommateur, **349,** 568, 569
  du producteur, 568, 569
  total, **568**
Surutilisation de la capacité, 252
Syndicat, 430
  de métier, 430
  industriel, 430
  objectifs et contraintes du, **432**
Système de rémunération, 444, 448
Systèmes économiques, 623, 626

Tangente, 41
Tarif, 609
Tarification
  au coût marginal, 572
  au coût moyen, 572, 573
Tarifs douaniers, 8
Taux de croissance annuels, 641
Taux de pauvreté, 494
Taux de rendement, 475
  d'une action, 475
  d'une obligation, 475
Taux de salaire des travailleurs, 429
  à la pièce, 444
  horaire, 444
Taux d'imposition
  marginal, 495, 498
  moyen, 495
Taux d'intérêt, 472
  d'équilibre, 475
  offre de capital et, 412

prix des actifs et, 474
relatifs, 473
Taux marginal de substitution, 187-272
  décroissant, 188
  du capital au travail, 272
  et isoquants, 273
  et productivité marginale des facteurs, 283
Taxation, 529
Taxe(s), 62, 552
  ad valorem, 552
  incidence d'une, 553
  unitaire, 552
Technique, 241
  à forte proportion de capital, 241
  à forte proportion de travail, 241
  du moindre coût, 278
  économiquement efficace, 279
Technologie, 19
Temps et offre de travail, répartition, 202
Tendance, 30
Terre, 13, 51
Théorème de l'électeur médian, 561
Théorie
  de la capture, 569
  de la justice distributive, 508
  de la maximisation des budgets, 545
  de l'intérêt général, 522, 569
  de l'intervention gouvernementale, 568
  de l'utilité marginale, 165, 170, 171
  des choix publics, 522, 541, 544
  des jeux, 367, 382
  économique, **18,** 21f
Tobin, James, 2
Transaction, coûts de, 235
Travail, 13, 51
  égal, salaire égal, 443
Troc, 63
TSE 300, 127
Tullock Gordon, 545

Union soviétique, 631
Utilité, 160
  décroissante, 162
  et demande, 157
  marginale, 161, 165, 170-171
  maximisation de l', 162
  par dollar dépensé, 164
  totale, 160

Valeur, 171
  actuelle, 224
  actuelle nette d'un investissement, 468
  boursière d'une entreprise, 478
  de réserve, 418
  du produit marginal, 401
  du produit moyen, 401
  marginale et moyenne, 244-246
  nominale, 223
  paradoxe de la, 174
Variables
  évoluant ensemble dans le même sens, 37
  évoluant en sens opposé, 38
  indépendantes, 40
  relations entre, 36f, 44f
  sans relation, 41f
Variation(s) de prix, 165
  des facteurs de production, 277
  effets d'une, 165
  et de revenus, 183
  et quantités échangées, 82
  non anticipées, 485
  sectorielles de l'intensité capitalistique, 281
Vérification des modèles, 21
Volume
  de transactions et cours des actions, 478
  des exportations, 615
Voyages, 597

CRÉDITS

Photographies de la rubrique *Évolution de nos connaissances*

Adam Smith (p.22) : Archiv für Kunst und Geschichte. **Antoine-Augustin Cournot** (p.84) : Historical Pictures Service, Chicago. **Alfred Marshall** (p. 84) : Historical Pictures Service, Chicago. **Jeremy Bentham** (p. 200) : Mary Evans Picture Library. **Jacob Viner** (p. 260) : Princeton University Libraries. **Joan Robinson** (p.332) : Peter Lofts. **John von Neumann** (p. 372) : Historical Pictures Service, Chicago. **Kenneth Arrow** (p. 544) : UPI/Bettmann. **James Buchanan** (p. 544) : George Mason University, Center for Public Choice.

Photographies de la rubrique *Entrevue*

Assar Lindbeck (pp.1-4), **Curtis Eaton** (pp.289-292), **Morley Gunderson** (pp.391-394), **Judith Maxwell** (pp.591-594) : Robin Bade. **Milton Friedman** (pp.97-100), **Gary Becker** (pp.153-156) : Marshall Henrichs. **Jean-Thomas Bernard** (pp.211-216), **Claude Montmarquette** (pp.515-518) : Rolland Renaud.